NARUTO

MASSIV VOL.17

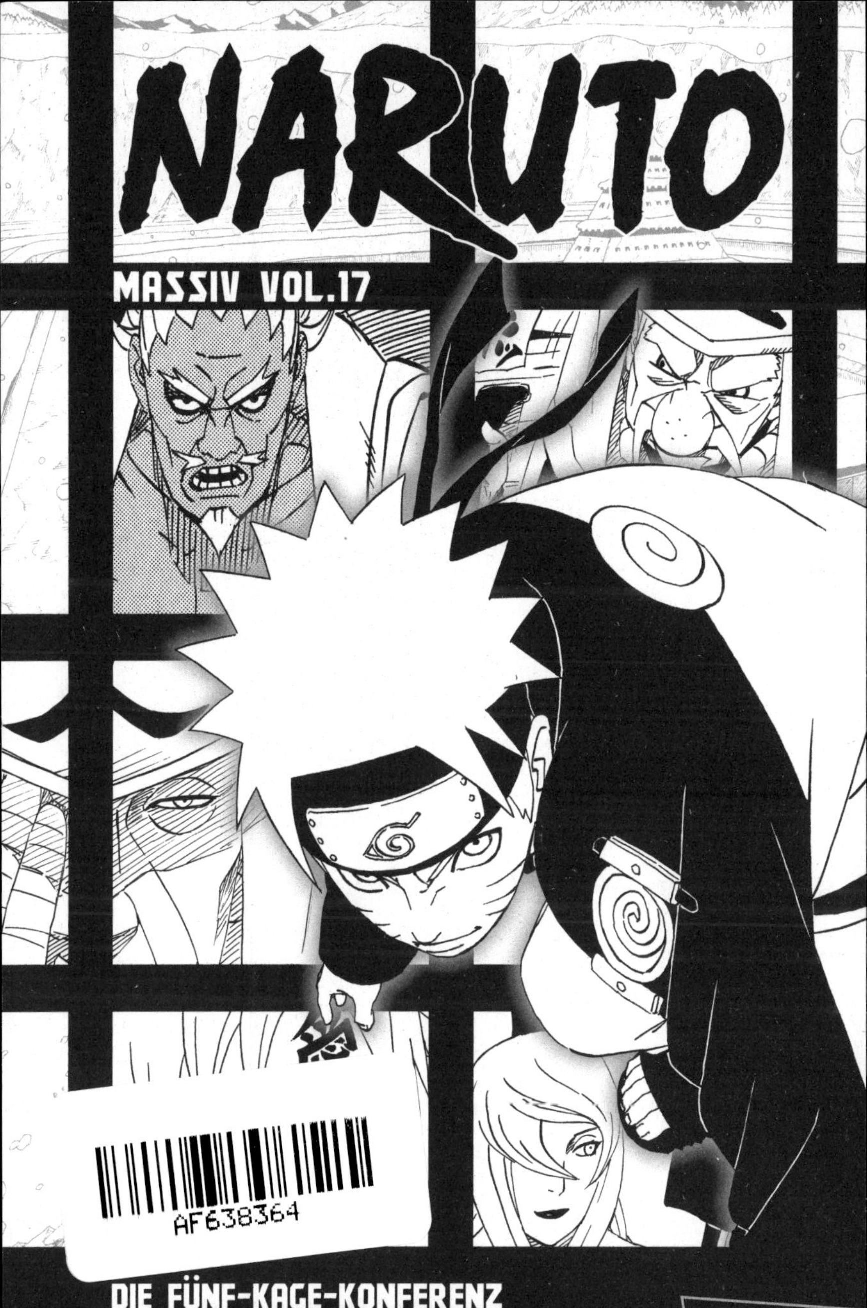

AF638364

DIE FÜNF-KAGE-KONFERENZ

MASASHI KISHIMOTO

CARLSEN MANGA!

NARUTO CHARACTERS

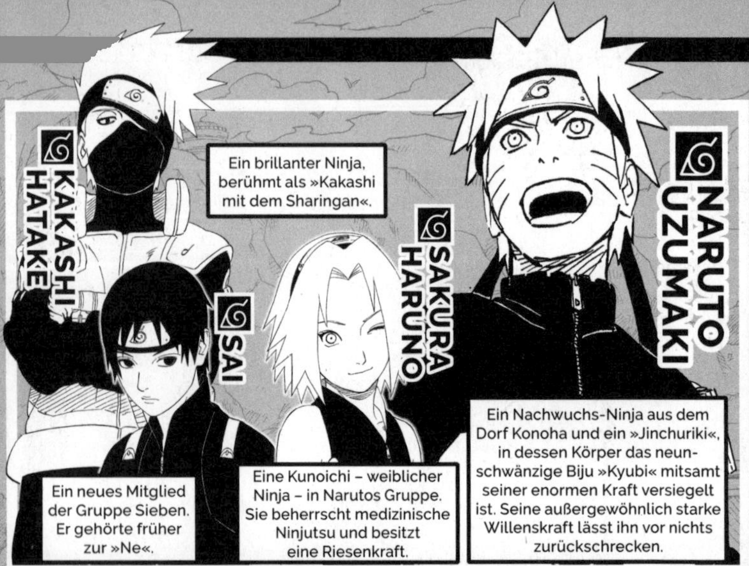

Ein Nachwuchs-Ninja aus dem Dorf Konoha und ein »Jinchuriki«, in dessen Körper das neunschwänzige Biju »Kyubi« mitsamt seiner enormen Kraft versiegelt ist. Seine außergewöhnlich starke Willenskraft lässt ihn vor nichts zurückschrecken.

Eine Kunoichi – weiblicher Ninja – in Narutos Gruppe. Sie beherrscht medizinische Ninjutsu und besitzt eine Riesenkraft.

Ein neues Mitglied der Gruppe Sieben. Er gehörte früher zur »Ne«.

Ein brillanter Ninja, berühmt als »Kakashi mit dem Sharingan«.

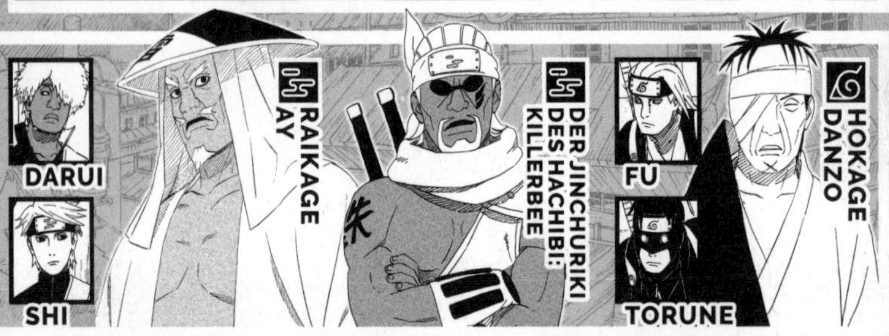

STORY

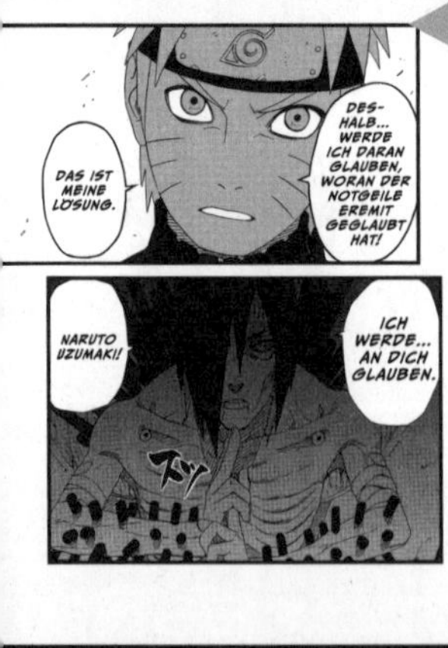

1

Der Kampf auf Leben und Tod! Pain wird überwältigt! Naruto trifft den älteren Schüler seines Meisters, Nagato!!

»Ein Hokage zu werden, der alle früheren Hokages übertrifft« – für diesen Traum gibt Naruto alles. Zusammen mit Sasuke und Sakura und weiteren Kameraden trainiert und kämpft er und so wird aus dem ehemaligen Tunichtgut ein richtiger Ninja. Dann geht Sasuke, besessen von der Rache an seinem großen Bruder, zu Orochimaru, um stark zu werden. Zweieinhalb Jahre später – Naruto nimmt als durchtrainierter Ninja volle Fahrt auf! Er kämpft gegen die Verbrecherorganisation Akatsuki, die die Ninja-Welt gefährdet.
Und Sasuke, der Itachis Wahrheit erfahren hat, hat ein neues Ziel: Er will Konoha vernichten...!!

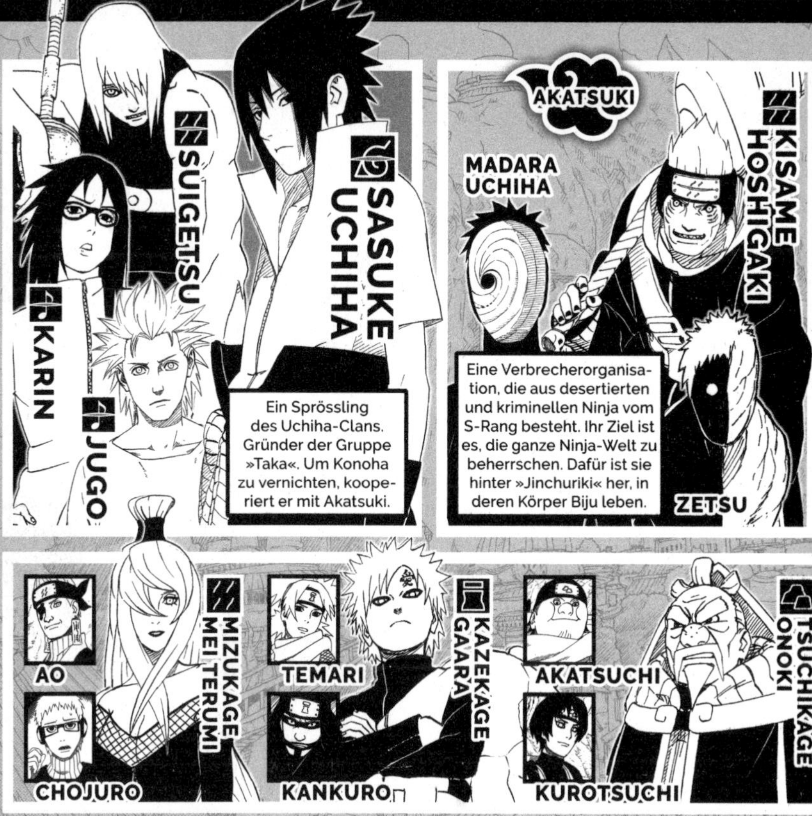

Die Ninja-Welt ist aus dam Gleichgewicht! Die Großmächte bewegen sich, um gegen Akatsuki zu kämpfen!! Als die Oberhäupter der Ninja-Dörfer zusammentreffen, taucht auch Sasuke auf – er will den Hokage töten… Die Fünf-Kage-Konferenz ist voller Überraschungen!!

Sasuke hat sich mit Akatsuki verschworen und das Hachibi angegriffen. Der Raikage ist wütend! Um Akatsuki zu vernichten, beruft er die Fünf-Kage-Konferenz ein und verlangt von Konoha, Sasuke zu beseitigen! Naruto fleht den Raikage an, darauf zu verzichten, aber ohne Erfolg. Seine Machtlosigkeit bedrückt Naruto…

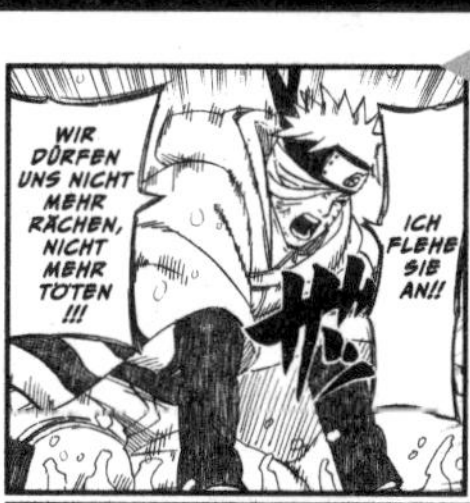

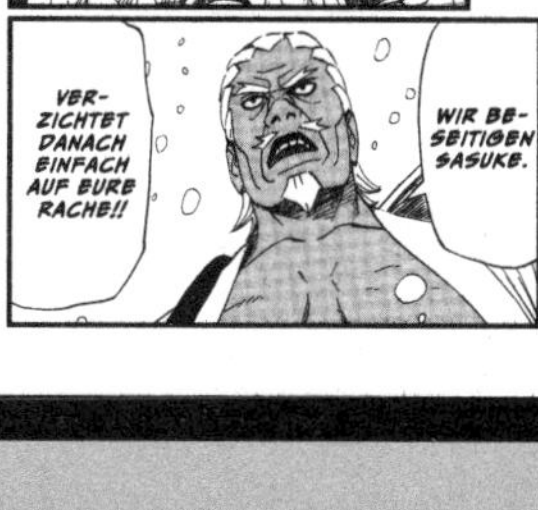

2

Sasukes Exekution verhindern! Naruto verhandelt direkt mit dem Raikage!!

Naruto schlägt die Pains nieder, die Konoha mit Füßen treten, und trifft Nagato, den Lenker der Pains. Naruto nimmt Nagatos Schmerzen und seinen Hass ernst. Er verspricht Nagato, die Wut zu überwinden, die Kette des Hasses in der Ninja-Welt zu unterbrechen und Frieden zu schaffen.

NARUTO

560 SEITEN MASSIV 100% NARUTO

INHALT

458. Kapitel:

Das grosse Wortgefecht der Kage

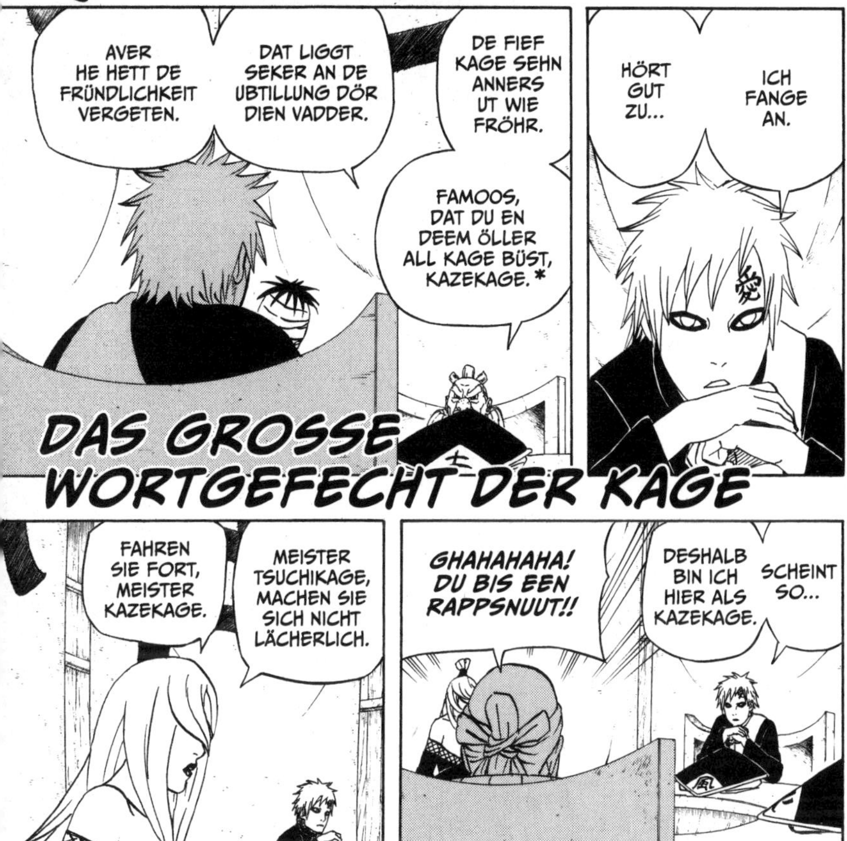

* ALLE ÜBERSETZUNGEN DER PLATTDEUTSCHEN TEXTE FINDEST DU AM ENDE DES BANDES IM GLOSSAR.

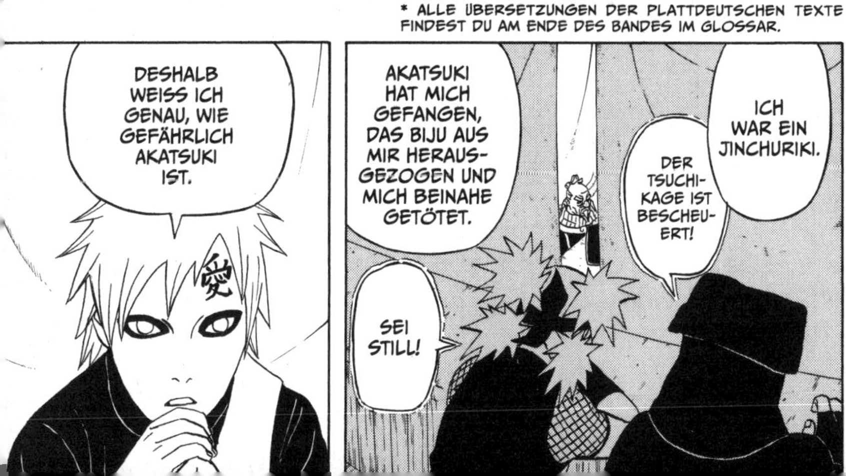

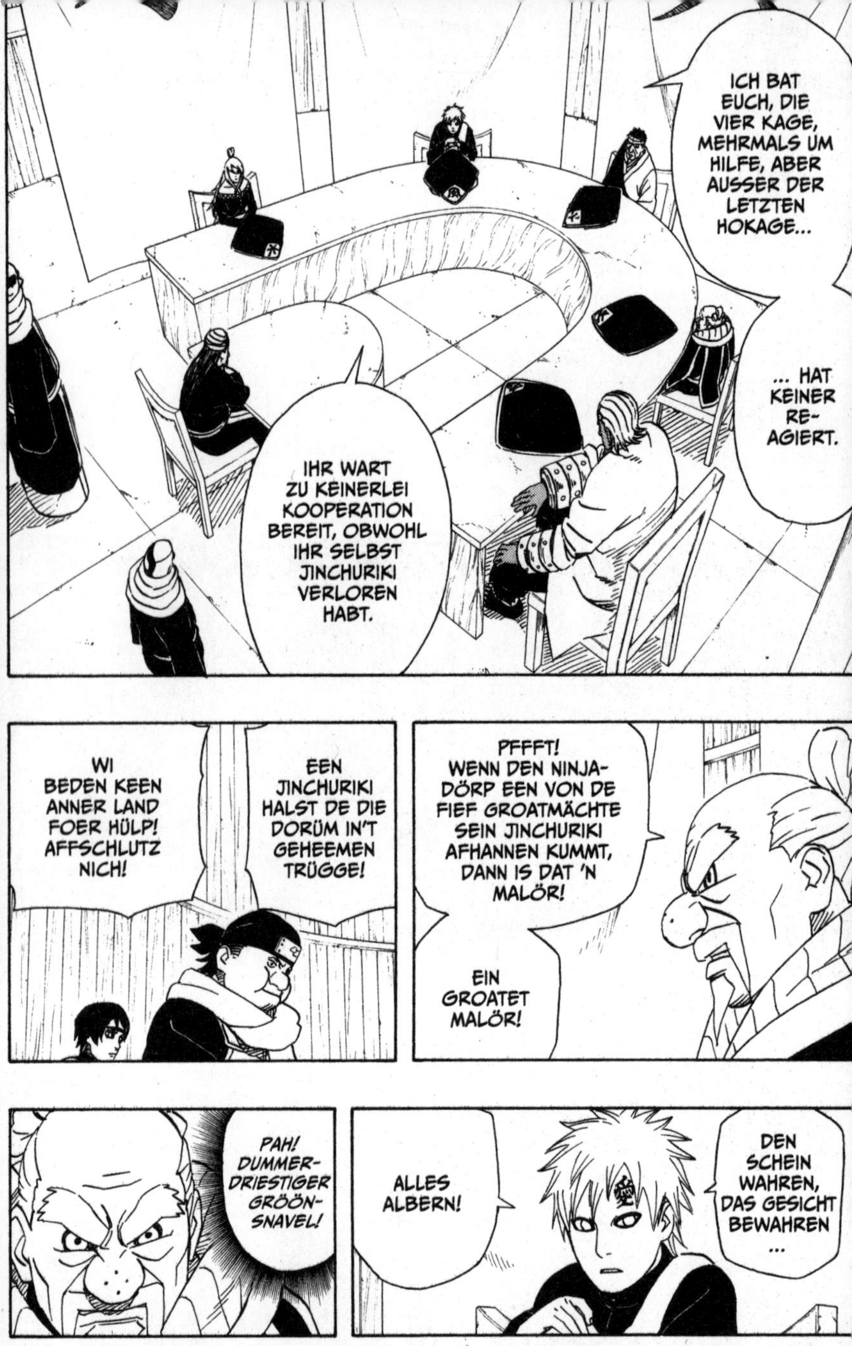
ICH BAT EUCH, DIE VIER KAGE, MEHRMALS UM HILFE, ABER AUSSER DER LETZTEN HOKAGE...
... HAT KEINER RE-AGIERT.
IHR WART ZU KEINERLEI KOOPERATION BEREIT, OBWOHL IHR SELBST JINCHURIKI VERLOREN HABT.
PFFFT! WENN DEN NINJA-DÖRP EEN VON DE FIEF GROATMÄCHTE SEIN JINCHURIKI AFHANNEN KUMMT, DANN IS DAT 'N MALÖR!
EIN GROATET MALÖR!
EEN JINCHURIKI HALST DE DIE DORÜM IN'T GEHEEMEN TRÜGGE!
WI BEDEN KEEN ANNER LAND FOER HÜLP! AFFSCHLUTZ NICH!
DEN SCHEIN WAHREN, DAS GESICHT BEWAHREN ...
ALLES ALBERN!
PAH! DUMMER-DRIESTIGER GRÖÖN-SNAVEL!

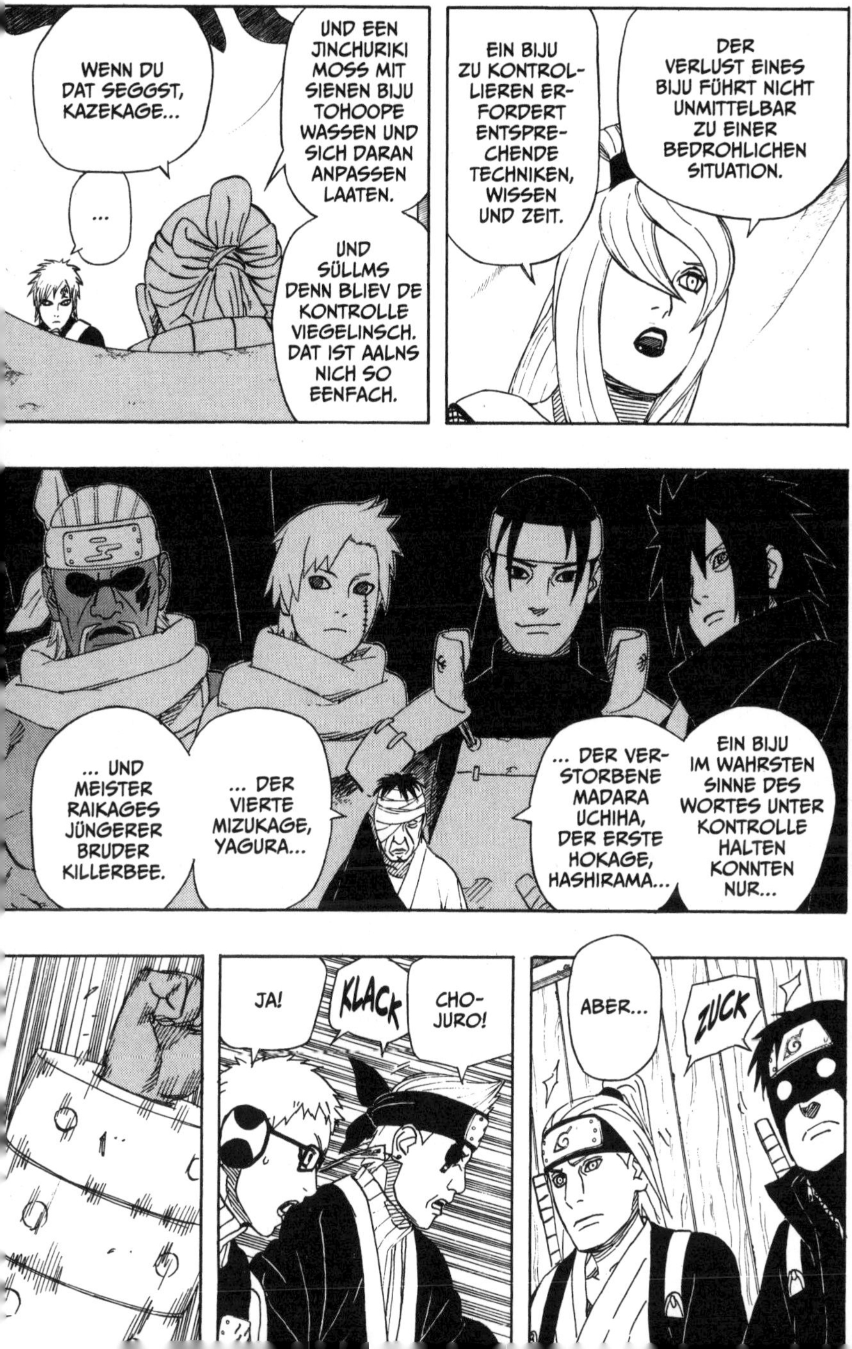
DER VERLUST EINES BIJU FÜHRT NICHT UNMITTELBAR ZU EINER BEDROHLICHEN SITUATION.
EIN BIJU ZU KONTROL-LIEREN ER-FORDERT ENTSPRE-CHENDE TECHNIKEN, WISSEN UND ZEIT.
UND EEN JINCHURIKI MOSS MIT SIENEN BIJU TOHOOPE WASSEN UND SICH DARAN ANPASSEN LAATEN.
UND SÜLLMS DENN BLIEV DE KONTROLLE VIEGELINSCH. DAT IST AALNS NICH SO EENFACH.
WENN DU DAT SEGGST, KAZEKAGE...
...
EIN BIJU IM WAHRSTEN SINNE DES WORTES UNTER KONTROLLE HALTEN KONNTEN NUR...
... DER VER-STORBENE MADARA UCHIHA, DER ERSTE HOKAGE, HASHIRAMA...
... DER VIERTE MIZUKAGE, YAGURA...
... UND MEISTER RAIKAGES JÜNGERER BRUDER KILLERBEE.
ZUCK
ABER...
CHO-JURO!
KLACK
JA!

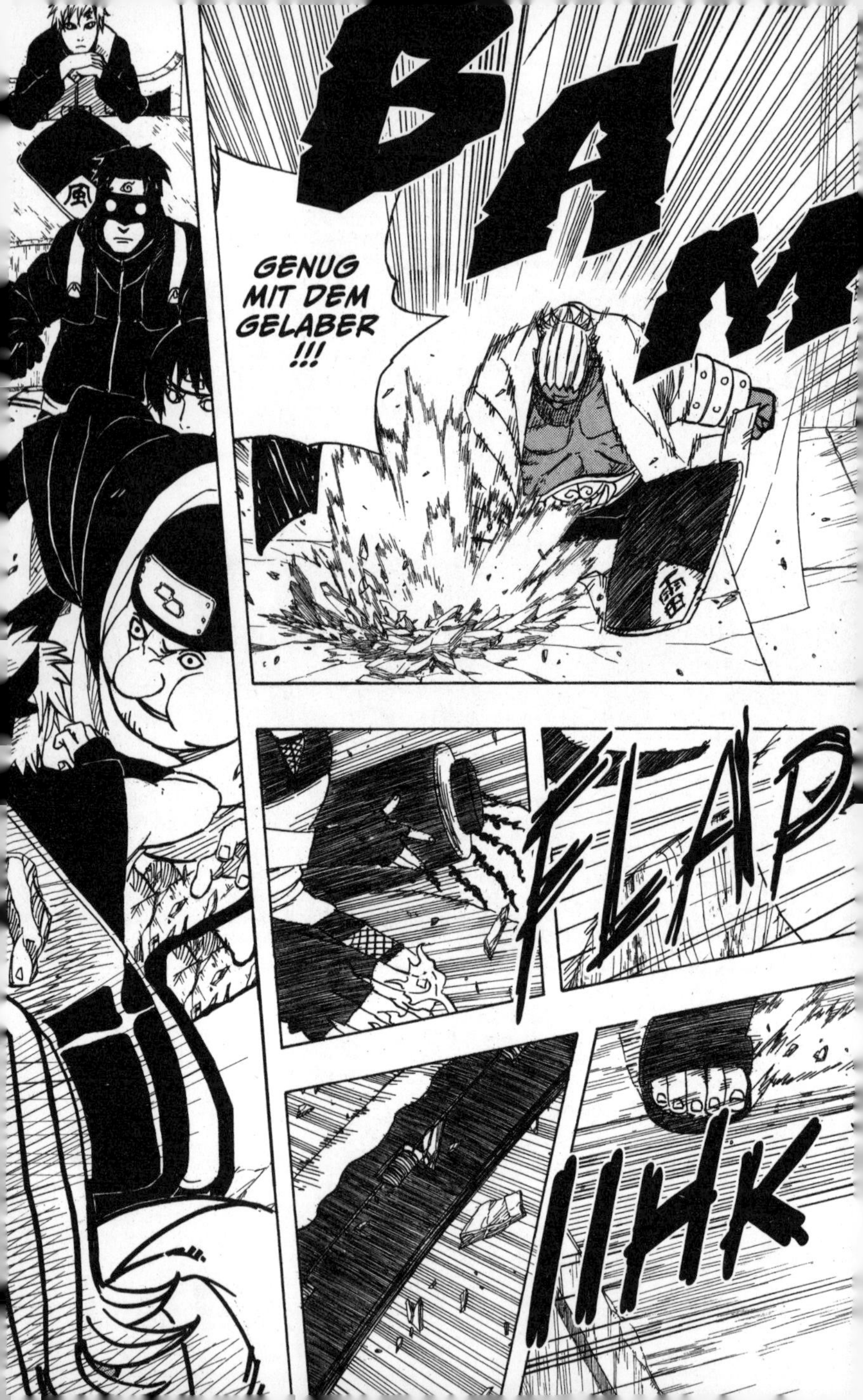
BAM
GENUG MIT DEM GELABER !!!
FLAP
IIHK

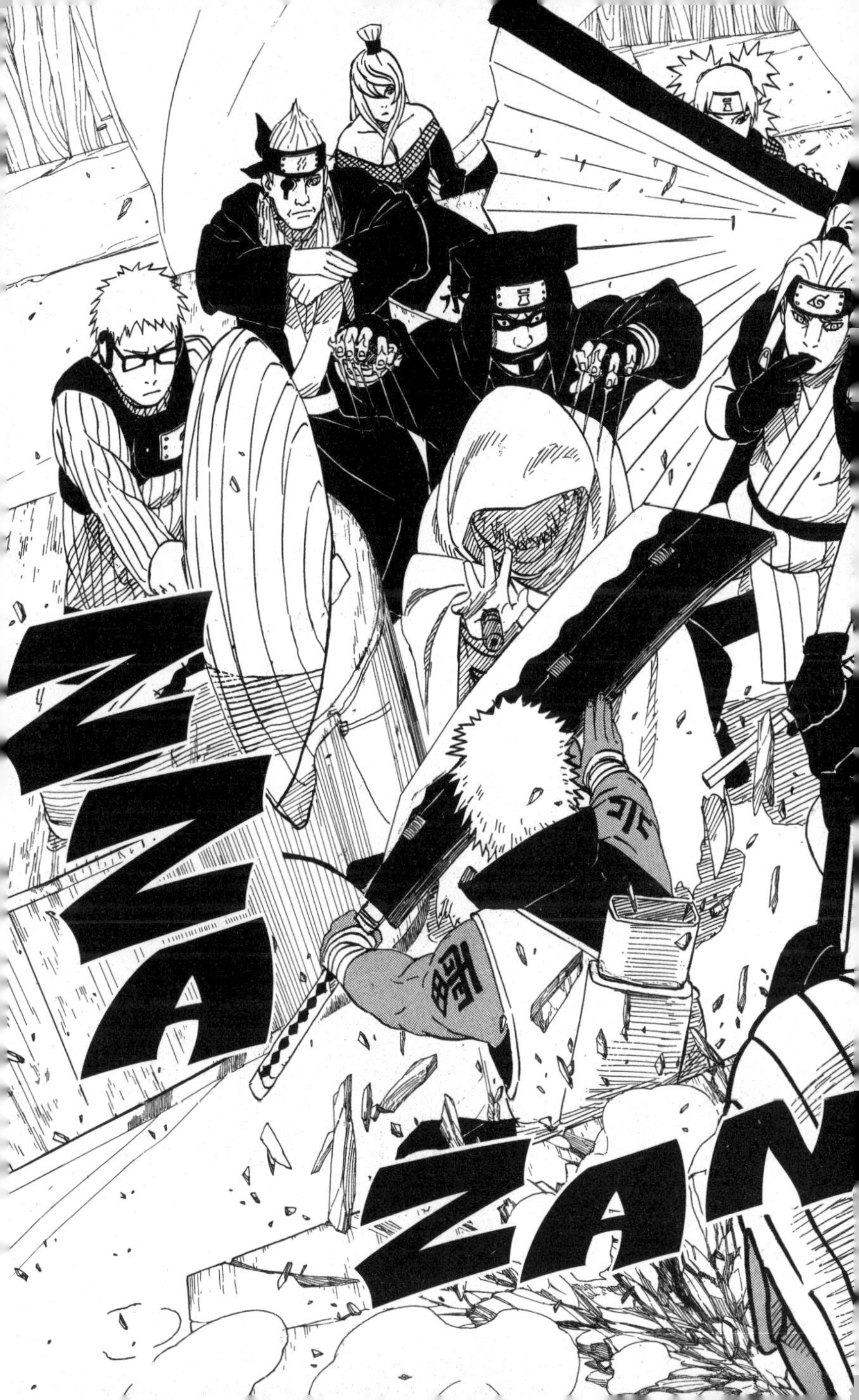
ZZA
ZAN

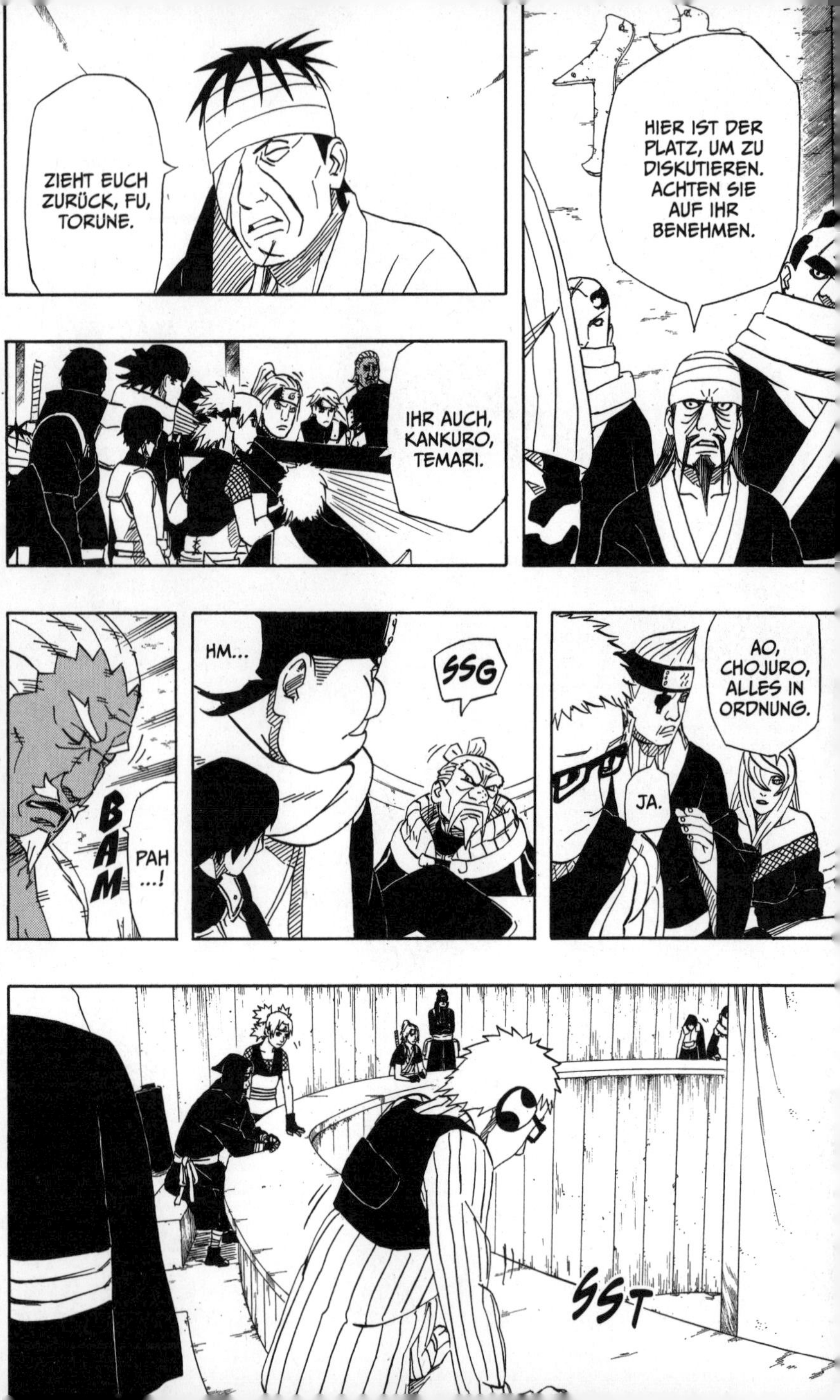
HIER IST DER PLATZ, UM ZU DISKUTIEREN. ACHTEN SIE AUF IHR BENEHMEN.
ZIEHT EUCH ZURÜCK, FU, TORUNE.
IHR AUCH, KANKURO, TEMARI.
AO, CHOJURO, ALLES IN ORDNUNG.
JA.
SSG
HM...
BAM
PAH ...!
SST

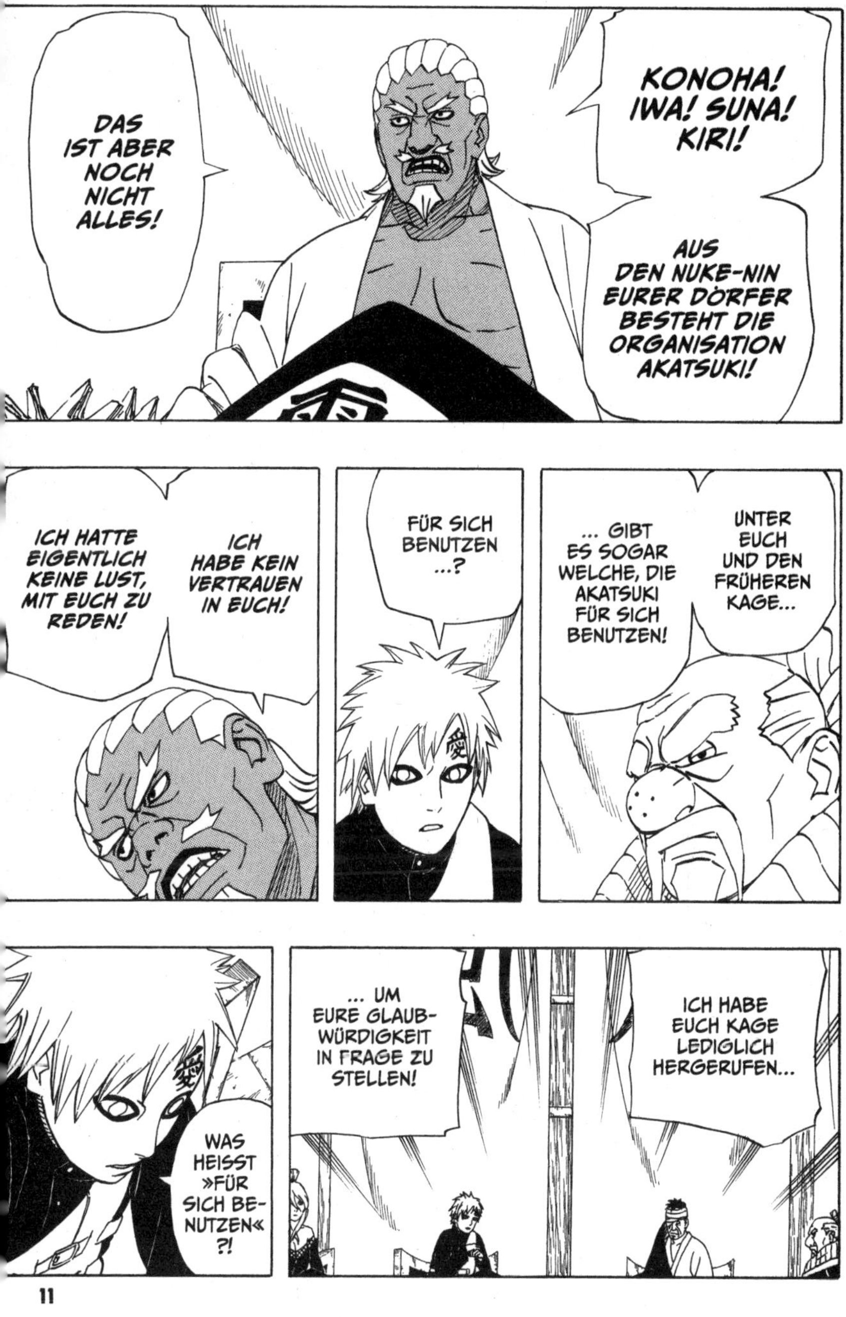
KONOHA! IWA! SUNA! KIRI!
AUS DEN NUKE-NIN EURER DÖRFER BESTEHT DIE ORGANISATION AKATSUKI!
DAS IST ABER NOCH NICHT ALLES!
UNTER EUCH UND DEN FRÜHEREN KAGE...
... GIBT ES SOGAR WELCHE, DIE AKATSUKI FÜR SICH BENUTZEN!
FÜR SICH BENUTZEN ...?
ICH HABE KEIN VERTRAUEN IN EUCH!
ICH HATTE EIGENTLICH KEINE LUST, MIT EUCH ZU REDEN!
ICH HABE EUCH KAGE LEDIGLICH HERGERUFEN...
... UM EURE GLAUB-WÜRDIGKEIT IN FRAGE ZU STELLEN!
WAS HEISST »FÜR SICH BE-NUTZEN« ?!

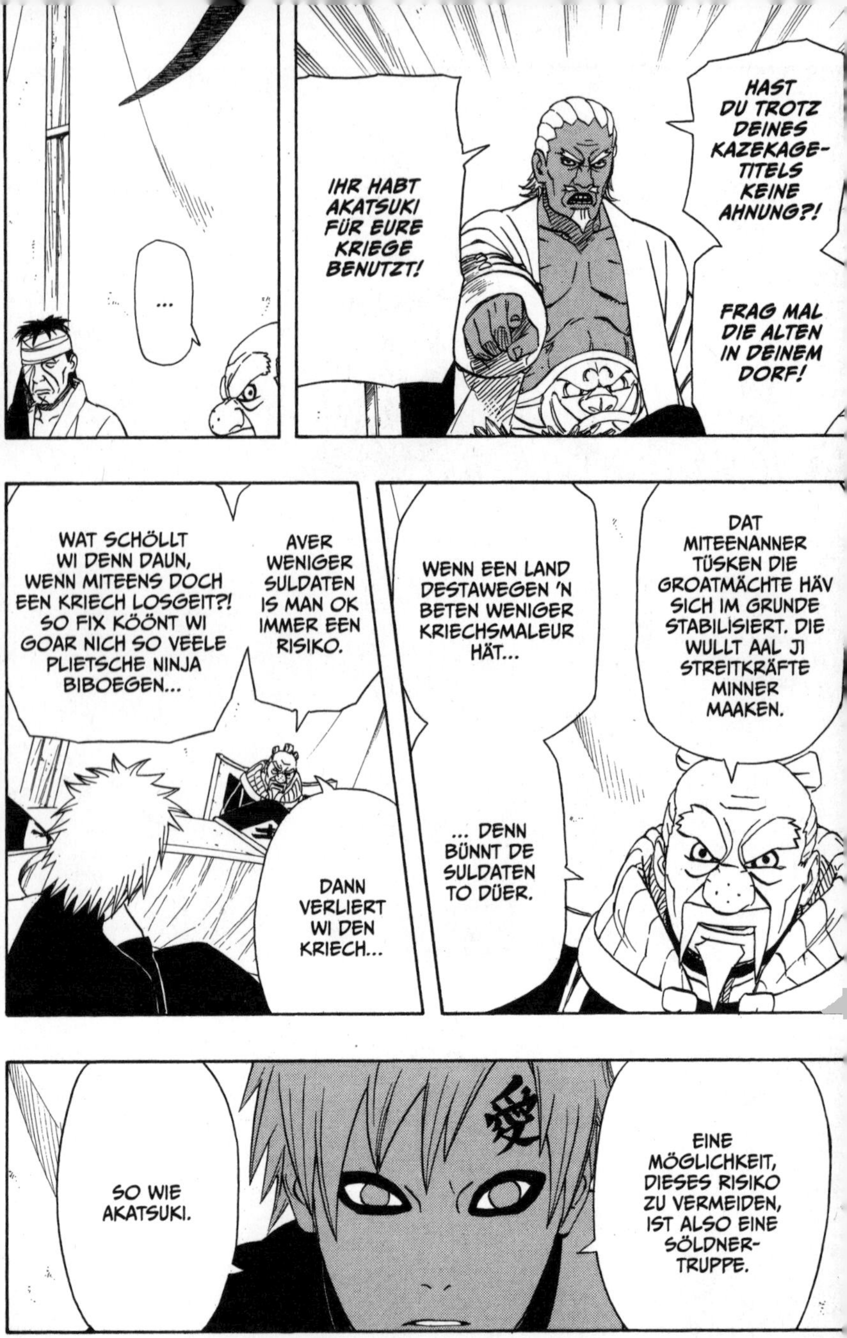
HAST DU TROTZ DEINES KAZEKAGE-TITELS KEINE AHNUNG?!
FRAG MAL DIE ALTEN IN DEINEM DORF!
IHR HABT AKATSUKI FÜR EURE KRIEGE BENUTZT!
...
DAT MITEENANNER TÜSKEN DIE GROATMÄCHTE HÄV SICH IM GRUNDE STABILISIERT. DIE WULLT AAL JI STREITKRÄFTE MINNER MAAKEN.
WENN EEN LAND DESTAWEGEN 'N BETEN WENIGER KRIECHSMALEUR HÄT...
... DENN BÜNNT DE SULDATEN TO DÜER.
AVER WENIGER SULDATEN IS MAN OK IMMER EEN RISIKO.
WAT SCHÖLLT WI DENN DAUN, WENN MITEENS DOCH EEN KRIECH LOSGEIT?! SO FIX KÖÖNT WI GOAR NICH SO VEELE PLIETSCHE NINJA BIBOEGEN...
DANN VERLIERT WI DEN KRIECH...
EINE MÖGLICHKEIT, DIESES RISIKO ZU VERMEIDEN, IST ALSO EINE SÖLDNER-TRUPPE.
SO WIE AKATSUKI.

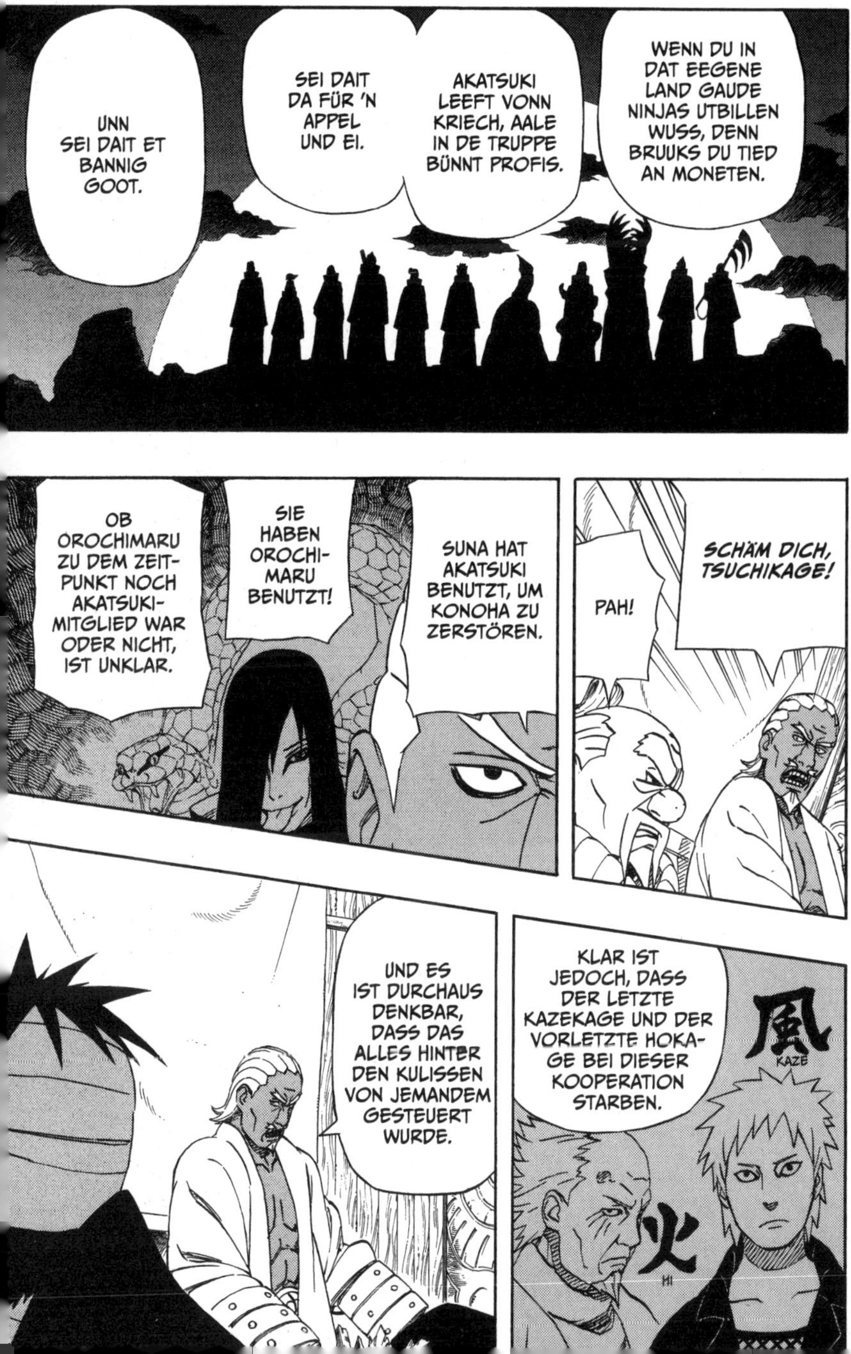
WENN DU IN DAT EEGENE LAND GAUDE NINJAS UTBILLEN WUSS, DENN BRUUKS DU TIED AN MONETEN.
AKATSUKI LEEFT VONN KRIECH, AALE IN DE TRUPPE BÜNNT PROFIS.
SEI DAIT DA FÜR 'N APPEL UND EI.
UNN SEI DAIT ET BANNIG GOOT.
SCHÄM DICH, TSUCHIKAGE!
PAH!
SUNA HAT AKATSUKI BENUTZT, UM KONOHA ZU ZERSTÖREN.
SIE HABEN OROCHIMARU BENUTZT!
OB OROCHIMARU ZU DEM ZEITPUNKT NOCH AKATSUKI-MITGLIED WAR ODER NICHT, IST UNKLAR.
KLAR IST JEDOCH, DASS DER LETZTE KAZEKAGE UND DER VORLETZTE HOKAGE BEI DIESER KOOPERATION STARBEN.
風
KAZE
火
HI
UND ES IST DURCHAUS DENKBAR, DASS DAS ALLES HINTER DEN KULISSEN VON JEMANDEM GESTEUERT WURDE.

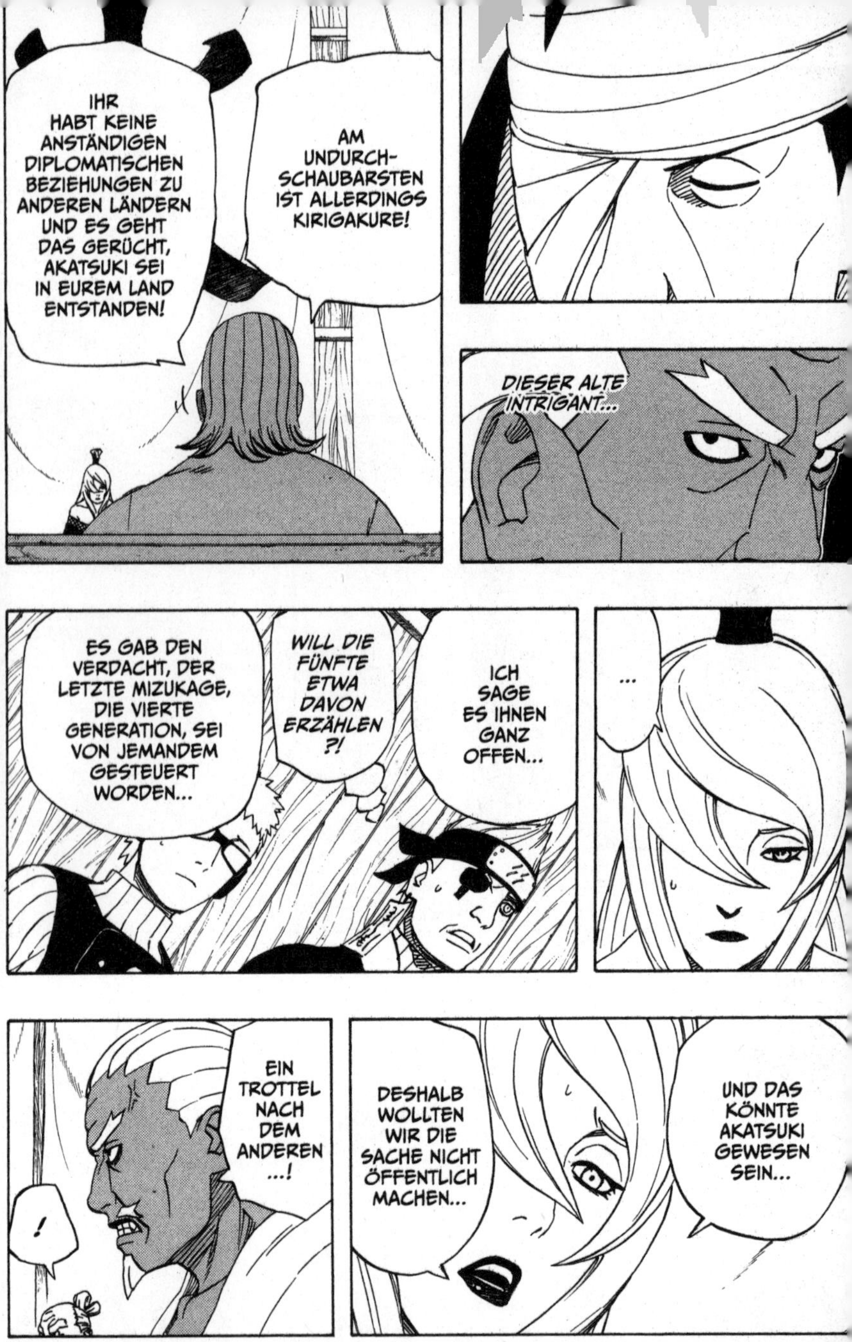
AM UNDURCH-SCHAUBARSTEN IST ALLERDINGS KIRIGAKURE!
IHR HABT KEINE ANSTÄNDIGEN DIPLOMATISCHEN BEZIEHUNGEN ZU ANDEREN LÄNDERN UND ES GEHT DAS GERÜCHT, AKATSUKI SEI IN EUREM LAND ENTSTANDEN!
DIESER ALTE INTRIGANT...
...
ICH SAGE ES IHNEN GANZ OFFEN...
WILL DIE FÜNFTE ETWA DAVON ERZÄHLEN ?!
ES GAB DEN VERDACHT, DER LETZTE MIZUKAGE, DIE VIERTE GENERATION, SEI VON JEMANDEM GESTEUERT WORDEN...
UND DAS KÖNNTE AKATSUKI GEWESEN SEIN...
DESHALB WOLLTEN WIR DIE SACHE NICHT ÖFFENTLICH MACHEN...
EIN TROTTEL NACH DEM ANDEREN ...!
!

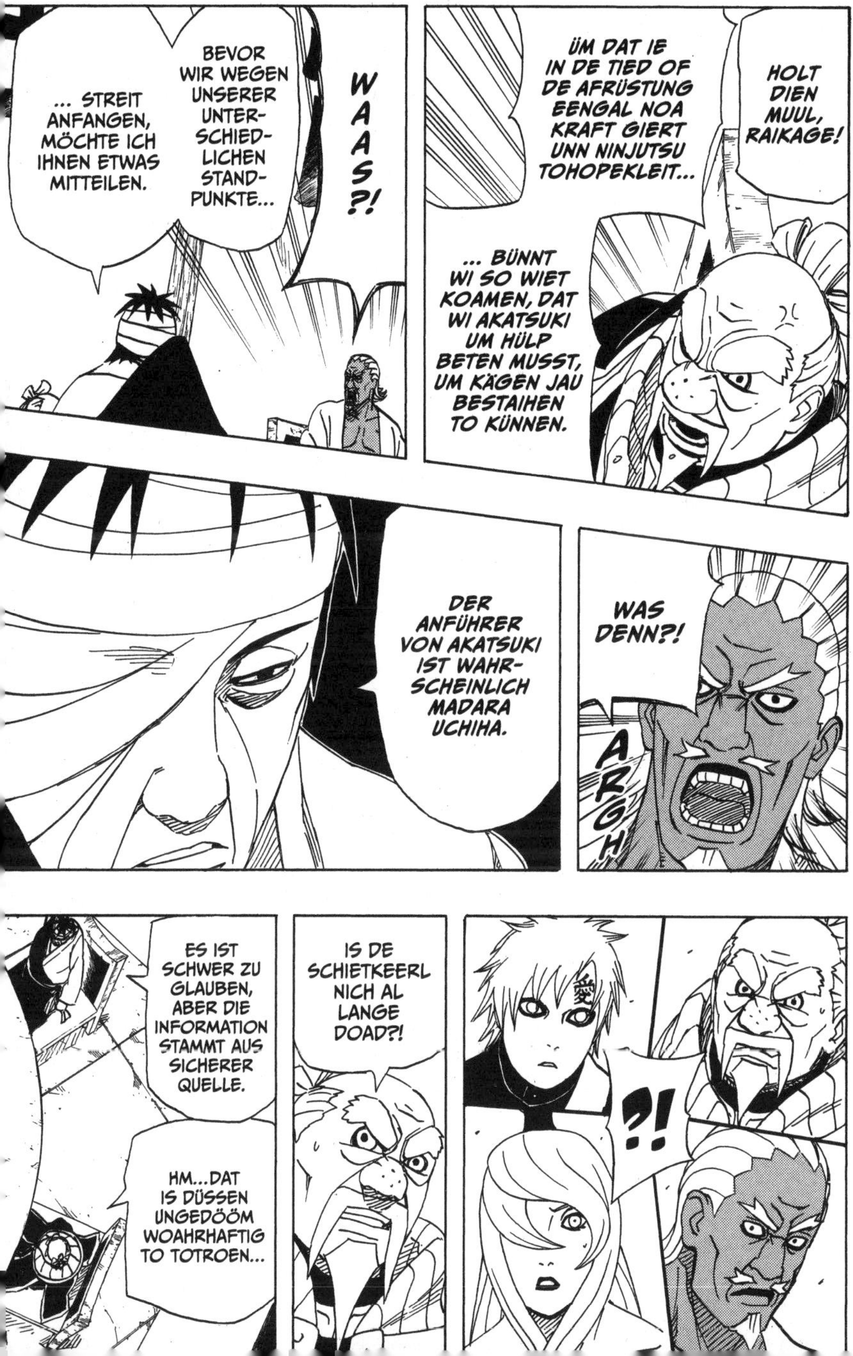
BEVOR WIR WEGEN UNSERER UNTER-SCHIED-LICHEN STAND-PUNKTE...
... STREIT ANFANGEN, MÖCHTE ICH IHNEN ETWAS MITTEILEN.
WAAAS?!
HOLT DIEN MUUL, RAIKAGE!
ÜM DAT IE IN DE TIED OF DE AFRÜSTUNG EENGAL NOA KRAFT GIERT UNN NINJUTSU TOHOPEKLEIT...
... BÜNNT WI SO WIET KOAMEN, DAT WI AKATSUKI UM HÜLP BETEN MUSST, UM KÄGEN JAU BESTAIHEN TO KÜNNEN.
WAS DENN?!
ARGH
DER ANFÜHRER VON AKATSUKI IST WAHR-SCHEINLICH MADARA UCHIHA.
?!
IS DE SCHIETKEERL NICH AL LANGE DOAD?!
ES IST SCHWER ZU GLAUBEN, ABER DIE INFORMATION STAMMT AUS SICHERER QUELLE.
HM...DAT IS DÜSSEN UNGEDÖÖM WOAHRHAFTIG TO TOTROEN...

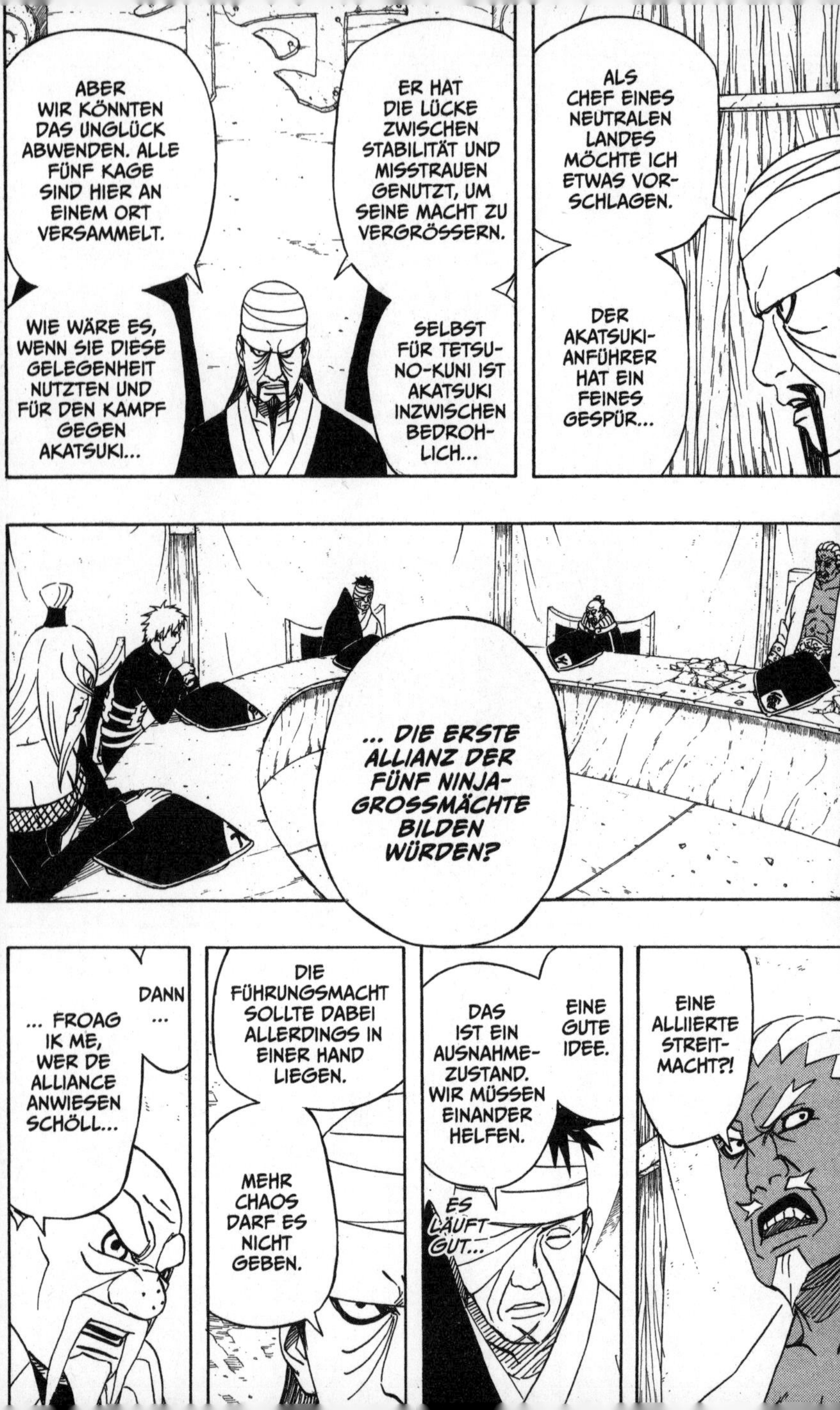
ALS CHEF EINES NEUTRALEN LANDES MÖCHTE ICH ETWAS VORSCHLAGEN.
DER AKATSUKI-ANFÜHRER HAT EIN FEINES GESPÜR...
ER HAT DIE LÜCKE ZWISCHEN STABILITÄT UND MISSTRAUEN GENUTZT, UM SEINE MACHT ZU VERGRÖSSERN.
SELBST FÜR TETSU-NO-KUNI IST AKATSUKI INZWISCHEN BEDROH-LICH...
ABER WIR KÖNNTEN DAS UNGLÜCK ABWENDEN. ALLE FÜNF KAGE SIND HIER AN EINEM ORT VERSAMMELT.
WIE WÄRE ES, WENN SIE DIESE GELEGENHEIT NUTZTEN UND FÜR DEN KAMPF GEGEN AKATSUKI...
... DIE ERSTE ALLIANZ DER FÜNF NINJA-GROSSMÄCHTE BILDEN WÜRDEN?
EINE ALLIIERTE STREIT-MACHT?!
EINE GUTE IDEE.
DAS IST EIN AUSNAHME-ZUSTAND. WIR MÜSSEN EINANDER HELFEN.
ES LÄUFT GUT...
DIE FÜHRUNGSMACHT SOLLTE DABEI ALLERDINGS IN EINER HAND LIEGEN.
MEHR CHAOS DARF ES NICHT GEBEN.
DANN ...
... FROAG IK ME, WER DE ALLIANCE ANWIESEN SCHÖLL...

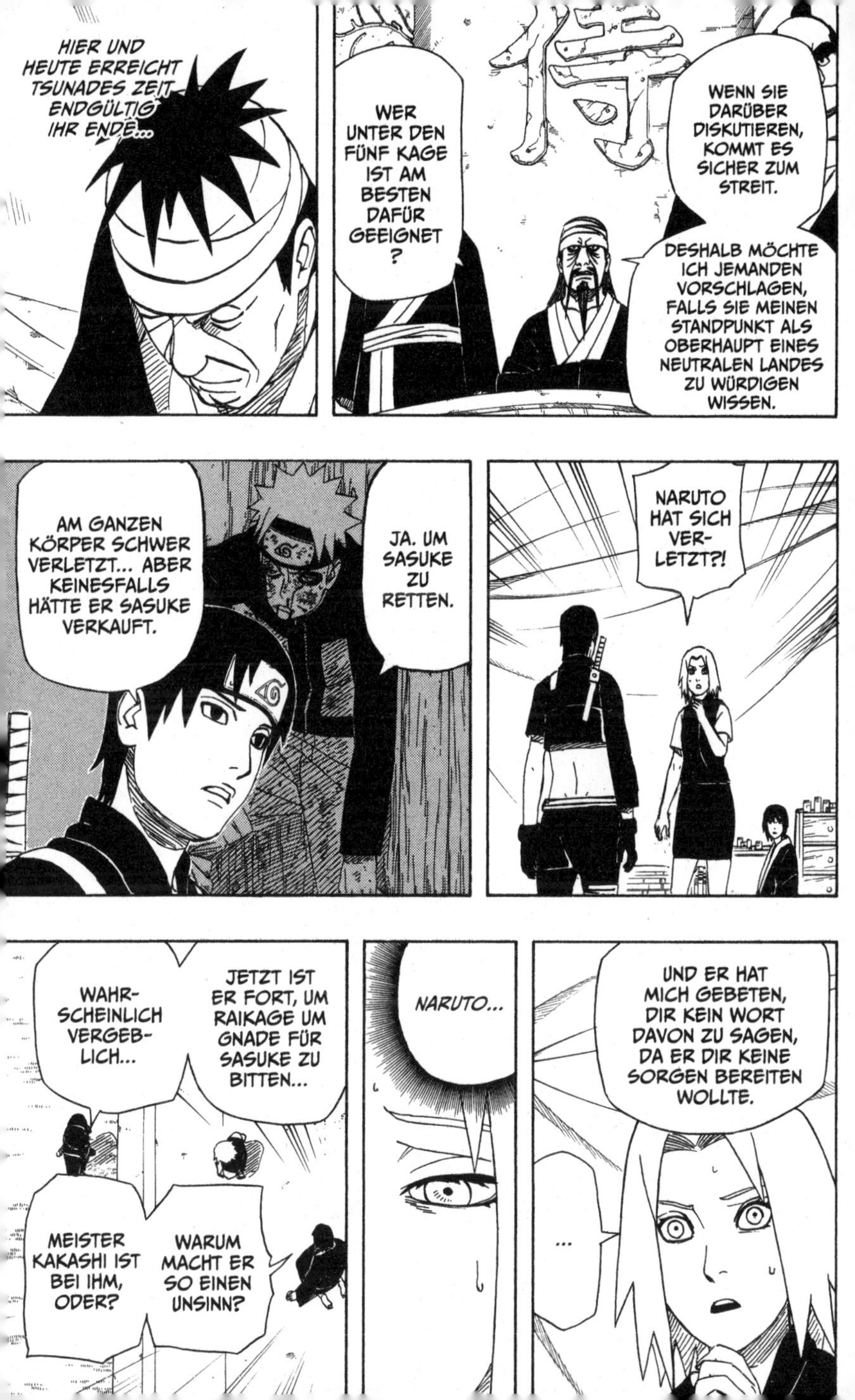

WENN SIE DARÜBER DISKUTIEREN, KOMMT ES SICHER ZUM STREIT.
DESHALB MÖCHTE ICH JEMANDEN VORSCHLAGEN, FALLS SIE MEINEN STANDPUNKT ALS OBERHAUPT EINES NEUTRALEN LANDES ZU WÜRDIGEN WISSEN.
WER UNTER DEN FÜNF KAGE IST AM BESTEN DAFÜR GEEIGNET?
HIER UND HEUTE ERREICHT TSUNADES ZEIT ENDGÜLTIG IHR ENDE...
NARUTO HAT SICH VERLETZT?!
JA. UM SASUKE ZU RETTEN.
AM GANZEN KÖRPER SCHWER VERLETZT... ABER KEINESFALLS HÄTTE ER SASUKE VERKAUFT.
UND ER HAT MICH GEBETEN, DIR KEIN WORT DAVON ZU SAGEN, DA ER DIR KEINE SORGEN BEREITEN WOLLTE.
...
NARUTO...
JETZT IST ER FORT, UM RAIKAGE UM GNADE FÜR SASUKE ZU BITTEN...
WAHRSCHEINLICH VERGEBLICH...
WARUM MACHT ER SO EINEN UNSINN?
MEISTER KAKASHI IST BEI IHM, ODER?

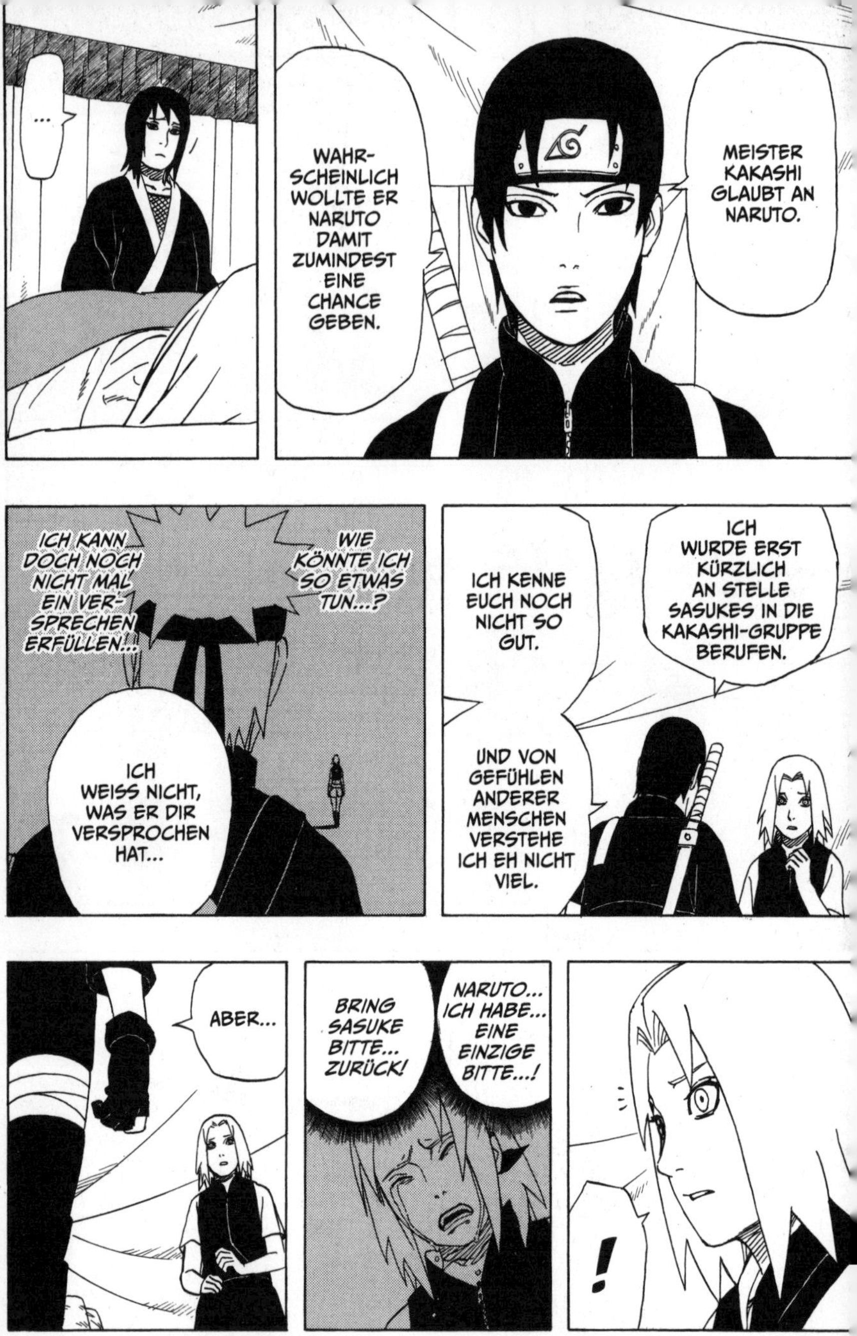
MEISTER KAKASHI GLAUBT AN NARUTO.
WAHR-SCHEINLICH WOLLTE ER NARUTO DAMIT ZUMINDEST EINE CHANCE GEBEN.
...
ICH WURDE ERST KÜRZLICH AN STELLE SASUKES IN DIE KAKASHI-GRUPPE BERUFEN.
ICH KENNE EUCH NOCH NICHT SO GUT.
UND VON GEFÜHLEN ANDERER MENSCHEN VERSTEHE ICH EH NICHT VIEL.
ICH WEISS NICHT, WAS ER DIR VERSPROCHEN HAT...
WIE KÖNNTE ICH SO ETWAS TUN...?
ICH KANN DOCH NOCH NICHT MAL EIN VER-SPRECHEN ERFÜLLEN...
!
NARUTO... ICH HABE... EINE EINZIGE BITTE...!
BRING SASUKE BITTE... ZURÜCK!
ABER...

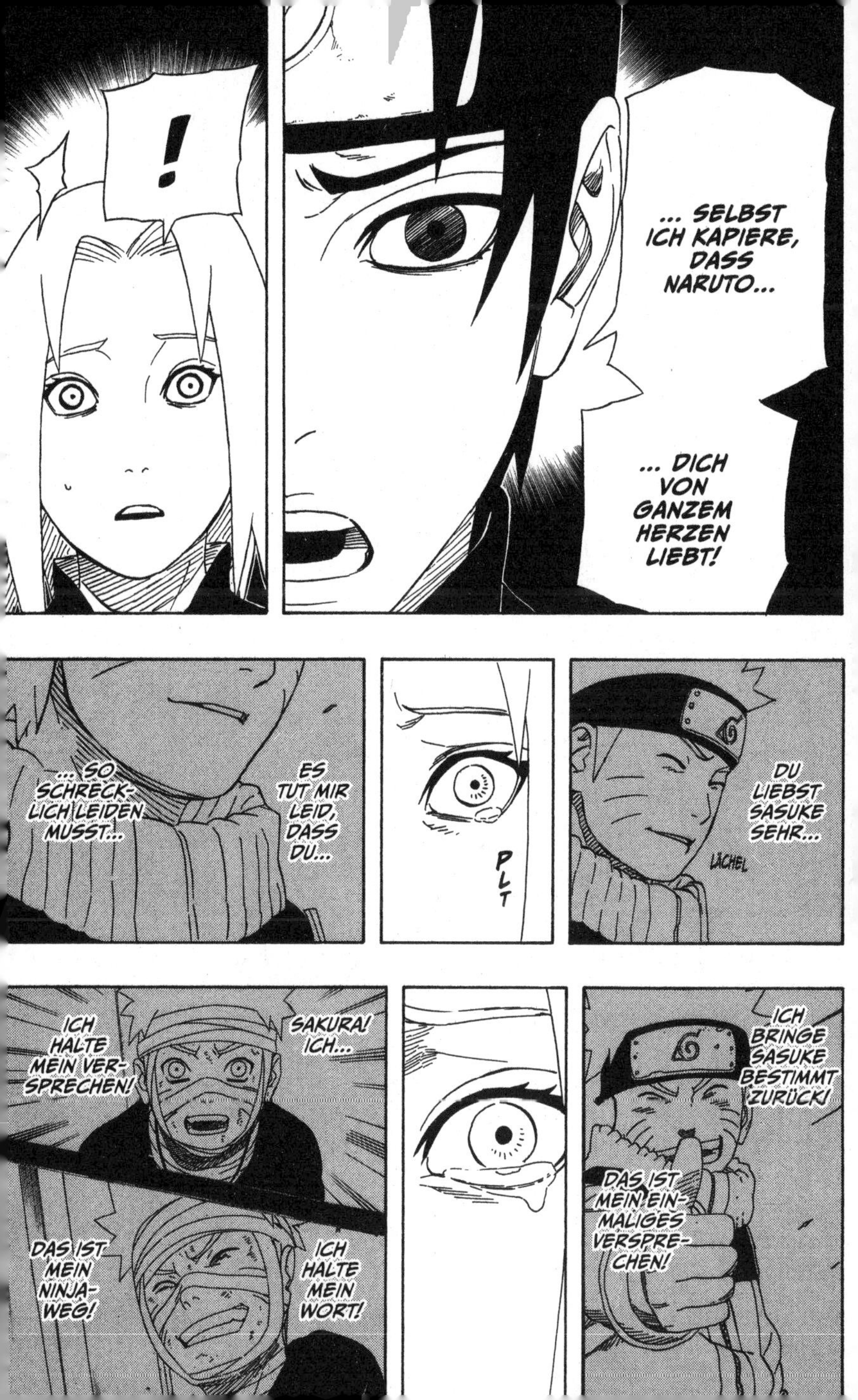
... SELBST ICH KAPIERE, DASS NARUTO...
... DICH VON GANZEM HERZEN LIEBT!
!
DU LIEBST SASUKE SEHR...
LÄCHEL
PLT
ES TUT MIR LEID, DASS DU...
... SO SCHRECK-LICH LEIDEN MUSST...
ICH BRINGE SASUKE BESTIMMT ZURÜCK!
DAS IST MEIN EIN-MALIGES VERSPRE-CHEN!
SAKURA! ICH...
ICH HALTE MEIN VER-SPRECHEN!
ICH HALTE MEIN WORT!
DAS IST MEIN NINJA-WEG!

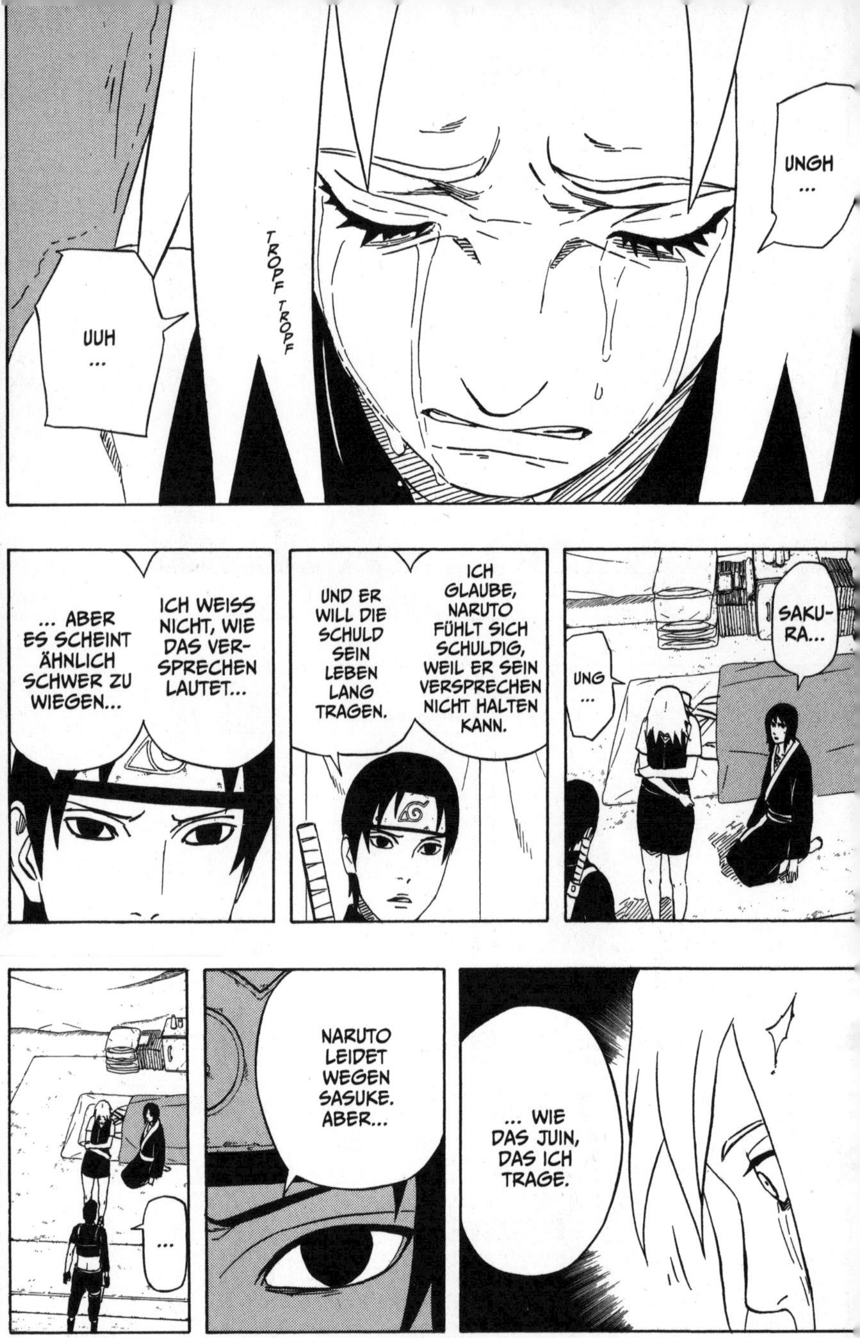
UNGH ...
TROPF TROPF
UUH ...
SAKU-RA...
UNG ...
ICH GLAUBE, NARUTO FÜHLT SICH SCHULDIG, WEIL ER SEIN VERSPRECHEN NICHT HALTEN KANN.
UND ER WILL DIE SCHULD SEIN LEBEN LANG TRAGEN.
ICH WEISS NICHT, WIE DAS VER-SPRECHEN LAUTET...
... ABER ES SCHEINT ÄHNLICH SCHWER ZU WIEGEN...
... WIE DAS JUIN, DAS ICH TRAGE.
NARUTO LEIDET WEGEN SASUKE. ABER...
...

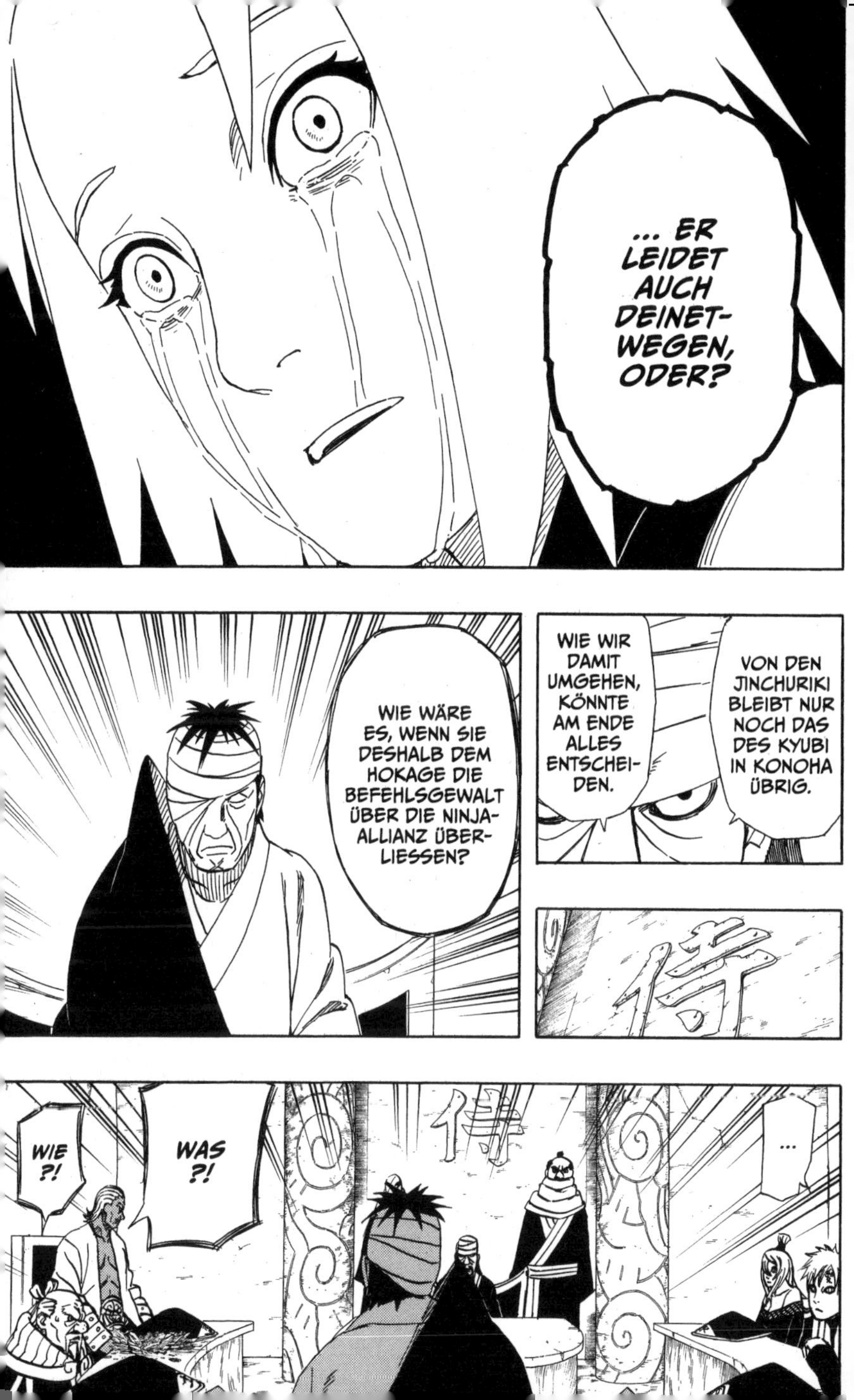
... ER LEIDET AUCH DEINET-WEGEN, ODER?
VON DEN JINCHURIKI BLEIBT NUR NOCH DAS DES KYUBI IN KONOHA ÜBRIG.
WIE WIR DAMIT UMGEHEN, KÖNNTE AM ENDE ALLES ENTSCHEI-DEN.
WIE WÄRE ES, WENN SIE DESHALB DEM HOKAGE DIE BEFEHLSGEWALT ÜBER DIE NINJA-ALLIANZ ÜBER-LIESSEN?
...
WAS ?!
WIE ?!

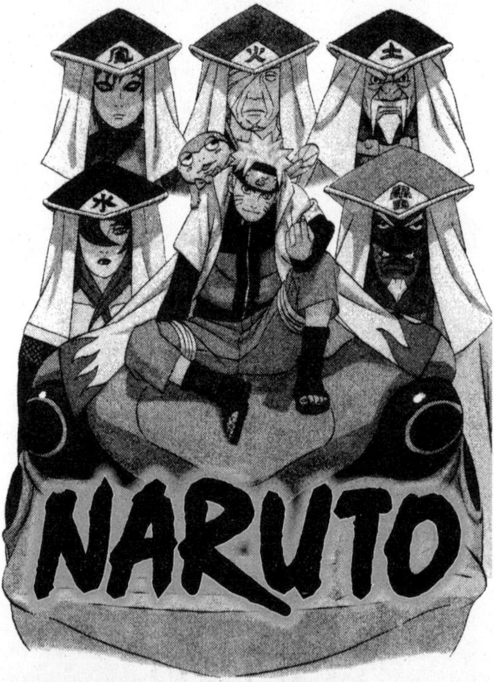
NARUTO

459. KAPITEL: SAKURAS ENTSCHEIDUNG

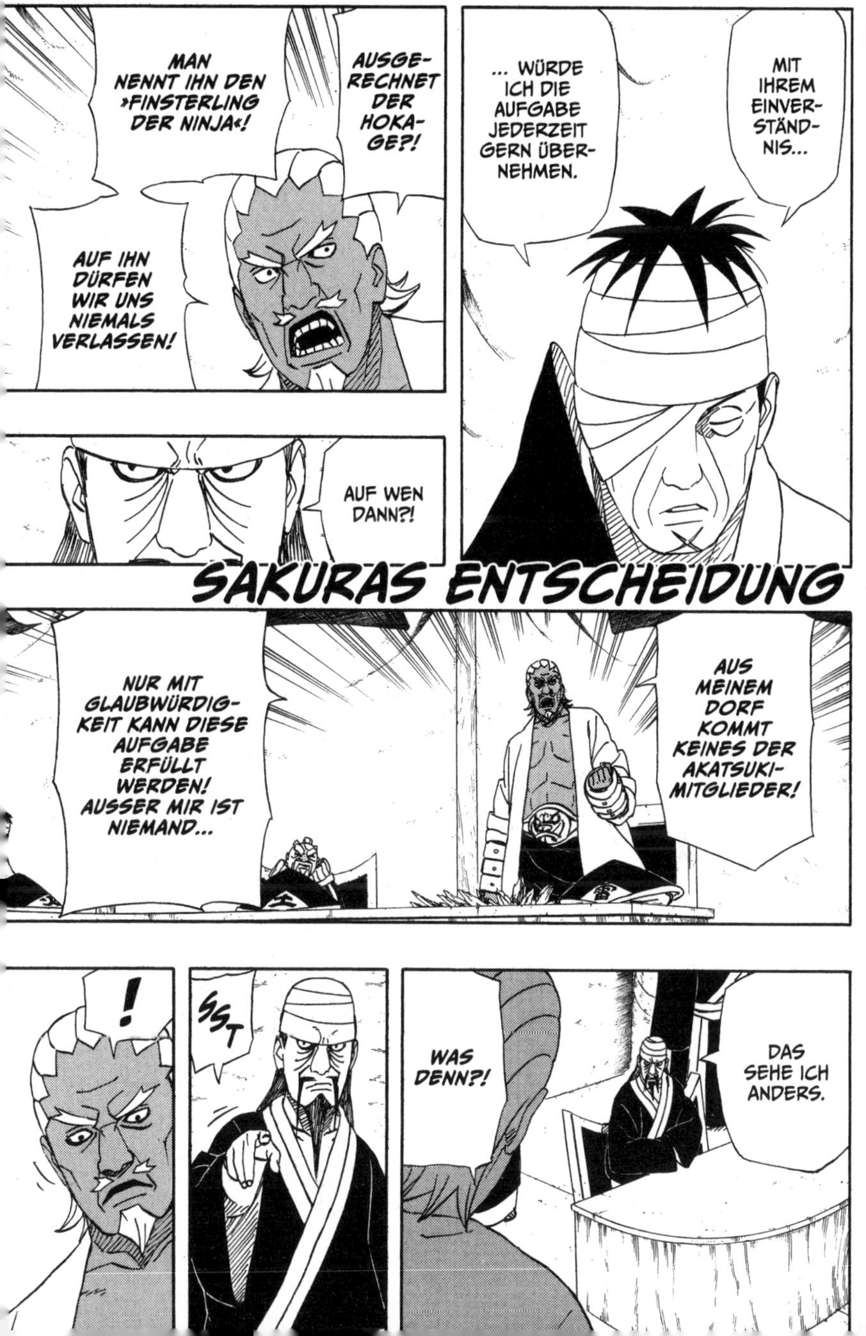

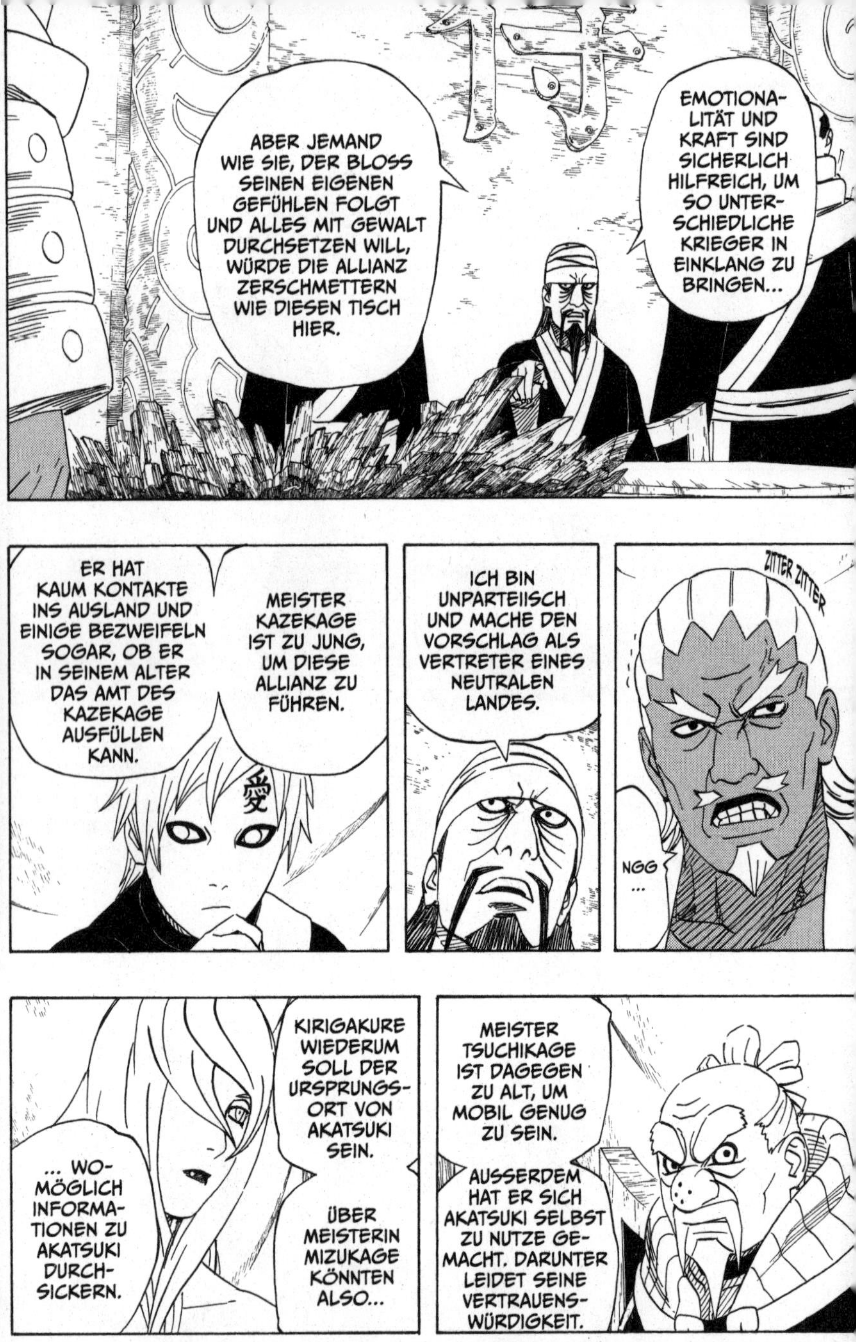
EMOTIONALITÄT UND KRAFT SIND SICHERLICH HILFREICH, UM SO UNTERSCHIEDLICHE KRIEGER IN EINKLANG ZU BRINGEN...
ABER JEMAND WIE SIE, DER BLOSS SEINEN EIGENEN GEFÜHLEN FOLGT UND ALLES MIT GEWALT DURCHSETZEN WILL, WÜRDE DIE ALLIANZ ZERSCHMETTERN WIE DIESEN TISCH HIER.
ZITTER ZITTER
NGG ...
ICH BIN UNPARTEIISCH UND MACHE DEN VORSCHLAG ALS VERTRETER EINES NEUTRALEN LANDES.
MEISTER KAZEKAGE IST ZU JUNG, UM DIESE ALLIANZ ZU FÜHREN.
ER HAT KAUM KONTAKTE INS AUSLAND UND EINIGE BEZWEIFELN SOGAR, OB ER IN SEINEM ALTER DAS AMT DES KAZEKAGE AUSFÜLLEN KANN.
MEISTER TSUCHIKAGE IST DAGEGEN ZU ALT, UM MOBIL GENUG ZU SEIN.
AUSSERDEM HAT ER SICH AKATSUKI SELBST ZU NUTZE GEMACHT. DARUNTER LEIDET SEINE VERTRAUENSWÜRDIGKEIT.
KIRIGAKURE WIEDERUM SOLL DER URSPRUNGSORT VON AKATSUKI SEIN.
ÜBER MEISTERIN MIZUKAGE KÖNNTEN ALSO...
... WOMÖGLICH INFORMATIONEN ZU AKATSUKI DURCHSICKERN.

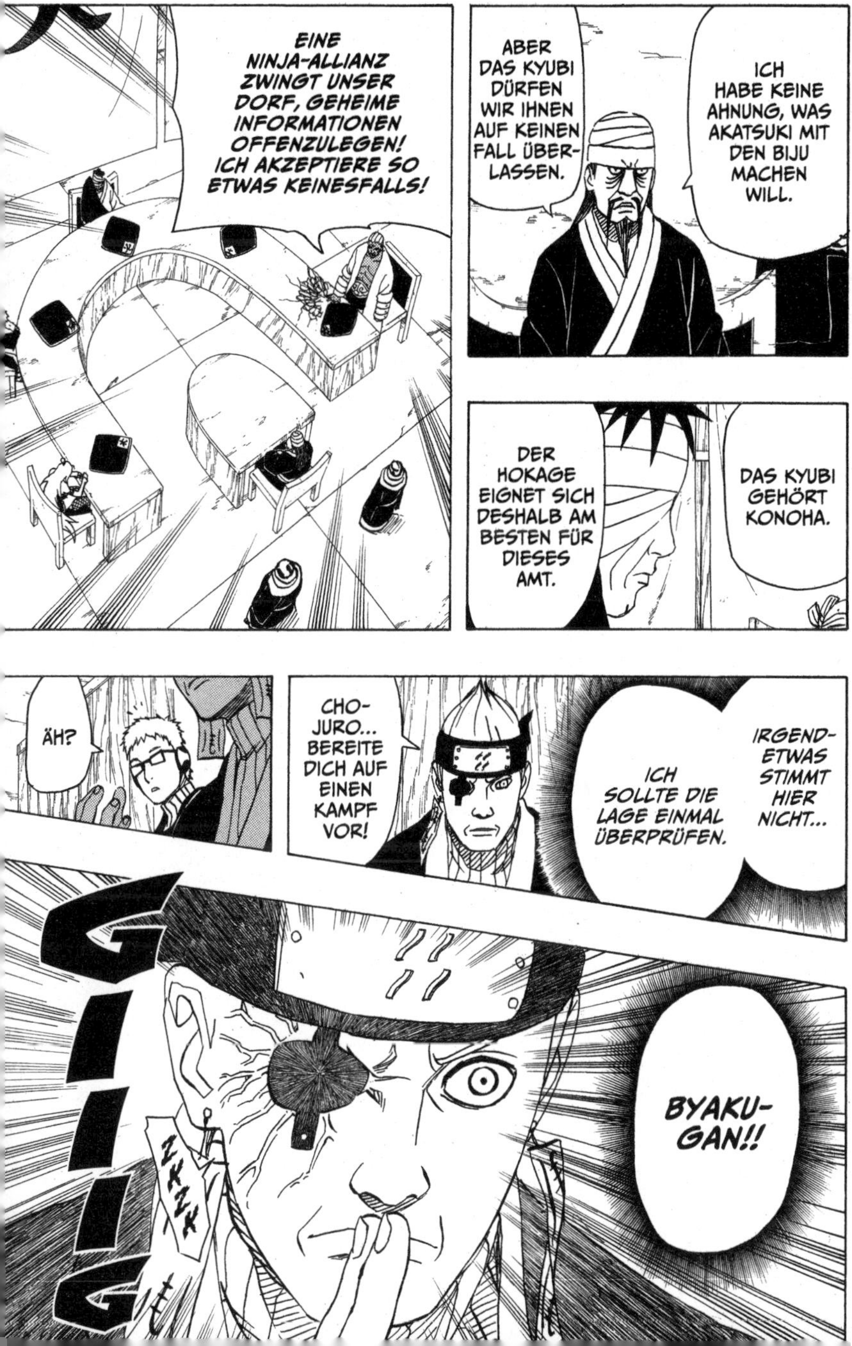
ICH HABE KEINE AHNUNG, WAS AKATSUKI MIT DEN BIJU MACHEN WILL.
ABER DAS KYUBI DÜRFEN WIR IHNEN AUF KEINEN FALL ÜBER-LASSEN.
DAS KYUBI GEHÖRT KONOHA.
DER HOKAGE EIGNET SICH DESHALB AM BESTEN FÜR DIESES AMT.
EINE NINJA-ALLIANZ ZWINGT UNSER DORF, GEHEIME INFORMATIONEN OFFENZULEGEN! ICH AKZEPTIERE SO ETWAS KEINESFALLS!
IRGEND-ETWAS STIMMT HIER NICHT...
ICH SOLLTE DIE LAGE EINMAL ÜBERPRÜFEN.
CHO-JURO... BEREITE DICH AUF EINEN KAMPF VOR!
ÄH?
BYAKU-GAN!!
GIIIG
ZKZK

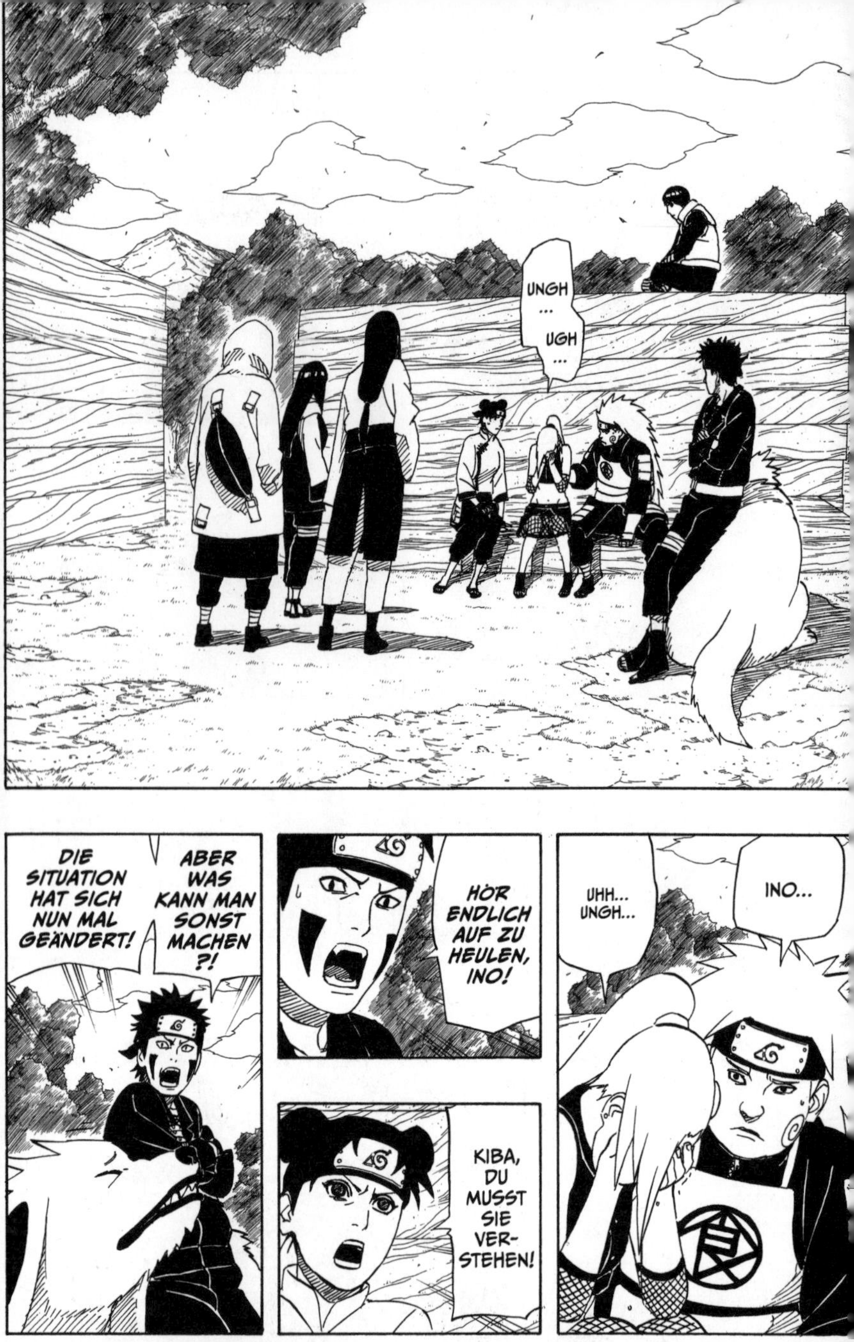
UNGH ... UGH ...
INO...
UHH... UNGH...
HÖR ENDLICH AUF ZU HEULEN, INO!
KIBA, DU MUSST SIE VERSTEHEN!
ABER WAS KANN MAN SONST MACHEN ?!
DIE SITUATION HAT SICH NUN MAL GEÄNDERT!

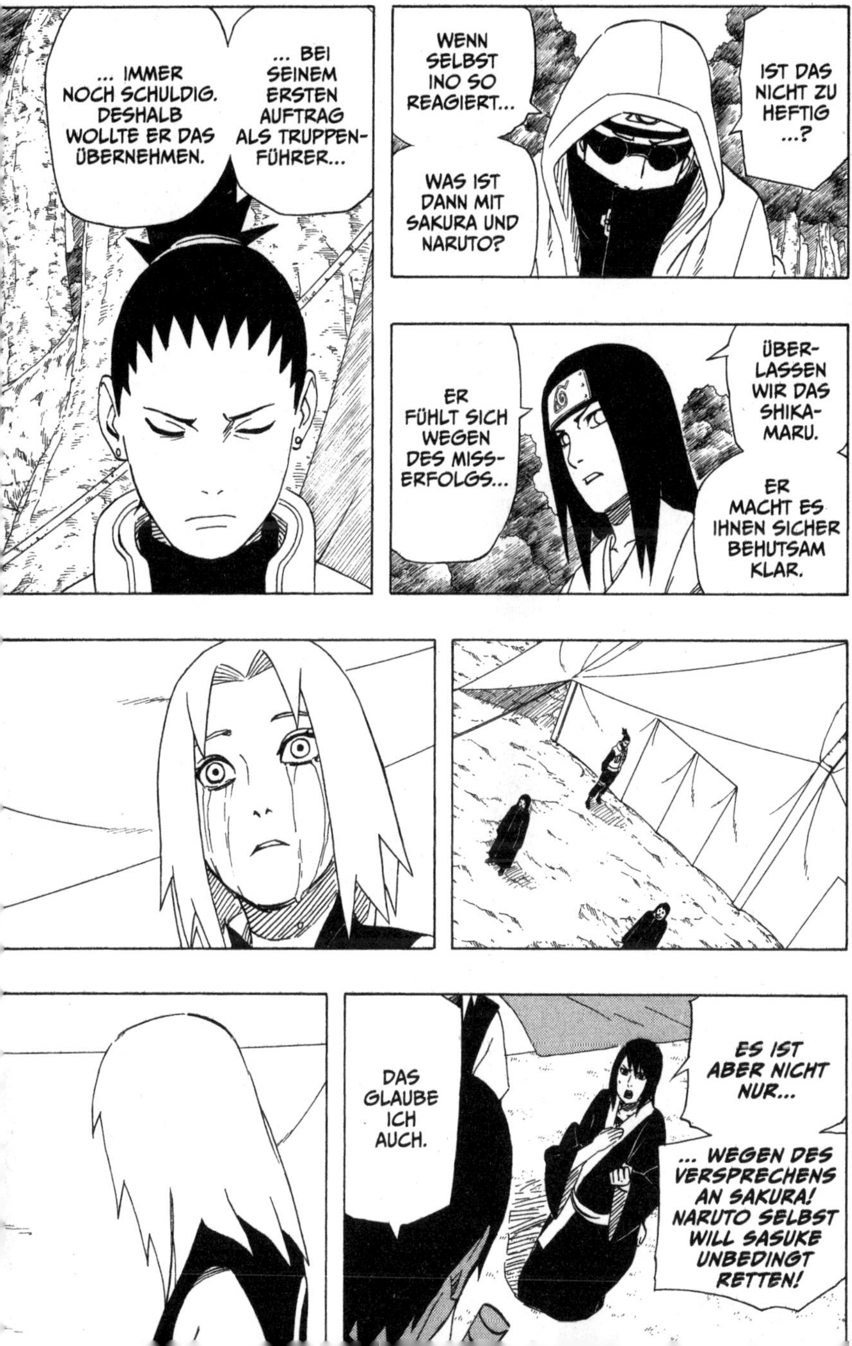
IST DAS NICHT ZU HEFTIG ...?
WENN SELBST INO SO REAGIERT...
WAS IST DANN MIT SAKURA UND NARUTO?
ÜBERLASSEN WIR DAS SHIKAMARU.
ER MACHT ES IHNEN SICHER BEHUTSAM KLAR.
ER FÜHLT SICH WEGEN DES MISSERFOLGS...
... BEI SEINEM ERSTEN AUFTRAG ALS TRUPPENFÜHRER...
... IMMER NOCH SCHULDIG. DESHALB WOLLTE ER DAS ÜBERNEHMEN.
ES IST ABER NICHT NUR...
... WEGEN DES VERSPRECHENS AN SAKURA! NARUTO SELBST WILL SASUKE UNBEDINGT RETTEN!
DAS GLAUBE ICH AUCH.

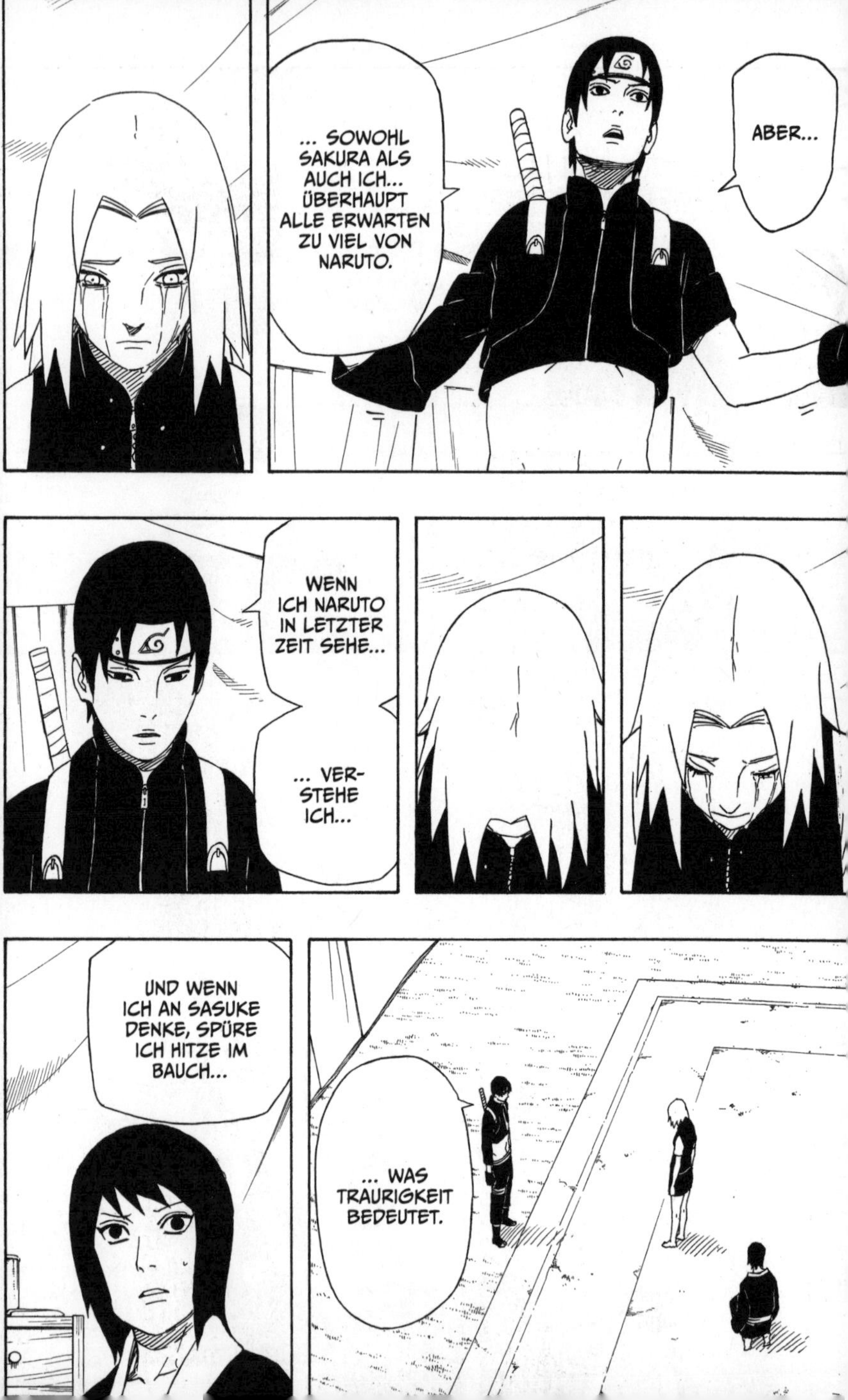

ABER...
... SOWOHL SAKURA ALS AUCH ICH... ÜBERHAUPT ALLE ERWARTEN ZU VIEL VON NARUTO.
WENN ICH NARUTO IN LETZTER ZEIT SEHE...
... VER-STEHE ICH...
... WAS TRAURIGKEIT BEDEUTET.
UND WENN ICH AN SASUKE DENKE, SPÜRE ICH HITZE IM BAUCH...

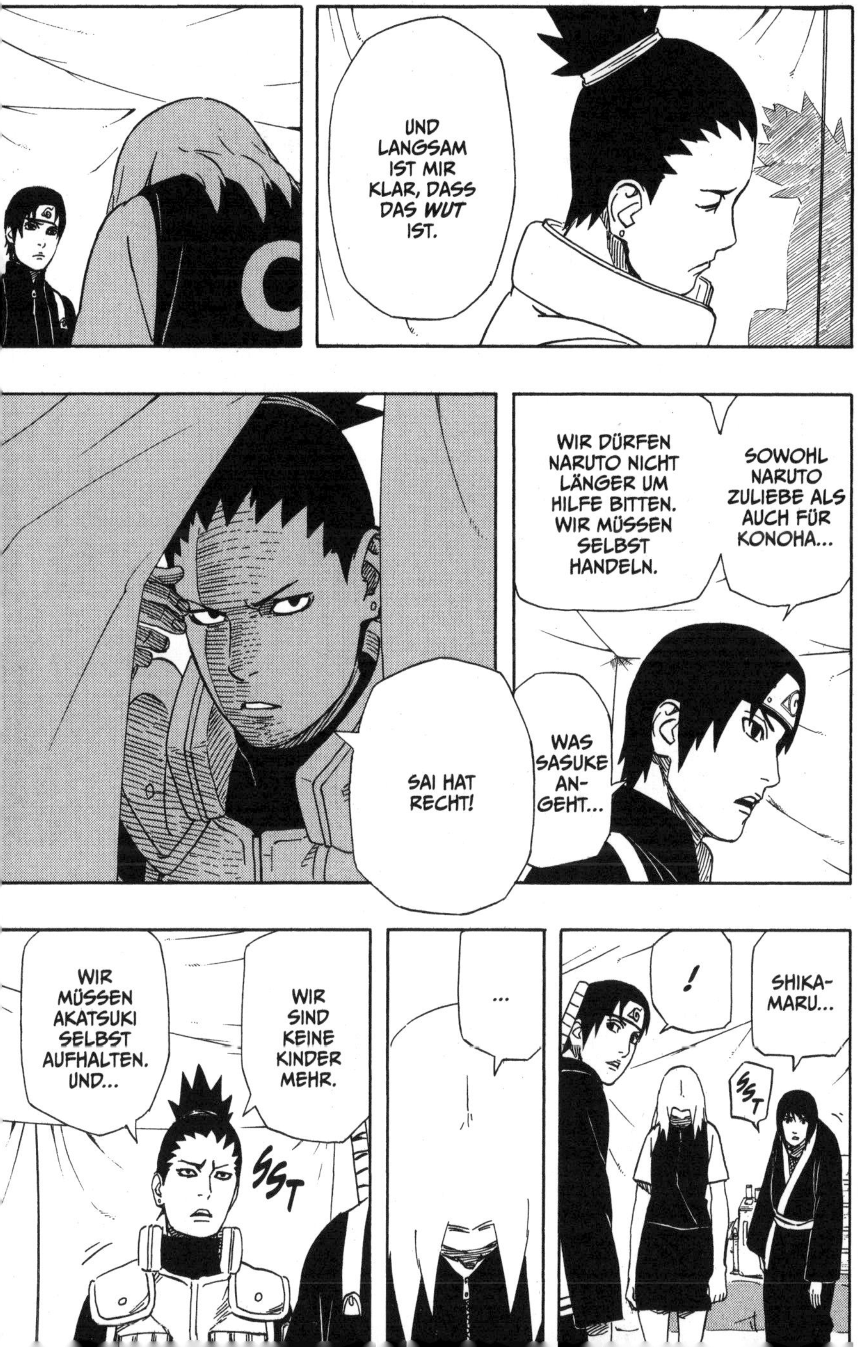
UND LANGSAM IST MIR KLAR, DASS DAS *WUT* IST.
SOWOHL NARUTO ZULIEBE ALS AUCH FÜR KONOHA...
WIR DÜRFEN NARUTO NICHT LÄNGER UM HILFE BITTEN. WIR MÜSSEN SELBST HANDELN.
WAS SASUKE AN-GEHT...
SAI HAT RECHT!
SHIKA-MARU...
!
SST
...
WIR SIND KEINE KINDER MEHR.
WIR MÜSSEN AKATSUKI SELBST AUFHALTEN. UND...
SST

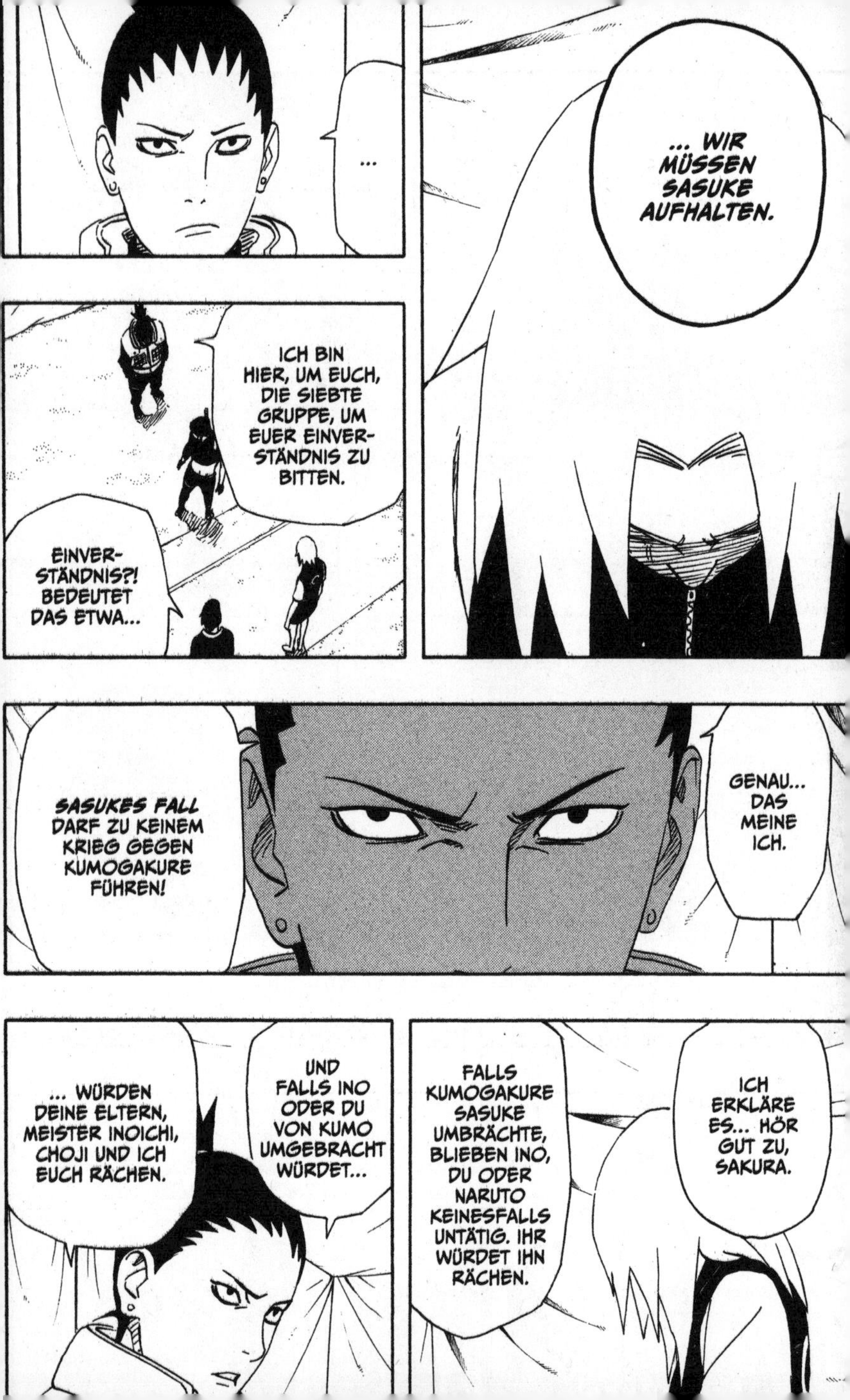

... WIR MÜSSEN SASUKE AUFHALTEN.
...
ICH BIN HIER, UM EUCH, DIE SIEBTE GRUPPE, UM EUER EINVERSTÄNDNIS ZU BITTEN.
EINVERSTÄNDNIS?! BEDEUTET DAS ETWA...
GENAU... DAS MEINE ICH.
SASUKES FALL DARF ZU KEINEM KRIEG GEGEN KUMOGAKURE FÜHREN!
ICH ERKLÄRE ES... HÖR GUT ZU, SAKURA.
FALLS KUMOGAKURE SASUKE UMBRÄCHTE, BLIEBEN INO, DU ODER NARUTO KEINESFALLS UNTÄTIG. IHR WÜRDET IHN RÄCHEN.
UND FALLS INO ODER DU VON KUMO UMGEBRACHT WÜRDET...
... WÜRDEN DEINE ELTERN, MEISTER INOICHI, CHOJI UND ICH EUCH RÄCHEN.

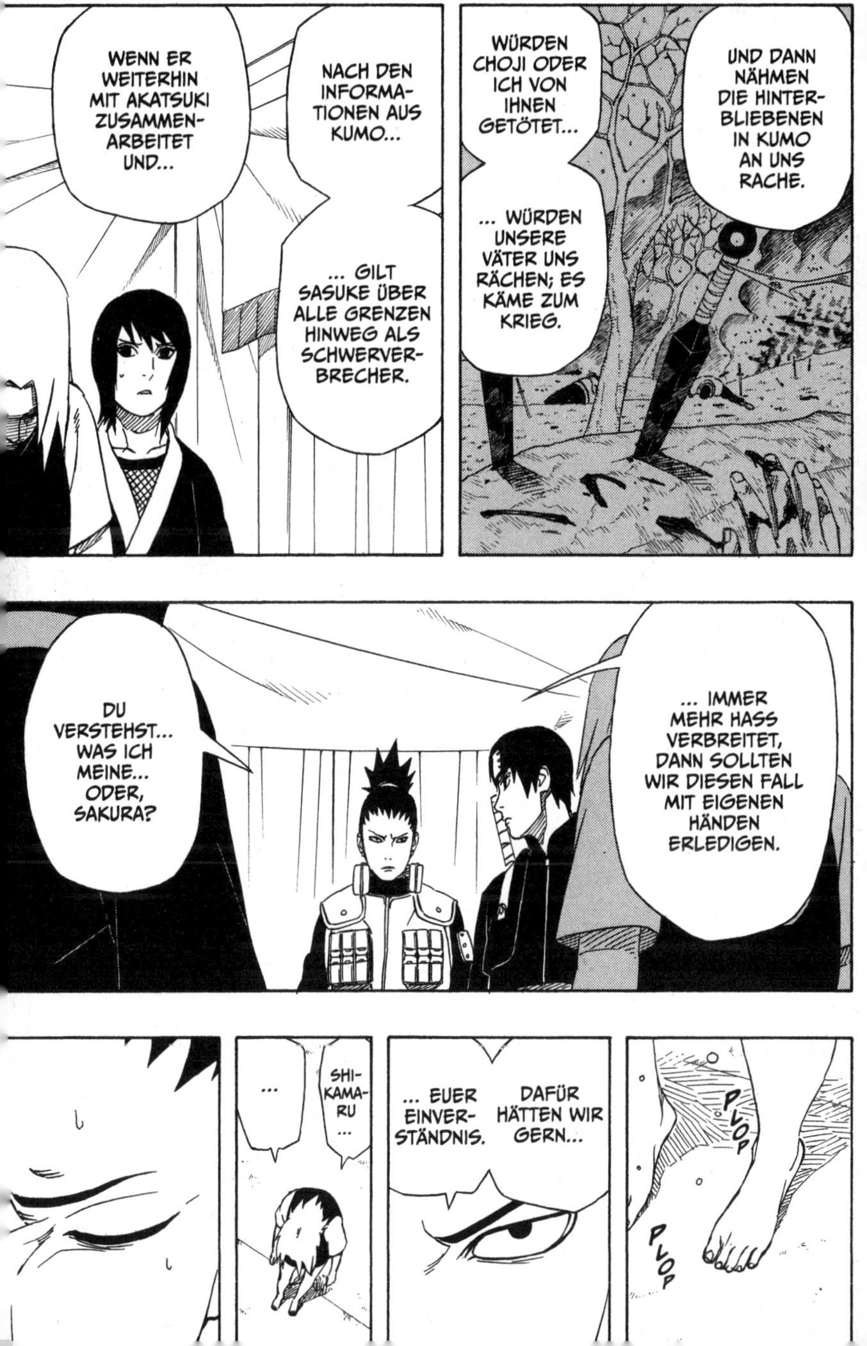
UND DANN NÄHMEN DIE HINTERBLIEBENEN IN KUMO AN UNS RACHE.
WÜRDEN CHOJI ODER ICH VON IHNEN GETÖTET...
... WÜRDEN UNSERE VÄTER UNS RÄCHEN; ES KÄME ZUM KRIEG.
NACH DEN INFORMATIONEN AUS KUMO...
... GILT SASUKE ÜBER ALLE GRENZEN HINWEG ALS SCHWERVERBRECHER.
WENN ER WEITERHIN MIT AKATSUKI ZUSAMMENARBEITET UND...
... IMMER MEHR HASS VERBREITET, DANN SOLLTEN WIR DIESEN FALL MIT EIGENEN HÄNDEN ERLEDIGEN.
DU VERSTEHST... WAS ICH MEINE... ODER, SAKURA?
PLOP
PLOP
DAFÜR HÄTTEN WIR GERN...
... EUER EINVERSTÄNDNIS.
SHIKAMARU ...
...

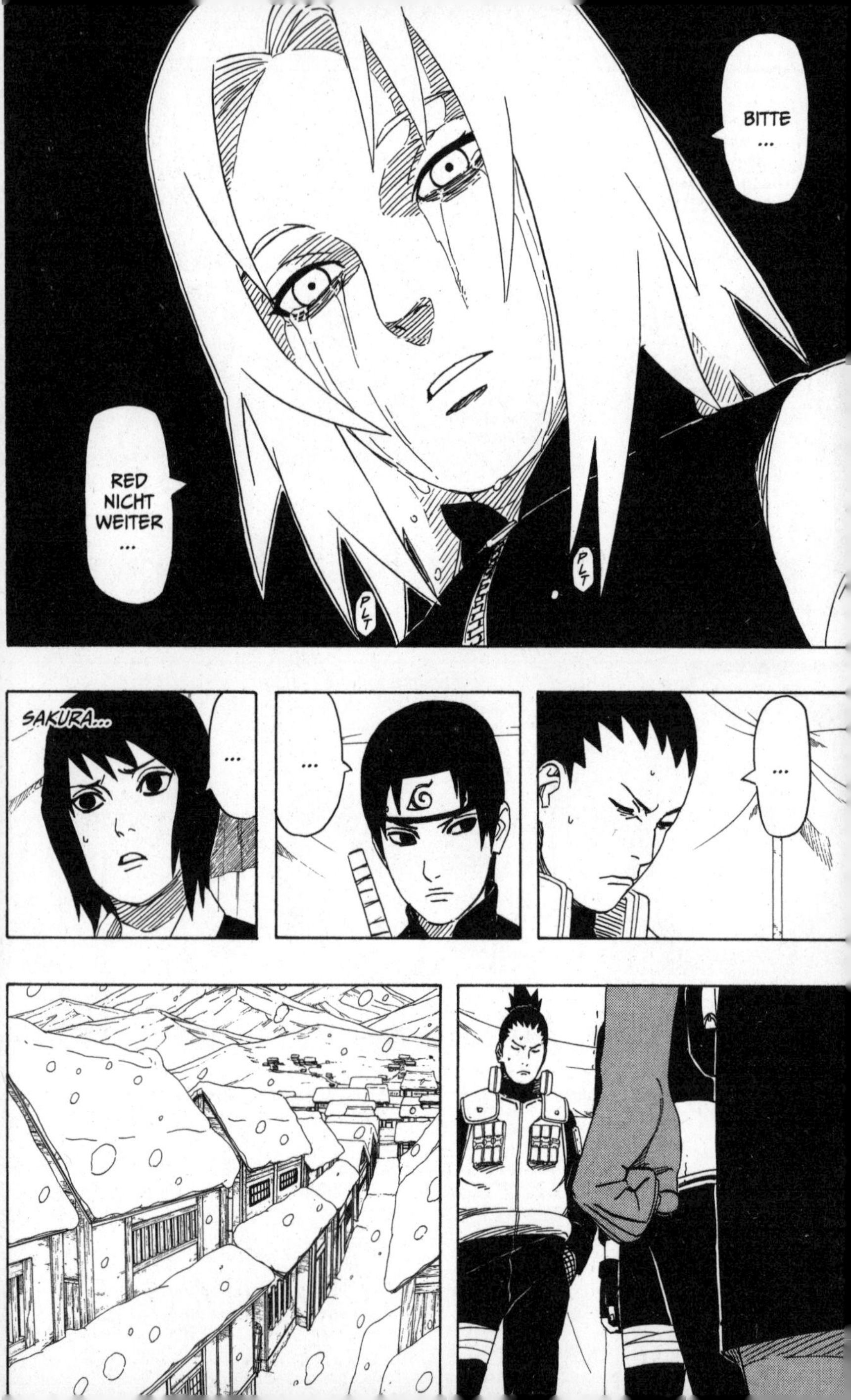
BITTE ...
RED NICHT WEITER ...
PLT
PLT
SAKURA...
...
...
...

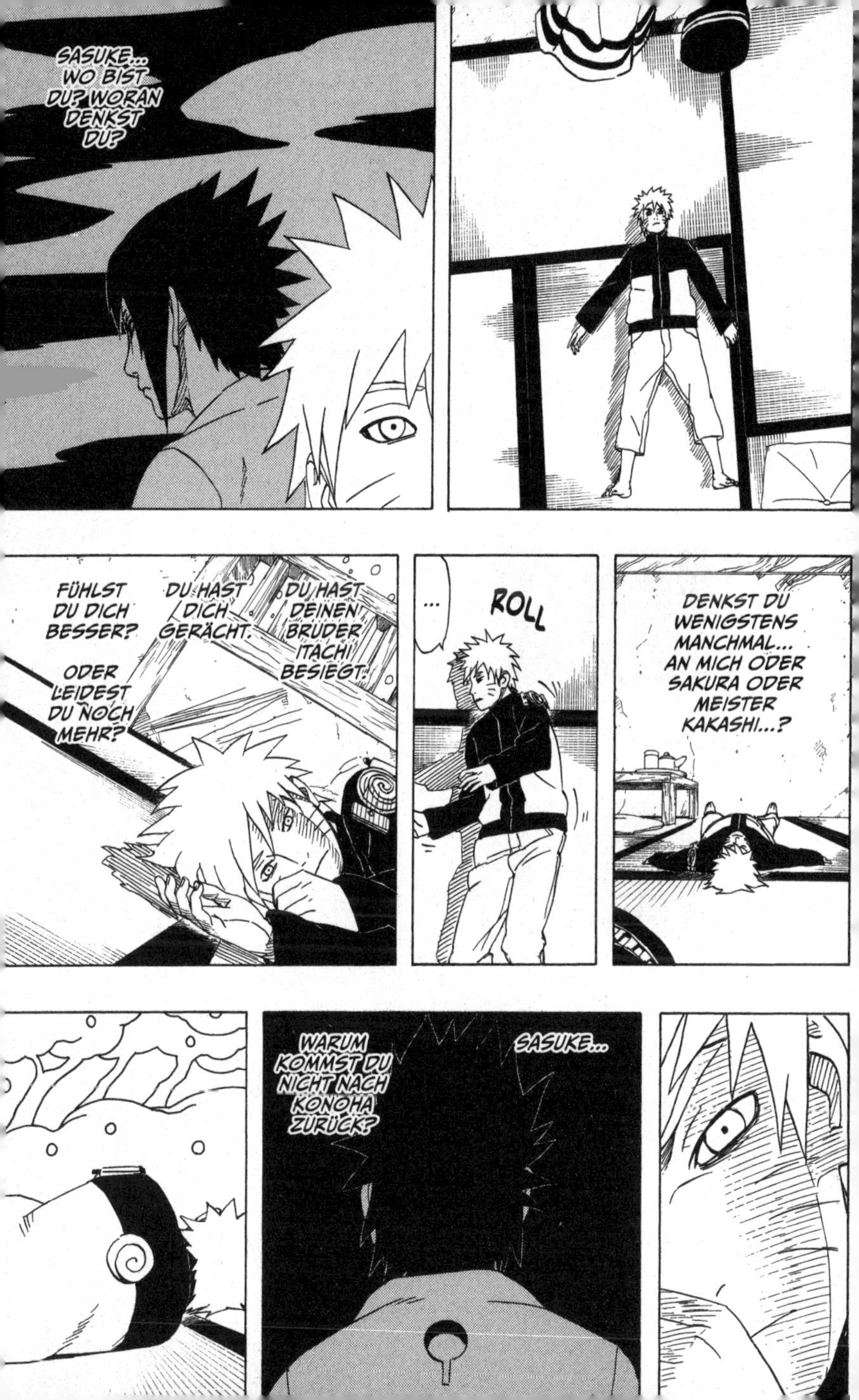
SASUKE... WO BIST DU? WORAN DENKST DU?
DENKST DU WENIGSTENS MANCHMAL... AN MICH ODER SAKURA ODER MEISTER KAKASHI...?
...
ROLL
DU HAST DEINEN BRUDER ITACHI BESIEGT.
DU HAST DICH GERÄCHT.
FÜHLST DU DICH BESSER?
ODER LEIDEST DU NOCH MEHR?
SASUKE...
WARUM KOMMST DU NICHT NACH KONOHA ZURÜCK?

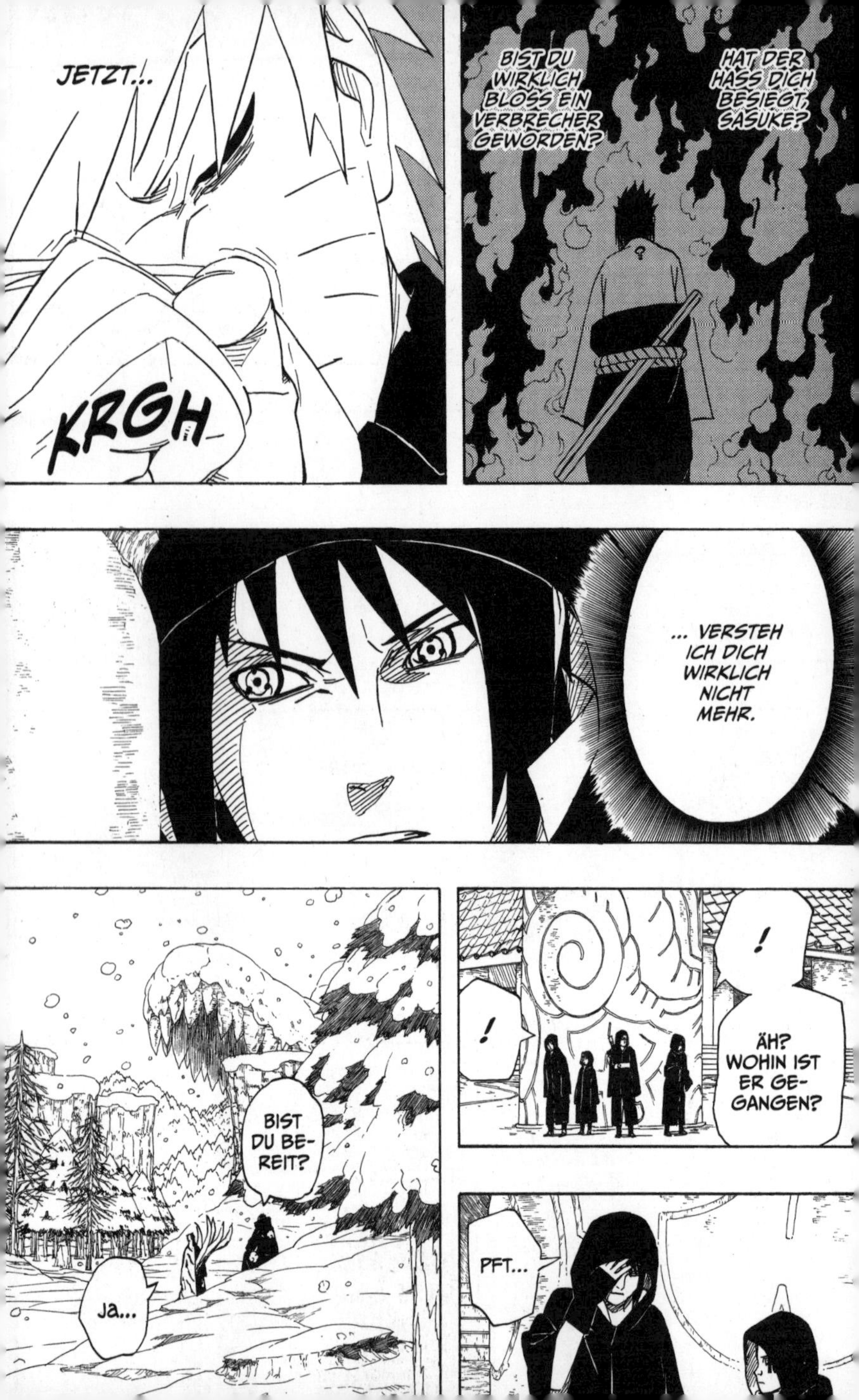
HAT DER HASS DICH BESIEGT, SASUKE?
BIST DU WIRKLICH BLOSS EIN VERBRECHER GEWORDEN?
JETZT...
KRGH
... VERSTEH ICH DICH WIRKLICH NICHT MEHR.
!
!
ÄH? WOHIN IST ER GE-GANGEN?
PFT...
BIST DU BE-REIT?
Ja...

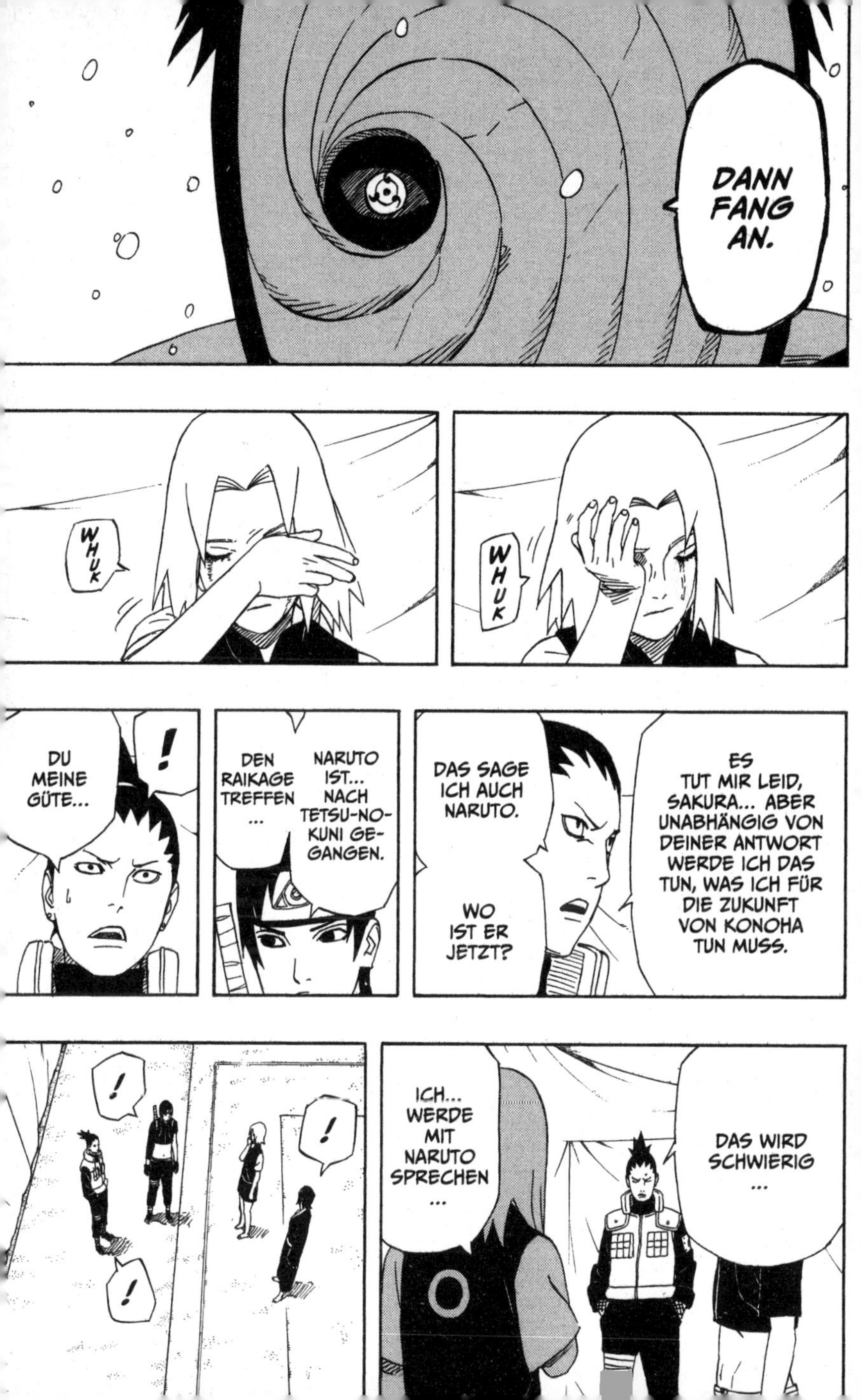
DANN FANG AN.
WHUK
WHUK
!
DU MEINE GÜTE...
NARUTO IST... NACH TETSU-NO-KUNI GEGANGEN.
DEN RAIKAGE TREFFEN ...
ES TUT MIR LEID, SAKURA... ABER UNABHÄNGIG VON DEINER ANTWORT WERDE ICH DAS TUN, WAS ICH FÜR DIE ZUKUNFT VON KONOHA TUN MUSS.
DAS SAGE ICH AUCH NARUTO.
WO IST ER JETZT?
!
!
!
DAS WIRD SCHWIERIG ...
ICH... WERDE MIT NARUTO SPRECHEN ...

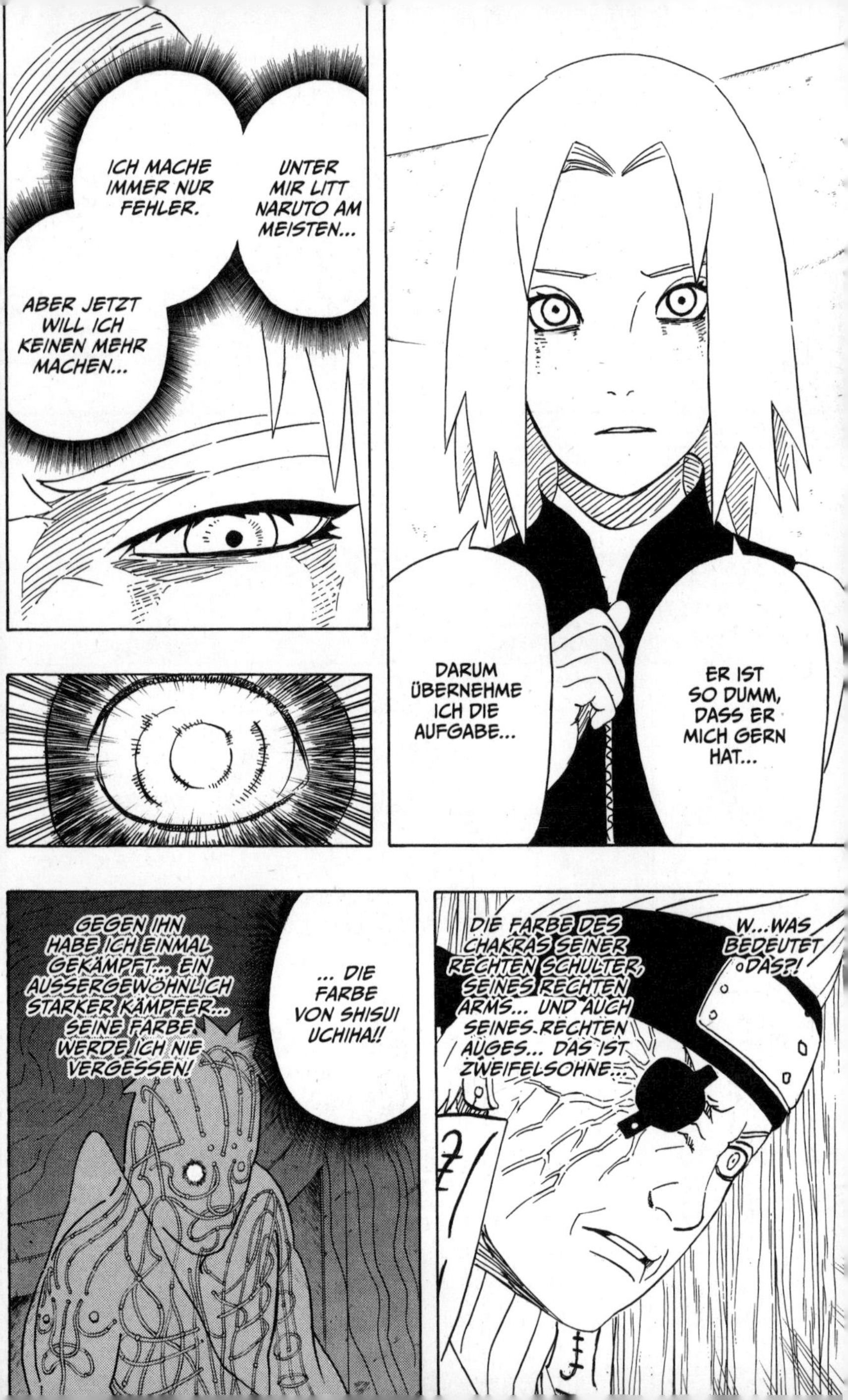
ER IST SO DUMM, DASS ER MICH GERN HAT...
DARUM ÜBERNEHME ICH DIE AUFGABE...
UNTER MIR LITT NARUTO AM MEISTEN...
ICH MACHE IMMER NUR FEHLER.
ABER JETZT WILL ICH KEINEN MEHR MACHEN...
W...WAS BEDEUTET DAS?!
DIE FARBE DES CHAKRAS SEINER RECHTEN SCHULTER, SEINES RECHTEN ARMS... UND AUCH SEINES RECHTEN AUGES... DAS IST ZWEIFELSOHNE...
... DIE FARBE VON SHISUI UCHIHA!!
GEGEN IHN HABE ICH EINMAL GEKÄMPFT... EIN AUSSERGEWÖHNLICH STARKER KÄMPFER... SEINE FARBE WERDE ICH NIE VERGESSEN!

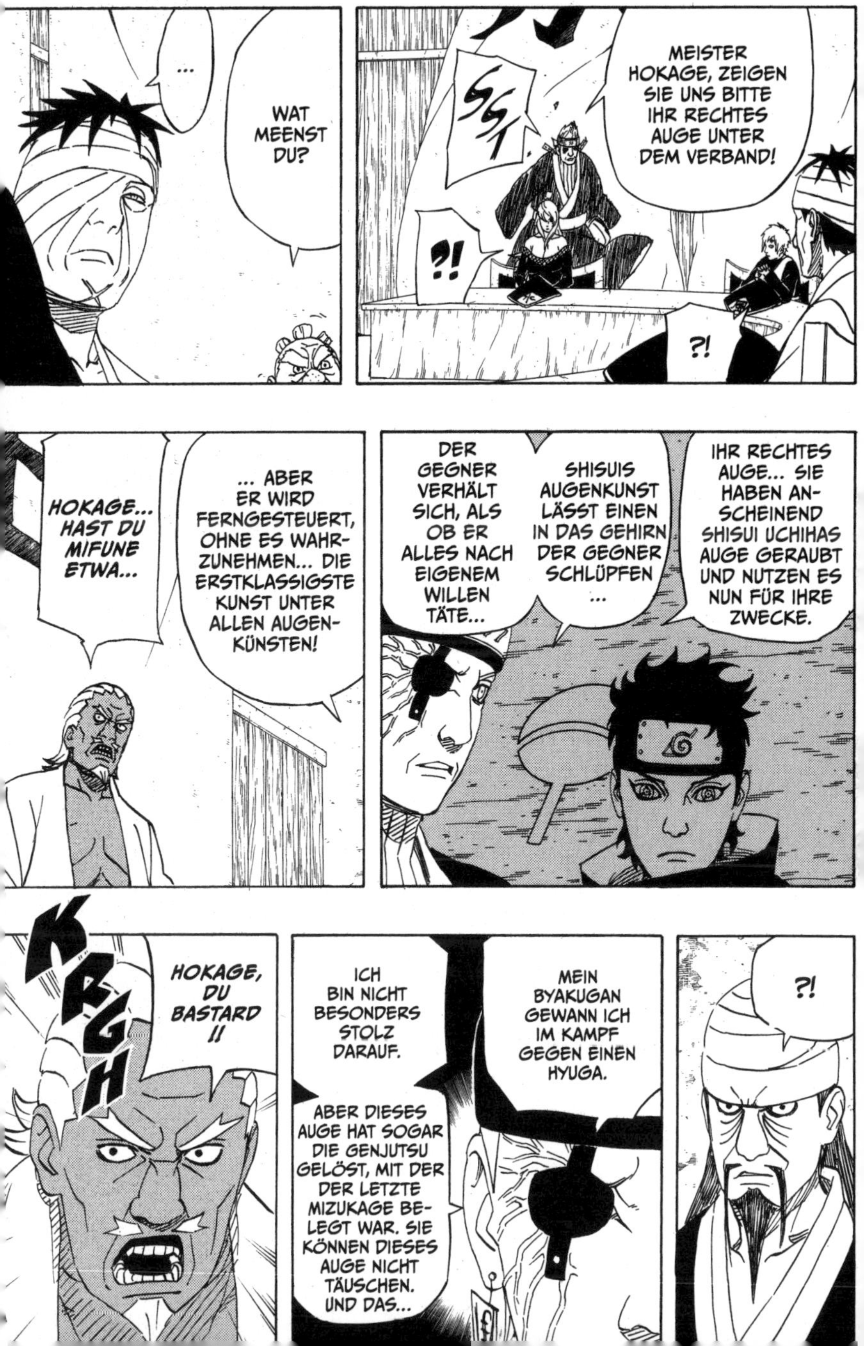
MEISTER HOKAGE, ZEIGEN SIE UNS BITTE IHR RECHTES AUGE UNTER DEM VERBAND!
?!
?!
...
WAT MEENST DU?
IHR RECHTES AUGE... SIE HABEN AN-SCHEINEND SHISUI UCHIHAS AUGE GERAUBT UND NUTZEN ES NUN FÜR IHRE ZWECKE.
SHISUIS AUGENKUNST LÄSST EINEN IN DAS GEHIRN DER GEGNER SCHLÜPFEN ...
DER GEGNER VERHÄLT SICH, ALS OB ER ALLES NACH EIGENEM WILLEN TÄTE...
... ABER ER WIRD FERNGESTEUERT, OHNE ES WAHR-ZUNEHMEN... DIE ERSTKLASSIGSTE KUNST UNTER ALLEN AUGEN-KÜNSTEN!
HOKAGE... HAST DU MIFUNE ETWA...
?!
MEIN BYAKUGAN GEWANN ICH IM KAMPF GEGEN EINEN HYUGA.
ICH BIN NICHT BESONDERS STOLZ DARAUF.
ABER DIESES AUGE HAT SOGAR DIE GENJUTSU GELÖST, MIT DER DER LETZTE MIZUKAGE BE-LEGT WAR. SIE KÖNNEN DIESES AUGE NICHT TÄUSCHEN. UND DAS...
HOKAGE, DU BASTARD !!
KRGH

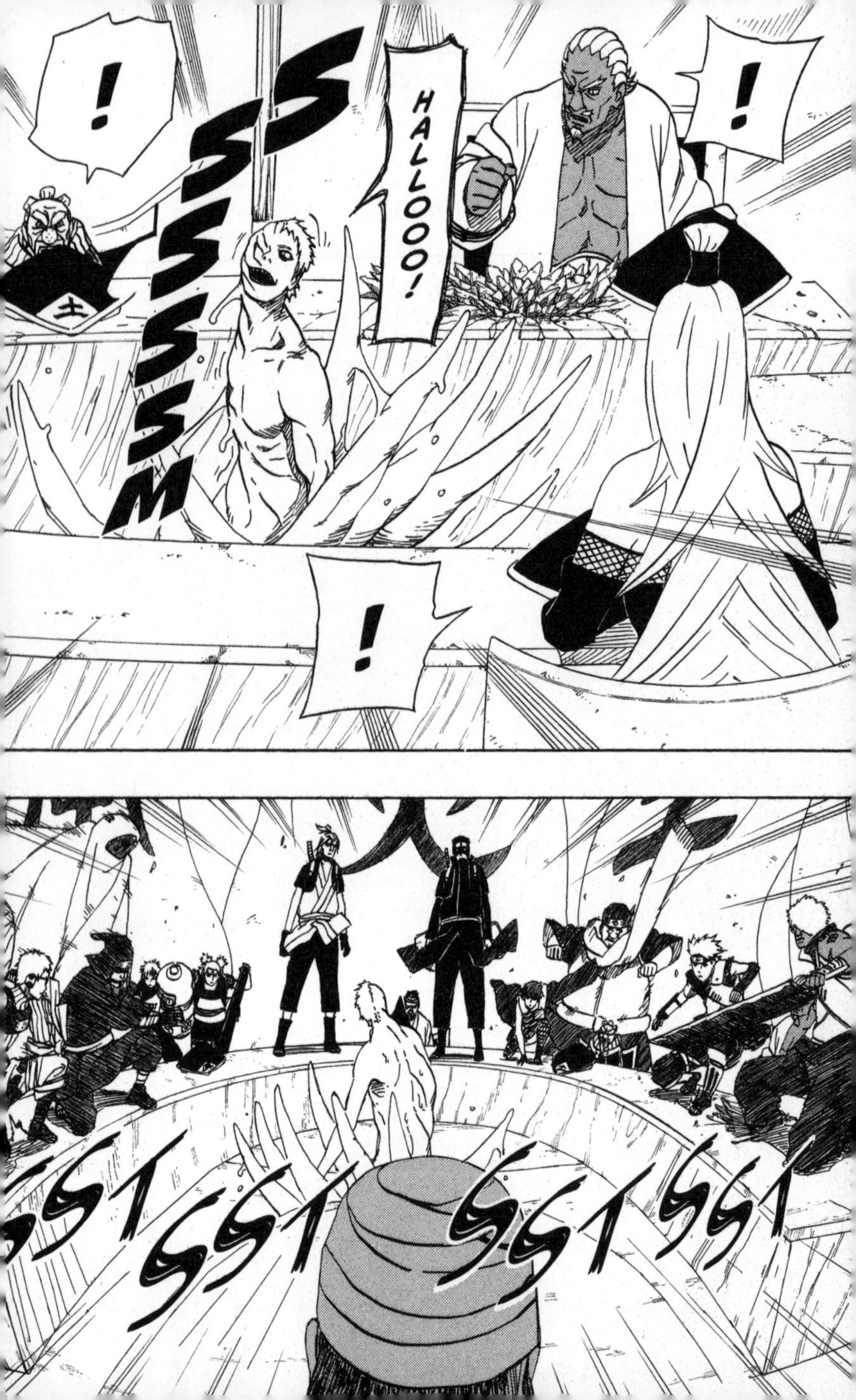
!
HALLOOO!
SSSSSM
!
!
SST SST SST SST

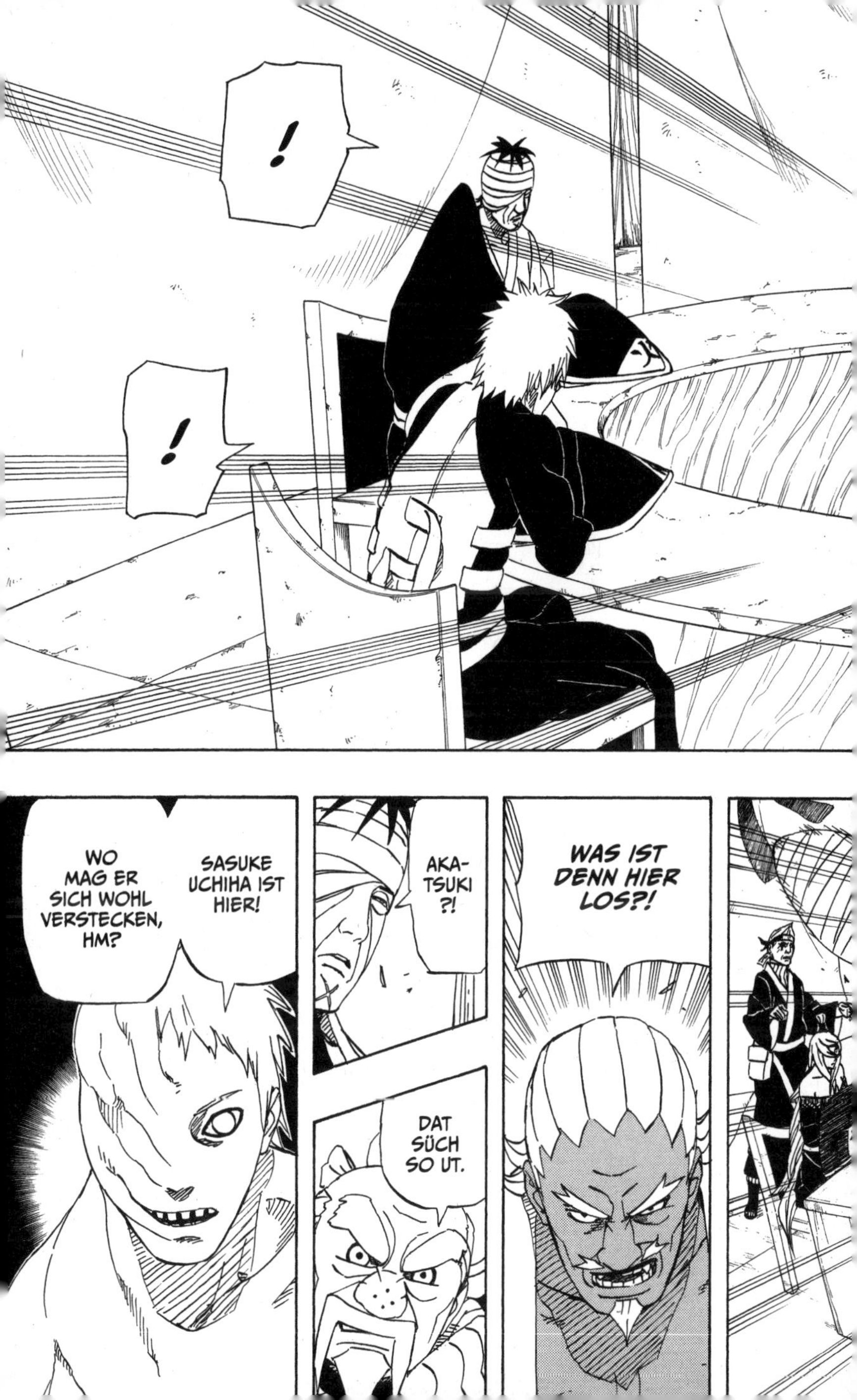
!
!
WAS IST DENN HIER LOS?!
AKA-TSUKI ?!
DAT SÜCH SO UT.
SASUKE UCHIHA IST HIER!
WO MAG ER SICH WOHL VERSTECKEN, HM?

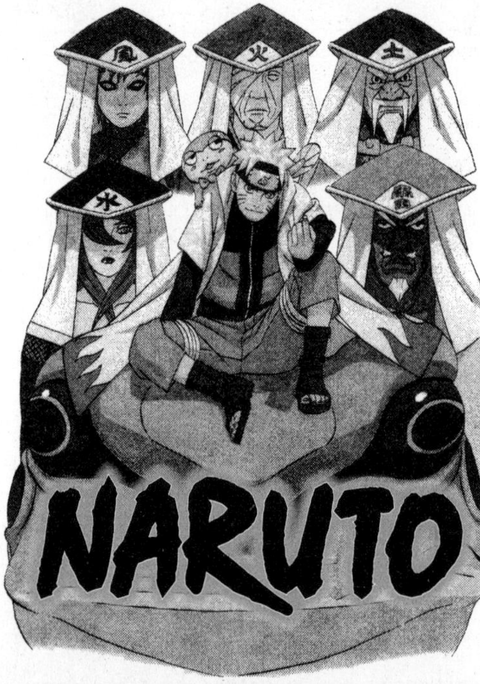
NARUTO

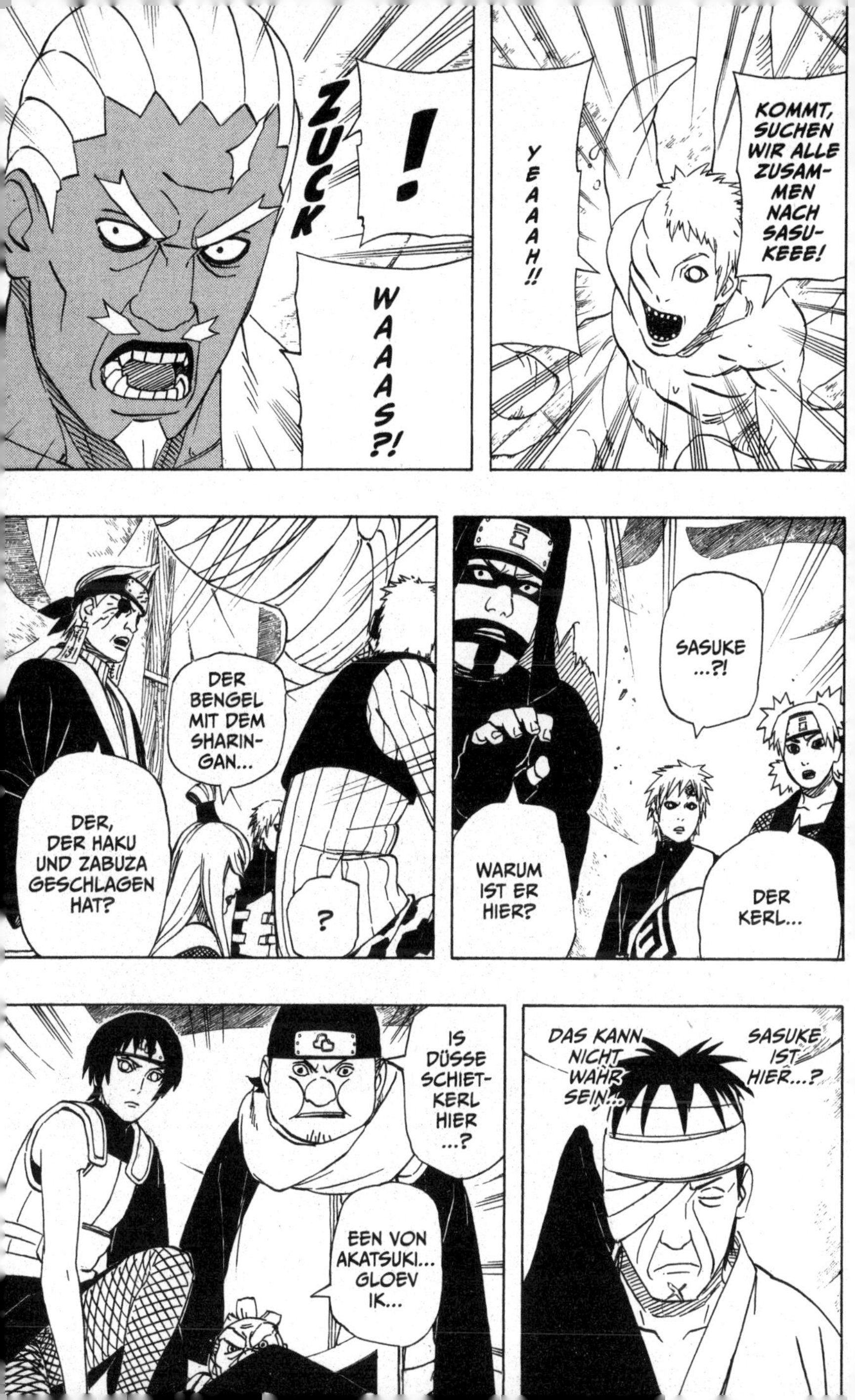
KOMMT, SUCHEN WIR ALLE ZUSAMMEN NACH SASUKEEE!
YEAAAAH!!
!
ZUCK
WAAAAS?!
SASUKE ...?!
DER KERL...
WARUM IST ER HIER?
DER BENGEL MIT DEM SHARINGAN...
?
DER, DER HAKU UND ZABUZA GESCHLAGEN HAT?
SASUKE IST HIER...?
DAS KANN NICHT WAHR SEIN...
IS DÜSSE SCHIETKERL HIER ...?
EEN VON AKATSUKI... GLOEV IK...

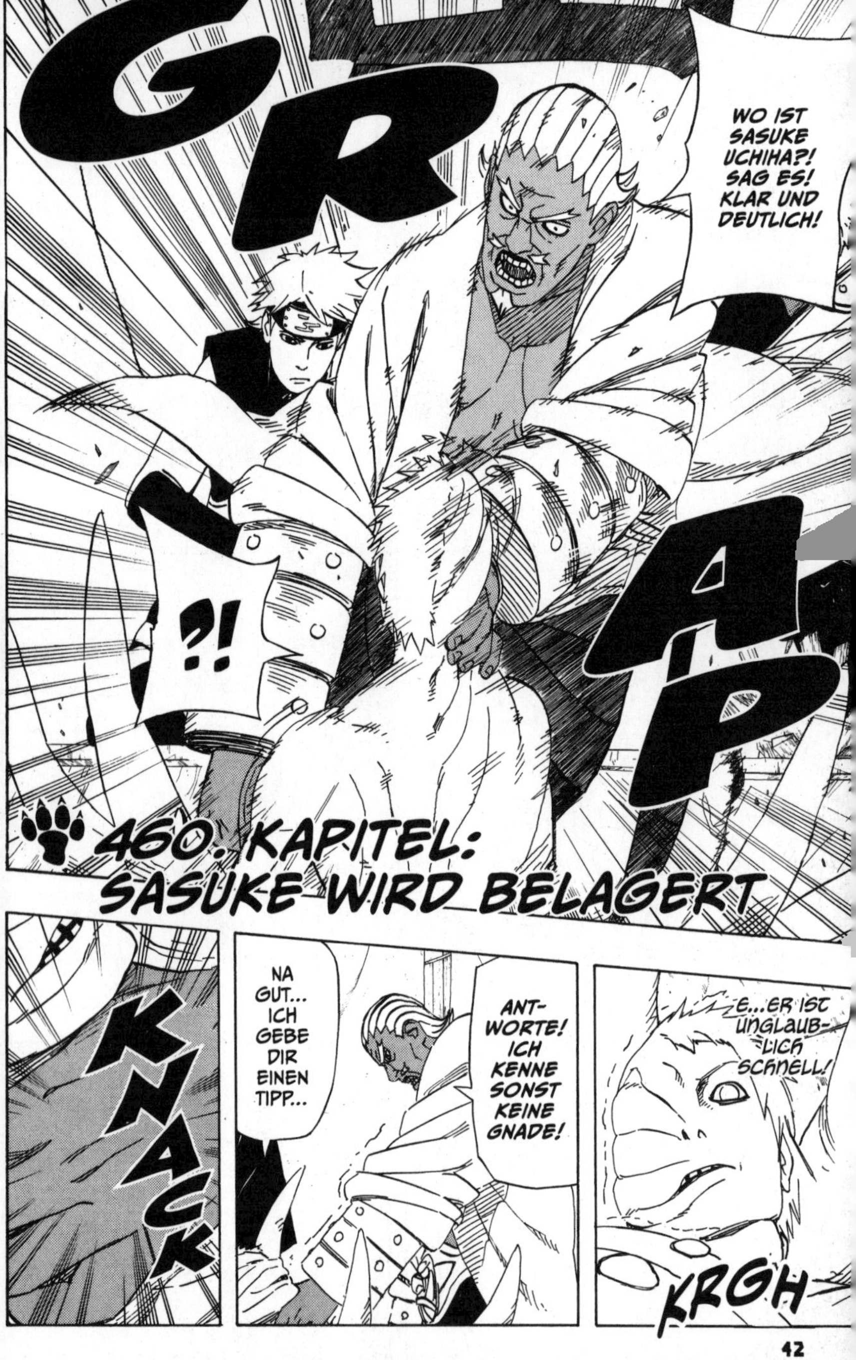
GRAAP
WO IST SASUKE UCHIHA?! SAG ES! KLAR UND DEUTLICH!
?!
460. KAPITEL: SASUKE WIRD BELAGERT
E...ER IST UNGLAUBLICH SCHNELL!
KRGH
ANTWORTE! ICH KENNE SONST KEINE GNADE!
NA GUT... ICH GEBE DIR EINEN TIPP...
KNACK

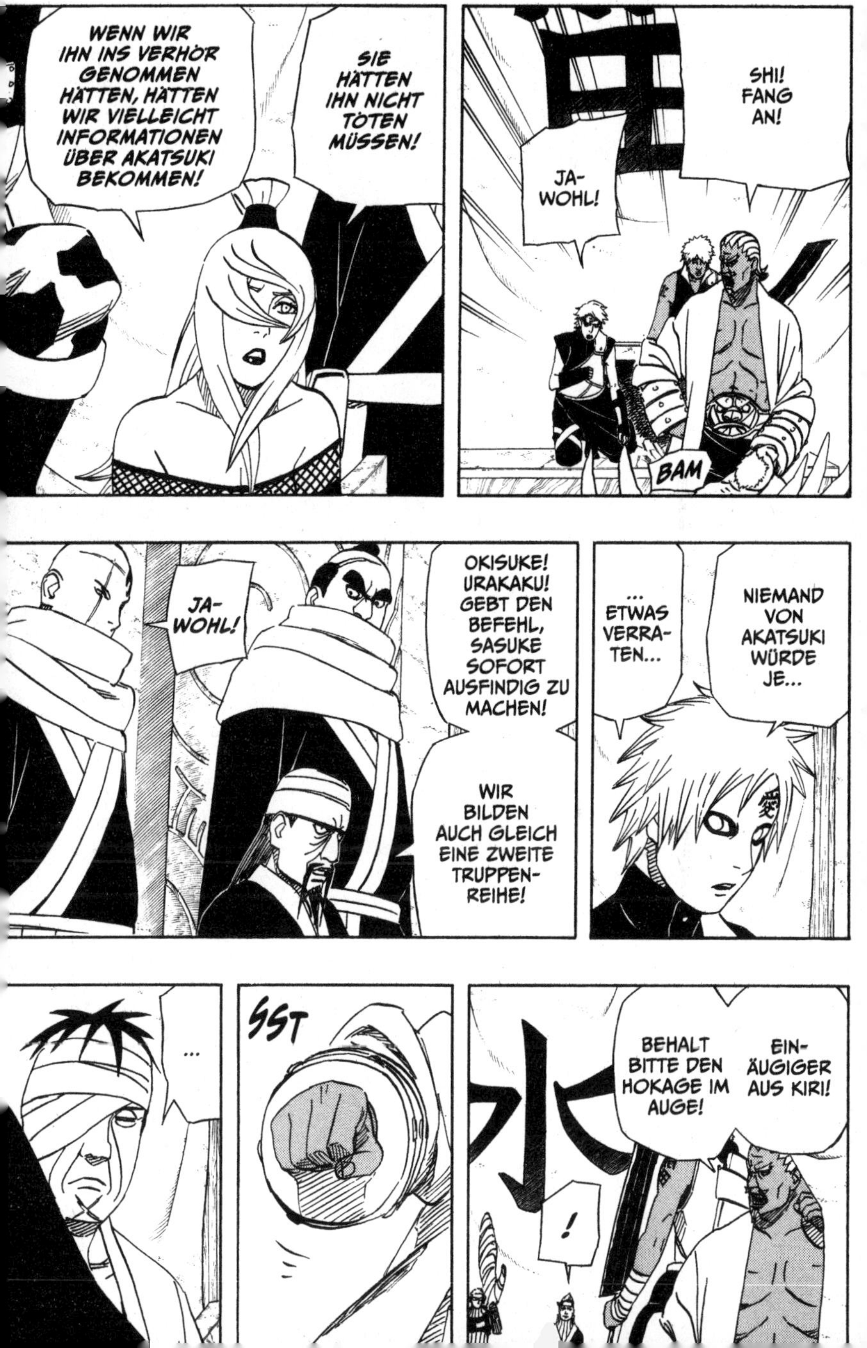
SHI! FANG AN!
JA-WOHL!
BAM
SIE HÄTTEN IHN NICHT TÖTEN MÜSSEN!
WENN WIR IHN INS VERHÖR GENOMMEN HÄTTEN, HÄTTEN WIR VIELLEICHT INFORMATIONEN ÜBER AKATSUKI BEKOMMEN!
NIEMAND VON AKATSUKI WÜRDE JE...
... ETWAS VERRA-TEN...
OKISUKE! URAKAKU! GEBT DEN BEFEHL, SASUKE SOFORT AUSFINDIG ZU MACHEN!
WIR BILDEN AUCH GLEICH EINE ZWEITE TRUPPEN-REIHE!
JA-WOHL!
EIN-ÄUGIGER AUS KIRI!
BEHALT BITTE DEN HOKAGE IM AUGE!
!
SST
...

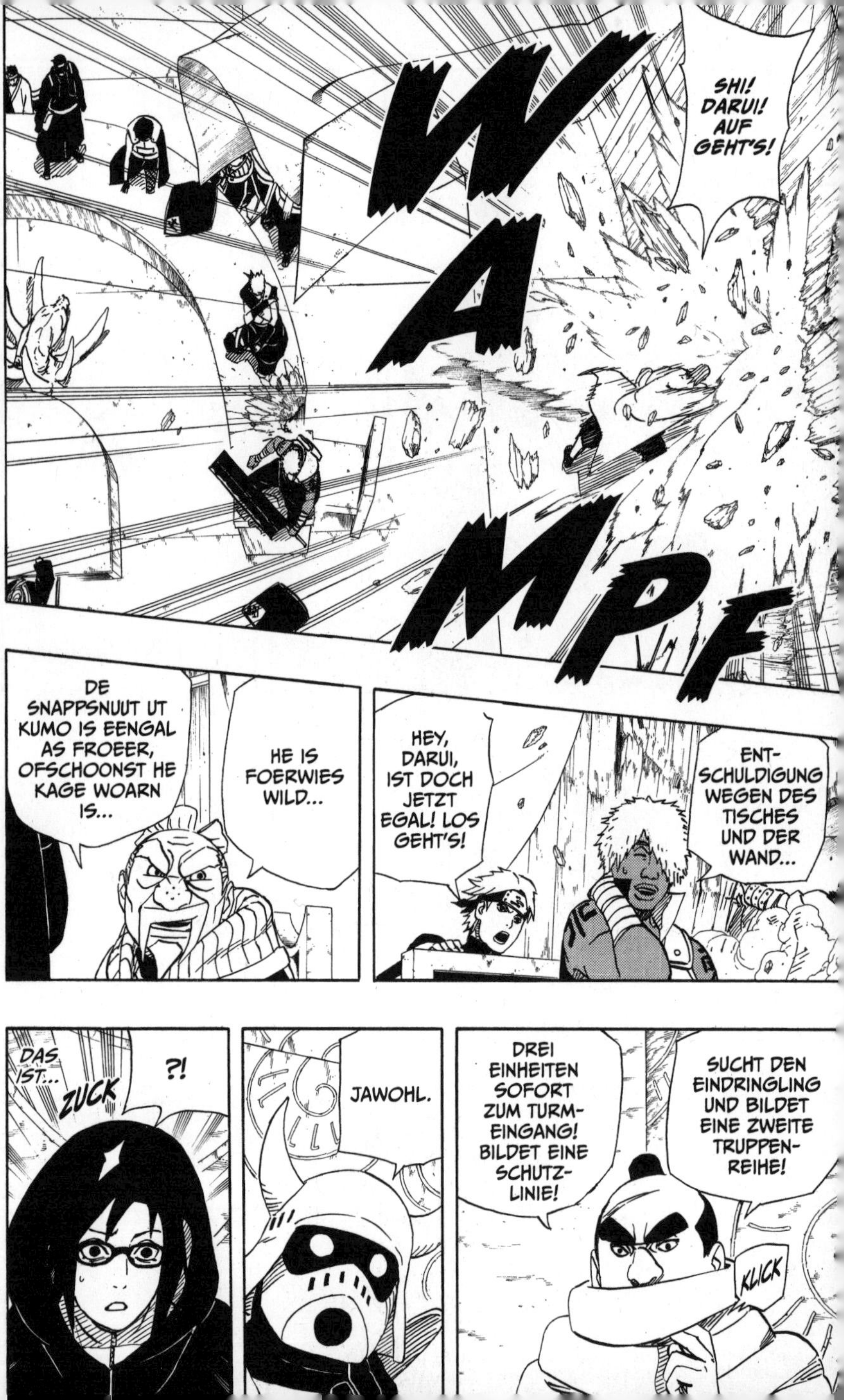
SHI! DARUI! AUF GEHT'S!
WAMPF
ENT-SCHULDIGUNG WEGEN DES TISCHES UND DER WAND...
HEY, DARUI, IST DOCH JETZT EGAL! LOS GEHT'S!
HE IS FOERWIES WILD...
DE SNAPPSNUUT UT KUMO IS EENGAL AS FROEER, OFSCHOONST HE KAGE WOARN IS...
SUCHT DEN EINDRINGLING UND BILDET EINE ZWEITE TRUPPEN-REIHE!
DREI EINHEITEN SOFORT ZUM TURM-EINGANG! BILDET EINE SCHUTZ-LINIE!
KLICK
JAWOHL.
?!
DAS IST...
ZUCK

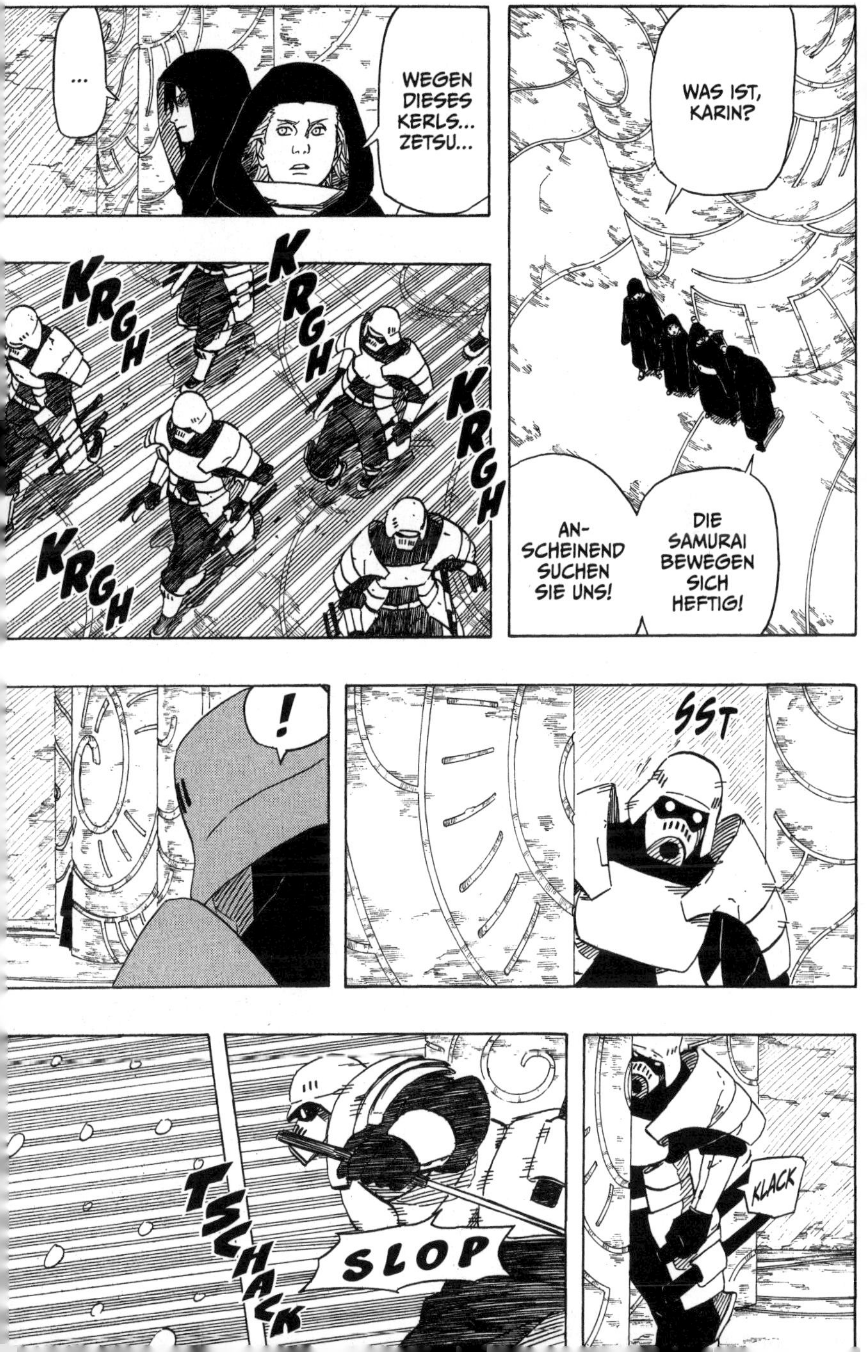
WAS IST, KARIN?
WEGEN DIESES KERLS... ZETSU...
...
KRGH
KRGH
KRGH
KRGH
DIE SAMURAI BEWEGEN SICH HEFTIG!
AN-SCHEINEND SUCHEN SIE UNS!
SST
!
KLACK
SLOP
TSCHACK

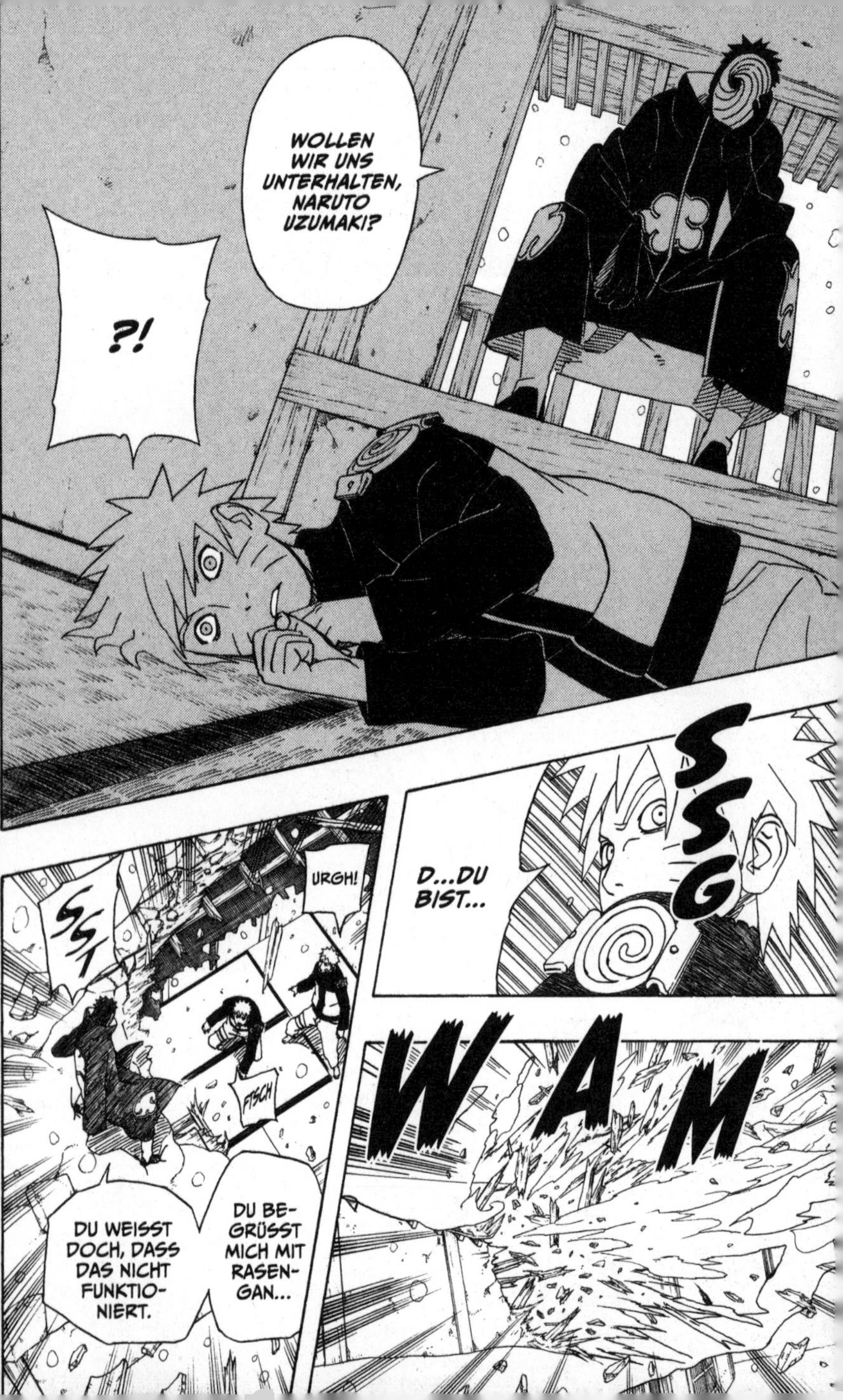
WOLLEN WIR UNS UNTERHALTEN, NARUTO UZUMAKI?
?!
SSG
D...DU BIST...
WAM
URGH!
FTSCH
DU BEGRÜSST MICH MIT RASENGAN...
DU WEISST DOCH, DASS DAS NICHT FUNKTIONIERT.

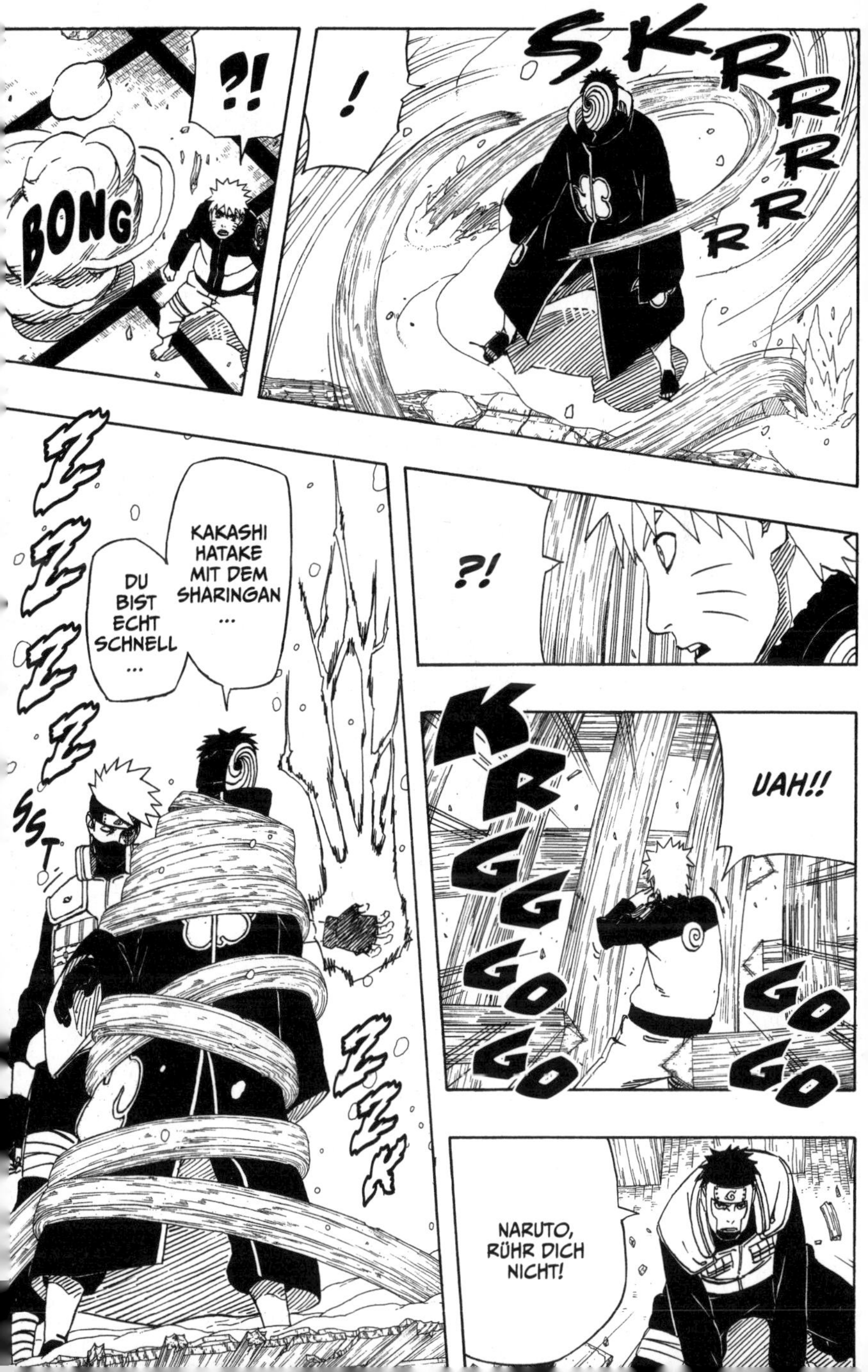

SKRRRRRR
!
?!
BONG
?!
KAKASHI HATAKE MIT DEM SHARINGAN ...
DU BIST ECHT SCHNELL ...
ZZZZZ
SST
ZZZ
KRGGGOGO
UAH!!
GOGO
NARUTO, RÜHR DICH NICHT!

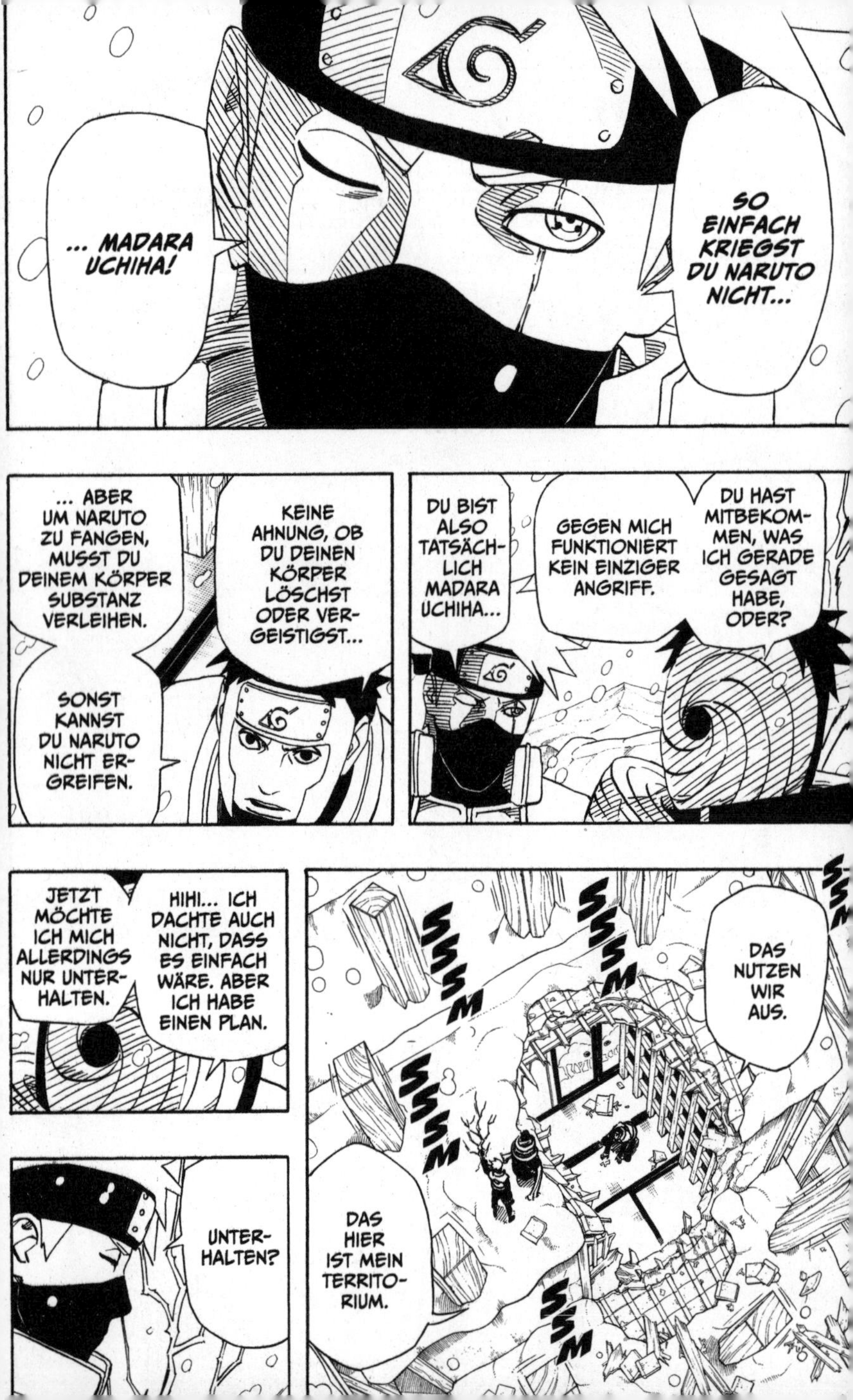

SO EINFACH KRIEGST DU NARUTO NICHT...
... MADARA UCHIHA!
DU HAST MITBEKOMMEN, WAS ICH GERADE GESAGT HABE, ODER?
GEGEN MICH FUNKTIONIERT KEIN EINZIGER ANGRIFF.
DU BIST ALSO TATSÄCHLICH MADARA UCHIHA...
KEINE AHNUNG, OB DU DEINEN KÖRPER LÖSCHST ODER VERGEISTIGST...
... ABER UM NARUTO ZU FANGEN, MUSST DU DEINEM KÖRPER SUBSTANZ VERLEIHEN.
SONST KANNST DU NARUTO NICHT ERGREIFEN.
HIHI... ICH DACHTE AUCH NICHT, DASS ES EINFACH WÄRE. ABER ICH HABE EINEN PLAN.
JETZT MÖCHTE ICH MICH ALLERDINGS NUR UNTERHALTEN.
UNTERHALTEN?
SSSM
SSSM
SSSM
SSSM
SSM
DAS HIER IST MEIN TERRITORIUM.
DAS NUTZEN WIR AUS.

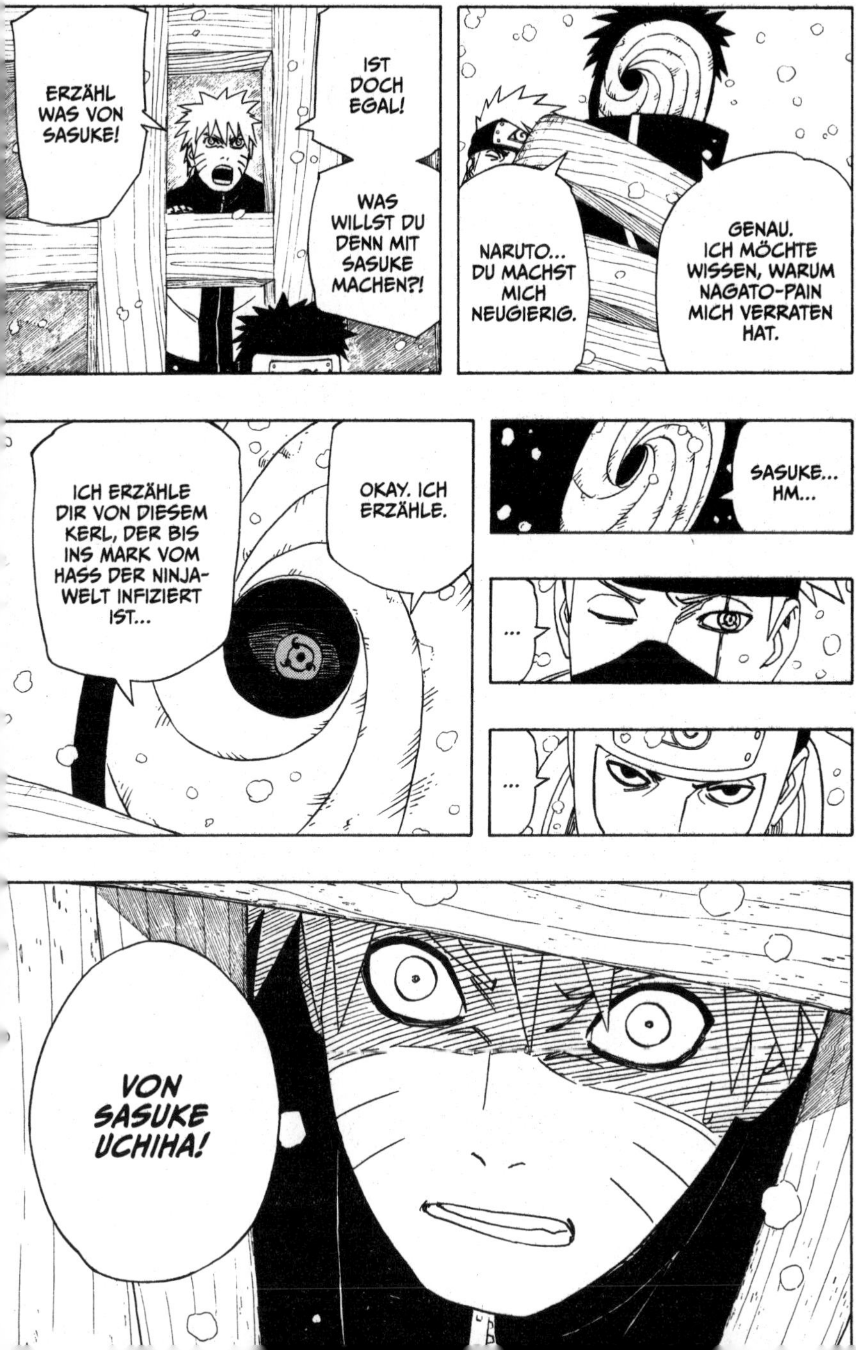
GENAU. ICH MÖCHTE WISSEN, WARUM NAGATO-PAIN MICH VERRATEN HAT.
NARUTO... DU MACHST MICH NEUGIERIG.
IST DOCH EGAL!
WAS WILLST DU DENN MIT SASUKE MACHEN?!
ERZÄHL WAS VON SASUKE!
SASUKE... HM...
...
...
OKAY. ICH ERZÄHLE.
ICH ERZÄHLE DIR VON DIESEM KERL, DER BIS INS MARK VOM HASS DER NINJA-WELT INFIZIERT IST...
VON SASUKE UCHIHA!

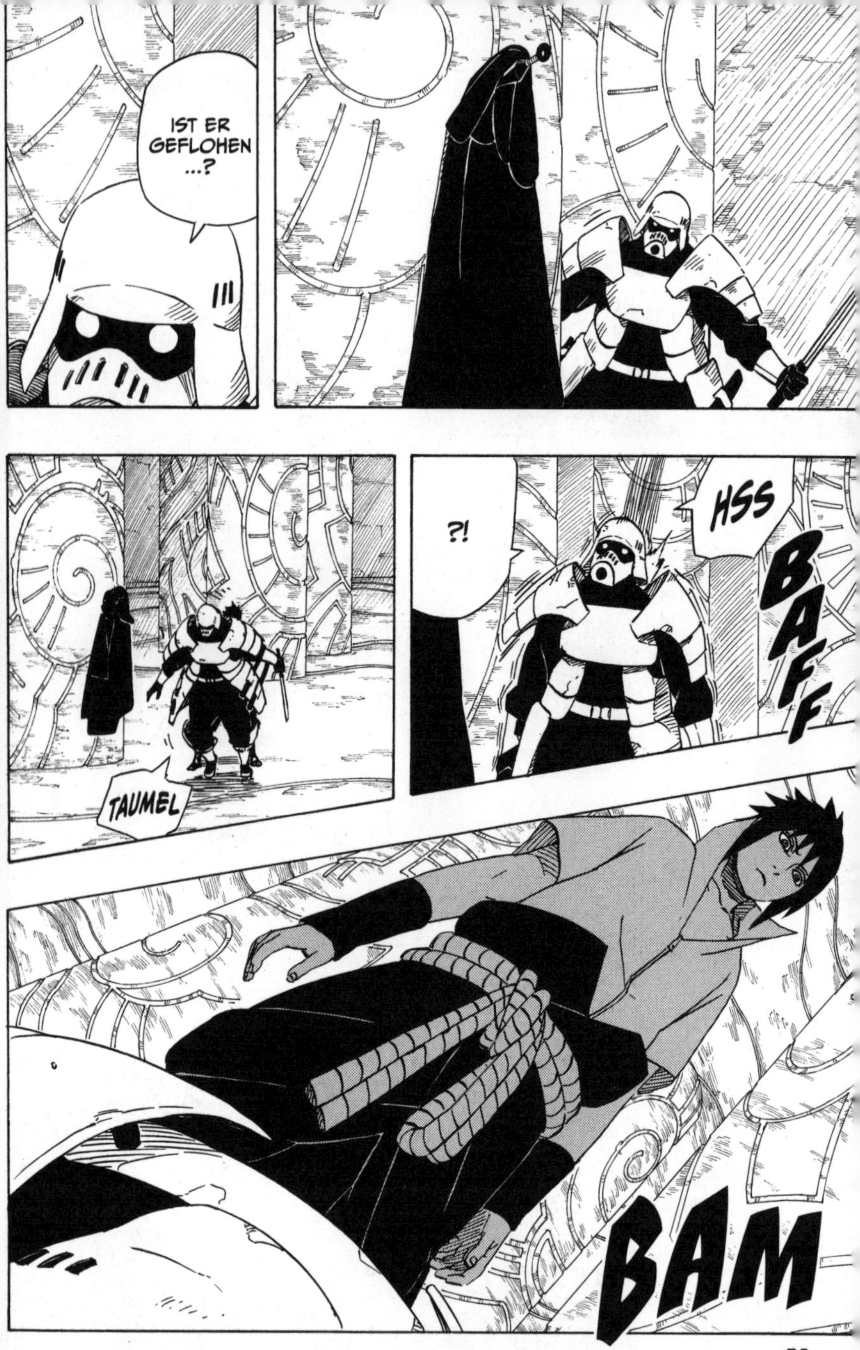
IST ER GEFLOHEN ...?
HSS
?!
BAFF
TAUMEL
BAM

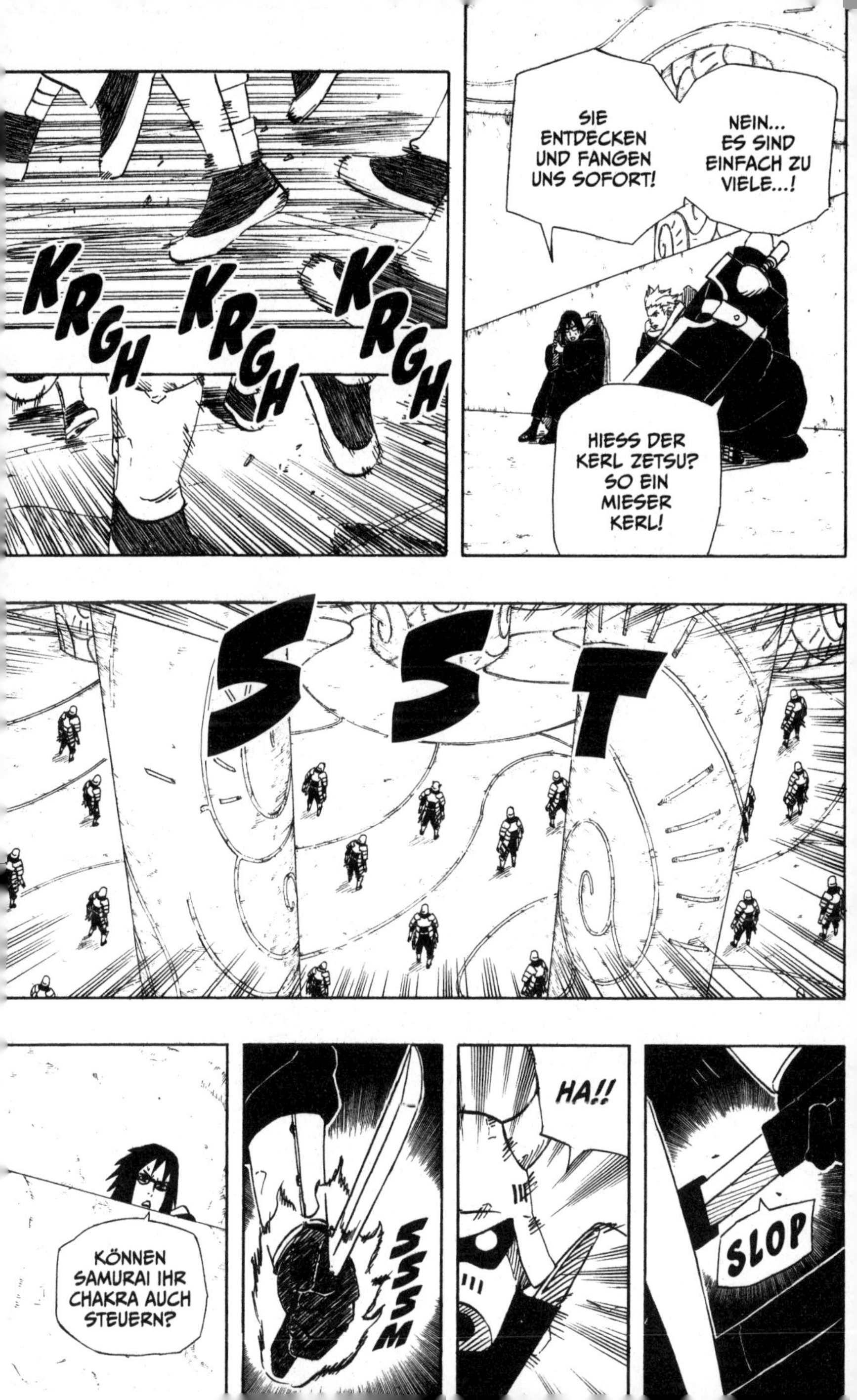
NEIN... ES SIND EINFACH ZU VIELE...!
SIE ENTDECKEN UND FANGEN UNS SOFORT!
HIESS DER KERL ZETSU? SO EIN MIESER KERL!
KRGH
KRGH
KRGH
SST
SLOP
HA!!
SSSM
KÖNNEN SAMURAI IHR CHAKRA AUCH STEUERN?

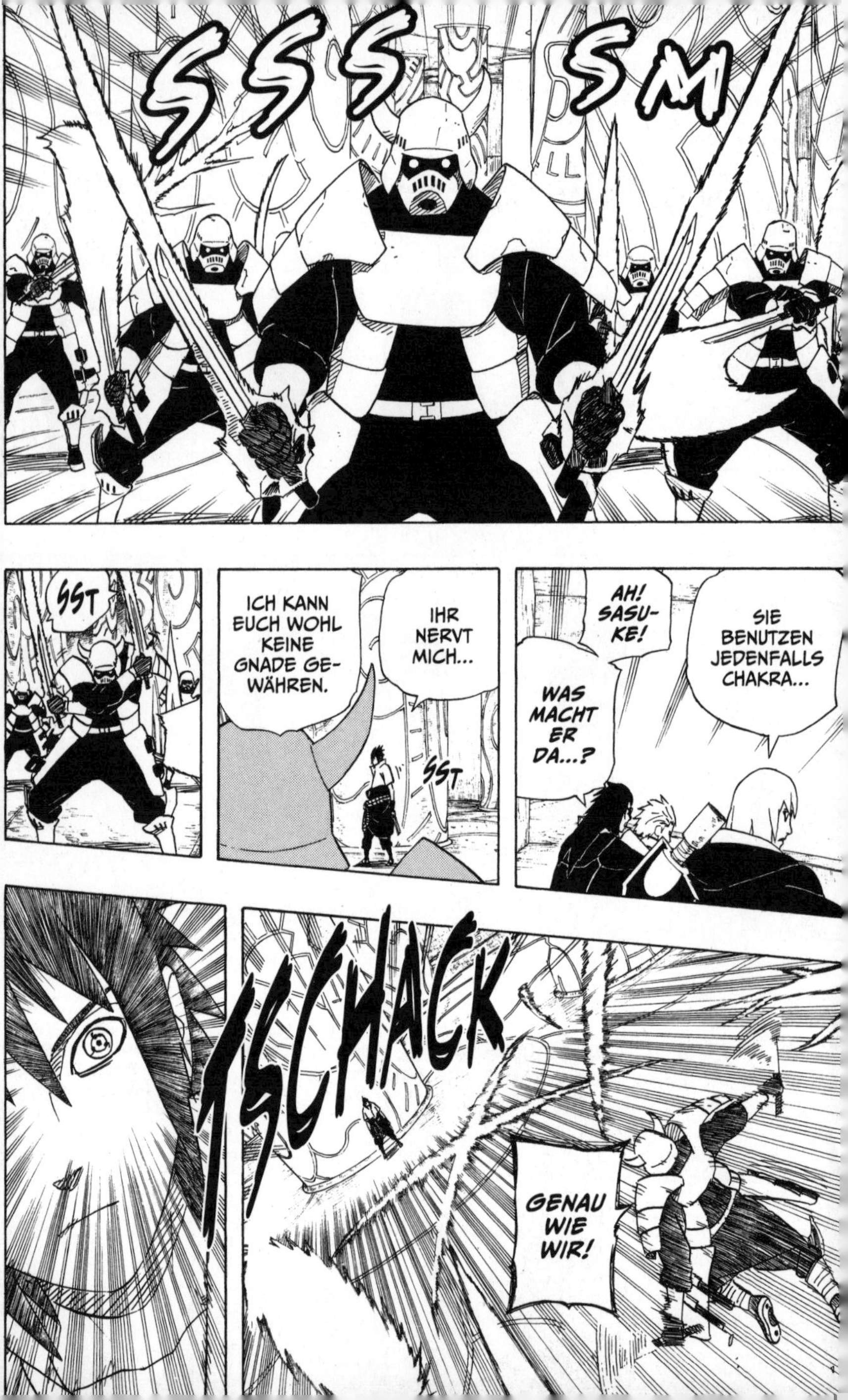
SSS SM
SIE BENUTZEN JEDENFALLS CHAKRA...
AH! SASU-KE!
WAS MACHT ER DA...?
IHR NERVT MICH...
ICH KANN EUCH WOHL KEINE GNADE GE-WÄHREN.
SST
SST
GENAU WIE WIR!
TSCHACK

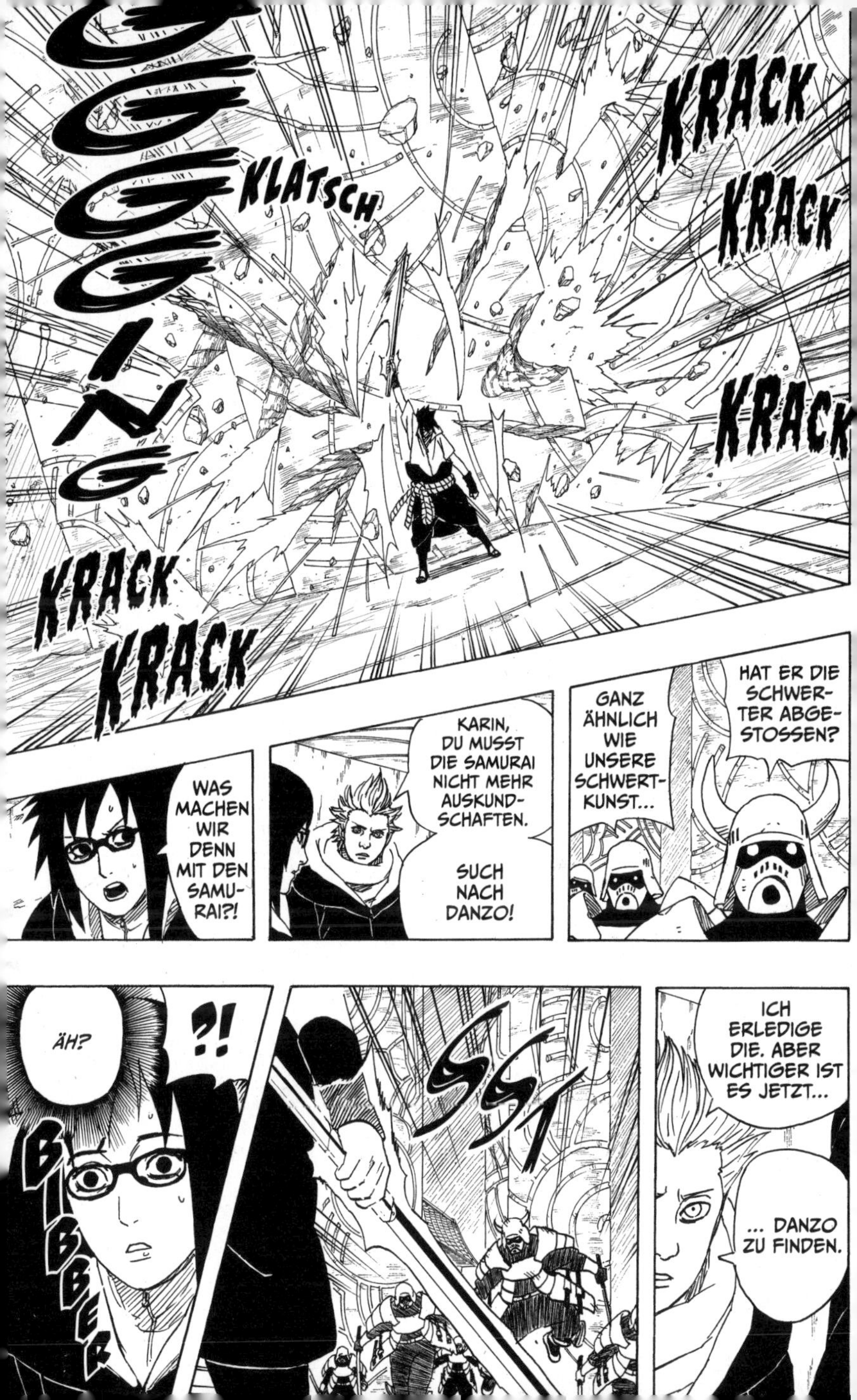
KRACK
KRACK
KRACK
KLATSCH
KRACK
KRACK
HAT ER DIE SCHWERTER ABGESTOSSEN?
GANZ ÄHNLICH WIE UNSERE SCHWERTKUNST…
KARIN, DU MUSST DIE SAMURAI NICHT MEHR AUSKUNDSCHAFTEN.
SUCH NACH DANZO!
WAS MACHEN WIR DENN MIT DEN SAMURAI?!
ICH ERLEDIGE DIE. ABER WICHTIGER IST ES JETZT…
… DANZO ZU FINDEN.
SST
?!
ÄH?
BIBBER

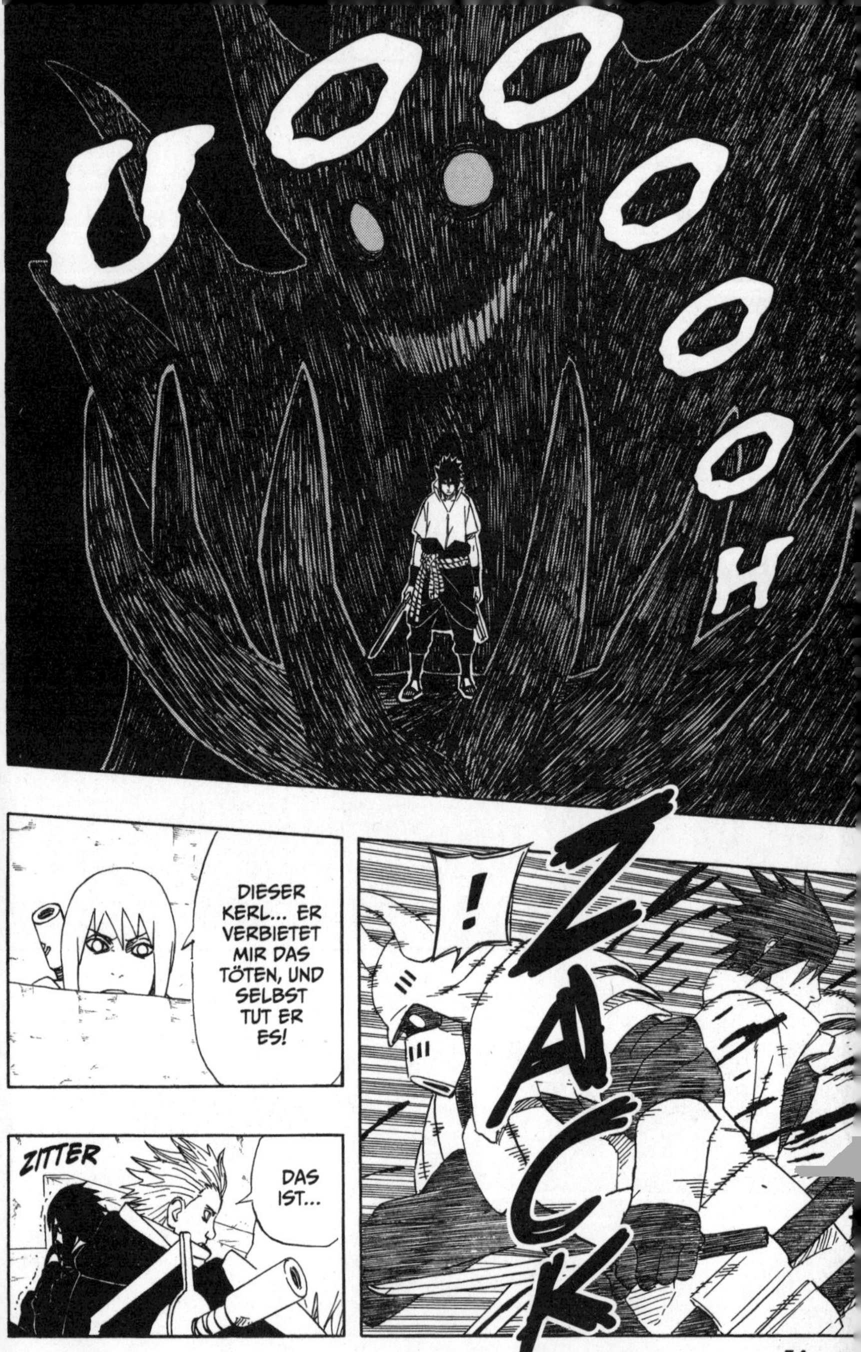
UOOOOOOH
ZACK
!
DIESER KERL... ER VERBIETET MIR DAS TÖTEN, UND SELBST TUT ER ES!
DAS IST...
ZITTER

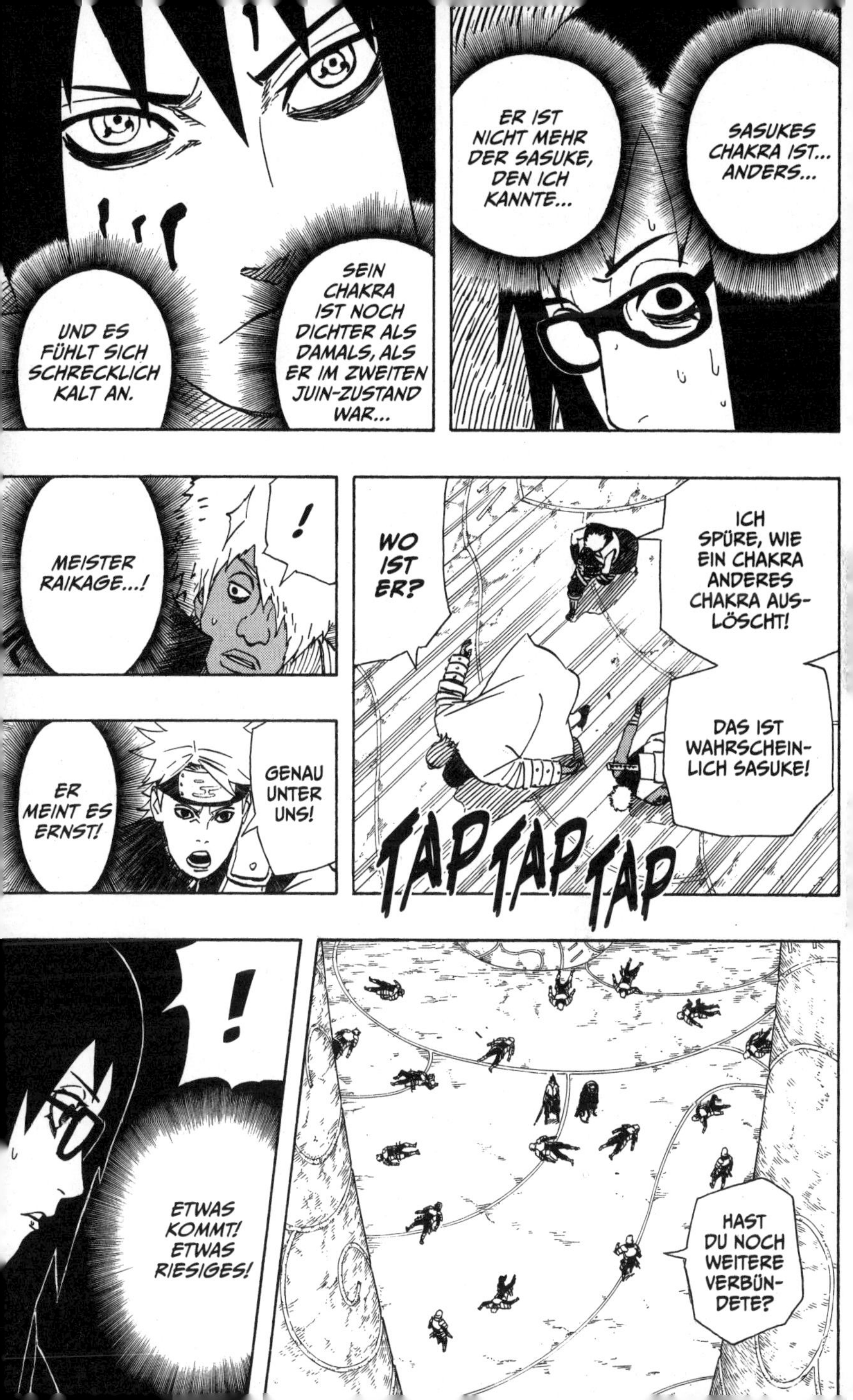
SASUKES CHAKRA IST... ANDERS...
ER IST NICHT MEHR DER SASUKE, DEN ICH KANNTE...
SEIN CHAKRA IST NOCH DICHTER ALS DAMALS, ALS ER IM ZWEITEN JUIN-ZUSTAND WAR...
UND ES FÜHLT SICH SCHRECKLICH KALT AN.
ICH SPÜRE, WIE EIN CHAKRA ANDERES CHAKRA AUSLÖSCHT!
DAS IST WAHRSCHEINLICH SASUKE!
WO IST ER?
TAP TAP TAP
!
MEISTER RAIKAGE...!
GENAU UNTER UNS!
ER MEINT ES ERNST!
HAST DU NOCH WEITERE VERBÜNDETE?
!
ETWAS KOMMT! ETWAS RIESIGES!

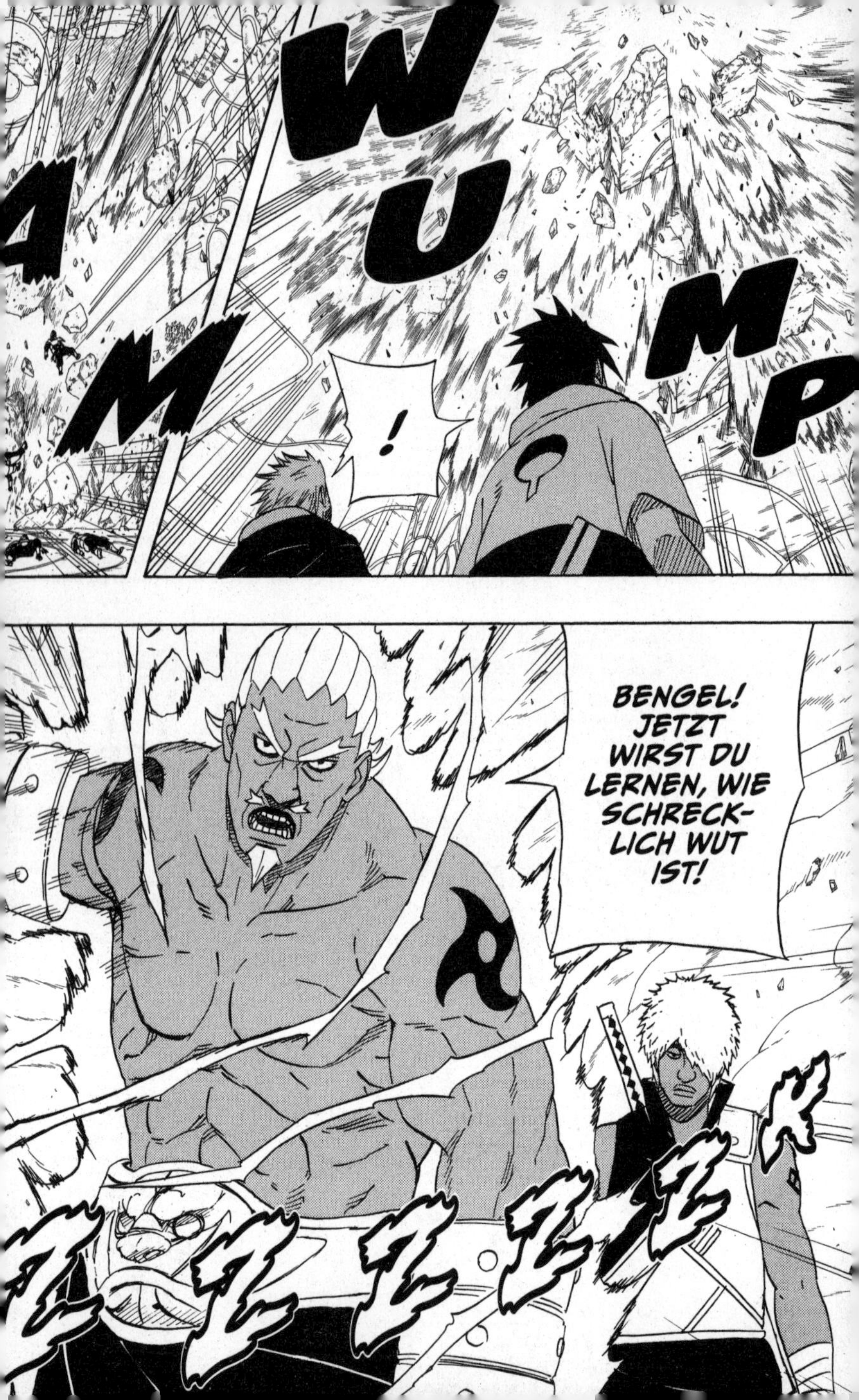
WUMP
AMM
!
BENGEL! JETZT WIRST DU LERNEN, WIE SCHRECK-LICH WUT IST!
ZZZZZK

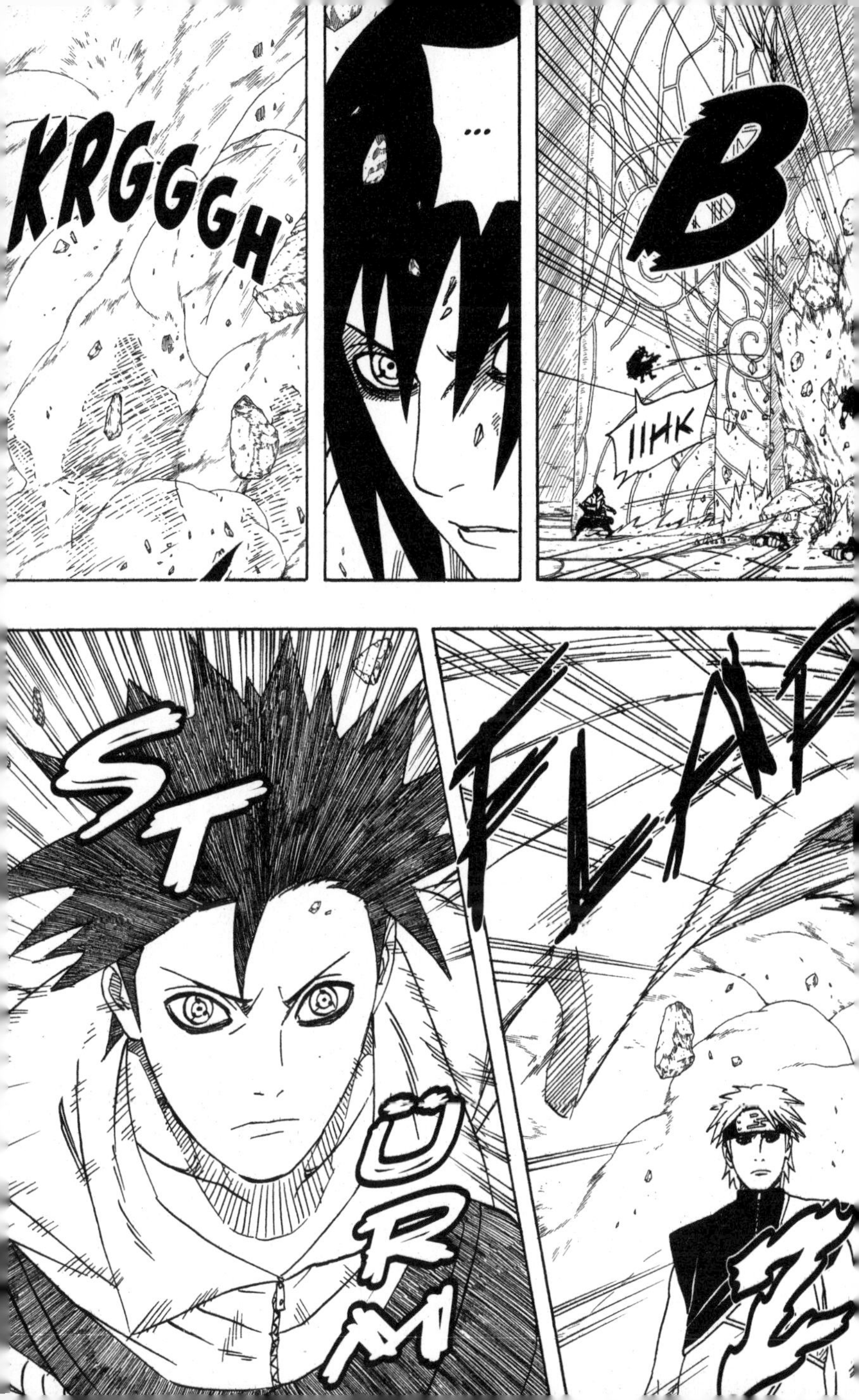
B
IIHK
...
KRGGGH
FLAP
STURM

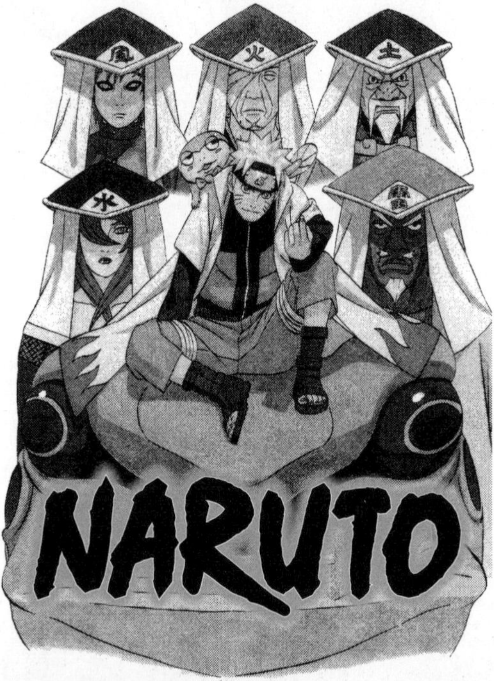
NARUTO

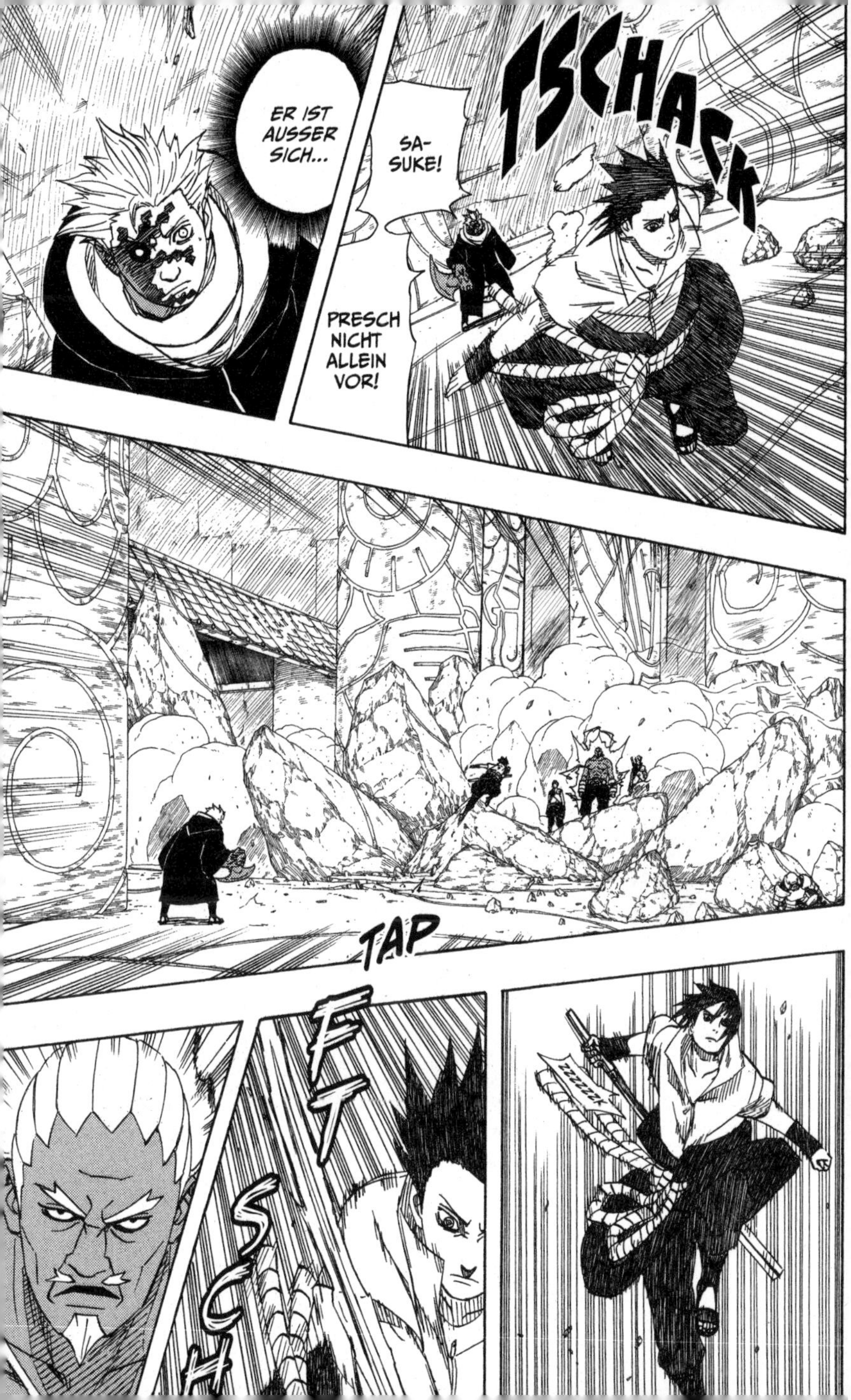
TSCHACK
SA-SUKE!
PRESCH NICHT ALLEIN VOR!
ER IST AUSSER SICH...
TAP
FT
SCH

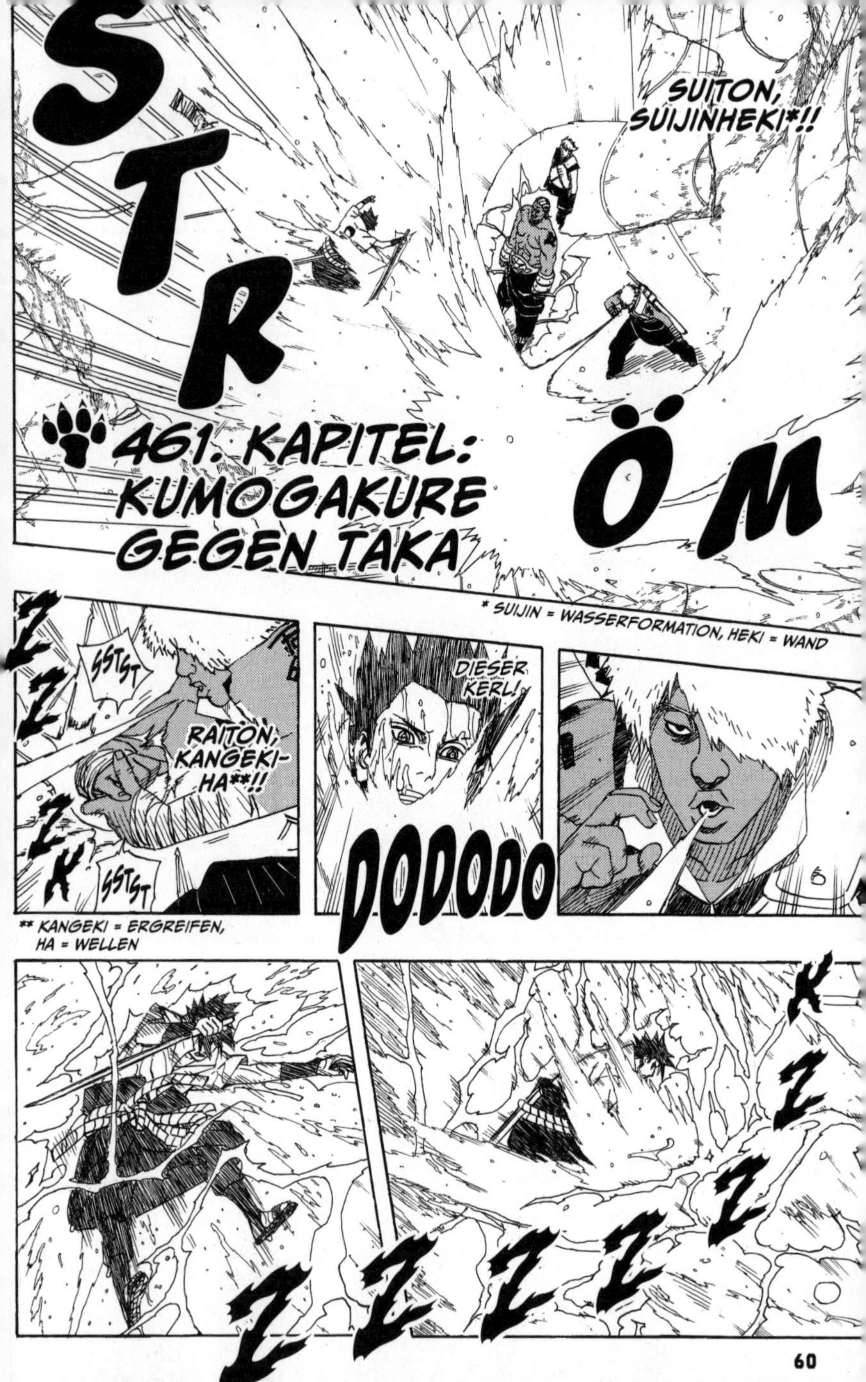

SUITON, SUIJINHEKI*!!
STRÖM
461. KAPITEL: KUMOGAKURE GEGEN TAKA
* SUIJIN = WASSERFORMATION, HEKI = WAND
DIESER KERL!
DODODO
SSTST
RAITON, KANGEKI-HA**!!
ZZZK
SSTST
** KANGEKI = ERGREIFEN, HA = WELLEN
KZZZ
ZZZZZ

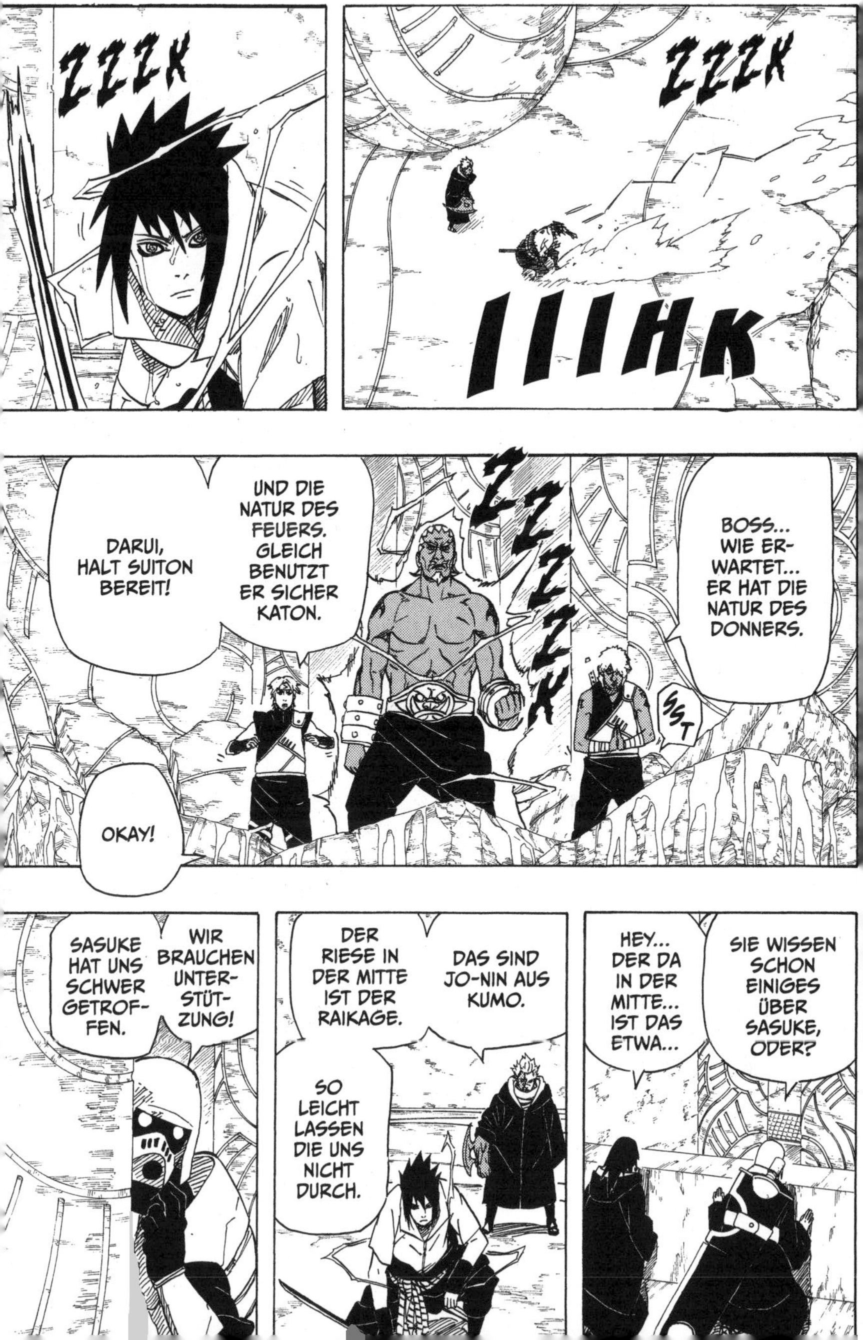
ZZZK
IIIHK
ZZZK
BOSS... WIE ERWARTET... ER HAT DIE NATUR DES DONNERS.
ZZZZK
SST
UND DIE NATUR DES FEUERS. GLEICH BENUTZT ER SICHER KATON.
DARUI, HALT SUITON BEREIT!
OKAY!
SIE WISSEN SCHON EINIGES ÜBER SASUKE, ODER?
HEY... DER DA IN DER MITTE... IST DAS ETWA...
DAS SIND JO-NIN AUS KUMO.
DER RIESE IN DER MITTE IST DER RAIKAGE.
SO LEICHT LASSEN DIE UNS NICHT DURCH.
WIR BRAUCHEN UNTERSTÜTZUNG!
SASUKE HAT UNS SCHWER GETROFFEN.

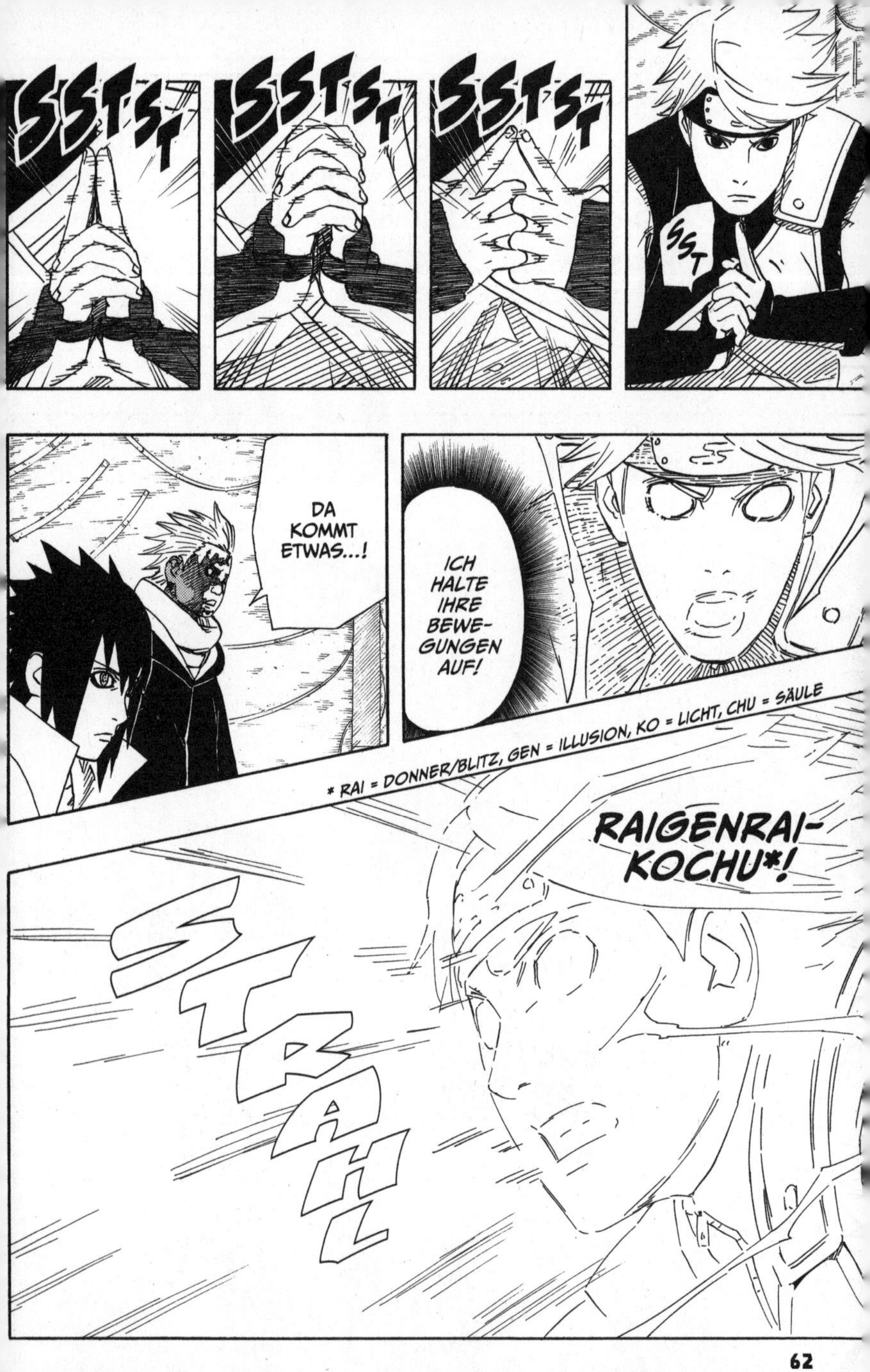
SSTST
SSTST
SSTST
SST
DA KOMMT ETWAS...!
ICH HALTE IHRE BEWEGUNGEN AUF!
RAIGENRAI-KOCHU*!
STRAHL
* RAI = DONNER/BLITZ, GEN = ILLUSION, KO = LICHT, CHU = SÄULE

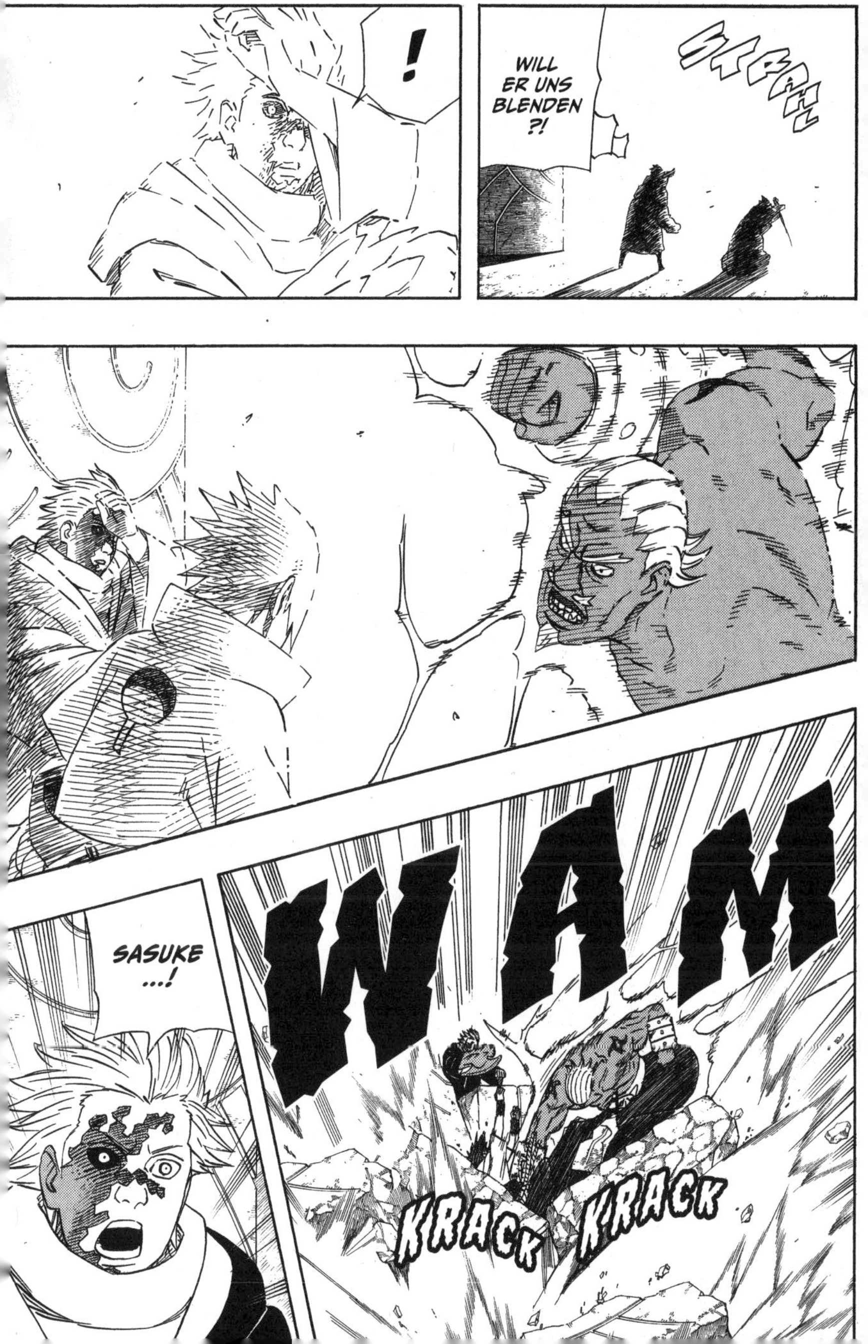
!
WILL ER UNS BLENDEN ?!
SKRAH
WAM
SASUKE ...!
KRACK KRACK

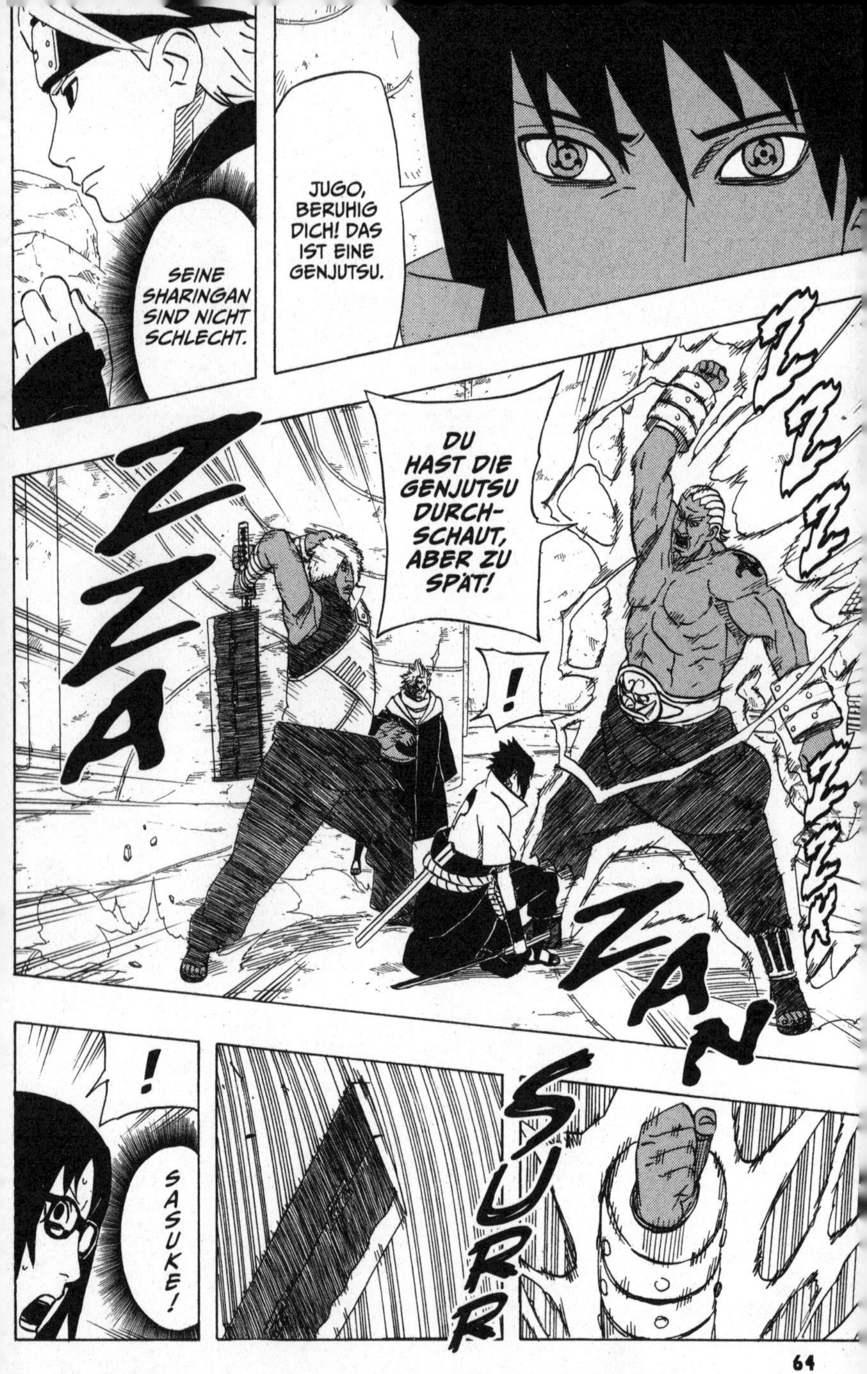

JUGO, BERUHIG DICH! DAS IST EINE GENJUTSU.
SEINE SHARINGAN SIND NICHT SCHLECHT.
DU HAST DIE GENJUTSU DURCH-SCHAUT, ABER ZU SPÄT!
!
ZZZA
ZAN
SURR
!
SASUKE!

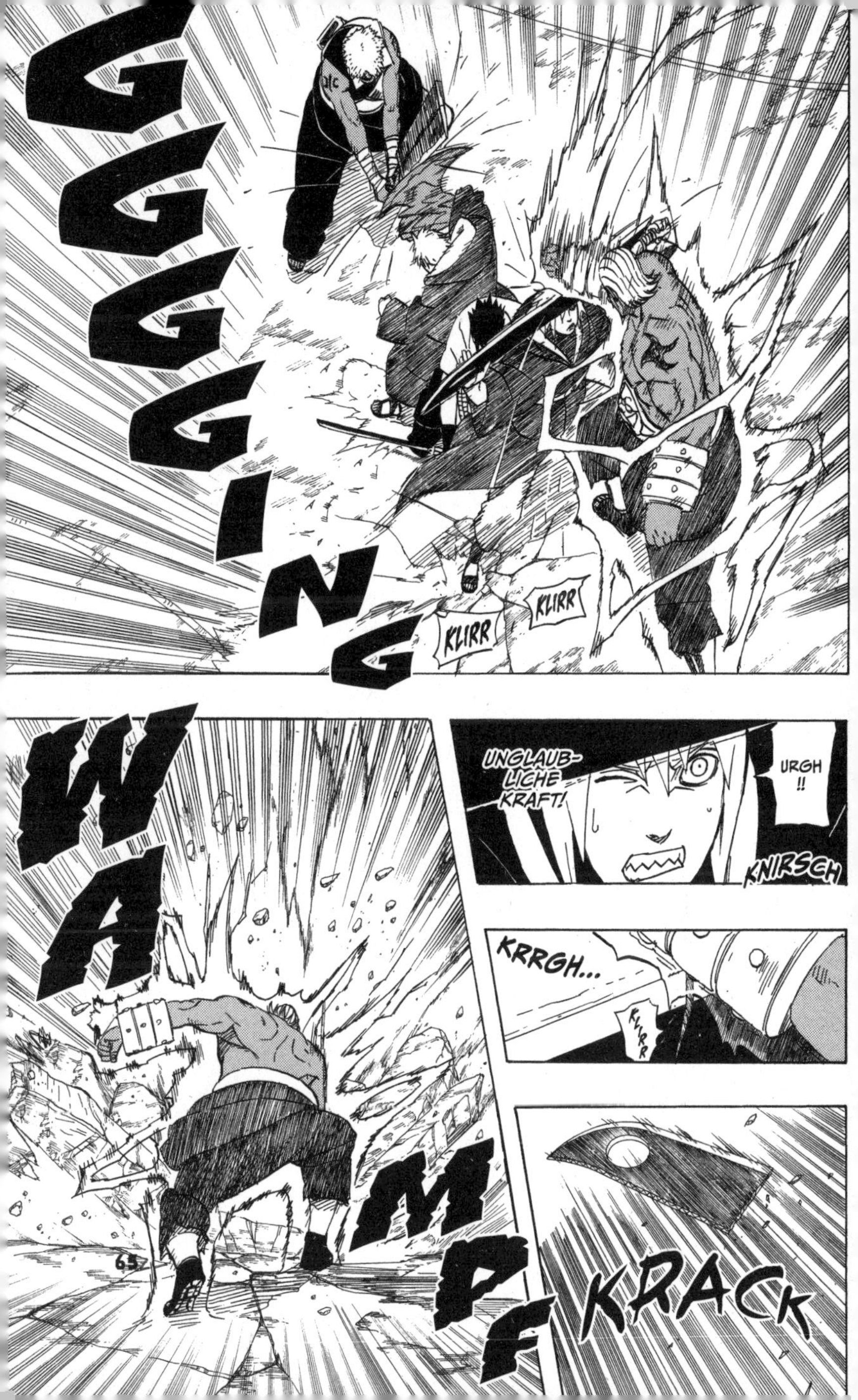
GGGING
KLIRR
KLIRR
URGH !!
UNGLAUB-LICHE KRAFT!
KNIRSCH
KRRGH...
KLIRR
KRACK
WAMPF

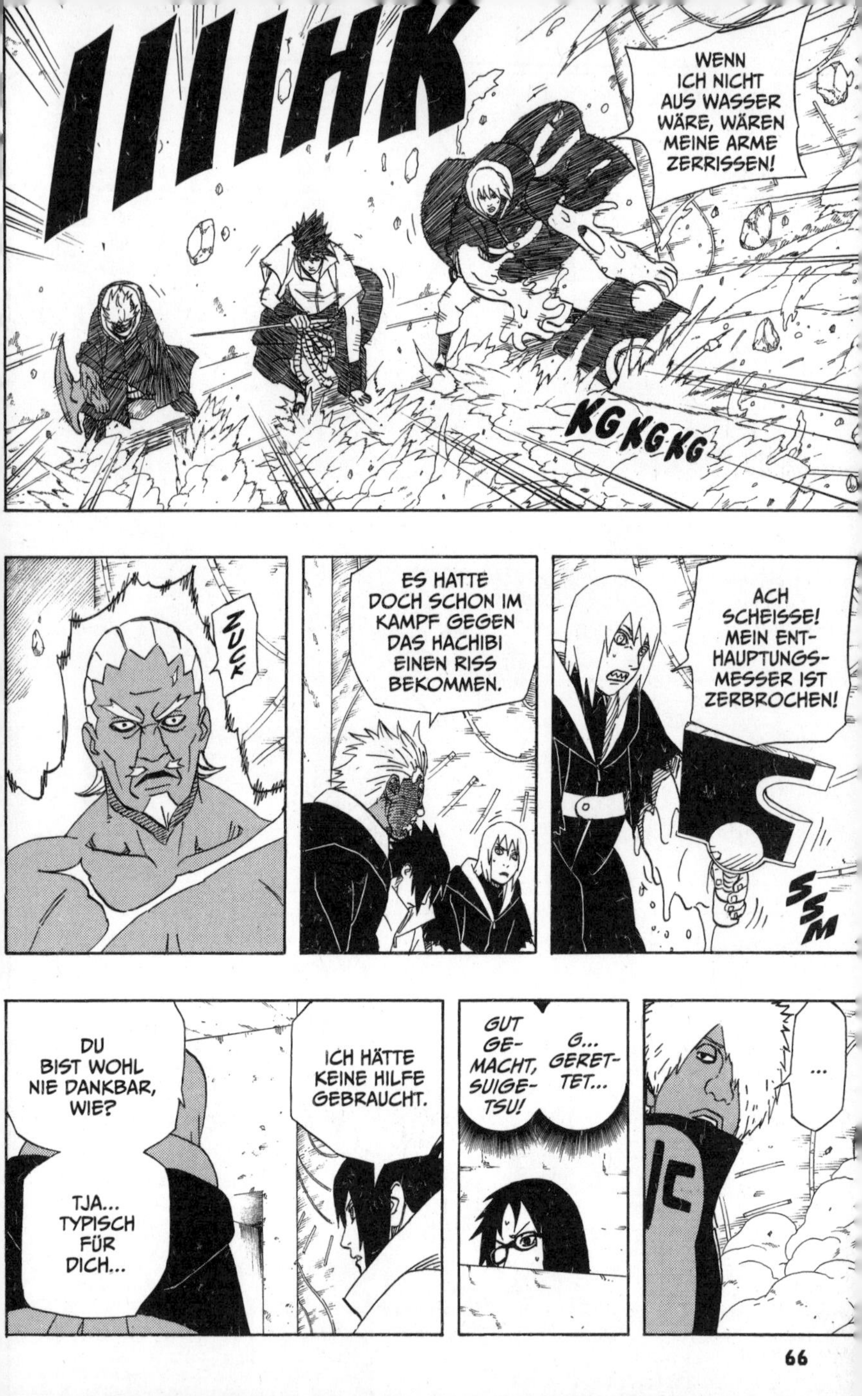
IIIIHK
WENN ICH NICHT AUS WASSER WÄRE, WÄREN MEINE ARME ZERRISSEN!
KG KG KG
ACH SCHEISSE! MEIN ENT-HAUPTUNGS-MESSER IST ZERBROCHEN!
SSM
ES HATTE DOCH SCHON IM KAMPF GEGEN DAS HACHIBI EINEN RISS BEKOMMEN.
ZUCK
...
G... GERET-TET...
GUT GE-MACHT, SUIGE-TSU!
ICH HÄTTE KEINE HILFE GEBRAUCHT.
DU BIST WOHL NIE DANKBAR, WIE?
TJA... TYPISCH FÜR DICH...

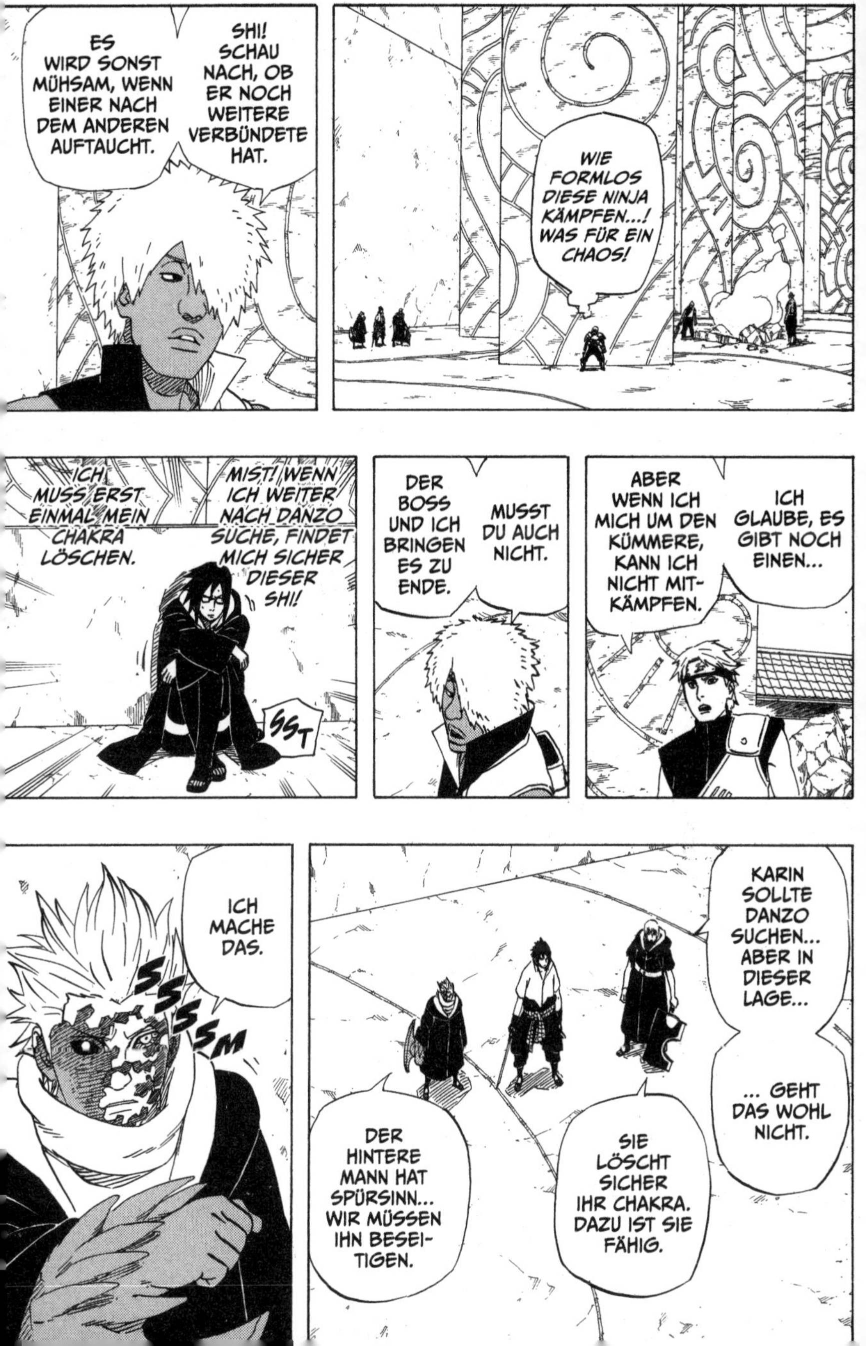
WIE FORMLOS DIESE NINJA KÄMPFEN...! WAS FÜR EIN CHAOS!
SHI! SCHAU NACH, OB ER NOCH WEITERE VERBÜNDETE HAT.
ES WIRD SONST MÜHSAM, WENN EINER NACH DEM ANDEREN AUFTAUCHT.
ICH GLAUBE, ES GIBT NOCH EINEN...
ABER WENN ICH MICH UM DEN KÜMMERE, KANN ICH NICHT MIT-KÄMPFEN.
MUSST DU AUCH NICHT.
DER BOSS UND ICH BRINGEN ES ZU ENDE.
MIST! WENN ICH WEITER NACH DANZO SUCHE, FINDET MICH SICHER DIESER SHI!
ICH MUSS ERST EINMAL MEIN CHAKRA LÖSCHEN.
SST
KARIN SOLLTE DANZO SUCHEN... ABER IN DIESER LAGE...
... GEHT DAS WOHL NICHT.
SIE LÖSCHT SICHER IHR CHAKRA. DAZU IST SIE FÄHIG.
DER HINTERE MANN HAT SPÜRSINN... WIR MÜSSEN IHN BESEI-TIGEN.
ICH MACHE DAS.
SSSSM

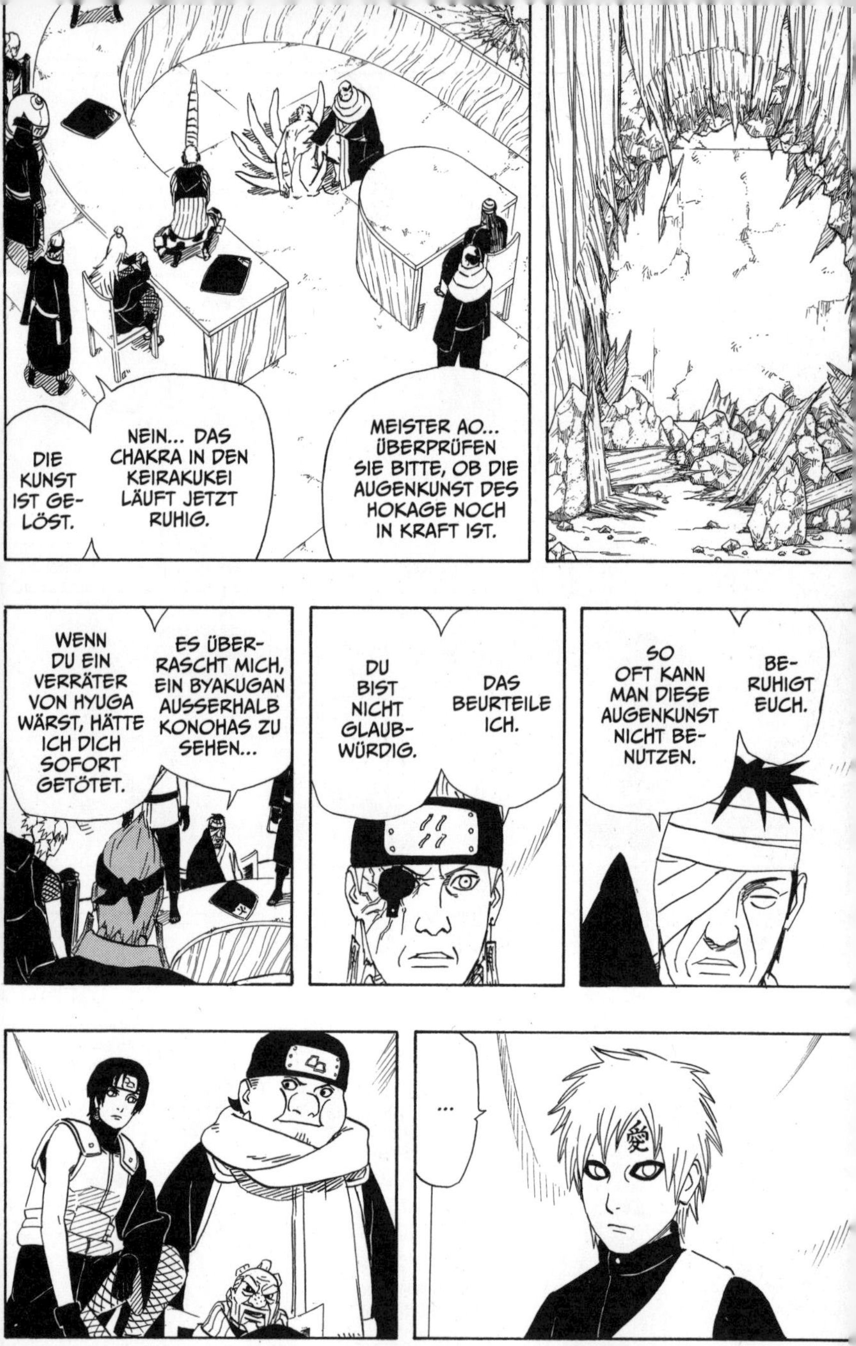
MEISTER AO… ÜBERPRÜFEN SIE BITTE, OB DIE AUGENKUNST DES HOKAGE NOCH IN KRAFT IST.
NEIN… DAS CHAKRA IN DEN KEIRAKUKEI LÄUFT JETZT RUHIG.
DIE KUNST IST GELÖST.
BERUHIGT EUCH.
SO OFT KANN MAN DIESE AUGENKUNST NICHT BENUTZEN.
DAS BEURTEILE ICH.
DU BIST NICHT GLAUBWÜRDIG.
ES ÜBERRASCHT MICH, EIN BYAKUGAN AUSSERHALB KONOHAS ZU SEHEN…
WENN DU EIN VERRÄTER VON HYUGA WÄRST, HÄTTE ICH DICH SOFORT GETÖTET.
…

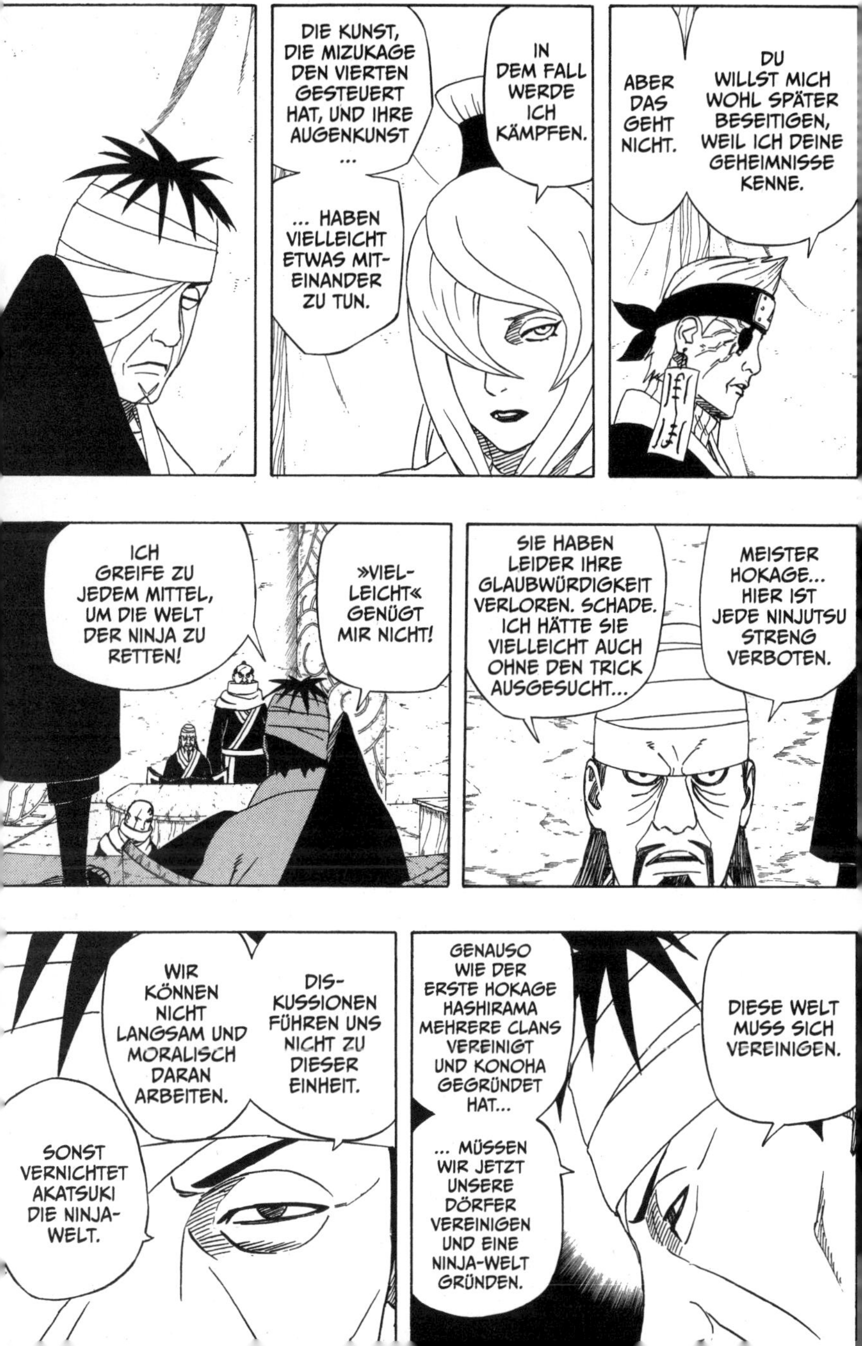
DU WILLST MICH WOHL SPÄTER BESEITIGEN, WEIL ICH DEINE GEHEIMNISSE KENNE.
ABER DAS GEHT NICHT.
IN DEM FALL WERDE ICH KÄMPFEN.
DIE KUNST, DIE MIZUKAGE DEN VIERTEN GESTEUERT HAT, UND IHRE AUGENKUNST ...
... HABEN VIELLEICHT ETWAS MIT-EINANDER ZU TUN.
MEISTER HOKAGE... HIER IST JEDE NINJUTSU STRENG VERBOTEN.
SIE HABEN LEIDER IHRE GLAUBWÜRDIGKEIT VERLOREN. SCHADE. ICH HÄTTE SIE VIELLEICHT AUCH OHNE DEN TRICK AUSGESUCHT...
»VIEL-LEICHT« GENÜGT MIR NICHT!
ICH GREIFE ZU JEDEM MITTEL, UM DIE WELT DER NINJA ZU RETTEN!
DIESE WELT MUSS SICH VEREINIGEN.
GENAUSO WIE DER ERSTE HOKAGE HASHIRAMA MEHRERE CLANS VEREINIGT UND KONOHA GEGRÜNDET HAT...
... MÜSSEN WIR JETZT UNSERE DÖRFER VEREINIGEN UND EINE NINJA-WELT GRÜNDEN.
DIS-KUSSIONEN FÜHREN UNS NICHT ZU DIESER EINHEIT.
WIR KÖNNEN NICHT LANGSAM UND MORALISCH DARAN ARBEITEN.
SONST VERNICHTET AKATSUKI DIE NINJA-WELT.

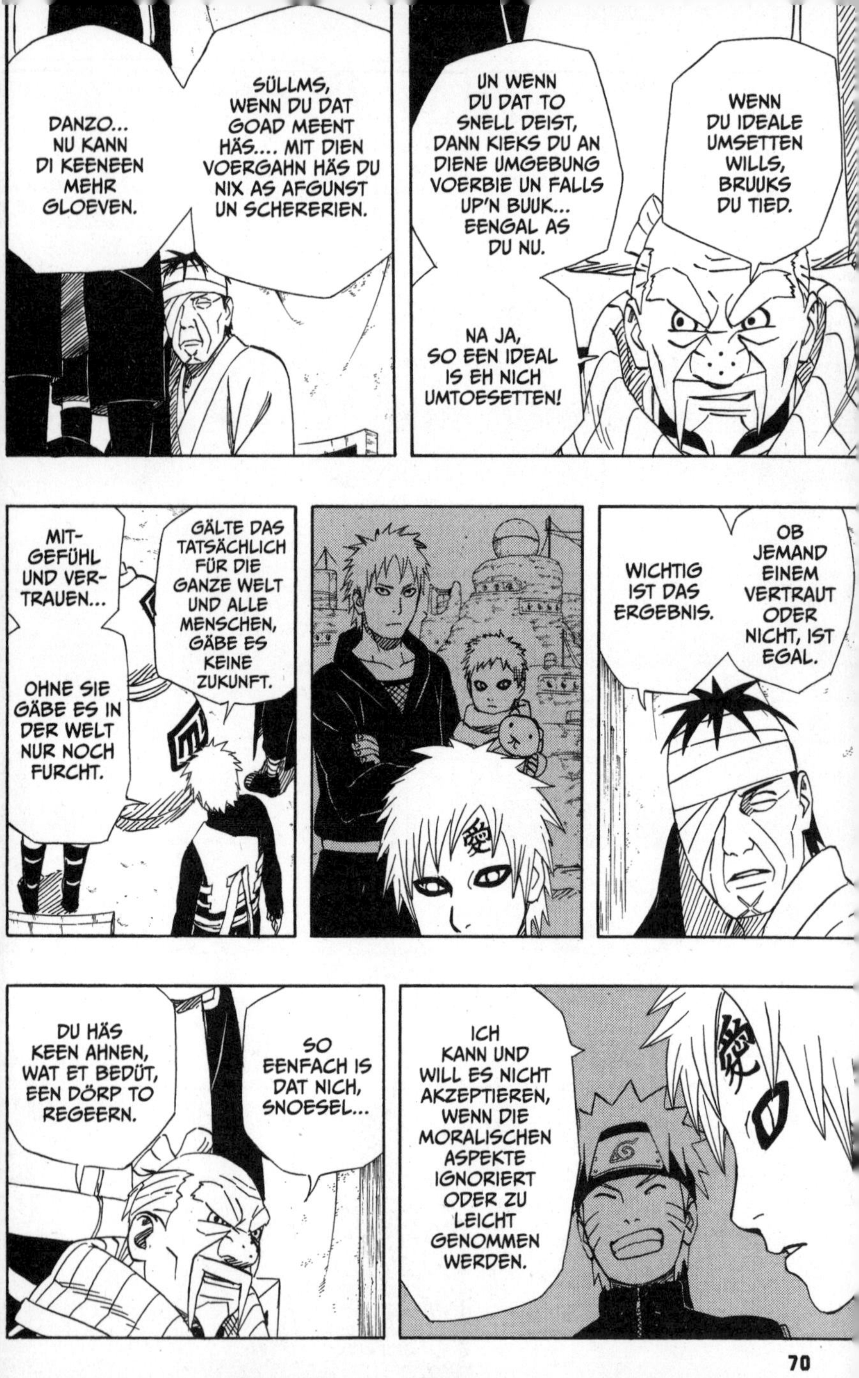
WENN DU IDEALE UMSETTEN WILLS, BRUUKS DU TIED.
UN WENN DU DAT TO SNELL DEIST, DANN KIEKS DU AN DIENE UMGEBUNG VOERBIE UN FALLS UP'N BUUK... EENGAL AS DU NU.
NA JA, SO EEN IDEAL IS EH NICH UMTOESETTEN!
SÜLLMS, WENN DU DAT GOAD MEENT HÄS.... MIT DIEN VOERGAHN HÄS DU NIX AS AFGUNST UN SCHERERIEN.
DANZO... NU KANN DI KEENEEN MEHR GLOEVEN.
OB JEMAND EINEM VERTRAUT ODER NICHT, IST EGAL.
WICHTIG IST DAS ERGEBNIS.
GÄLTE DAS TATSÄCHLICH FÜR DIE GANZE WELT UND ALLE MENSCHEN, GÄBE ES KEINE ZUKUNFT.
MITGEFÜHL UND VERTRAUEN...
OHNE SIE GÄBE ES IN DER WELT NUR NOCH FURCHT.
ICH KANN UND WILL ES NICHT AKZEPTIEREN, WENN DIE MORALISCHEN ASPEKTE IGNORIERT ODER ZU LEICHT GENOMMEN WERDEN.
SO EENFACH IS DAT NICH, SNOESEL...
DU HÄS KEEN AHNEN, WAT ET BEDÜT, EEN DÖRP TO REGEERN.

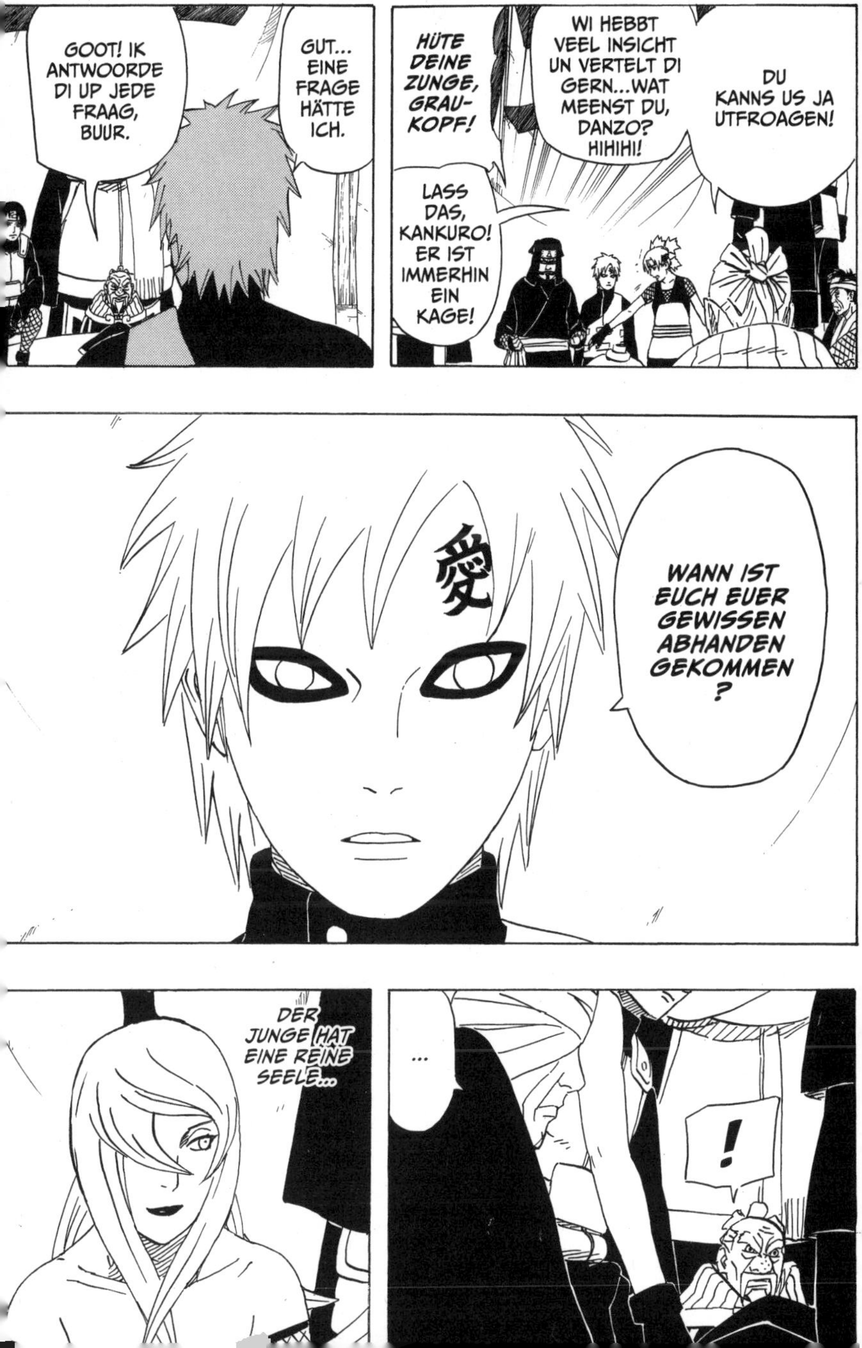

DU KANNS US JA UTFROAGEN!
WI HEBBT VEEL INSICHT UN VERTELT DI GERN...WAT MEENST DU, DANZO? HIHIHI!
HÜTE DEINE ZUNGE, GRAU-KOPF!
LASS DAS, KANKURO! ER IST IMMERHIN EIN KAGE!
GUT... EINE FRAGE HÄTTE ICH.
GOOT! IK ANTWOORDE DI UP JEDE FRAAG, BUUR.
WANN IST EUCH EUER GEWISSEN ABHANDEN GEKOMMEN?
...
!
DER JUNGE HAT EINE REINE SEELE...

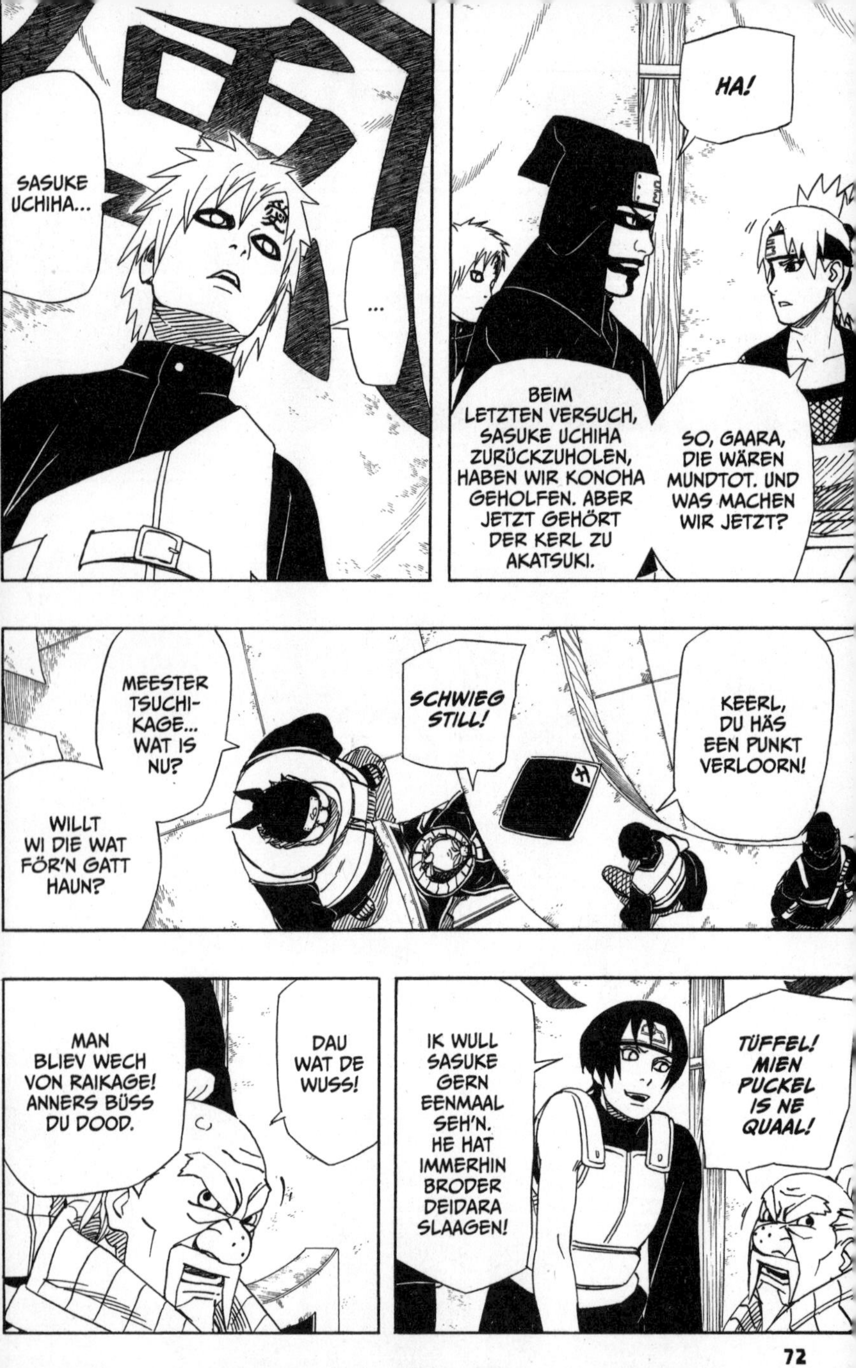
HA!
SASUKE UCHIHA...
...
SO, GAARA, DIE WÄREN MUNDTOT. UND WAS MACHEN WIR JETZT?
BEIM LETZTEN VERSUCH, SASUKE UCHIHA ZURÜCKZUHOLEN, HABEN WIR KONOHA GEHOLFEN. ABER JETZT GEHÖRT DER KERL ZU AKATSUKI.
KEERL, DU HÄS EEN PUNKT VERLOORN!
SCHWIEG STILL!
MEESTER TSUCHI-KAGE... WAT IS NU?
WILLT WI DIE WAT FÖR'N GATT HAUN?
TÜFFEL! MIEN PUCKEL IS NE QUAAL!
IK WULL SASUKE GERN EENMAAL SEH'N. HE HAT IMMERHIN BRODER DEIDARA SLAAGEN!
DAU WAT DE WUSS!
MAN BLIEV WECH VON RAIKAGE! ANNERS BÜSS DU DOOD.

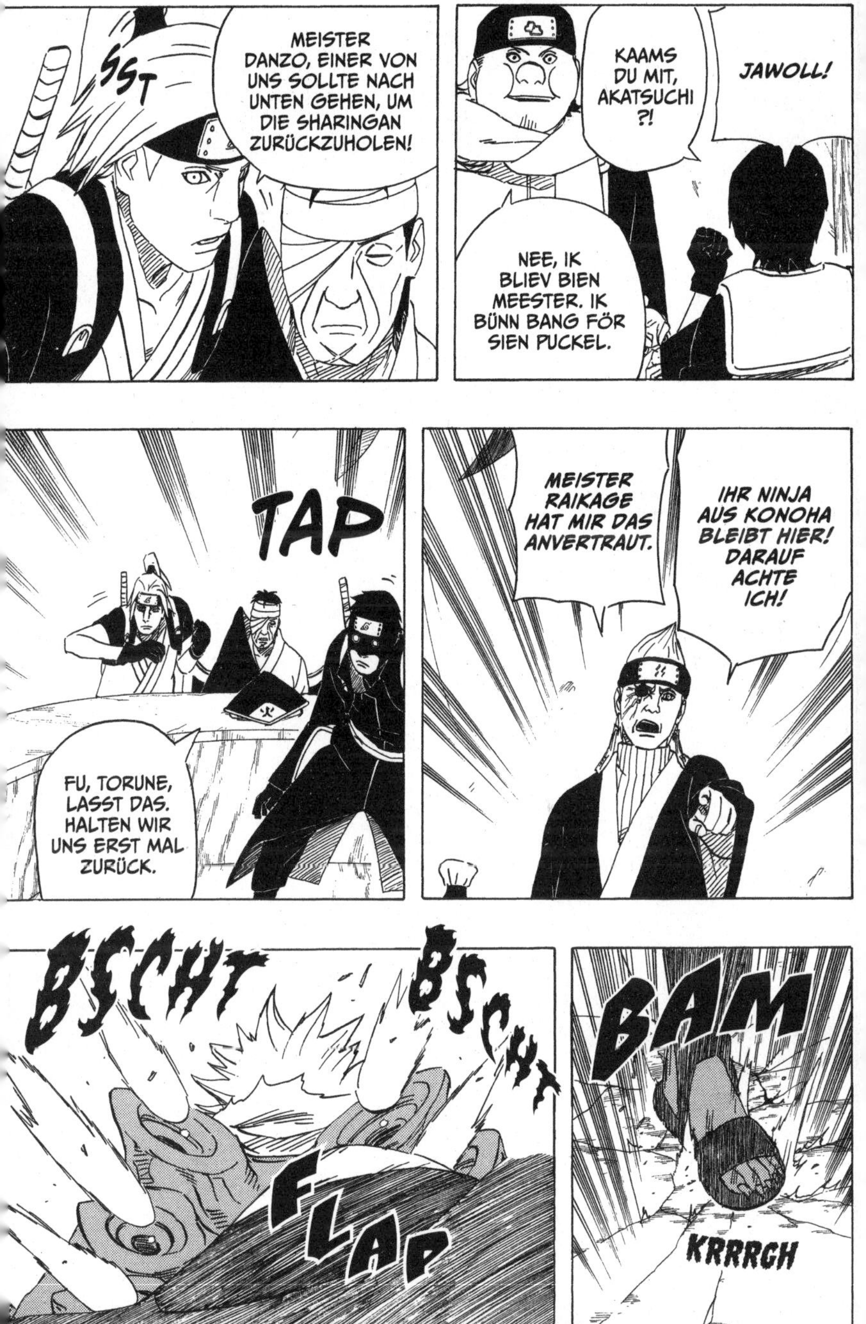
SST
MEISTER DANZO, EINER VON UNS SOLLTE NACH UNTEN GEHEN, UM DIE SHARINGAN ZURÜCKZUHOLEN!
KAAMS DU MIT, AKATSUCHI ?!
JAWOLL!
NEE, IK BLIEV BIEN MEESTER. IK BÜNN BANG FÖR SIEN PUCKEL.
TAP
FU, TORUNE, LASST DAS. HALTEN WIR UNS ERST MAL ZURÜCK.
MEISTER RAIKAGE HAT MIR DAS ANVERTRAUT.
IHR NINJA AUS KONOHA BLEIBT HIER! DARAUF ACHTE ICH!
BSCHT
BSCHT
FLAP
BAM
KRRRGH

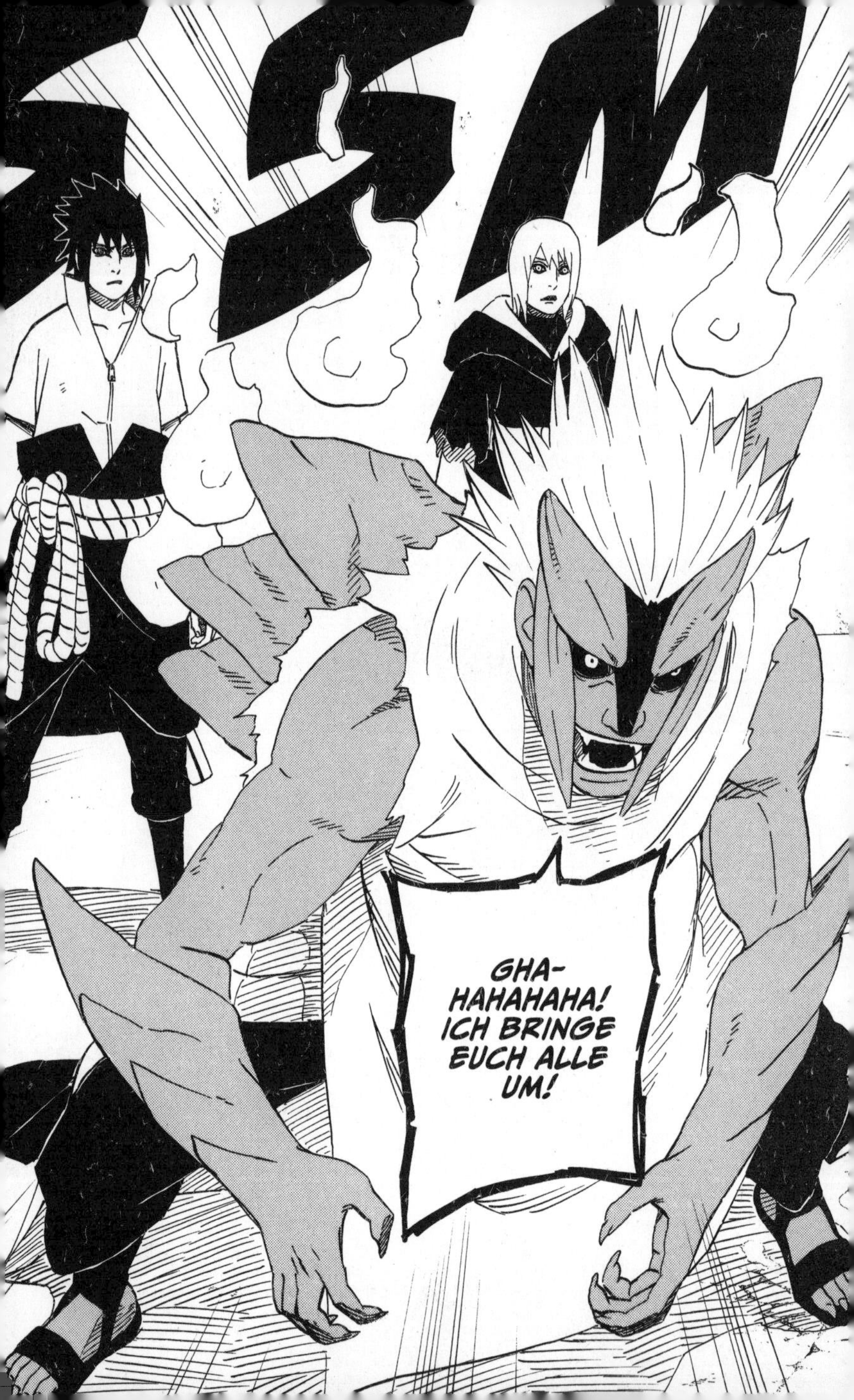
GHA-
HAHAHAHA!
ICH BRINGE
EUCH ALLE
UM!

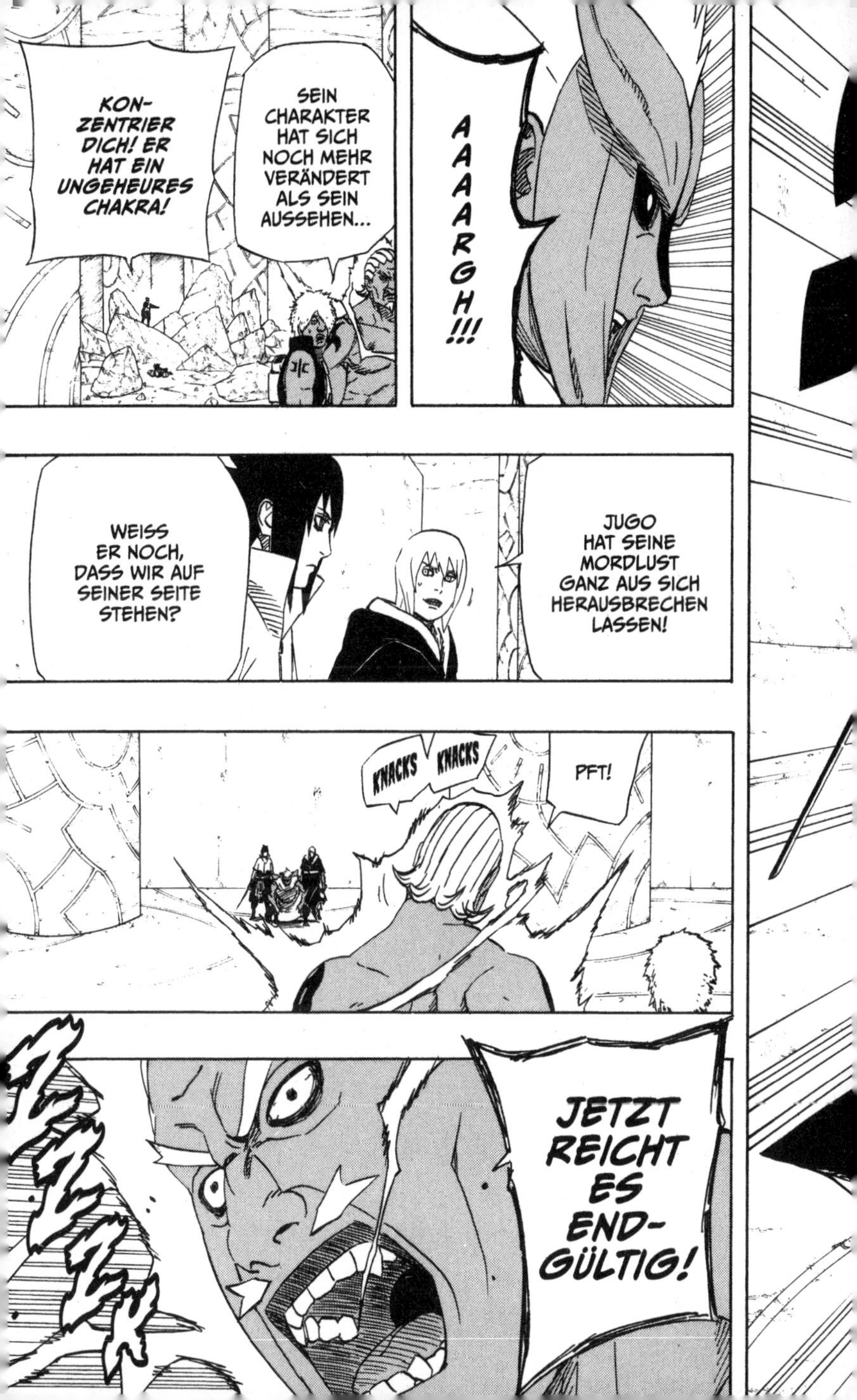
AAAAARGH!!!
SEIN CHARAKTER HAT SICH NOCH MEHR VERÄNDERT ALS SEIN AUSSEHEN...
KON-ZENTRIER DICH! ER HAT EIN UNGEHEURES CHAKRA!
JUGO HAT SEINE MORDLUST GANZ AUS SICH HERAUSBRECHEN LASSEN!
WEISS ER NOCH, DASS WIR AUF SEINER SEITE STEHEN?
PFT!
KNACKS KNACKS
JETZT REICHT ES END-GÜLTIG!

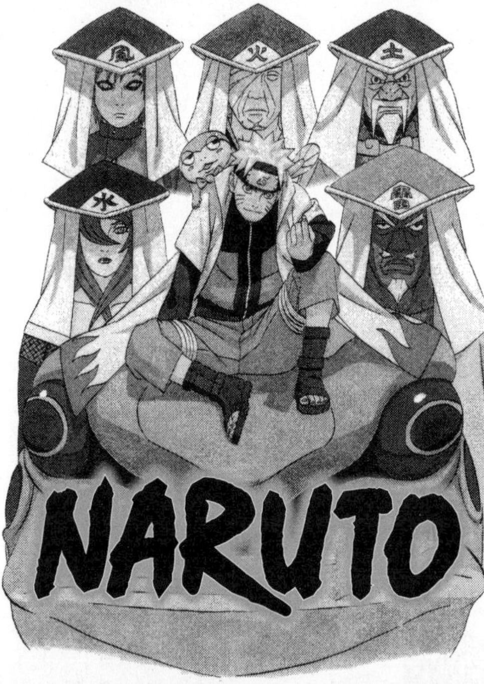
NARUTO

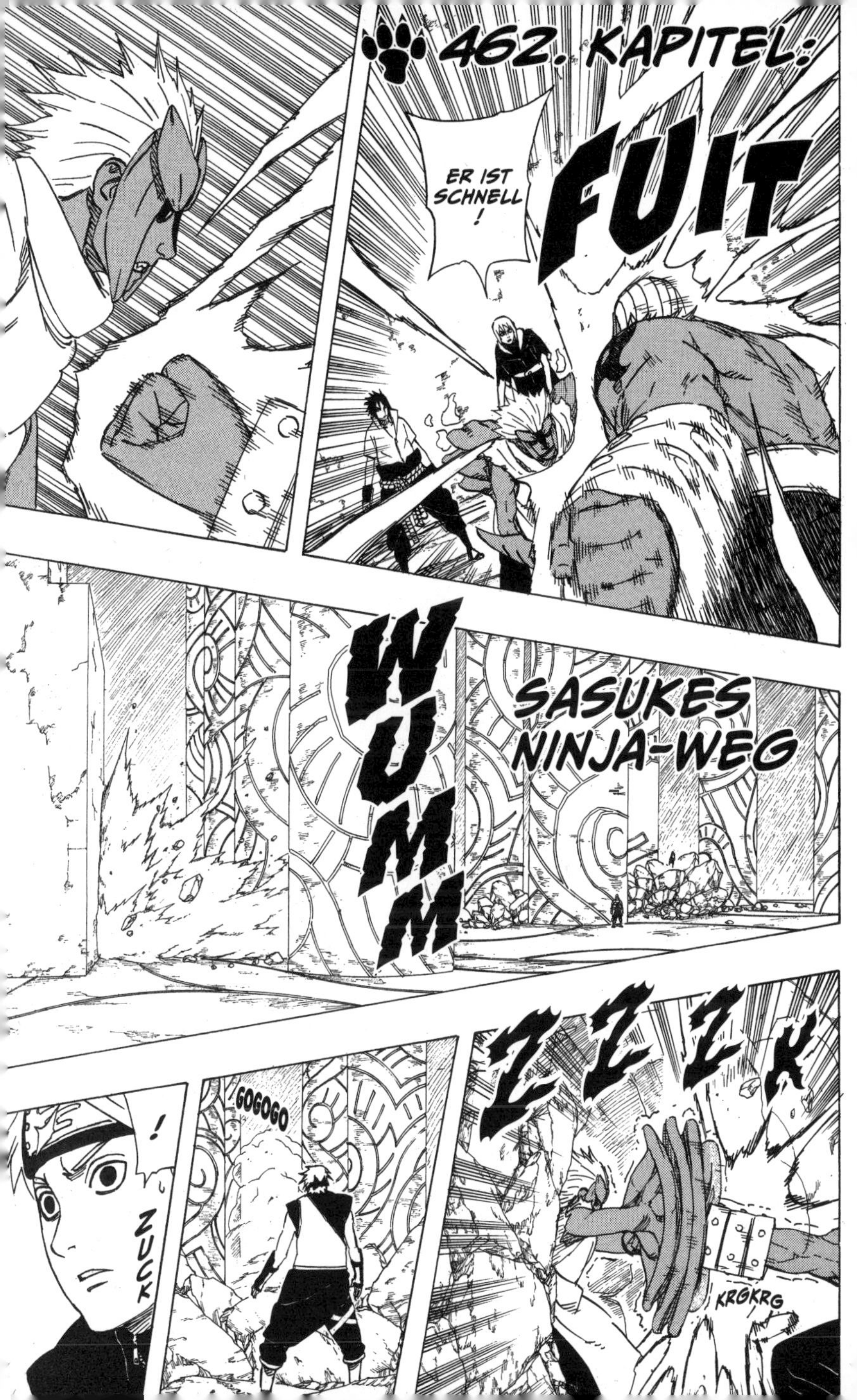
462. KAPITEL:
ER IST SCHNELL !
FUIT
SASUKES NINJA-WEG
WUMM
ZZZK
KRGKRG
GOGOGO
!
ZUCK

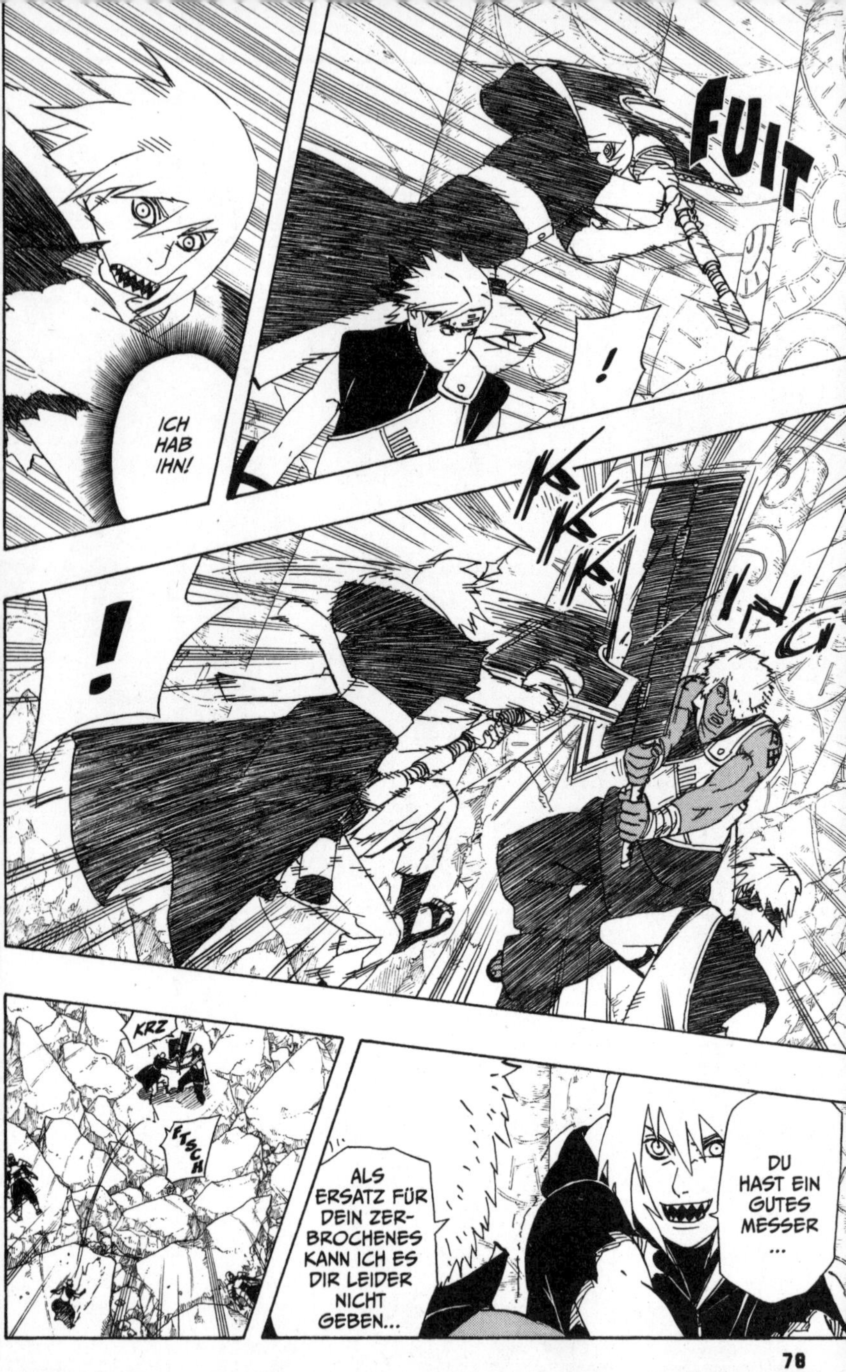
FUIT
!
ICH HAB IHN!
KKKKING
!
KRZ
FTSCH
DU HAST EIN GUTES MESSER ...
ALS ERSATZ FÜR DEIN ZERBROCHENES KANN ICH ES DIR LEIDER NICHT GEBEN...

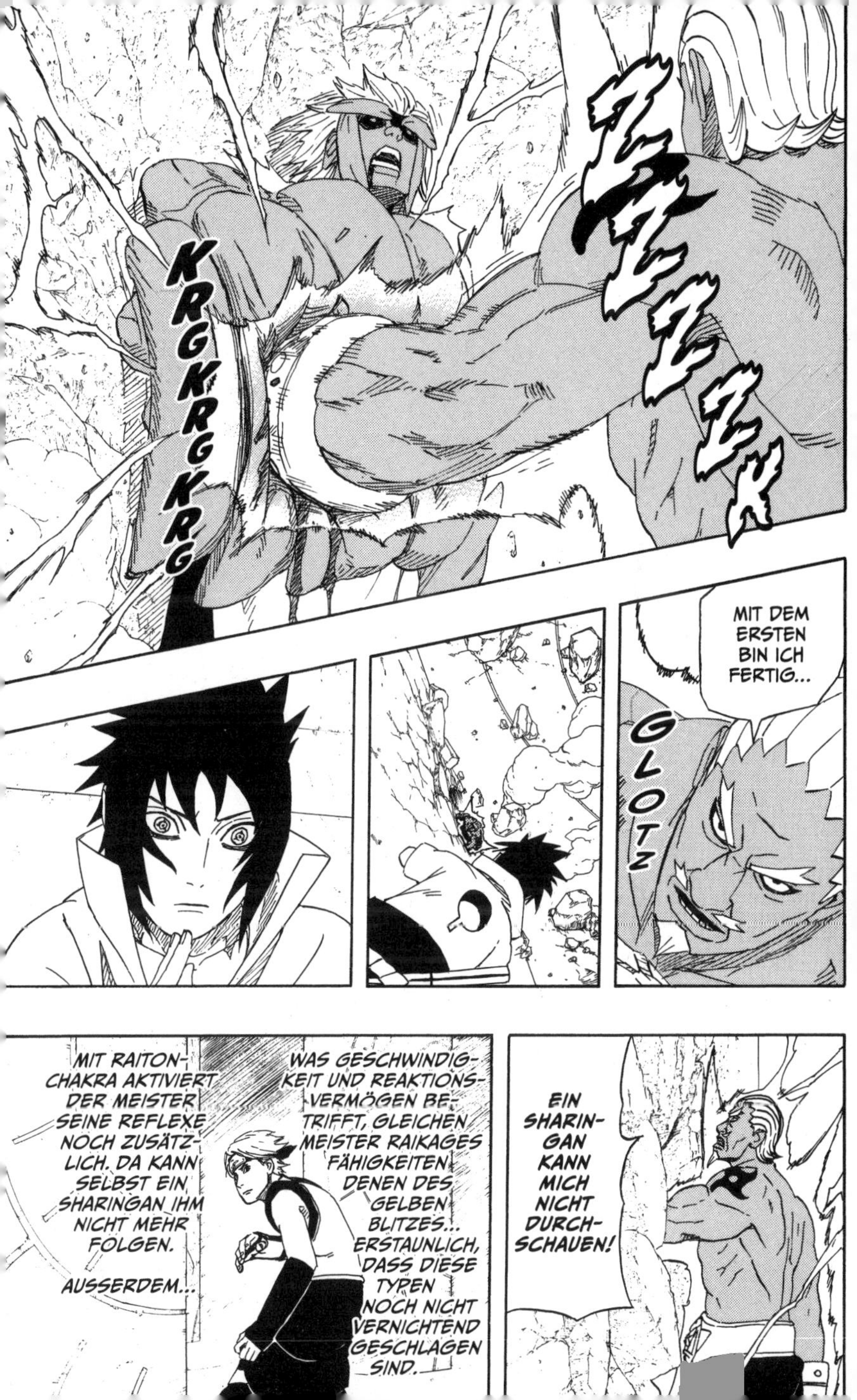

ZZZZZK
KRGKRGKRGKRG
MIT DEM ERSTEN BIN ICH FERTIG...
GLOTZ
WAS GESCHWINDIGKEIT UND REAKTIONSVERMÖGEN BETRIFFT, GLEICHEN MEISTER RAIKAGES FÄHIGKEITEN DENEN DES GELBEN BLITZES... ERSTAUNLICH, DASS DIESE TYPEN NOCH NICHT VERNICHTEND GESCHLAGEN SIND.
MIT RAITON-CHAKRA AKTIVIERT DER MEISTER SEINE REFLEXE NOCH ZUSÄTZLICH. DA KANN SELBST EIN SHARINGAN IHM NICHT MEHR FOLGEN.
AUSSERDEM...
EIN SHARINGAN KANN MICH NICHT DURCHSCHAUEN!

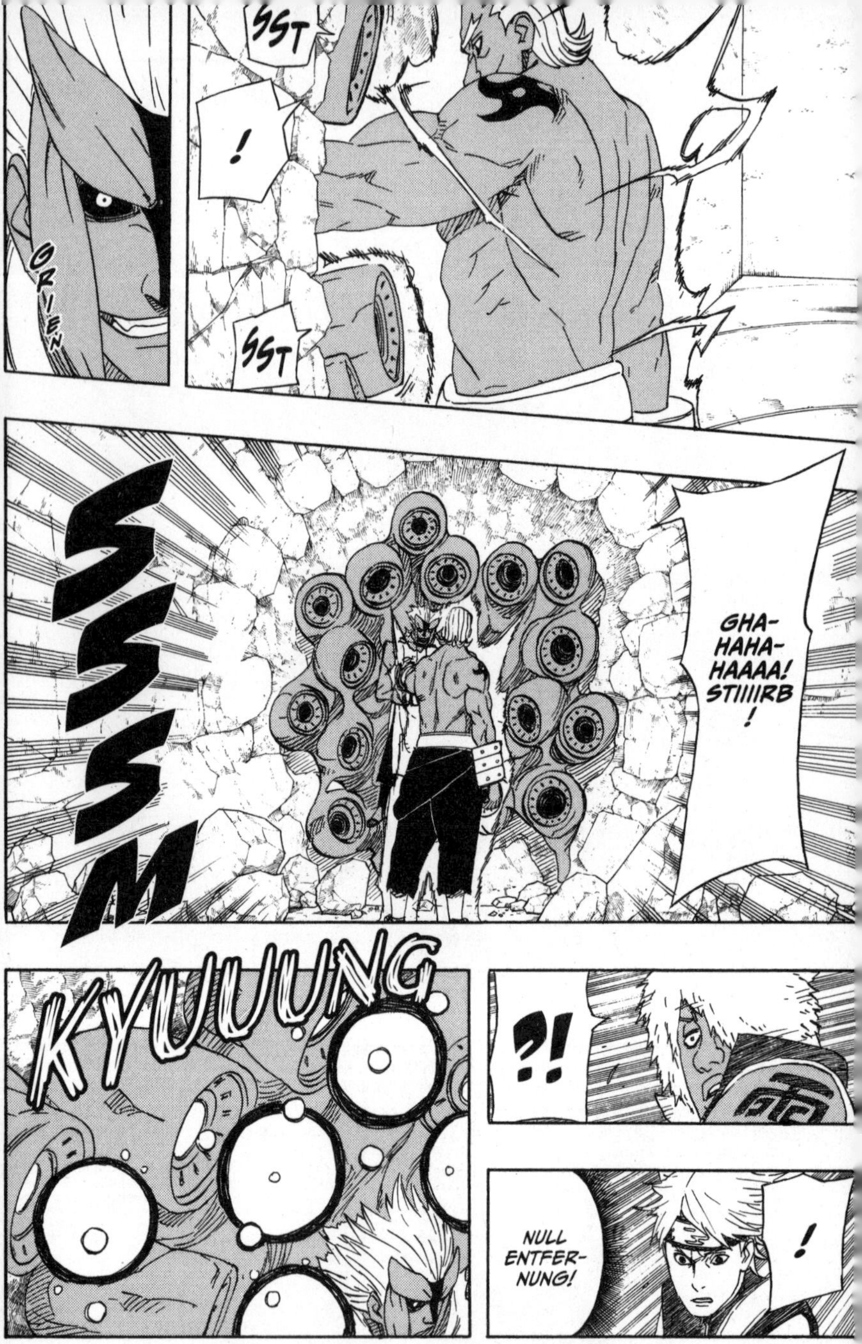
SST
!
GRIEN
SST
GHA-HAHA-HAAAA! STIIIIRB!
SSSM
?!
KYUUUNG
!
NULL ENTFER-NUNG!

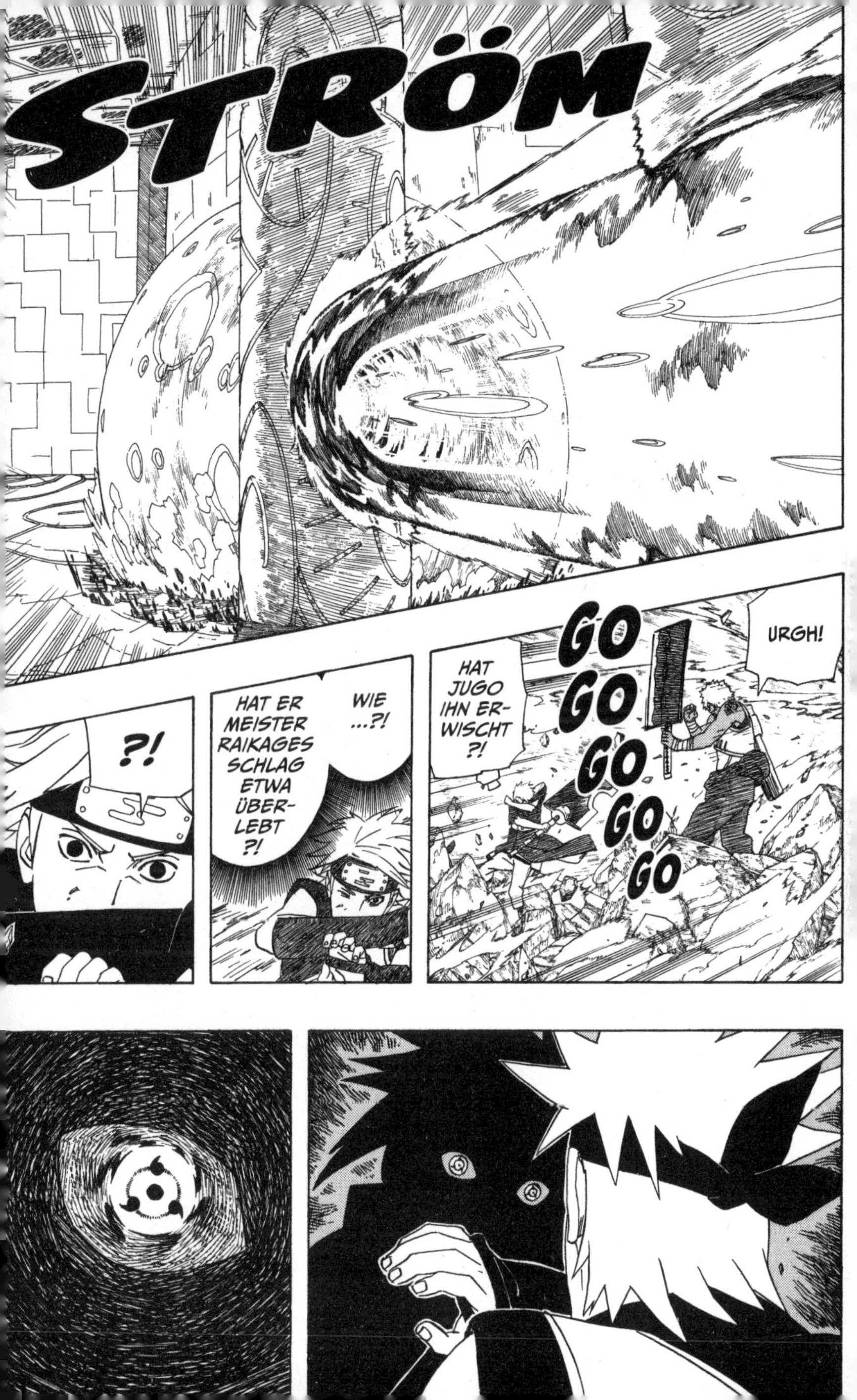

STRÖM
URGH!
GO GO GO GO GO GO
HAT JUGO IHN ER-WISCHT ?!
WIE ...?!
HAT ER MEISTER RAIKAGES SCHLAG ETWA ÜBER-LEBT ?!
?!

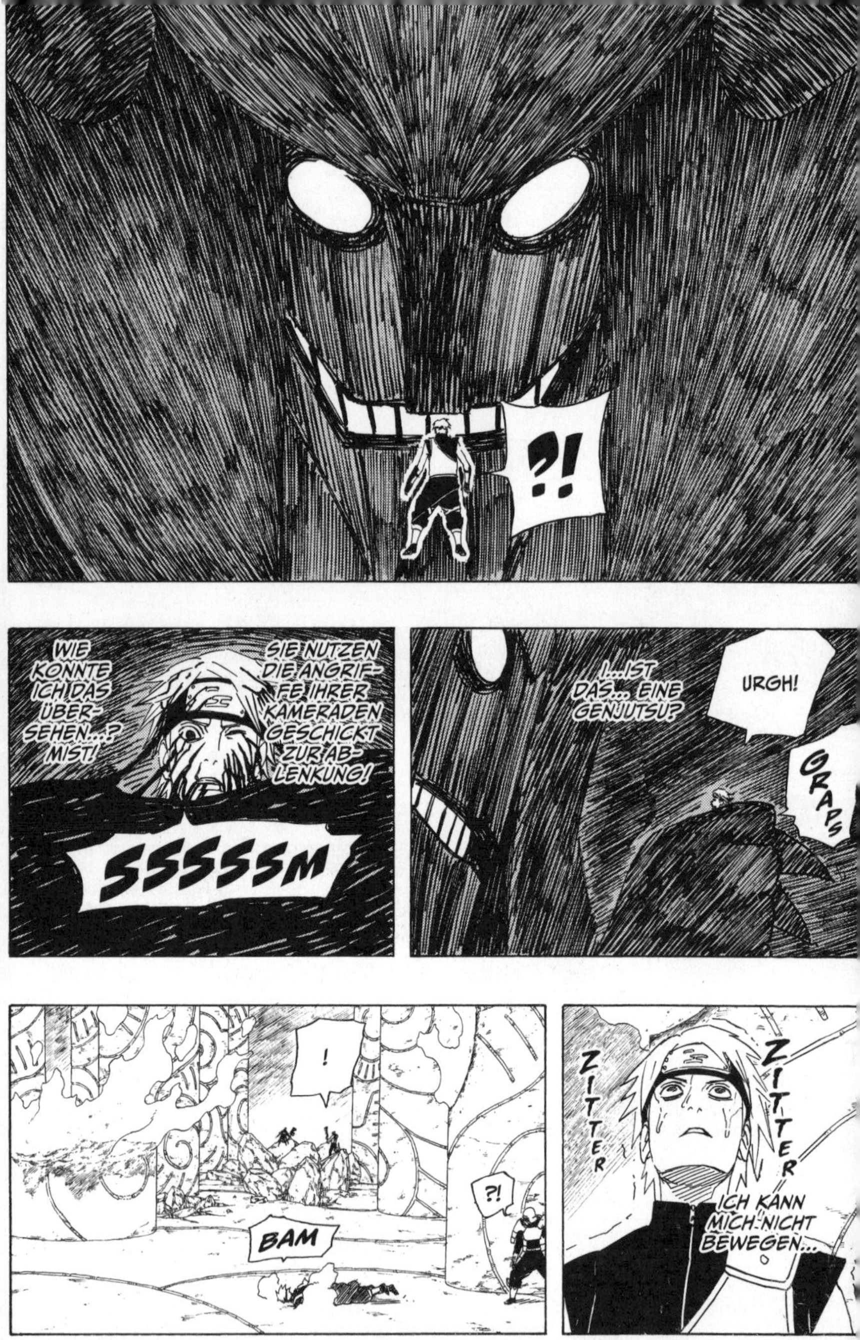
?!
SIE NUTZEN DIE ANGRIFFE IHRER KAMERADEN GESCHICKT ZUR ABLENKUNG!
WIE KONNTE ICH DAS ÜBERSEHEN...? MIST!
SSSSSM
URGH!
I...IST DAS... EINE GENJUTSU?
GRAPS
ZITTER
ZITTER
ICH KANN MICH NICHT BEWEGEN...
!
?!
BAM

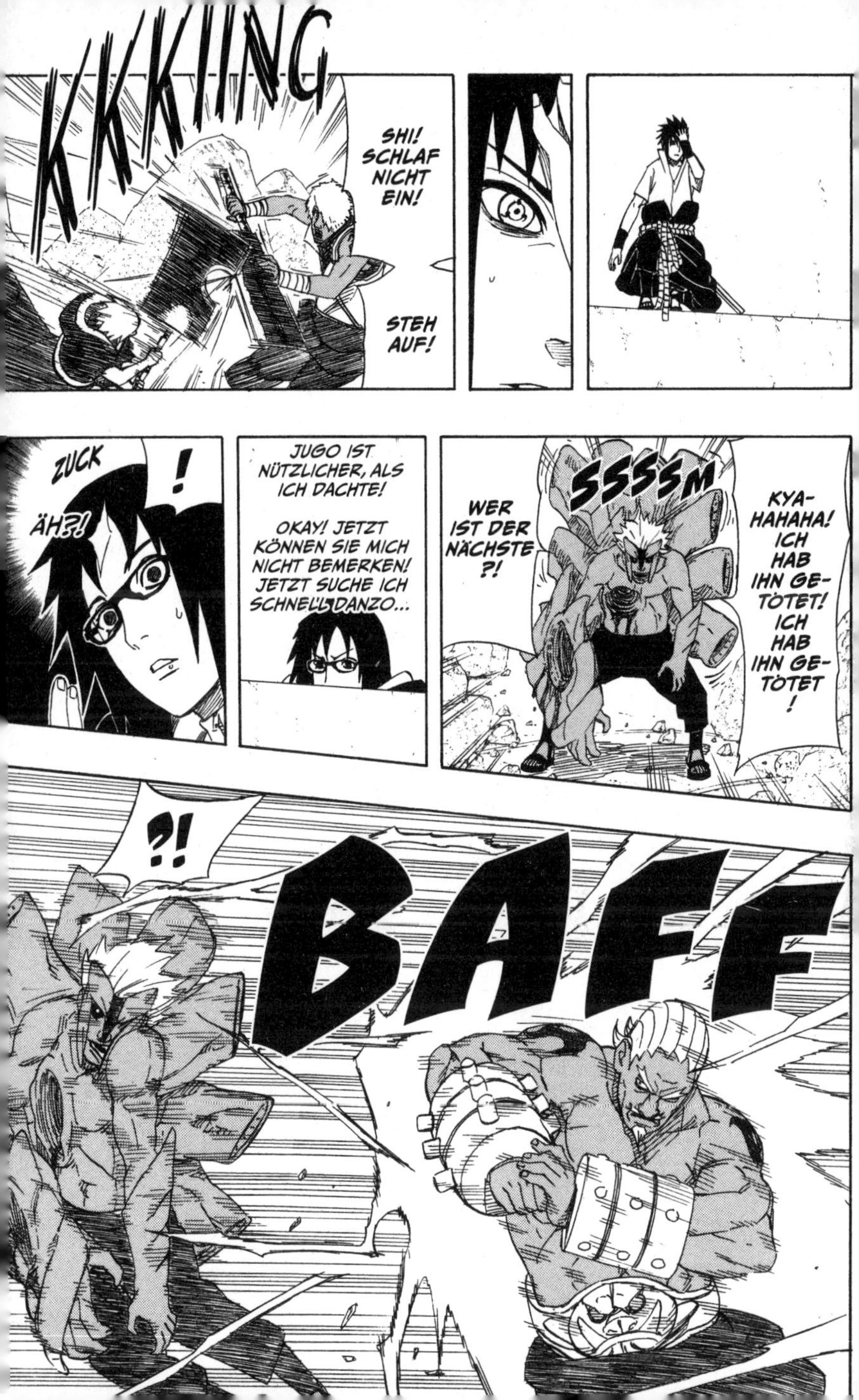

KKKING
SHI! SCHLAF NICHT EIN!
STEH AUF!
KYA-HAHAHA! ICH HAB IHN GE-TÖTET! ICH HAB IHN GE-TÖTET!
SSSSM
WER IST DER NÄCHSTE?!
JUGO IST NÜTZLICHER, ALS ICH DACHTE!
OKAY! JETZT KÖNNEN SIE MICH NICHT BEMERKEN! JETZT SUCHE ICH SCHNELL DANZO...
!
ZUCK
ÄH?!
?!
BAFF

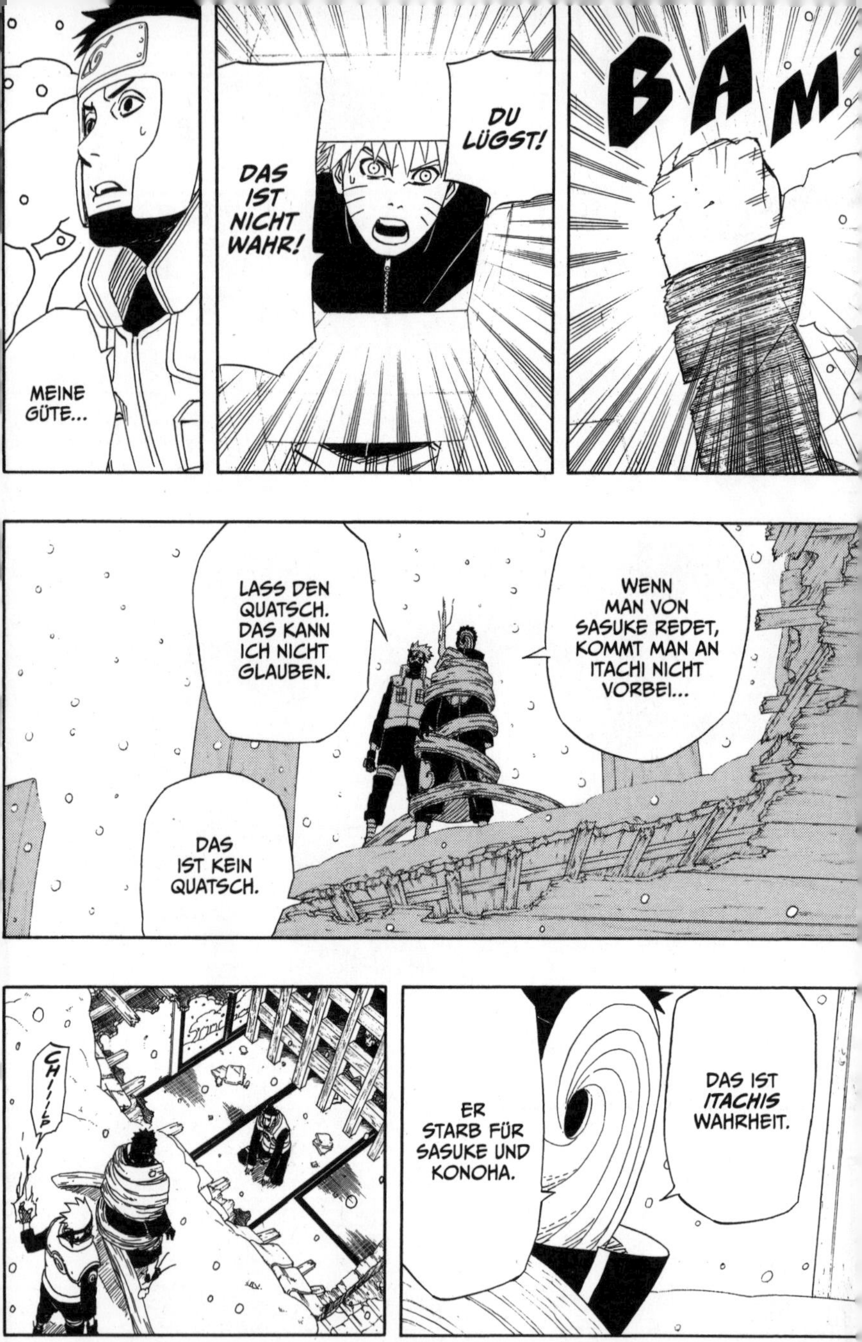
BAM
DU LÜGST!
DAS IST NICHT WAHR!
MEINE GÜTE...
WENN MAN VON SASUKE REDET, KOMMT MAN AN ITACHI NICHT VORBEI...
LASS DEN QUATSCH. DAS KANN ICH NICHT GLAUBEN.
DAS IST KEIN QUATSCH.
DAS IST *ITACHIS* WAHRHEIT.
ER STARB FÜR SASUKE UND KONOHA.
CHIIIP

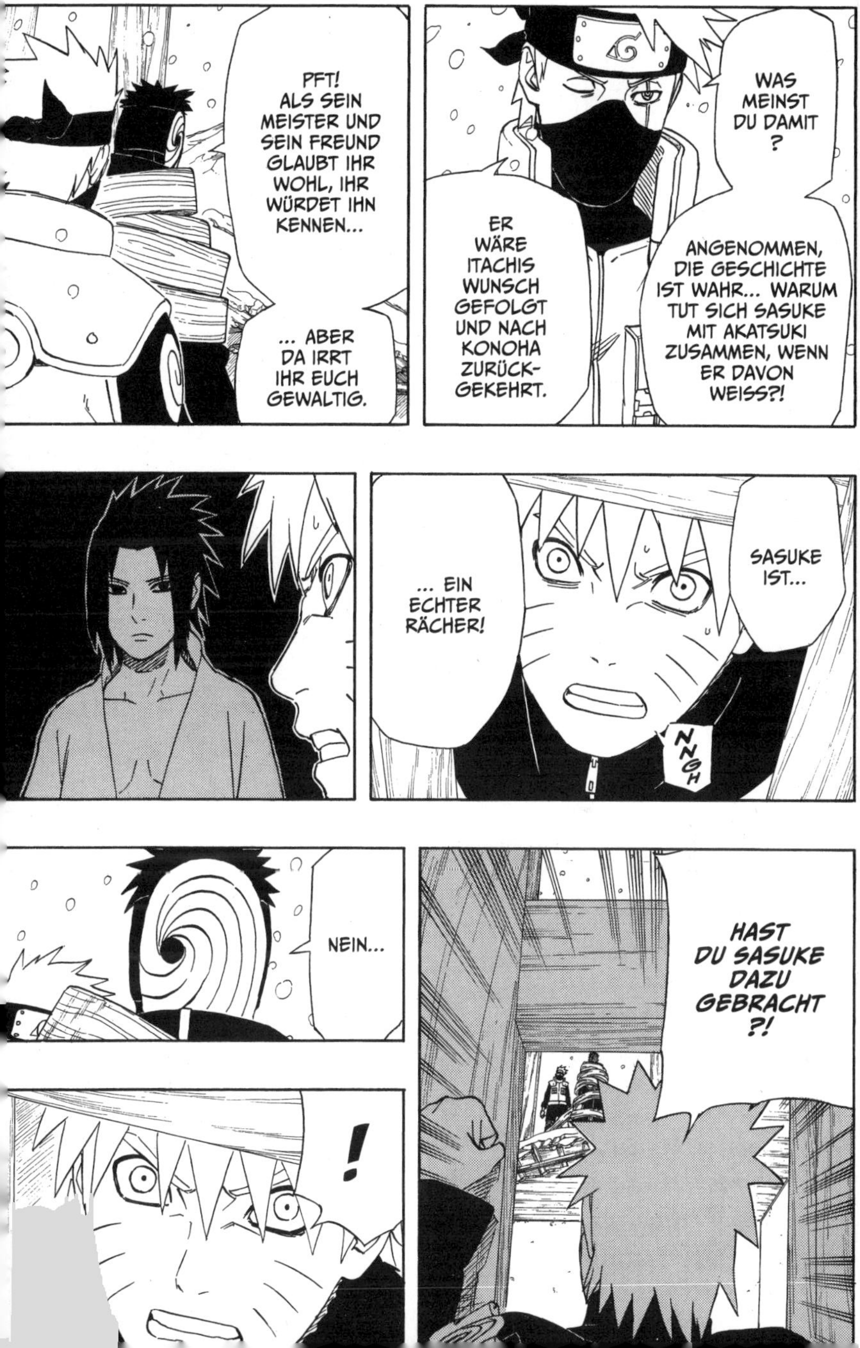
WAS MEINST DU DAMIT?
ANGENOMMEN, DIE GESCHICHTE IST WAHR... WARUM TUT SICH SASUKE MIT AKATSUKI ZUSAMMEN, WENN ER DAVON WEISS?!
ER WÄRE ITACHIS WUNSCH GEFOLGT UND NACH KONOHA ZURÜCKGEKEHRT.
PFT! ALS SEIN MEISTER UND SEIN FREUND GLAUBT IHR WOHL, IHR WÜRDET IHN KENNEN...
... ABER DA IRRT IHR EUCH GEWALTIG.
SASUKE IST...
... EIN ECHTER RÄCHER!
NNGH
HAST DU SASUKE DAZU GEBRACHT?!
NEIN...
!

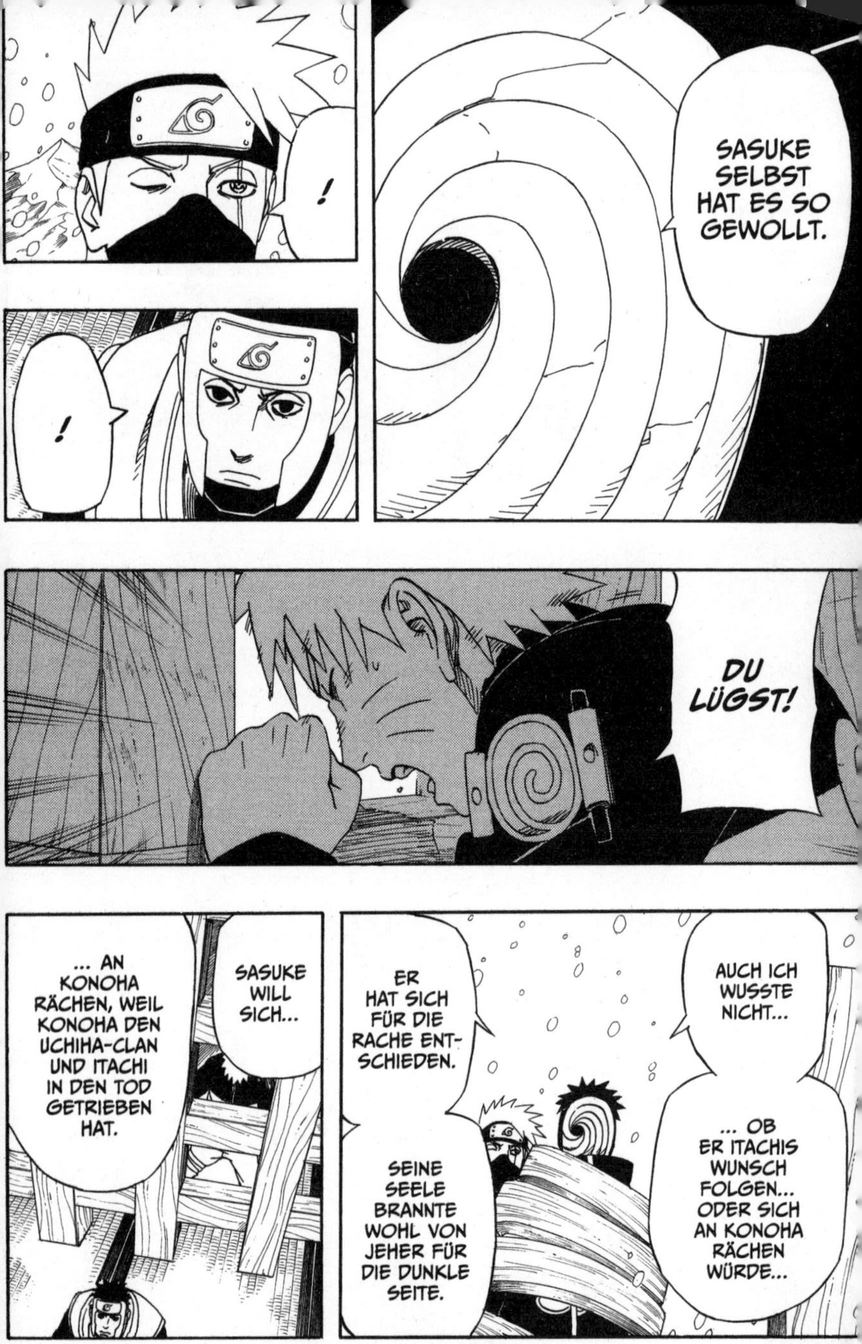
SASUKE SELBST HAT ES SO GEWOLLT.
!
!
DU LÜGST!
AUCH ICH WUSSTE NICHT...
... OB ER ITACHIS WUNSCH FOLGEN... ODER SICH AN KONOHA RÄCHEN WÜRDE...
ER HAT SICH FÜR DIE RACHE ENT-SCHIEDEN.
SEINE SEELE BRANNTE WOHL VON JEHER FÜR DIE DUNKLE SEITE.
SASUKE WILL SICH...
... AN KONOHA RÄCHEN, WEIL KONOHA DEN UCHIHA-CLAN UND ITACHI IN DEN TOD GETRIEBEN HAT.

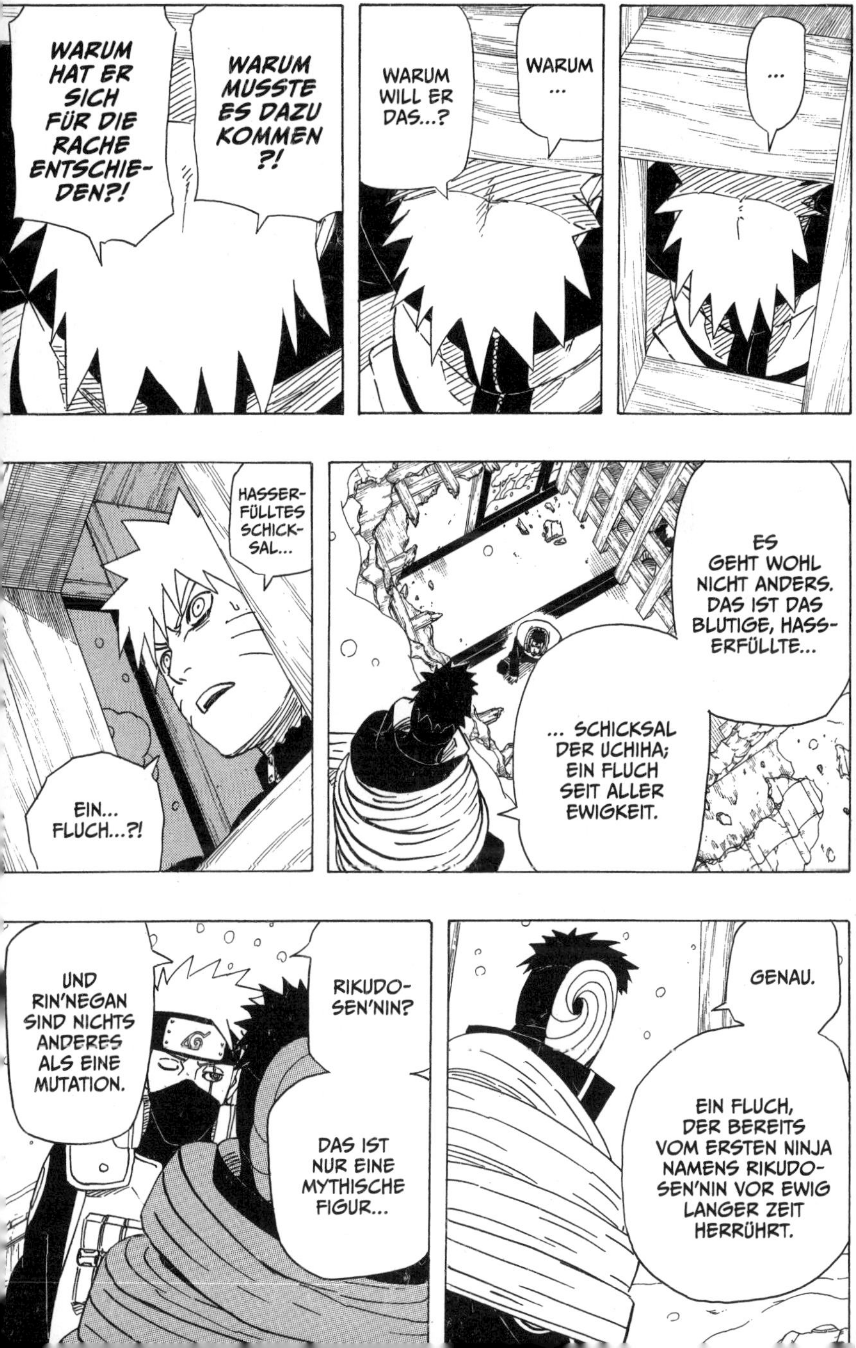
...
WARUM ...
WARUM WILL ER DAS...?
WARUM MUSSTE ES DAZU KOMMEN?!
WARUM HAT ER SICH FÜR DIE RACHE ENTSCHIEDEN?!
ES GEHT WOHL NICHT ANDERS. DAS IST DAS BLUTIGE, HASSERFÜLLTE...
... SCHICKSAL DER UCHIHA; EIN FLUCH SEIT ALLER EWIGKEIT.
HASSERFÜLLTES SCHICKSAL...
EIN... FLUCH...?!
GENAU.
EIN FLUCH, DER BEREITS VOM ERSTEN NINJA NAMENS RIKUDO-SEN'NIN VOR EWIG LANGER ZEIT HERRÜHRT.
RIKUDO-SEN'NIN?
DAS IST NUR EINE MYTHISCHE FIGUR...
UND RIN'NEGAN SIND NICHTS ANDERES ALS EINE MUTATION.

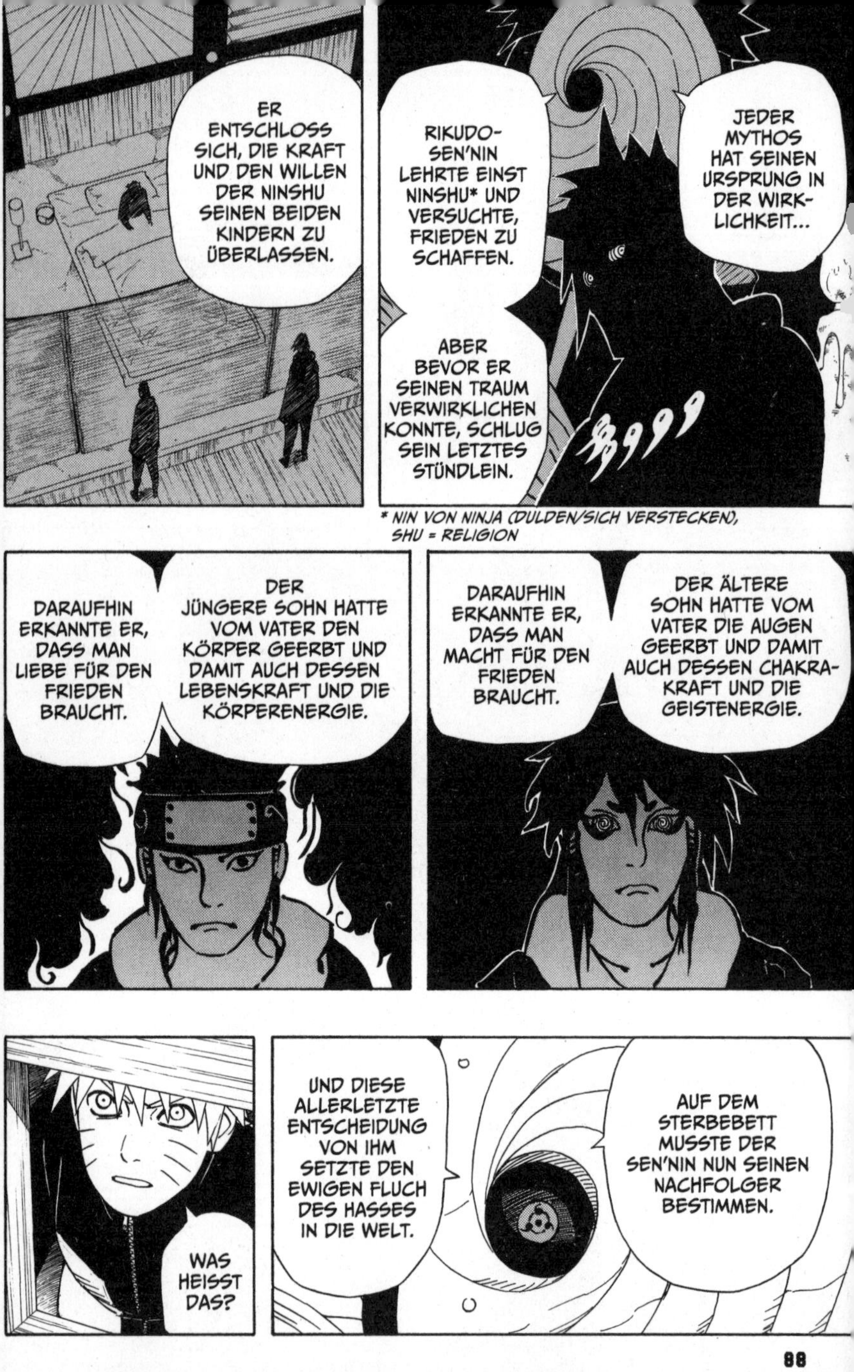
JEDER MYTHOS HAT SEINEN URSPRUNG IN DER WIRKLICHKEIT...
RIKUDO-SEN'NIN LEHRTE EINST NINSHU* UND VERSUCHTE, FRIEDEN ZU SCHAFFEN.
ABER BEVOR ER SEINEN TRAUM VERWIRKLICHEN KONNTE, SCHLUG SEIN LETZTES STÜNDLEIN.
ER ENTSCHLOSS SICH, DIE KRAFT UND DEN WILLEN DER NINSHU SEINEN BEIDEN KINDERN ZU ÜBERLASSEN.
* NIN VON NINJA (DULDEN/SICH VERSTECKEN), SHU = RELIGION
DER ÄLTERE SOHN HATTE VOM VATER DIE AUGEN GEERBT UND DAMIT AUCH DESSEN CHAKRAKRAFT UND DIE GEISTENERGIE.
DARAUFHIN ERKANNTE ER, DASS MAN MACHT FÜR DEN FRIEDEN BRAUCHT.
DER JÜNGERE SOHN HATTE VOM VATER DEN KÖRPER GEERBT UND DAMIT AUCH DESSEN LEBENSKRAFT UND DIE KÖRPERENERGIE.
DARAUFHIN ERKANNTE ER, DASS MAN LIEBE FÜR DEN FRIEDEN BRAUCHT.
AUF DEM STERBEBETT MUSSTE DER SEN'NIN NUN SEINEN NACHFOLGER BESTIMMEN.
UND DIESE ALLERLETZTE ENTSCHEIDUNG VON IHM SETZTE DEN EWIGEN FLUCH DES HASSES IN DIE WELT.
WAS HEISST DAS?

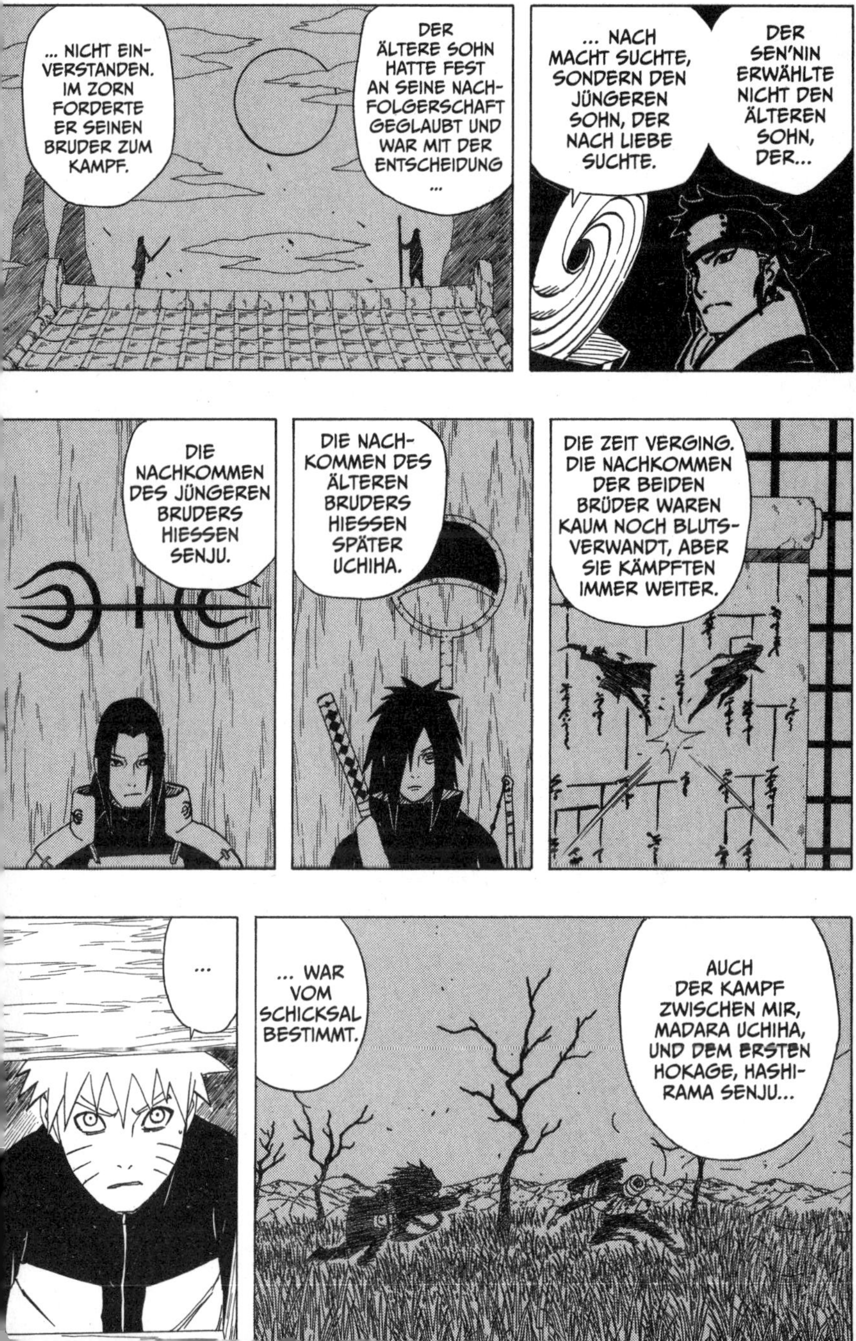
DER SEN'NIN ERWÄHLTE NICHT DEN ÄLTEREN SOHN, DER...
... NACH MACHT SUCHTE, SONDERN DEN JÜNGEREN SOHN, DER NACH LIEBE SUCHTE.
DER ÄLTERE SOHN HATTE FEST AN SEINE NACHFOLGERSCHAFT GEGLAUBT UND WAR MIT DER ENTSCHEIDUNG ...
... NICHT EINVERSTANDEN. IM ZORN FORDERTE ER SEINEN BRUDER ZUM KAMPF.
DIE ZEIT VERGING. DIE NACHKOMMEN DER BEIDEN BRÜDER WAREN KAUM NOCH BLUTSVERWANDT, ABER SIE KÄMPFTEN IMMER WEITER.
DIE NACHKOMMEN DES ÄLTEREN BRUDERS HIESSEN SPÄTER UCHIHA.
DIE NACHKOMMEN DES JÜNGEREN BRUDERS HIESSEN SENJU.
AUCH DER KAMPF ZWISCHEN MIR, MADARA UCHIHA, UND DEM ERSTEN HOKAGE, HASHIRAMA SENJU...
... WAR VOM SCHICKSAL BESTIMMT.
...

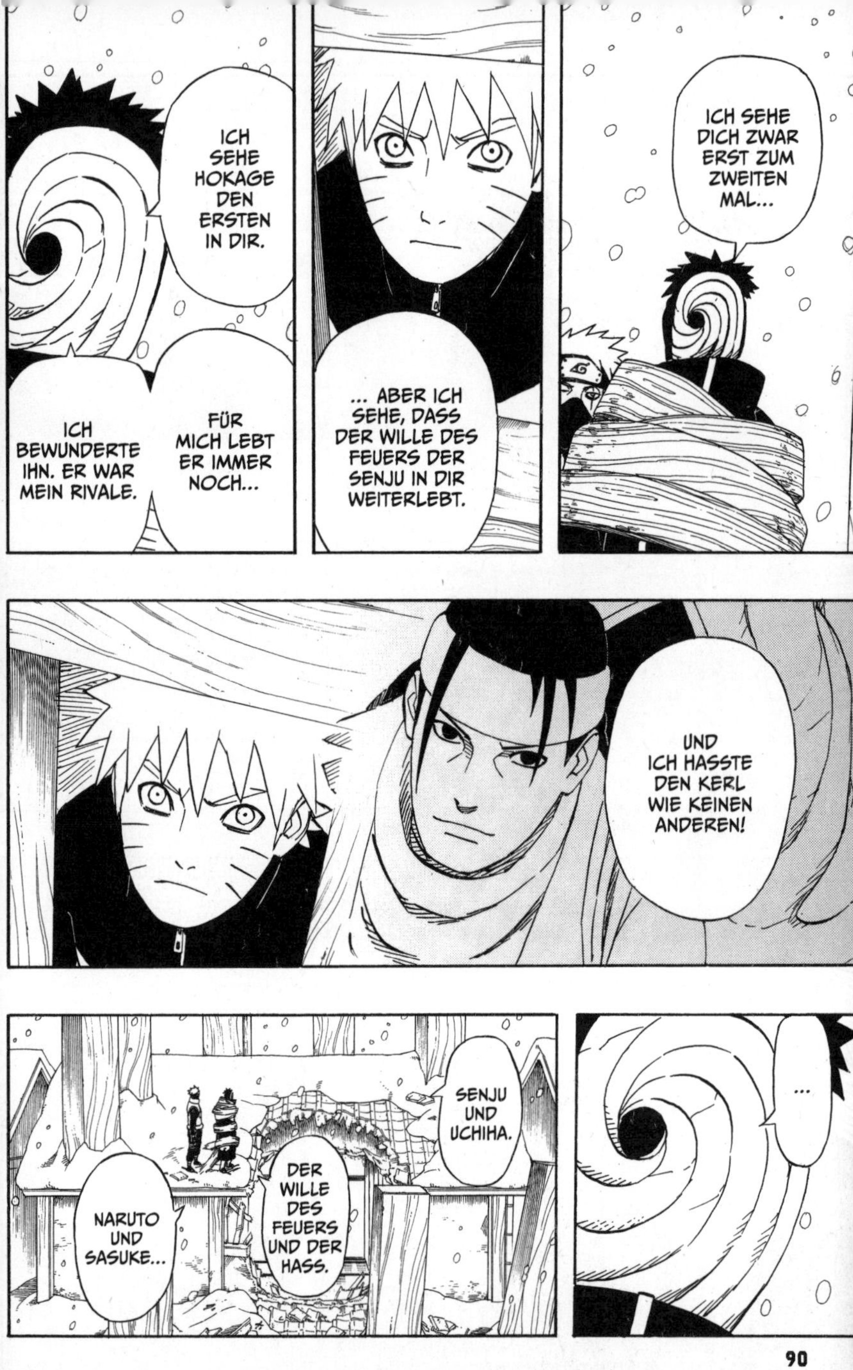
ICH SEHE DICH ZWAR ERST ZUM ZWEITEN MAL...
... ABER ICH SEHE, DASS DER WILLE DES FEUERS DER SENJU IN DIR WEITERLEBT.
ICH SEHE HOKAGE DEN ERSTEN IN DIR.
FÜR MICH LEBT ER IMMER NOCH...
ICH BEWUNDERTE IHN. ER WAR MEIN RIVALE.
UND ICH HASSTE DEN KERL WIE KEINEN ANDEREN!
...
SENJU UND UCHIHA.
DER WILLE DES FEUERS UND DER HASS.
NARUTO UND SASUKE...

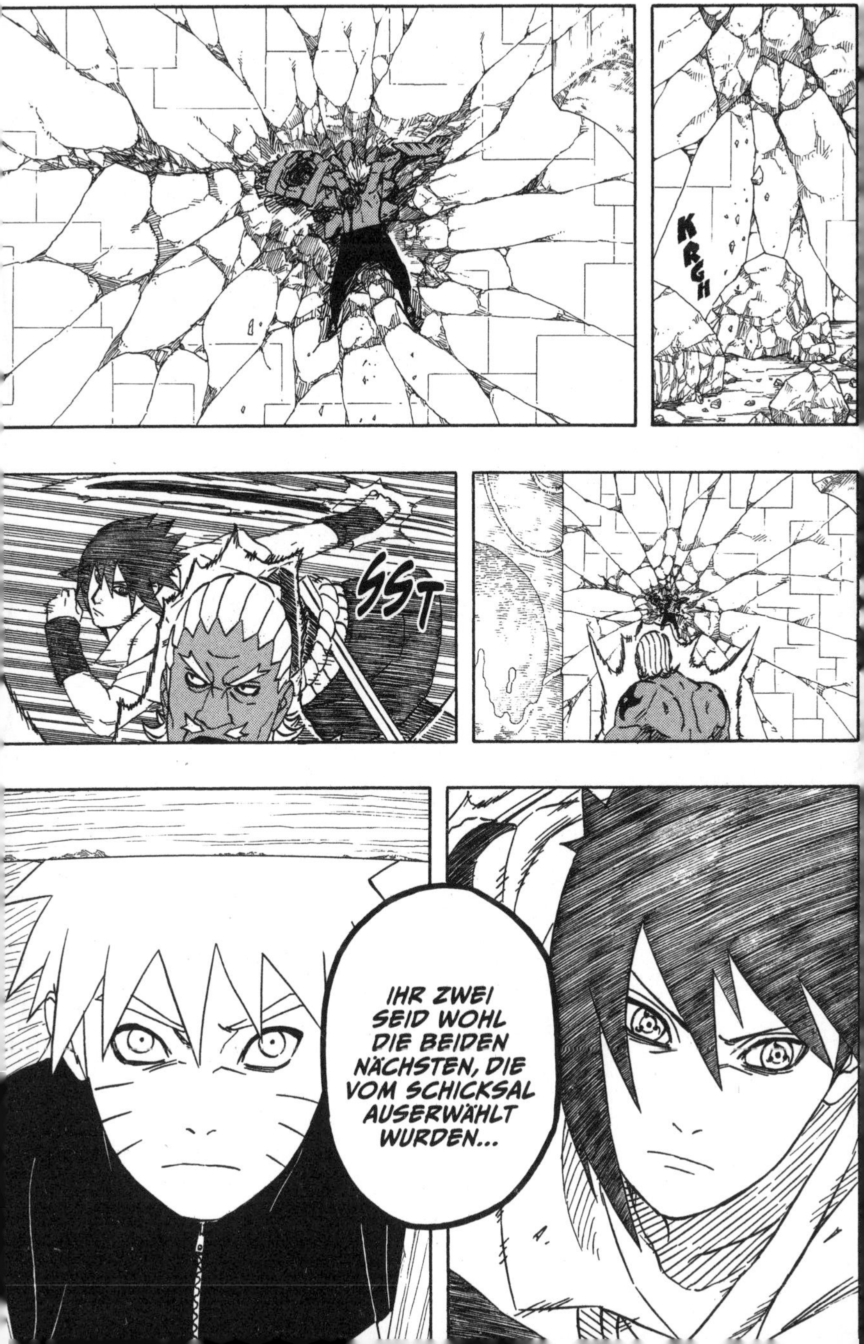
KRGH
SST
IHR ZWEI SEID WOHL DIE BEIDEN NÄCHSTEN, DIE VOM SCHICKSAL AUSERWÄHLT WURDEN...

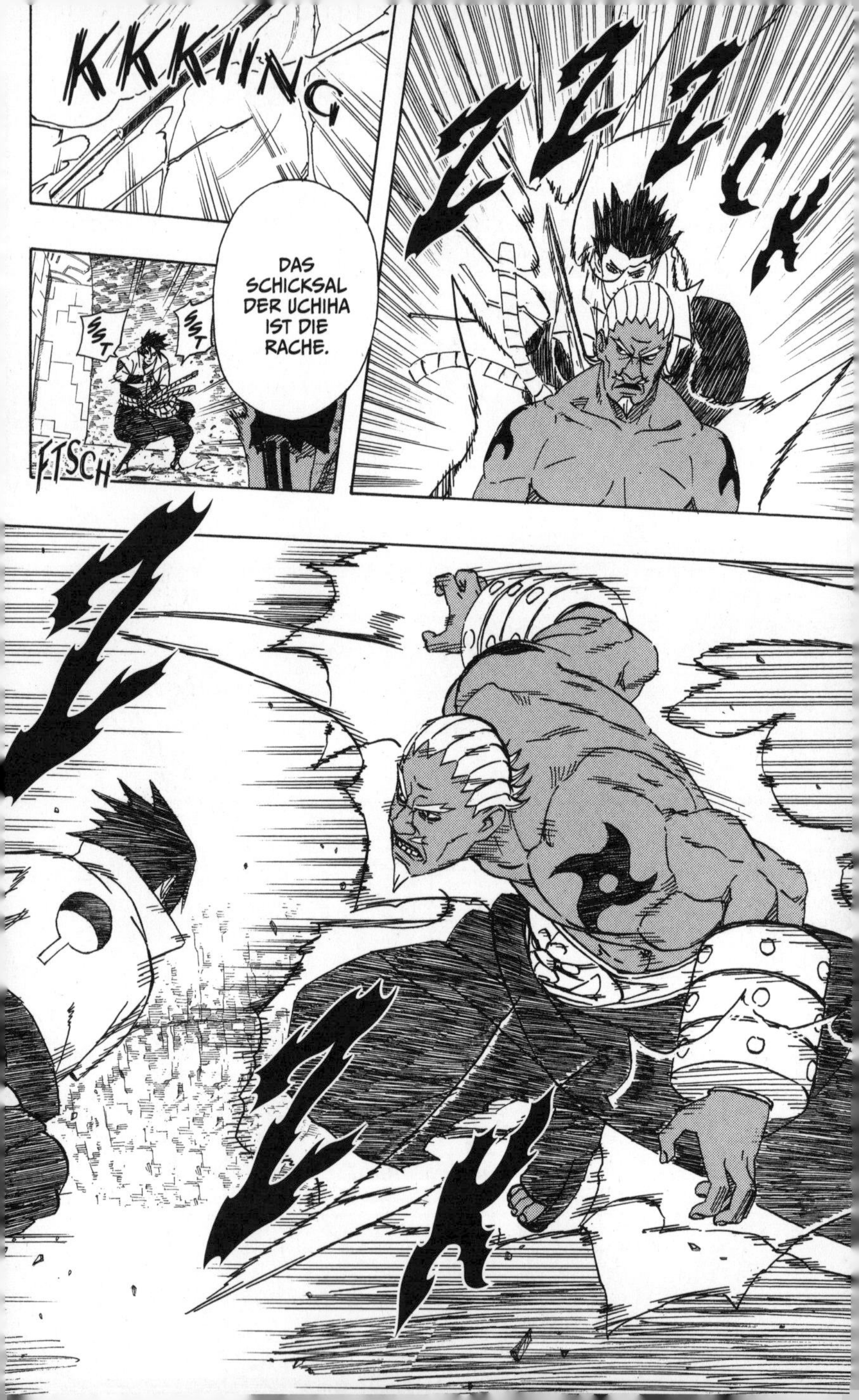
KKKING
DAS SCHICKSAL DER UCHIHA IST DIE RACHE.
SST
SST
FTSCH

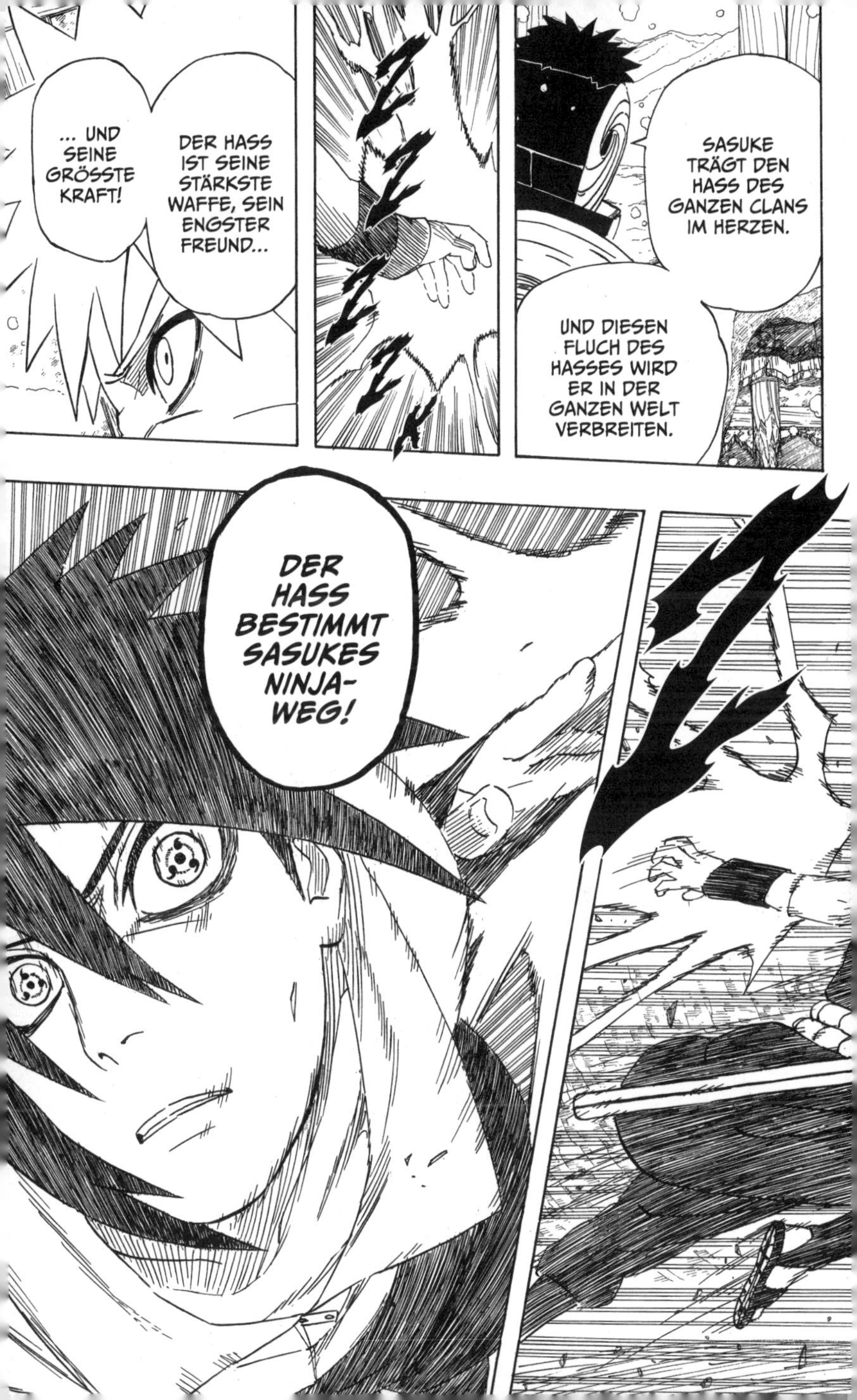
SASUKE TRÄGT DEN HASS DES GANZEN CLANS IM HERZEN.
UND DIESEN FLUCH DES HASSES WIRD ER IN DER GANZEN WELT VERBREITEN.
DER HASS IST SEINE STÄRKSTE WAFFE, SEIN ENGSTER FREUND...
... UND SEINE GRÖSSTE KRAFT!
DER HASS BESTIMMT SASUKES NINJA-WEG!

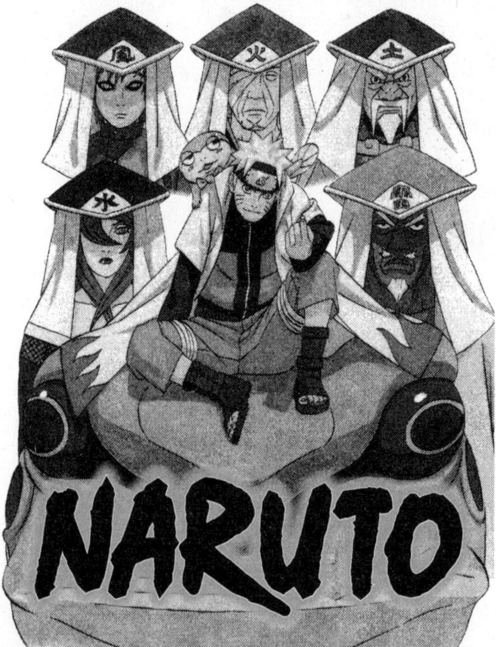
NARUTO

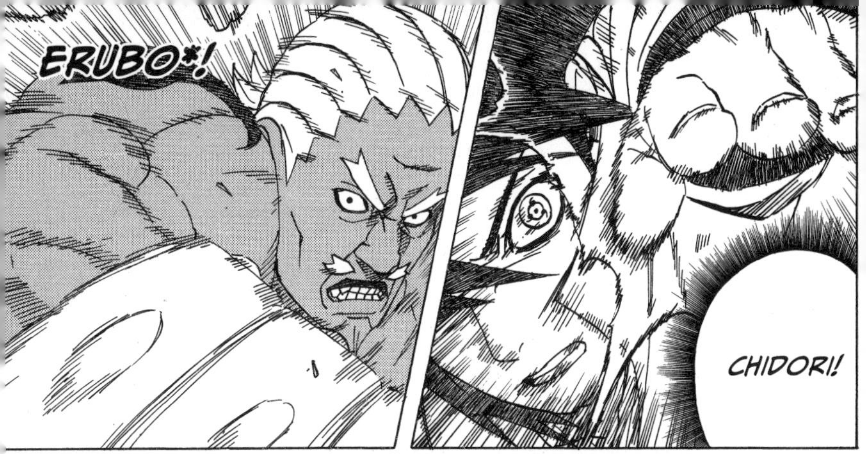

* E = SCHWER, RU = FLIESSEN, BO = WILD. LÄSST SICH AUCH ALS »ELBOW« LESEN UND BEZIEHT SICH DAMIT AUF EINEN SCHLAG MIT DEM ELLBOGEN IM WRESTLING.

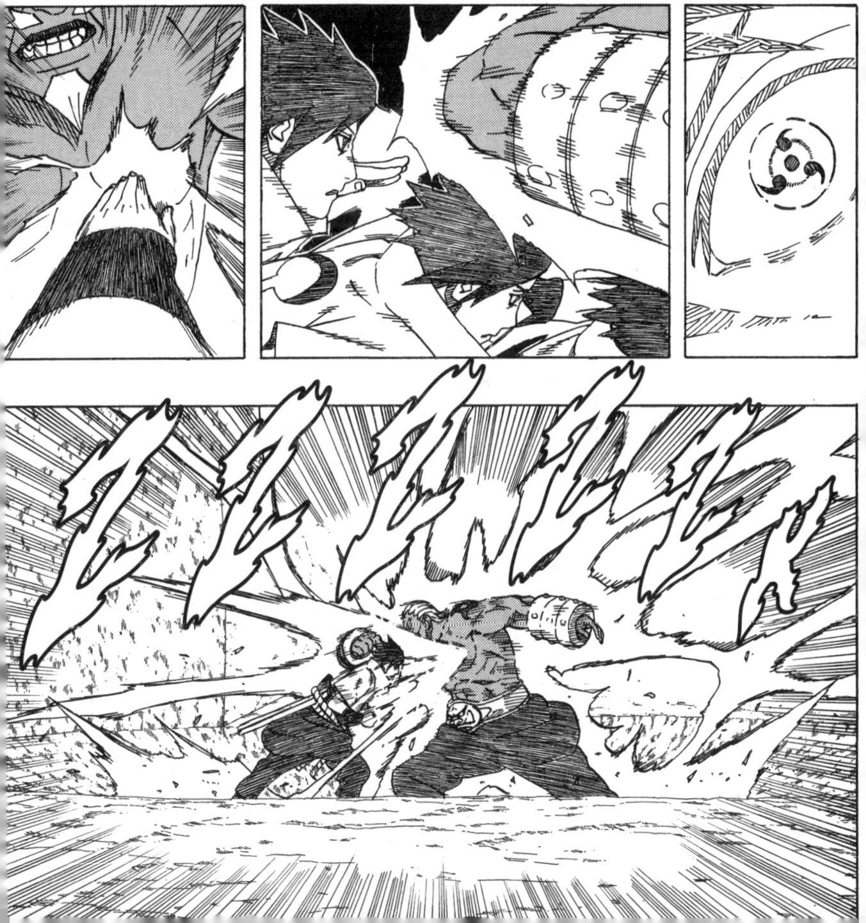

463. Kapitel: Sasuke gegen Raikage

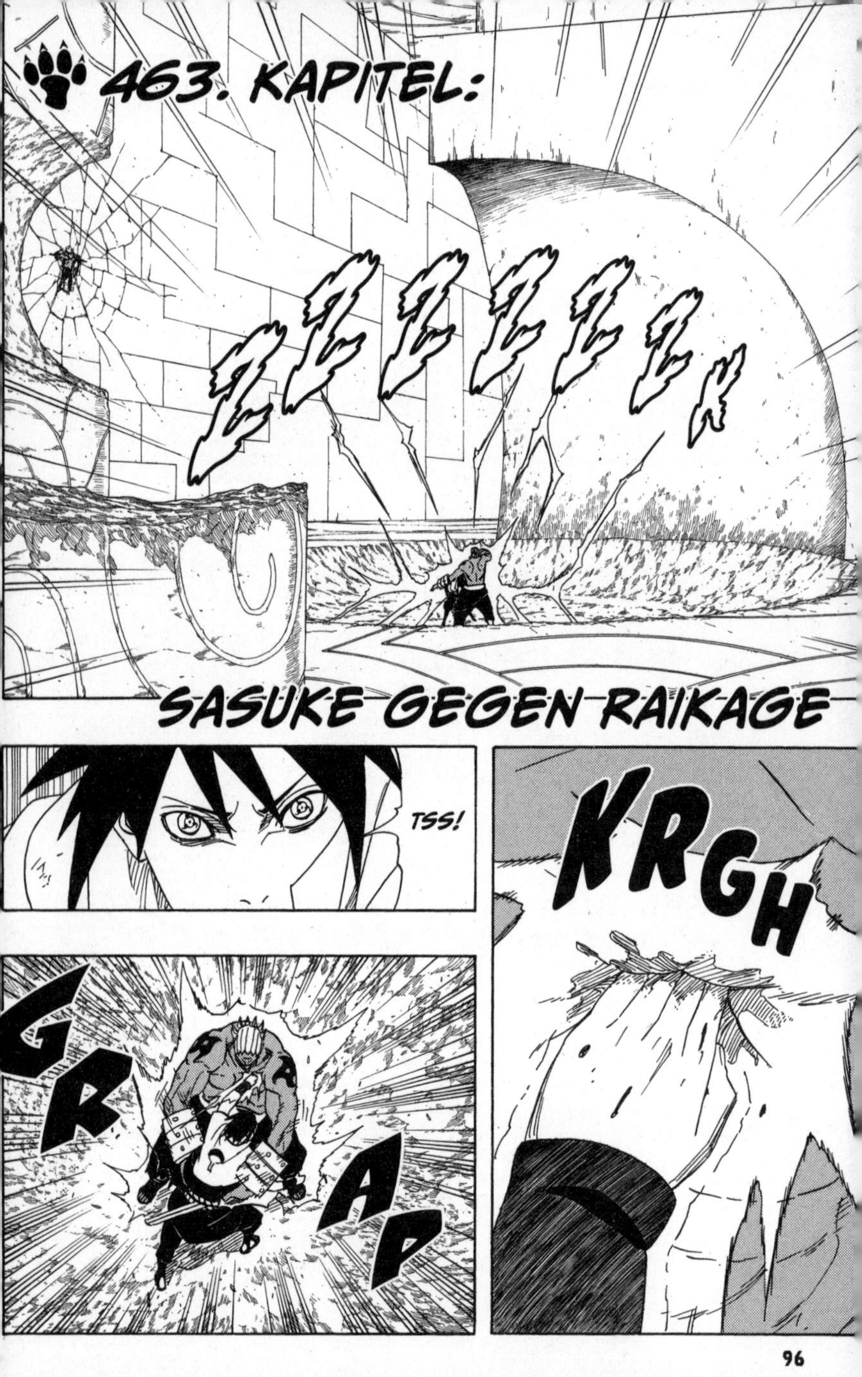

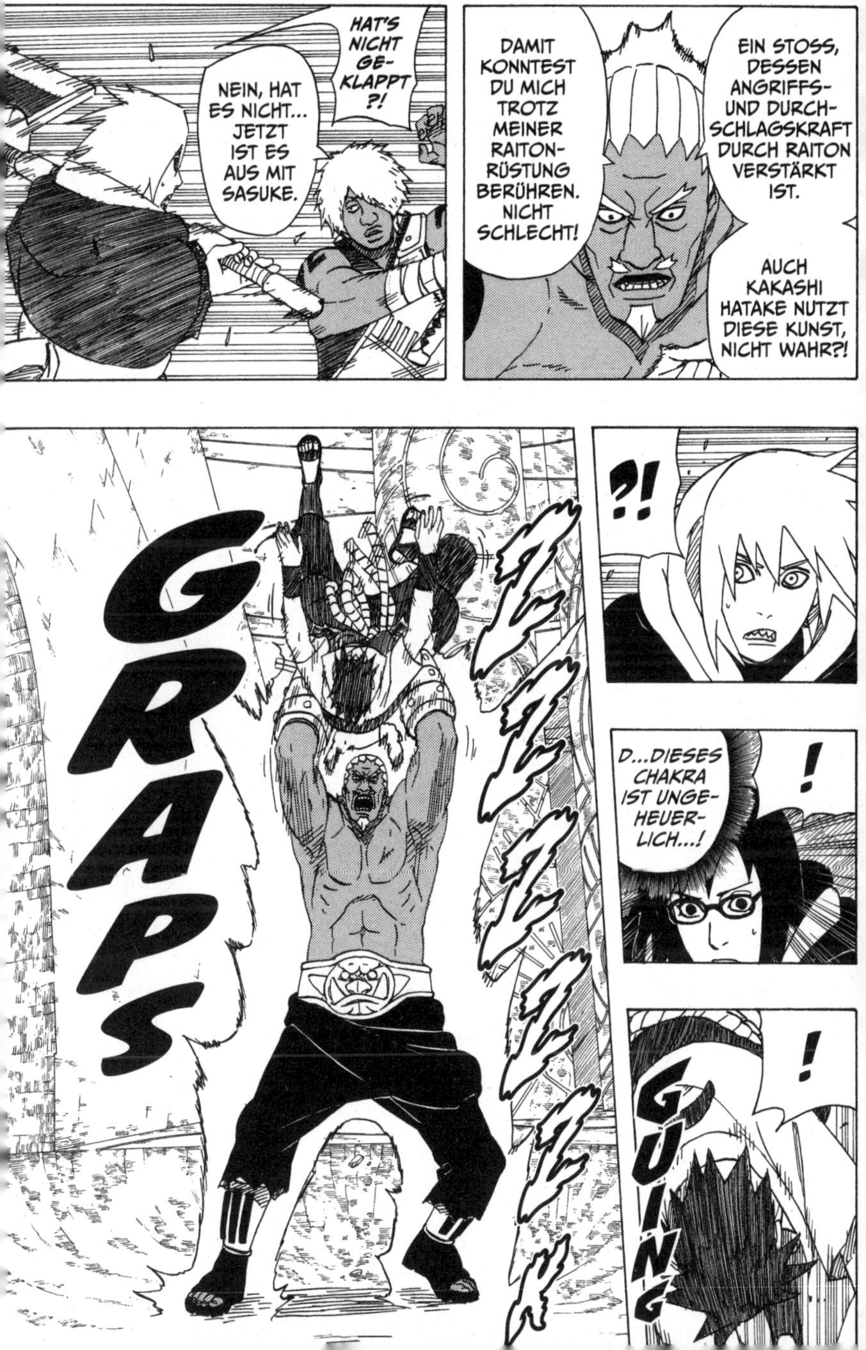
EIN STOSS, DESSEN ANGRIFFS- UND DURCH-SCHLAGSKRAFT DURCH RAITON VERSTÄRKT IST.
AUCH KAKASHI HATAKE NUTZT DIESE KUNST, NICHT WAHR?!
DAMIT KONNTEST DU MICH TROTZ MEINER RAITON-RÜSTUNG BERÜHREN. NICHT SCHLECHT!
HAT'S NICHT GE-KLAPPT ?!
NEIN, HAT ES NICHT... JETZT IST ES AUS MIT SASUKE.
?!
!
D...DIESES CHAKRA IST UNGE-HEUER-LICH...!
!
GUING
GRAPS

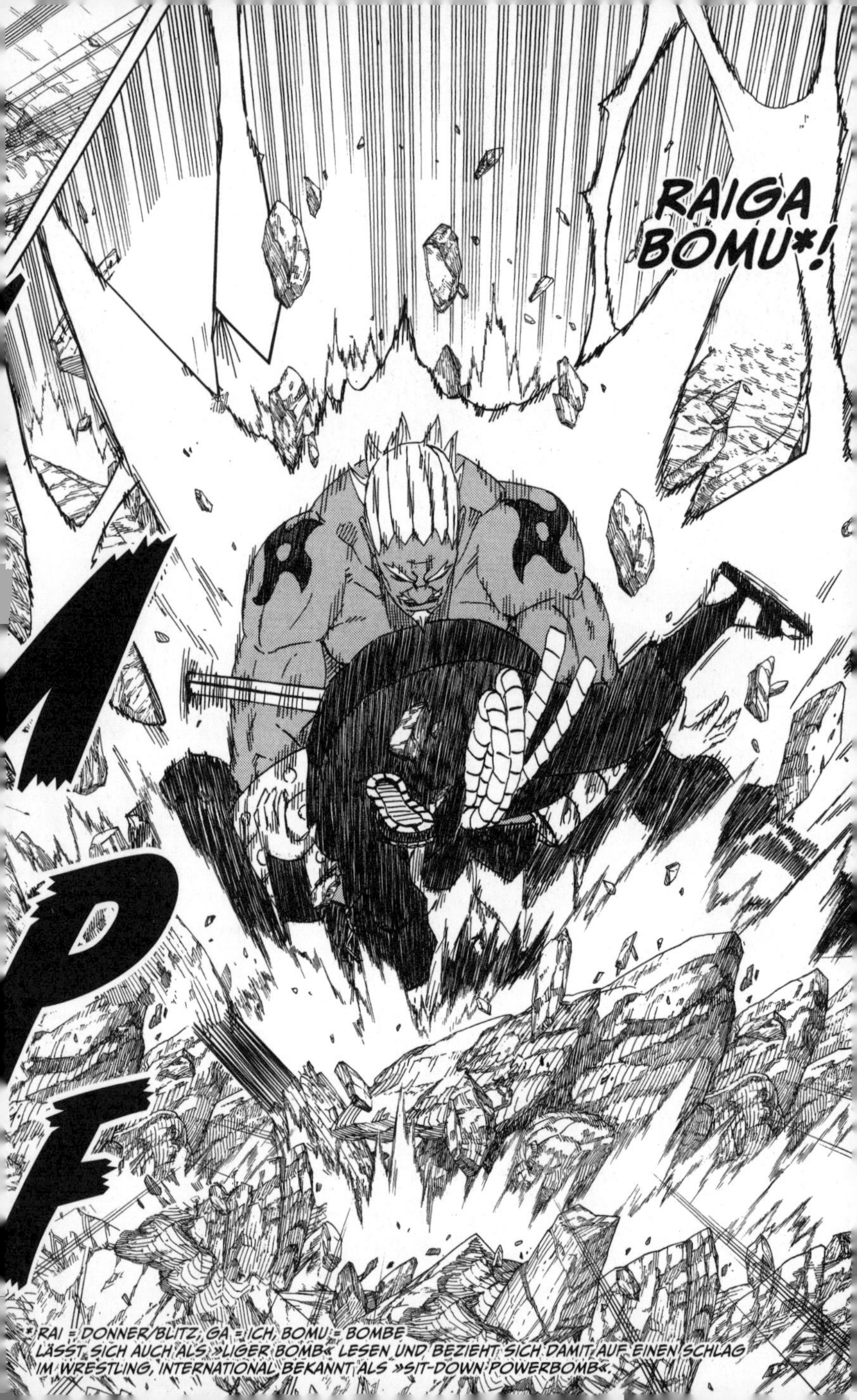

* RAI = DONNER/BLITZ, GA = ICH, BOMU = BOMBE
LÄSST SICH AUCH ALS »LIGER BOMB« LESEN UND BEZIEHT SICH DAMIT AUF EINEN SCHLAG IM WRESTLING, INTERNATIONAL BEKANNT ALS »SIT-DOWN POWERBOMB«.

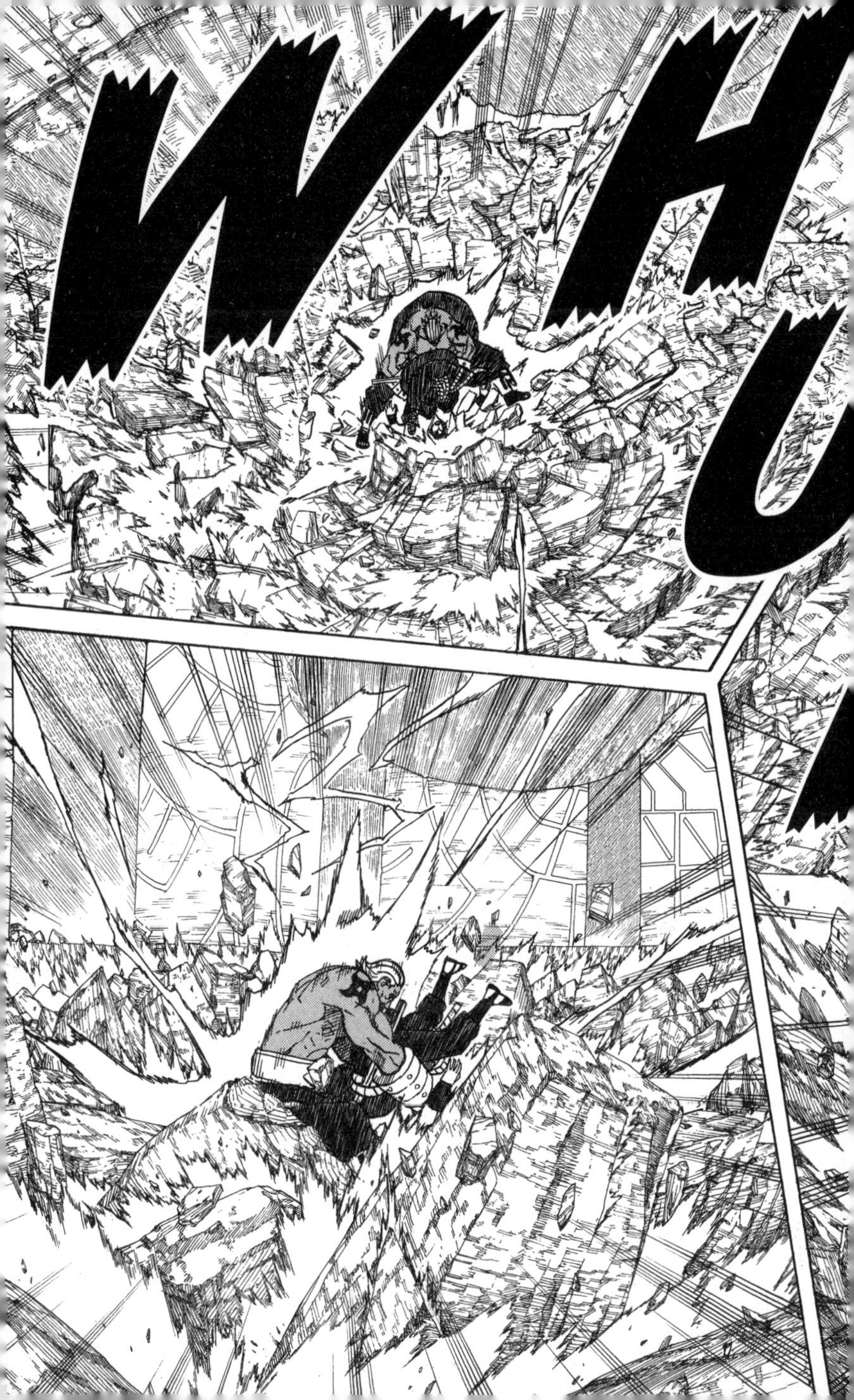
WHU

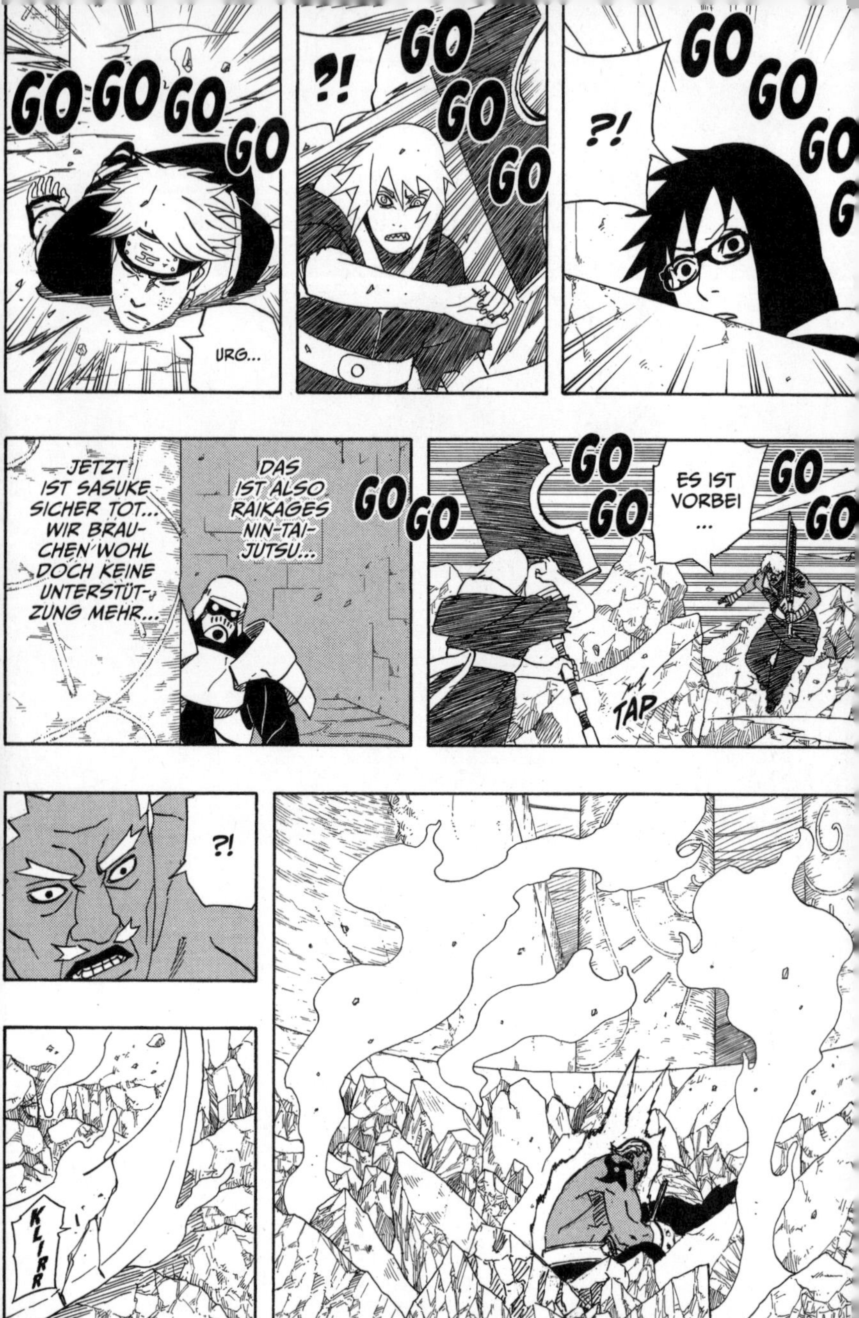
GO GO GO G
?!
GO GO GO
?!
GO GO GO GO
URG...
GO GO
ES IST VORBEI ...
GO GO
TAP
GO GO
DAS IST ALSO RAIKAGES NIN-TAI-JUTSU...
JETZT IST SASUKE SICHER TOT... WIR BRAUCHEN WOHL DOCH KEINE UNTERSTÜTZUNG MEHR...
?!
KLIRR

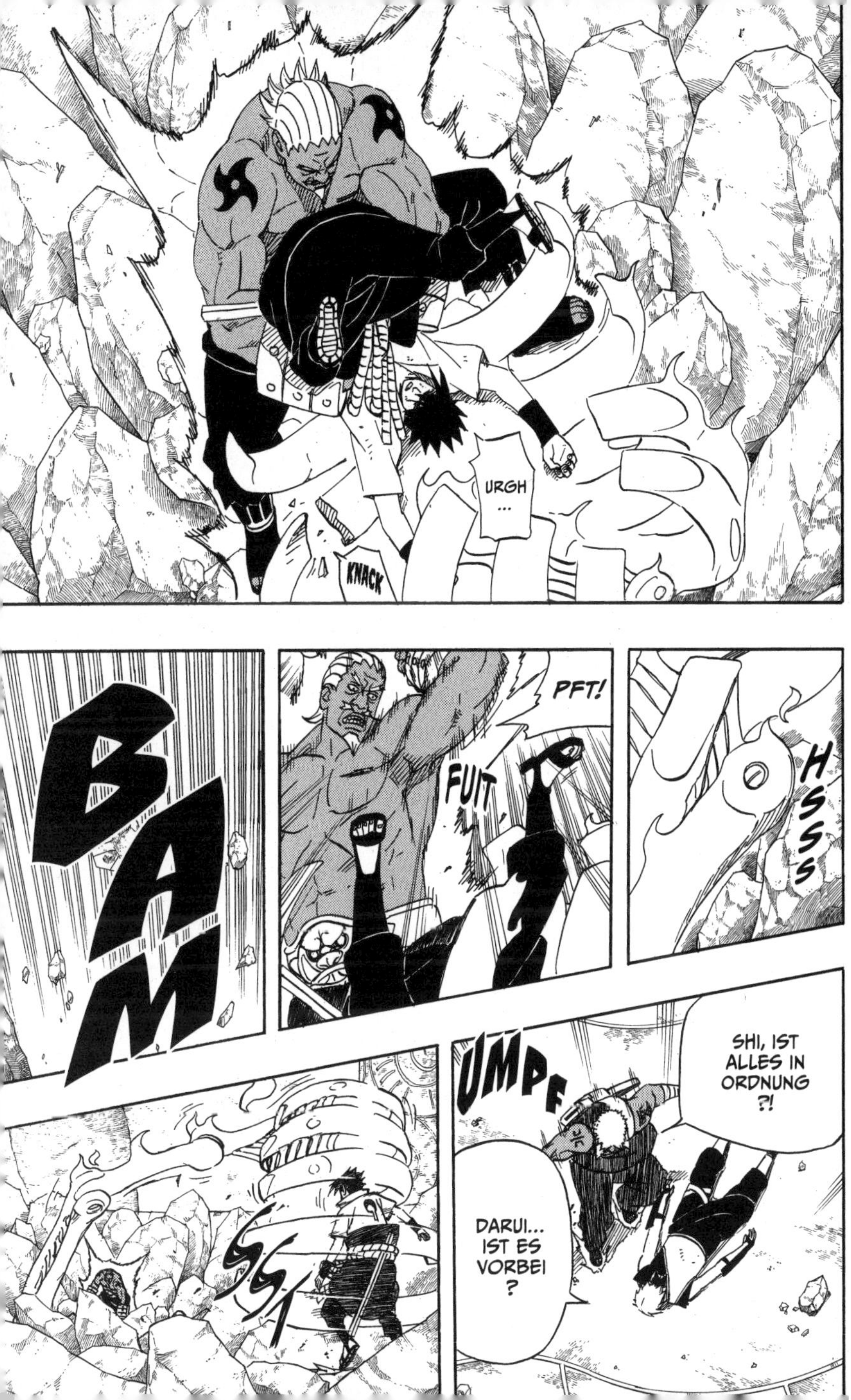
URGH ...
KNACK
HSSS
PFT!
FUIT
BAM
SHI, IST ALLES IN ORDNUNG ?!
UMPF
DARUI... IST ES VORBEI ?
SST

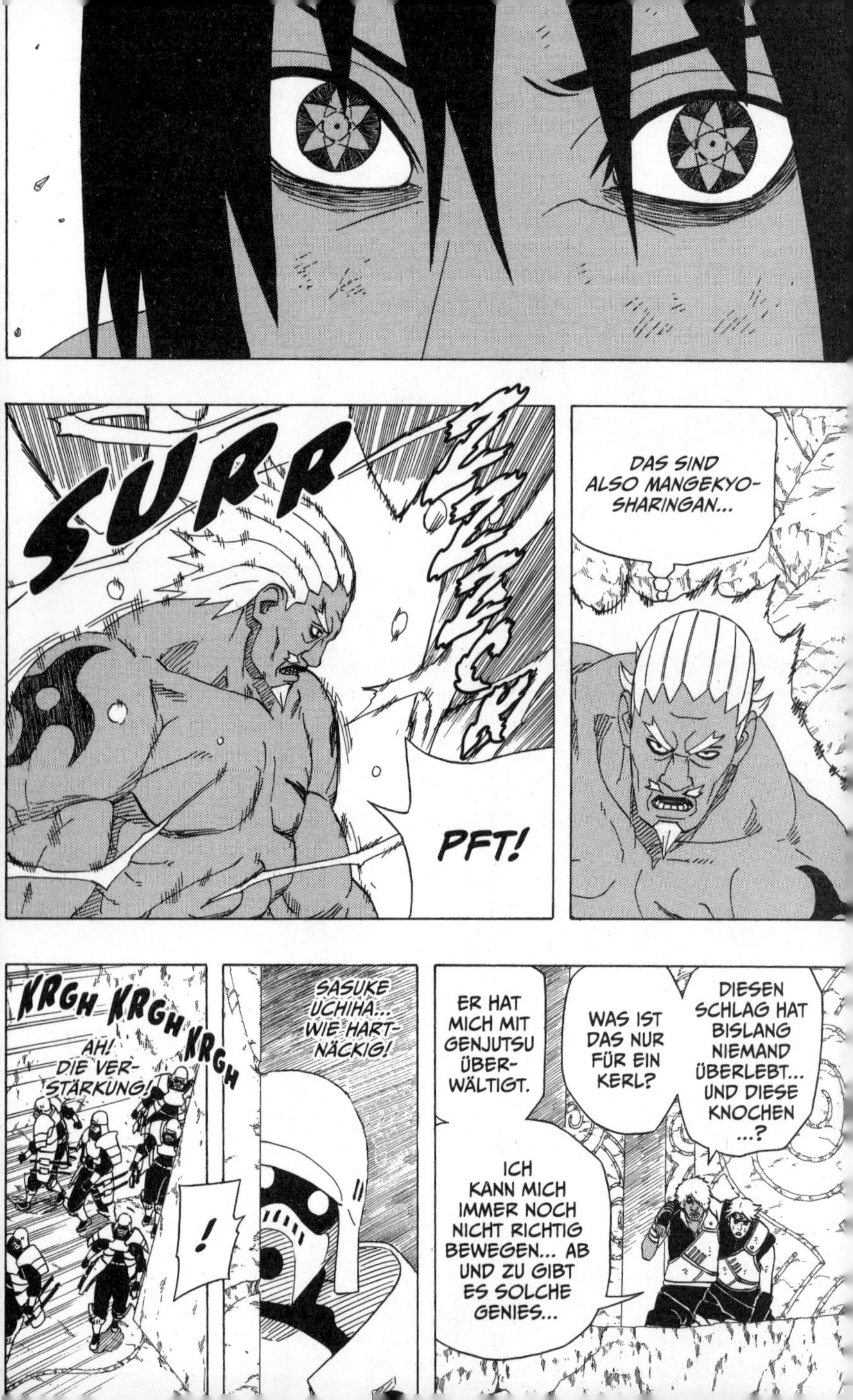
DAS SIND ALSO MANGEKYO-SHARINGAN...
SURR
PFT!
DIESEN SCHLAG HAT BISLANG NIEMAND ÜBERLEBT... UND DIESE KNOCHEN ...?
WAS IST DAS NUR FÜR EIN KERL?
ER HAT MICH MIT GENJUTSU ÜBERWÄLTIGT.
ICH KANN MICH IMMER NOCH NICHT RICHTIG BEWEGEN... AB UND ZU GIBT ES SOLCHE GENIES...
SASUKE UCHIHA... WIE HARTNÄCKIG!
!
KRGH KRGH KRGH
AH! DIE VERSTÄRKUNG!

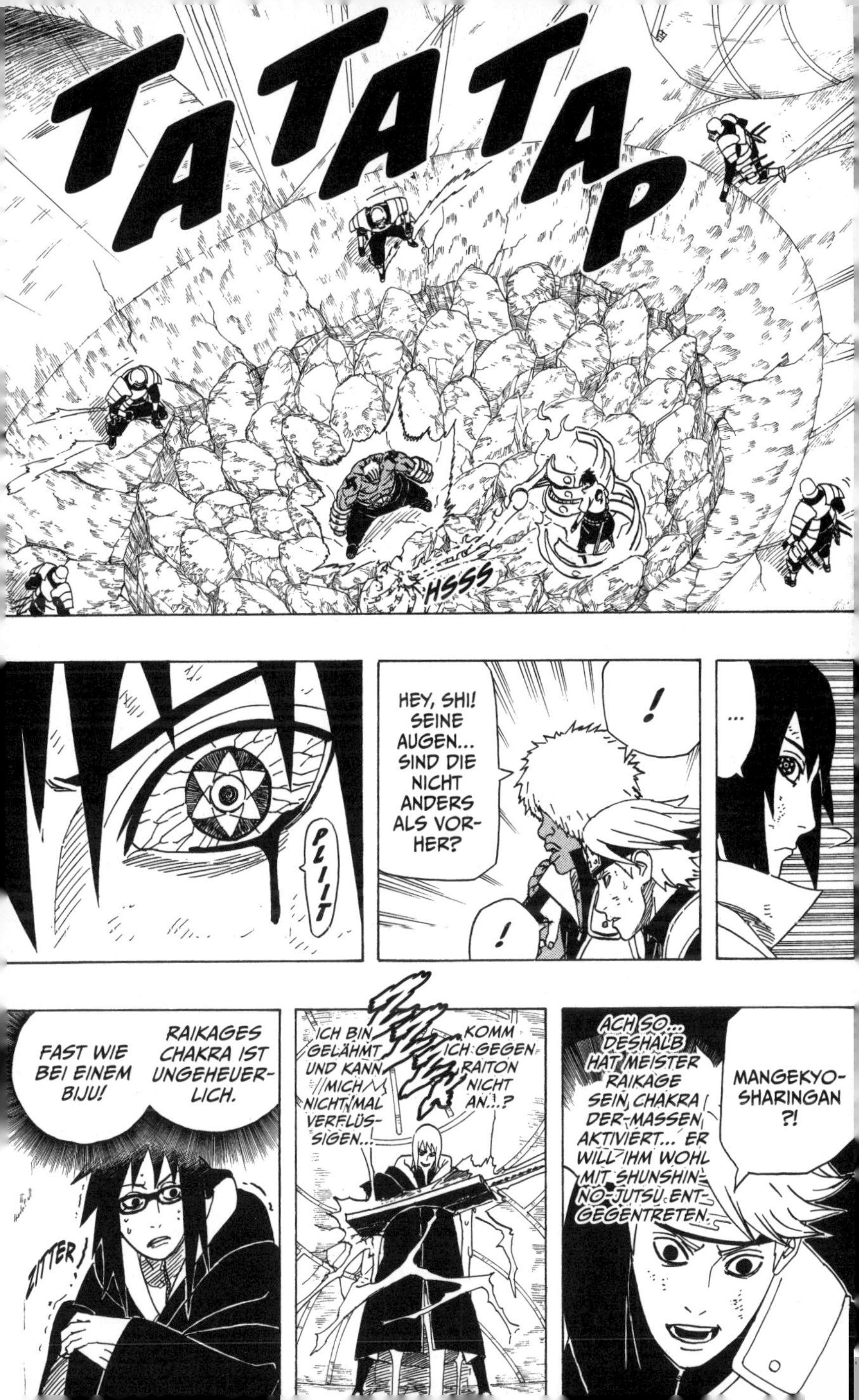
TATATAP
HSSS
...
!
HEY, SHI! SEINE AUGEN... SIND DIE NICHT ANDERS ALS VORHER?
!
PLIIT
MANGEKYO-SHARINGAN?!
ACH SO... DESHALB HAT MEISTER RAIKAGE SEIN CHAKRA DER-MASSEN AKTIVIERT... ER WILL IHM WOHL MIT SHUNSHIN-NO-JUTSU ENTGEGENTRETEN.
KOMM ICH GEGEN RAITON NICHT AN...?
ICH BIN GELÄHMT UND KANN MICH NICHT MAL VERFLÜSSIGEN...
RAIKAGES CHAKRA IST UNGEHEUERLICH.
FAST WIE BEI EINEM BIJU!
ZITTER

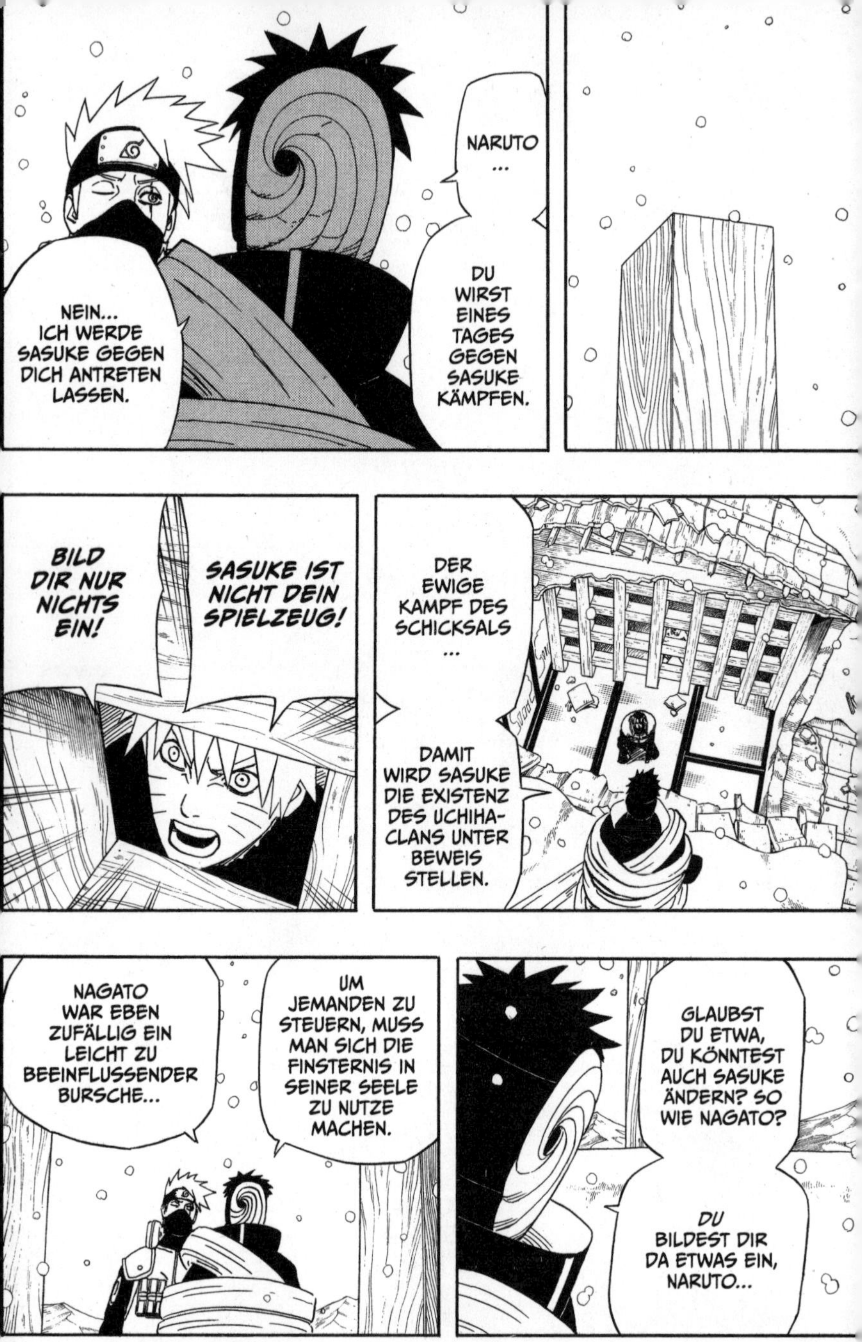
NARUTO ...
DU WIRST EINES TAGES GEGEN SASUKE KÄMPFEN.
NEIN... ICH WERDE SASUKE GEGEN DICH ANTRETEN LASSEN.
DER EWIGE KAMPF DES SCHICKSALS ...
DAMIT WIRD SASUKE DIE EXISTENZ DES UCHIHA-CLANS UNTER BEWEIS STELLEN.
SASUKE IST NICHT DEIN SPIELZEUG!
BILD DIR NUR NICHTS EIN!
GLAUBST DU ETWA, DU KÖNNTEST AUCH SASUKE ÄNDERN? SO WIE NAGATO?
DU BILDEST DIR DA ETWAS EIN, NARUTO...
UM JEMANDEN ZU STEUERN, MUSS MAN SICH DIE FINSTERNIS IN SEINER SEELE ZU NUTZE MACHEN.
NAGATO WAR EBEN ZUFÄLLIG EIN LEICHT ZU BEEINFLUSSENDER BURSCHE...

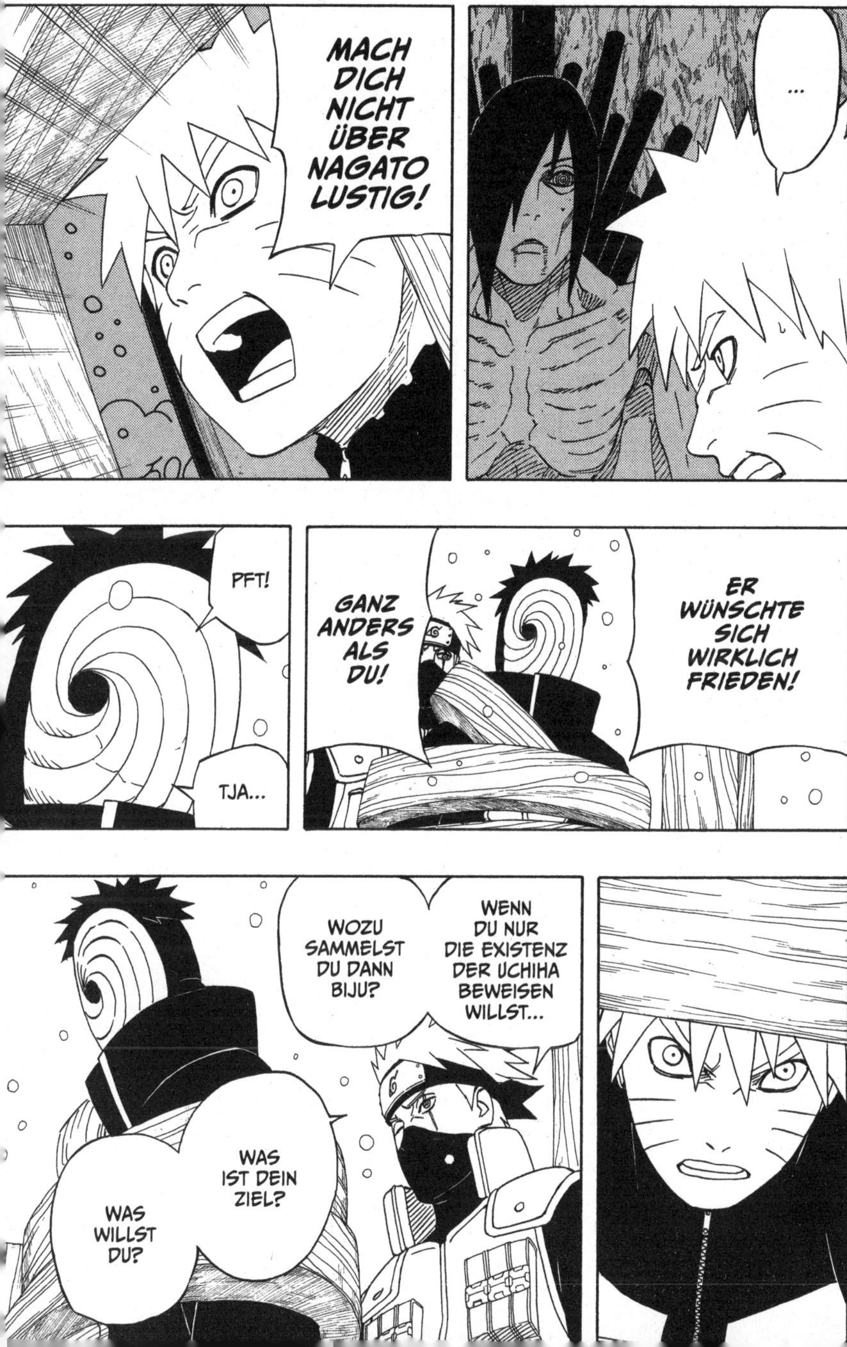
...
MACH DICH NICHT ÜBER NAGATO LUSTIG!
PFT!
TJA...
ER WÜNSCHTE SICH WIRKLICH FRIEDEN!
GANZ ANDERS ALS DU!
WENN DU NUR DIE EXISTENZ DER UCHIHA BEWEISEN WILLST...
WOZU SAMMELST DU DANN BIJU?
WAS IST DEIN ZIEL?
WAS WILLST DU?

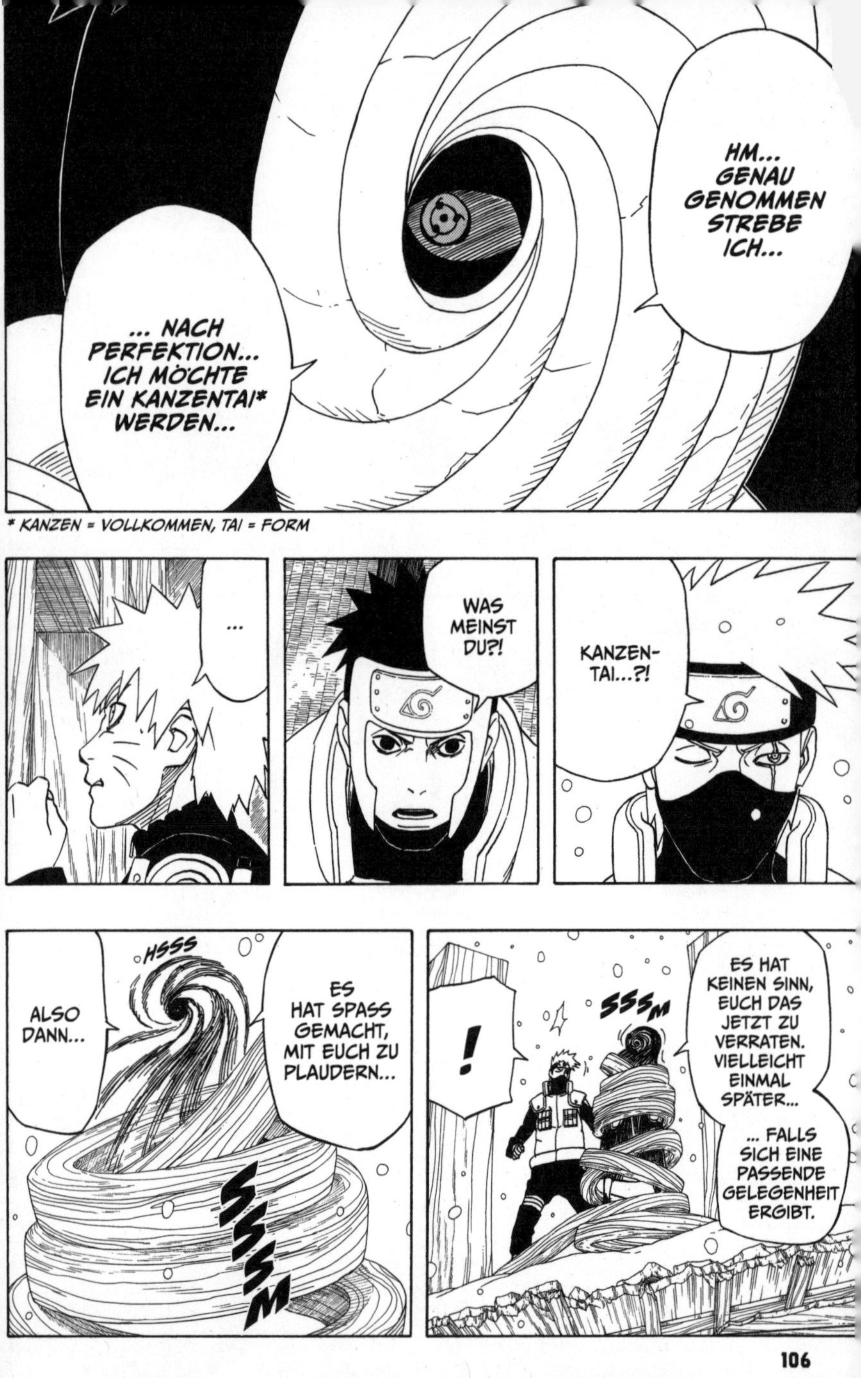

* KANZEN = VOLLKOMMEN, TAI = FORM

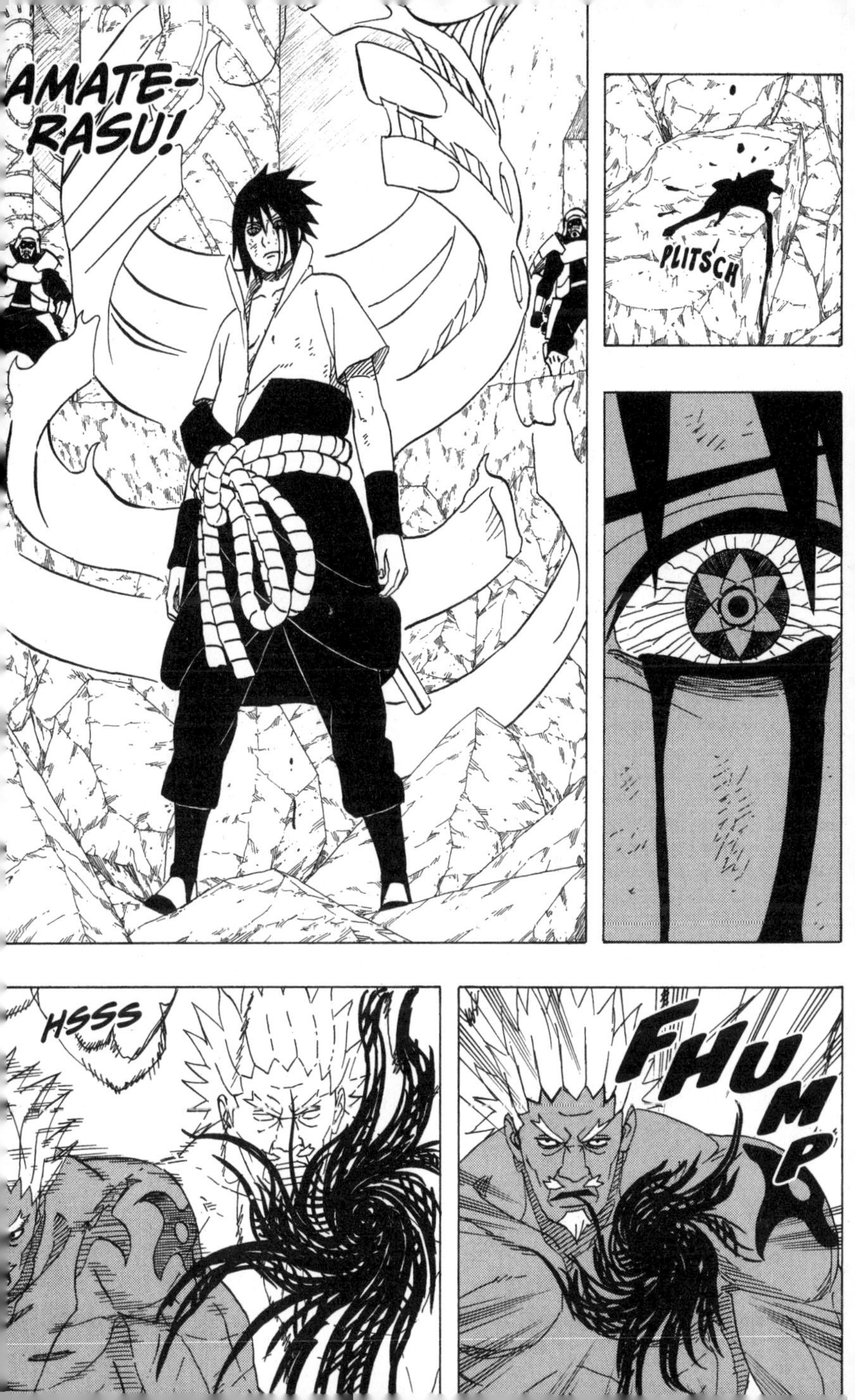

AMATE-
RASU!
PLITSCH
HSSS
FHUMP

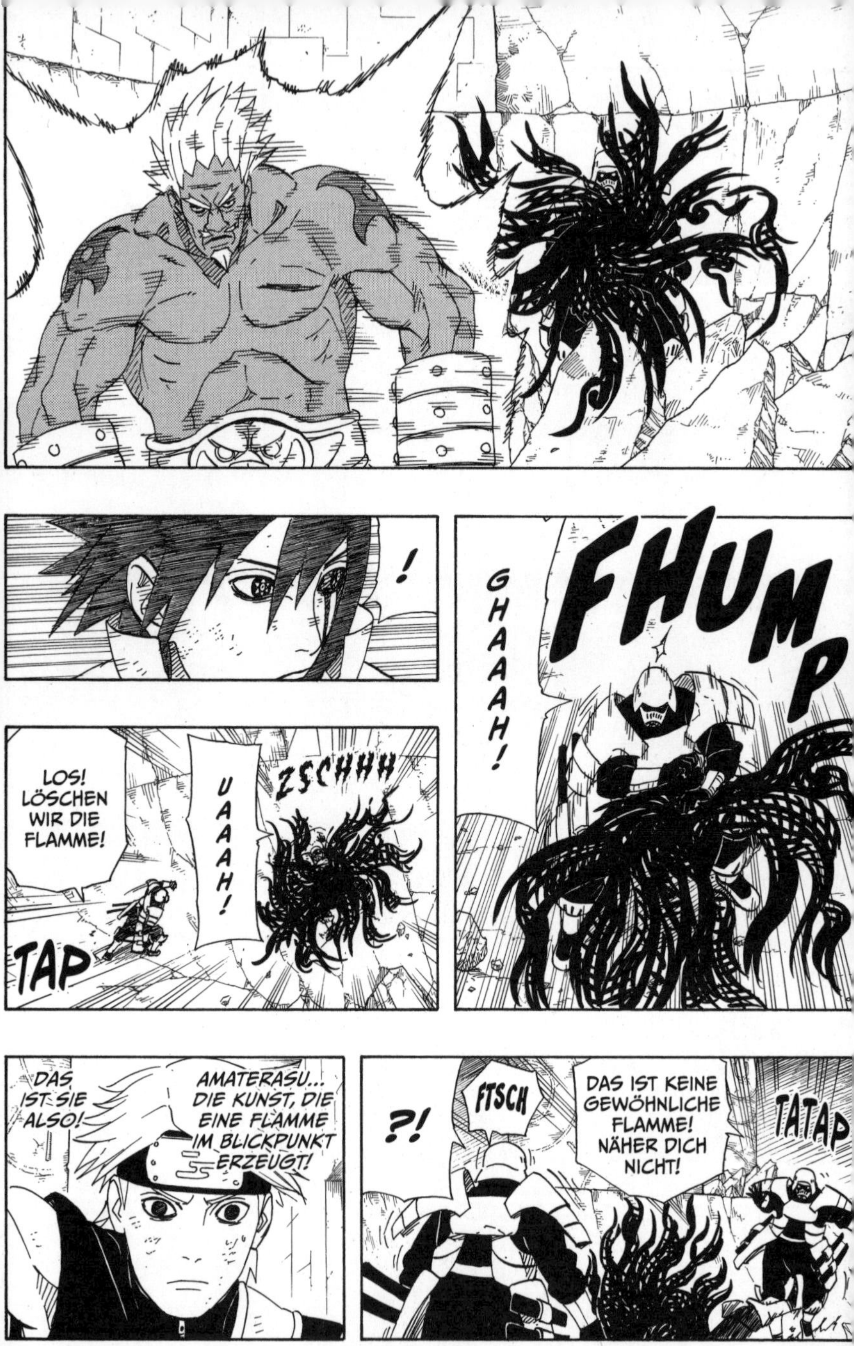
FHUMP
GHAAAAH!
!
ZSCHHH
UAAAAH!
LOS! LÖSCHEN WIR DIE FLAMME!
TAP
TATAP
DAS IST KEINE GEWÖHNLICHE FLAMME! NÄHER DICH NICHT!
FTSCH
?!
AMATERASU... DIE KUNST, DIE EINE FLAMME IM BLICKPUNKT ERZEUGT!
DAS IST SIE ALSO!

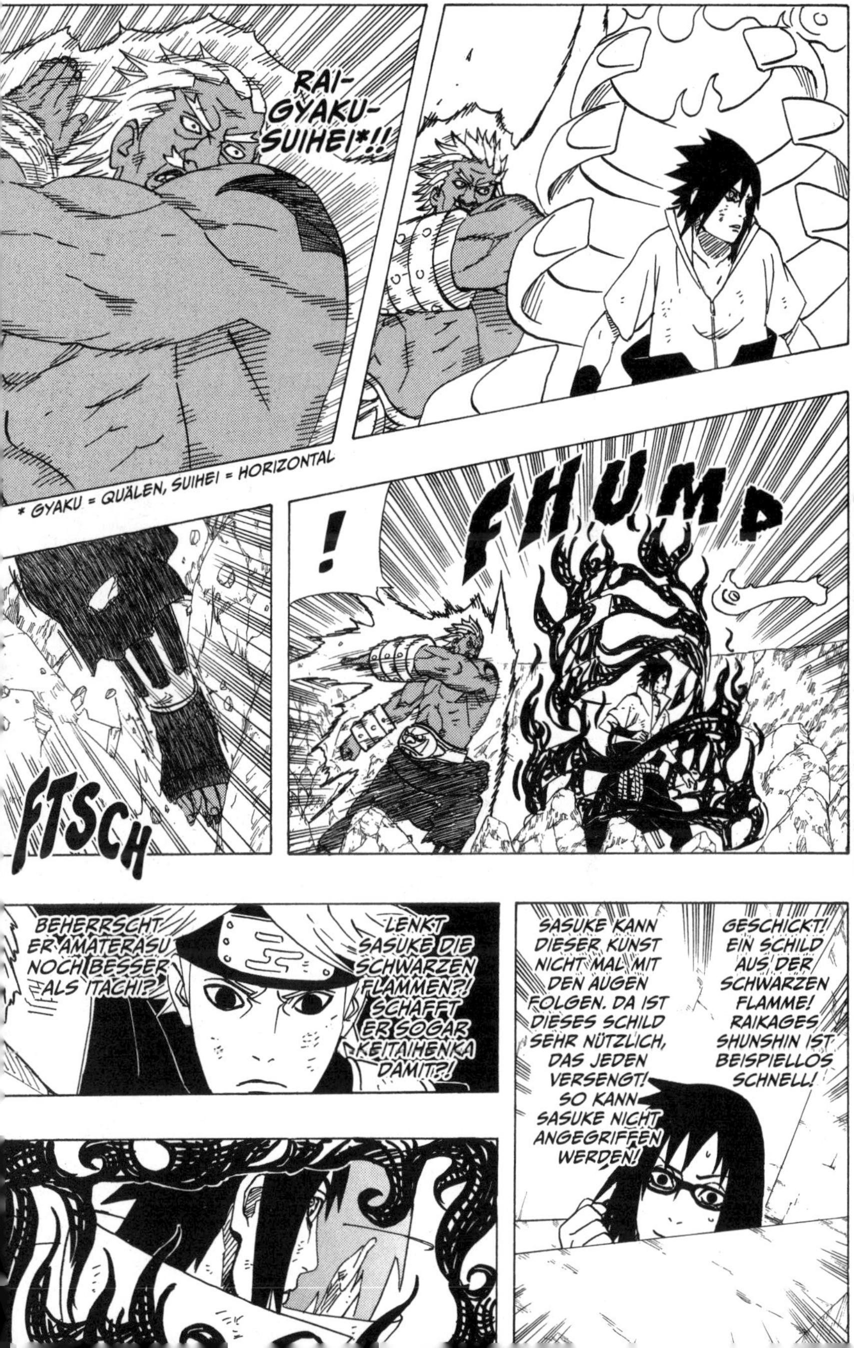
RAI-GYAKU-SUIHEI*!!
* GYAKU = QUÄLEN, SUIHEI = HORIZONTAL
FHUMP
!
FTSCH
LENKT SASUKE DIE SCHWARZEN FLAMMEN?! SCHAFFT ER SOGAR KEITAIHENKA DAMIT?!
BEHERRSCHT ER AMATERASU NOCH BESSER ALS ITACHI?
GESCHICKT! EIN SCHILD AUS DER SCHWARZEN FLAMME! RAIKAGES SHUNSHIN IST BEISPIELLOS SCHNELL!
SASUKE KANN DIESER KUNST NICHT MAL MIT DEN AUGEN FOLGEN. DA IST DIESES SCHILD SEHR NÜTZLICH, DAS JEDEN VERSENGT! SO KANN SASUKE NICHT ANGEGRIFFEN WERDEN!

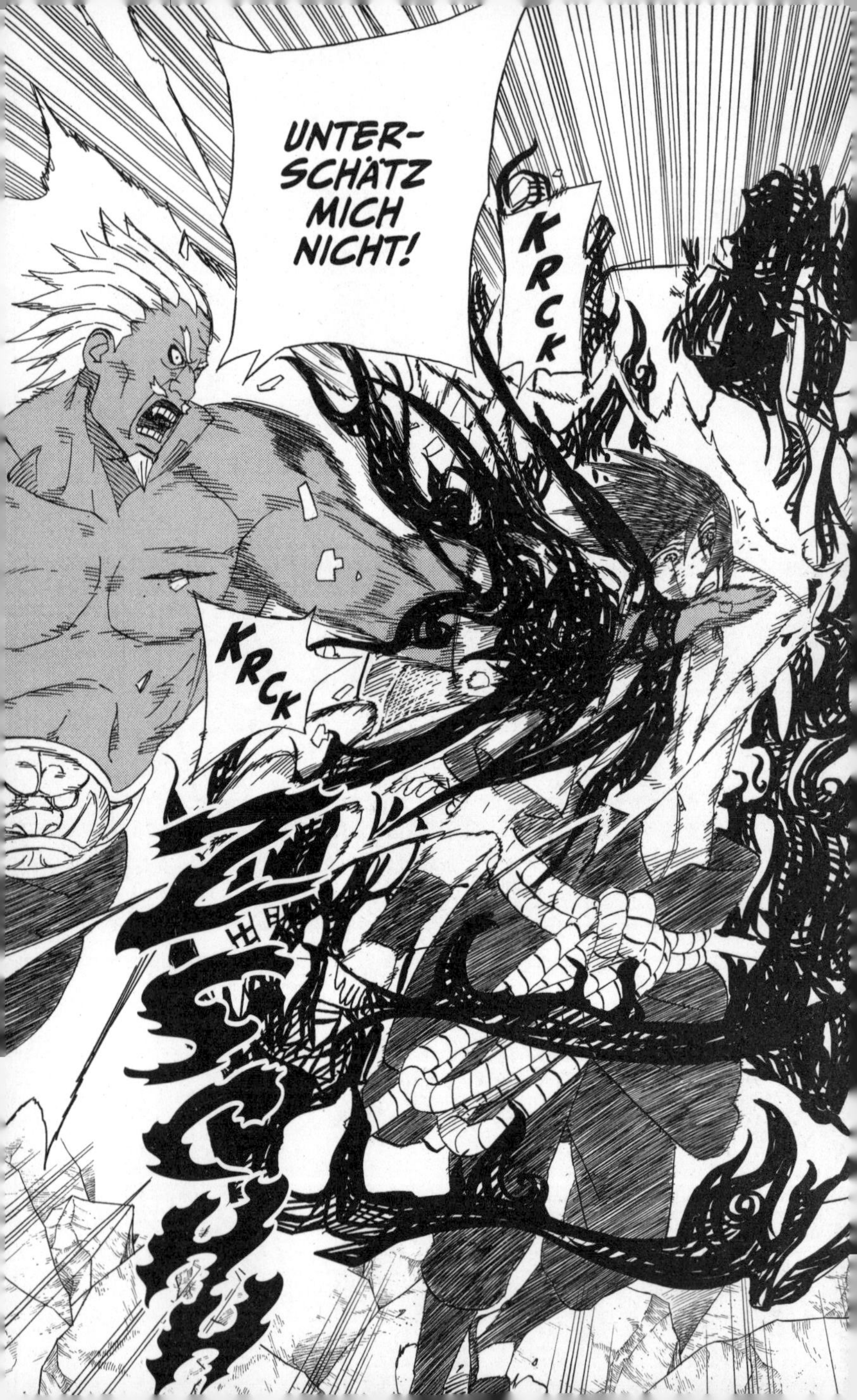
UNTER-SCHÄTZ MICH NICHT!
KRCK
KRCK

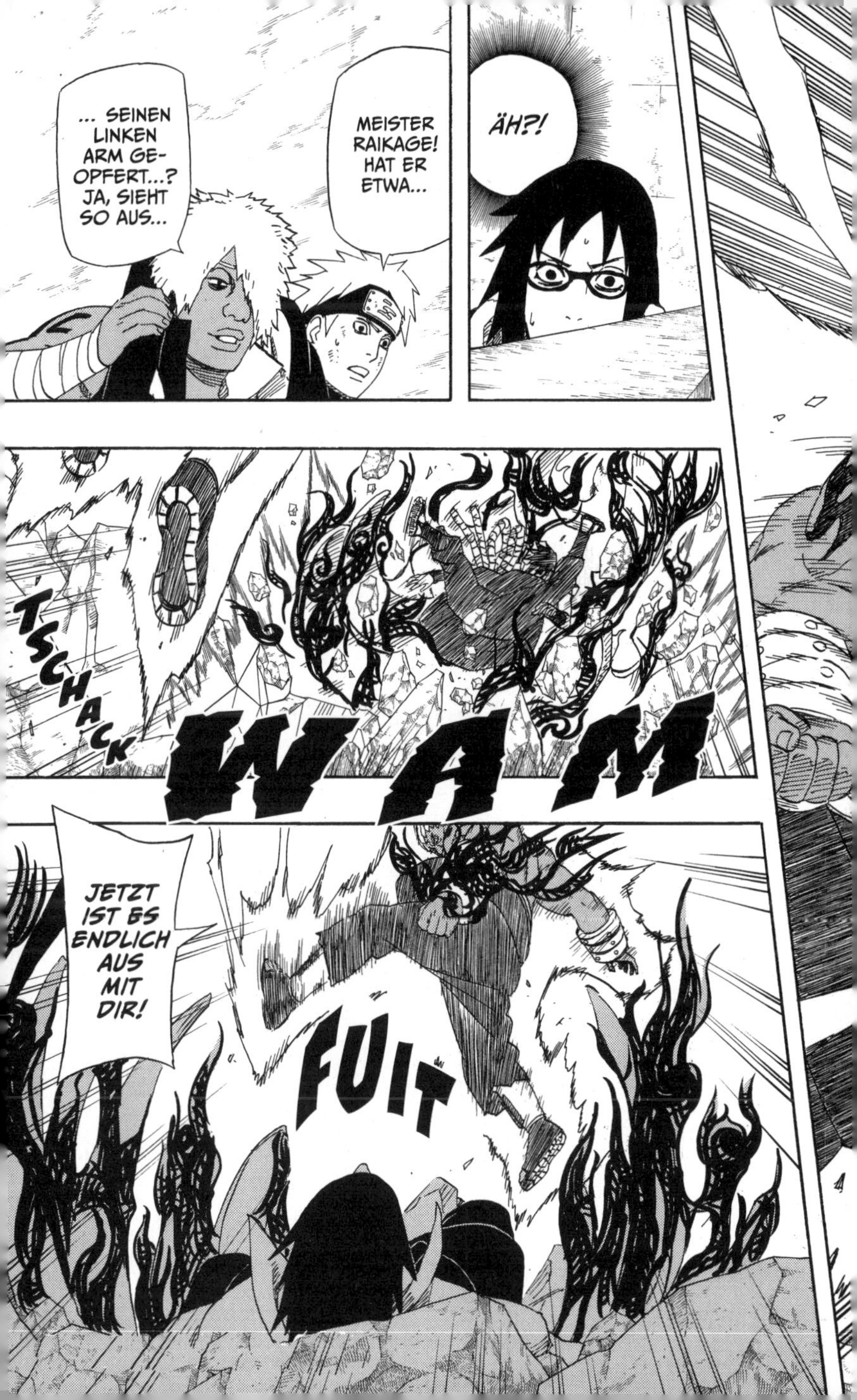
ÄH?!
MEISTER RAIKAGE! HAT ER ETWA...
... SEINEN LINKEN ARM GE-OPFERT...? JA, SIEHT SO AUS...
WAM
TSCHACK
JETZT IST ES ENDLICH AUS MIT DIR!
FUIT

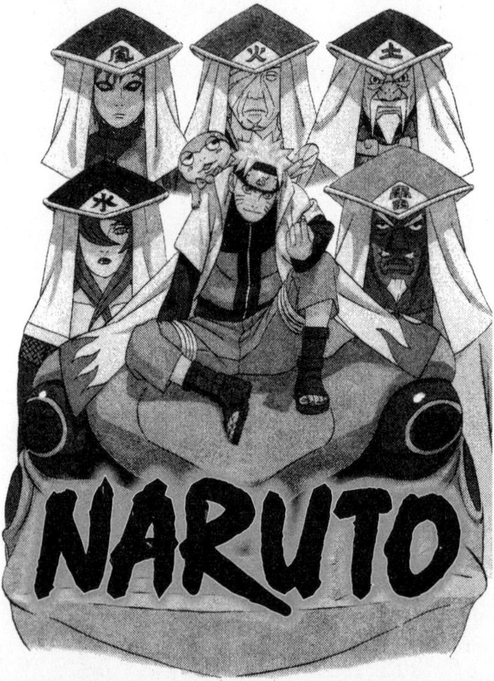
NARUTO

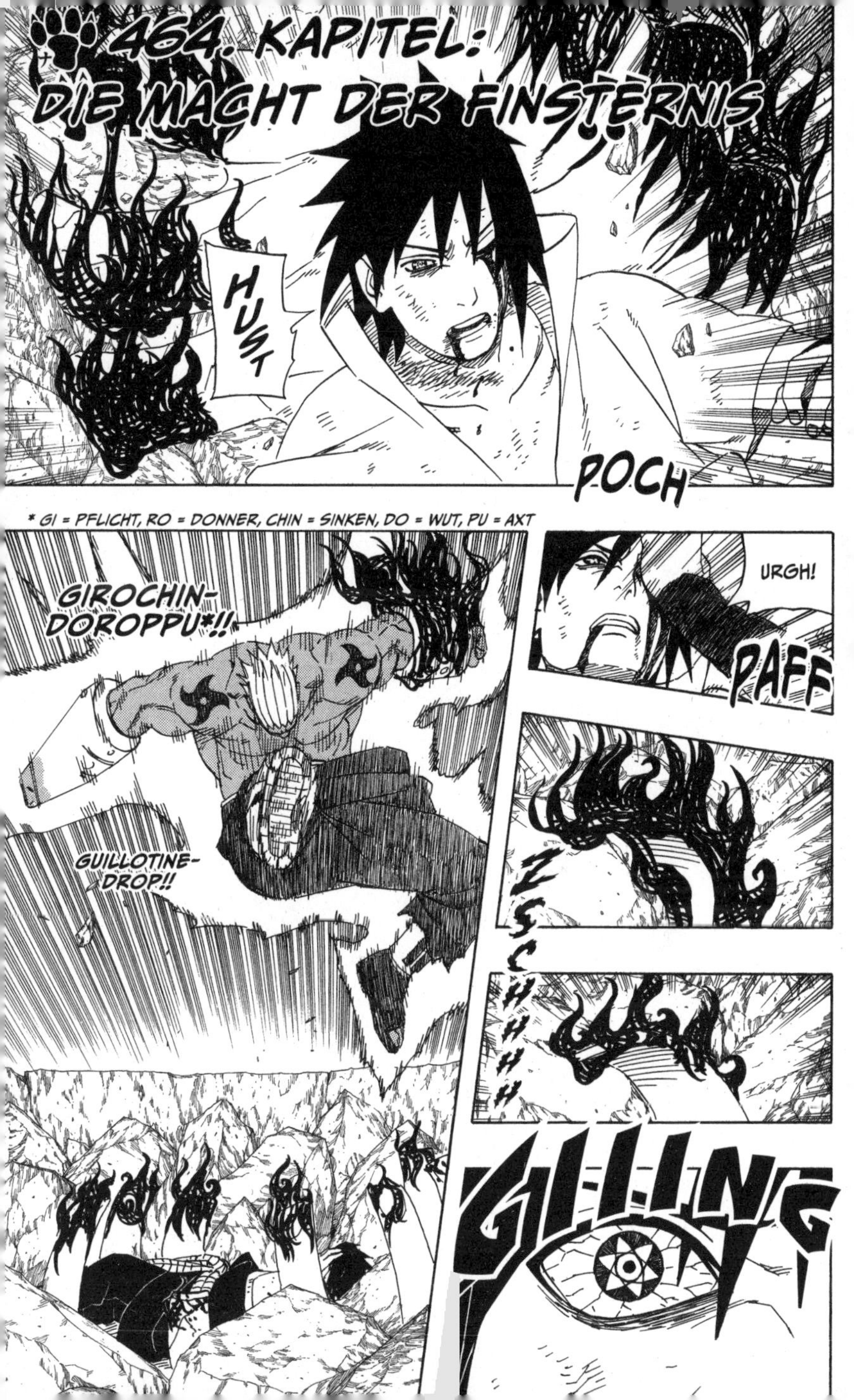
464. KAPITEL:
DIE MACHT DER FINSTERNIS
HUST
POCH
* GI = PFLICHT, RO = DONNER, CHIN = SINKEN, DO = WUT, PU = AXT
URGH!
PAFF
GIROCHIN-DOROPPU*!!
GUILLOTINE-DROP!!
ZISCHHHHH
GLING

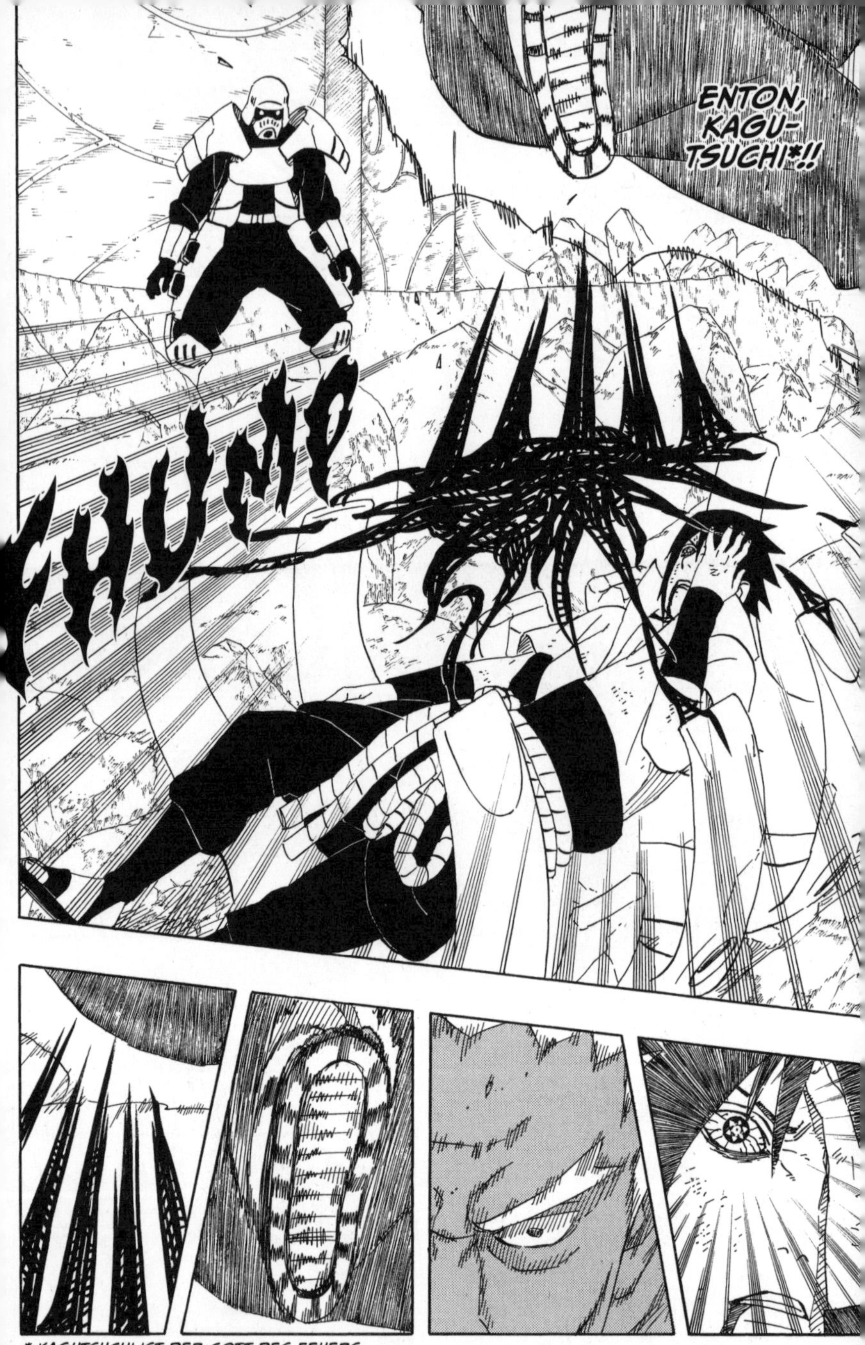

* KAGUTSUCHI IST DER GOTT DES FEUERS IN DER JAPANISCHEN MYTHOLOGIE.

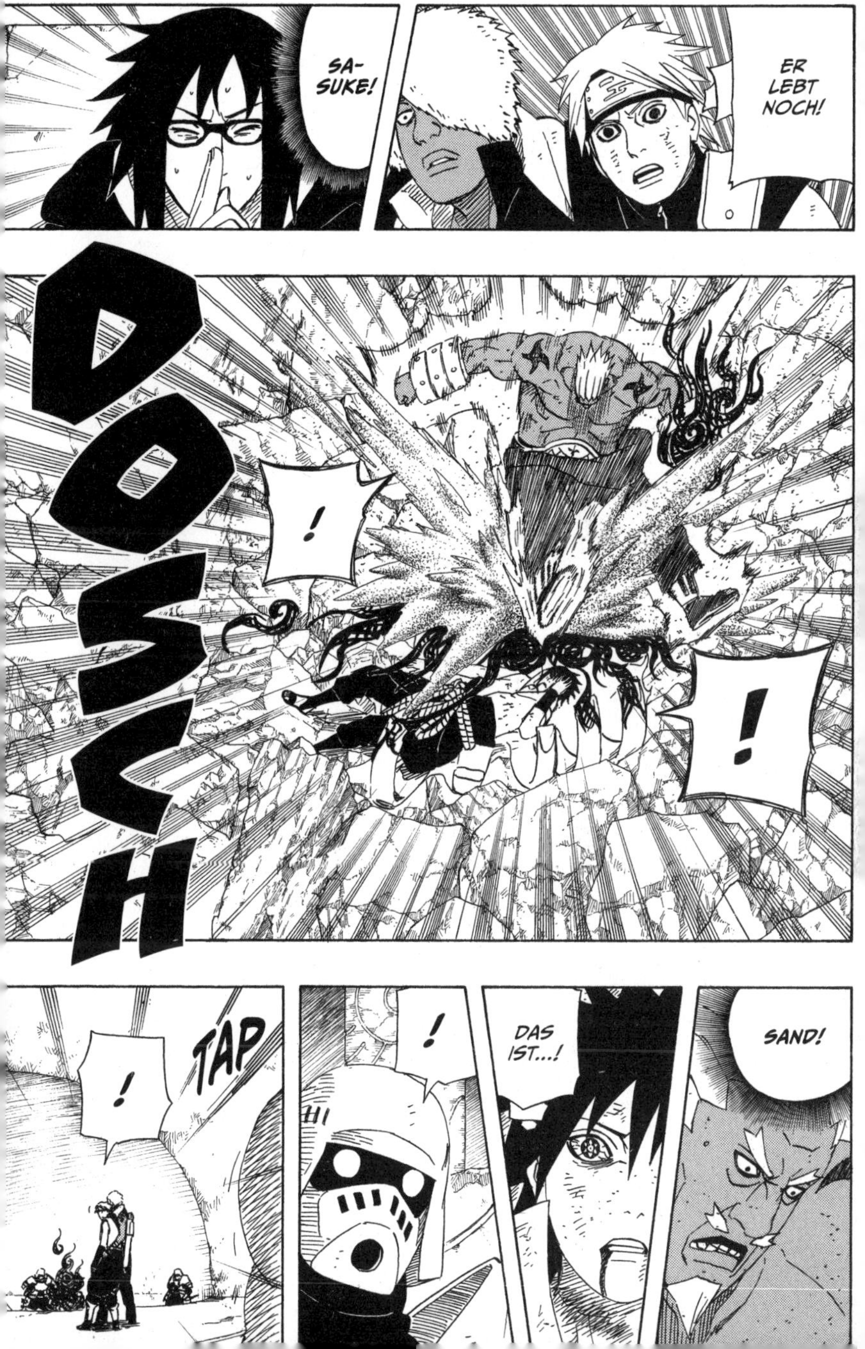
ER LEBT NOCH!
SA-SUKE!
DOSCH
!
!
SAND!
DAS IST...!
!
TAP
!

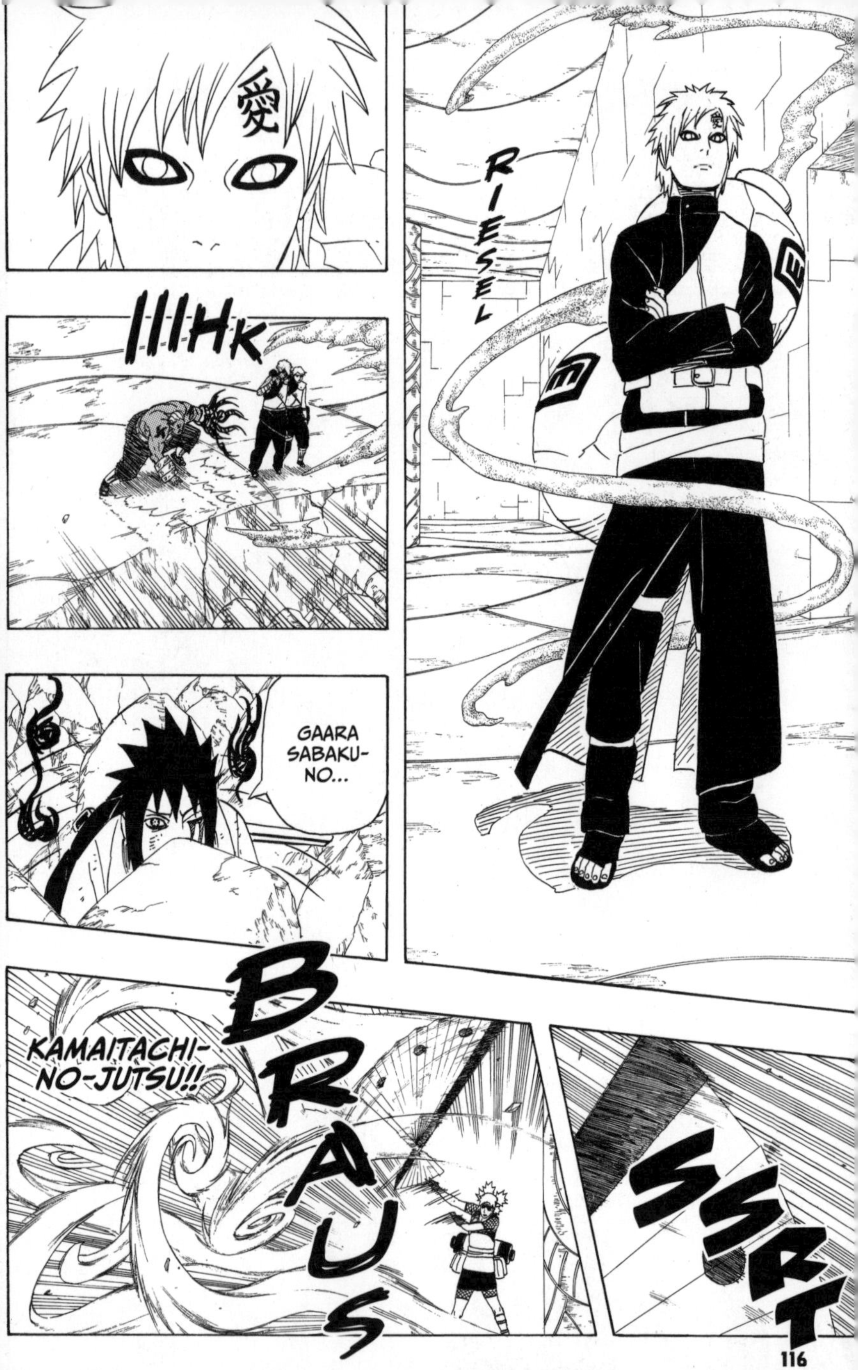
RIESEL
IIIHK
GAARA SABAKU-NO...
SSRT
KAMAITACHI-NO-JUTSU!!
BRAUS

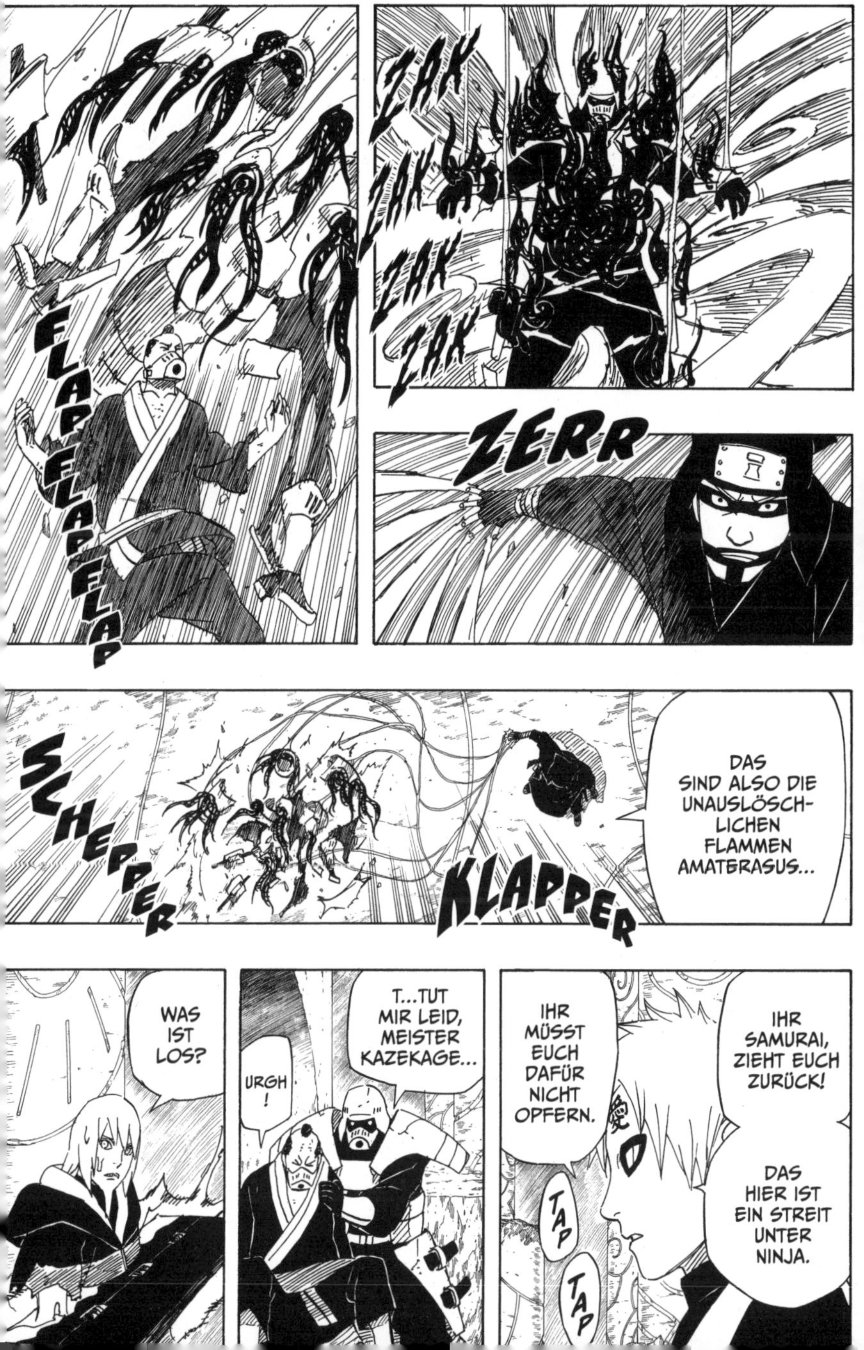
ZAK ZAK ZAK ZAK ZAK
FLAP FLAP FLAP FLAP
ZERR
DAS SIND ALSO DIE UNAUSLÖSCH-LICHEN FLAMMEN AMATERASUS...
KLAPPER
SCHEPPER
IHR SAMURAI, ZIEHT EUCH ZURÜCK!
DAS HIER IST EIN STREIT UNTER NINJA.
IHR MÜSST EUCH DAFÜR NICHT OPFERN.
TAP
TAP
T...TUT MIR LEID, MEISTER KAZEKAGE...
URGH!
WAS IST LOS?

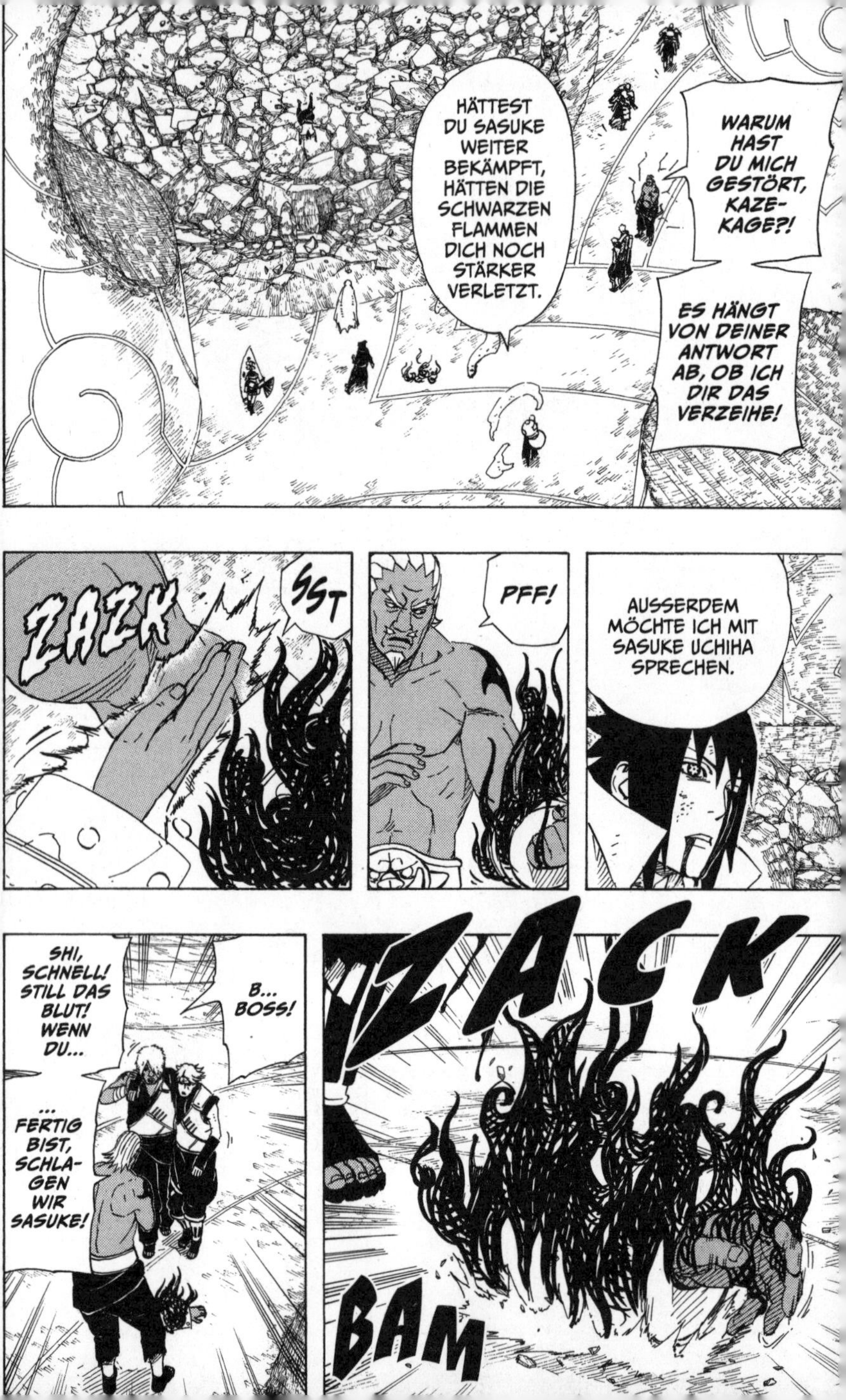
WARUM HAST DU MICH GESTÖRT, KAZE-KAGE?!
ES HÄNGT VON DEINER ANTWORT AB, OB ICH DIR DAS VERZEIHE!
HÄTTEST DU SASUKE WEITER BEKÄMPFT, HÄTTEN DIE SCHWARZEN FLAMMEN DICH NOCH STÄRKER VERLETZT.
AUSSERDEM MÖCHTE ICH MIT SASUKE UCHIHA SPRECHEN.
PFF!
SST
ZAZK
ZACK
BAM
B... BOSS!
SHI, SCHNELL! STILL DAS BLUT! WENN DU...
... FERTIG BIST, SCHLA-GEN WIR SASUKE!

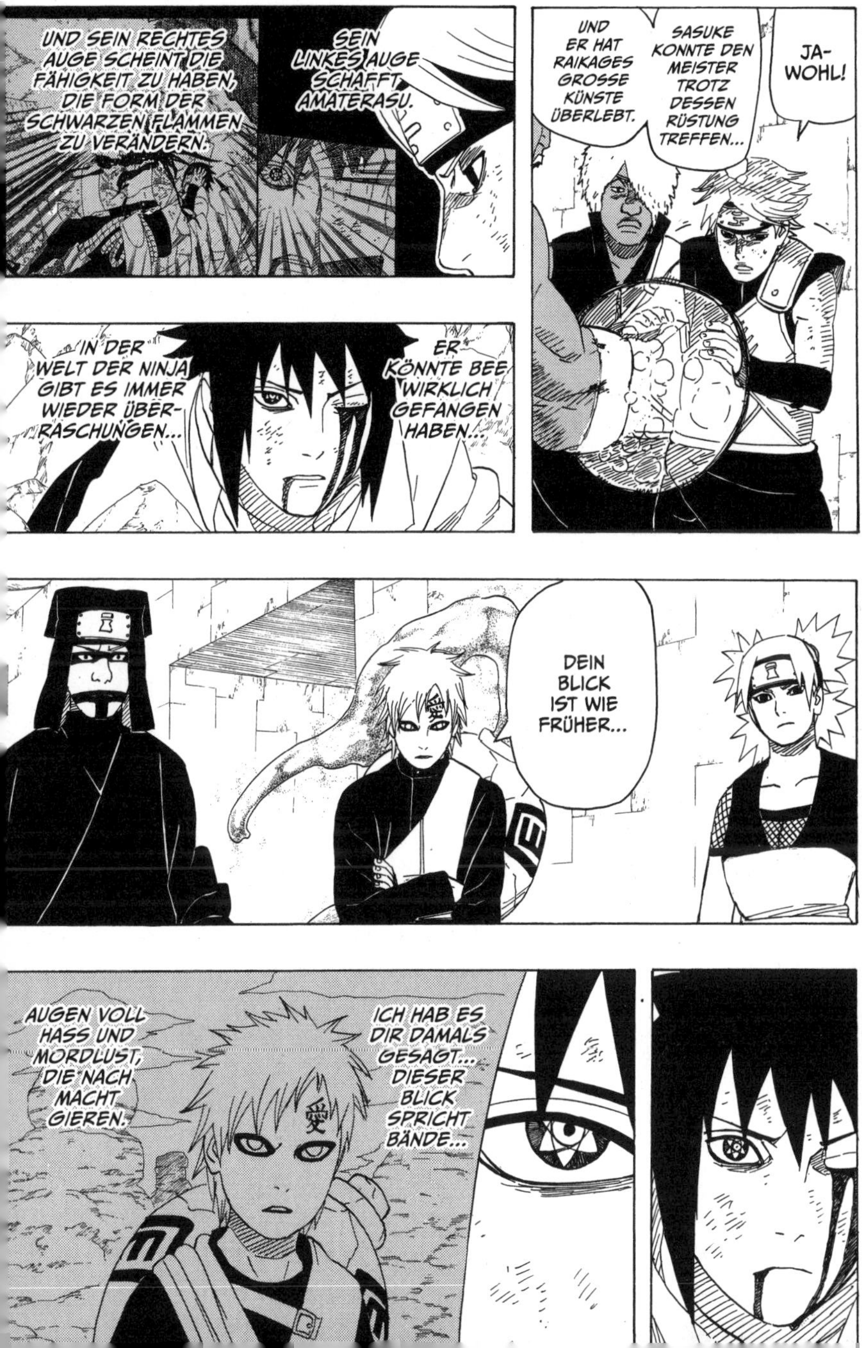
JAWOHL!
SASUKE KONNTE DEN MEISTER TROTZ DESSEN RÜSTUNG TREFFEN...
UND ER HAT RAIKAGES GROSSE KÜNSTE ÜBERLEBT.
SEIN LINKES AUGE SCHAFFT AMATERASU.
UND SEIN RECHTES AUGE SCHEINT DIE FÄHIGKEIT ZU HABEN, DIE FORM DER SCHWARZEN FLAMMEN ZU VERÄNDERN.
ER KÖNNTE BEE WIRKLICH GEFANGEN HABEN...
IN DER WELT DER NINJA GIBT ES IMMER WIEDER ÜBERRASCHUNGEN...
DEIN BLICK IST WIE FRÜHER...
ICH HAB ES DIR DAMALS GESAGT... DIESER BLICK SPRICHT BÄNDE...
AUGEN VOLL HASS UND MORDLUST, DIE NACH MACHT GIEREN.

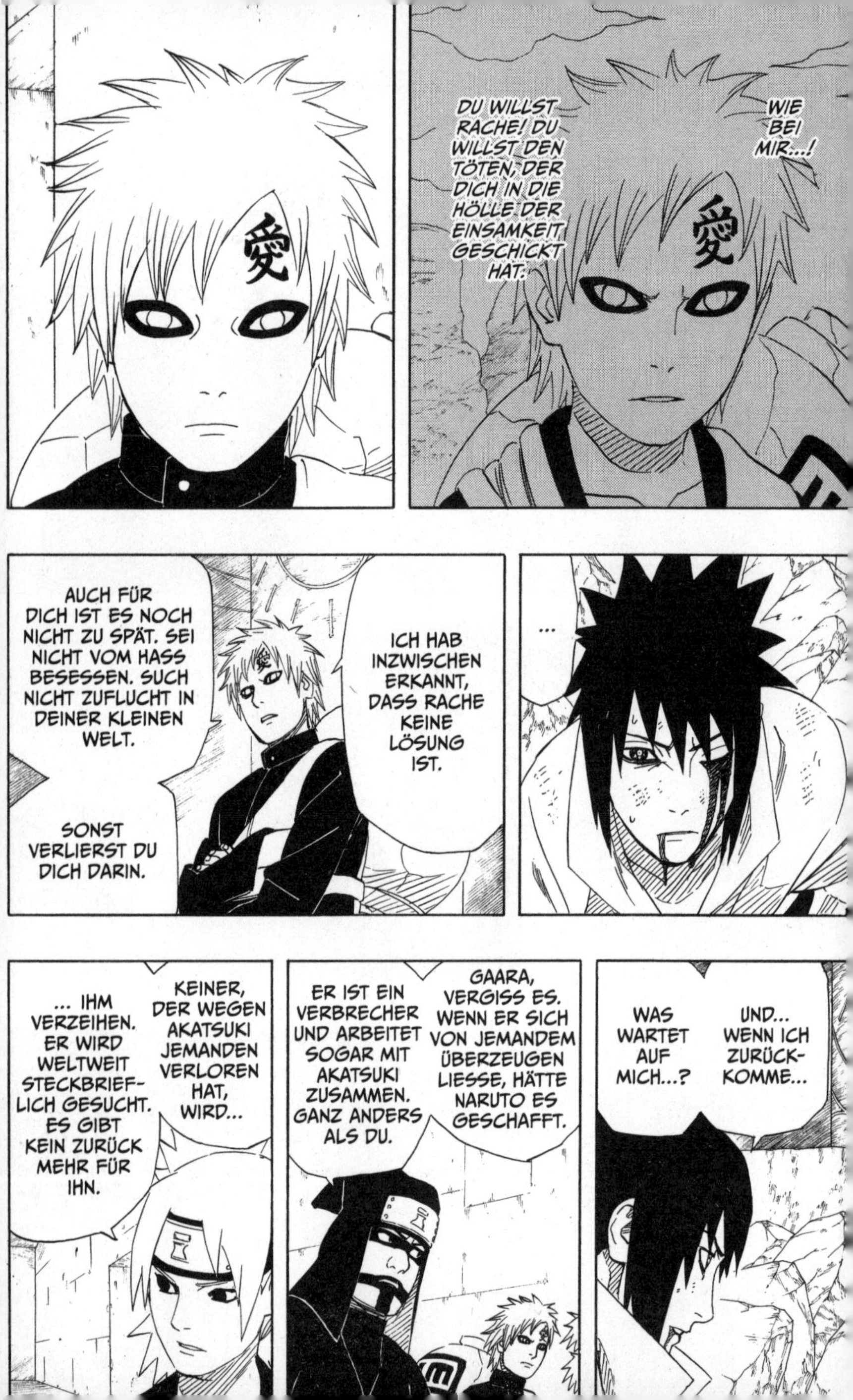
DU WILLST RACHE! DU WILLST DEN TÖTEN, DER DICH IN DIE HÖLLE DER EINSAMKEIT GESCHICKT HAT.
WIE BEI MIR...!
...
ICH HAB INZWISCHEN ERKANNT, DASS RACHE KEINE LÖSUNG IST.
AUCH FÜR DICH IST ES NOCH NICHT ZU SPÄT. SEI NICHT VOM HASS BESESSEN. SUCH NICHT ZUFLUCHT IN DEINER KLEINEN WELT.
SONST VERLIERST DU DICH DARIN.
UND... WENN ICH ZURÜCKKOMME...
WAS WARTET AUF MICH...?
GAARA, VERGISS ES. WENN ER SICH VON JEMANDEM ÜBERZEUGEN LIESSE, HÄTTE NARUTO ES GESCHAFFT.
ER IST EIN VERBRECHER UND ARBEITET SOGAR MIT AKATSUKI ZUSAMMEN. GANZ ANDERS ALS DU.
KEINER, DER WEGEN AKATSUKI JEMANDEN VERLOREN HAT, WIRD...
... IHM VERZEIHEN. ER WIRD WELTWEIT STECKBRIEF-LICH GESUCHT. ES GIBT KEIN ZURÜCK MEHR FÜR IHN.

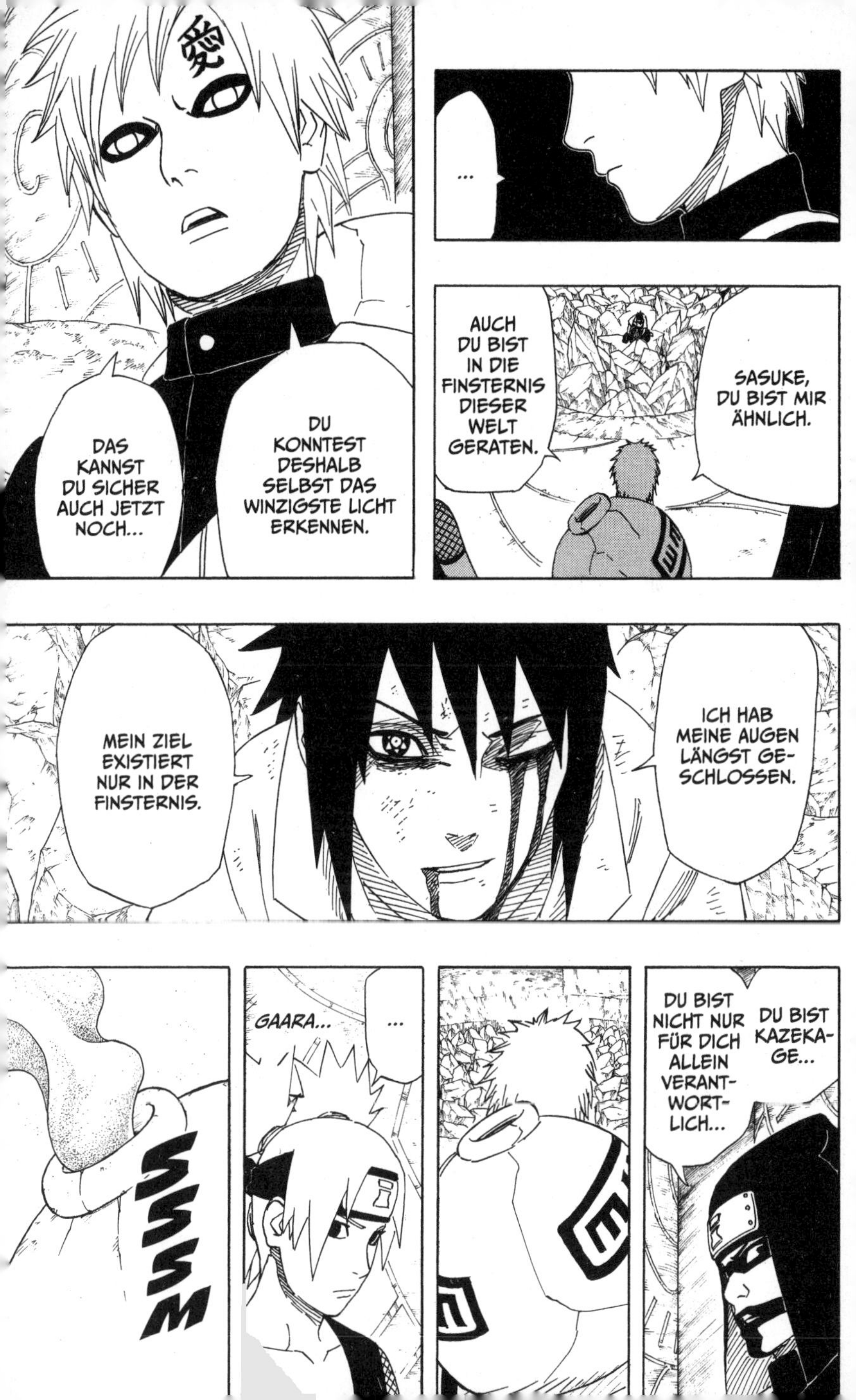
...
SASUKE, DU BIST MIR ÄHNLICH.
AUCH DU BIST IN DIE FINSTERNIS DIESER WELT GERATEN.
DU KONNTEST DESHALB SELBST DAS WINZIGSTE LICHT ERKENNEN.
DAS KANNST DU SICHER AUCH JETZT NOCH...
ICH HAB MEINE AUGEN LÄNGST GE-SCHLOSSEN.
MEIN ZIEL EXISTIERT NUR IN DER FINSTERNIS.
DU BIST KAZEKA-GE...
DU BIST NICHT NUR FÜR DICH ALLEIN VERANT-WORT-LICH...
...
GAARA...
SSSM

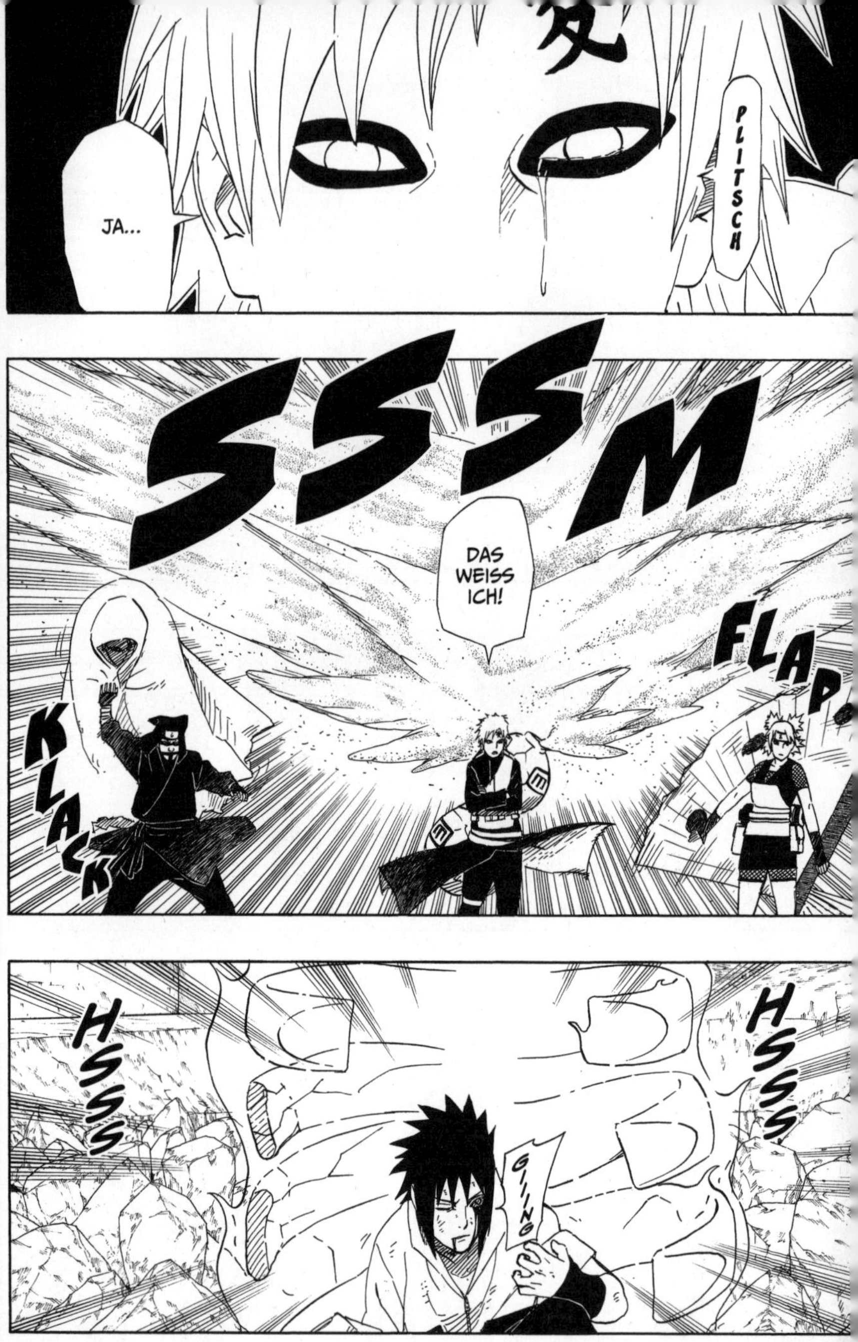
PLITSCH
JA...
SSSM
DAS WEISS ICH!
FLAP
KLACK
HSSS
HSSS
GIIING

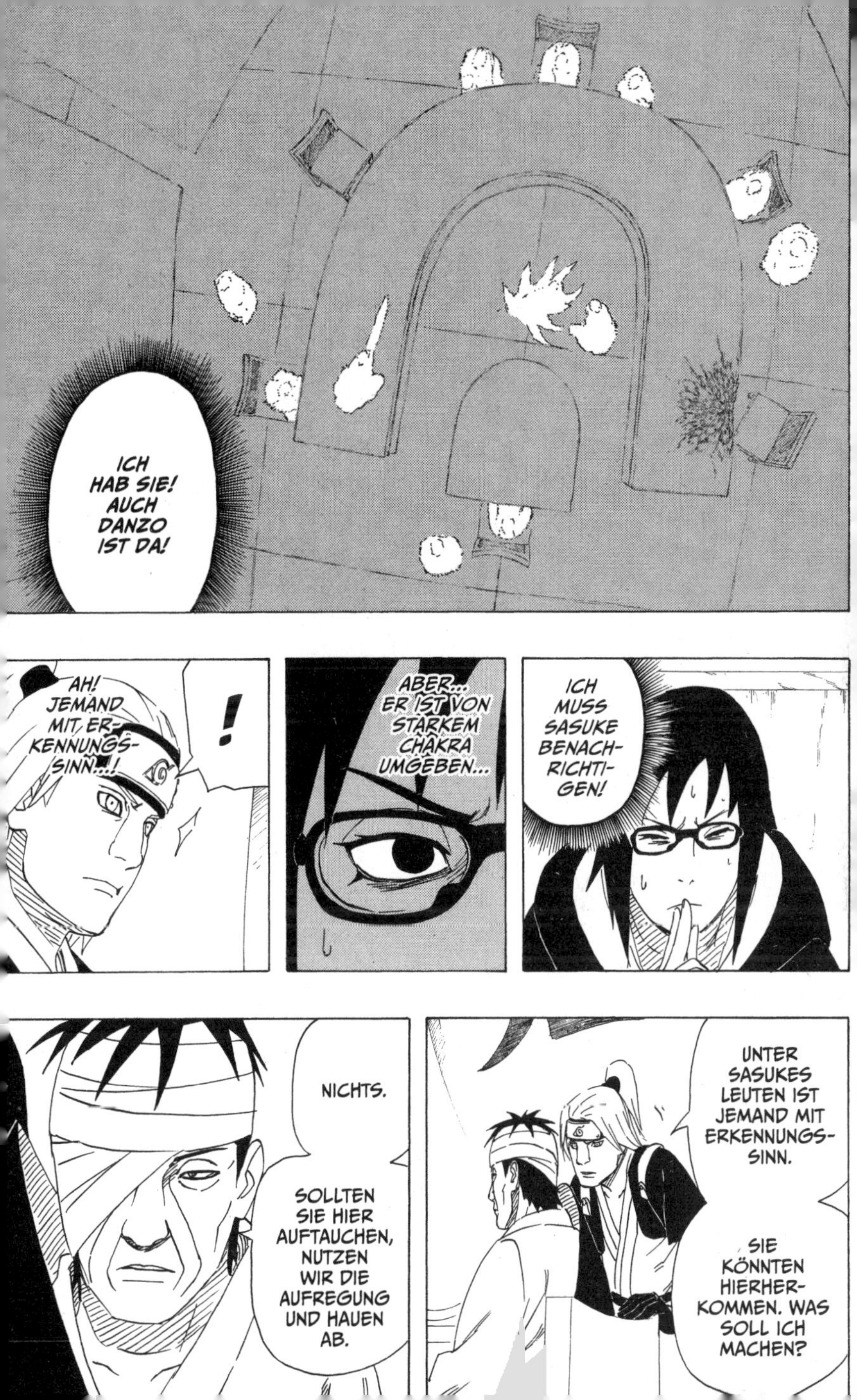
ICH HAB SIE! AUCH DANZO IST DA!
ICH MUSS SASUKE BENACHRICHTIGEN!
ABER... ER IST VON STARKEM CHAKRA UMGEBEN...
AH! JEMAND MIT ERKENNUNGSSINN...!
!
UNTER SASUKES LEUTEN IST JEMAND MIT ERKENNUNGSSINN.
SIE KÖNNTEN HIERHERKOMMEN. WAS SOLL ICH MACHEN?
NICHTS.
SOLLTEN SIE HIER AUFTAUCHEN, NUTZEN WIR DIE AUFREGUNG UND HAUEN AB.

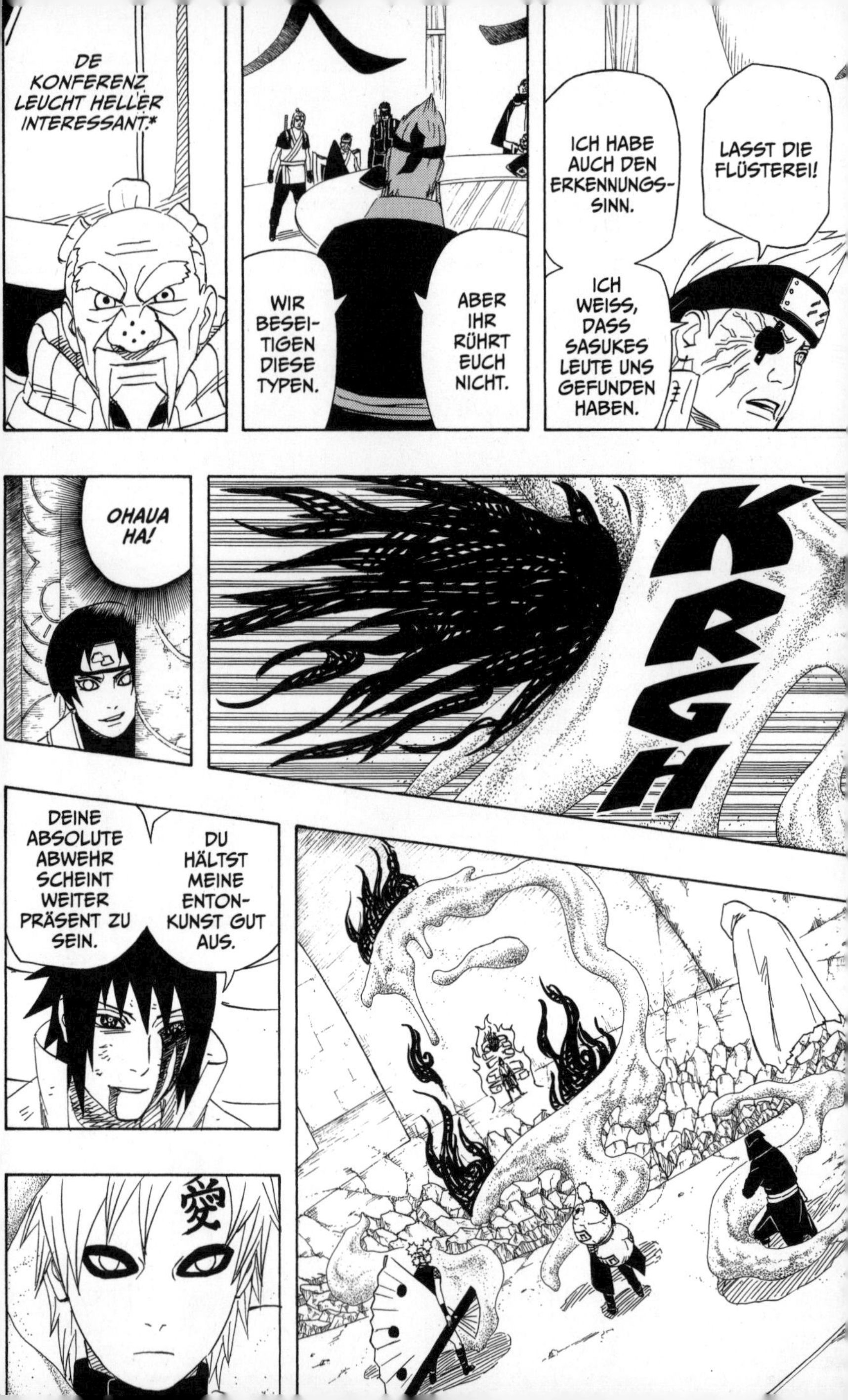
LASST DIE FLÜSTEREI!
ICH HABE AUCH DEN ERKENNUNGS-SINN.
ICH WEISS, DASS SASUKES LEUTE UNS GEFUNDEN HABEN.
ABER IHR RÜHRT EUCH NICHT.
WIR BESEI-TIGEN DIESE TYPEN.
DE KONFERENZ LEUCHT HELLER INTERESSANT.*
KRGH
OHAUA HA!
DU HÄLTST MEINE ENTON-KUNST GUT AUS.
DEINE ABSOLUTE ABWEHR SCHEINT WEITER PRÄSENT ZU SEIN.

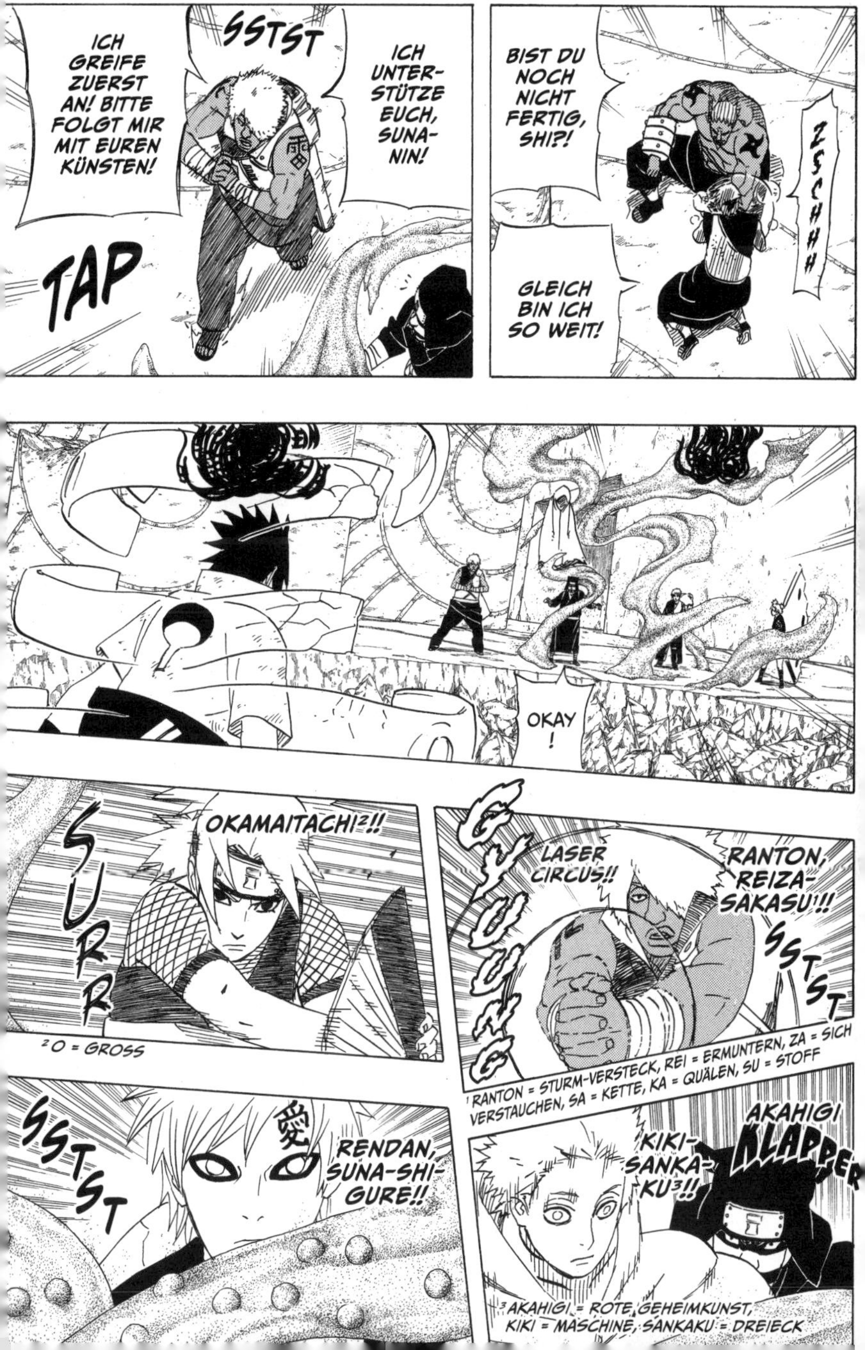
BIST DU NOCH NICHT FERTIG, SHI?!
ZSCHHH
GLEICH BIN ICH SO WEIT!
ICH UNTERSTÜTZE EUCH, SUNA-NIN!
SSTST
ICH GREIFE ZUERST AN! BITTE FOLGT MIR MIT EUREN KÜNSTEN!
TAP
OKAY!
RANTON, REIZA-SAKASU[1]!!!
LASER CIRCUS!!
SSTST
[1] RANTON = STURM-VERSTECK, REI = ERMUNTERN, ZA = SICH VERSTAUCHEN, SA = KETTE, KA = QUÄLEN, SU = STOFF
OKAMAITACHI[2]!!
SURR
[2] O = GROSS
AKAHIGI KLAPPER
KIKI-SANKAKU[3]!!
[3] AKAHIGI = ROTE GEHEIMKUNST, KIKI = MASCHINE, SANKAKU = DREIECK
RENDAN, SUNA-SHIGURE!!
SSTST

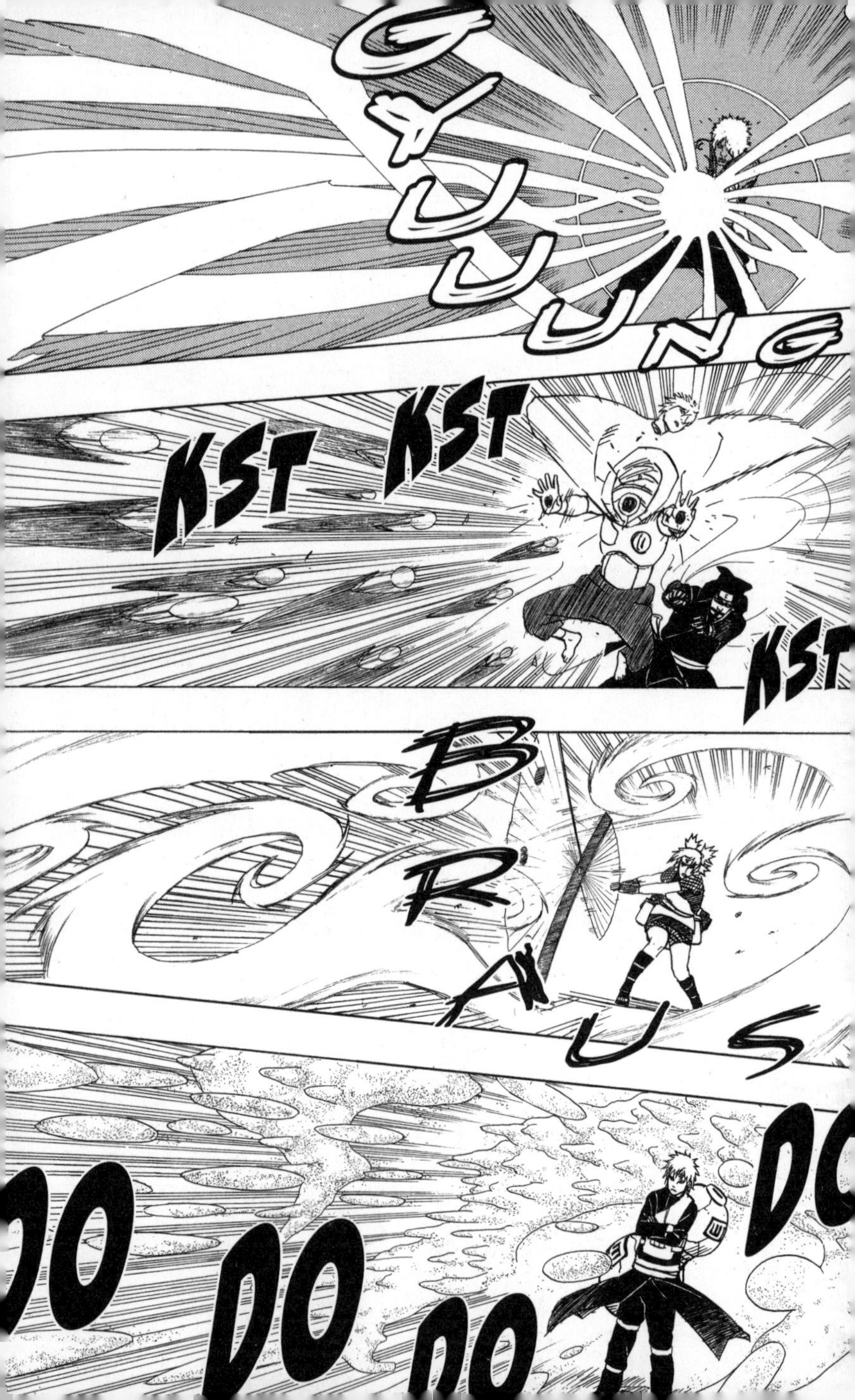
GYUUNG
KST KST
KST
BRAUS
DO DO DO DO DO

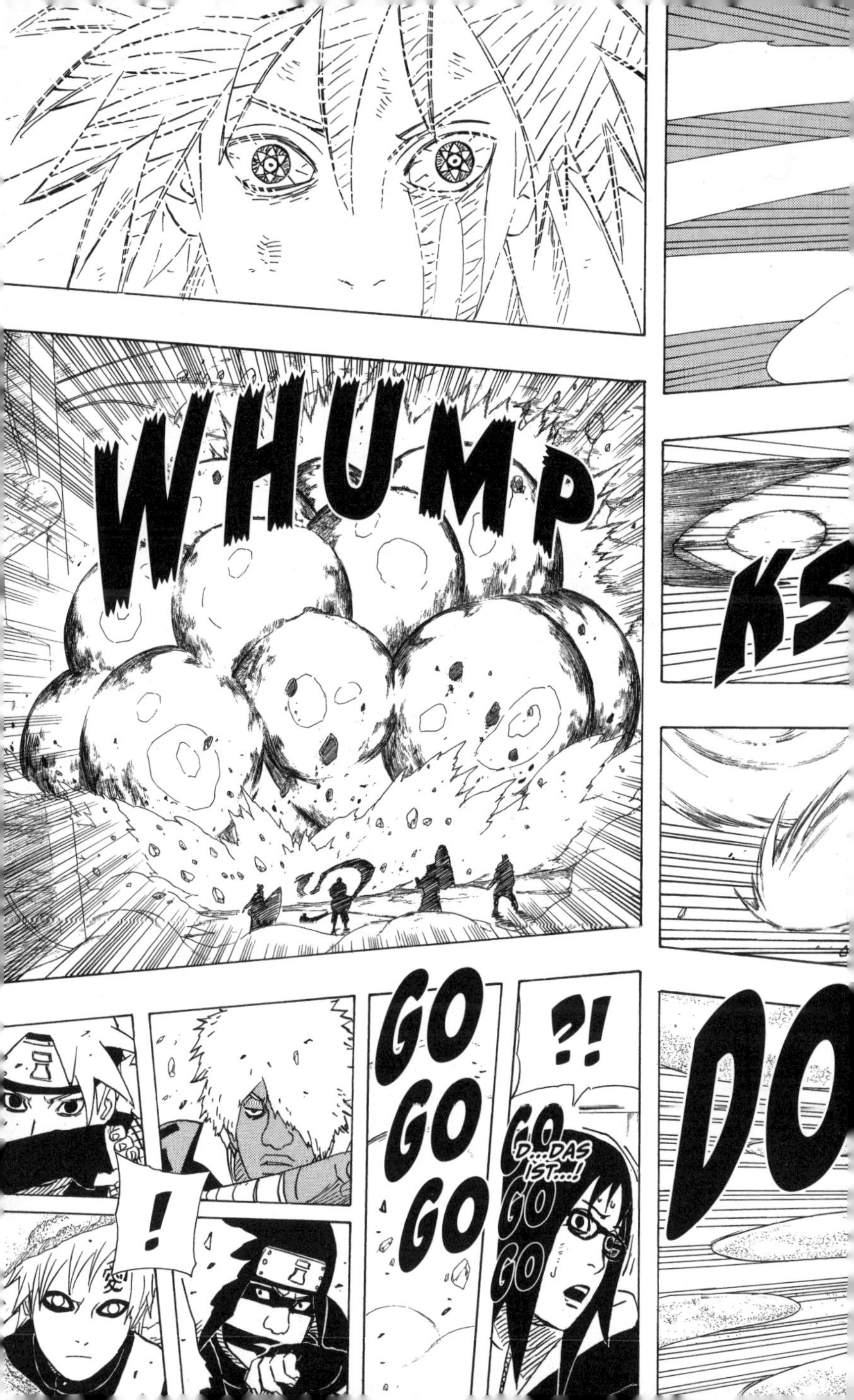
WHUMP
KS
DO
?!
D...DAS IST...!
GO GO GO
GO GO GO GO
!

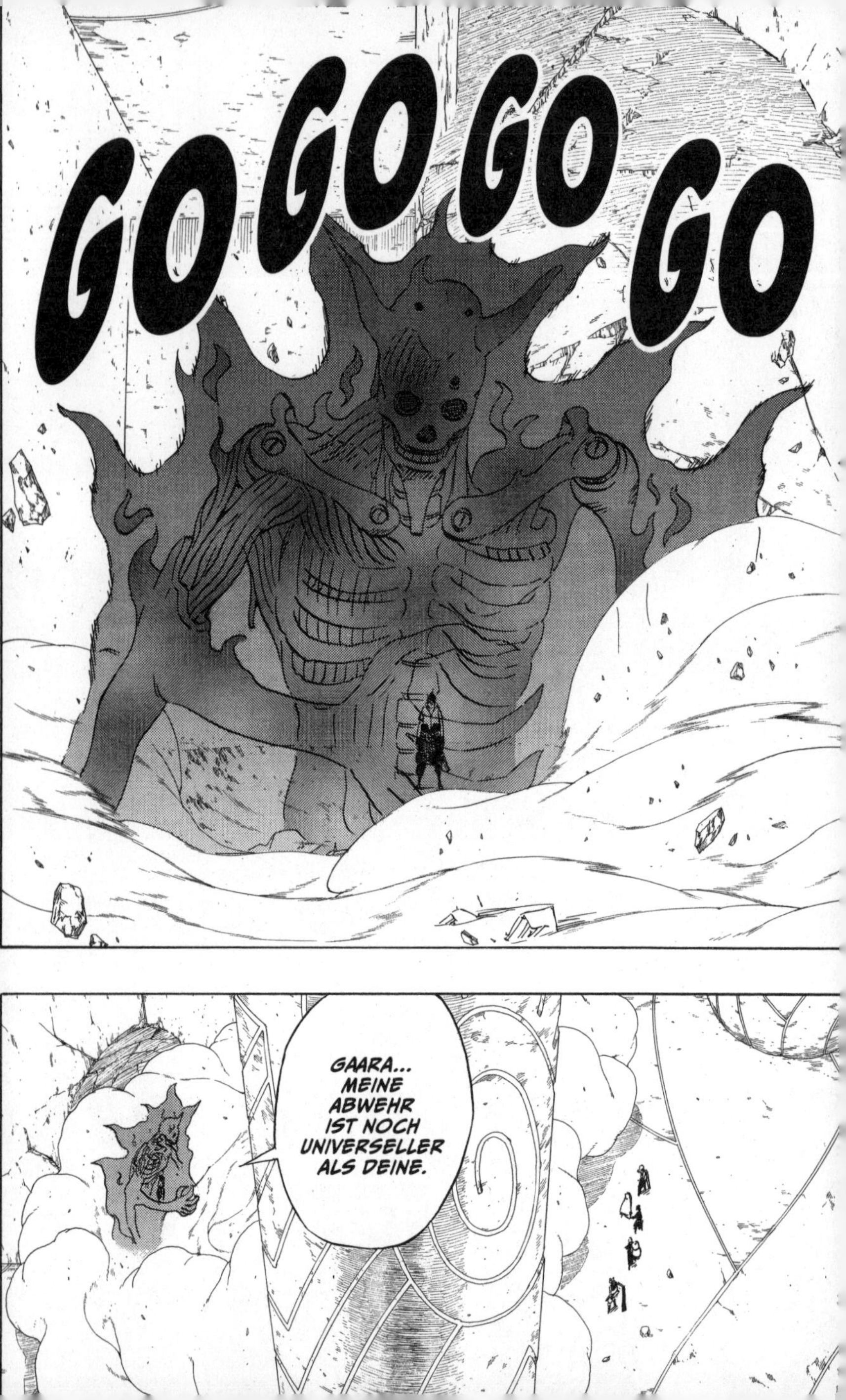
GO GO GO GO GO GO
GAARA... MEINE ABWEHR IST NOCH UNIVERSELLER ALS DEINE.

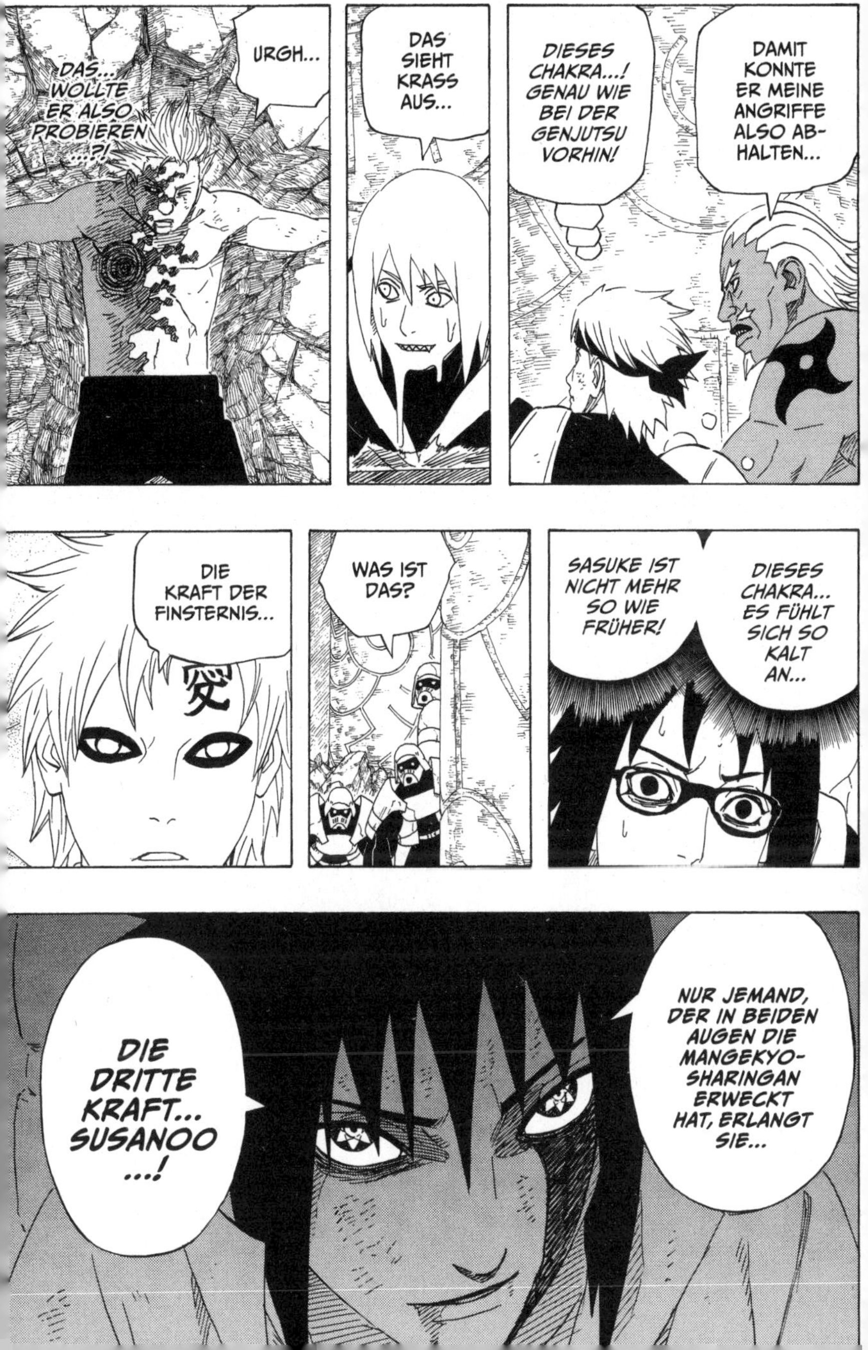
DAMIT KONNTE ER MEINE ANGRIFFE ALSO AB-HALTEN...
DIESES CHAKRA...! GENAU WIE BEI DER GENJUTSU VORHIN!
DAS SIEHT KRASS AUS...
URGH...
DAS... WOLLTE ER ALSO PROBIEREN ...?!
DIESES CHAKRA... ES FÜHLT SICH SO KALT AN...
SASUKE IST NICHT MEHR SO WIE FRÜHER!
WAS IST DAS?
DIE KRAFT DER FINSTERNIS...
NUR JEMAND, DER IN BEIDEN AUGEN DIE MANGEKYO-SHARINGAN ERWECKT HAT, ERLANGT SIE...
DIE DRITTE KRAFT... SUSANOO ...!

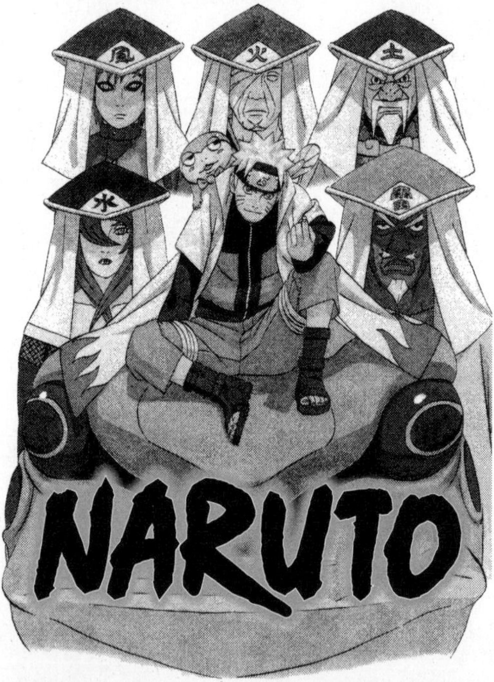
NARUTO

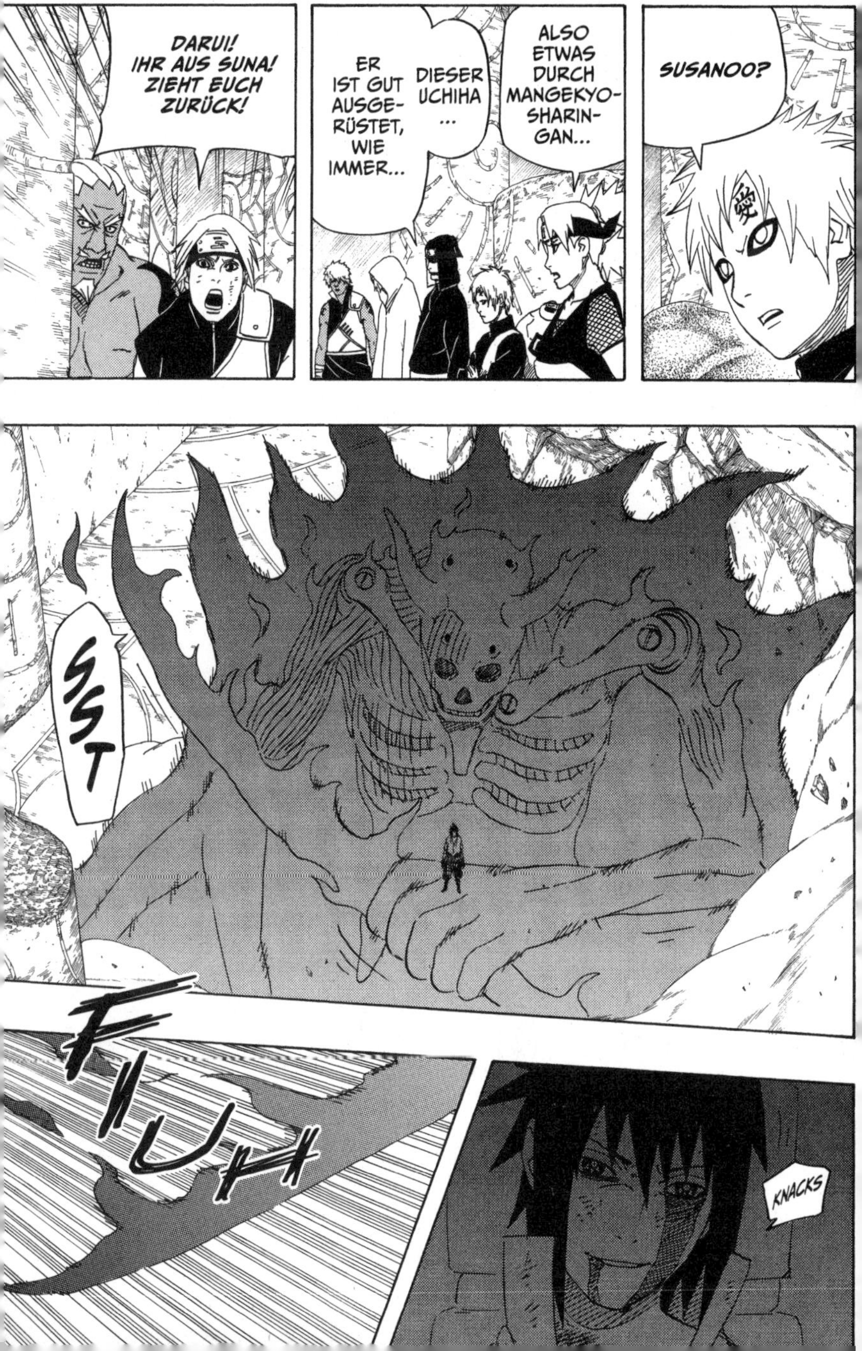
SUSANOO?
ALSO ETWAS DURCH MANGEKYO-SHARIN-GAN...
DIESER UCHIHA ...
ER IST GUT AUSGE-RÜSTET, WIE IMMER...
DARUI! IHR AUS SUNA! ZIEHT EUCH ZURÜCK!
SST
KNACKS
FHUHH

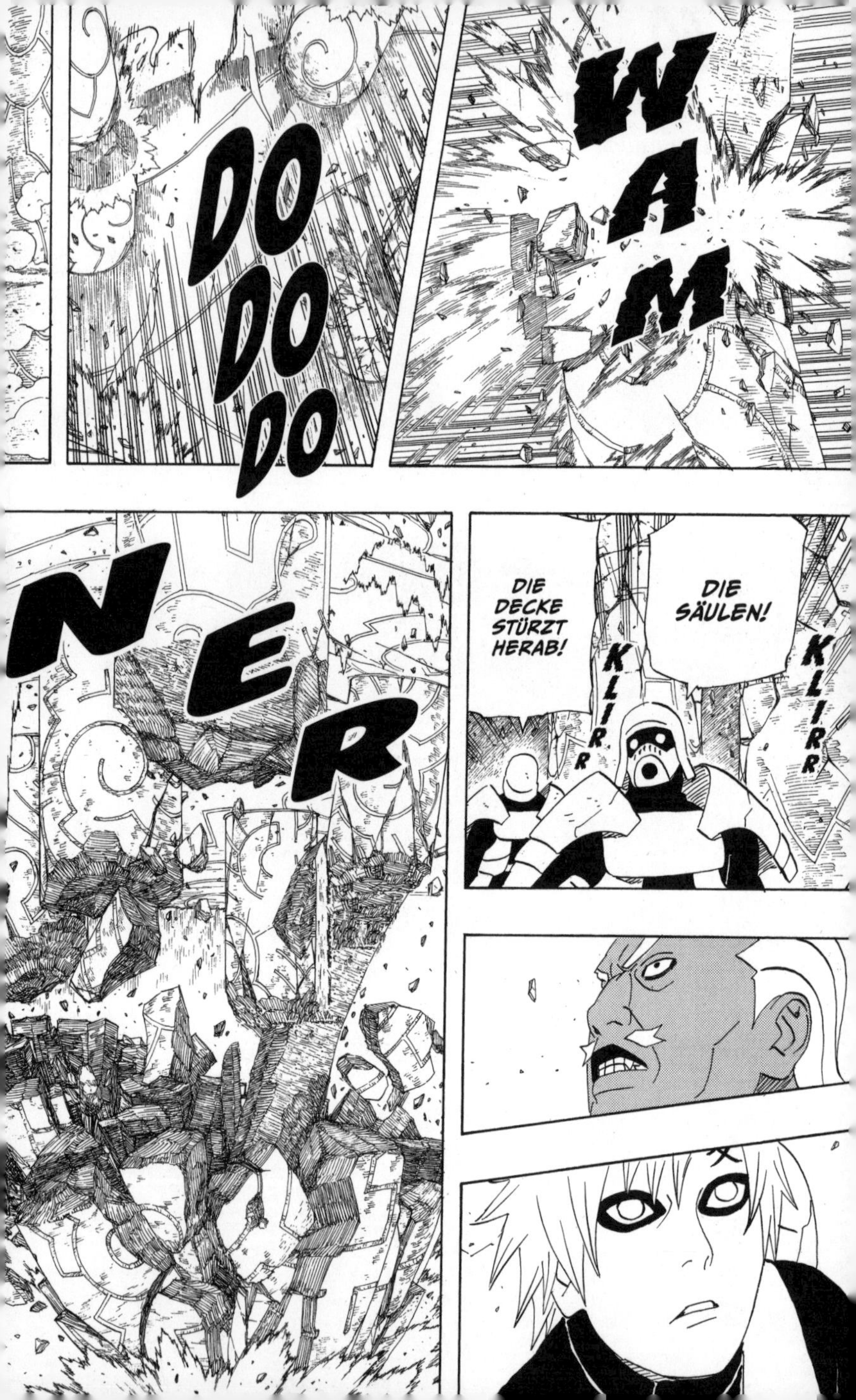
WAM
DODODODO
NER
DIE SÄULEN!
DIE DECKE STÜRZT HERAB!
KLIRR
KLIRR

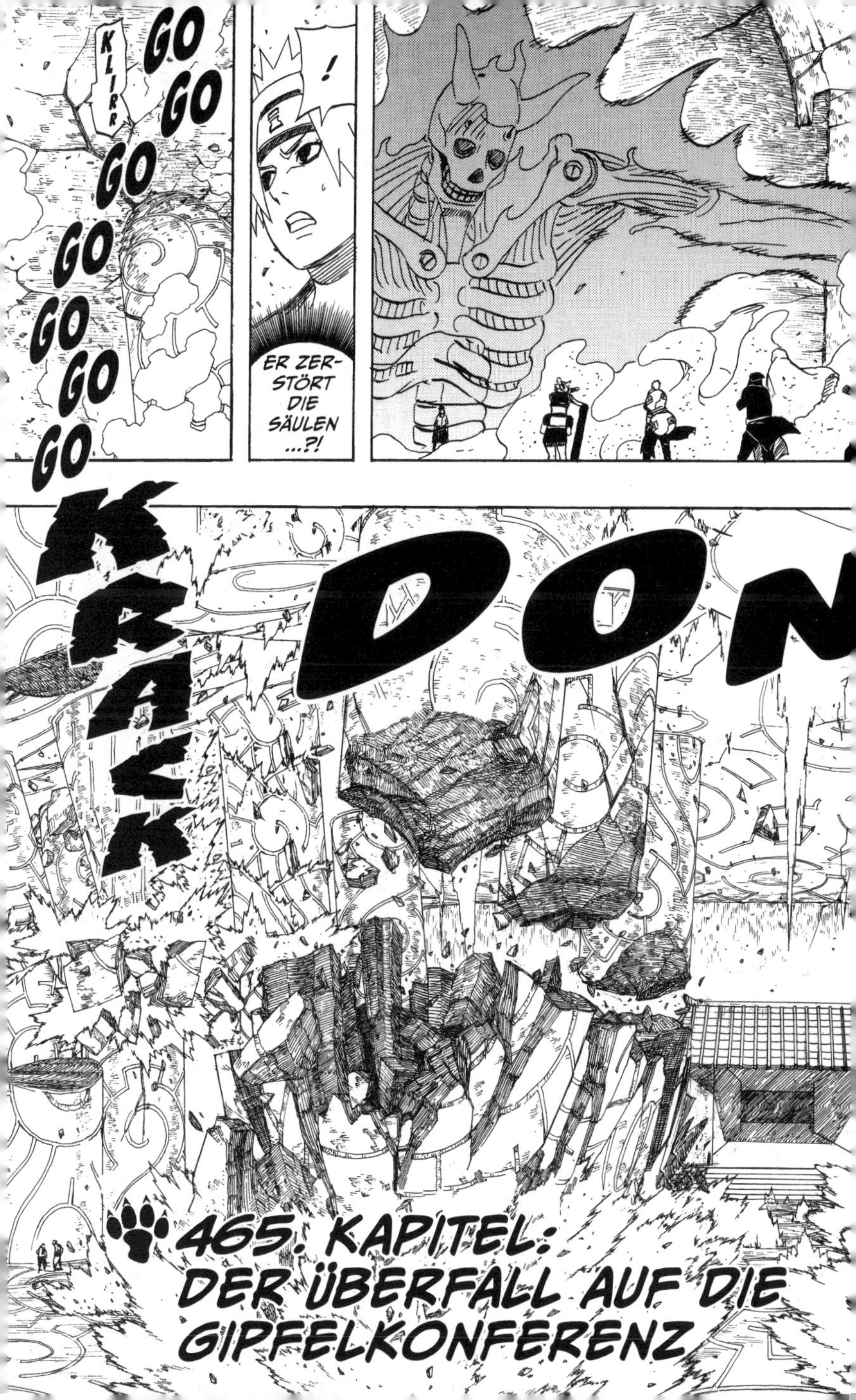
!
ER ZERSTÖRT DIE SÄULEN ...?!
KLIRR
GO GO GO GO GO GO GO
DON
KRACK
465. KAPITEL: DER ÜBERFALL AUF DIE GIPFELKONFERENZ

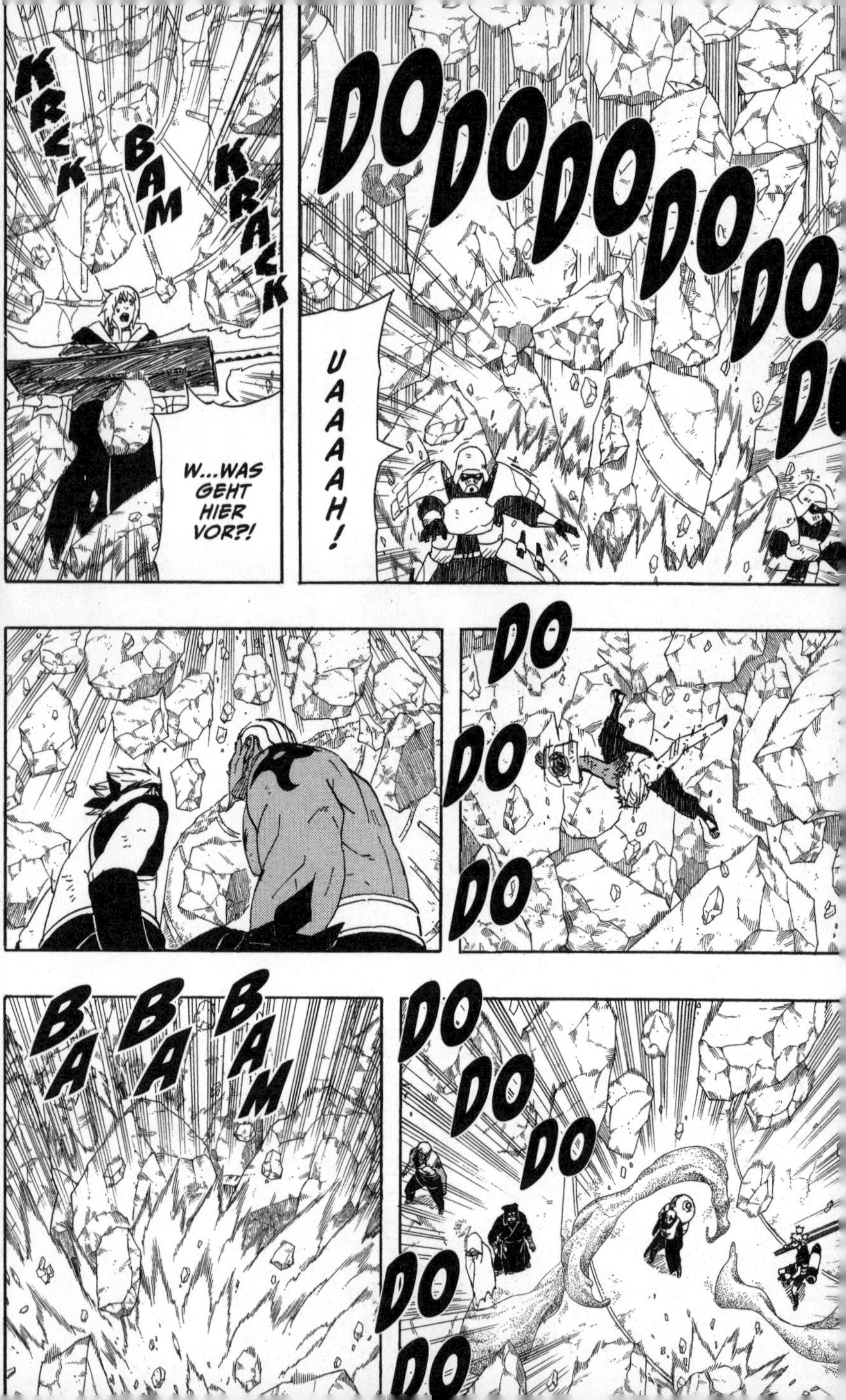
DODODODODODODODO
UAAAAAH!
KRCK
BAM
KRACK
W...WAS GEHT HIER VOR?!
DO
DO
DO
DO
DO
DO
DO
DO
BA
BA
BAM

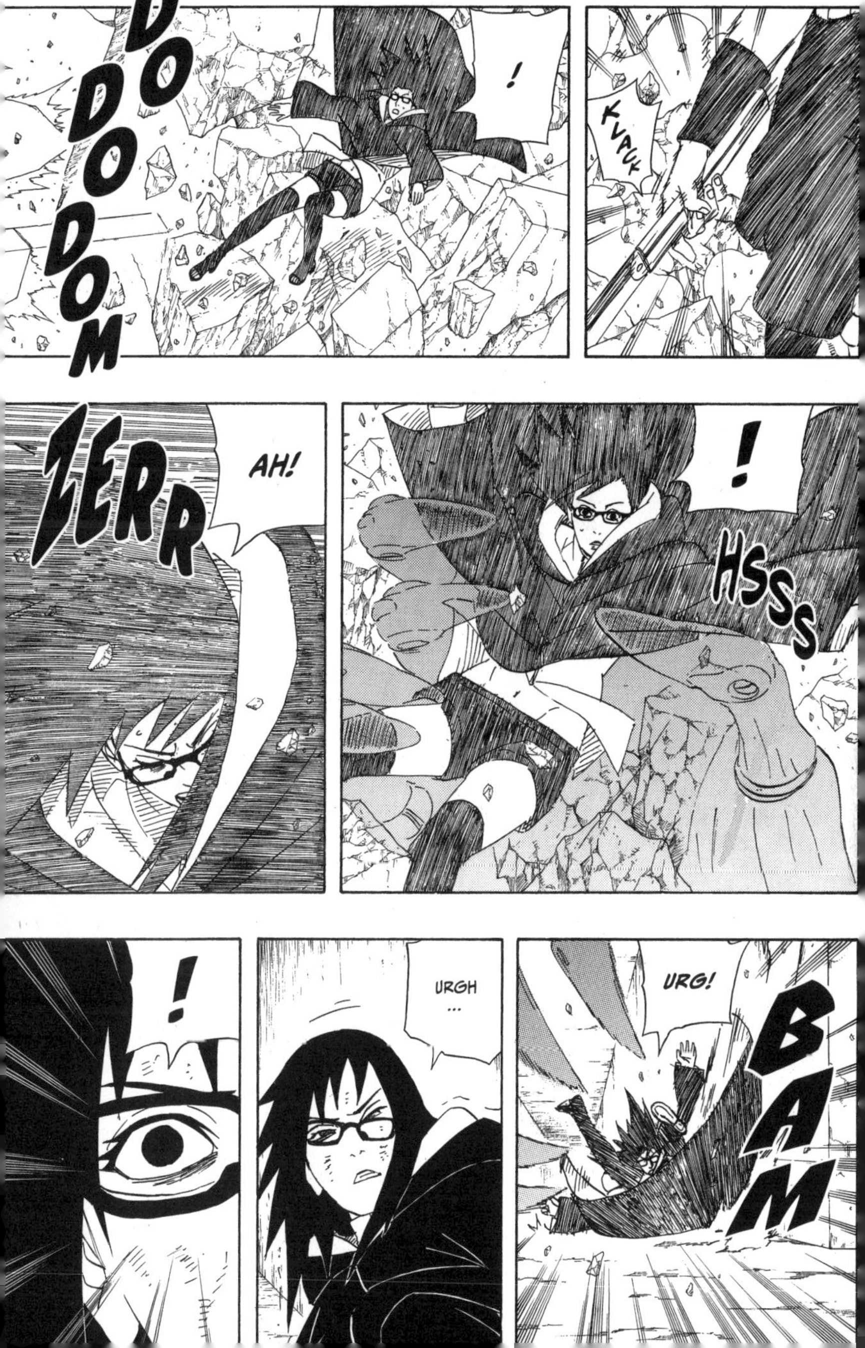
KLACK
!
DODODOM
!
HSSS
AH!
ZERR
URG!
BAM
URGH
...
!

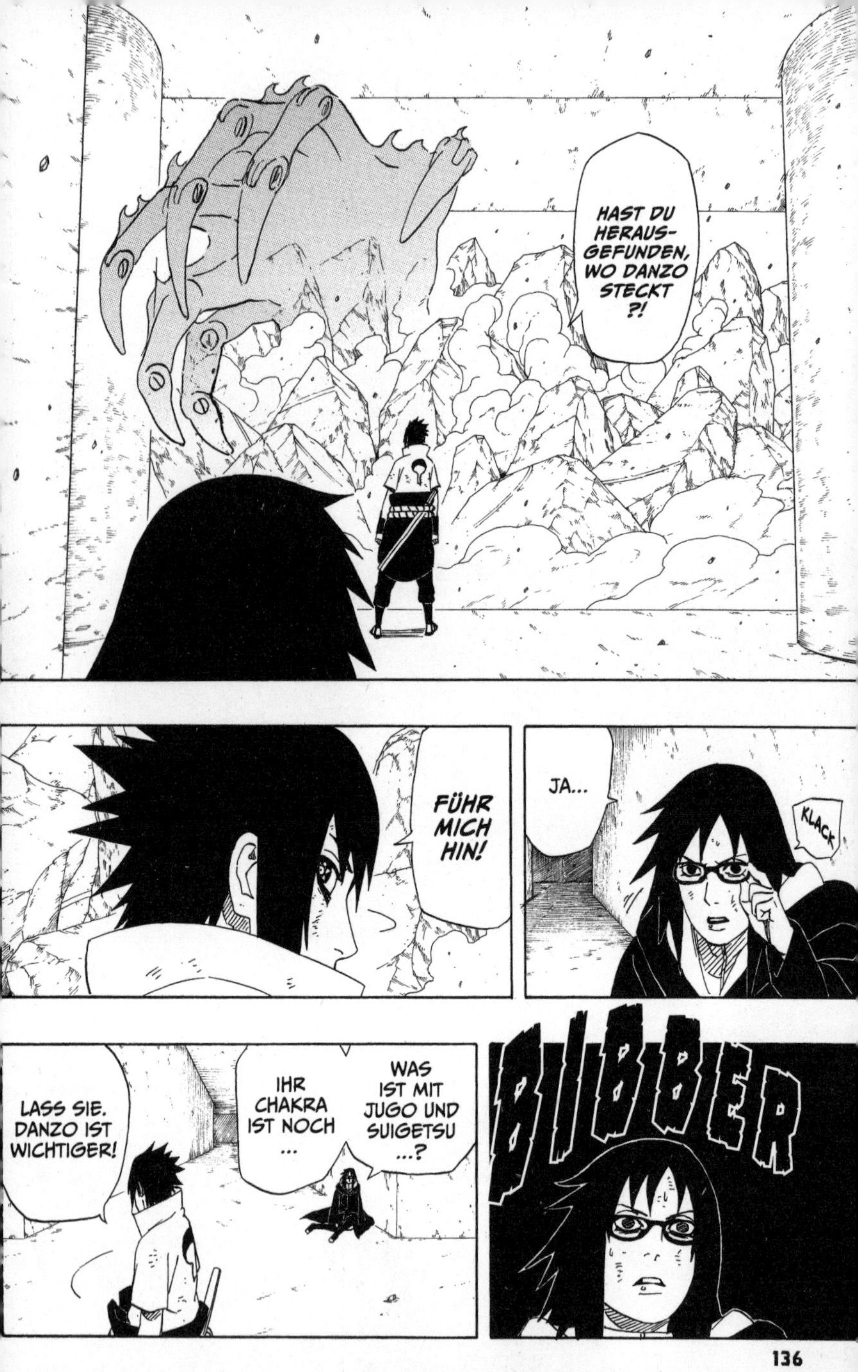
HAST DU HERAUS-GEFUNDEN, WO DANZO STECKT ?!
JA...
KLACK
FÜHR MICH HIN!
BUBBER
WAS IST MIT JUGO UND SUIGETSU ...?
IHR CHAKRA IST NOCH ...
LASS SIE. DANZO IST WICHTIGER!

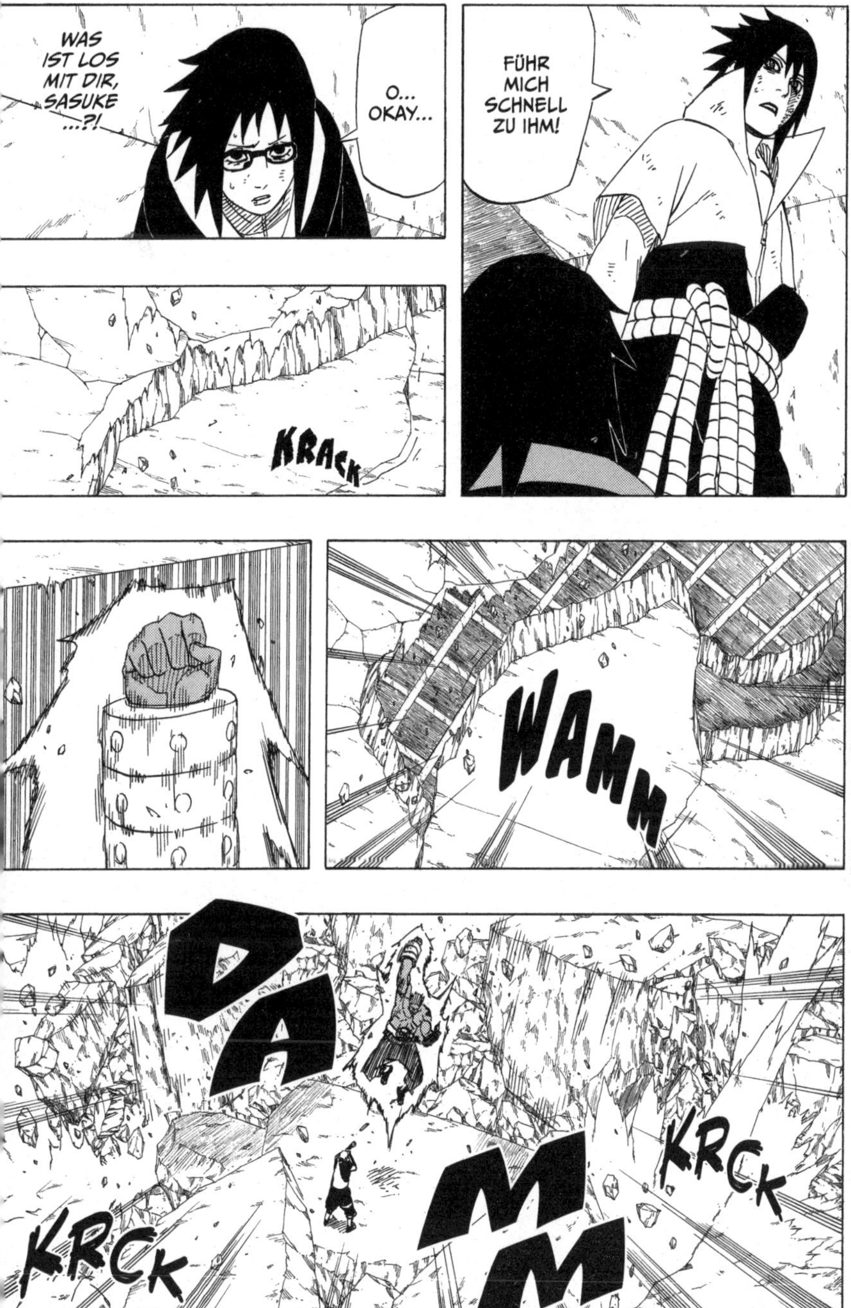
FÜHR MICH SCHNELL ZU IHM!
O... OKAY...
WAS IST LOS MIT DIR, SASUKE ...?!
KRACK
WAMM
DAMM
KRCK
KRCK

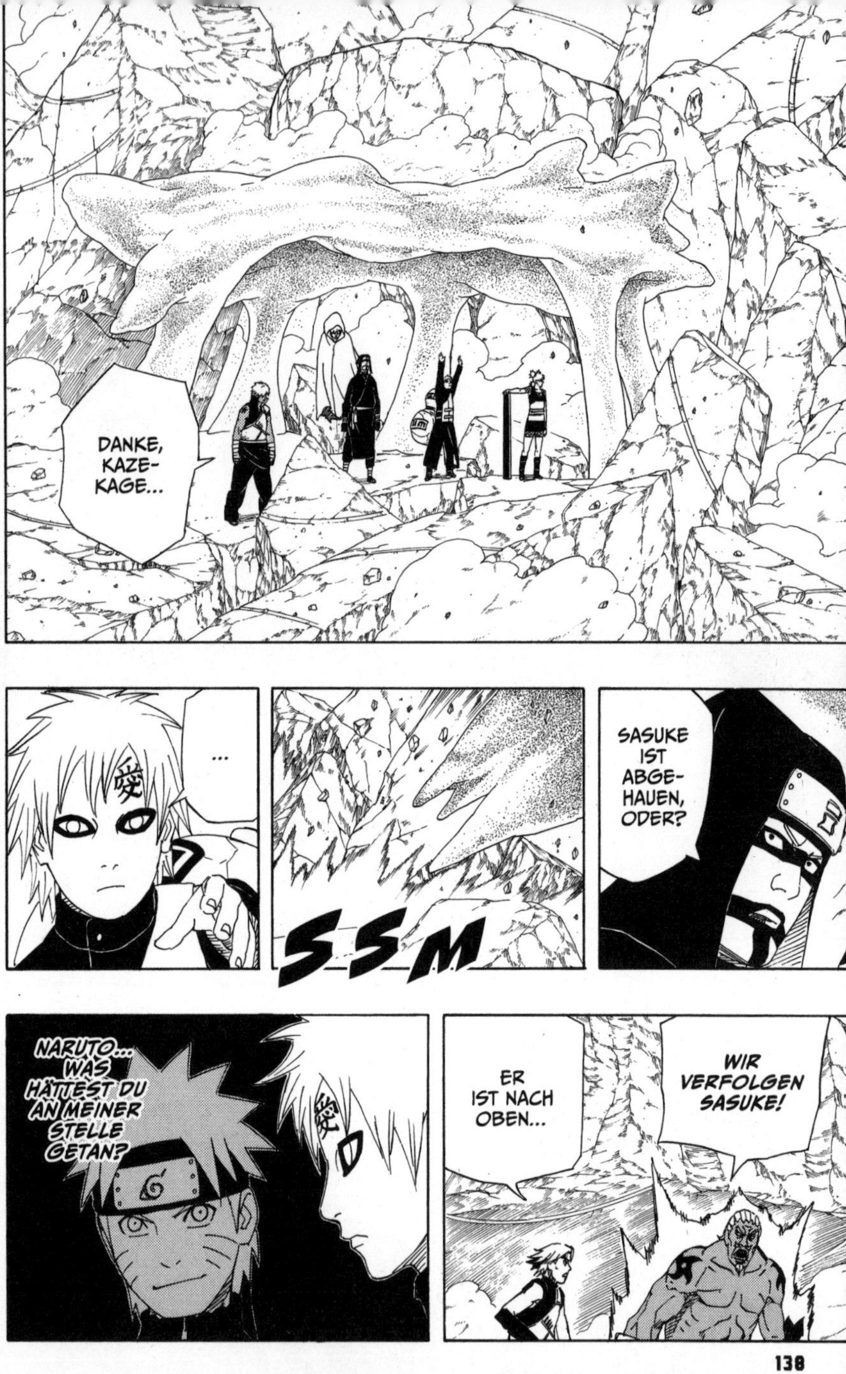
DANKE, KAZE-KAGE...
SASUKE IST ABGE-HAUEN, ODER?
S S M
...
WIR VERFOLGEN SASUKE!
ER IST NACH OBEN...
NARUTO... WAS HÄTTEST DU AN MEINER STELLE GETAN?

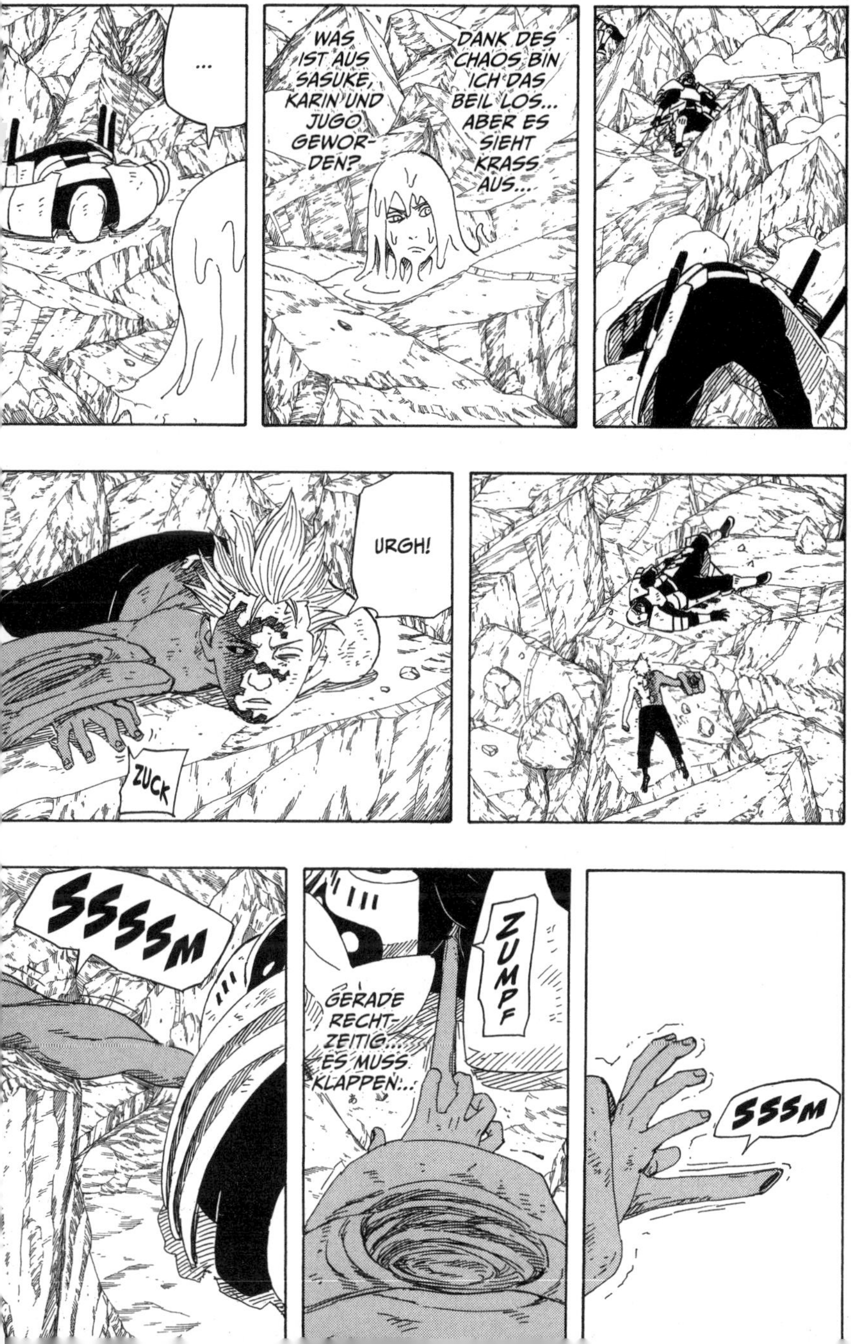
DANK DES CHAOS BIN ICH DAS BEIL LOS... ABER ES SIEHT KRASS AUS...
WAS IST AUS SASUKE, KARIN UND JUGO GEWORDEN?
...
URGH!
ZUCK
SSSM
ZUMPF
GERADE RECHT-ZEITIG... ES MUSS KLAPPEN...
SSSSM

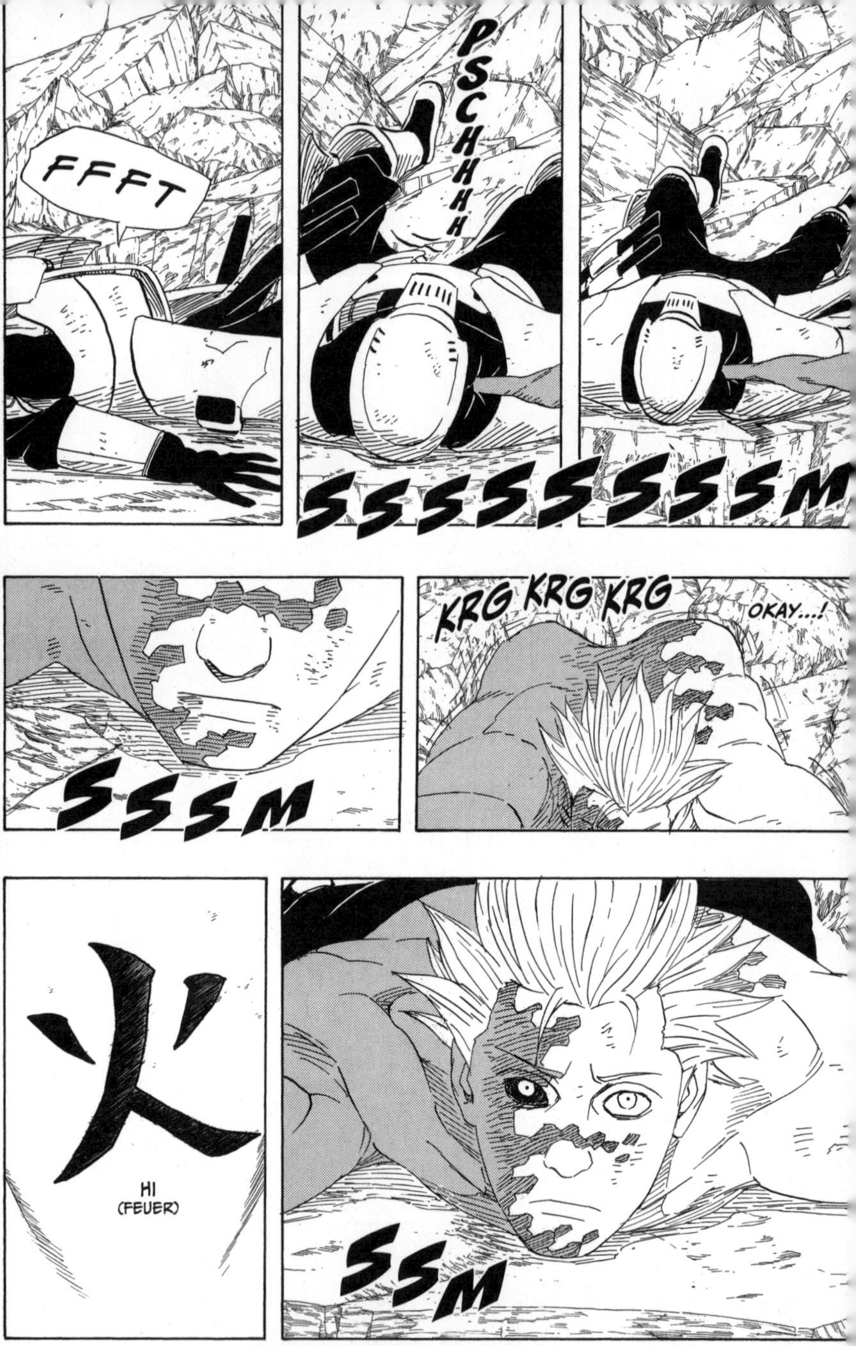
PSCHHHH
SSSSSSSSM
FFFT
OKAY...!
KRG KRG KRG
SSSM
SSM
火
HI
(FEUER)

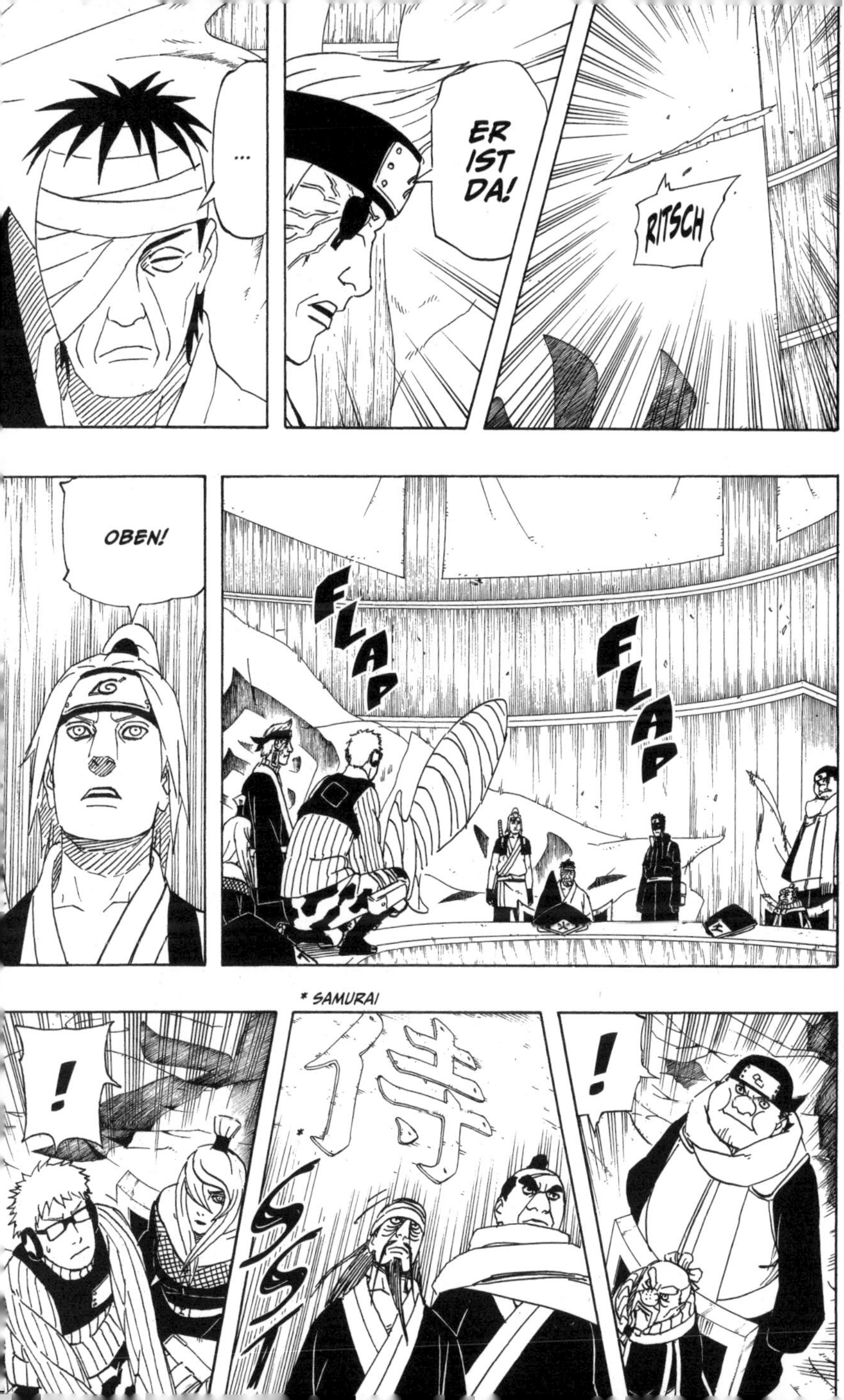
RITSCH
ER IST DA!
...
FLAP
FLAP
OBEN!
!
侍
SS
* SAMURAI
!

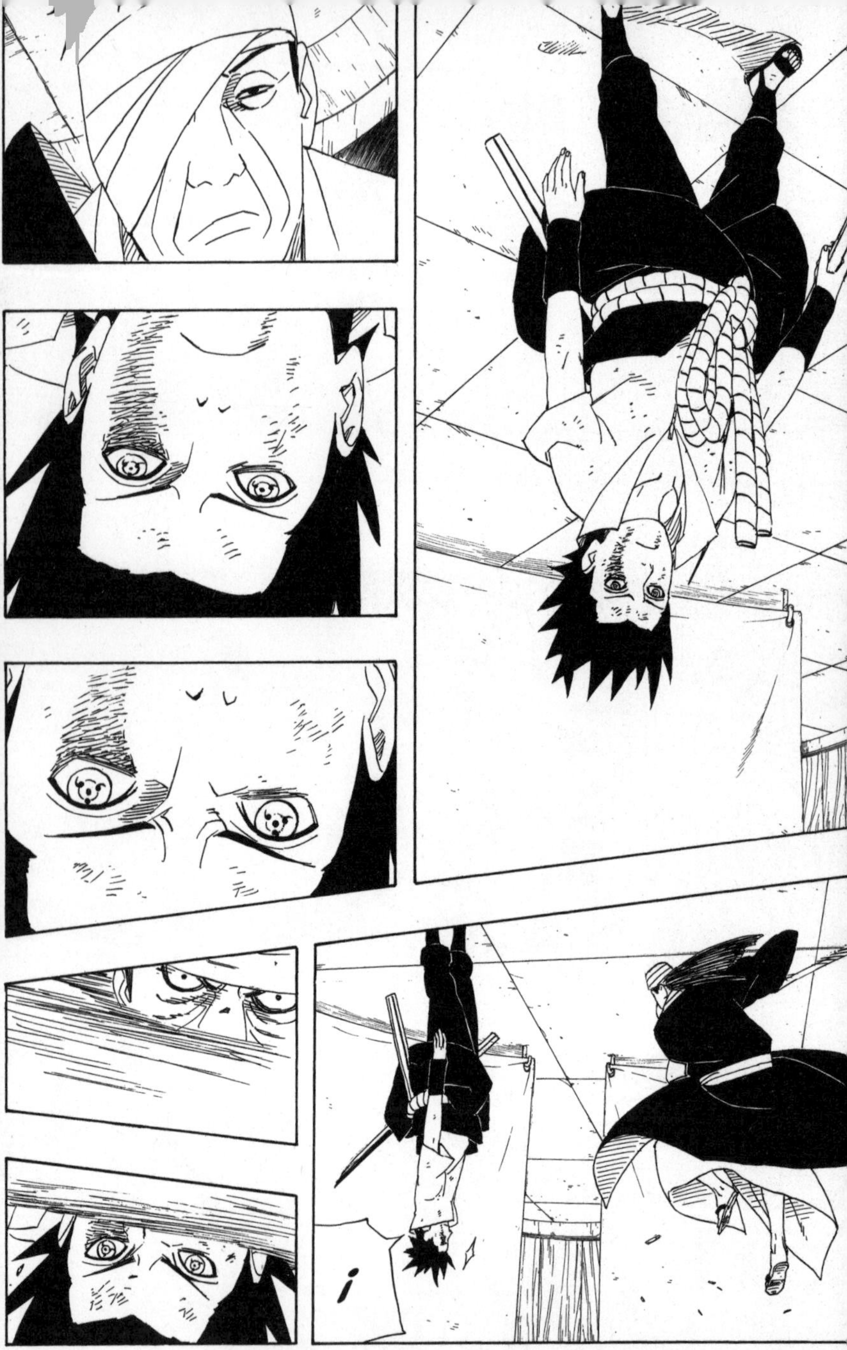

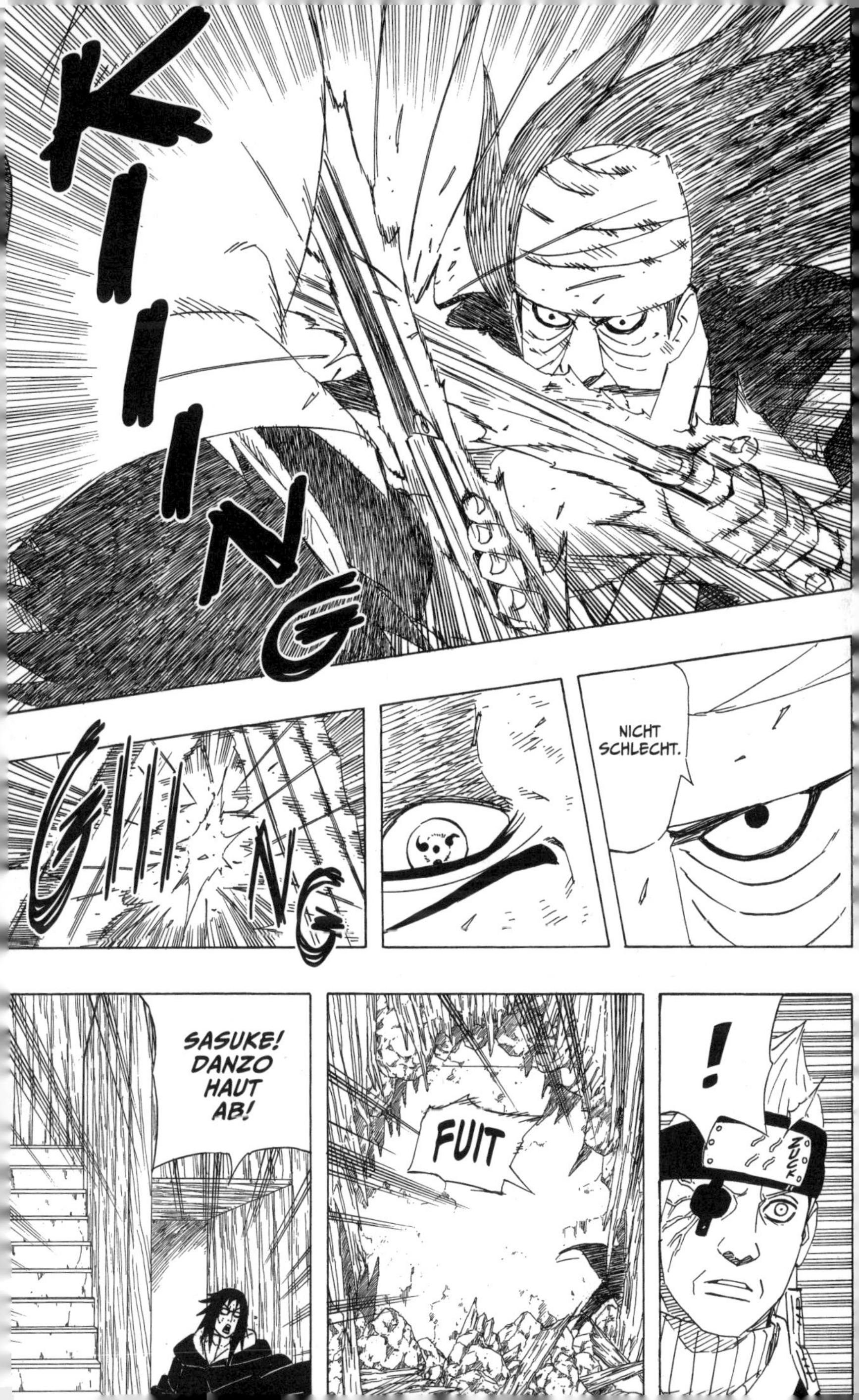
KIIING
GIIING
NICHT SCHLECHT.
!
ZUCK
FUIT
SASUKE! DANZO HAUT AB!

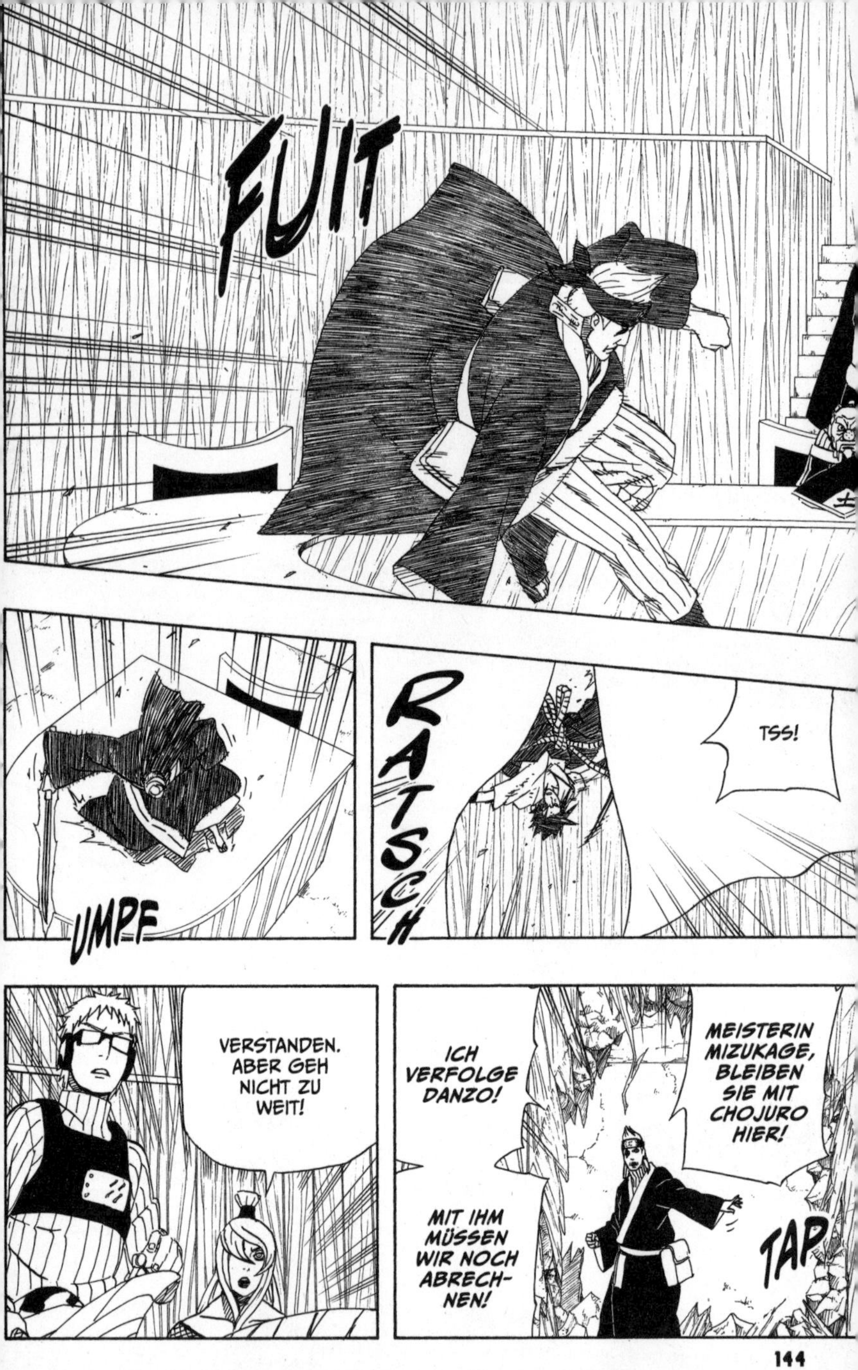
FUIT
TSS!
RATSCH
UMPF
MEISTERIN MIZUKAGE, BLEIBEN SIE MIT CHOJURO HIER!
ICH VERFOLGE DANZO!
MIT IHM MÜSSEN WIR NOCH ABRECHNEN!
TAP
VERSTANDEN. ABER GEH NICHT ZU WEIT!

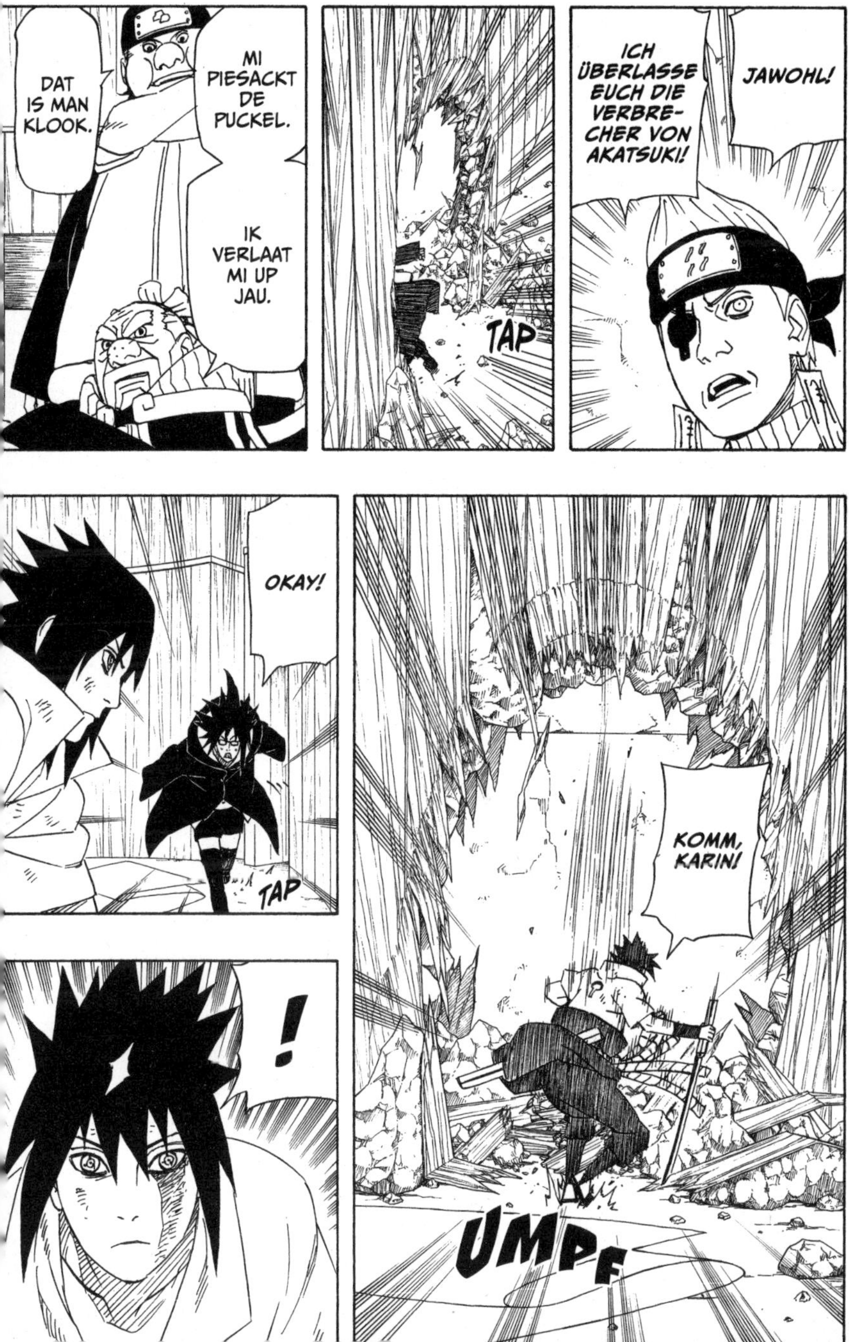

ICH ÜBERLASSE EUCH DIE VERBRE-CHER VON AKATSUKI!
JAWOHL!
TAP
MI PIESACKT DE PUCKEL.
DAT IS MAN KLOOK.
IK VERLAAT MI UP JAU.
KOMM, KARIN!
UMPF
OKAY!
TAP
!

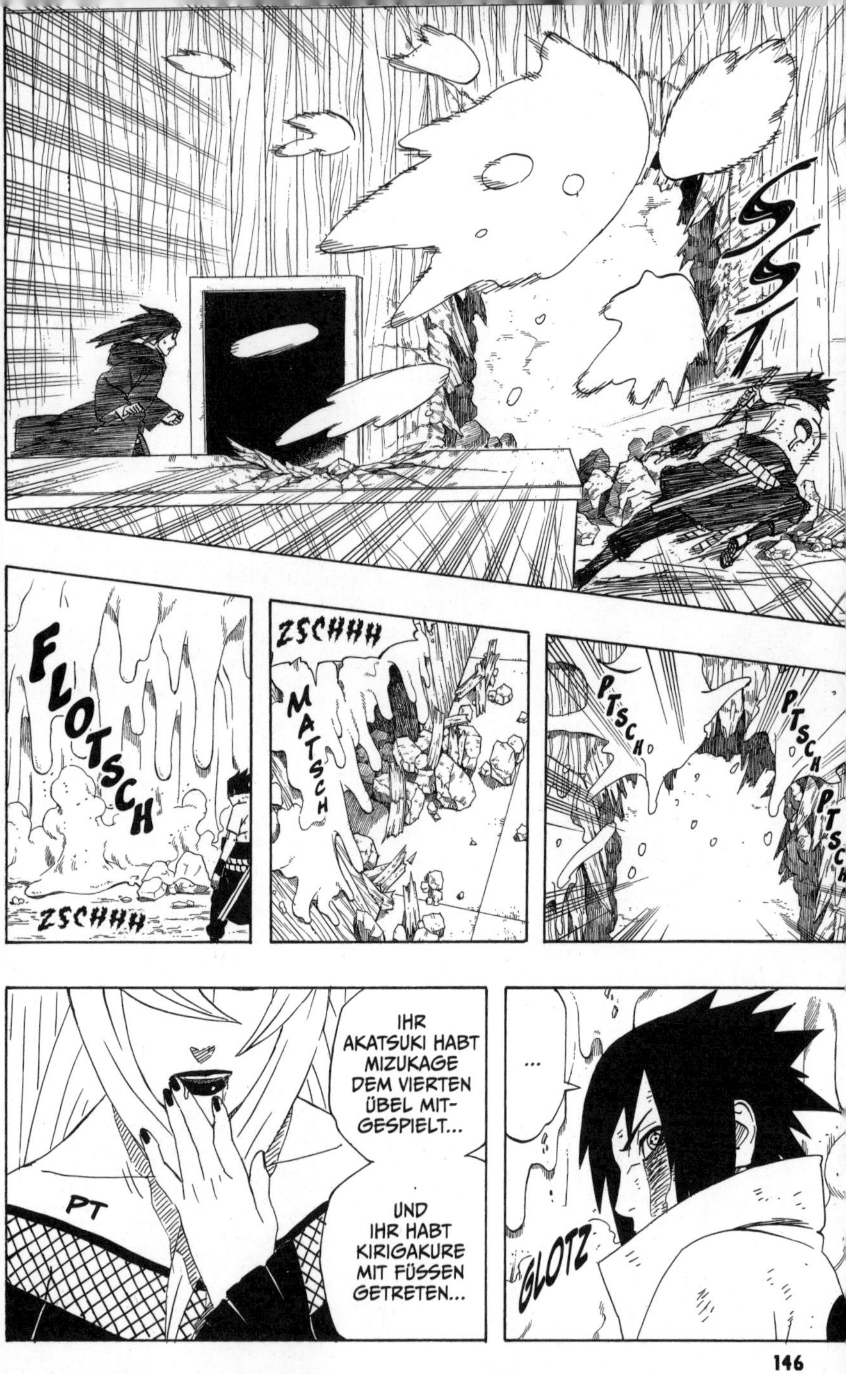

SSST
PTSCH
PTSCH
PTSCH
ZSCHHH
MATSCH
FLOTSCH
ZSCHHH
...
GLOTZ
IHR AKATSUKI HABT MIZUKAGE DEM VIERTEN ÜBEL MIT-GESPIELT...
UND IHR HABT KIRIGAKURE MIT FÜSSEN GETRETEN...
PT

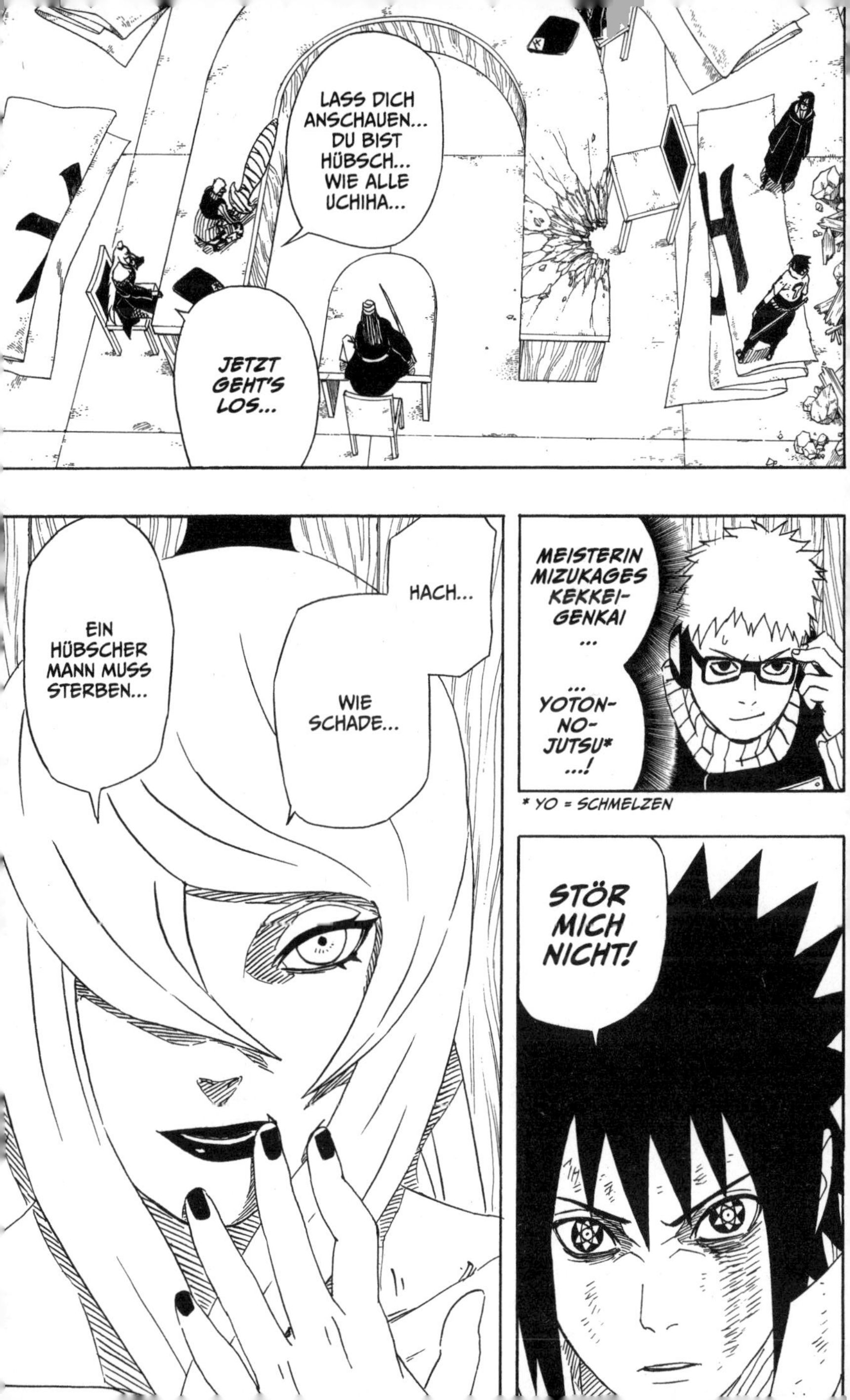

* YO = SCHMELZEN

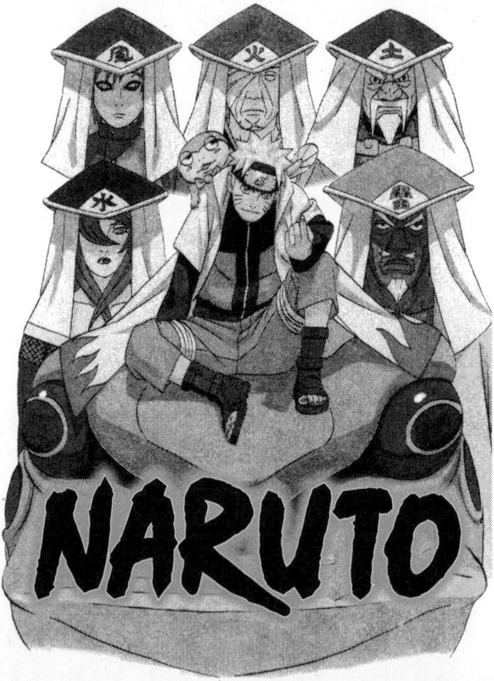
NARUTO

466. Kapitel: Grosse Schlacht hinter verschlossenen Türen

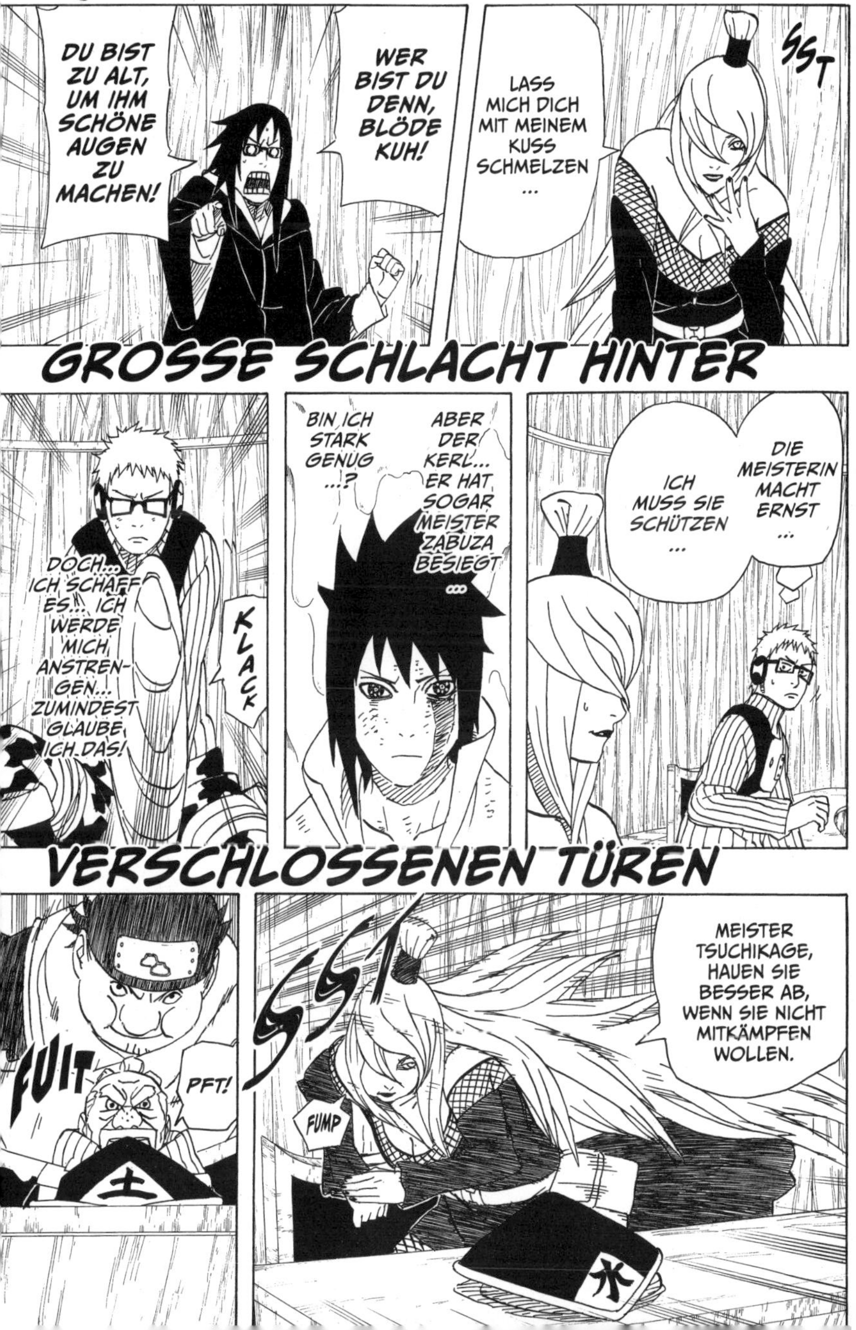

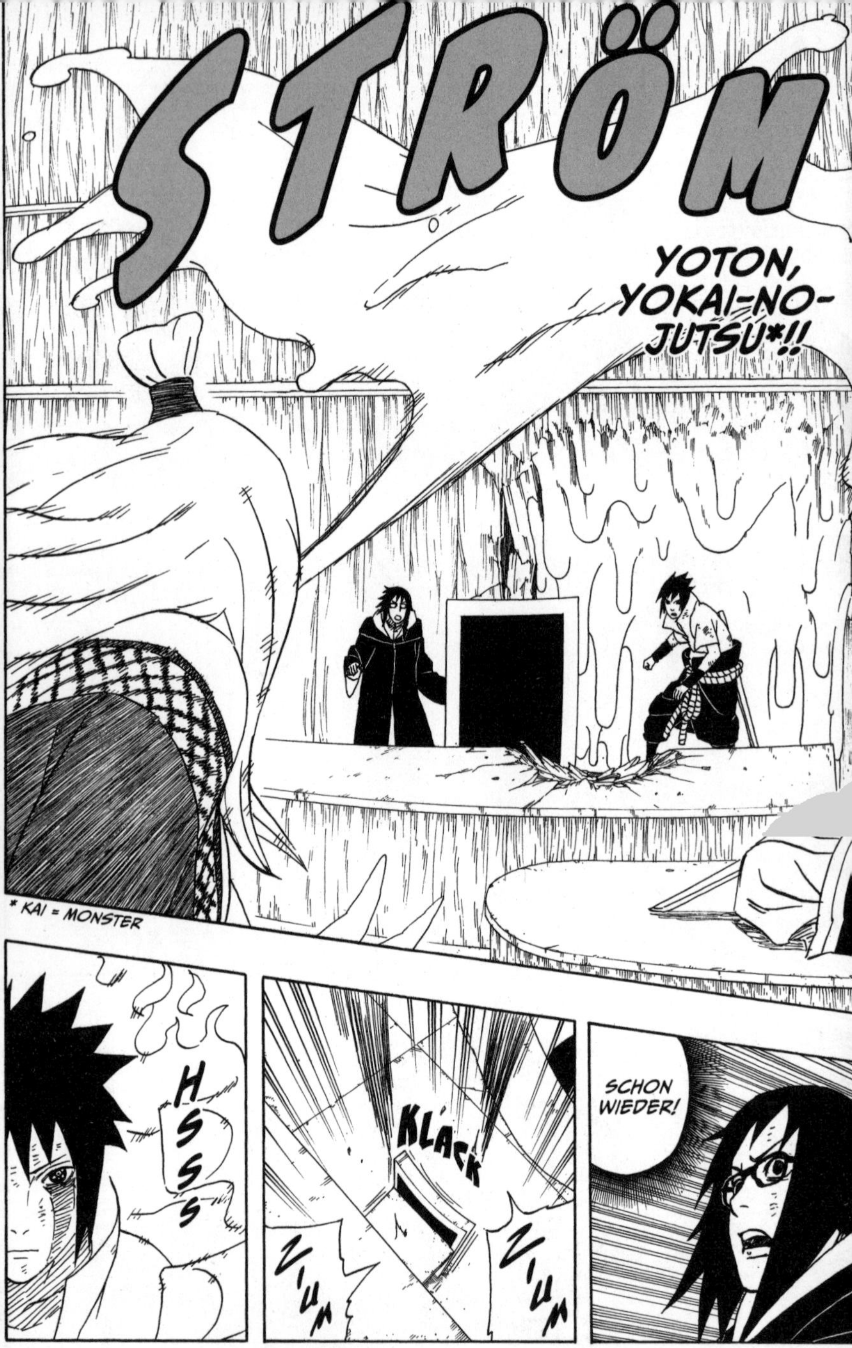
STRÖM
YOTON, YOKAI-NO-JUTSU*!!
* KAI = MONSTER
SCHON WIEDER!
KLACK
ZIUM
ZIUM
HSSS

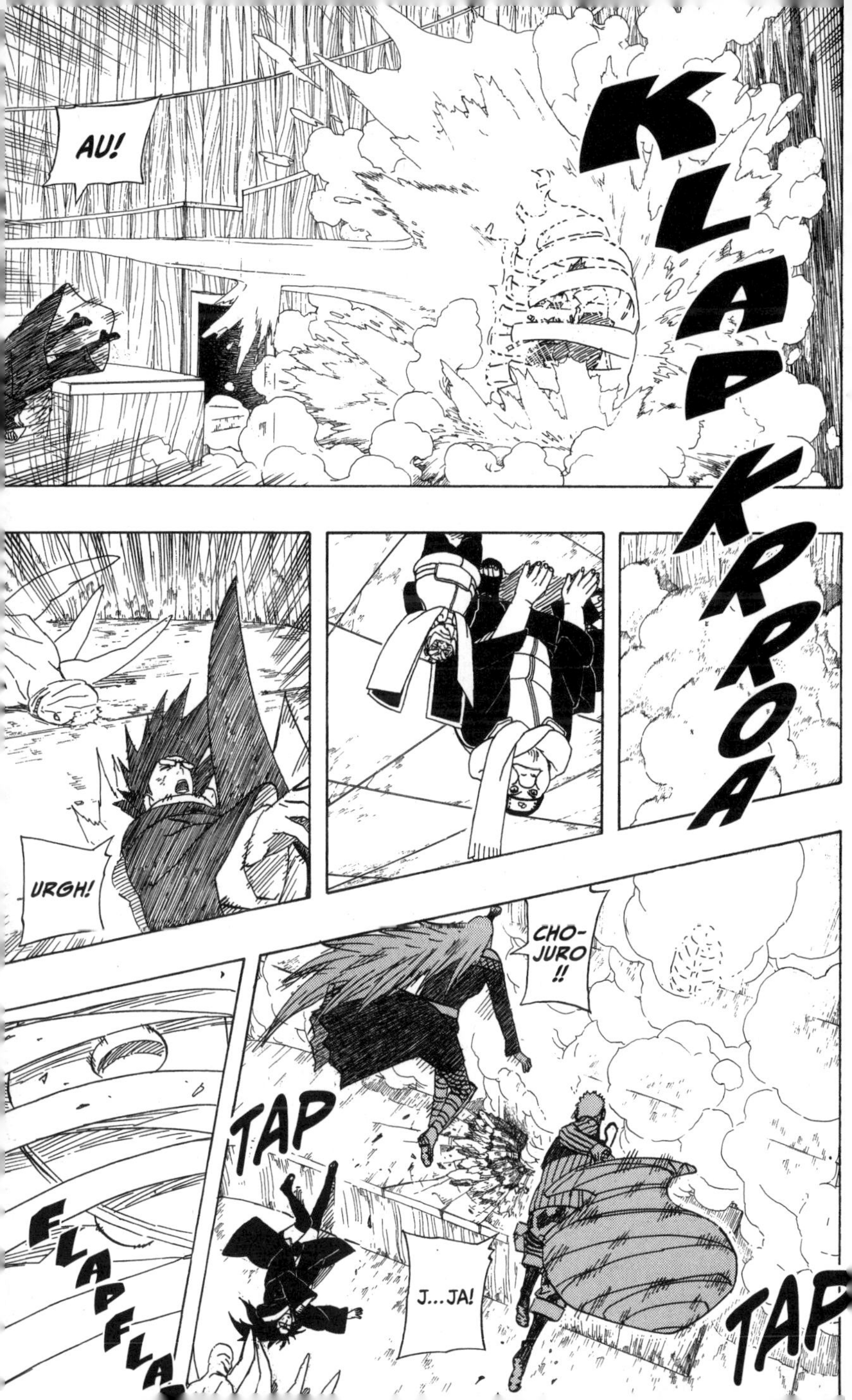

KLAPKRROA
AU!
URGH!
CHO-
JURO
!!
TAP
FLAPFLA
TAP
J...JA!

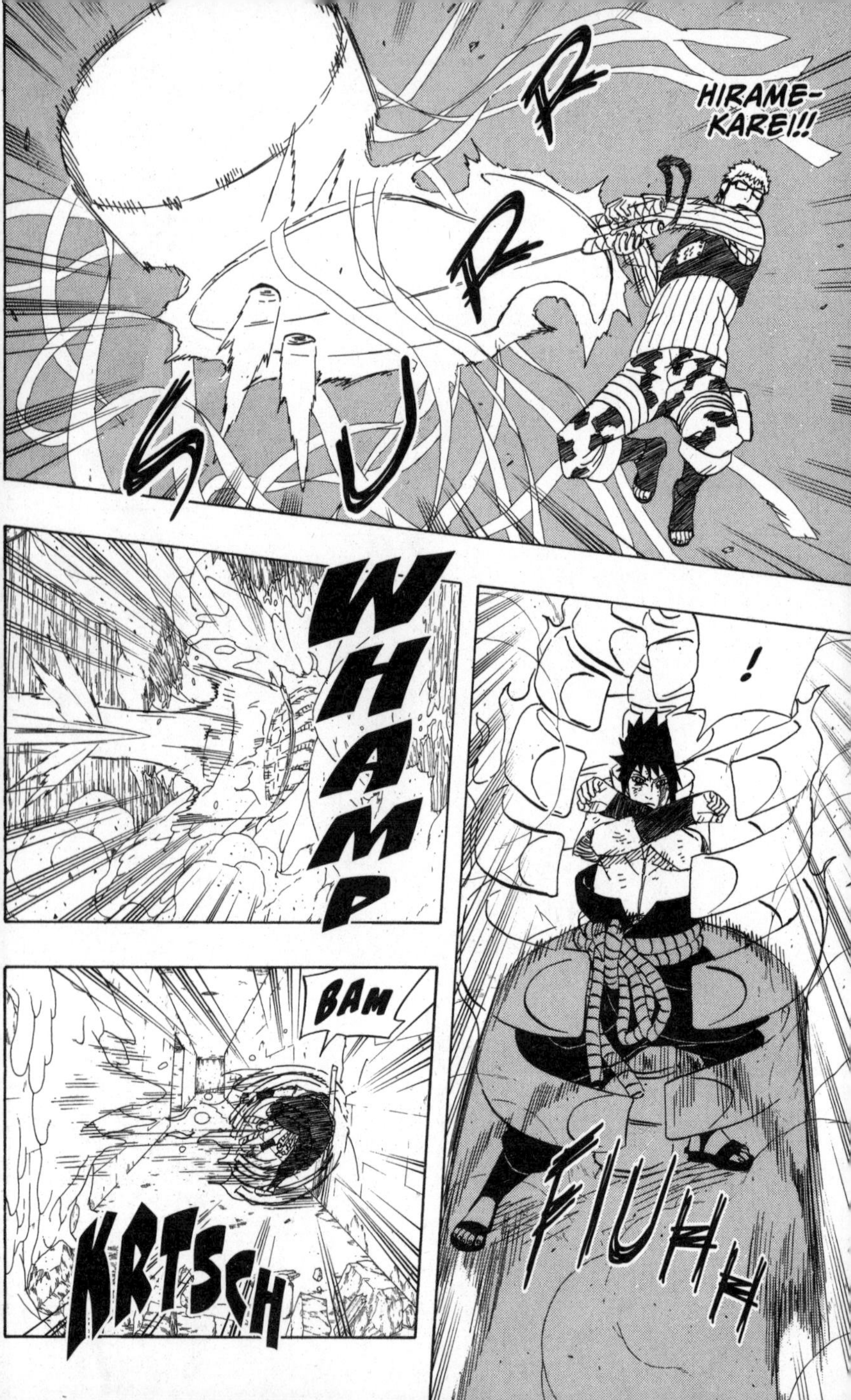
HIRAME-KAREI!!
SURR
!
FIUHH
WHAMP
BAM
KRTSCH

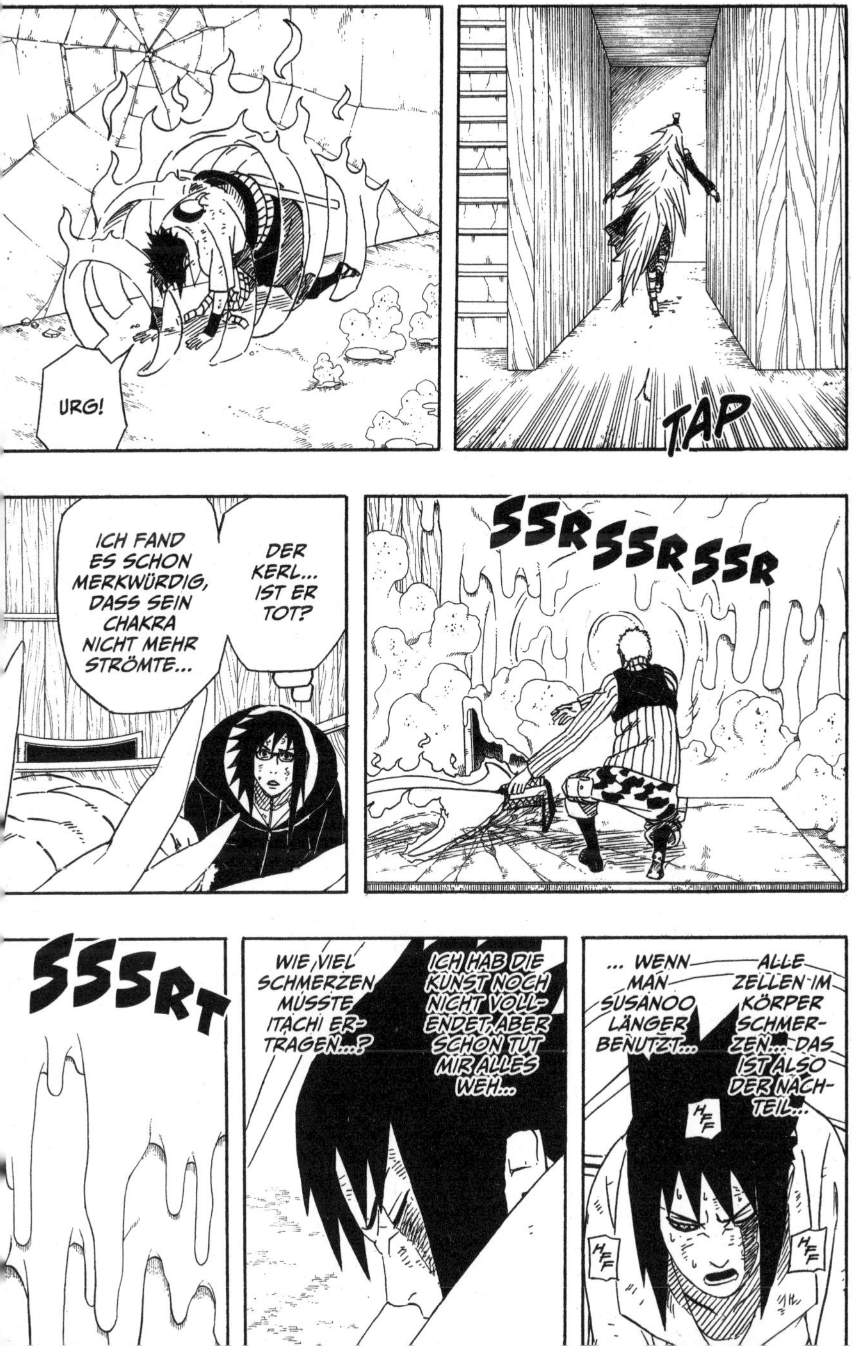
TAP
URG!
SSR SSR SSR
DER KERL... IST ER TOT?
ICH FAND ES SCHON MERKWÜRDIG, DASS SEIN CHAKRA NICHT MEHR STRÖMTE...
ALLE ZELLEN IM KÖRPER SCHMER-ZEN... DAS IST ALSO DER NACH-TEIL...
... WENN MAN SUSANOO LÄNGER BENUTZT...
HFF
HFF
HFF
ICH HAB DIE KUNST NOCH NICHT VOLL-ENDET, ABER SCHON TUT MIR ALLES WEH...
WIE VIEL SCHMERZEN MUSSTE ITACHI ER-TRAGEN...?
SSSRT

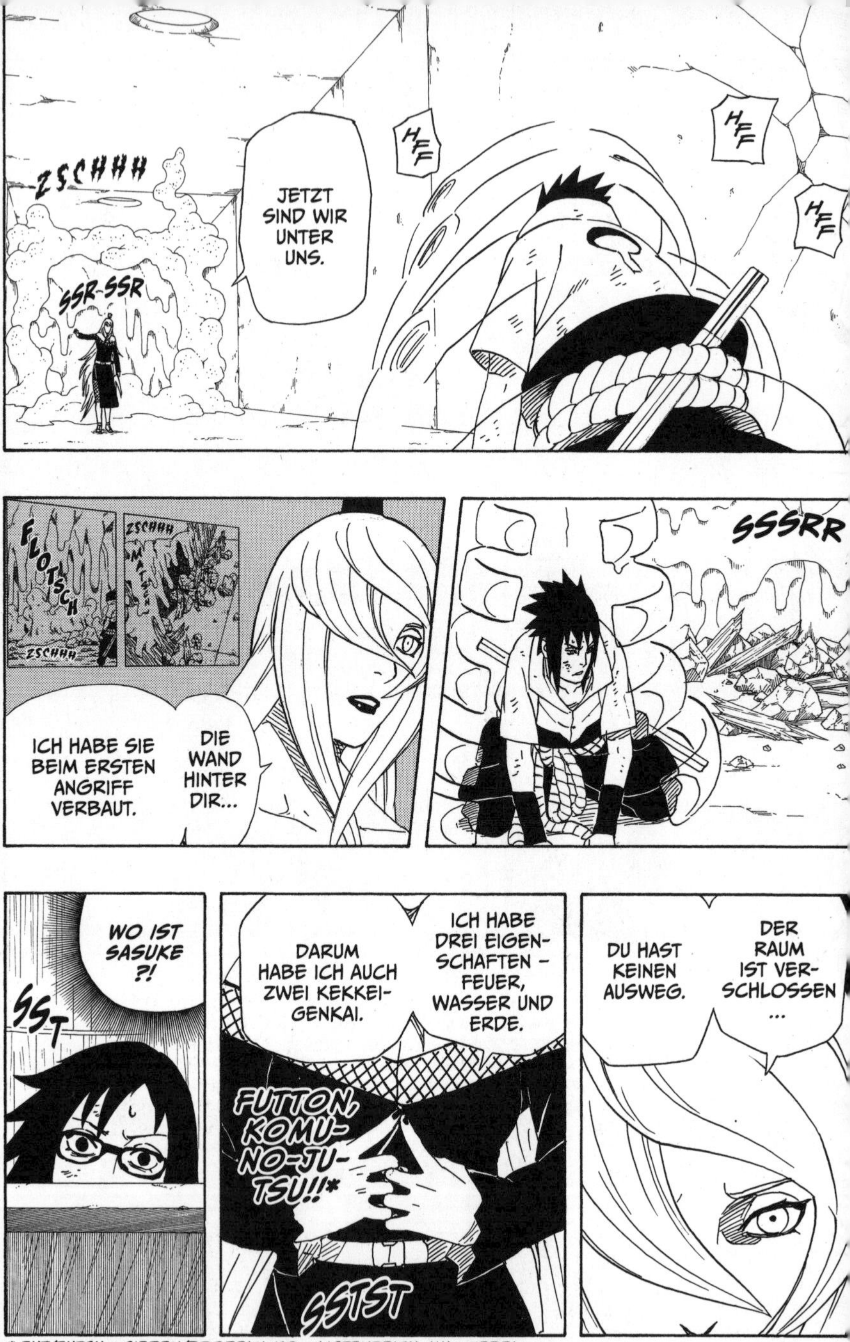

* FUT/FUTSU = SIEDEN/BRODELN, KO = LISTENREICH, MU = NEBEL

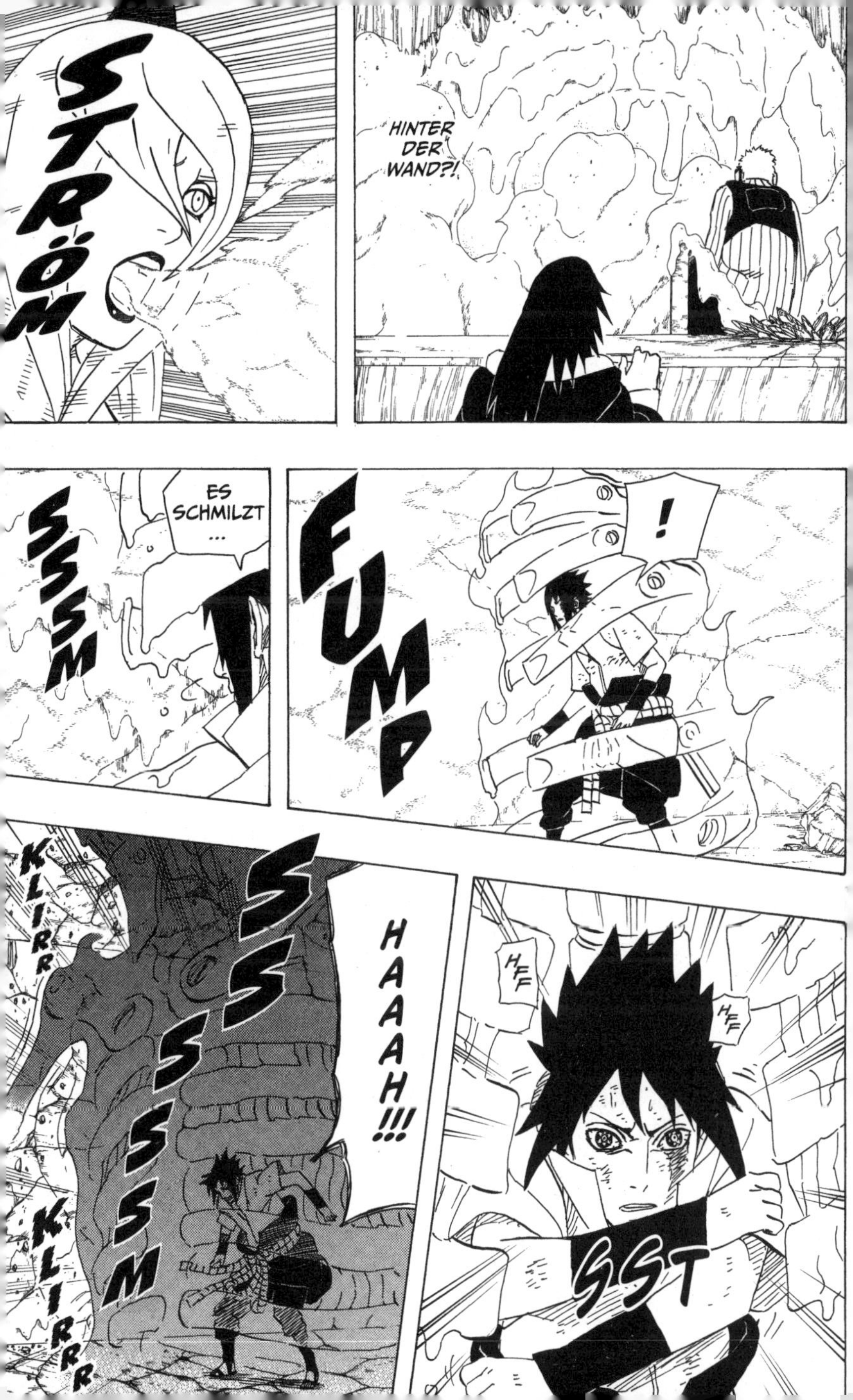
HINTER DER WAND?!
STRÖM
!
FUMP
ES SCHMILZT ...
SSSM
HFF
HFF
SST
HAAAAH!!!
SSSSSM
KLIRR
KLIRRR

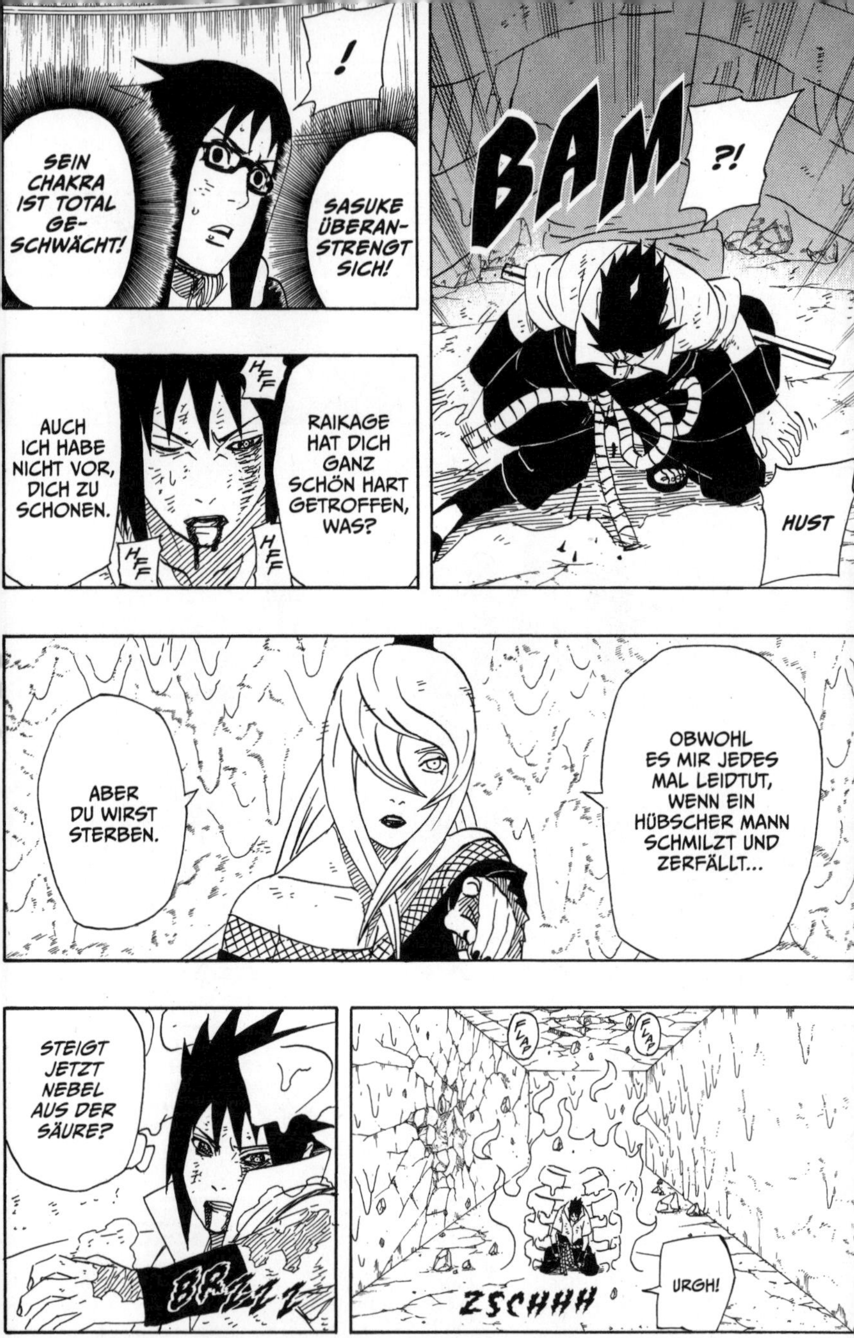
BAM
?!
HUST
!
SASUKE ÜBERAN-STRENGT SICH!
SEIN CHAKRA IST TOTAL GE-SCHWÄCHT!
RAIKAGE HAT DICH GANZ SCHÖN HART GETROFFEN, WAS?
HFF
HFF
HFF
AUCH ICH HABE NICHT VOR, DICH ZU SCHONEN.
OBWOHL ES MIR JEDES MAL LEIDTUT, WENN EIN HÜBSCHER MANN SCHMILZT UND ZERFÄLLT...
ABER DU WIRST STERBEN.
FLAP
FLAP
URGH!
ZSCHHH
STEIGT JETZT NEBEL AUS DER SÄURE?

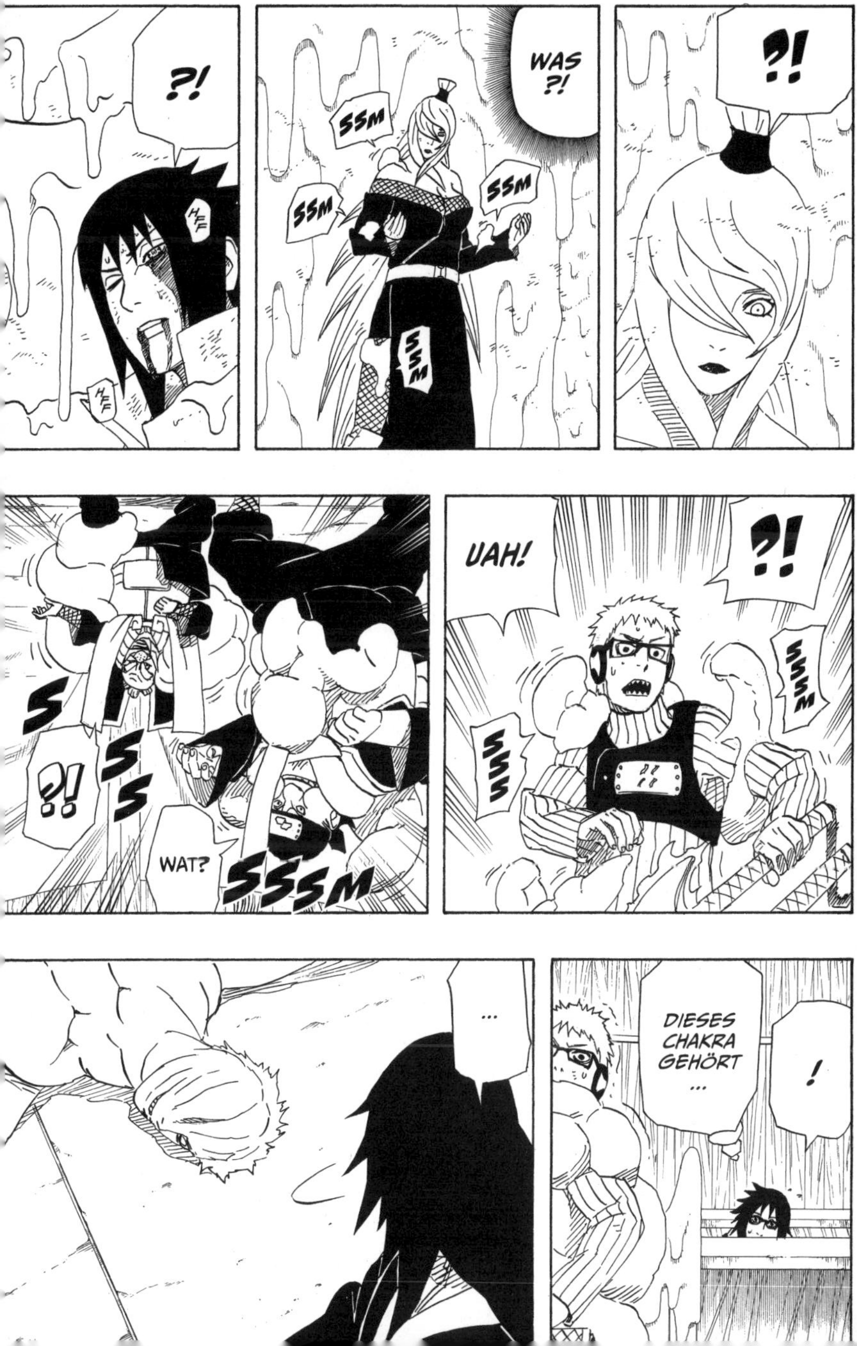
?!
WAS ?!
SSM
SSM
SSM
SSM
?!
HEF
HEF
?!
UAH!
SSSM
SSS
S
?!
S
S
WAT?
SSSM
!
DIESES CHAKRA GEHÖRT ...
...

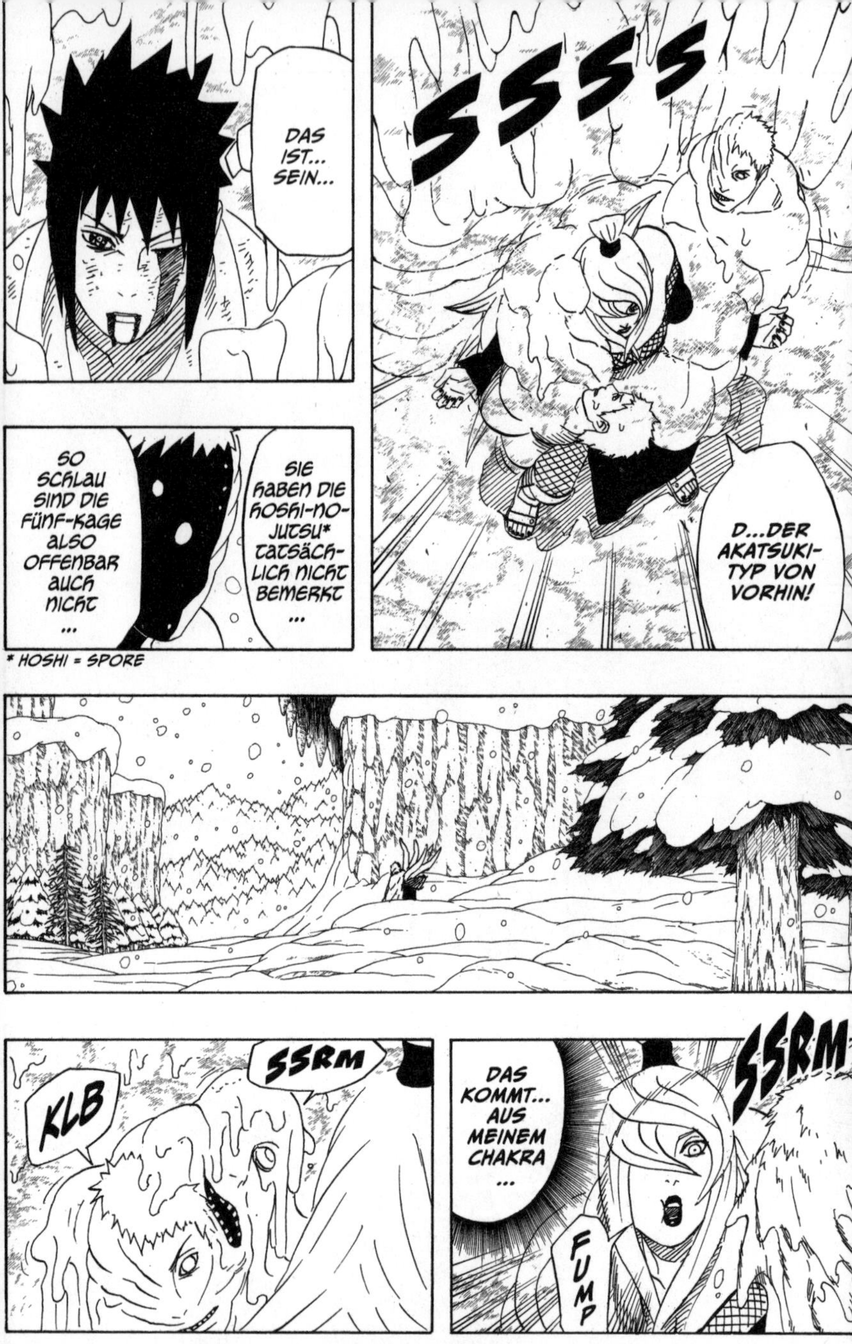
SSSS
D...DER AKATSUKI-TYP VON VORHIN!
DAS IST... SEIN...
SIE HABEN DIE HOSHI-NO-JUTSU* TATSÄCHLICH NICHT BEMERKT ...
SO SCHLAU SIND DIE FÜNF-KAGE ALSO OFFENBAR AUCH NICHT ...
* HOSHI = SPORE
SSRM
DAS KOMMT... AUS MEINEM CHAKRA ...
FUMP
SSRM
KLB

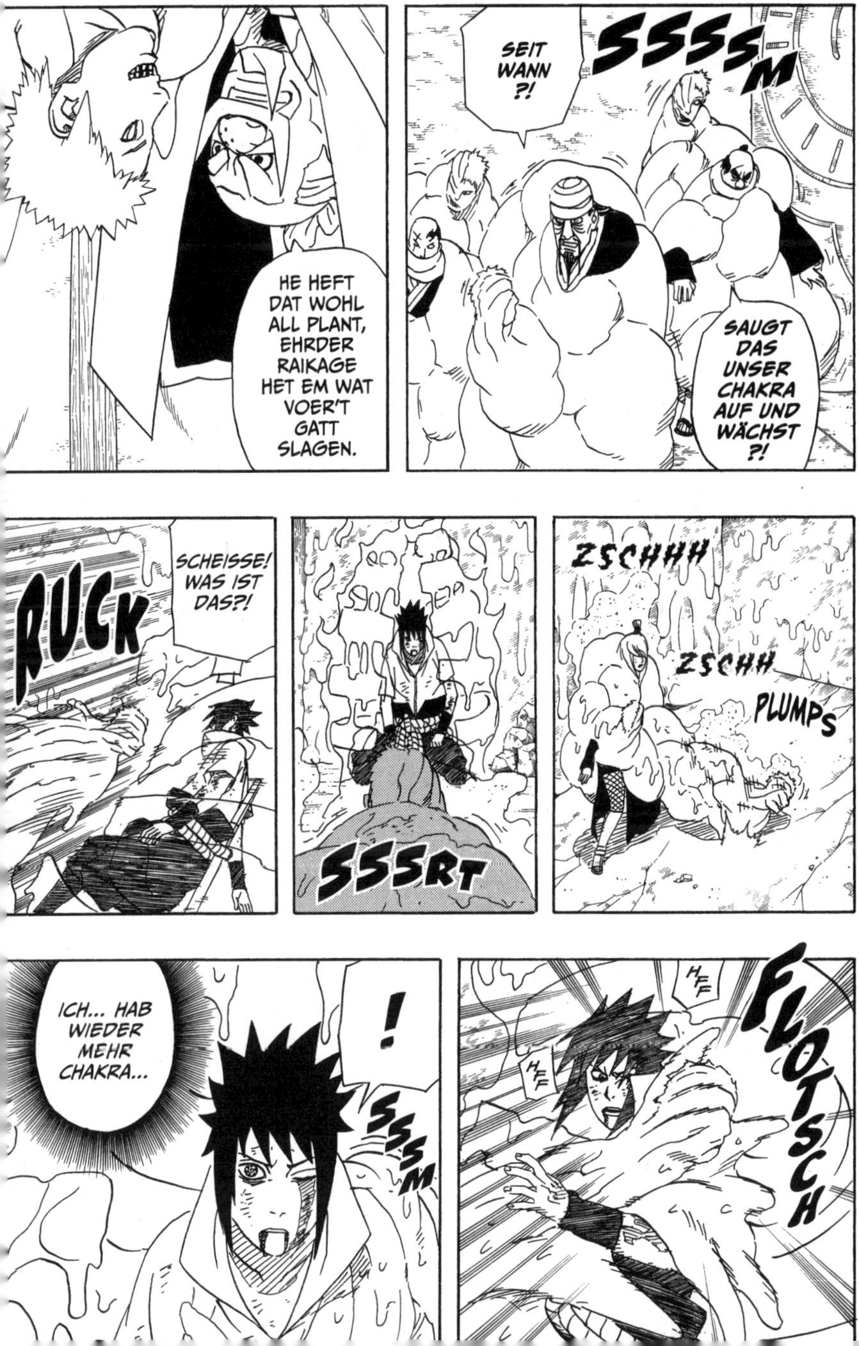
SEIT WANN ?!
SSSSM
SAUGT DAS UNSER CHAKRA AUF UND WÄCHST ?!
HE HEFT DAT WOHL ALL PLANT, EHRDER RAIKAGE HET EM WAT VOER'T GATT SLAGEN.
ZSCHHH
ZSCHH
PLUMPS
SSSRT
SCHEISSE! WAS IST DAS?!
RUCK
FLOTSCH
HFF
HFF
!
SSSM
ICH... HAB WIEDER MEHR CHAKRA...

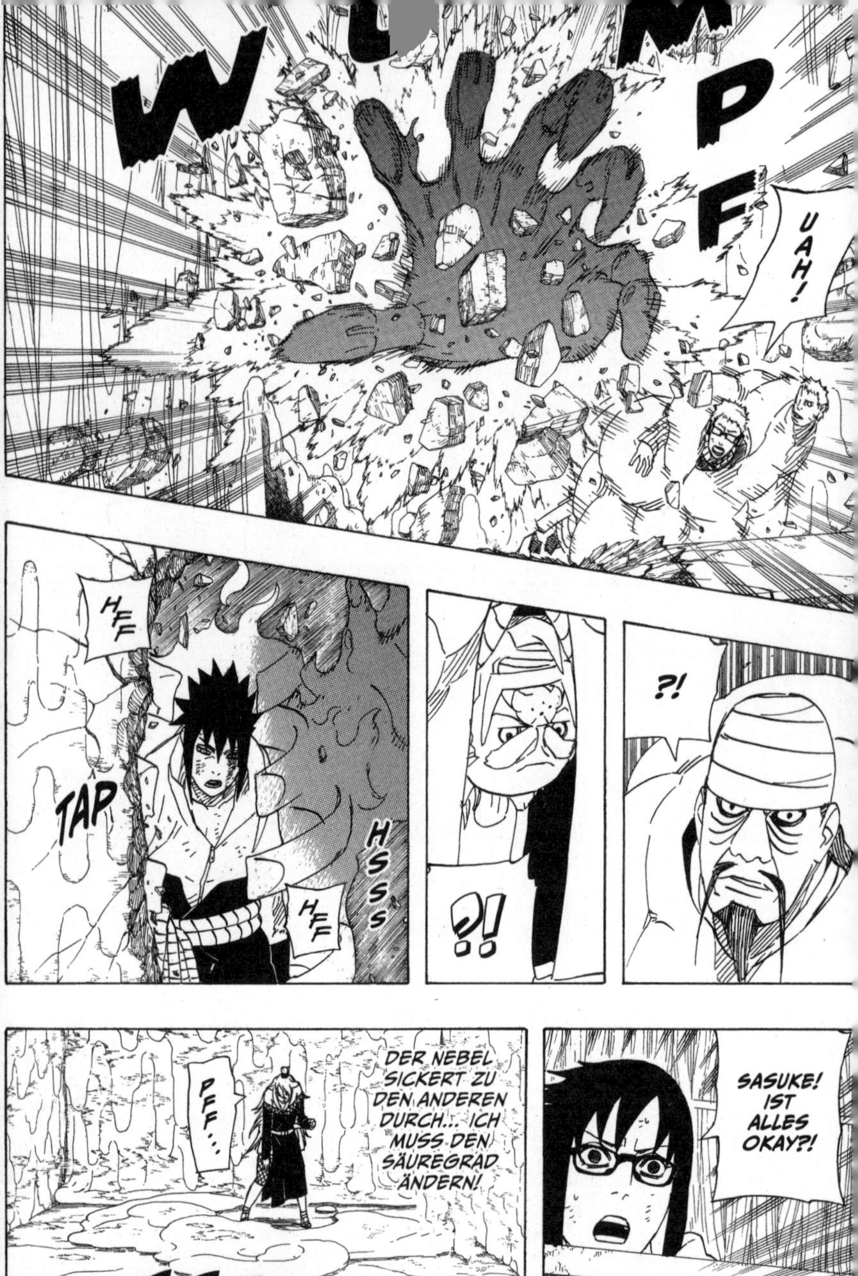
WUMPF
UAH!
?!
?!
HFF
TAP
HSSS
HFF
SASUKE! IST ALLES OKAY?!
DER NEBEL SICKERT ZU DEN ANDEREN DURCH… ICH MUSS DEN SÄUREGRAD ÄNDERN!
PFF…
SSSRM

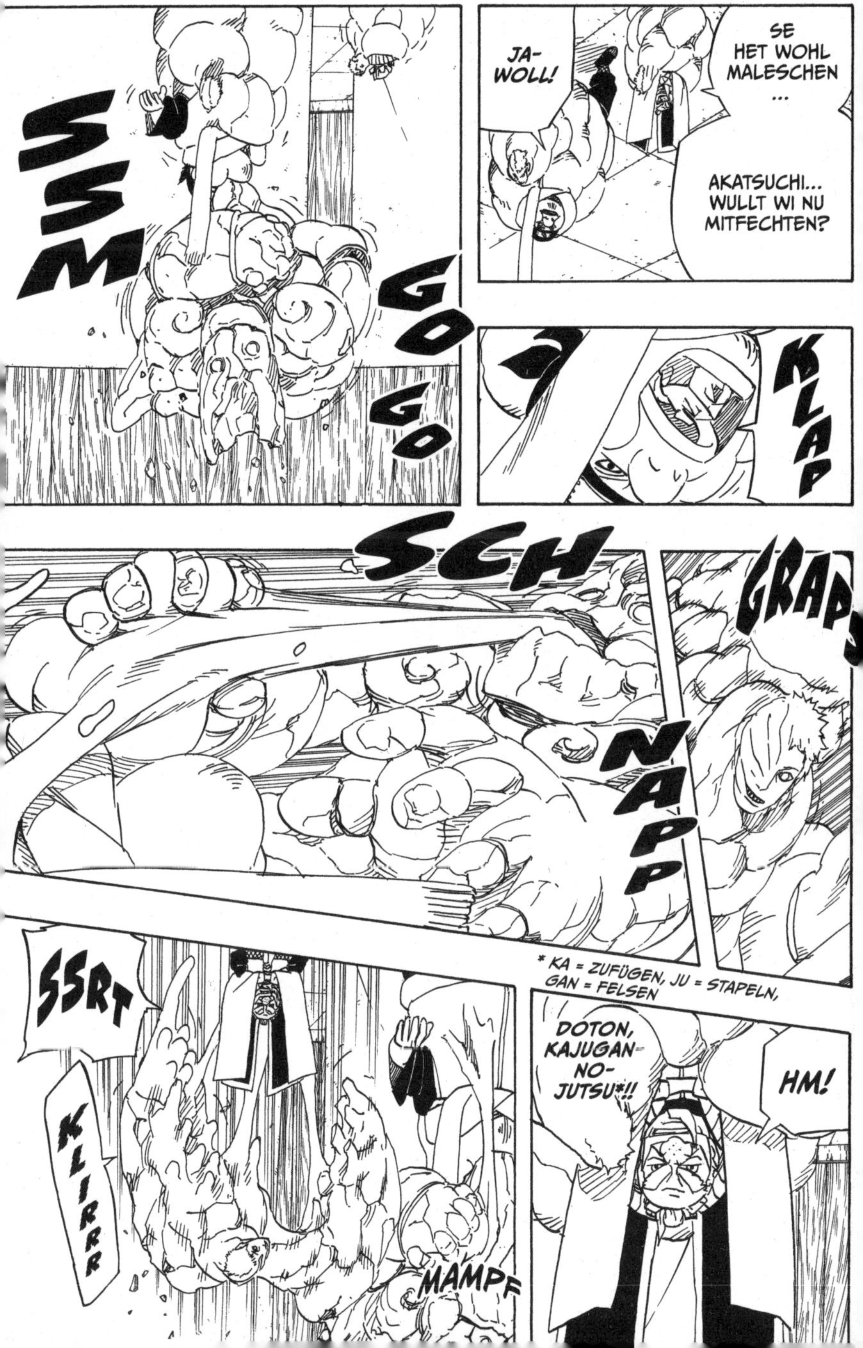
SE HET WOHL MALESCHEN ...
JA-WOLL!
AKATSUCHI... WULLT WI NU MITFECHTEN?
KLAP
SSM
GO GO
GRAPS
SCH
NAPP
* KA = ZUFÜGEN, JU = STAPELN, GAN = FELSEN
HM!
DOTON, KAJUGAN-NO-JUTSU*!!
SSRT
KLIRRR
MAMPF

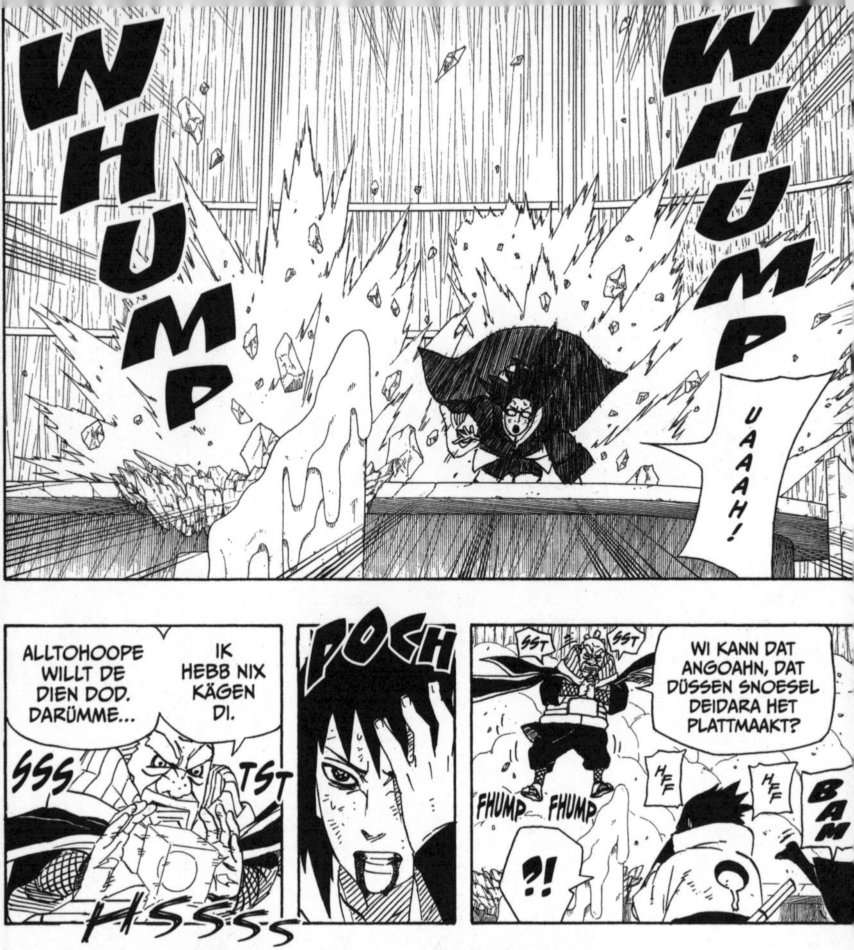

* JIN = STAUB, GEN = URSPRÜNGLICH, KAI = GRENZE, HAKURI = ABBLÄTTERN

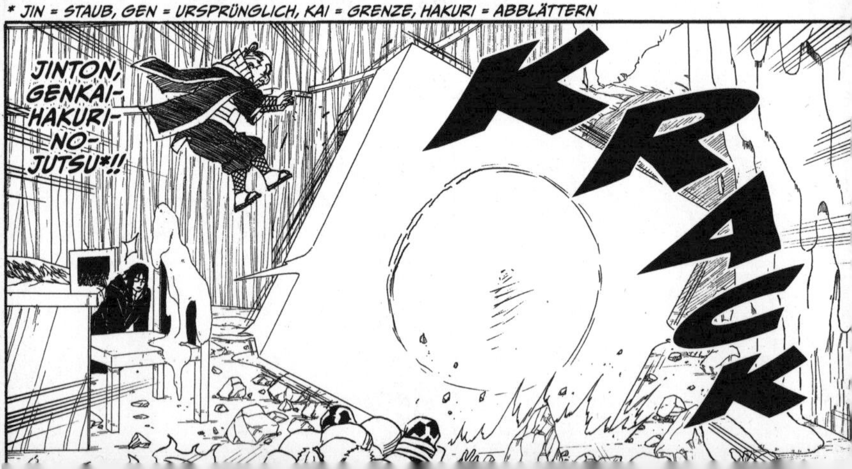

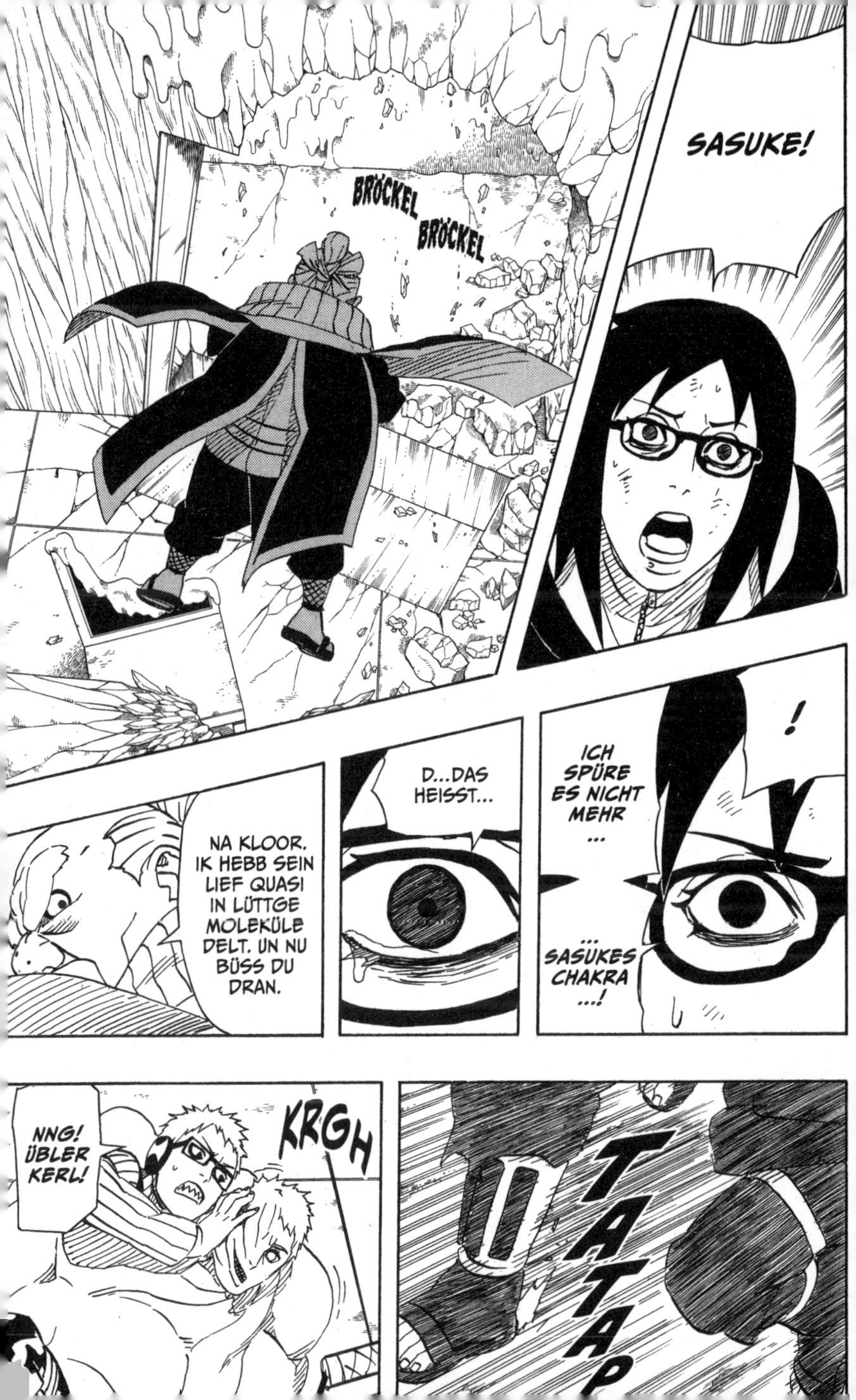
SASUKE!
BRÖCKEL
BRÖCKEL
!
ICH SPÜRE ES NICHT MEHR ...
... SASUKES CHAKRA ...!
D...DAS HEISST...
NA KLOOR. IK HEBB SEIN LIEF QUASI IN LÜTTGE MOLEKÜLE DELT. UN NU BÜSS DU DRAN.
TATAP
KRGH
NNG! ÜBLER KERL!

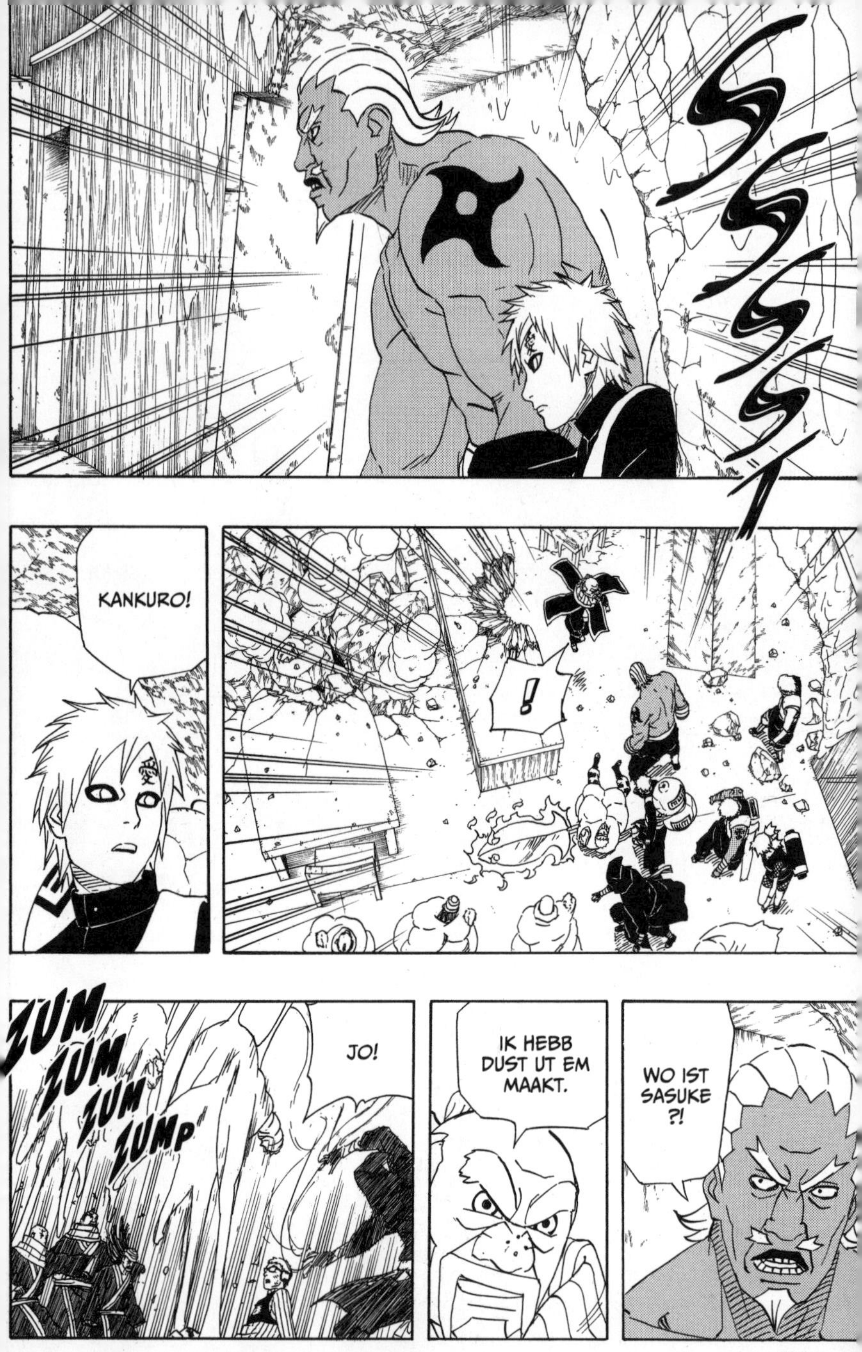
SSSSST
!
KANKURO!
WO IST SASUKE ?!
IK HEBB DUST UT EM MAAKT.
JO!
ZUM ZUM ZUM ZUMP

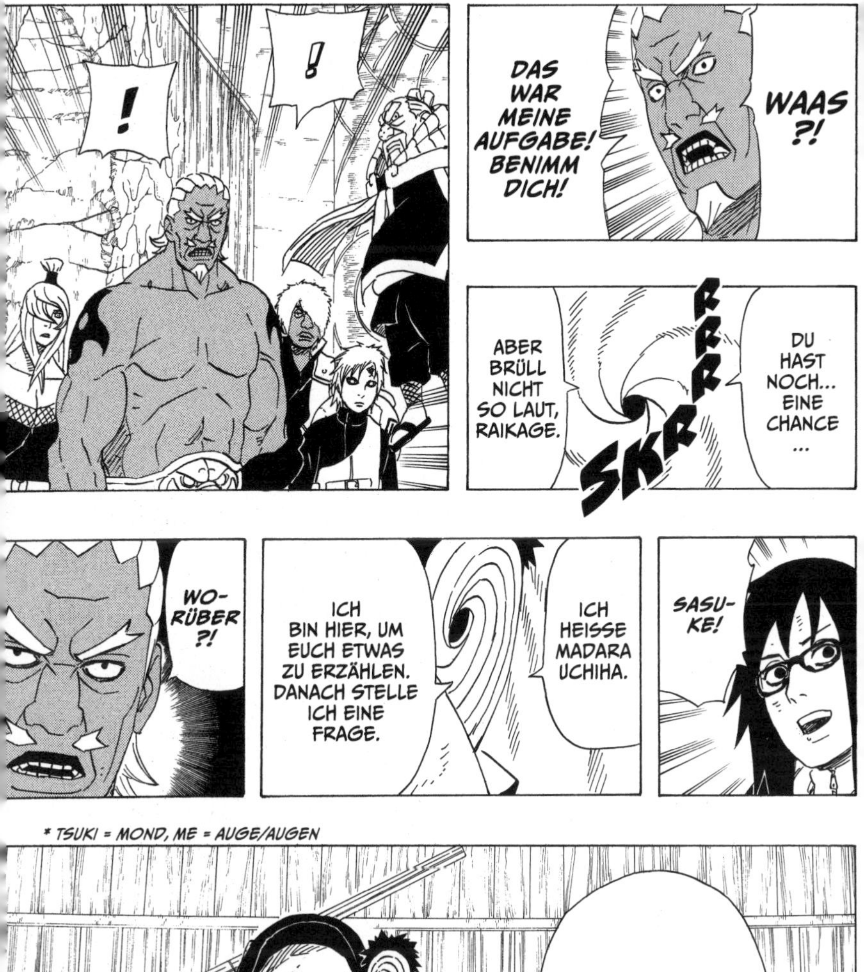

* TSUKI = MOND, ME = AUGE/AUGEN

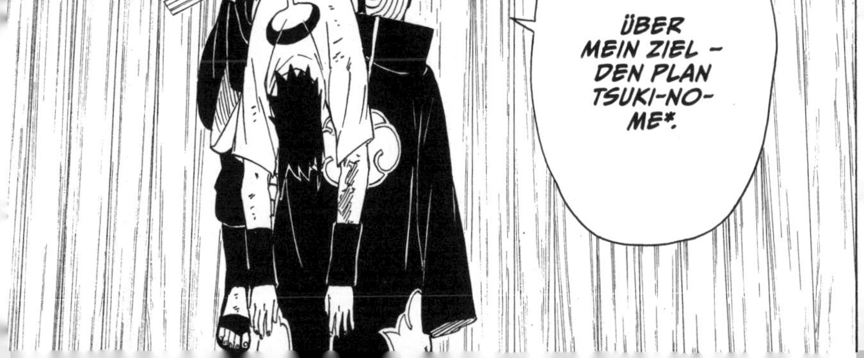

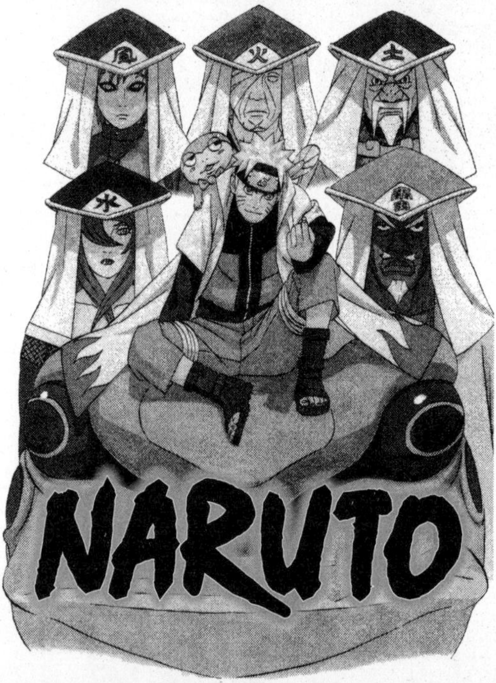
風
火
土
水
NARUTO

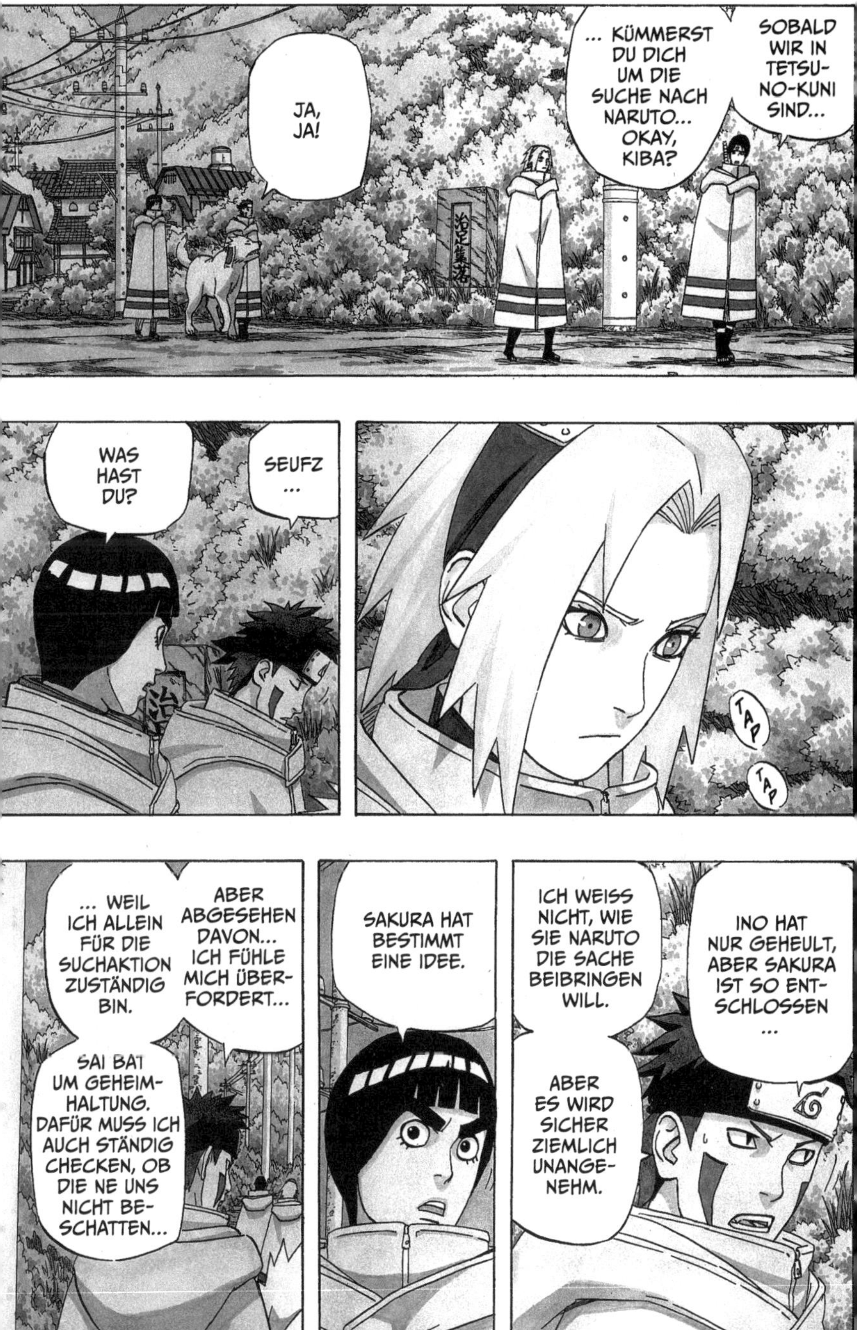
SOBALD WIR IN TETSU-NO-KUNI SIND...
... KÜMMERST DU DICH UM DIE SUCHE NACH NARUTO... OKAY, KIBA?
JA, JA!
TAP
TAP
SEUFZ ...
WAS HAST DU?
INO HAT NUR GEHEULT, ABER SAKURA IST SO ENTSCHLOSSEN ...
ICH WEISS NICHT, WIE SIE NARUTO DIE SACHE BEIBRINGEN WILL.
ABER ES WIRD SICHER ZIEMLICH UNANGENEHM.
SAKURA HAT BESTIMMT EINE IDEE.
ABER ABGESEHEN DAVON... ICH FÜHLE MICH ÜBERFORDERT...
... WEIL ICH ALLEIN FÜR DIE SUCHAKTION ZUSTÄNDIG BIN.
SAI BAT UM GEHEIMHALTUNG. DAFÜR MUSS ICH AUCH STÄNDIG CHECKEN, OB DIE NE UNS NICHT BESCHATTEN...

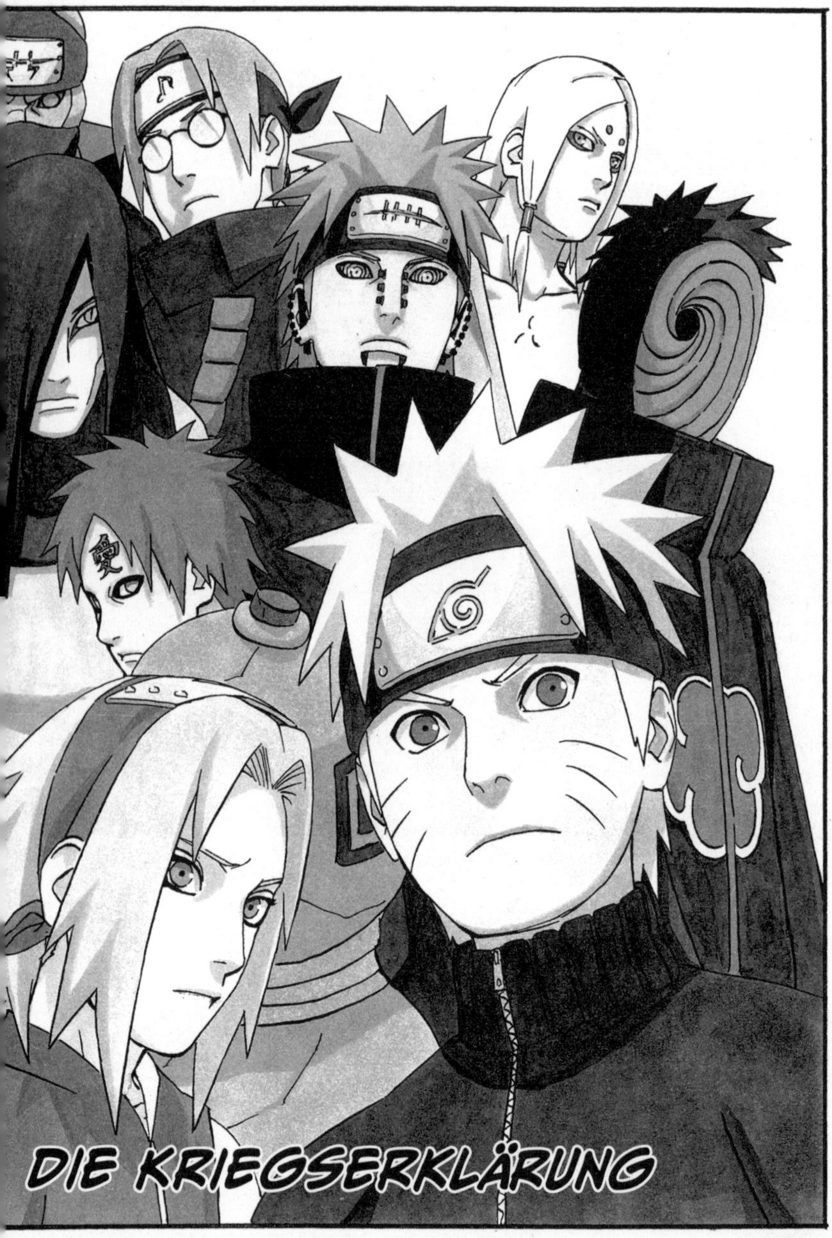
DIE KRIEGSERKLÄRUNG

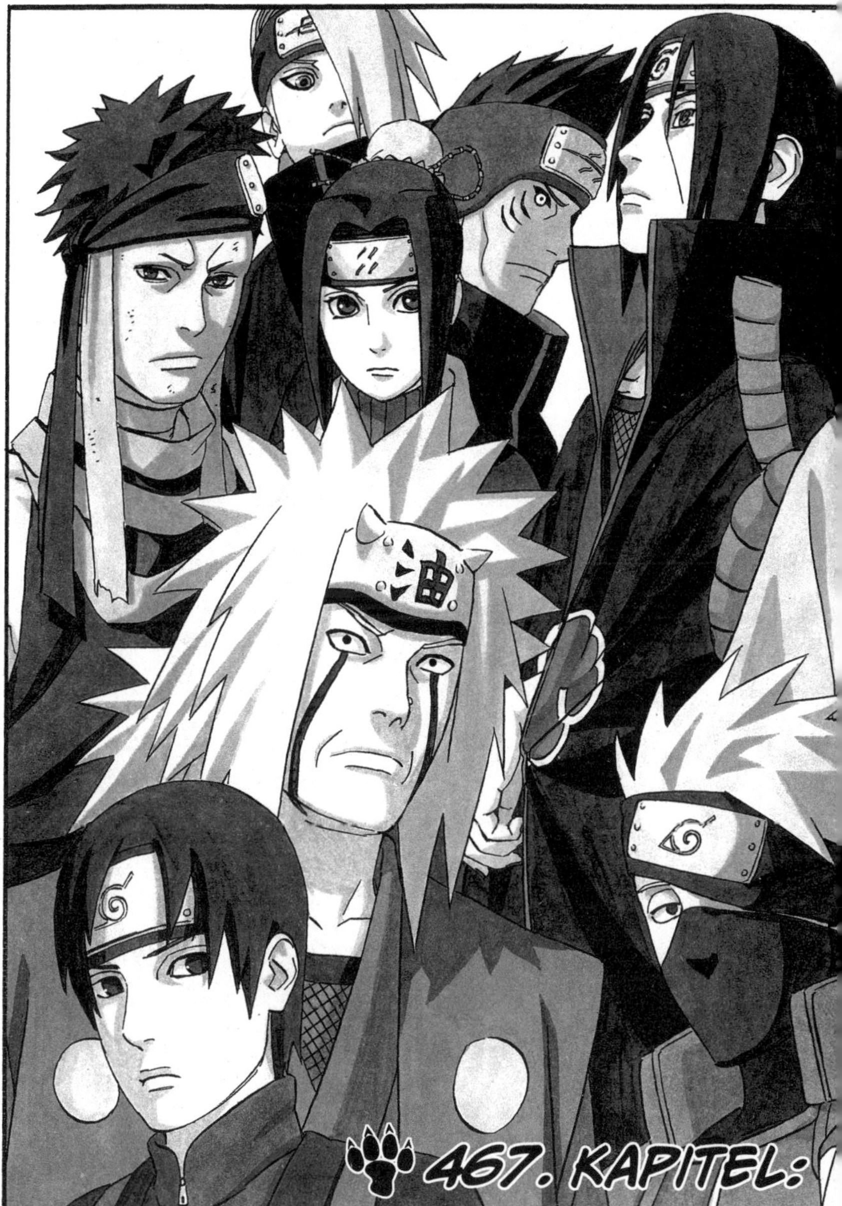
467. KAPITEL:

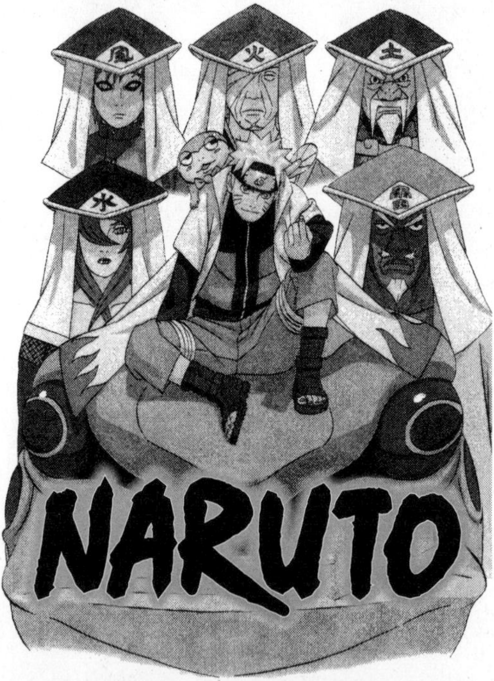
NARUTO

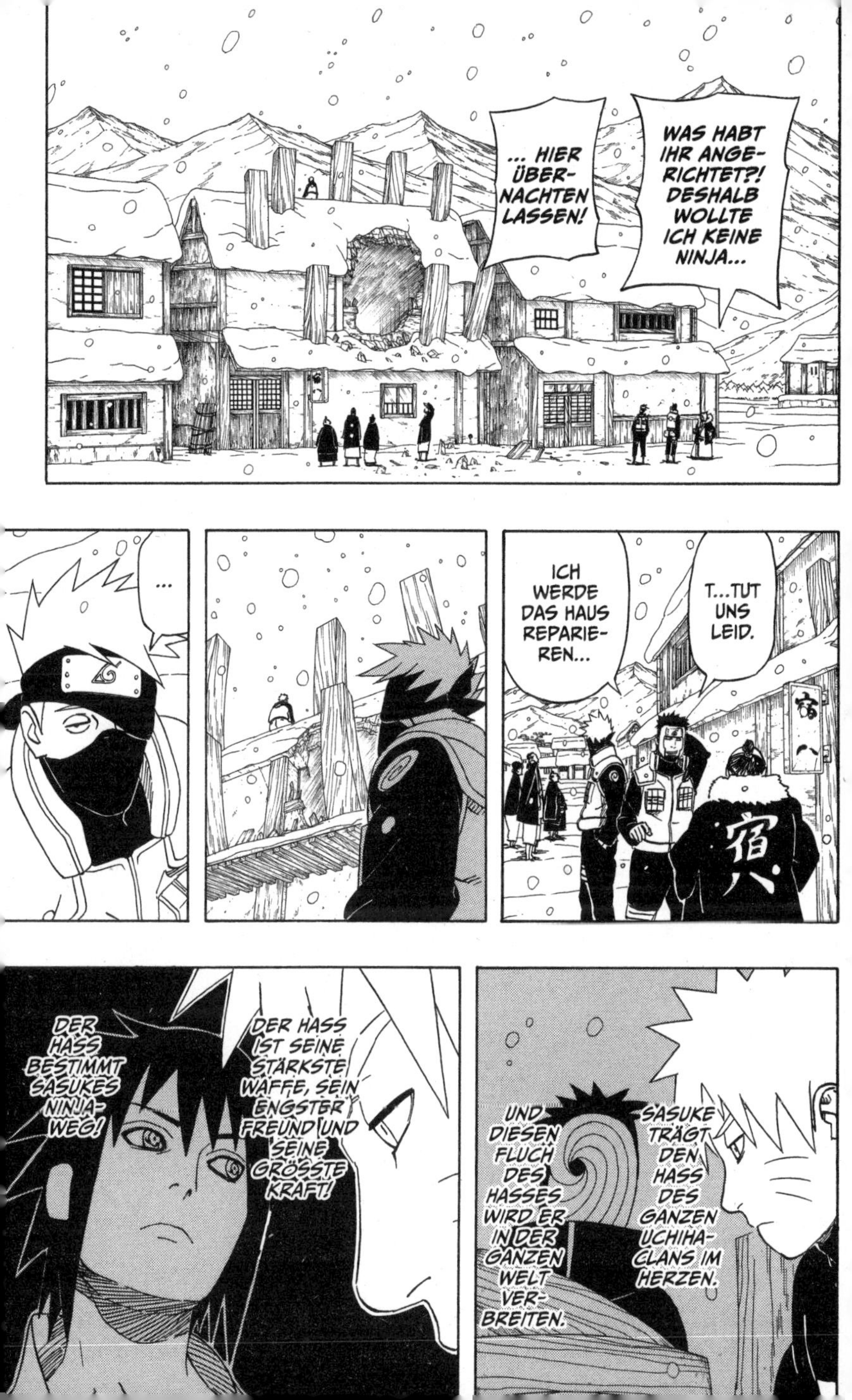
WAS HABT IHR ANGERICHTET?! DESHALB WOLLTE ICH KEINE NINJA...
... HIER ÜBERNACHTEN LASSEN!
T...TUT UNS LEID.
ICH WERDE DAS HAUS REPARIEREN...
...
SASUKE TRÄGT DEN HASS DES GANZEN UCHIHA-CLANS IM HERZEN.
UND DIESEN FLUCH DES HASSES WIRD ER IN DER GANZEN WELT VERBREITEN.
DER HASS IST SEINE STÄRKSTE WAFFE, SEIN ENGSTER FREUND UND SEINE GRÖSSTE KRAFT!
DER HASS BESTIMMT SASUKES NINJA-WEG!

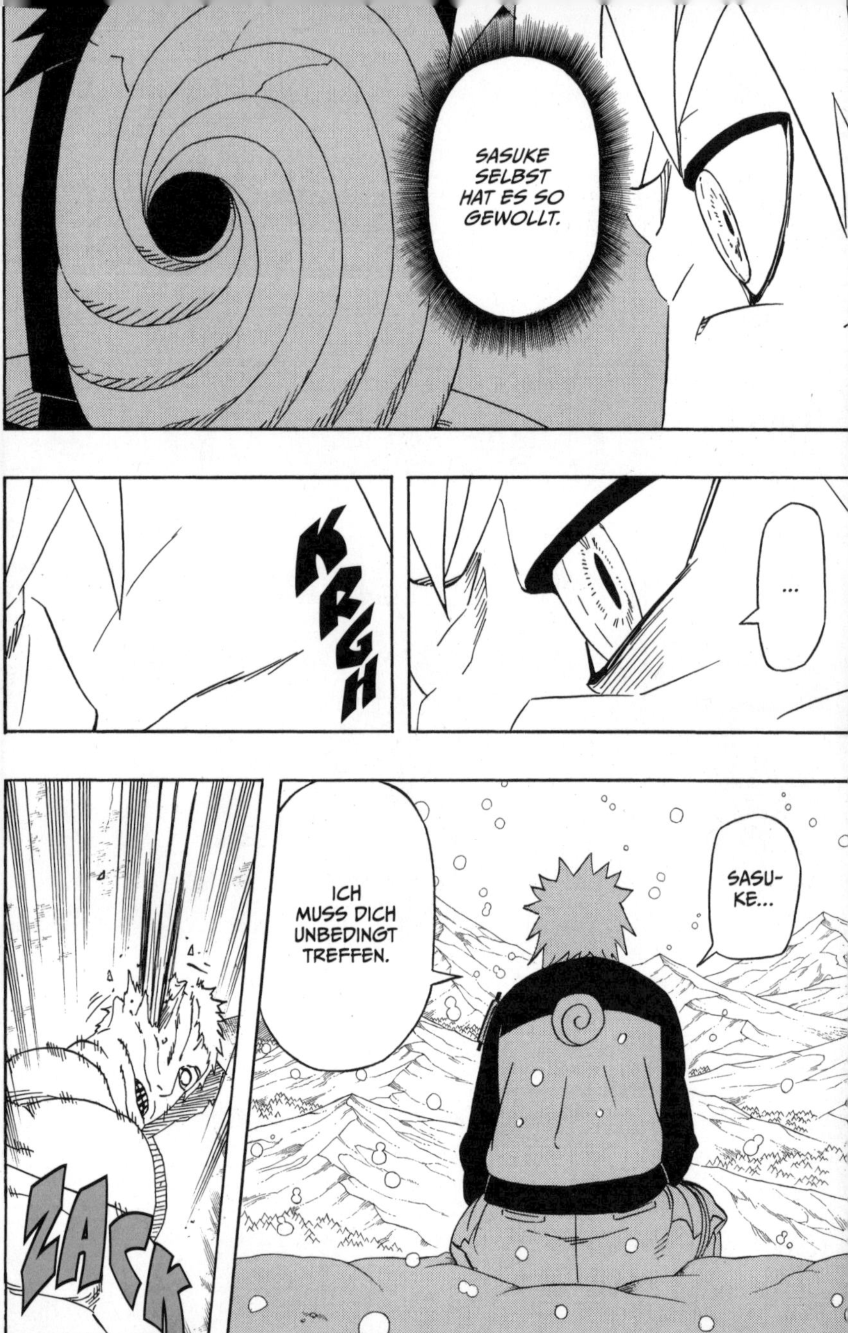
SASUKE SELBST HAT ES SO GEWOLLT.
...
KRGH
SASU-KE...
ICH MUSS DICH UNBEDINGT TREFFEN.
ZACK

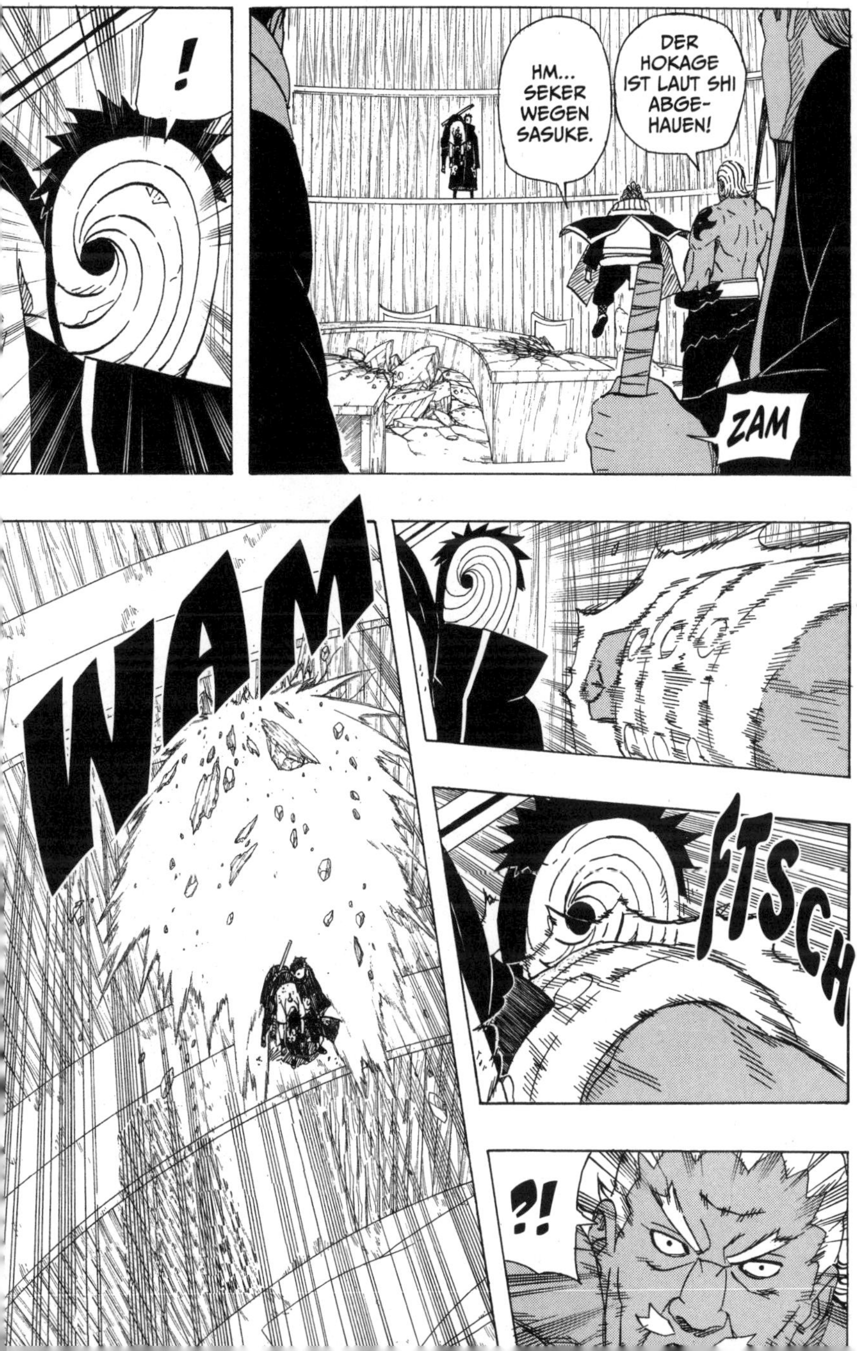
DER HOKAGE IST LAUT SHI ABGE-HAUEN!
HM... SEKER WEGEN SASUKE.
ZAM
!
WAM
FTSCH
?!

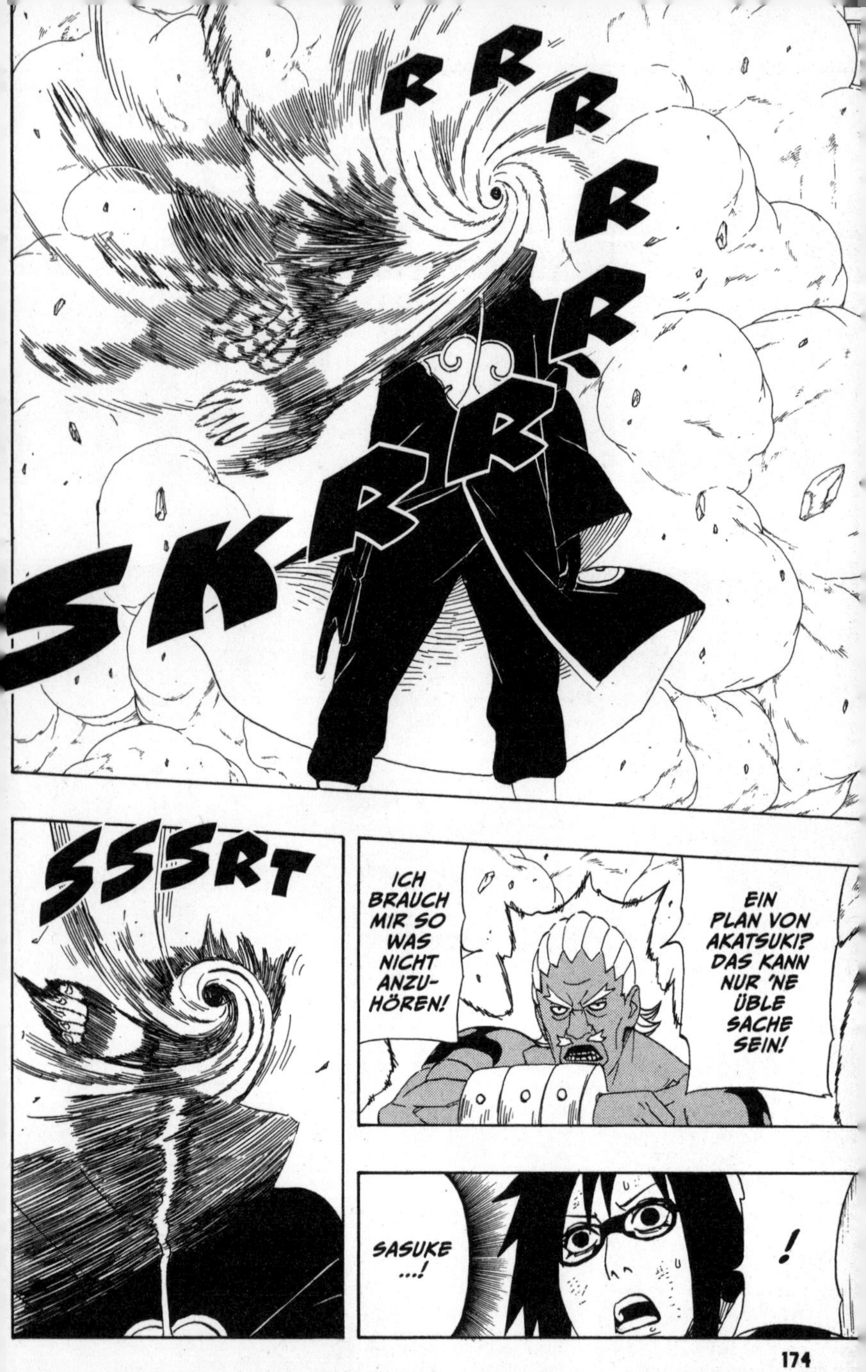
RRRRRRR
SKRRR
SSSRT
EIN PLAN VON AKATSUKI? DAS KANN NUR 'NE ÜBLE SACHE SEIN!
ICH BRAUCH MIR SO WAS NICHT ANZUHÖREN!
!
SASUKE ...!

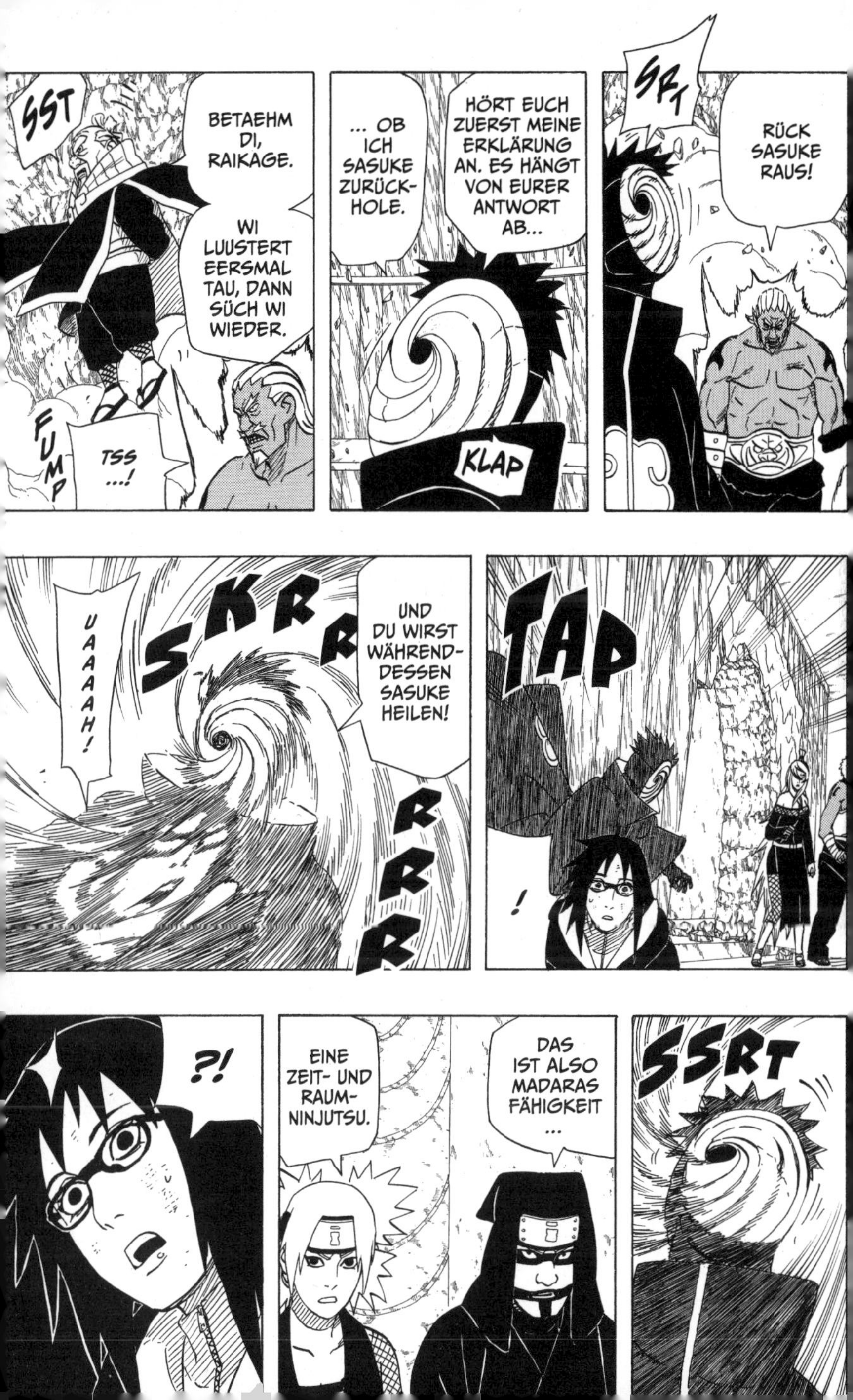
SRT
RÜCK SASUKE RAUS!
HÖRT EUCH ZUERST MEINE ERKLÄRUNG AN. ES HÄNGT VON EURER ANTWORT AB...
... OB ICH SASUKE ZURÜCKHOLE.
KLAP
SST
BETAEHM DI, RAIKAGE.
WI LUUSTERT EERSMAL TAU, DANN SÜCH WI WIEDER.
TSS ...!
FUMP
TAP
!
UND DU WIRST WÄHRENDDESSEN SASUKE HEILEN!
SKRRRRRR
UAAAAAH!
SSRT
DAS IST ALSO MADARAS FÄHIGKEIT ...
EINE ZEIT- UND RAUM-NINJUTSU.
?!

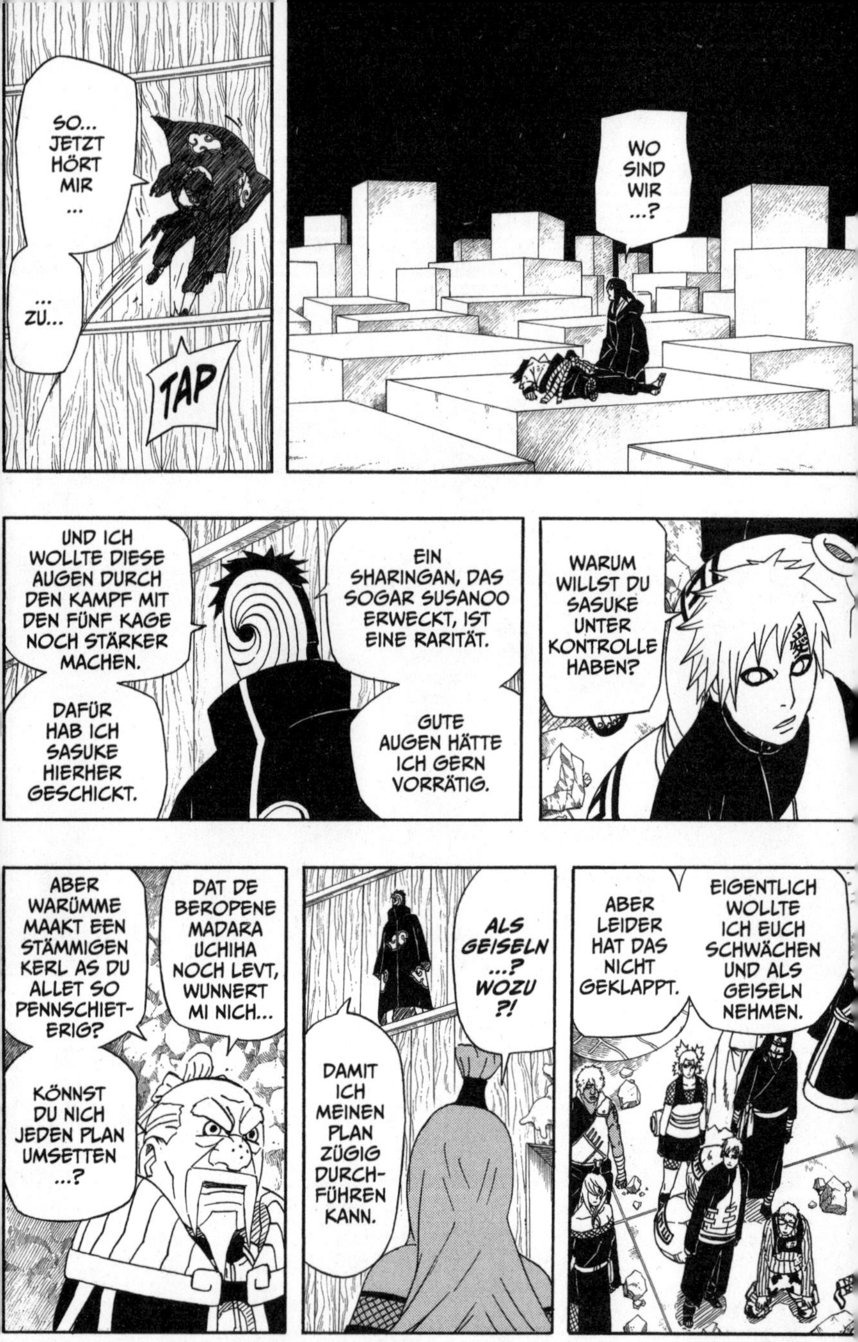
WO SIND WIR ...?
SO... JETZT HÖRT MIR ...
... ZU...
TAP
WARUM WILLST DU SASUKE UNTER KONTROLLE HABEN?
EIN SHARINGAN, DAS SOGAR SUSANOO ERWECKT, IST EINE RARITÄT.
GUTE AUGEN HÄTTE ICH GERN VORRÄTIG.
UND ICH WOLLTE DIESE AUGEN DURCH DEN KAMPF MIT DEN FÜNF KAGE NOCH STÄRKER MACHEN.
DAFÜR HAB ICH SASUKE HIERHER GESCHICKT.
EIGENTLICH WOLLTE ICH EUCH SCHWÄCHEN UND ALS GEISELN NEHMEN.
ABER LEIDER HAT DAS NICHT GEKLAPPT.
ALS GEISELN ...? WOZU ?!
DAMIT ICH MEINEN PLAN ZÜGIG DURCH-FÜHREN KANN.
DAT DE BEROPENE MADARA UCHIHA NOCH LEVT, WUNNERT MI NICH...
ABER WARÜMME MAAKT EEN STÄMMIGEN KERL AS DU ALLET SO PENNSCHIET-ERIG?
KÖNNST DU NICH JEDEN PLAN UMSETTEN ...?

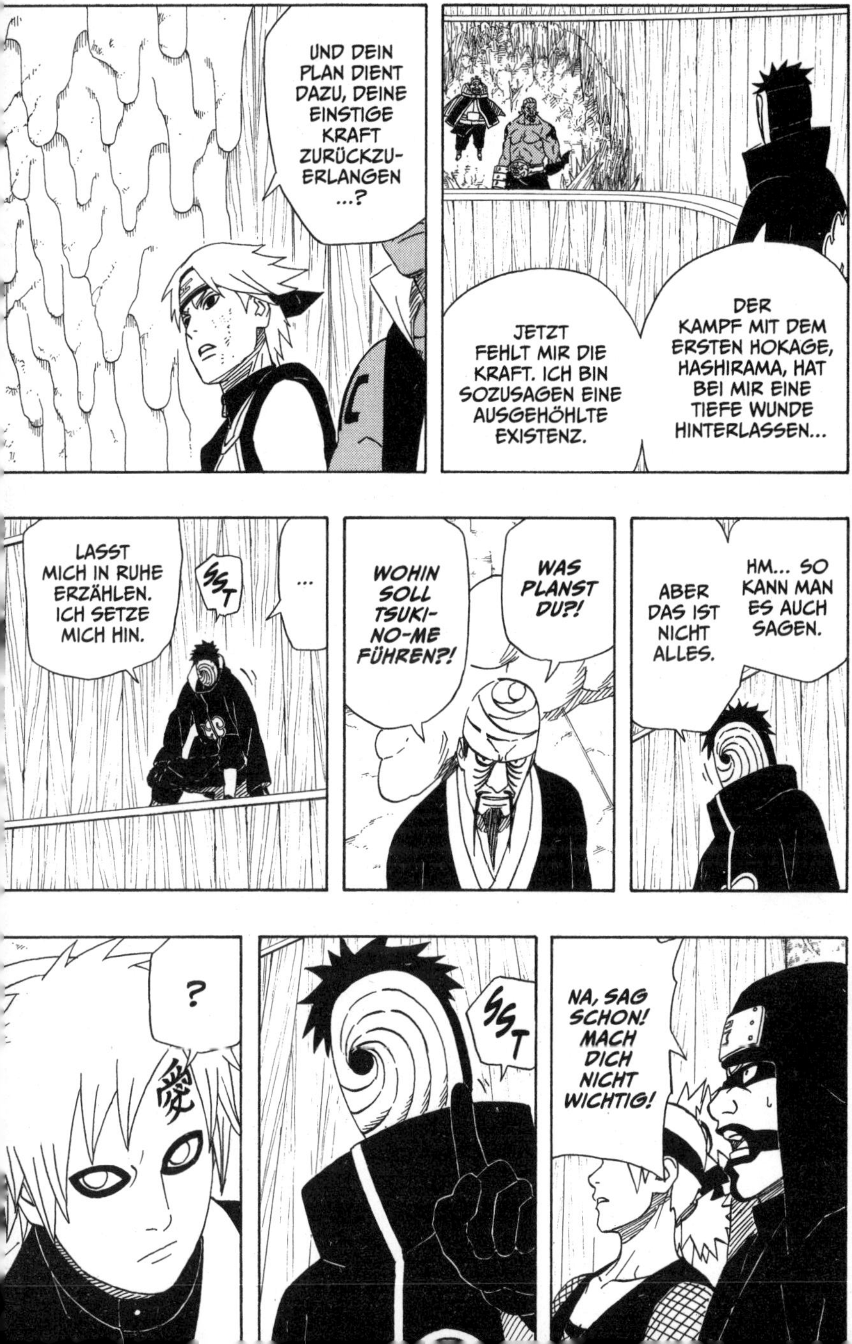
DER KAMPF MIT DEM ERSTEN HOKAGE, HASHIRAMA, HAT BEI MIR EINE TIEFE WUNDE HINTERLASSEN...
JETZT FEHLT MIR DIE KRAFT. ICH BIN SOZUSAGEN EINE AUSGEHÖHLTE EXISTENZ.
UND DEIN PLAN DIENT DAZU, DEINE EINSTIGE KRAFT ZURÜCKZUERLANGEN ...?
HM... SO KANN MAN ES AUCH SAGEN.
ABER DAS IST NICHT ALLES.
WAS PLANST DU?!
WOHIN SOLL TSUKI-NO-ME FÜHREN?!
...
SST
LASST MICH IN RUHE ERZÄHLEN. ICH SETZE MICH HIN.
NA, SAG SCHON! MACH DICH NICHT WICHTIG!
SST
?

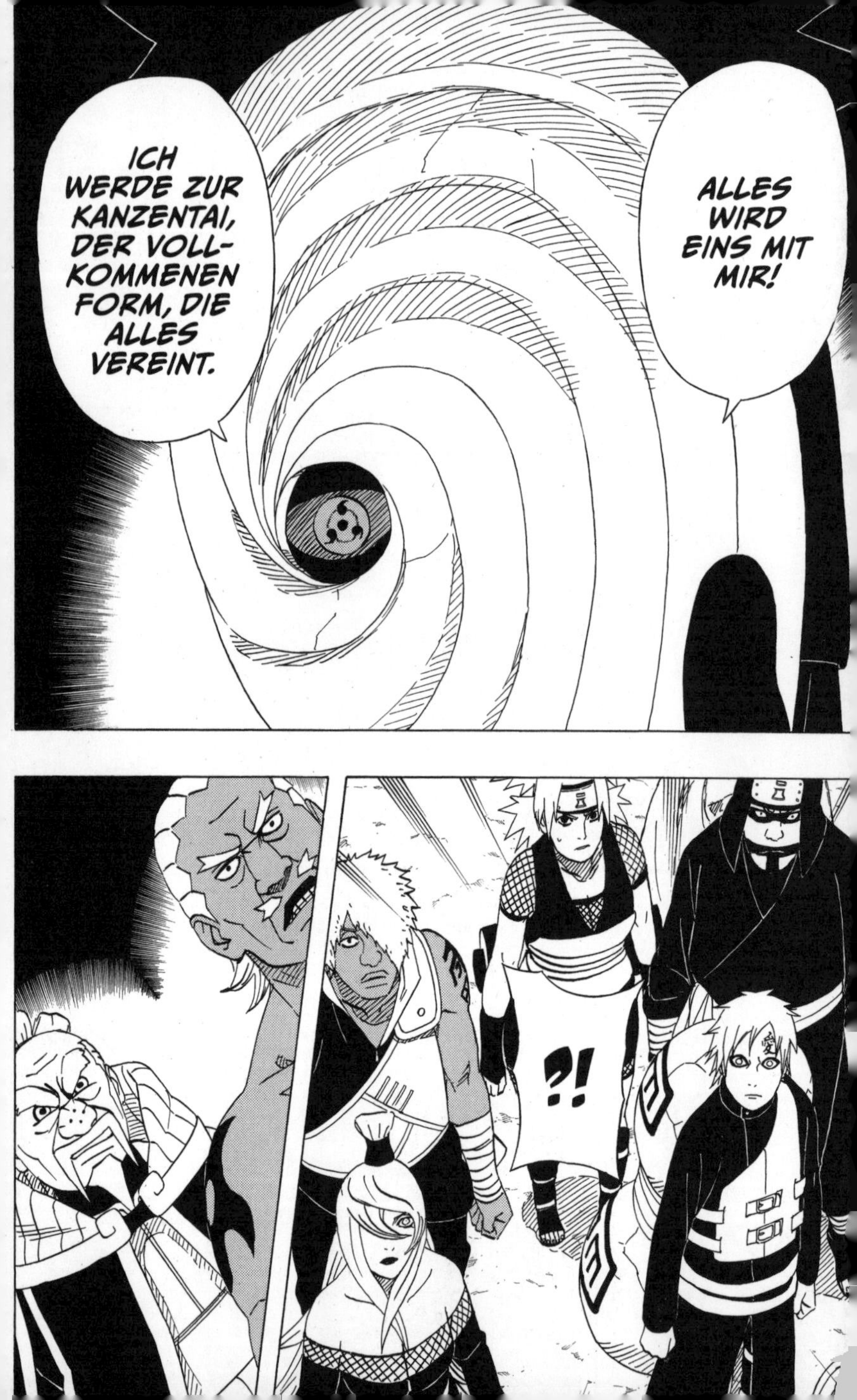
ALLES WIRD EINS MIT MIR!
ICH WERDE ZUR KANZENTAI, DER VOLL-KOMMENEN FORM, DIE ALLES VEREINT.
?!

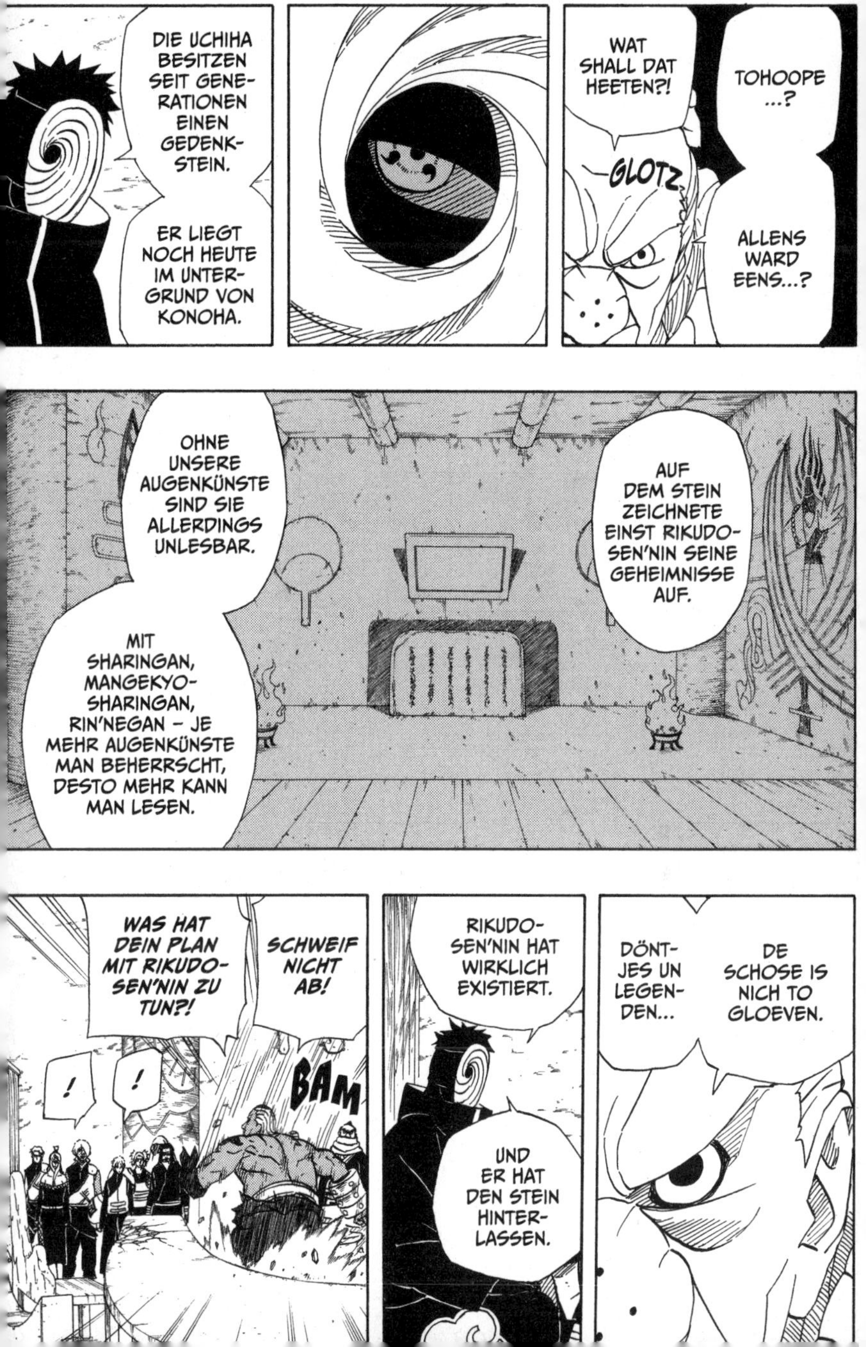
TOHOOPE ...?
WAT SHALL DAT HEETEN?!
GLOTZ
ALLENS WARD EENS...?
DIE UCHIHA BESITZEN SEIT GENERATIONEN EINEN GEDENKSTEIN.
ER LIEGT NOCH HEUTE IM UNTERGRUND VON KONOHA.
AUF DEM STEIN ZEICHNETE EINST RIKUDO-SEN'NIN SEINE GEHEIMNISSE AUF.
OHNE UNSERE AUGENKÜNSTE SIND SIE ALLERDINGS UNLESBAR.
MIT SHARINGAN, MANGEKYO-SHARINGAN, RIN'NEGAN – JE MEHR AUGENKÜNSTE MAN BEHERRSCHT, DESTO MEHR KANN MAN LESEN.
DE SCHOSE IS NICH TO GLOEVEN.
DÖNTJES UN LEGENDEN...
RIKUDO-SEN'NIN HAT WIRKLICH EXISTIERT.
UND ER HAT DEN STEIN HINTERLASSEN.
SCHWEIF NICHT AB!
WAS HAT DEIN PLAN MIT RIKUDO-SEN'NIN ZU TUN?!
BAM
!
!

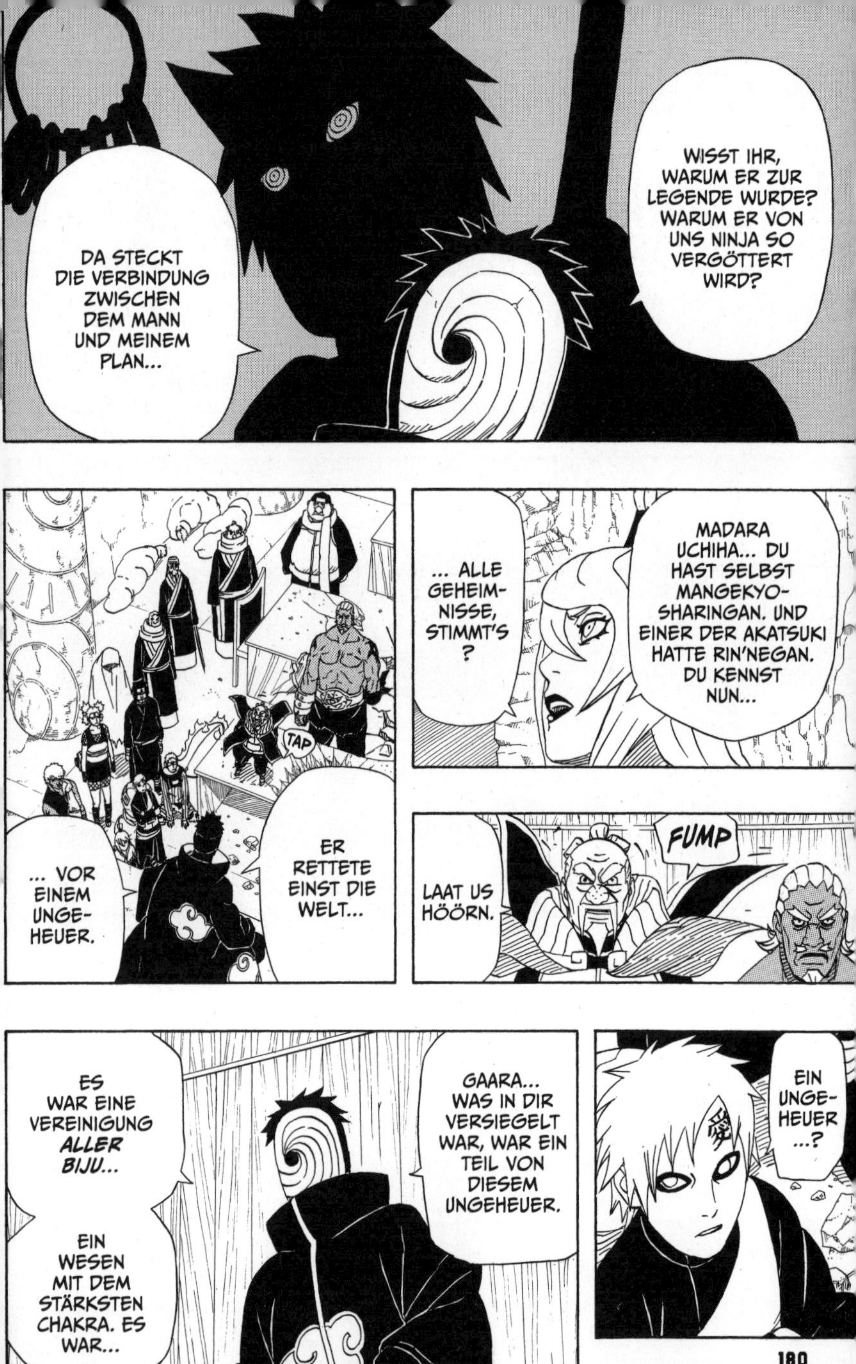
WISST IHR, WARUM ER ZUR LEGENDE WURDE? WARUM ER VON UNS NINJA SO VERGÖTTERT WIRD?
DA STECKT DIE VERBINDUNG ZWISCHEN DEM MANN UND MEINEM PLAN...
MADARA UCHIHA... DU HAST SELBST MANGEKYO-SHARINGAN. UND EINER DER AKATSUKI HATTE RIN'NEGAN. DU KENNST NUN...
... ALLE GEHEIM-NISSE, STIMMT'S?
FUMP
LAAT US HÖÖRN.
TAP
ER RETTETE EINST DIE WELT...
... VOR EINEM UNGE-HEUER.
EIN UNGE-HEUER ...?
GAARA... WAS IN DIR VERSIEGELT WAR, WAR EIN TEIL VON DIESEM UNGEHEUER.
ES WAR EINE VEREINIGUNG ALLER BIJU...
EIN WESEN MIT DEM STÄRKSTEN CHAKRA. ES WAR...

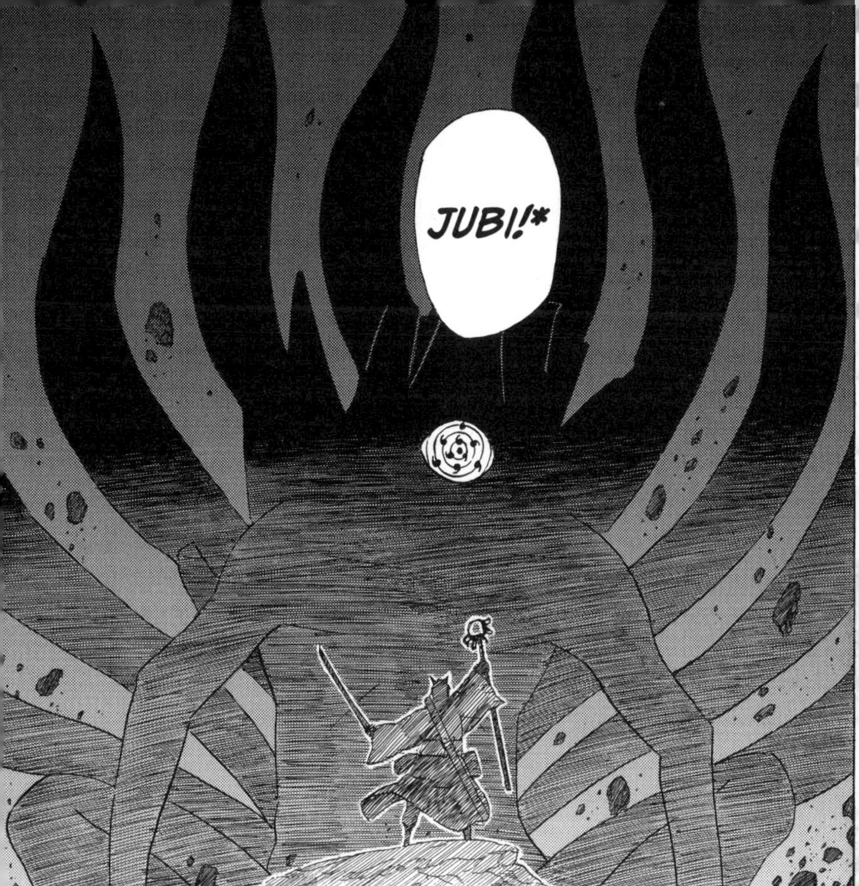

* JU = ZEHN, BI = SCHWÄNZE

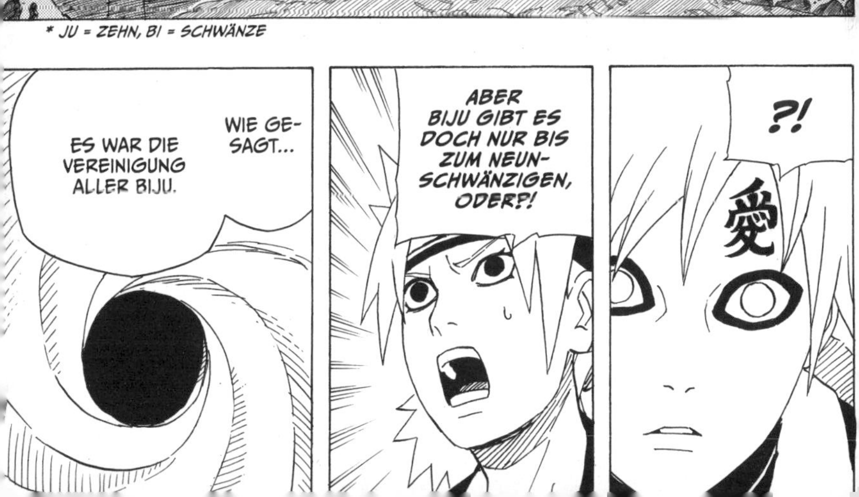

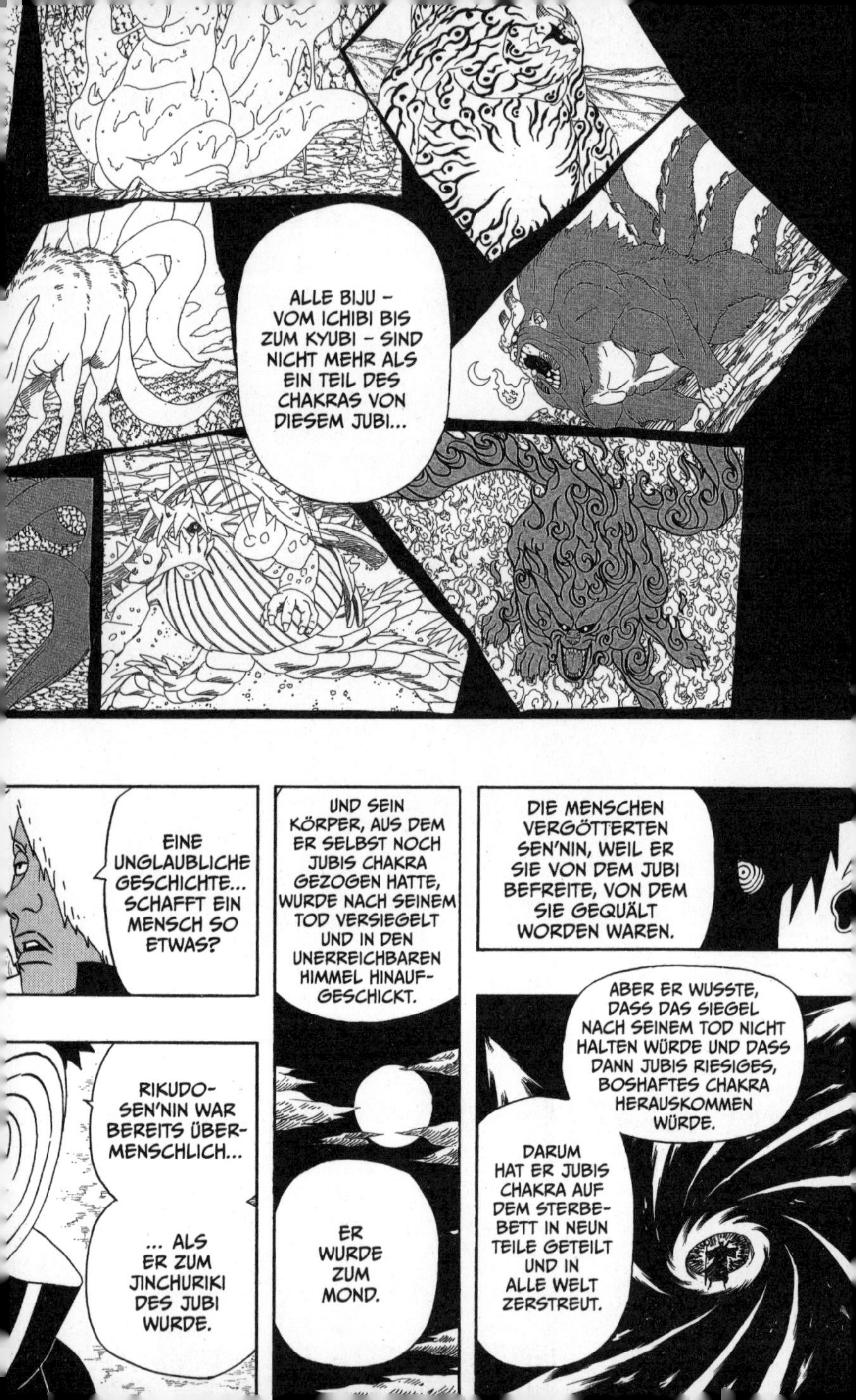

ALLE BIJU – VOM ICHIBI BIS ZUM KYUBI – SIND NICHT MEHR ALS EIN TEIL DES CHAKRAS VON DIESEM JUBI...
DIE MENSCHEN VERGÖTTERTEN SEN'NIN, WEIL ER SIE VON DEM JUBI BEFREITE, VON DEM SIE GEQUÄLT WORDEN WAREN.
UND SEIN KÖRPER, AUS DEM ER SELBST NOCH JUBIS CHAKRA GEZOGEN HATTE, WURDE NACH SEINEM TOD VERSIEGELT UND IN DEN UNERREICHBAREN HIMMEL HINAUF-GESCHICKT.
ER WURDE ZUM MOND.
EINE UNGLAUBLICHE GESCHICHTE... SCHAFFT EIN MENSCH SO ETWAS?
RIKUDO-SEN'NIN WAR BEREITS ÜBER-MENSCHLICH...
... ALS ER ZUM JINCHURIKI DES JUBI WURDE.
ABER ER WUSSTE, DASS DAS SIEGEL NACH SEINEM TOD NICHT HALTEN WÜRDE UND DASS DANN JUBIS RIESIGES, BOSHAFTES CHAKRA HERAUSKOMMEN WÜRDE.
DARUM HAT ER JUBIS CHAKRA AUF DEM STERBE-BETT IN NEUN TEILE GETEILT UND IN ALLE WELT ZERSTREUT.

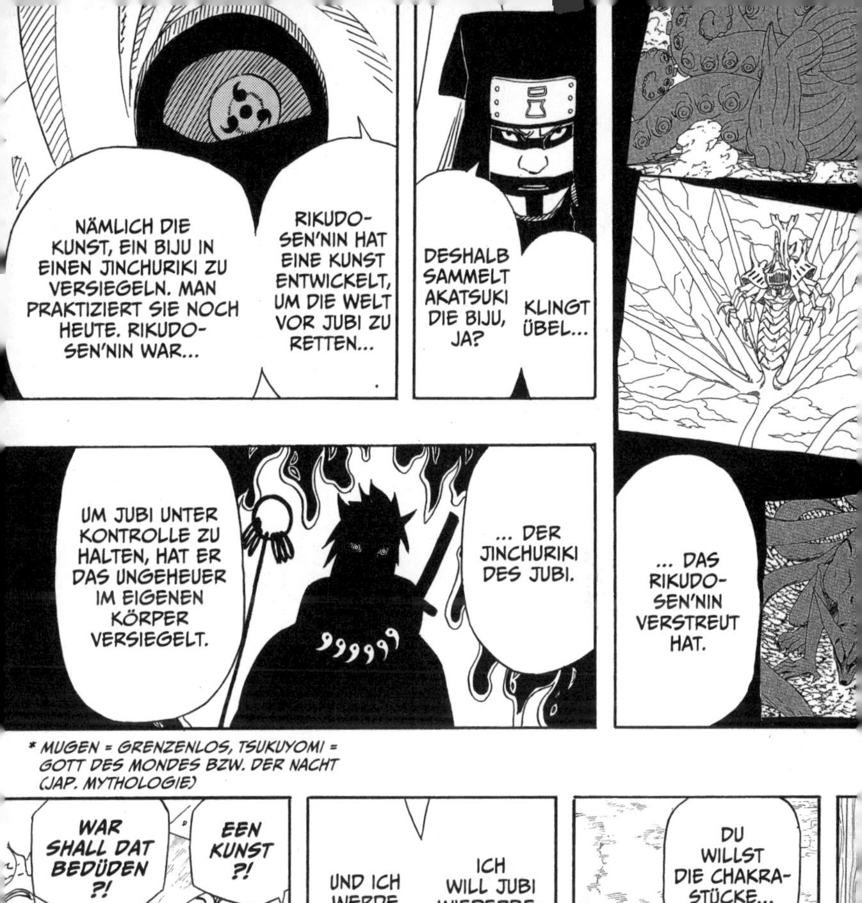

* MUGEN = GRENZENLOS, TSUKUYOMI = GOTT DES MONDES BZW. DER NACHT (JAP. MYTHOLOGIE)

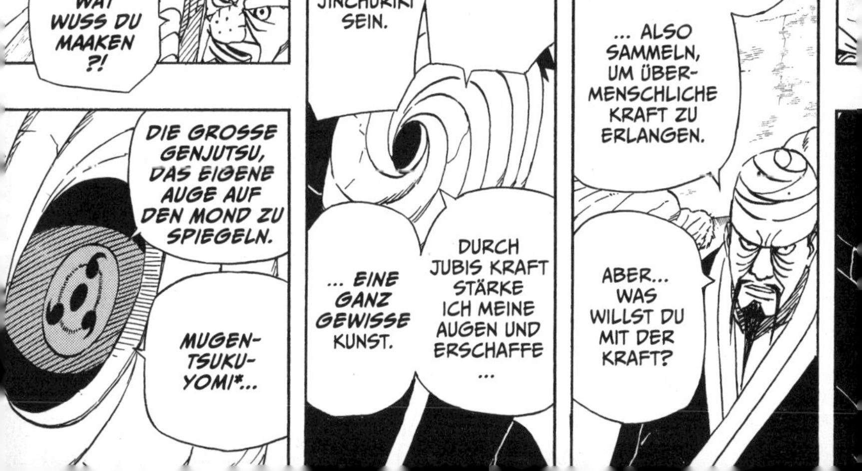

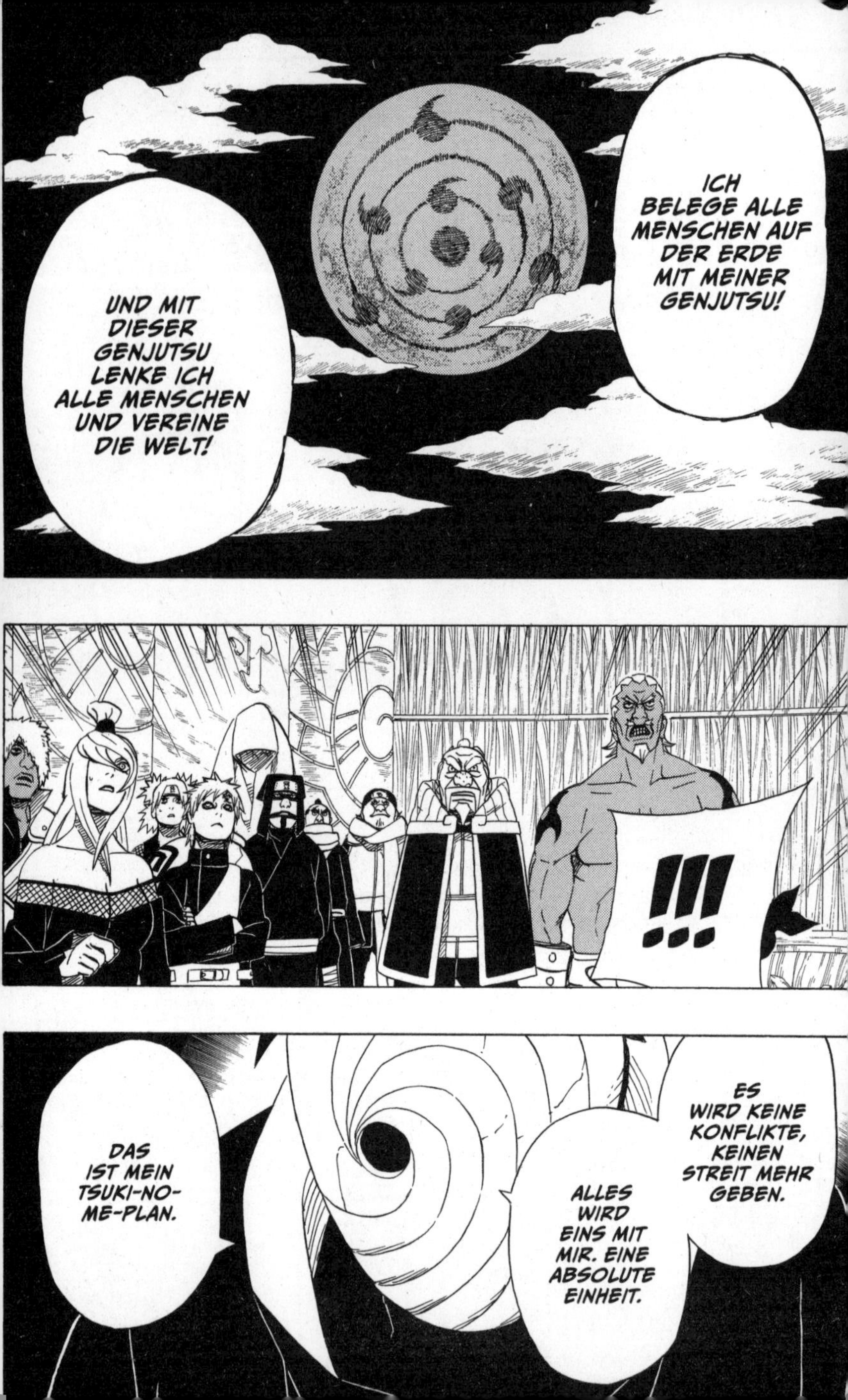
ICH BELEGE ALLE MENSCHEN AUF DER ERDE MIT MEINER GENJUTSU!
UND MIT DIESER GENJUTSU LENKE ICH ALLE MENSCHEN UND VEREINE DIE WELT!
!!!
ES WIRD KEINE KONFLIKTE, KEINEN STREIT MEHR GEBEN.
ALLES WIRD EINS MIT MIR. EINE ABSOLUTE EINHEIT.
DAS IST MEIN TSUKI-NO-ME-PLAN.

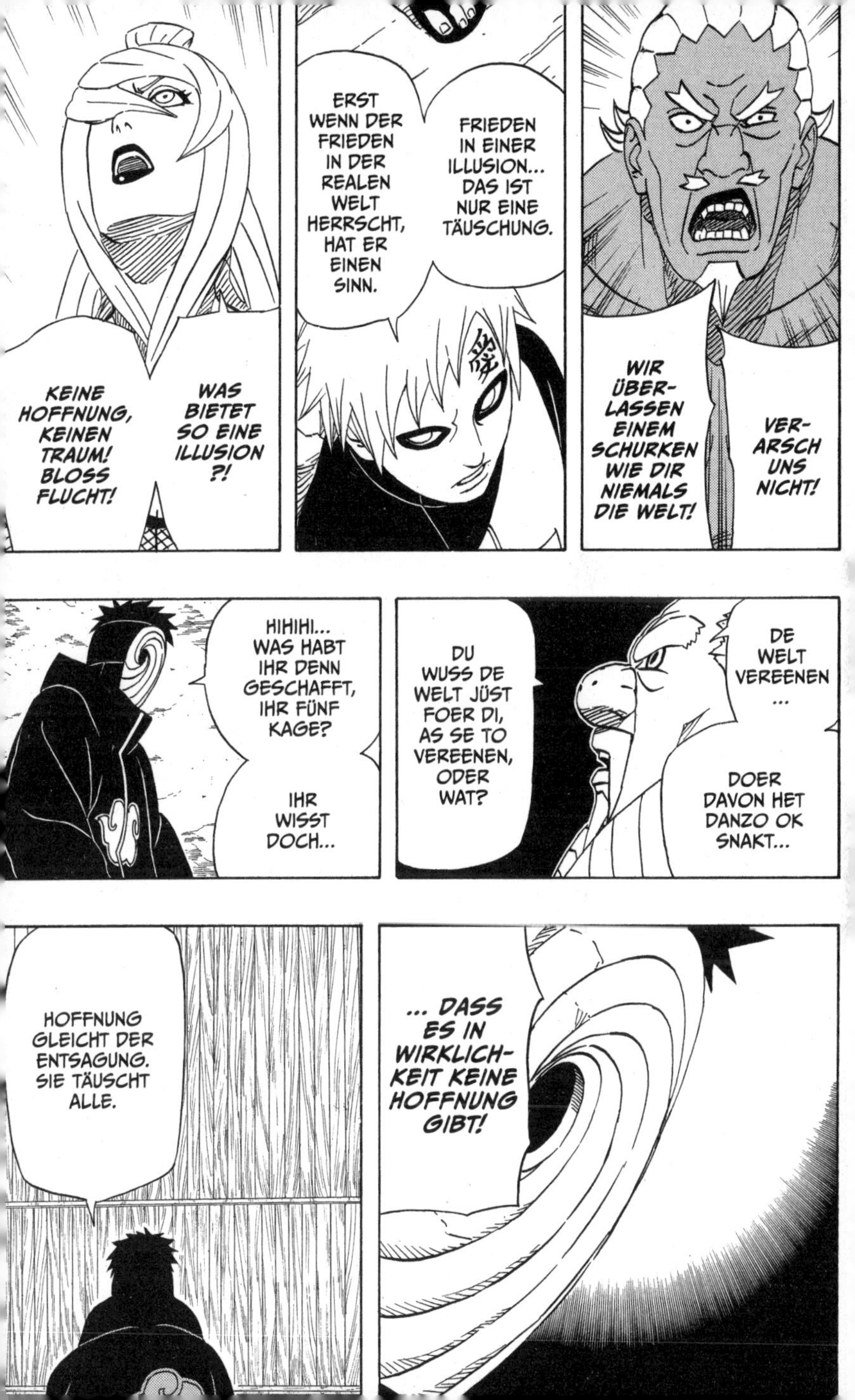
VERARSCH UNS NICHT!
WIR ÜBERLASSEN EINEM SCHURKEN WIE DIR NIEMALS DIE WELT!
FRIEDEN IN EINER ILLUSION... DAS IST NUR EINE TÄUSCHUNG.
ERST WENN DER FRIEDEN IN DER REALEN WELT HERRSCHT, HAT ER EINEN SINN.
WAS BIETET SO EINE ILLUSION?!
KEINE HOFFNUNG, KEINEN TRAUM! BLOSS FLUCHT!
DE WELT VEREENEN ...
DOER DAVON HET DANZO OK SNAKT...
DU WUSS DE WELT JÜST FOER DI, AS SE TO VEREENEN, ODER WAT?
HIHIHI... WAS HABT IHR DENN GESCHAFFT, IHR FÜNF KAGE?
IHR WISST DOCH...
... DASS ES IN WIRKLICHKEIT KEINE HOFFNUNG GIBT!
HOFFNUNG GLEICHT DER ENTSAGUNG. SIE TÄUSCHT ALLE.

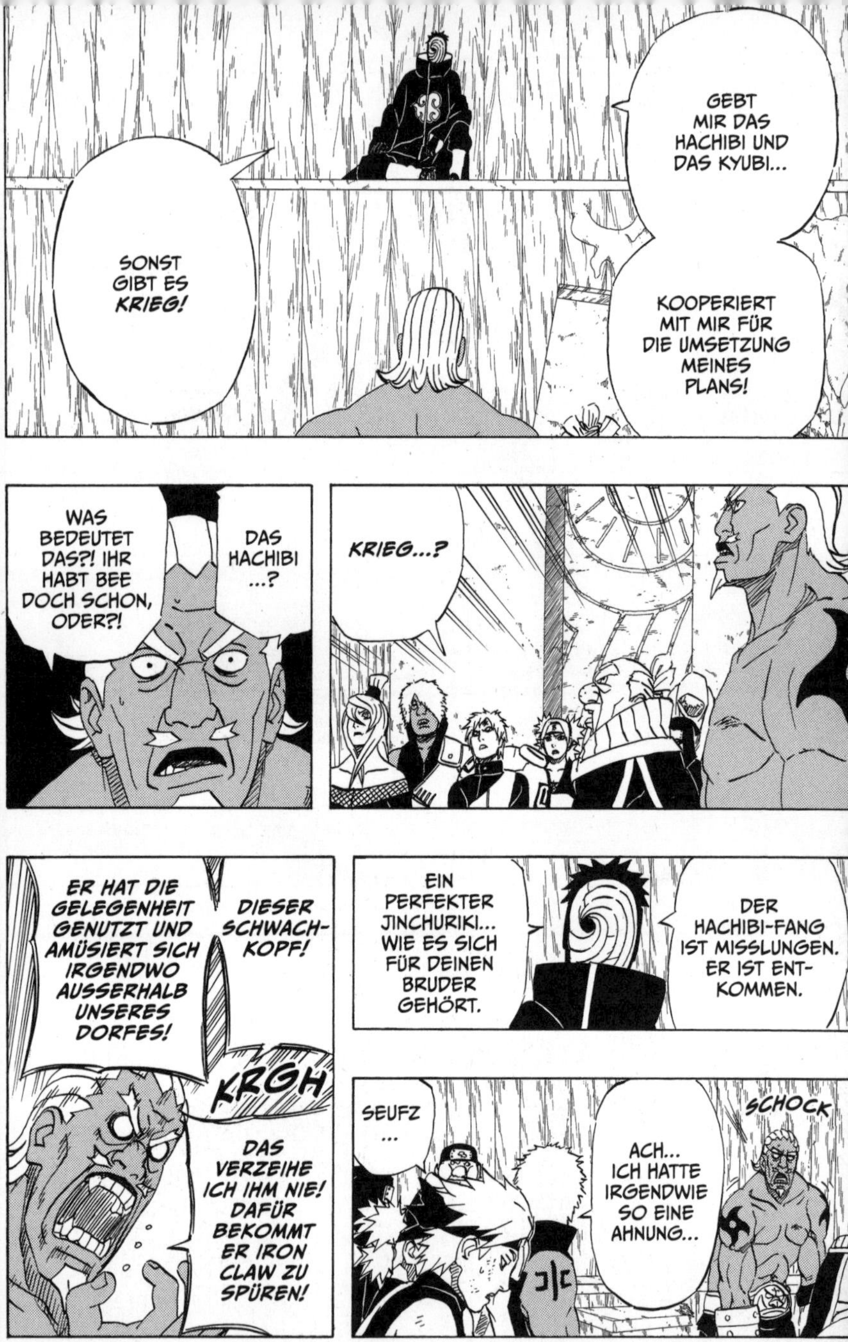

GEBT MIR DAS HACHIBI UND DAS KYUBI...
KOOPERIERT MIT MIR FÜR DIE UMSETZUNG MEINES PLANS!
SONST GIBT ES KRIEG!
KRIEG...?
DAS HACHIBI ...?
WAS BEDEUTET DAS?! IHR HABT BEE DOCH SCHON, ODER?!
DER HACHIBI-FANG IST MISSLUNGEN. ER IST ENT-KOMMEN.
EIN PERFEKTER JINCHURIKI... WIE ES SICH FÜR DEINEN BRUDER GEHÖRT.
SCHOCK
ACH... ICH HATTE IRGENDWIE SO EINE AHNUNG...
SEUFZ ...
DIESER SCHWACH-KOPF!
ER HAT DIE GELEGENHEIT GENUTZT UND AMÜSIERT SICH IRGENDWO AUSSERHALB UNSERES DORFES!
KRGH
DAS VERZEIHE ICH IHM NIE! DAFÜR BEKOMMT ER IRON CLAW ZU SPÜREN!

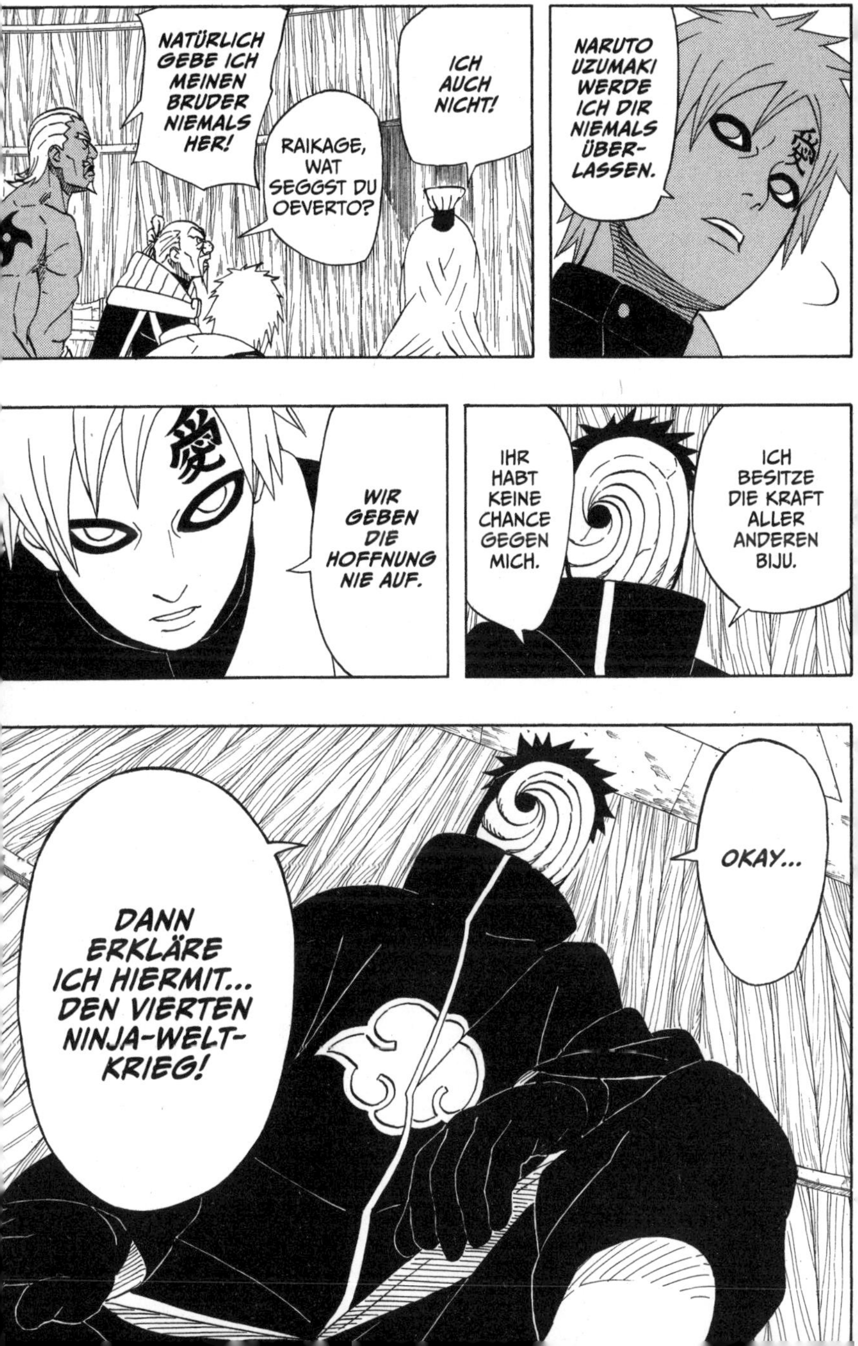
NARUTO UZUMAKI WERDE ICH DIR NIEMALS ÜBER-LASSEN.
ICH AUCH NICHT!
RAIKAGE, WAT SEGGST DU OEVERTO?
NATÜRLICH GEBE ICH MEINEN BRUDER NIEMALS HER!
ICH BESITZE DIE KRAFT ALLER ANDEREN BIJU.
IHR HABT KEINE CHANCE GEGEN MICH.
WIR GEBEN DIE HOFFNUNG NIE AUF.
OKAY...
DANN ERKLÄRE ICH HIERMIT... DEN VIERTEN NINJA-WELT-KRIEG!

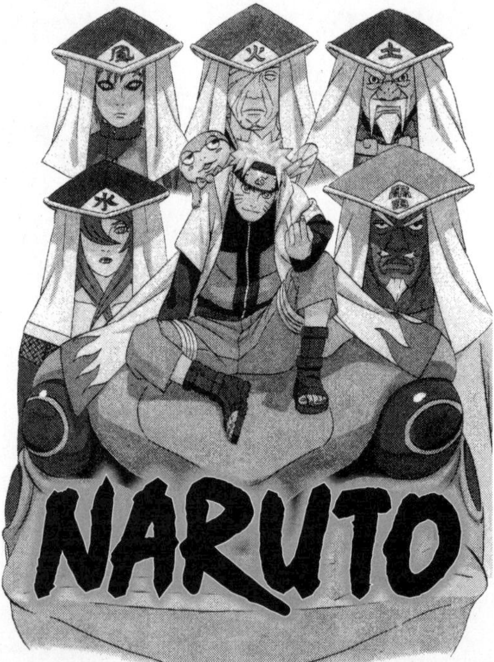
NARUTO

468. KAPITEL: HACHIBI UND KYUBI

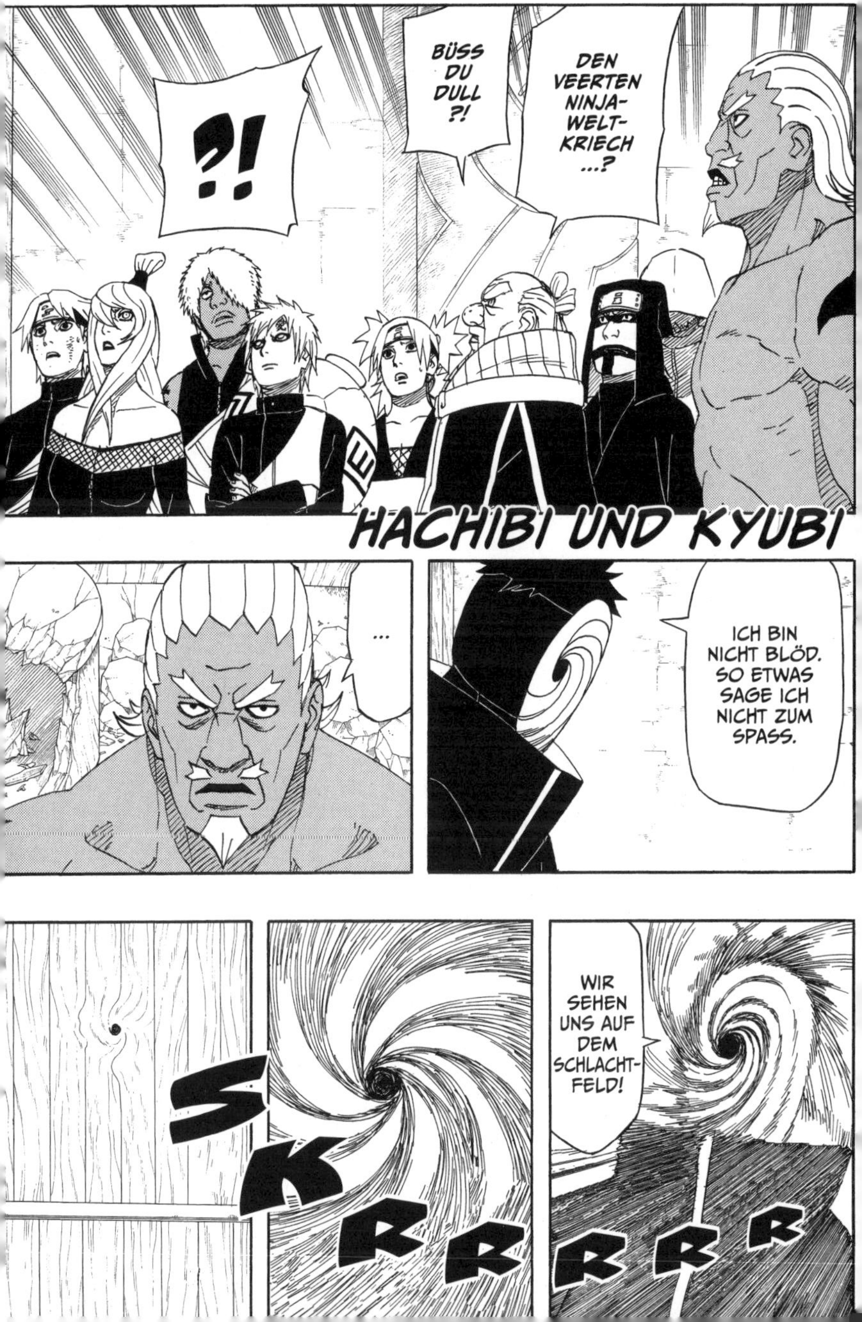

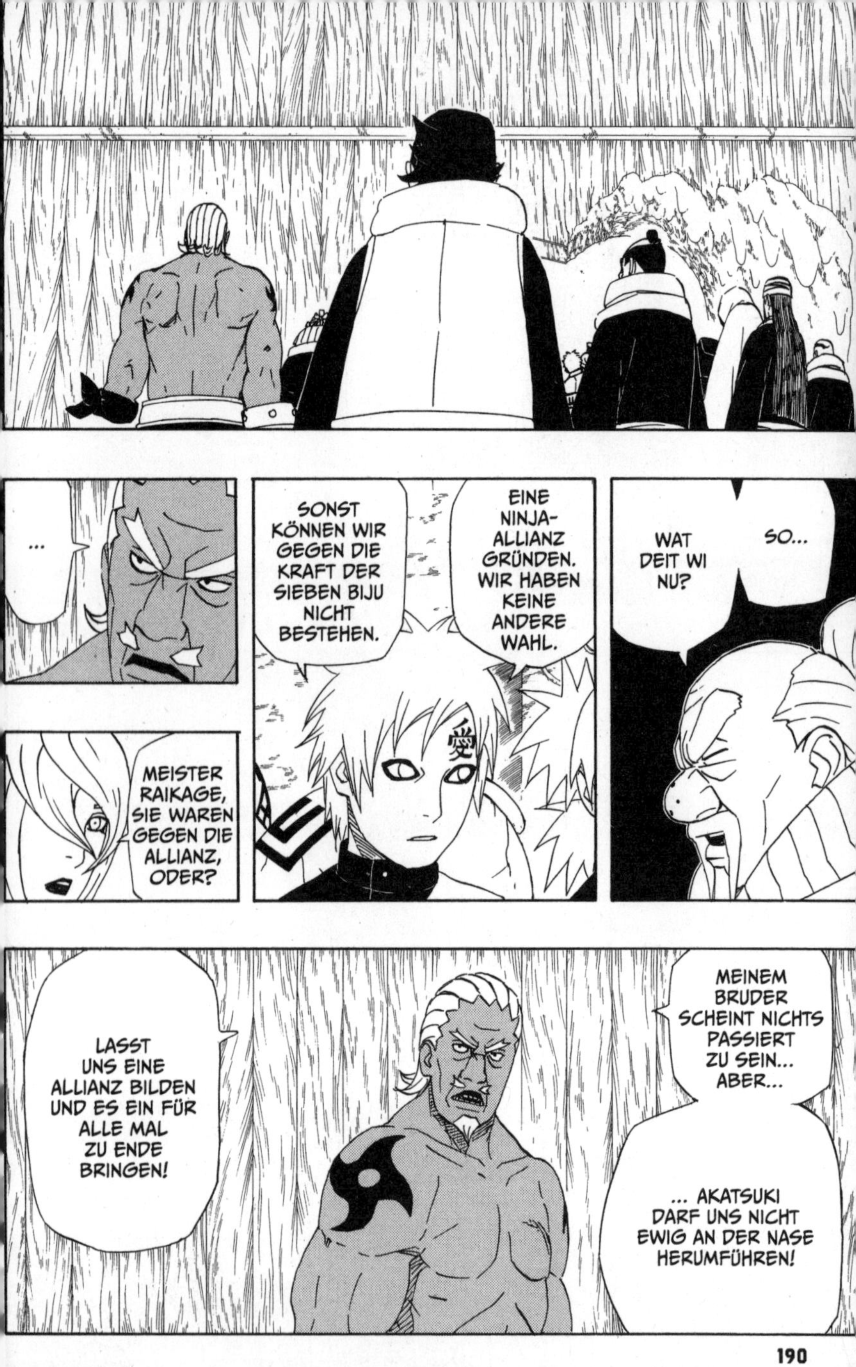
SO...
WAT DEIT WI NU?
EINE NINJA-ALLIANZ GRÜNDEN. WIR HABEN KEINE ANDERE WAHL.
SONST KÖNNEN WIR GEGEN DIE KRAFT DER SIEBEN BIJU NICHT BESTEHEN.
...
MEISTER RAIKAGE, SIE WAREN GEGEN DIE ALLIANZ, ODER?
MEINEM BRUDER SCHEINT NICHTS PASSIERT ZU SEIN... ABER...
... AKATSUKI DARF UNS NICHT EWIG AN DER NASE HERUMFÜHREN!
LASST UNS EINE ALLIANZ BILDEN UND ES EIN FÜR ALLE MAL ZU ENDE BRINGEN!

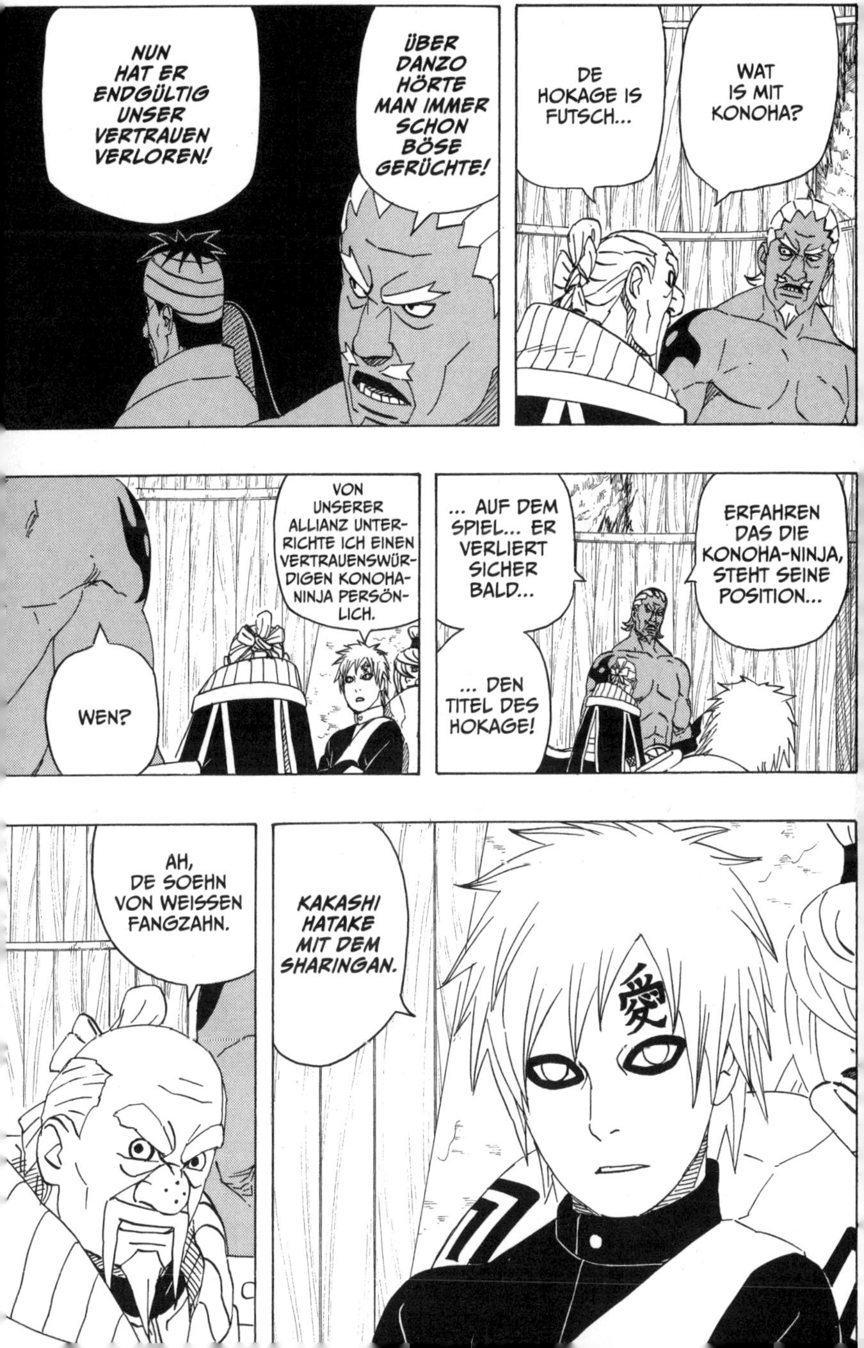
WAT IS MIT KONOHA?
DE HOKAGE IS FUTSCH...
ÜBER DANZO HÖRTE MAN IMMER SCHON BÖSE GERÜCHTE!
NUN HAT ER ENDGÜLTIG UNSER VERTRAUEN VERLOREN!
ERFAHREN DAS DIE KONOHA-NINJA, STEHT SEINE POSITION...
... AUF DEM SPIEL... ER VERLIERT SICHER BALD...
... DEN TITEL DES HOKAGE!
VON UNSERER ALLIANZ UNTERRICHTE ICH EINEN VERTRAUENSWÜRDIGEN KONOHA-NINJA PERSÖNLICH.
WEN?
KAKASHI HATAKE MIT DEM SHARINGAN.
AH, DE SOEHN VON WEISSEN FANGZAHN.

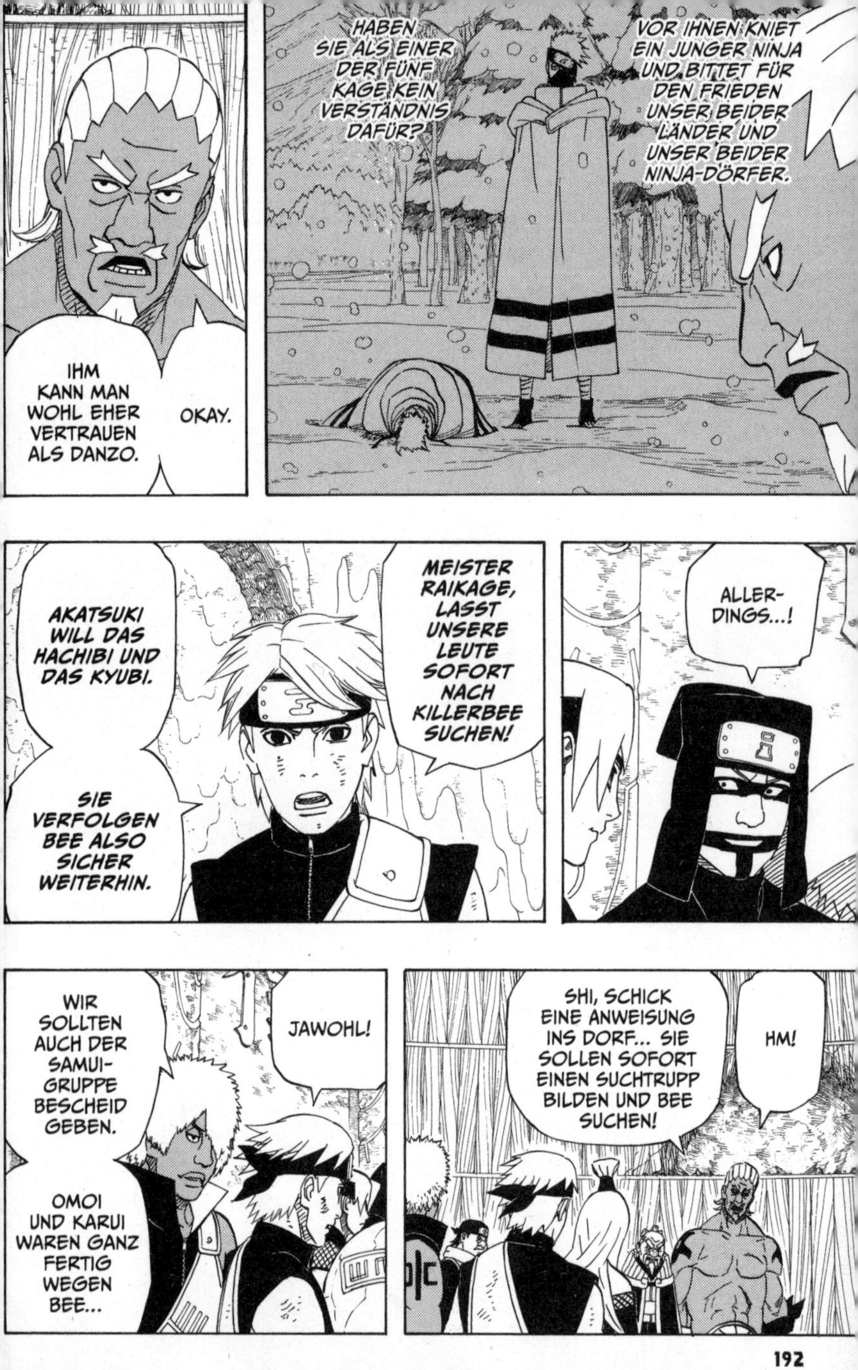
VOR IHNEN KNIET EIN JUNGER NINJA UND BITTET FÜR DEN FRIEDEN UNSER BEIDER LÄNDER UND UNSER BEIDER NINJA-DÖRFER.
HABEN SIE ALS EINER DER FÜNF KAGE KEIN VERSTÄNDNIS DAFÜR?
OKAY.
IHM KANN MAN WOHL EHER VERTRAUEN ALS DANZO.
ALLER-DINGS...!
MEISTER RAIKAGE, LASST UNSERE LEUTE SOFORT NACH KILLERBEE SUCHEN!
AKATSUKI WILL DAS HACHIBI UND DAS KYUBI.
SIE VERFOLGEN BEE ALSO SICHER WEITERHIN.
HM!
SHI, SCHICK EINE ANWEISUNG INS DORF... SIE SOLLEN SOFORT EINEN SUCHTRUPP BILDEN UND BEE SUCHEN!
JAWOHL!
WIR SOLLTEN AUCH DER SAMUI-GRUPPE BESCHEID GEBEN.
OMOI UND KARUI WAREN GANZ FERTIG WEGEN BEE...

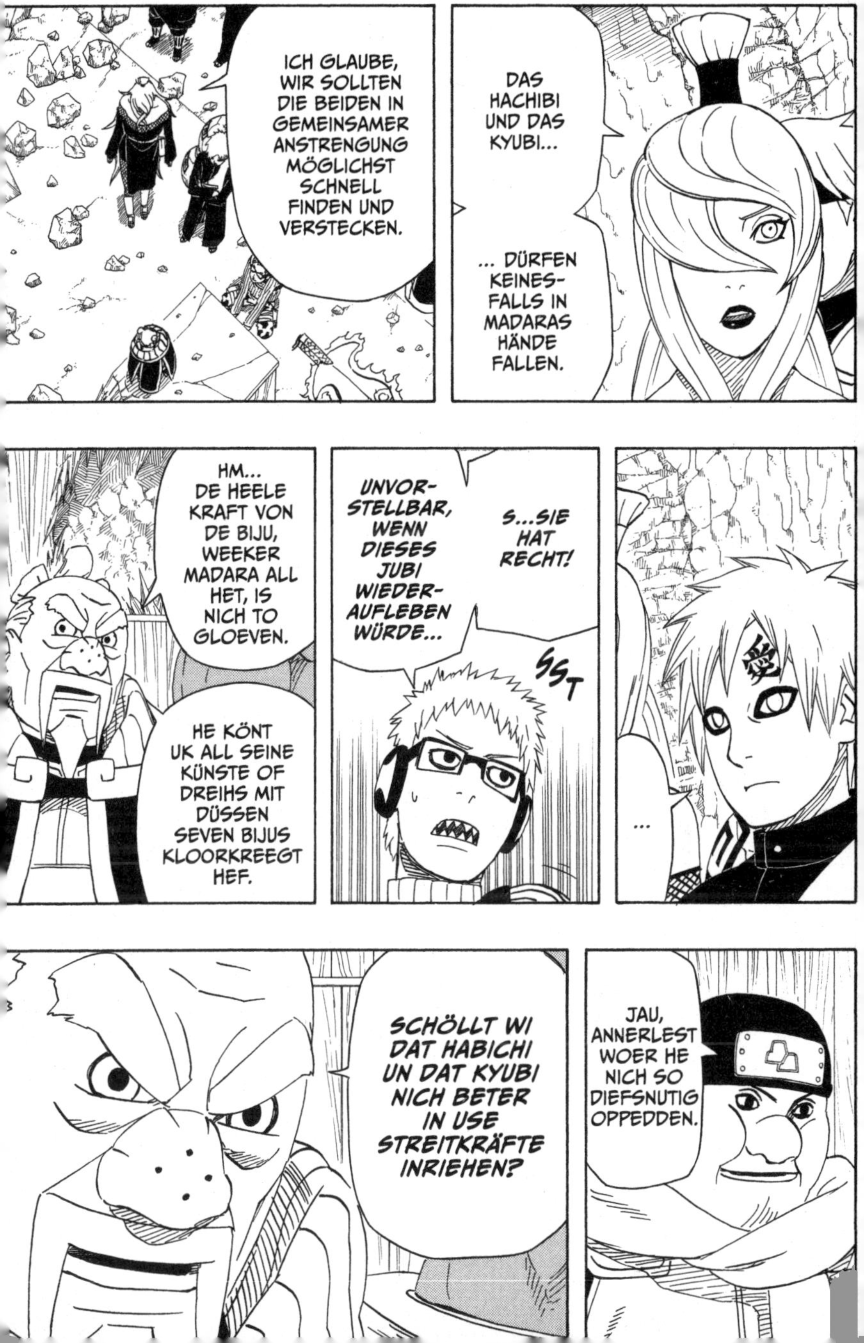
DAS HACHIBI UND DAS KYUBI...
... DÜRFEN KEINES-FALLS IN MADARAS HÄNDE FALLEN.
ICH GLAUBE, WIR SOLLTEN DIE BEIDEN IN GEMEINSAMER ANSTRENGUNG MÖGLICHST SCHNELL FINDEN UND VERSTECKEN.
...
S...SIE HAT RECHT!
UNVOR-STELLBAR, WENN DIESES JUBI WIEDER-AUFLEBEN WÜRDE...
SST
HM... DE HEELE KRAFT VON DE BIJU, WEEKER MADARA ALL HET, IS NICH TO GLOEVEN.
HE KÖNT UK ALL SEINE KÜNSTE OF DREIHS MIT DÜSSEN SEVEN BIJUS KLOORKREEGT HEF.
JAU, ANNERLEST WOER HE NICH SO DIEFSNUTIG OPPEDDEN.
SCHÖLLT WI DAT HABICHI UN DAT KYUBI NICH BETER IN USE STREITKRÄFTE INRIEHEN?

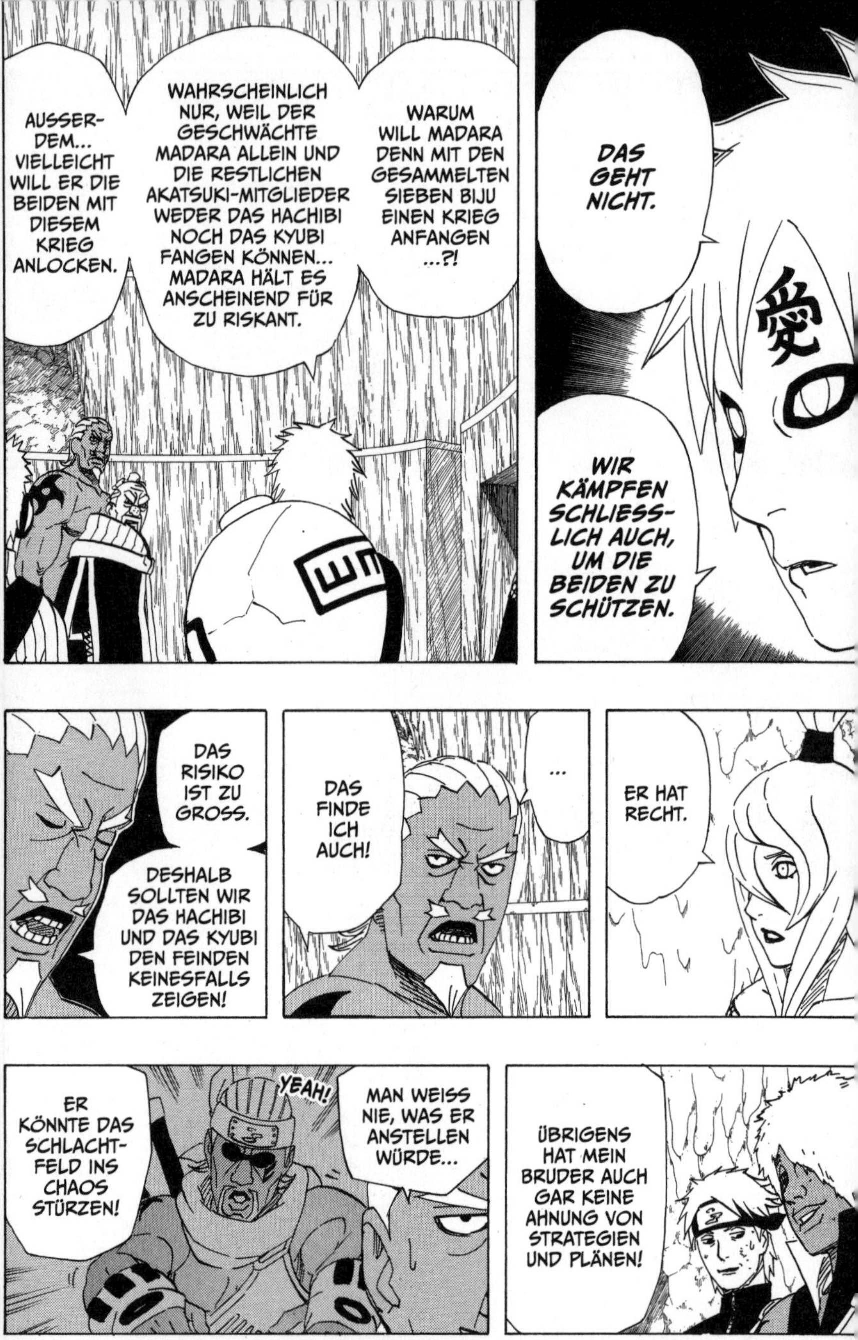
DAS GEHT NICHT.
WIR KÄMPFEN SCHLIESSLICH AUCH, UM DIE BEIDEN ZU SCHÜTZEN.
WARUM WILL MADARA DENN MIT DEN GESAMMELTEN SIEBEN BIJU EINEN KRIEG ANFANGEN ...?!
WAHRSCHEINLICH NUR, WEIL DER GESCHWÄCHTE MADARA ALLEIN UND DIE RESTLICHEN AKATSUKI-MITGLIEDER WEDER DAS HACHIBI NOCH DAS KYUBI FANGEN KÖNNEN... MADARA HÄLT ES ANSCHEINEND FÜR ZU RISKANT.
AUSSERDEM... VIELLEICHT WILL ER DIE BEIDEN MIT DIESEM KRIEG ANLOCKEN.
...
ER HAT RECHT.
DAS FINDE ICH AUCH!
DAS RISIKO IST ZU GROSS.
DESHALB SOLLTEN WIR DAS HACHIBI UND DAS KYUBI DEN FEINDEN KEINESFALLS ZEIGEN!
ÜBRIGENS HAT MEIN BRUDER AUCH GAR KEINE AHNUNG VON STRATEGIEN UND PLÄNEN!
MAN WEISS NIE, WAS ER ANSTELLEN WÜRDE...
YEAH!
ER KÖNNTE DAS SCHLACHTFELD INS CHAOS STÜRZEN!

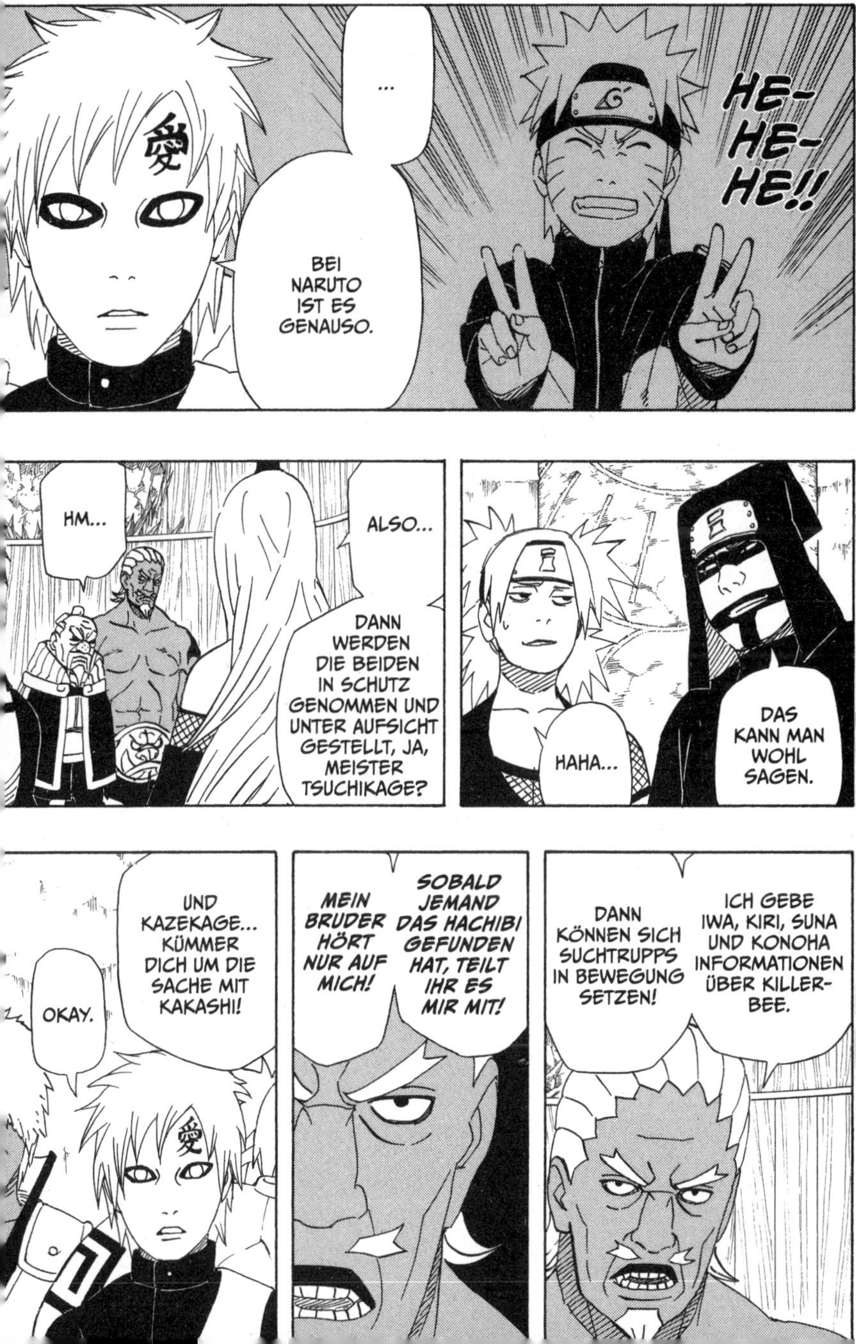

HE-HE-HE!!
...
BEI NARUTO IST ES GENAUSO.
DAS KANN MAN WOHL SAGEN.
HAHA...
ALSO...
DANN WERDEN DIE BEIDEN IN SCHUTZ GENOMMEN UND UNTER AUFSICHT GESTELLT, JA, MEISTER TSUCHIKAGE?
HM...
ICH GEBE IWA, KIRI, SUNA UND KONOHA INFORMATIONEN ÜBER KILLER-BEE.
DANN KÖNNEN SICH SUCHTRUPPS IN BEWEGUNG SETZEN!
SOBALD JEMAND DAS HACHIBI GEFUNDEN HAT, TEILT IHR ES MIR MIT!
MEIN BRUDER HÖRT NUR AUF MICH!
UND KAZEKAGE... KÜMMER DICH UM DIE SACHE MIT KAKASHI!
OKAY.

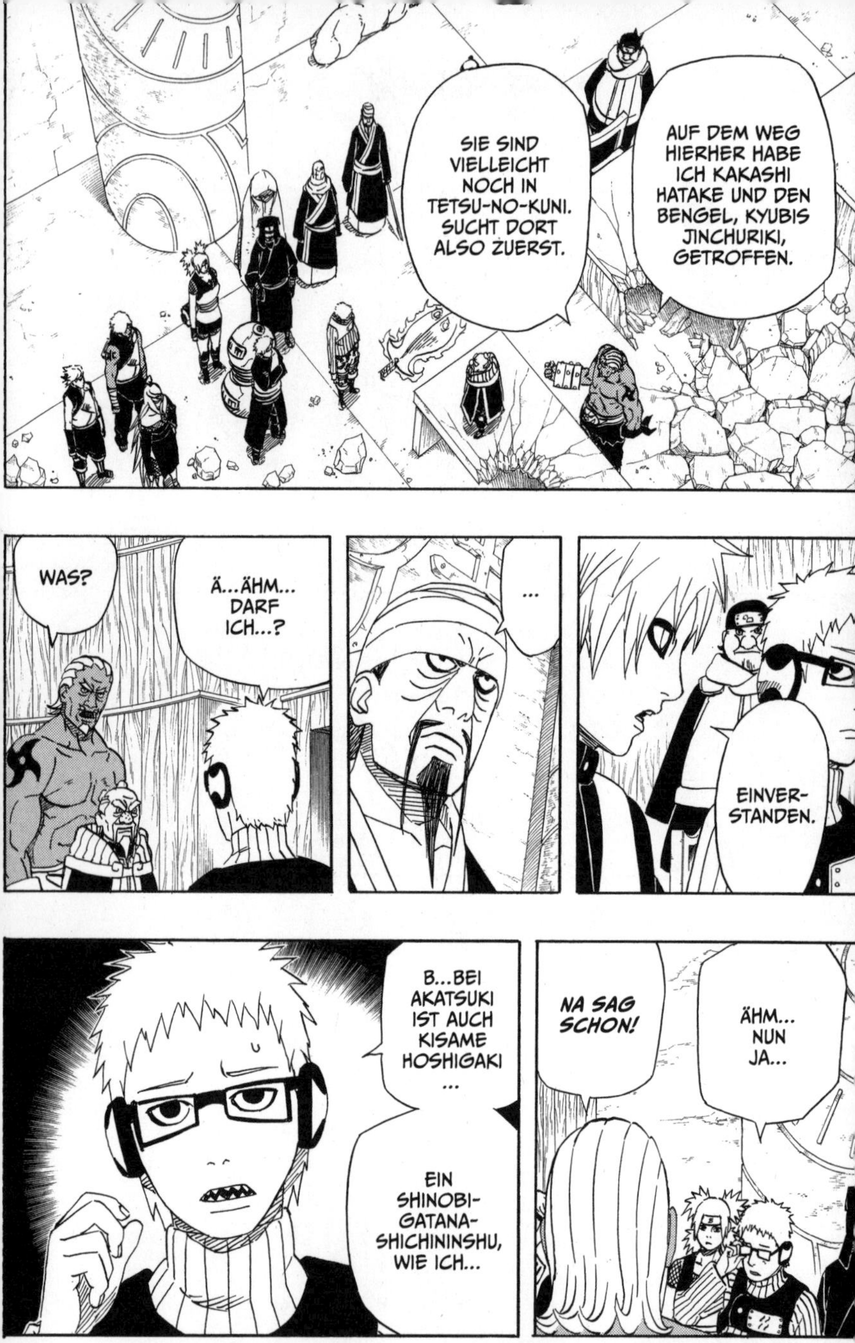
AUF DEM WEG HIERHER HABE ICH KAKASHI HATAKE UND DEN BENGEL, KYUBIS JINCHURIKI, GETROFFEN.
SIE SIND VIELLEICHT NOCH IN TETSU-NO-KUNI. SUCHT DORT ALSO ZUERST.
EINVER-STANDEN.
...
Ä...ÄHM... DARF ICH...?
WAS?
ÄHM... NUN JA...
NA SAG SCHON!
B...BEI AKATSUKI IST AUCH KISAME HOSHIGAKI ...
EIN SHINOBI-GATANA-SHICHININSHU, WIE ICH...

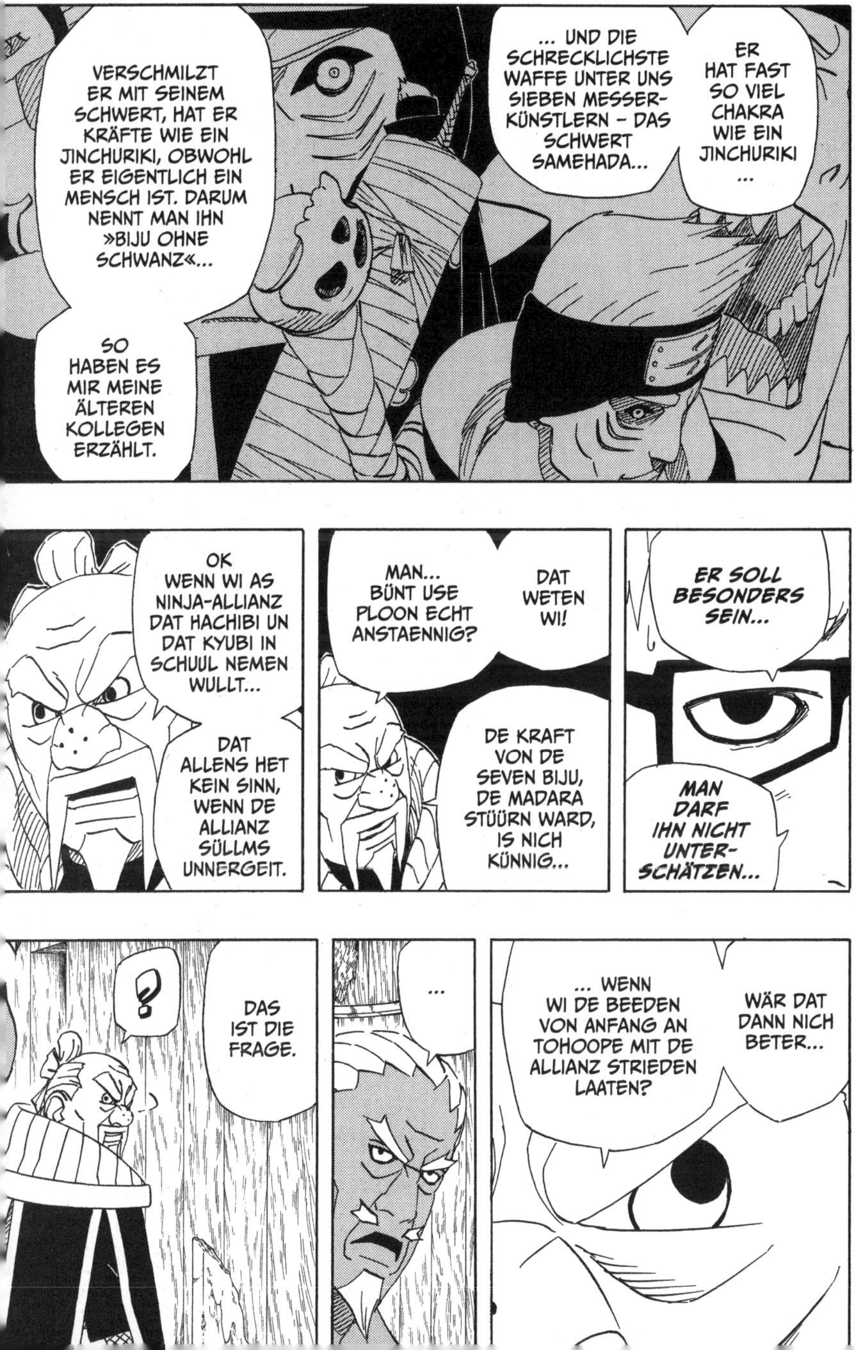

ER HAT FAST SO VIEL CHAKRA WIE EIN JINCHURIKI ...
... UND DIE SCHRECKLICHSTE WAFFE UNTER UNS SIEBEN MESSER-KÜNSTLERN – DAS SCHWERT SAMEHADA ...
VERSCHMILZT ER MIT SEINEM SCHWERT, HAT ER KRÄFTE WIE EIN JINCHURIKI, OBWOHL ER EIGENTLICH EIN MENSCH IST. DARUM NENNT MAN IHN »BIJU OHNE SCHWANZ«...
SO HABEN ES MIR MEINE ÄLTEREN KOLLEGEN ERZÄHLT.
ER SOLL BESONDERS SEIN...
MAN DARF IHN NICHT UNTER-SCHÄTZEN...
DAT WETEN WI!
MAN... BÜNT USE PLOON ECHT ANSTAENNIG?
DE KRAFT VON DE SEVEN BIJU, DE MADARA STÜÜRN WARD, IS NICH KÜNNIG...
OK WENN WI AS NINJA-ALLIANZ DAT HACHIBI UN DAT KYUBI IN SCHUUL NEMEN WULLT...
DAT ALLENS HET KEIN SINN, WENN DE ALLIANZ SÜLLMS UNNERGEIT.
WÄR DAT DANN NICH BETER...
... WENN WI DE BEEDEN VON ANFANG AN TOHOOPE MIT DE ALLIANZ STRIEDEN LAATEN?
...
DAS IST DIE FRAGE.
?

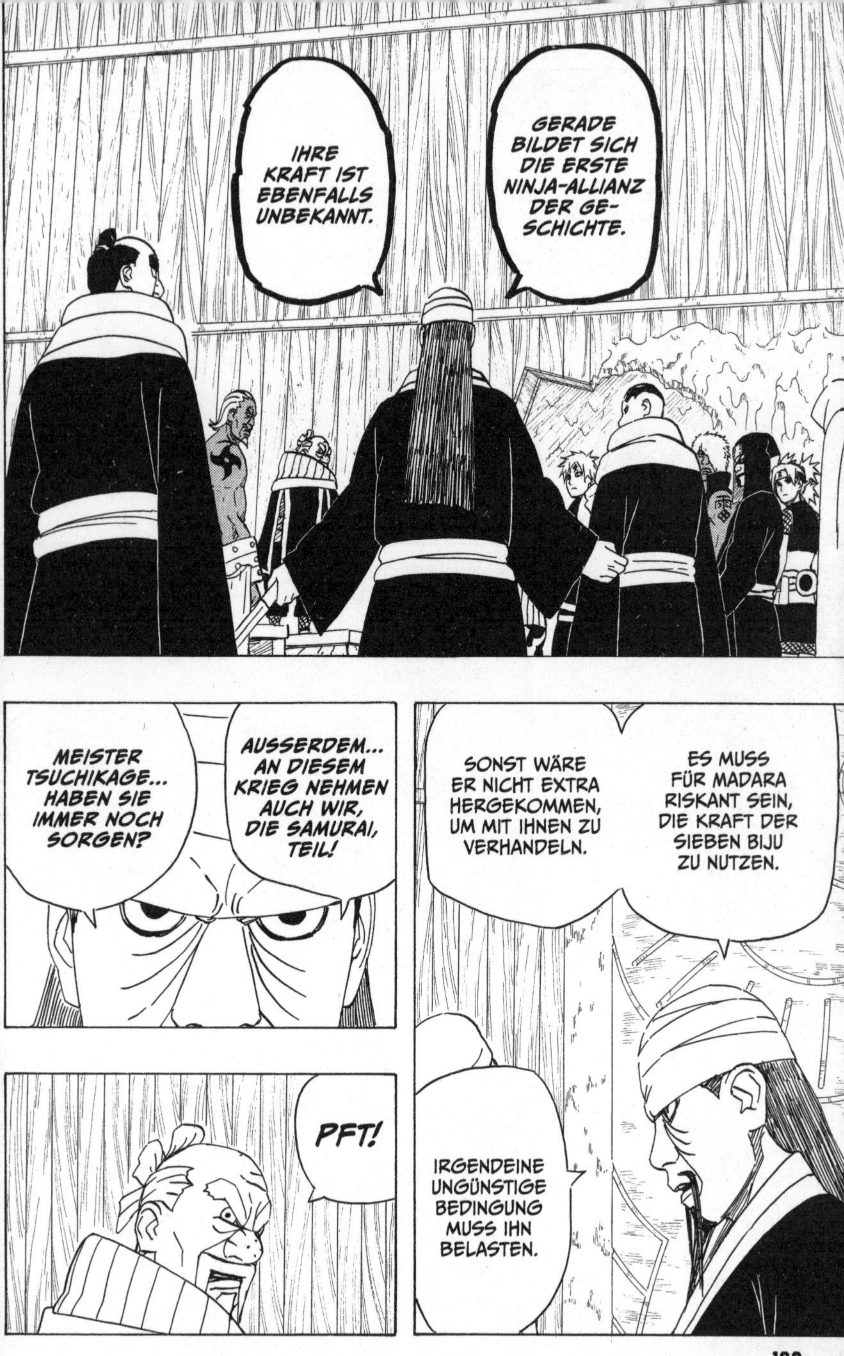
GERADE BILDET SICH DIE ERSTE NINJA-ALLIANZ DER GE-SCHICHTE.
IHRE KRAFT IST EBENFALLS UNBEKANNT.
ES MUSS FÜR MADARA RISKANT SEIN, DIE KRAFT DER SIEBEN BIJU ZU NUTZEN.
SONST WÄRE ER NICHT EXTRA HERGEKOMMEN, UM MIT IHNEN ZU VERHANDELN.
AUSSERDEM... AN DIESEM KRIEG NEHMEN AUCH WIR, DIE SAMURAI, TEIL!
MEISTER TSUCHIKAGE... HABEN SIE IMMER NOCH SORGEN?
IRGENDEINE UNGÜNSTIGE BEDINGUNG MUSS IHN BELASTEN.
PFT!

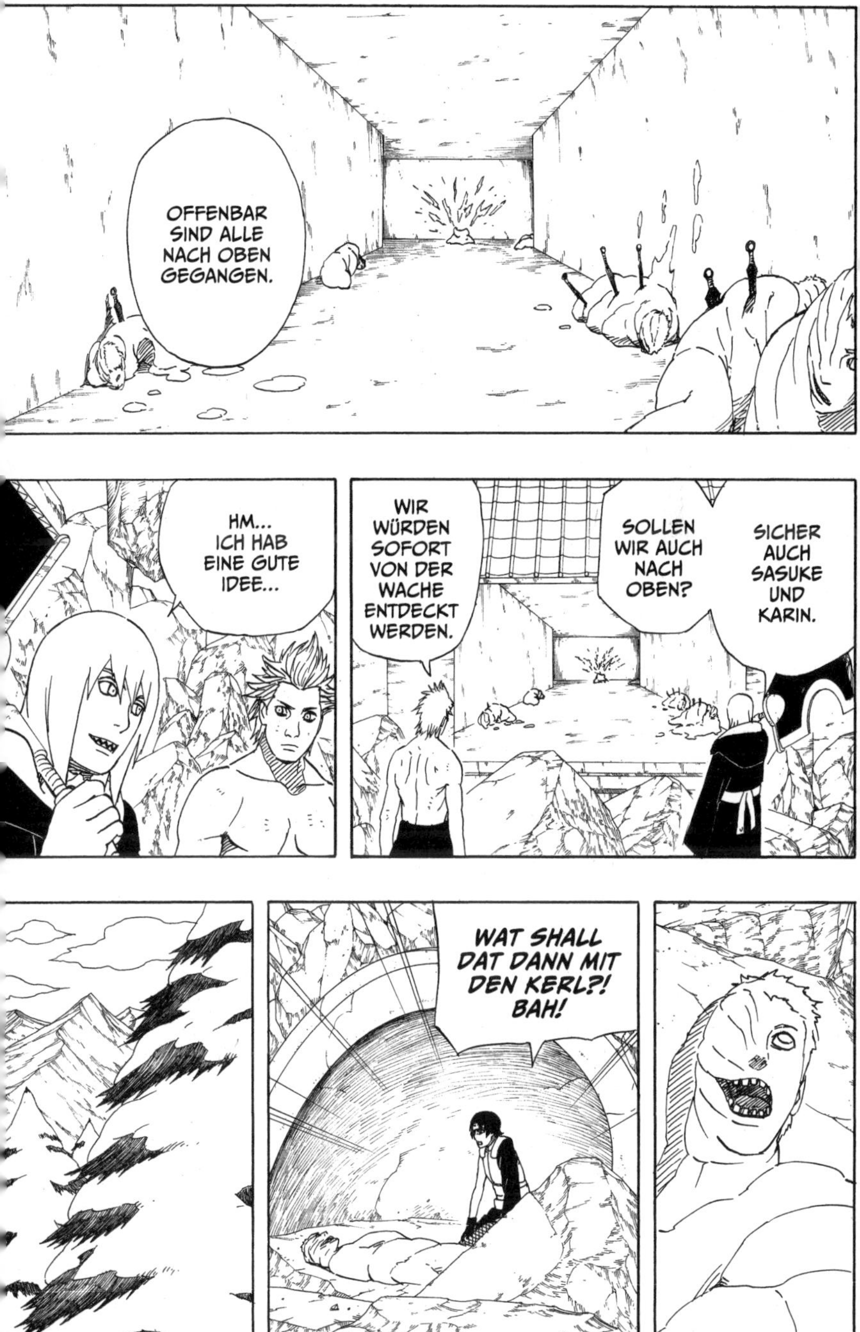
OFFENBAR SIND ALLE NACH OBEN GEGANGEN.
SICHER AUCH SASUKE UND KARIN.
SOLLEN WIR AUCH NACH OBEN?
WIR WÜRDEN SOFORT VON DER WACHE ENTDECKT WERDEN.
HM... ICH HAB EINE GUTE IDEE...
WAT SHALL DAT DANN MIT DEN KERL?! BAH!

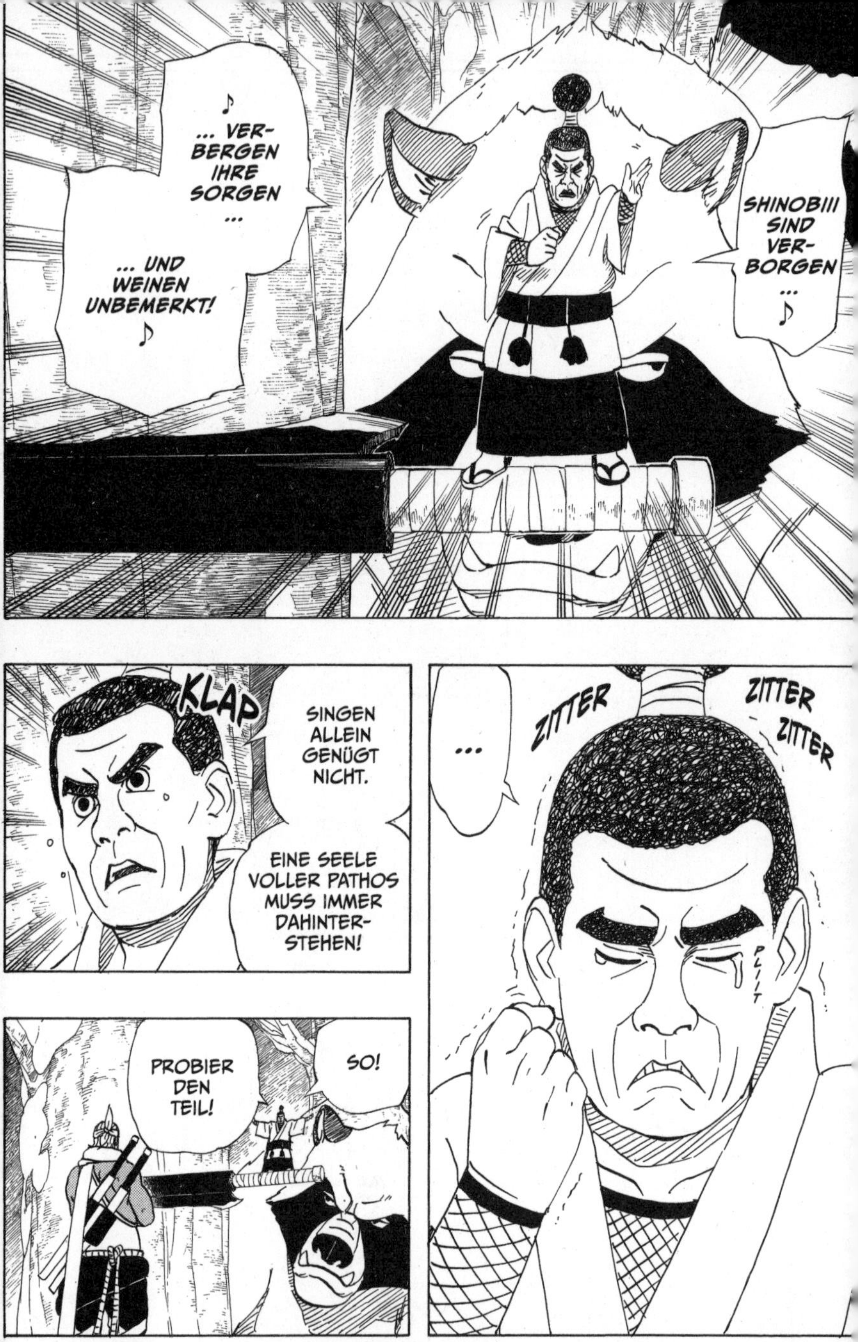

SHINOBIII SIND VERBORGEN ... ♪
♪ ... VERBERGEN IHRE SORGEN ...
... UND WEINEN UNBEMERKT! ♪
...
ZITTER
ZITTER ZITTER
PLIT
KLAP
SINGEN ALLEIN GENÜGT NICHT.
EINE SEELE VOLLER PATHOS MUSS IMMER DAHINTERSTEHEN!
SO!
PROBIER DEN TEIL!

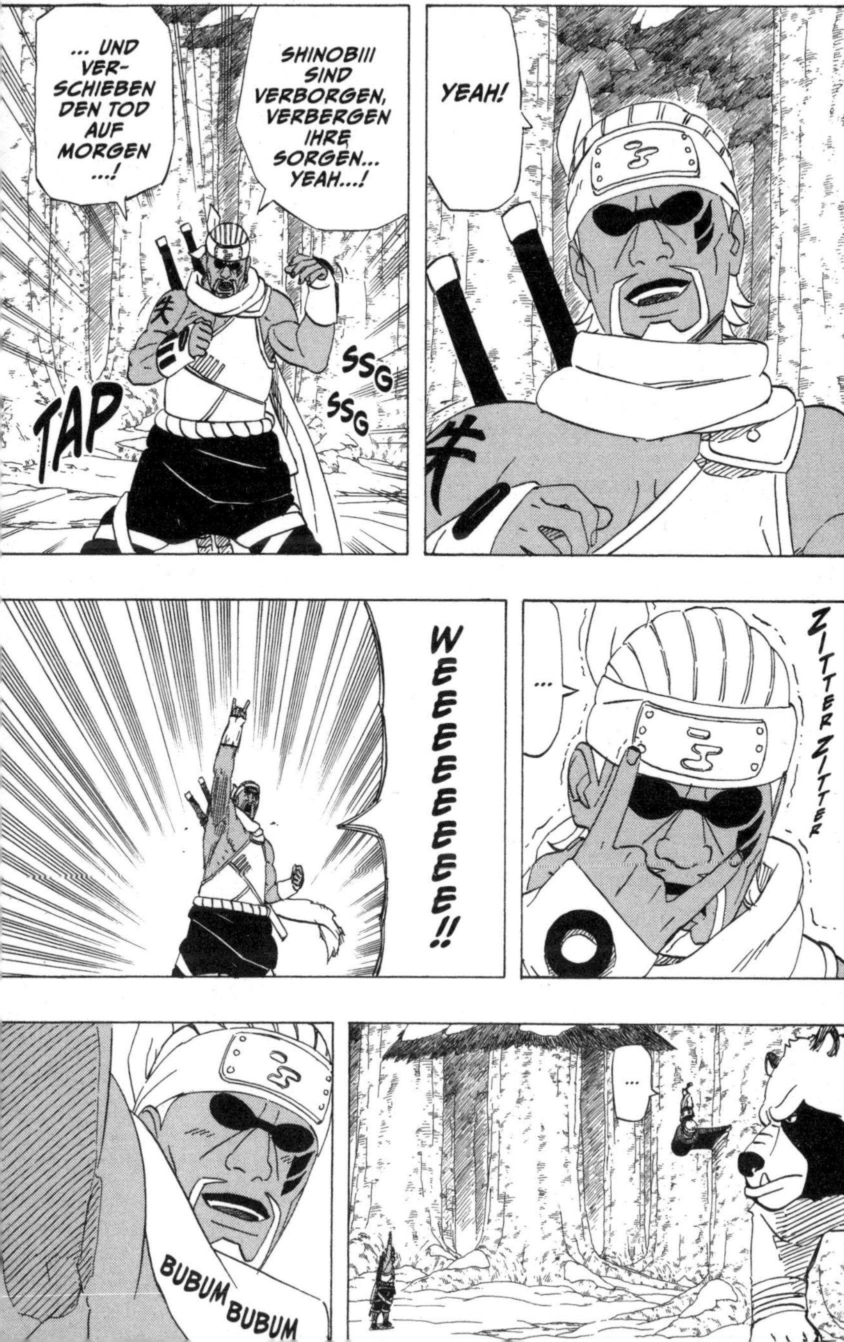
YEAH!
SHINOBIII SIND VERBORGEN, VERBERGEN IHRE SORGEN... YEAH...!
... UND VER-SCHIEBEN DEN TOD AUF MORGEN ...!
TAP
SSG
SSG
...
ZITTER ZITTER
WEEEEEEEEEE!!
...
BUBUM BUBUM

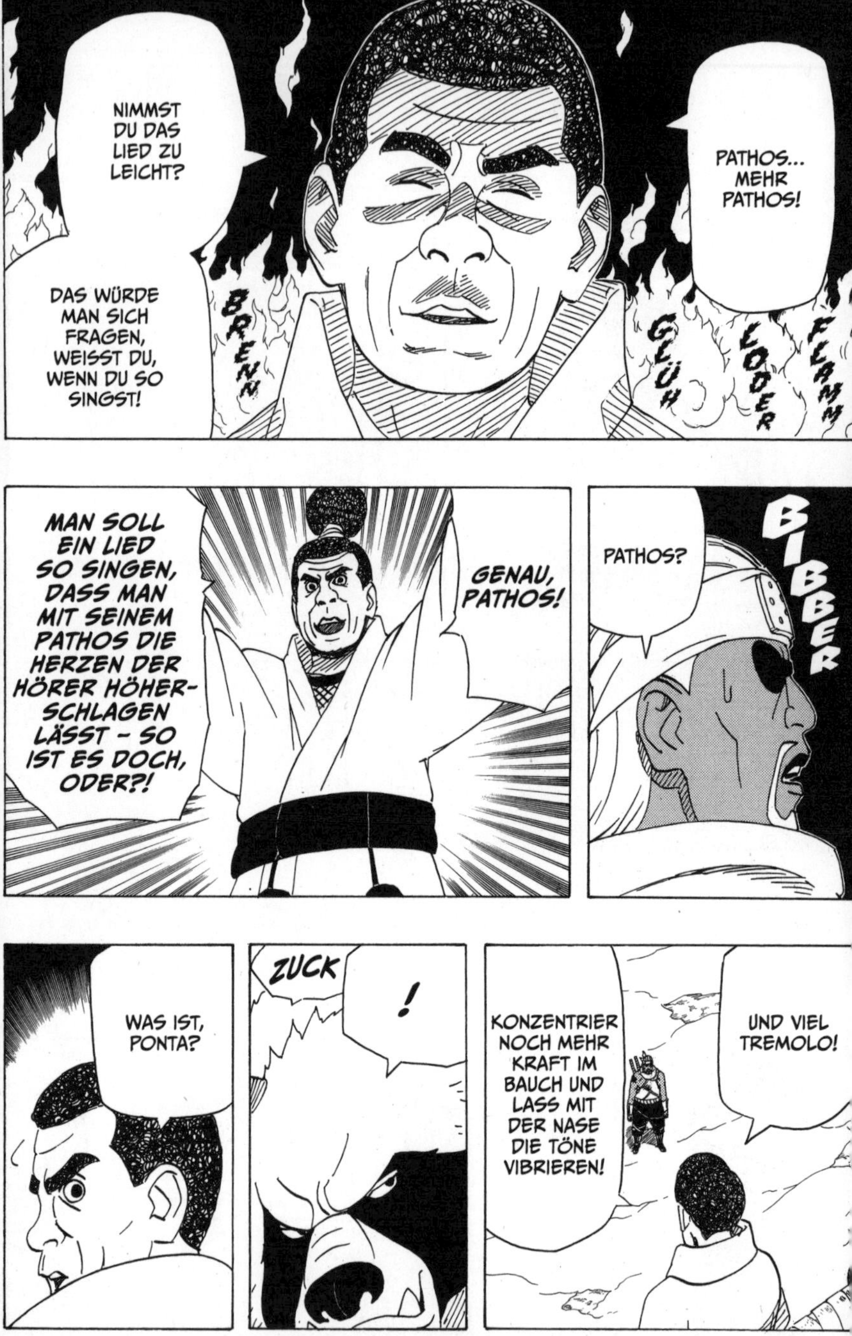

PATHOS... MEHR PATHOS!
NIMMST DU DAS LIED ZU LEICHT?
DAS WÜRDE MAN SICH FRAGEN, WEISST DU, WENN DU SO SINGST!
FLAMM
LODER
GLÜH
BRENN
BIBBER
PATHOS?
GENAU, PATHOS!
MAN SOLL EIN LIED SO SINGEN, DASS MAN MIT SEINEM PATHOS DIE HERZEN DER HÖRER HÖHER-SCHLAGEN LÄSST – SO IST ES DOCH, ODER?!
UND VIEL TREMOLO!
KONZENTRIER NOCH MEHR KRAFT IM BAUCH UND LASS MIT DER NASE DIE TÖNE VIBRIEREN!
!
ZUCK
WAS IST, PONTA?

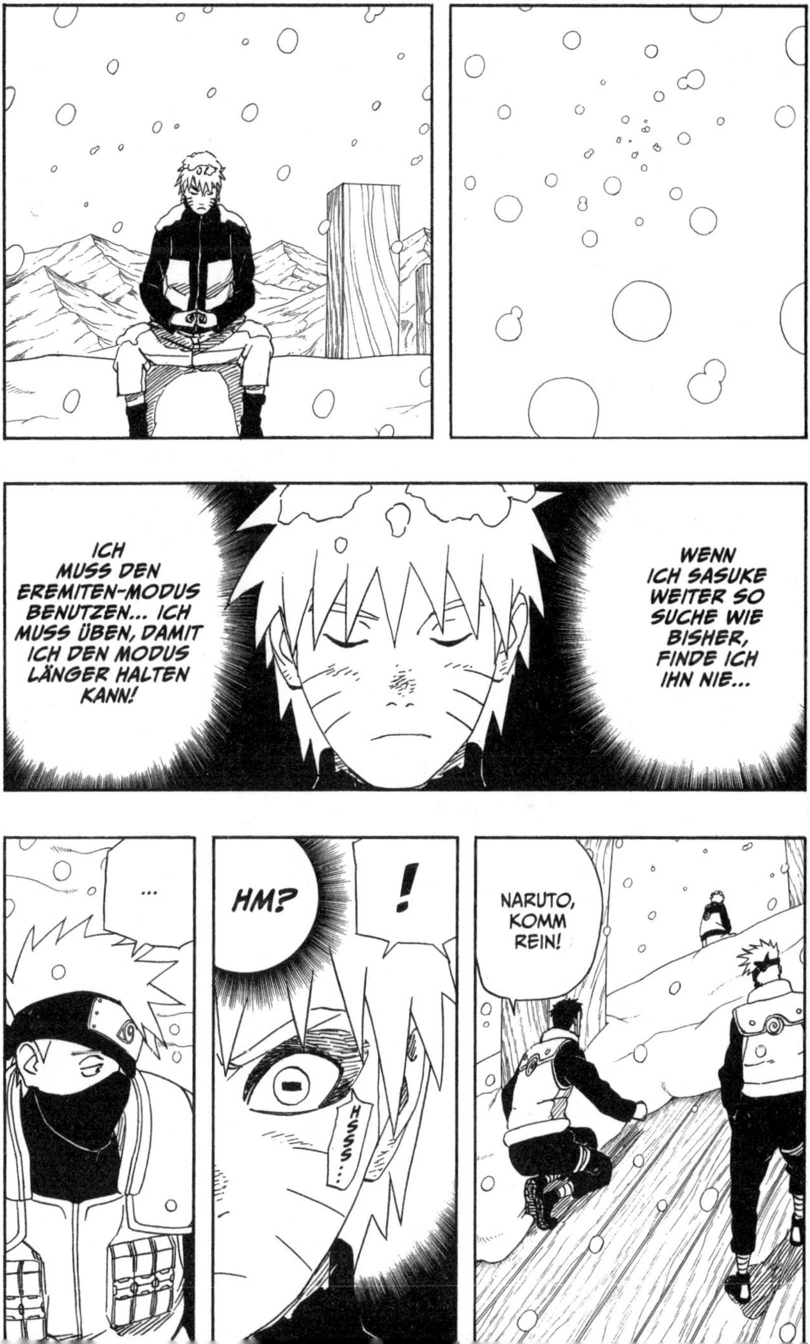
WENN ICH SASUKE WEITER SO SUCHE WIE BISHER, FINDE ICH IHN NIE...
ICH MUSS DEN EREMITEN-MODUS BENUTZEN... ICH MUSS ÜBEN, DAMIT ICH DEN MODUS LÄNGER HALTEN KANN!
NARUTO, KOMM REIN!
!
HM?
HSSS...
...

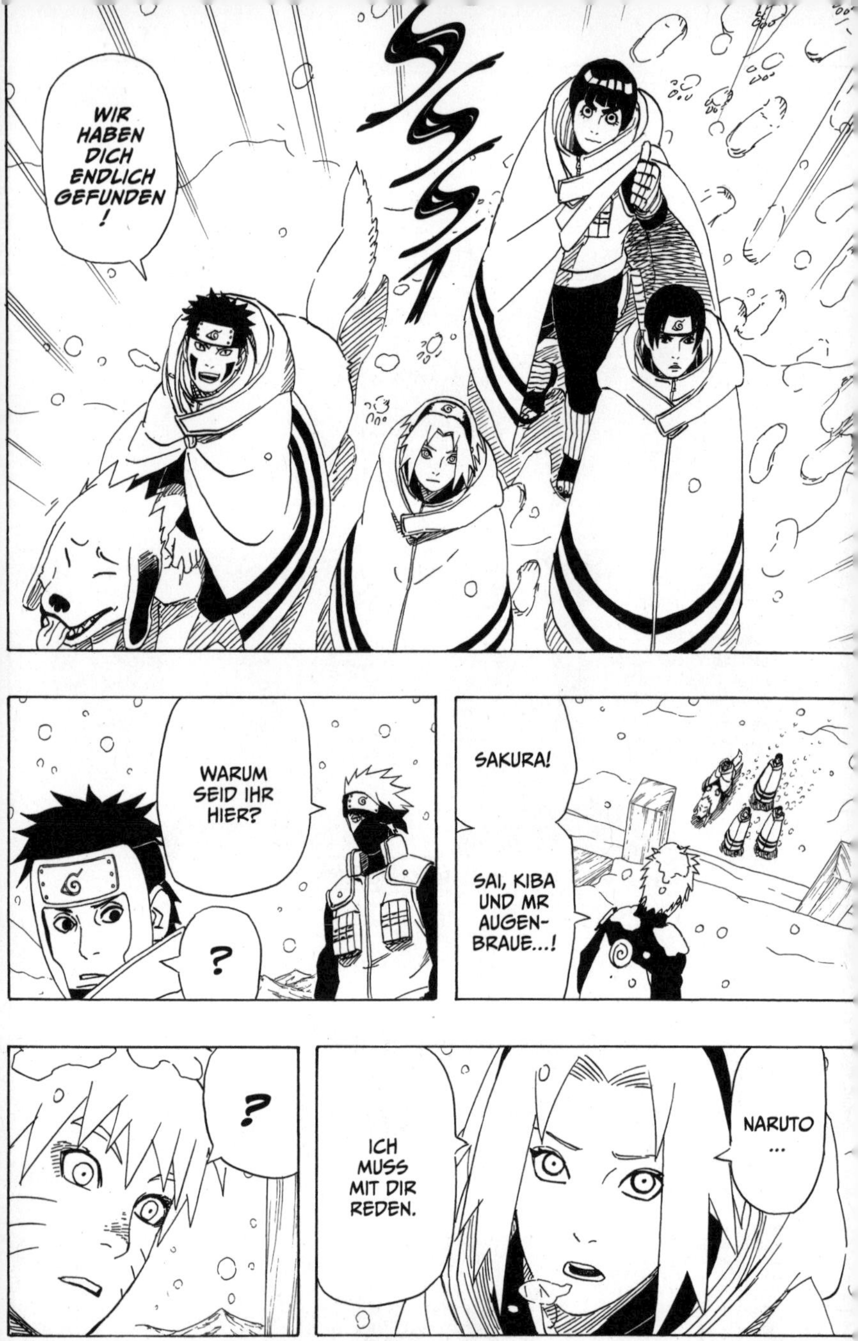
WIR HABEN DICH ENDLICH GEFUNDEN!
SAKURA!
SAI, KIBA UND MR AUGENBRAUE...!
WARUM SEID IHR HIER?
?
NARUTO ...
ICH MUSS MIT DIR REDEN.
?

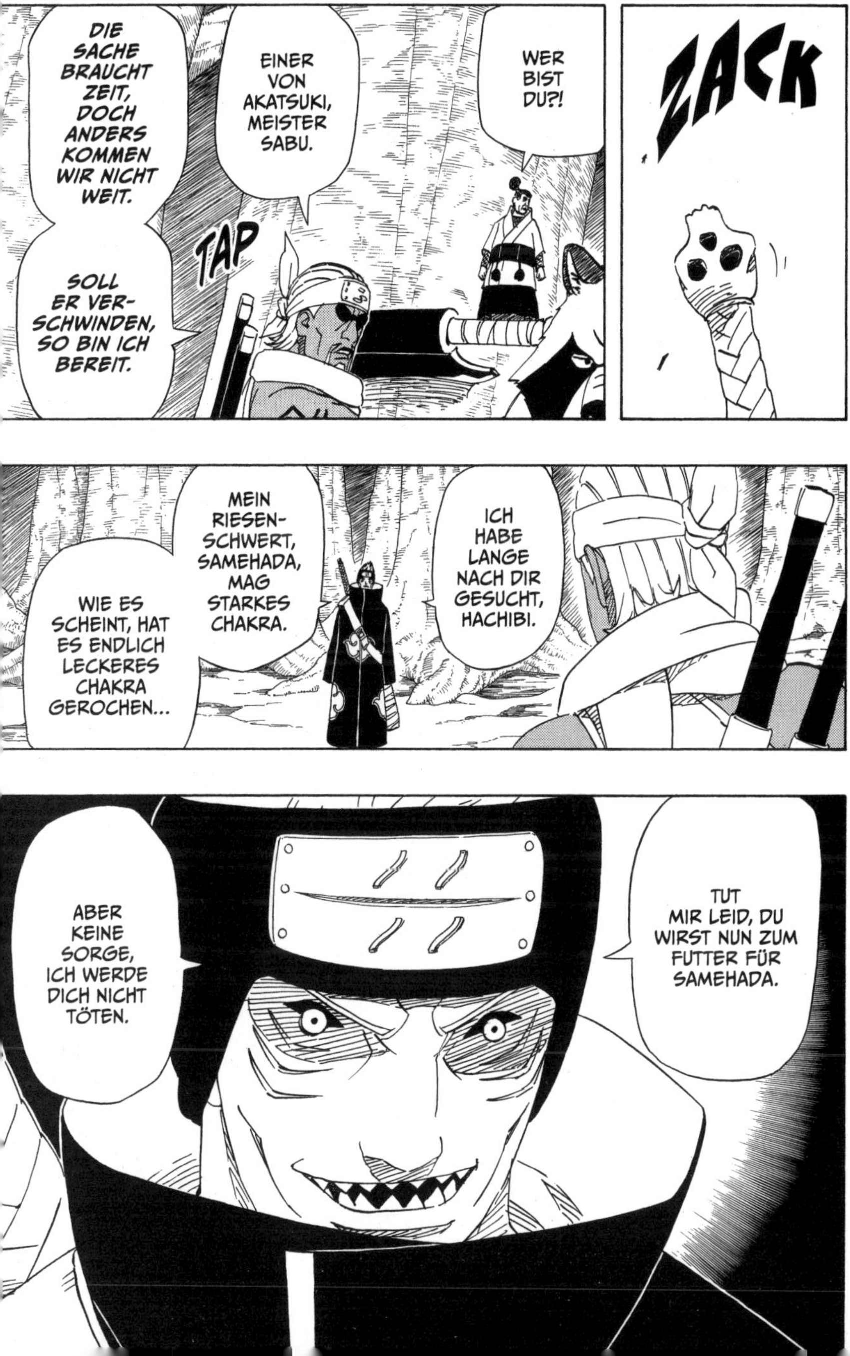
ZACK
WER BIST DU?!
EINER VON AKATSUKI, MEISTER SABU.
DIE SACHE BRAUCHT ZEIT, DOCH ANDERS KOMMEN WIR NICHT WEIT.
SOLL ER VER-SCHWINDEN, SO BIN ICH BEREIT.
TAP
ICH HABE LANGE NACH DIR GESUCHT, HACHIBI.
MEIN RIESEN-SCHWERT, SAMEHADA, MAG STARKES CHAKRA.
WIE ES SCHEINT, HAT ES ENDLICH LECKERES CHAKRA GEROCHEN...
TUT MIR LEID, DU WIRST NUN ZUM FUTTER FÜR SAMEHADA.
ABER KEINE SORGE, ICH WERDE DICH NICHT TÖTEN.

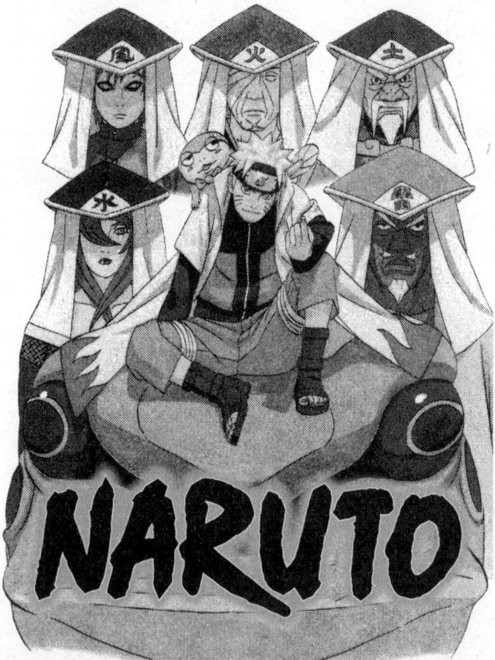
NARUTO

469. Kapitel: Sakuras Geständnis

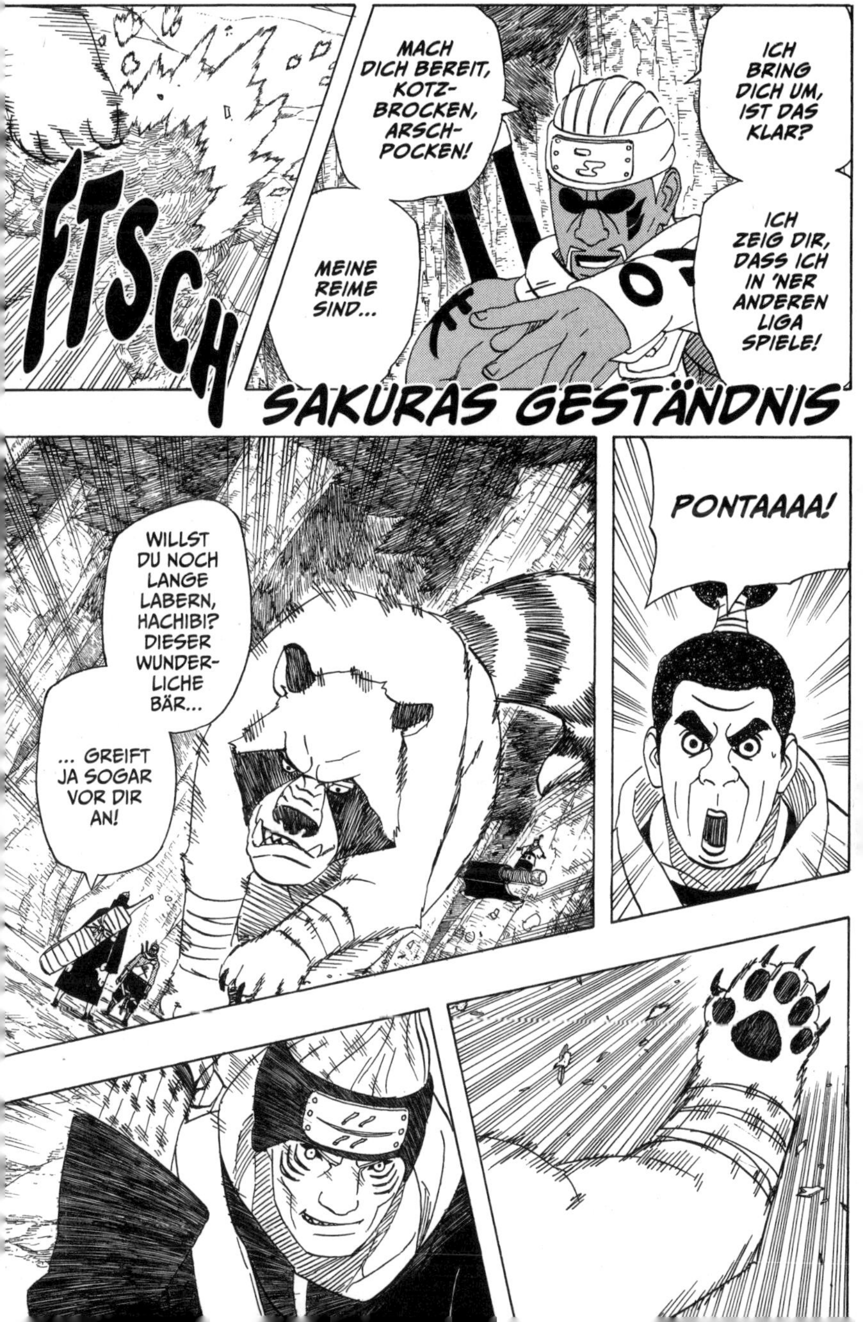

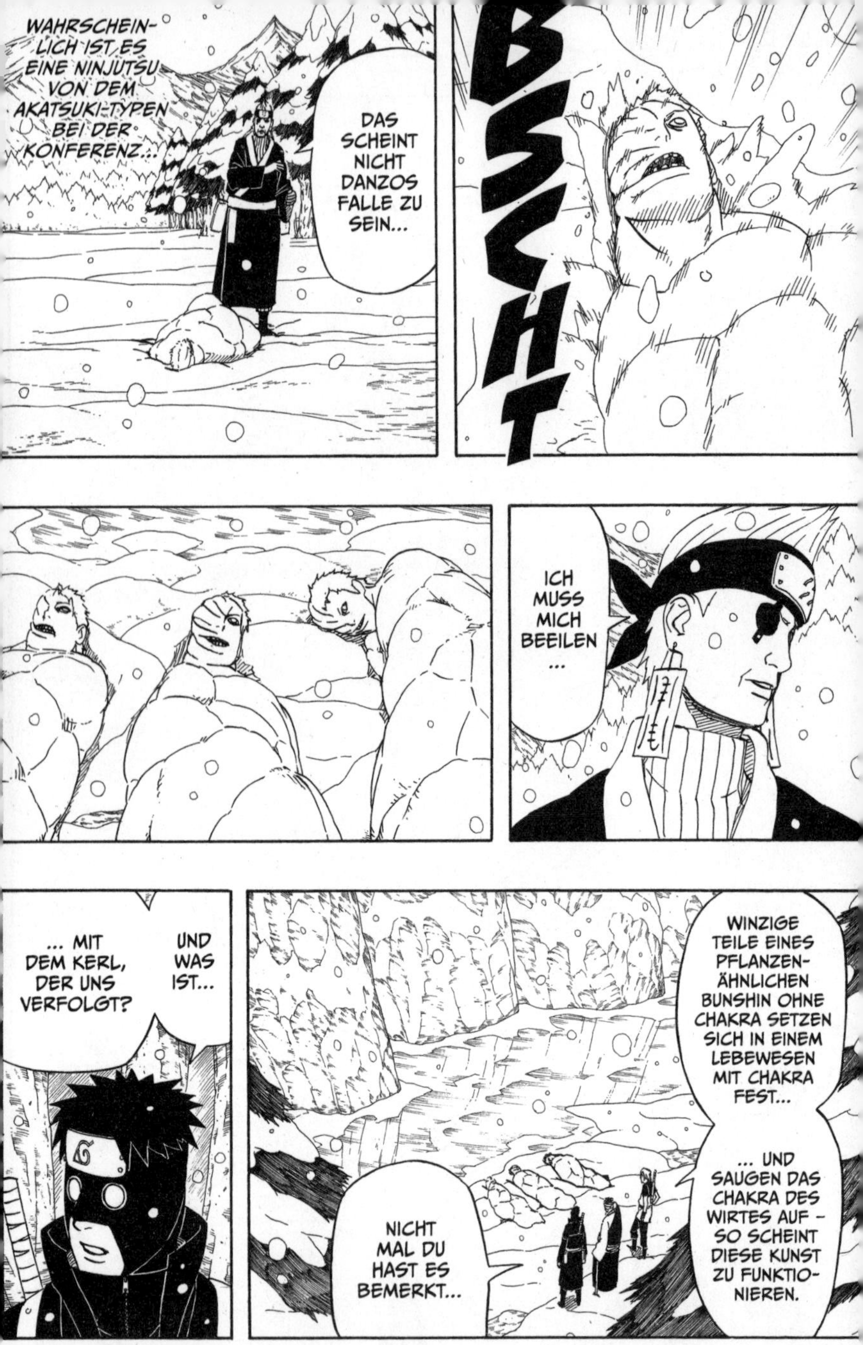
BSCHT
DAS SCHEINT NICHT DANZOS FALLE ZU SEIN...
WAHRSCHEIN-LICH IST ES EINE NINJUTSU VON DEM AKATSUKI-TYPEN BEI DER KONFERENZ...
ICH MUSS MICH BEEILEN ...
WINZIGE TEILE EINES PFLANZEN-ÄHNLICHEN BUNSHIN OHNE CHAKRA SETZEN SICH IN EINEM LEBEWESEN MIT CHAKRA FEST...
... UND SAUGEN DAS CHAKRA DES WIRTES AUF - SO SCHEINT DIESE KUNST ZU FUNKTIONIEREN.
NICHT MAL DU HAST ES BEMERKT...
UND WAS IST...
... MIT DEM KERL, DER UNS VERFOLGT?

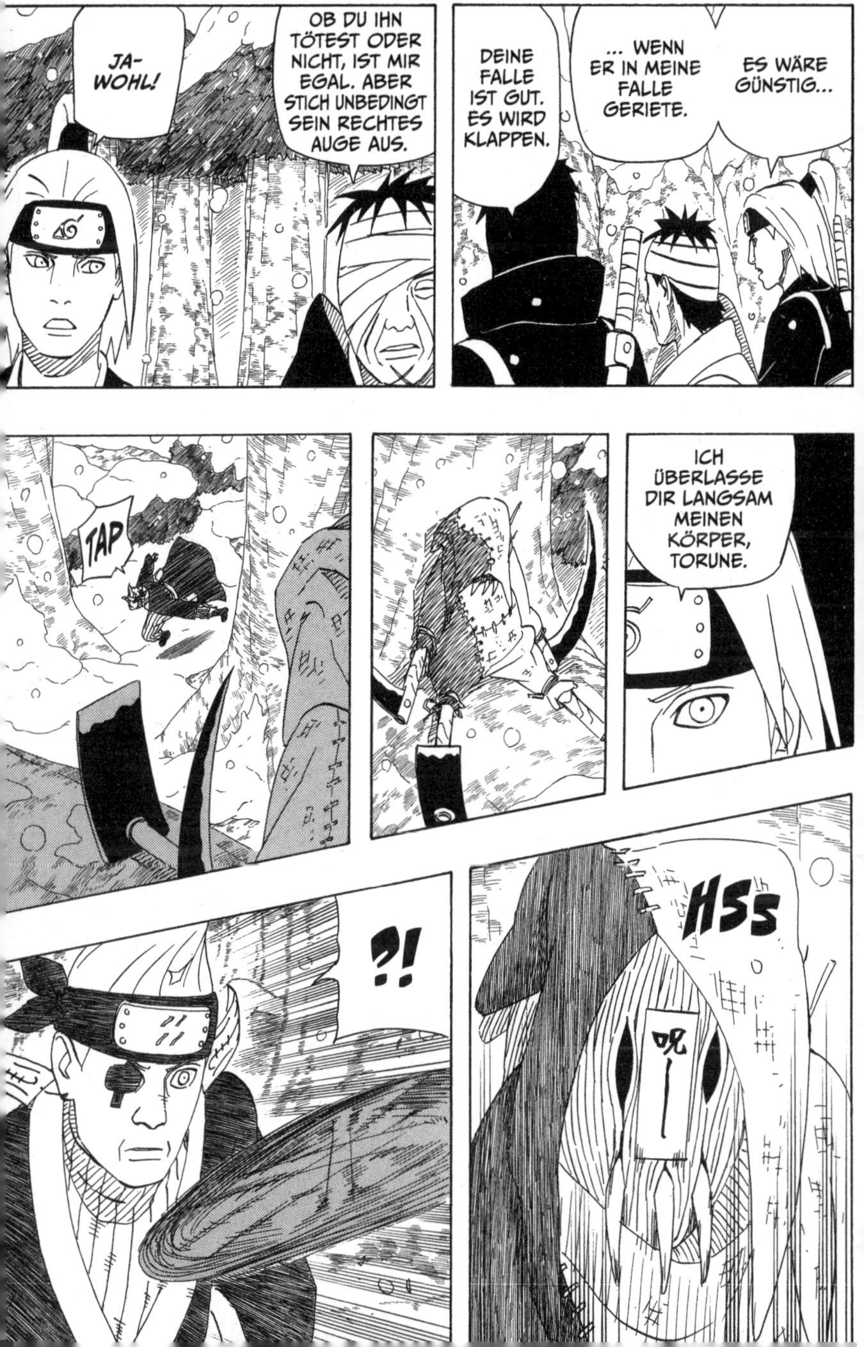
ES WÄRE GÜNSTIG...
... WENN ER IN MEINE FALLE GERIETE.
DEINE FALLE IST GUT. ES WIRD KLAPPEN.
OB DU IHN TÖTEST ODER NICHT, IST MIR EGAL. ABER STICH UNBEDINGT SEIN RECHTES AUGE AUS.
JA-WOHL!
ICH ÜBERLASSE DIR LANGSAM MEINEN KÖRPER, TORUNE.
TAP
HSS
呪
?!

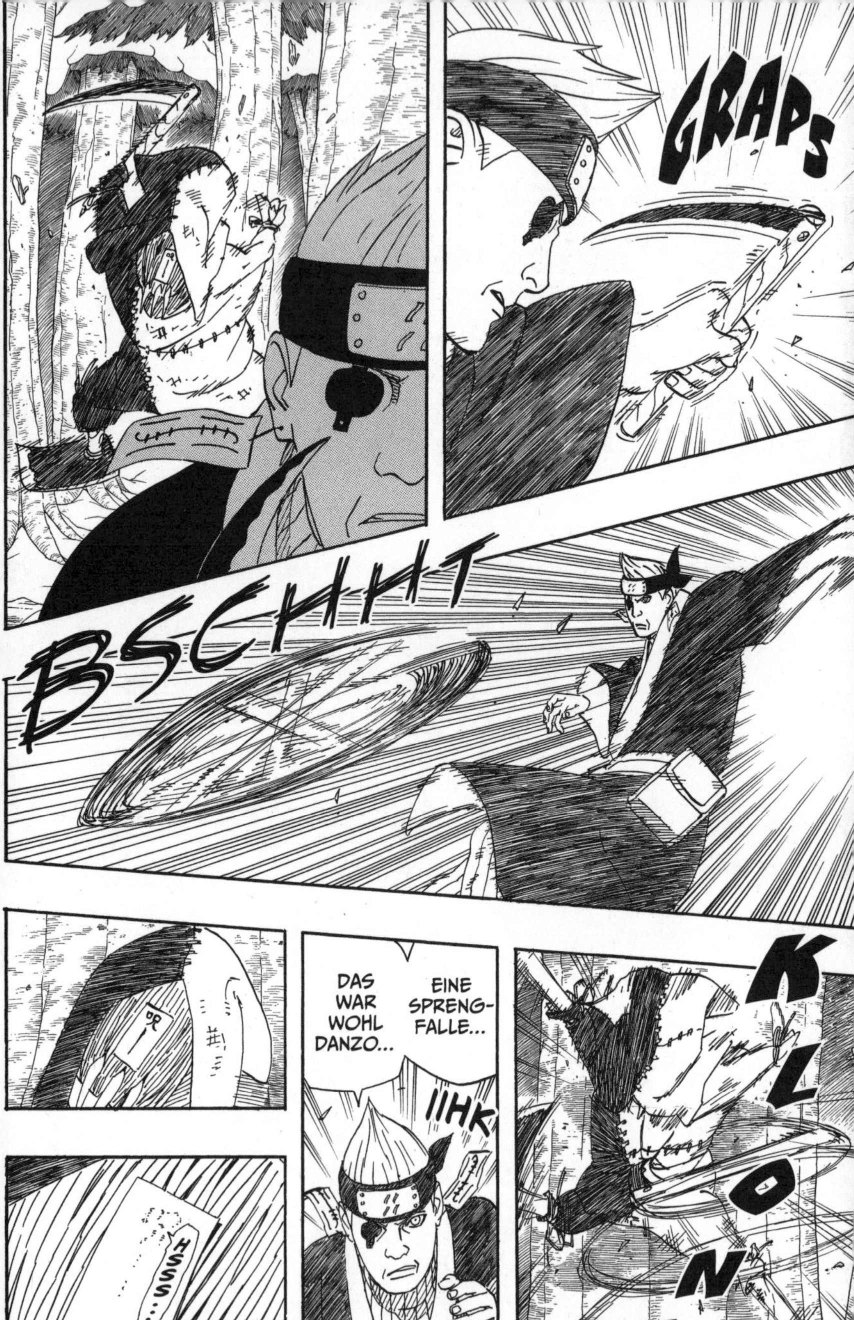
GRAPS
BSCHHT
EINE SPRENG-FALLE...
DAS WAR WOHL DANZO...
IIHK
HSSS...
KLONG

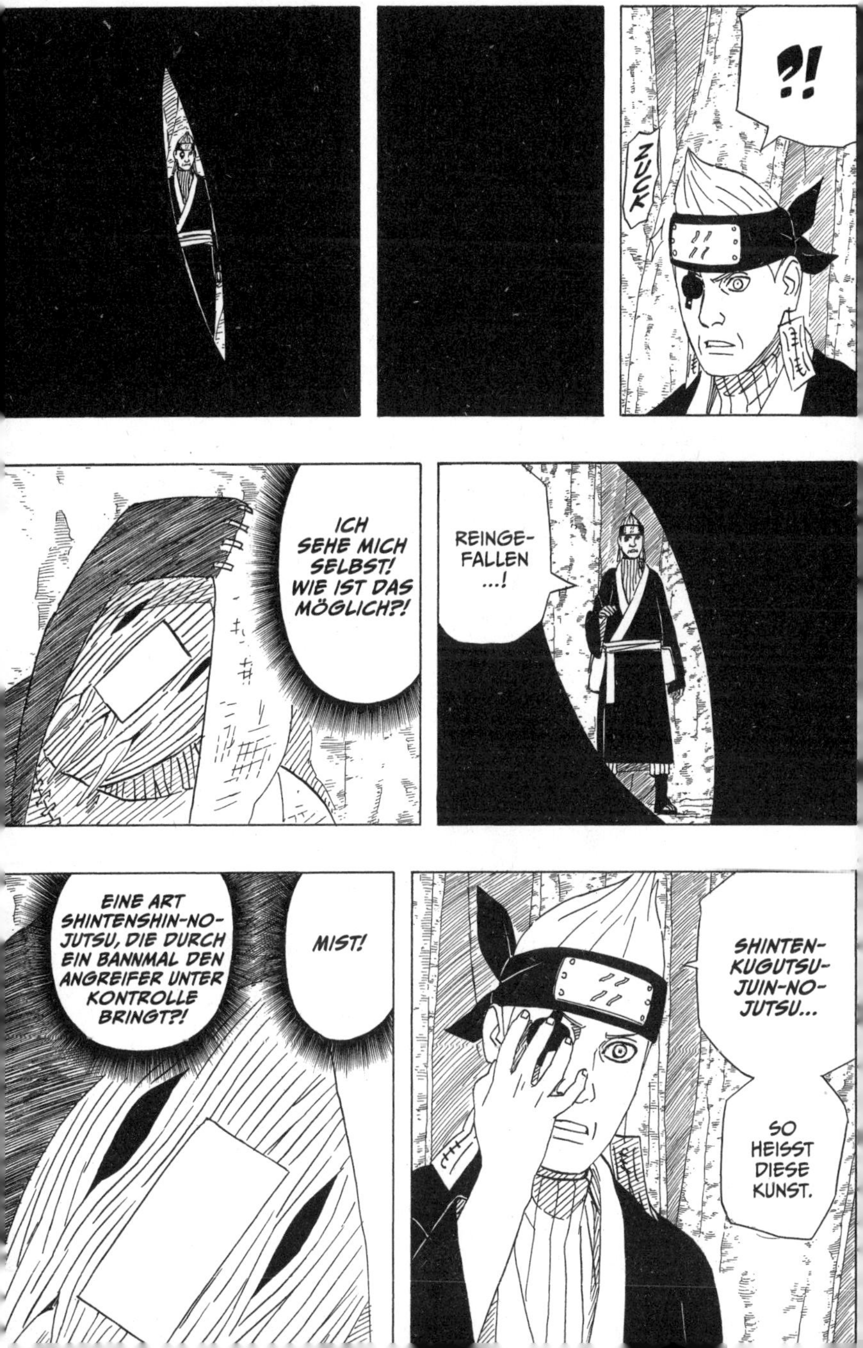
?!
ZUCK
REINGE-FALLEN ...!
ICH SEHE MICH SELBST! WIE IST DAS MÖGLICH?!
SHINTEN-KUGUTSU-JUIN-NO-JUTSU...
SO HEISST DIESE KUNST.
MIST!
EINE ART SHINTENSHIN-NO-JUTSU, DIE DURCH EIN BANNMAL DEN ANGREIFER UNTER KONTROLLE BRINGT?!

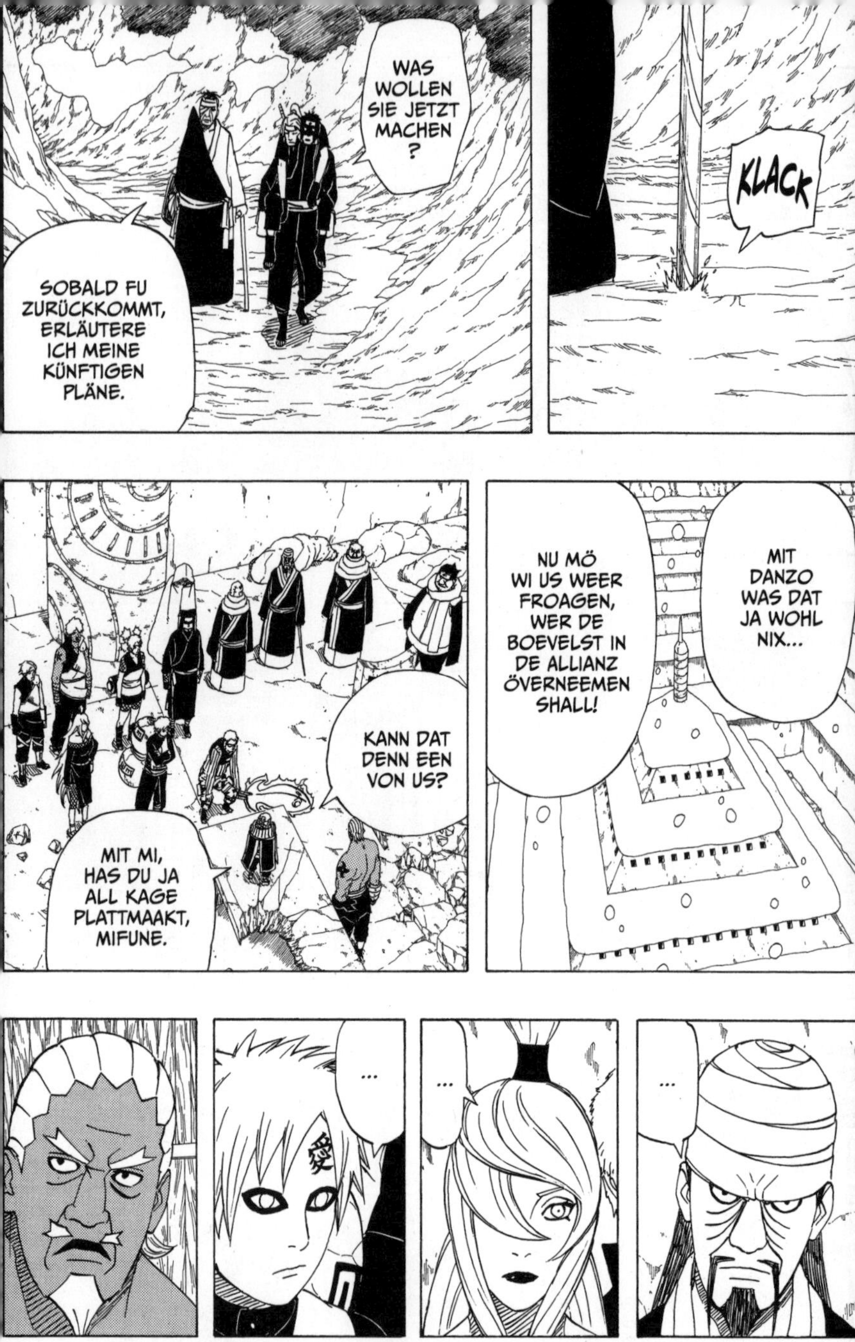
KLACK
WAS WOLLEN SIE JETZT MACHEN?
SOBALD FU ZURÜCKKOMMT, ERLÄUTERE ICH MEINE KÜNFTIGEN PLÄNE.
MIT DANZO WAS DAT JA WOHL NIX...
NU MÖ WI US WEER FROAGEN, WER DE BOEVELST IN DE ALLIANZ ÖVERNEEMEN SHALL!
KANN DAT DENN EEN VON US?
MIT MI, HAS DU JA ALL KAGE PLATTMAAKT, MIFUNE.
...
...
...

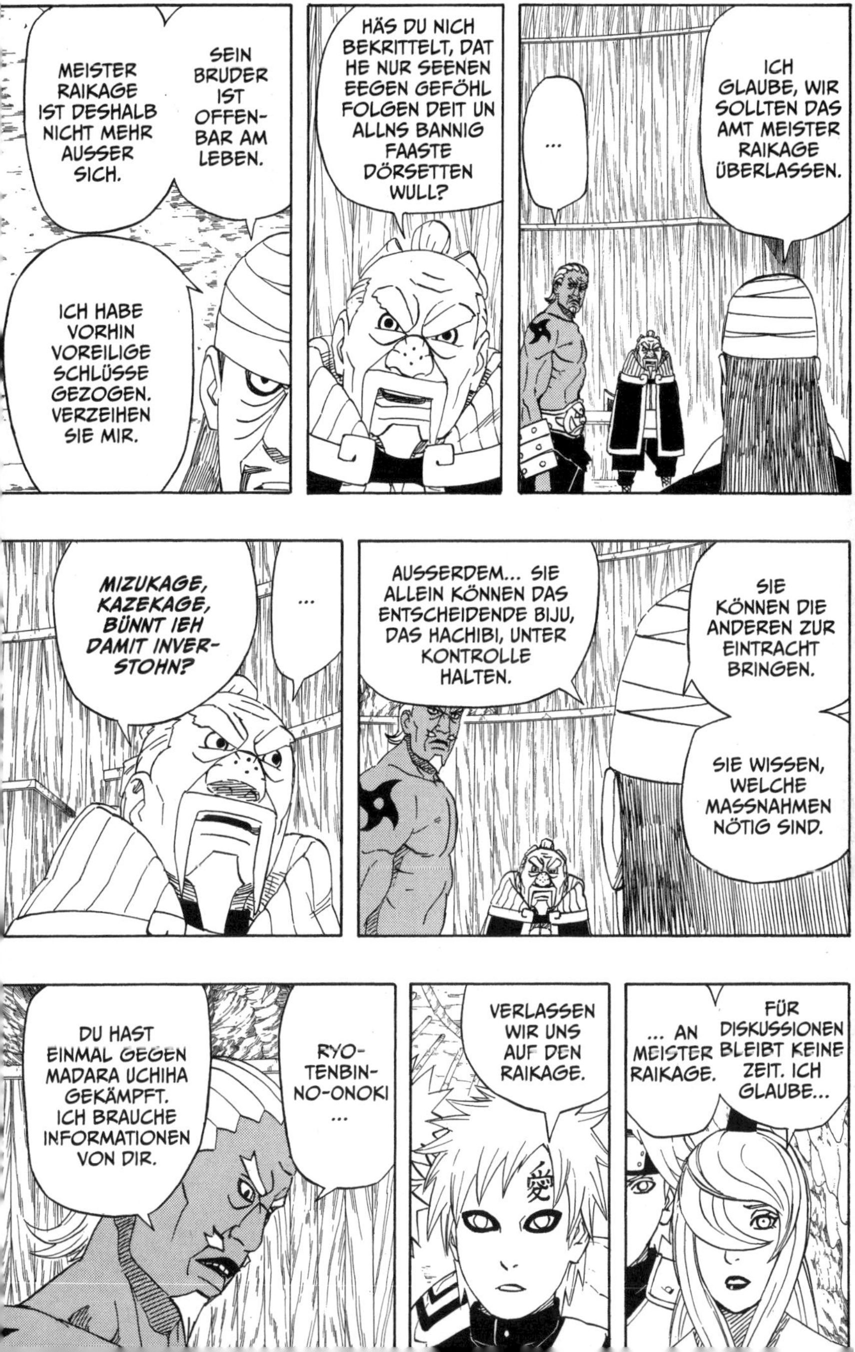

ICH GLAUBE, WIR SOLLTEN DAS AMT MEISTER RAIKAGE ÜBERLASSEN.
...
HÄS DU NICH BEKRITTELT, DAT HE NUR SEENEN EEGEN GEFÖHL FOLGEN DEIT UN ALLNS BANNIG FAASTE DÖRSETTEN WULL?
SEIN BRUDER IST OFFEN-BAR AM LEBEN.
MEISTER RAIKAGE IST DESHALB NICHT MEHR AUSSER SICH.
ICH HABE VORHIN VOREILIGE SCHLÜSSE GEZOGEN. VERZEIHEN SIE MIR.
SIE KÖNNEN DIE ANDEREN ZUR EINTRACHT BRINGEN.
AUSSERDEM... SIE ALLEIN KÖNNEN DAS ENTSCHEIDENDE BIJU, DAS HACHIBI, UNTER KONTROLLE HALTEN.
SIE WISSEN, WELCHE MASSNAHMEN NÖTIG SIND.
...
MIZUKAGE, KAZEKAGE, BÜNNT IEH DAMIT INVER-STOHN?
FÜR DISKUSSIONEN BLEIBT KEINE ZEIT. ICH GLAUBE...
... AN MEISTER RAIKAGE.
VERLASSEN WIR UNS AUF DEN RAIKAGE.
RYO-TENBIN-NO-ONOKI ...
DU HAST EINMAL GEGEN MADARA UCHIHA GEKÄMPFT. ICH BRAUCHE INFORMATIONEN VON DIR.

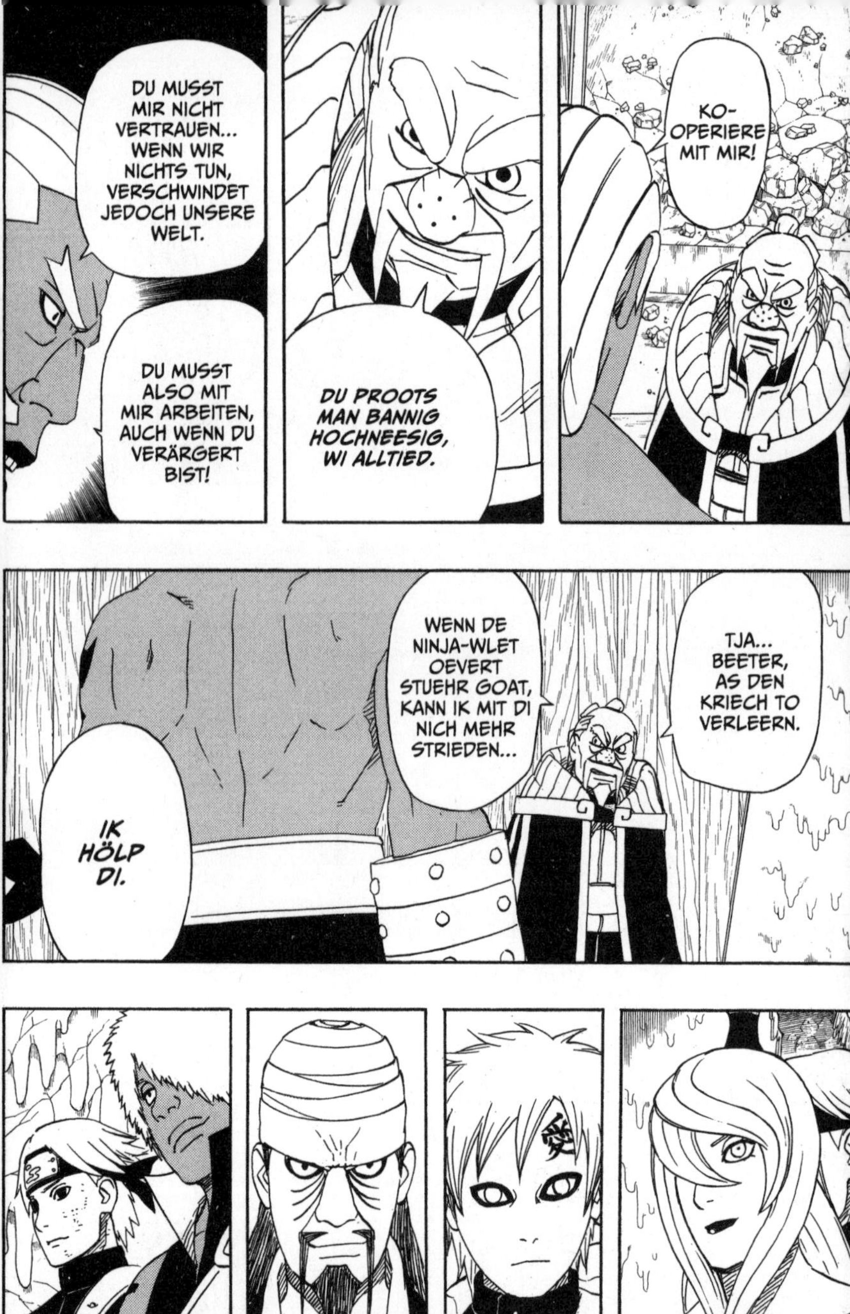
KO-OPERIERE MIT MIR!
DU PROOTS MAN BANNIG HOCHNEESIG, WI ALLTIED.
DU MUSST MIR NICHT VERTRAUEN... WENN WIR NICHTS TUN, VERSCHWINDET JEDOCH UNSERE WELT.
DU MUSST ALSO MIT MIR ARBEITEN, AUCH WENN DU VERÄRGERT BIST!
TJA... BEETER, AS DEN KRIECH TO VERLEERN.
WENN DE NINJA-WLET OEVERT STUEHR GOAT, KANN IK MIT DI NICH MEHR STRIEDEN...
IK HÖLP DI.

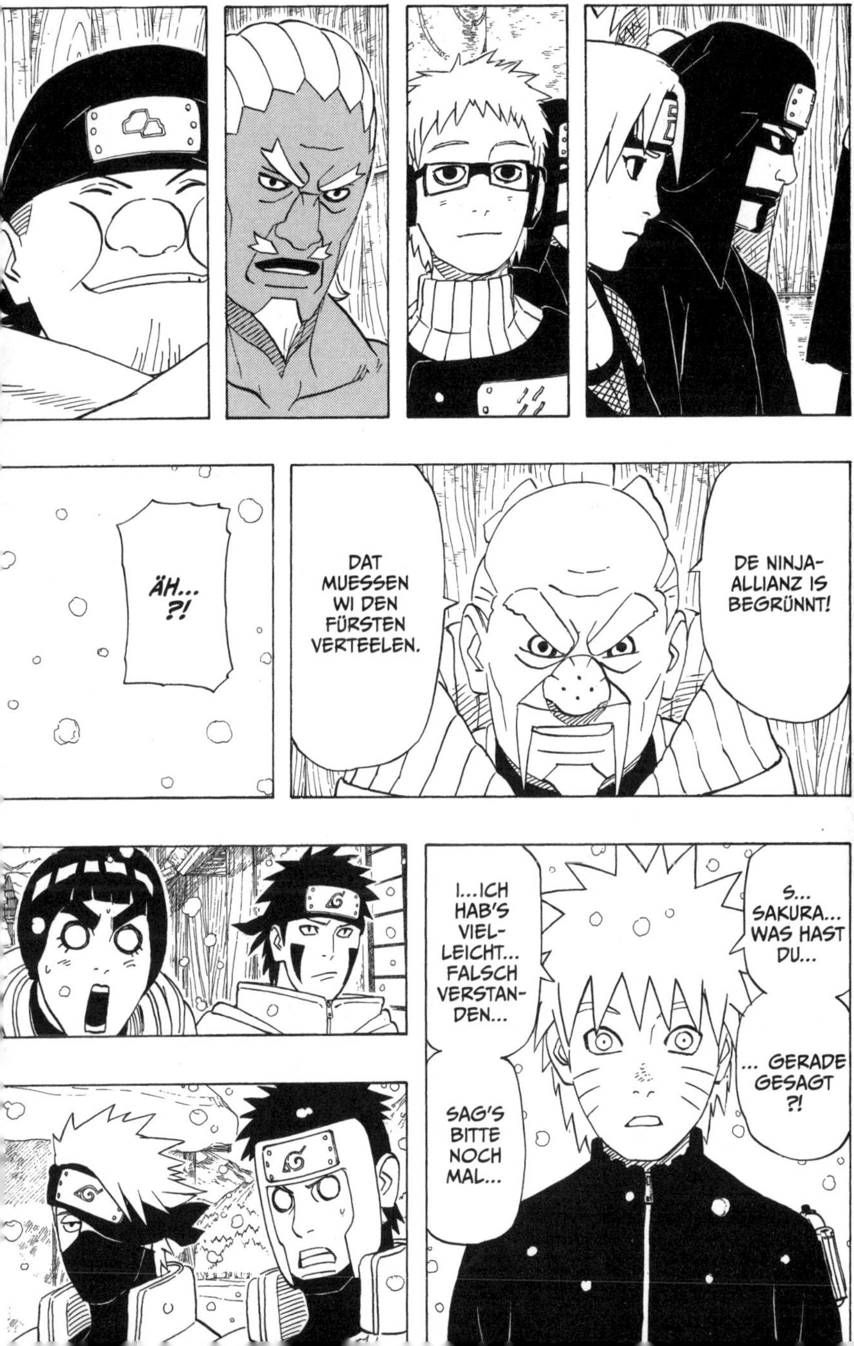
DE NINJA-ALLIANZ IS BEGRÜNNT!
DAT MUESSEN WI DEN FÜRSTEN VERTEELEN.
ÄH...?!
S... SAKURA... WAS HAST DU...
... GERADE GESAGT ?!
I...ICH HAB'S VIEL-LEICHT... FALSCH VERSTAN-DEN...
SAG'S BITTE NOCH MAL...

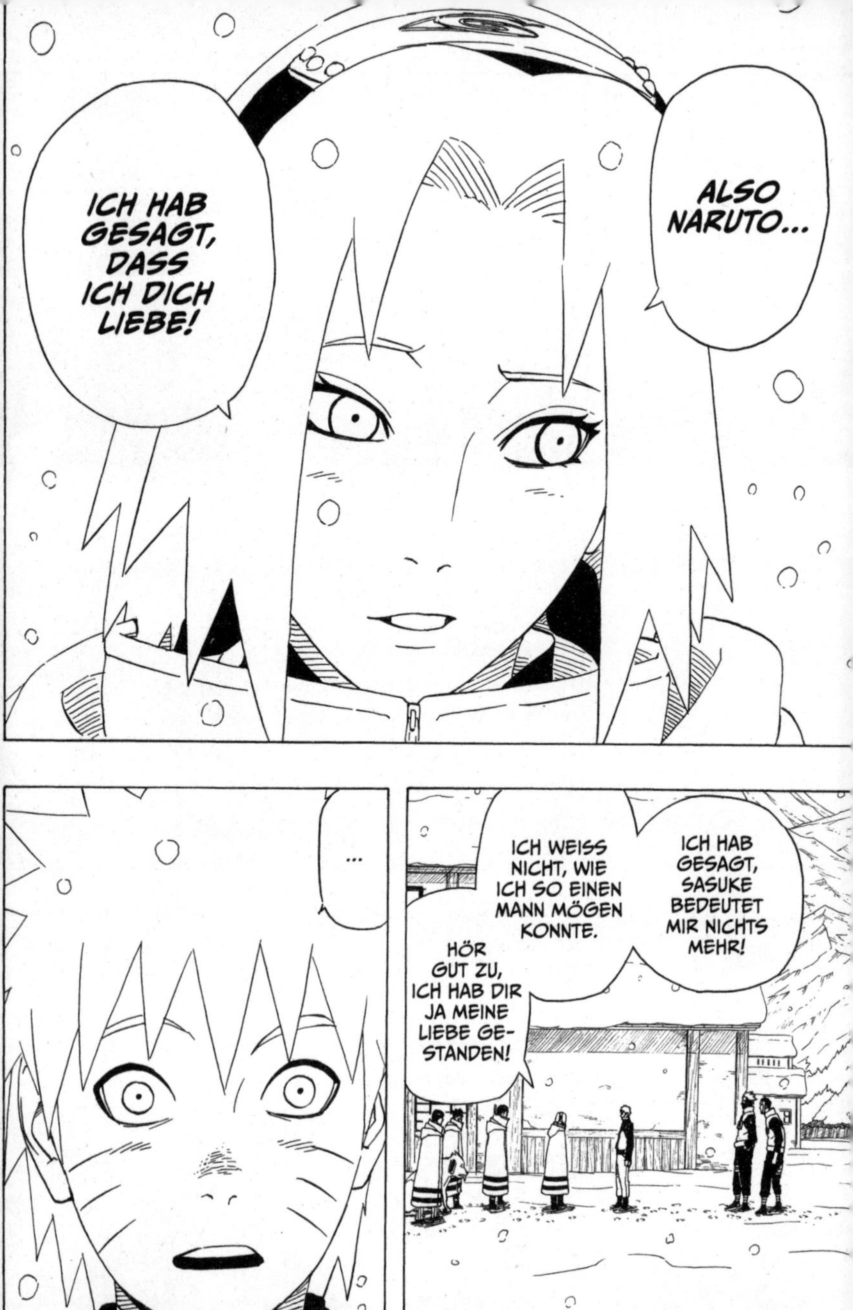
ALSO NARUTO...
ICH HAB GESAGT, DASS ICH DICH LIEBE!
ICH HAB GESAGT, SASUKE BEDEUTET MIR NICHTS MEHR!
ICH WEISS NICHT, WIE ICH SO EINEN MANN MÖGEN KONNTE.
HÖR GUT ZU, ICH HAB DIR JA MEINE LIEBE GE-STANDEN!
...

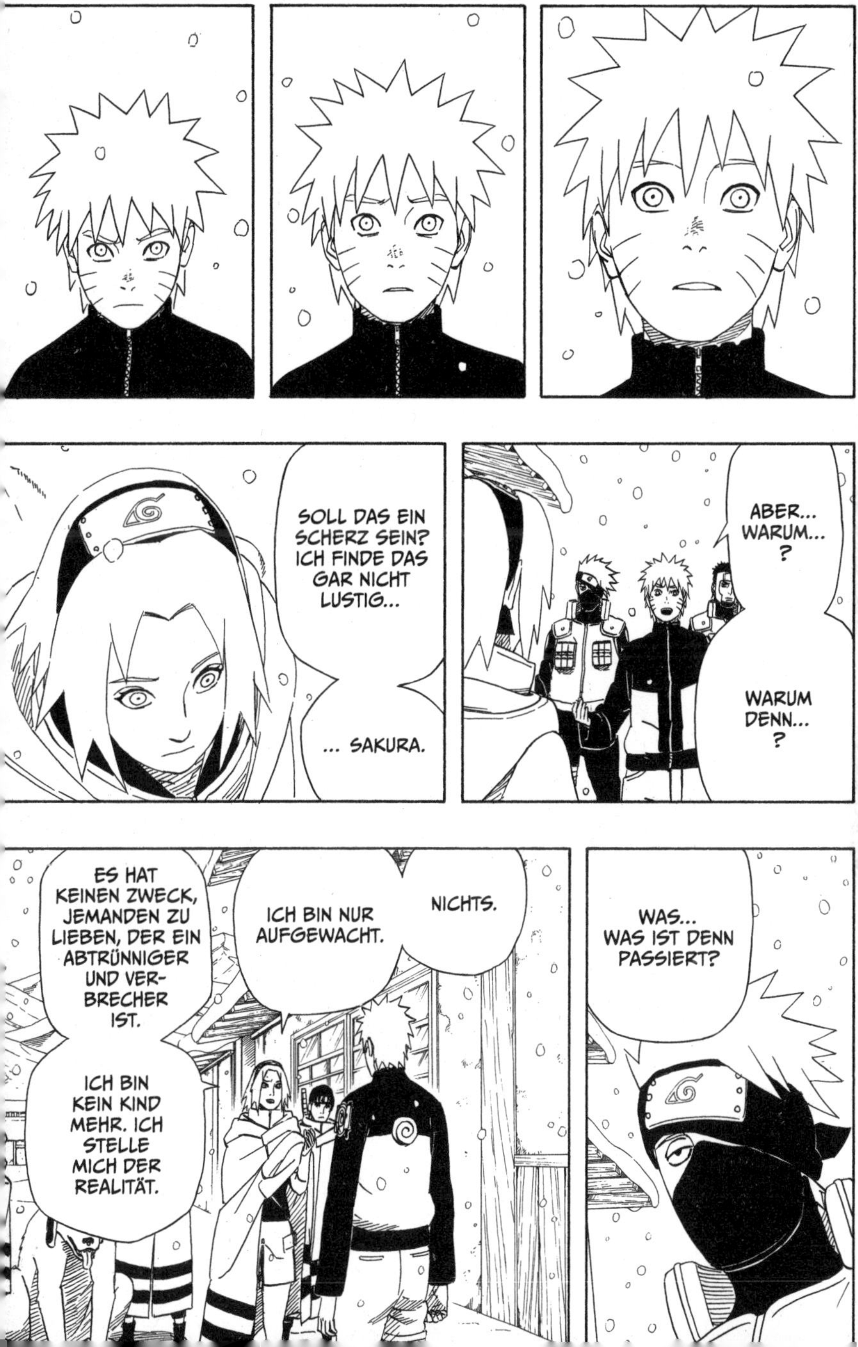
ABER... WARUM... ?
WARUM DENN... ?
SOLL DAS EIN SCHERZ SEIN? ICH FINDE DAS GAR NICHT LUSTIG...
... SAKURA.
WAS... WAS IST DENN PASSIERT?
NICHTS.
ICH BIN NUR AUFGEWACHT.
ES HAT KEINEN ZWECK, JEMANDEN ZU LIEBEN, DER EIN ABTRÜNNIGER UND VER-BRECHER IST.
ICH BIN KEIN KIND MEHR. ICH STELLE MICH DER REALITÄT.

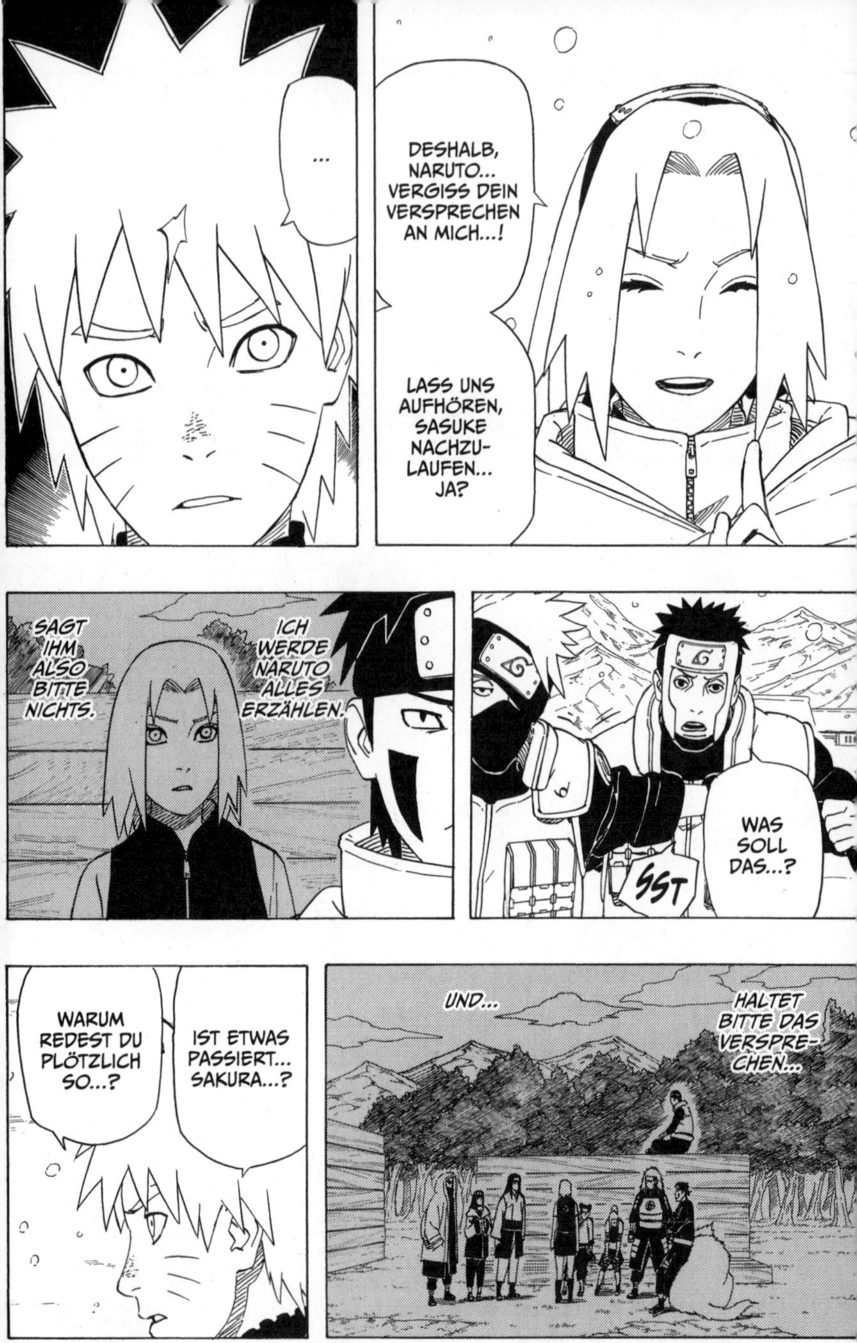
DESHALB, NARUTO... VERGISS DEIN VERSPRECHEN AN MICH...!
LASS UNS AUFHÖREN, SASUKE NACHZU-LAUFEN... JA?
...
WAS SOLL DAS...?
SST
ICH WERDE NARUTO ALLES ERZÄHLEN.
SAGT IHM ALSO BITTE NICHTS.
HALTET BITTE DAS VERSPRE-CHEN...
UND...
IST ETWAS PASSIERT... SAKURA...?
WARUM REDEST DU PLÖTZLICH SO...?

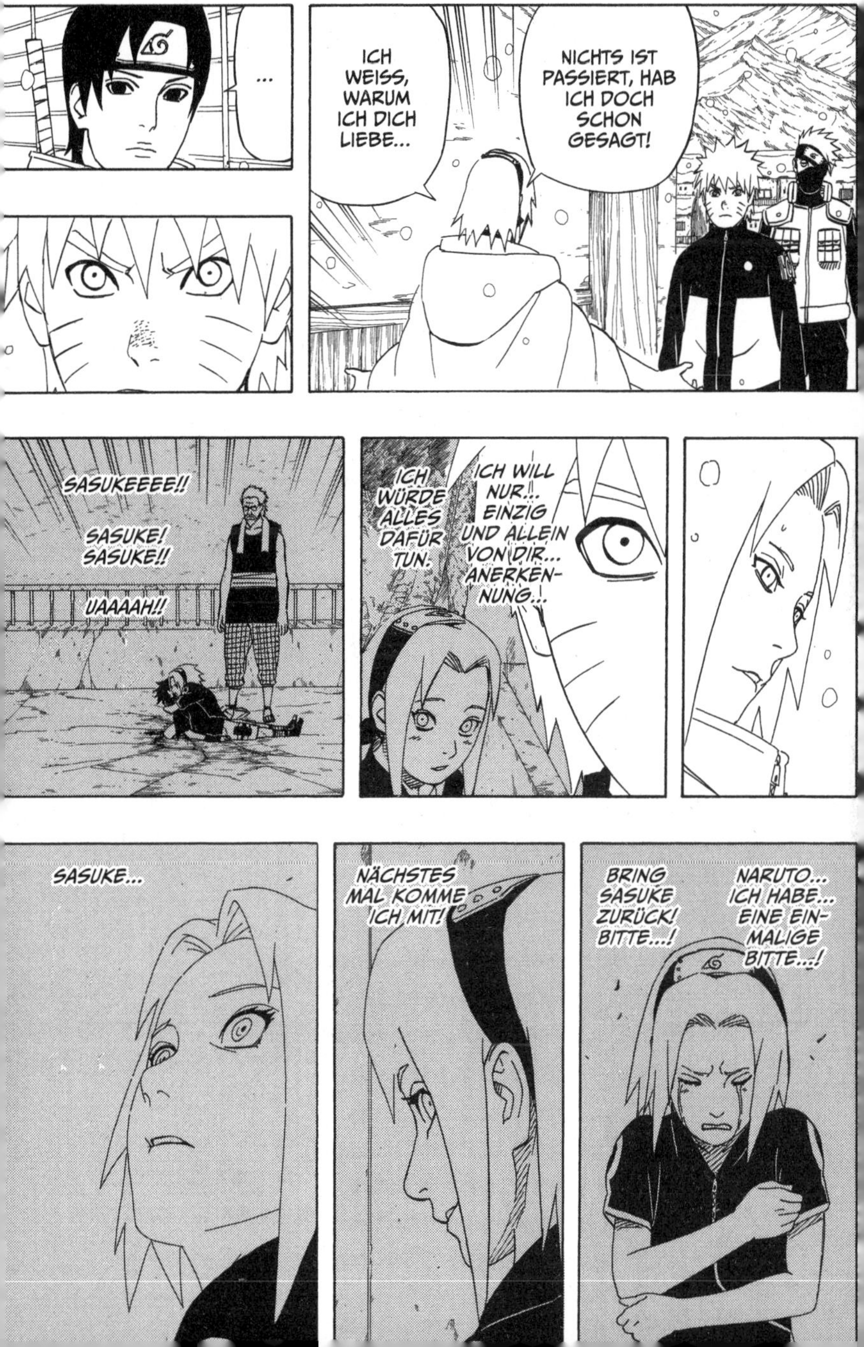
NICHTS IST PASSIERT, HAB ICH DOCH SCHON GESAGT!
ICH WEISS, WARUM ICH DICH LIEBE...
...
ICH WILL NUR... EINZIG UND ALLEIN VON DIR... ANERKEN-NUNG...
ICH WÜRDE ALLES DAFÜR TUN.
SASUKEEEE!!
SASUKE! SASUKE!!
UAAAAH!!
NARUTO... ICH HABE... EINE EIN-MALIGE BITTE...!
BRING SASUKE ZURÜCK! BITTE...!
NÄCHSTES MAL KOMME ICH MIT!
SASUKE...

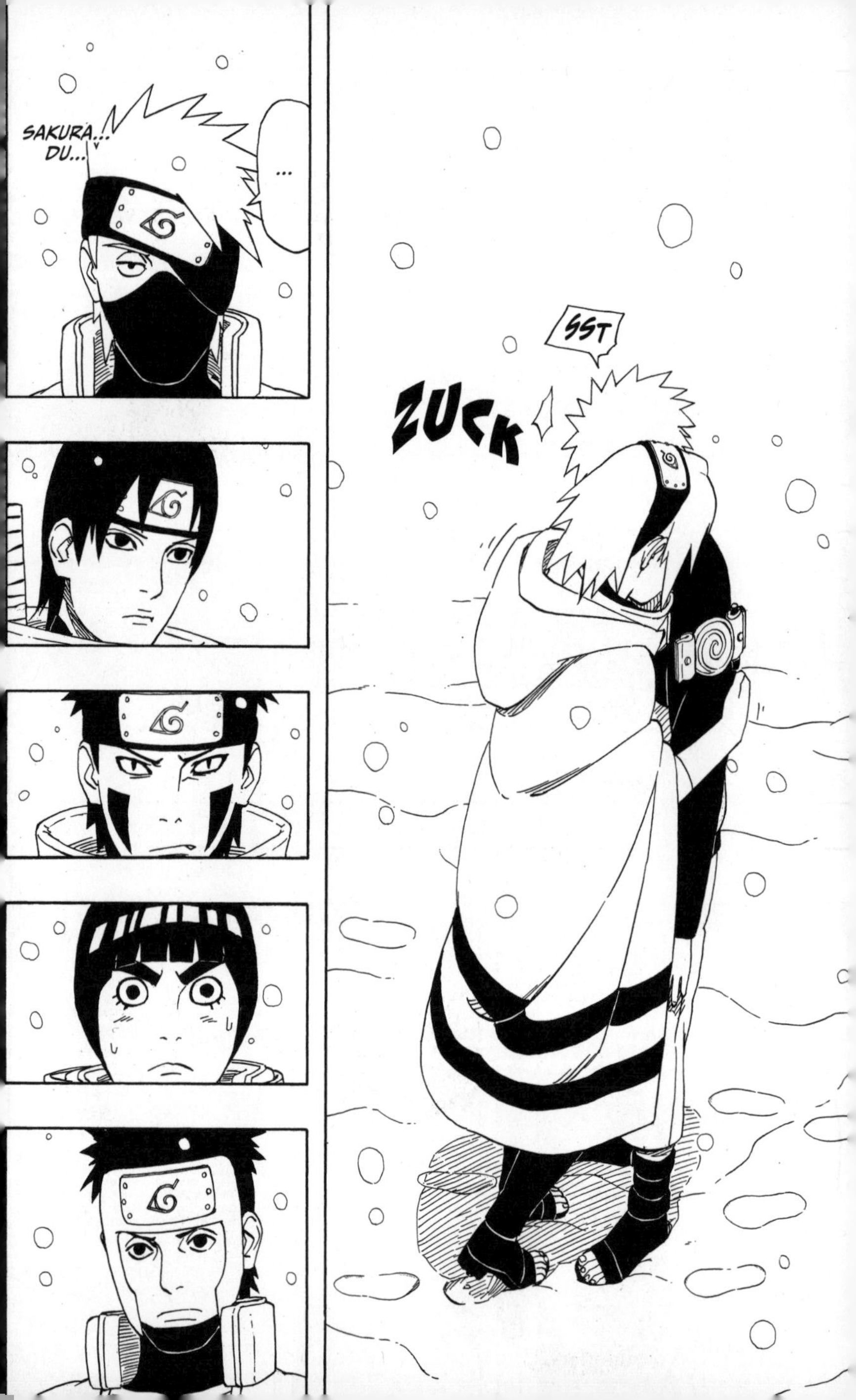

SAKURA...! DU...
...
SST
ZUCK

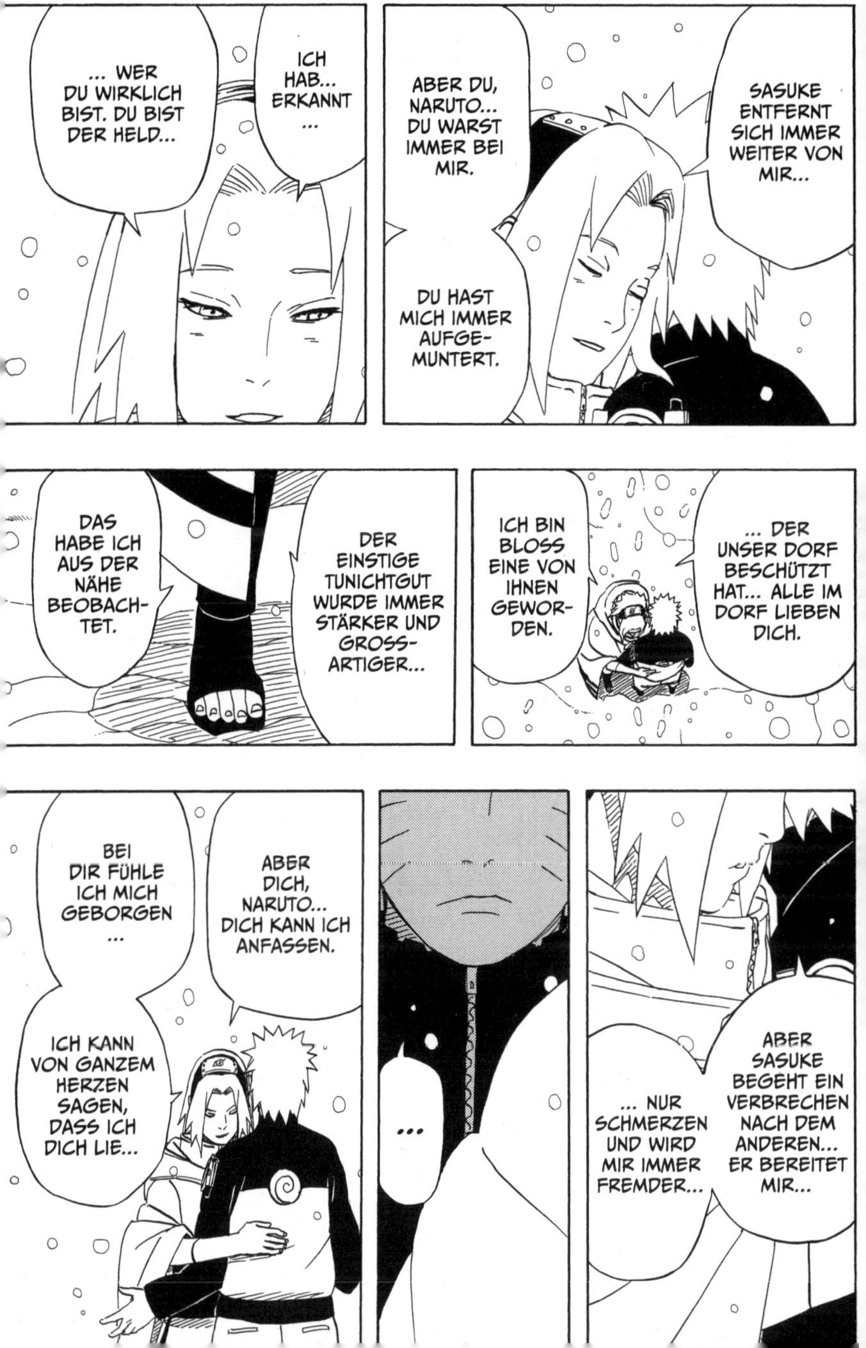
SASUKE ENTFERNT SICH IMMER WEITER VON MIR...
ABER DU, NARUTO... DU WARST IMMER BEI MIR.
DU HAST MICH IMMER AUFGEMUNTERT.
ICH HAB... ERKANNT ...
... WER DU WIRKLICH BIST. DU BIST DER HELD...
... DER UNSER DORF BESCHÜTZT HAT... ALLE IM DORF LIEBEN DICH.
ICH BIN BLOSS EINE VON IHNEN GEWORDEN.
DER EINSTIGE TUNICHTGUT WURDE IMMER STÄRKER UND GROSSARTIGER...
DAS HABE ICH AUS DER NÄHE BEOBACHTET.
ABER SASUKE BEGEHT EIN VERBRECHEN NACH DEM ANDEREN... ER BEREITET MIR...
... NUR SCHMERZEN UND WIRD MIR IMMER FREMDER...
...
ABER DICH, NARUTO... DICH KANN ICH ANFASSEN.
BEI DIR FÜHLE ICH MICH GEBORGEN ...
ICH KANN VON GANZEM HERZEN SAGEN, DASS ICH DICH LIE...

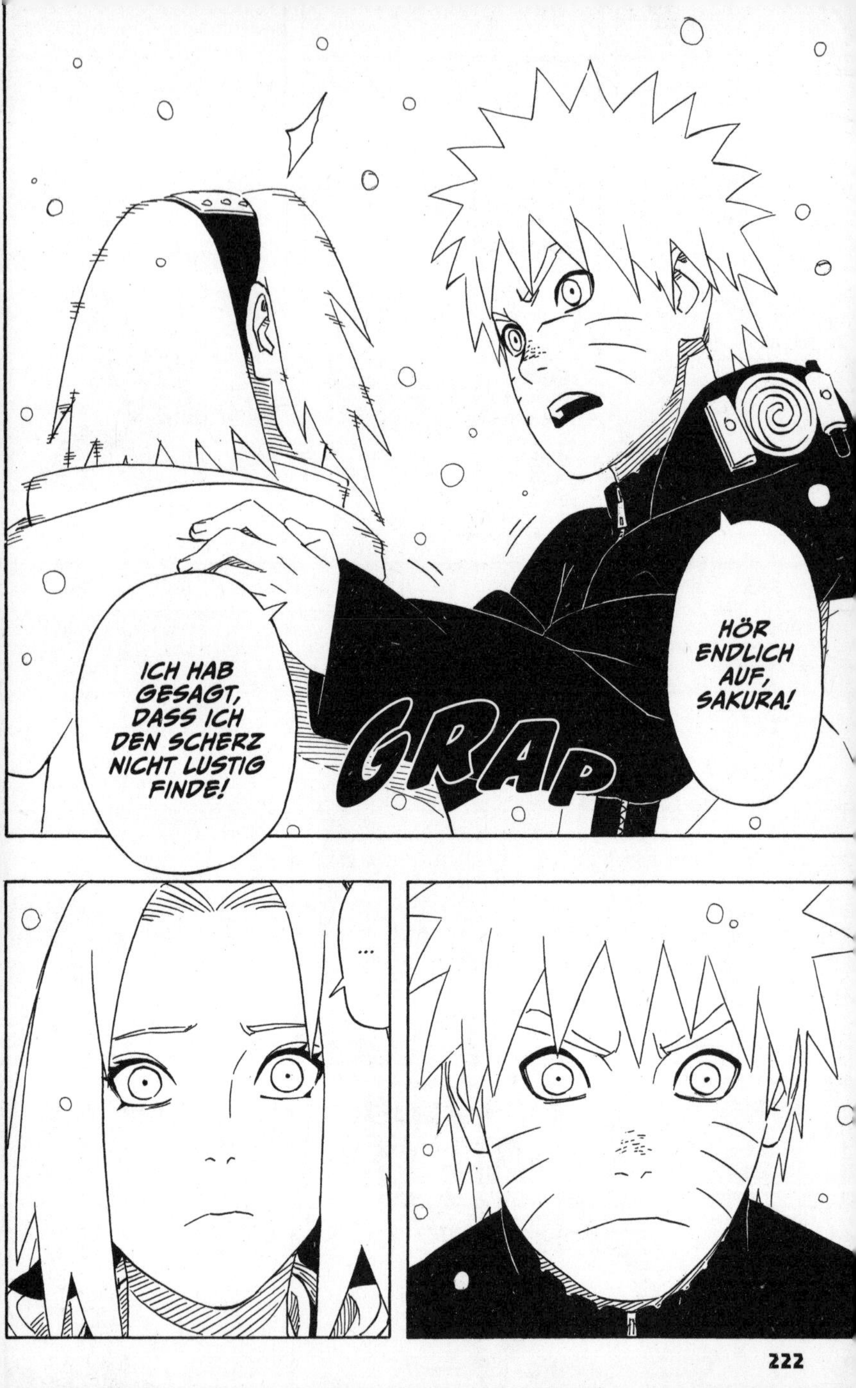
HÖR ENDLICH AUF, SAKURA!
GRAP
ICH HAB GESAGT, DASS ICH DEN SCHERZ NICHT LUSTIG FINDE!
...

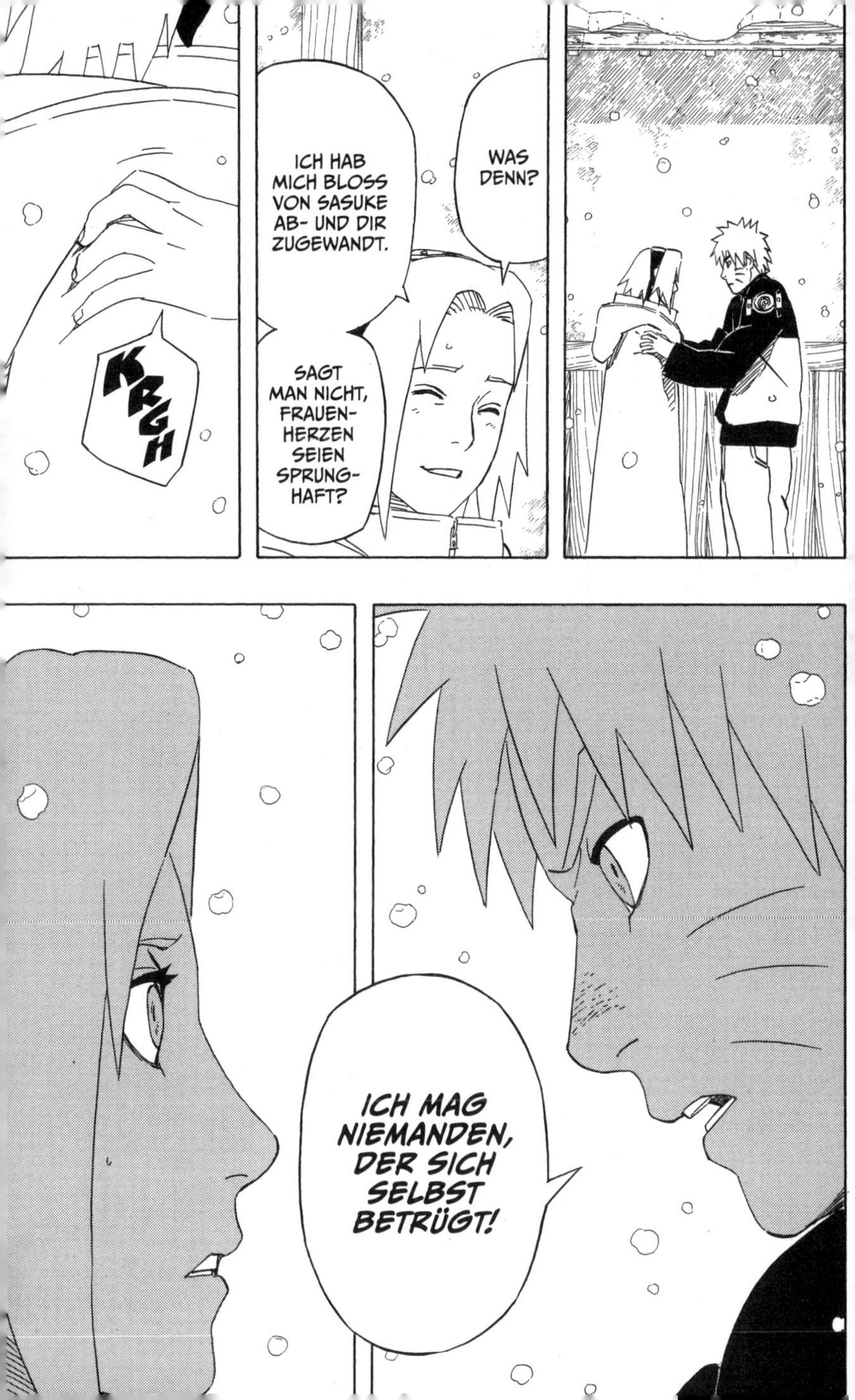
WAS DENN?
ICH HAB MICH BLOSS VON SASUKE AB- UND DIR ZUGEWANDT.
SAGT MAN NICHT, FRAUEN-HERZEN SEIEN SPRUNG-HAFT?
KRGH
ICH MAG NIEMANDEN, DER SICH SELBST BETRÜGT!

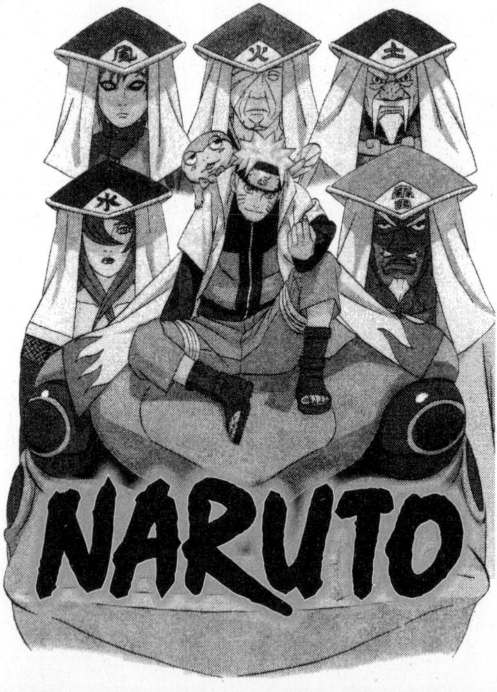
NARUTO

470. Kapitel: Killerbee vs. Kisame

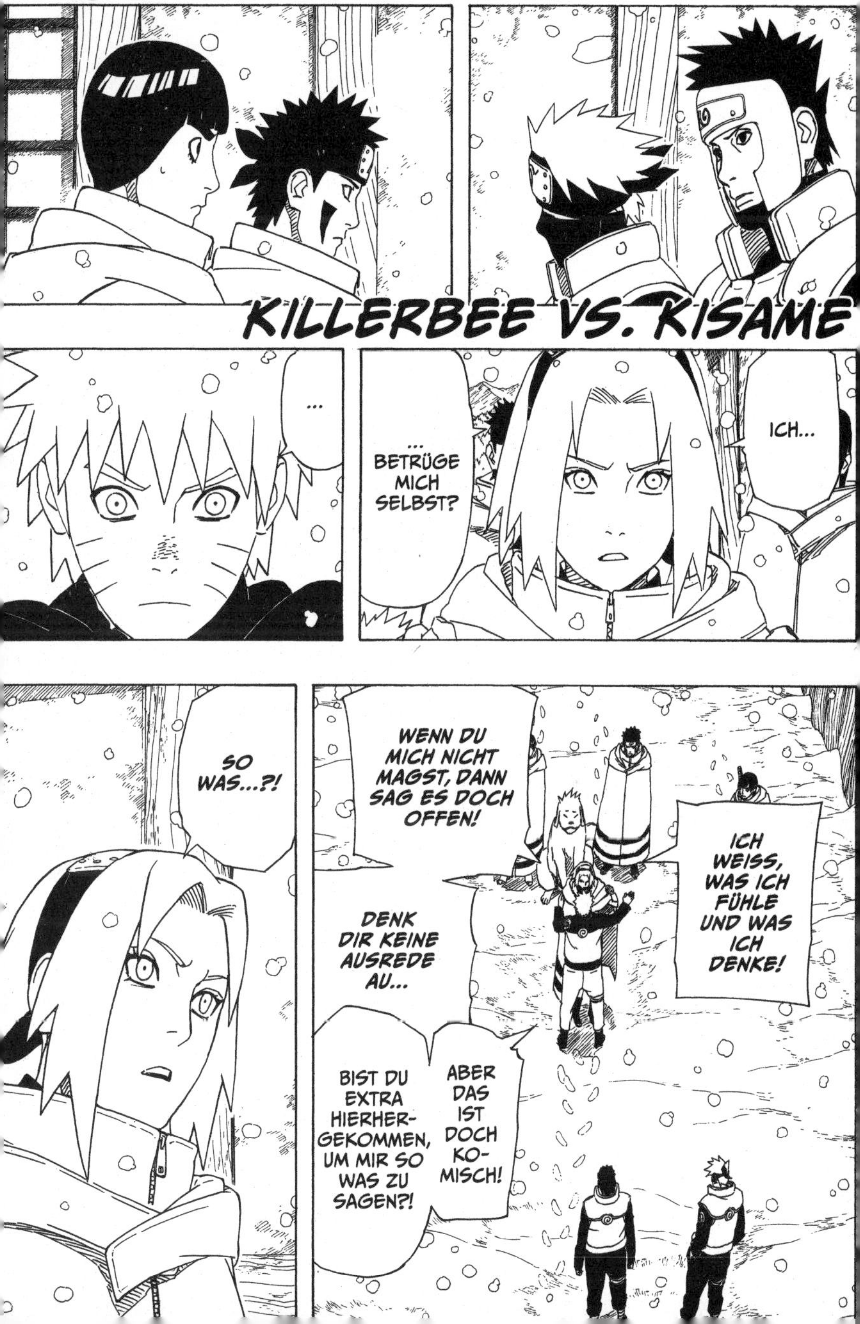

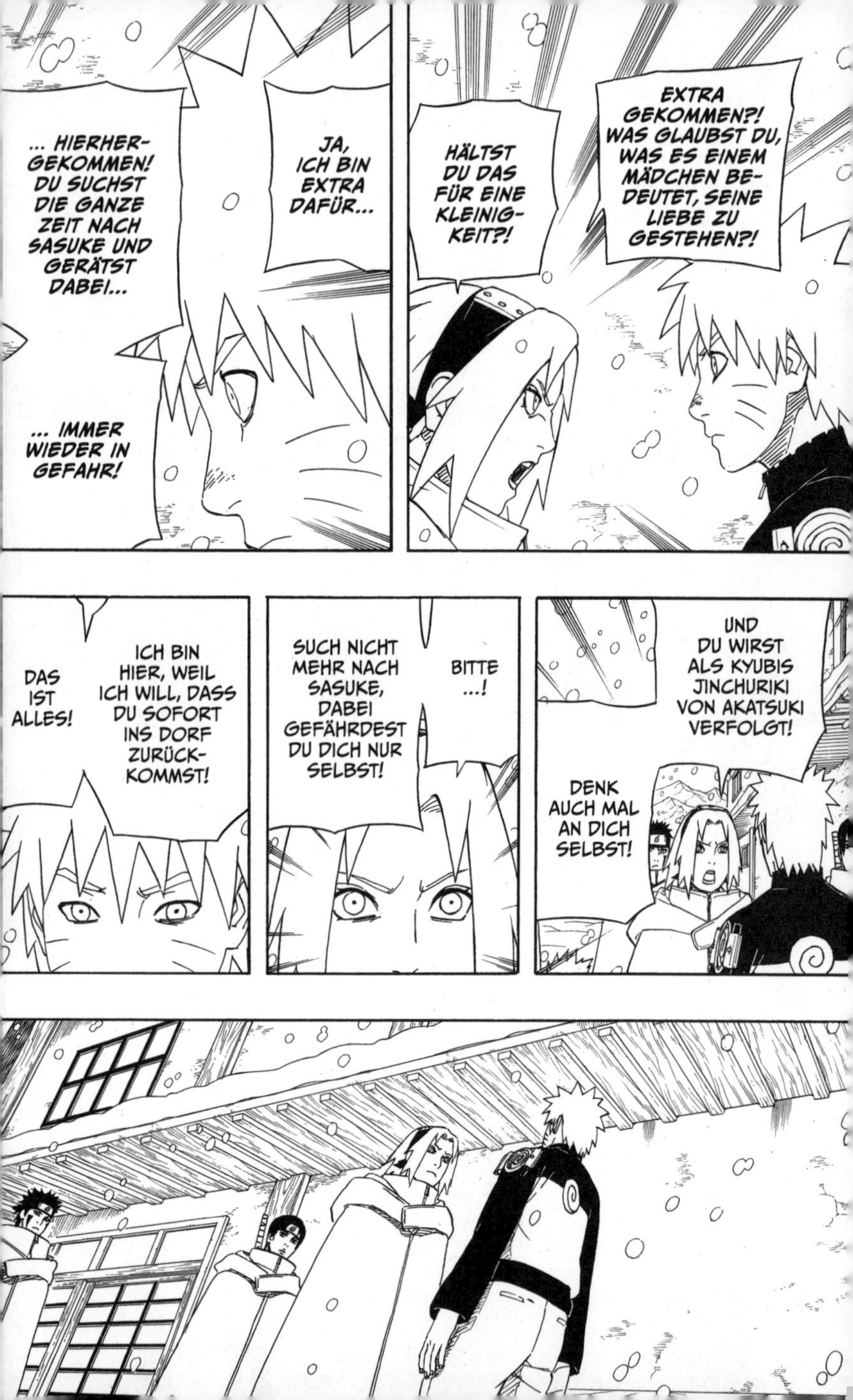
EXTRA GEKOMMEN?! WAS GLAUBST DU, WAS ES EINEM MÄDCHEN BEDEUTET, SEINE LIEBE ZU GESTEHEN?!
HÄLTST DU DAS FÜR EINE KLEINIGKEIT?!
JA, ICH BIN EXTRA DAFÜR…
… HIERHERGEKOMMEN! DU SUCHST DIE GANZE ZEIT NACH SASUKE UND GERÄTST DABEI…
… IMMER WIEDER IN GEFAHR!
UND DU WIRST ALS KYUBIS JINCHURIKI VON AKATSUKI VERFOLGT!
DENK AUCH MAL AN DICH SELBST!
BITTE …!
SUCH NICHT MEHR NACH SASUKE, DABEI GEFÄHRDEST DU DICH NUR SELBST!
ICH BIN HIER, WEIL ICH WILL, DASS DU SOFORT INS DORF ZURÜCKKOMMST!
DAS IST ALLES!

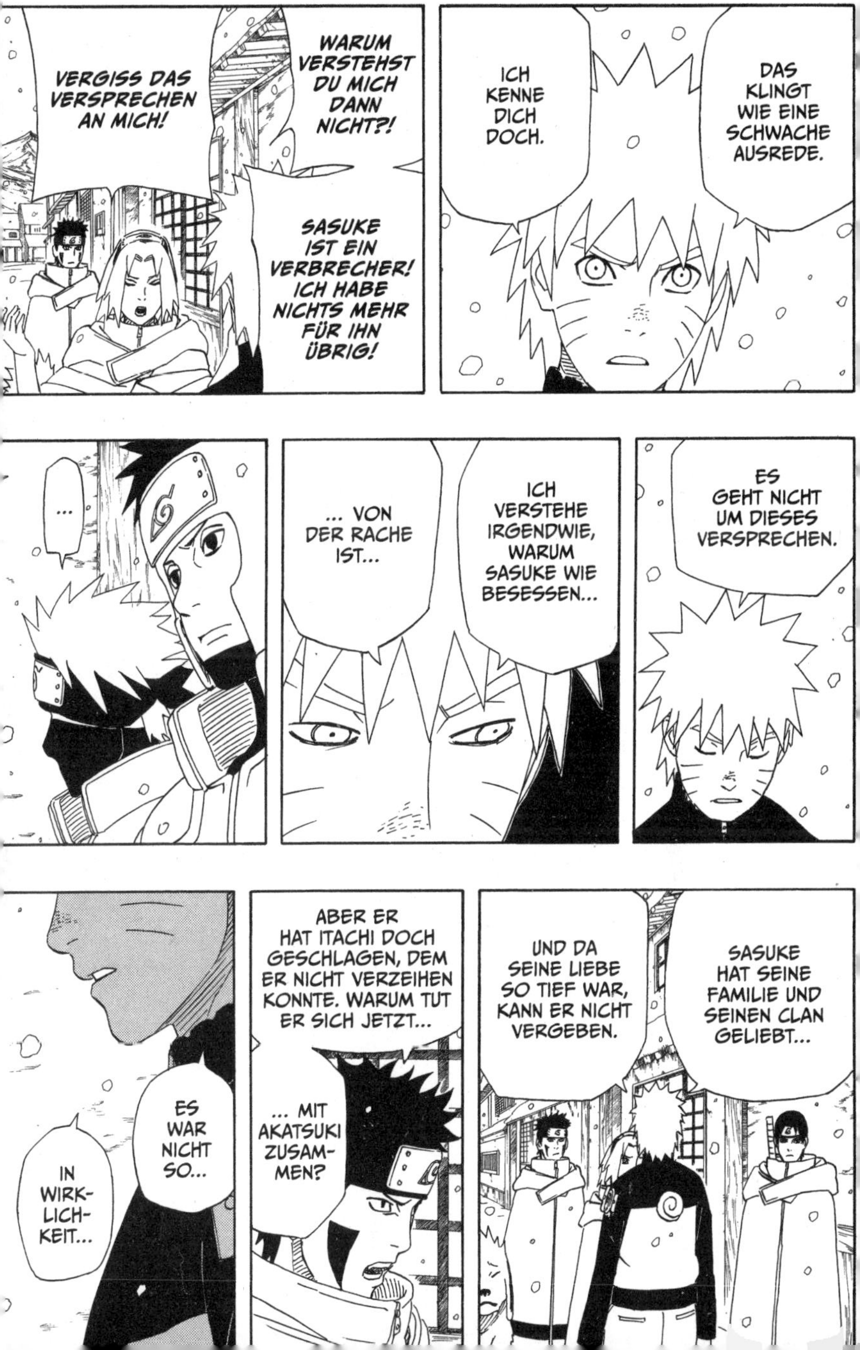
DAS KLINGT WIE EINE SCHWACHE AUSREDE.
ICH KENNE DICH DOCH.
WARUM VERSTEHST DU MICH DANN NICHT?!
VERGISS DAS VERSPRECHEN AN MICH!
SASUKE IST EIN VERBRECHER! ICH HABE NICHTS MEHR FÜR IHN ÜBRIG!
ES GEHT NICHT UM DIESES VERSPRECHEN.
ICH VERSTEHE IRGENDWIE, WARUM SASUKE WIE BESESSEN...
... VON DER RACHE IST...
...
SASUKE HAT SEINE FAMILIE UND SEINEN CLAN GELIEBT...
UND DA SEINE LIEBE SO TIEF WAR, KANN ER NICHT VERGEBEN.
ABER ER HAT ITACHI DOCH GESCHLAGEN, DEM ER NICHT VERZEIHEN KONNTE. WARUM TUT ER SICH JETZT...
... MIT AKATSUKI ZUSAM-MEN?
ES WAR NICHT SO...
IN WIRK-LICH-KEIT...

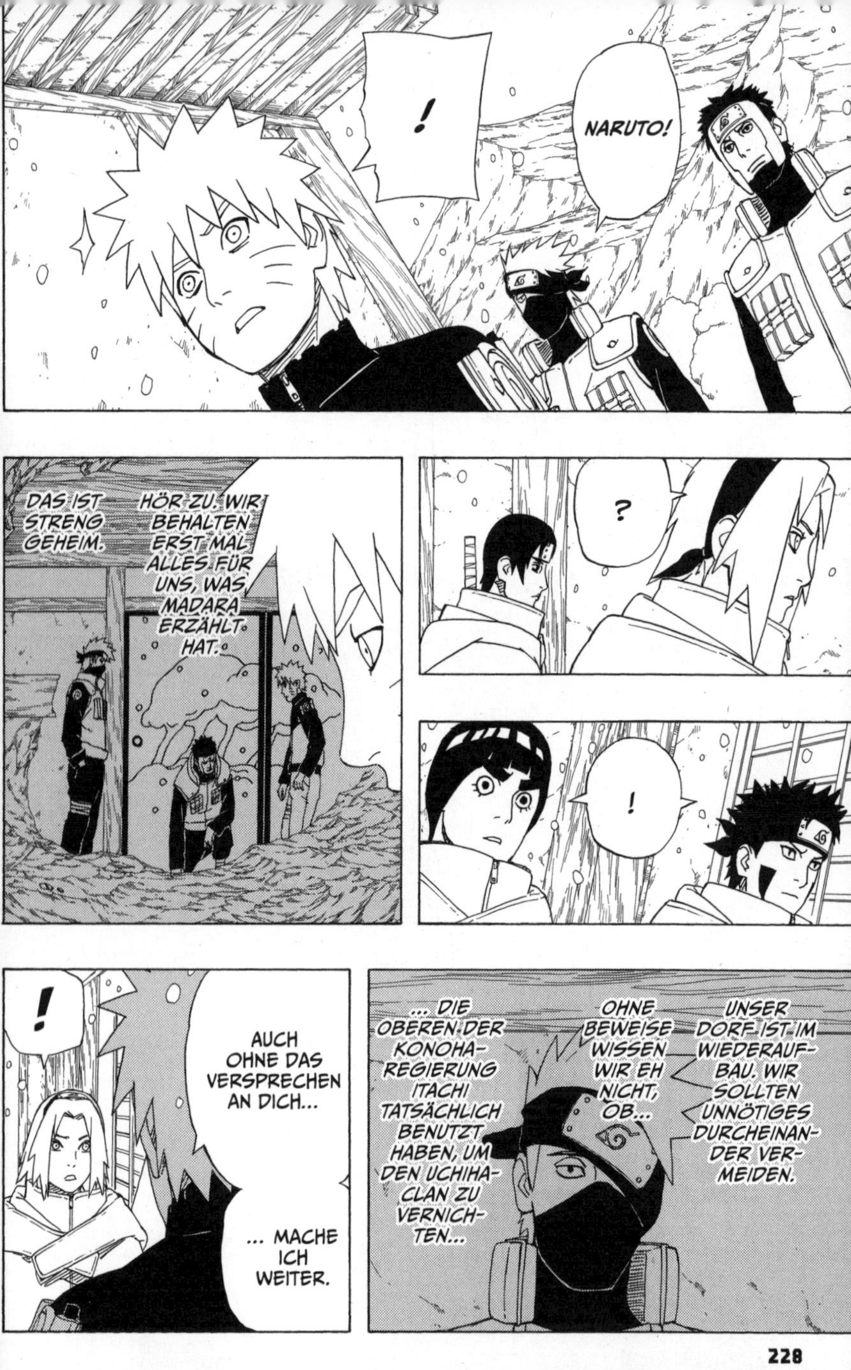
NARUTO!
!
?
!
HÖR ZU. WIR BEHALTEN ERST MAL ALLES FÜR UNS, WAS MADARA ERZÄHLT HAT.
DAS IST STRENG GEHEIM.
UNSER DORF IST IM WIEDERAUFBAU. WIR SOLLTEN UNNÖTIGES DURCHEINANDER VERMEIDEN.
OHNE BEWEISE WISSEN WIR EH NICHT, OB...
... DIE OBEREN DER KONOHA-REGIERUNG ITACHI TATSÄCHLICH BENUTZT HABEN, UM DEN UCHIHA-CLAN ZU VERNICHTEN...
AUCH OHNE DAS VERSPRECHEN AN DICH...
... MACHE ICH WEITER.
!

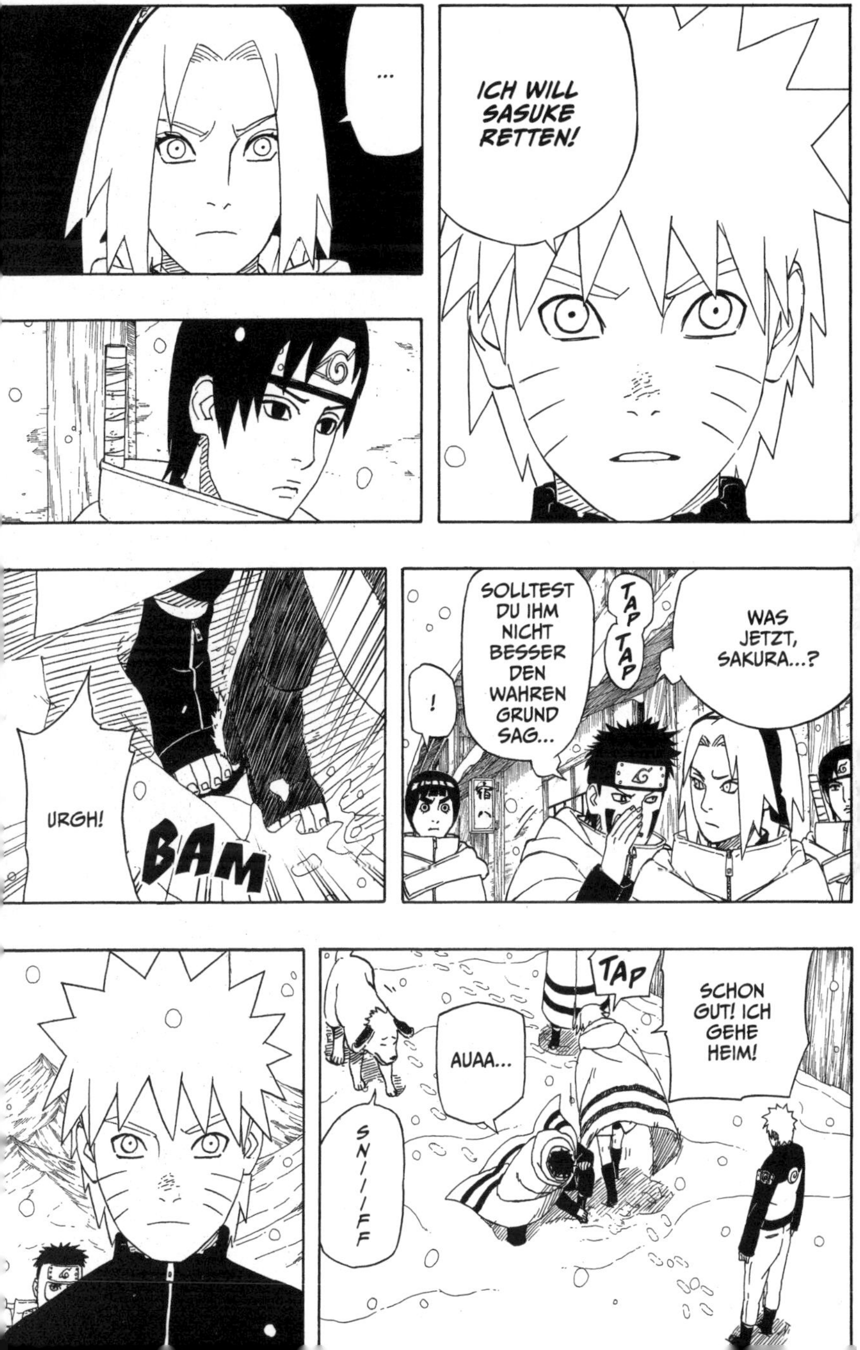
ICH WILL SASUKE RETTEN!
...
WAS JETZT, SAKURA...?
TAP TAP
SOLLTEST DU IHM NICHT BESSER DEN WAHREN GRUND SAG...
!
BAM
URGH!
SCHON GUT! ICH GEHE HEIM!
TAP
AUAA...
SNIIIFF

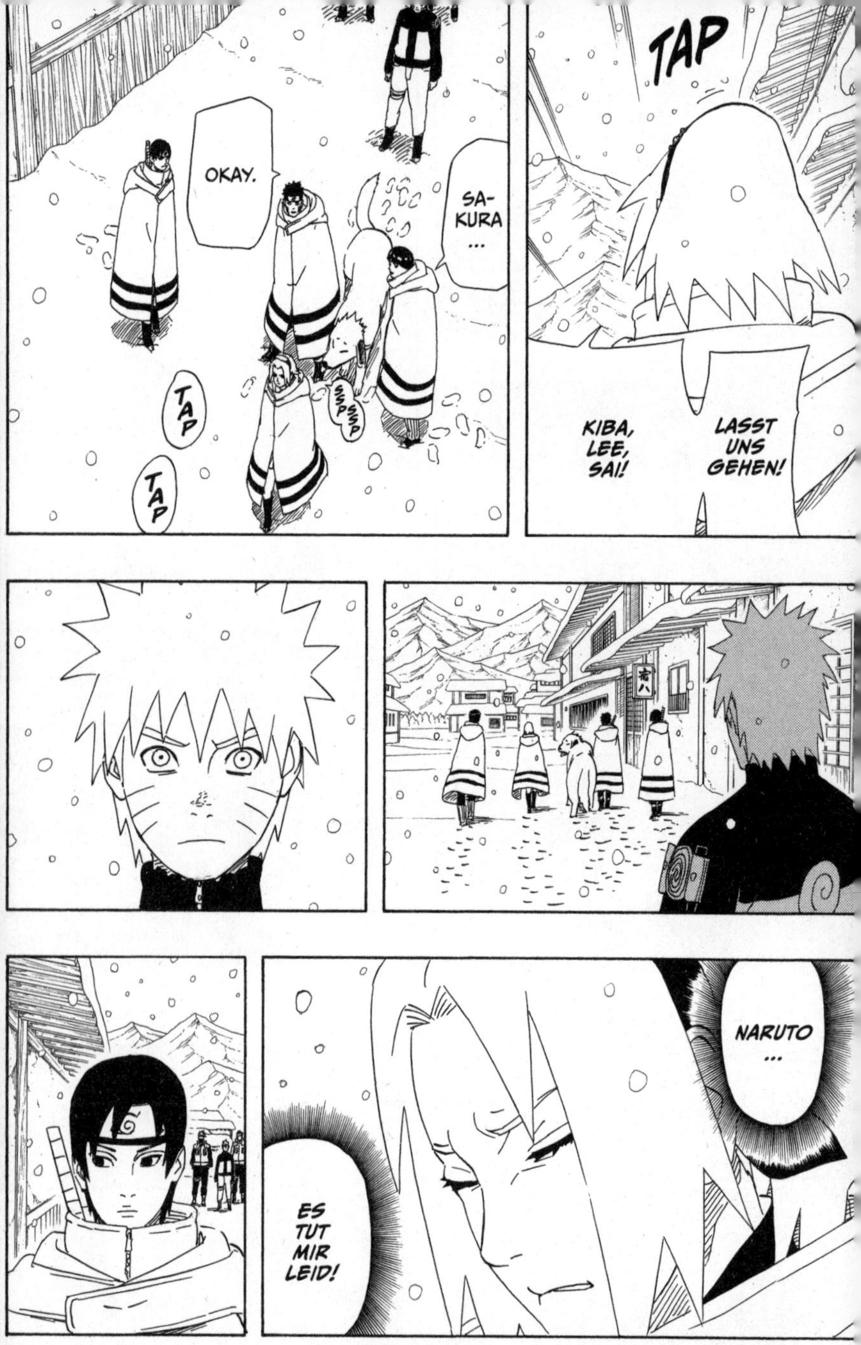
TAP
LASST UNS GEHEN!
KIBA, LEE, SAI!
SA-KURA ...
OKAY.
SSP SSP
TAP TAP
NARUTO ...
ES TUT MIR LEID!

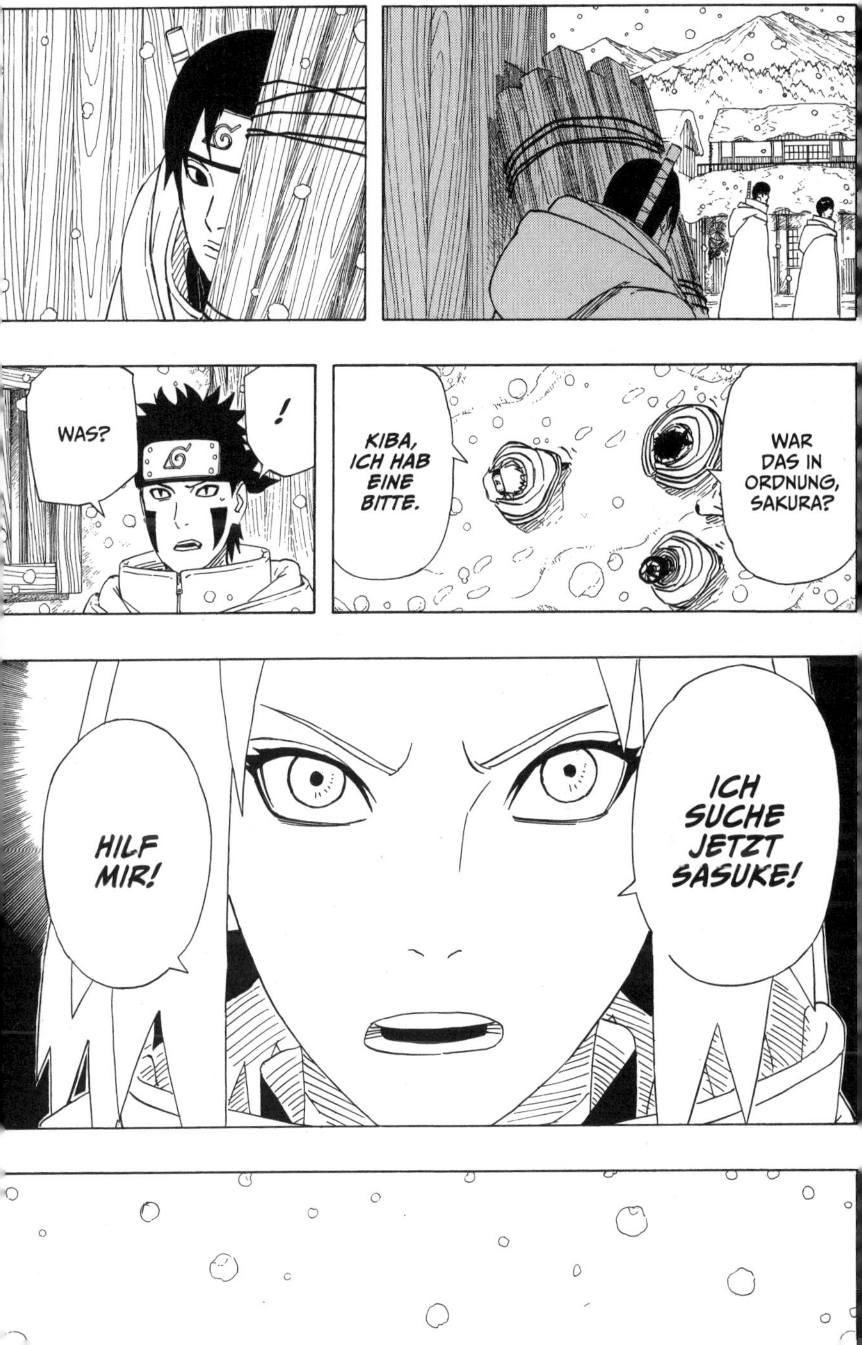
WAR DAS IN ORDNUNG, SAKURA?
KIBA, ICH HAB EINE BITTE.
!
WAS?
ICH SUCHE JETZT SASUKE!
HILF MIR!

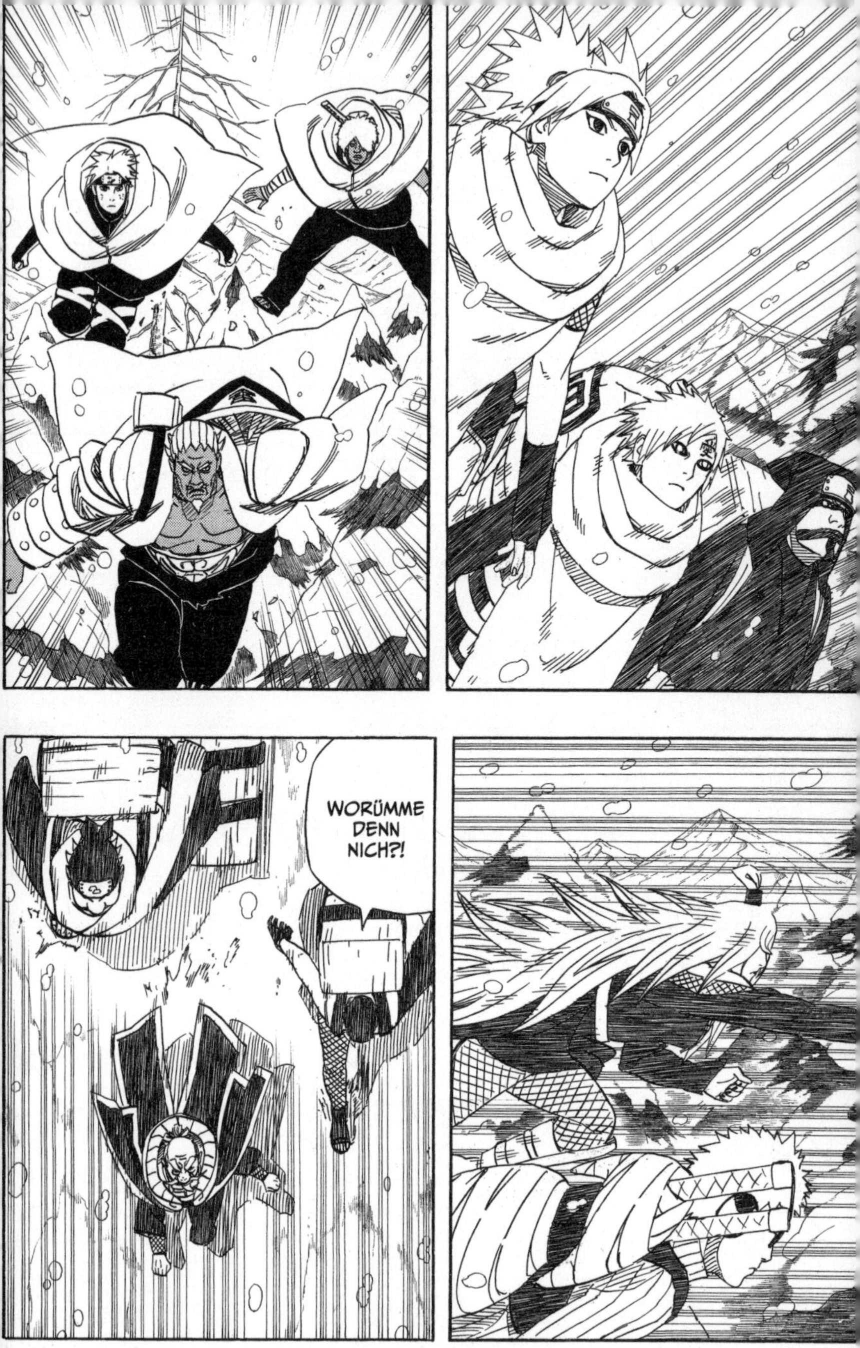
WORÜMME
DENN
NICH?!

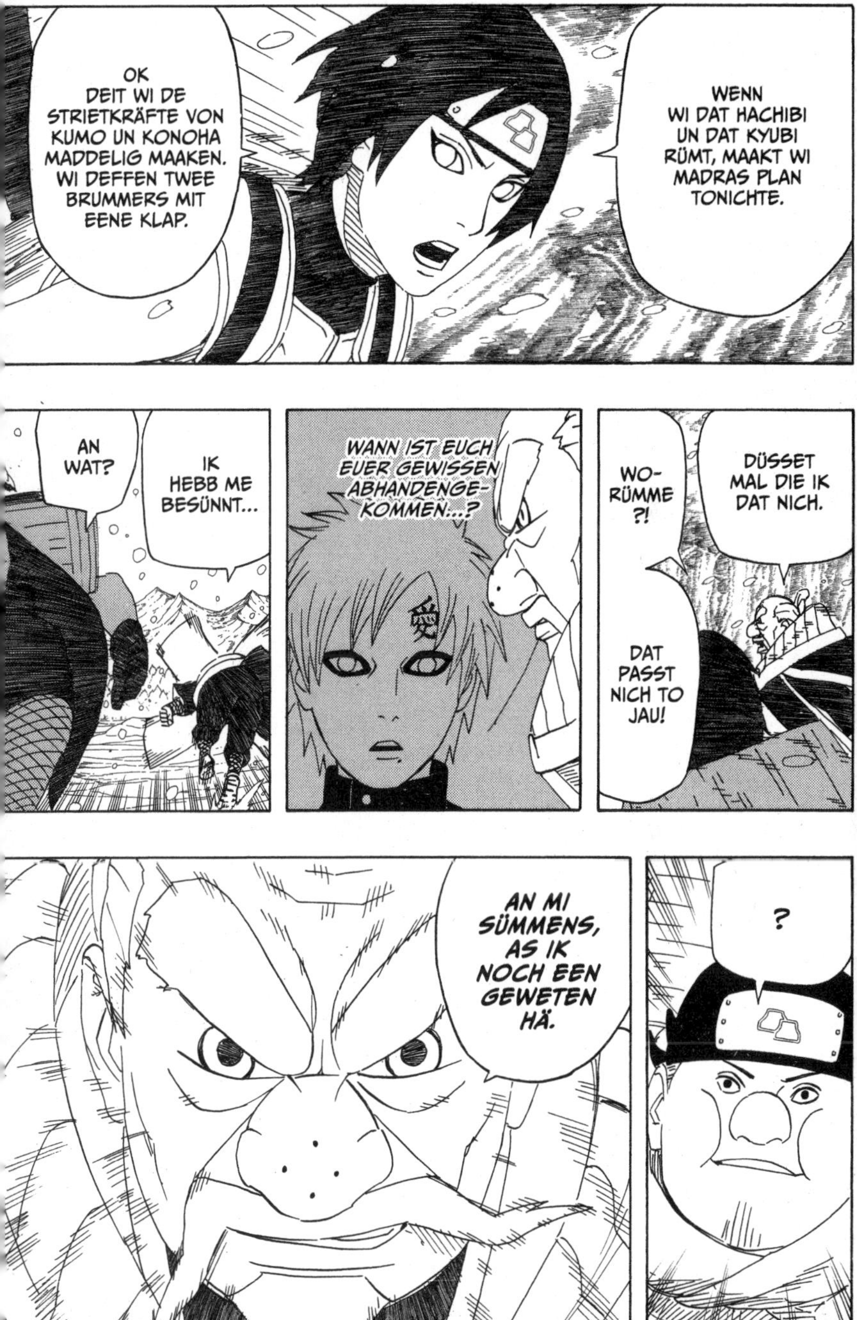
WENN WI DAT HACHIBI UN DAT KYUBI RÜMT, MAAKT WI MADRAS PLAN TONICHTE.
OK DEIT WI DE STRIETKRÄFTE VON KUMO UN KONOHA MADDELIG MAAKEN. WI DEFFEN TWEE BRUMMERS MIT EENE KLAP.
DÜSSET MAL DIE IK DAT NICH.
WO-RÜMME ?!
DAT PASST NICH TO JAU!
WANN IST EUCH EUER GEWISSEN ABHANDENGE-KOMMEN...?
IK HEBB ME BESÜNNT...
AN WAT?
?
AN MI SÜMMENS, AS IK NOCH EEN GEWETEN HÄ.

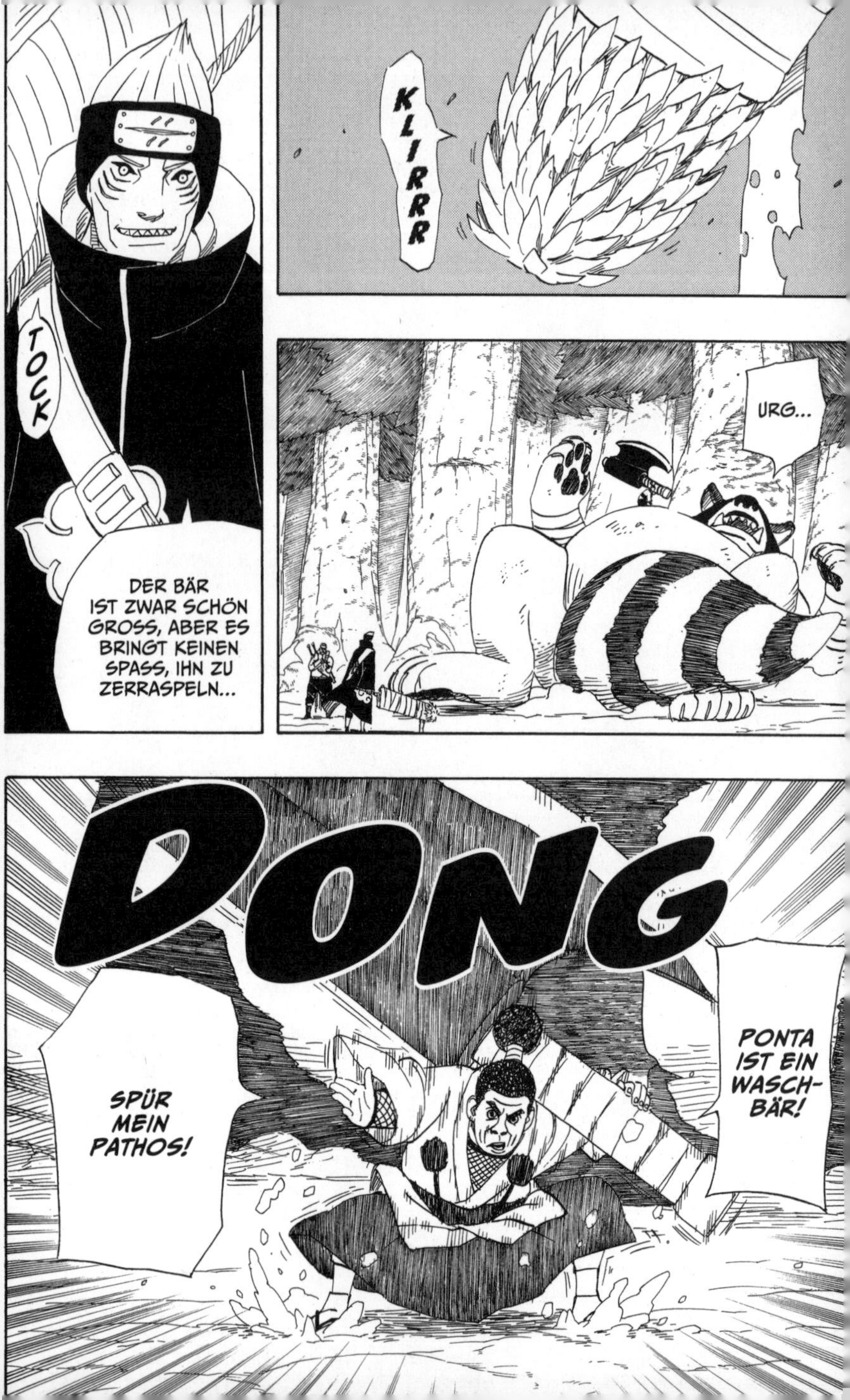
KLIRRR
TOCK
DER BÄR IST ZWAR SCHÖN GROSS, ABER ES BRINGT KEINEN SPASS, IHN ZU ZERRASPELN...
URG...
DONG
PONTA IST EIN WASCHBÄR!
SPÜR MEIN PATHOS!

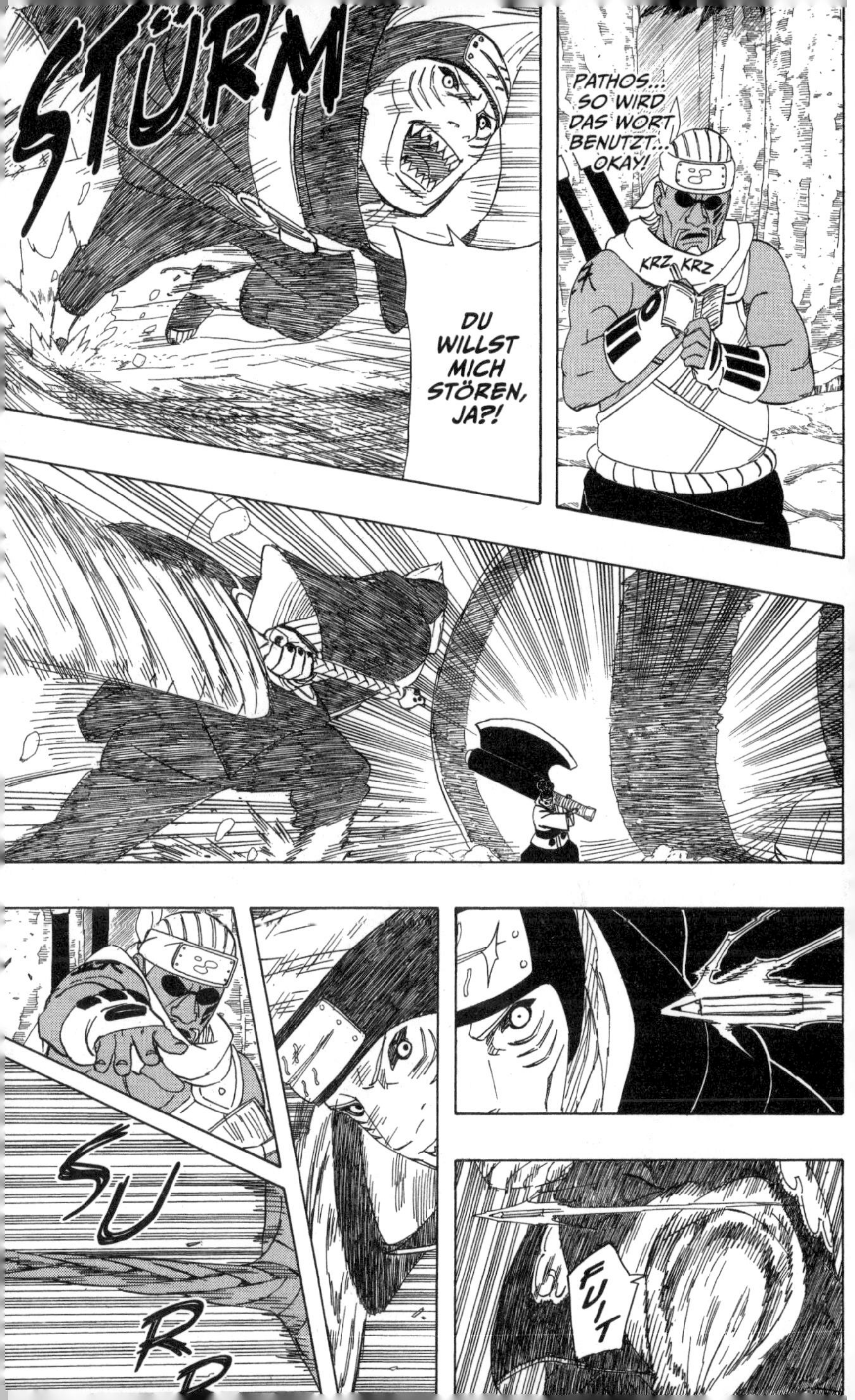
PATHOS... SO WIRD DAS WORT BENUTZT... OKAY!
KRZ KRZ
STÜRM
DU WILLST MICH STÖREN, JA?!
FUIT
SU
R

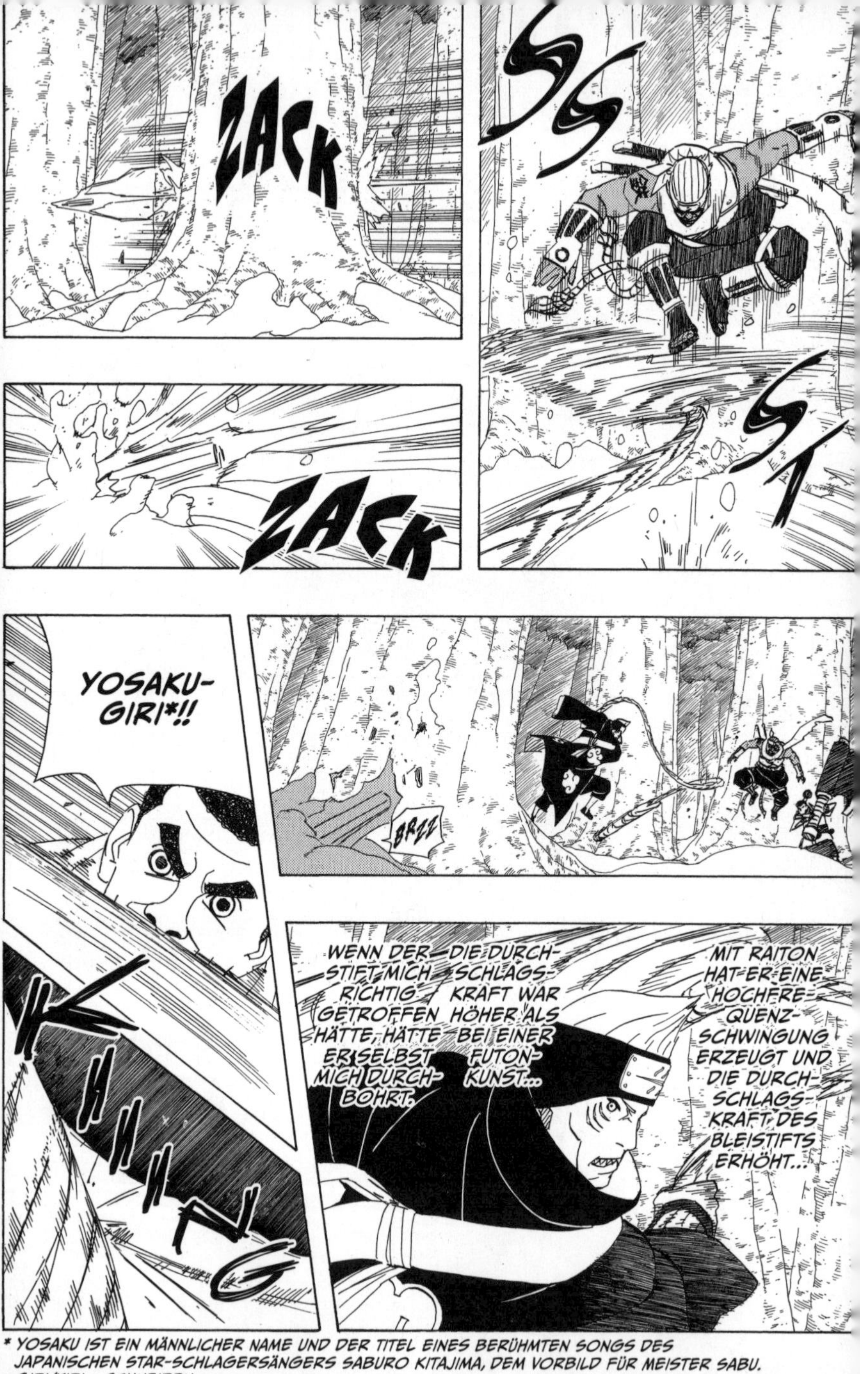

* YOSAKU IST EIN MÄNNLICHER NAME UND DER TITEL EINES BERÜHMTEN SONGS DES JAPANISCHEN STAR-SCHLAGERSÄNGERS SABURO KITAJIMA, DEM VORBILD FÜR MEISTER SABU. GIRI/KIRI = SCHNEIDEN

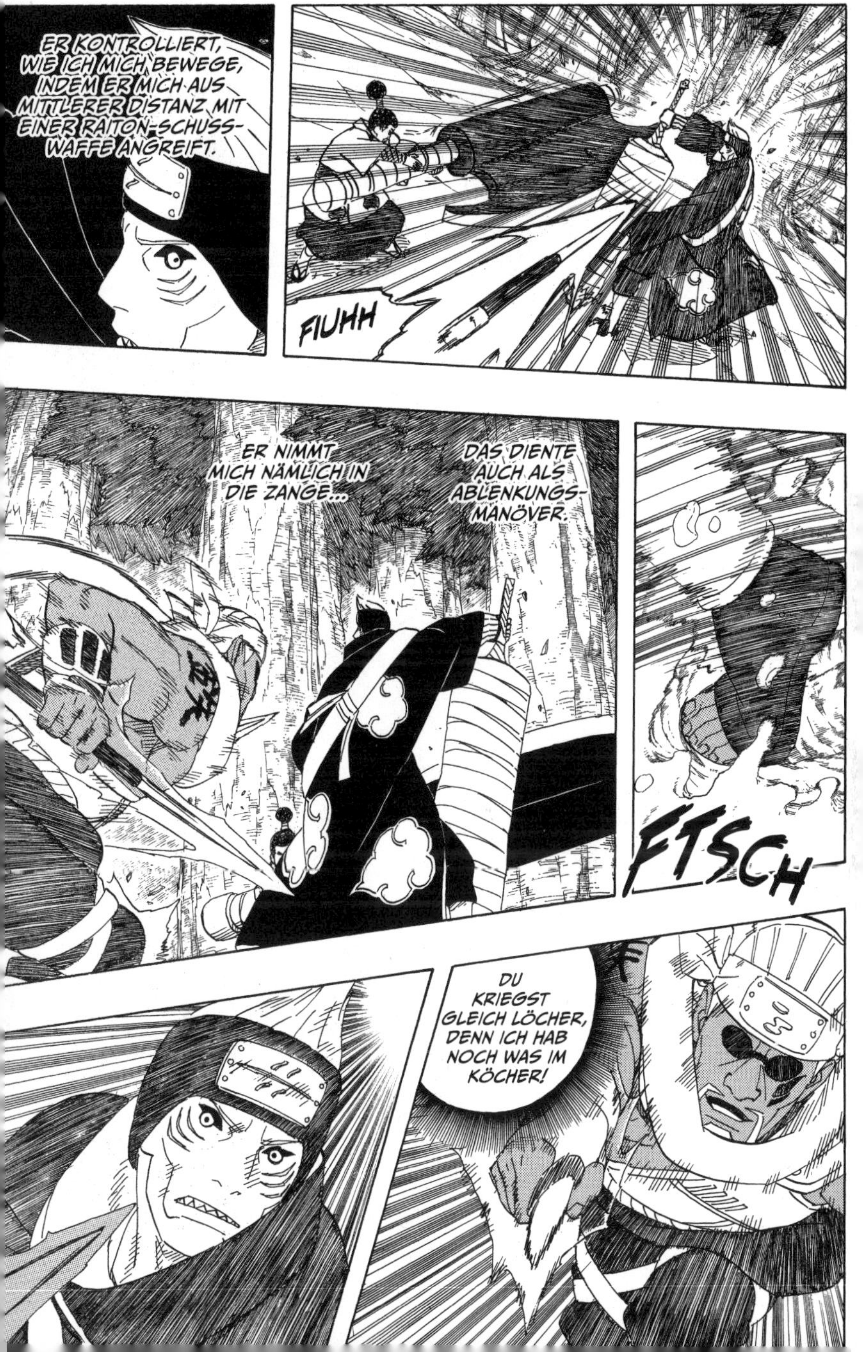
ER KONTROLLIERT, WIE ICH MICH BEWEGE, INDEM ER MICH AUS MITTLERER DISTANZ MIT EINER RAITON-SCHUSS-WAFFE ANGREIFT.
FIUHH
DAS DIENTE AUCH ALS ABLENKUNGS-MANÖVER.
ER NIMMT MICH NÄMLICH IN DIE ZANGE...
FTSCH
DU KRIEGST GLEICH LÖCHER, DENN ICH HAB NOCH WAS IM KÖCHER!

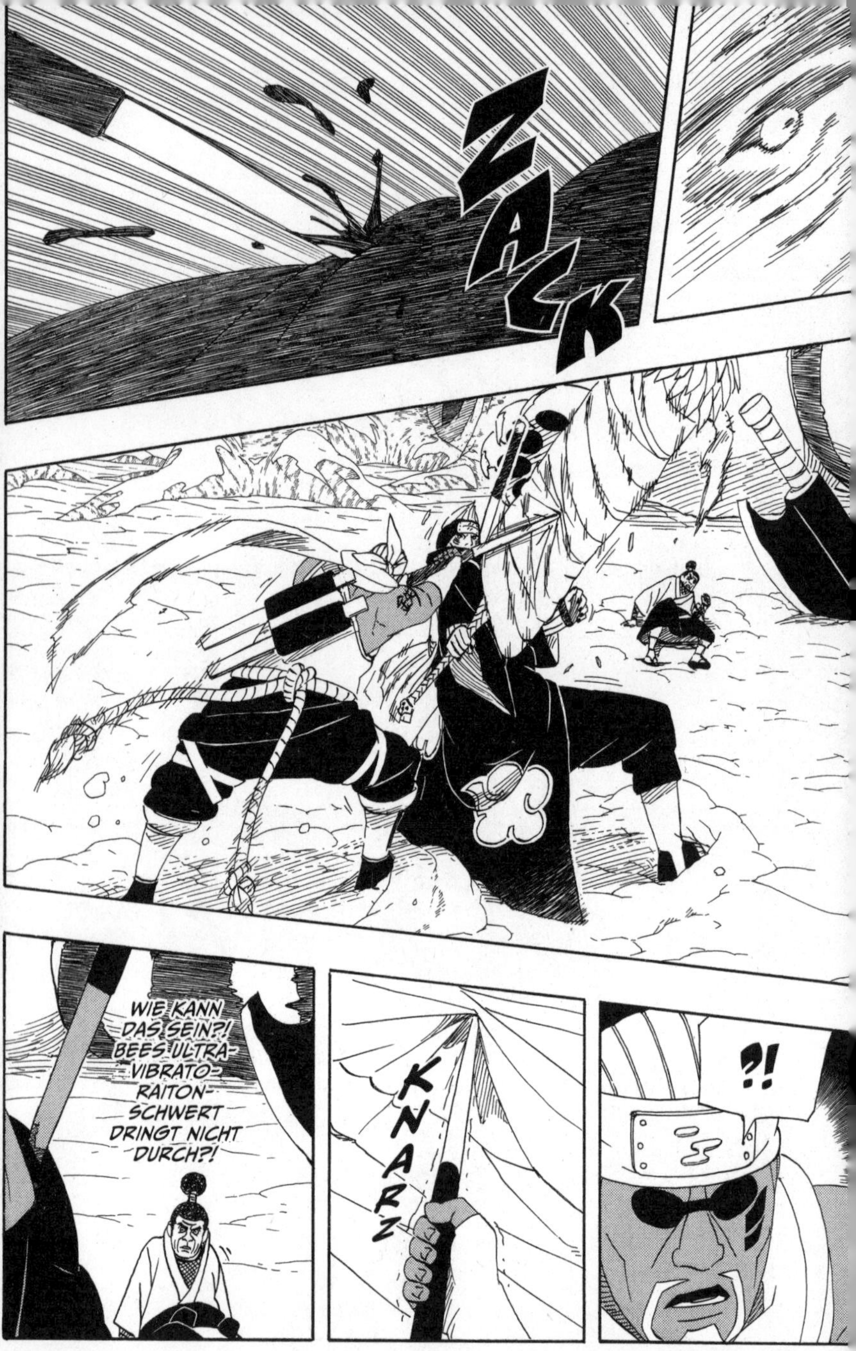
ZACK
WIE KANN DAS SEIN?! BEES ULTRA-VIBRATO-RAITON-SCHWERT DRINGT NICHT DURCH?!
KNARZ
?!

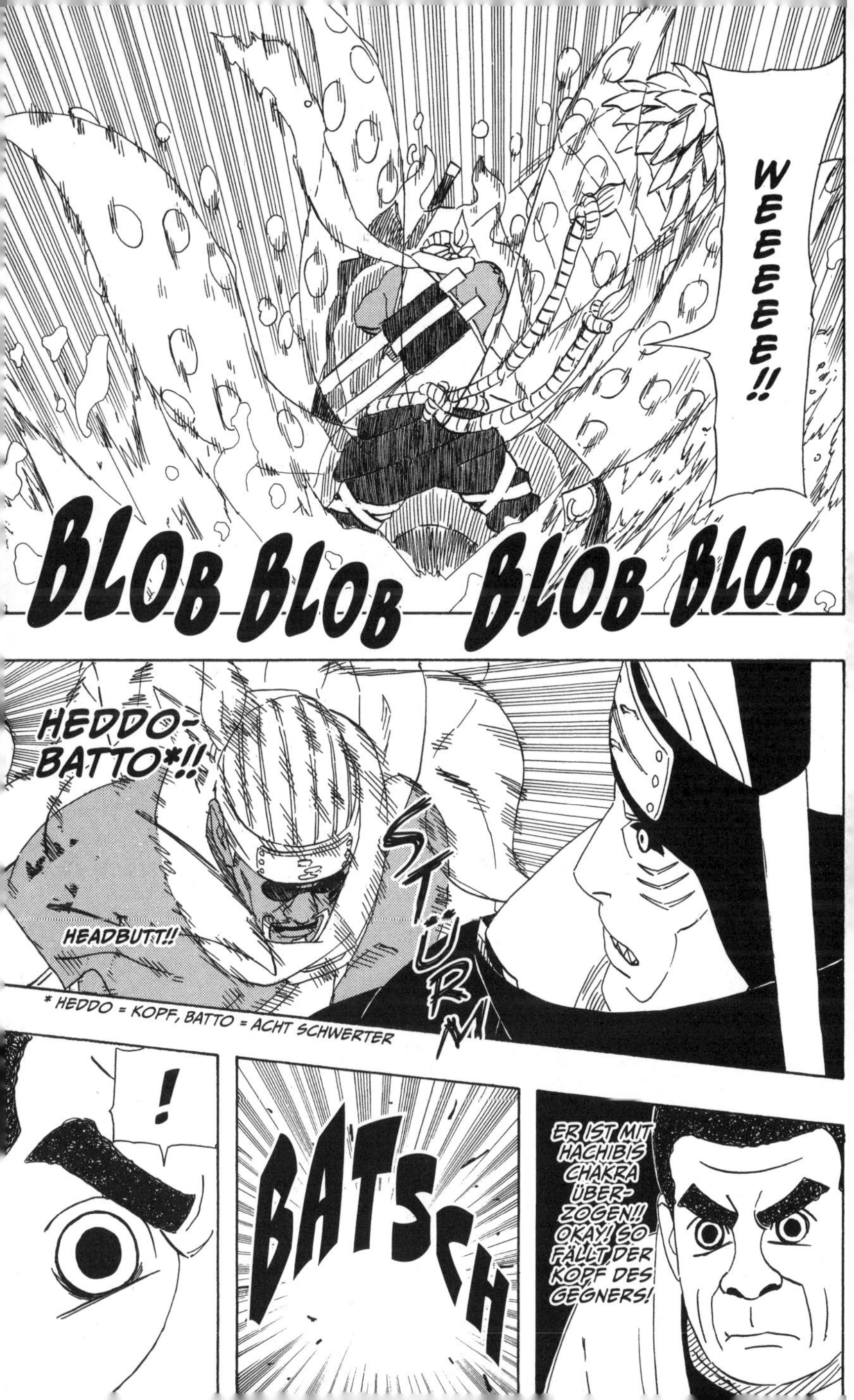
WEEEEEE!!
BLOB BLOB BLOB BLOB
HEDDO-BATTO*!!
HEADBUTT!!
STÜRM
* HEDDO = KOPF, BATTO = ACHT SCHWERTER
ER IST MIT HACHIBIS CHAKRA ÜBERZOGEN!! OKAY! SO FÄLLT DER KOPF DES GEGNERS!
BATSCH
!

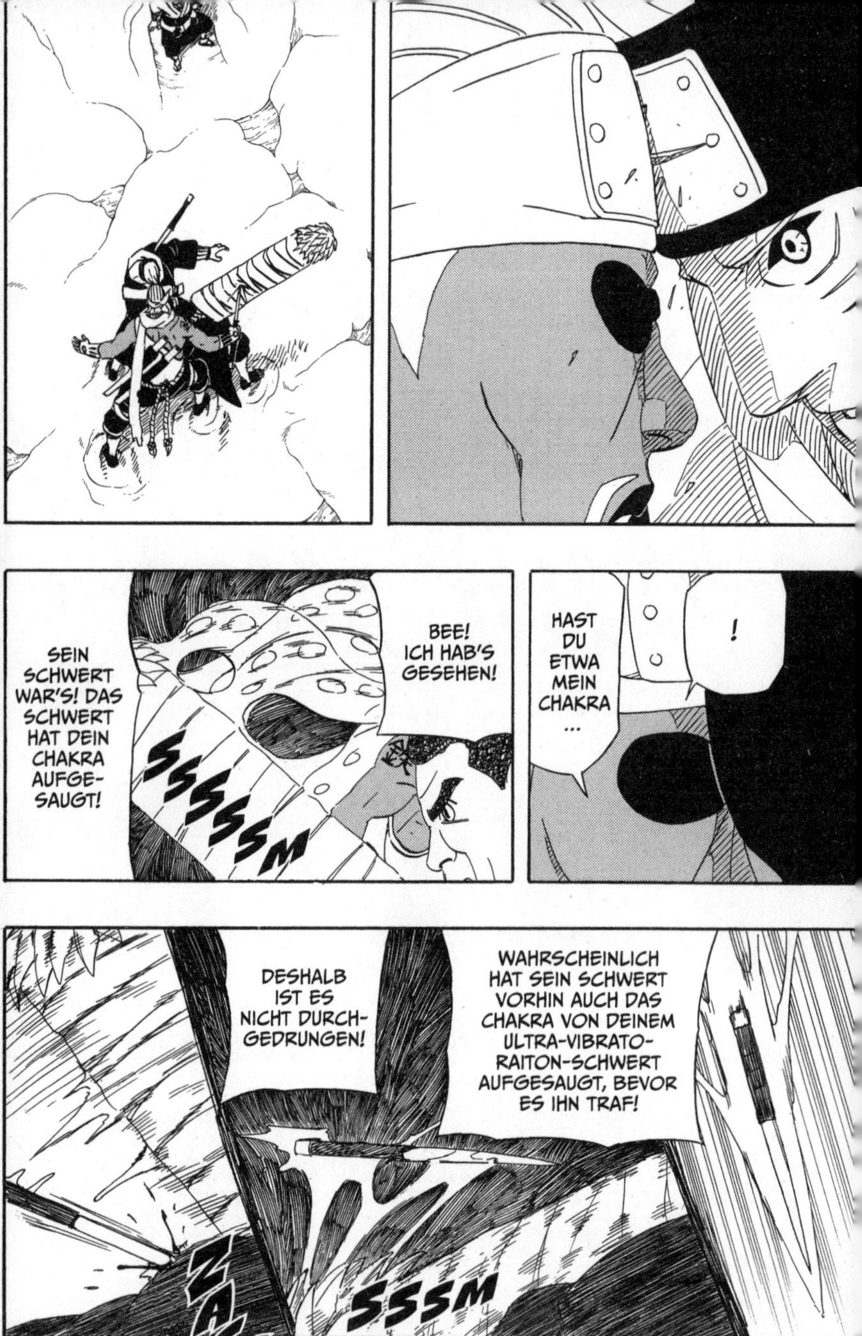
!
HAST DU ETWA MEIN CHAKRA ...
BEE! ICH HAB'S GESEHEN!
SEIN SCHWERT WAR'S! DAS SCHWERT HAT DEIN CHAKRA AUFGESAUGT!
SSSSSM
WAHRSCHEINLICH HAT SEIN SCHWERT VORHIN AUCH DAS CHAKRA VON DEINEM ULTRA-VIBRATO-RAITON-SCHWERT AUFGESAUGT, BEVOR ES IHN TRAF!
DESHALB IST ES NICHT DURCH-GEDRUNGEN!
SSSM
ZACK

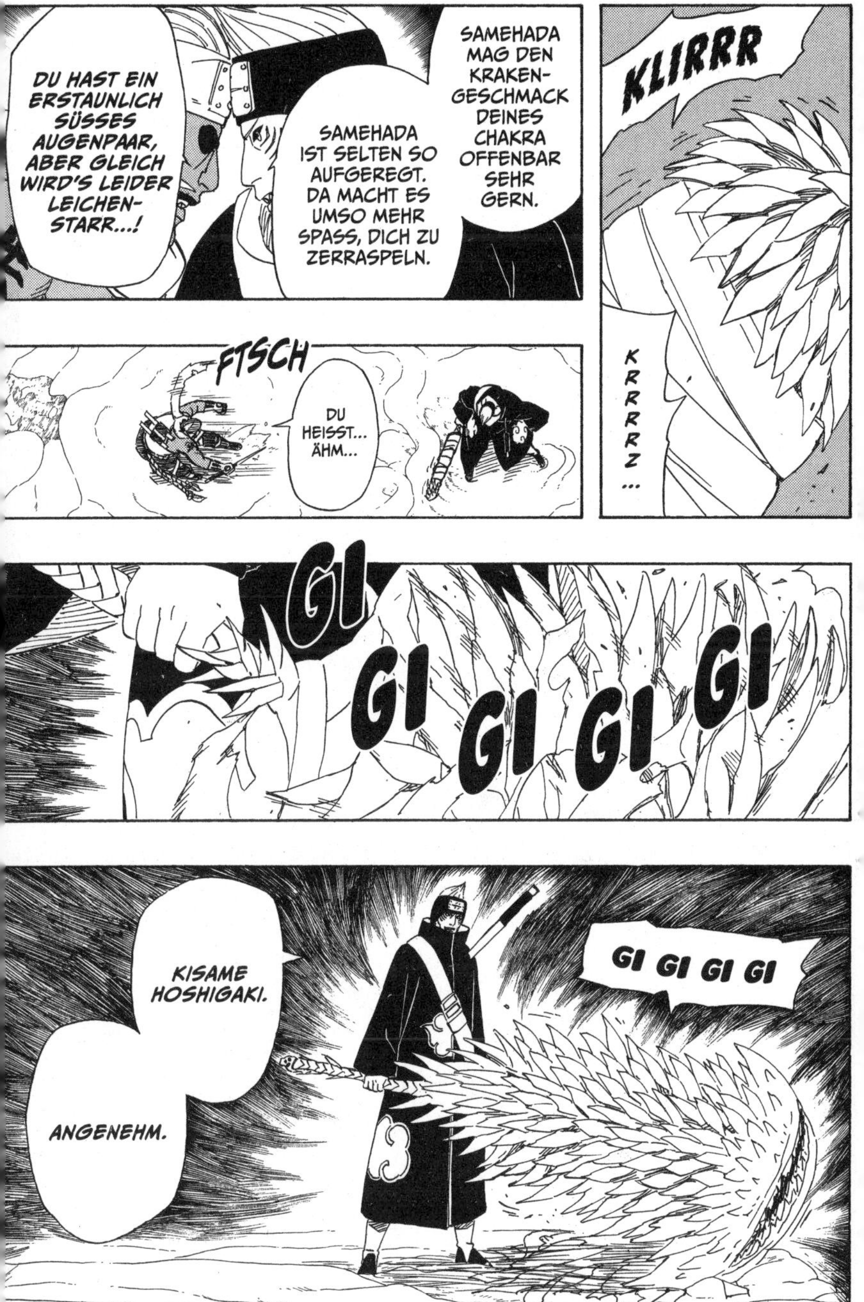

KLIRRR
KRRRRZ...
SAMEHADA MAG DEN KRAKEN-GESCHMACK DEINES CHAKRA OFFENBAR SEHR GERN.
SAMEHADA IST SELTEN SO AUFGEREGT. DA MACHT ES UMSO MEHR SPASS, DICH ZU ZERRASPELN.
DU HAST EIN ERSTAUNLICH SÜSSES AUGENPAAR, ABER GLEICH WIRD'S LEIDER LEICHEN-STARR...!
DU HEISST... ÄHM...
FTSCH
GI GI GI GI GI
GI GI GI GI
KISAME HOSHIGAKI.
ANGENEHM.

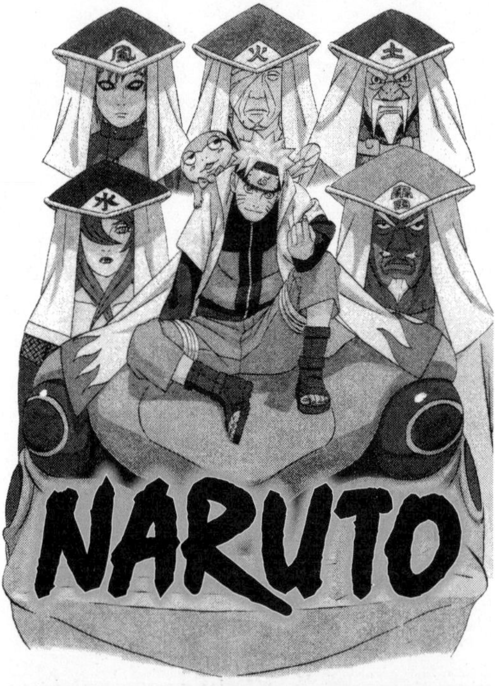
NARUTO

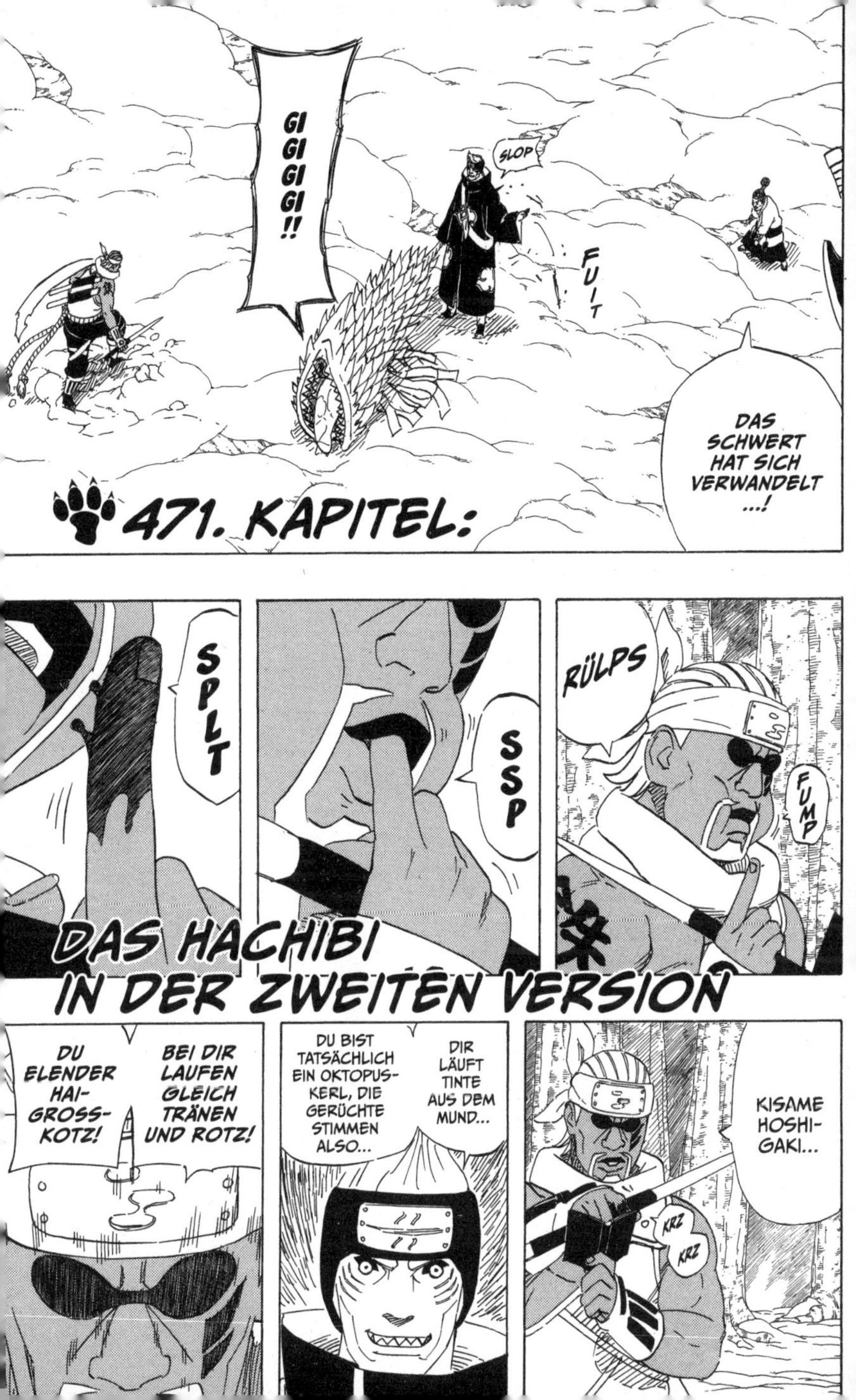
DAS SCHWERT HAT SICH VERWANDELT ...!
FUIT
SLOP
GI GI GI GI!!
471. KAPITEL:
DAS HACHIBI IN DER ZWEITEN VERSION
RÜLPS
FUMP
SSP
SPLT
KISAME HOSHI-GAKI...
KRZ KRZ
DIR LÄUFT TINTE AUS DEM MUND...
DU BIST TATSÄCHLICH EIN OKTOPUS-KERL, DIE GERÜCHTE STIMMEN ALSO...
BEI DIR LAUFEN GLEICH TRÄNEN UND ROTZ!
DU ELENDER HAI-GROSS-KOTZ!

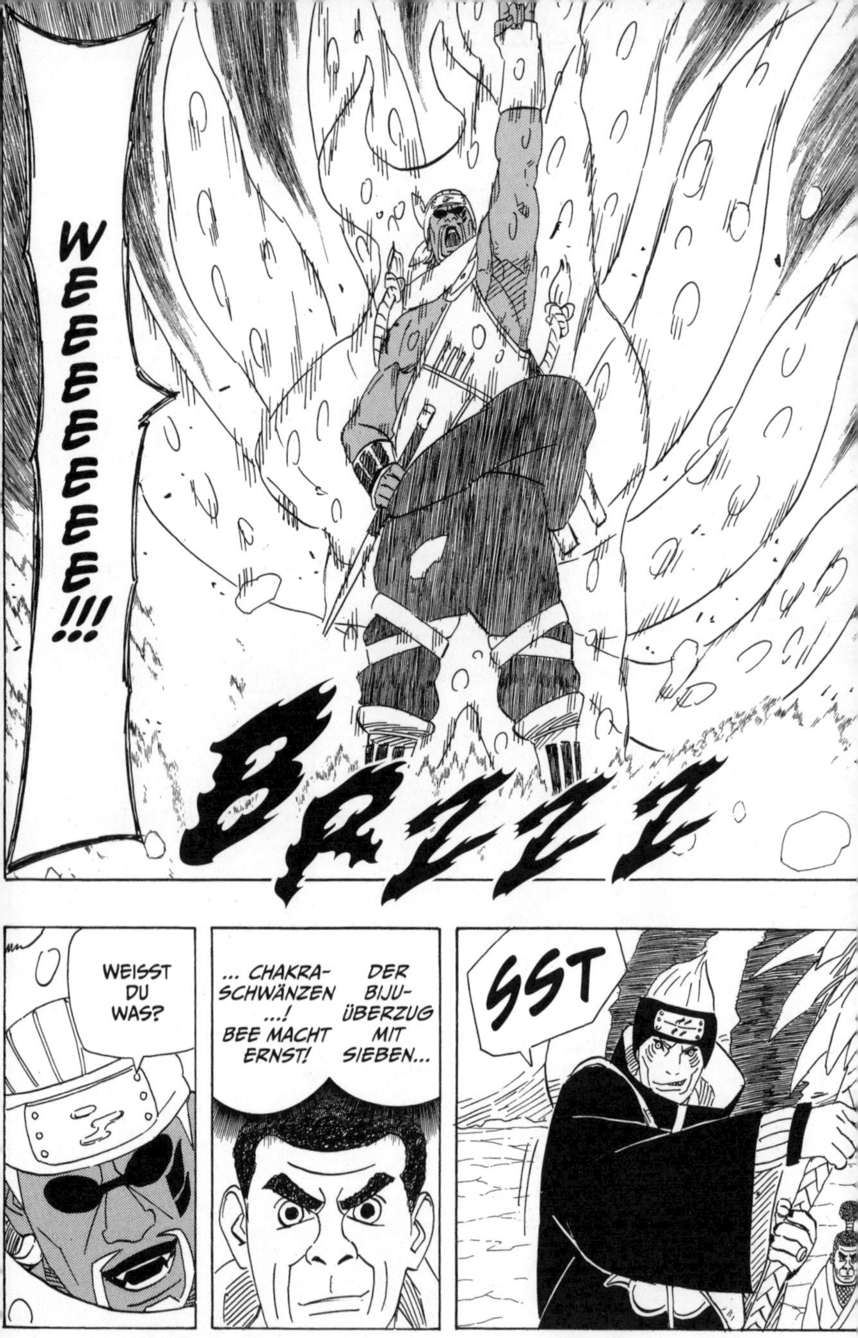
WEEEEEEE!!!
BRZZZ
SST
DER BIJU-ÜBERZUG MIT SIEBEN...
... CHAKRA-SCHWÄNZEN ...! BEE MACHT ERNST!
WEISST DU WAS?

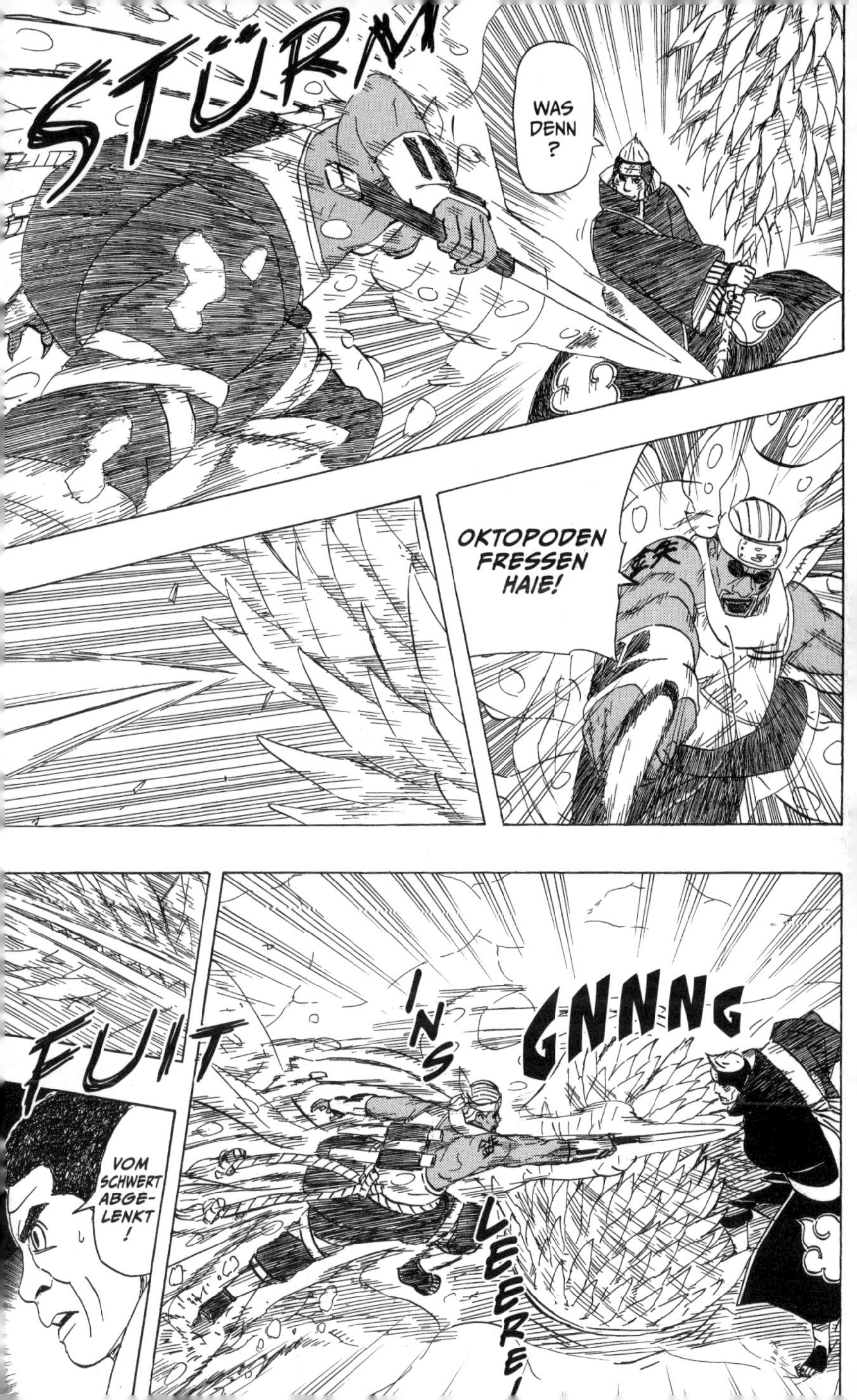
STÜRM
WAS DENN ?
OKTOPODEN FRESSEN HAIE!
GNNNG
INS LEERE!
FUIT
VOM SCHWERT ABGE-LENKT!

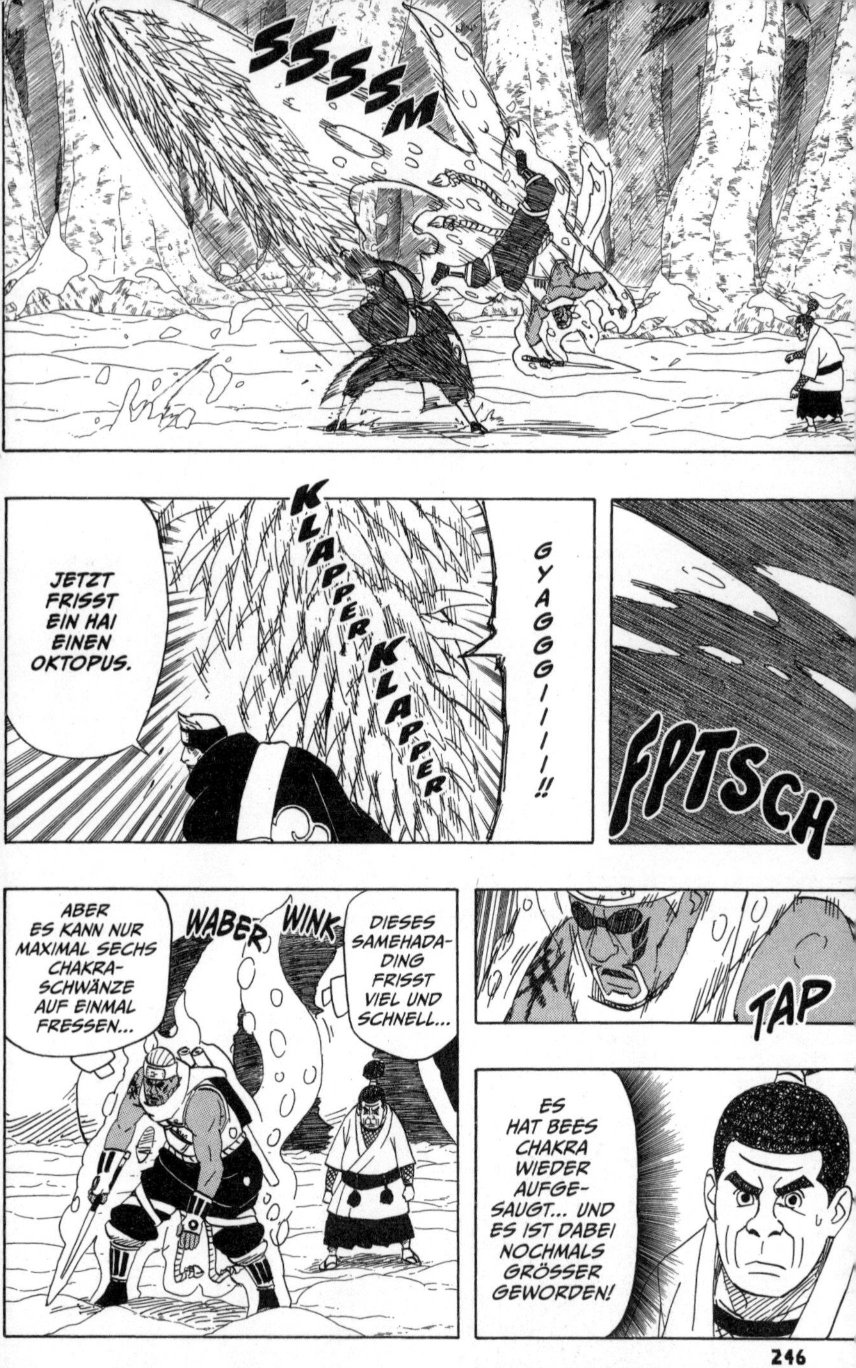
SSSSM
FPTSCH
GYAGGG!!!!!!
KLAPPER KLAPPER
JETZT FRISST EIN HAI EINEN OKTOPUS.
TAP
WINK
DIESES SAMEHADA-DING FRISST VIEL UND SCHNELL...
WABER
ABER ES KANN NUR MAXIMAL SECHS CHAKRA-SCHWÄNZE AUF EINMAL FRESSEN...
ES HAT BEES CHAKRA WIEDER AUFGESAUGT... UND ES IST DABEI NOCHMALS GRÖSSER GEWORDEN!

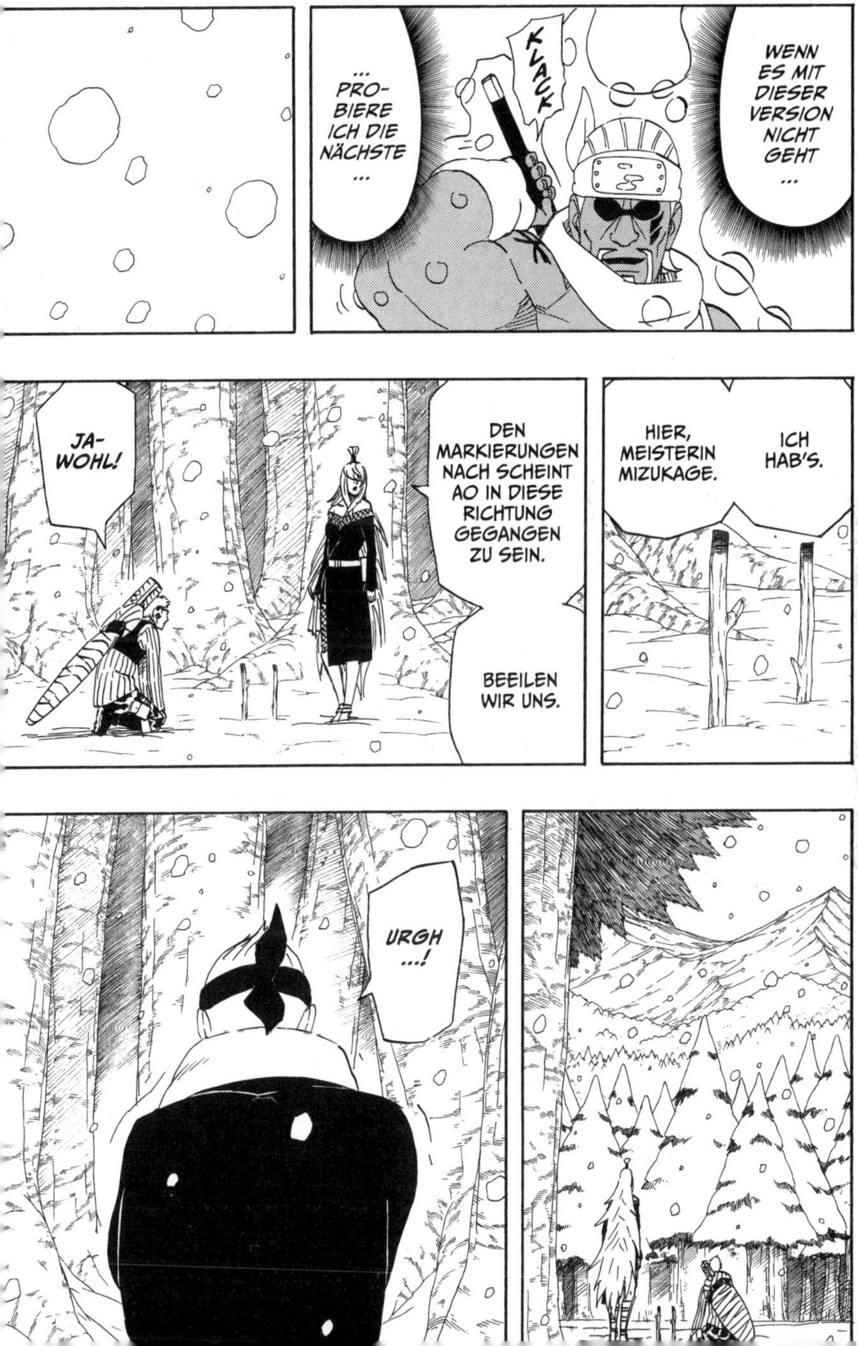
WENN ES MIT DIESER VERSION NICHT GEHT ...
KLACK
... PROBIERE ICH DIE NÄCHSTE ...
ICH HAB'S.
HIER, MEISTERIN MIZUKAGE.
DEN MARKIERUNGEN NACH SCHEINT AO IN DIESE RICHTUNG GEGANGEN ZU SEIN.
BEEILEN WIR UNS.
JAWOHL!
URGH ...!

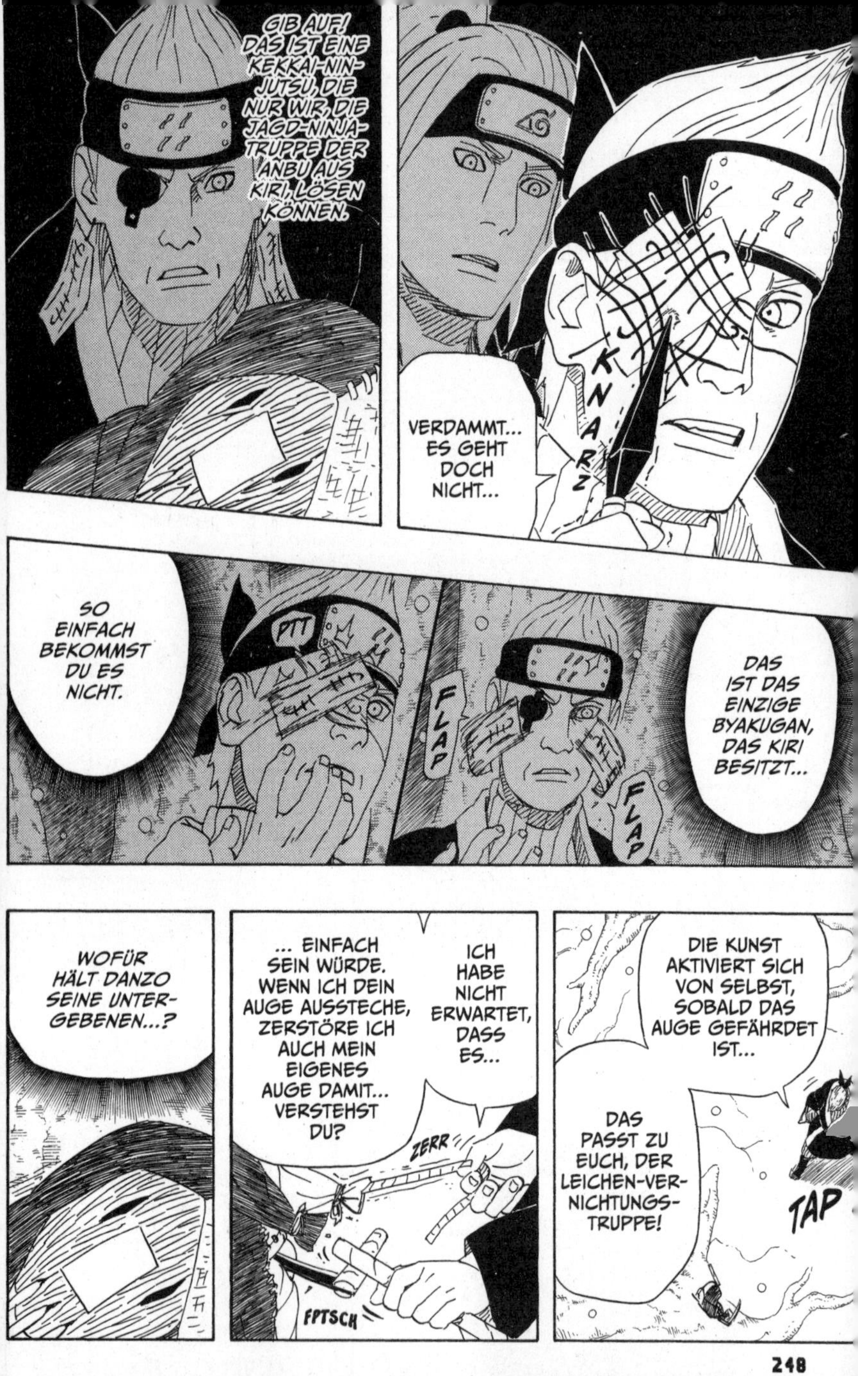
VERDAMMT... ES GEHT DOCH NICHT...
KNARZ
GIB AUF! DAS IST EINE KEKKAI-NIN-JUTSU, DIE NUR WIR, DIE JAGD-NINJA-TRUPPE DER ANBU AUS KIRI, LÖSEN KÖNNEN.
DAS IST DAS EINZIGE BYAKUGAN, DAS KIRI BESITZT...
FLAP
FLAP
PTT
SO EINFACH BEKOMMST DU ES NICHT.
DIE KUNST AKTIVIERT SICH VON SELBST, SOBALD DAS AUGE GEFÄHRDET IST...
DAS PASST ZU EUCH, DER LEICHEN-VER-NICHTUNGS-TRUPPE!
TAP
ICH HABE NICHT ERWARTET, DASS ES...
... EINFACH SEIN WÜRDE. WENN ICH DEIN AUGE AUSSTECHE, ZERSTÖRE ICH AUCH MEIN EIGENES AUGE DAMIT... VERSTEHST DU?
ZERR
FPTSCH
WOFÜR HÄLT DANZO SEINE UNTER-GEBENEN...?

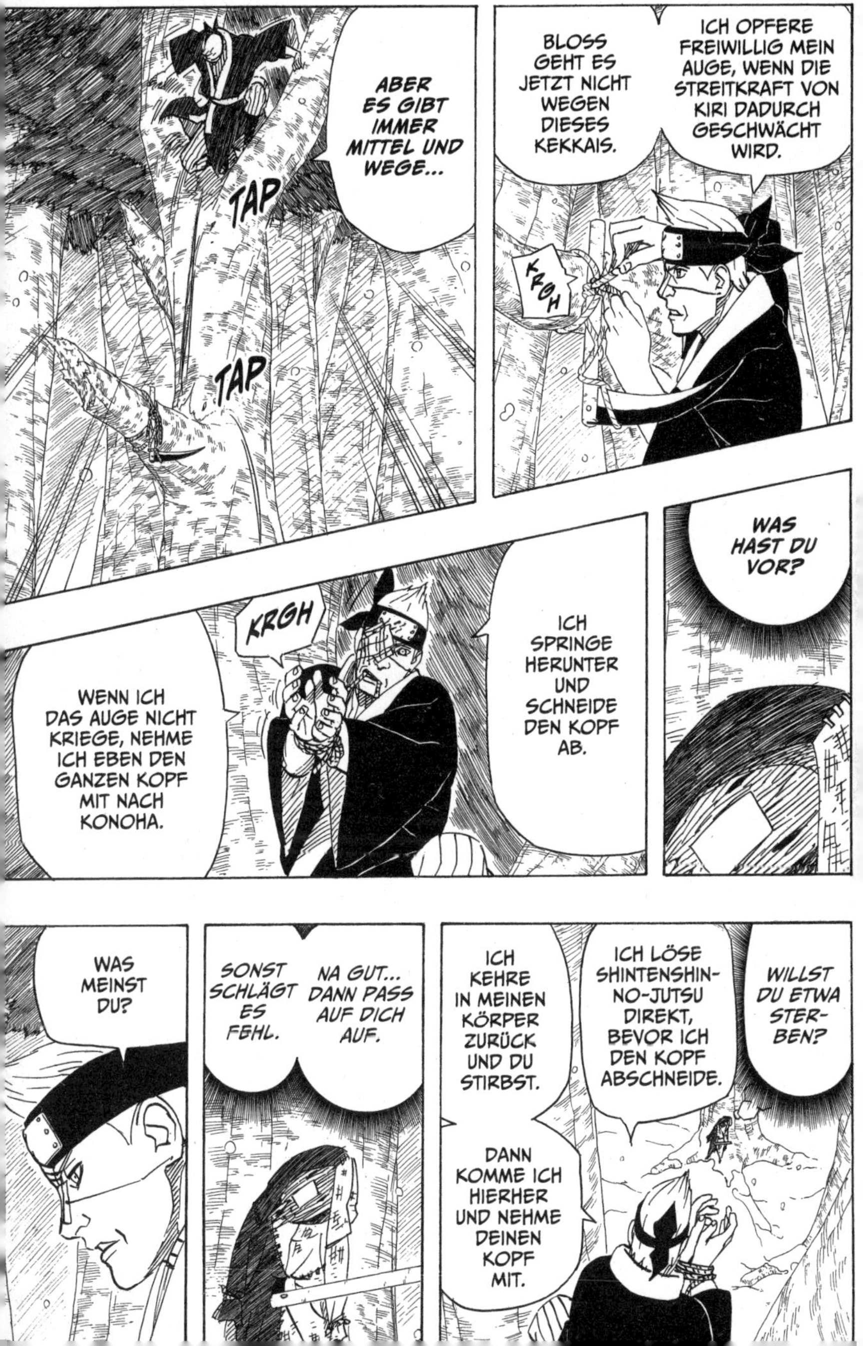
ICH OPFERE FREIWILLIG MEIN AUGE, WENN DIE STREITKRAFT VON KIRI DADURCH GESCHWÄCHT WIRD.
BLOSS GEHT ES JETZT NICHT WEGEN DIESES KEKKAIS.
KRGH
ABER ES GIBT IMMER MITTEL UND WEGE...
TAP
TAP
WAS HAST DU VOR?
ICH SPRINGE HERUNTER UND SCHNEIDE DEN KOPF AB.
KRGH
WENN ICH DAS AUGE NICHT KRIEGE, NEHME ICH EBEN DEN GANZEN KOPF MIT NACH KONOHA.
WILLST DU ETWA STERBEN?
ICH LÖSE SHINTENSHIN-NO-JUTSU DIREKT, BEVOR ICH DEN KOPF ABSCHNEIDE.
ICH KEHRE IN MEINEN KÖRPER ZURÜCK UND DU STIRBST.
DANN KOMME ICH HIERHER UND NEHME DEINEN KOPF MIT.
NA GUT... DANN PASS AUF DICH AUF.
SONST SCHLÄGT ES FEHL.
WAS MEINST DU?

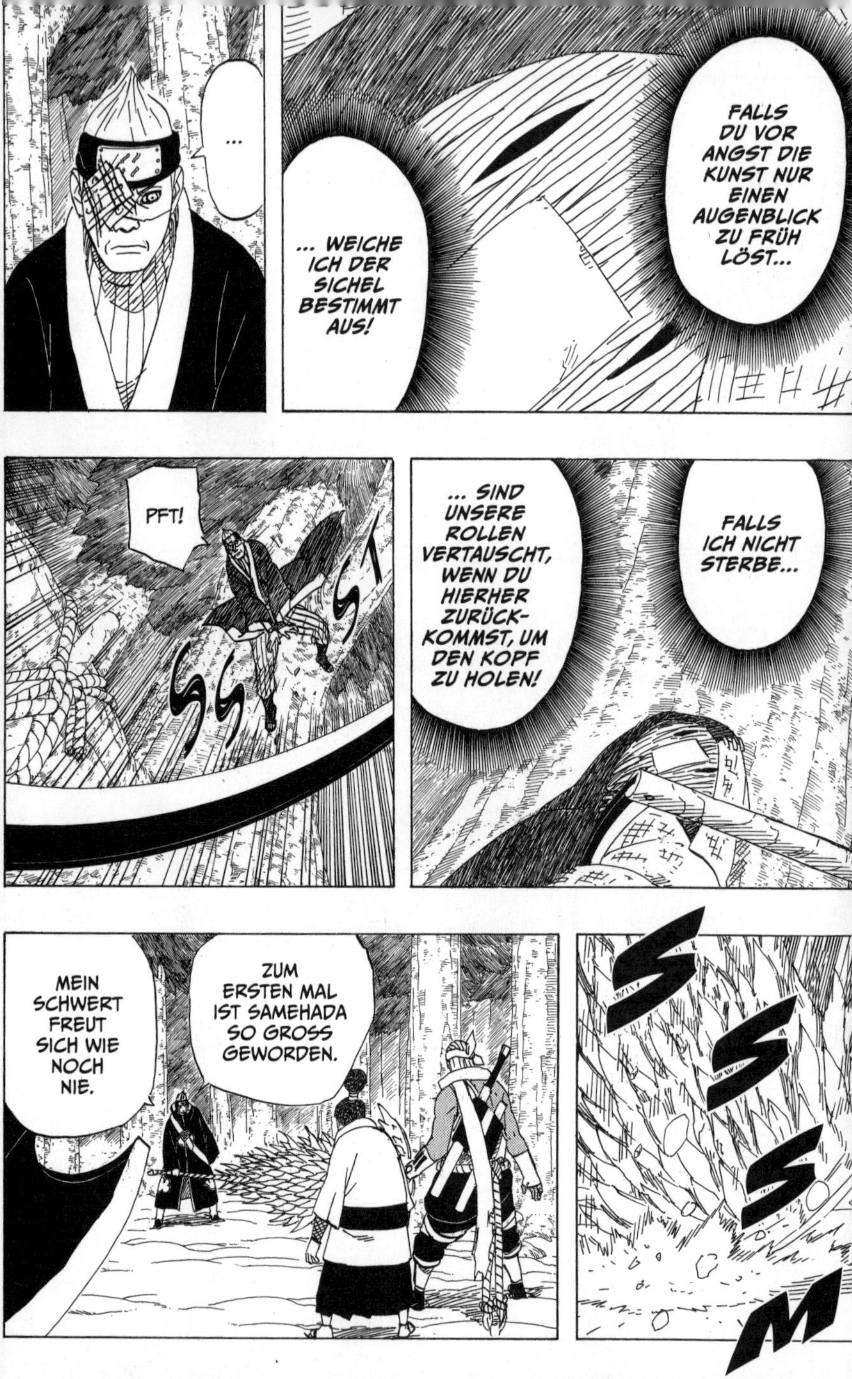
FALLS DU VOR ANGST DIE KUNST NUR EINEN AUGENBLICK ZU FRÜH LÖST...
... WEICHE ICH DER SICHEL BESTIMMT AUS!
...
FALLS ICH NICHT STERBE...
... SIND UNSERE ROLLEN VERTAUSCHT, WENN DU HIERHER ZURÜCKKOMMST, UM DEN KOPF ZU HOLEN!
PFT!
SSSM
ZUM ERSTEN MAL IST SAMEHADA SO GROSS GEWORDEN.
MEIN SCHWERT FREUT SICH WIE NOCH NIE.

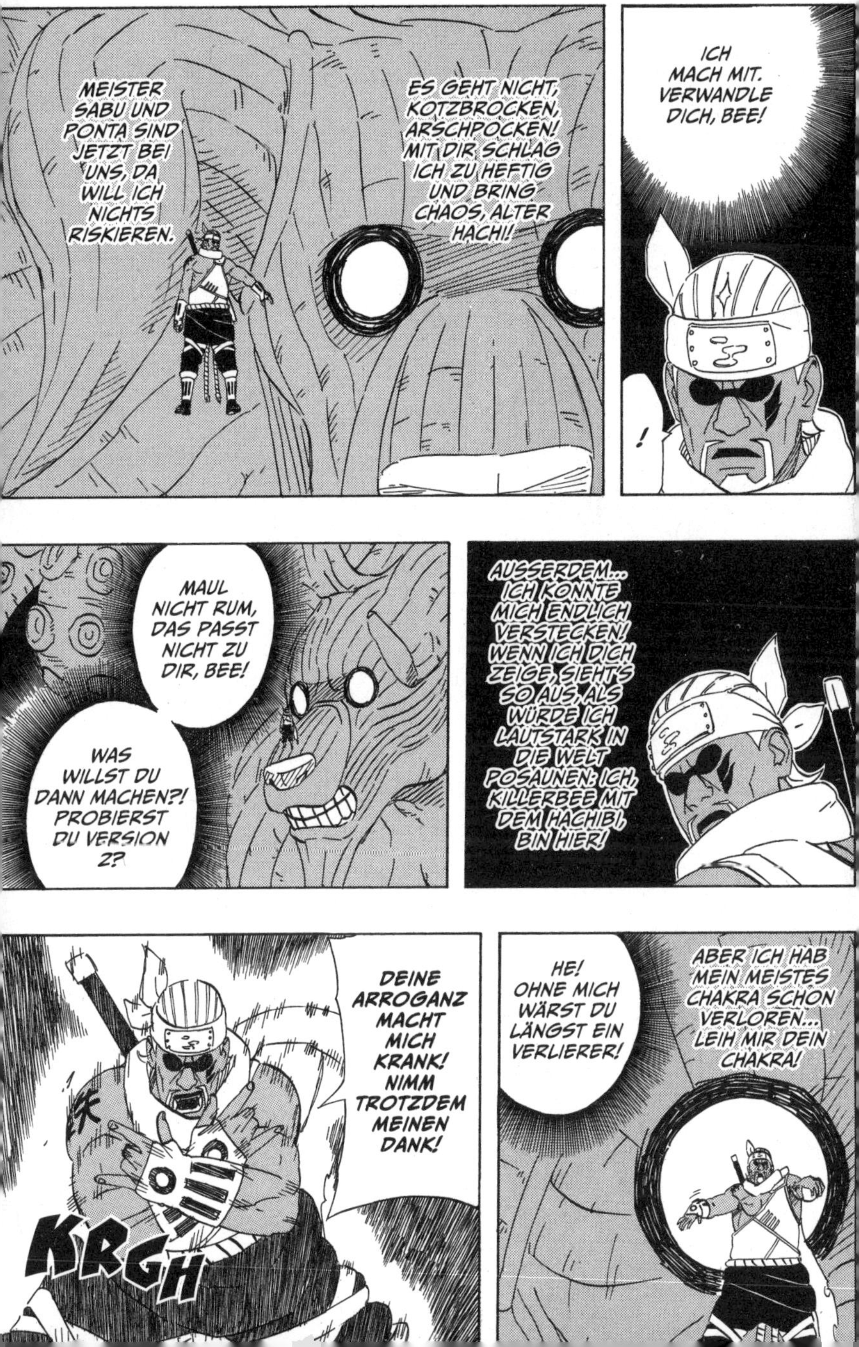
ICH MACH MIT. VERWANDLE DICH, BEE!
ES GEHT NICHT, KOTZBROCKEN, ARSCHPOCKEN! MIT DIR SCHLAG ICH ZU HEFTIG UND BRING CHAOS, ALTER HACHI!
MEISTER SABU UND PONTA SIND JETZT BEI UNS, DA WILL ICH NICHTS RISKIEREN.
AUSSERDEM... ICH KONNTE MICH ENDLICH VERSTECKEN! WENN ICH DICH ZEIGE, SIEHT'S SO AUS, ALS WÜRDE ICH LAUTSTARK IN DIE WELT POSAUNEN: ICH, KILLERBEE MIT DEM HACHIBI, BIN HIER!
MAUL NICHT RUM, DAS PASST NICHT ZU DIR, BEE!
WAS WILLST DU DANN MACHEN?! PROBIERST DU VERSION 2?
ABER ICH HAB MEIN MEISTES CHAKRA SCHON VERLOREN... LEIH MIR DEIN CHAKRA!
HE! OHNE MICH WÄRST DU LÄNGST EIN VERLIERER!
DEINE ARROGANZ MACHT MICH KRANK! NIMM TROTZDEM MEINEN DANK!
KRGH

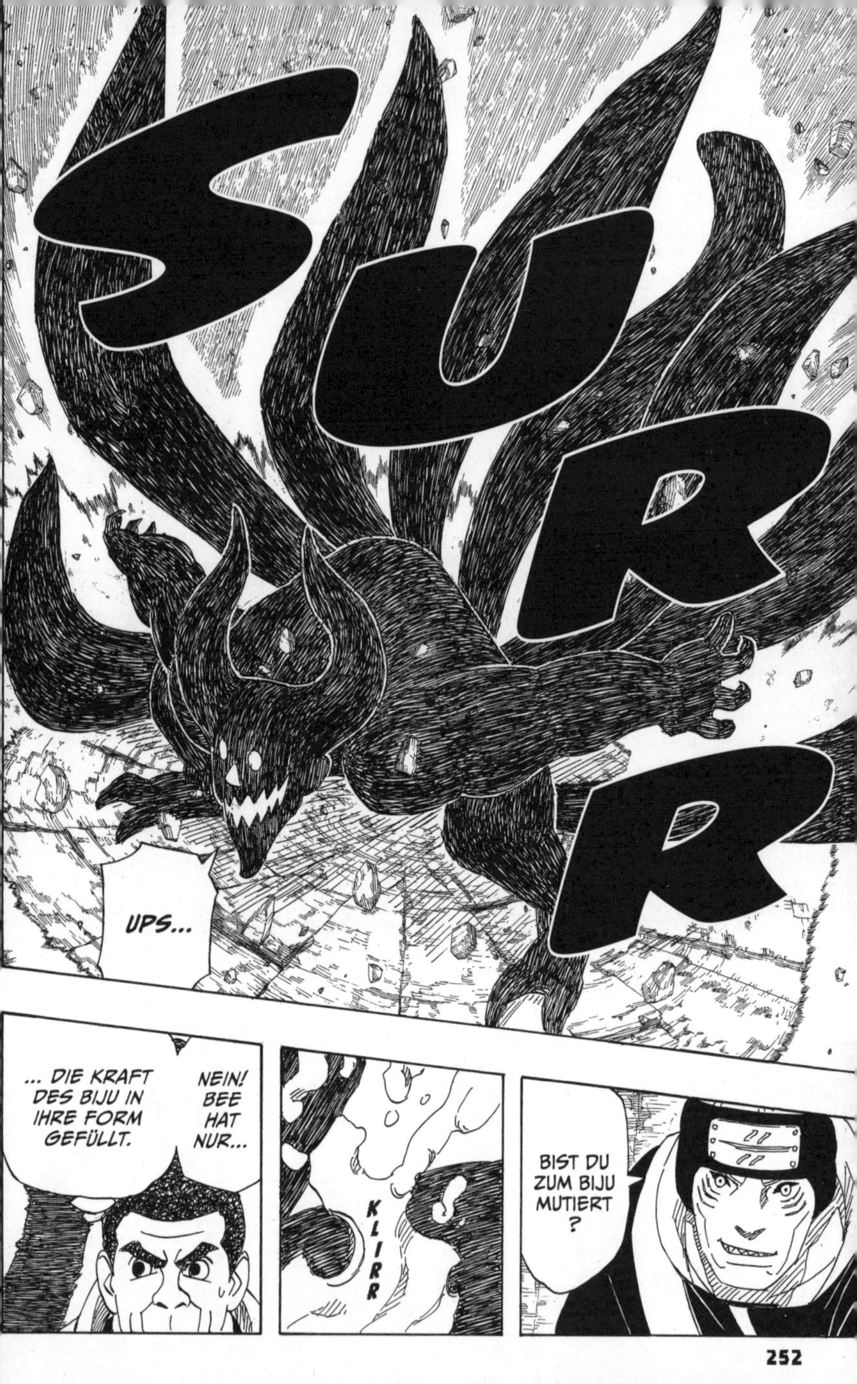
SURR
UPS...
BIST DU ZUM BIJU MUTIERT ?
KLIRR
NEIN! BEE HAT NUR...
... DIE KRAFT DES BIJU IN IHRE FORM GEFÜLLT.

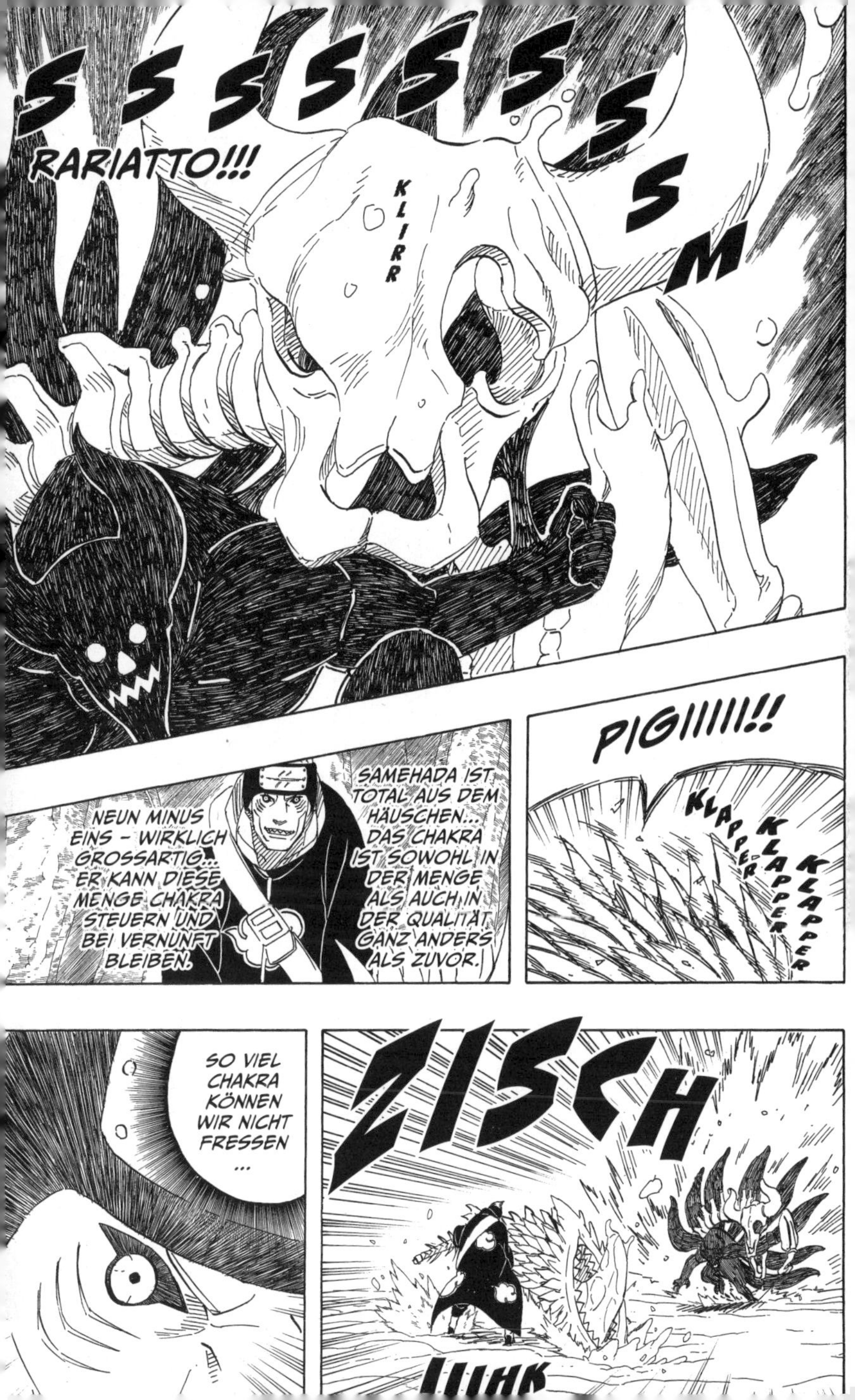
SSSSSSSSSM
RARIATTO!!!
KLIRR
PIGIIIII!!
KLAPPER KLAPPER KLAPPER
SAMEHADA IST TOTAL AUS DEM HÄUSCHEN... DAS CHAKRA IST SOWOHL IN DER MENGE ALS AUCH IN DER QUALITÄT GANZ ANDERS ALS ZUVOR.
NEUN MINUS EINS – WIRKLICH GROSSARTIG... ER KANN DIESE MENGE CHAKRA STEUERN UND BEI VERNUNFT BLEIBEN.
ZISCH
SO VIEL CHAKRA KÖNNEN WIR NICHT FRESSEN ...
IIIHK

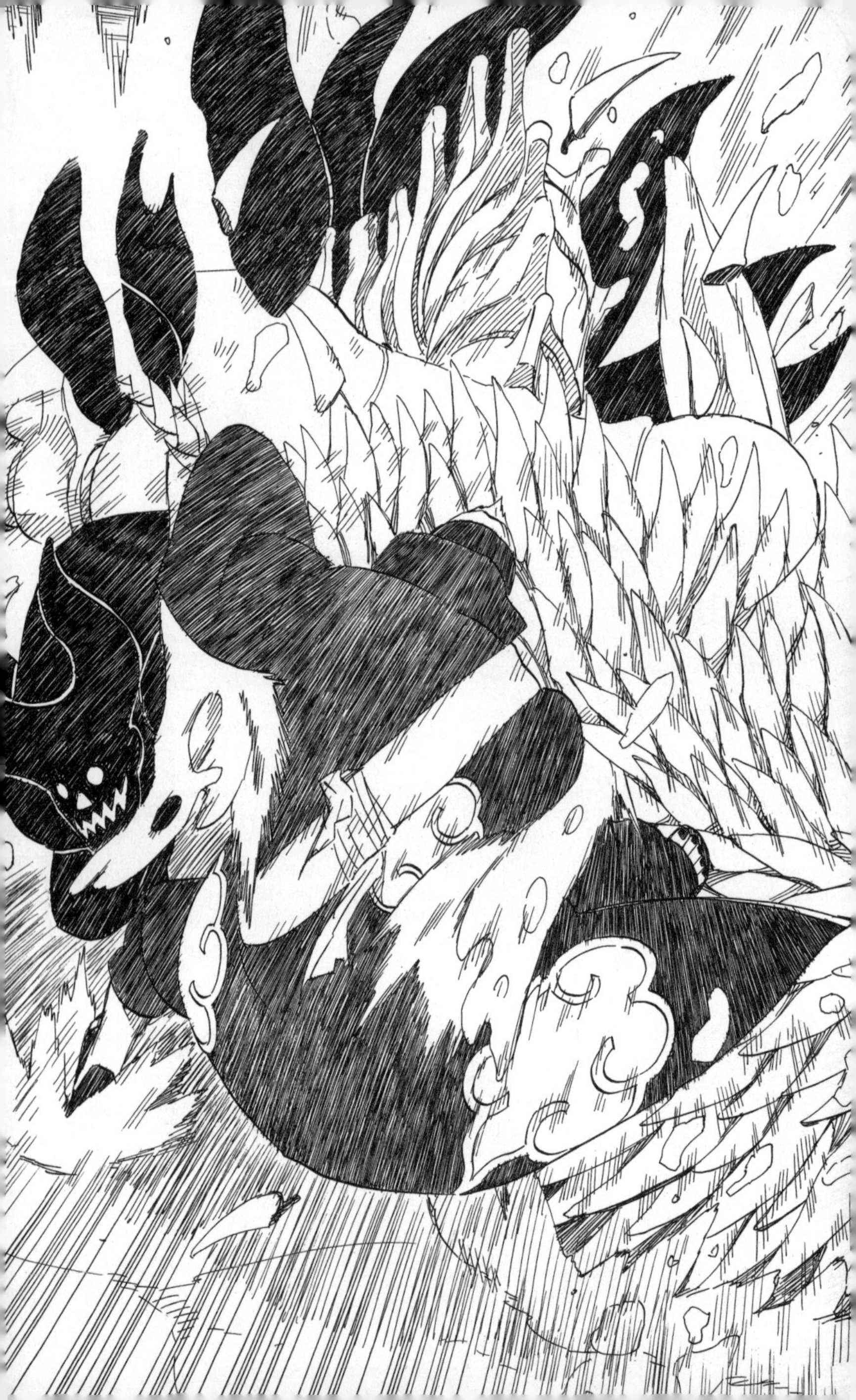

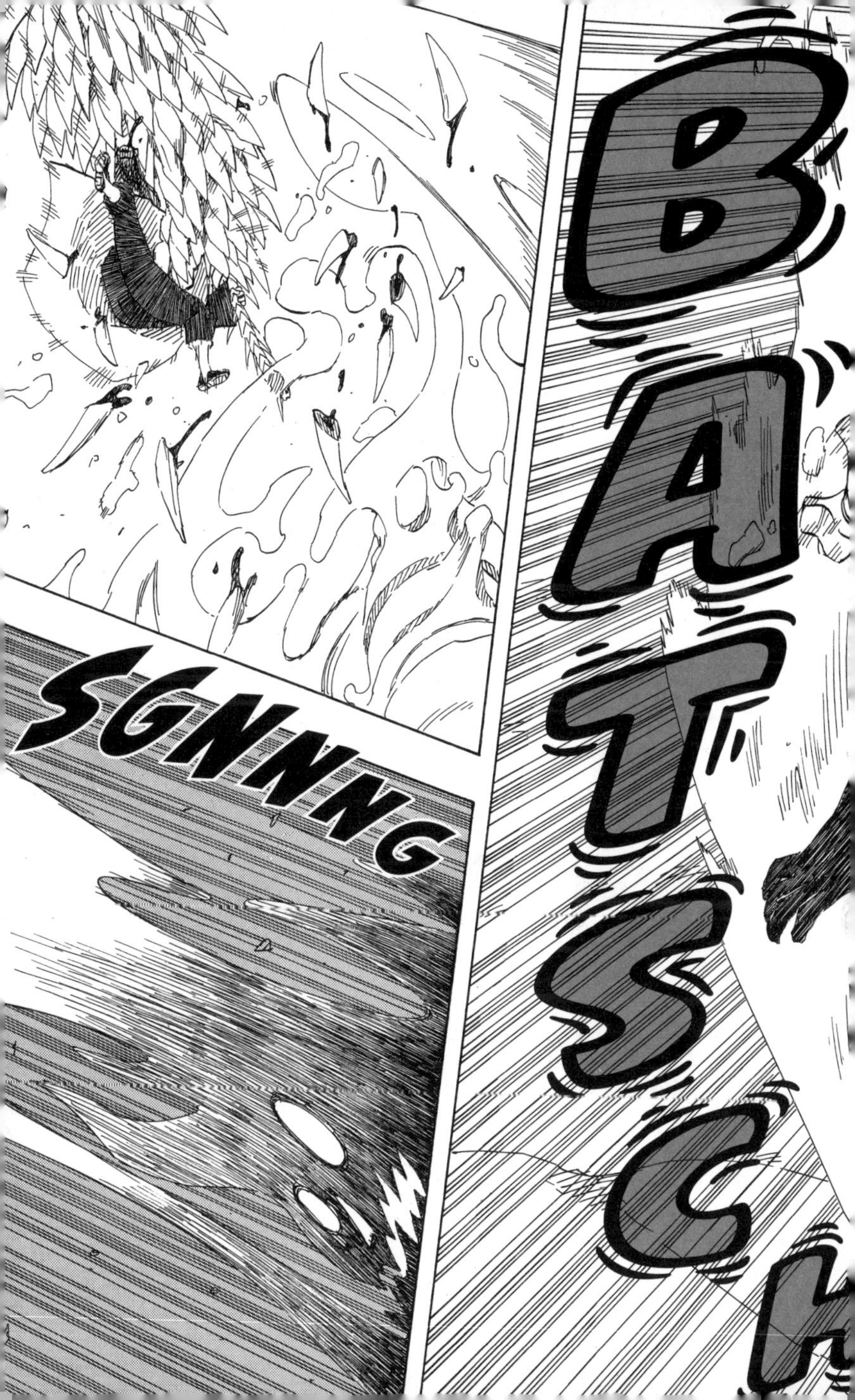
BATSCH
SGNNNG

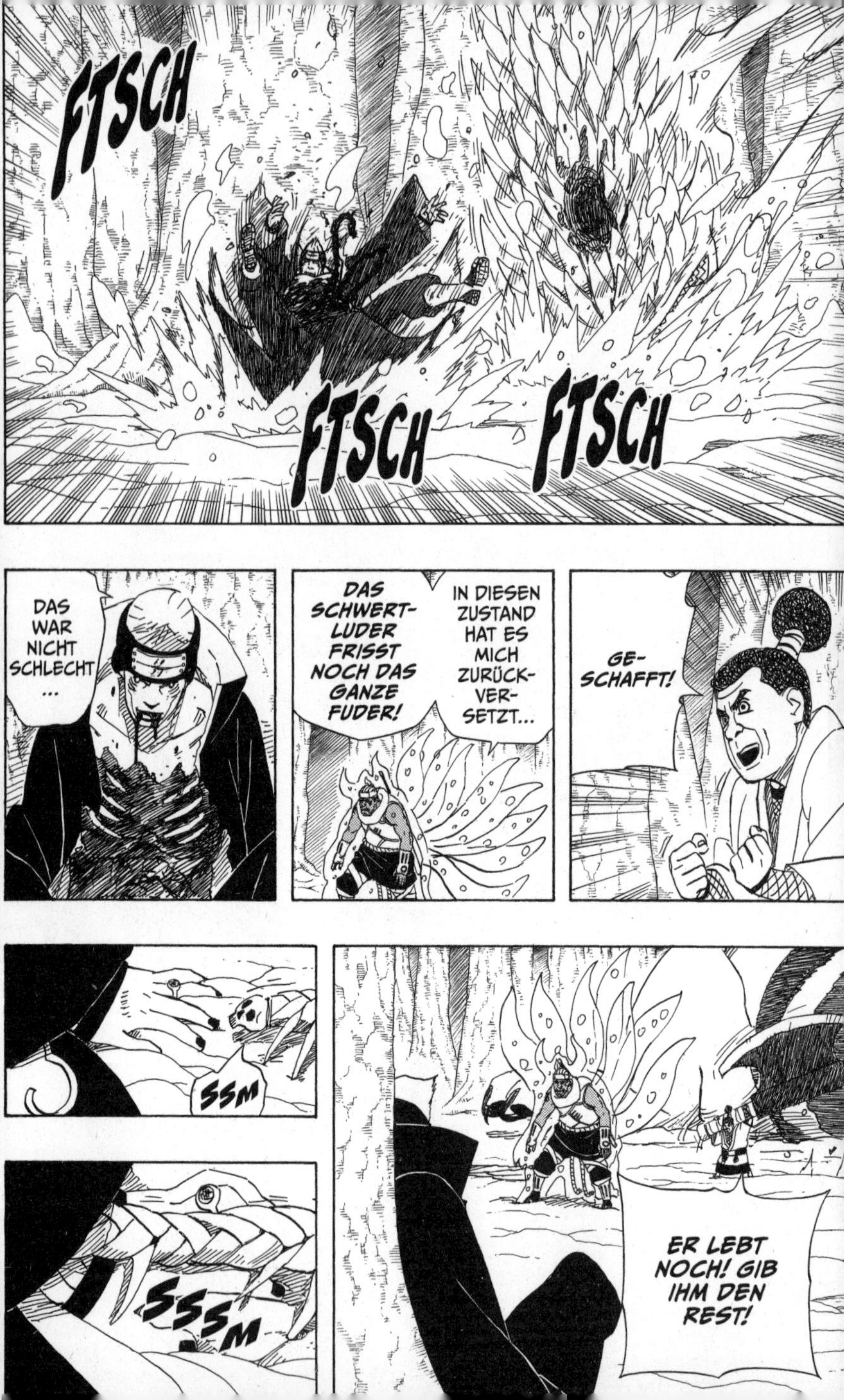
FTSCH
FTSCH
FTSCH
GE-SCHAFFT!
IN DIESEN ZUSTAND HAT ES MICH ZURÜCK-VERSETZT...
DAS SCHWERT-LUDER FRISST NOCH DAS GANZE FUDER!
DAS WAR NICHT SCHLECHT ...
ER LEBT NOCH! GIB IHM DEN REST!
SSM
SSSM

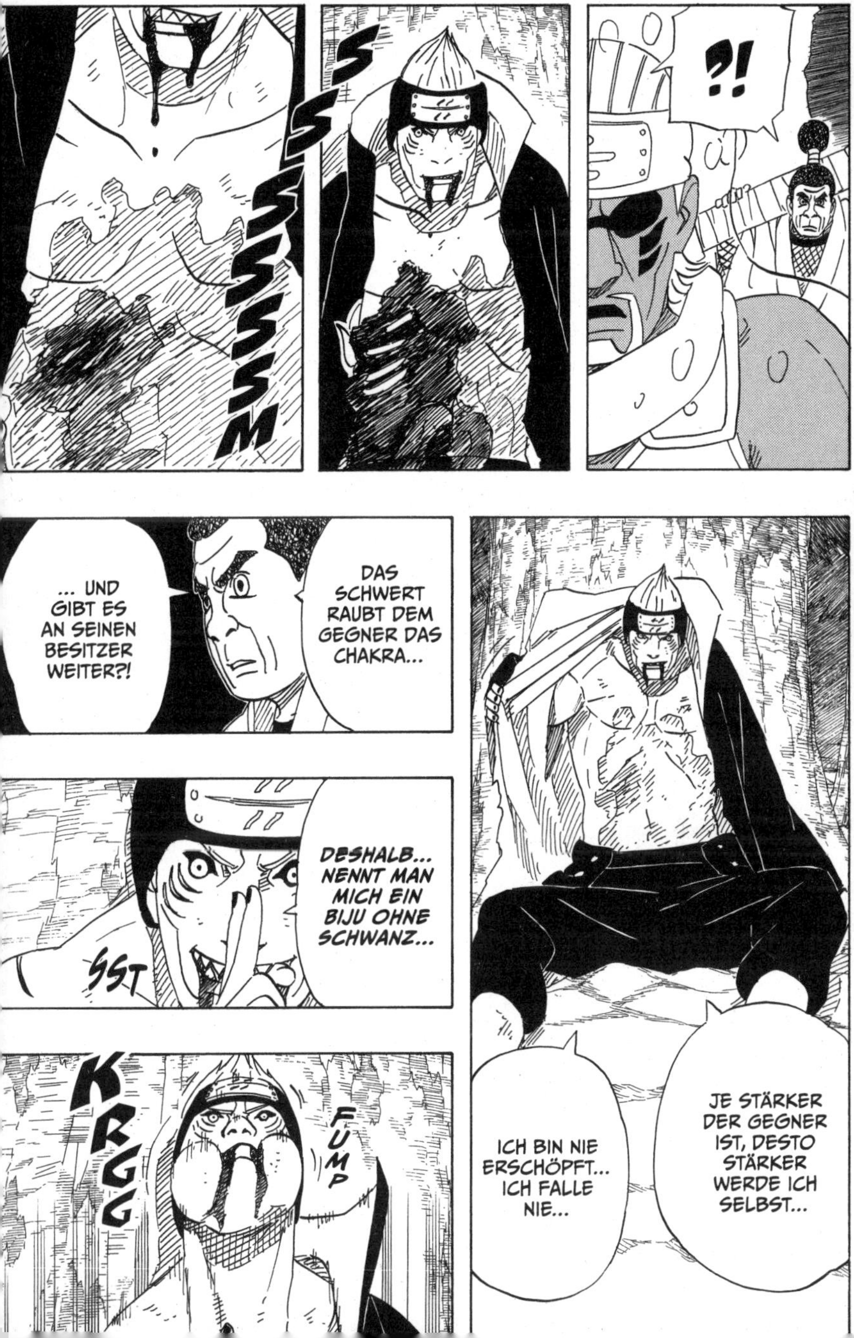
?!
SSSSSSSSM
DAS SCHWERT RAUBT DEM GEGNER DAS CHAKRA...
... UND GIBT ES AN SEINEN BESITZER WEITER?!
JE STÄRKER DER GEGNER IST, DESTO STÄRKER WERDE ICH SELBST...
ICH BIN NIE ERSCHÖPFT... ICH FALLE NIE...
DESHALB... NENNT MAN MICH EIN BIJU OHNE SCHWANZ...
SST
FUMP
KRGG

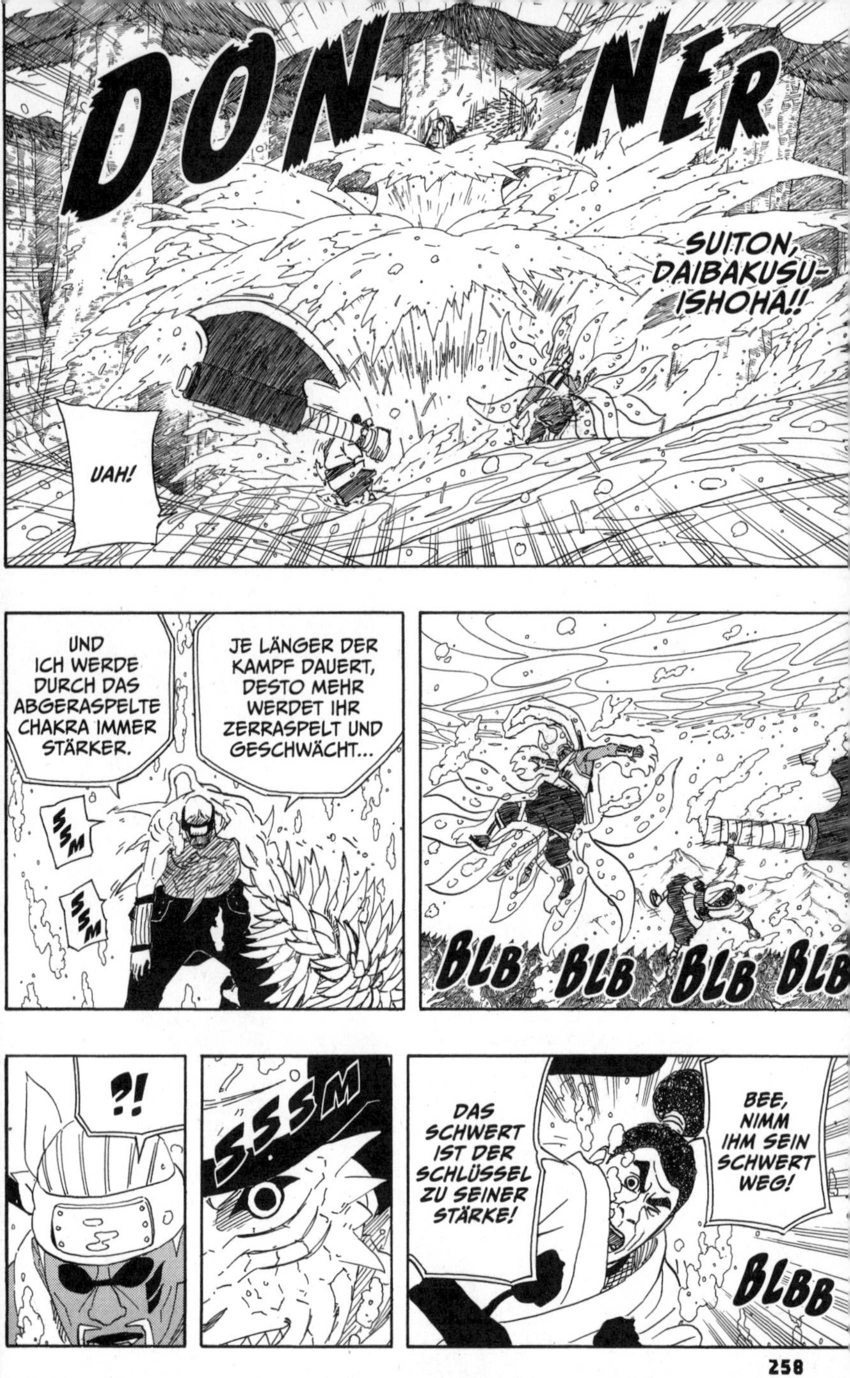
DON NER
SUITON, DAIBAKUSU-ISHOHA!!
UAH!
JE LÄNGER DER KAMPF DAUERT, DESTO MEHR WERDET IHR ZERRASPELT UND GESCHWÄCHT...
UND ICH WERDE DURCH DAS ABGERASPELTE CHAKRA IMMER STÄRKER.
SSSM
SSSM
BLB BLB BLB BLB
BEE, NIMM IHM SEIN SCHWERT WEG!
DAS SCHWERT IST DER SCHLÜSSEL ZU SEINER STÄRKE!
BLBB
SSSM
?!

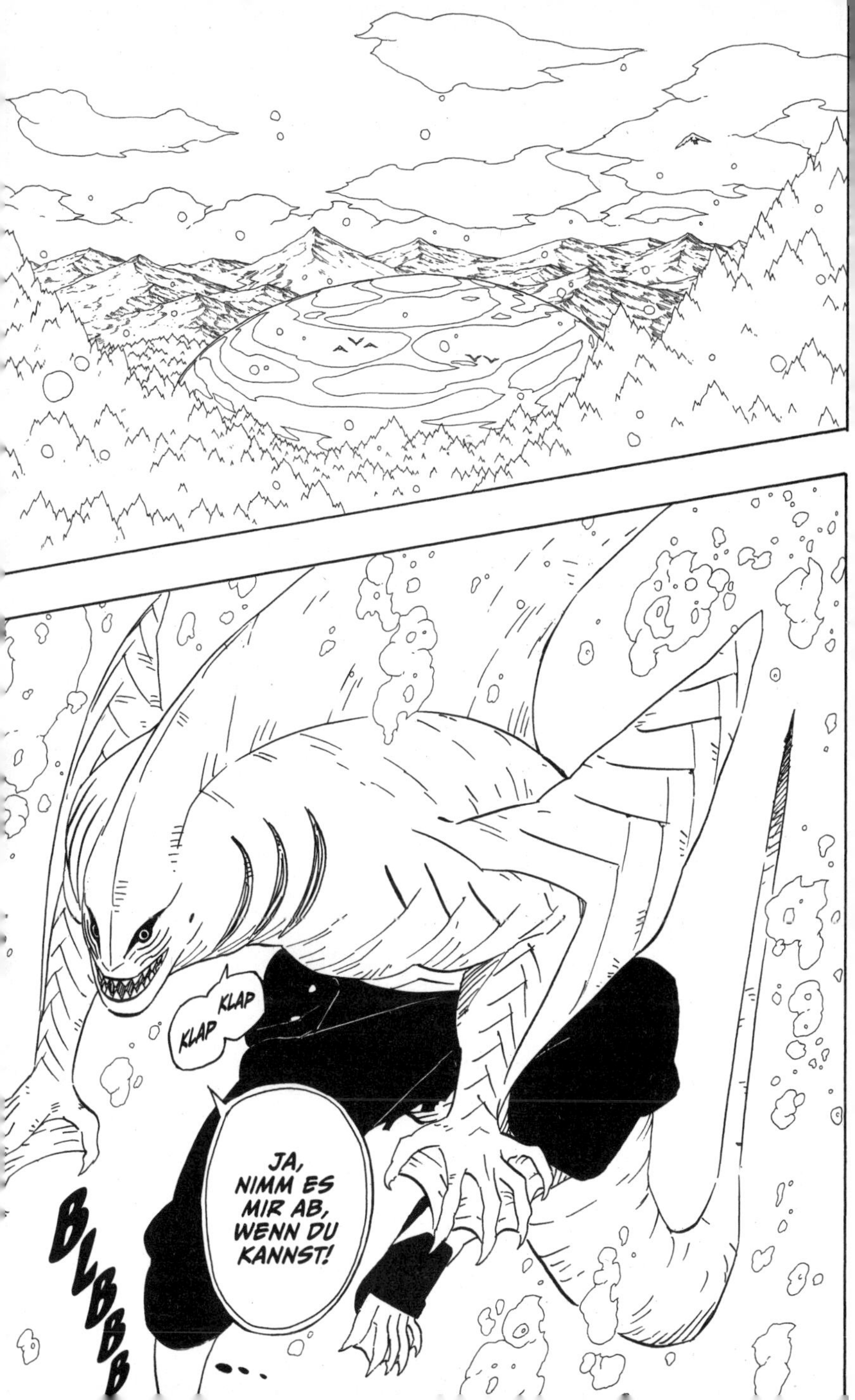
KLAP
KLAP
JA, NIMM ES MIR AB, WENN DU KANNST!
BLBBB...

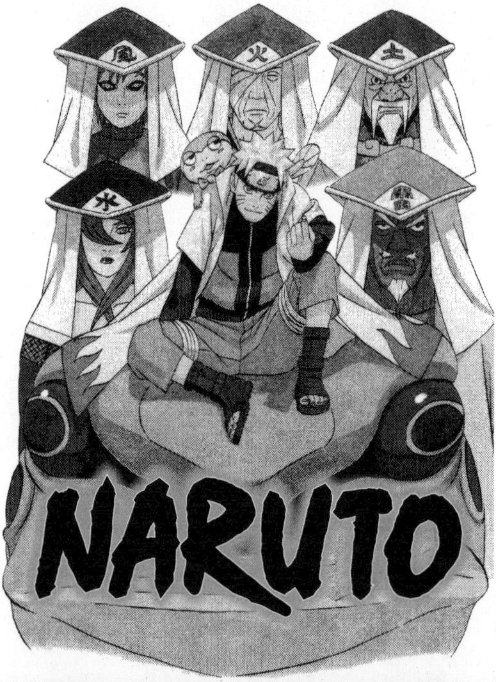
NARUTO

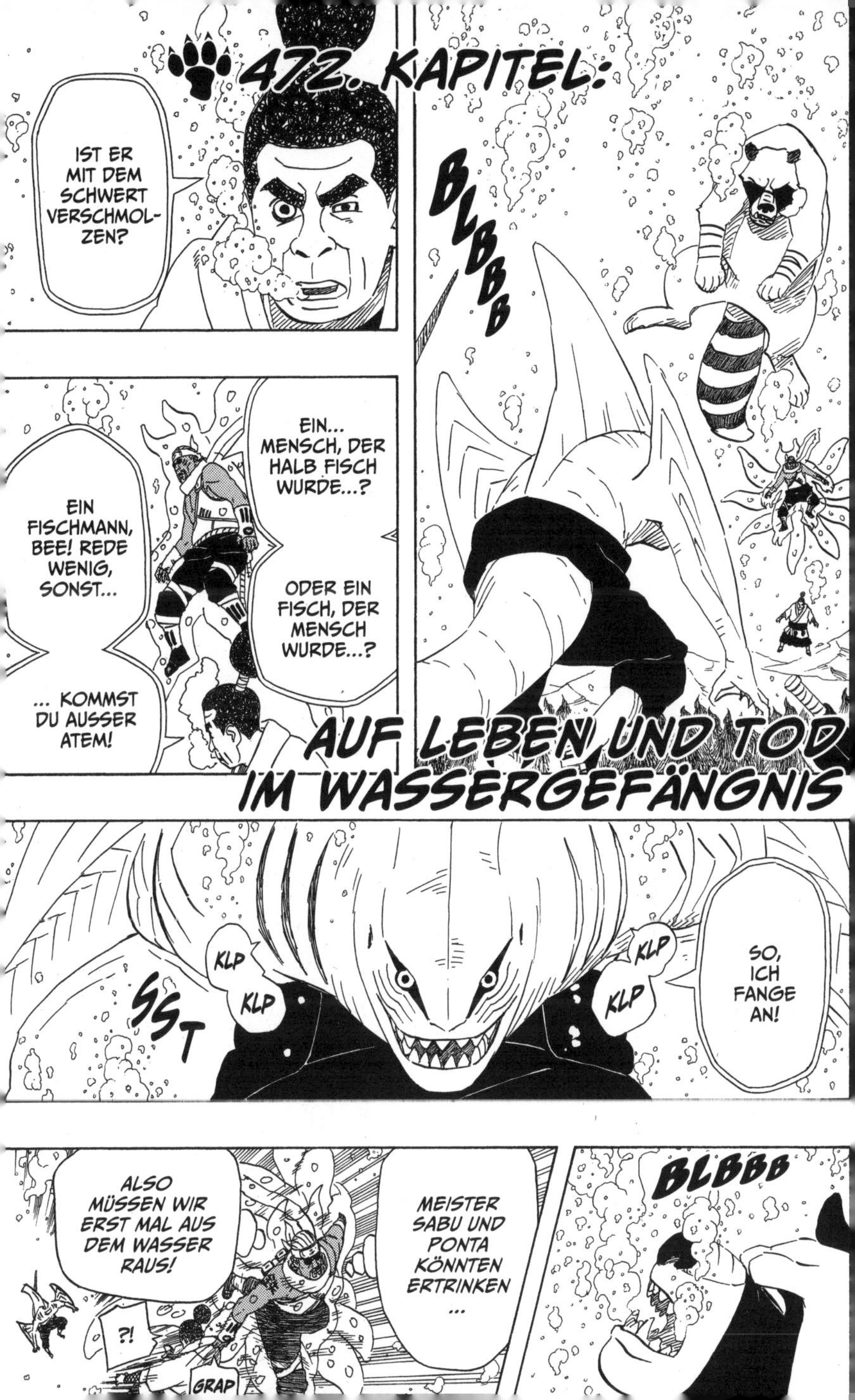
472. KAPITEL:
AUF LEBEN UND TOD IM WASSERGEFÄNGNIS
BLBBB
IST ER MIT DEM SCHWERT VERSCHMOL-ZEN?
EIN... MENSCH, DER HALB FISCH WURDE...?
ODER EIN FISCH, DER MENSCH WURDE...?
EIN FISCHMANN, BEE! REDE WENIG, SONST...
... KOMMST DU AUSSER ATEM!
SO, ICH FANGE AN!
KLP
KLP
KLP
KLP
SST
BLBBB
MEISTER SABU UND PONTA KÖNNTEN ERTRINKEN ...
ALSO MÜSSEN WIR ERST MAL AUS DEM WASSER RAUS!
?!
GRAP

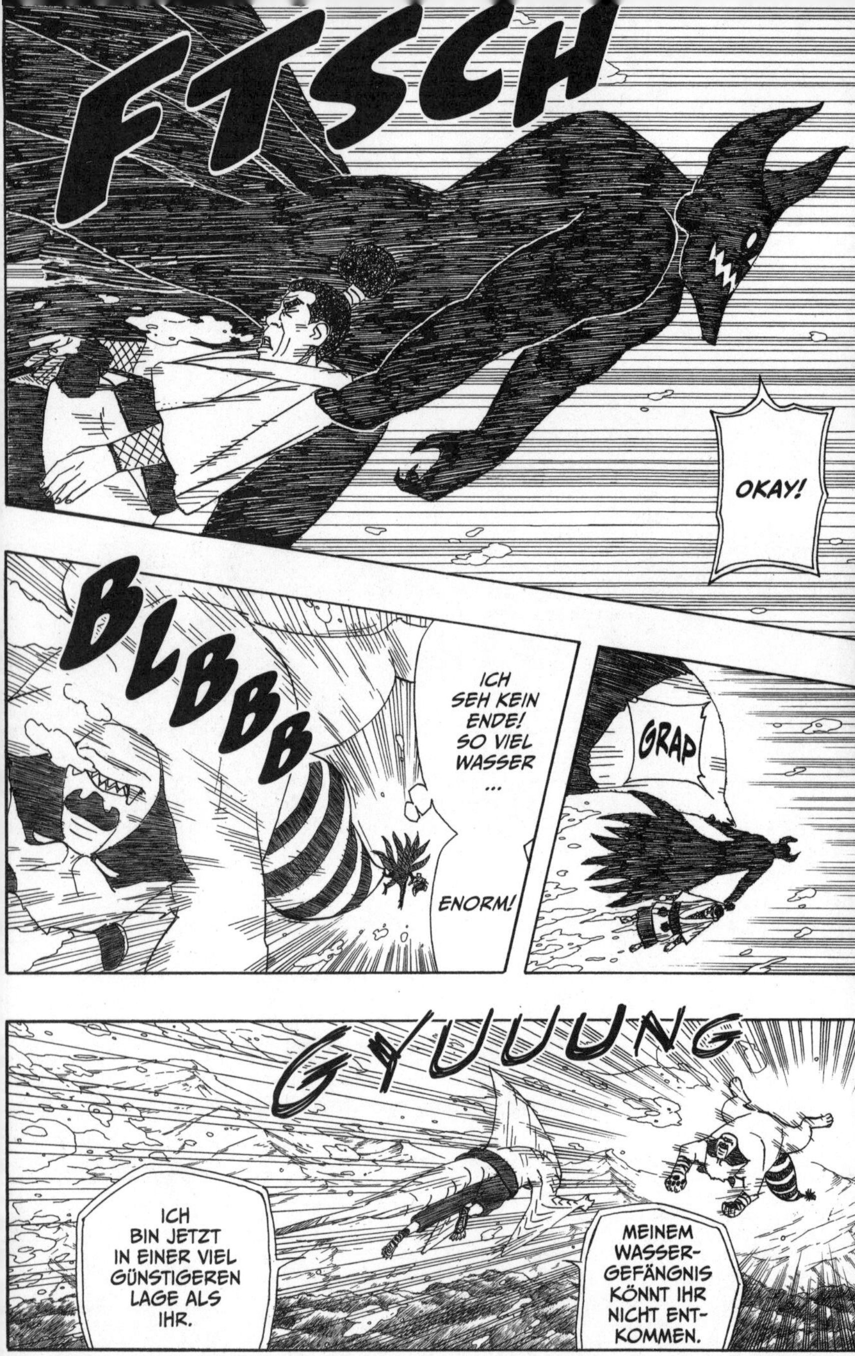
FTSCH
OKAY!
GRAP
ICH SEH KEIN ENDE! SO VIEL WASSER ...
ENORM!
BLBBB
GYUUUNG
MEINEM WASSER-GEFÄNGNIS KÖNNT IHR NICHT ENT-KOMMEN.
ICH BIN JETZT IN EINER VIEL GÜNSTIGEREN LAGE ALS IHR.

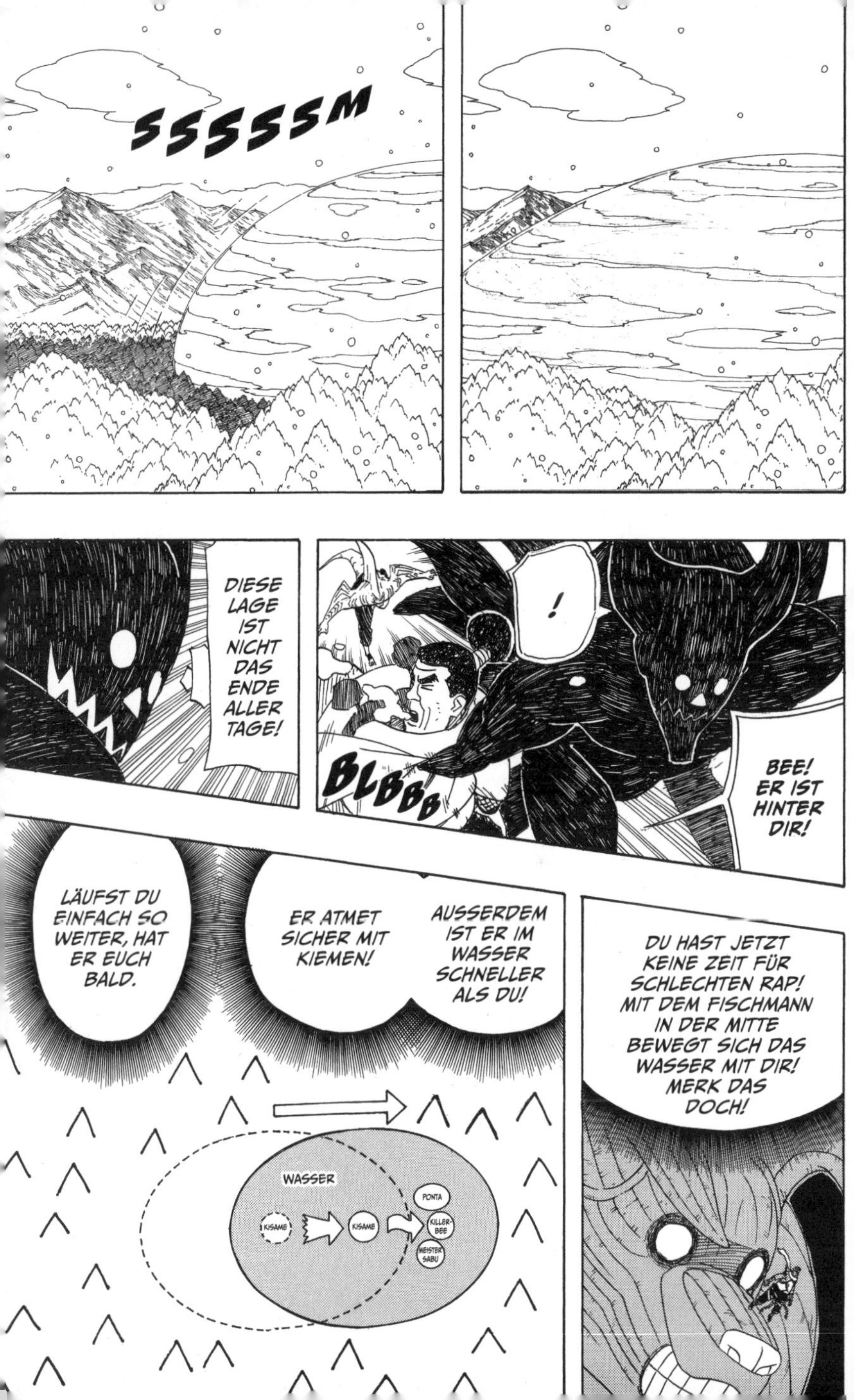
SSSSSM
DIESE LAGE IST NICHT DAS ENDE ALLER TAGE!
!
BLBBB
BEE! ER IST HINTER DIR!
LÄUFST DU EINFACH SO WEITER, HAT ER EUCH BALD.
ER ATMET SICHER MIT KIEMEN!
AUSSERDEM IST ER IM WASSER SCHNELLER ALS DU!
DU HAST JETZT KEINE ZEIT FÜR SCHLECHTEN RAP! MIT DEM FISCHMANN IN DER MITTE BEWEGT SICH DAS WASSER MIT DIR! MERK DAS DOCH!
WASSER
KISAME
KISAME
PONTA
KILLER-BEE
MEISTER SABU

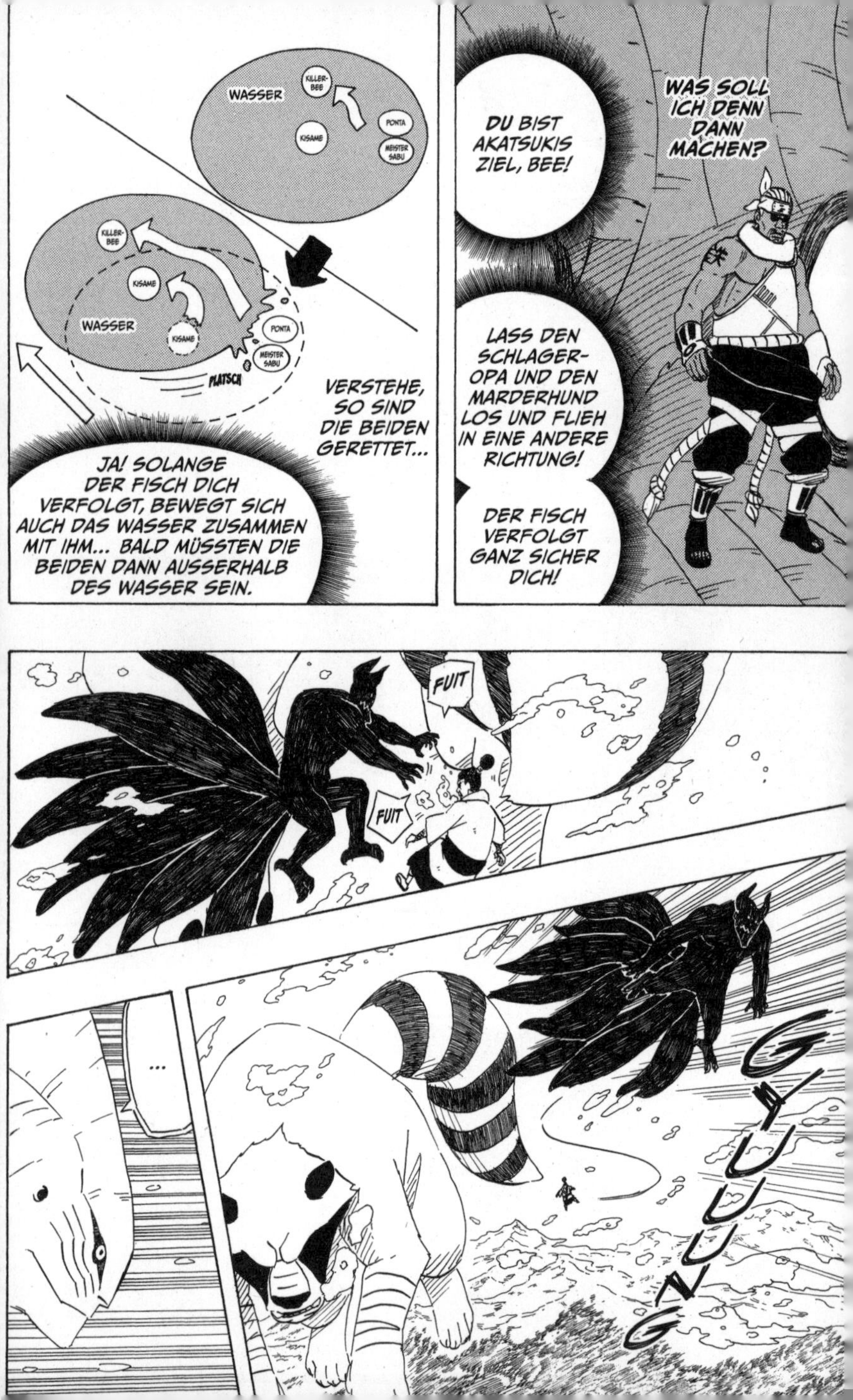

WAS SOLL ICH DENN DANN MACHEN?
DU BIST AKATSUKIS ZIEL, BEE!
LASS DEN SCHLAGER-OPA UND DEN MARDERHUND LOS UND FLIEH IN EINE ANDERE RICHTUNG!
DER FISCH VERFOLGT GANZ SICHER DICH!
WASSER
KILLER-BEE
KISAME
PONTA
MEISTER SABU
WASSER
KILLER-BEE
KISAME
KISAME
PONTA
MEISTER SABU
PLATSCH
VERSTEHE, SO SIND DIE BEIDEN GERETTET...
JA! SOLANGE DER FISCH DICH VERFOLGT, BEWEGT SICH AUCH DAS WASSER ZUSAMMEN MIT IHM... BALD MÜSSTEN DIE BEIDEN DANN AUSSERHALB DES WASSER SEIN.
FUIT
FUIT
GYUUUNG
...

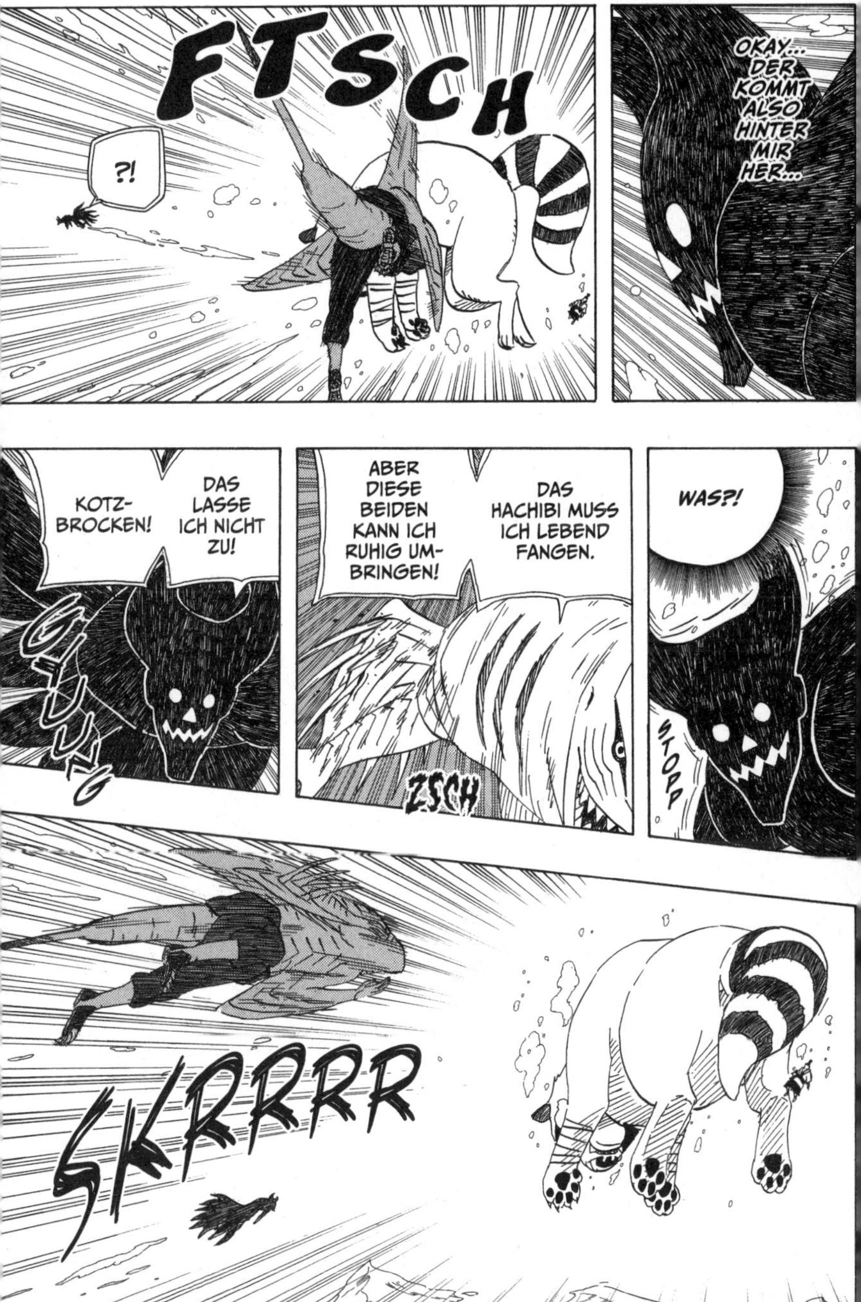
OKAY... DER KOMMT ALSO HINTER MIR HER...
FTSCH
?!
WAS?!
STOPP
DAS HACHIBI MUSS ICH LEBEND FANGEN.
ABER DIESE BEIDEN KANN ICH RUHIG UMBRINGEN!
ZSCH
DAS LASSE ICH NICHT ZU!
KOTZ-BROCKEN!
GYUUNG
SKRRRRR

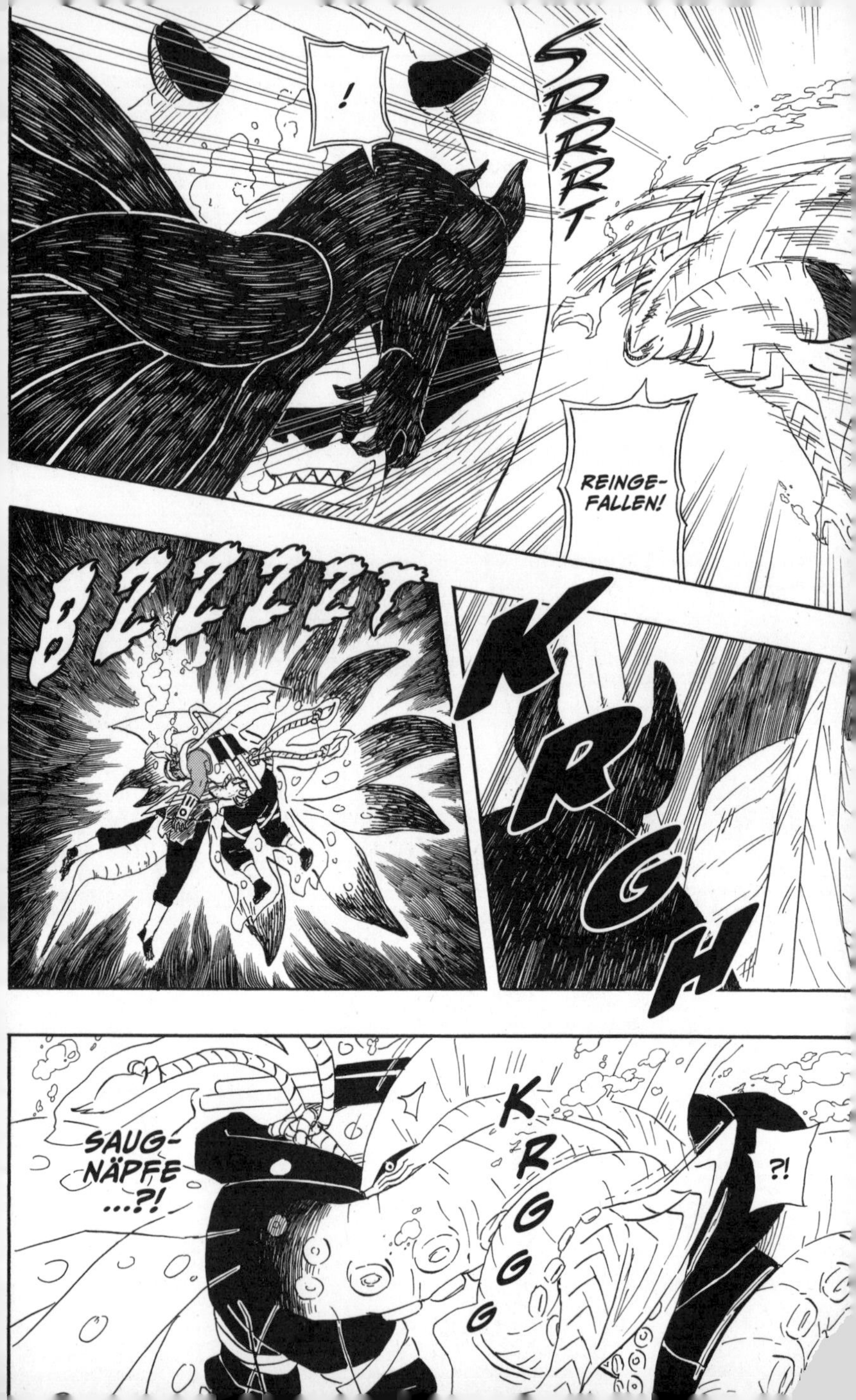
SRRRT
!
REINGE-
FALLEN!
KRRGH
BZZZZT
?!
KRGGG
SAUG-
NÄPFE
...?!

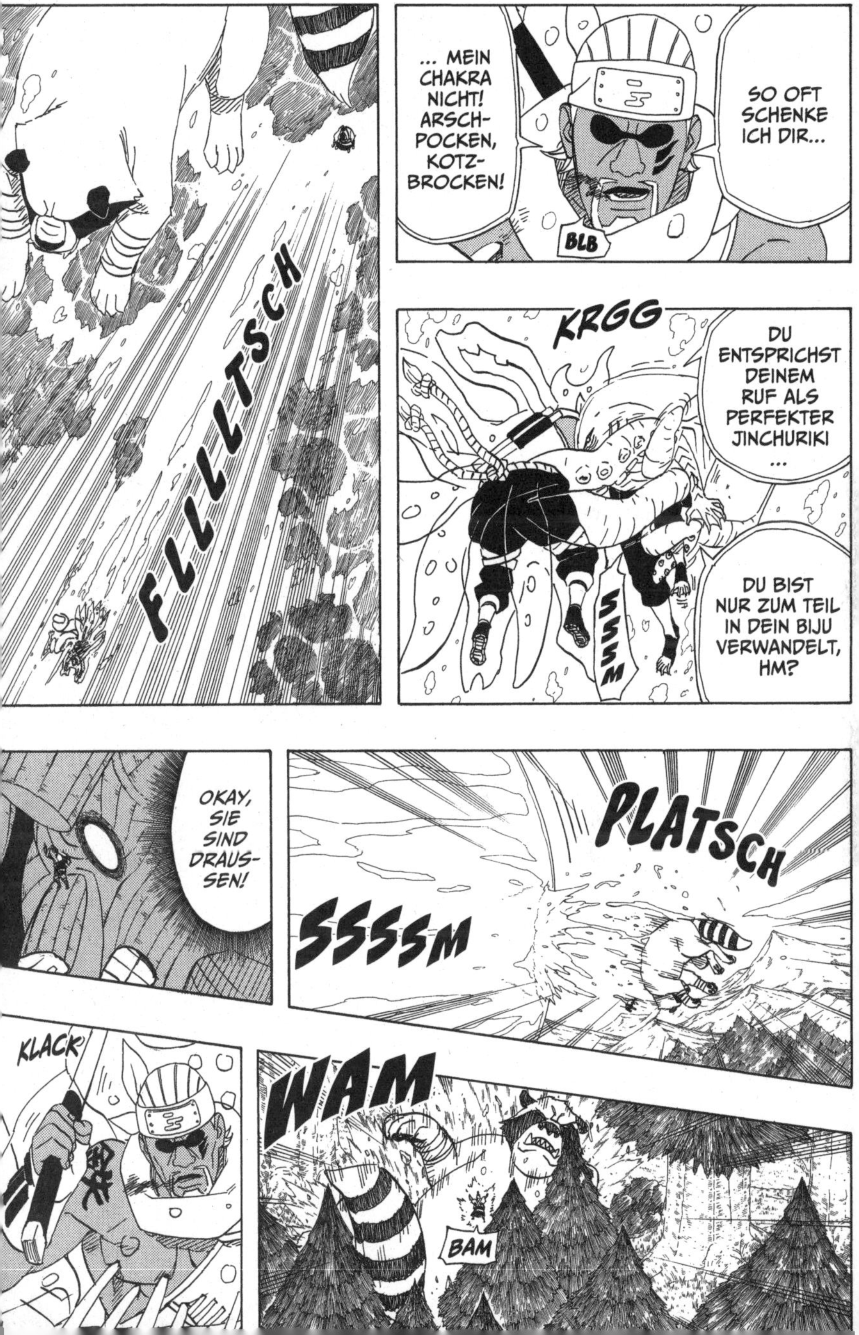
SO OFT SCHENKE ICH DIR...
... MEIN CHAKRA NICHT! ARSCH-POCKEN, KOTZ-BROCKEN!
BLB
KRGG
DU ENTSPRICHST DEINEM RUF ALS PERFEKTER JINCHURIKI ...
DU BIST NUR ZUM TEIL IN DEIN BIJU VERWANDELT, HM?
SSSM
FLLLLTSCH
PLATSCH
SSSSM
OKAY, SIE SIND DRAUS-SEN!
WAM
BAM
KLACK

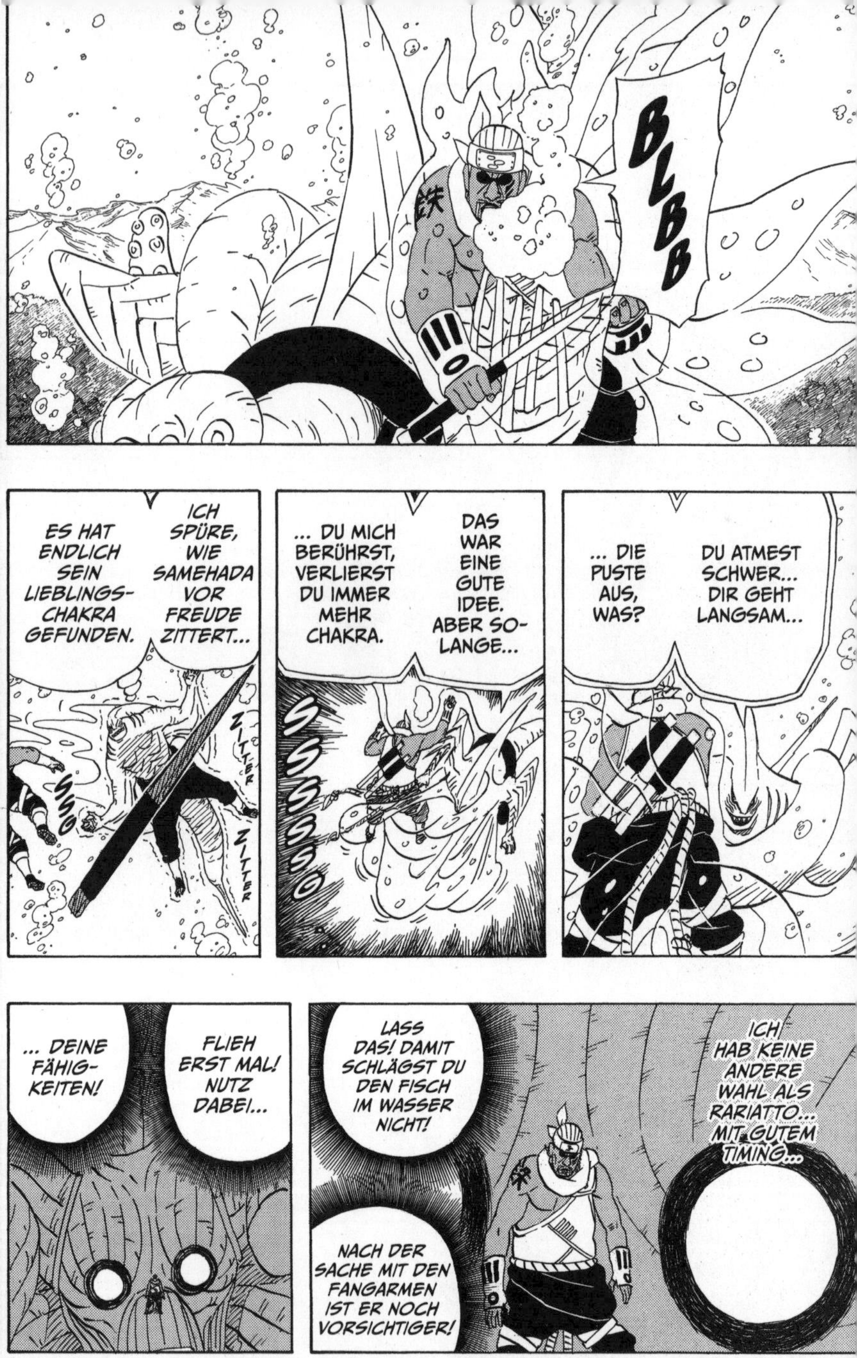
BLBB
DU ATMEST SCHWER... DIR GEHT LANGSAM...
... DIE PUSTE AUS, WAS?
DAS WAR EINE GUTE IDEE. ABER SOLANGE...
... DU MICH BERÜHRST, VERLIERST DU IMMER MEHR CHAKRA.
SSSSSS
ICH SPÜRE, WIE SAMEHADA VOR FREUDE ZITTERT...
ES HAT ENDLICH SEIN LIEBLINGS-CHAKRA GEFUNDEN.
ZITTER
ZITTER
ICH HAB KEINE ANDERE WAHL ALS RARIATTO... MIT GUTEM TIMING...
LASS DAS! DAMIT SCHLÄGST DU DEN FISCH IM WASSER NICHT!
NACH DER SACHE MIT DEN FANGARMEN IST ER NOCH VORSICHTIGER!
FLIEH ERST MAL! NUTZ DABEI...
... DEINE FÄHIGKEITEN!

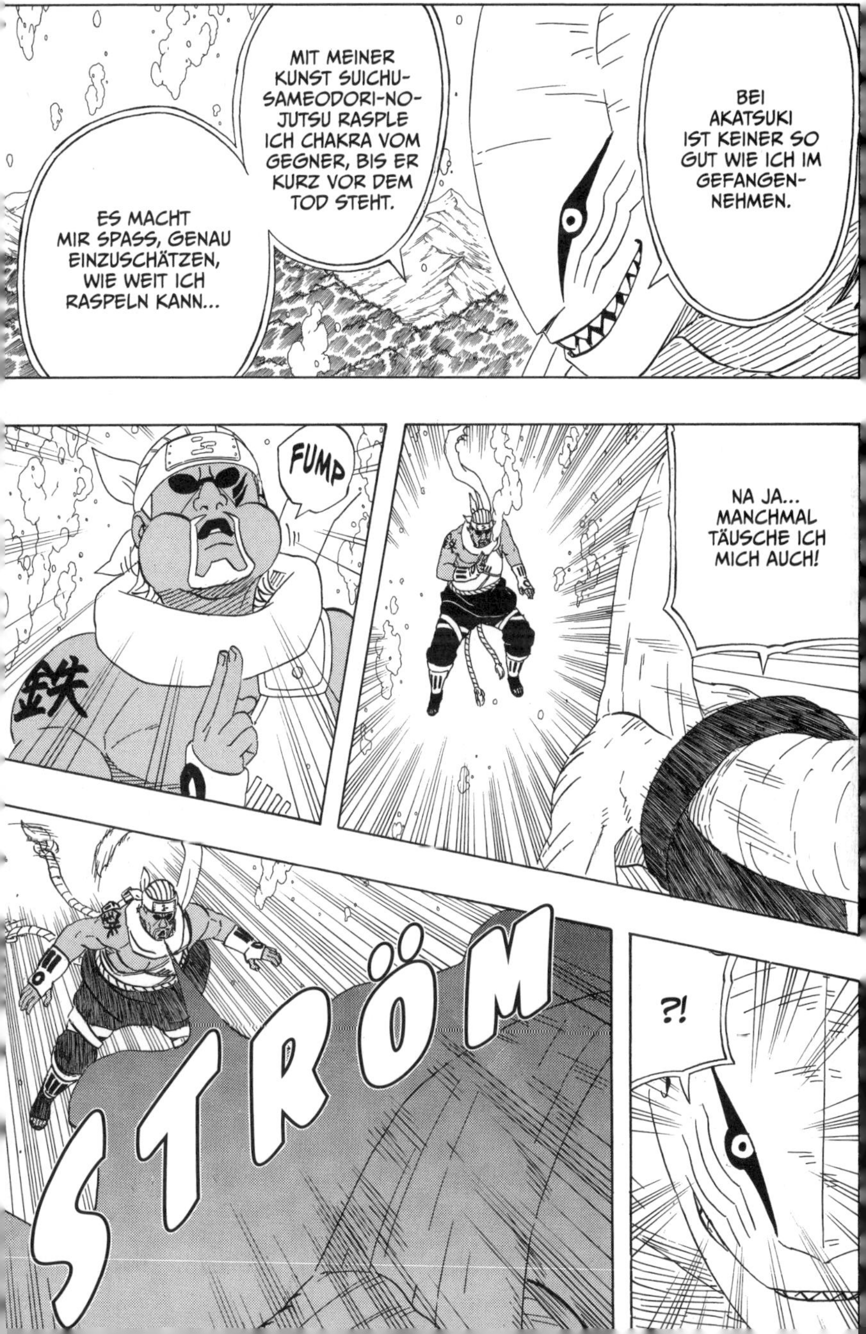
BEI AKATSUKI IST KEINER SO GUT WIE ICH IM GEFANGEN-NEHMEN.
MIT MEINER KUNST SUICHU-SAMEODORI-NO-JUTSU RASPLE ICH CHAKRA VOM GEGNER, BIS ER KURZ VOR DEM TOD STEHT.
ES MACHT MIR SPASS, GENAU EINZUSCHÄTZEN, WIE WEIT ICH RASPELN KANN…
NA JA… MANCHMAL TÄUSCHE ICH MICH AUCH!
FUMP
?!
STRÖM

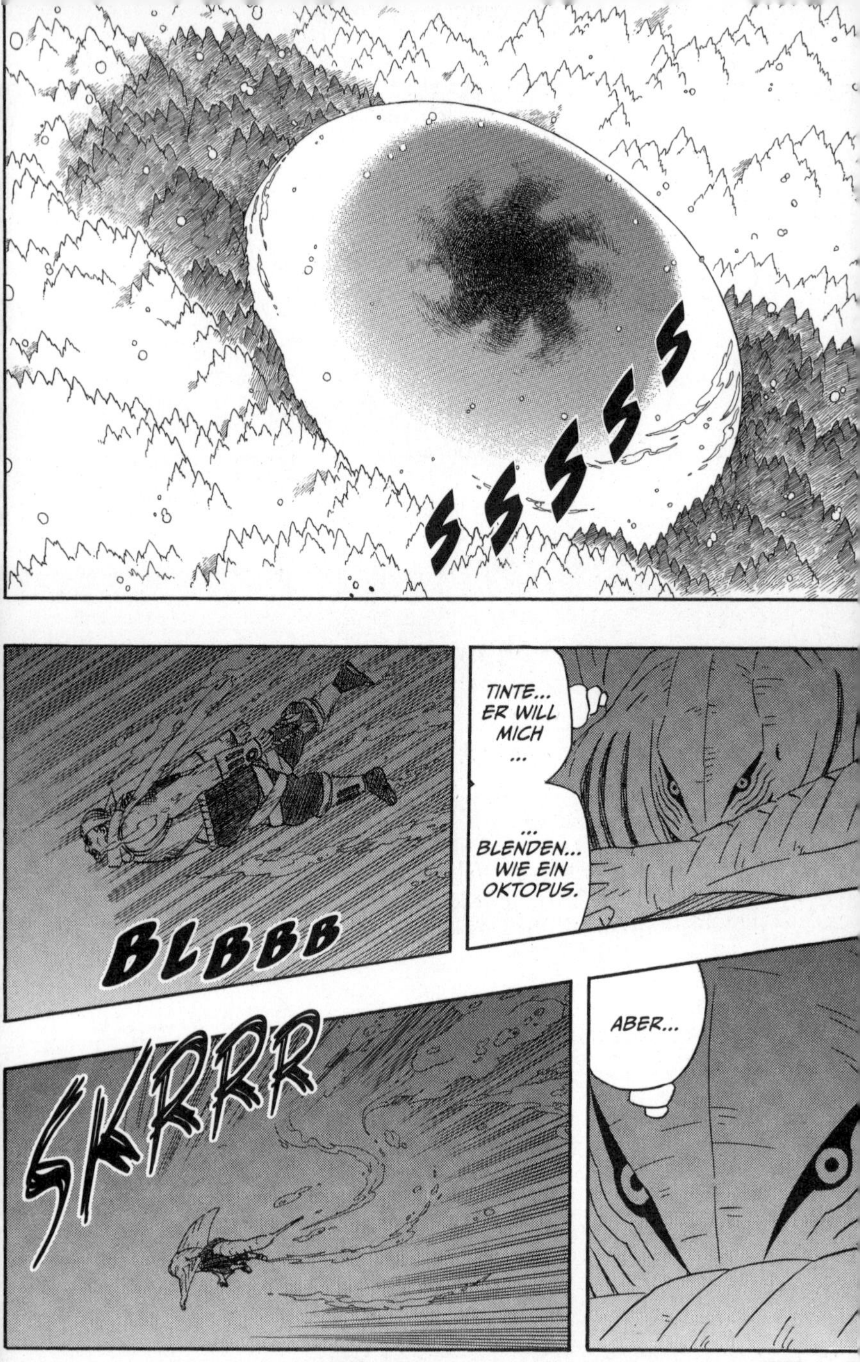
SSSSSS
TINTE... ER WILL MICH ...
... BLENDEN... WIE EIN OKTOPUS.
BLBBB
ABER...
SKRRR

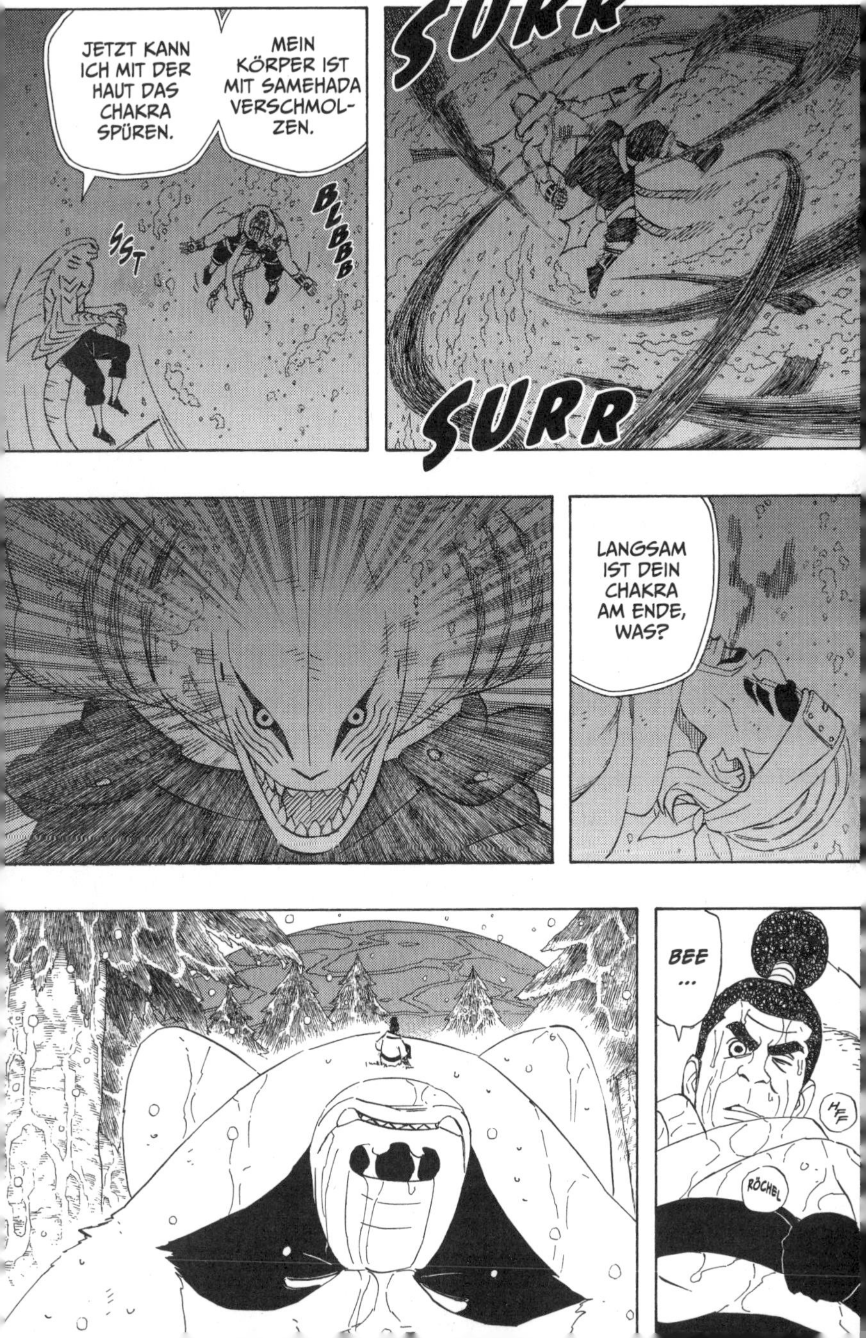
JETZT KANN ICH MIT DER HAUT DAS CHAKRA SPÜREN.
MEIN KÖRPER IST MIT SAMEHADA VERSCHMOL-ZEN.
SST
BLBBB
SURR
SURR
LANGSAM IST DEIN CHAKRA AM ENDE, WAS?
BEE ...
HFF
RÖCHEL

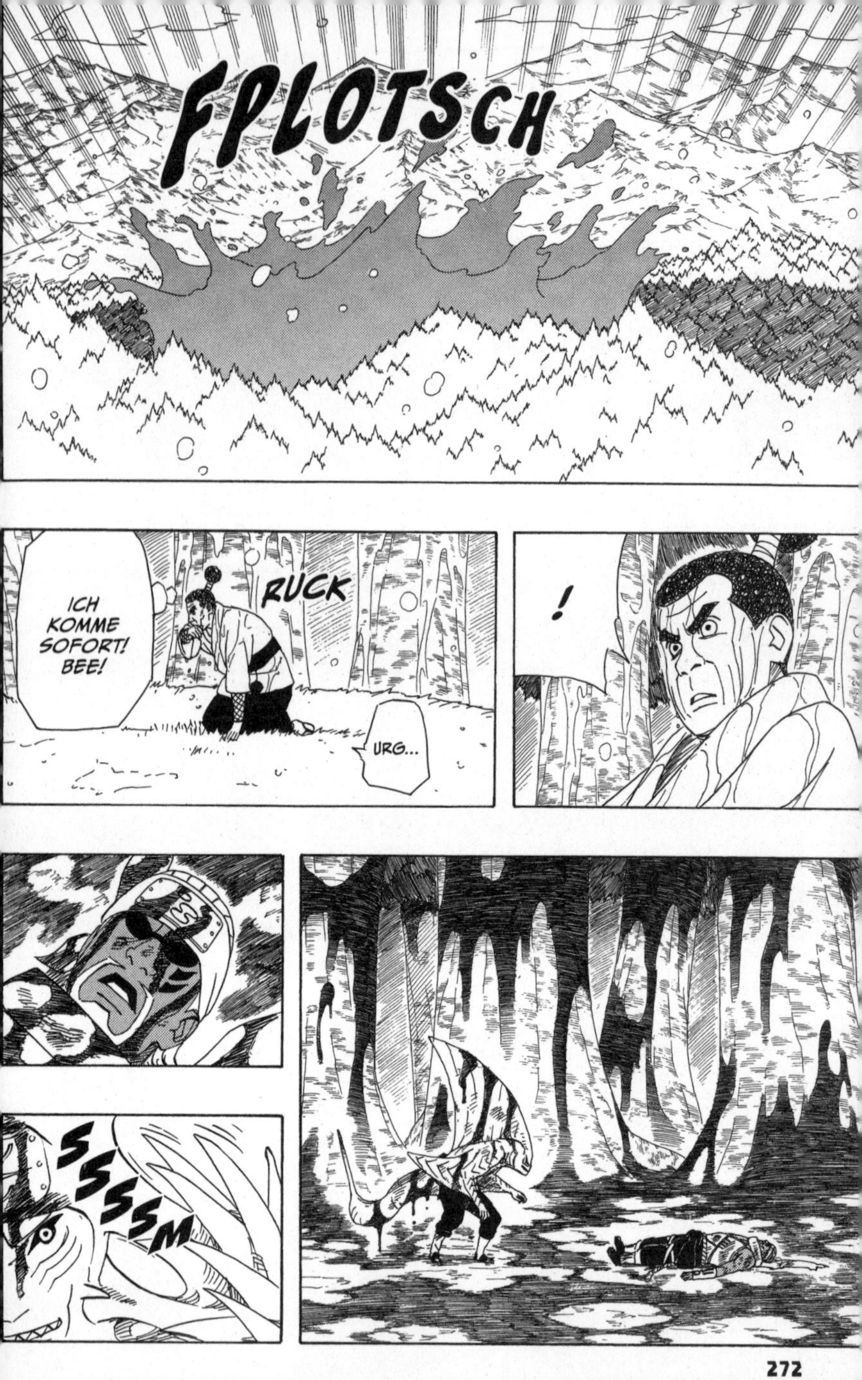
FPLOTSCH
ICH KOMME SOFORT! BEE!
RUCK
URG...
!
SSSSM

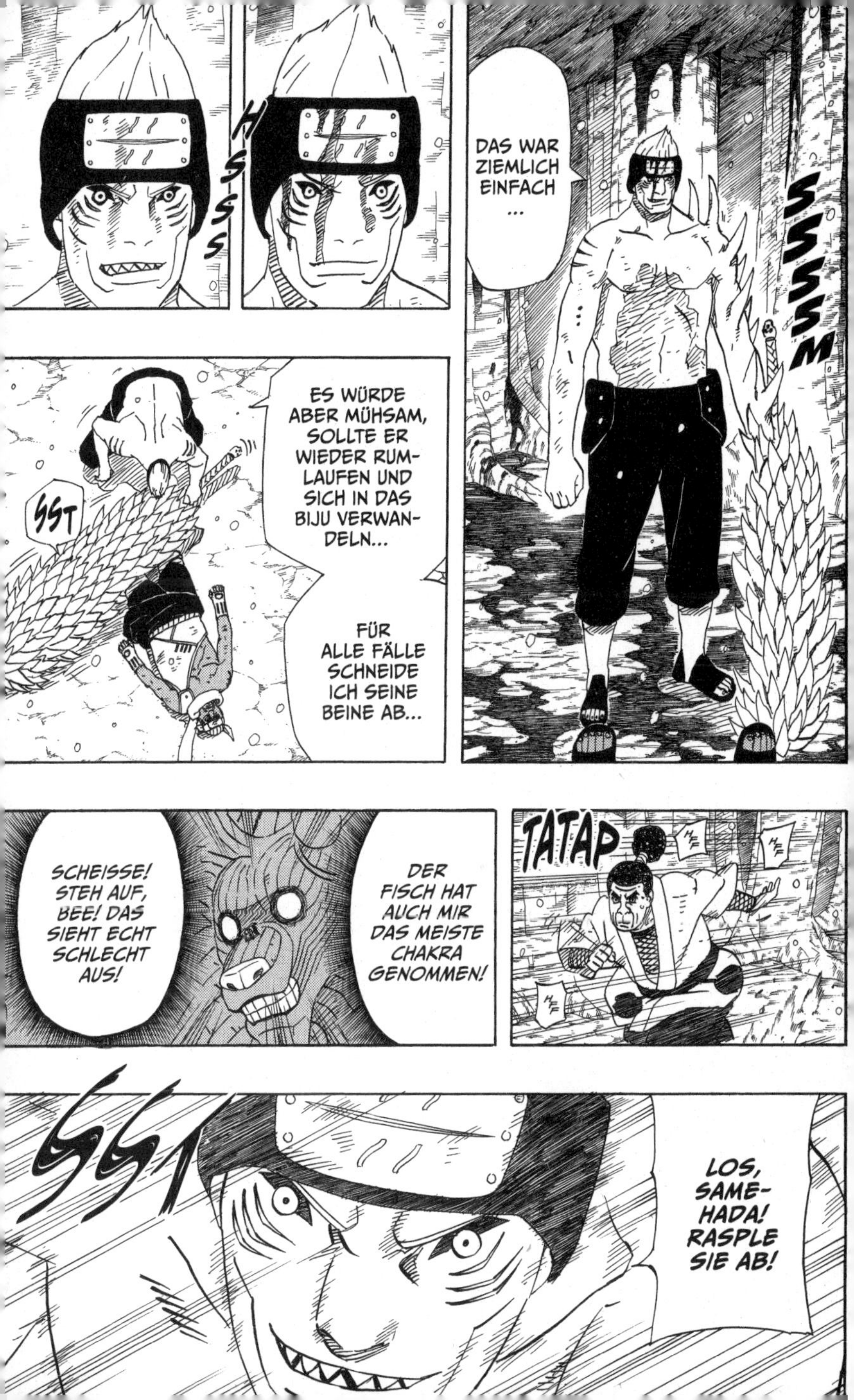
HSSS
DAS WAR ZIEMLICH EINFACH …
SSSSM
ES WÜRDE ABER MÜHSAM, SOLLTE ER WIEDER RUM-LAUFEN UND SICH IN DAS BIJU VERWAN-DELN…
FÜR ALLE FÄLLE SCHNEIDE ICH SEINE BEINE AB…
SST
TATAP
DER FISCH HAT AUCH MIR DAS MEISTE CHAKRA GENOMMEN!
SCHEISSE! STEH AUF, BEE! DAS SIEHT ECHT SCHLECHT AUS!
SST
LOS, SAME-HADA! RASPLE SIE AB!

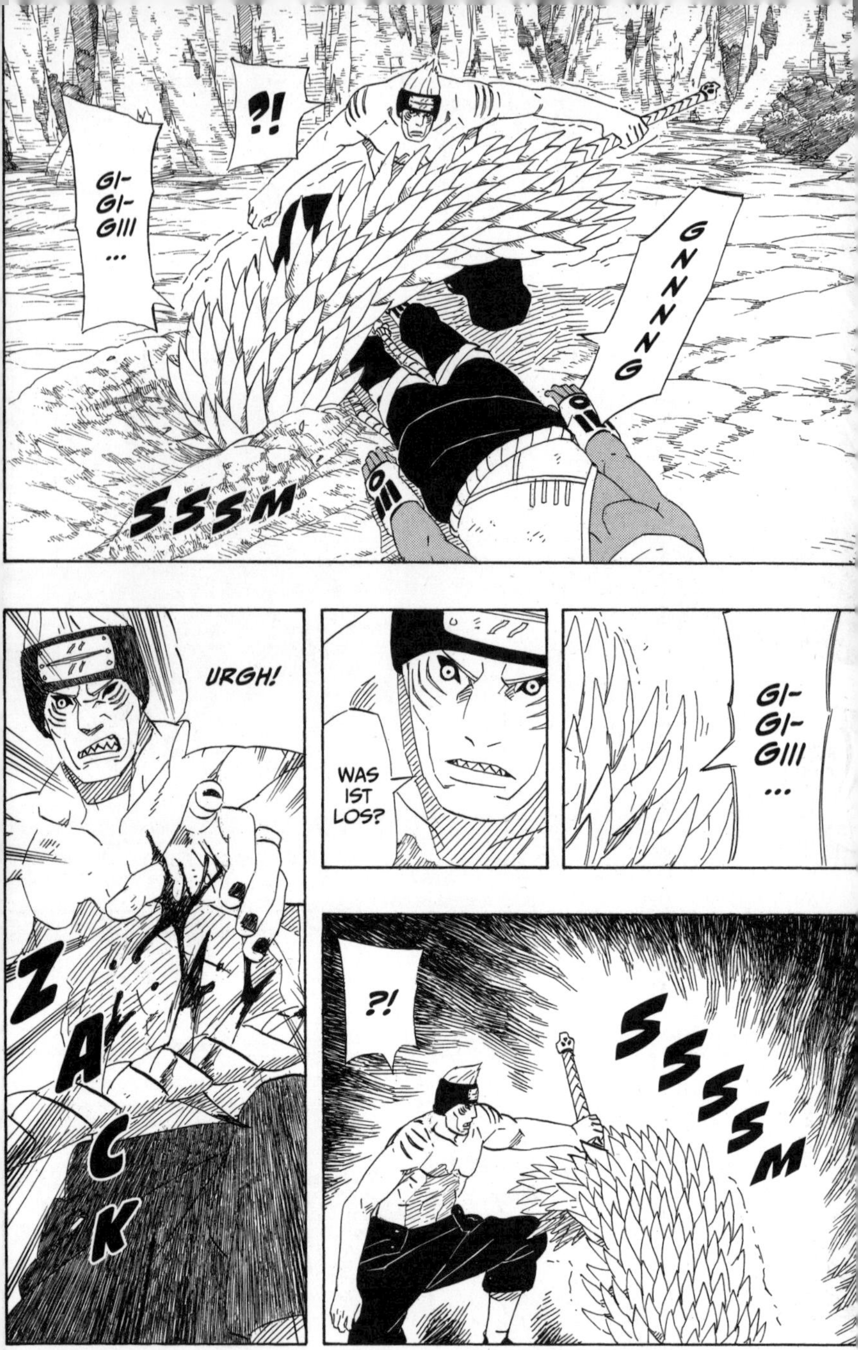
GNNNG
?!
GI-GI-GIII ...
SSSM
GI-GI-GIII ...
WAS IST LOS?
?!
SSSSM
URGH!
ZACK

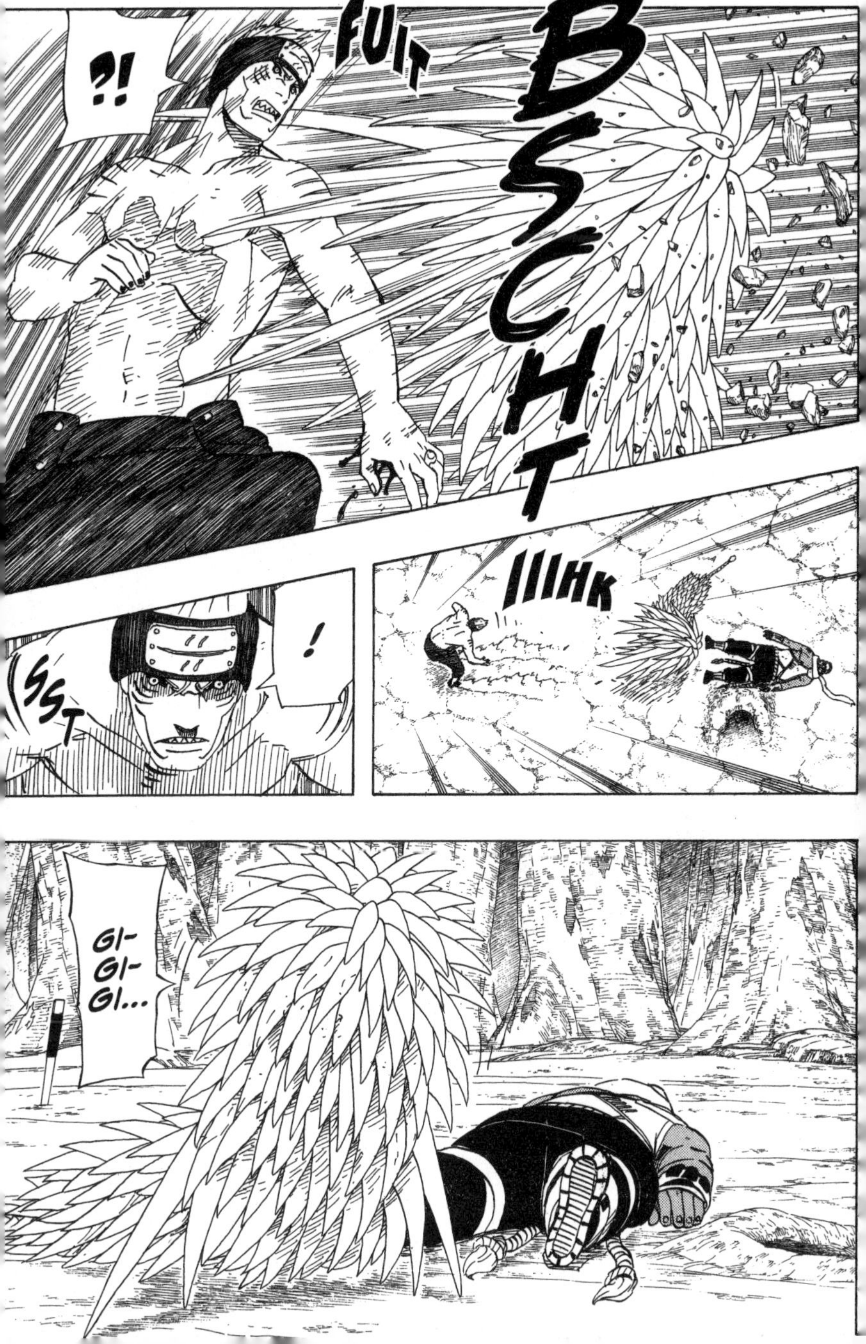
?!
FUIT
BSCHT
!
SST
IIIHK
GI-
GI-
GI...

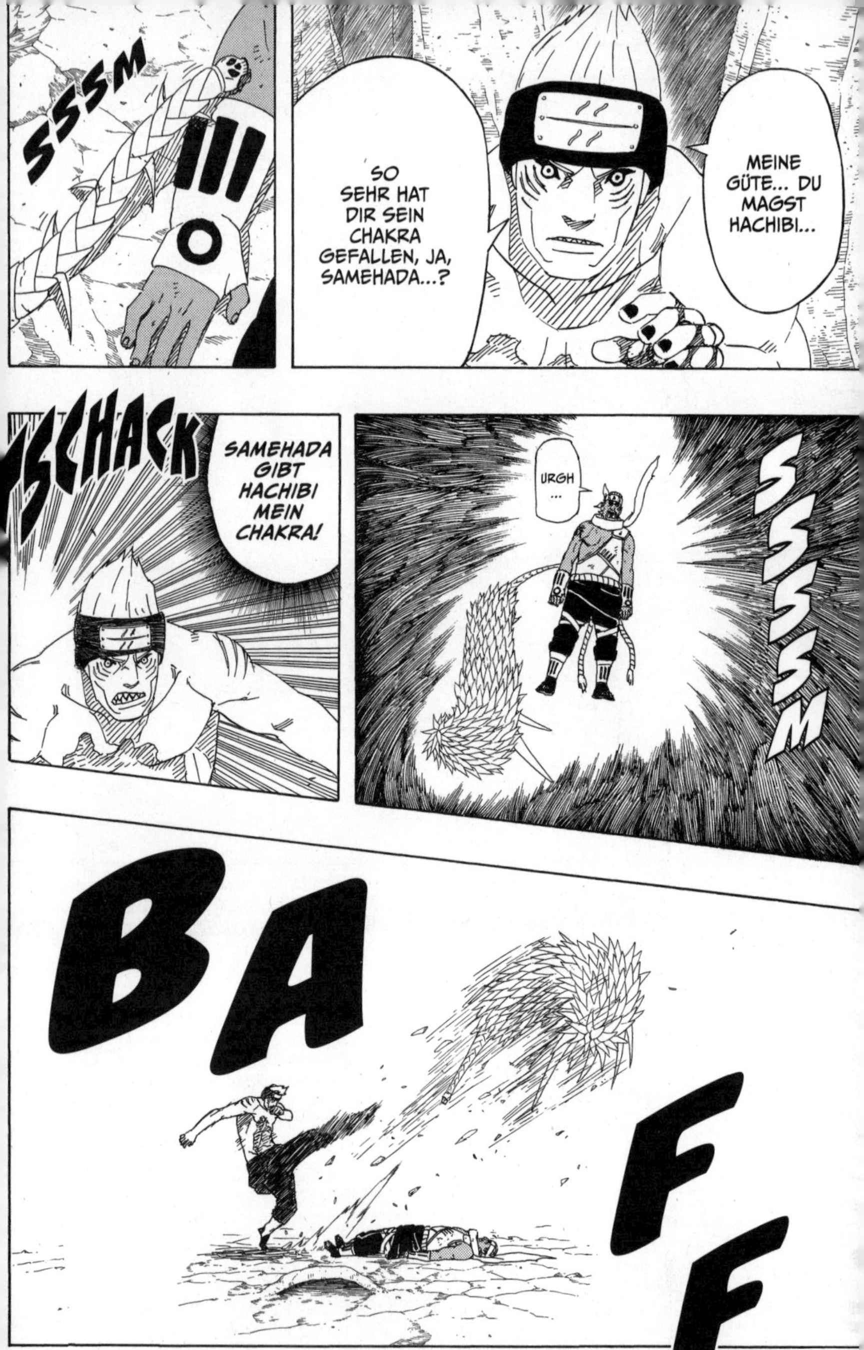
MEINE GÜTE... DU MAGST HACHIBI...
SO SEHR HAT DIR SEIN CHAKRA GEFALLEN, JA, SAMEHADA...?
SSSM
URGH ...
SSSSM
TSCHACK
SAMEHADA GIBT HACHIBI MEIN CHAKRA!
BAFFF

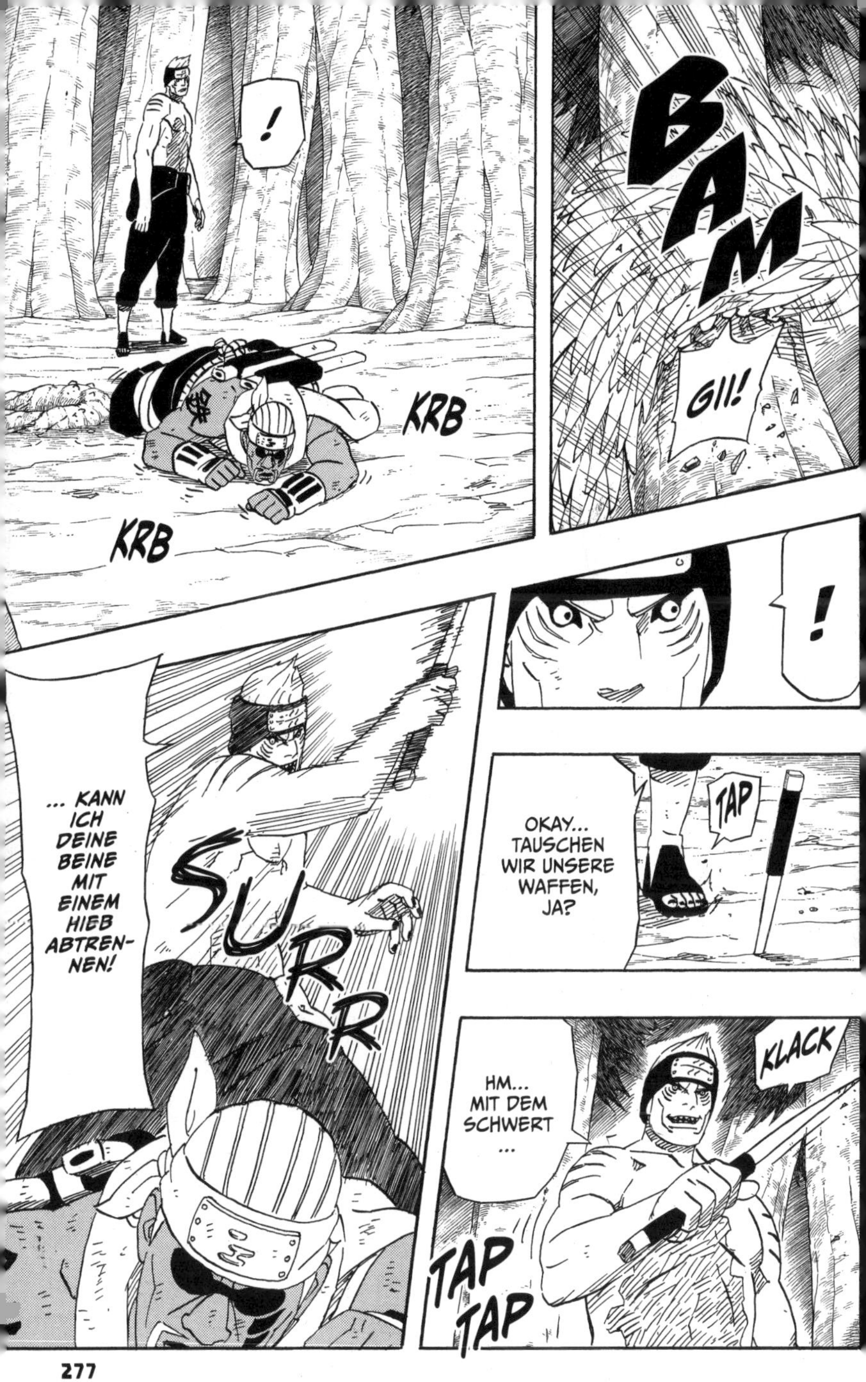
BAM
GII!
!
KRB
KRB
!
OKAY... TAUSCHEN WIR UNSERE WAFFEN, JA?
TAP
... KANN ICH DEINE BEINE MIT EINEM HIEB ABTREN-NEN!
SURR
KLACK
HM... MIT DEM SCHWERT ...
TAP TAP

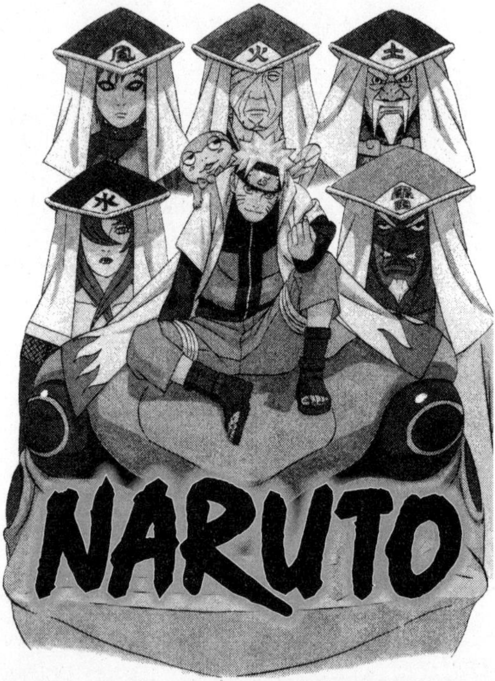
NARUTO

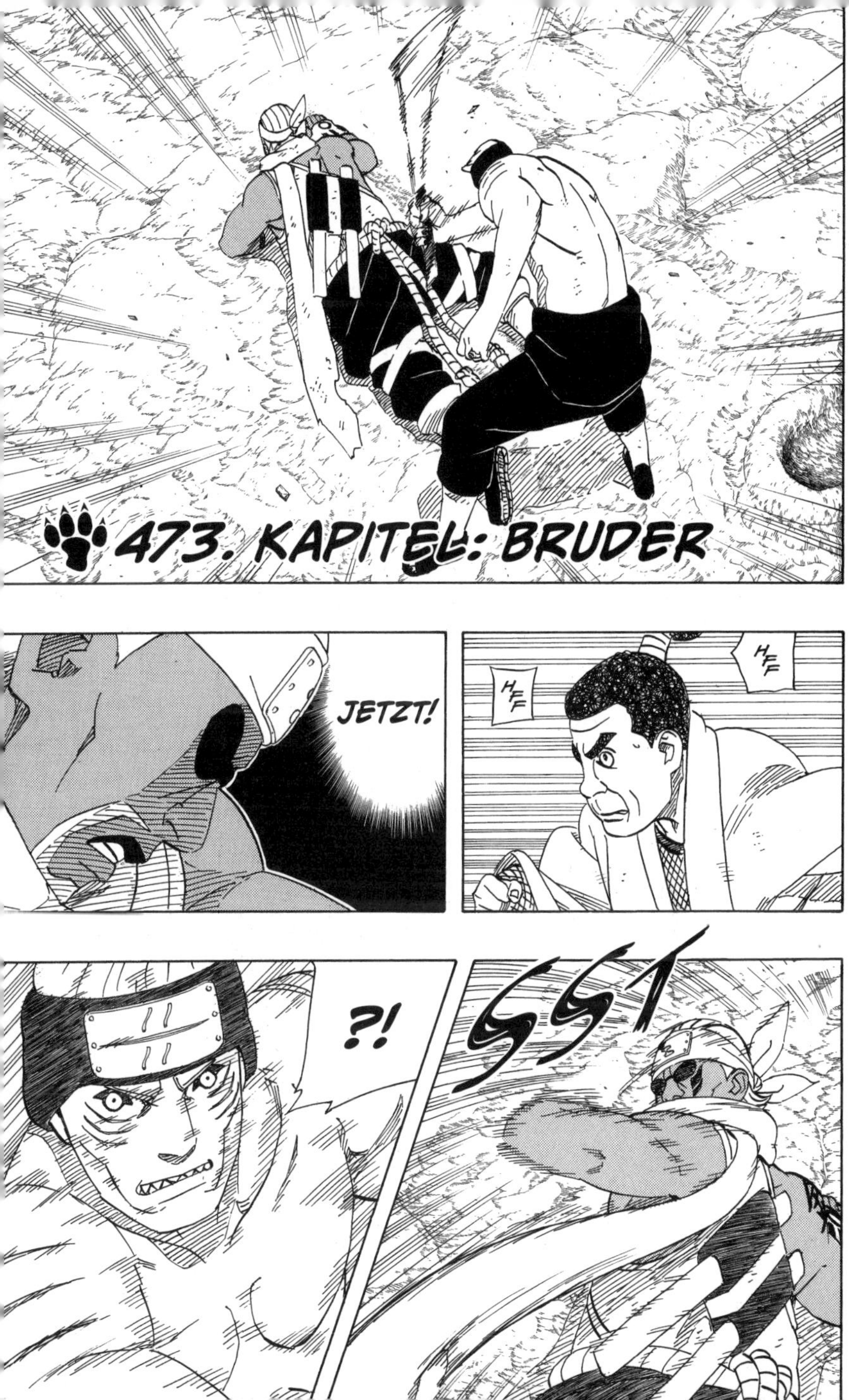
473. Kapitel: Bruder
HFF
HFF
JETZT!
SST
?!

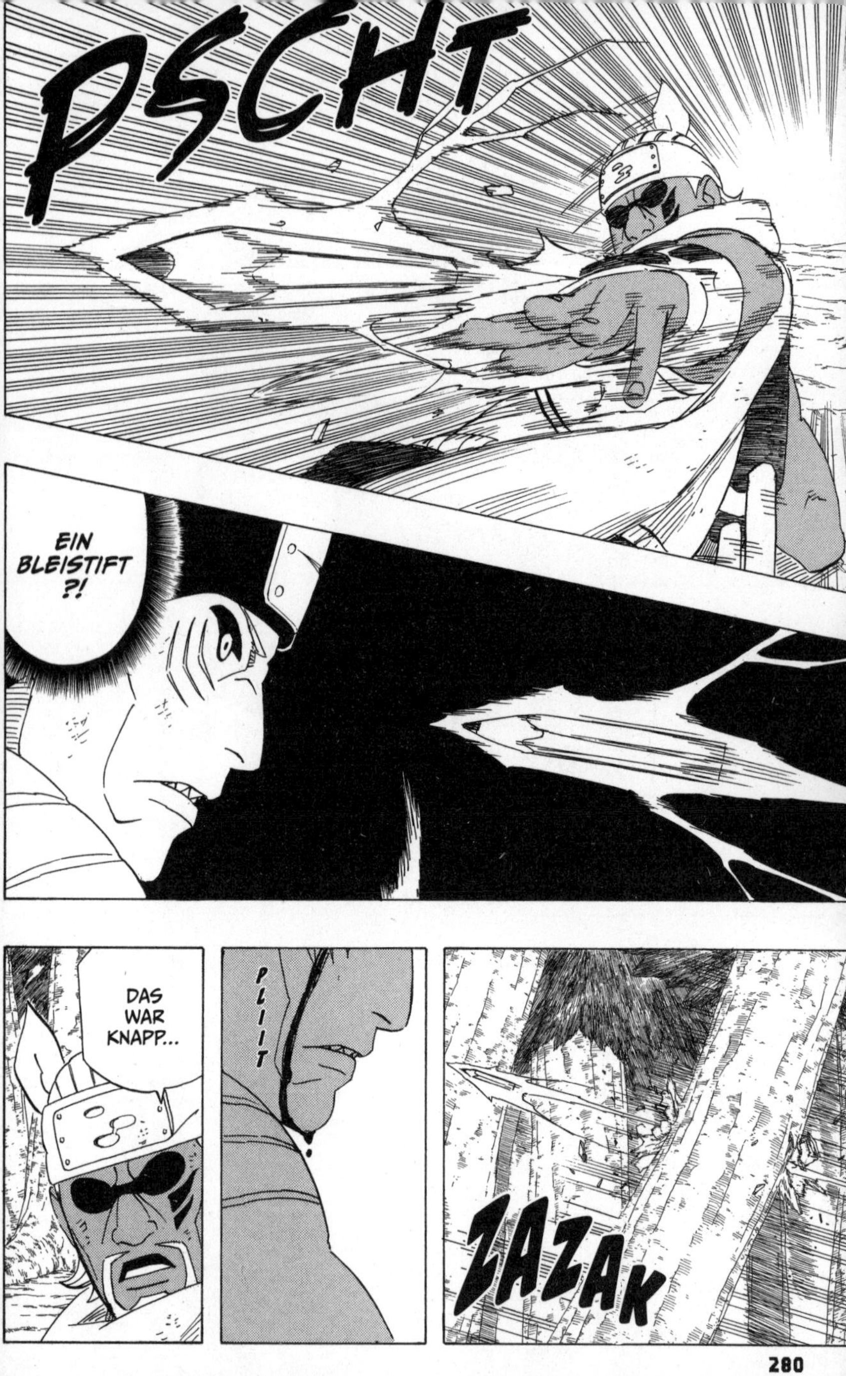
PSCHT
EIN BLEISTIFT ?!
ZAZAK
PLIIT
DAS WAR KNAPP...

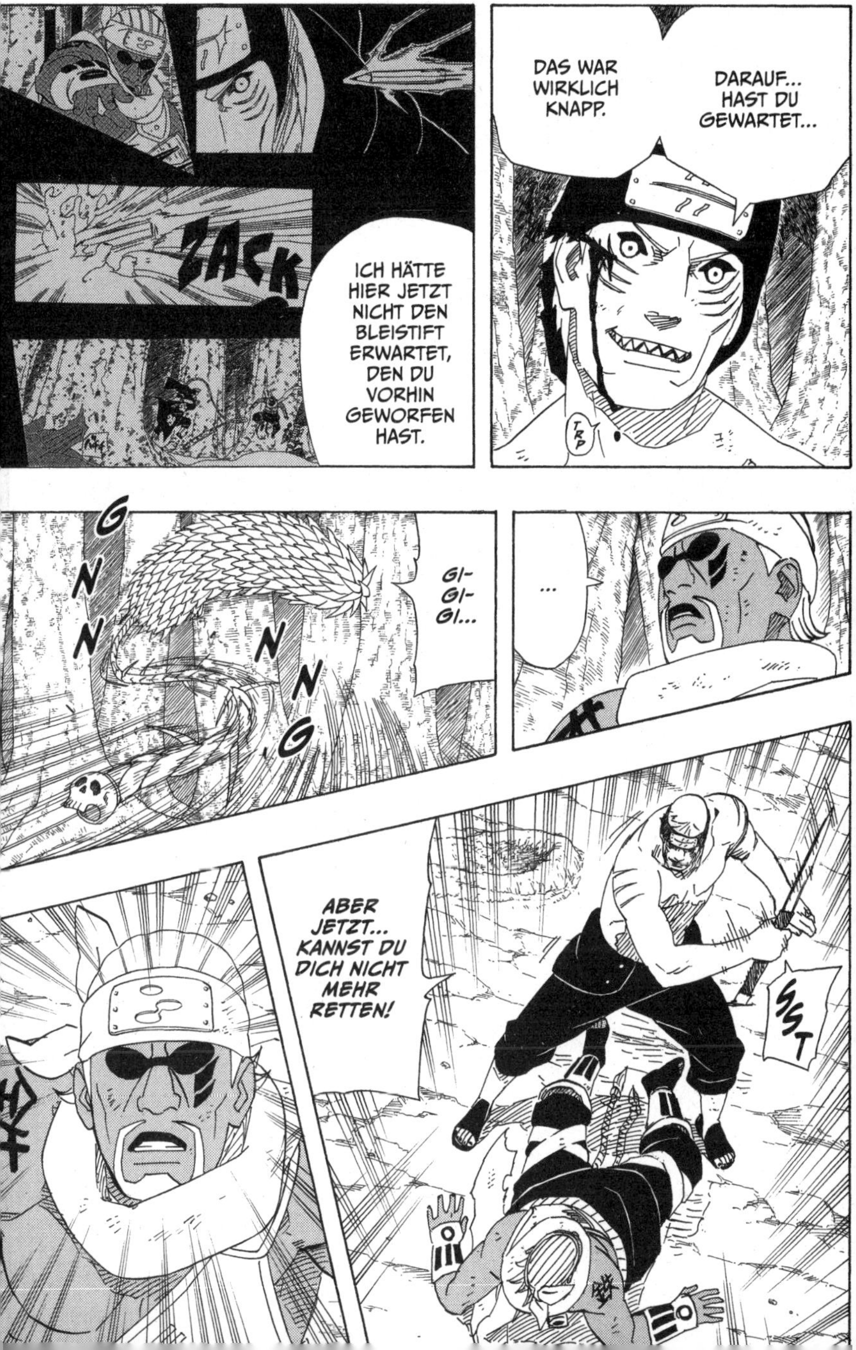
DARAUF... HAST DU GEWARTET...
DAS WAR WIRKLICH KNAPP.
TRP
ICH HÄTTE HIER JETZT NICHT DEN BLEISTIFT ERWARTET, DEN DU VORHIN GEWORFEN HAST.
ZACK
...
GI-GI-GI...
GNNN
NNG
SST
ABER JETZT... KANNST DU DICH NICHT MEHR RETTEN!

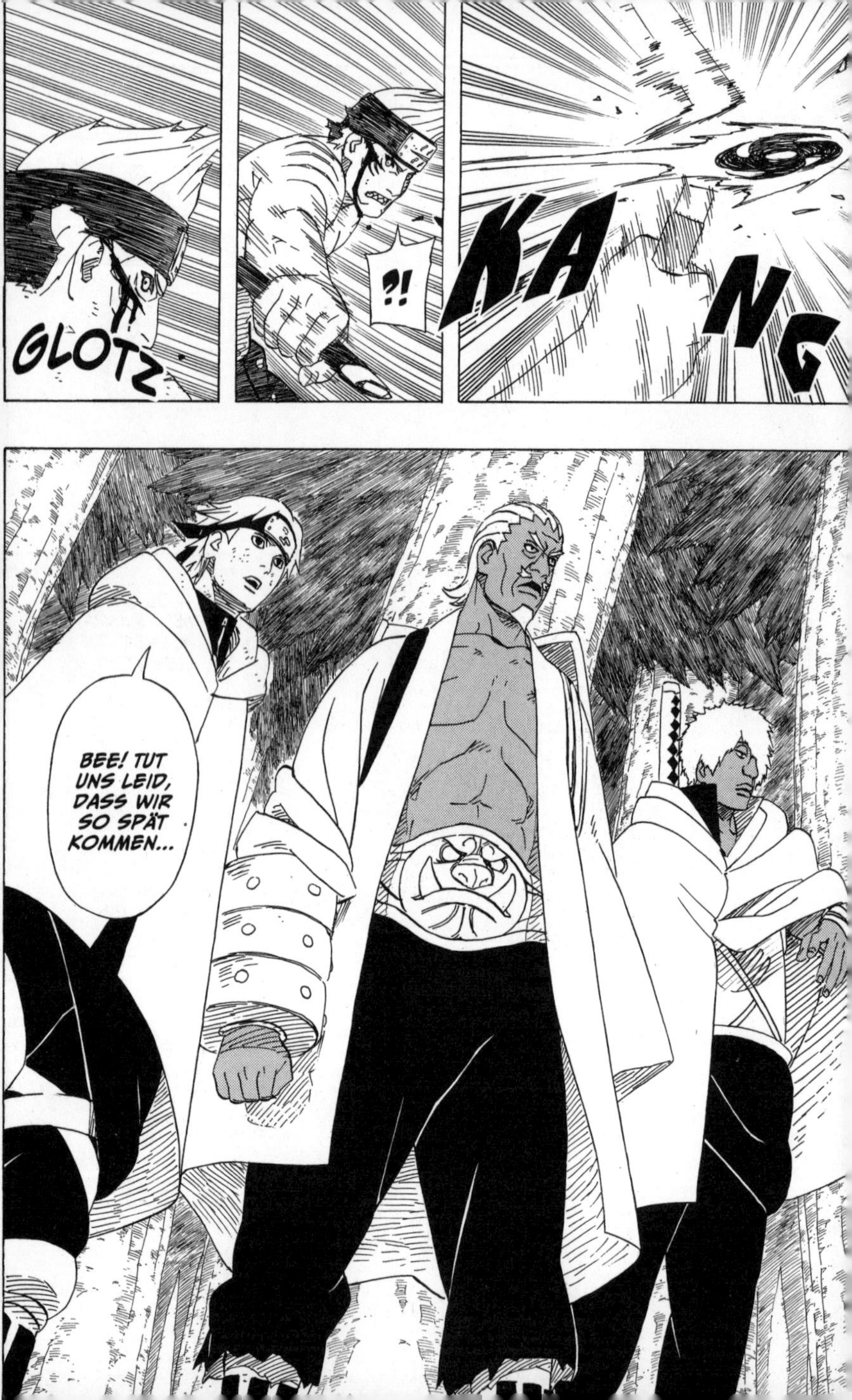
KANG
?!
GLOTZ
BEE! TUT UNS LEID, DASS WIR SO SPÄT KOMMEN...

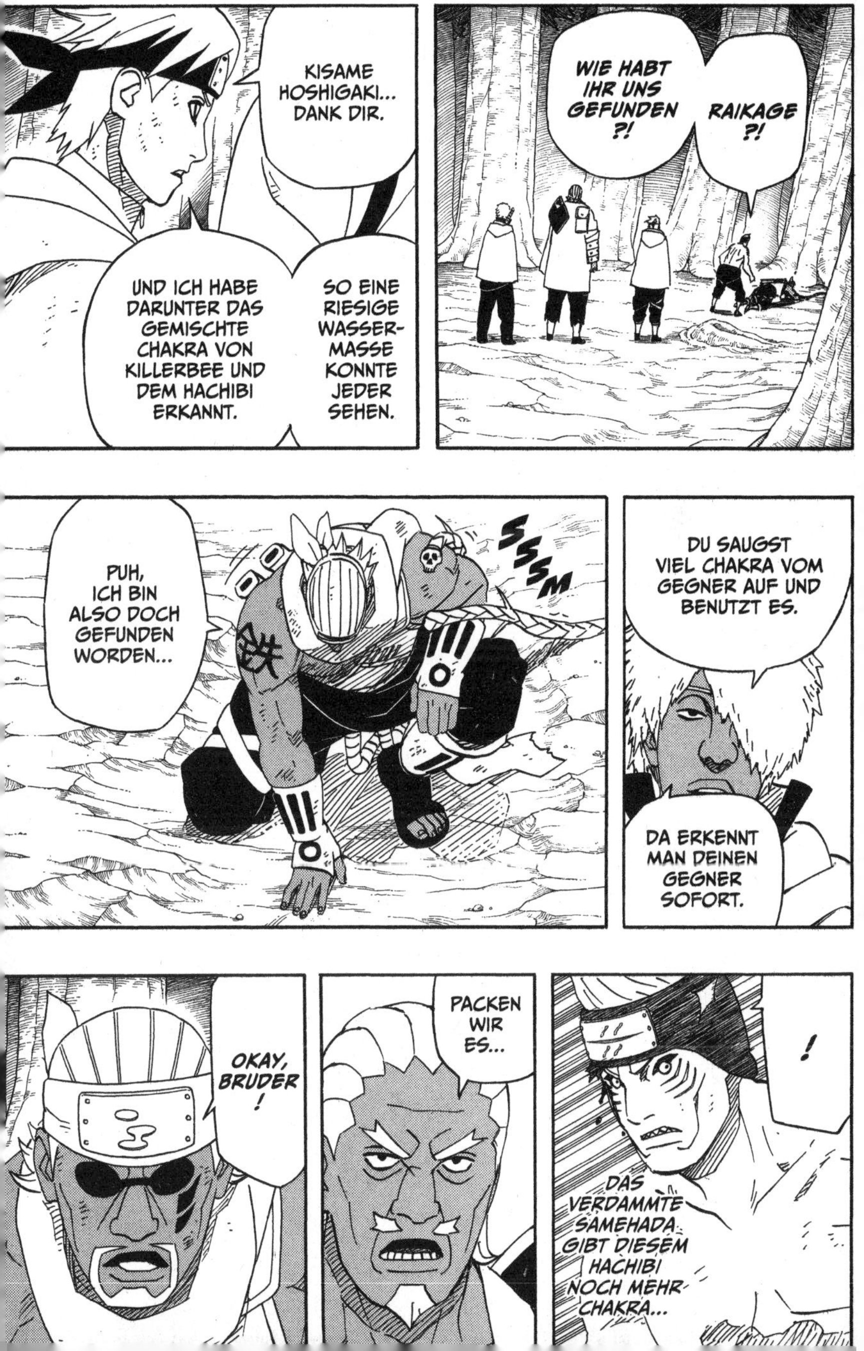
WIE HABT IHR UNS GEFUNDEN ?!
RAIKAGE ?!
KISAME HOSHIGAKI... DANK DIR.
SO EINE RIESIGE WASSER-MASSE KONNTE JEDER SEHEN.
UND ICH HABE DARUNTER DAS GEMISCHTE CHAKRA VON KILLERBEE UND DEM HACHIBI ERKANNT.
DU SAUGST VIEL CHAKRA VOM GEGNER AUF UND BENUTZT ES.
DA ERKENNT MAN DEINEN GEGNER SOFORT.
SSSM
PUH, ICH BIN ALSO DOCH GEFUNDEN WORDEN...
!
DAS VERDAMMTE SAMEHADA GIBT DIESEM HACHIBI NOCH MEHR CHAKRA...
PACKEN WIR ES...
OKAY, BRUDER !

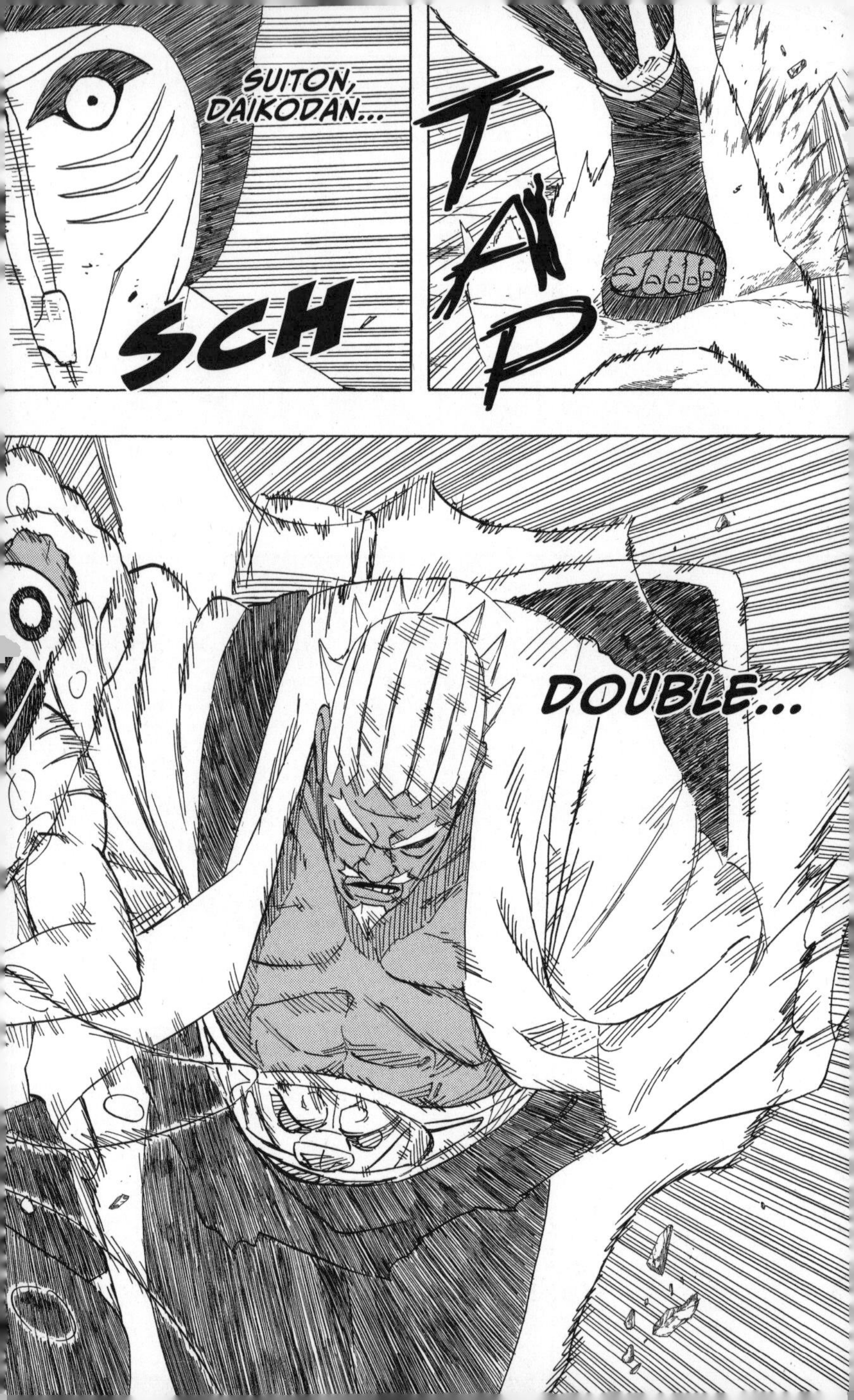
TAP
SUITON, DAIKODAN...
SCH
DOUBLE...

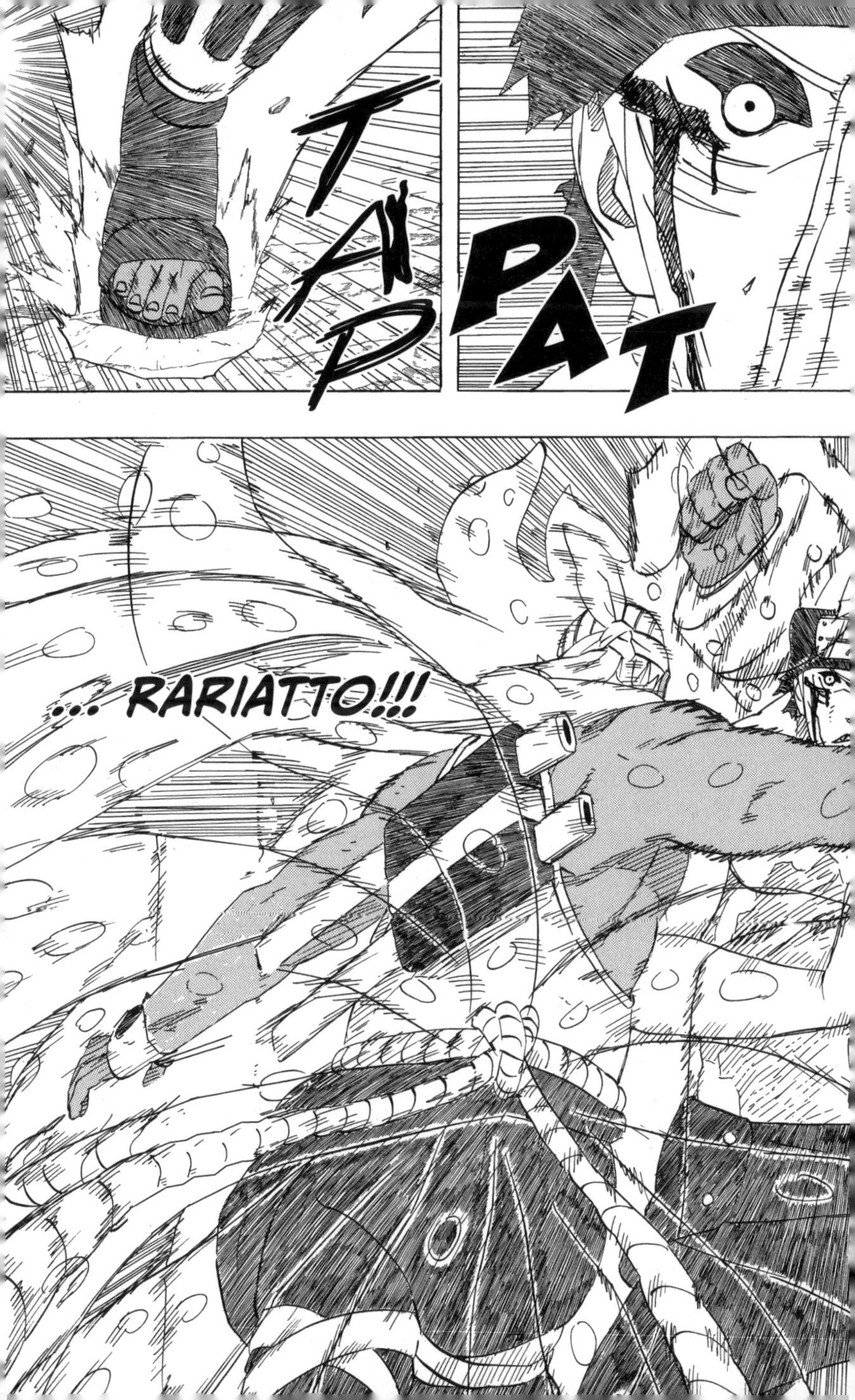
PAT
TAP
... RARIATTO!!!

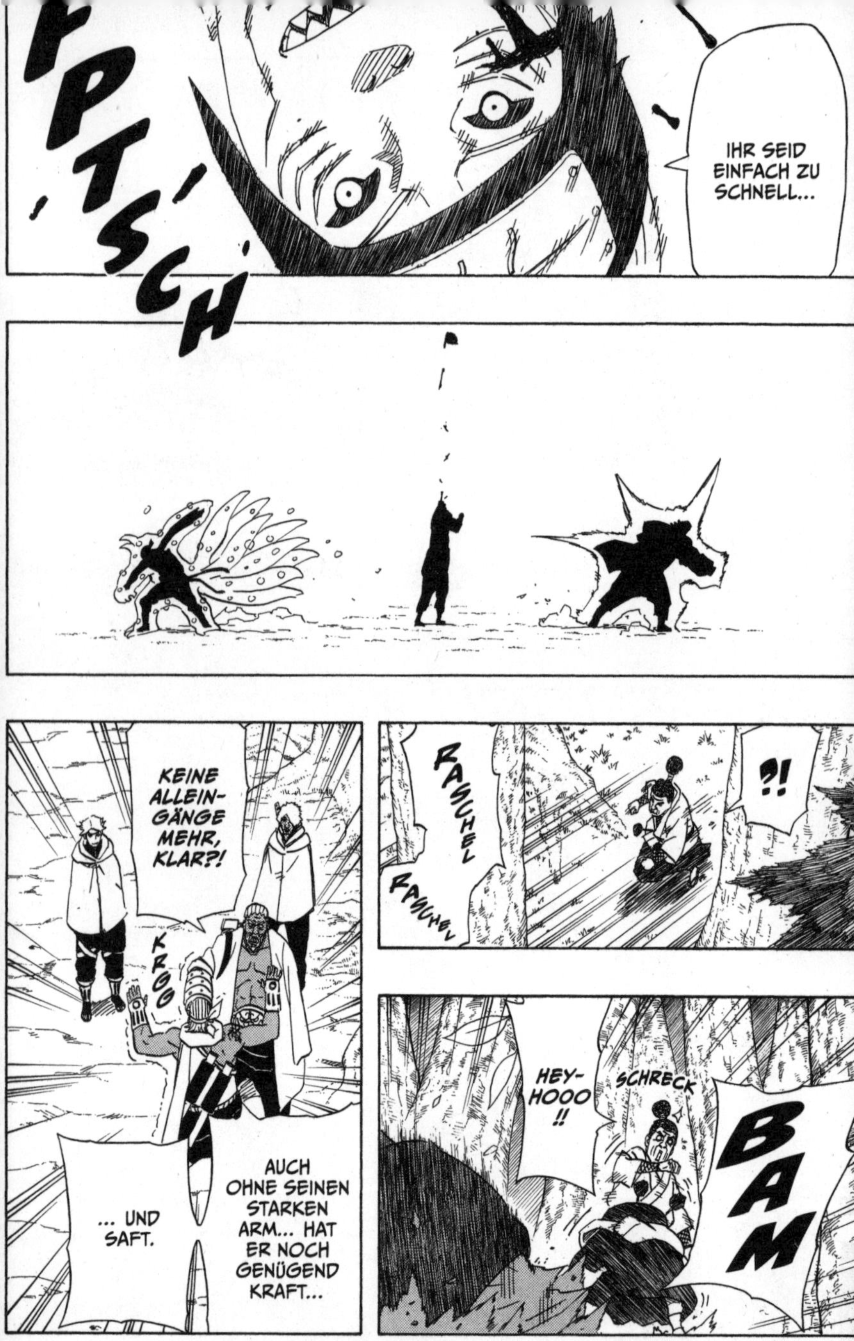
PTSCH
IHR SEID EINFACH ZU SCHNELL...
RASCHEL
RASCHEL
?!
HEY-HOOO!!
SCHRECK
BAM
KEINE ALLEINGÄNGE MEHR, KLAR?!
KRGG
AUCH OHNE SEINEN STARKEN ARM... HAT ER NOCH GENÜGEND KRAFT...
... UND SAFT.

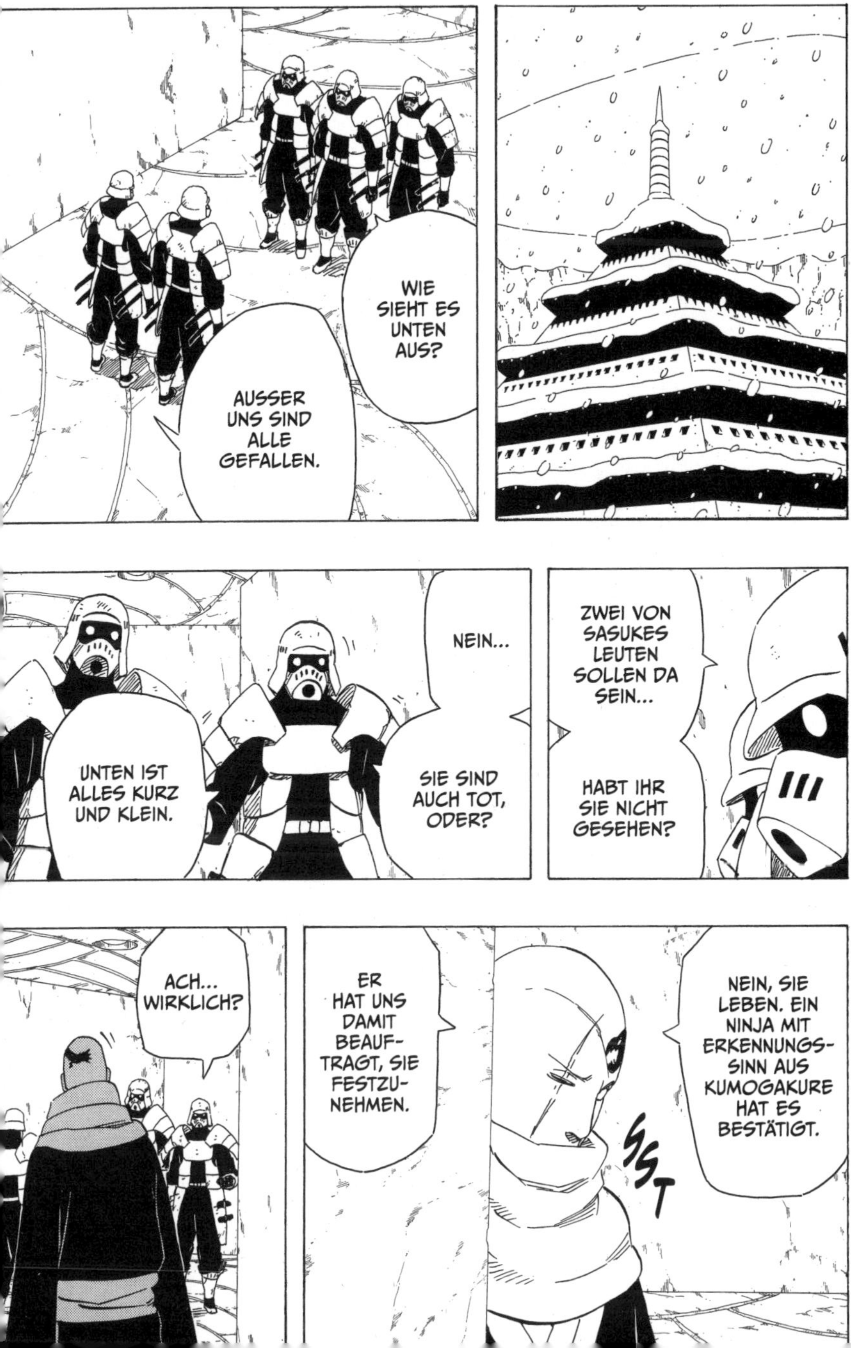
WIE SIEHT ES UNTEN AUS?
AUSSER UNS SIND ALLE GEFALLEN.
ZWEI VON SASUKES LEUTEN SOLLEN DA SEIN...
HABT IHR SIE NICHT GESEHEN?
NEIN...
SIE SIND AUCH TOT, ODER?
UNTEN IST ALLES KURZ UND KLEIN.
NEIN, SIE LEBEN. EIN NINJA MIT ERKENNUNGS-SINN AUS KUMOGAKURE HAT ES BESTÄTIGT.
SST
ER HAT UNS DAMIT BEAUF-TRAGT, SIE FESTZU-NEHMEN.
ACH... WIRKLICH?

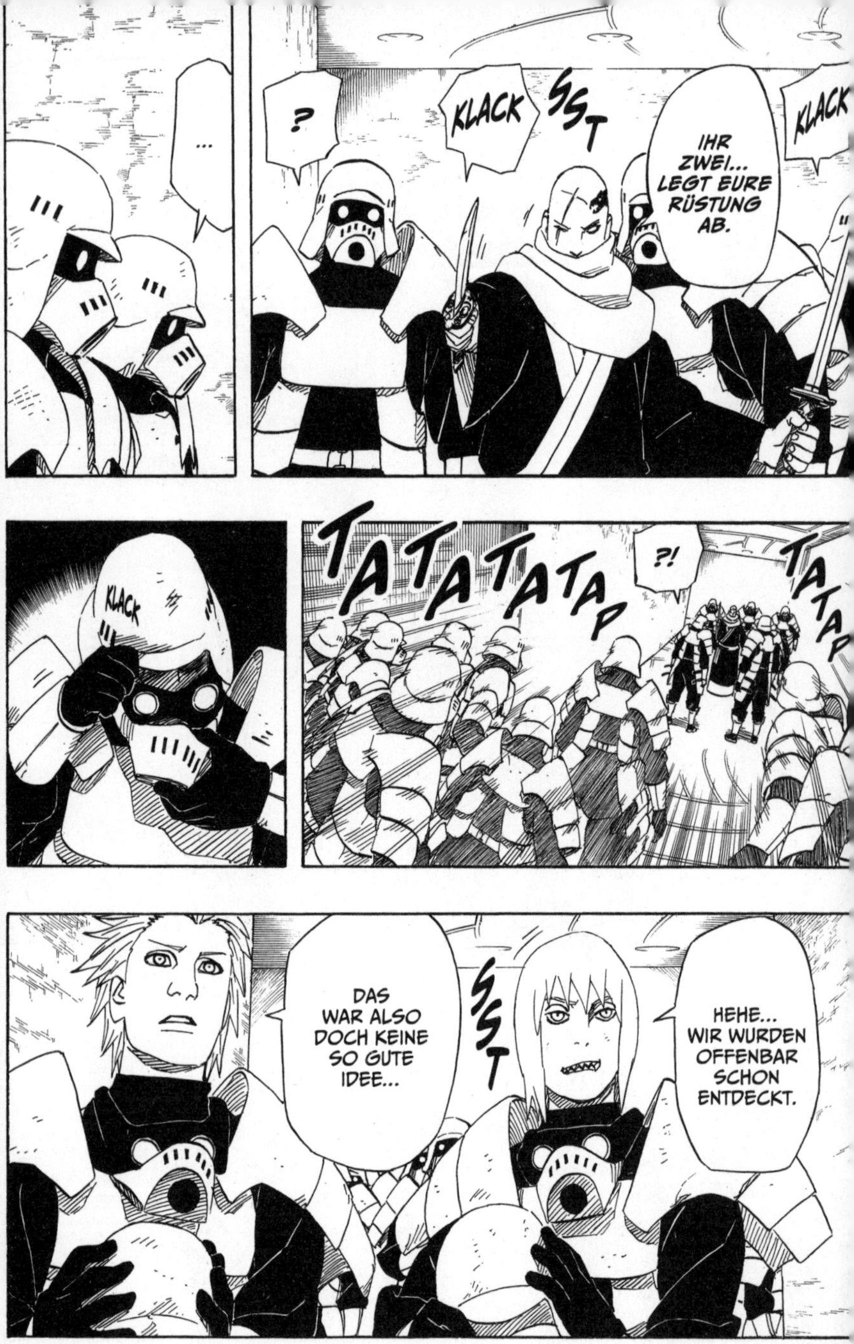
KLACK
IHR ZWEI... LEGT EURE RÜSTUNG AB.
SST
KLACK
?
...
TATAP
?!
TATATATAP
KLACK
HEHE... WIR WURDEN OFFENBAR SCHON ENTDECKT.
SST
DAS WAR ALSO DOCH KEINE SO GUTE IDEE...

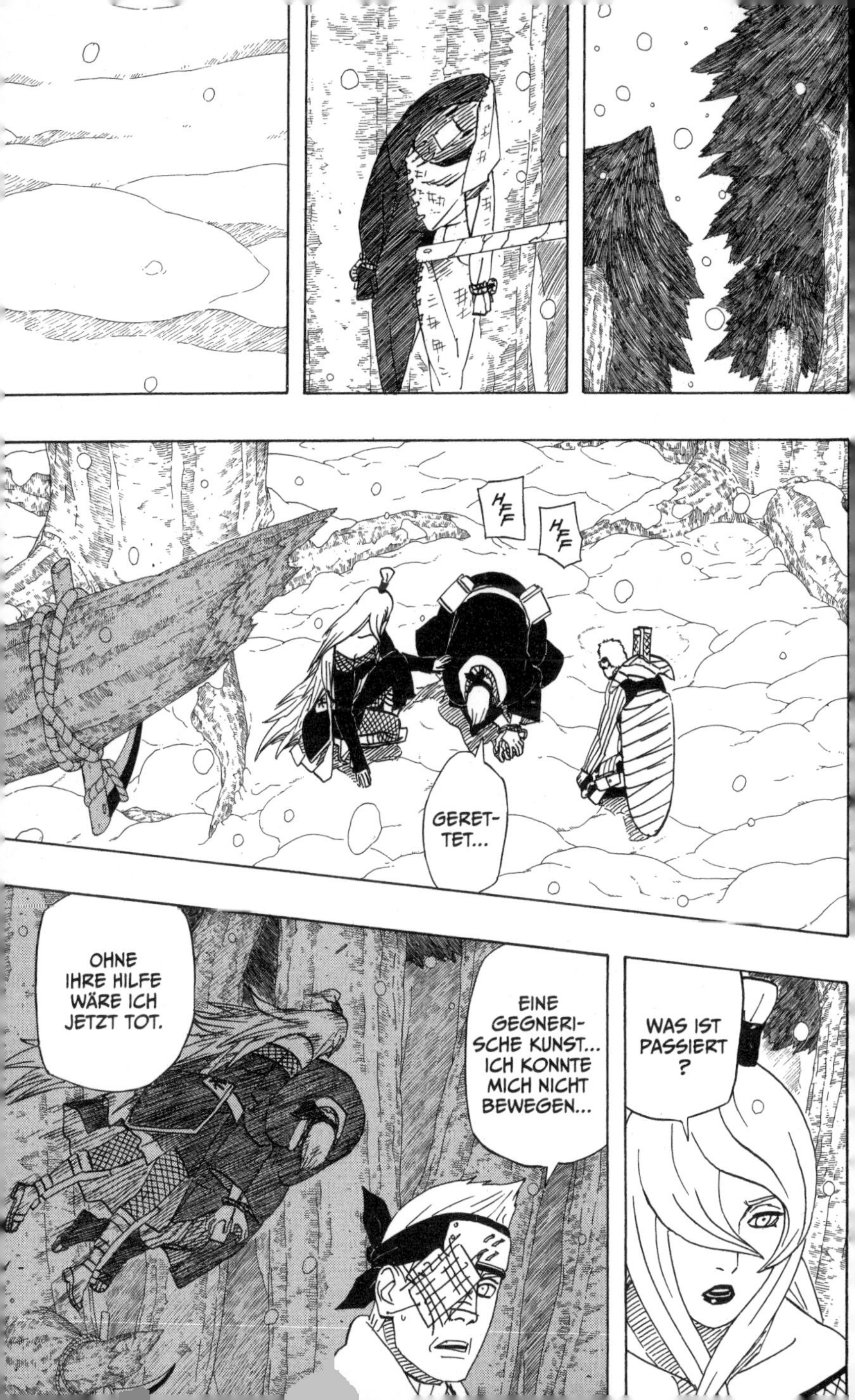
HFF
HFF
GERET-TET...
WAS IST PASSIERT?
EINE GEGNERI-SCHE KUNST... ICH KONNTE MICH NICHT BEWEGEN...
OHNE IHRE HILFE WÄRE ICH JETZT TOT.

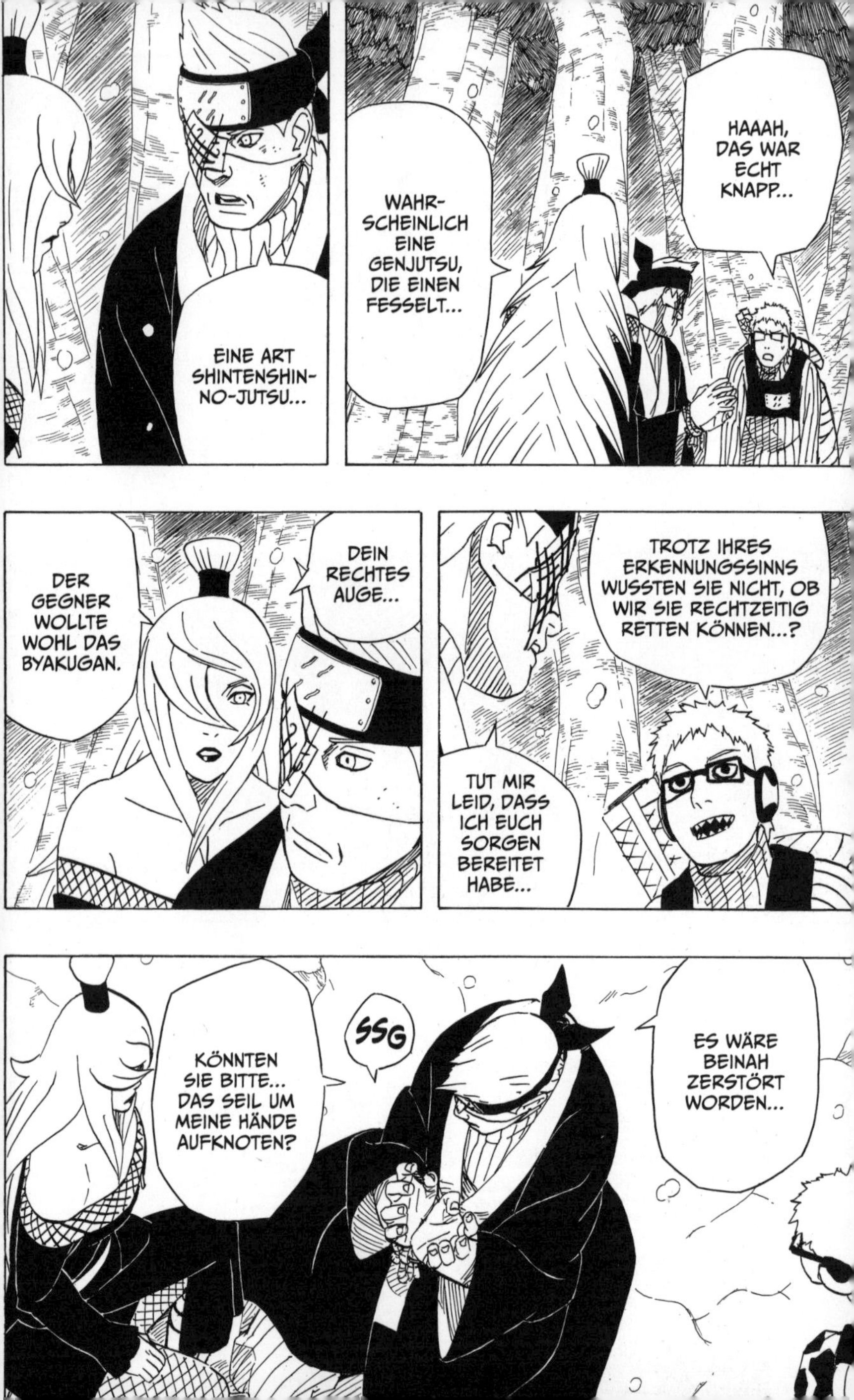
HAAAH, DAS WAR ECHT KNAPP...
WAHR-SCHEINLICH EINE GENJUTSU, DIE EINEN FESSELT...
EINE ART SHINTENSHIN-NO-JUTSU...
TROTZ IHRES ERKENNUNGSSINNS WUSSTEN SIE NICHT, OB WIR SIE RECHTZEITIG RETTEN KÖNNEN...?
TUT MIR LEID, DASS ICH EUCH SORGEN BEREITET HABE...
DEIN RECHTES AUGE...
DER GEGNER WOLLTE WOHL DAS BYAKUGAN.
ES WÄRE BEINAH ZERSTÖRT WORDEN...
SSG
KÖNNTEN SIE BITTE... DAS SEIL UM MEINE HÄNDE AUFKNOTEN?

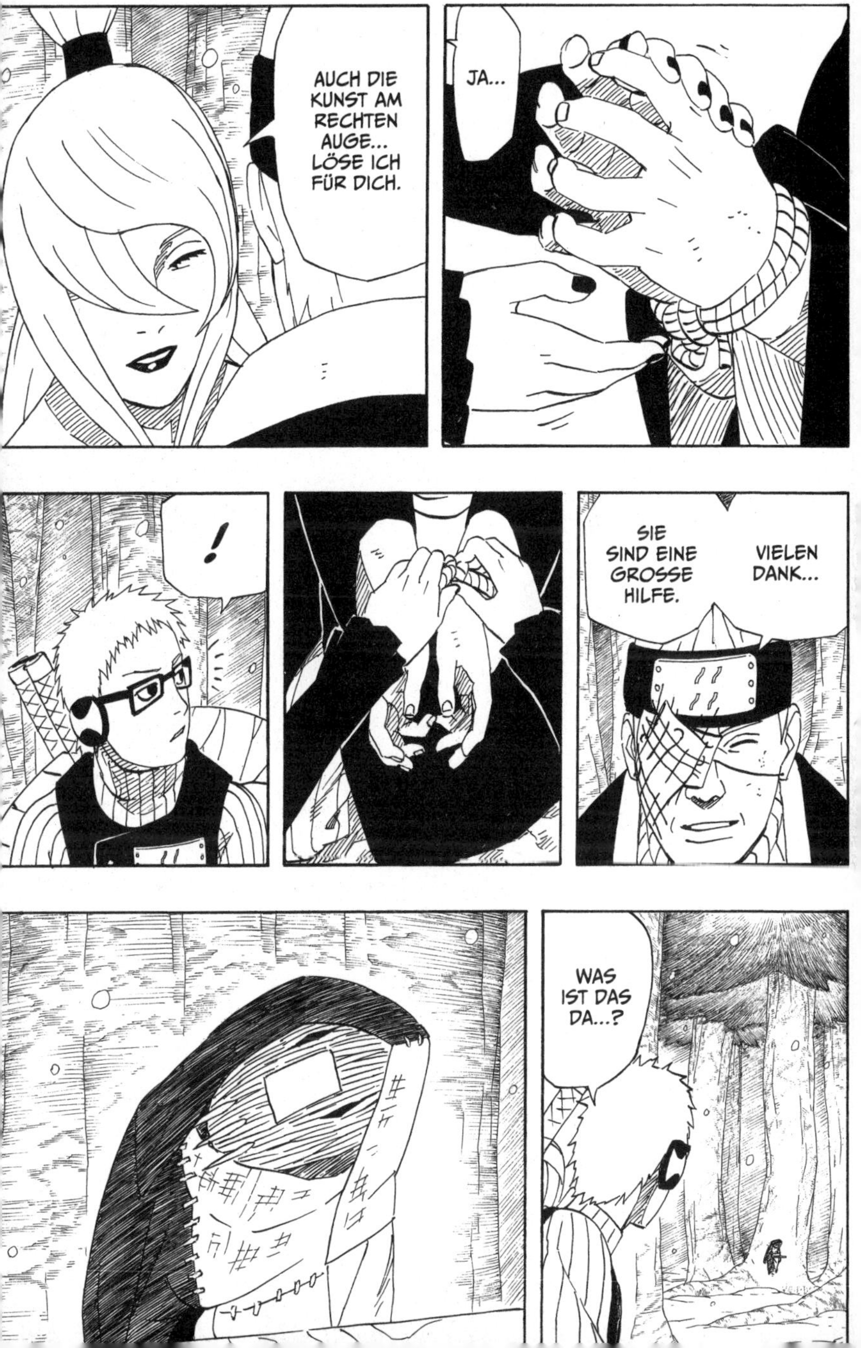
JA...
AUCH DIE KUNST AM RECHTEN AUGE... LÖSE ICH FÜR DICH.
VIELEN DANK...
SIE SIND EINE GROSSE HILFE.
!
WAS IST DAS DA...?

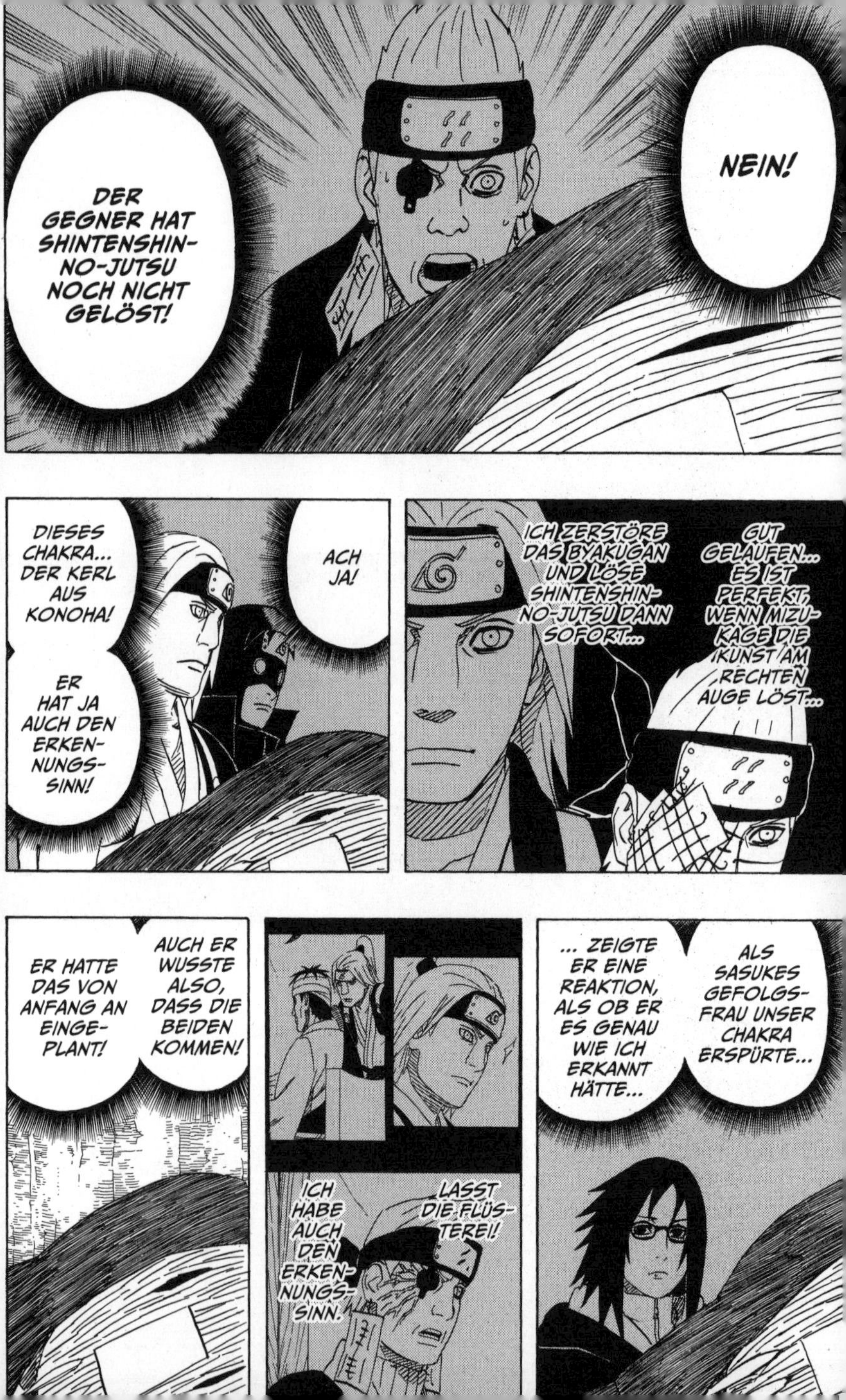
NEIN!
DER GEGNER HAT SHINTENSHIN-NO-JUTSU NOCH NICHT GELÖST!
GUT GELAUFEN... ES IST PERFEKT, WENN MIZUKAGE DIE KUNST AM RECHTEN AUGE LÖST...
ICH ZERSTÖRE DAS BYAKUGAN UND LÖSE SHINTENSHIN-NO-JUTSU DANN SOFORT...
ACH JA!
DIESES CHAKRA... DER KERL AUS KONOHA!
ER HAT JA AUCH DEN ERKENNUNGSSINN!
ALS SASUKES GEFOLGSFRAU UNSER CHAKRA ERSPÜRTE...
... ZEIGTE ER EINE REAKTION, ALS OB ER ES GENAU WIE ICH ERKANNT HÄTTE...
LASST DIE FLÜSTEREI!
ICH HABE AUCH DEN ERKENNUNGSSINN.
AUCH ER WUSSTE ALSO, DASS DIE BEIDEN KOMMEN!
ER HATTE DAS VON ANFANG AN EINGEPLANT!

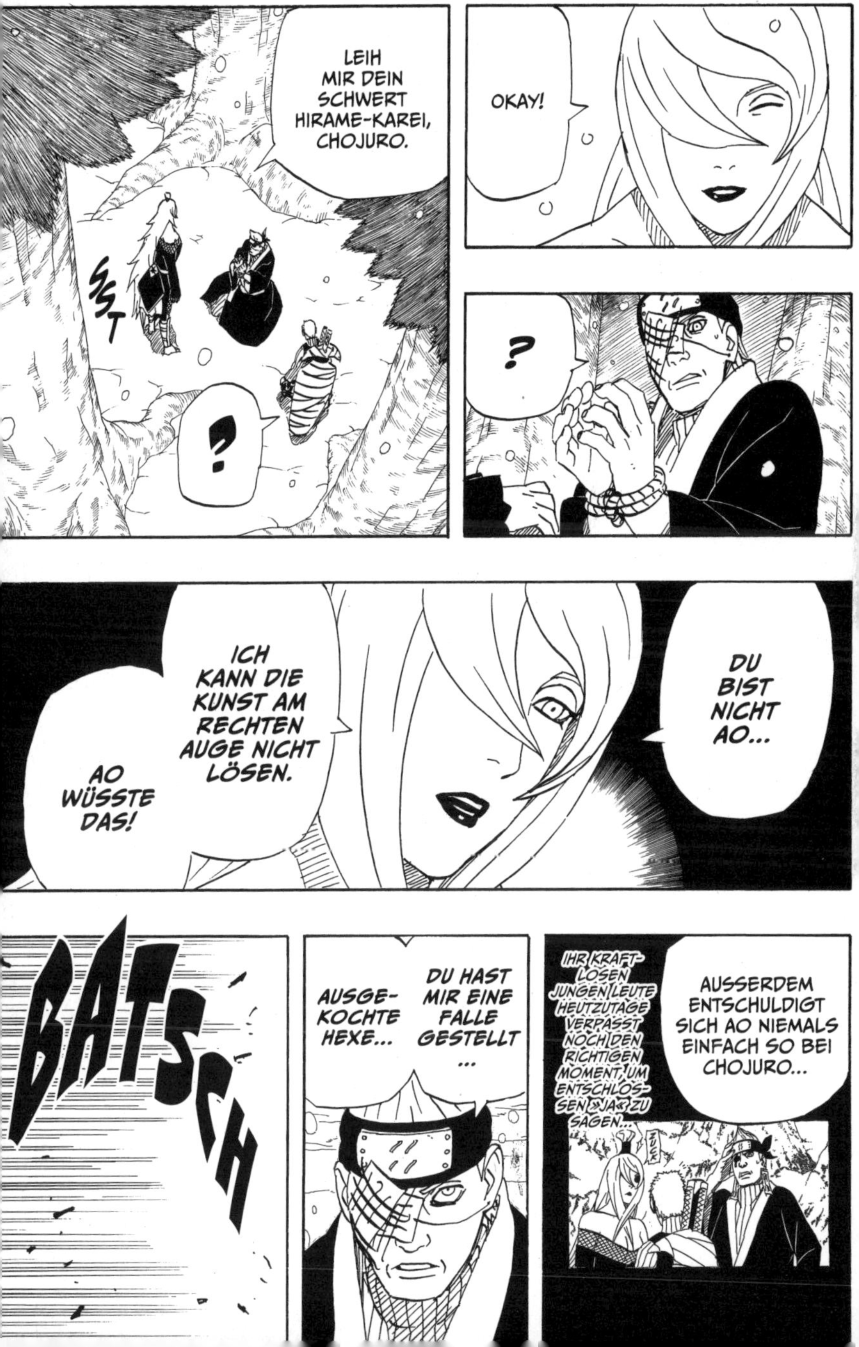
OKAY!
?
LEIH MIR DEIN SCHWERT HIRAME-KAREI, CHOJURO.
SST
?
DU BIST NICHT AO...
ICH KANN DIE KUNST AM RECHTEN AUGE NICHT LÖSEN.
AO WÜSSTE DAS!
AUSSERDEM ENTSCHULDIGT SICH AO NIEMALS EINFACH SO BEI CHOJURO...
IHR KRAFTLOSEN JUNGEN LEUTE HEUTZUTAGE VERPASST NOCH DEN RICHTIGEN MOMENT, UM ENTSCHLOSSEN »JA« ZU SAGEN...
ZUCK
DU HAST MIR EINE FALLE GESTELLT ...
AUSGEKOCHTE HEXE...
BATSCH

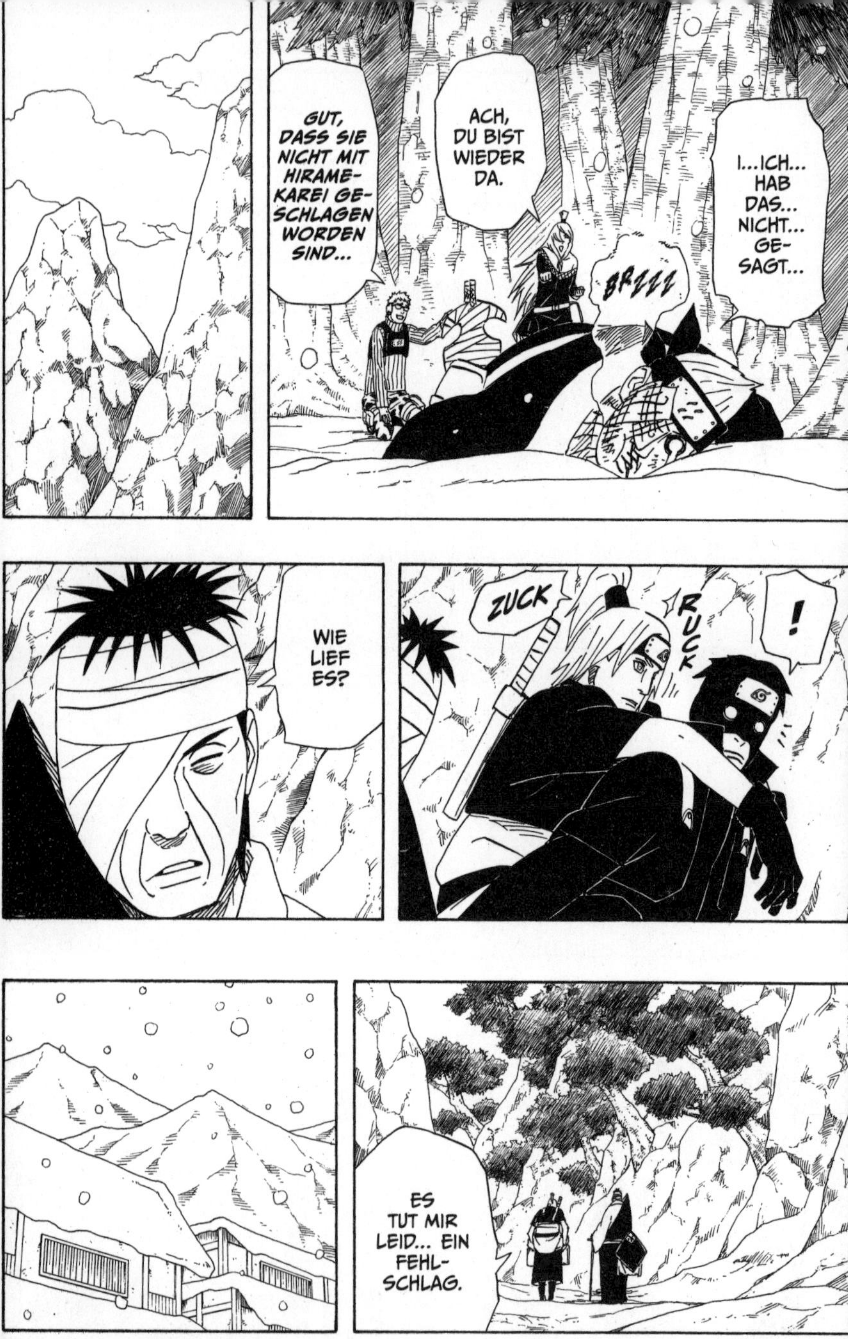

I...ICH... HAB DAS... NICHT... GE-SAGT...
BRZZZ
ACH, DU BIST WIEDER DA.
GUT, DASS SIE NICHT MIT HIRAME-KAREI GE-SCHLAGEN WORDEN SIND...
!
RUCK
ZUCK
WIE LIEF ES?
ES TUT MIR LEID... EIN FEHL-SCHLAG.

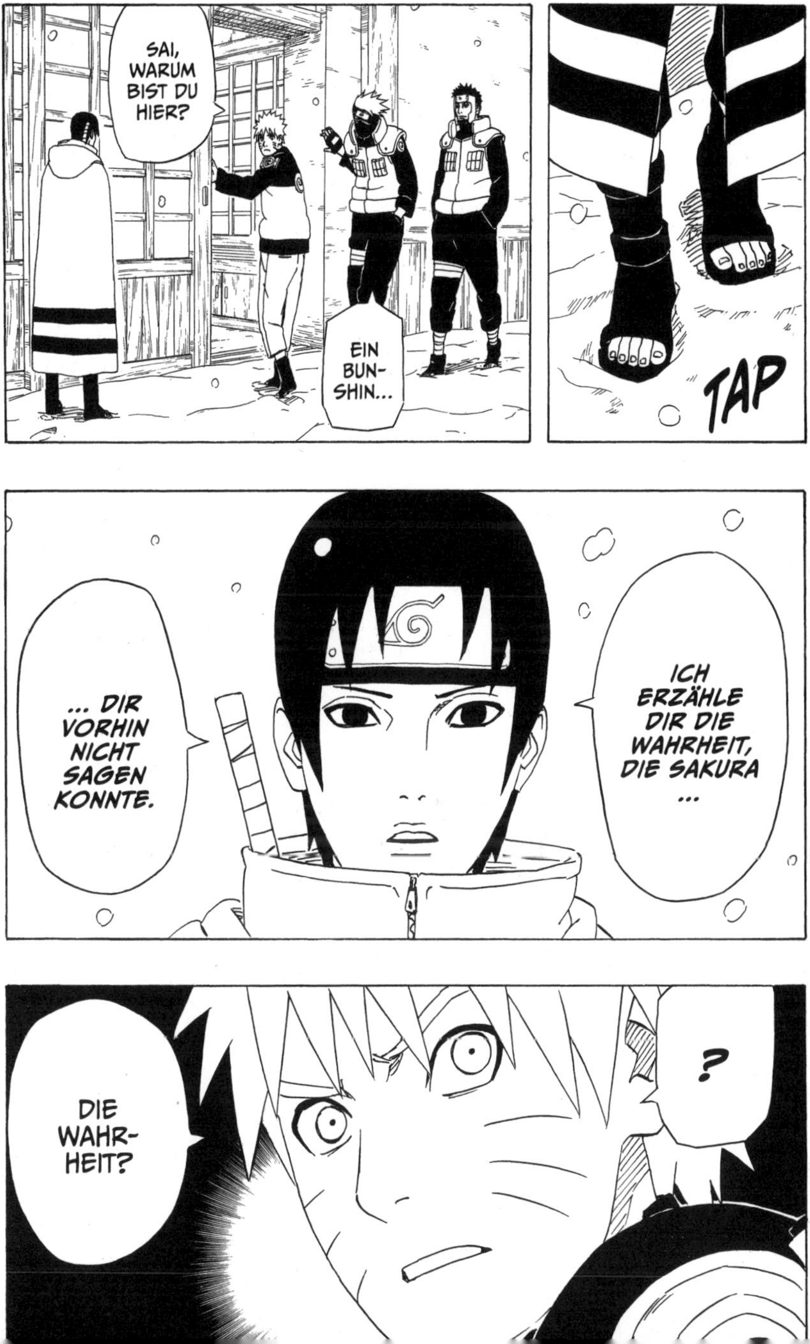
TAP
SAI, WARUM BIST DU HIER?
EIN BUN-SHIN...
ICH ERZÄHLE DIR DIE WAHRHEIT, DIE SAKURA ...
... DIR VORHIN NICHT SAGEN KONNTE.
?
DIE WAHR-HEIT?

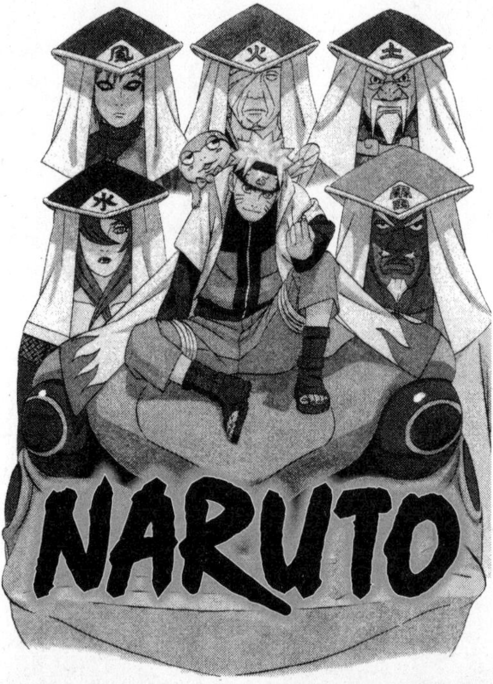
NARUTO

Kapitel 474: Bist du bereit, den Titel Kage zu tragen?

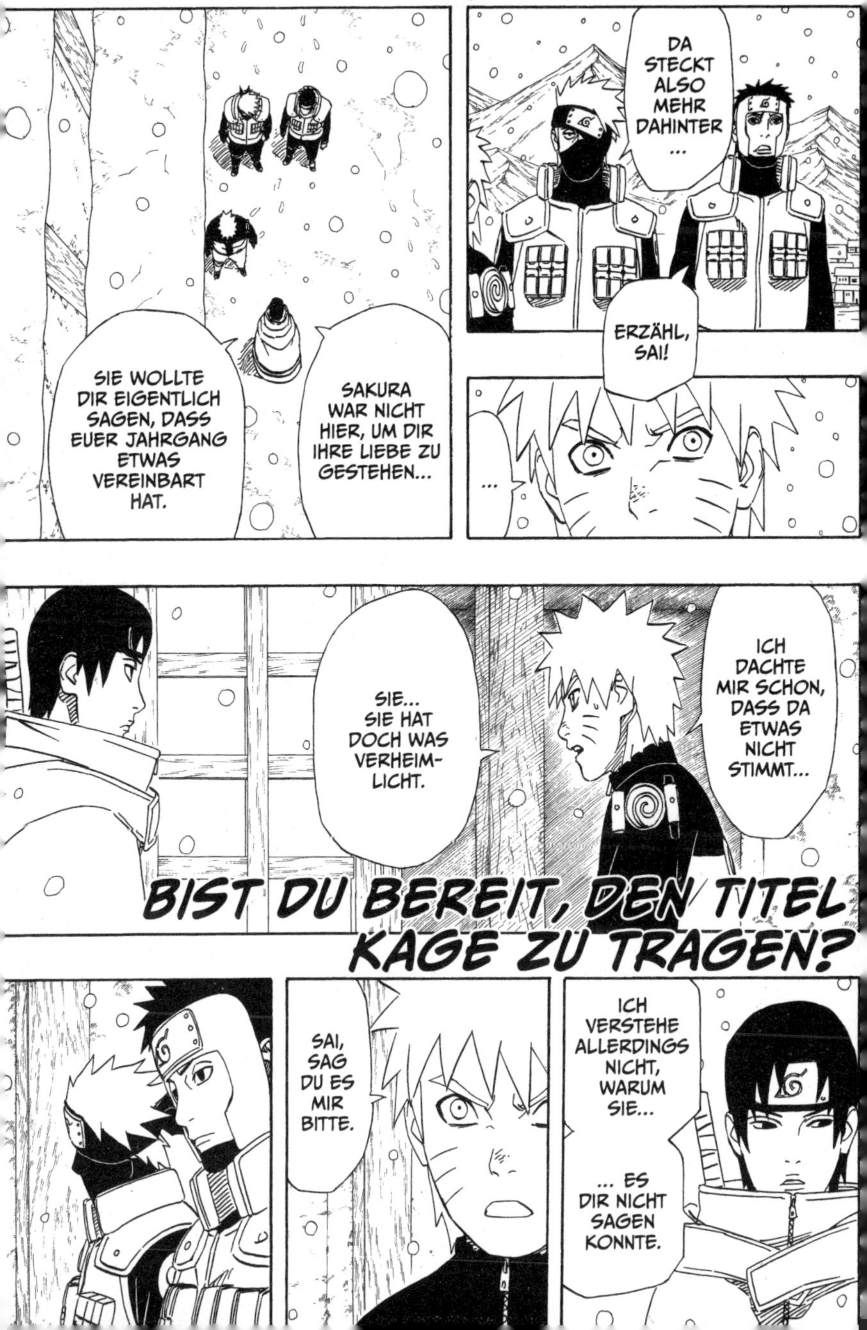

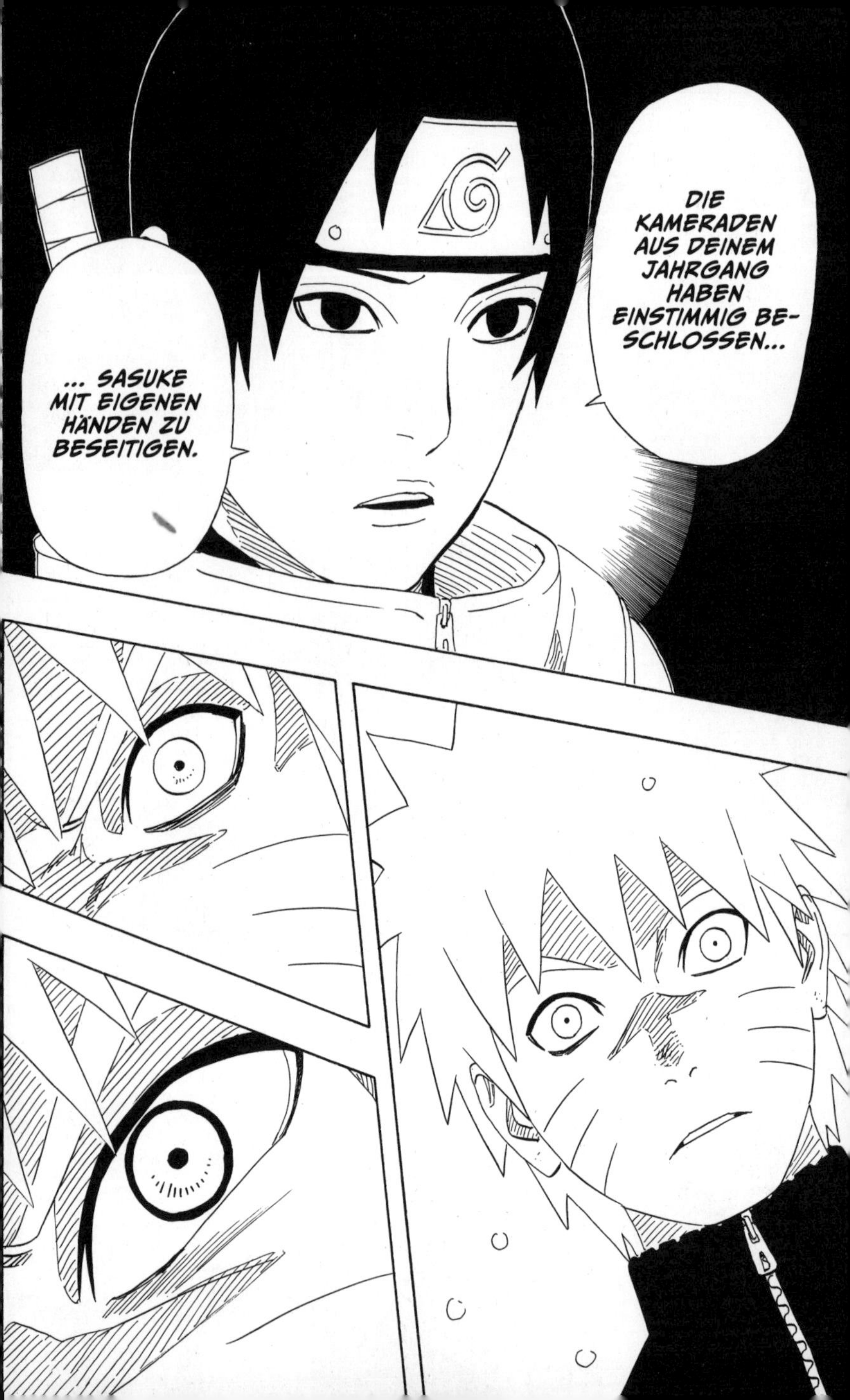
DIE KAMERADEN AUS DEINEM JAHRGANG HABEN EINSTIMMIG BE-SCHLOSSEN...
... SASUKE MIT EIGENEN HÄNDEN ZU BESEITIGEN.

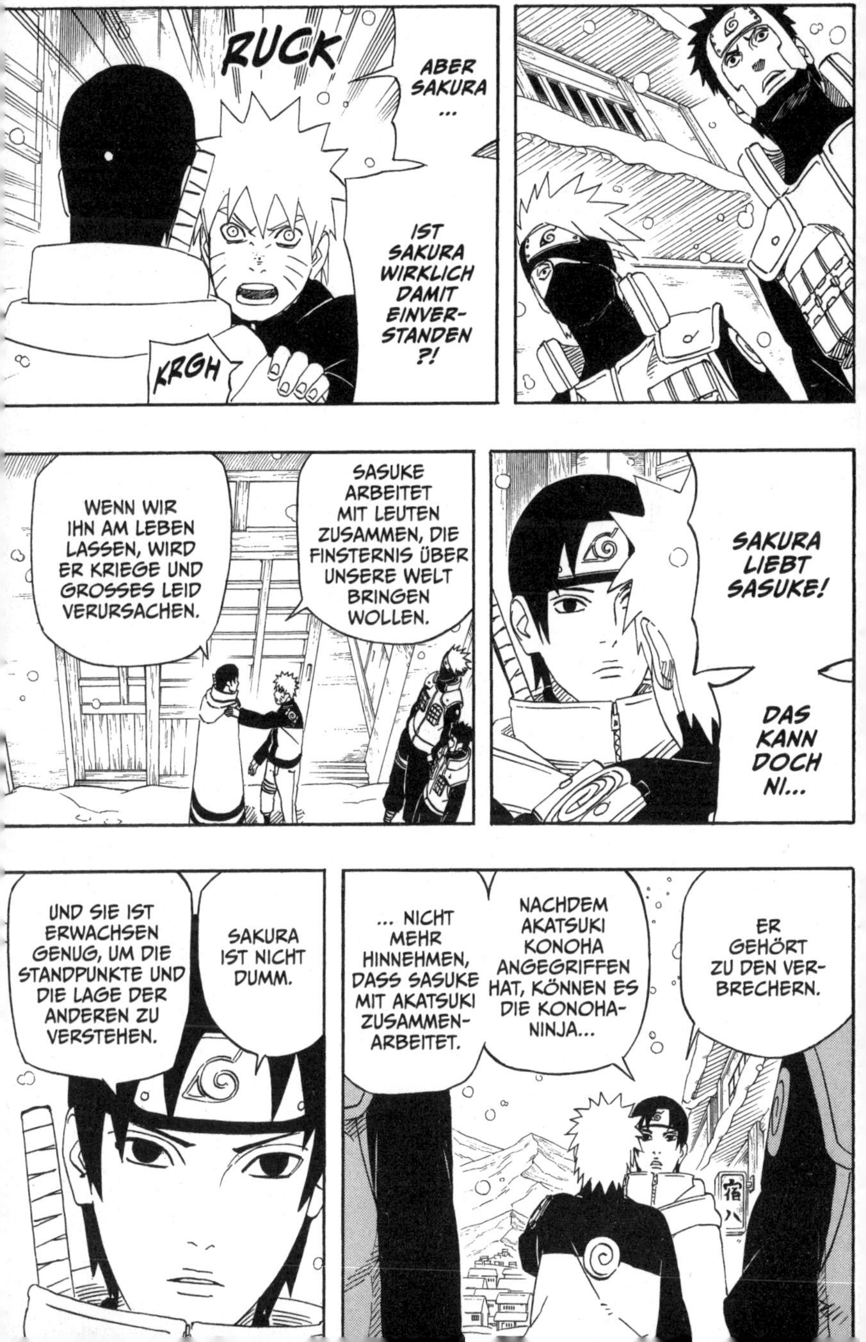

RUCK
ABER SAKURA ...
IST SAKURA WIRKLICH DAMIT EINVER-STANDEN ?!
KRGH
SAKURA LIEBT SASUKE!
DAS KANN DOCH NI...
SASUKE ARBEITET MIT LEUTEN ZUSAMMEN, DIE FINSTERNIS ÜBER UNSERE WELT BRINGEN WOLLEN.
WENN WIR IHN AM LEBEN LASSEN, WIRD ER KRIEGE UND GROSSES LEID VERURSACHEN.
ER GEHÖRT ZU DEN VER-BRECHERN.
NACHDEM AKATSUKI KONOHA ANGEGRIFFEN HAT, KÖNNEN ES DIE KONOHA-NINJA...
... NICHT MEHR HINNEHMEN, DASS SASUKE MIT AKATSUKI ZUSAMMEN-ARBEITET.
SAKURA IST NICHT DUMM.
UND SIE IST ERWACHSEN GENUG, UM DIE STANDPUNKTE UND DIE LAGE DER ANDEREN ZU VERSTEHEN.

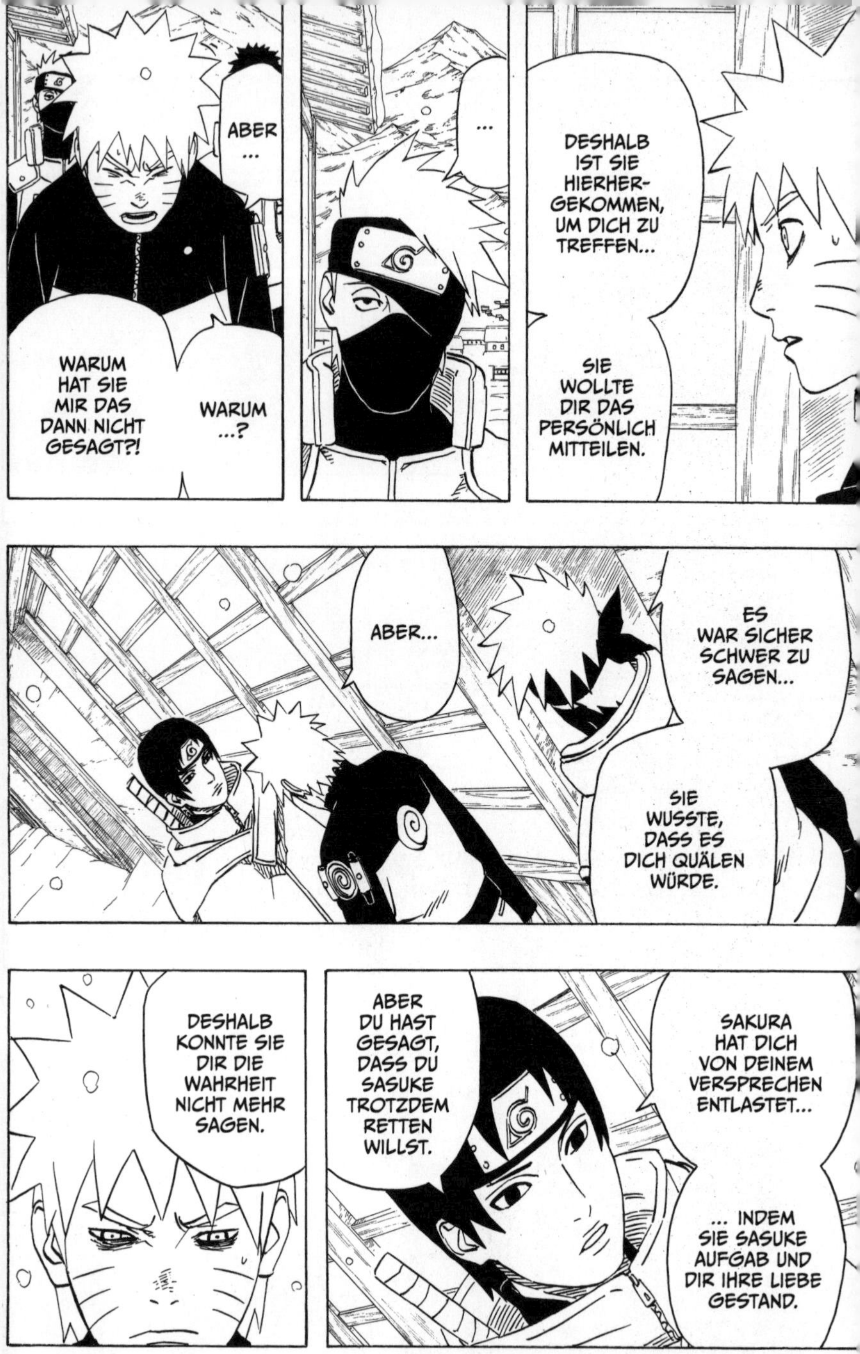
DESHALB IST SIE HIERHER-GEKOMMEN, UM DICH ZU TREFFEN...
SIE WOLLTE DIR DAS PERSÖNLICH MITTEILEN.
...
ABER ...
WARUM ...?
WARUM HAT SIE MIR DAS DANN NICHT GESAGT?!
ES WAR SICHER SCHWER ZU SAGEN...
SIE WUSSTE, DASS ES DICH QUÄLEN WÜRDE.
ABER...
SAKURA HAT DICH VON DEINEM VERSPRECHEN ENTLASTET...
... INDEM SIE SASUKE AUFGAB UND DIR IHRE LIEBE GESTAND.
ABER DU HAST GESAGT, DASS DU SASUKE TROTZDEM RETTEN WILLST.
DESHALB KONNTE SIE DIR DIE WAHRHEIT NICHT MEHR SAGEN.

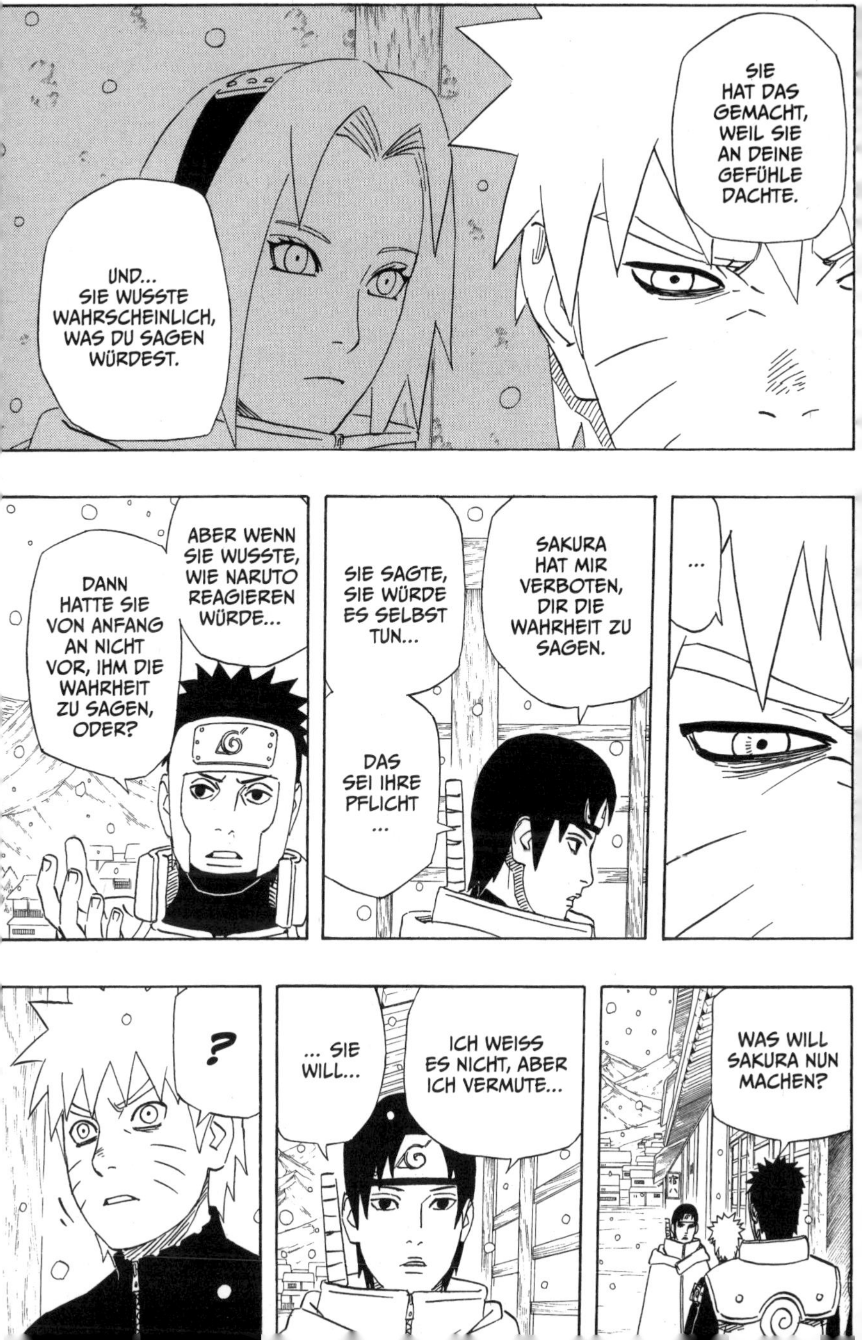
SIE HAT DAS GEMACHT, WEIL SIE AN DEINE GEFÜHLE DACHTE.
UND... SIE WUSSTE WAHRSCHEINLICH, WAS DU SAGEN WÜRDEST.
...
SAKURA HAT MIR VERBOTEN, DIR DIE WAHRHEIT ZU SAGEN.
SIE SAGTE, SIE WÜRDE ES SELBST TUN...
DAS SEI IHRE PFLICHT ...
ABER WENN SIE WUSSTE, WIE NARUTO REAGIEREN WÜRDE...
DANN HATTE SIE VON ANFANG AN NICHT VOR, IHM DIE WAHRHEIT ZU SAGEN, ODER?
WAS WILL SAKURA NUN MACHEN?
ICH WEISS ES NICHT, ABER ICH VERMUTE...
... SIE WILL...
?

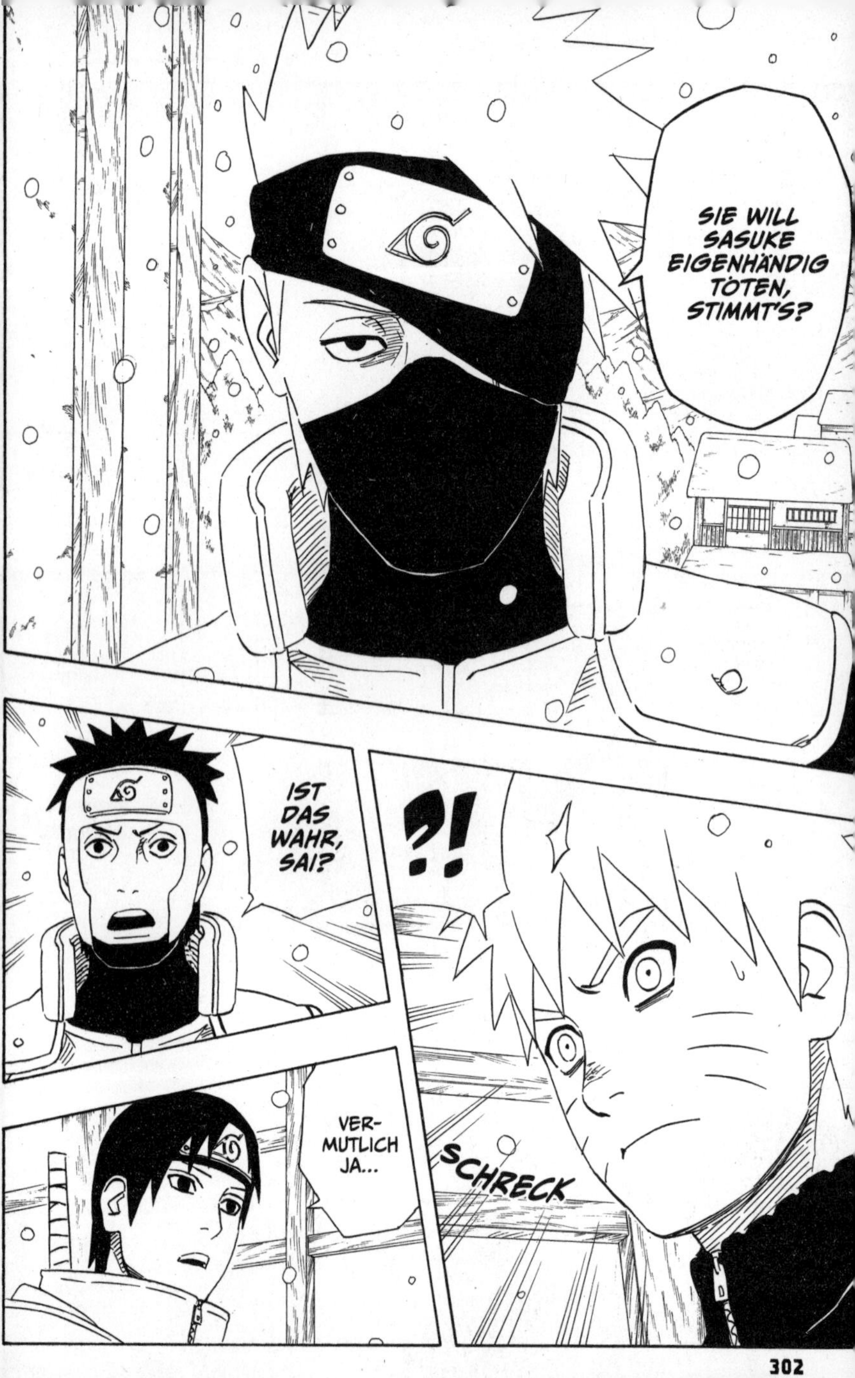
SIE WILL SASUKE EIGENHÄNDIG TÖTEN, STIMMT'S?
IST DAS WAHR, SAI?
?!
VER-MUTLICH JA...
SCHRECK

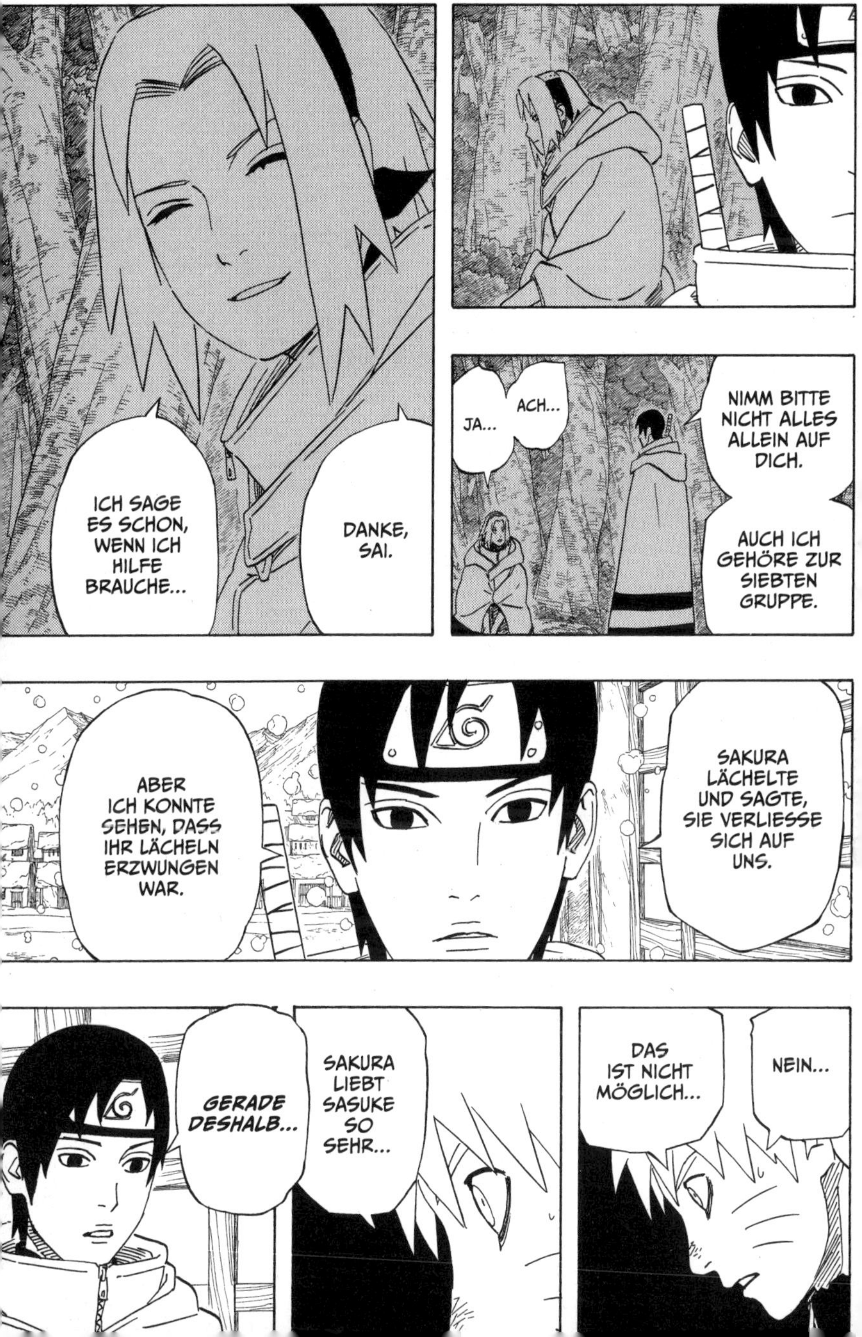
NIMM BITTE NICHT ALLES ALLEIN AUF DICH.
AUCH ICH GEHÖRE ZUR SIEBTEN GRUPPE.
ACH... JA...
DANKE, SAI.
ICH SAGE ES SCHON, WENN ICH HILFE BRAUCHE...
SAKURA LÄCHELTE UND SAGTE, SIE VERLIESSE SICH AUF UNS.
ABER ICH KONNTE SEHEN, DASS IHR LÄCHELN ERZWUNGEN WAR.
NEIN...
DAS IST NICHT MÖGLICH...
SAKURA LIEBT SASUKE SO SEHR...
GERADE DESHALB...

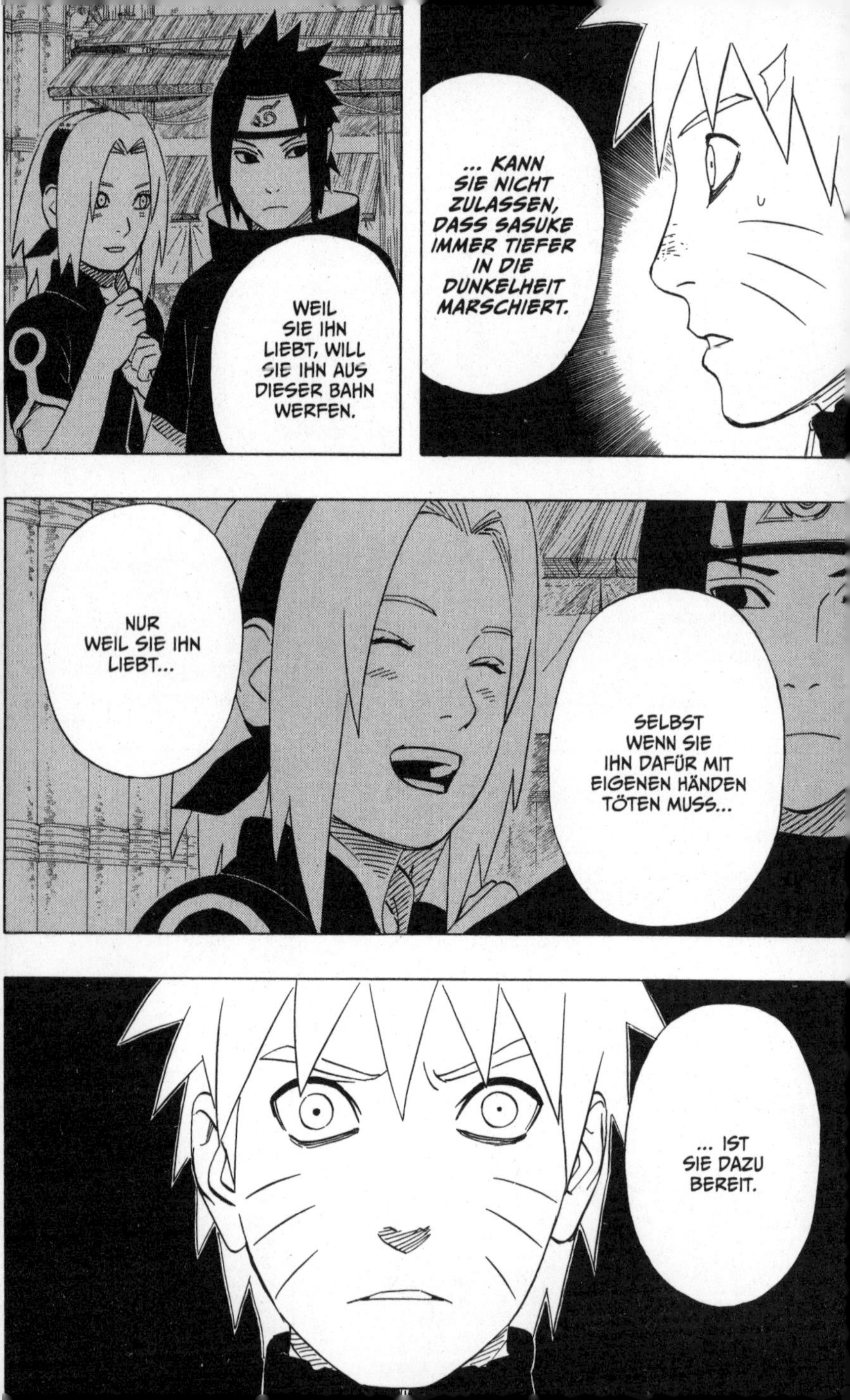
... KANN SIE NICHT ZULASSEN, DASS SASUKE IMMER TIEFER IN DIE DUNKELHEIT MARSCHIERT.
WEIL SIE IHN LIEBT, WILL SIE IHN AUS DIESER BAHN WERFEN.
SELBST WENN SIE IHN DAFÜR MIT EIGENEN HÄNDEN TÖTEN MUSS...
NUR WEIL SIE IHN LIEBT...
... IST SIE DAZU BEREIT.

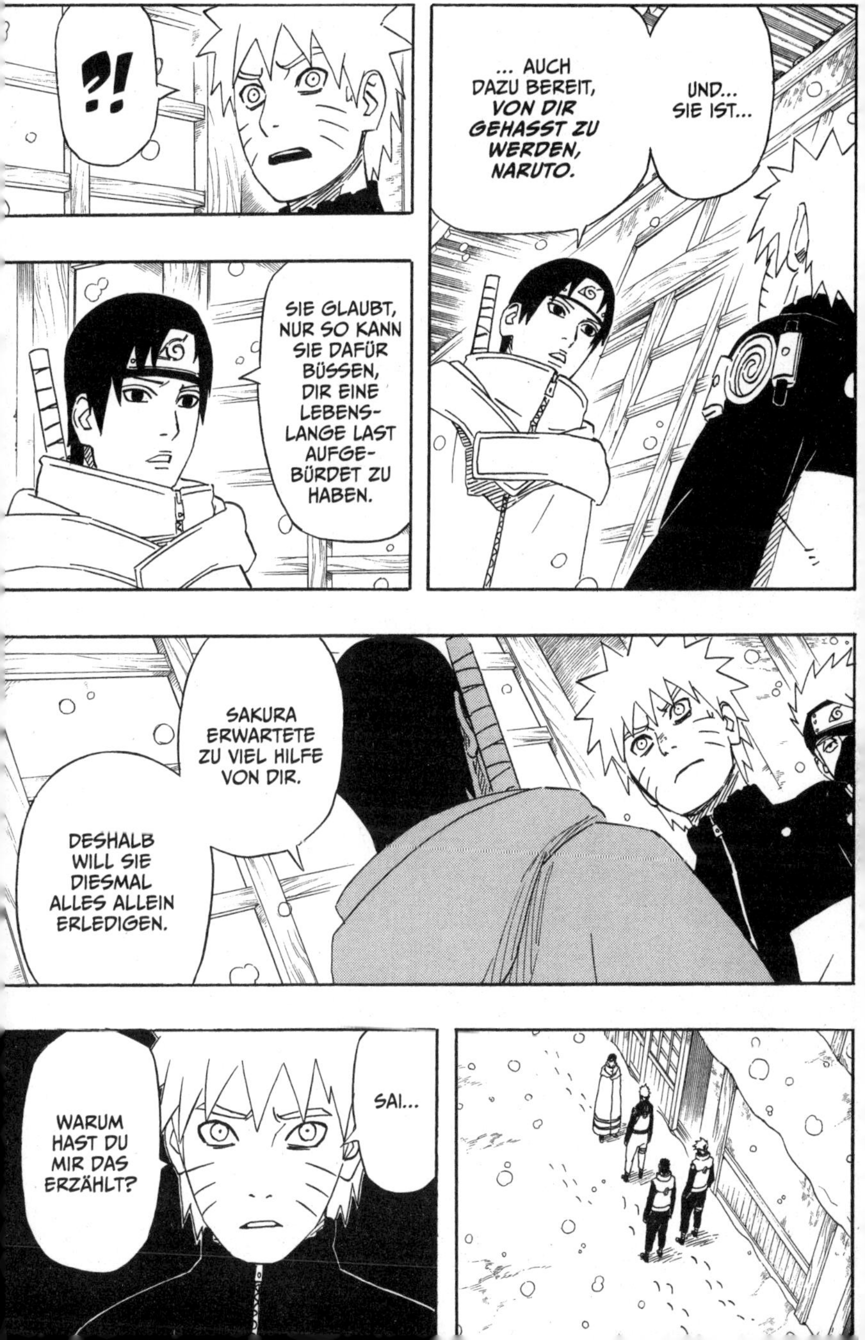

UND... SIE IST...
... AUCH DAZU BEREIT, VON DIR GEHASST ZU WERDEN, NARUTO.
?!
SIE GLAUBT, NUR SO KANN SIE DAFÜR BÜSSEN, DIR EINE LEBENSLANGE LAST AUFGEBÜRDET ZU HABEN.
SAKURA ERWARTETE ZU VIEL HILFE VON DIR.
DESHALB WILL SIE DIESMAL ALLES ALLEIN ERLEDIGEN.
SAI...
WARUM HAST DU MIR DAS ERZÄHLT?

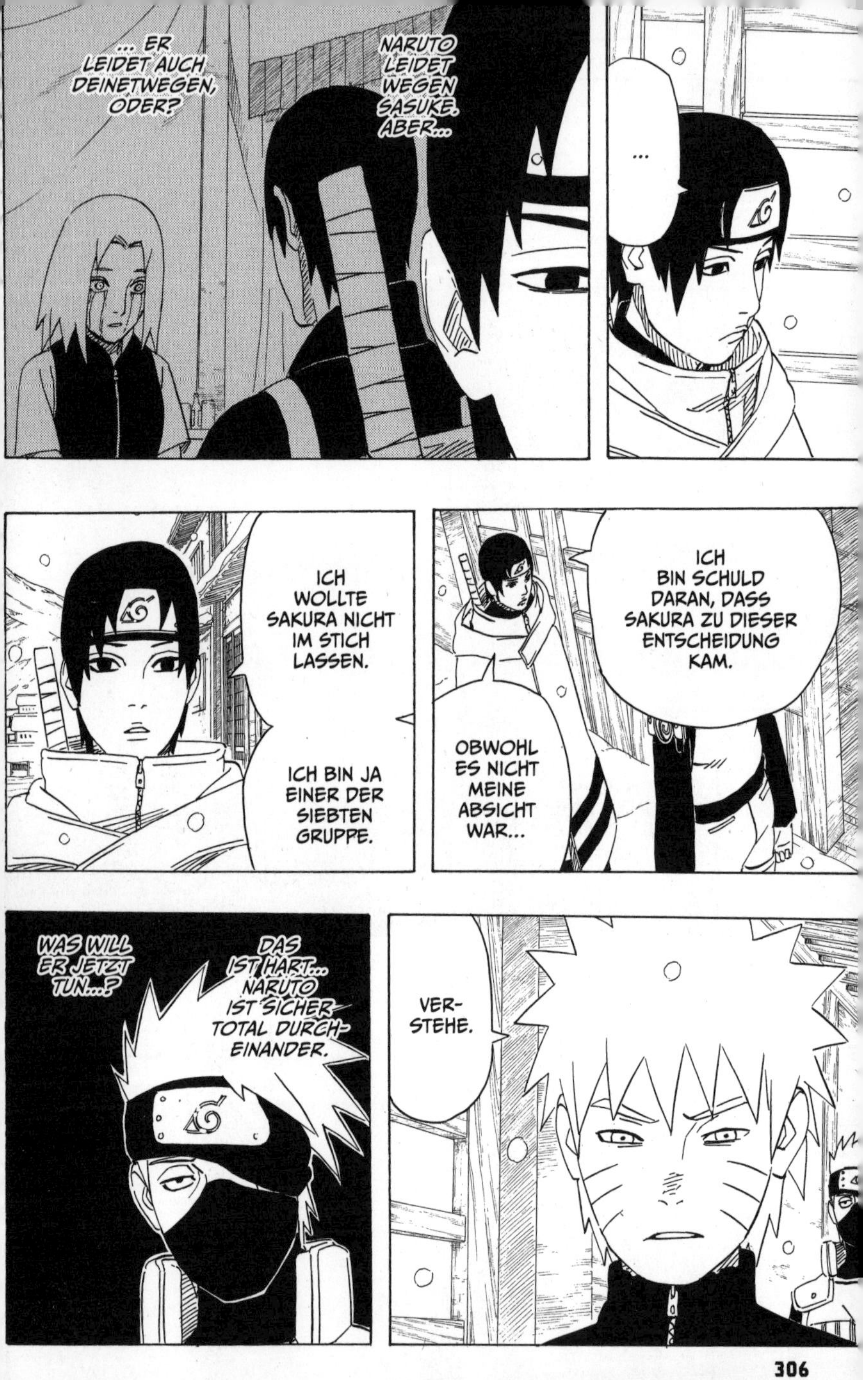
...
NARUTO LEIDET WEGEN SASUKE. ABER...
... ER LEIDET AUCH DEINETWEGEN, ODER?
ICH BIN SCHULD DARAN, DASS SAKURA ZU DIESER ENTSCHEIDUNG KAM.
OBWOHL ES NICHT MEINE ABSICHT WAR...
ICH WOLLTE SAKURA NICHT IM STICH LASSEN.
ICH BIN JA EINER DER SIEBTEN GRUPPE.
VER-STEHE.
DAS IST HART... NARUTO IST SICHER TOTAL DURCH-EINANDER.
WAS WILL ER JETZT TUN...?

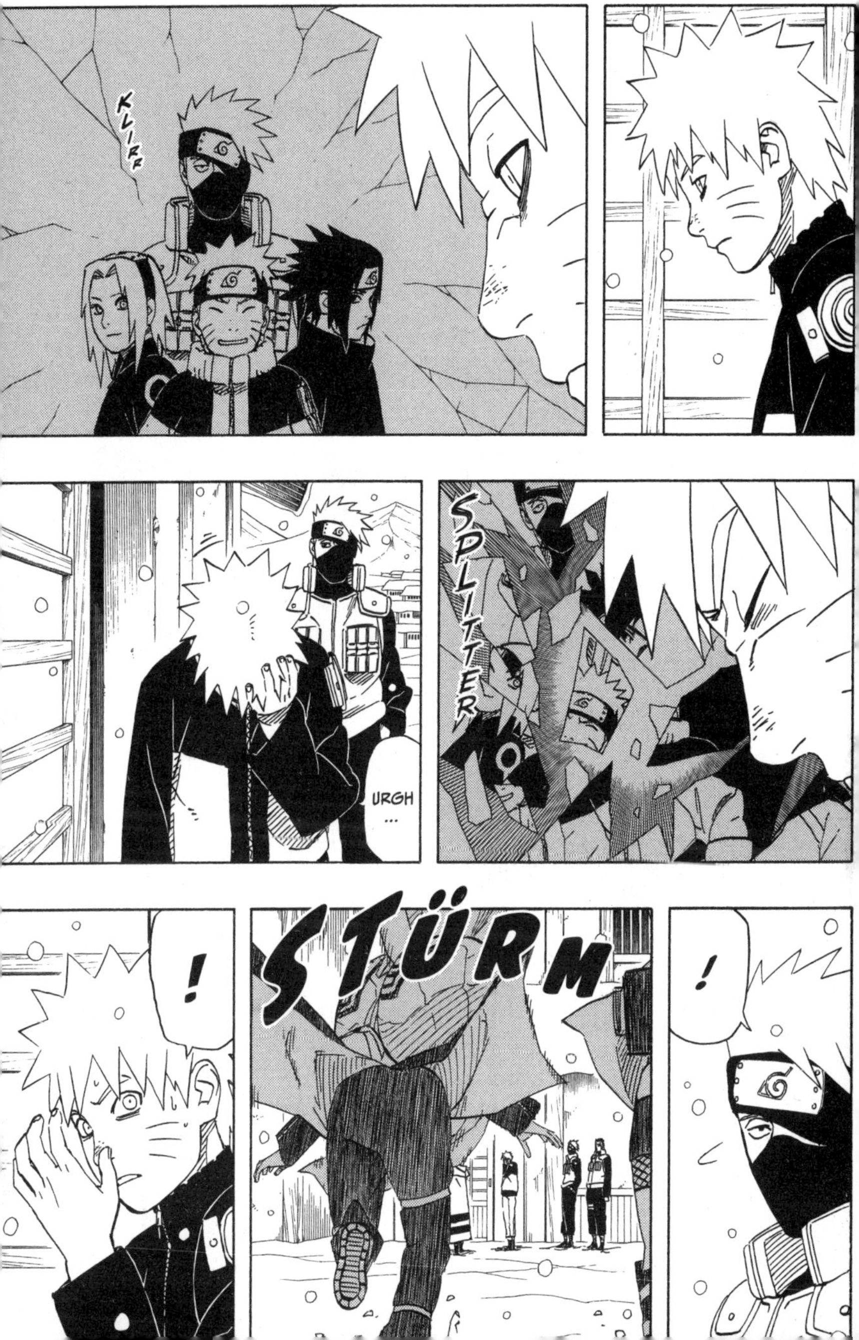

KLIRR
SPLITTER
URGH ...
!
STÜRM
!

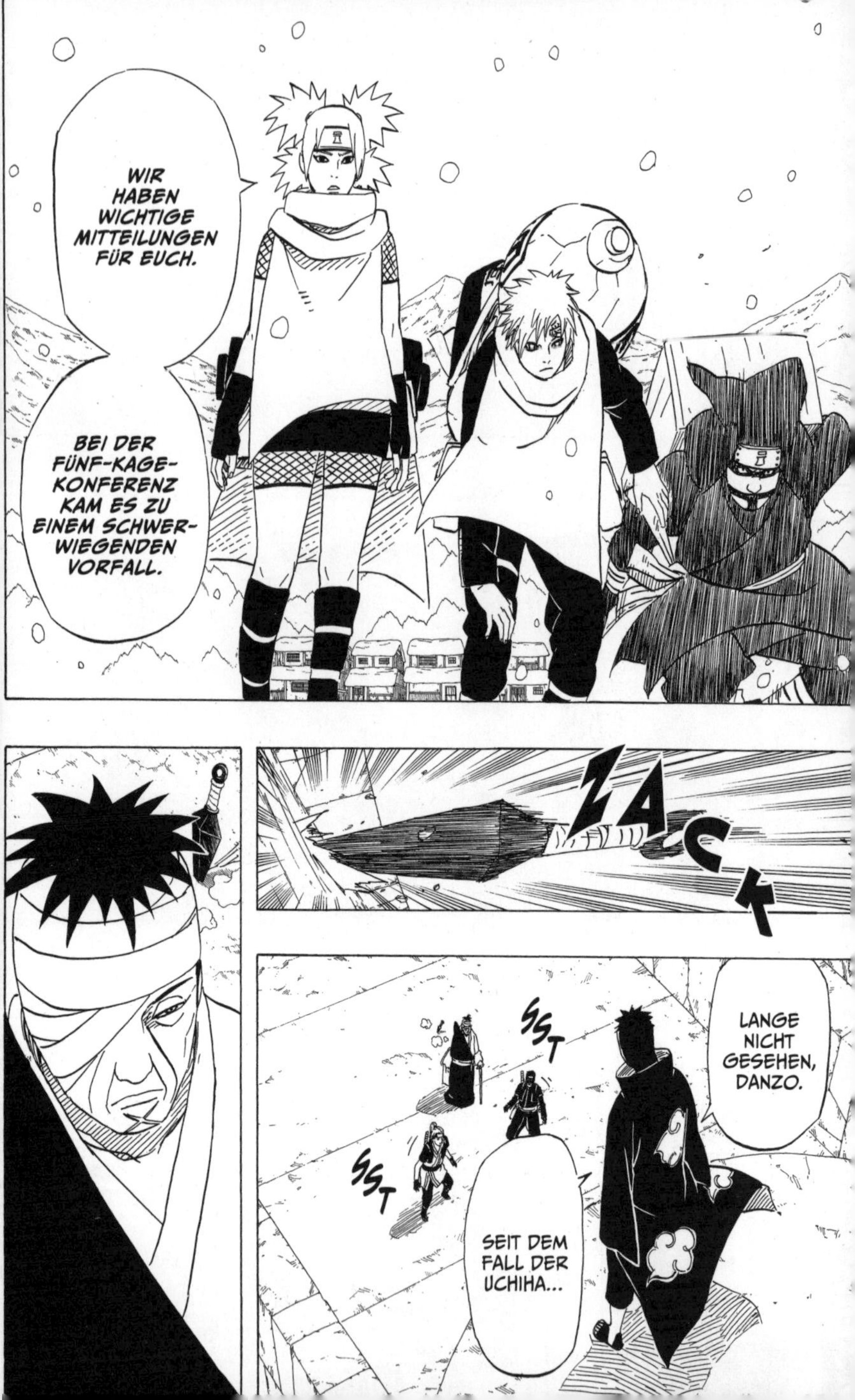

WIR HABEN WICHTIGE MITTEILUNGEN FÜR EUCH.
BEI DER FÜNF-KAGE-KONFERENZ KAM ES ZU EINEM SCHWER-WIEGENDEN VORFALL.
ZACK
SST
LANGE NICHT GESEHEN, DANZO.
SST
SEIT DEM FALL DER UCHIHA...

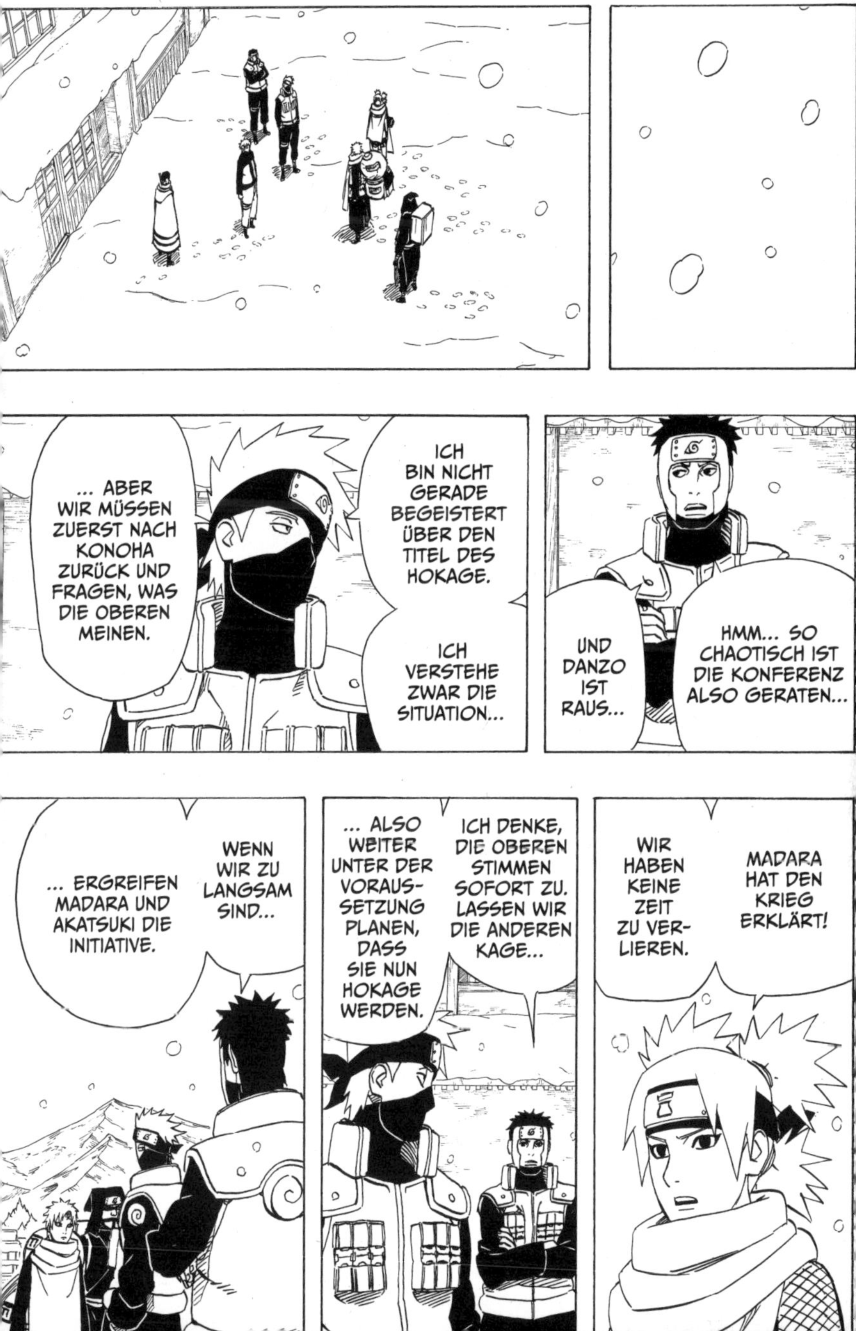
HMM... SO CHAOTISCH IST DIE KONFERENZ ALSO GERATEN...
UND DANZO IST RAUS...
ICH BIN NICHT GERADE BEGEISTERT ÜBER DEN TITEL DES HOKAGE.
ICH VERSTEHE ZWAR DIE SITUATION...
... ABER WIR MÜSSEN ZUERST NACH KONOHA ZURÜCK UND FRAGEN, WAS DIE OBEREN MEINEN.
MADARA HAT DEN KRIEG ERKLÄRT!
WIR HABEN KEINE ZEIT ZU VER-LIEREN.
ICH DENKE, DIE OBEREN STIMMEN SOFORT ZU. LASSEN WIR DIE ANDEREN KAGE...
... ALSO WEITER UNTER DER VORAUS-SETZUNG PLANEN, DASS SIE NUN HOKAGE WERDEN.
WENN WIR ZU LANGSAM SIND...
... ERGREIFEN MADARA UND AKATSUKI DIE INITIATIVE.

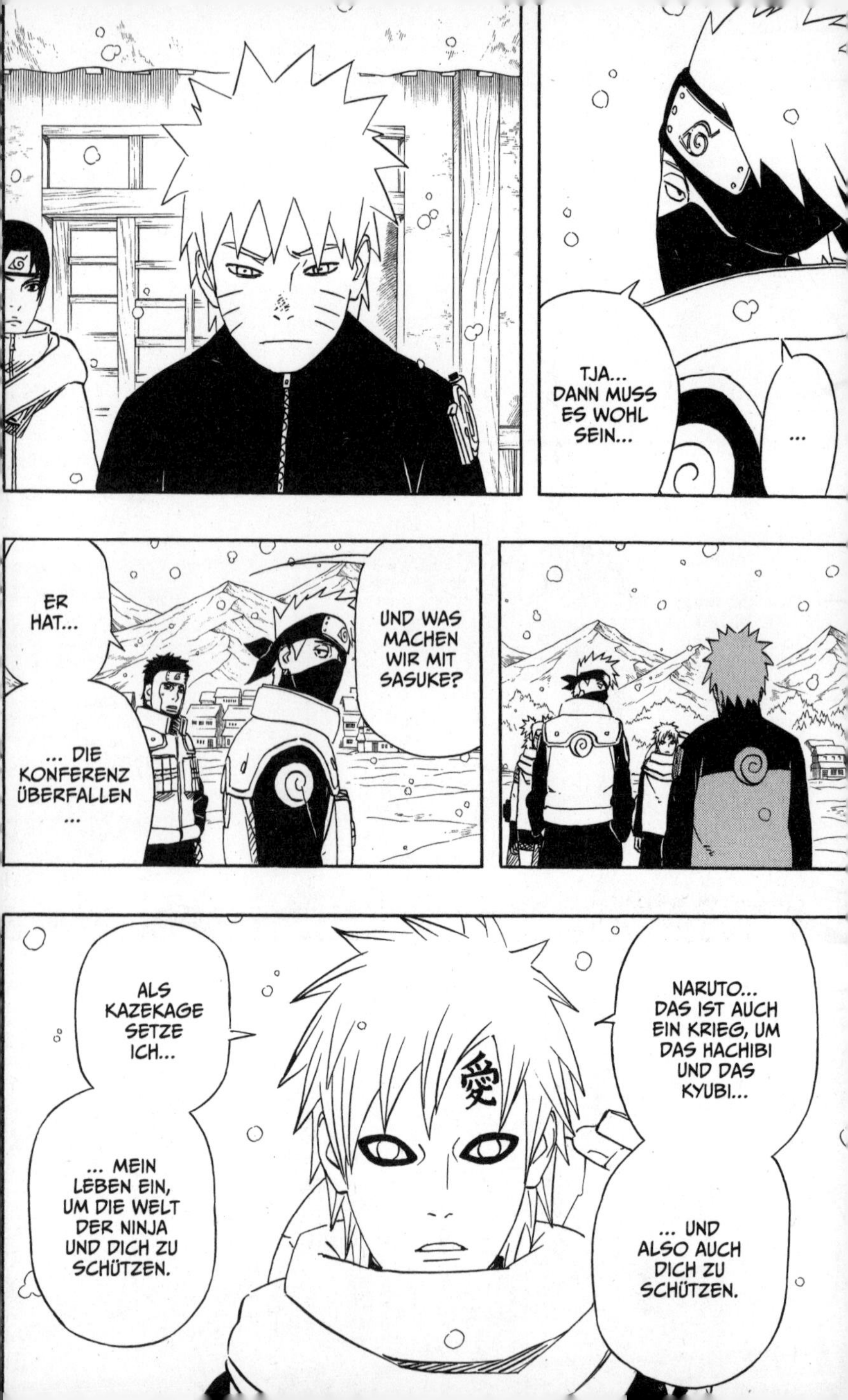

...
TJA... DANN MUSS ES WOHL SEIN...
UND WAS MACHEN WIR MIT SASUKE?
ER HAT...
... DIE KONFERENZ ÜBERFALLEN ...
NARUTO... DAS IST AUCH EIN KRIEG, UM DAS HACHIBI UND DAS KYUBI...
... UND ALSO AUCH DICH ZU SCHÜTZEN.
ALS KAZEKAGE SETZE ICH...
... MEIN LEBEN EIN, UM DIE WELT DER NINJA UND DICH ZU SCHÜTZEN.

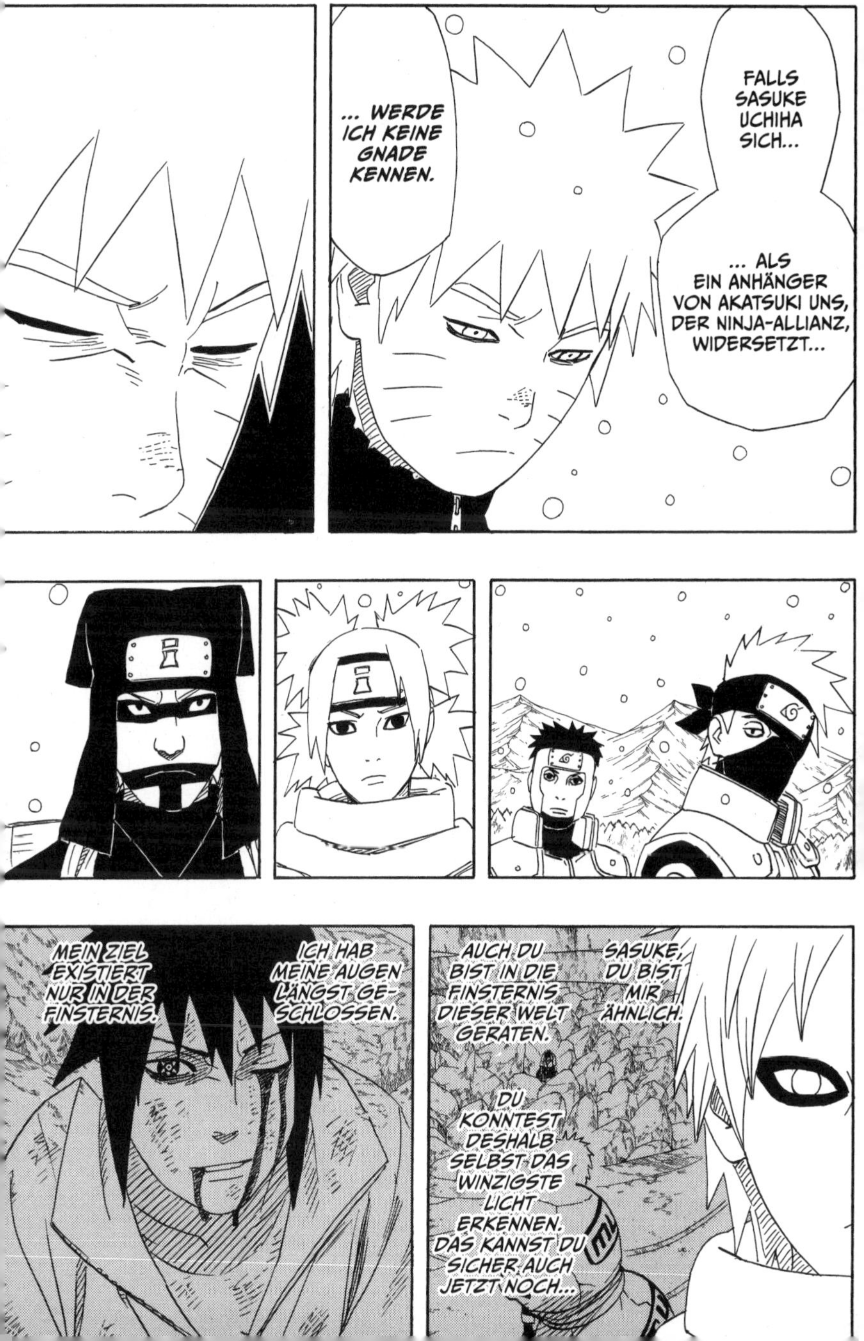
FALLS SASUKE UCHIHA SICH...
... ALS EIN ANHÄNGER VON AKATSUKI UNS, DER NINJA-ALLIANZ, WIDERSETZT...
... WERDE ICH KEINE GNADE KENNEN.
SASUKE, DU BIST MIR ÄHNLICH.
AUCH DU BIST IN DIE FINSTERNIS DIESER WELT GERATEN.
DU KONNTEST DESHALB SELBST DAS WINZIGSTE LICHT ERKENNEN. DAS KANNST DU SICHER AUCH JETZT NOCH...
ICH HAB MEINE AUGEN LÄNGST GE-SCHLOSSEN.
MEIN ZIEL EXISTIERT NUR IN DER FINSTERNIS.

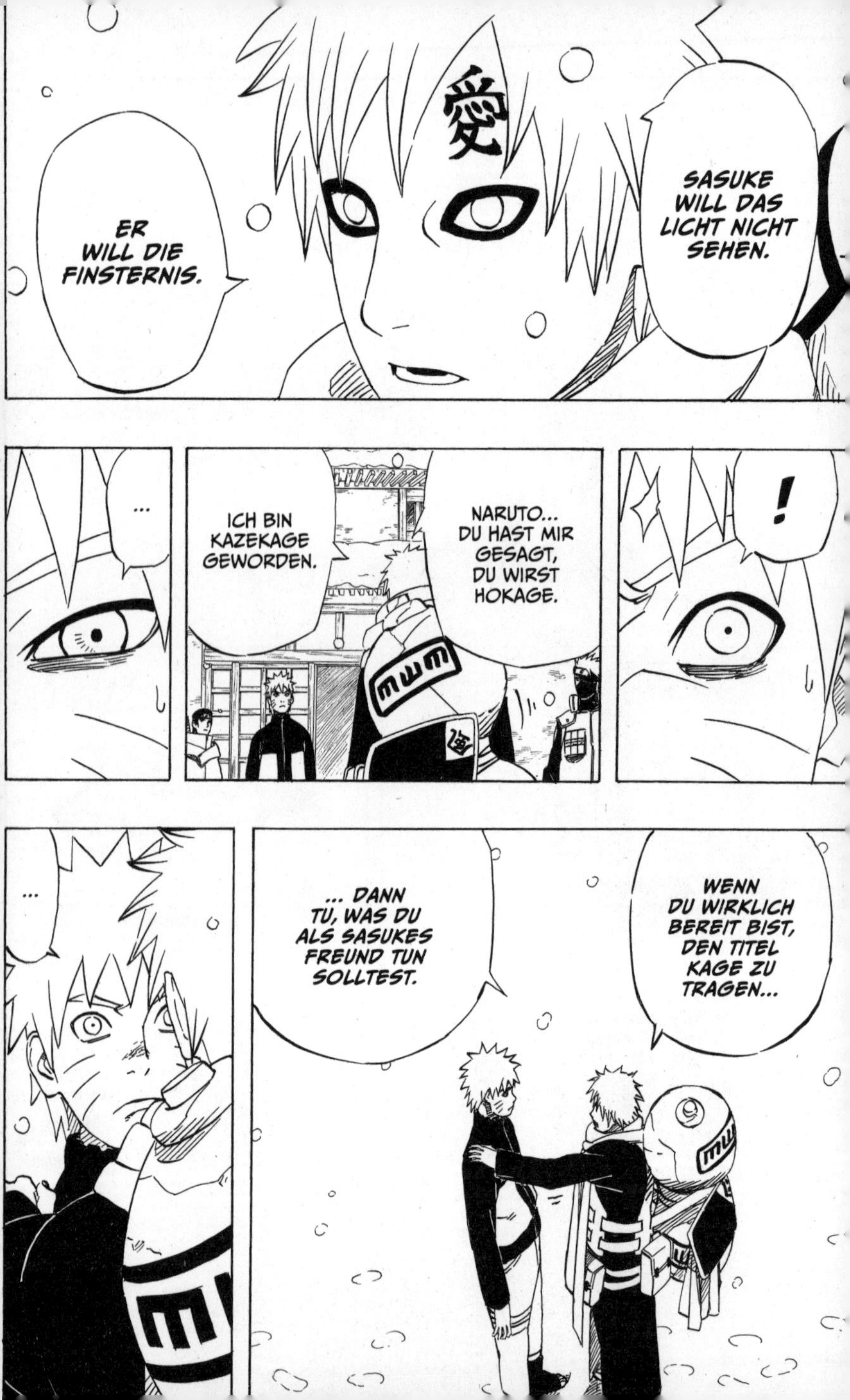
SASUKE WILL DAS LICHT NICHT SEHEN.
ER WILL DIE FINSTERNIS.
!
NARUTO... DU HAST MIR GESAGT, DU WIRST HOKAGE.
ICH BIN KAZEKAGE GEWORDEN.
...
WENN DU WIRKLICH BEREIT BIST, DEN TITEL KAGE ZU TRAGEN...
... DANN TU, WAS DU ALS SASUKES FREUND TUN SOLLTEST.
...

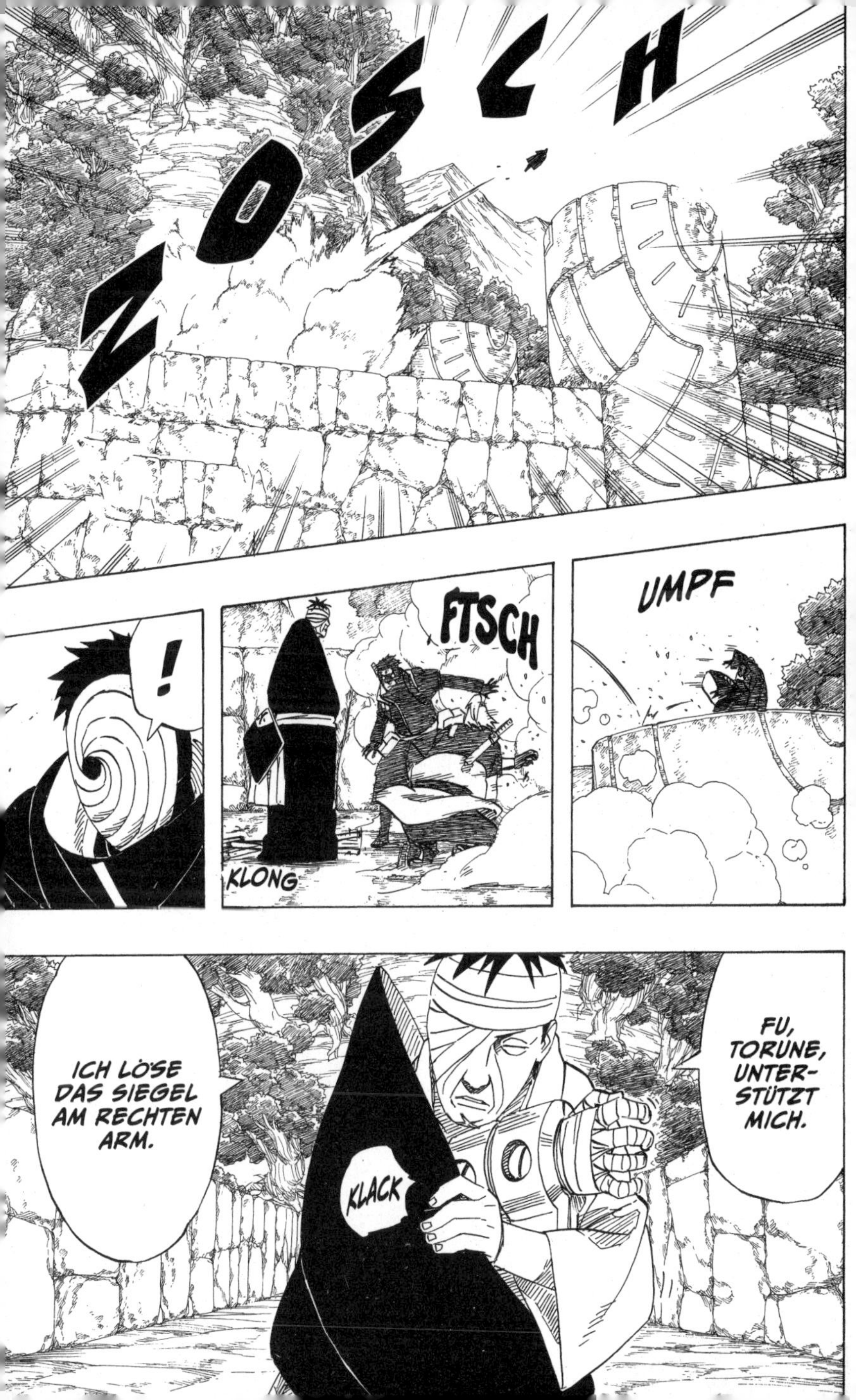
ZOSCH
UMPF
FTSCH
KLONG
!
FU, TORUNE, UNTER-STÜTZT MICH.
KLACK
ICH LÖSE DAS SIEGEL AM RECHTEN ARM.

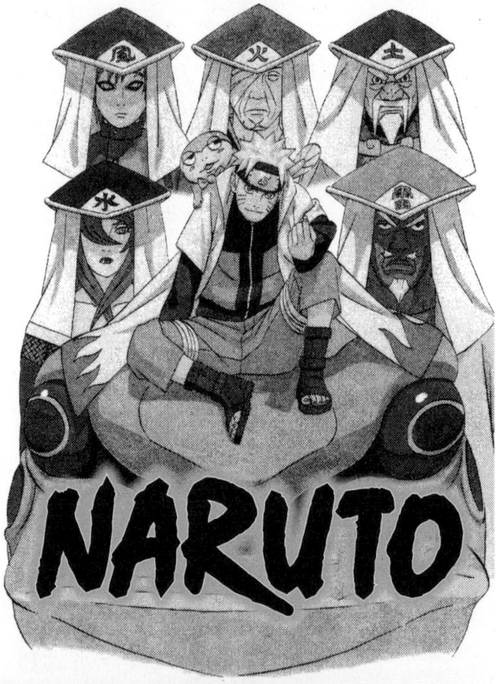
NARUTO

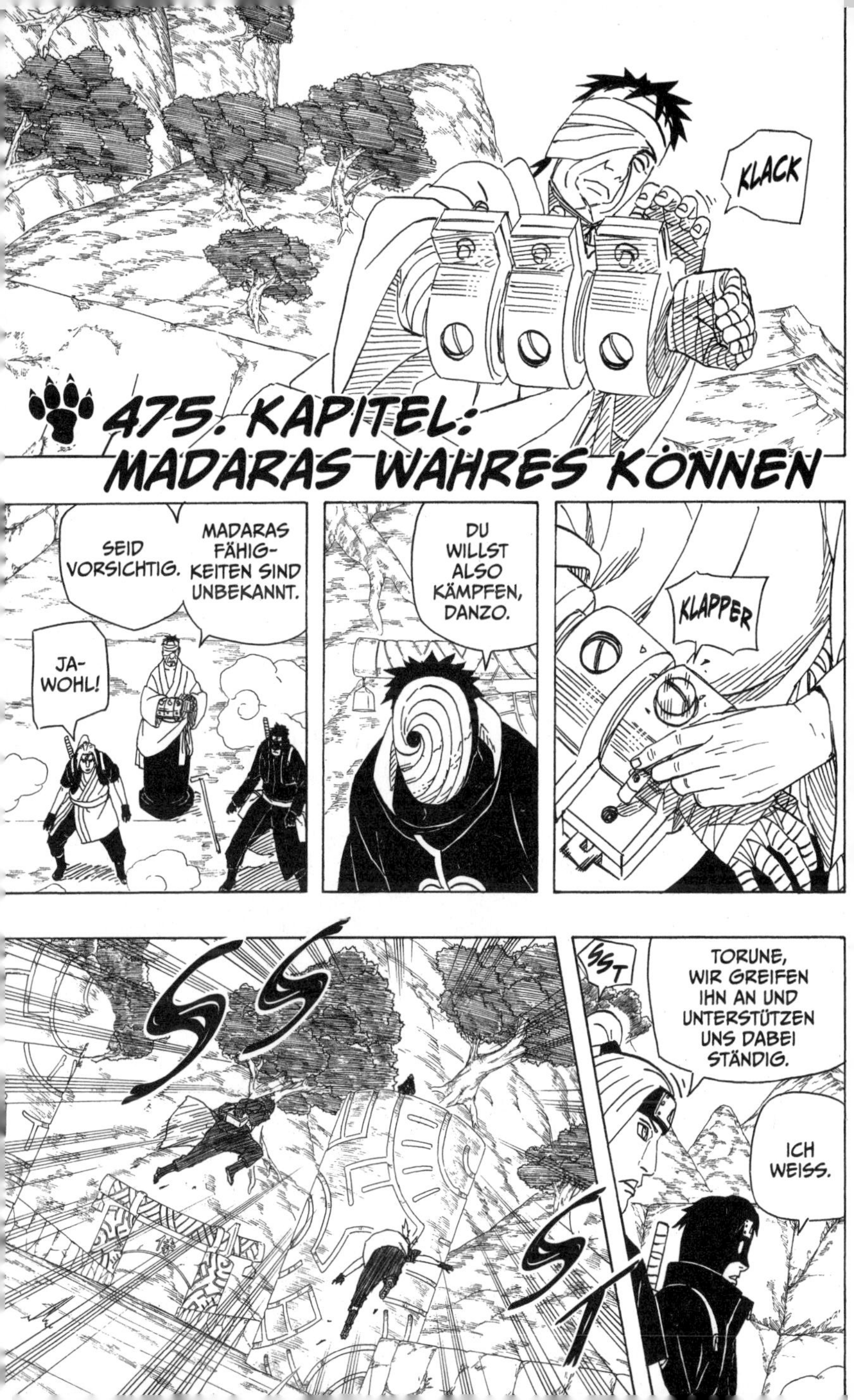
KLACK
475. KAPITEL: MADARAS WAHRES KÖNNEN
MADARAS FÄHIG-KEITEN SIND UNBEKANNT.
SEID VORSICHTIG.
JA-WOHL!
DU WILLST ALSO KÄMPFEN, DANZO.
KLAPPER
SST
TORUNE, WIR GREIFEN IHN AN UND UNTERSTÜTZEN UNS DABEI STÄNDIG.
ICH WEISS.

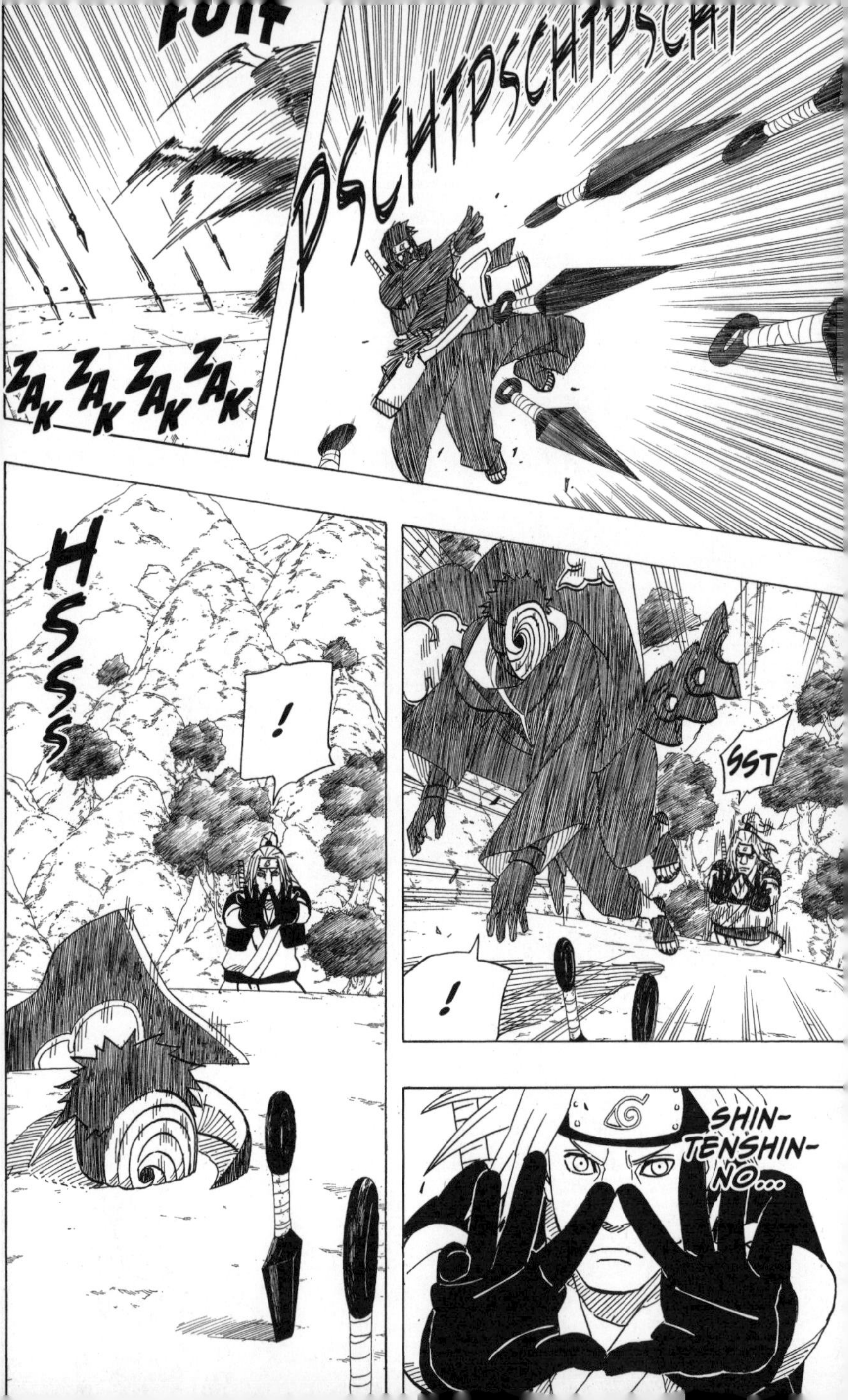

FUIT
PSCHTPSCHTPSCHT
ZAK ZAK ZAK ZAK
HSSSS
!
SST
!
SHIN-
TENSHIN-
NO...

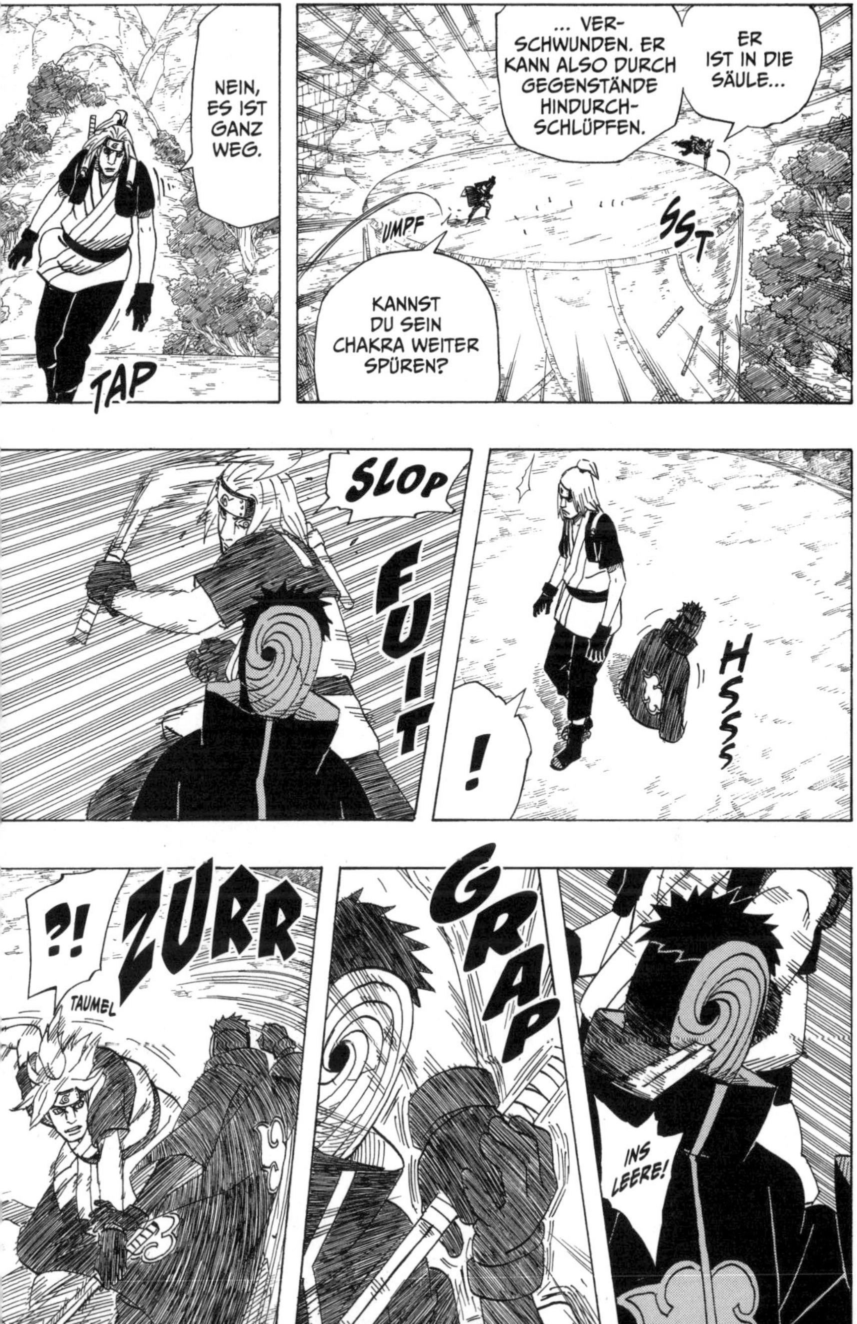
ER IST IN DIE SÄULE...
... VER-SCHWUNDEN. ER KANN ALSO DURCH GEGENSTÄNDE HINDURCH-SCHLÜPFEN.
SST
UMPF
KANNST DU SEIN CHAKRA WEITER SPÜREN?
NEIN, ES IST GANZ WEG.
TAP
HSSS
!
SLOP
FUIT
INS LEERE!
GRAP
?!
ZURR
TAUMEL

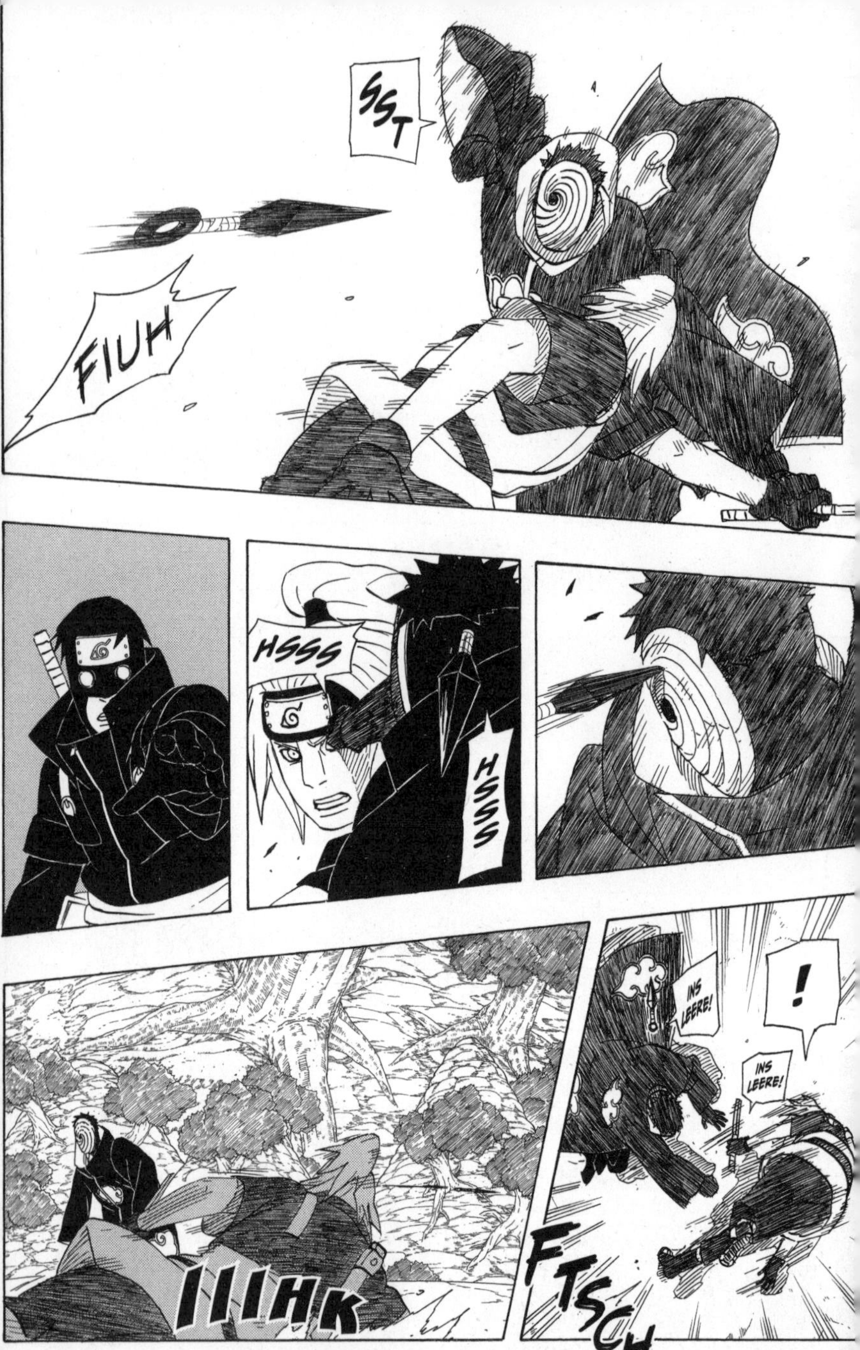
SST
FIUH
HSSS
HSSS
!
INS LEERE!
INS LEERE!
FTSCH
IIIHK

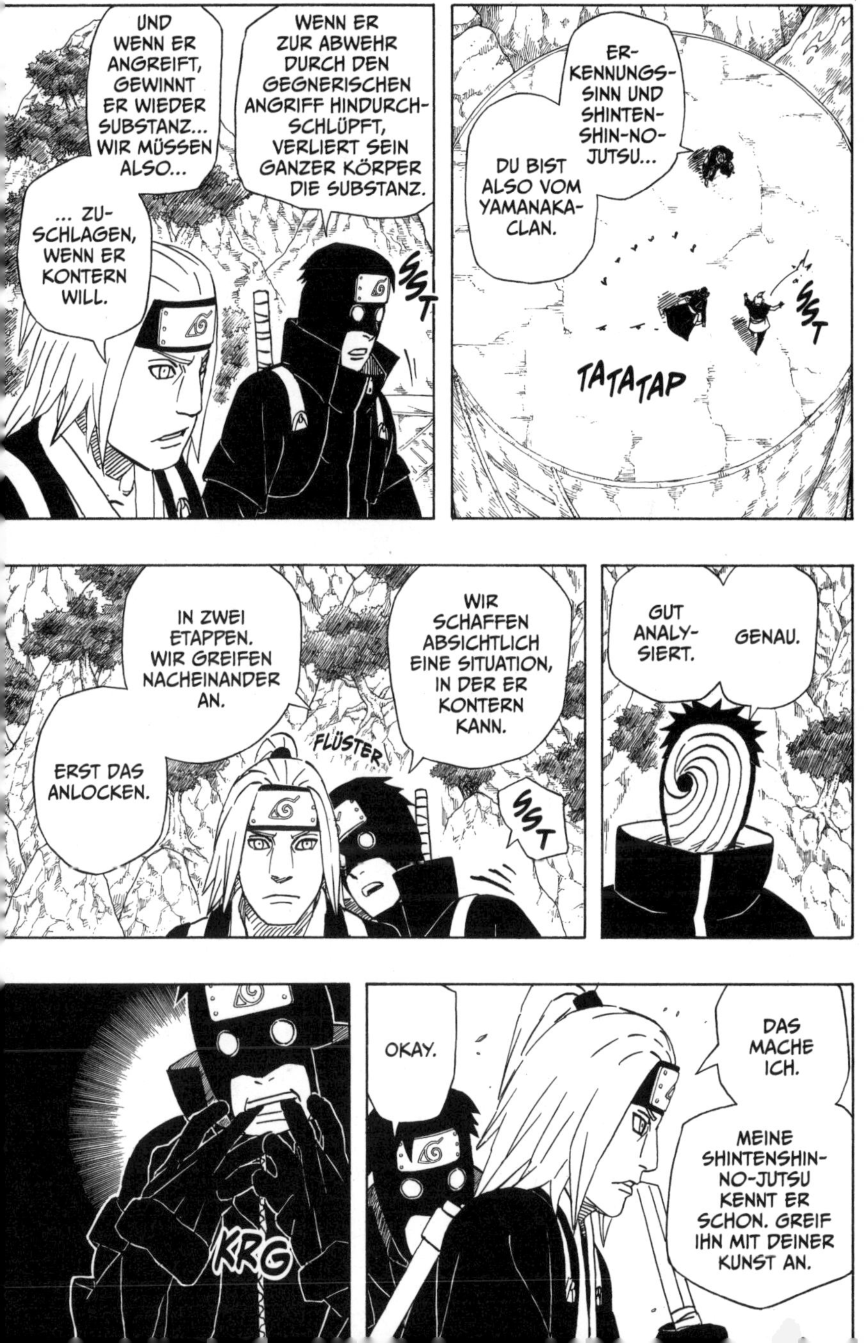

ER-KENNUNGS-SINN UND SHINTEN-SHIN-NO-JUTSU...
DU BIST ALSO VOM YAMANAKA-CLAN.
SST
TATATAP
WENN ER ZUR ABWEHR DURCH DEN GEGNERISCHEN ANGRIFF HINDURCH-SCHLÜPFT, VERLIERT SEIN GANZER KÖRPER DIE SUBSTANZ.
SST
UND WENN ER ANGREIFT, GEWINNT ER WIEDER SUBSTANZ... WIR MÜSSEN ALSO...
... ZU-SCHLAGEN, WENN ER KONTERN WILL.
GENAU.
GUT ANALY-SIERT.
WIR SCHAFFEN ABSICHTLICH EINE SITUATION, IN DER ER KONTERN KANN.
SST
FLÜSTER
IN ZWEI ETAPPEN. WIR GREIFEN NACHEINANDER AN.
ERST DAS ANLOCKEN.
DAS MACHE ICH.
MEINE SHINTENSHIN-NO-JUTSU KENNT ER SCHON. GREIF IHN MIT DEINER KUNST AN.
OKAY.
KRG

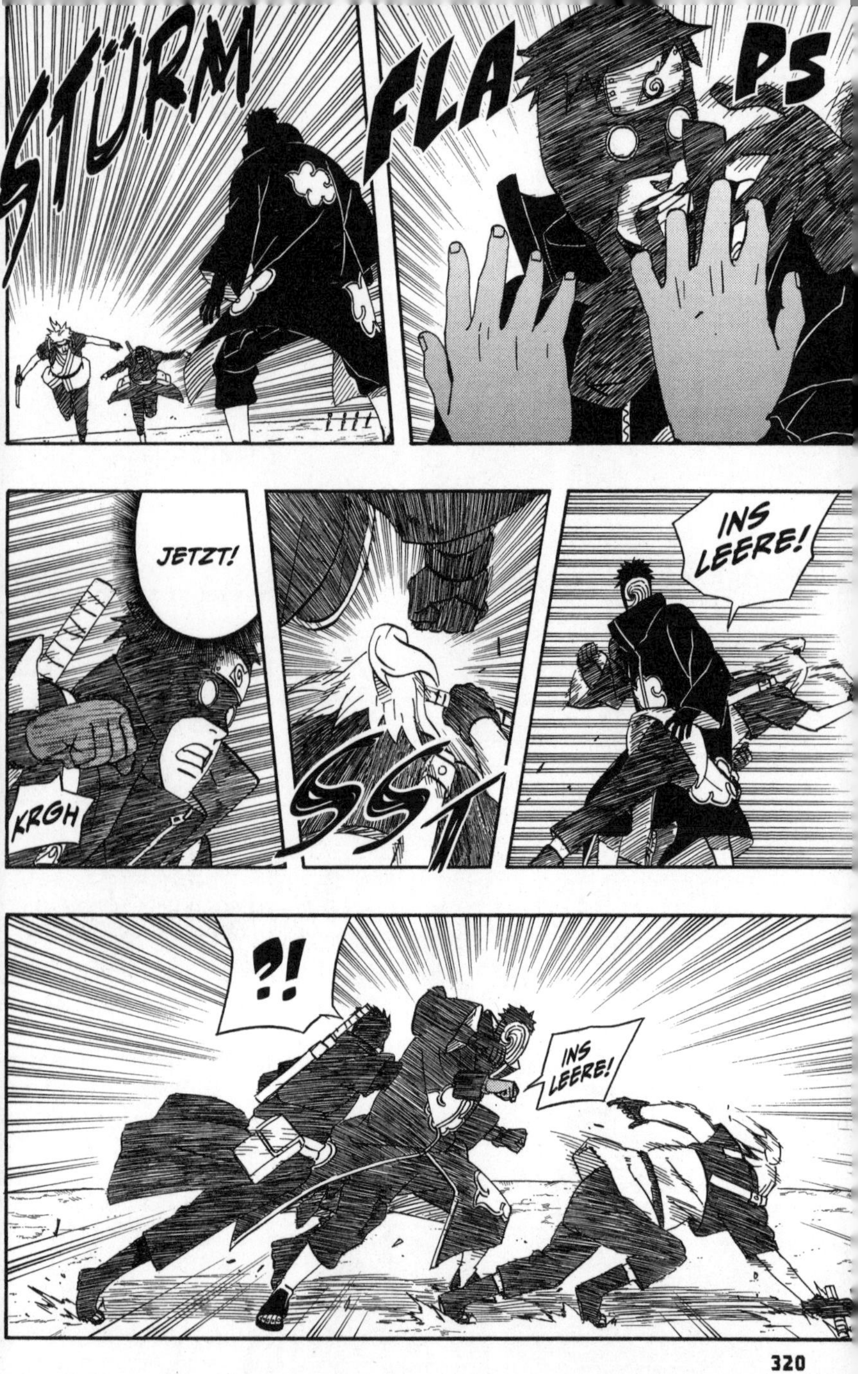
FLA
PS
STÜRM
INS LEERE!
JETZT!
KRGH
?!
INS LEERE!

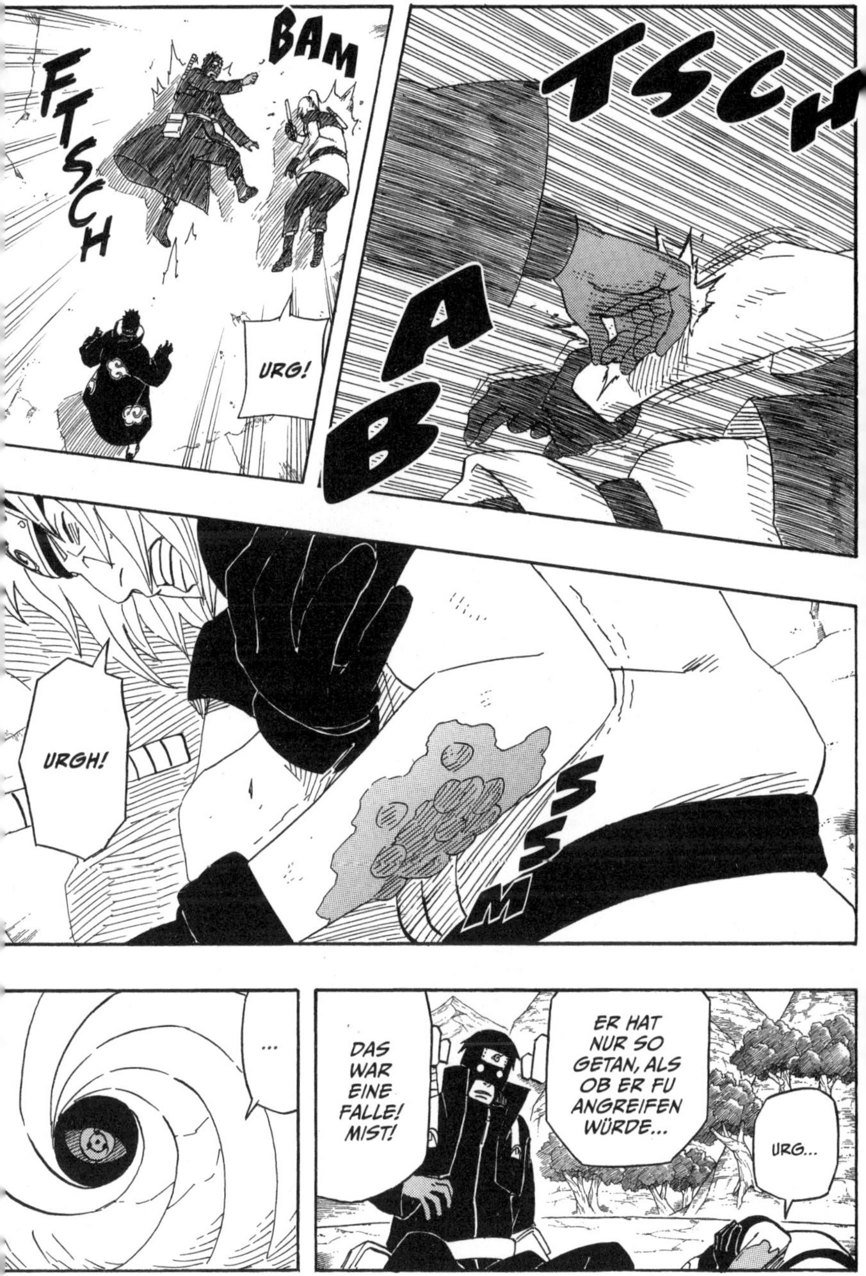
TSCH
AB
BAM
FTSCH
URG!
URGH!
SSM
URG...
ER HAT NUR SO GETAN, ALS OB ER FU ANGREIFEN WÜRDE...
DAS WAR EINE FALLE! MIST!
...

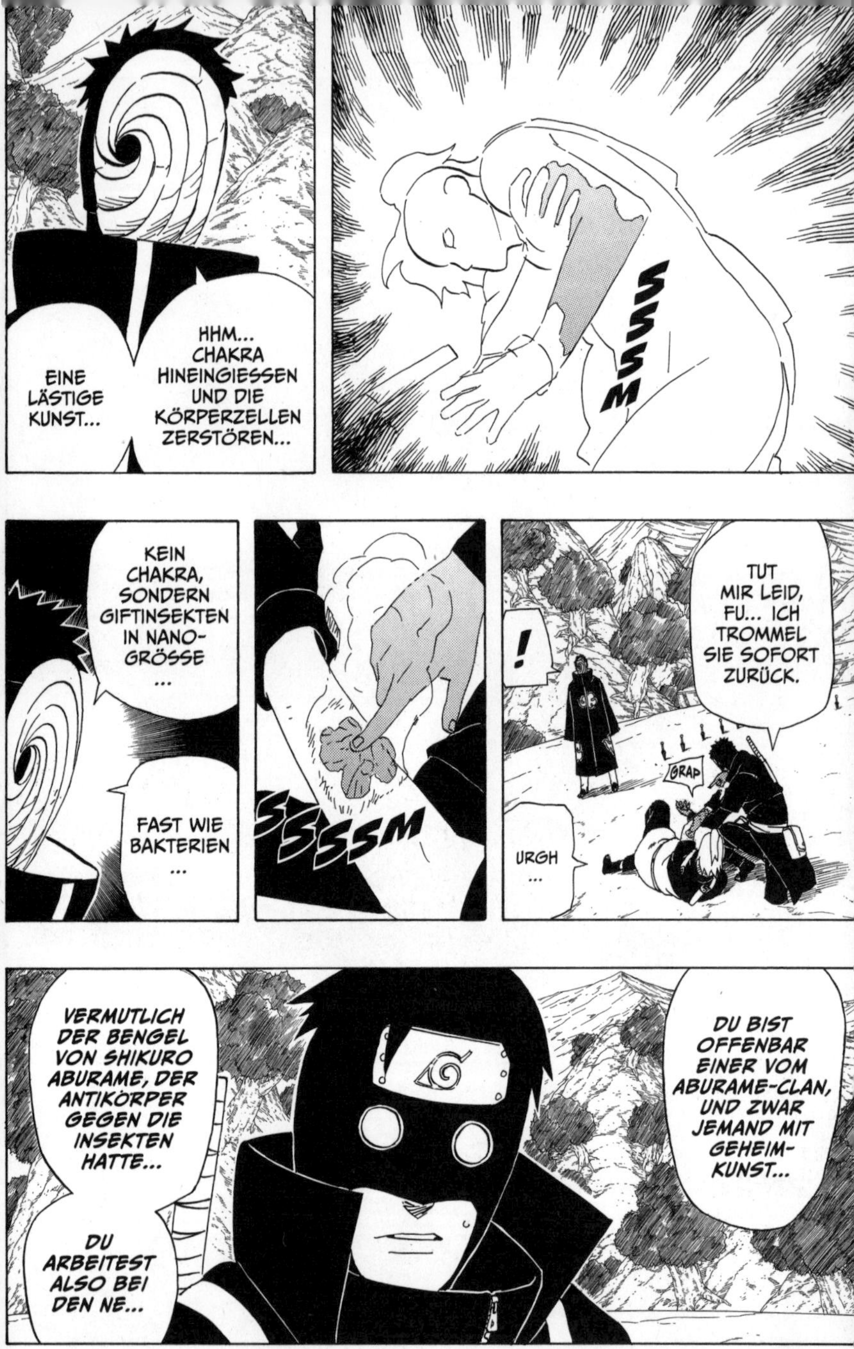
SSSM
HHM... CHAKRA HINEINGIESSEN UND DIE KÖRPERZELLEN ZERSTÖREN...
EINE LÄSTIGE KUNST...
TUT MIR LEID, FU... ICH TROMMEL SIE SOFORT ZURÜCK.
!
GRAP
URGH ...
SSSSM
KEIN CHAKRA, SONDERN GIFTINSEKTEN IN NANO-GRÖSSE ...
FAST WIE BAKTERIEN ...
DU BIST OFFENBAR EINER VOM ABURAME-CLAN, UND ZWAR JEMAND MIT GEHEIM-KUNST...
VERMUTLICH DER BENGEL VON SHIKURO ABURAME, DER ANTIKÖRPER GEGEN DIE INSEKTEN HATTE...
DU ARBEITEST ALSO BEI DEN NE...

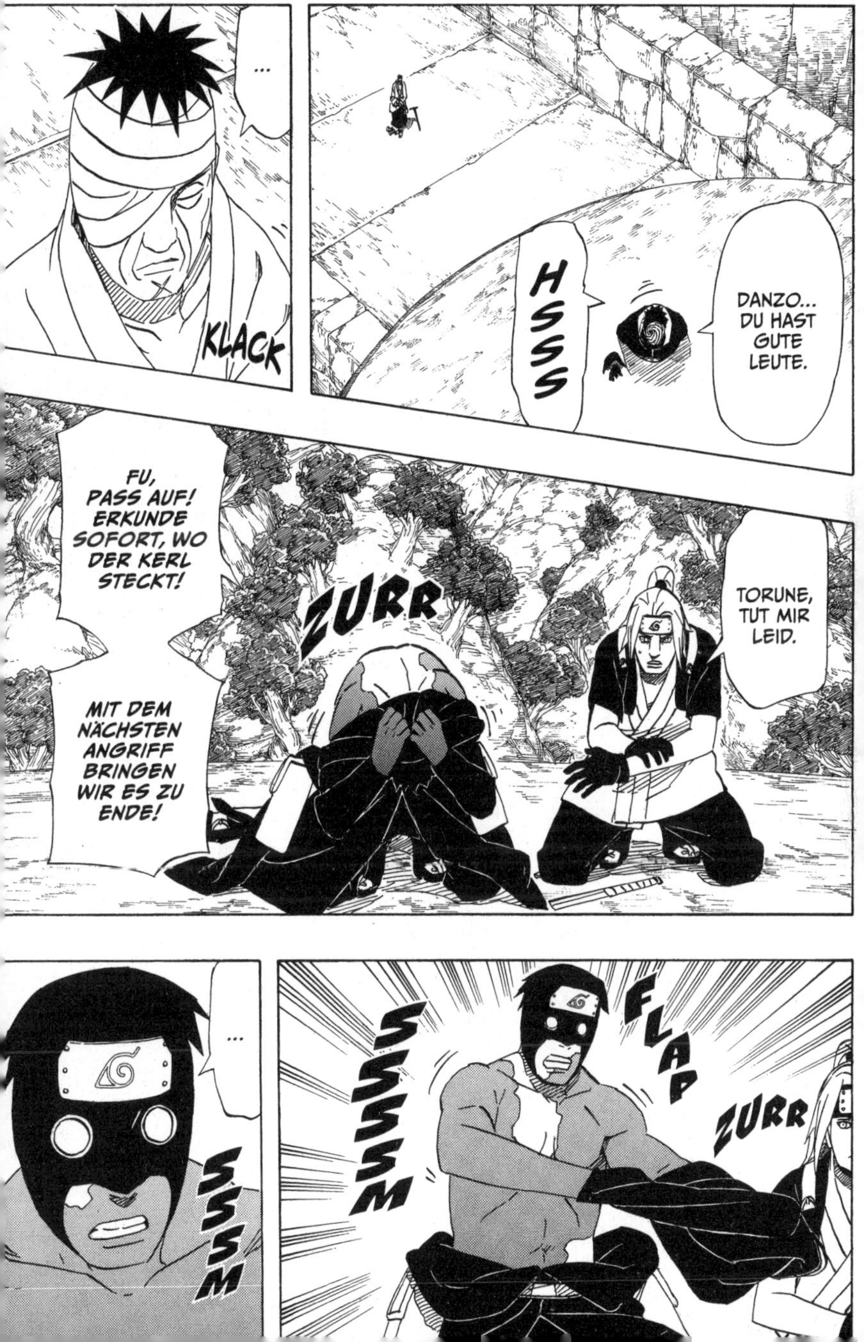
...
KLACK
DANZO... DU HAST GUTE LEUTE.
HSSS
TORUNE, TUT MIR LEID.
ZURR
FU, PASS AUF! ERKUNDE SOFORT, WO DER KERL STECKT!
MIT DEM NÄCHSTEN ANGRIFF BRINGEN WIR ES ZU ENDE!
FLAP
ZURR
SSSSM
...
SSSM

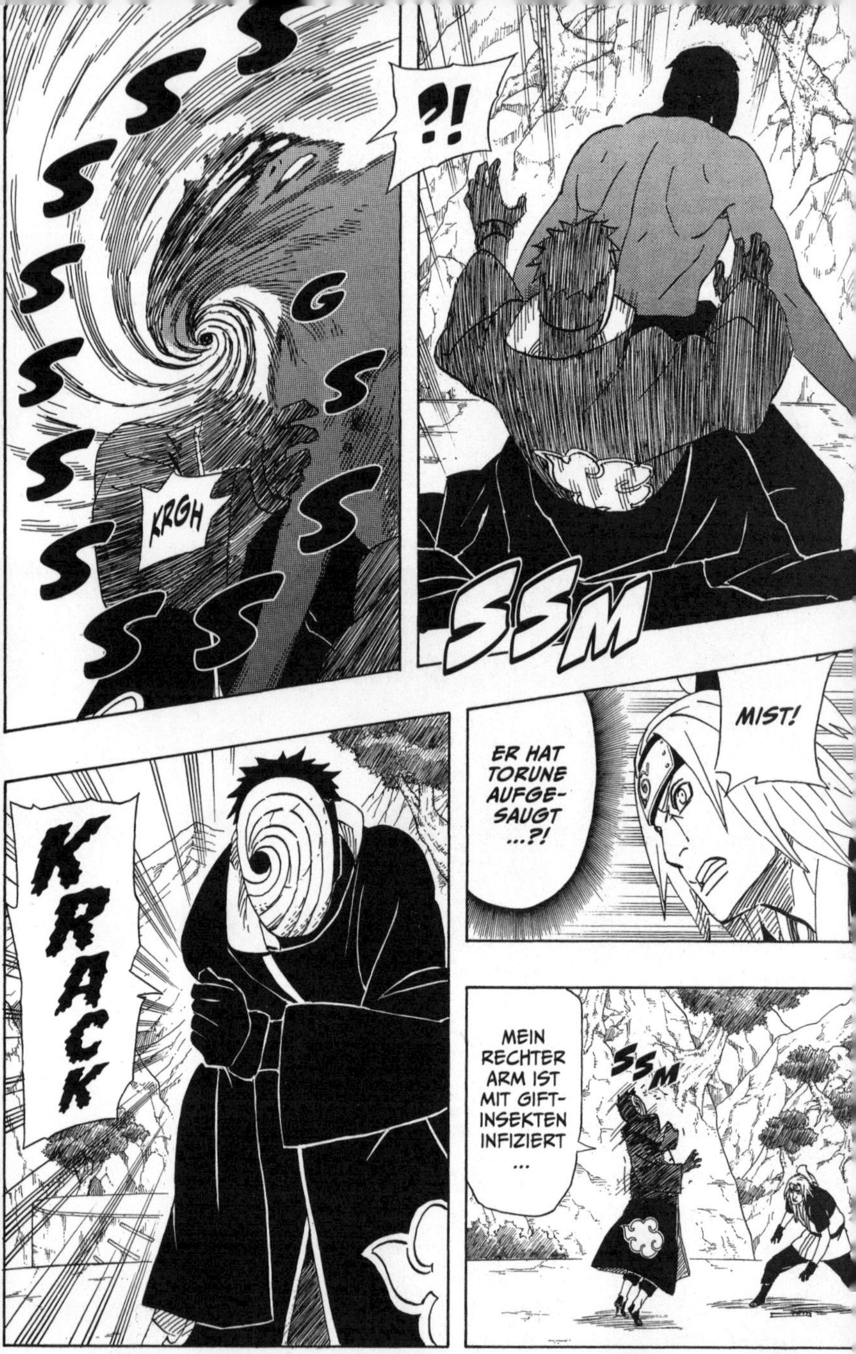
?!
SSM
SSSSSSSSSSSS
GSSS
KRGH
MIST!
ER HAT TORUNE AUFGE-SAUGT ...?!
KRACK
MEIN RECHTER ARM IST MIT GIFT-INSEKTEN INFIZIERT ...
SSM

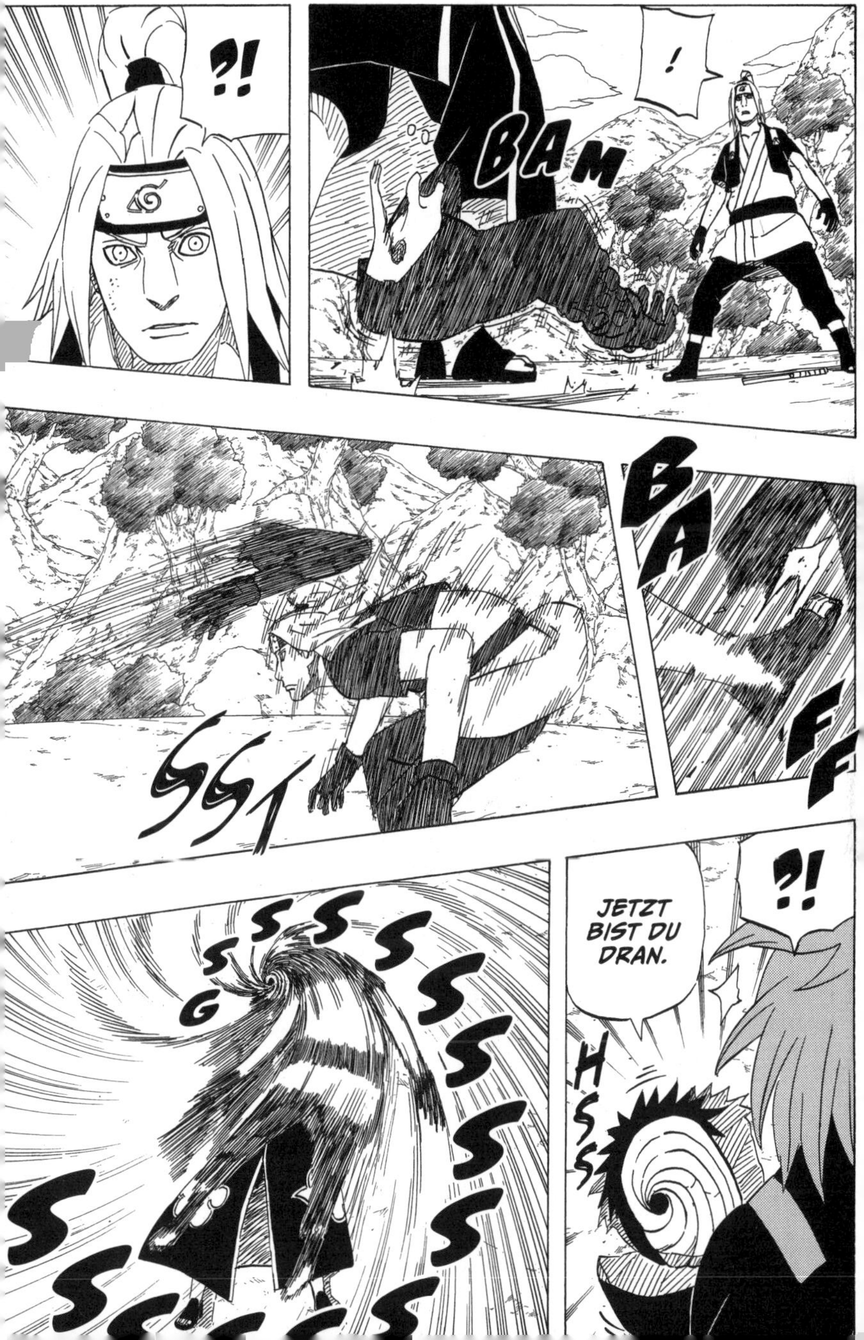

!
BAM
?!
BAFF
SST
?!
JETZT BIST DU DRAN.
HSS
SSSSSSSSSSSSSSSG

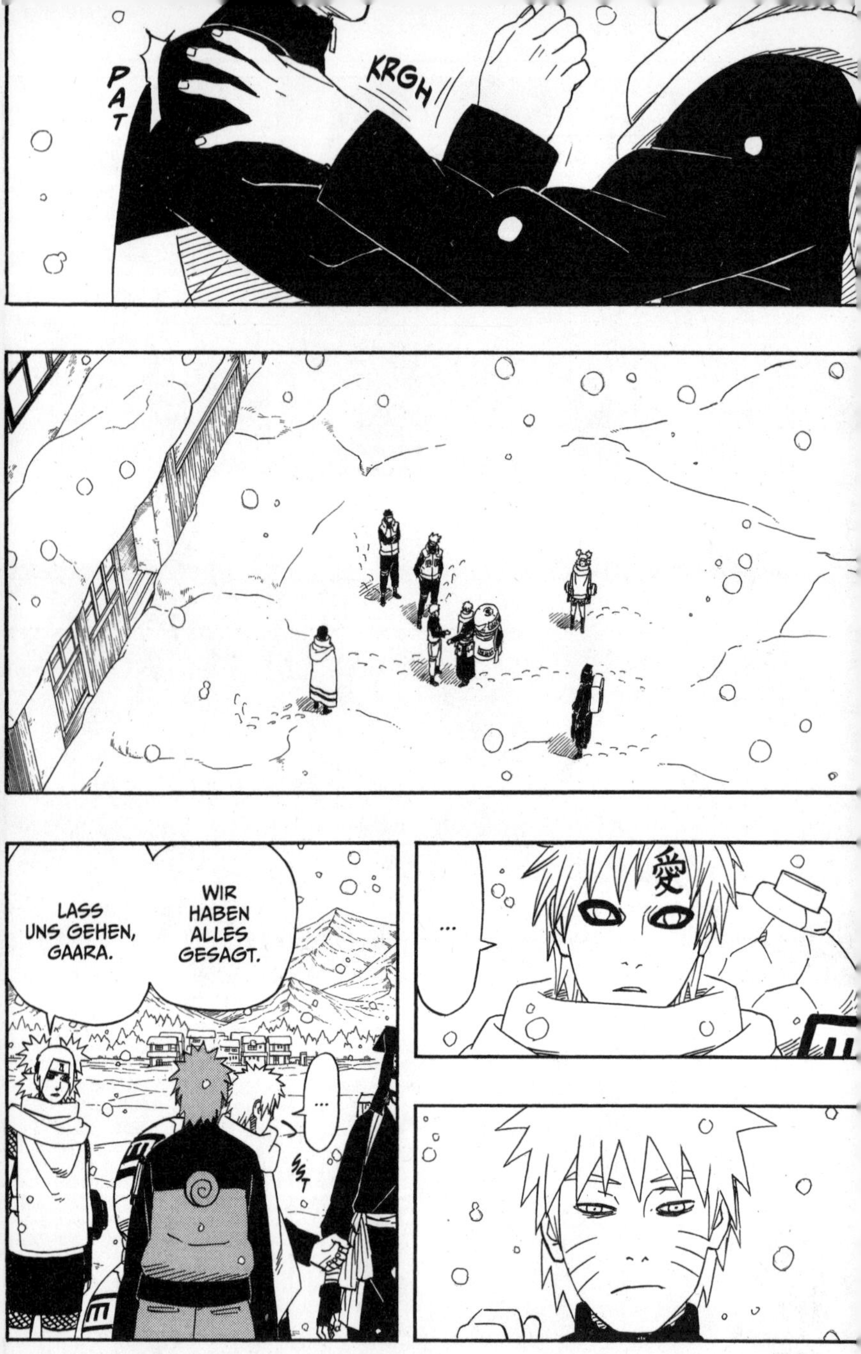
KRGH
PAT
...
WIR HABEN ALLES GESAGT.
LASS UNS GEHEN, GAARA.
...
SST

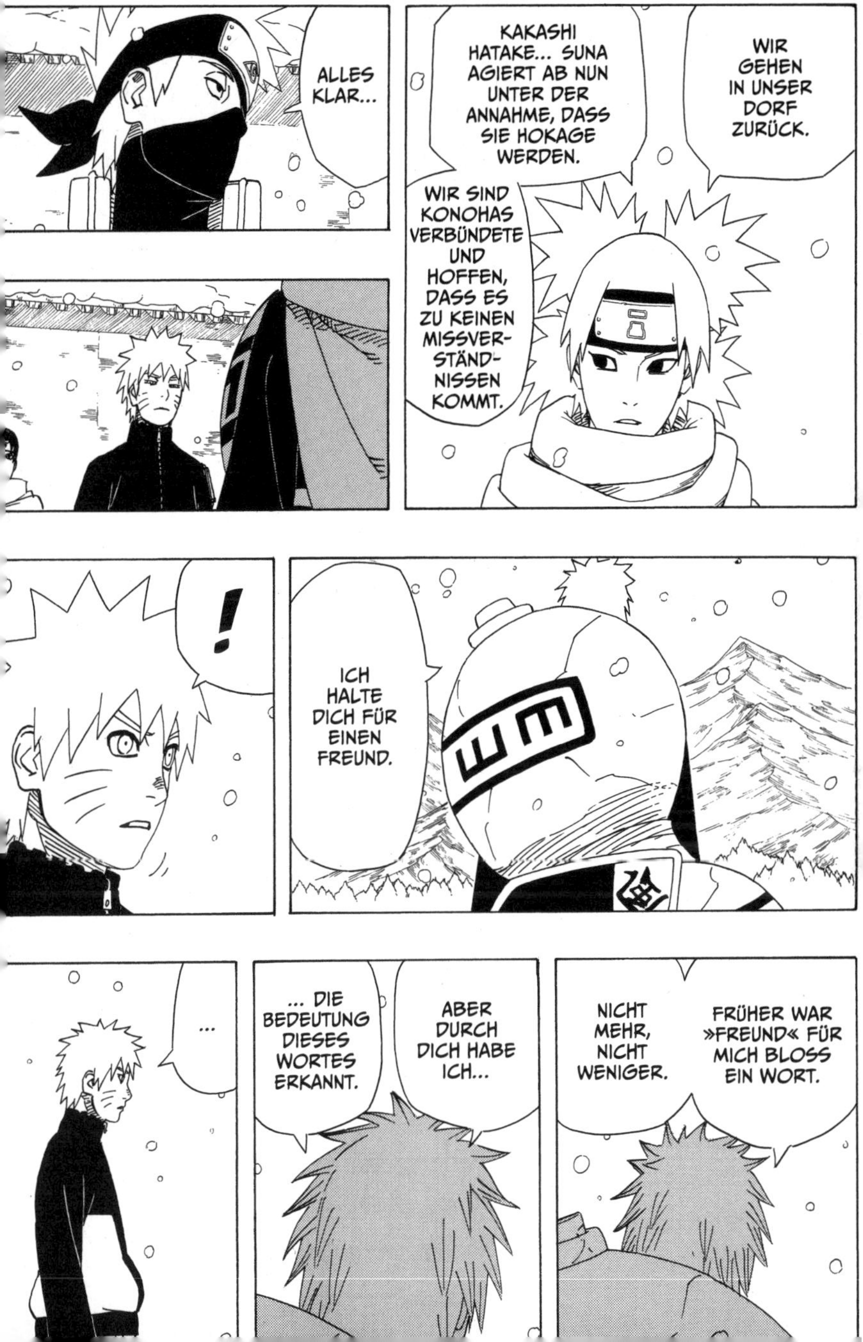
WIR GEHEN IN UNSER DORF ZURÜCK.
KAKASHI HATAKE… SUNA AGIERT AB NUN UNTER DER ANNAHME, DASS SIE HOKAGE WERDEN.
WIR SIND KONOHAS VERBÜNDETE UND HOFFEN, DASS ES ZU KEINEN MISSVER-STÄND-NISSEN KOMMT.
ALLES KLAR…
ICH HALTE DICH FÜR EINEN FREUND.
!
FRÜHER WAR »FREUND« FÜR MICH BLOSS EIN WORT.
NICHT MEHR, NICHT WENIGER.
ABER DURCH DICH HABE ICH…
… DIE BEDEUTUNG DIESES WORTES ERKANNT.
…

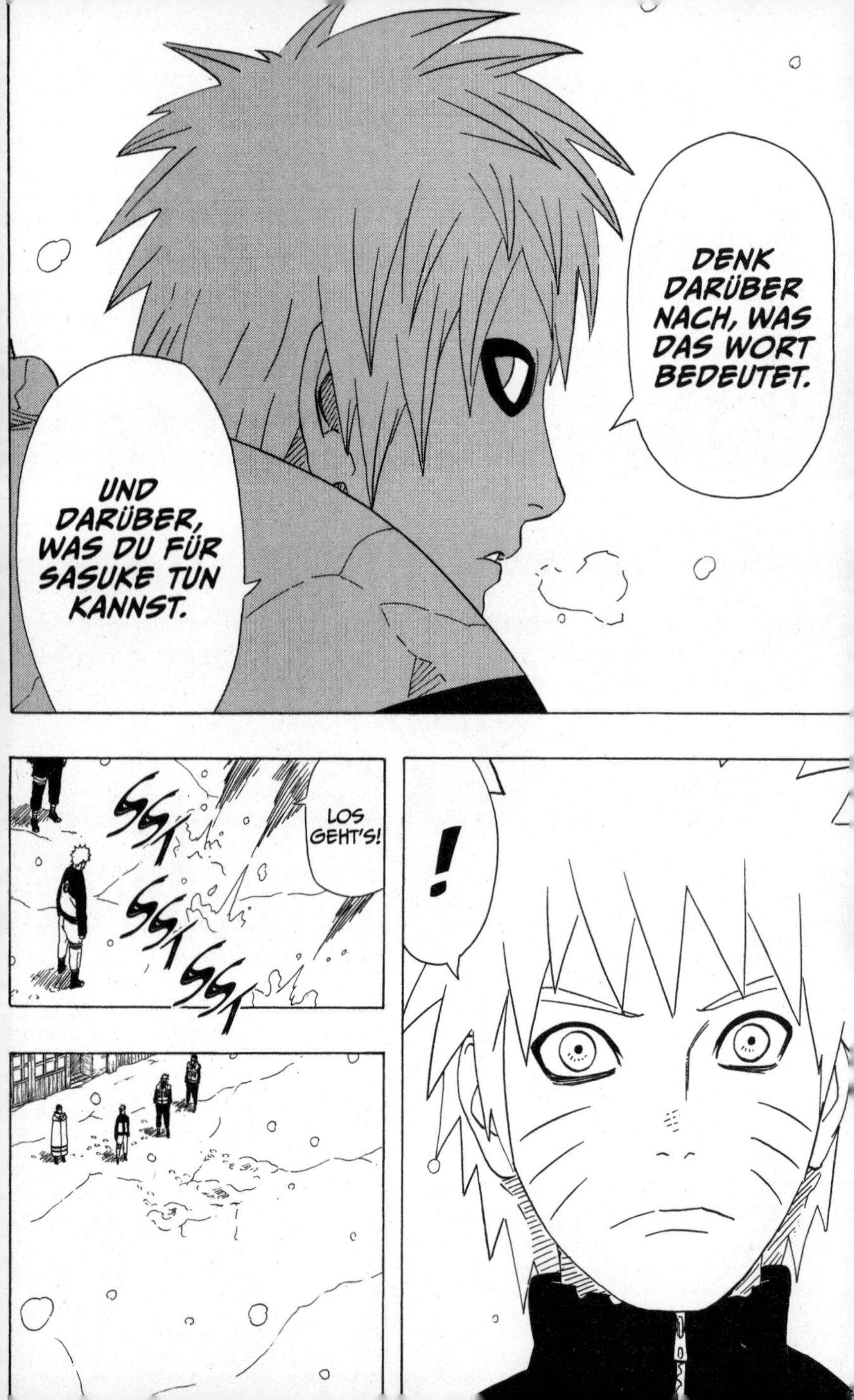
DENK DARÜBER NACH, WAS DAS WORT BEDEUTET.
UND DARÜBER, WAS DU FÜR SASUKE TUN KANNST.
!
LOS GEHT'S!
SSSt
SSSt
SSSt

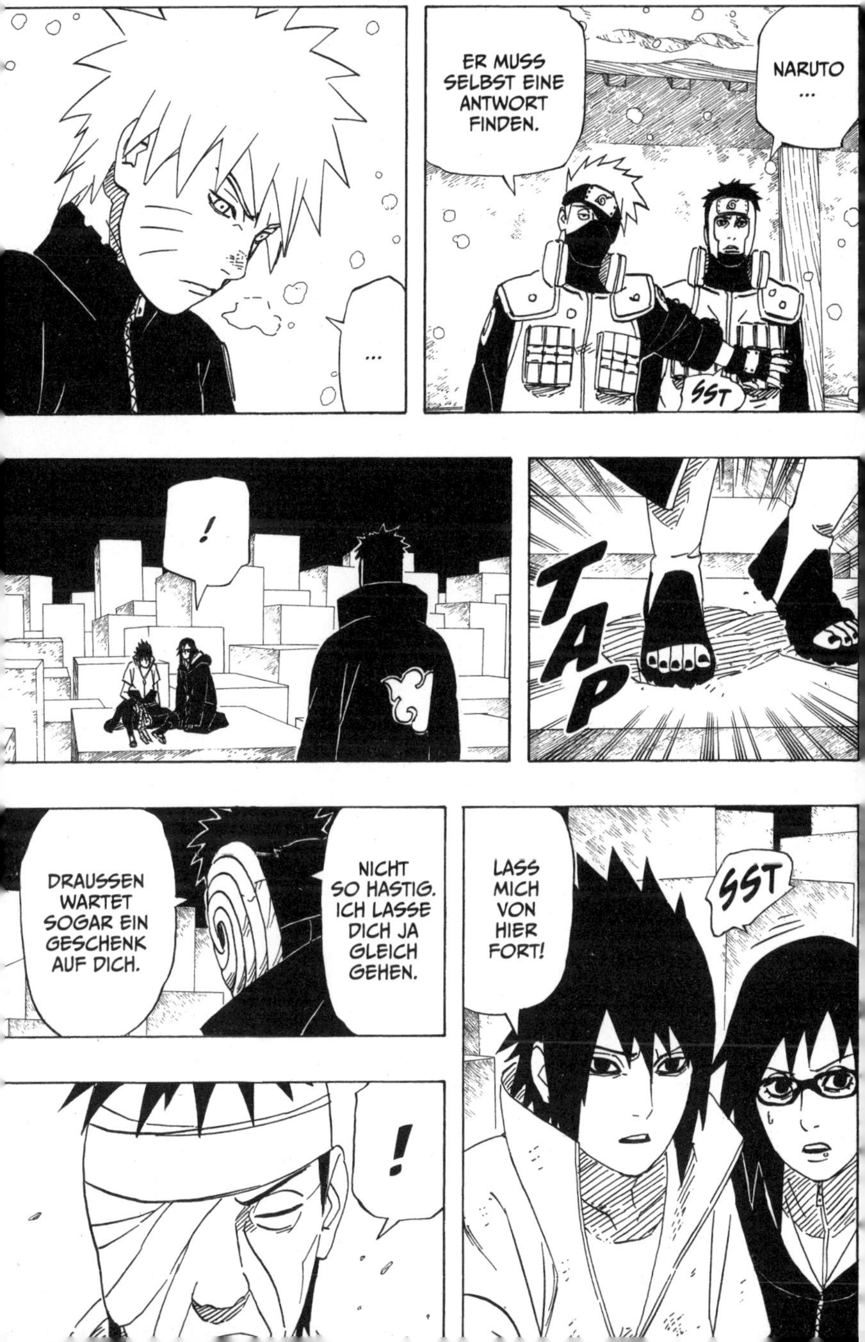
NARUTO ...
ER MUSS SELBST EINE ANTWORT FINDEN.
SST
...
TAP
!
LASS MICH VON HIER FORT!
SST
NICHT SO HASTIG. ICH LASSE DICH JA GLEICH GEHEN.
DRAUSSEN WARTET SOGAR EIN GESCHENK AUF DICH.
!

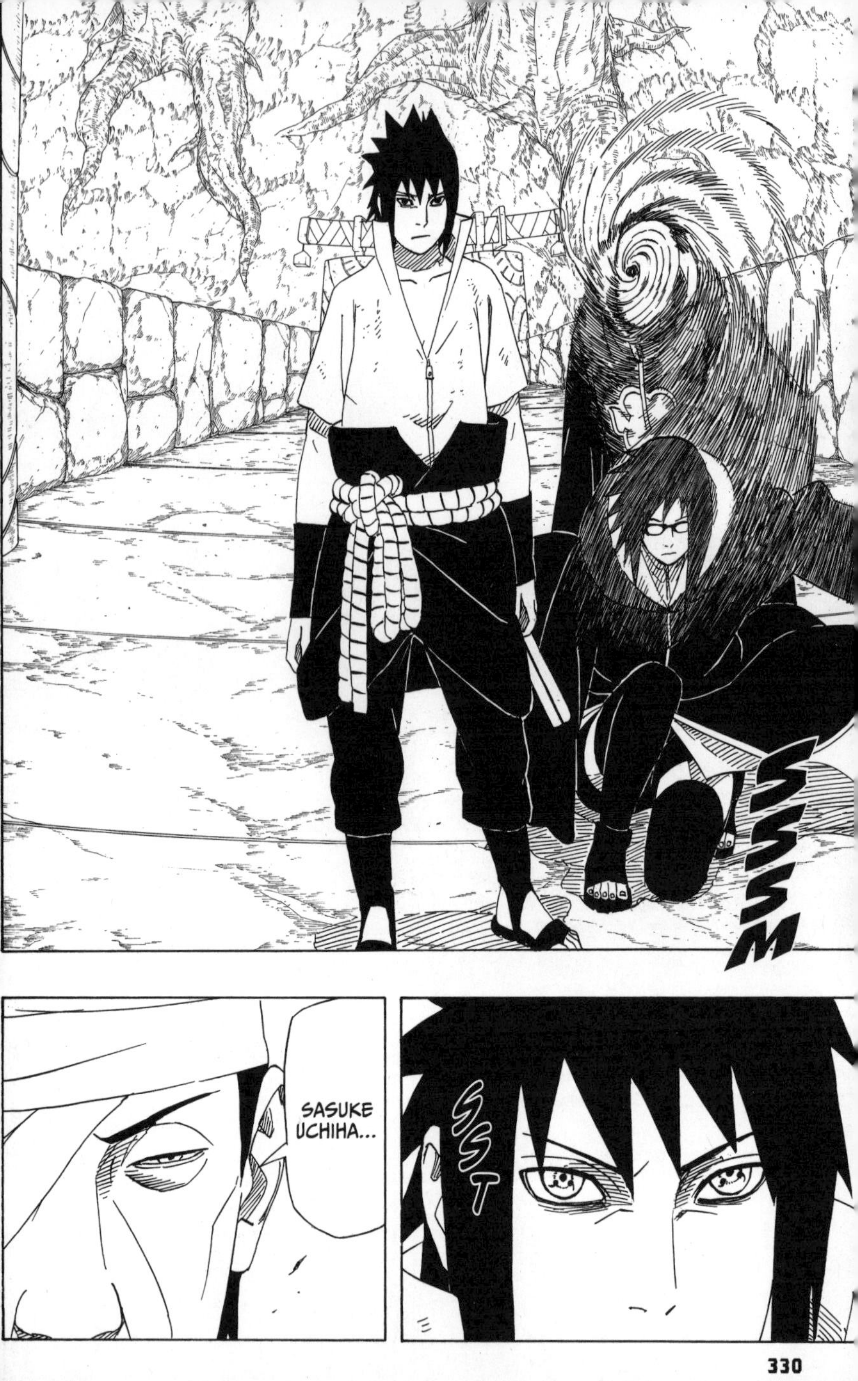

SSSM
SASUKE UCHIHA...
SST

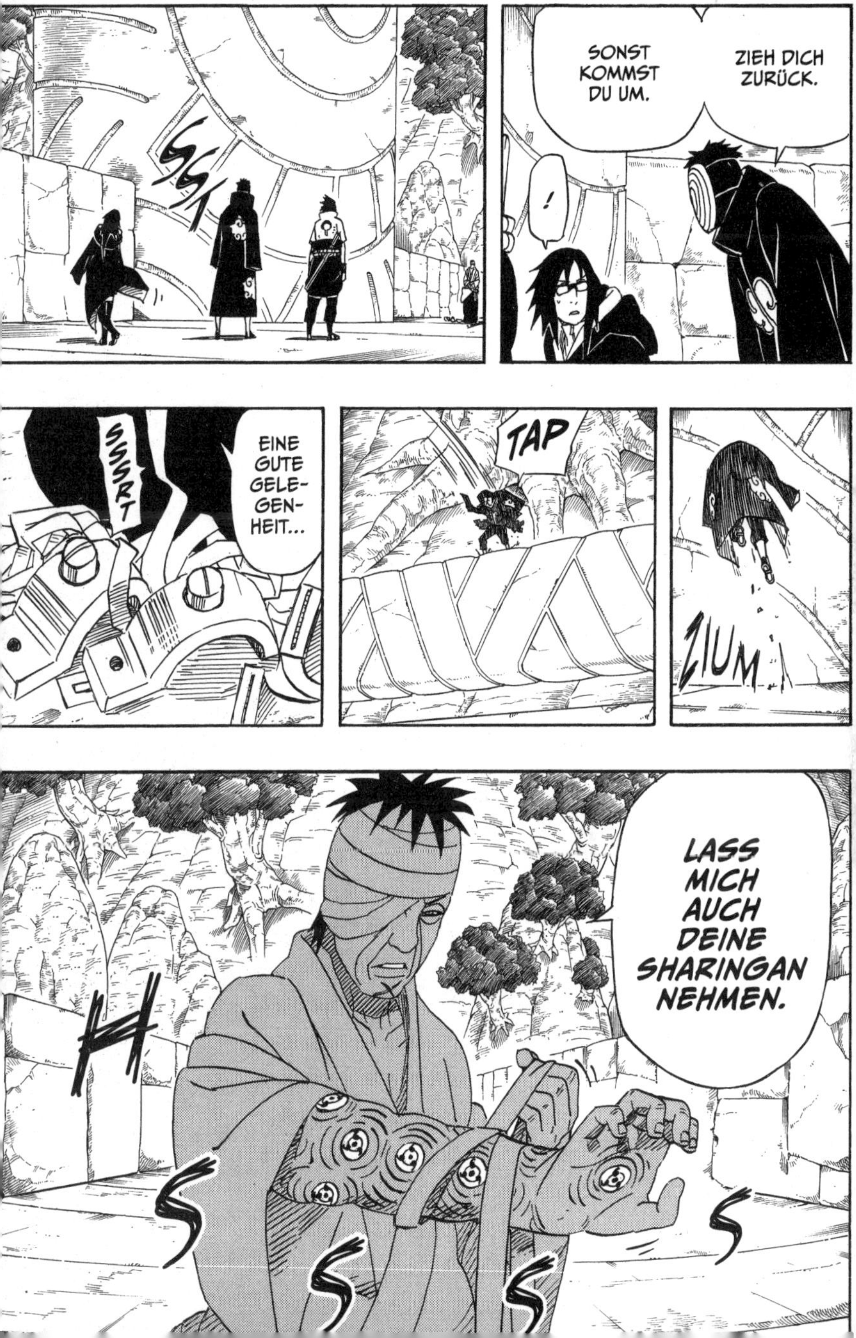
ZIEH DICH ZURÜCK.
SONST KOMMST DU UM.
!
ZIUM
TAP
EINE GUTE GELE-GEN-HEIT...
SSSRT
LASS MICH AUCH DEINE SHARINGAN NEHMEN.

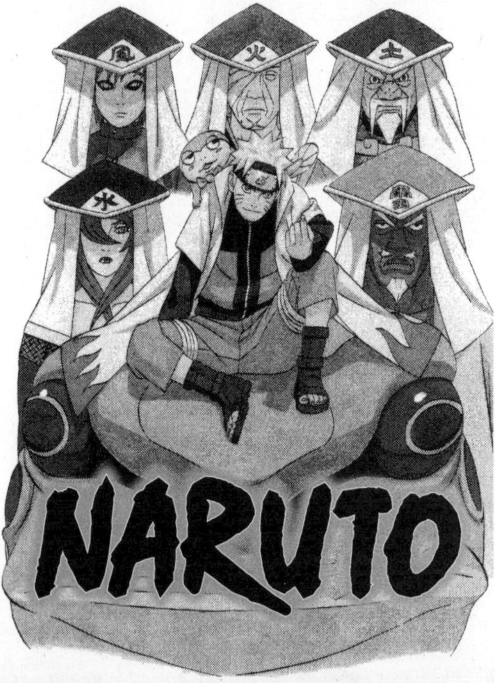
NARUTO

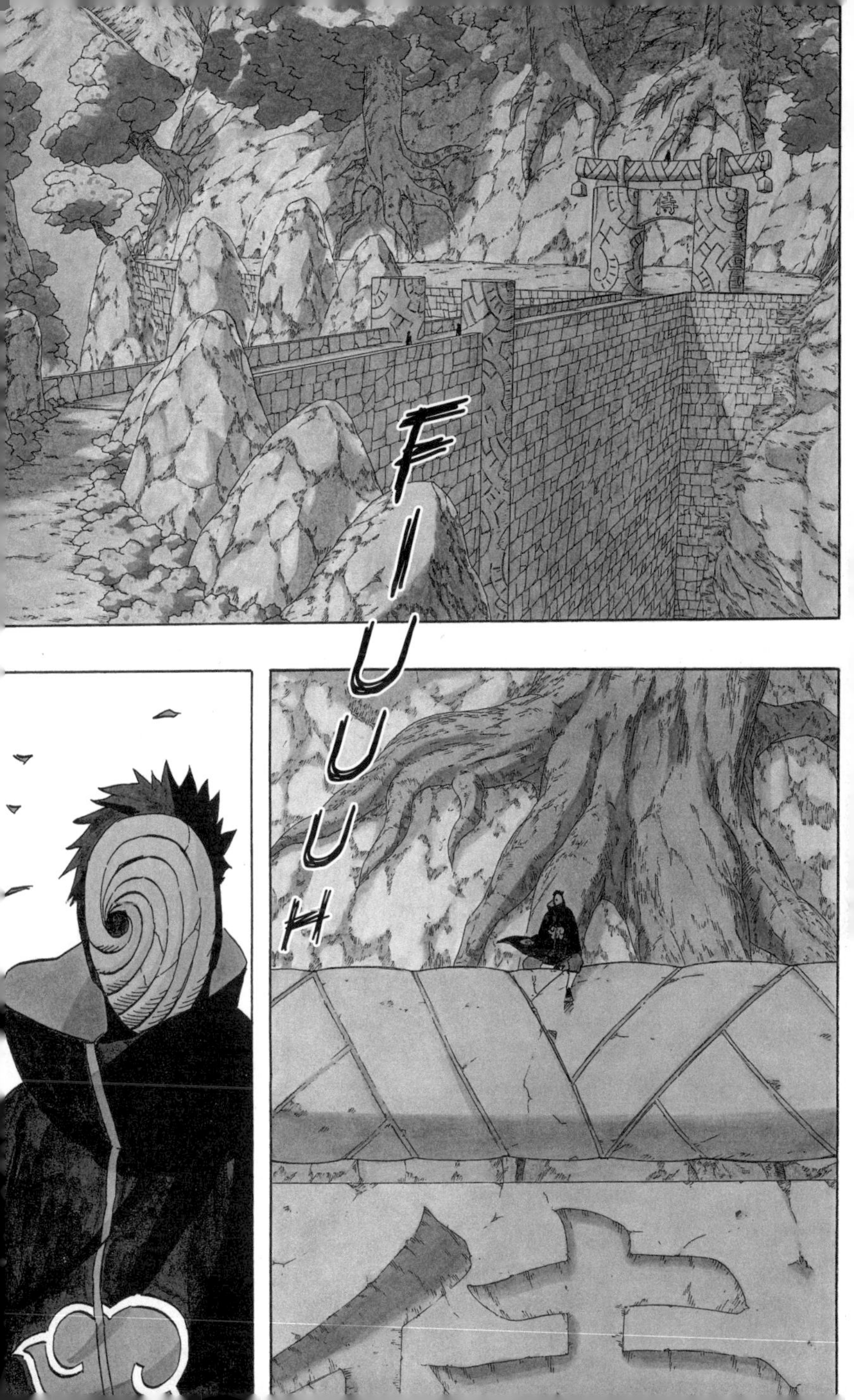
FIUUUH

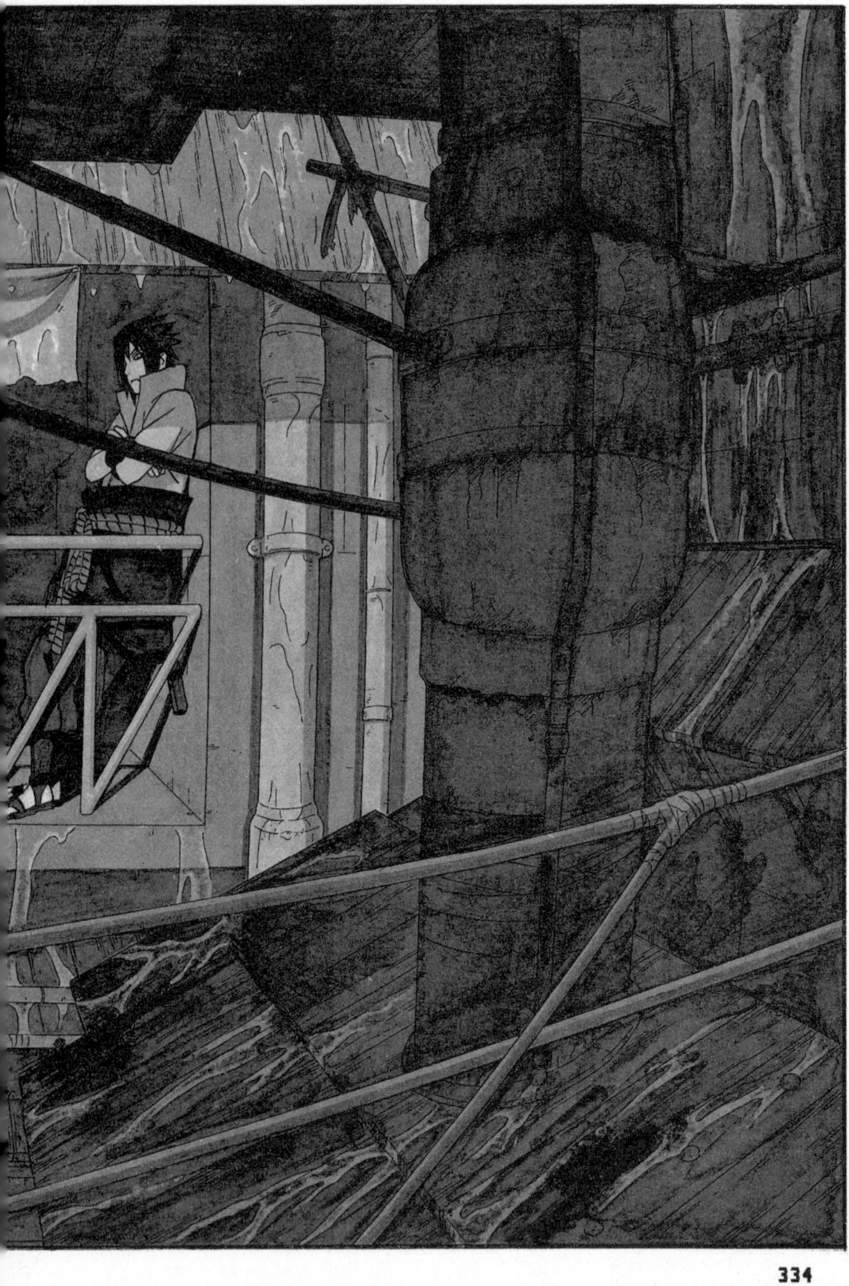

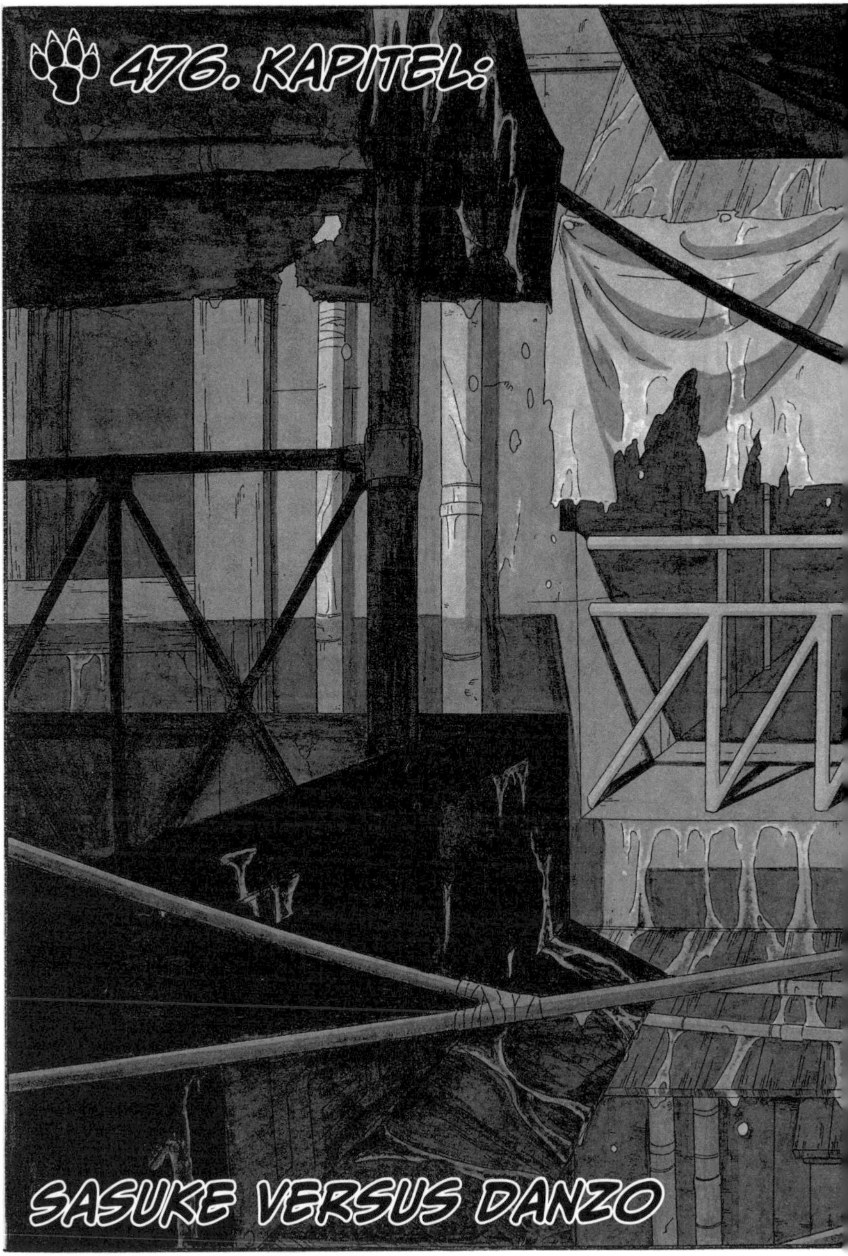
476. KAPITEL:
SASUKE VERSUS DANZO

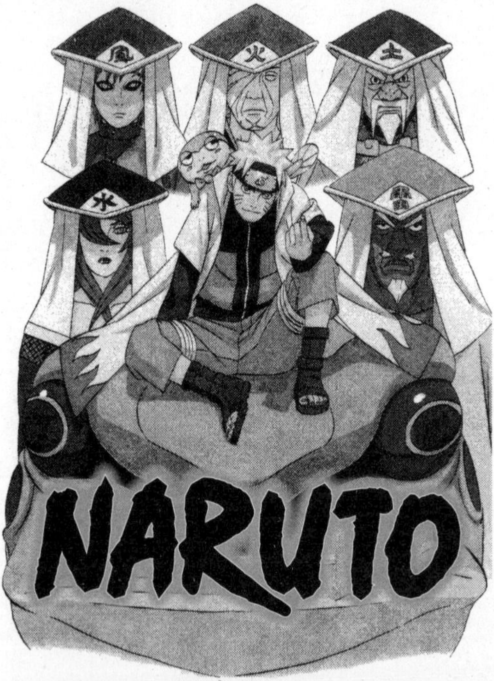
NARUTO

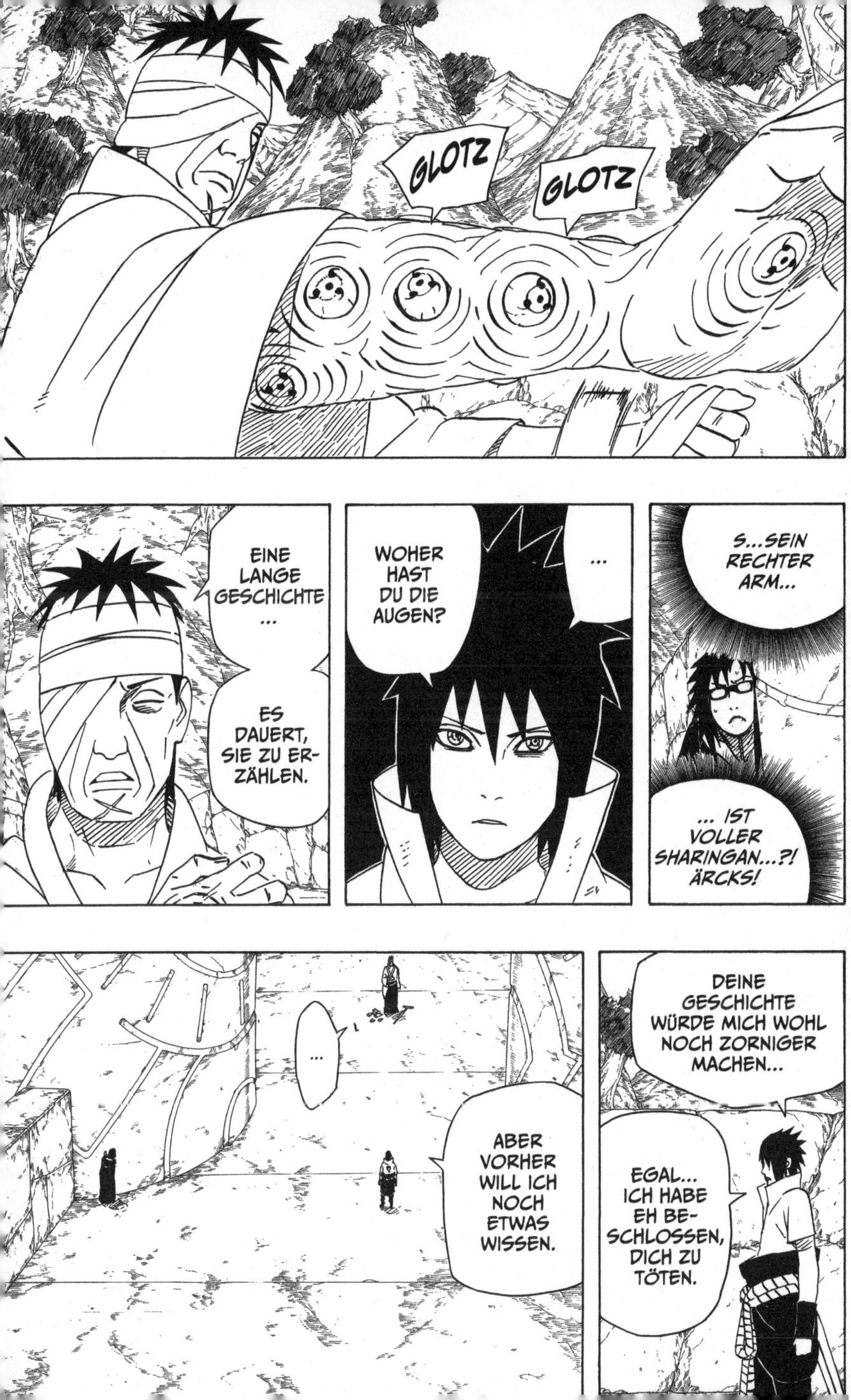
GLOTZ
GLOTZ
S...SEIN RECHTER ARM...
... IST VOLLER SHARINGAN...?! ÄRCKS!
...
WOHER HAST DU DIE AUGEN?
EINE LANGE GESCHICHTE ...
ES DAUERT, SIE ZU ERZÄHLEN.
DEINE GESCHICHTE WÜRDE MICH WOHL NOCH ZORNIGER MACHEN...
EGAL... ICH HABE EH BESCHLOSSEN, DICH ZU TÖTEN.
ABER VORHER WILL ICH NOCH ETWAS WISSEN.
...

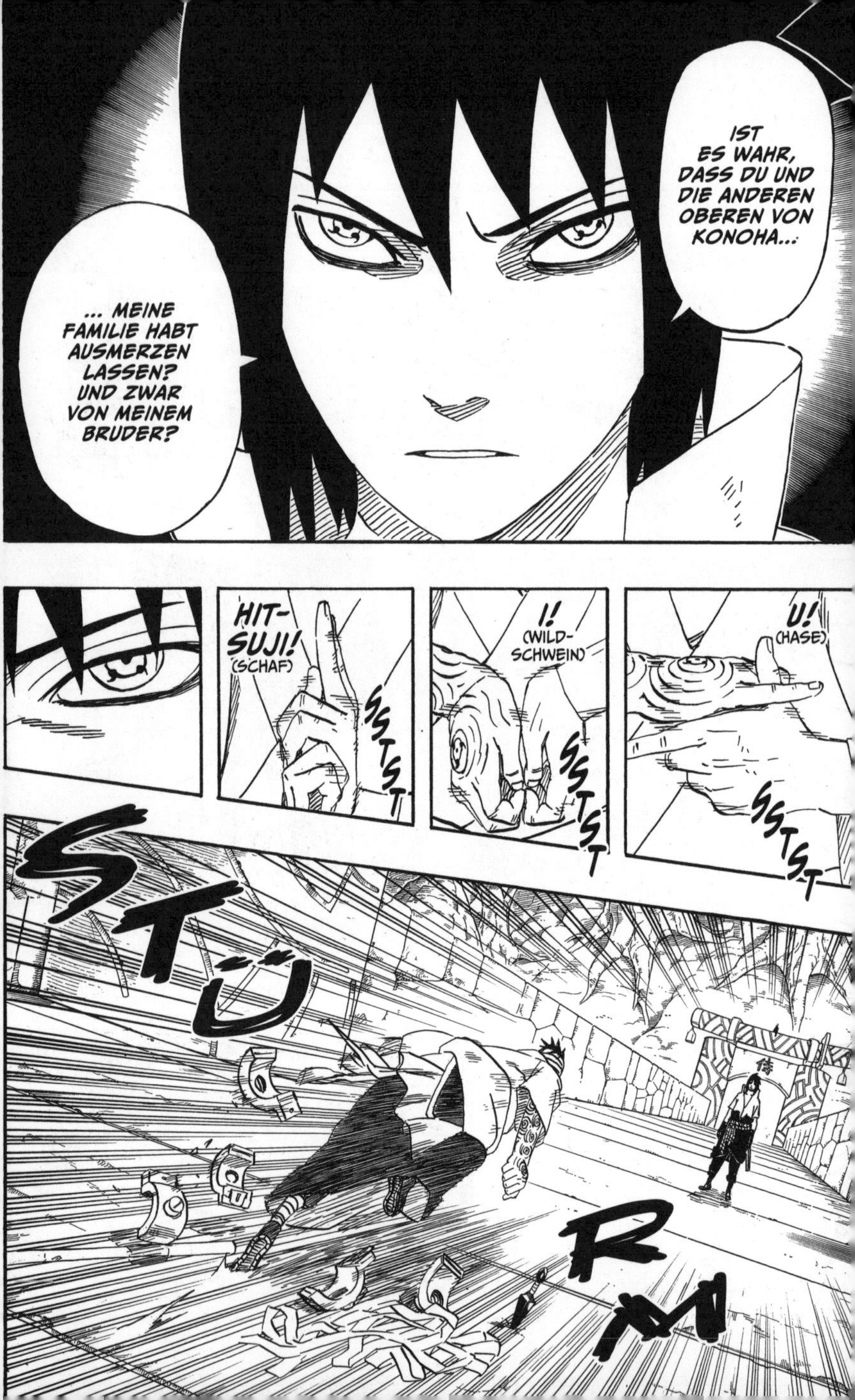
IST ES WAHR, DASS DU UND DIE ANDEREN OBEREN VON KONOHA...
... MEINE FAMILIE HABT AUSMERZEN LASSEN? UND ZWAR VON MEINEM BRUDER?
U! (HASE)
SSTST
I! (WILD-SCHWEIN)
SSTST
HIT-SUJI! (SCHAF)
SSTST
STÜ
RM

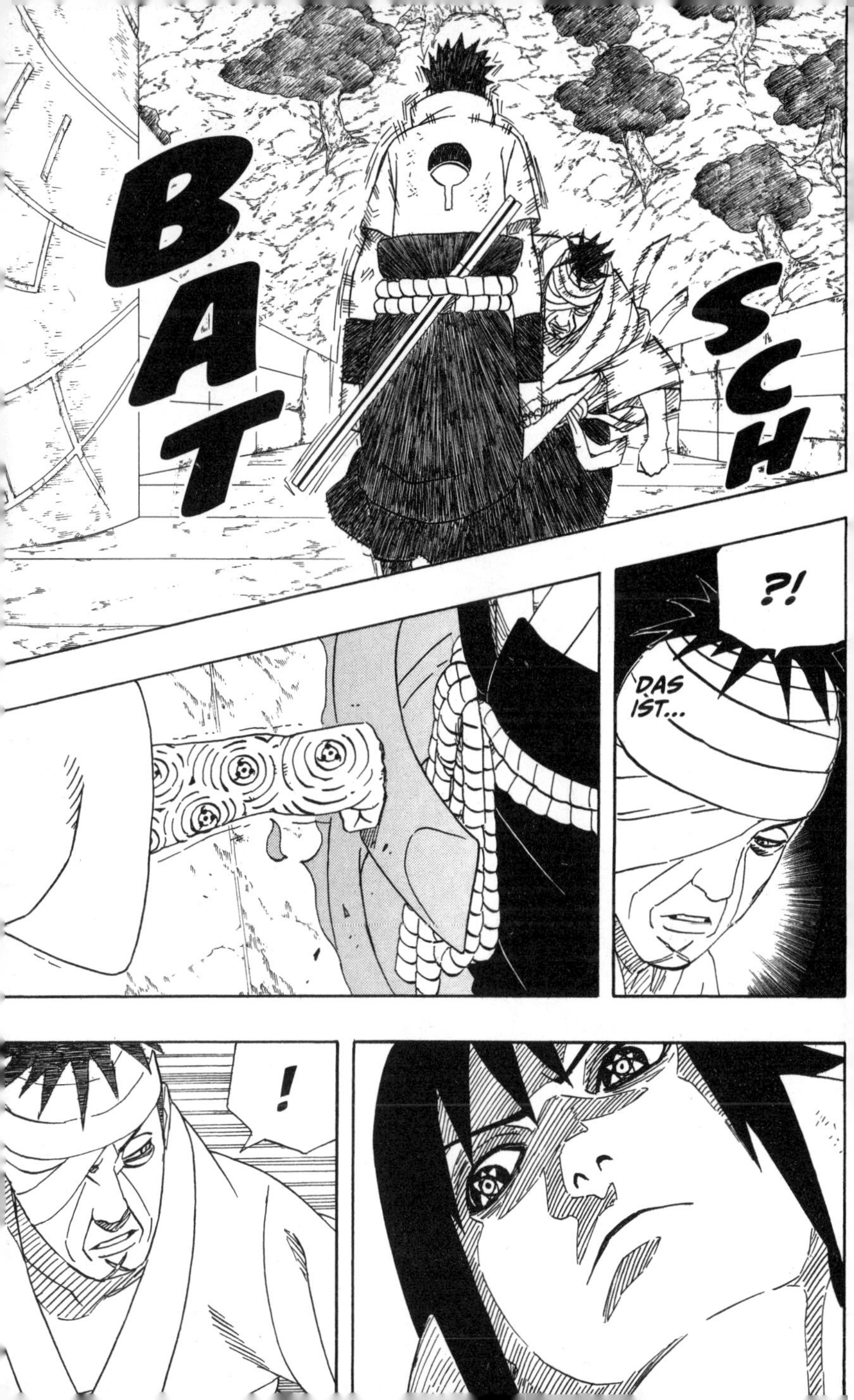

SCH
BAT
?!
DAS IST...
!

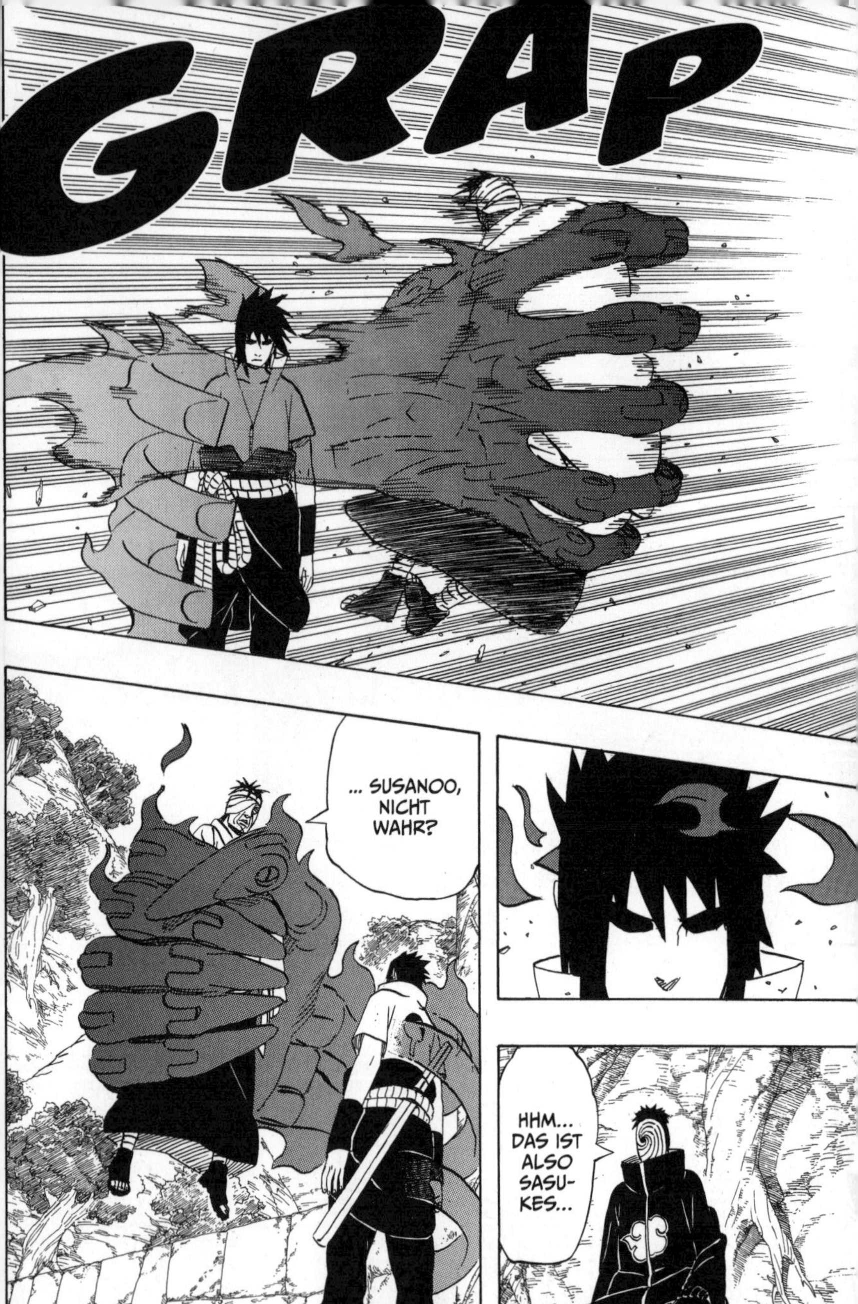
GRAP
... SUSANOO, NICHT WAHR?
HHM... DAS IST ALSO SASUKES...

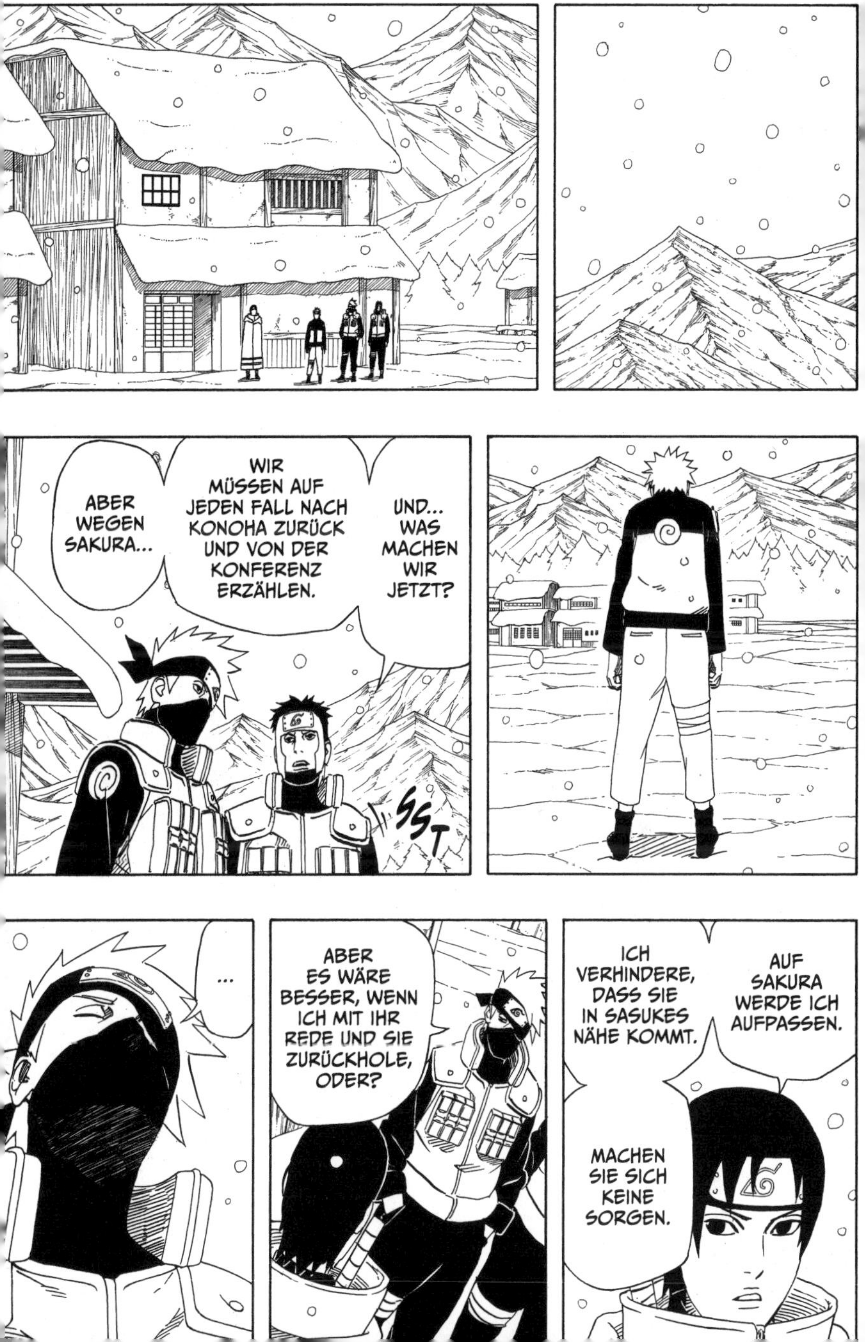
UND... WAS MACHEN WIR JETZT?
WIR MÜSSEN AUF JEDEN FALL NACH KONOHA ZURÜCK UND VON DER KONFERENZ ERZÄHLEN.
ABER WEGEN SAKURA...
SST
...
ABER ES WÄRE BESSER, WENN ICH MIT IHR REDE UND SIE ZURÜCKHOLE, ODER?
AUF SAKURA WERDE ICH AUFPASSEN.
ICH VERHINDERE, DASS SIE IN SASUKES NÄHE KOMMT.
MACHEN SIE SICH KEINE SORGEN.

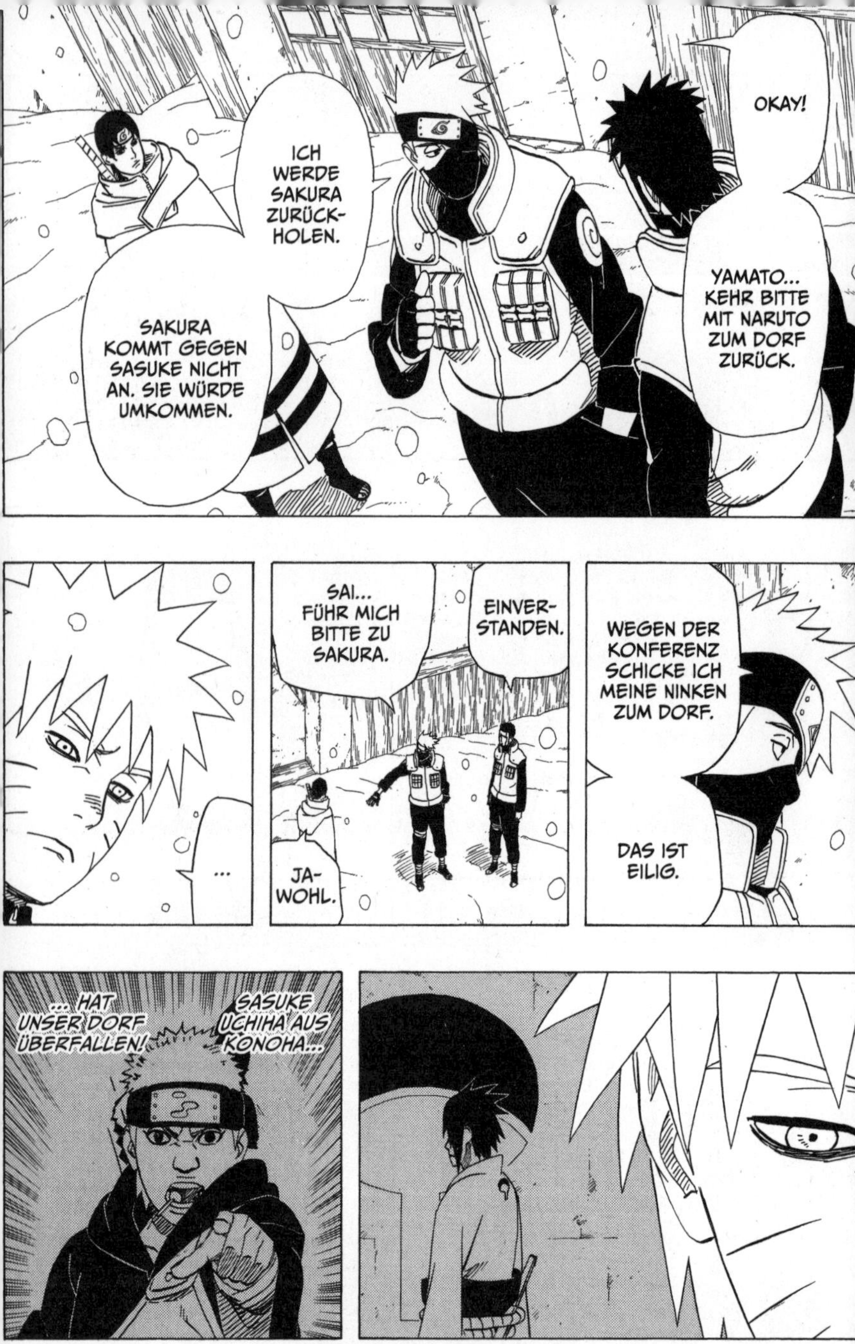

OKAY!
YAMATO... KEHR BITTE MIT NARUTO ZUM DORF ZURÜCK.
ICH WERDE SAKURA ZURÜCKHOLEN.
SAKURA KOMMT GEGEN SASUKE NICHT AN. SIE WÜRDE UMKOMMEN.
WEGEN DER KONFERENZ SCHICKE ICH MEINE NINKEN ZUM DORF.
DAS IST EILIG.
EINVERSTANDEN.
SAI... FÜHR MICH BITTE ZU SAKURA.
JAWOHL.
...
SASUKE UCHIHA AUS KONOHA...
... HAT UNSER DORF ÜBERFALLEN!

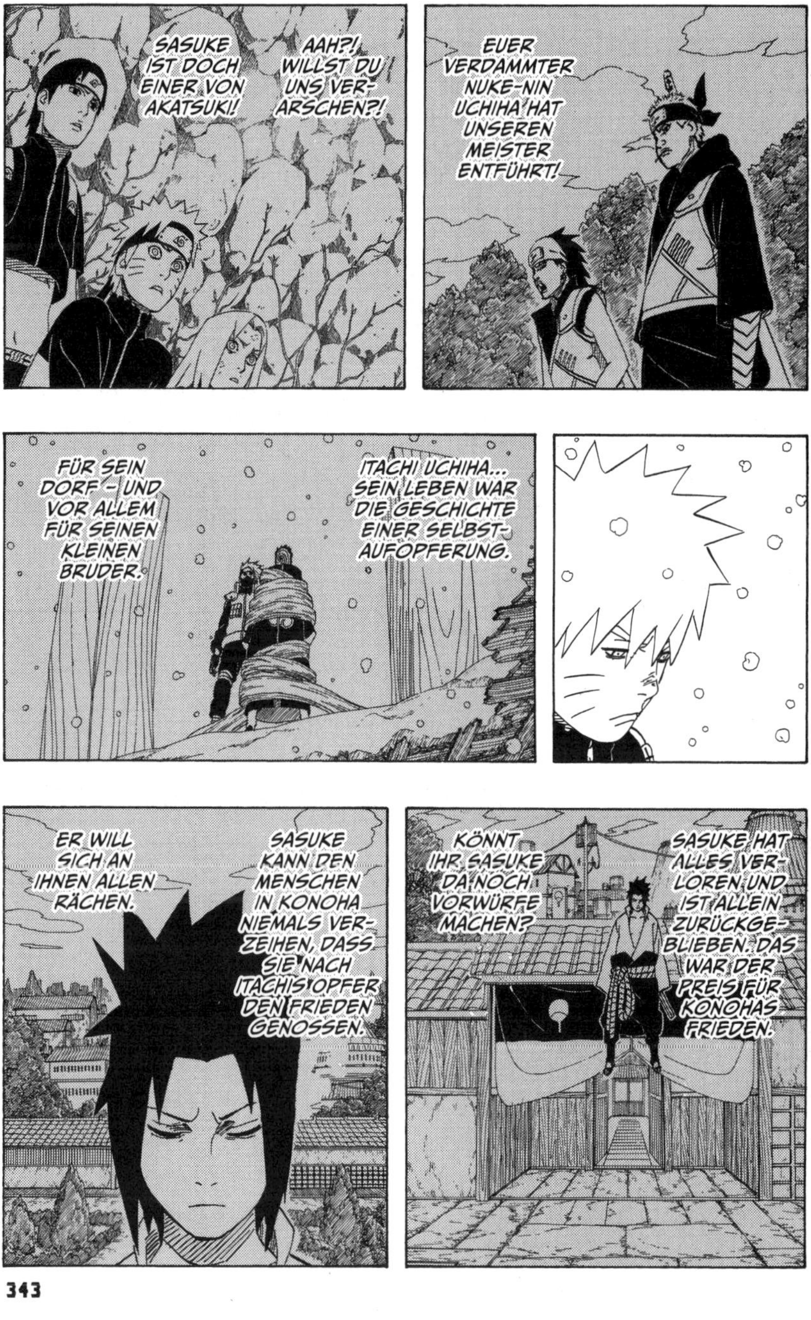
EUER VERDAMMTER NUKE-NIN UCHIHA HAT UNSEREN MEISTER ENTFÜHRT!
AAH?! WILLST DU UNS VER-ARSCHEN?!
SASUKE IST DOCH EINER VON AKATSUKI!
ITACHI UCHIHA... SEIN LEBEN WAR DIE GESCHICHTE EINER SELBST-AUFOPFERUNG.
FÜR SEIN DORF – UND VOR ALLEM FÜR SEINEN KLEINEN BRUDER.
SASUKE HAT ALLES VER-LOREN UND IST ALLEIN ZURÜCKGE-BLIEBEN. DAS WAR DER PREIS FÜR KONOHAS FRIEDEN.
KÖNNT IHR SASUKE DA NOCH VORWÜRFE MACHEN?
SASUKE KANN DEN MENSCHEN IN KONOHA NIEMALS VER-ZEIHEN, DASS SIE NACH ITACHIS OPFER DEN FRIEDEN GENOSSEN.
ER WILL SICH AN IHNEN ALLEN RÄCHEN.

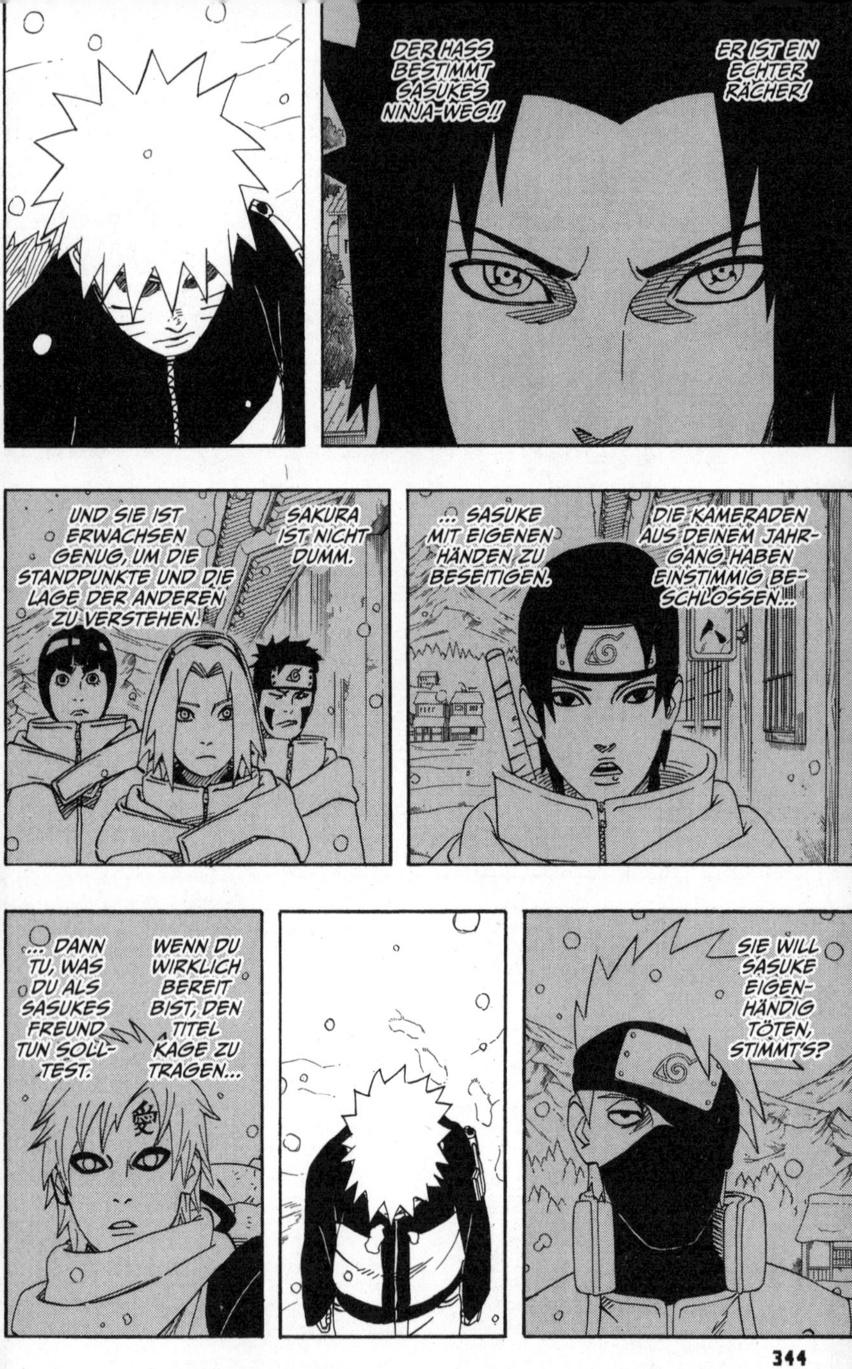
ER IST EIN ECHTER RÄCHER!
DER HASS BESTIMMT SASUKES NINJA-WEG!!
DIE KAMERADEN AUS DEINEM JAHRGANG HABEN EINSTIMMIG BESCHLOSSEN...
... SASUKE MIT EIGENEN HÄNDEN ZU BESEITIGEN.
SAKURA IST NICHT DUMM.
UND SIE IST ERWACHSEN GENUG, UM DIE STANDPUNKTE UND DIE LAGE DER ANDEREN ZU VERSTEHEN.
SIE WILL SASUKE EIGENHÄNDIG TÖTEN, STIMMT'S?
WENN DU WIRKLICH BEREIT BIST, DEN TITEL KAGE ZU TRAGEN...
... DANN TU, WAS DU ALS SASUKES FREUND TUN SOLLTEST.

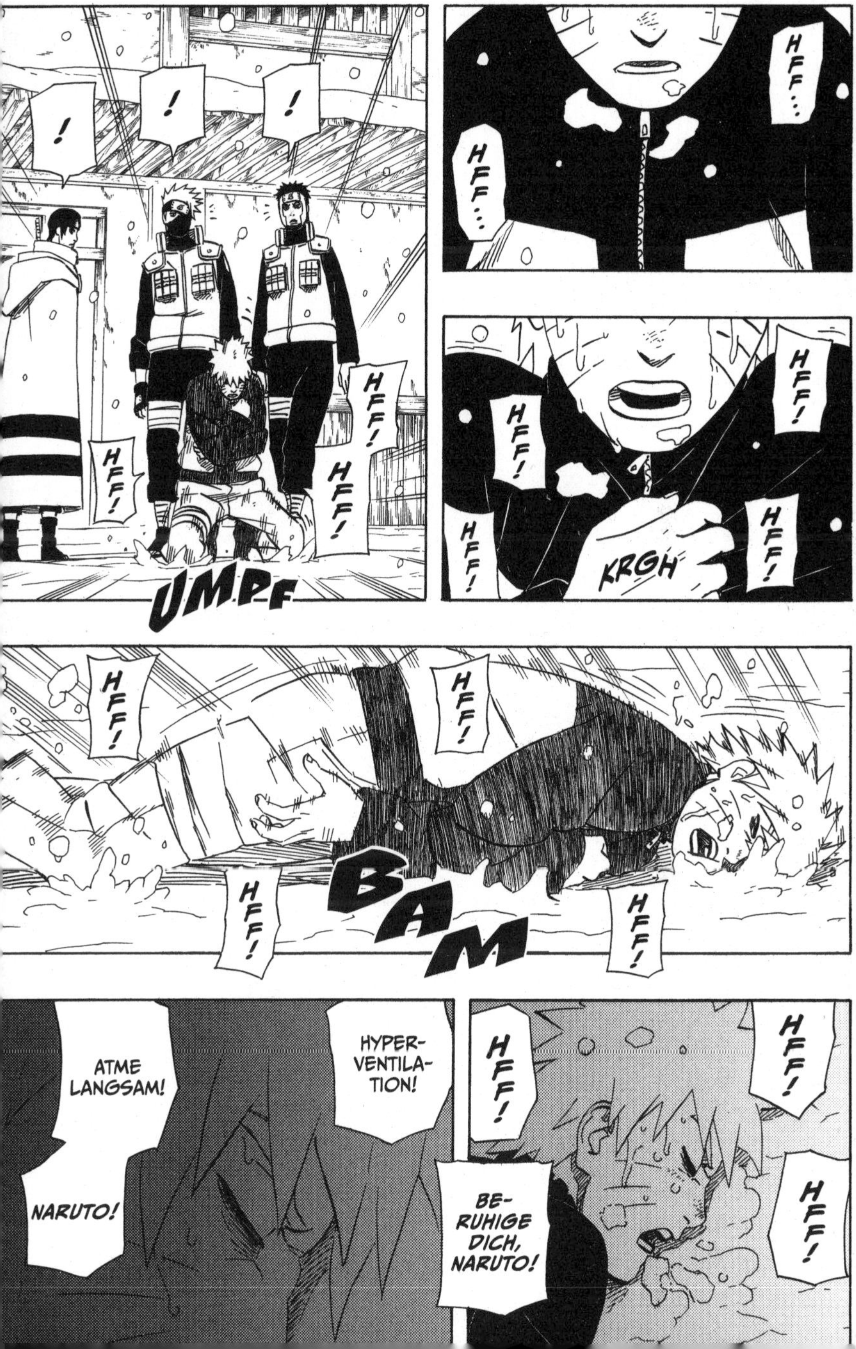

HFF...
HFF...
HFF!
HFF!
HFF!
HFF!
KRGH
!
!
!
HFF!
HFF!
HFF!
UMPF
HFF!
HFF!
HFF!
HFF!
BAM
HFF!
HFF!
HFF!
BE-
RUHIGE
DICH,
NARUTO!
HYPER-
VENTILA-
TION!
ATME
LANGSAM!
NARUTO!

GLOW

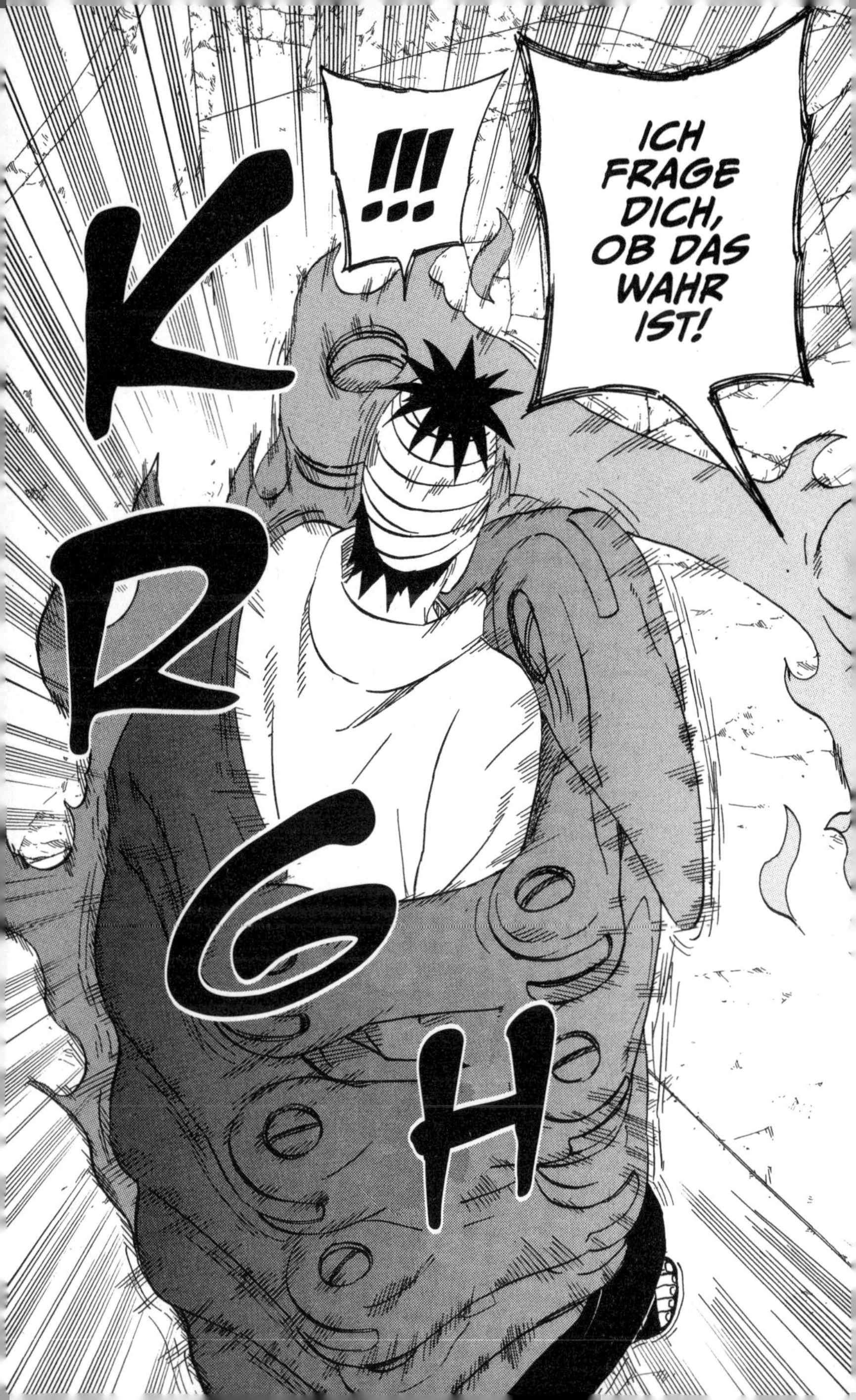
ICH FRAGE DICH, OB DAS WAHR IST!
!!!...
KRGH

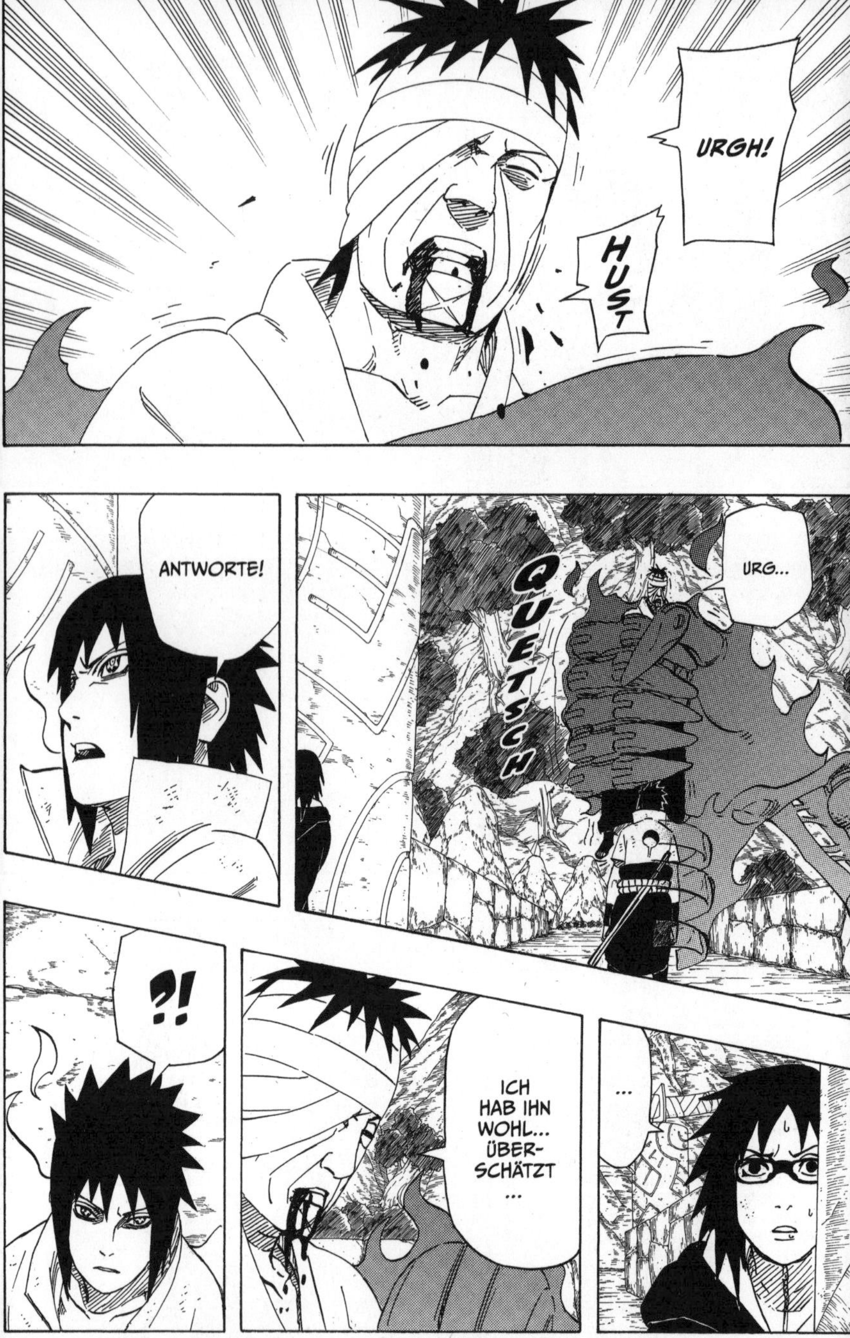
URGH!
HUST
ANTWORTE!
URG...
QUETSCH
?!
ICH HAB IHN WOHL... ÜBERSCHÄTZT ...
...

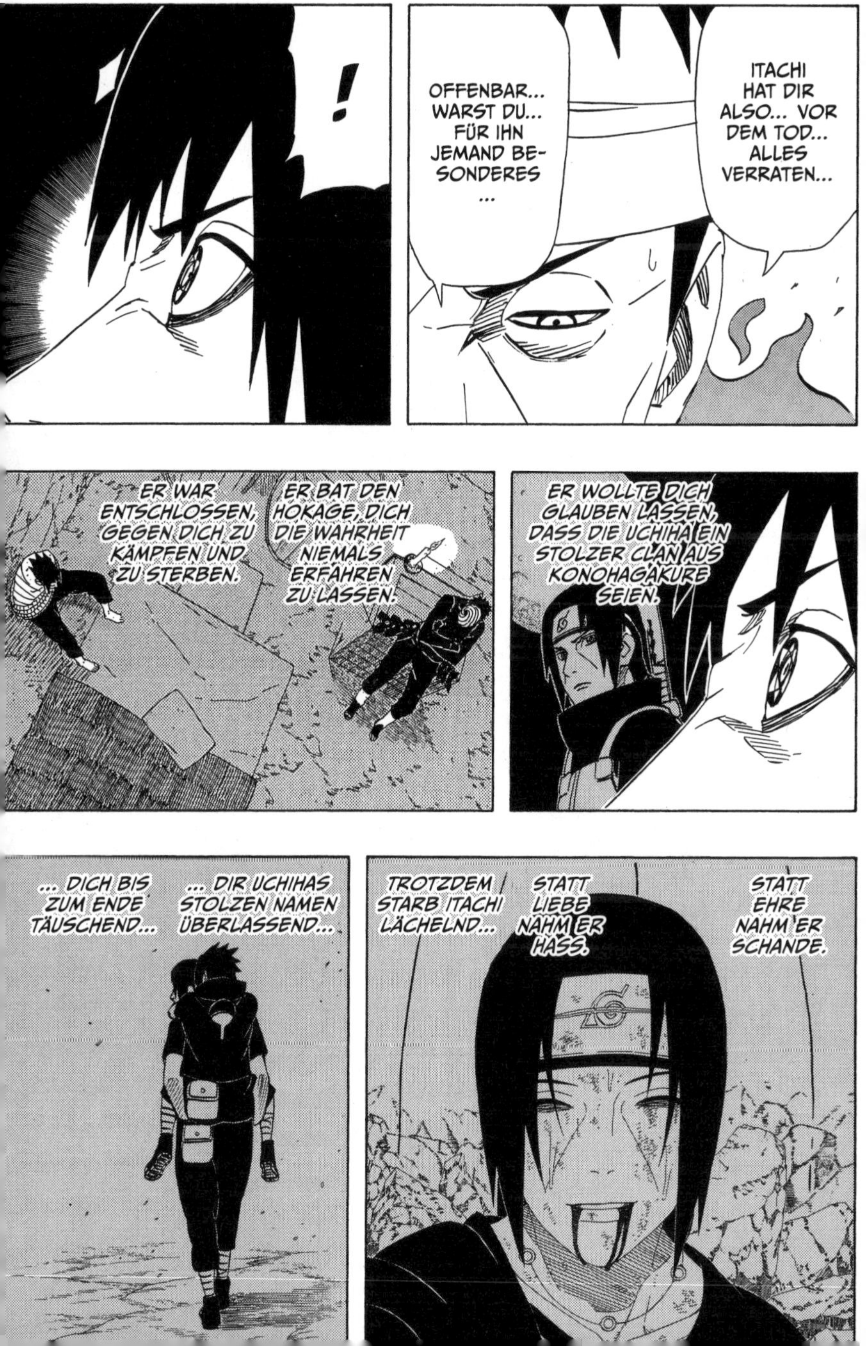
!
ITACHI HAT DIR ALSO... VOR DEM TOD... ALLES VERRATEN...
OFFENBAR... WARST DU... FÜR IHN JEMAND BE-SONDERES ...
ER WOLLTE DICH GLAUBEN LASSEN, DASS DIE UCHIHA EIN STOLZER CLAN AUS KONOHAGAKURE SEIEN.
ER BAT DEN HOKAGE, DICH DIE WAHRHEIT NIEMALS ERFAHREN ZU LASSEN.
ER WAR ENTSCHLOSSEN, GEGEN DICH ZU KÄMPFEN UND ZU STERBEN.
STATT EHRE NAHM ER SCHANDE.
STATT LIEBE NAHM ER HASS.
TROTZDEM STARB ITACHI LÄCHELND...
... DIR UCHIHAS STOLZEN NAMEN ÜBERLASSEND...
... DICH BIS ZUM ENDE TÄUSCHEND...

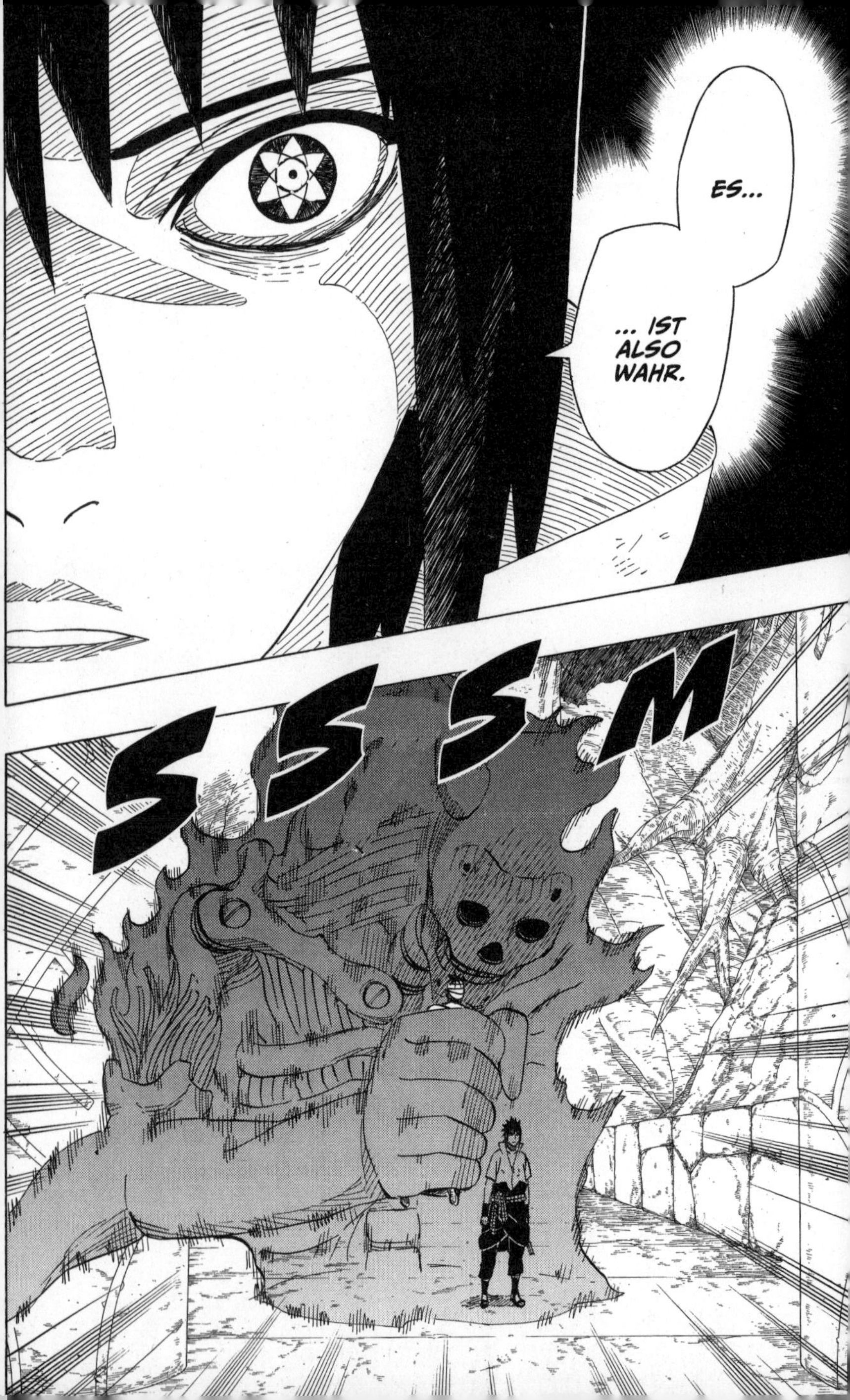
ES…
… IST ALSO WAHR.
SSSM

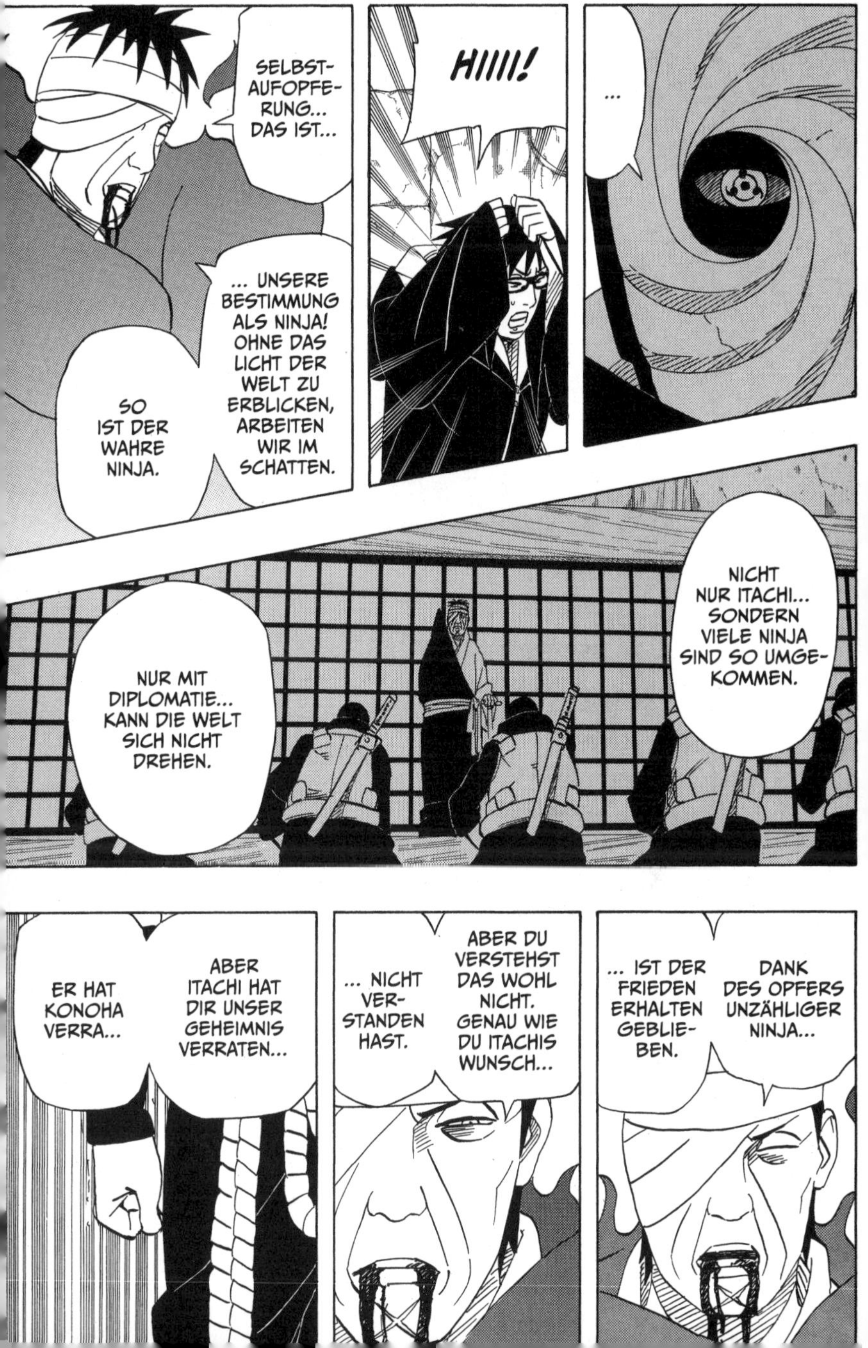
...
HIIII!
SELBSTAUFOPFERUNG... DAS IST...
... UNSERE BESTIMMUNG ALS NINJA! OHNE DAS LICHT DER WELT ZU ERBLICKEN, ARBEITEN WIR IM SCHATTEN.
SO IST DER WAHRE NINJA.
NICHT NUR ITACHI... SONDERN VIELE NINJA SIND SO UMGEKOMMEN.
NUR MIT DIPLOMATIE... KANN DIE WELT SICH NICHT DREHEN.
DANK DES OPFERS UNZÄHLIGER NINJA...
... IST DER FRIEDEN ERHALTEN GEBLIEBEN.
ABER DU VERSTEHST DAS WOHL NICHT. GENAU WIE DU ITACHIS WUNSCH...
... NICHT VERSTANDEN HAST.
ABER ITACHI HAT DIR UNSER GEHEIMNIS VERRATEN...
ER HAT KONOHA VERRA...

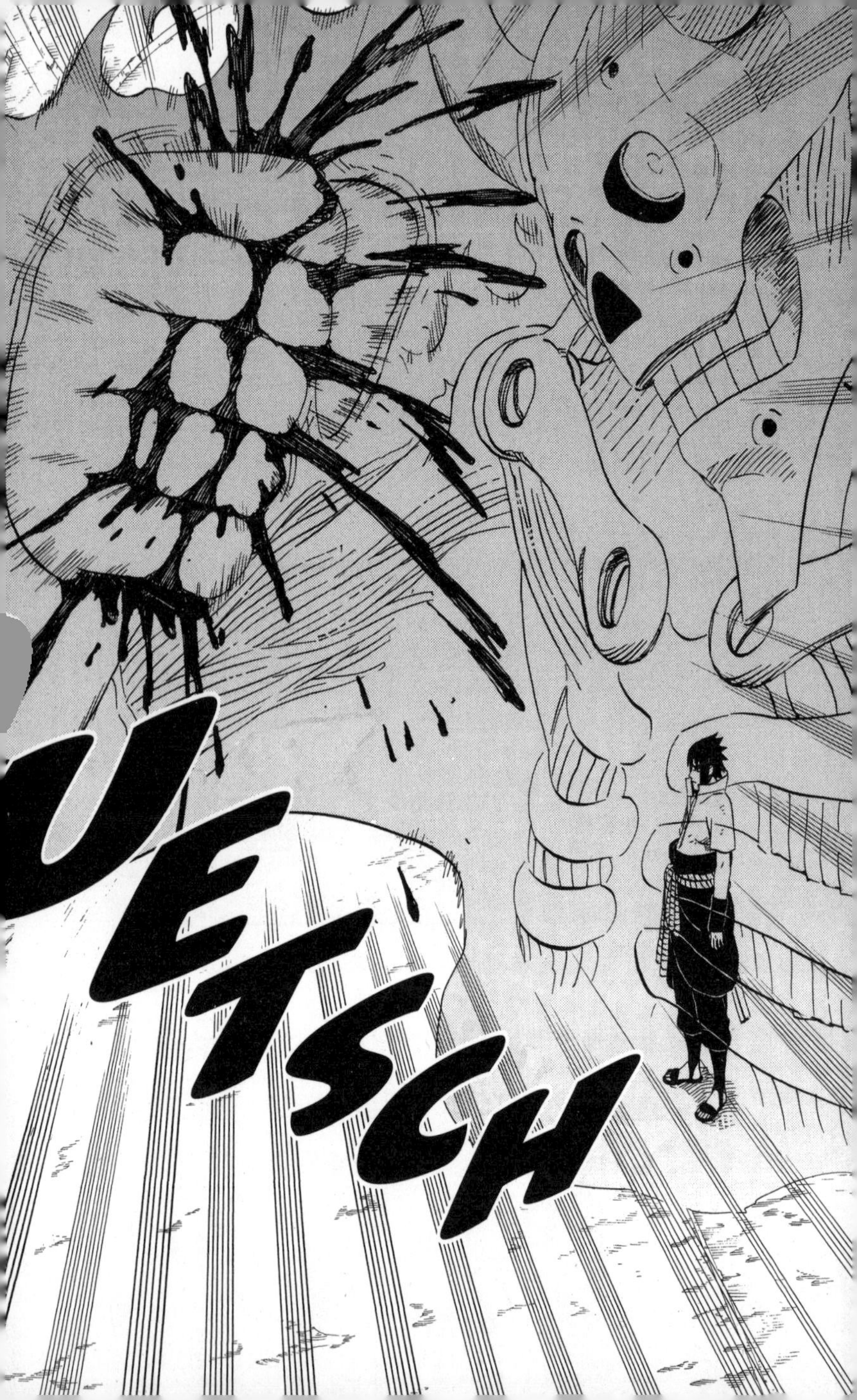
UETSCH

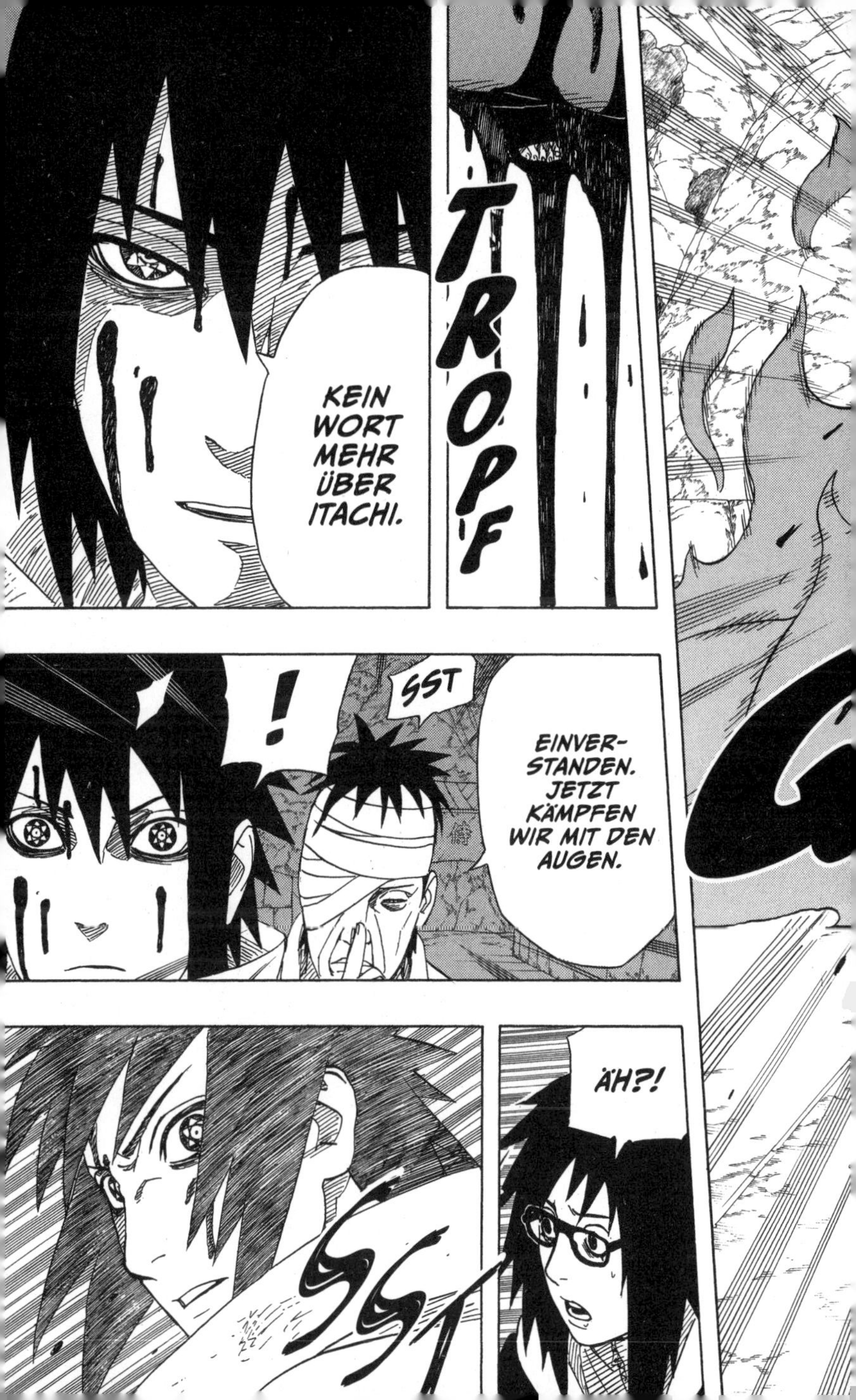
KEIN WORT MEHR ÜBER ITACHI.
TROPF
SST
!
EINVER-
STANDEN.
JETZT KÄMPFEN WIR MIT DEN AUGEN.
ÄH?!
SST

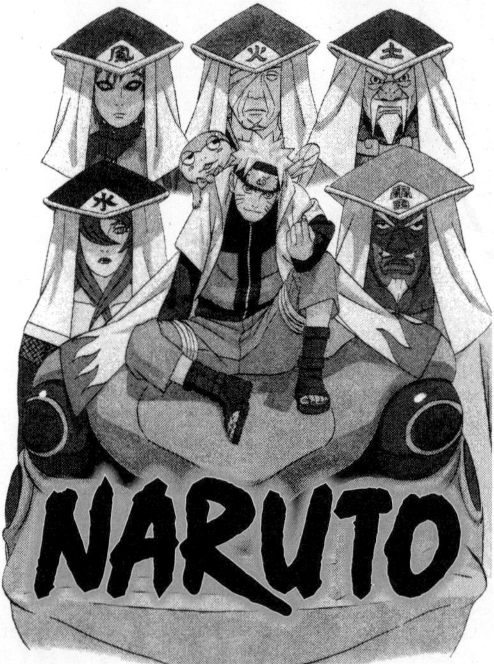
NARUTO

477. Kapitel:

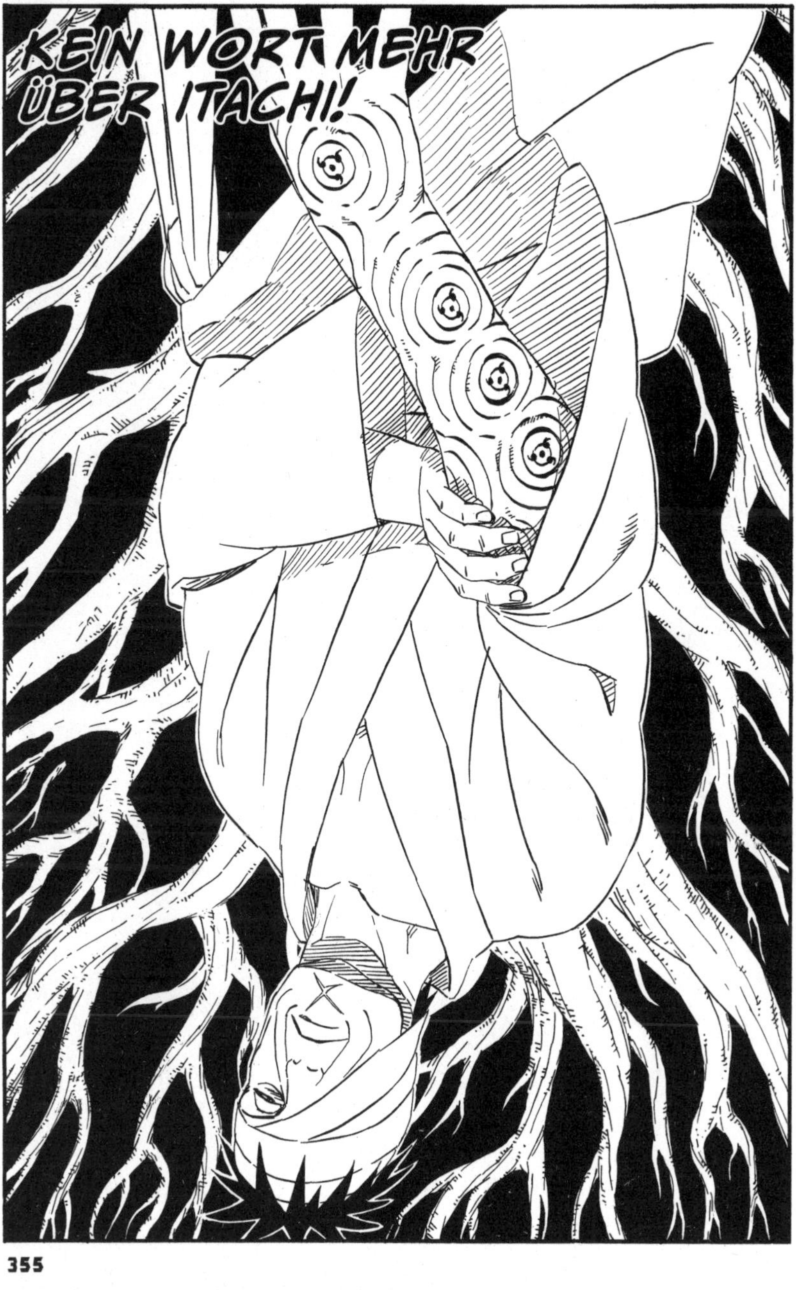

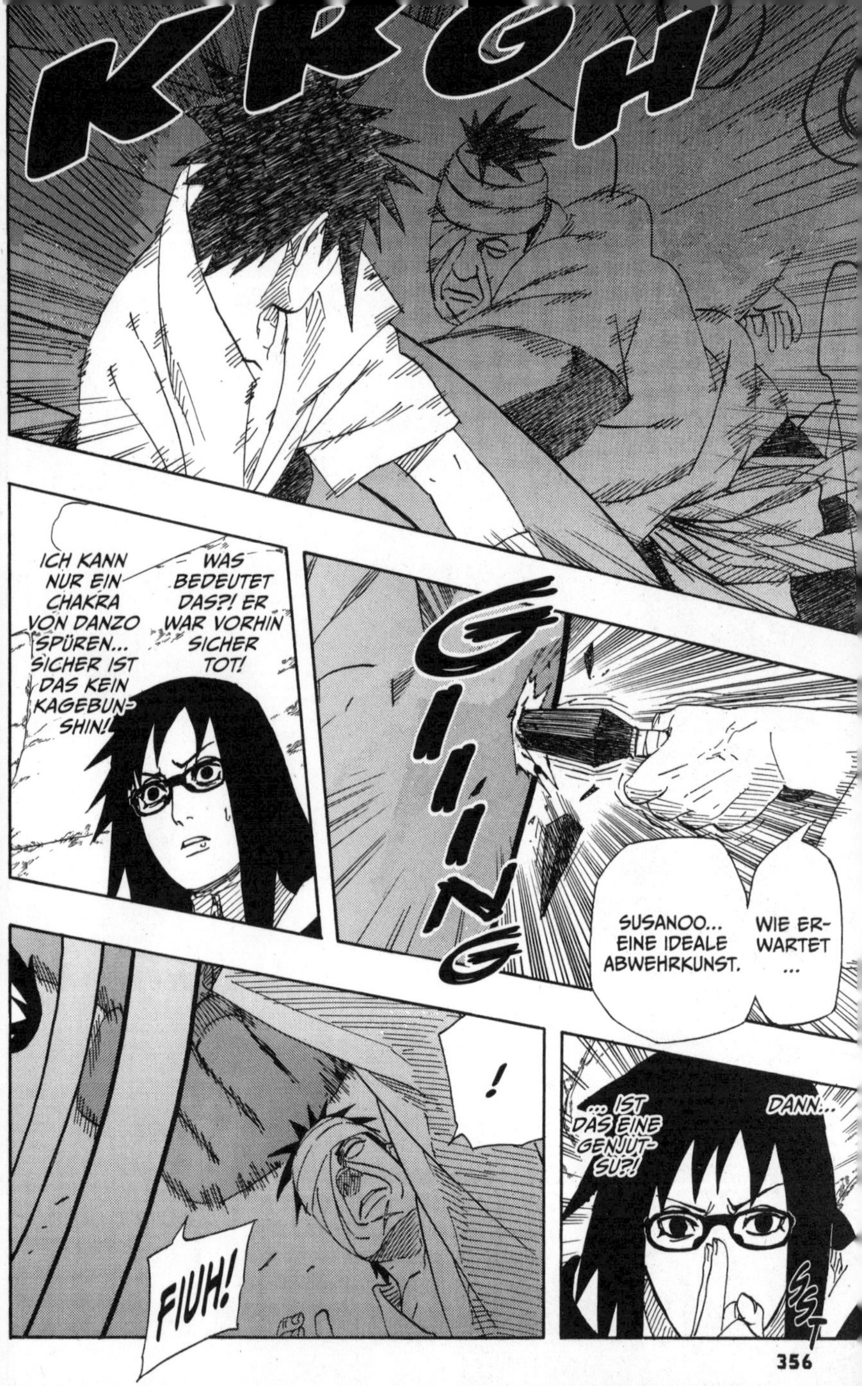
KRGH
GIIING
WIE ERWARTET ...
SUSANOO... EINE IDEALE ABWEHRKUNST.
WAS BEDEUTET DAS?! ER WAR VORHIN SICHER TOT!
ICH KANN NUR EIN CHAKRA VON DANZO SPÜREN... SICHER IST DAS KEIN KAGEBUNSHIN!
DANN...
... IST DAS EINE GENJUTSU?!
SST
!
FIUH!

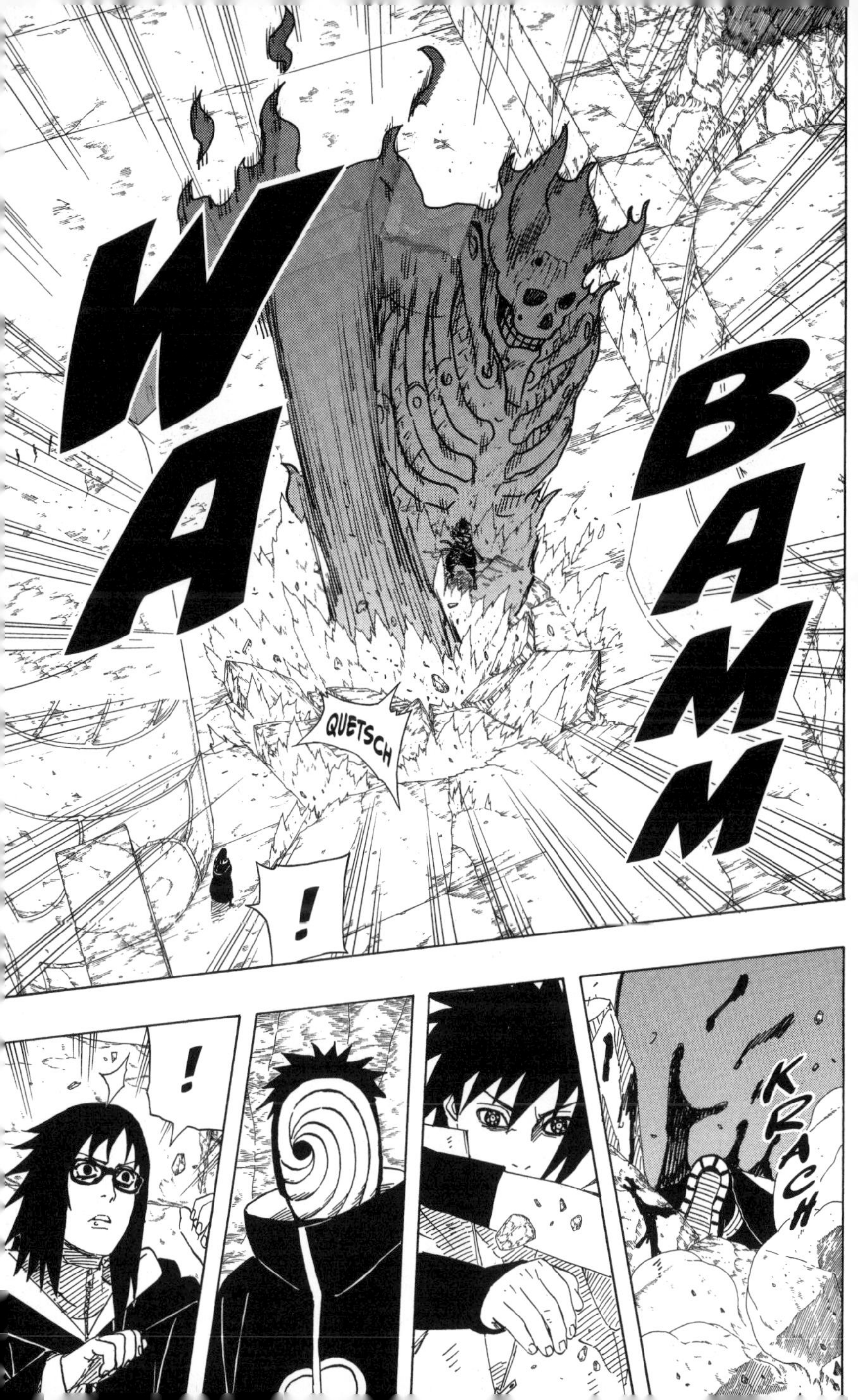
WA
BAMMM
QUETSCH
!
!
!
KRACH

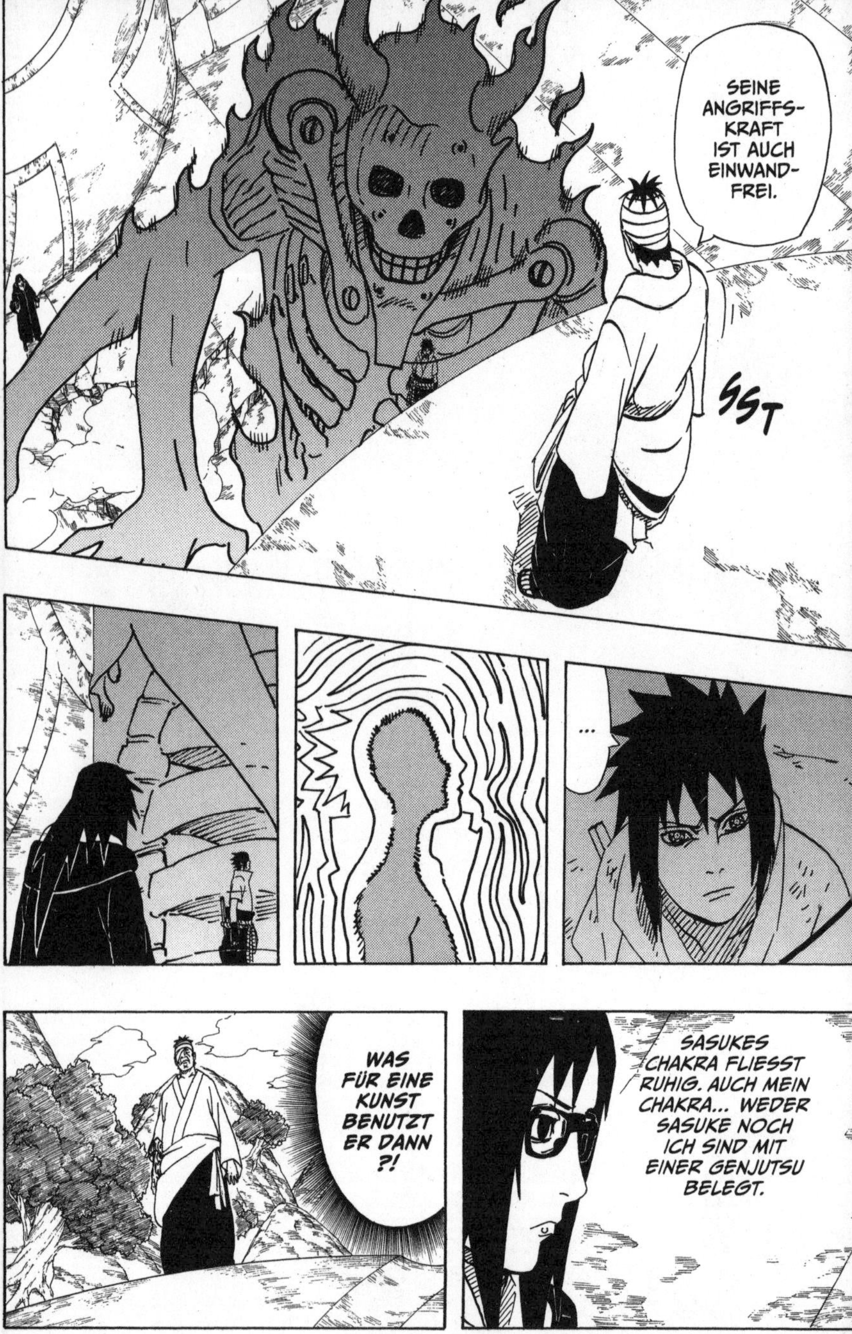
SEINE ANGRIFFS-KRAFT IST AUCH EINWAND-FREI.
SST
...
SASUKES CHAKRA FLIESST RUHIG. AUCH MEIN CHAKRA... WEDER SASUKE NOCH ICH SIND MIT EINER GENJUTSU BELEGT.
WAS FÜR EINE KUNST BENUTZT ER DANN ?!

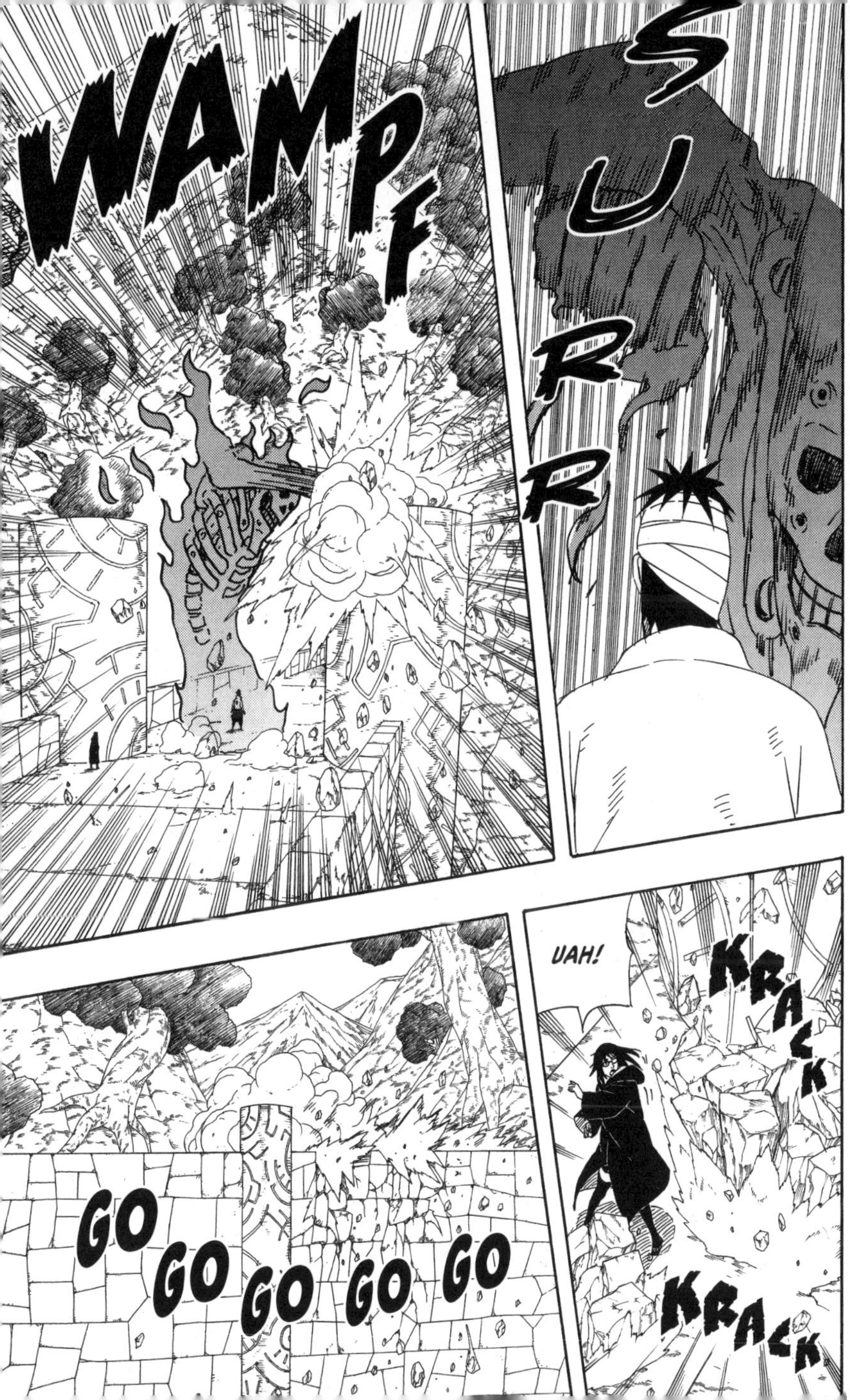
SURRR
WAMPF
UAH!
KRACK
KRACK
GO GO GO GO GO

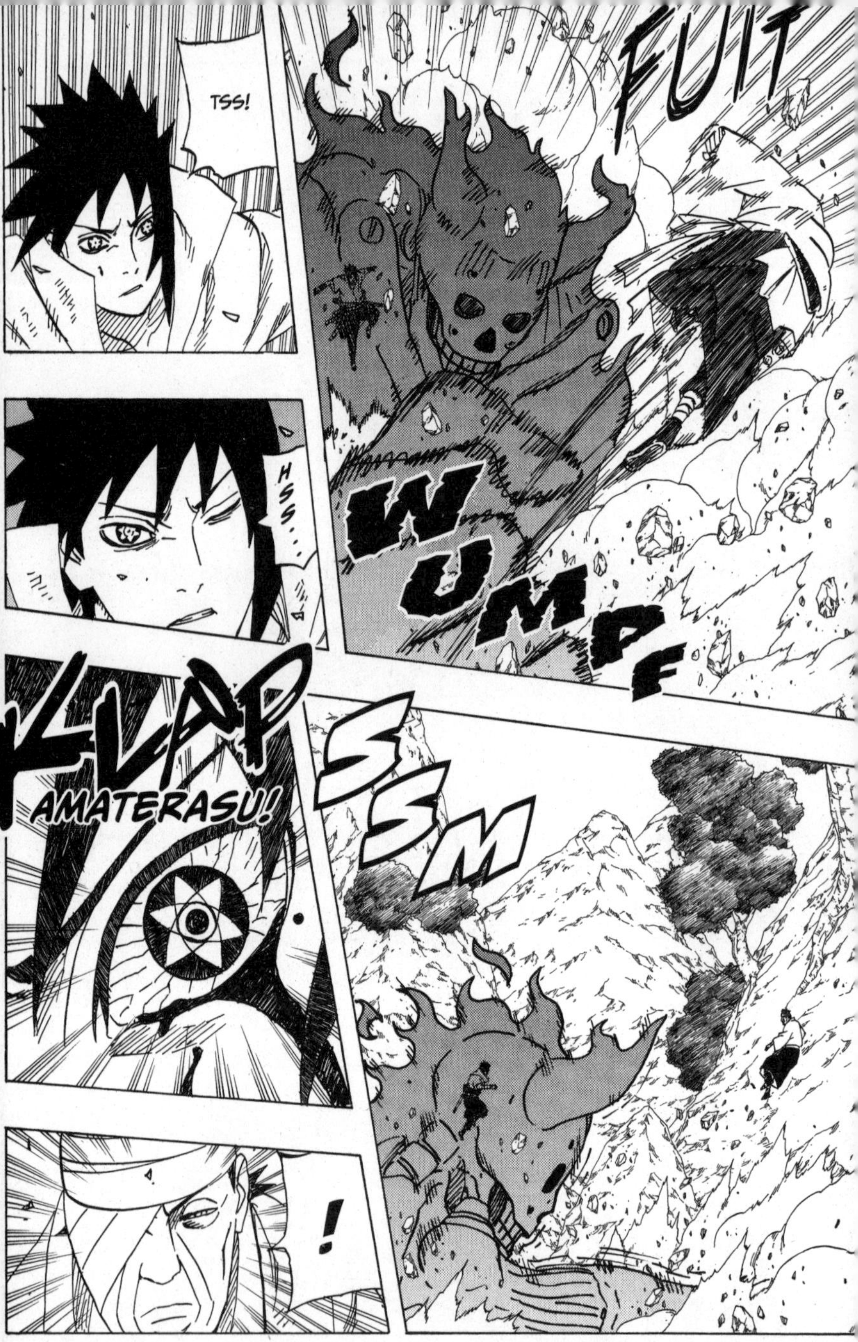
FUIT
WUMPF
TSS!
HSS...
KLAP
AMATERASU!
SSSM
!

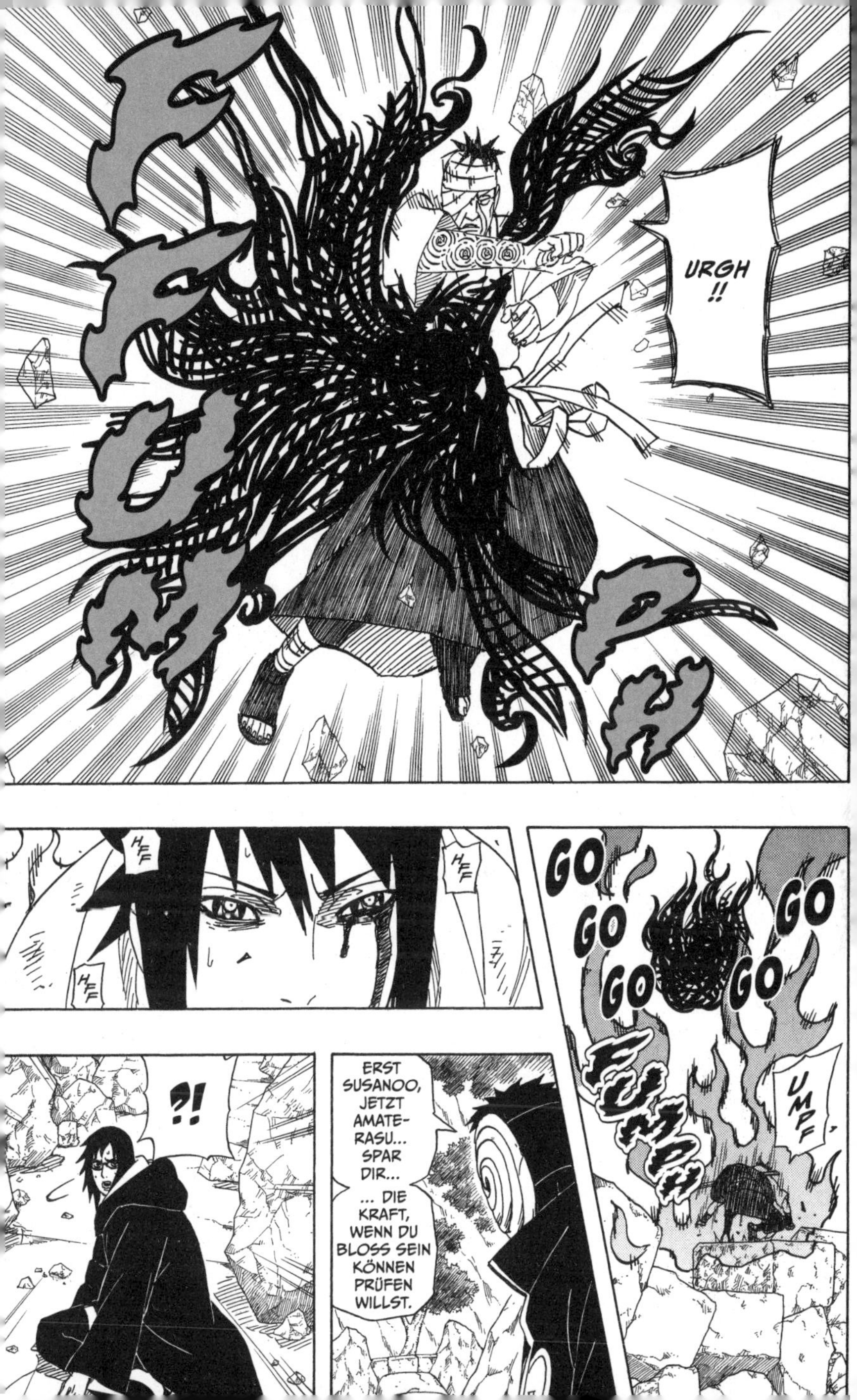
URGH!!
GO GO GO GO GO GO
UMPF
HEFF
HEFF
HEFF
ERST SUSANOO, JETZT AMATERASU... SPAR DIR...
... DIE KRAFT, WENN DU BLOSS SEIN KÖNNEN PRÜFEN WILLST.
?!

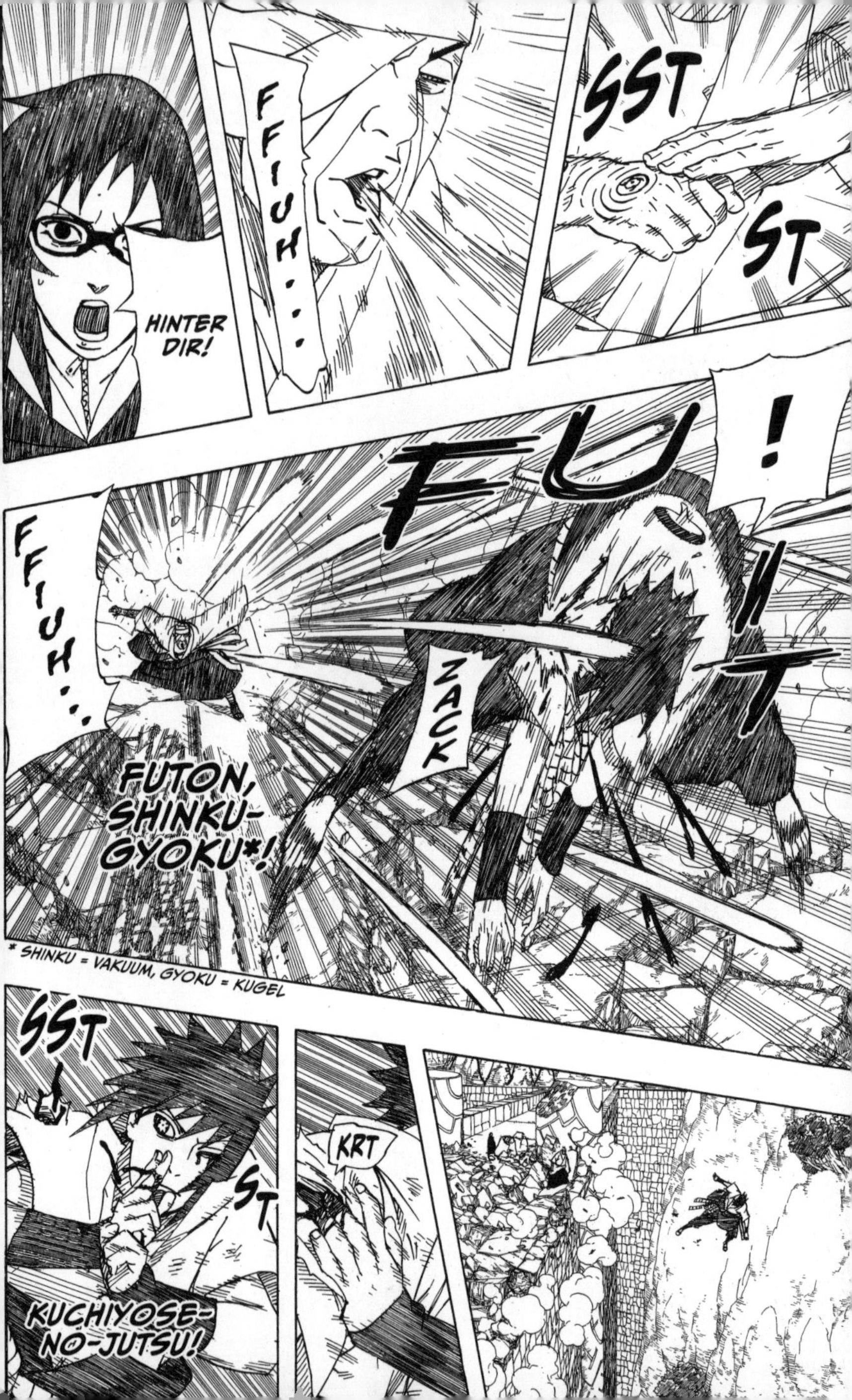

* SHINKU = VAKUUM, GYOKU = KUGEL

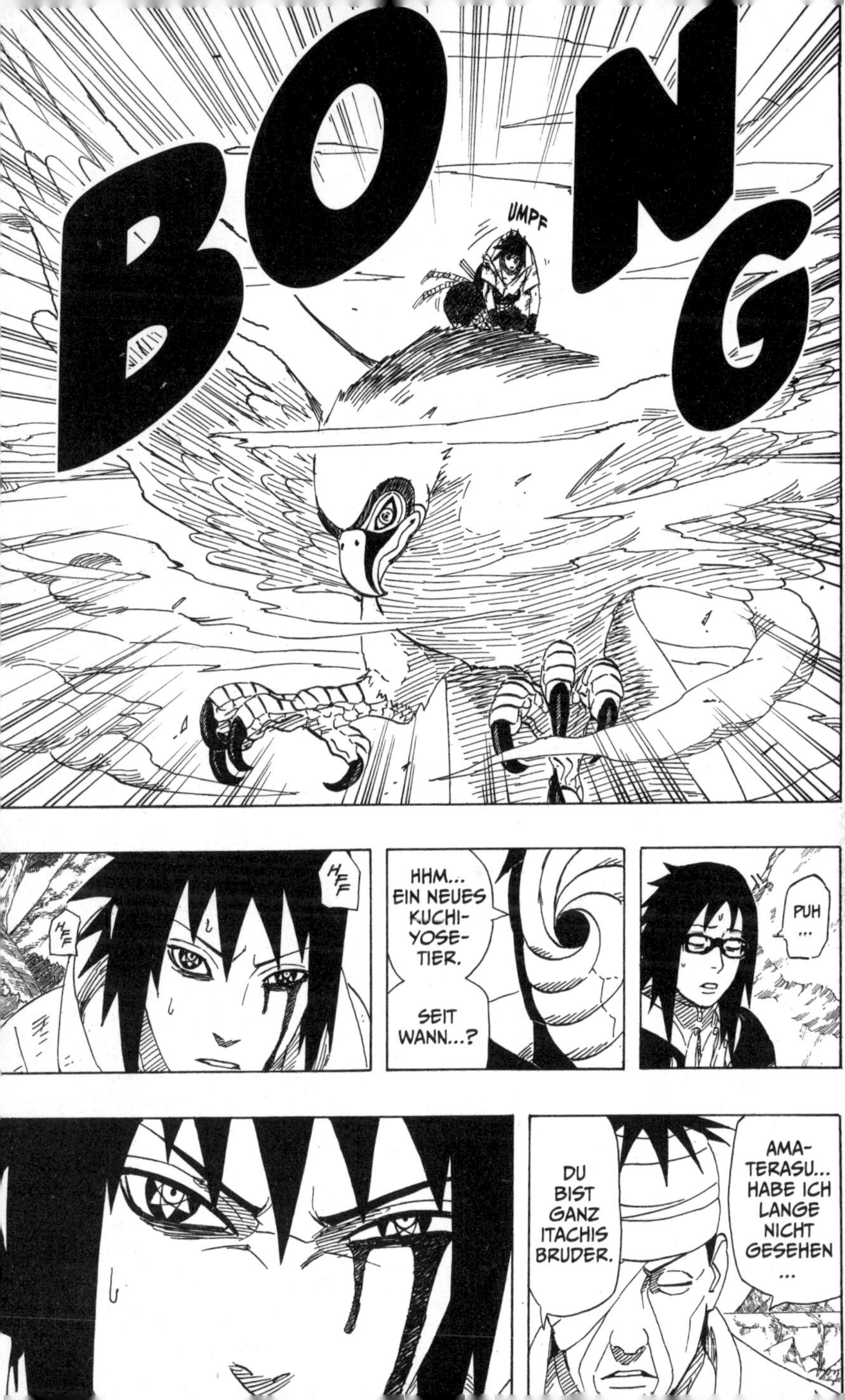
BONG
UMPF
HEF
HEF
HHM... EIN NEUES KUCHI-YOSE-TIER.
SEIT WANN...?
PUH ...
AMA-TERASU... HABE ICH LANGE NICHT GESEHEN ...
DU BIST GANZ ITACHIS BRUDER.

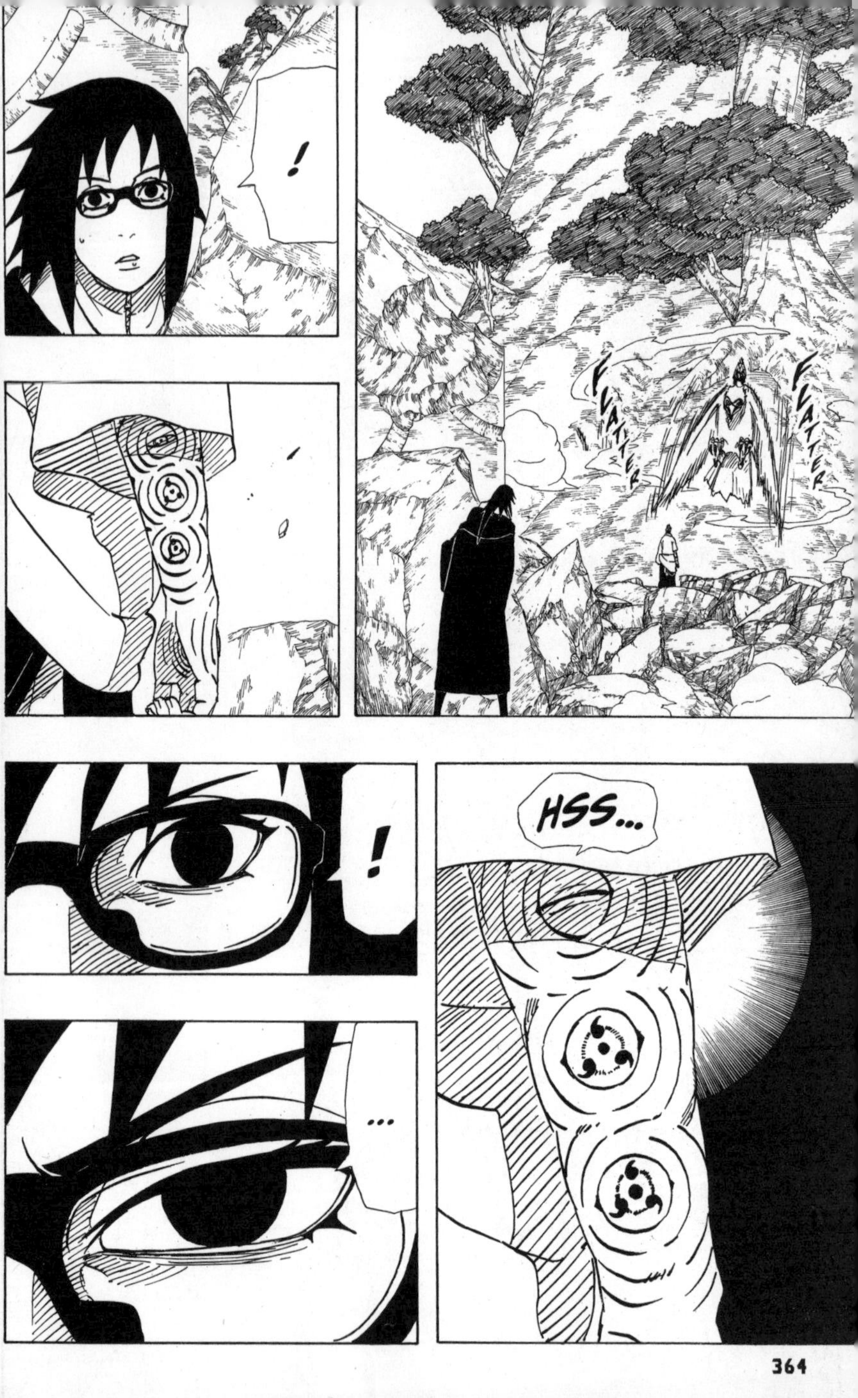
FLATTER
FLATTER
!
HSS...
!
...

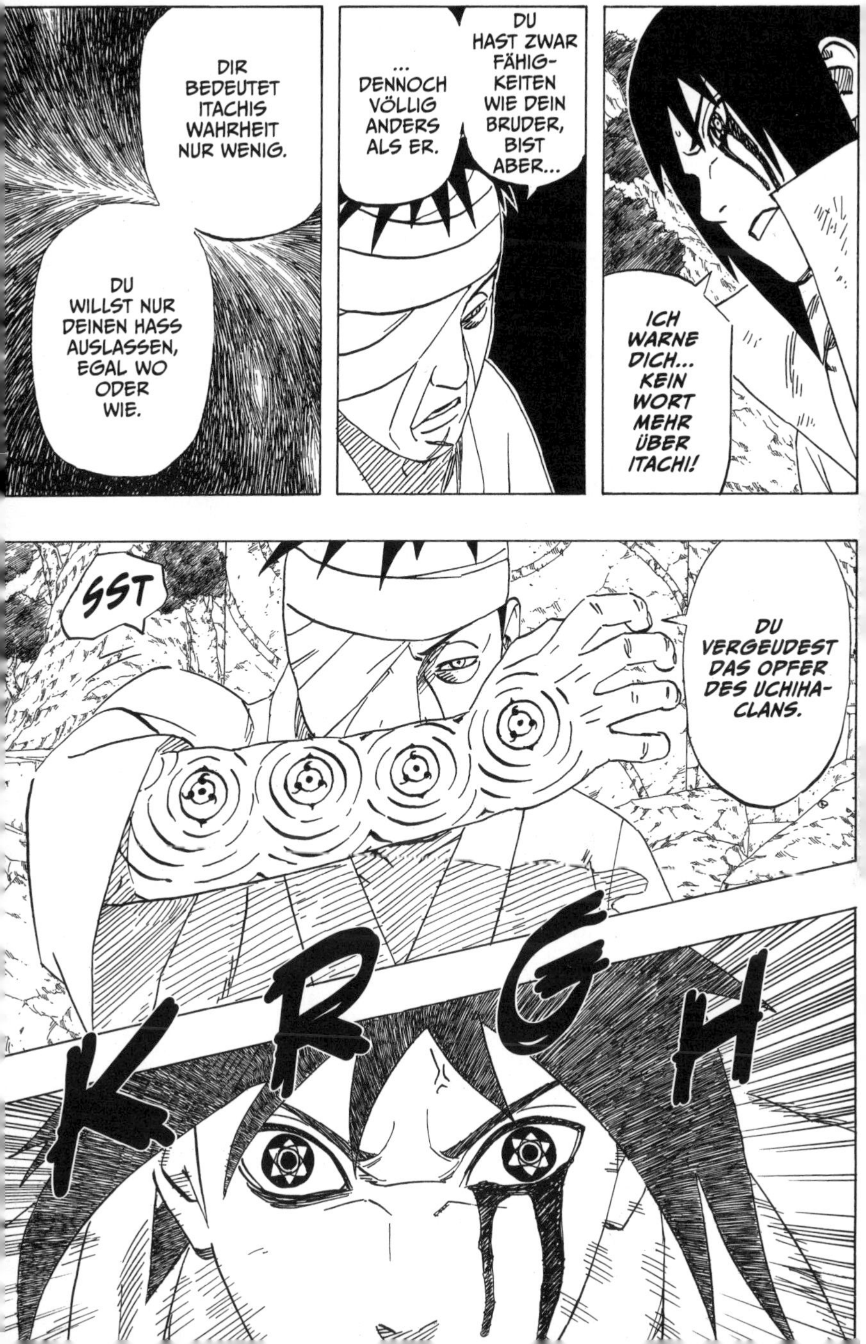
ICH WARNE DICH... KEIN WORT MEHR ÜBER ITACHI!
DU HAST ZWAR FÄHIG-KEITEN WIE DEIN BRUDER, BIST ABER...
... DENNOCH VÖLLIG ANDERS ALS ER.
DIR BEDEUTET ITACHIS WAHRHEIT NUR WENIG.
DU WILLST NUR DEINEN HASS AUSLASSEN, EGAL WO ODER WIE.
DU VERGEUDEST DAS OPFER DES UCHIHA-CLANS.
SST
KRGH

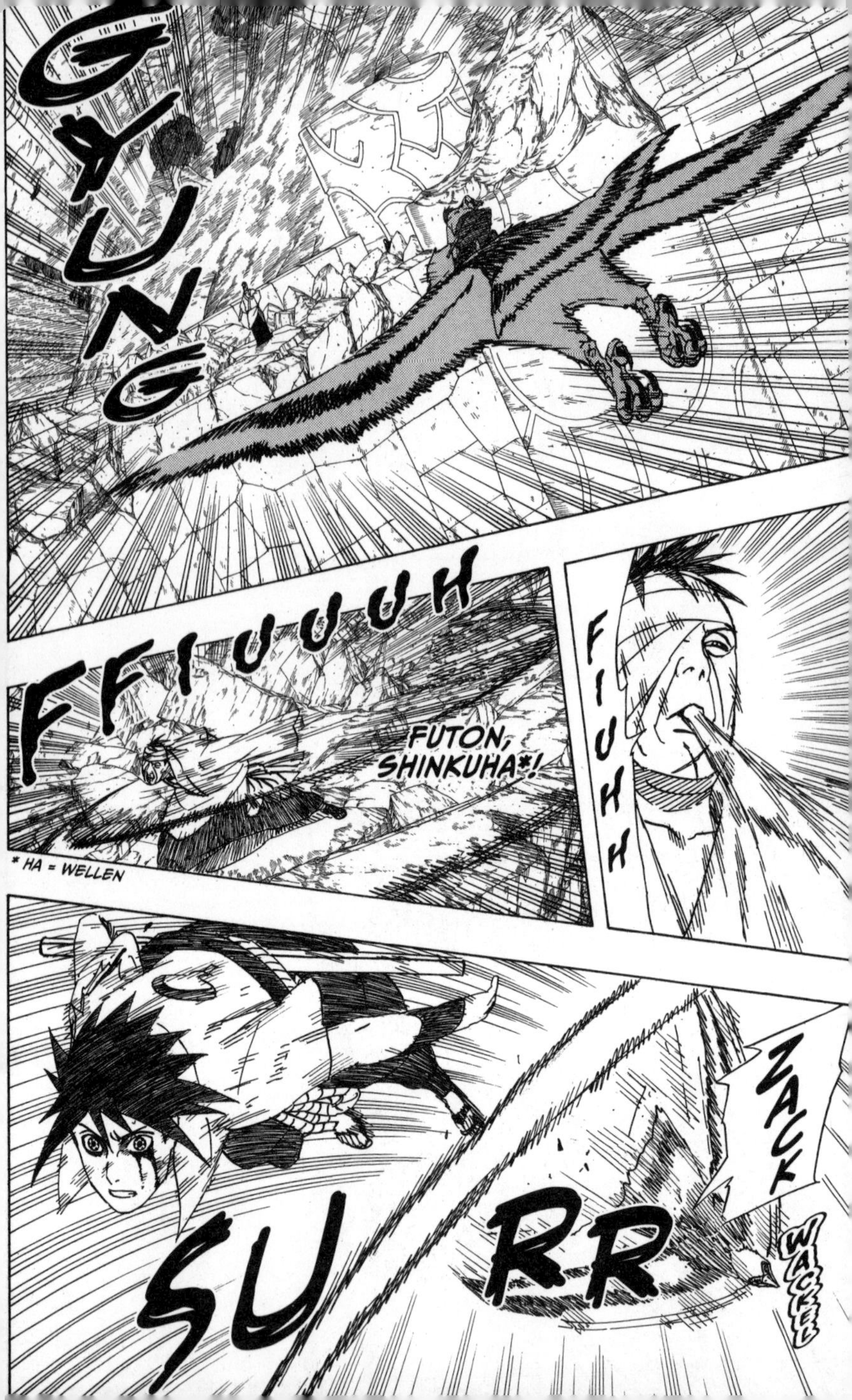
GYUNG
FIUHH
FFIUUUUH
FUTON, SHINKUHA*!
* HA = WELLEN
ZACK
WACKEL
SURR

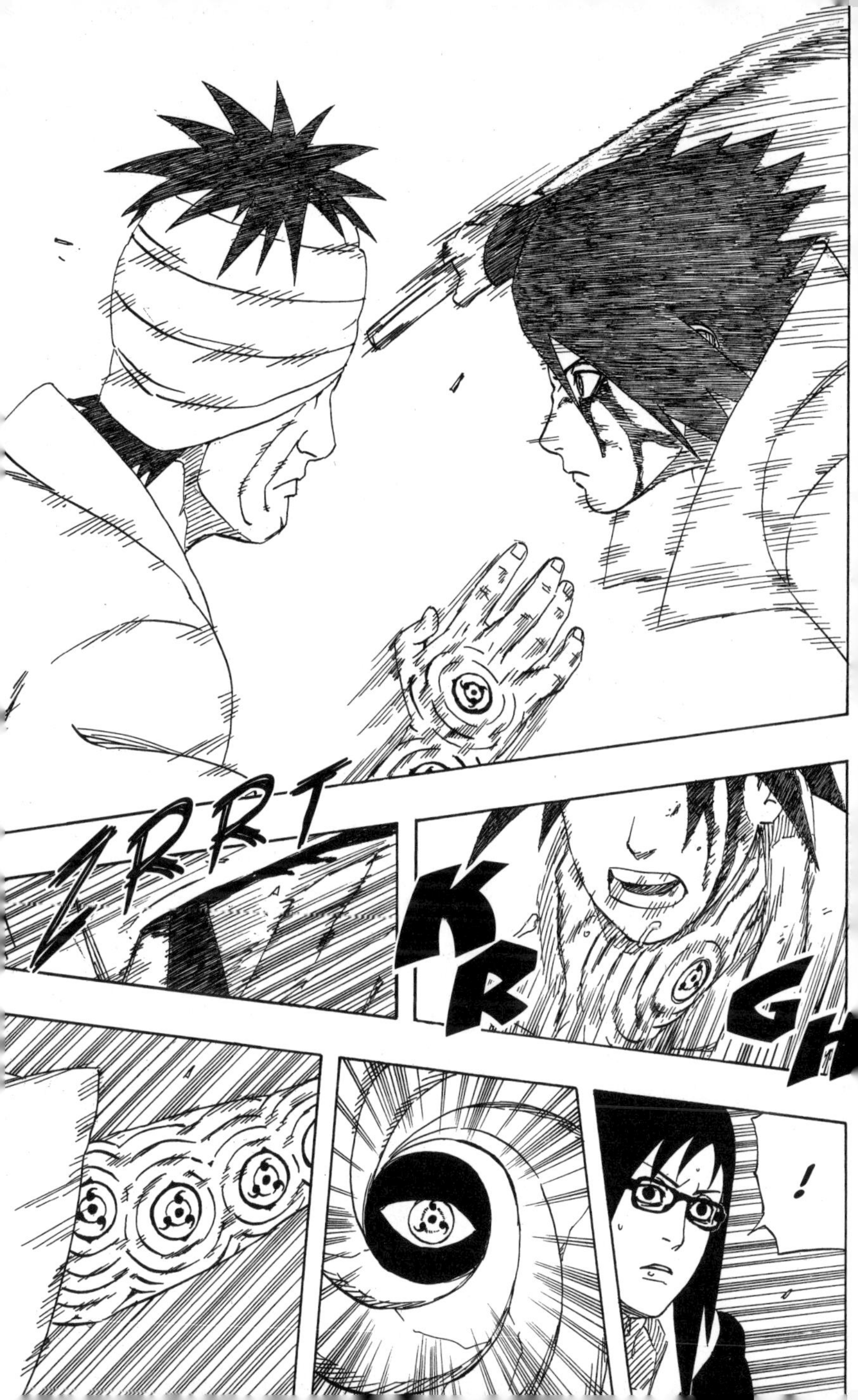
ZRRT
KRRGH
!

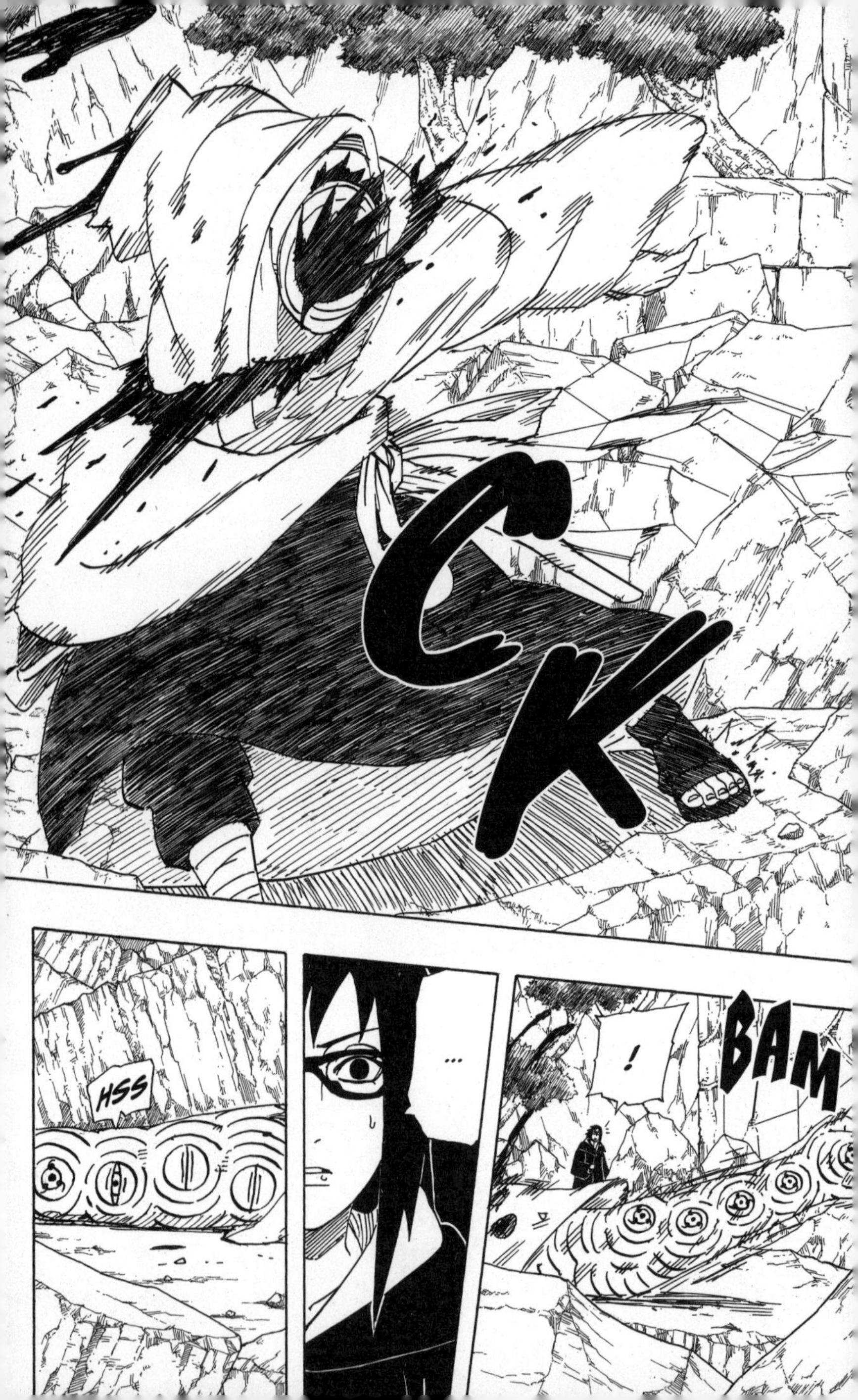
CK
BAM
!
...
HSS

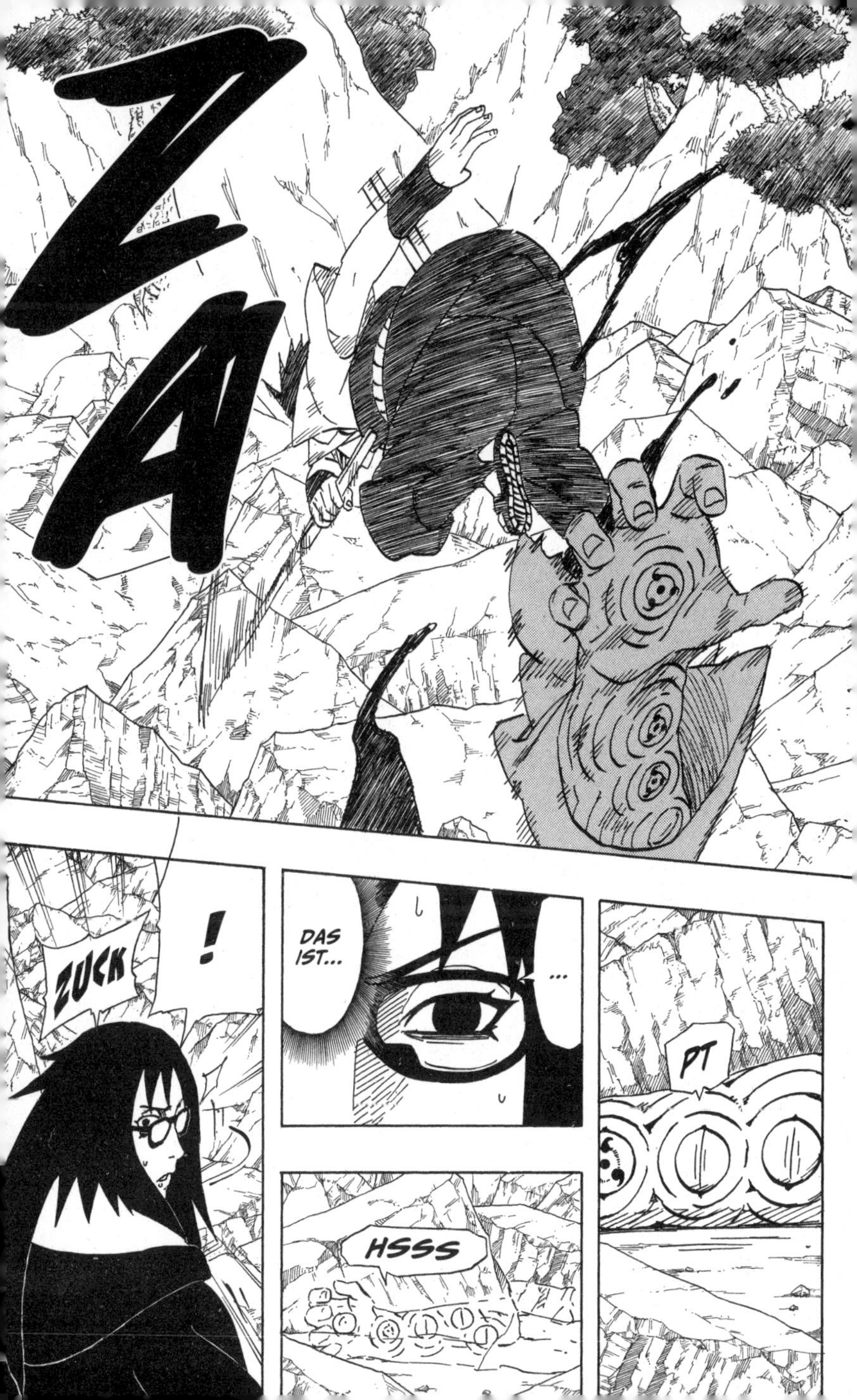

ZAA
!
ZUCK
...
DAS IST...
PT
HSSS

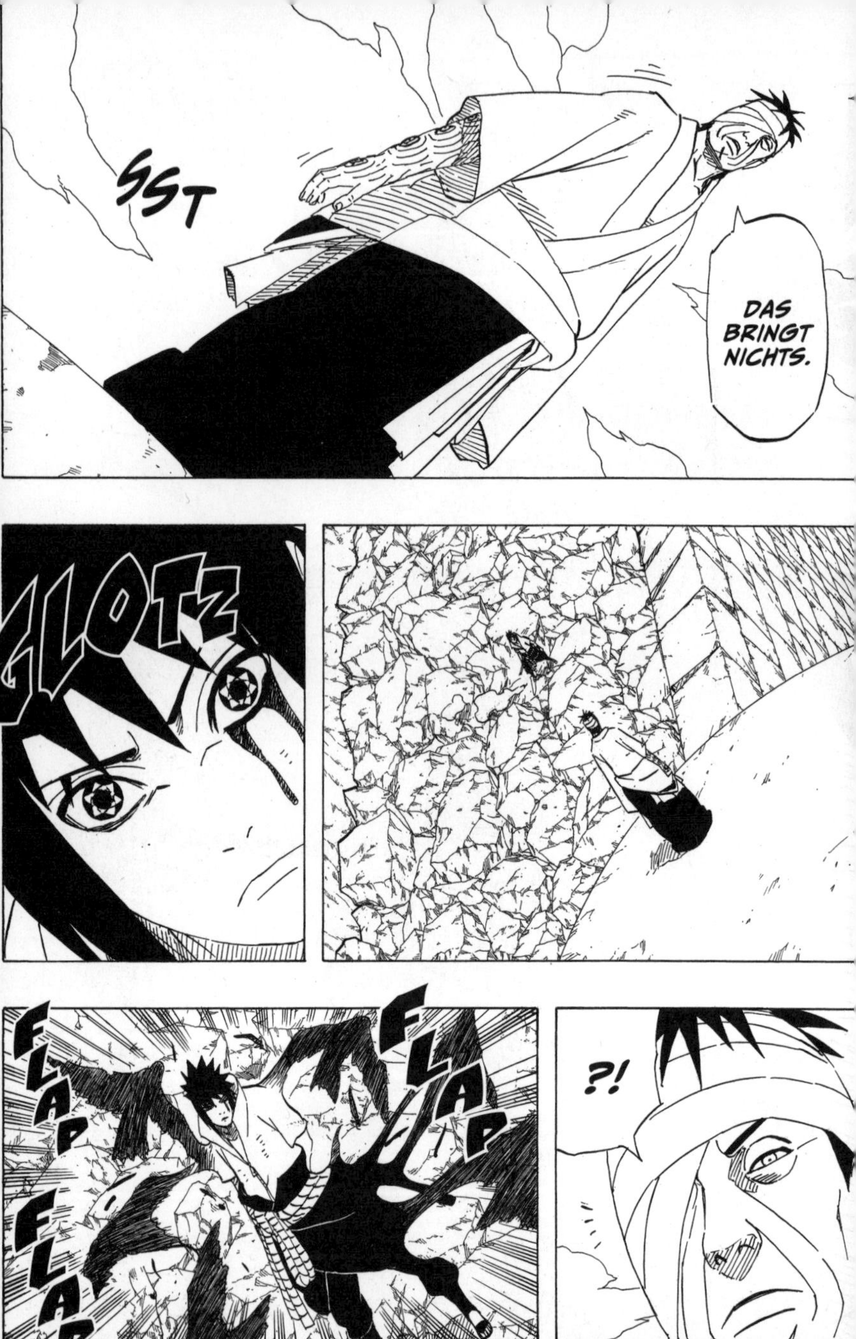
DAS BRINGT NICHTS.
SST
GLOTZ
FLAP FLAP
FLAP FLAP
?!

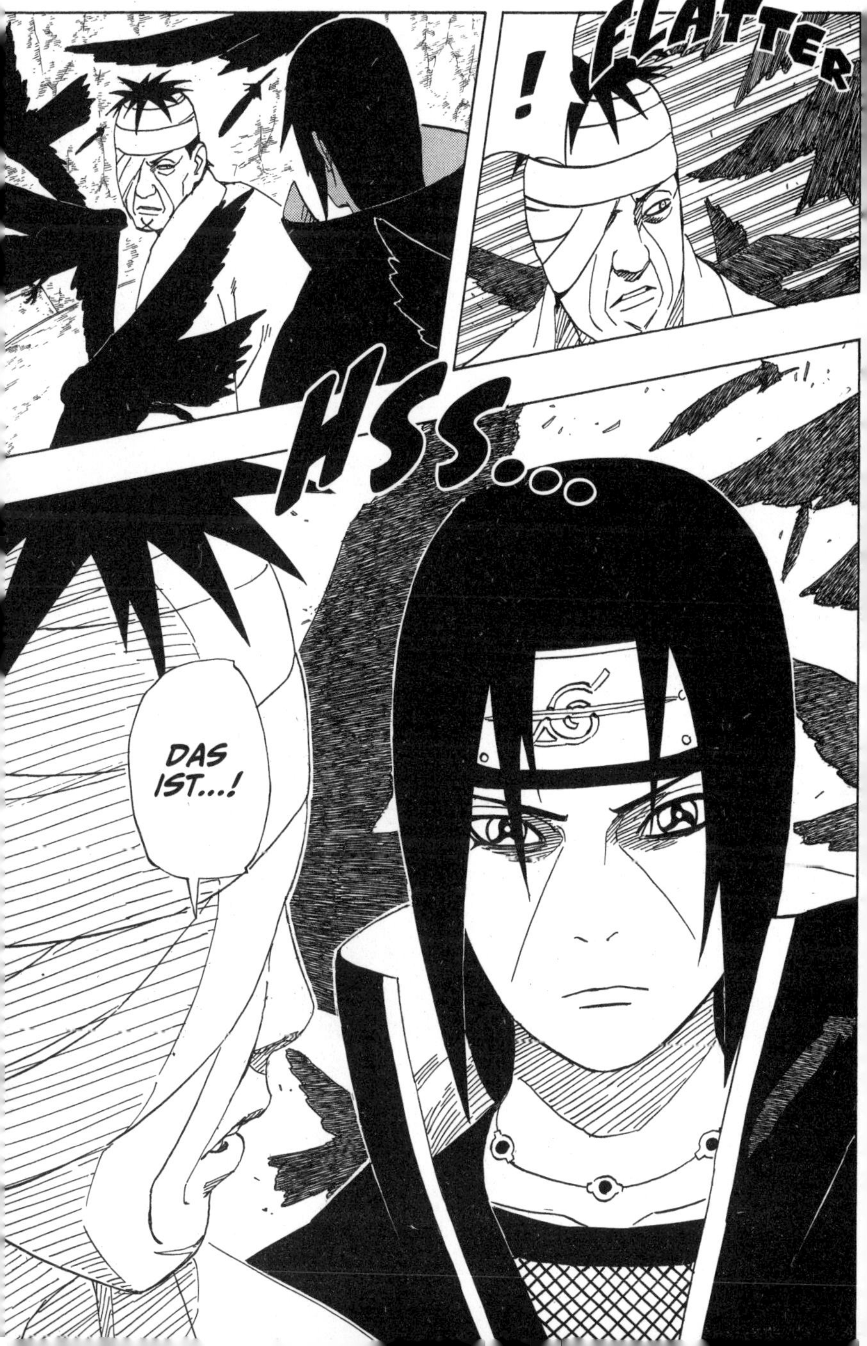
!
FLATTER
HSS...
DAS IST...!

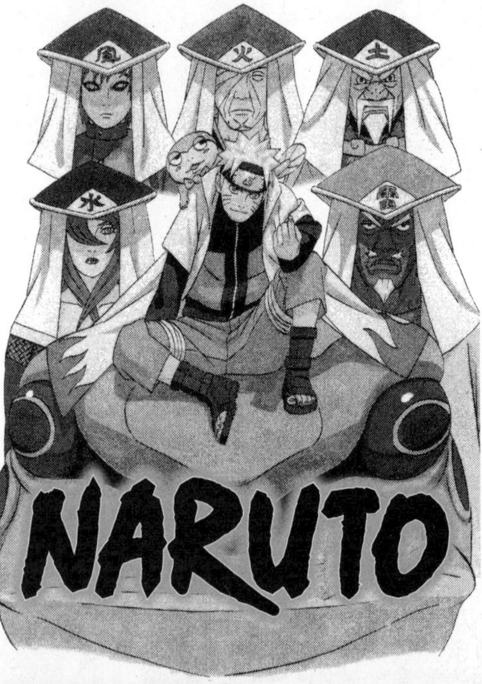
NARUTO

478. KAPITEL:

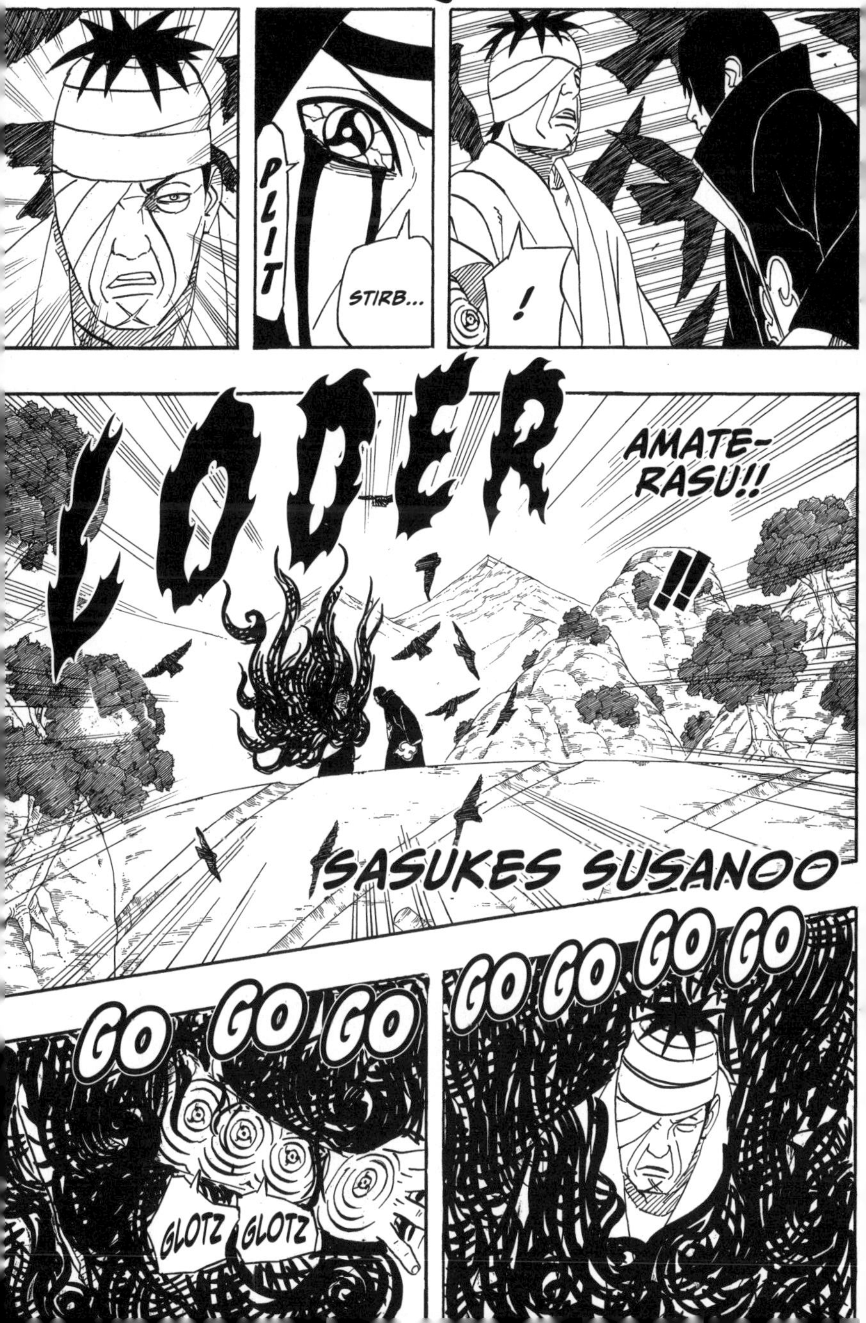
!
PLIT
STIRB...
AMATE-RASU!!
LODER
!!
SASUKES SUSANOO
GO GO GO GO
GO GO GO
GLOTZ
GLOTZ

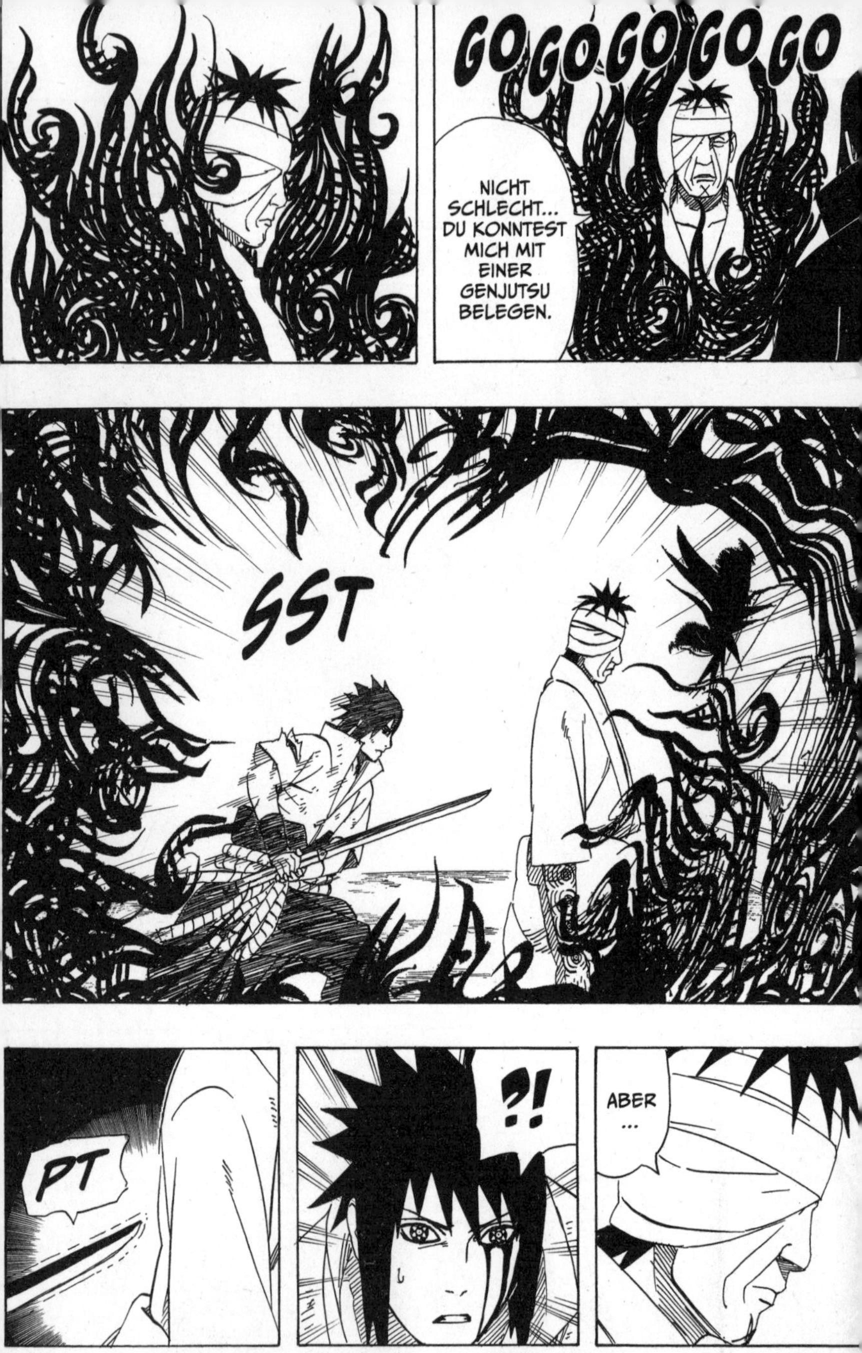

GO GO GO GO GO GO
NICHT SCHLECHT... DU KONNTEST MICH MIT EINER GENJUTSU BELEGEN.
SST
ABER ...
?!
PT

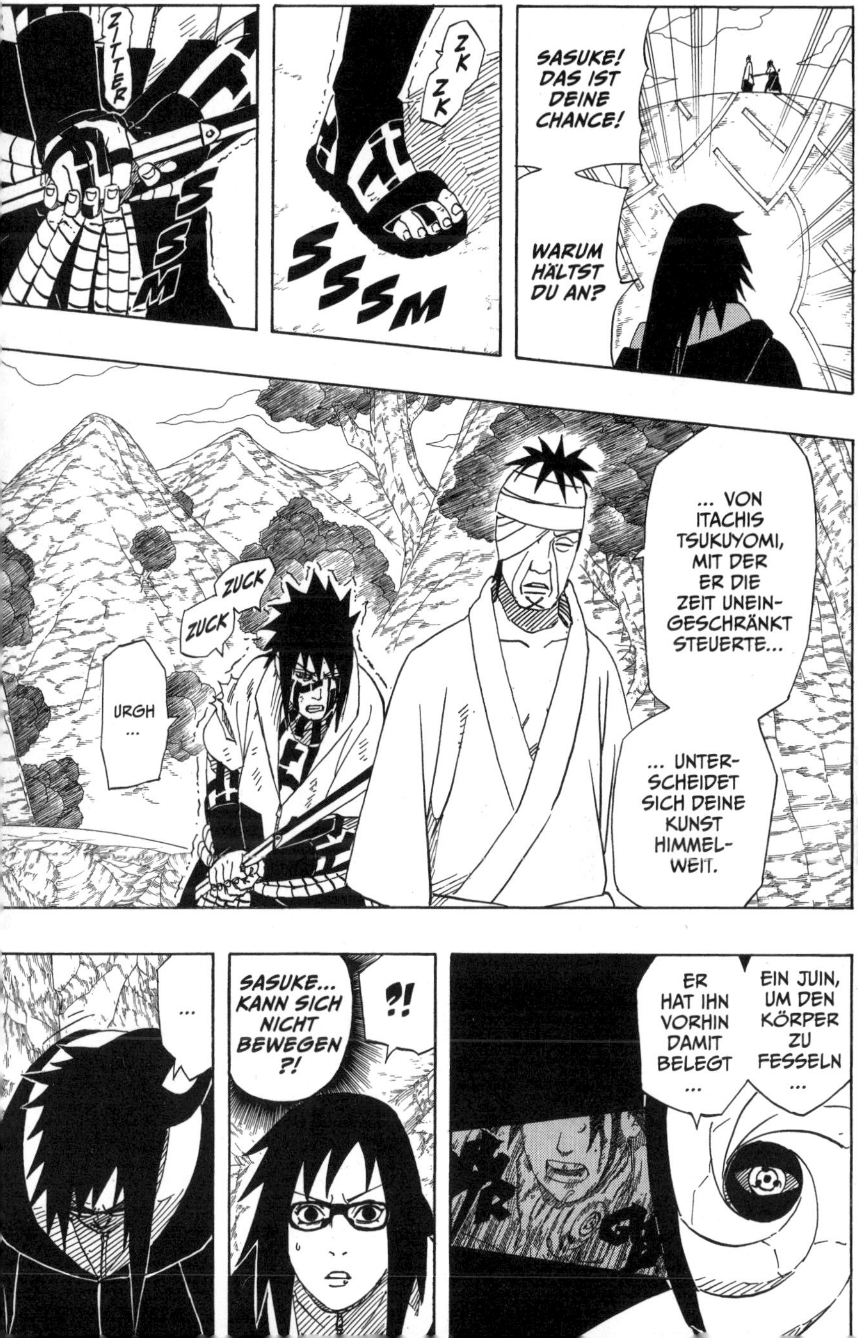
SASUKE! DAS IST DEINE CHANCE!
WARUM HÄLTST DU AN?
ZK ZK
SSSM
ZITTER
SSSM
... VON ITACHIS TSUKUYOMI, MIT DER ER DIE ZEIT UNEIN-GESCHRÄNKT STEUERTE...
... UNTER-SCHEIDET SICH DEINE KUNST HIMMEL-WEIT.
ZUCK
ZUCK
URGH ...
EIN JUIN, UM DEN KÖRPER ZU FESSELN ...
ER HAT IHN VORHIN DAMIT BELEGT ...
?!
SASUKE... KANN SICH NICHT BEWEGEN ?!
...

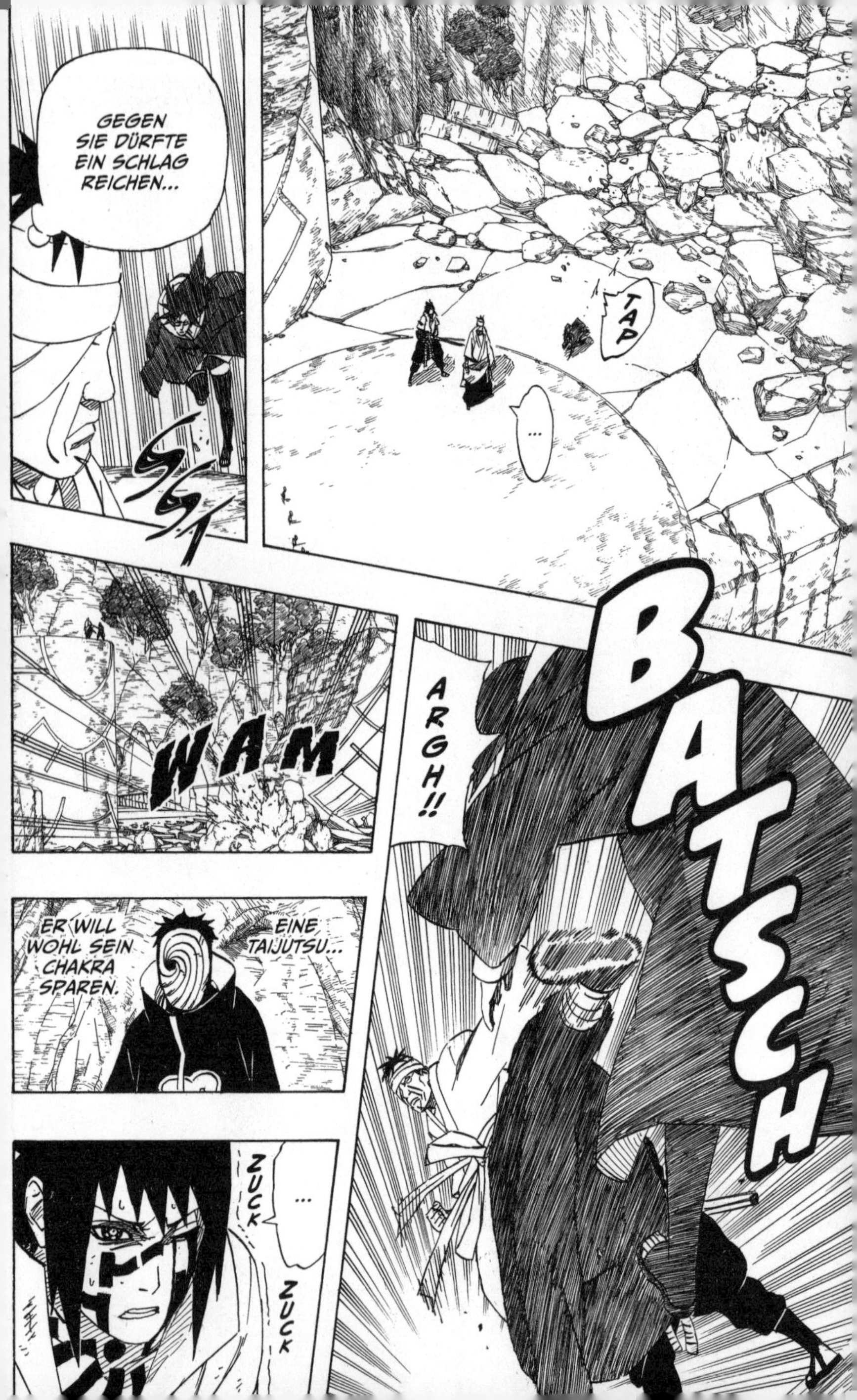
TAP
...
GEGEN SIE DÜRFTE EIN SCHLAG REICHEN...
SSSA
BATSCH
ARGH!!
WAM
EINE TAIJUTSU...
ER WILL WOHL SEIN CHAKRA SPAREN.
ZUCK
...
ZUCK

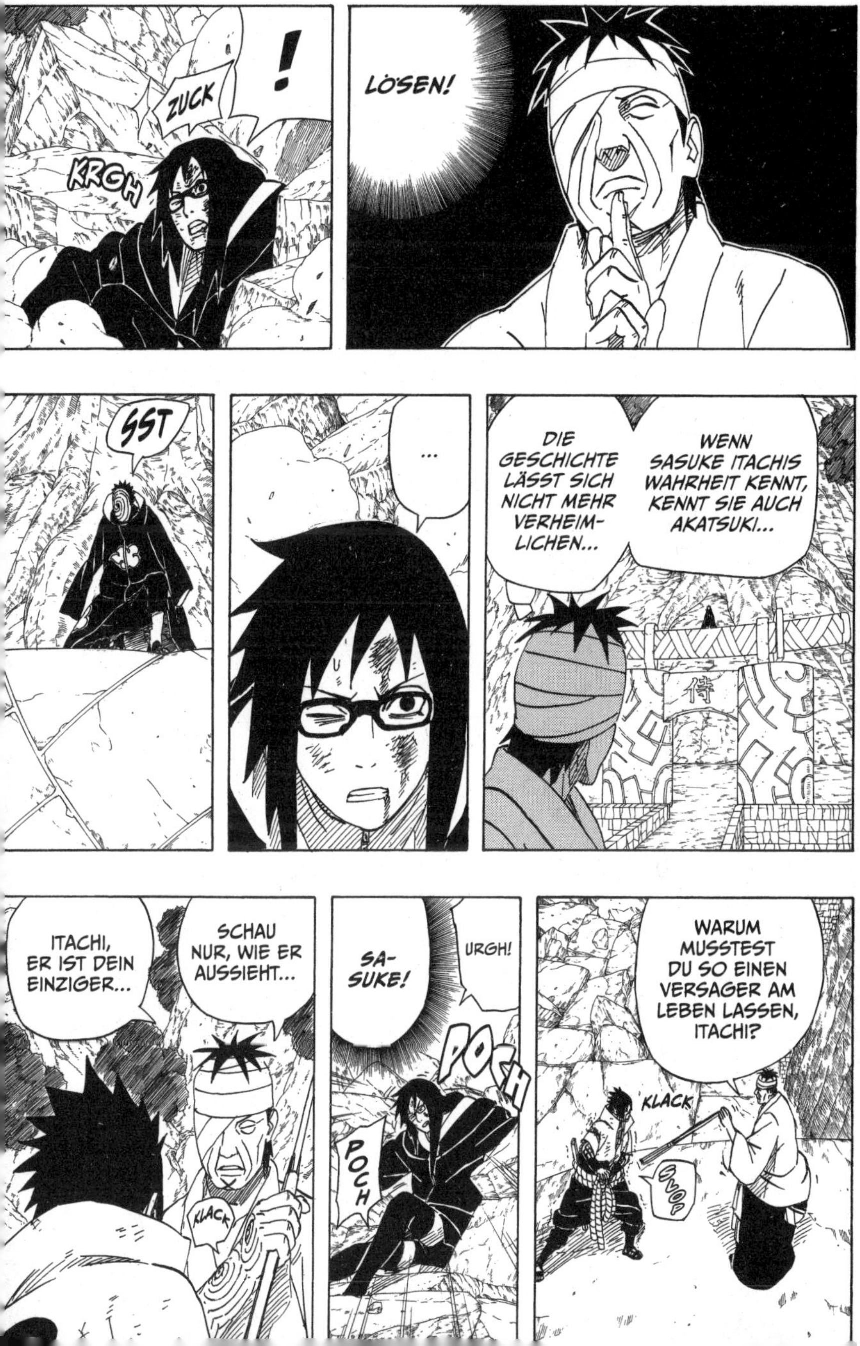

LÖSEN!
!
ZUCK
KRGH
...
SST
WENN SASUKE ITACHIS WAHRHEIT KENNT, KENNT SIE AUCH AKATSUKI...
DIE GESCHICHTE LÄSST SICH NICHT MEHR VERHEIM-LICHEN...
WARUM MUSSTEST DU SO EINEN VERSAGER AM LEBEN LASSEN, ITACHI?
KLACK
SWOP
URGH!
SA-SUKE!
POCH
POCH
SCHAU NUR, WIE ER AUSSIEHT...
ITACHI, ER IST DEIN EINZIGER...
KLACK

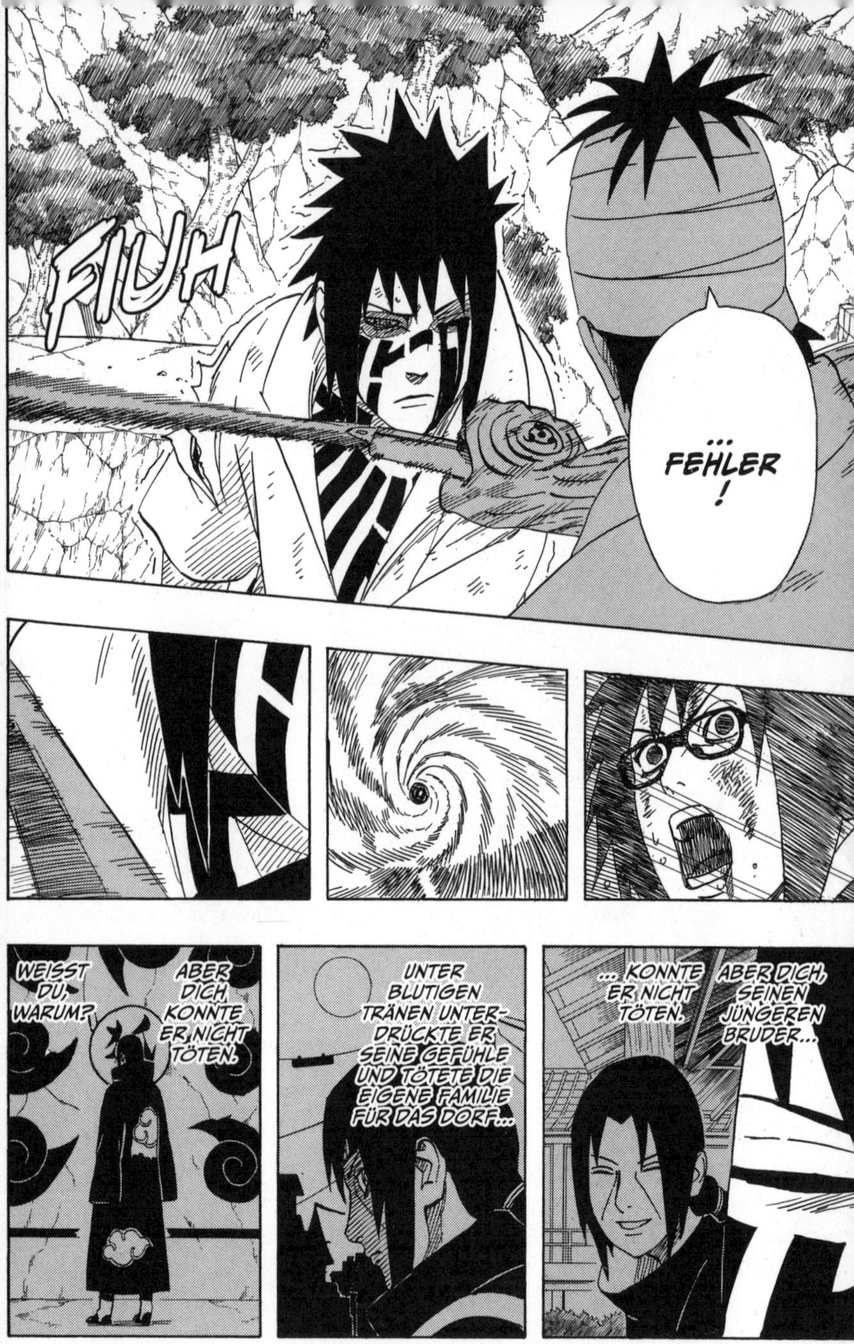
FIUH
... FEHLER!
ABER DICH, SEINEN JÜNGEREN BRUDER ...
... KONNTE ER NICHT TÖTEN.
UNTER BLUTIGEN TRÄNEN UNTERDRÜCKTE ER SEINE GEFÜHLE UND TÖTETE DIE EIGENE FAMILIE FÜR DAS DORF ...
ABER DICH KONNTE ER NICHT TÖTEN.
WEISST DU, WARUM?

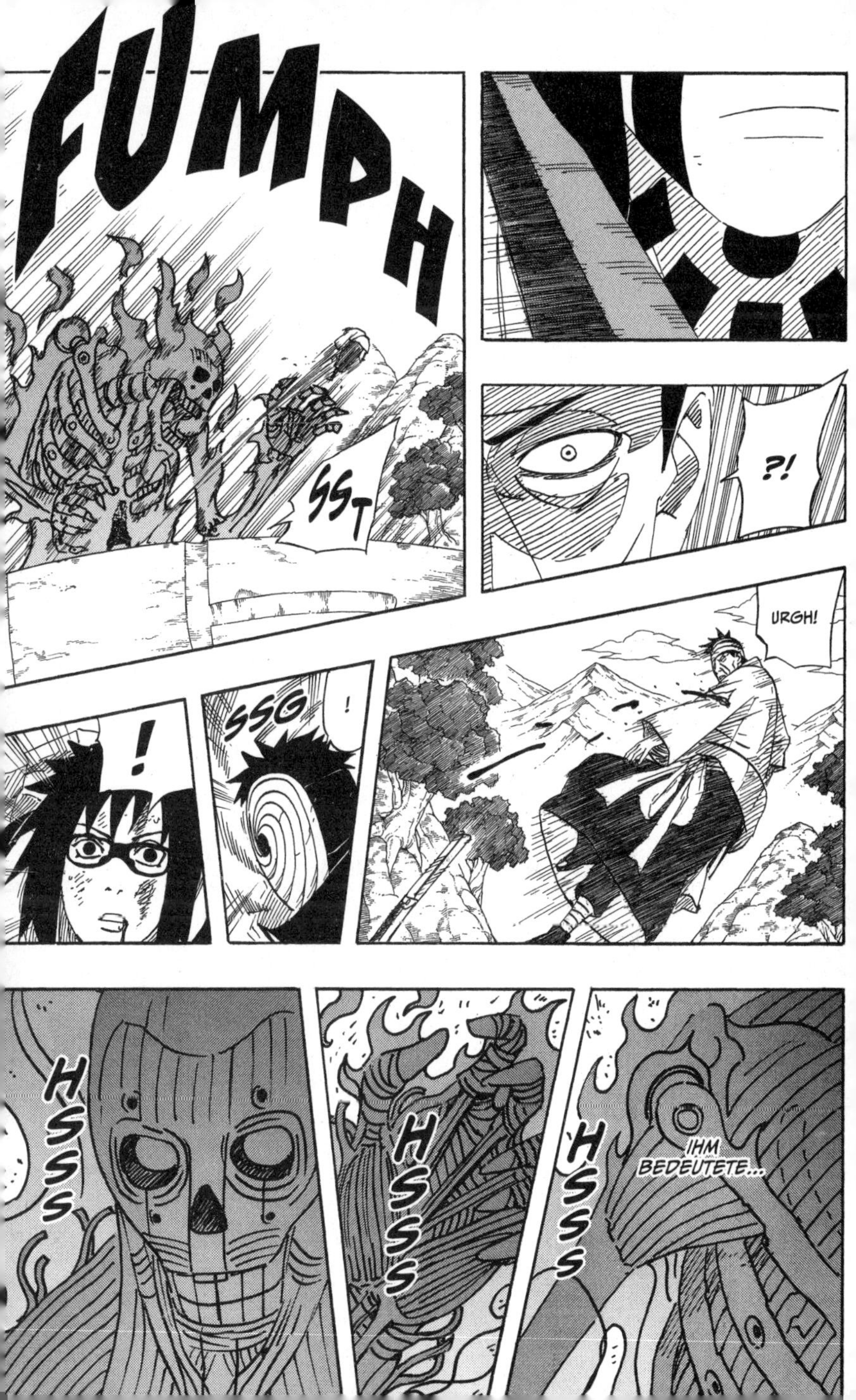

FUMPH
SST
?!
URGH!
SSG
!
!
HSSS
IHM BEDEUTETE...
HSSS
HSSS

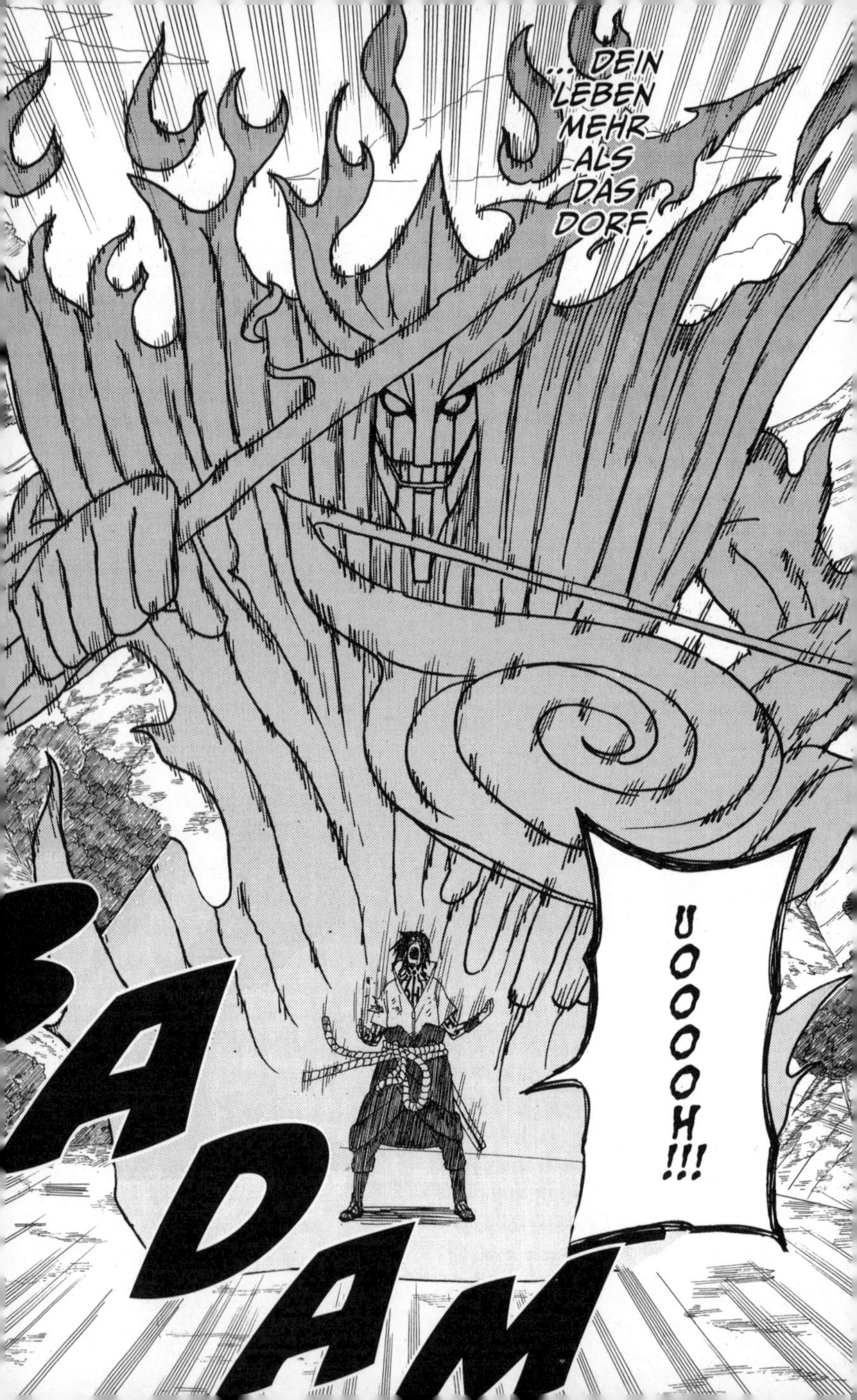
... DEIN LEBEN MEHR ALS DAS DORF.
UOOOOOH!!!

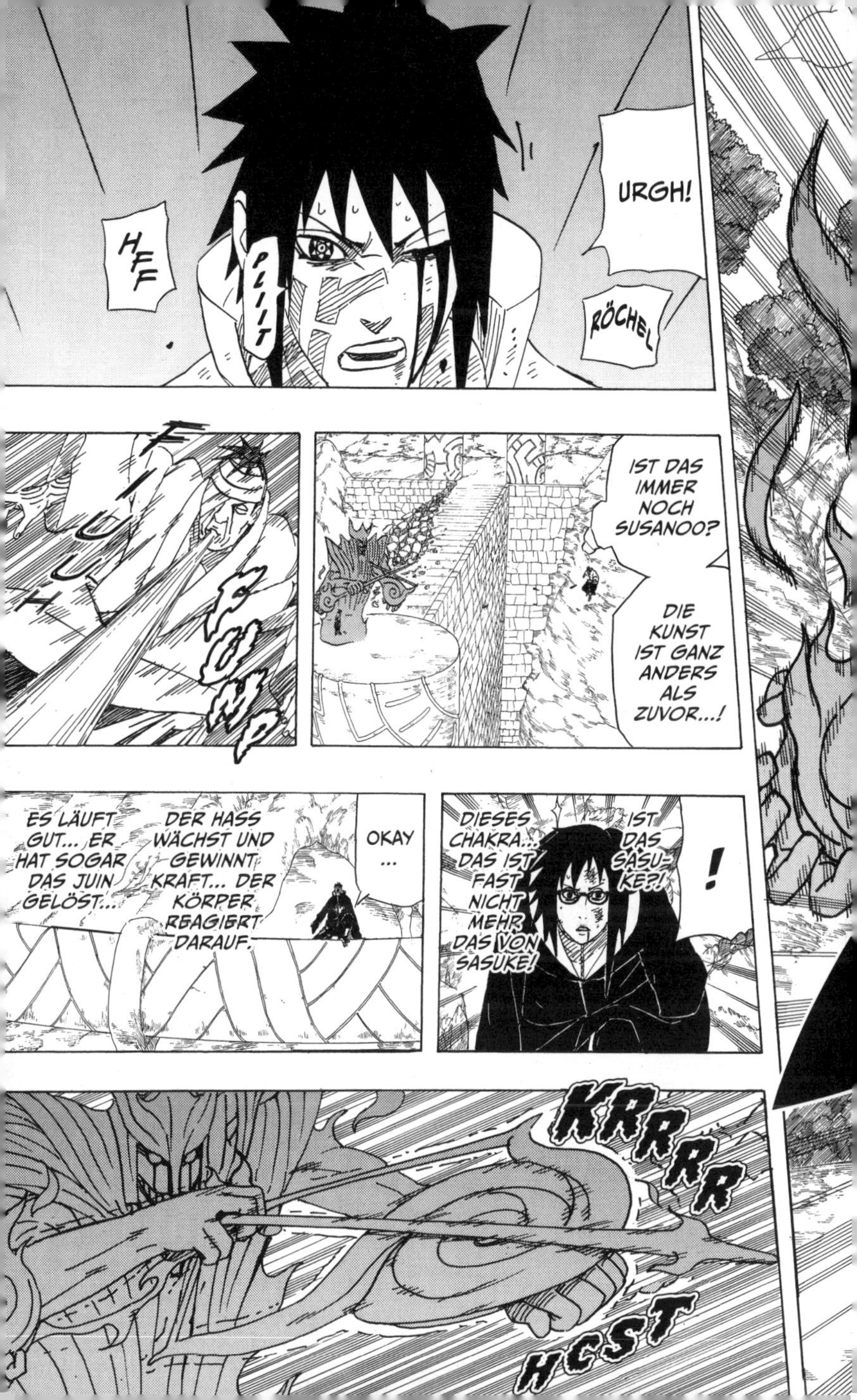
URGH!
RÖCHEL
PLIIT
HFF
IST DAS IMMER NOCH SUSANOO?
DIE KUNST IST GANZ ANDERS ALS ZUVOR...!
FIIUUUH
FOMP
IST DAS SASUKE?!
!
DIESES CHAKRA... DAS IST FAST NICHT MEHR DAS VON SASUKE!
OKAY ...
DER HASS WÄCHST UND GEWINNT KRAFT... DER KÖRPER REAGIERT DARAUF.
ES LÄUFT GUT... ER HAT SOGAR DAS JUIN GELÖST...
KRRRRR
HCST

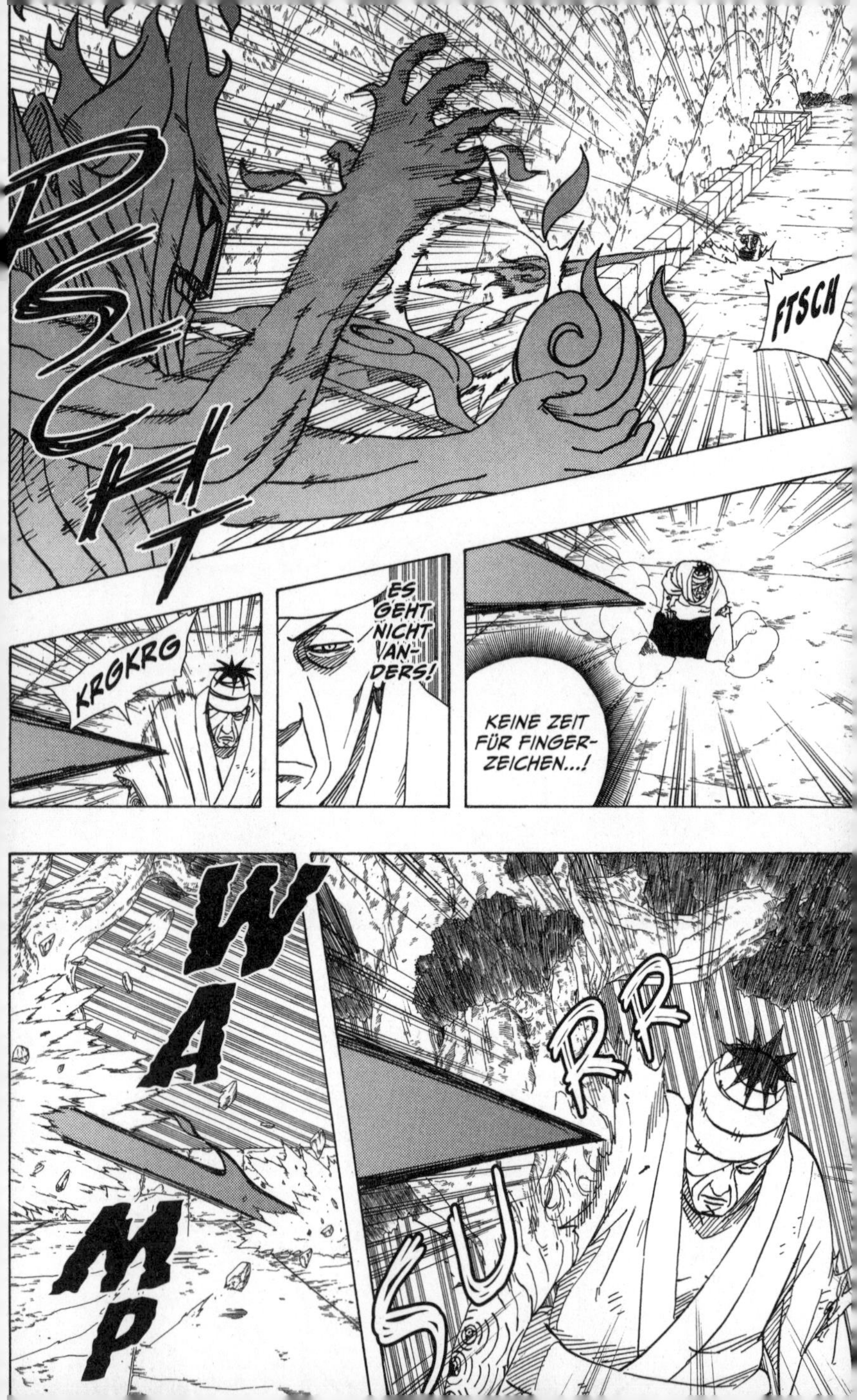
FTSCH
DSCHT
KEINE ZEIT FÜR FINGER-ZEICHEN...!
ES GEHT NICHT AN-DERS!
KRGKRG
SURR
WAMP

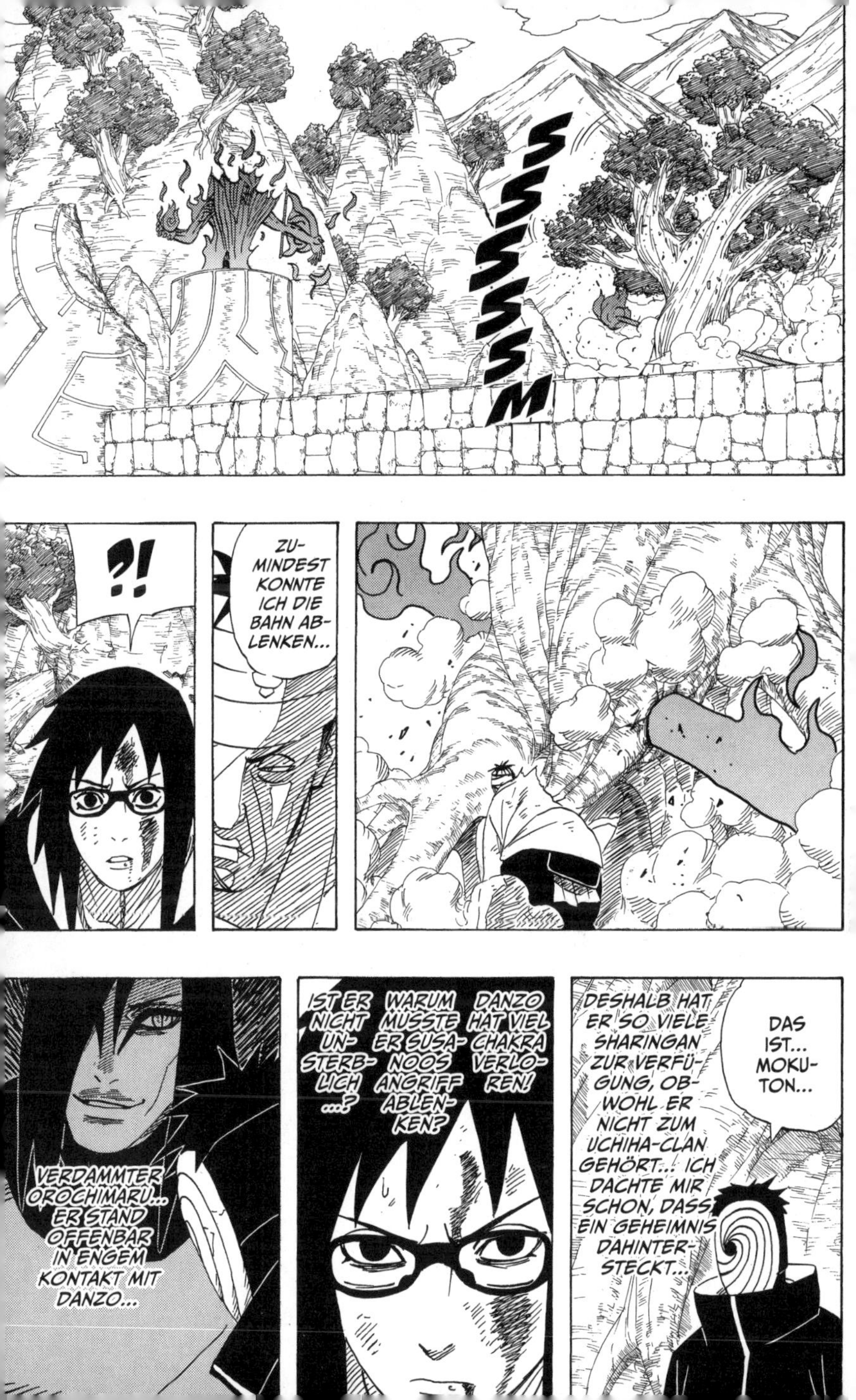
SSSSSM
ZU-MINDEST KONNTE ICH DIE BAHN AB-LENKEN...
?!
DAS IST... MOKU-TON...
DESHALB HAT ER SO VIELE SHARINGAN ZUR VERFÜ-GUNG, OB-WOHL ER NICHT ZUM UCHIHA-CLAN GEHÖRT... ICH DACHTE MIR SCHON, DASS EIN GEHEIMNIS DAHINTER-STECKT...
DANZO HAT VIEL CHAKRA VERLO-REN!
WARUM MUSSTE ER SUSA-NOOS ANGRIFF ABLEN-KEN?
IST ER NICHT UN-STERB-LICH ...?
VERDAMMTER OROCHIMARU... ER STAND OFFENBAR IN ENGEM KONTAKT MIT DANZO...

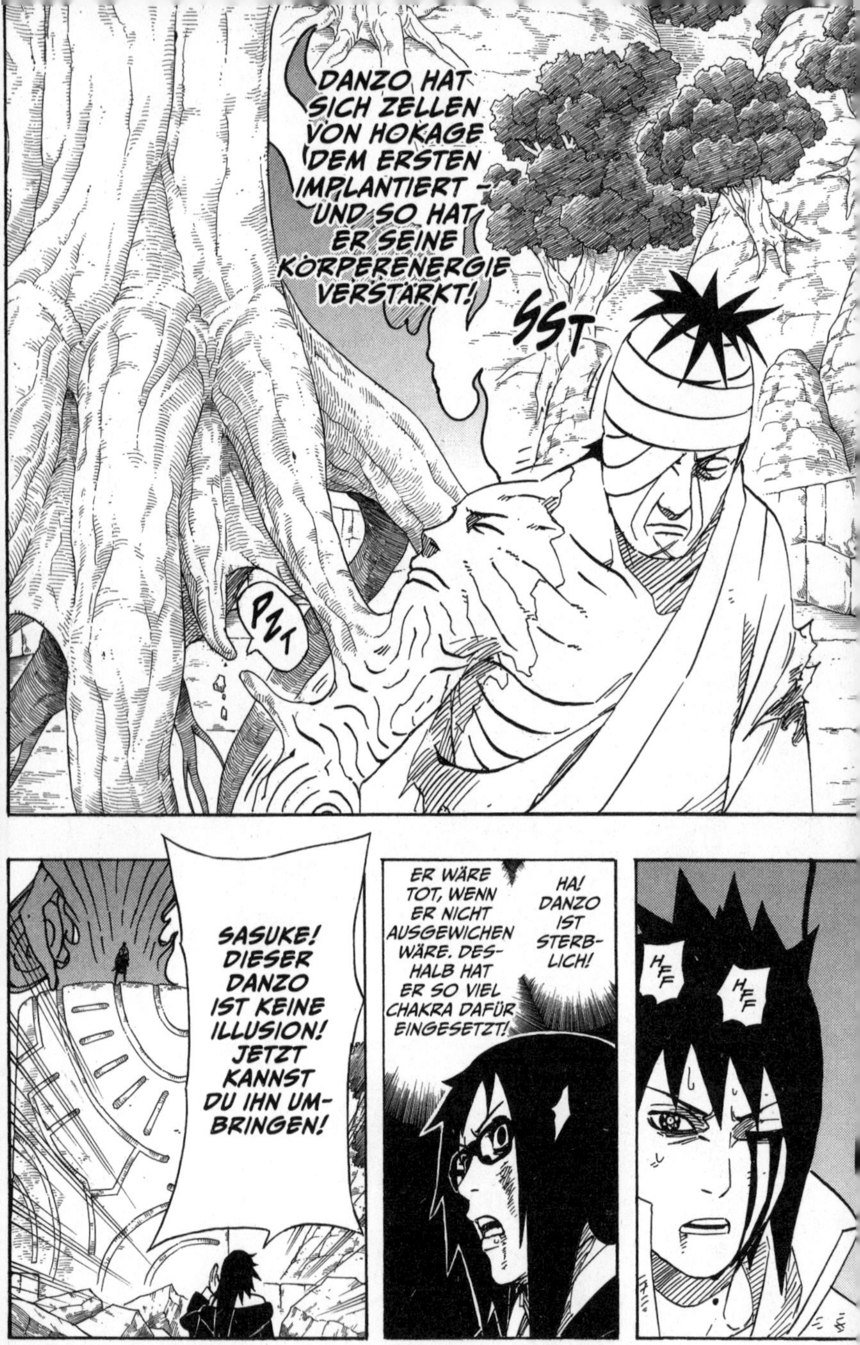
DANZO HAT SICH ZELLEN VON HOKAGE DEM ERSTEN IMPLANTIERT – UND SO HAT ER SEINE KÖRPERENERGIE VERSTÄRKT!
SST
PZT
HFF
HFF
HA! DANZO IST STERB-LICH!
ER WÄRE TOT, WENN ER NICHT AUSGEWICHEN WÄRE. DES-HALB HAT ER SO VIEL CHAKRA DAFÜR EINGESETZT!
SASUKE! DIESER DANZO IST KEINE ILLUSION! JETZT KANNST DU IHN UM-BRINGEN!

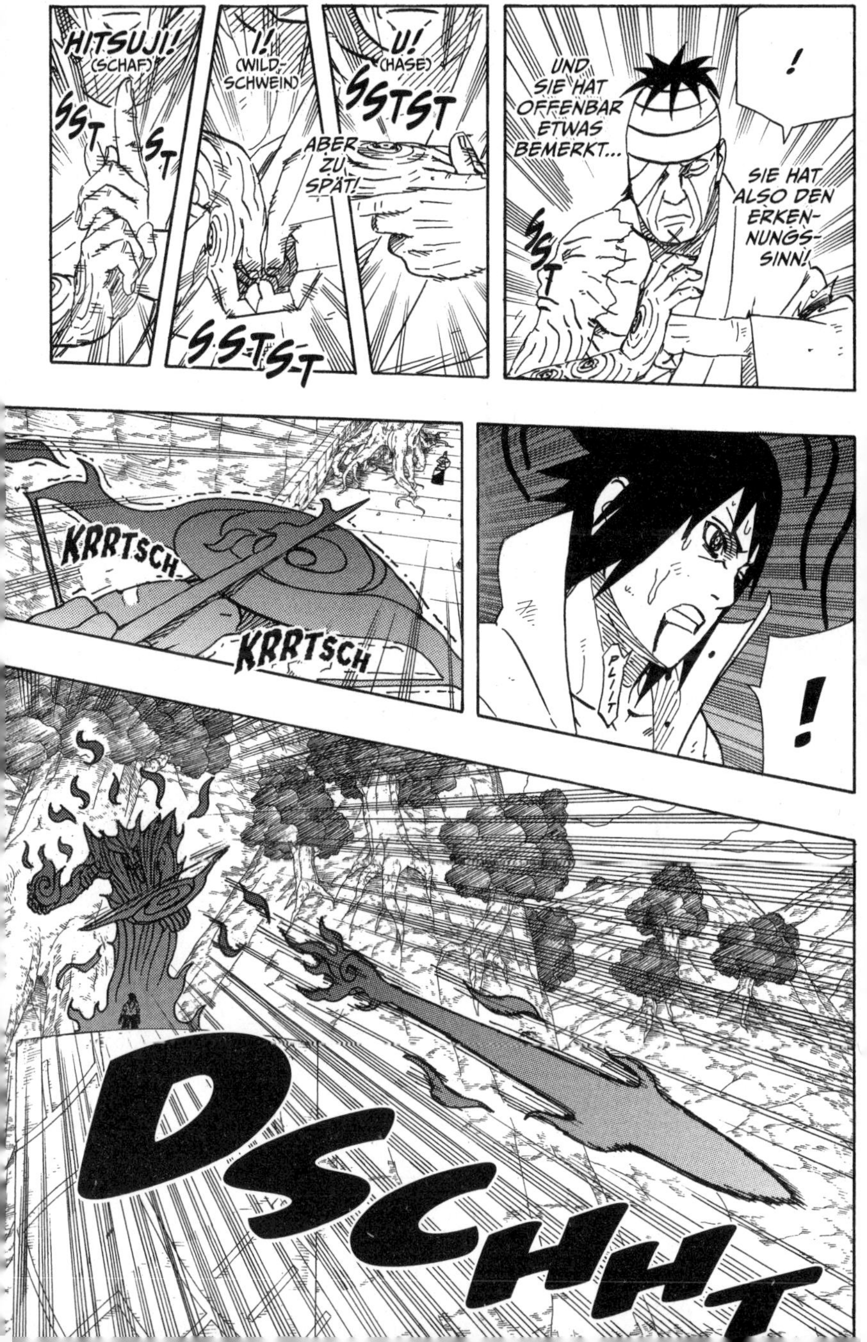

!
SIE HAT ALSO DEN ERKENNUNGSSINN!
UND SIE HAT OFFENBAR ETWAS BEMERKT…
SST
U! (HASE)
SSTST
ABER ZU SPÄT!
I! (WILDSCHWEIN)
SSTST
HITSUJI! (SCHAF)
SST
ST
!
PLITT
KRRTSCH
KRRTSCH
DSCHHT

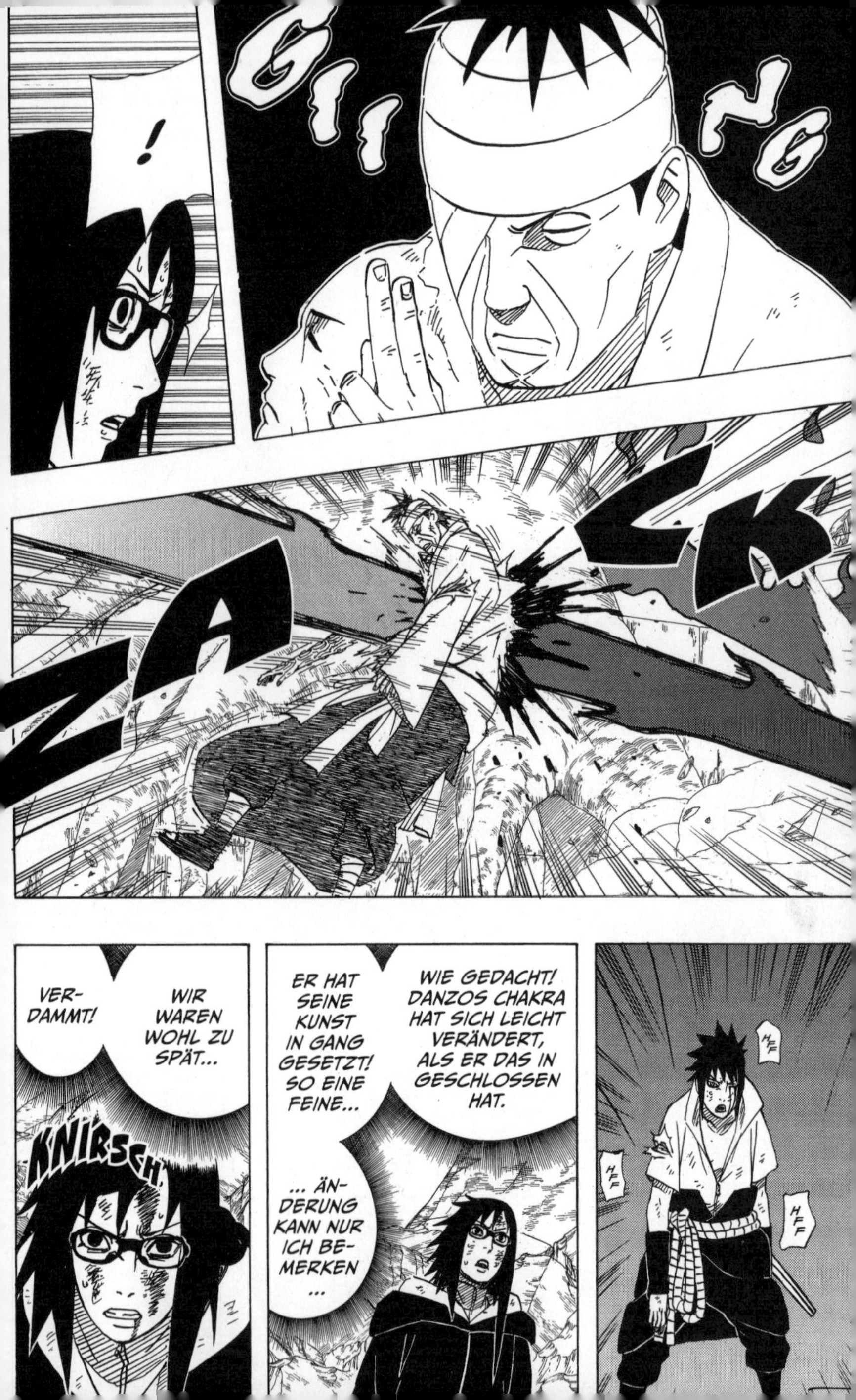
GIING
!
ZACK
HFF
HFF
HFF
WIE GEDACHT! DANZOS CHAKRA HAT SICH LEICHT VERÄNDERT, ALS ER DAS IN GESCHLOSSEN HAT.
ER HAT SEINE KUNST IN GANG GESETZT! SO EINE FEINE...
... ÄN-DERUNG KANN NUR ICH BE-MERKEN ...
WIR WAREN WOHL ZU SPÄT...
VER-DAMMT!
KNIRSCH

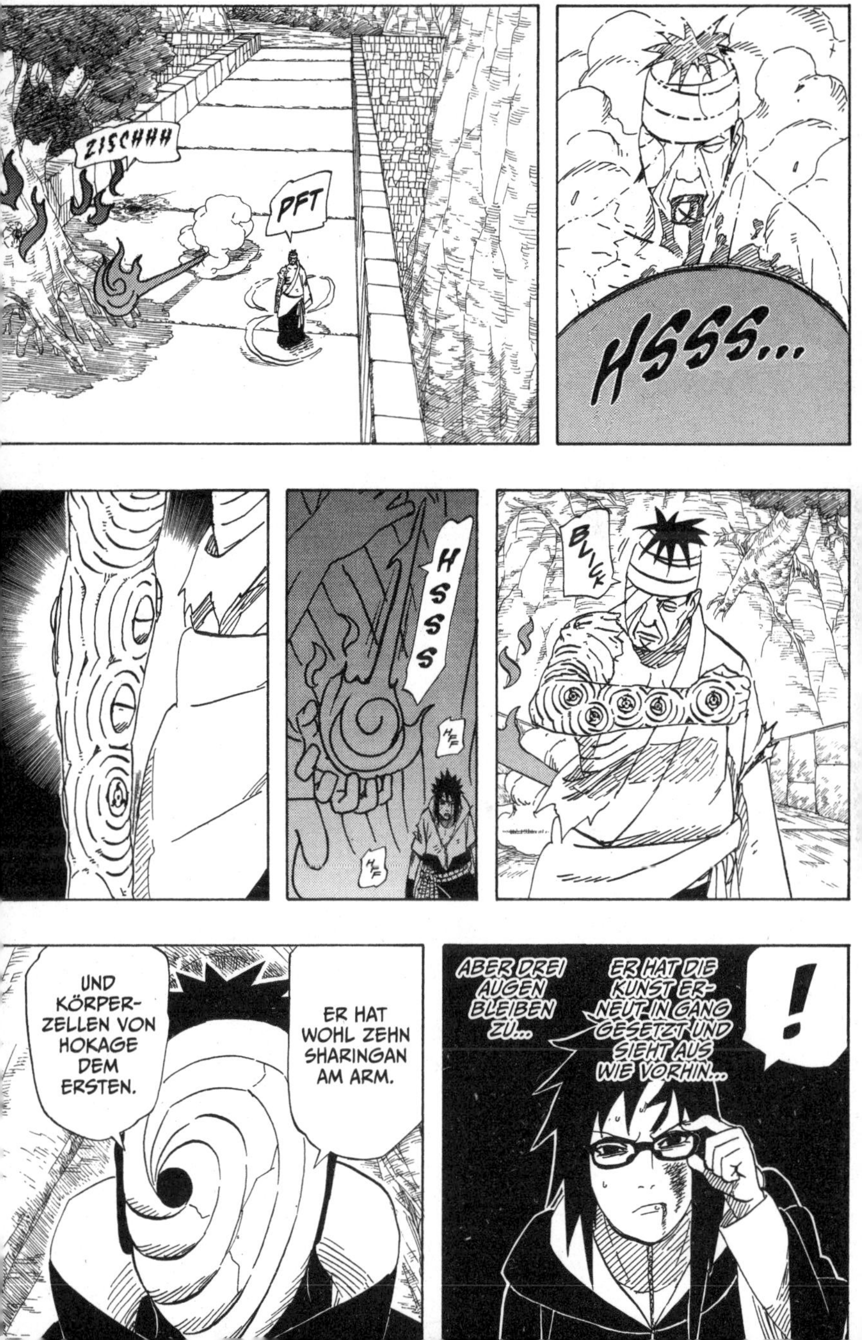
HSSS...
PFT
ZISCHHH
BLICK
HSSS
HF
HF
!
ER HAT DIE KUNST ERNEUT IN GANG GESETZT UND SIEHT AUS WIE VORHIN...
ABER DREI AUGEN BLEIBEN ZU...
ER HAT WOHL ZEHN SHARINGAN AM ARM.
UND KÖRPERZELLEN VON HOKAGE DEM ERSTEN.

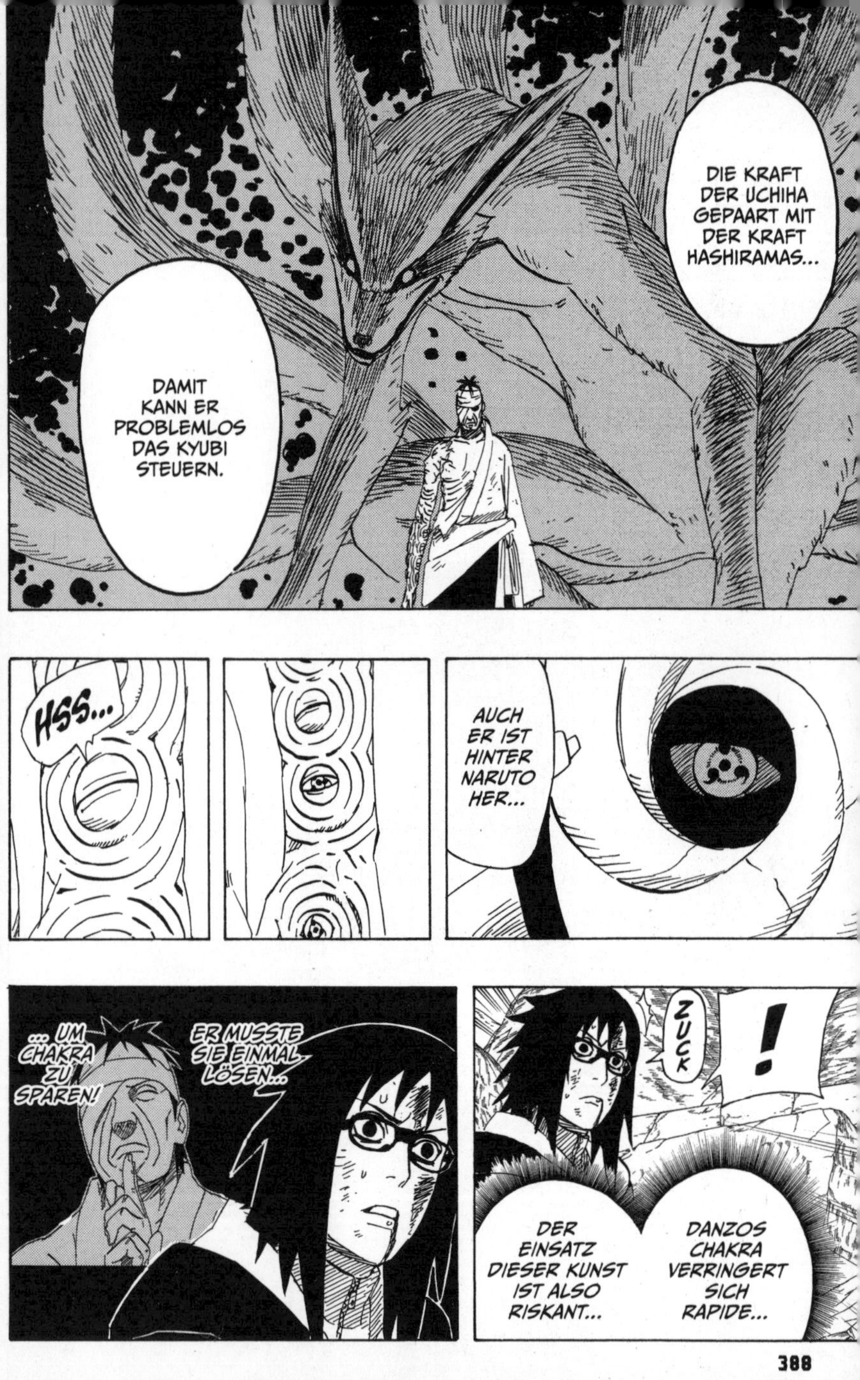
DIE KRAFT DER UCHIHA GEPAART MIT DER KRAFT HASHIRAMAS...
DAMIT KANN ER PROBLEMLOS DAS KYUBI STEUERN.
AUCH ER IST HINTER NARUTO HER...
HSS...
ZUCK
!
DANZOS CHAKRA VERRINGERT SICH RAPIDE...
DER EINSATZ DIESER KUNST IST ALSO RISKANT...
ER MUSSTE SIE EINMAL LÖSEN...
... UM CHAKRA ZU SPAREN!

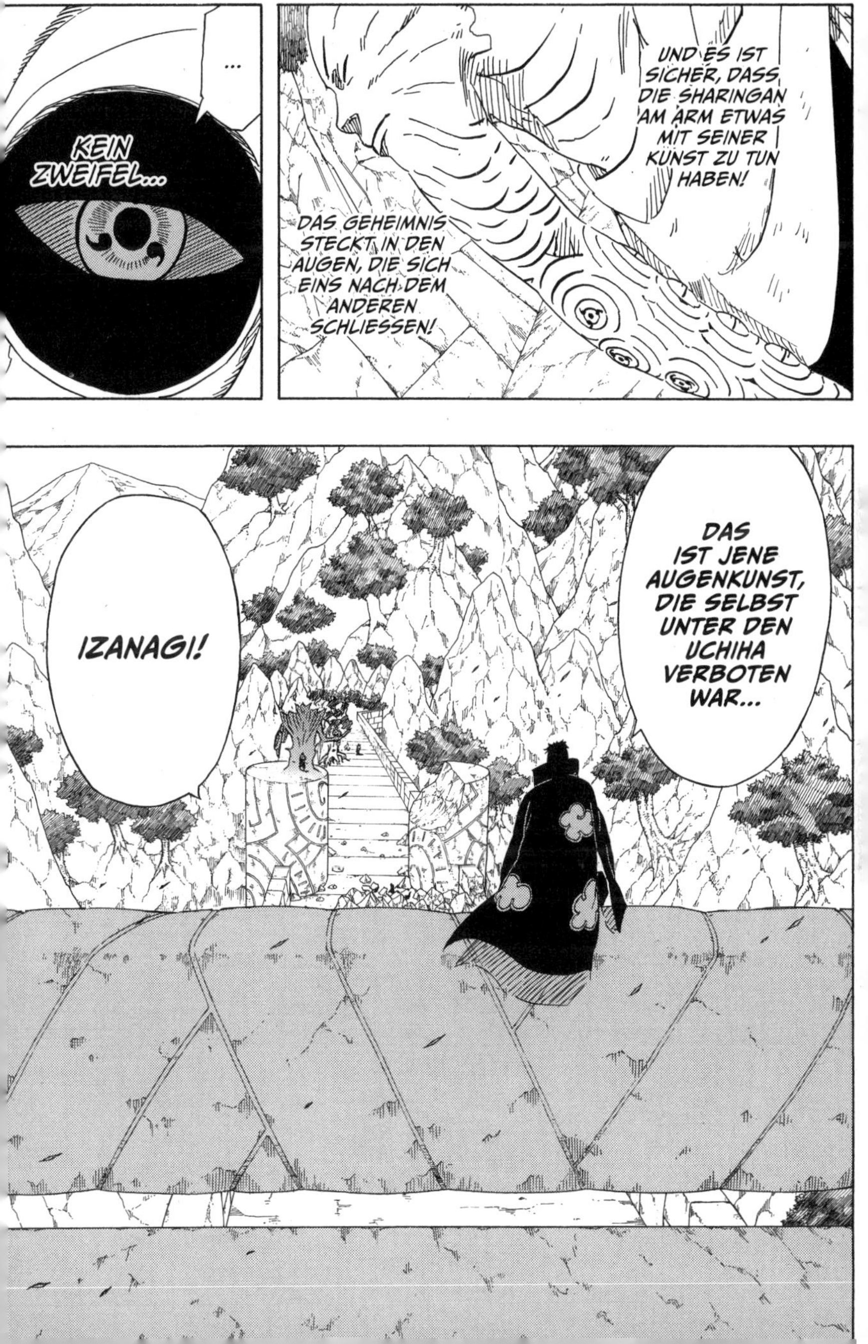
UND ES IST SICHER, DASS DIE SHARINGAN AM ARM ETWAS MIT SEINER KUNST ZU TUN HABEN!
DAS GEHEIMNIS STECKT IN DEN AUGEN, DIE SICH EINS NACH DEM ANDEREN SCHLIESSEN!
...
KEIN ZWEIFEL...
DAS IST JENE AUGENKUNST, DIE SELBST UNTER DEN UCHIHA VERBOTEN WAR...
IZANAGI!

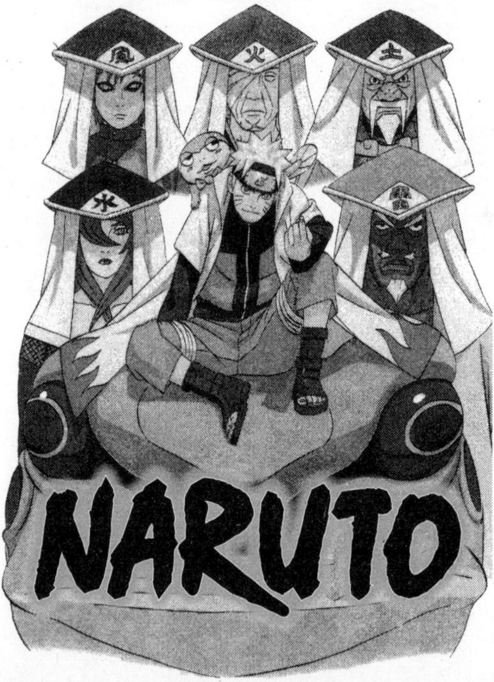
NARUTO

479. Kapitel: Izanagi

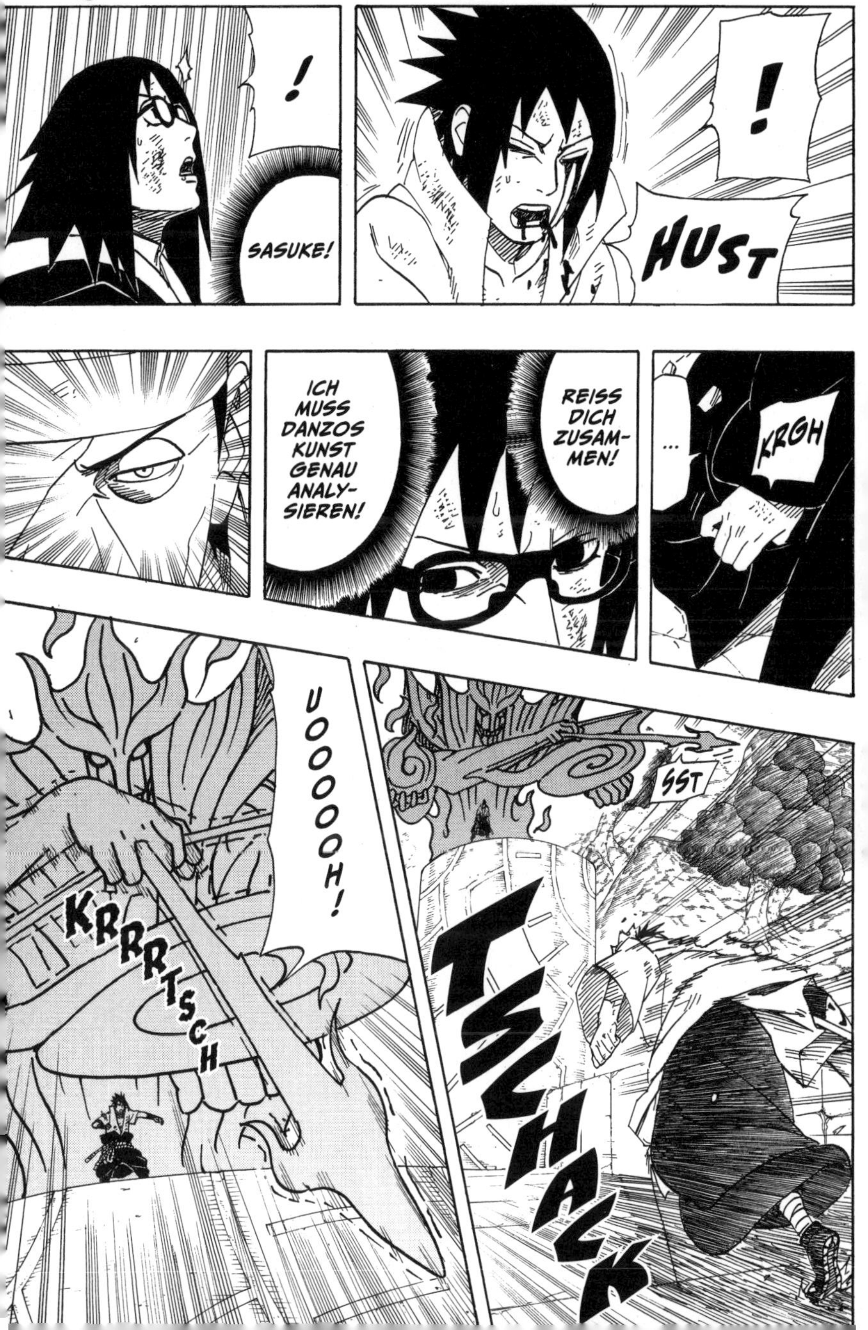

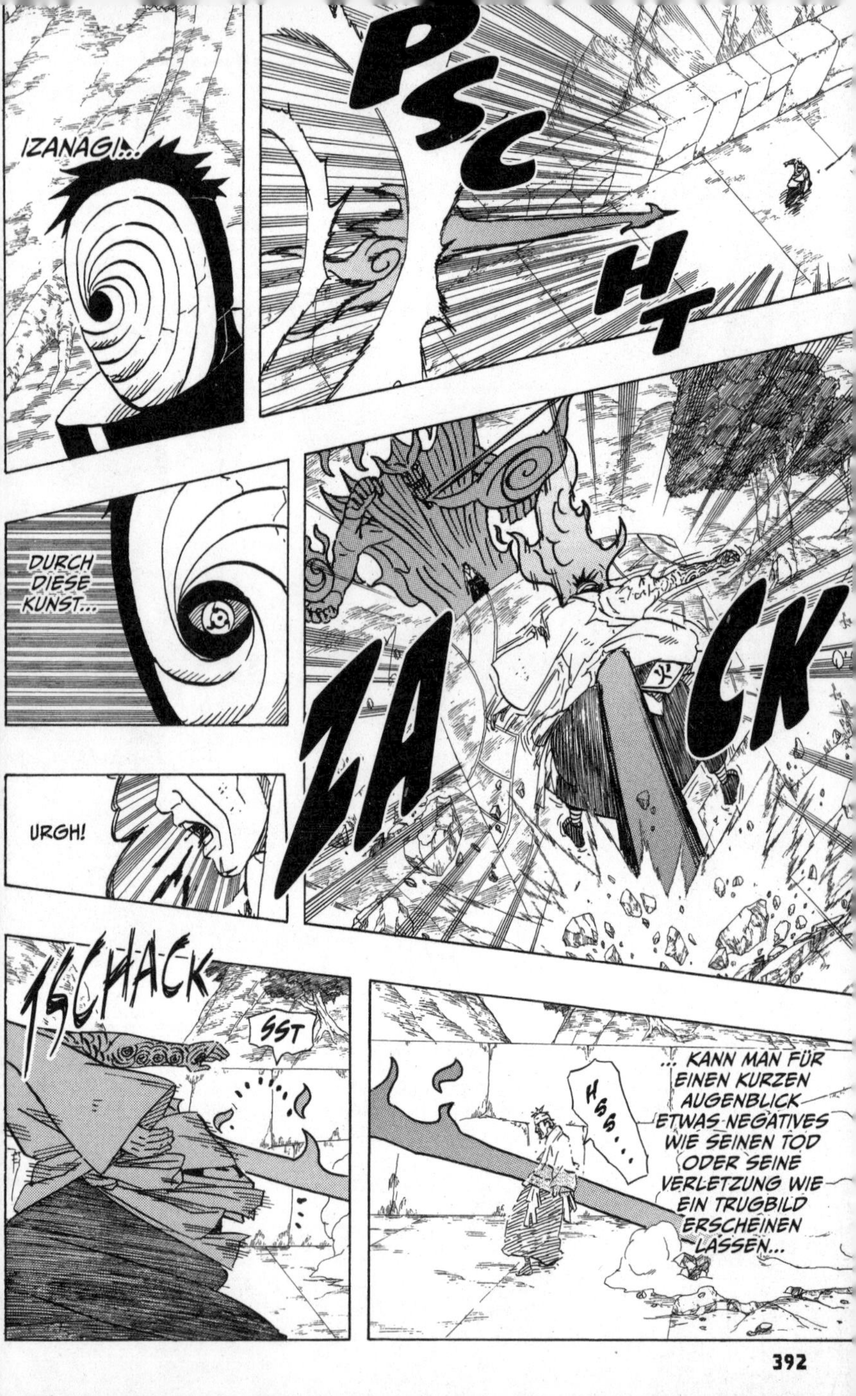
PSCHT
IZANAGI…
ZACK
DURCH DIESE KUNST…
URGH!
TSCHACK
SST
… KANN MAN FÜR EINEN KURZEN AUGENBLICK ETWAS NEGATIVES WIE SEINEN TOD ODER SEINE VERLETZUNG WIE EIN TRUGBILD ERSCHEINEN LASSEN…
HSS…

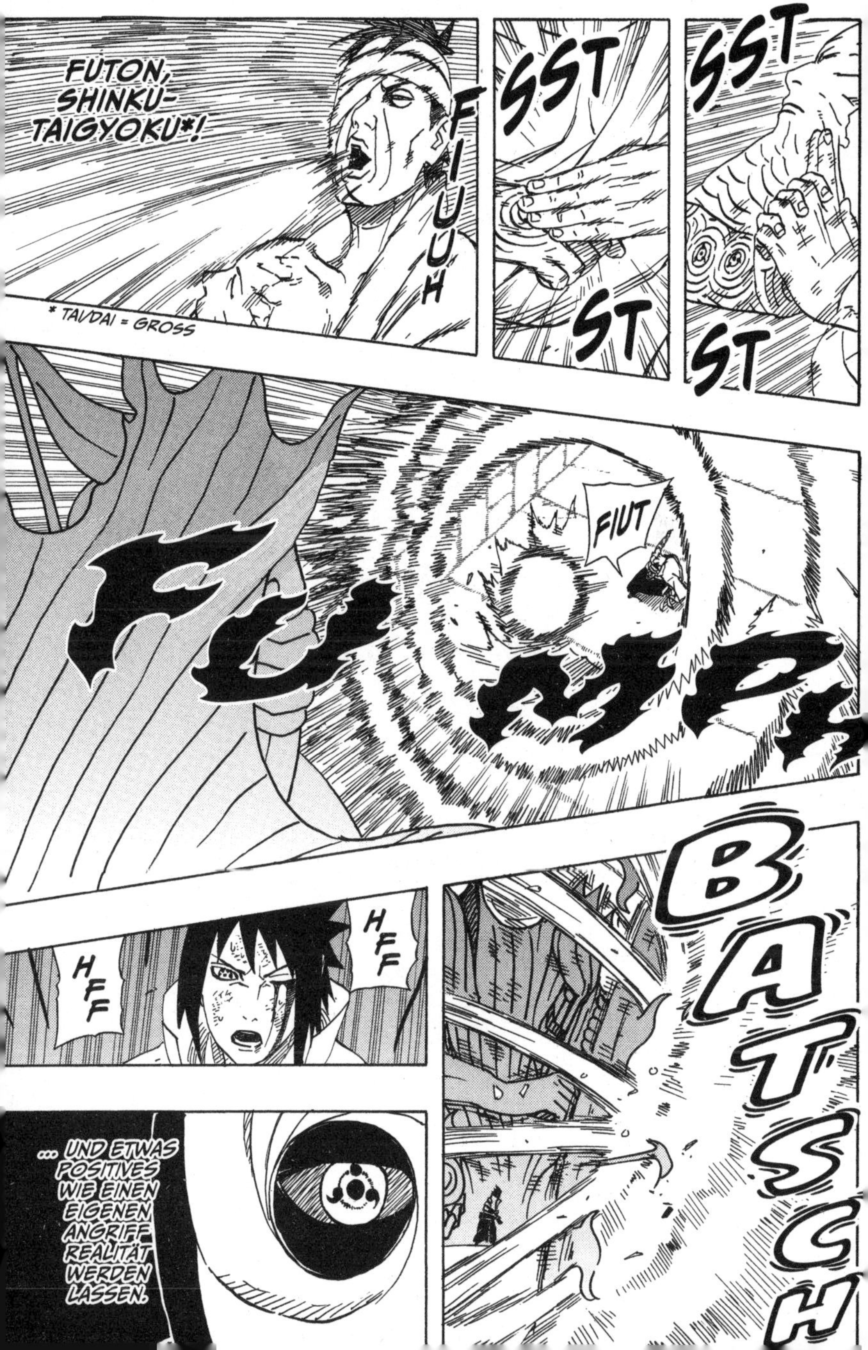

SST
ST
SST
ST
FUTON, SHINKU-TAIGYOKU*!
FIUUUH
* TAI/DAI = GROSS
FIUT
FUOH
BATSCH
HFF
HFF
... UND ETWAS POSITIVES WIE EINEN EIGENEN ANGRIFF REALITÄT WERDEN LASSEN.

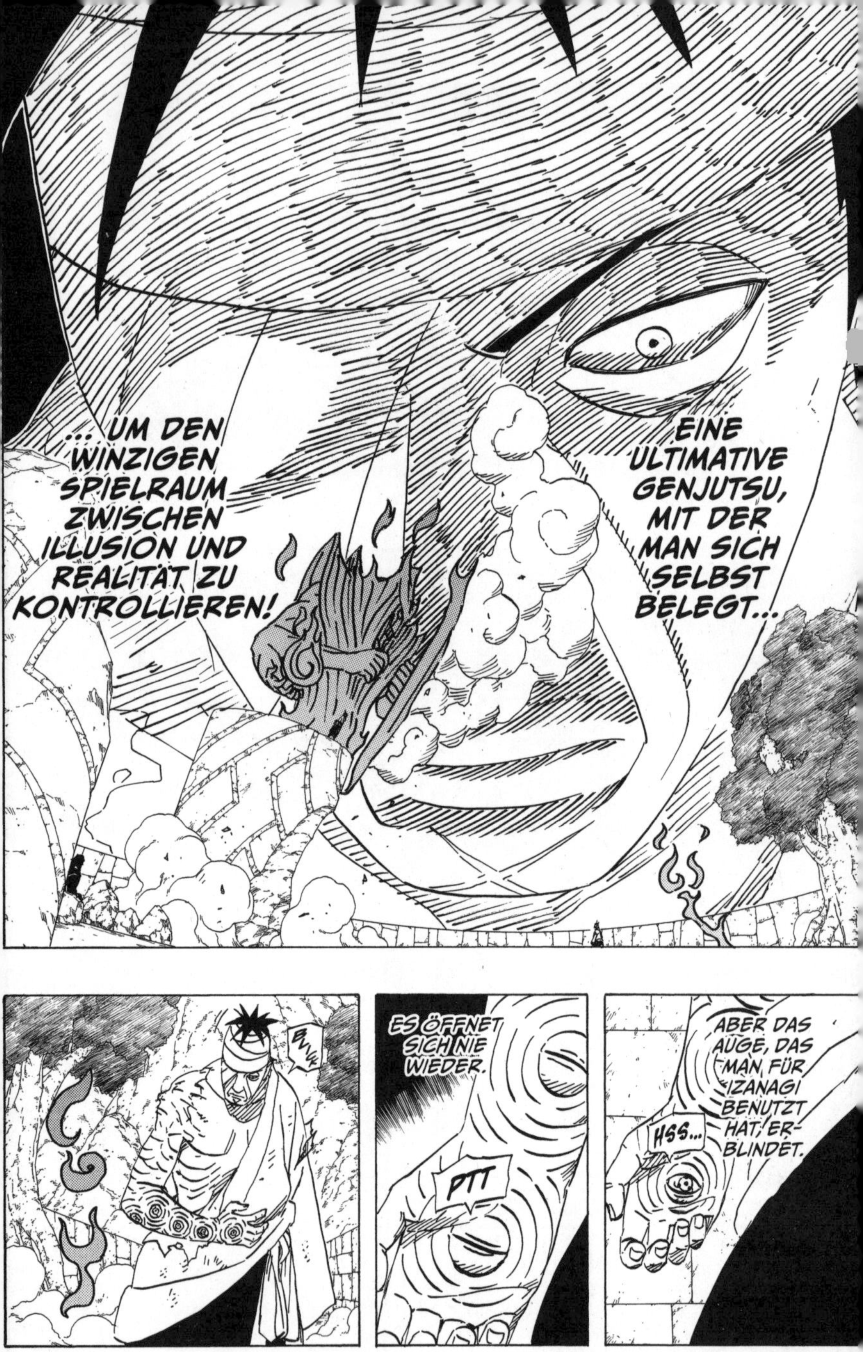
EINE ULTIMATIVE GENJUTSU, MIT DER MAN SICH SELBST BELEGT...
... UM DEN WINZIGEN SPIELRAUM ZWISCHEN ILLUSION UND REALITÄT ZU KONTROLLIEREN!
ABER DAS AUGE, DAS MAN FÜR IZANAGI BENUTZT HAT, ERBLINDET.
HSS...
ES ÖFFNET SICH NIE WIEDER.
PTT

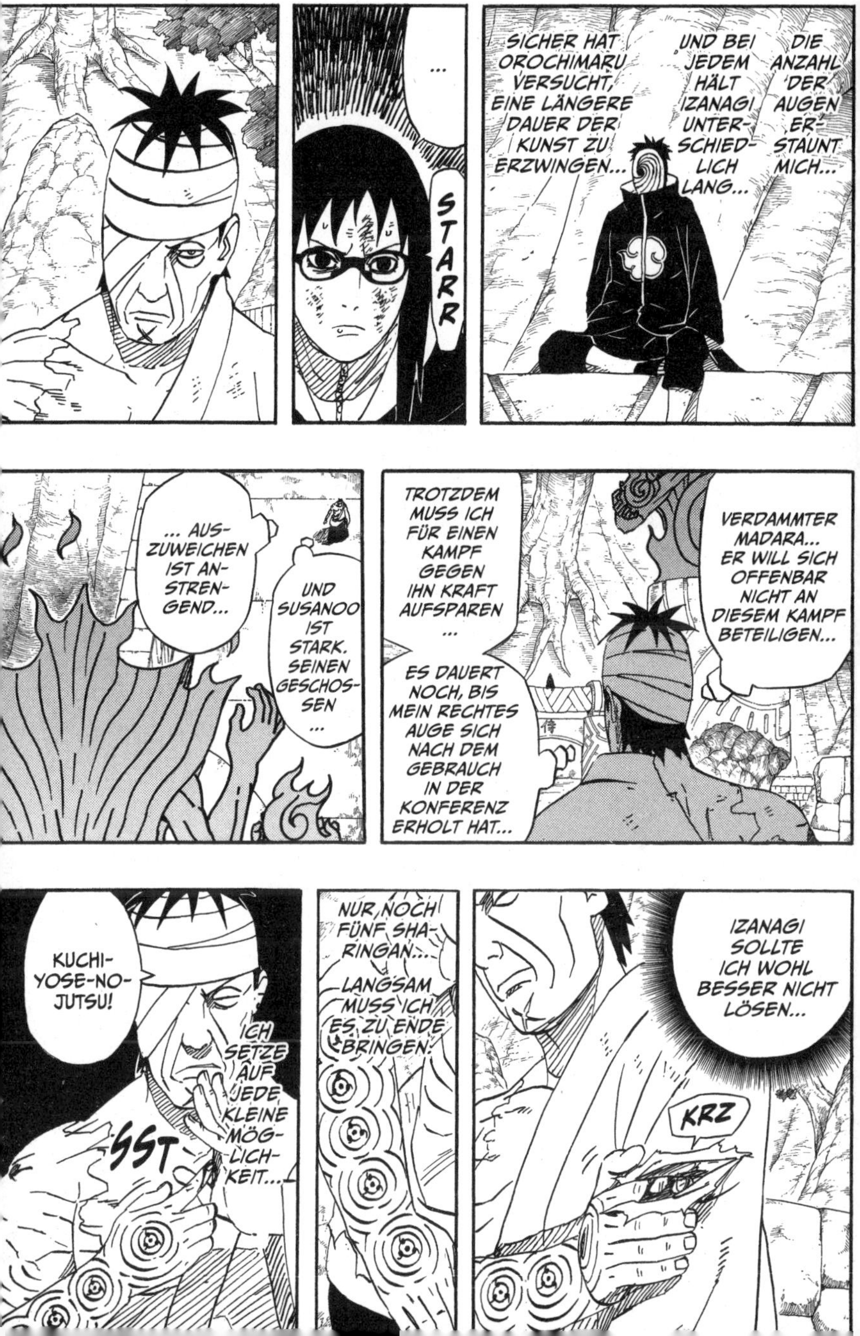
DIE ANZAHL DER AUGEN ERSTAUNT MICH...
UND BEI JEDEM HÄLT IZANAGI UNTERSCHIEDLICH LANG...
SICHER HAT OROCHIMARU VERSUCHT, EINE LÄNGERE DAUER DER KUNST ZU ERZWINGEN...
...
STARR
VERDAMMTER MADARA... ER WILL SICH OFFENBAR NICHT AN DIESEM KAMPF BETEILIGEN...
TROTZDEM MUSS ICH FÜR EINEN KAMPF GEGEN IHN KRAFT AUFSPAREN...
ES DAUERT NOCH, BIS MEIN RECHTES AUGE SICH NACH DEM GEBRAUCH IN DER KONFERENZ ERHOLT HAT...
UND SUSANOO IST STARK. SEINEN GESCHOSSEN ...
... AUSZUWEICHEN IST ANSTRENGEND...
IZANAGI SOLLTE ICH WOHL BESSER NICHT LÖSEN...
KRZ
NUR NOCH FÜNF SHARINGAN...
LANGSAM MUSS ICH ES ZU ENDE BRINGEN.
KUCHI-YOSE-NO-JUTSU!
ICH SETZE AUF JEDE KLEINE MÖGLICHKEIT...
SST

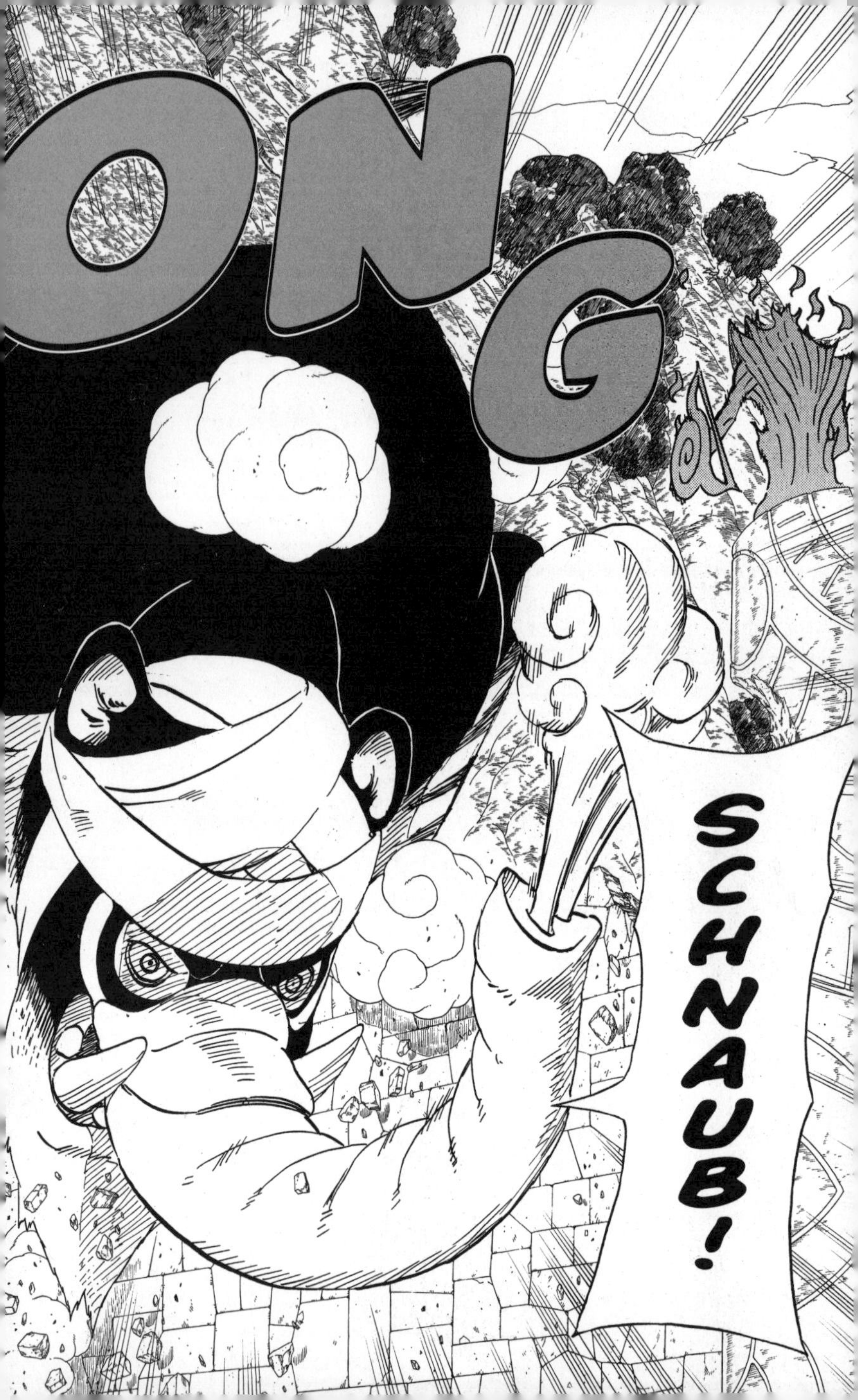
ONG
SCHNAUB!

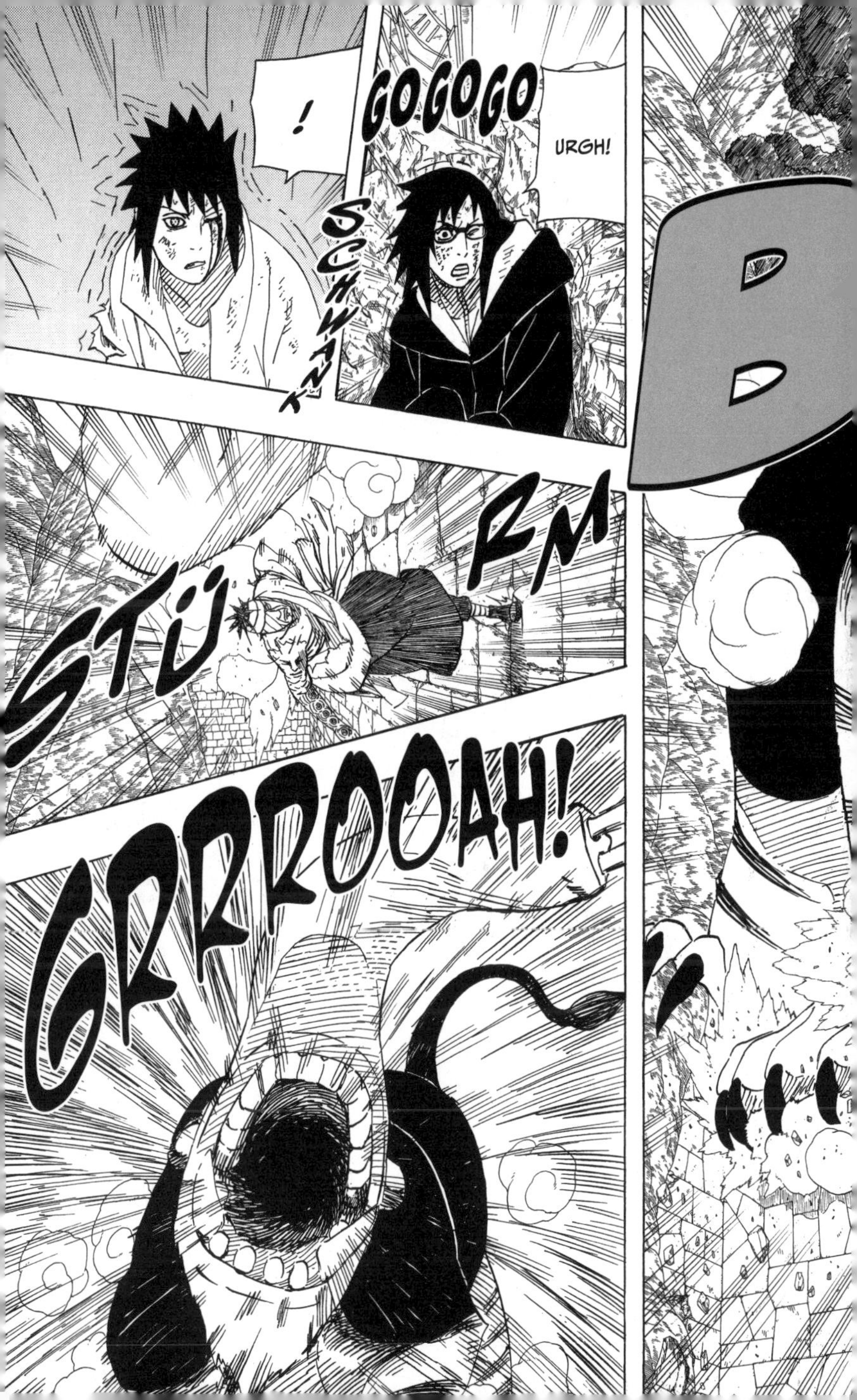

URGH!
GOGOGO
!
SCHWANK
BAM
STÜRM
GRRROOAH!

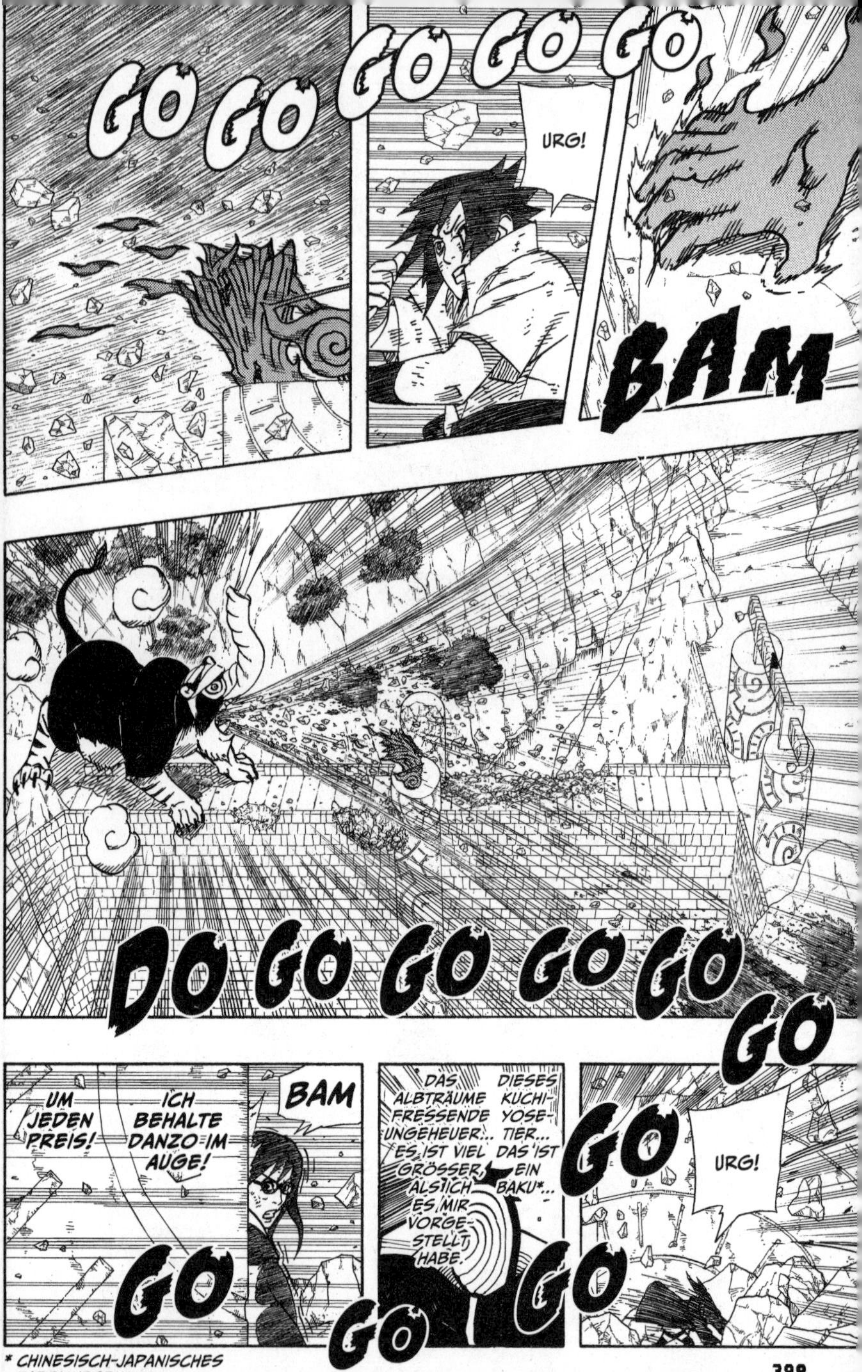

* CHINESISCH-JAPANISCHES FABELWESEN

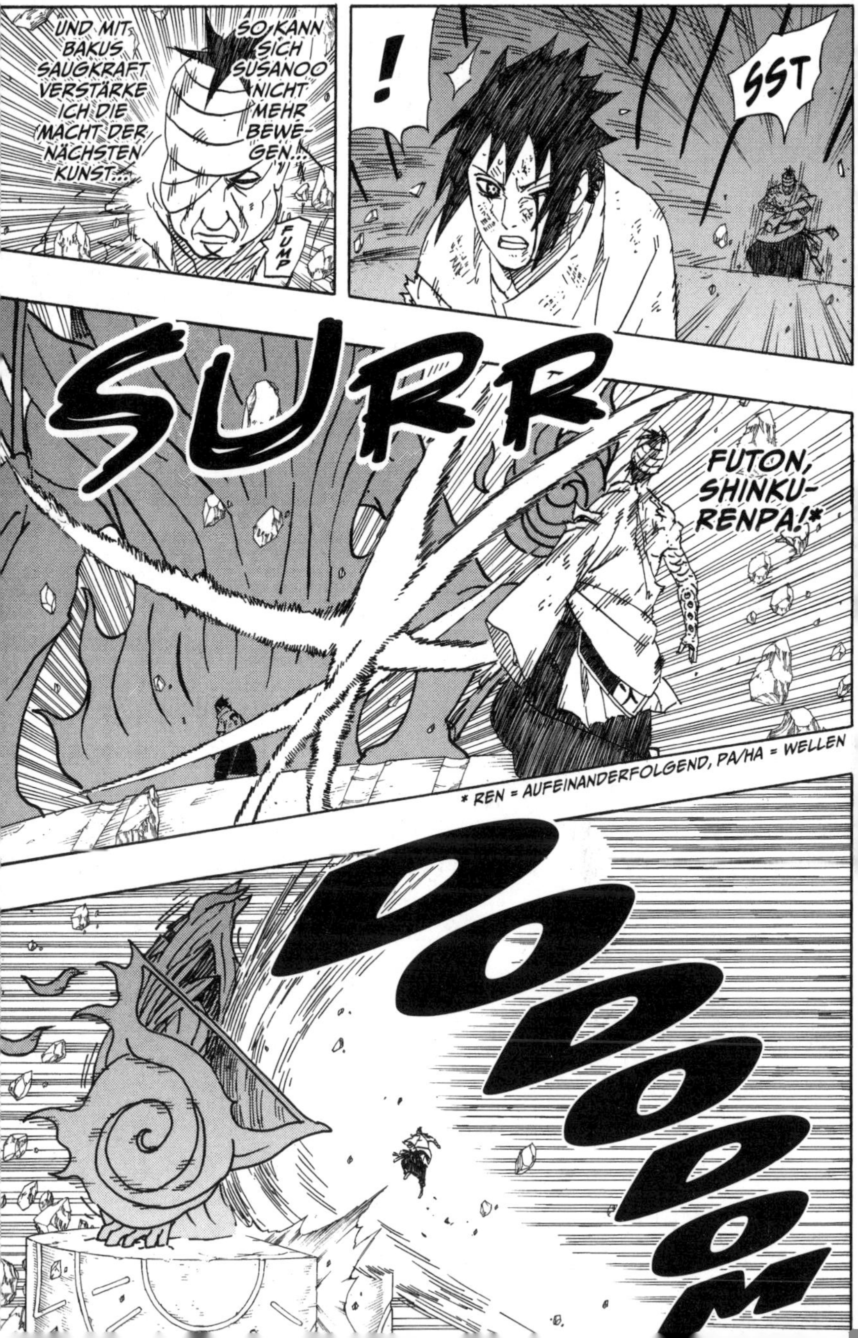
SO KANN SICH SUSANOO NICHT MEHR BEWEGEN...
UND MIT BAKUS SAUGKRAFT VERSTÄRKE ICH DIE MACHT DER NÄCHSTEN KUNST...
FUMP
SST
!
SURR
FUTON, SHINKU-RENPA!*
* REN = AUFEINANDERFOLGEND, PA/HA = WELLEN
DOOOOOOM

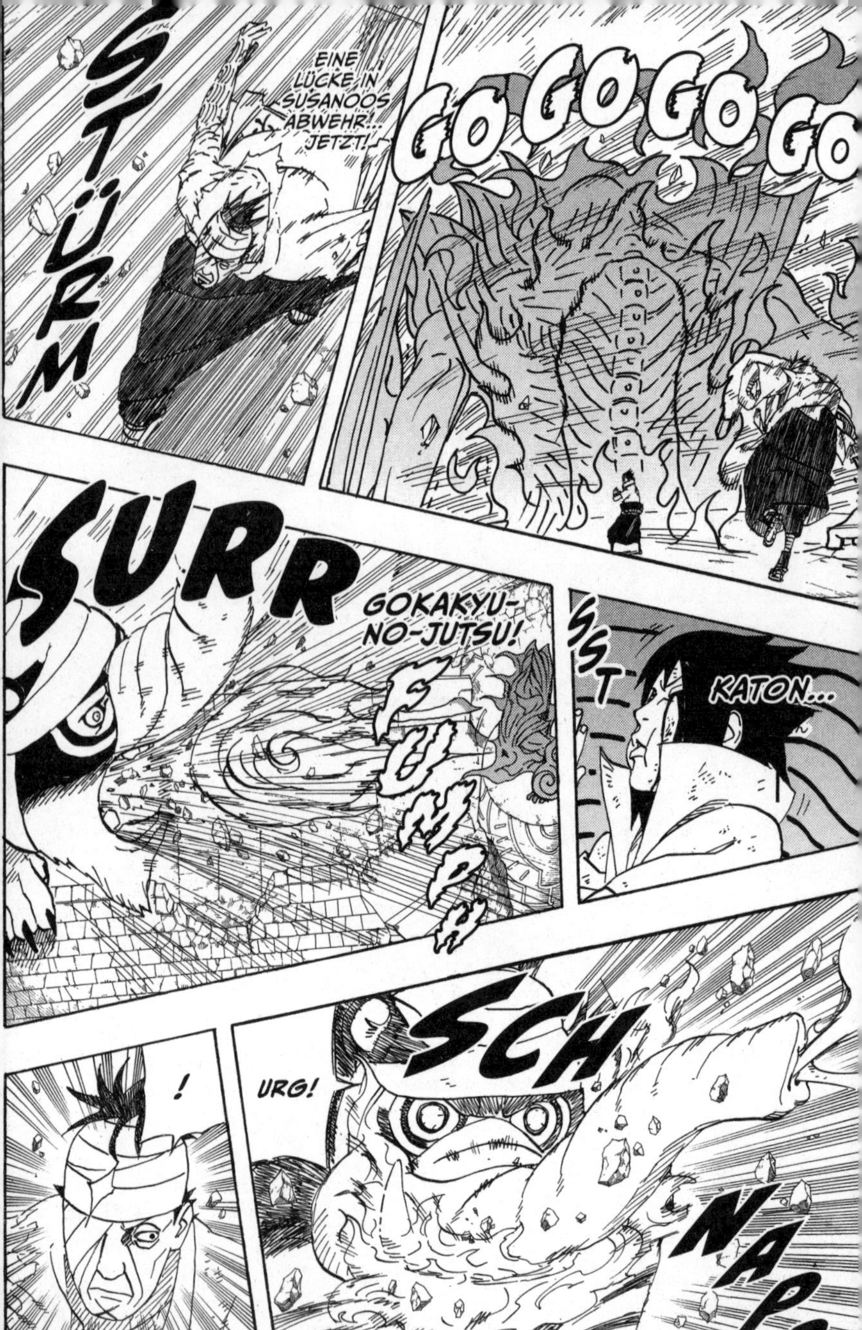
GOGOGOGOGO
EINE LÜCKE IN SUSANOOS ABWEHR... JETZT!
STÜRM
SSST
KATON...
GOKAKYU-NO-JUTSU!
SURR
SCH
URG!
NAPP
!

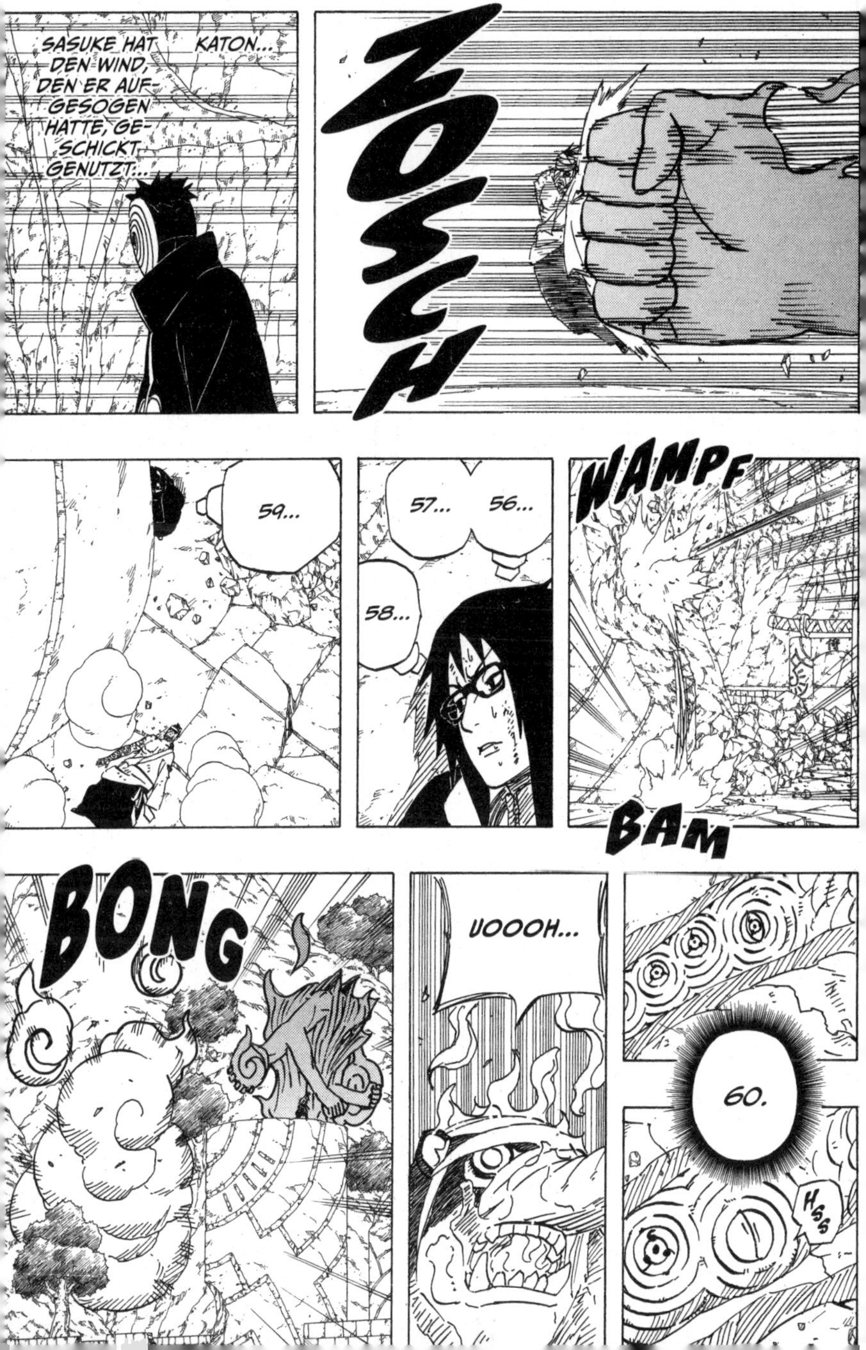

ZOSCH
KATON...
SASUKE HAT DEN WIND, DEN ER AUFGESOGEN HATTE, GESCHICKT GENUTZT...
WAMPF
BAM
56...
57...
58...
59...
BONG
60.
HSS
UOOOH...

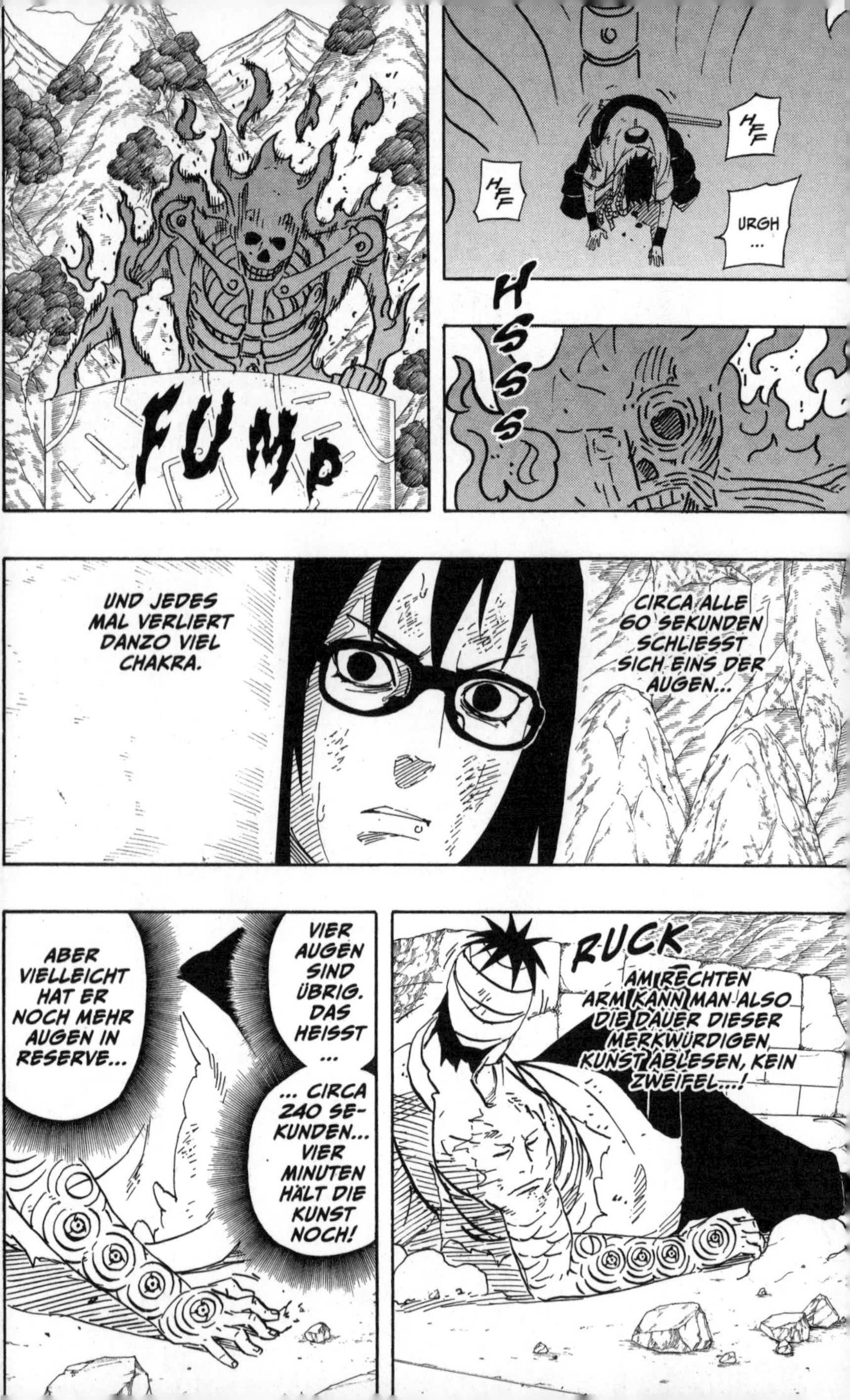
FUMP
HFF
HFF
URGH ...
HSSS
CIRCA ALLE 60 SEKUNDEN SCHLIESST SICH EINS DER AUGEN...
UND JEDES MAL VERLIERT DANZO VIEL CHAKRA.
RUCK
AM RECHTEN ARM KANN MAN ALSO DIE DAUER DIESER MERKWÜRDIGEN KUNST ABLESEN, KEIN ZWEIFEL...!
VIER AUGEN SIND ÜBRIG. DAS HEISST ...
... CIRCA 240 SEKUNDEN... VIER MINUTEN HÄLT DIE KUNST NOCH!
ABER VIELLEICHT HAT ER NOCH MEHR AUGEN IN RESERVE...

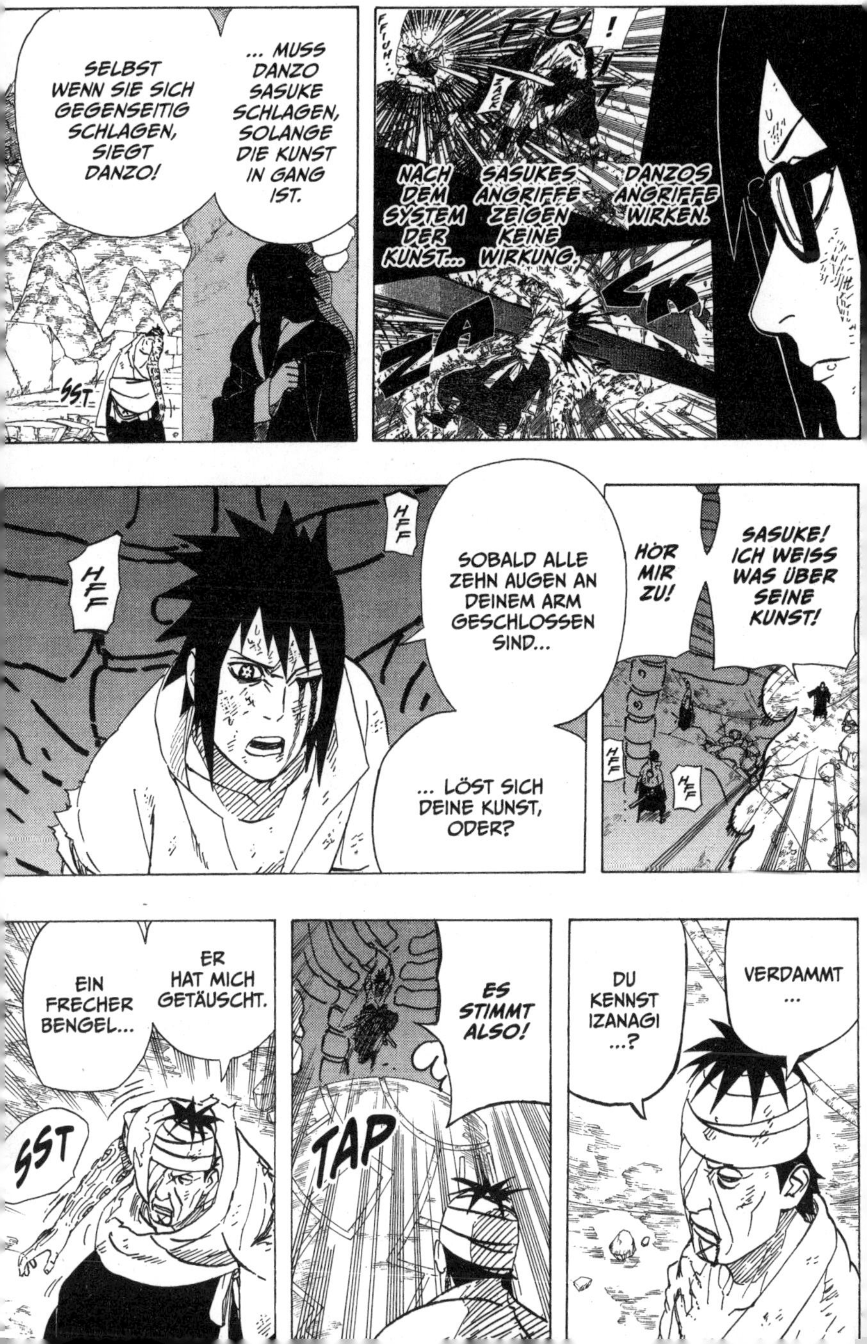

FFIUH...
ZACK
NACH DEM SYSTEM DER KUNST...
SASUKES ANGRIFFE ZEIGEN KEINE WIRKUNG.
DANZOS ANGRIFFE WIRKEN.
ZACK
SELBST WENN SIE SICH GEGENSEITIG SCHLAGEN, SIEGT DANZO!
... MUSS DANZO SASUKE SCHLAGEN, SOLANGE DIE KUNST IN GANG IST.
SST
SASUKE! ICH WEISS WAS ÜBER SEINE KUNST!
HÖR MIR ZU!
HFF
HFF
SOBALD ALLE ZEHN AUGEN AN DEINEM ARM GESCHLOSSEN SIND...
... LÖST SICH DEINE KUNST, ODER?
HFF
HFF
VERDAMMT ...
DU KENNST IZANAGI ...?
ES STIMMT ALSO!
TAP
ER HAT MICH GETÄUSCHT.
EIN FRECHER BENGEL...
SST

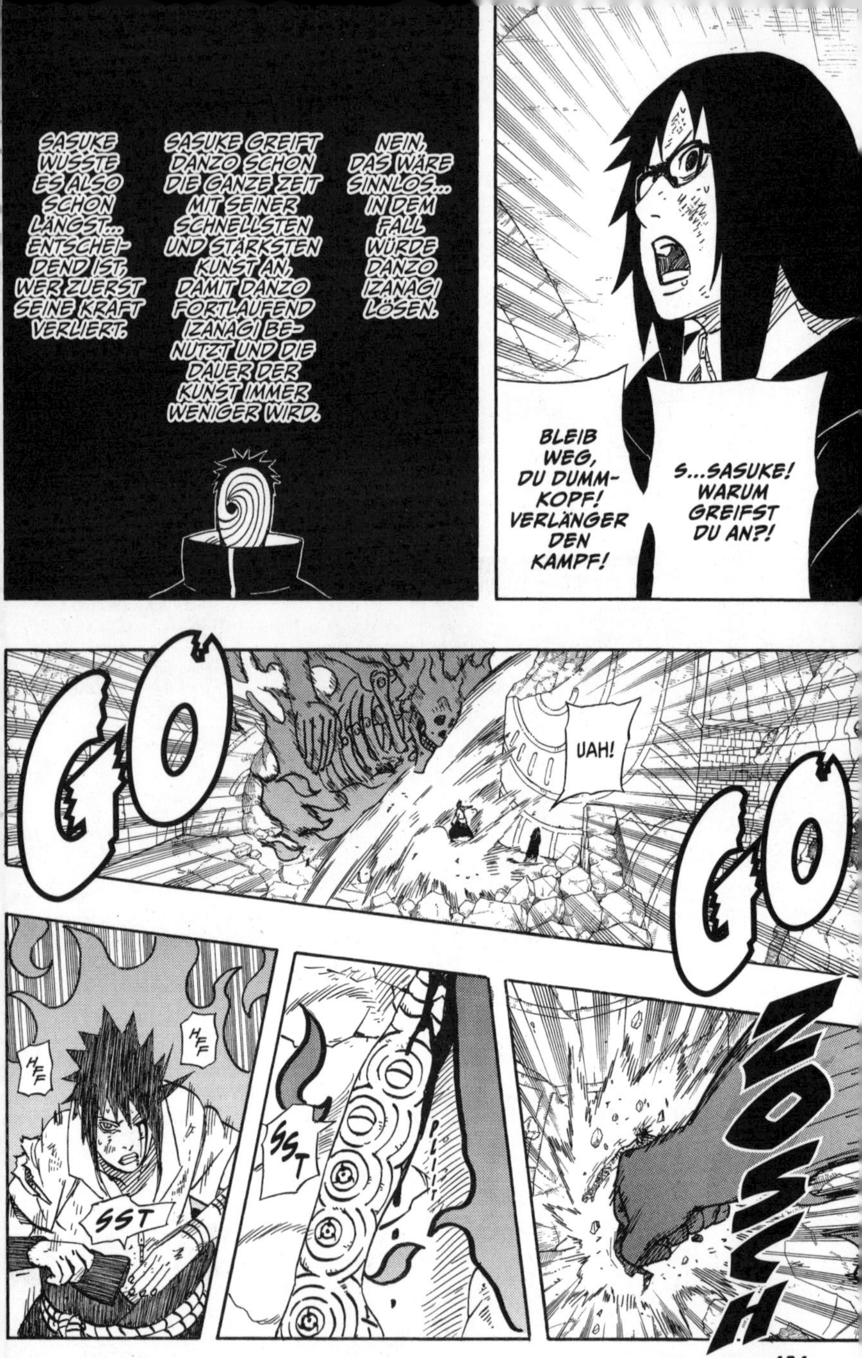

S...SASUKE! WARUM GREIFST DU AN?!
BLEIB WEG, DU DUMMKOPF! VERLÄNGER DEN KAMPF!
NEIN, DAS WÄRE SINNLOS... IN DEM FALL WÜRDE DANZO IZANAGI LÖSEN.
SASUKE GREIFT DANZO SCHON DIE GANZE ZEIT MIT SEINER SCHNELLSTEN UND STÄRKSTEN KUNST AN, DAMIT DANZO FORTLAUFEND IZANAGI BENUTZT UND DIE DAUER DER KUNST IMMER WENIGER WIRD.
SASUKE WUSSTE ES ALSO SCHON LÄNGST... ENTSCHEIDEND IST, WER ZUERST SEINE KRAFT VERLIERT.
GO
UAH!
GO
SST
HFF
HFF
SST

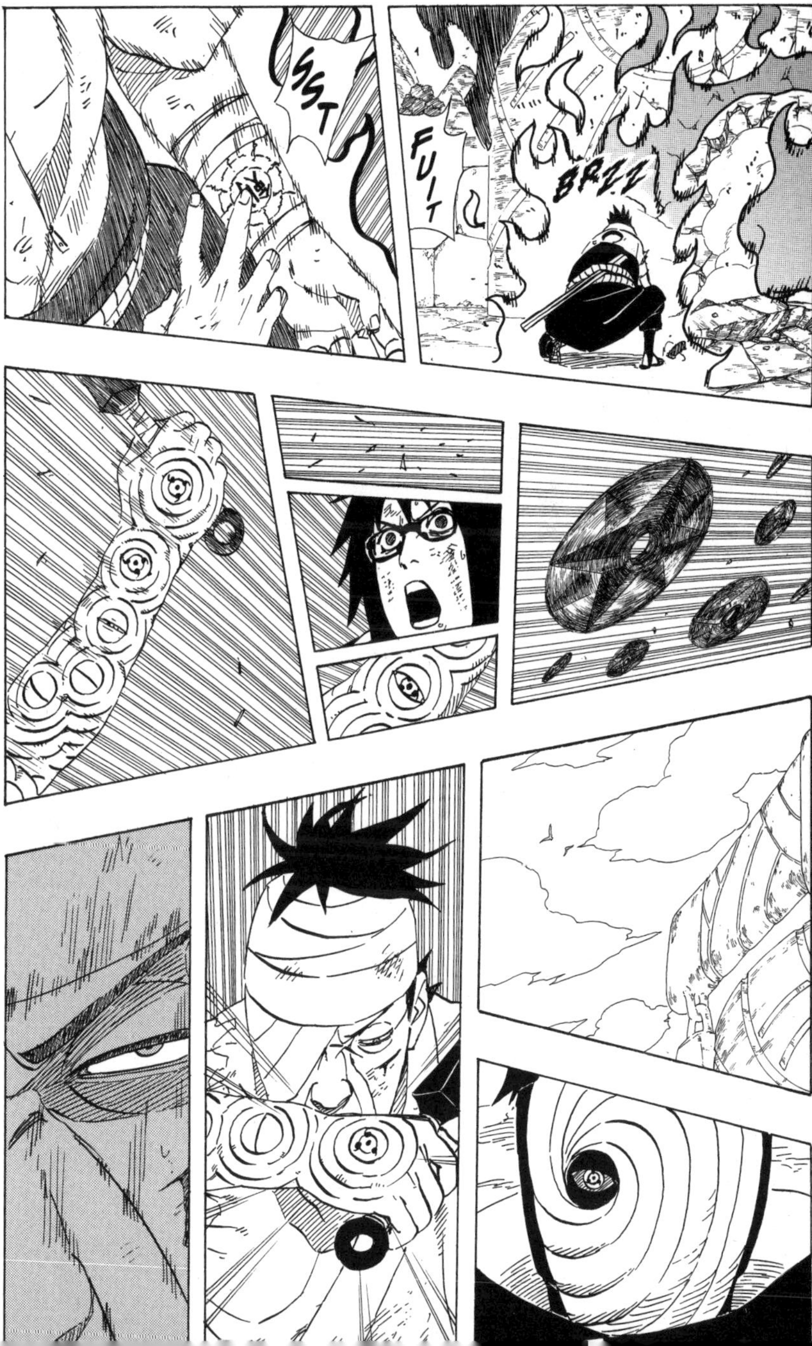
FUIT
BRZZ
SST

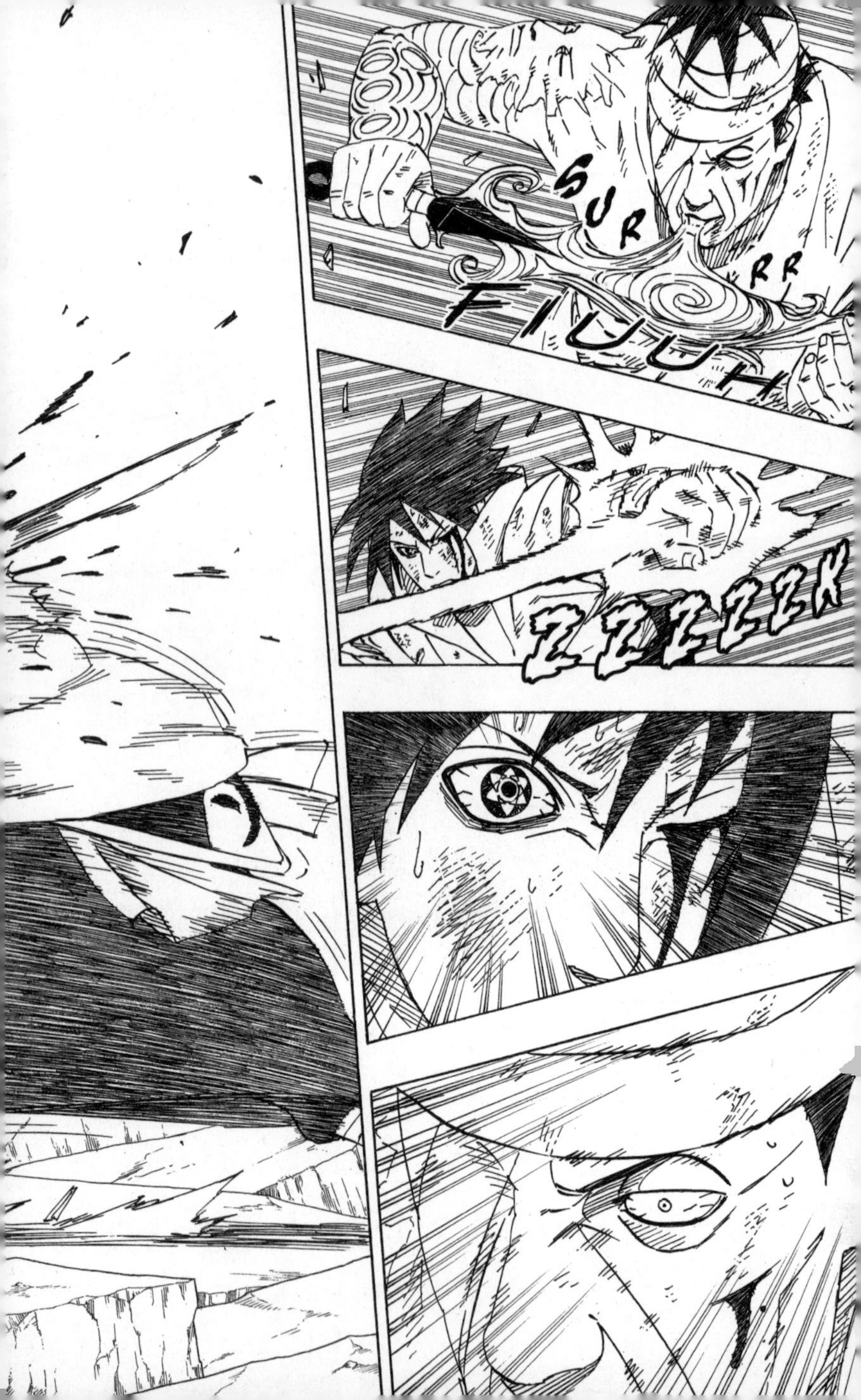
SURRR
FIUUUH
ZZZZZK

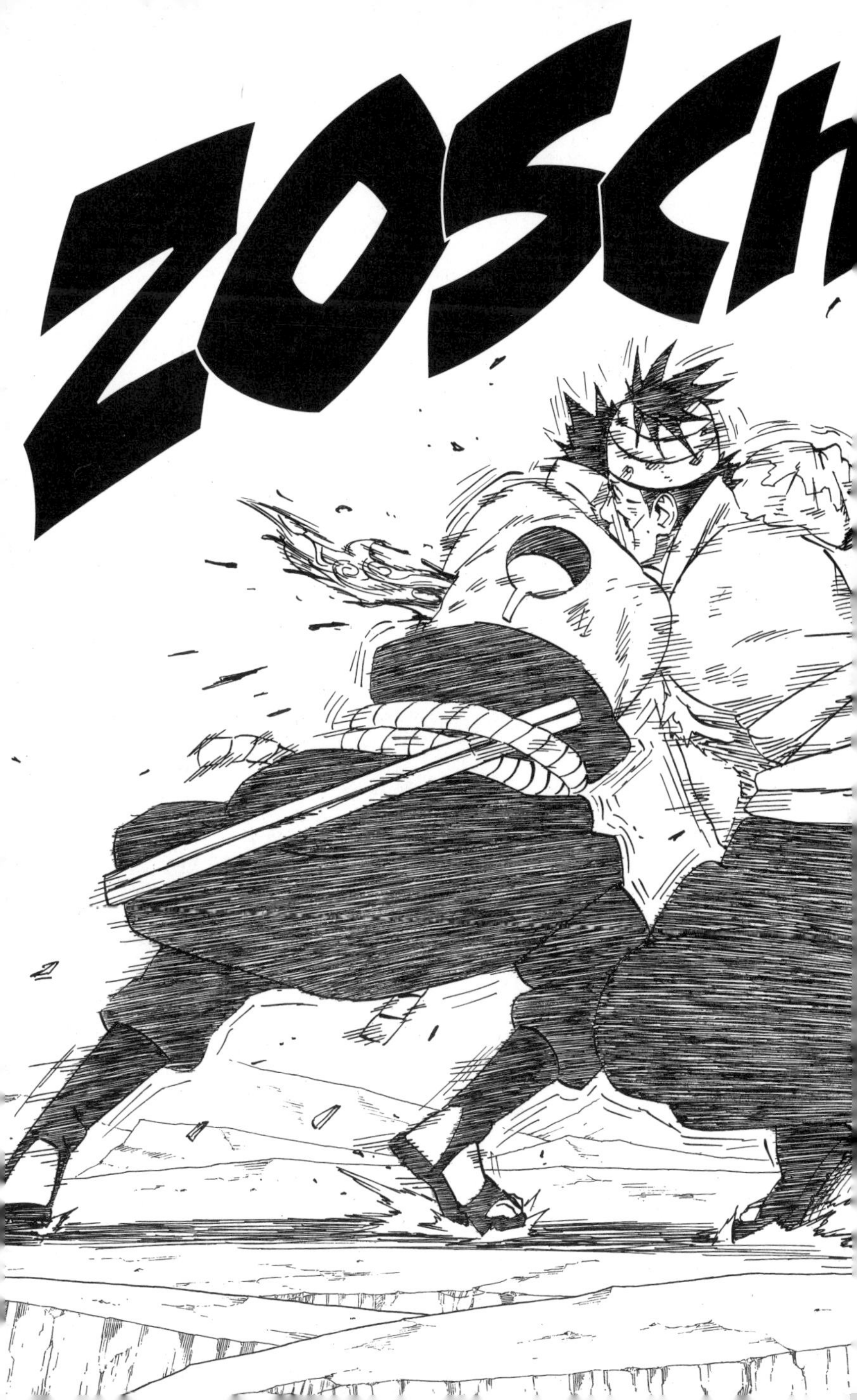
ZOSCH

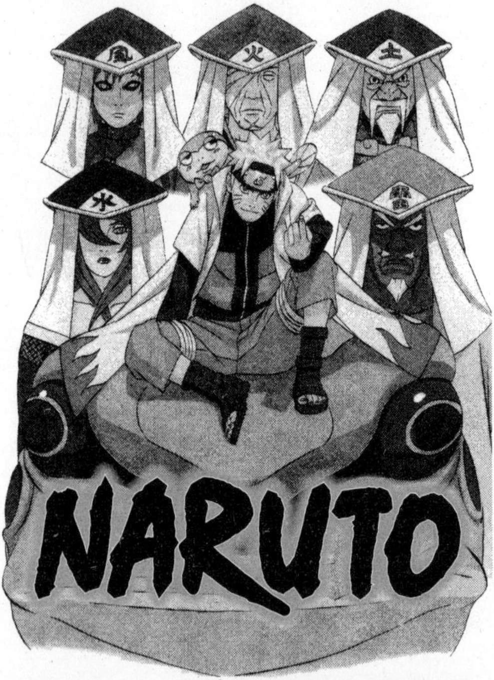
NARUTO

480. Kapitel: Opfer

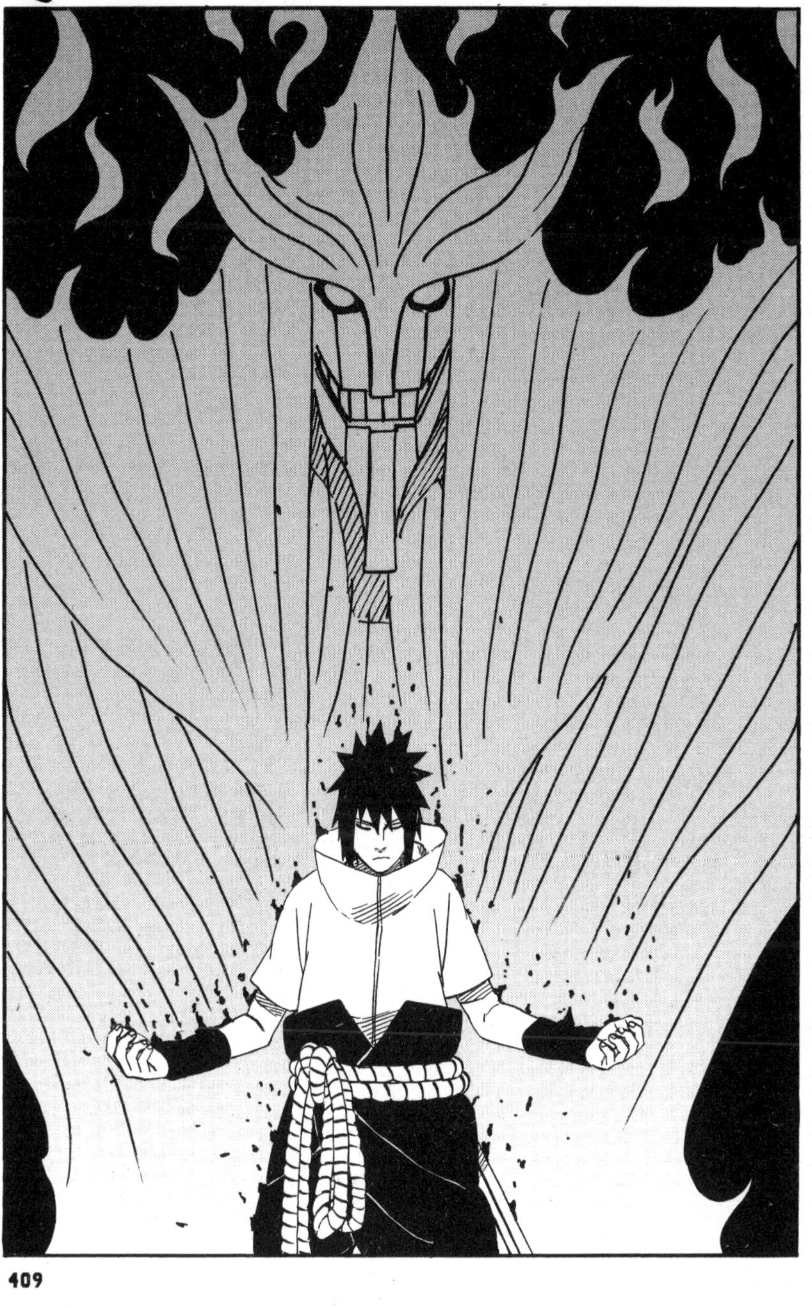

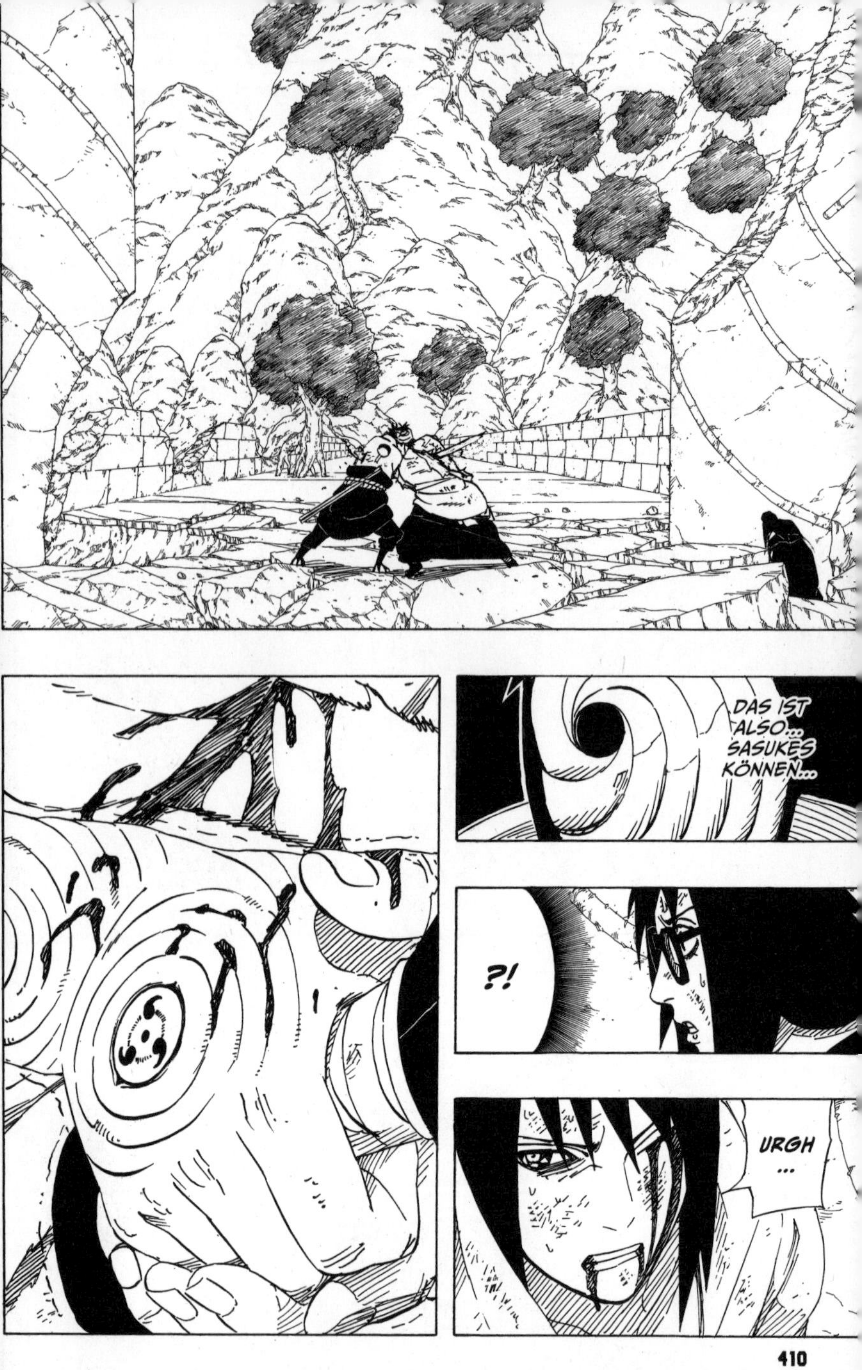
DAS IST ALSO... SASUKES KÖNNEN...
?!
URGH ...

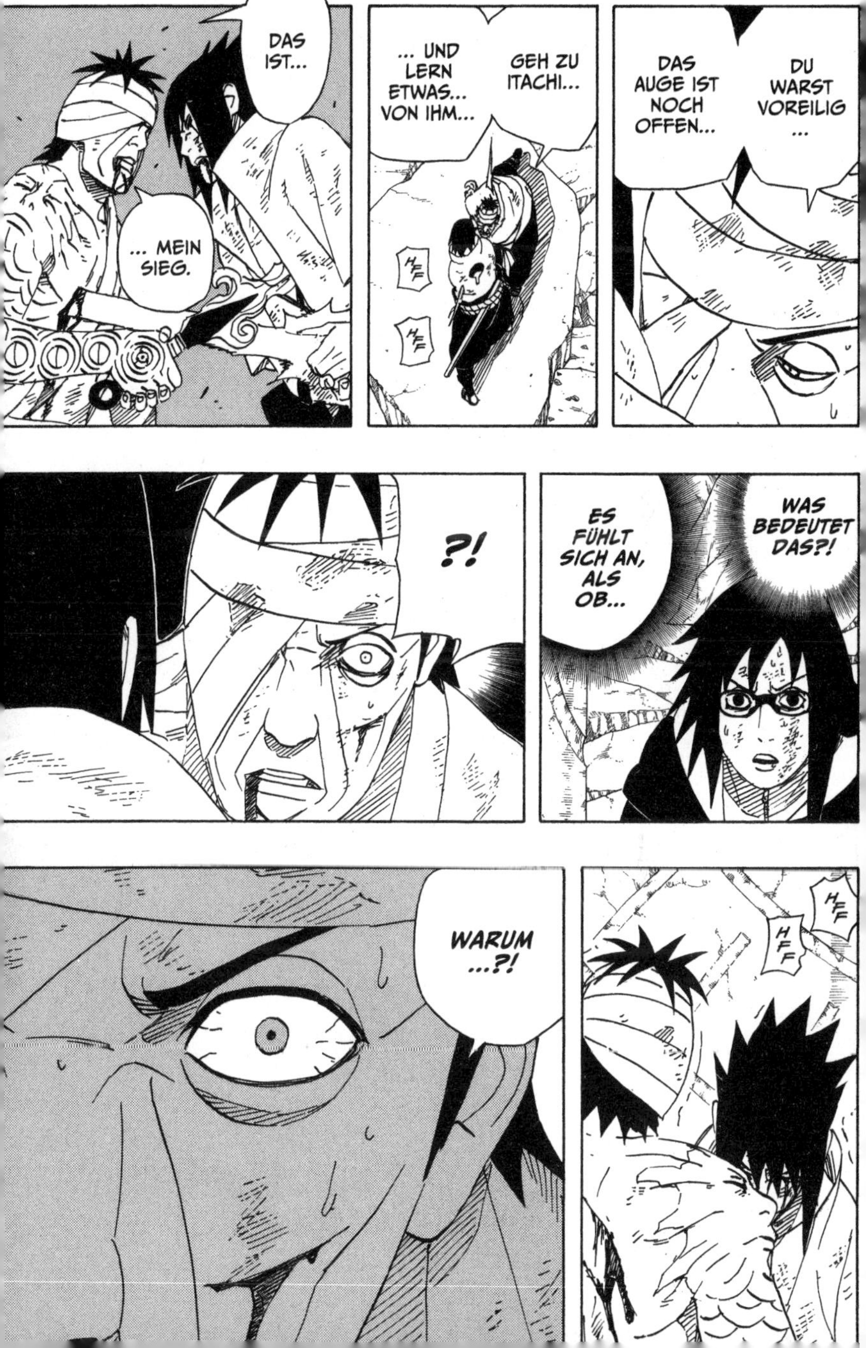
DU WARST VOREILIG ...
DAS AUGE IST NOCH OFFEN...
GEH ZU ITACHI...
... UND LERN ETWAS... VON IHM...
HFF
HFF
DAS IST...
... MEIN SIEG.
WAS BEDEUTET DAS?!
ES FÜHLT SICH AN, ALS OB...
?!
HFF
HFF
WARUM ...?!

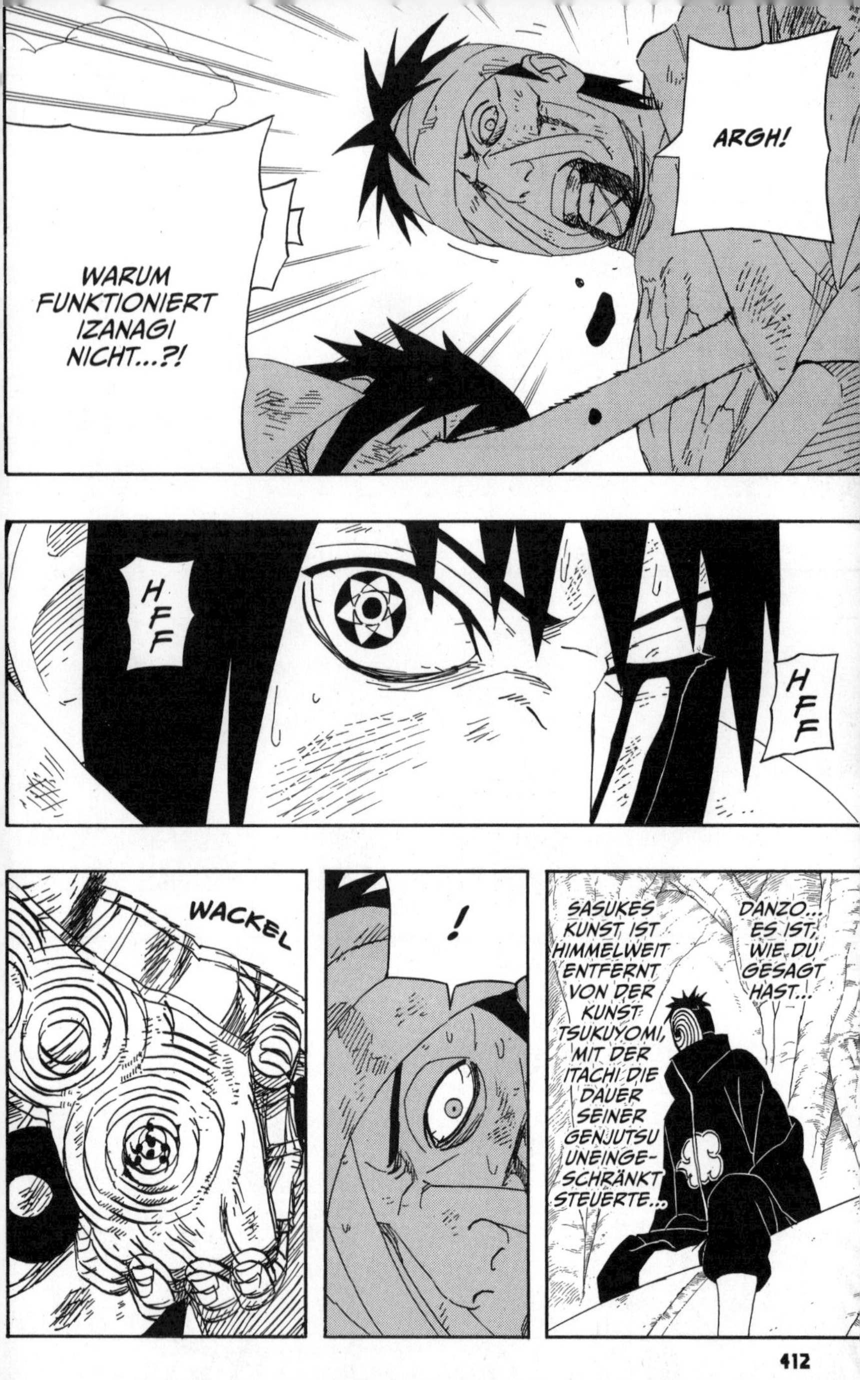

ARGH!
WARUM FUNKTIONIERT IZANAGI NICHT...?!
HFF
HFF
DANZO... ES IST, WIE DU GESAGT HAST...
SASUKES KUNST IST HIMMELWEIT ENTFERNT VON DER KUNST TSUKUYOMI, MIT DER ITACHI DIE DAUER SEINER GENJUTSU UNEINGE-SCHRÄNKT STEUERTE...
!
WACKEL

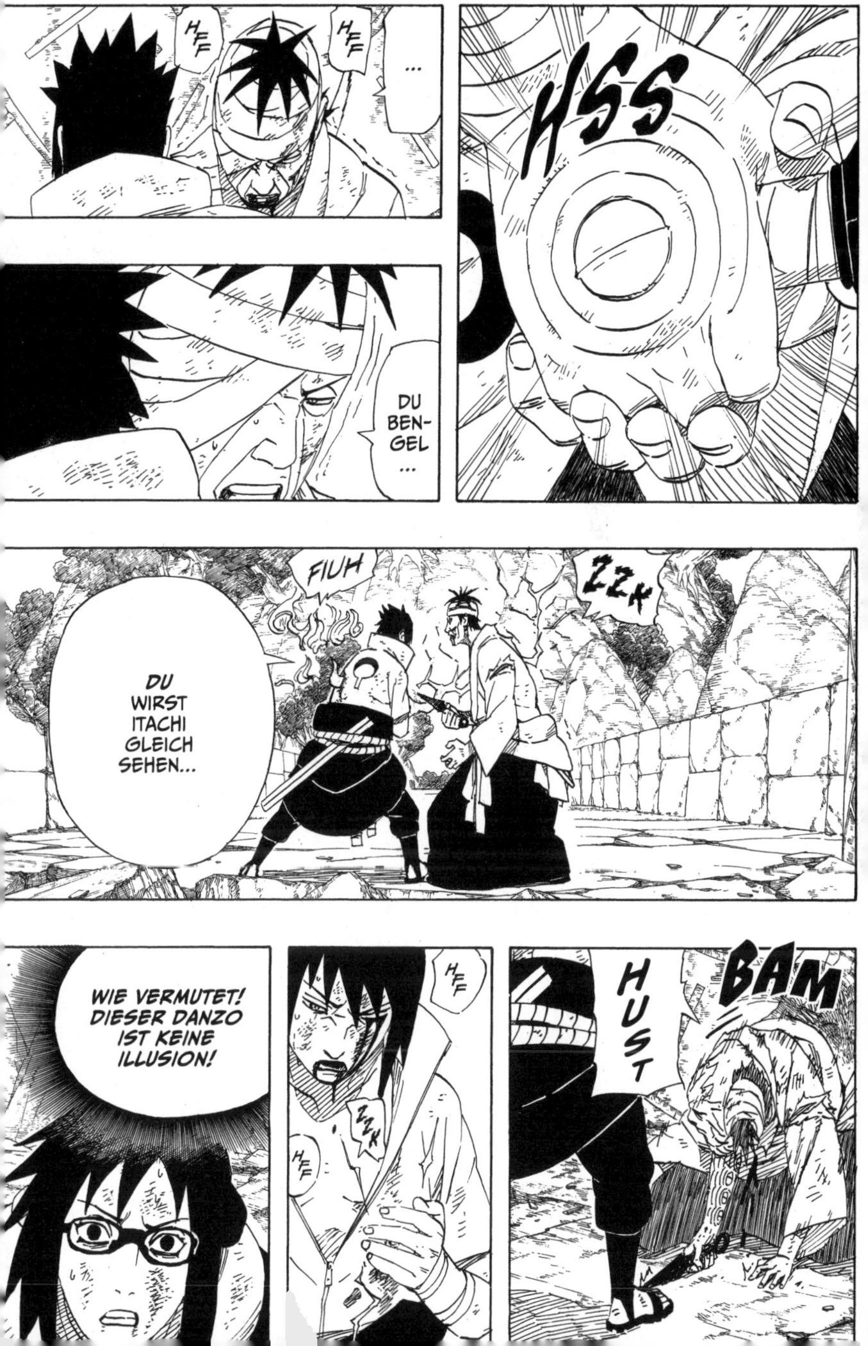
HSS
HFF
HFF
...
DU BEN-GEL ...
FIUH
ZZK
DU WIRST ITACHI GLEICH SEHEN...
BAM
HUST
HFF
ZZK
HFF
WIE VERMUTET! DIESER DANZO IST KEINE ILLUSION!

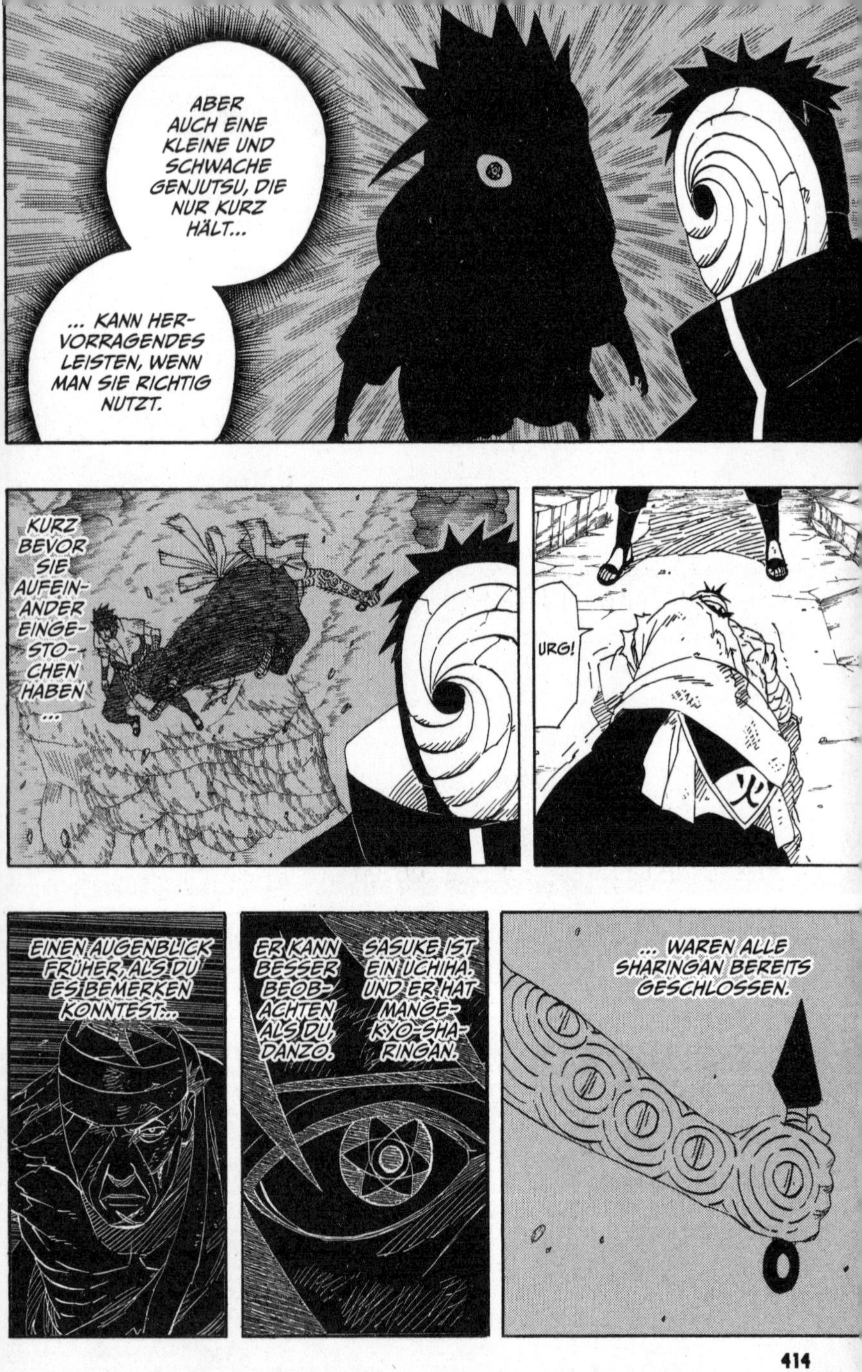
ABER AUCH EINE KLEINE UND SCHWACHE GENJUTSU, DIE NUR KURZ HÄLT...
... KANN HERVORRAGENDES LEISTEN, WENN MAN SIE RICHTIG NUTZT.
URG!
KURZ BEVOR SIE AUFEINANDER EINGESTOCHEN HABEN ...
... WAREN ALLE SHARINGAN BEREITS GESCHLOSSEN.
SASUKE IST EIN UCHIHA. UND ER HAT MANGEKYO-SHARINGAN.
ER KANN BESSER BEOBACHTEN ALS DU, DANZO.
EINEN AUGENBLICK FRÜHER, ALS DU ES BEMERKEN KONNTEST...

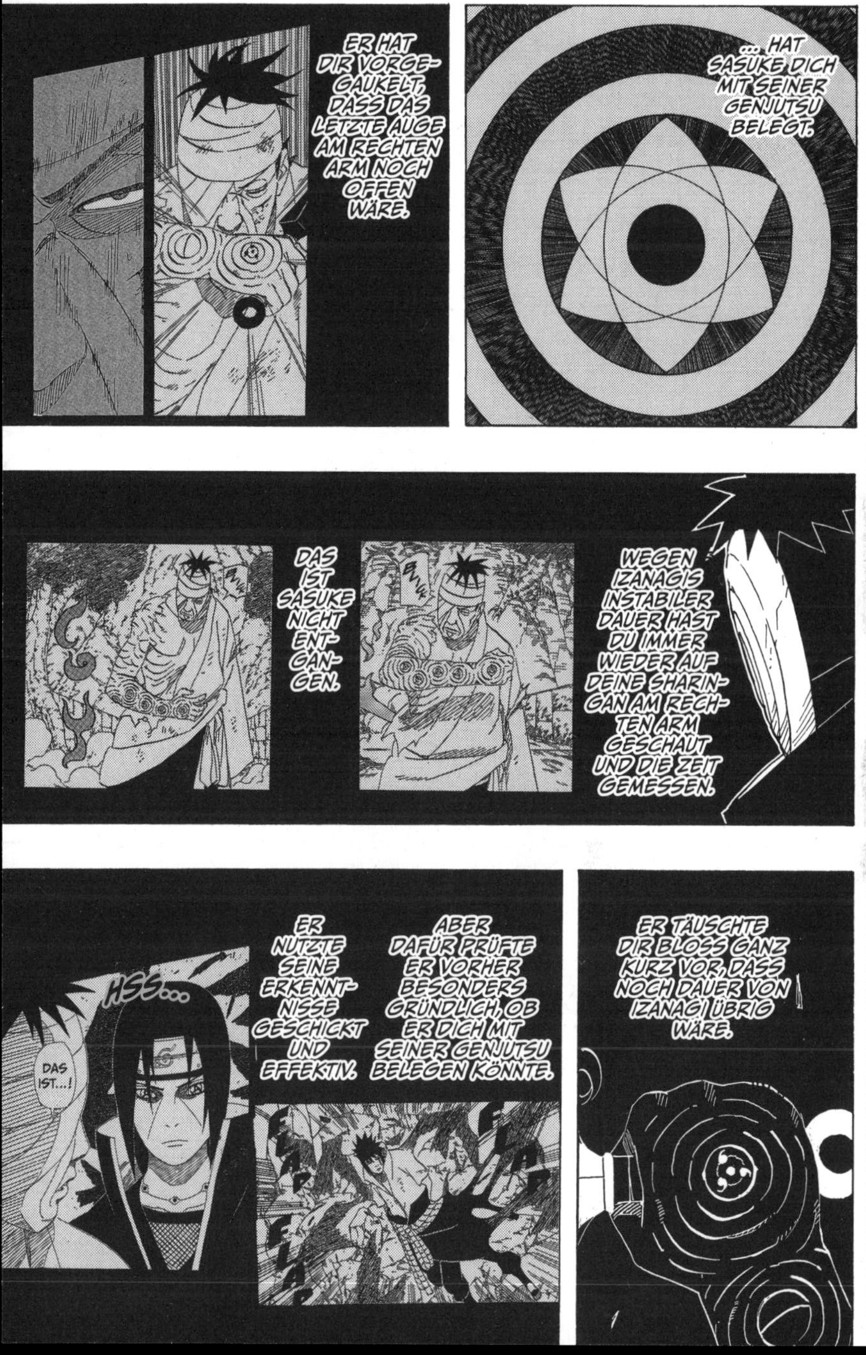
... HAT SASUKE DICH MIT SEINER GENJUTSU BELEGT.
ER HAT DIR VORGEGAUKELT, DASS DAS LETZTE AUGE AM RECHTEN ARM NOCH OFFEN WÄRE.
WEGEN IZANAGIS INSTABILER DAUER HAST DU IMMER WIEDER AUF DEINE SHARINGAN AM RECHTEN ARM GESCHAUT UND DIE ZEIT GEMESSEN.
DAS IST SASUKE NICHT ENTGANGEN.
ER TÄUSCHTE DIR BLOSS GANZ KURZ VOR, DASS NOCH DAUER VON IZANAGI ÜBRIG WÄRE.
ABER DAFÜR PRÜFTE ER VORHER BESONDERS GRÜNDLICH, OB ER DICH MIT SEINER GENJUTSU BELEGEN KÖNNTE.
ER NUTZTE SEINE ERKENNTNISSE GESCHICKT UND EFFEKTIV.
HSS...
DAS IST...!

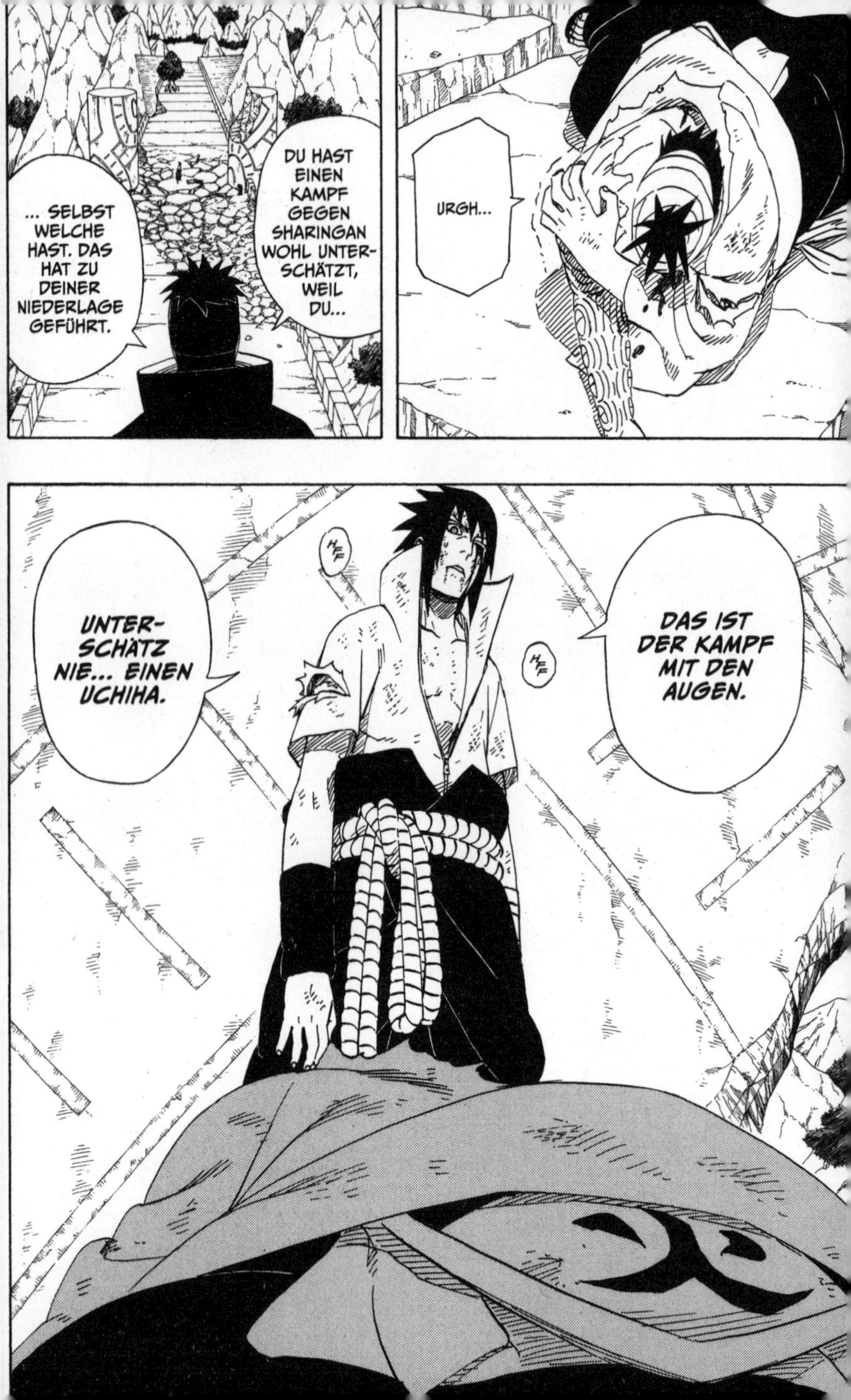
URGH...
DU HAST EINEN KAMPF GEGEN SHARINGAN WOHL UNTERSCHÄTZT, WEIL DU...
... SELBST WELCHE HAST. DAS HAT ZU DEINER NIEDERLAGE GEFÜHRT.
DAS IST DER KAMPF MIT DEN AUGEN.
HEF
HEF
UNTERSCHÄTZ NIE... EINEN UCHIHA.

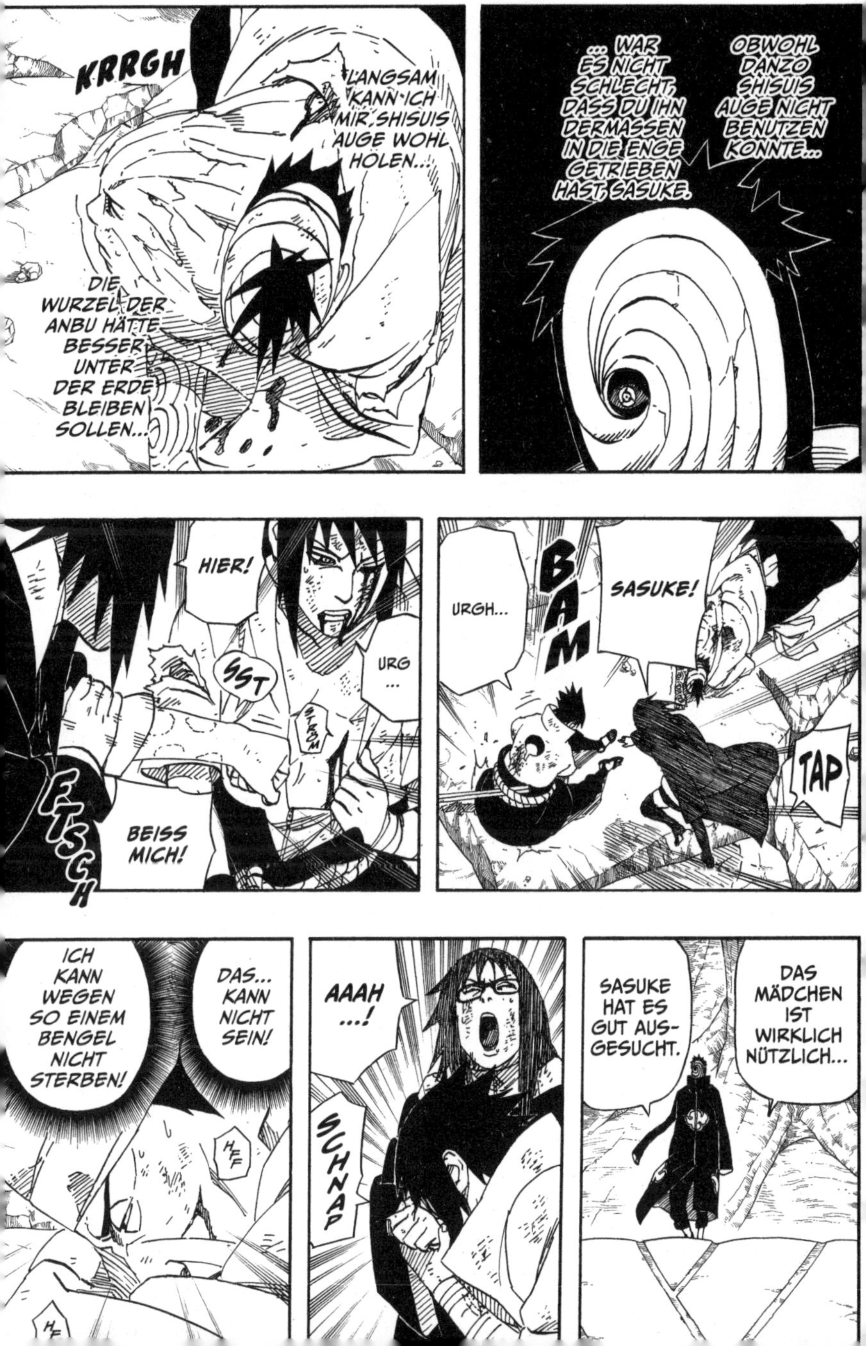
OBWOHL DANZO SHISUIS AUGE NICHT BENUTZEN KONNTE...
... WAR ES NICHT SCHLECHT, DASS DU IHN DERMASSEN IN DIE ENGE GETRIEBEN HAST, SASUKE.
KRRGH
LANGSAM KANN ICH MIR SHISUIS AUGE WOHL HOLEN...
DIE WURZEL DER ANBU HÄTTE BESSER UNTER DER ERDE BLEIBEN SOLLEN...
SASUKE!
BAM
URGH...
TAP
HIER!
URG ...
SST
STROM
BEISS MICH!
FTSCH
DAS MÄDCHEN IST WIRKLICH NÜTZLICH...
SASUKE HAT ES GUT AUS-GESUCHT.
AAAH ...!
SCHNAP
DAS... KANN NICHT SEIN!
ICH KANN WEGEN SO EINEM BENGEL NICHT STERBEN!
HFF
HF

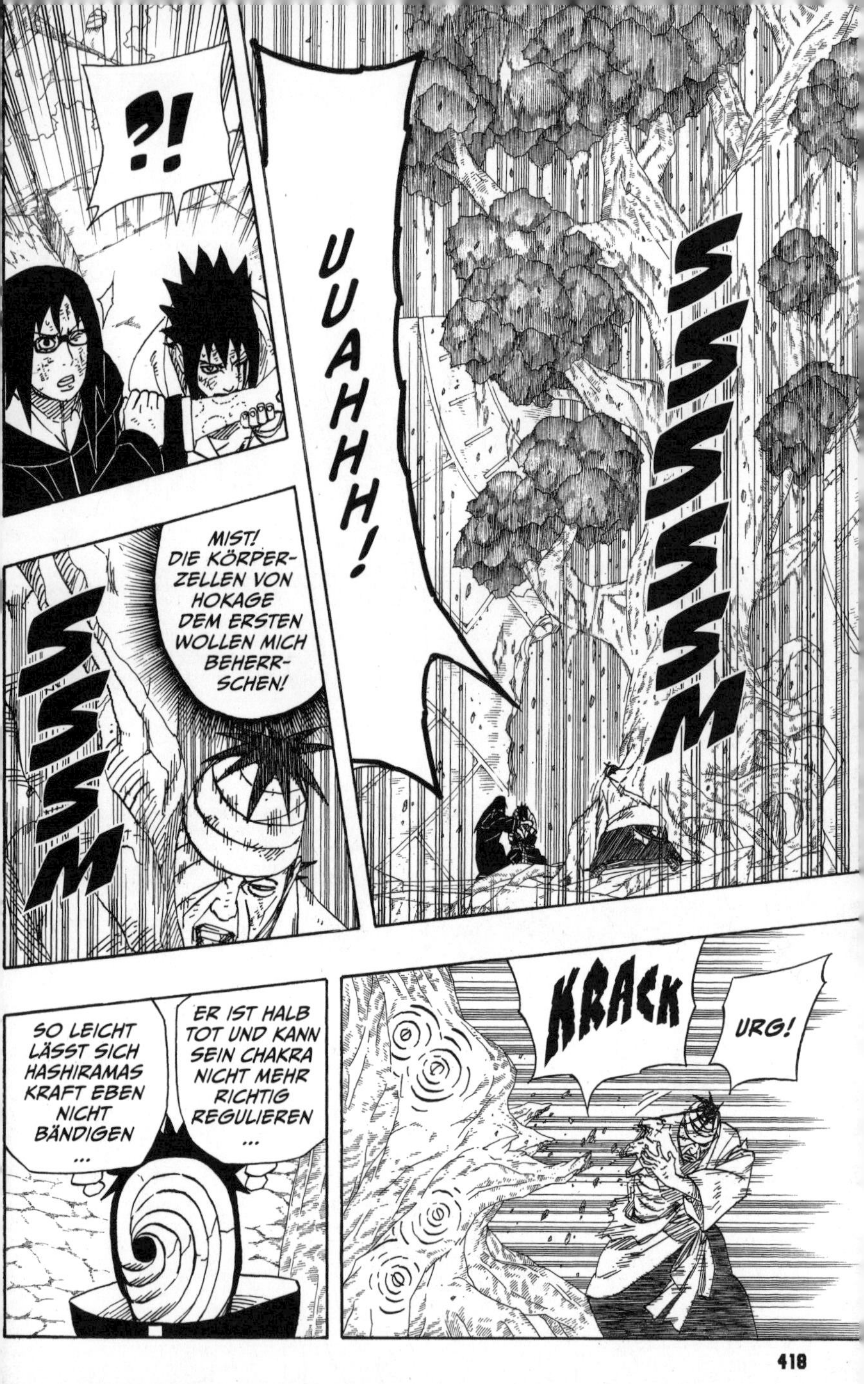
?!
UUAHHHH!
SSSSSSM
MIST! DIE KÖRPER-ZELLEN VON HOKAGE DEM ERSTEN WOLLEN MICH BEHERR-SCHEN!
SSSSM
KRACK
URG!
ER IST HALB TOT UND KANN SEIN CHAKRA NICHT MEHR RICHTIG REGULIEREN ...
SO LEICHT LÄSST SICH HASHIRAMAS KRAFT EBEN NICHT BÄNDIGEN ...

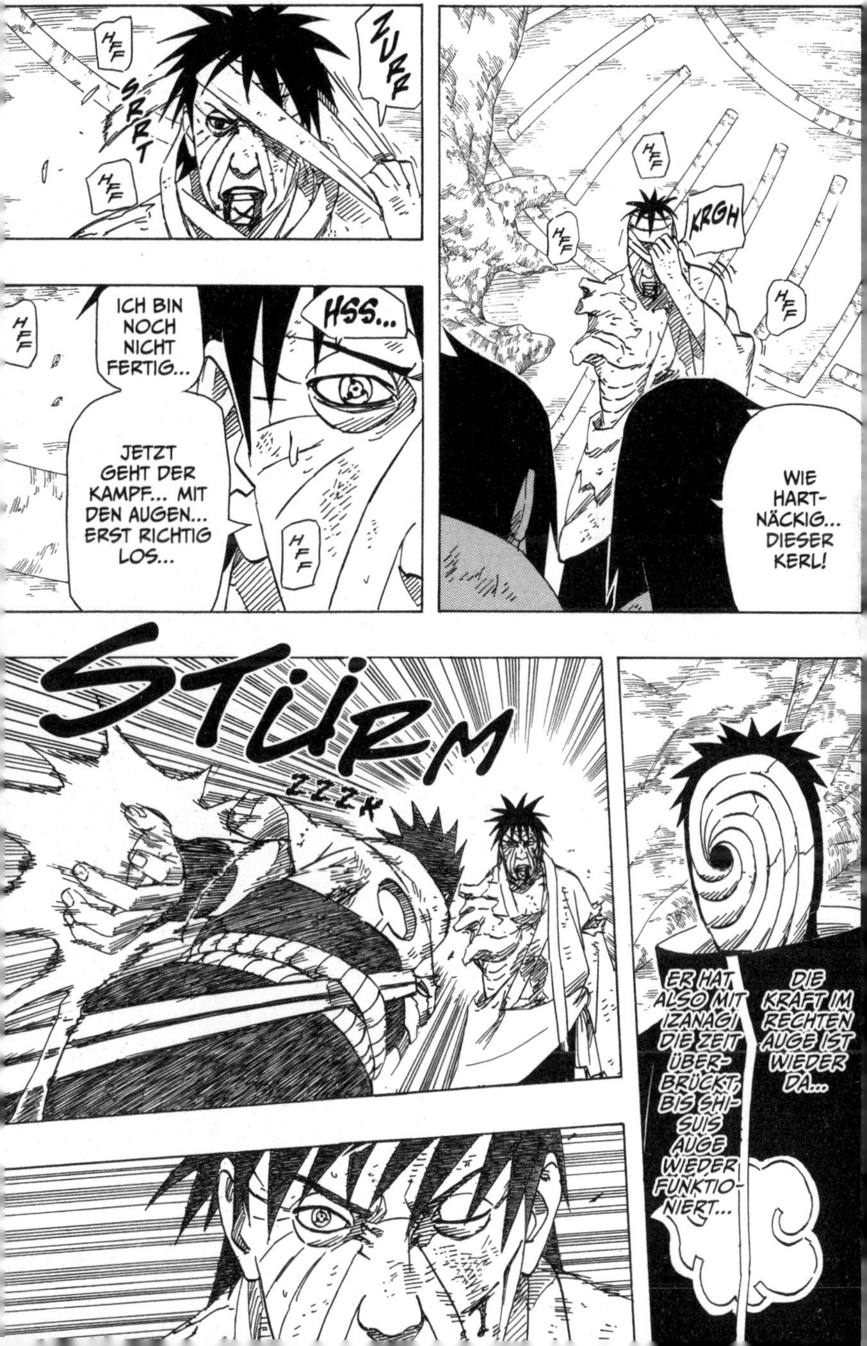
ZURR
HFF
SRRT
HFF
HFF
KRGH
HFF
HFF
HSS...
ICH BIN NOCH NICHT FERTIG...
HFF
JETZT GEHT DER KAMPF... MIT DEN AUGEN... ERST RICHTIG LOS...
HFF
WIE HART-NÄCKIG... DIESER KERL!
DIE KRAFT IM RECHTEN AUGE IST WIEDER DA...
ER HAT ALSO MIT IZANAGI DIE ZEIT ÜBER-BRÜCKT, BIS SHI-SUIS AUGE WIEDER FUNKTIO-NIERT...
STÜRM
ZZZK

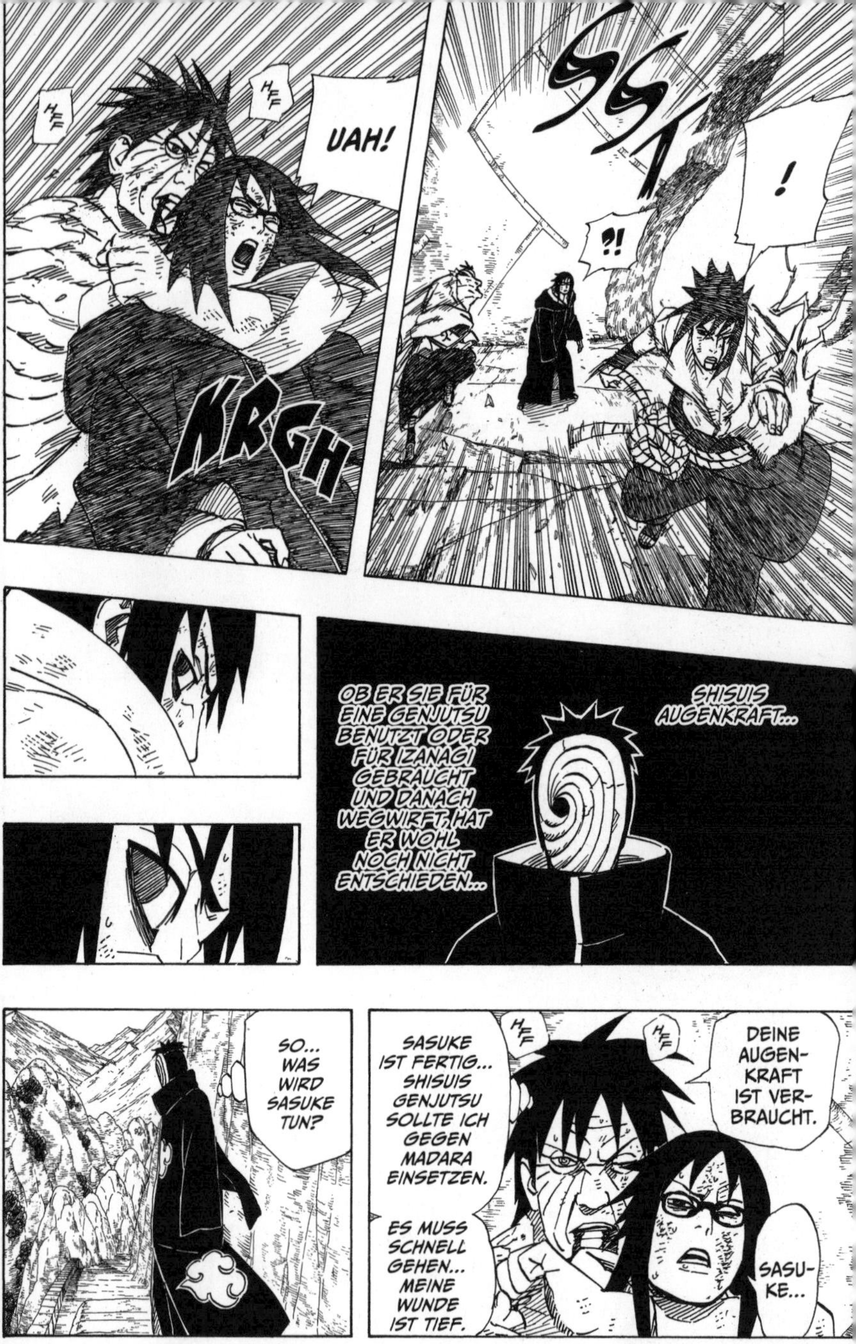
SSA
!
?!
UAH!
HEF
HEF
KRGH
SHISUIS AUGENKRAFT...
OB ER SIE FÜR EINE GENJUTSU BENUTZT ODER FÜR IZANAGI GEBRAUCHT UND DANACH WEGWIRFT, HAT ER WOHL NOCH NICHT ENTSCHIEDEN...
DEINE AUGEN-KRAFT IST VER-BRAUCHT.
HEF
HEF
SASUKE IST FERTIG... SHISUIS GENJUTSU SOLLTE ICH GEGEN MADARA EINSETZEN.
ES MUSS SCHNELL GEHEN... MEINE WUNDE IST TIEF.
SASU-KE...
SO... WAS WIRD SASUKE TUN?

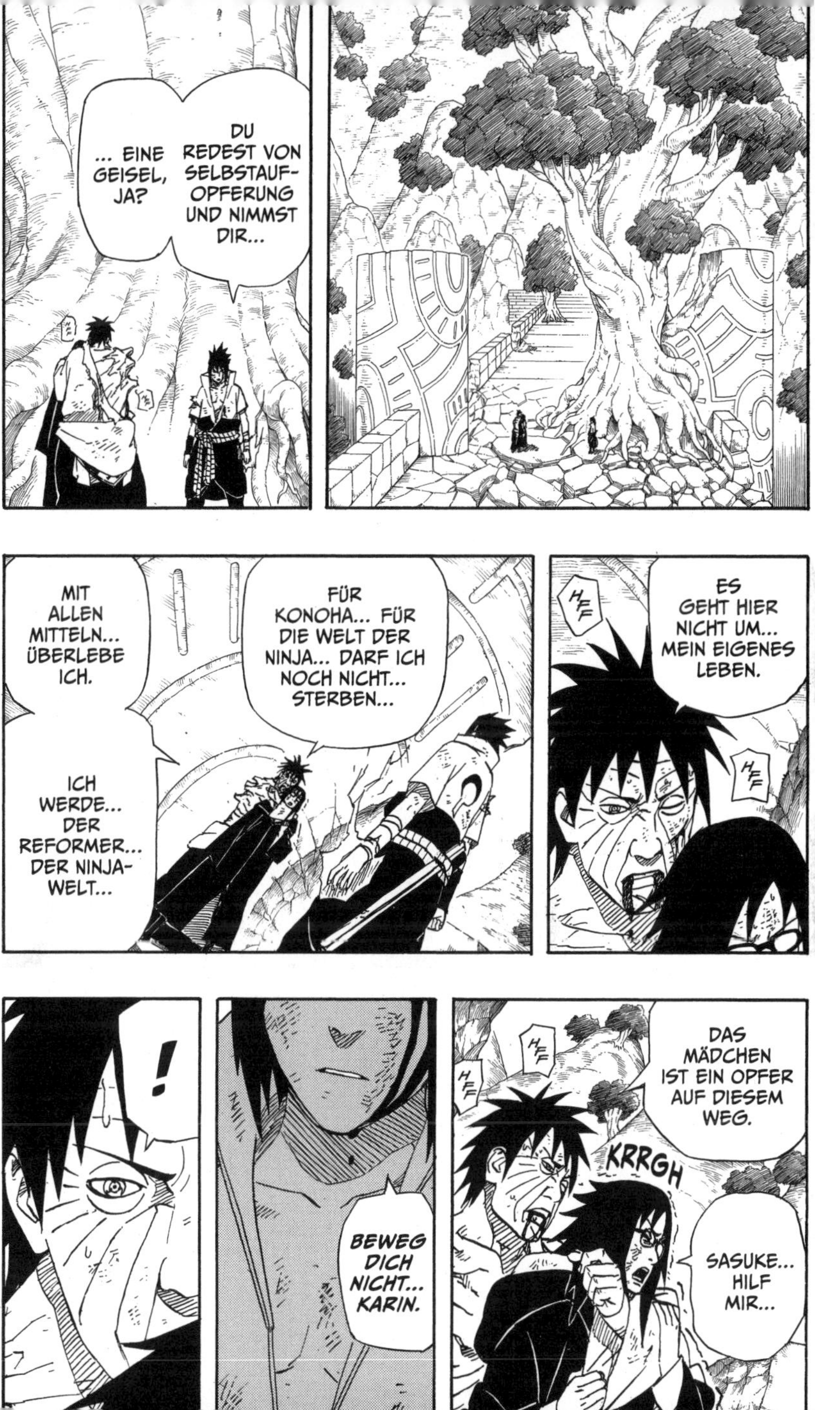
DU REDEST VON SELBSTAUF-OPFERUNG UND NIMMST DIR...
... EINE GEISEL, JA?
ES GEHT HIER NICHT UM... MEIN EIGENES LEBEN.
HFF
HFF
FÜR KONOHA... FÜR DIE WELT DER NINJA... DARF ICH NOCH NICHT... STERBEN...
MIT ALLEN MITTELN... ÜBERLEBE ICH.
ICH WERDE... DER REFORMER... DER NINJA-WELT...
DAS MÄDCHEN IST EIN OPFER AUF DIESEM WEG.
HFF
HFF
KRRGH
SASUKE... HILF MIR...
BEWEG DICH NICHT... KARIN.
!

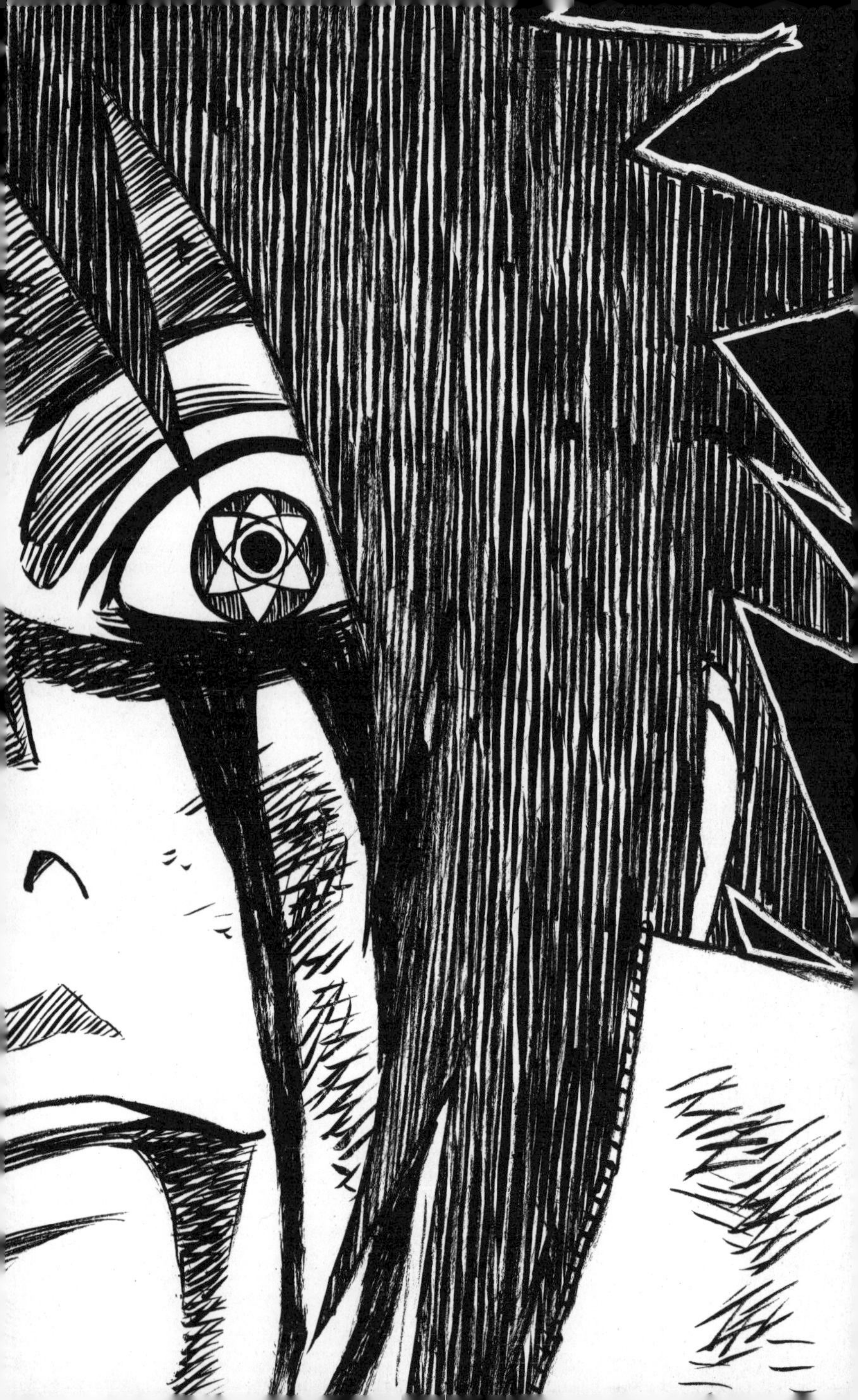

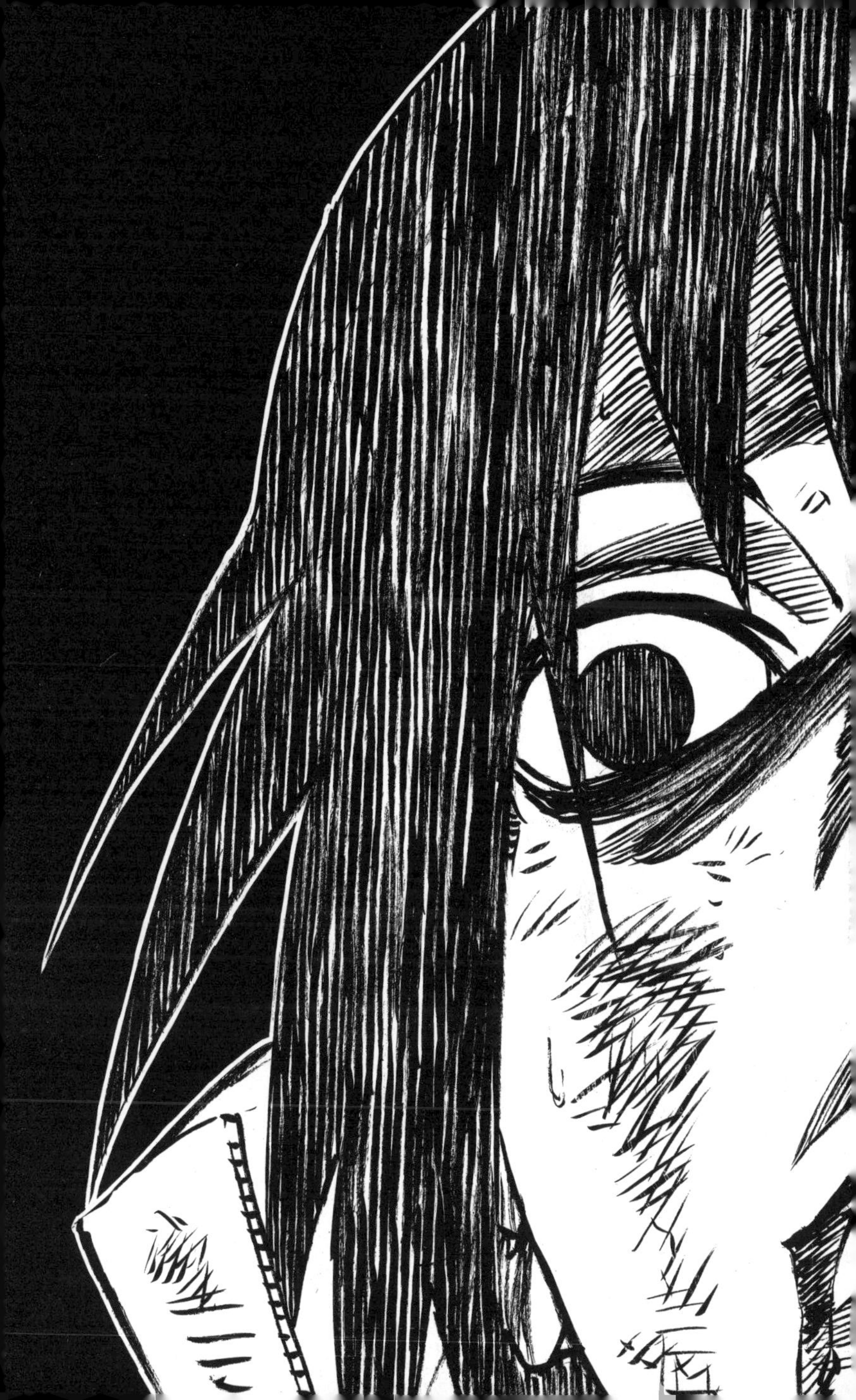

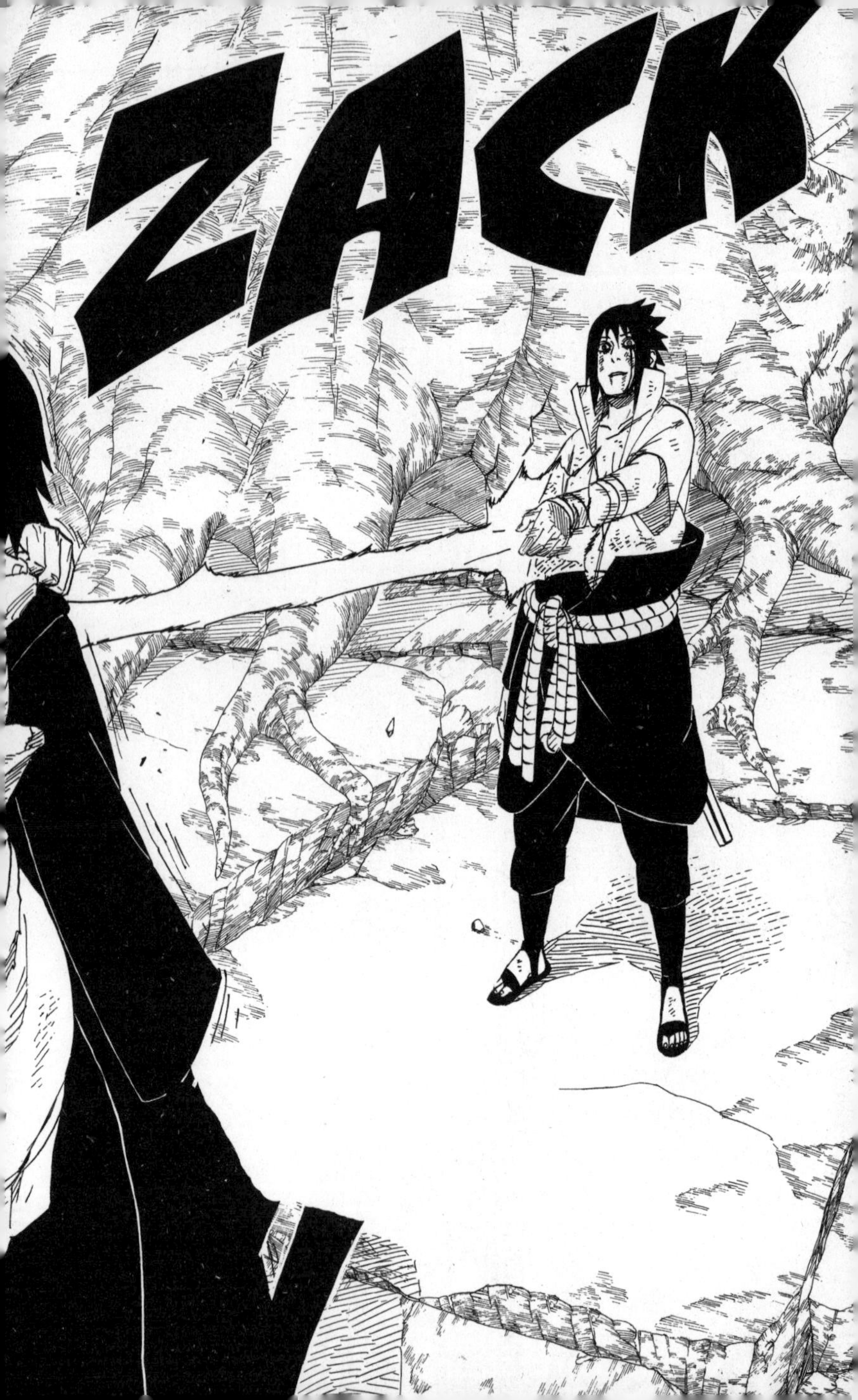
ZACK

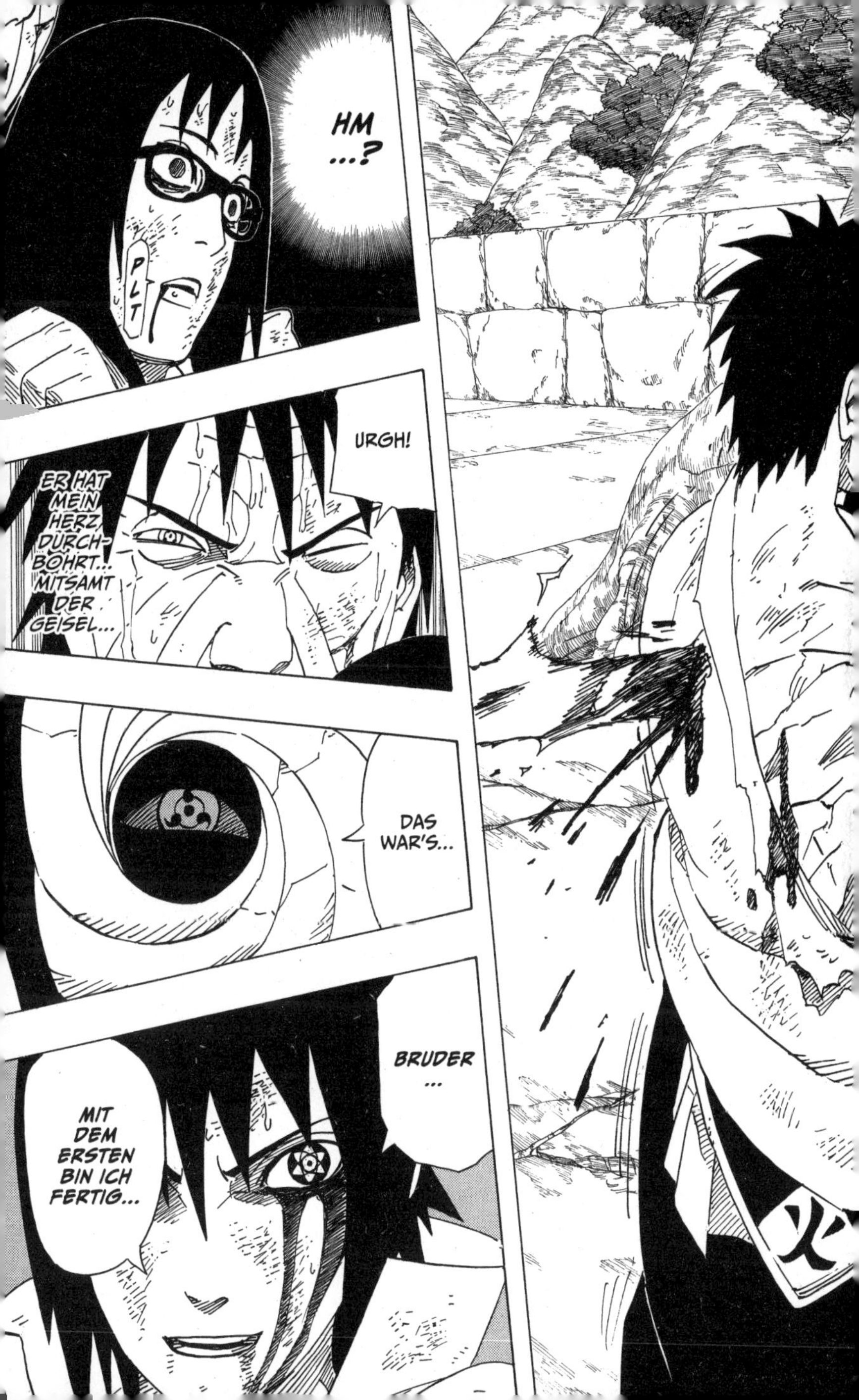
HM ...?
PLT
URGH!
ER HAT MEIN HERZ DURCHBOHRT... MITSAMT DER GEISEL...
DAS WAR'S...
BRUDER ...
MIT DEM ERSTEN BIN ICH FERTIG...

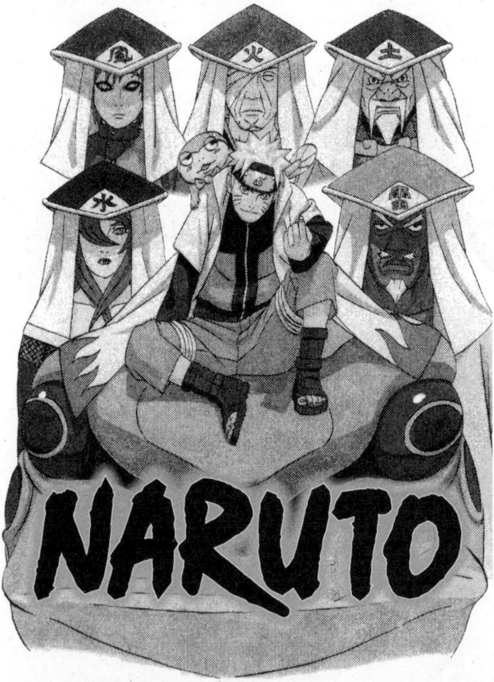
NARUTO

481. Kapitel: Danzos Tod

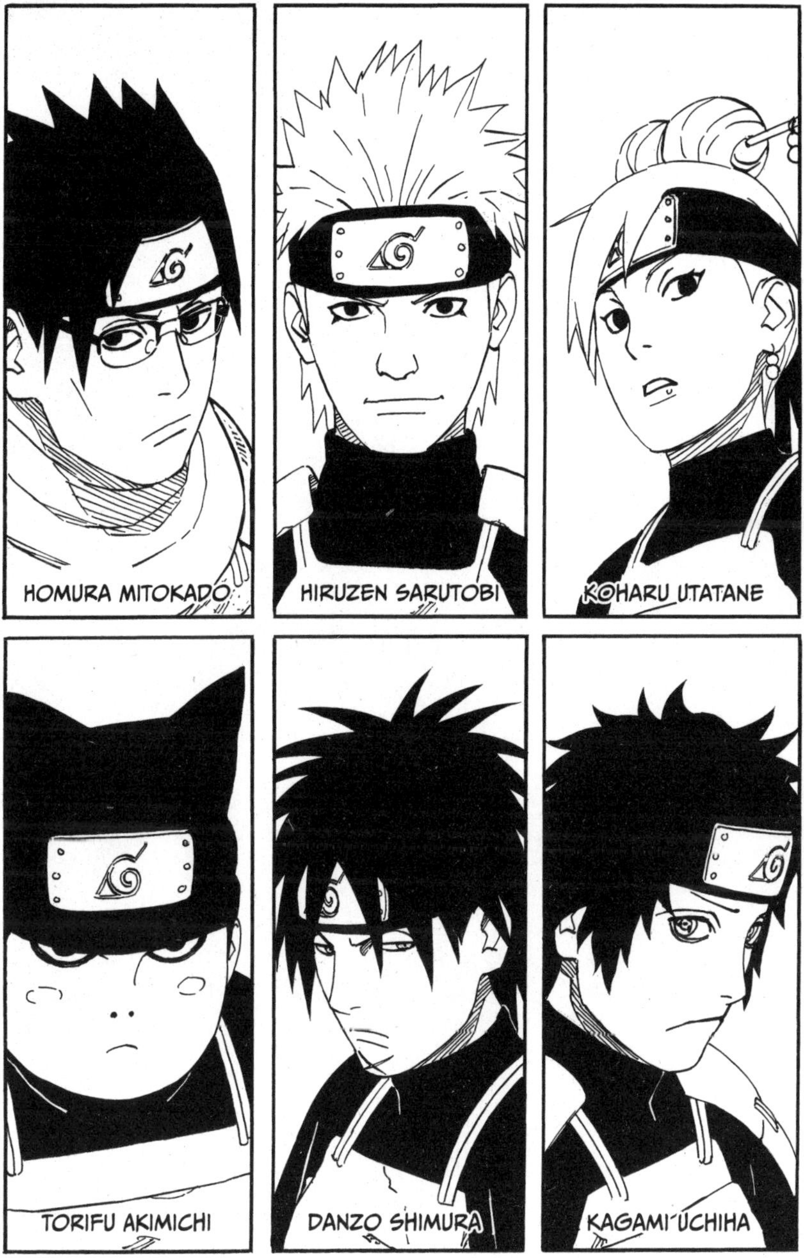

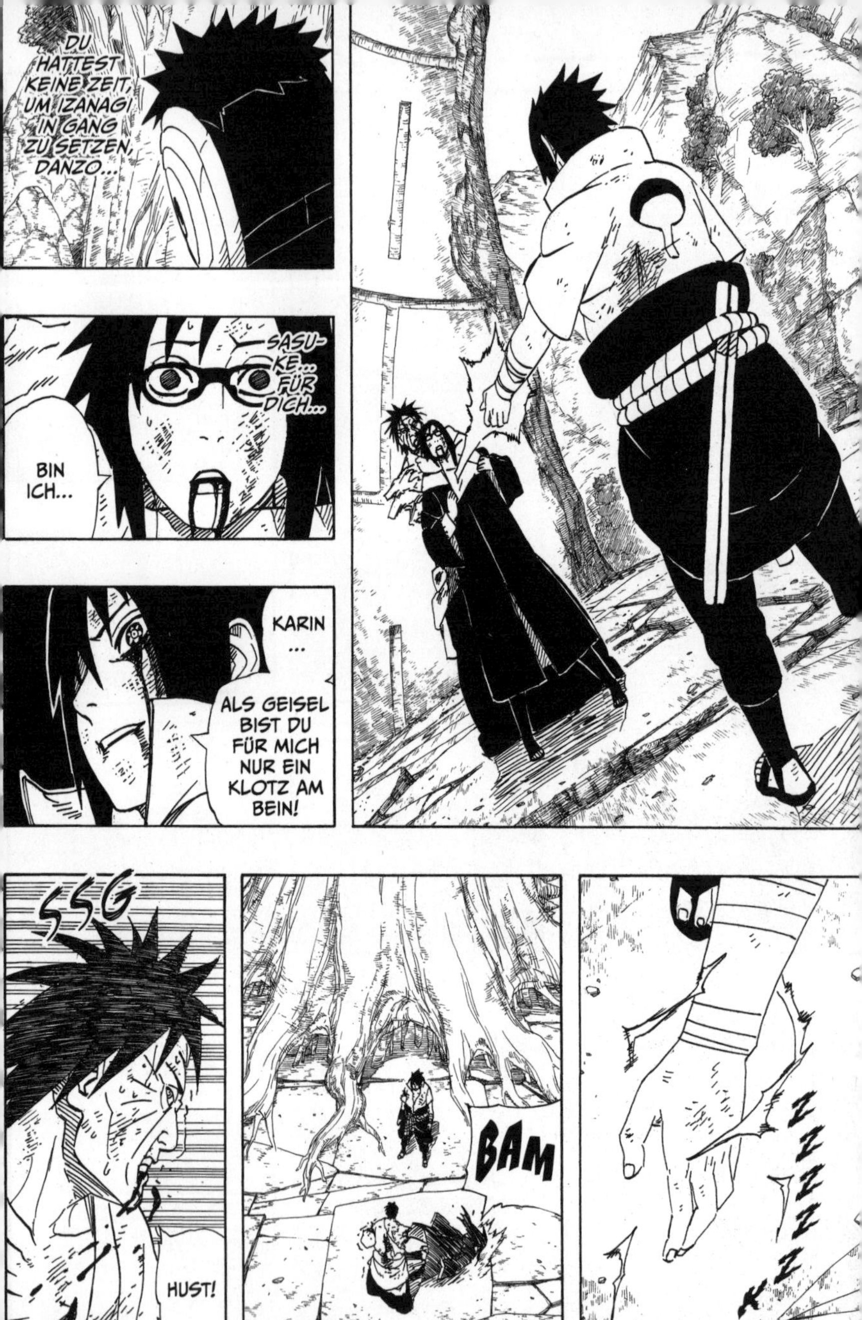

DU HATTEST KEINE ZEIT, UM IZANAGI IN GANG ZU SETZEN, DANZO…
SASU-KE… FÜR DICH…
BIN ICH…
KARIN …
ALS GEISEL BIST DU FÜR MICH NUR EIN KLOTZ AM BEIN!
ZZZZZK
BAM
SSG
HUST!

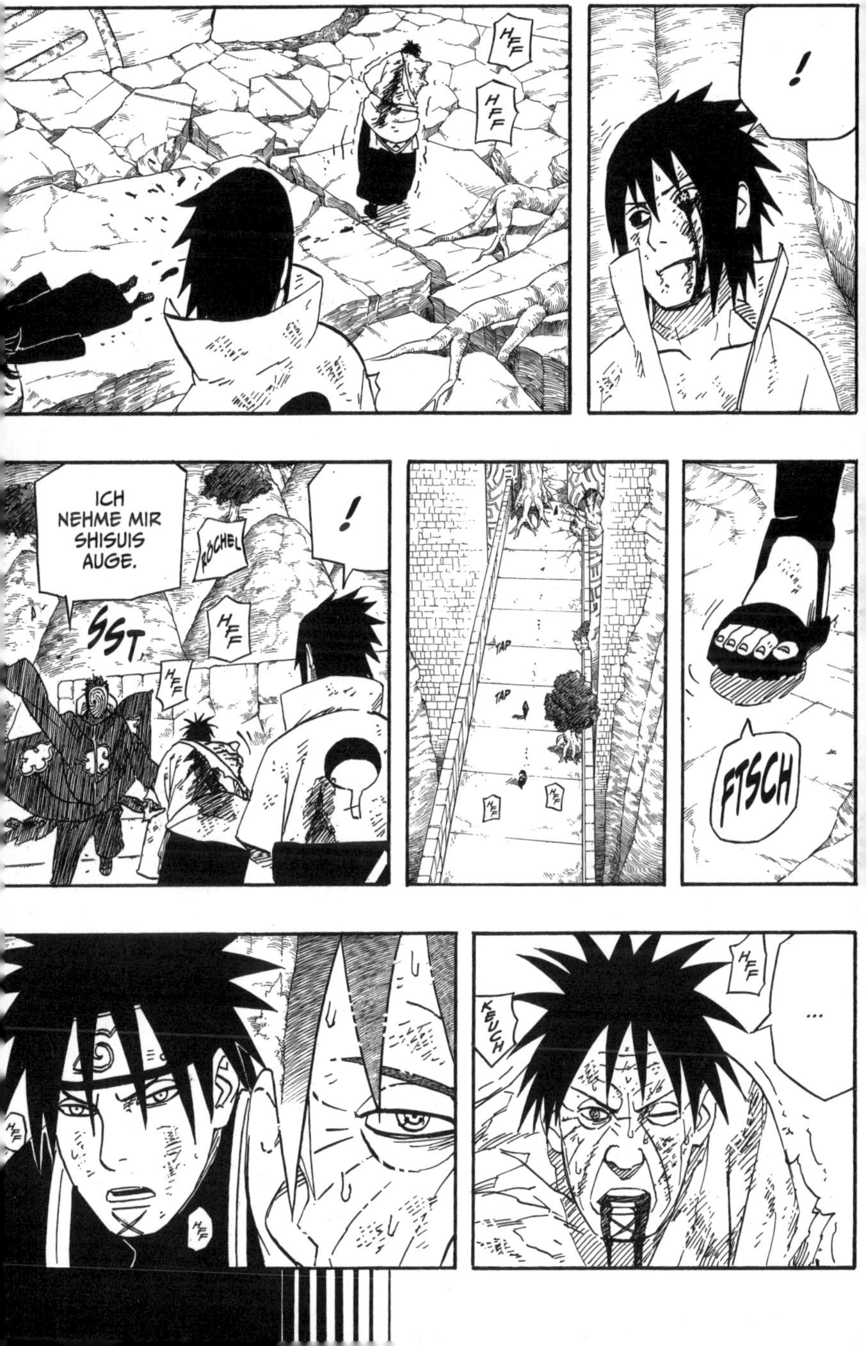

!
HFF
HFF
!
RÖCHEL
ICH NEHME MIR SHISUIS AUGE.
SST
HFF
HFF
TAP
TAP
HFF
HFF
FTSCH
...
HFF
KEUCH
HFF
HFF

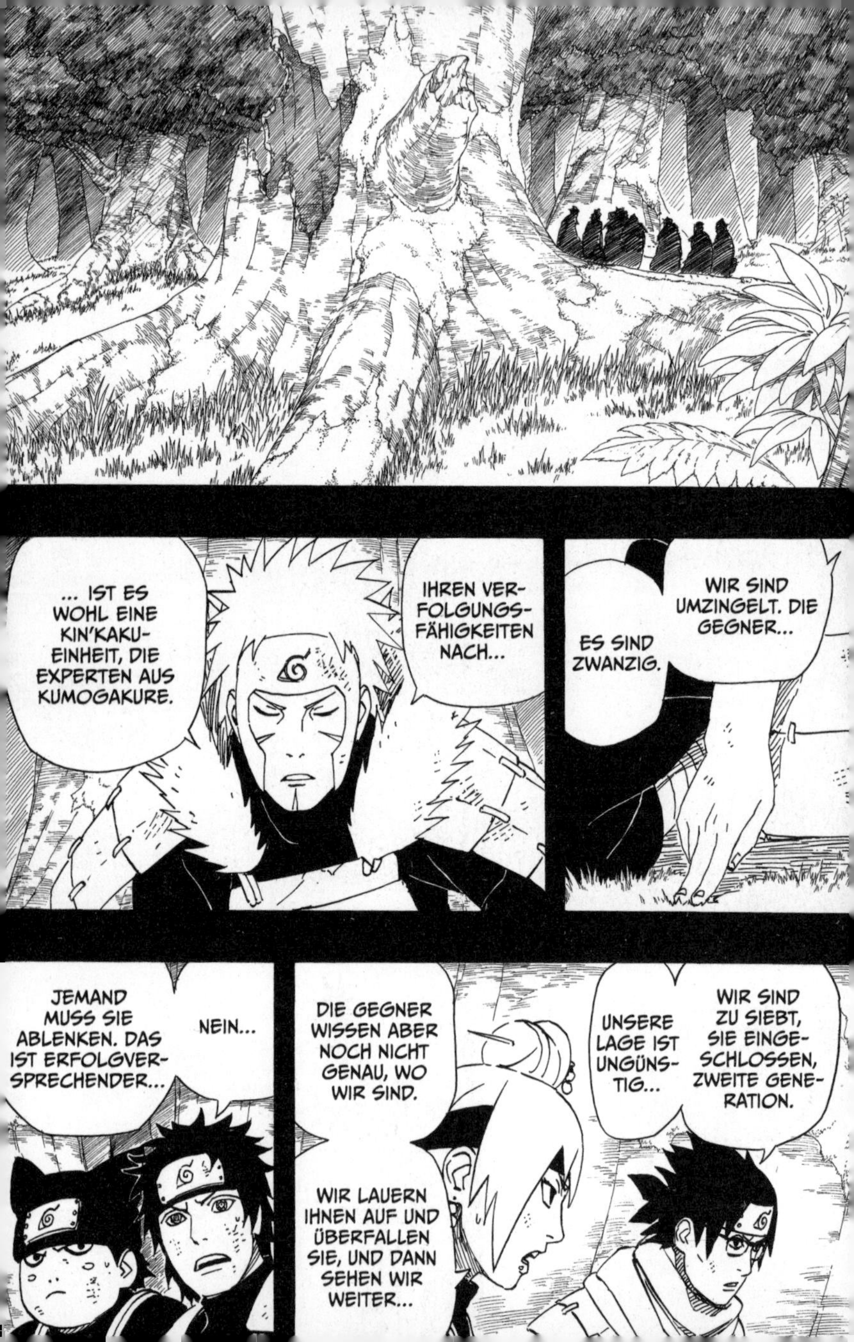
WIR SIND UMZINGELT. DIE GEGNER...
ES SIND ZWANZIG.
IHREN VERFOLGUNGSFÄHIGKEITEN NACH...
... IST ES WOHL EINE KIN'KAKU-EINHEIT, DIE EXPERTEN AUS KUMOGAKURE.
WIR SIND ZU SIEBT, SIE EINGESCHLOSSEN, ZWEITE GENERATION.
UNSERE LAGE IST UNGÜNSTIG...
DIE GEGNER WISSEN ABER NOCH NICHT GENAU, WO WIR SIND.
WIR LAUERN IHNEN AUF UND ÜBERFALLEN SIE, UND DANN SEHEN WIR WEITER...
NEIN...
JEMAND MUSS SIE ABLENKEN. DAS IST ERFOLGVERSPRECHENDER...

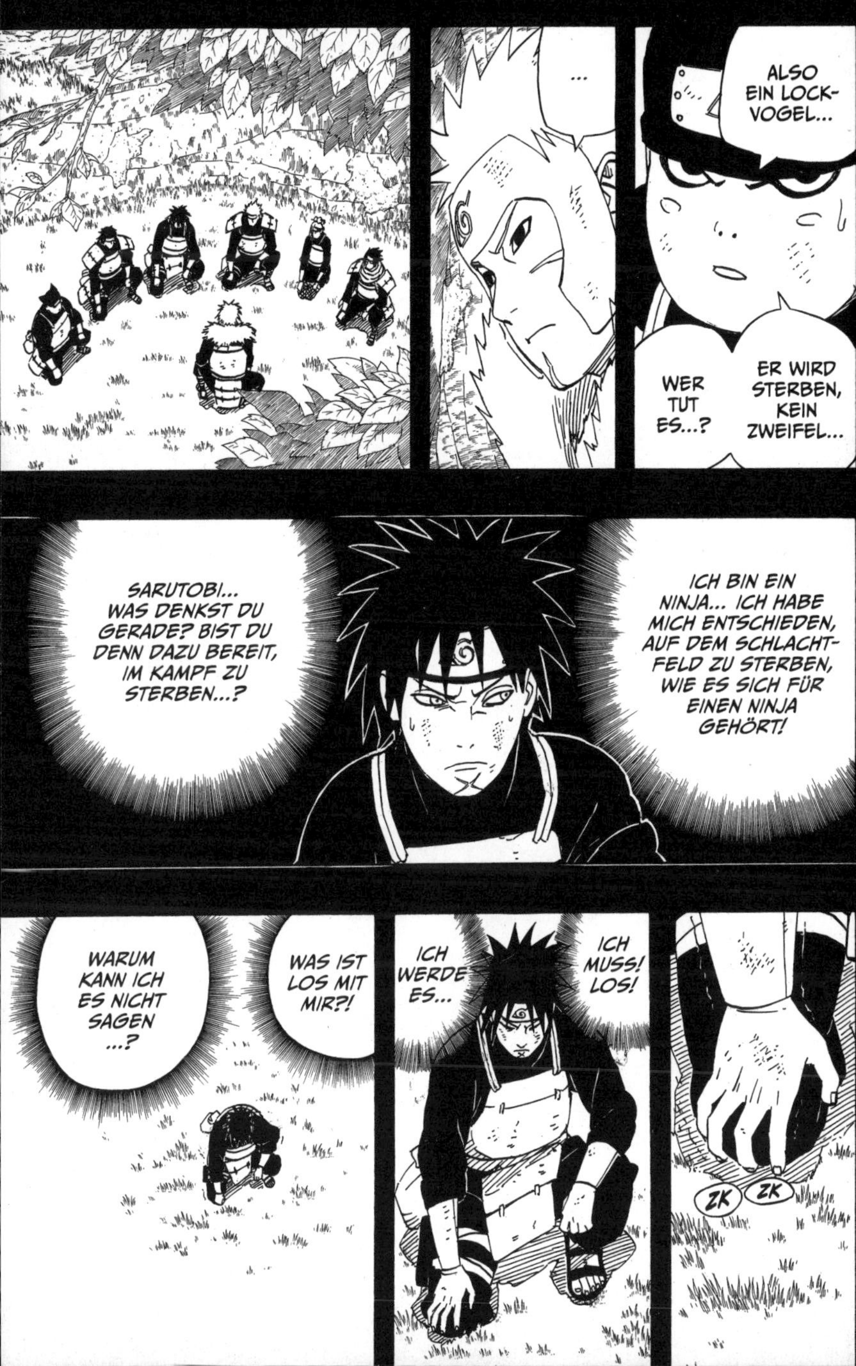
ALSO EIN LOCK-VOGEL...
ER WIRD STERBEN, KEIN ZWEIFEL...
WER TUT ES...?
...
ICH BIN EIN NINJA... ICH HABE MICH ENTSCHIEDEN, AUF DEM SCHLACHTFELD ZU STERBEN, WIE ES SICH FÜR EINEN NINJA GEHÖRT!
SARUTOBI... WAS DENKST DU GERADE? BIST DU DENN DAZU BEREIT, IM KAMPF ZU STERBEN...?
ZK
ZK
ICH MUSS! LOS!
ICH WERDE ES...
WAS IST LOS MIT MIR?!
WARUM KANN ICH ES NICHT SAGEN ...?

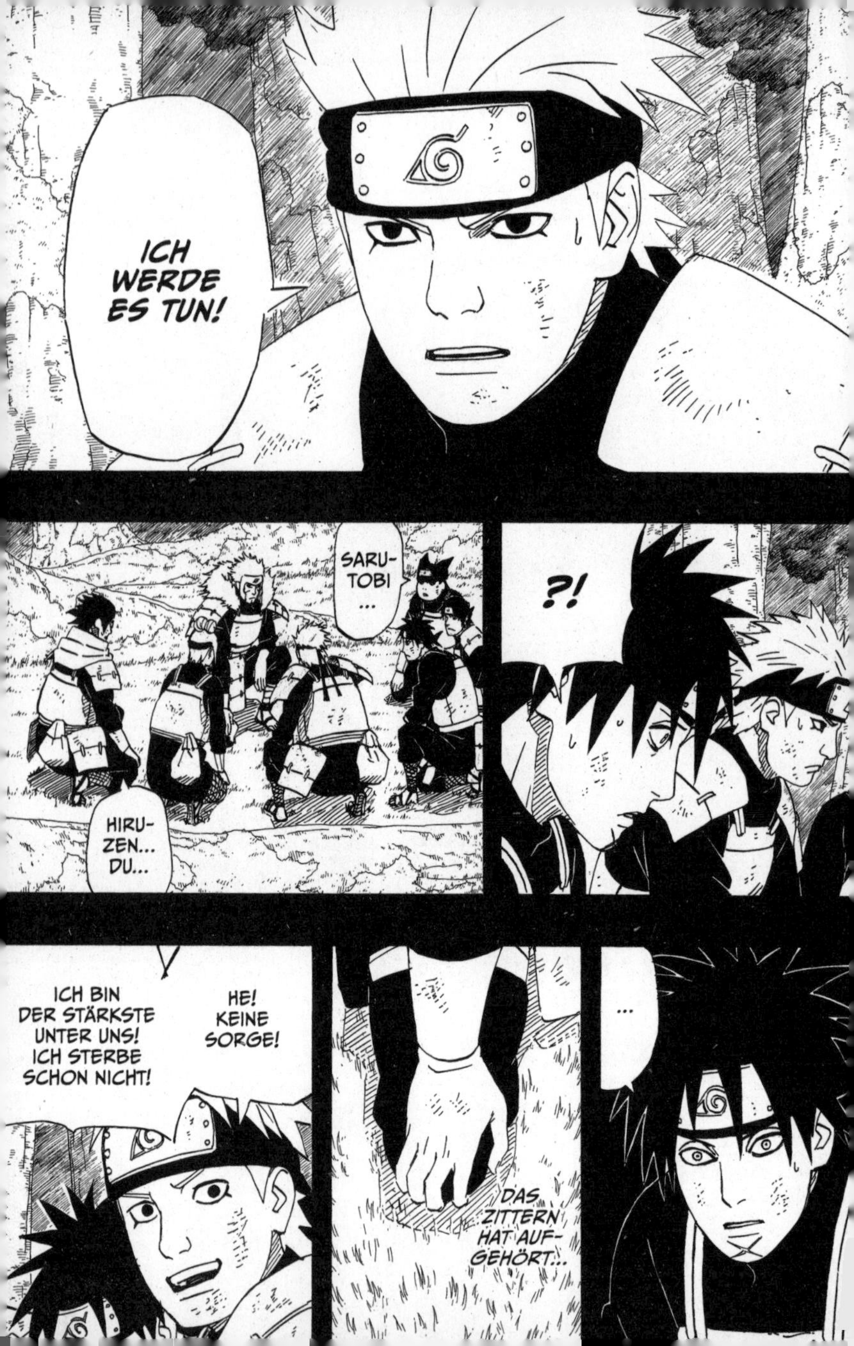
ICH WERDE ES TUN!
?!
SARU-TOBI ...
HIRU-ZEN... DU...
...
DAS ZITTERN HAT AUF-GEHÖRT...
HE! KEINE SORGE!
ICH BIN DER STÄRKSTE UNTER UNS! ICH STERBE SCHON NICHT!

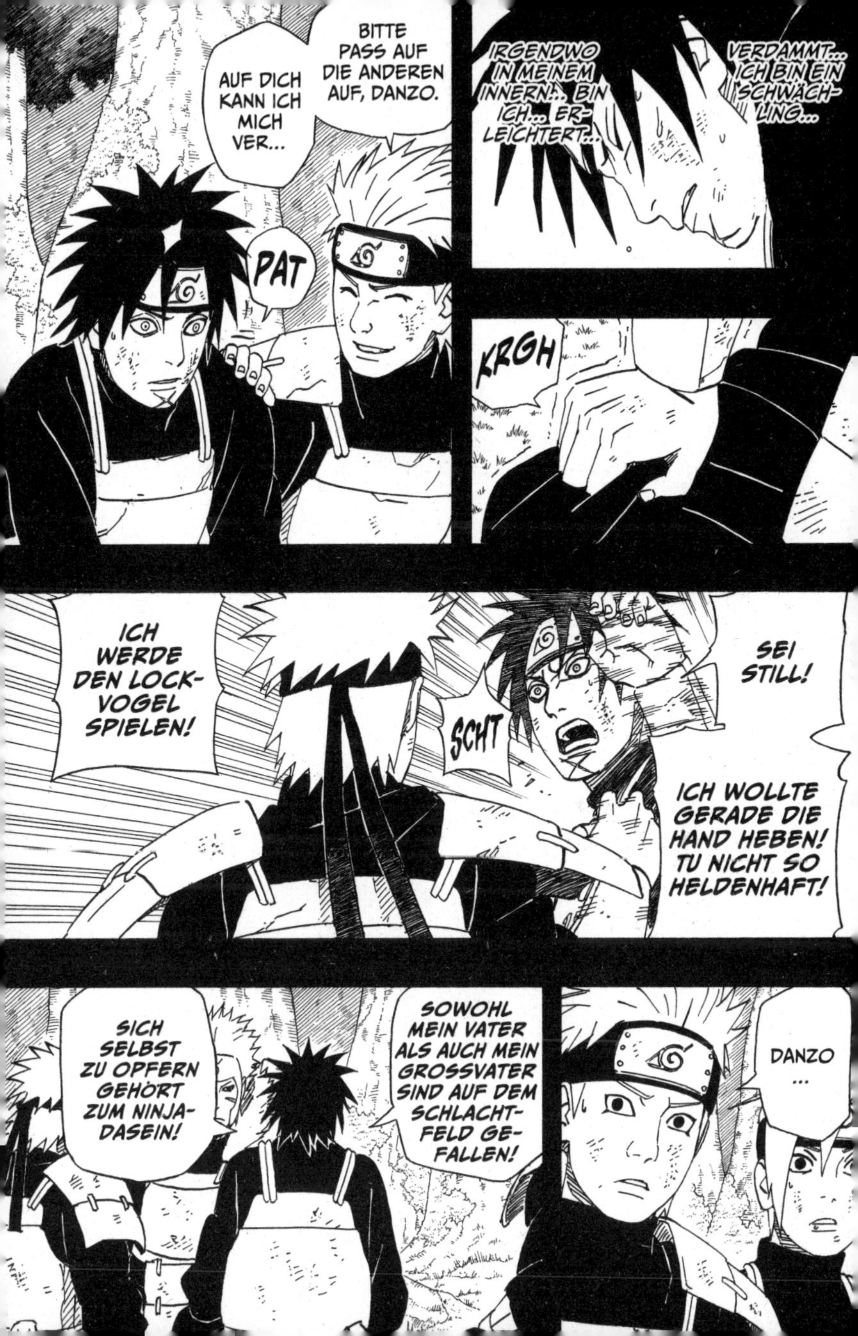
VERDAMMT... ICH BIN EIN SCHWÄCHLING...
IRGENDWO IN MEINEM INNERN... BIN ICH... ERLEICHTERT...
KRGH
BITTE PASS AUF DIE ANDEREN AUF, DANZO.
AUF DICH KANN ICH MICH VER...
PAT
SEI STILL!
ICH WOLLTE GERADE DIE HAND HEBEN! TU NICHT SO HELDENHAFT!
SCHT
ICH WERDE DEN LOCKVOGEL SPIELEN!
DANZO ...
SOWOHL MEIN VATER ALS AUCH MEIN GROSSVATER SIND AUF DEM SCHLACHTFELD GEFALLEN!
SICH SELBST ZU OPFERN GEHÖRT ZUM NINJADASEIN!

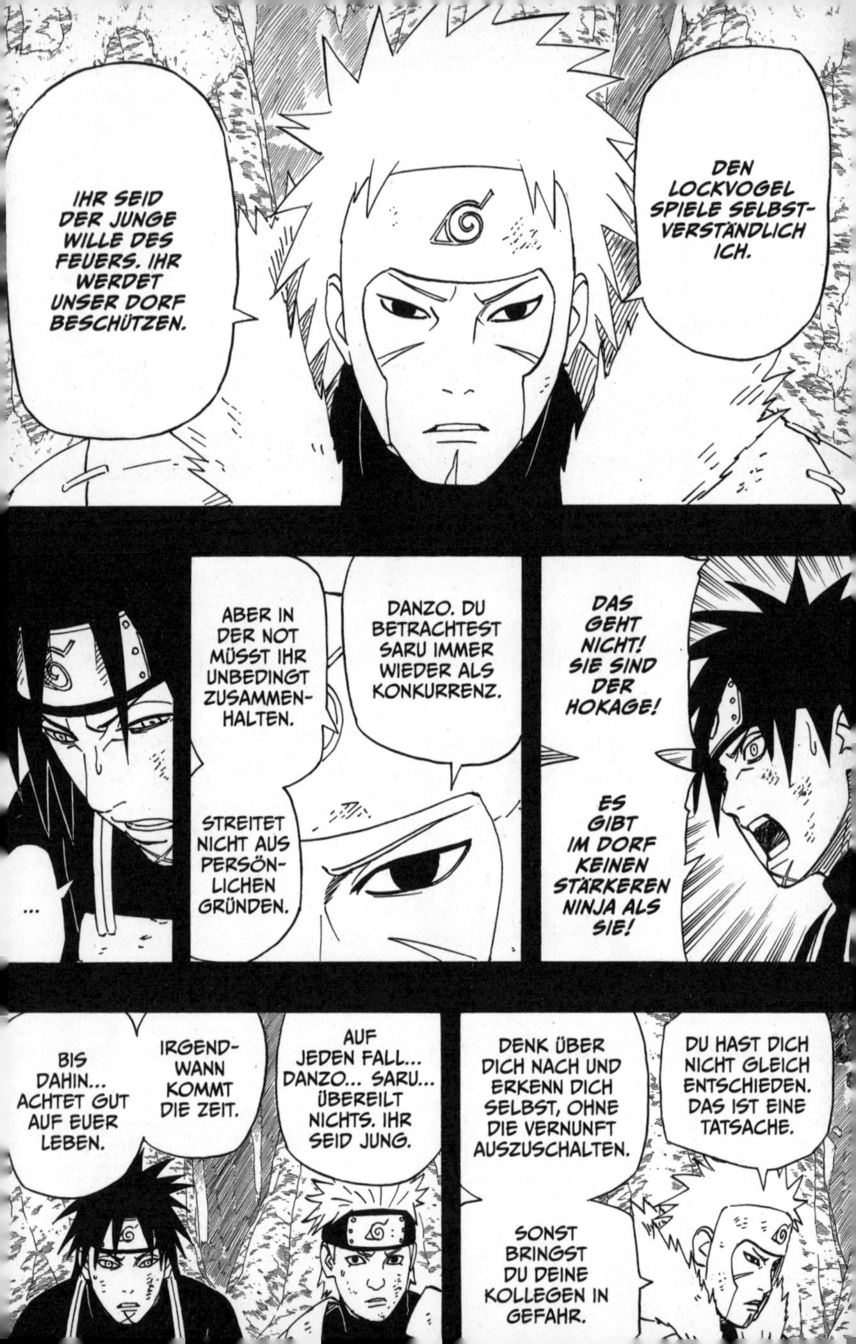
DEN LOCKVOGEL SPIELE SELBSTVERSTÄNDLICH ICH.
IHR SEID DER JUNGE WILLE DES FEUERS. IHR WERDET UNSER DORF BESCHÜTZEN.
DAS GEHT NICHT! SIE SIND DER HOKAGE!
ES GIBT IM DORF KEINEN STÄRKEREN NINJA ALS SIE!
DANZO. DU BETRACHTEST SARU IMMER WIEDER ALS KONKURRENZ.
ABER IN DER NOT MÜSST IHR UNBEDINGT ZUSAMMENHALTEN.
STREITET NICHT AUS PERSÖNLICHEN GRÜNDEN.
...
DU HAST DICH NICHT GLEICH ENTSCHIEDEN. DAS IST EINE TATSACHE.
DENK ÜBER DICH NACH UND ERKENN DICH SELBST, OHNE DIE VERNUNFT AUSZUSCHALTEN.
SONST BRINGST DU DEINE KOLLEGEN IN GEFAHR.
AUF JEDEN FALL... DANZO... SARU... ÜBEREILT NICHTS. IHR SEID JUNG.
IRGENDWANN KOMMT DIE ZEIT.
BIS DAHIN... ACHTET GUT AUF EUER LEBEN.

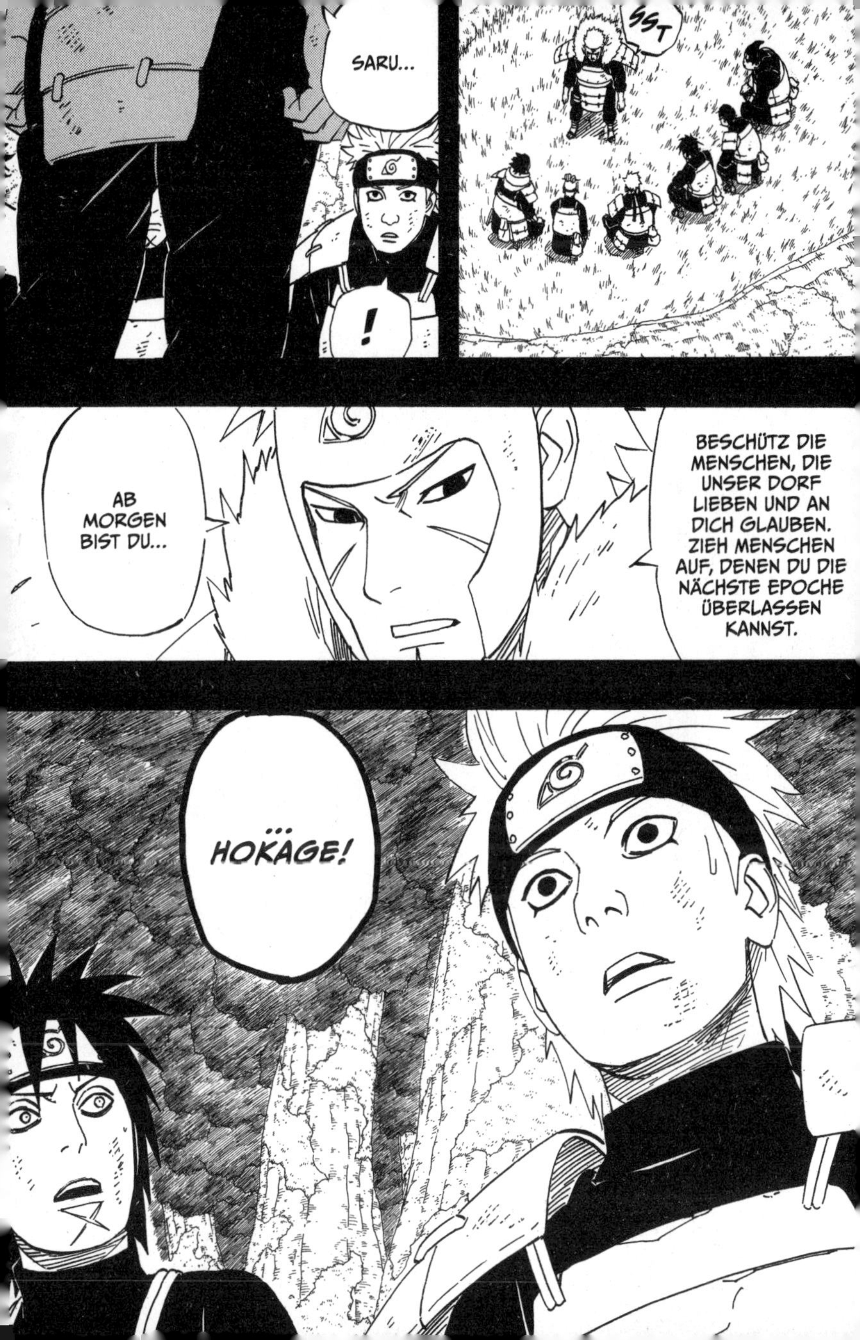

SST
SARU...
!
AB MORGEN BIST DU...
BESCHÜTZ DIE MENSCHEN, DIE UNSER DORF LIEBEN UND AN DICH GLAUBEN. ZIEH MENSCHEN AUF, DENEN DU DIE NÄCHSTE EPOCHE ÜBERLASSEN KANNST.
... HOKAGE!

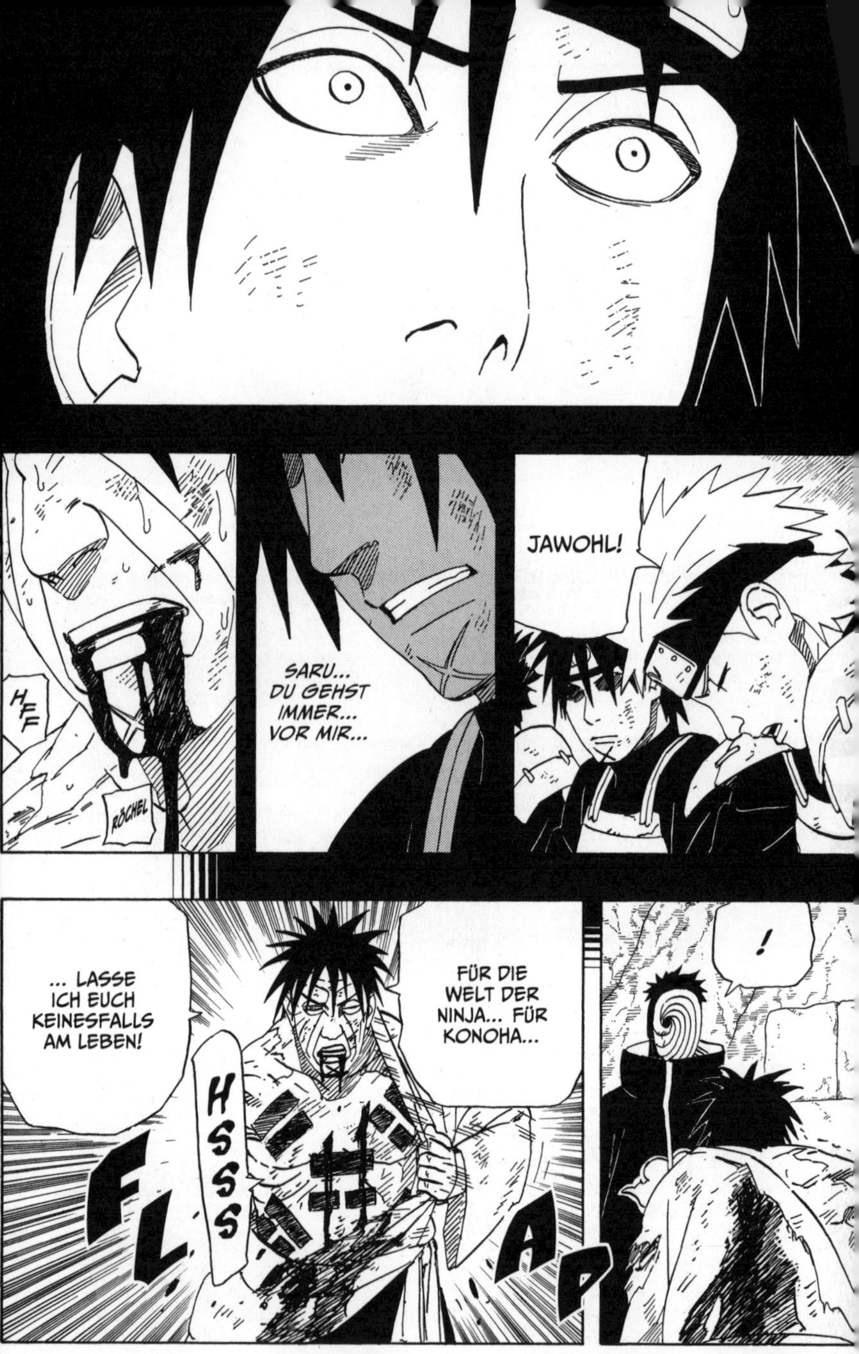
JAWOHL!
SARU... DU GEHST IMMER... VOR MIR...
HFF
RÖCHEL
!
FÜR DIE WELT DER NINJA... FÜR KONOHA...
... LASSE ICH EUCH KEINESFALLS AM LEBEN!
HSSS
FLAP

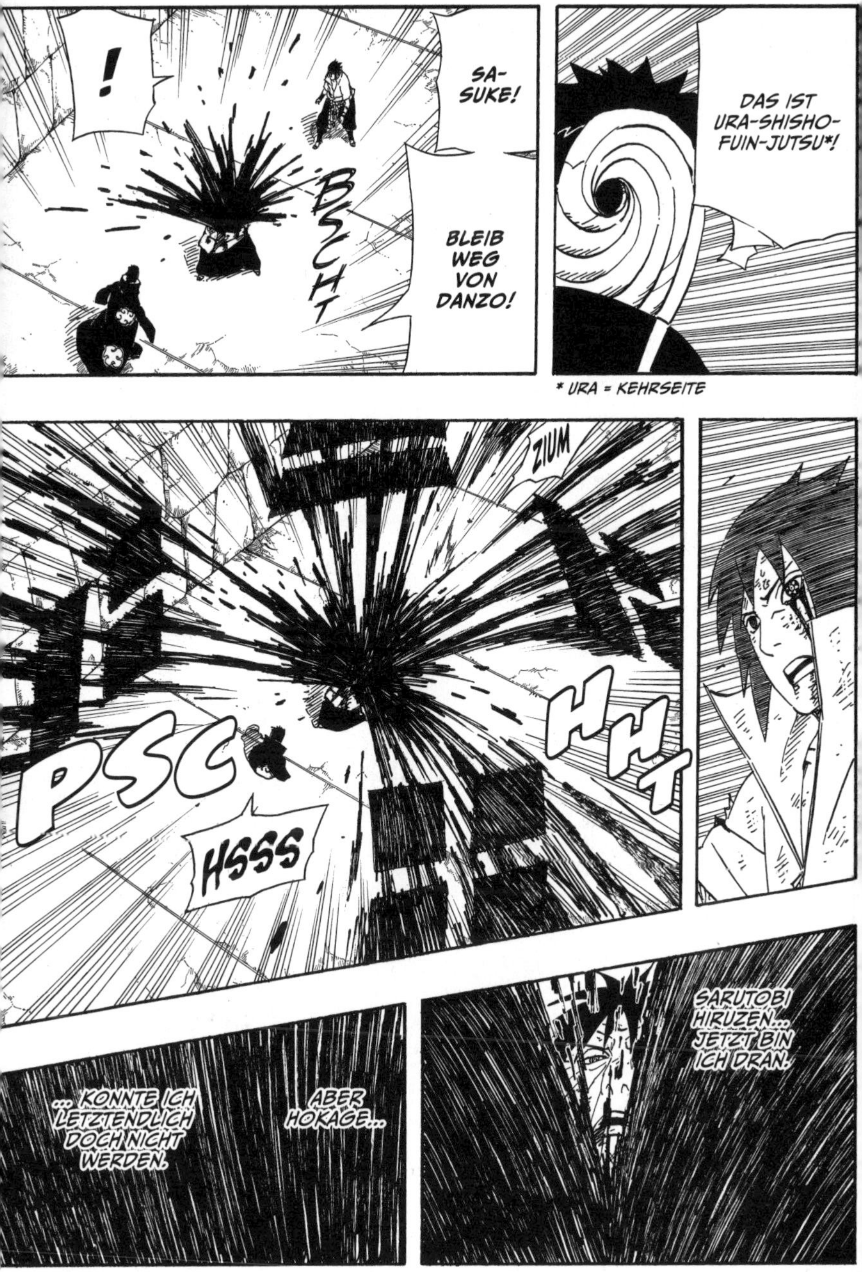
DAS IST URA-SHISHO-FUIN-JUTSU*!
SA-SUKE!
BLEIB WEG VON DANZO!
!
BSCHT
* URA = KEHRSEITE
ZIUM
HHHT
PSC
HSSS
SARUTOBI HIRUZEN... JETZT BIN ICH DRAN.
ABER HOKAGE...
... KONNTE ICH LETZTENDLICH DOCH NICHT WERDEN.

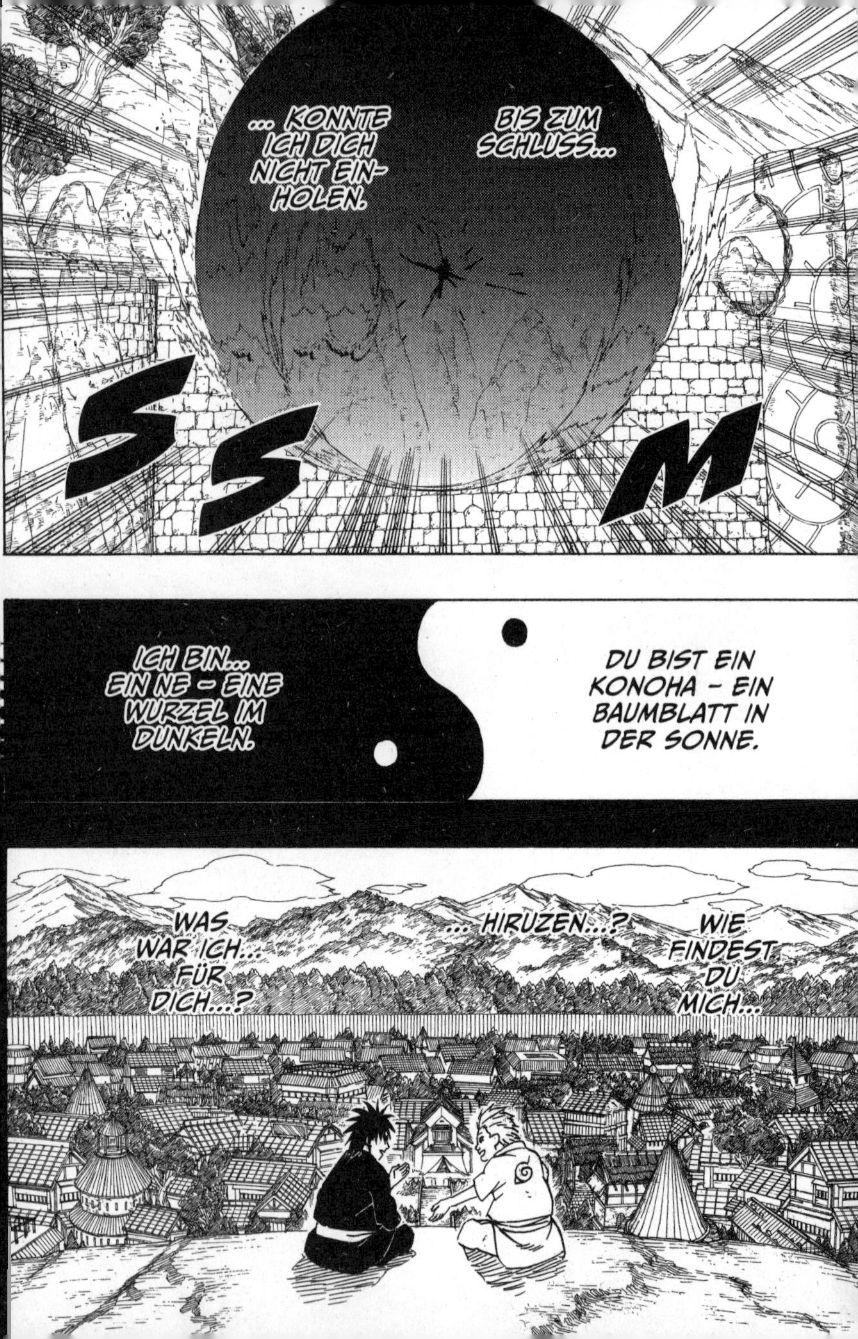
BIS ZUM SCHLUSS...
... KONNTE ICH DICH NICHT EIN-HOLEN.
S S M
DU BIST EIN KONOHA – EIN BAUMBLATT IN DER SONNE.
ICH BIN... EIN NE – EINE WURZEL IM DUNKELN.
WIE FINDEST DU MICH...
... HIRUZEN...?
WAS WAR ICH... FÜR DICH...?

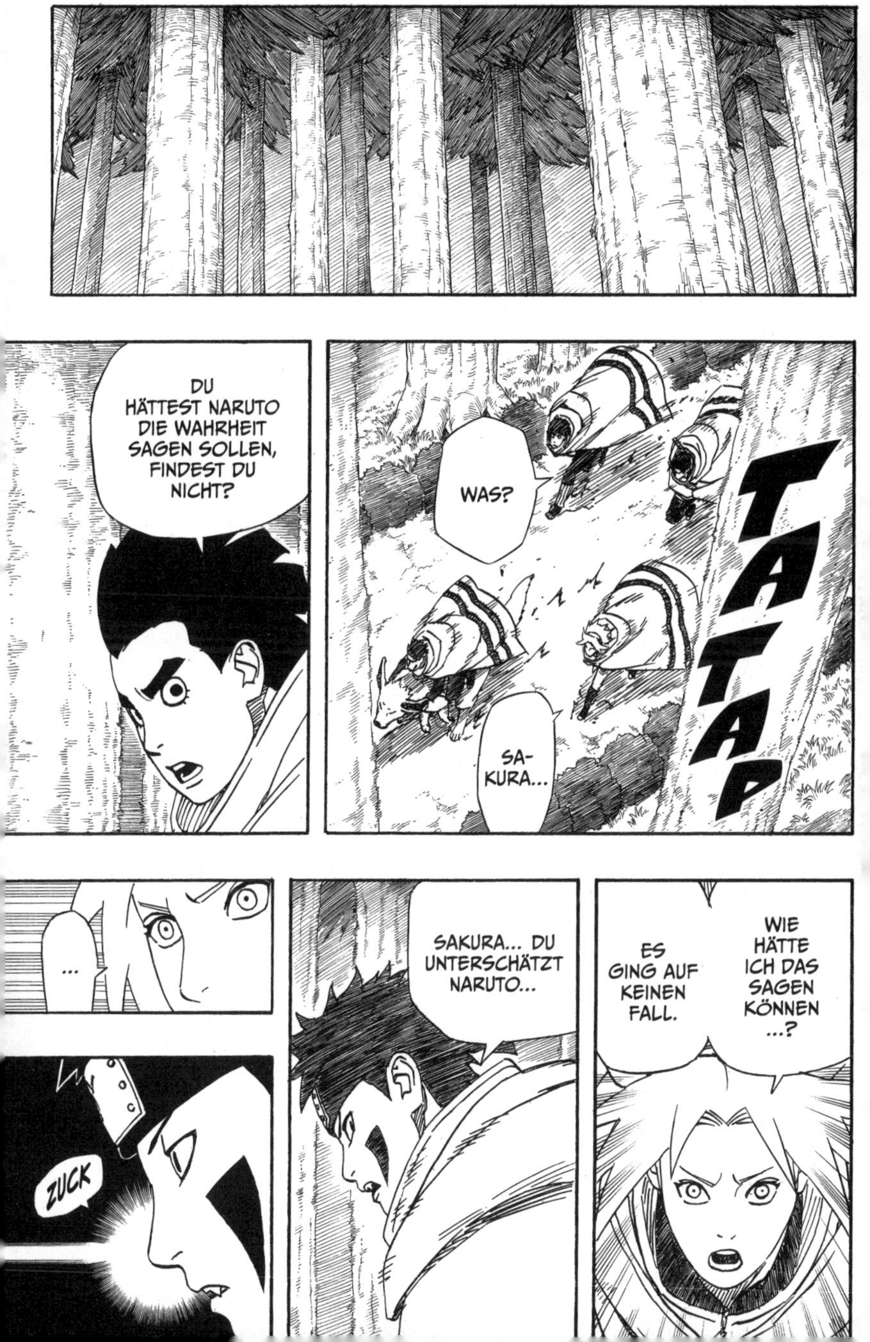
WAS?
SA-
KURA...
TATAP
DU
HÄTTEST NARUTO
DIE WAHRHEIT
SAGEN SOLLEN,
FINDEST DU
NICHT?
WIE
HÄTTE
ICH DAS
SAGEN
KÖNNEN
...?
ES
GING AUF
KEINEN
FALL.
SAKURA... DU
UNTERSCHÄTZT
NARUTO...
...
ZUCK

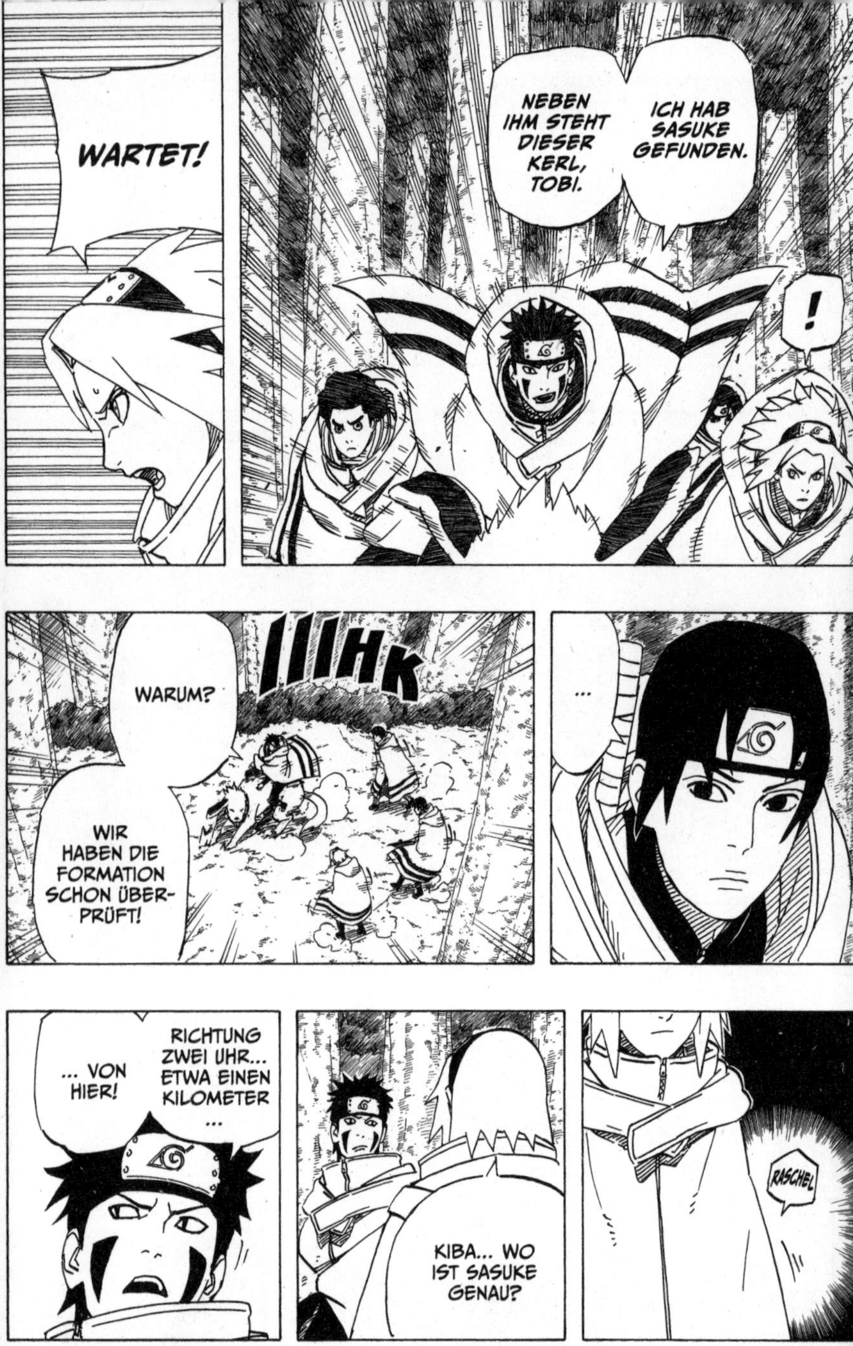
ICH HAB SASUKE GEFUNDEN.
NEBEN IHM STEHT DIESER KERL, TOBI.
!
WARTET!
...
IIIHK
WARUM?
WIR HABEN DIE FORMATION SCHON ÜBERPRÜFT!
RASCHEL
KIBA... WO IST SASUKE GENAU?
RICHTUNG ZWEI UHR... ETWA EINEN KILOMETER ...
... VON HIER!

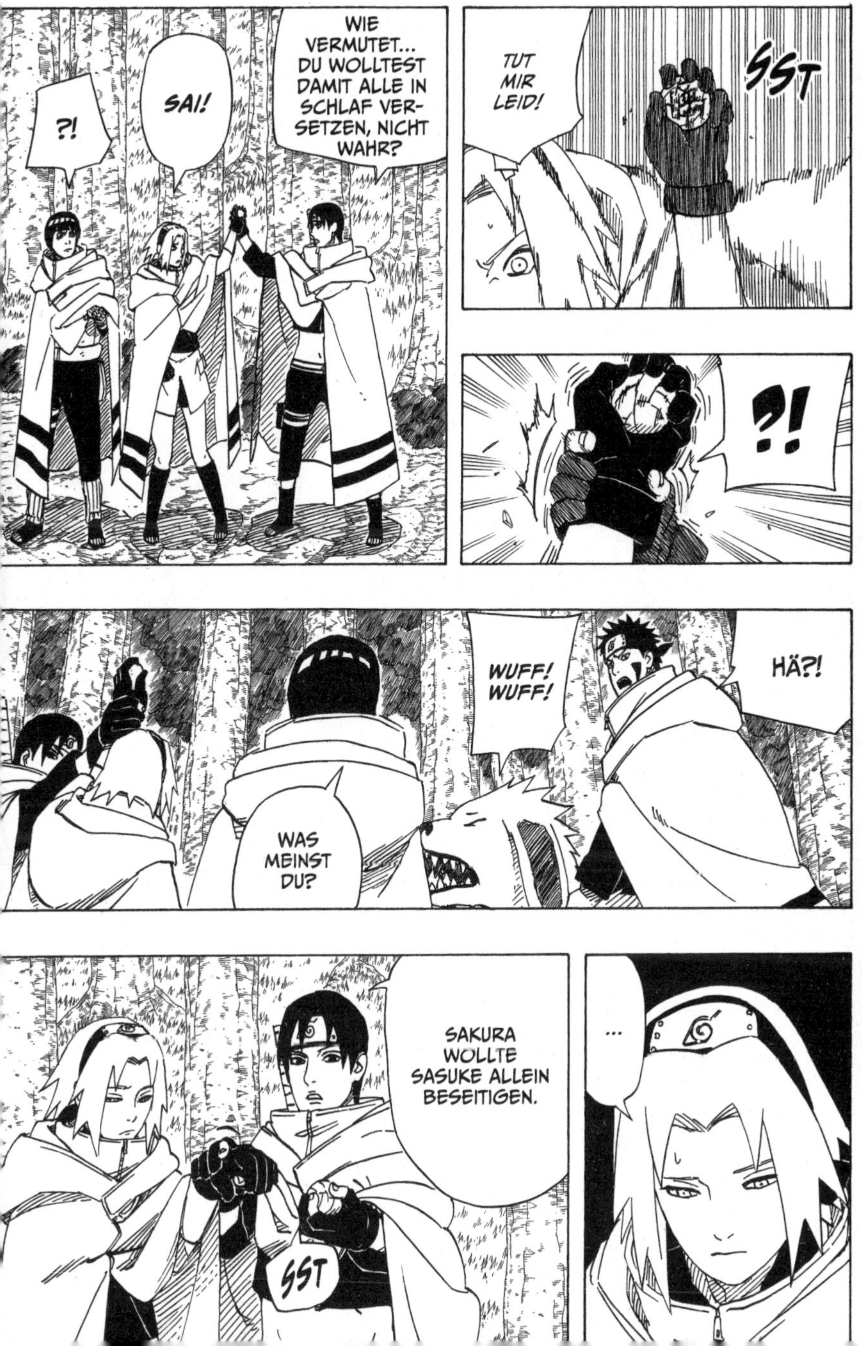
TUT MIR LEID!
SST
?!
WIE VERMUTET... DU WOLLTEST DAMIT ALLE IN SCHLAF VER-SETZEN, NICHT WAHR?
SAI!
?!
HÄ?!
WUFF! WUFF!
WAS MEINST DU?
...
SAKURA WOLLTE SASUKE ALLEIN BESEITIGEN.
SST

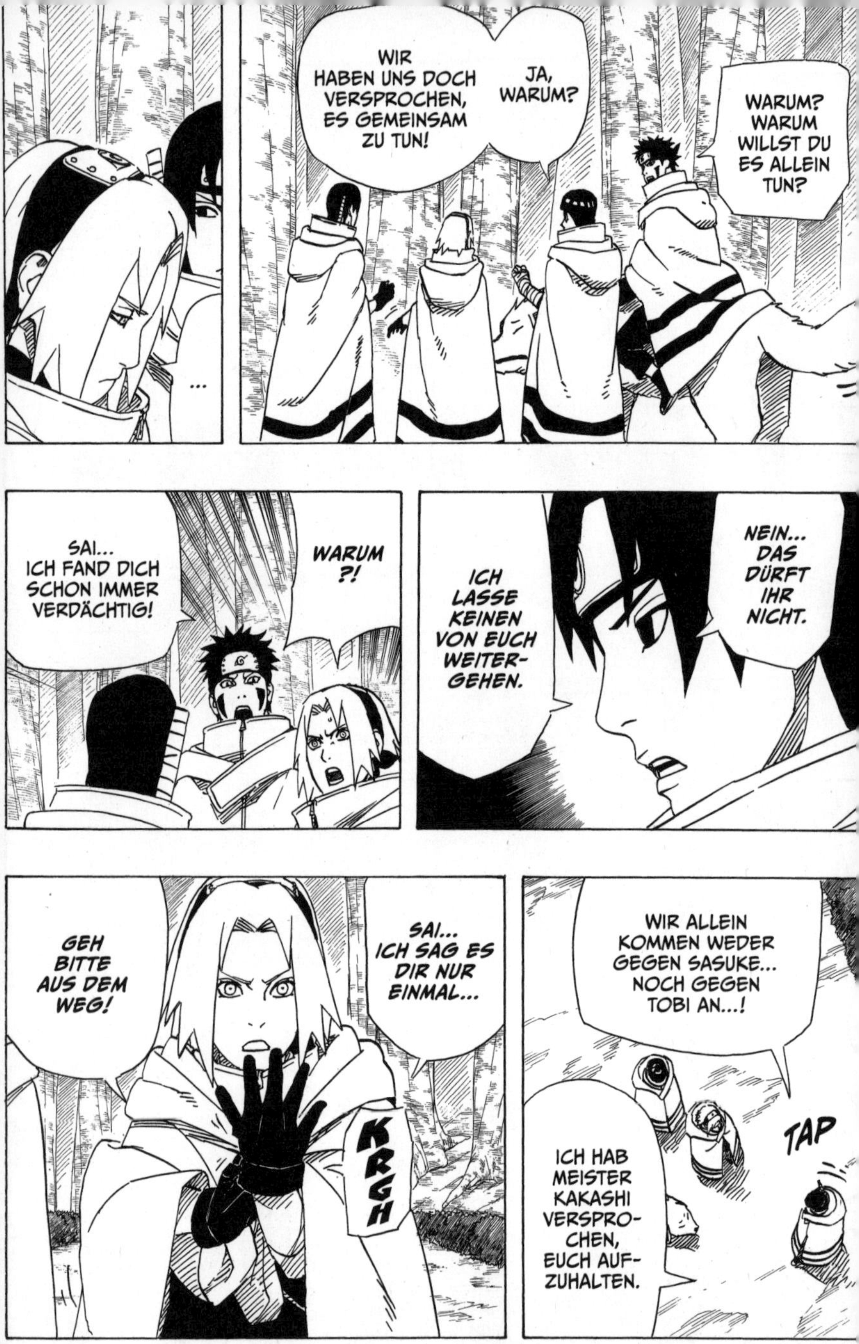
WARUM? WARUM WILLST DU ES ALLEIN TUN?
JA, WARUM?
WIR HABEN UNS DOCH VERSPROCHEN, ES GEMEINSAM ZU TUN!
...
NEIN... DAS DÜRFT IHR NICHT.
ICH LASSE KEINEN VON EUCH WEITER-GEHEN.
WARUM ?!
SAI... ICH FAND DICH SCHON IMMER VERDÄCHTIG!
WIR ALLEIN KOMMEN WEDER GEGEN SASUKE... NOCH GEGEN TOBI AN...!
ICH HAB MEISTER KAKASHI VERSPRO-CHEN, EUCH AUF-ZUHALTEN.
TAP
SAI... ICH SAG ES DIR NUR EINMAL...
KRGH
GEH BITTE AUS DEM WEG!

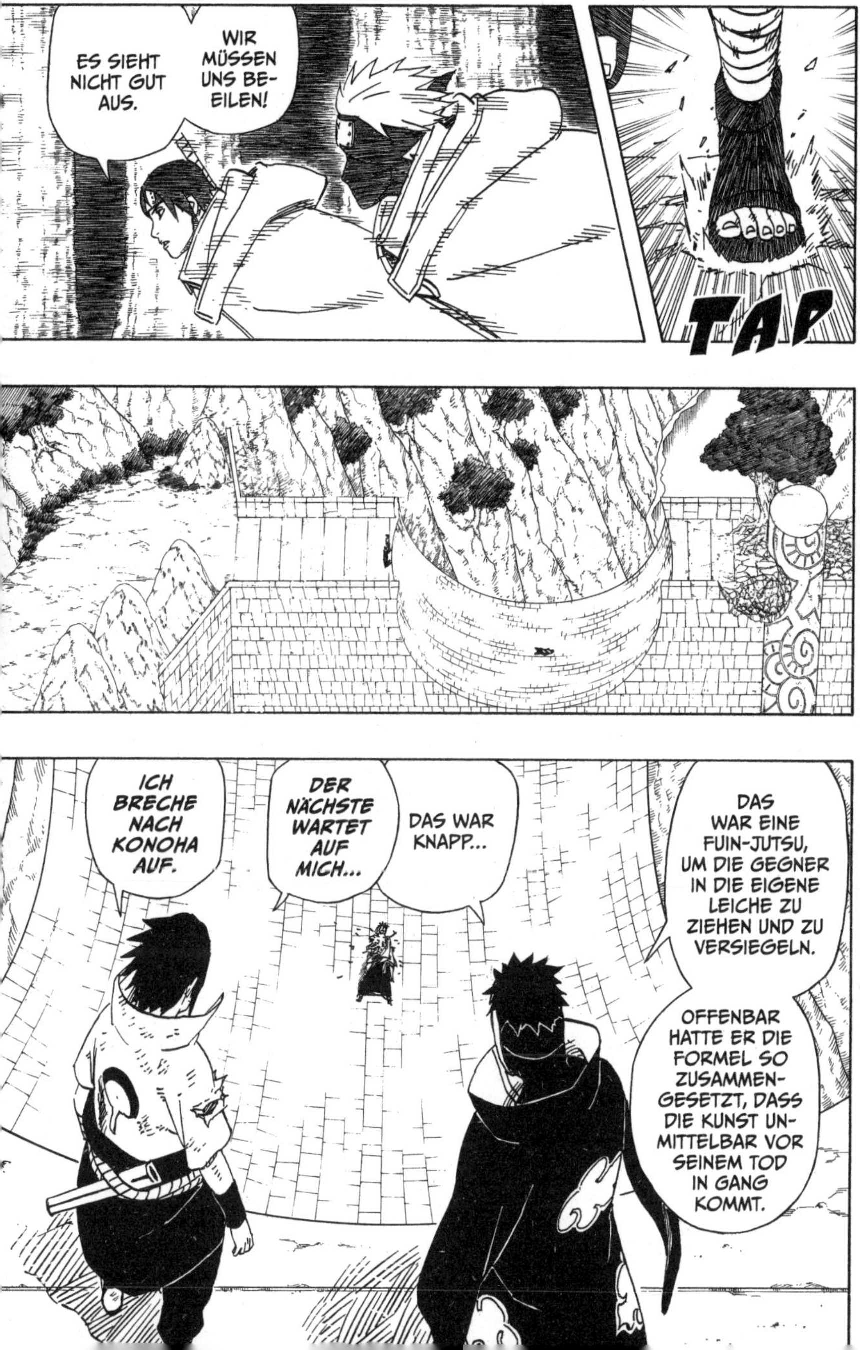
TAP
WIR MÜSSEN UNS BE-EILEN!
ES SIEHT NICHT GUT AUS.
DAS WAR EINE FUIN-JUTSU, UM DIE GEGNER IN DIE EIGENE LEICHE ZU ZIEHEN UND ZU VERSIEGELN.
OFFENBAR HATTE ER DIE FORMEL SO ZUSAMMEN-GESETZT, DASS DIE KUNST UN-MITTELBAR VOR SEINEM TOD IN GANG KOMMT.
DAS WAR KNAPP...
DER NÄCHSTE WARTET AUF MICH...
ICH BRECHE NACH KONOHA AUF.

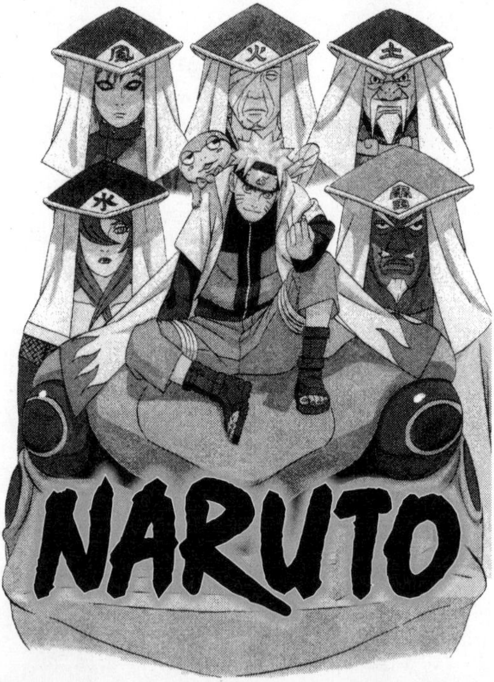
NARUTO

482. KAPITEL: NUR NOCH EINMAL...

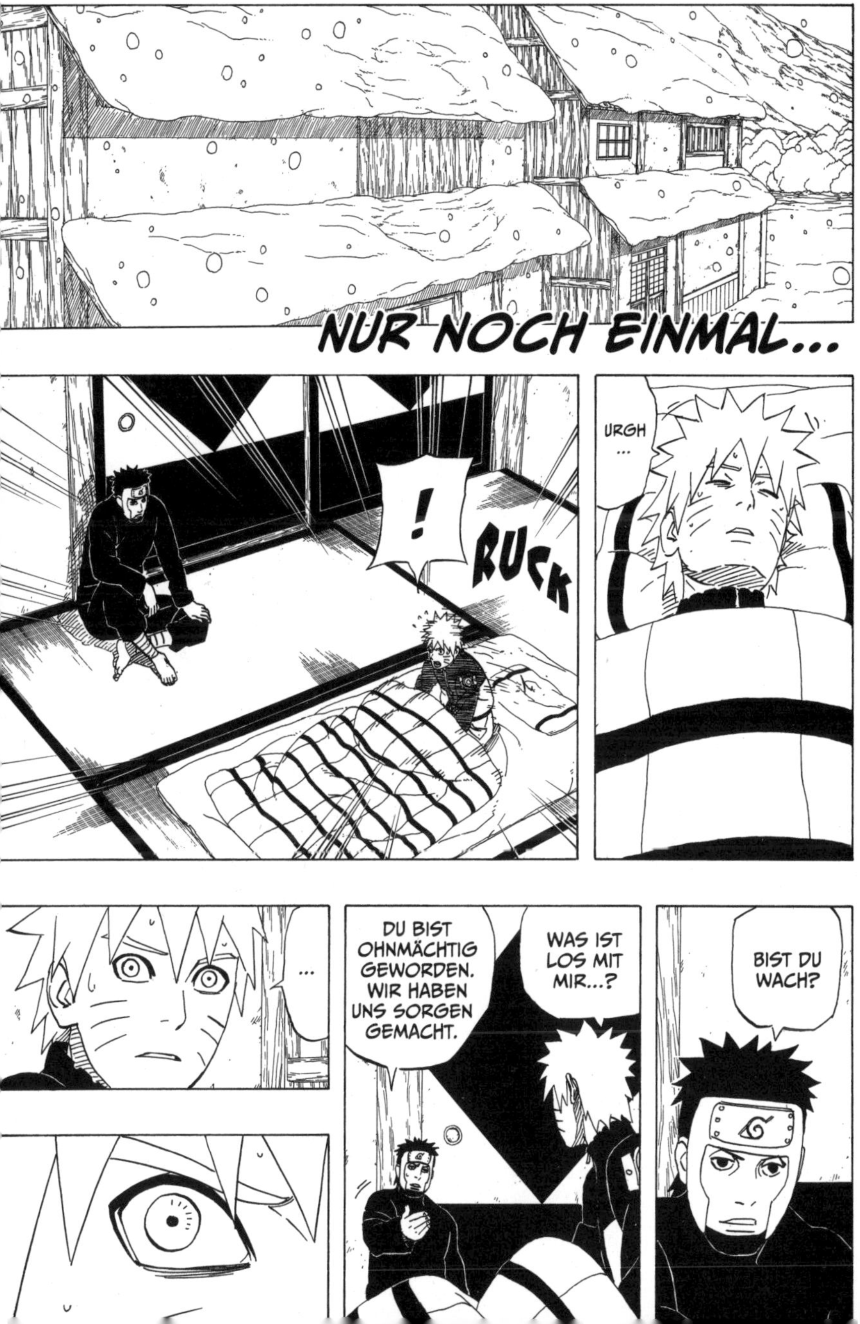

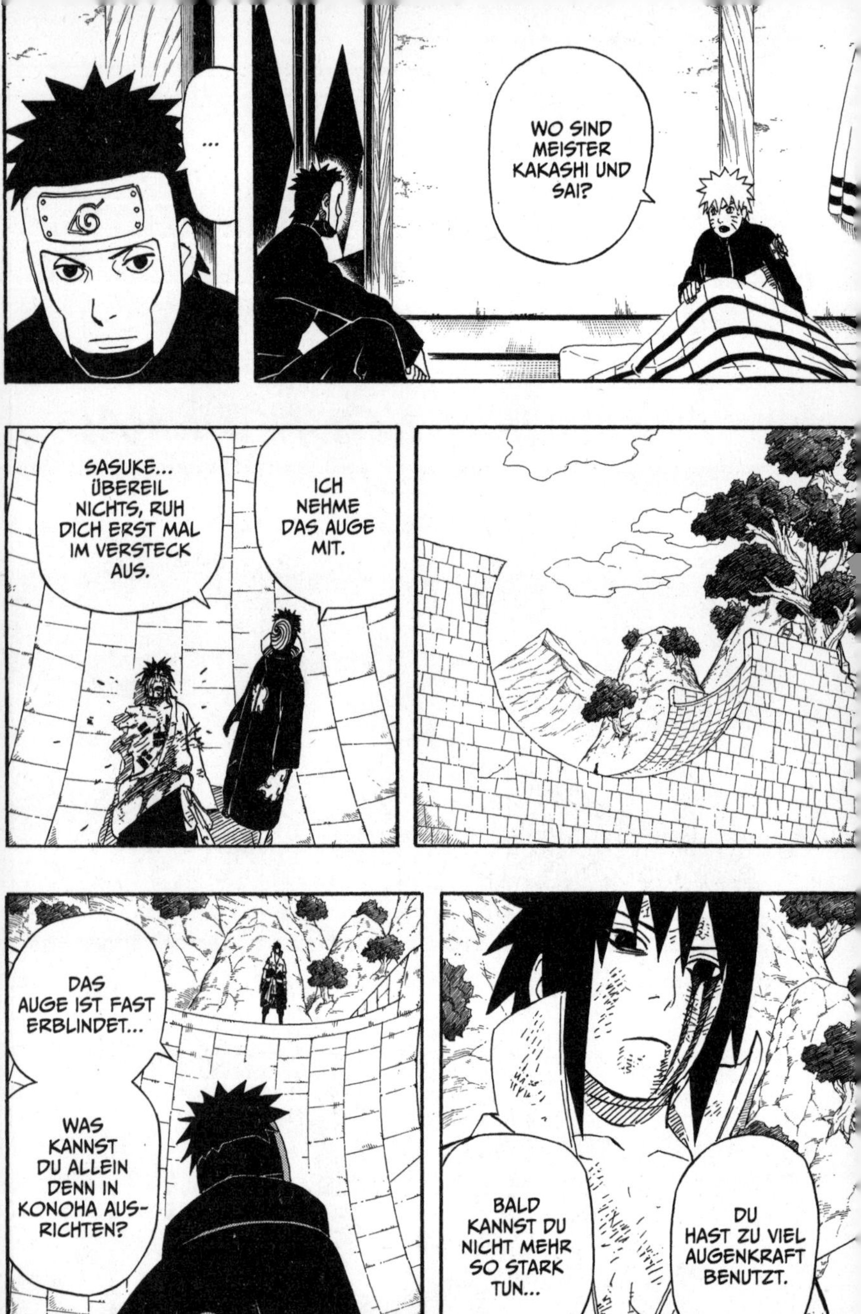
WO SIND MEISTER KAKASHI UND SAI?
...
ICH NEHME DAS AUGE MIT.
SASUKE... ÜBEREIL NICHTS, RUH DICH ERST MAL IM VERSTECK AUS.
DU HAST ZU VIEL AUGENKRAFT BENUTZT.
BALD KANNST DU NICHT MEHR SO STARK TUN...
DAS AUGE IST FAST ERBLINDET...
WAS KANNST DU ALLEIN DENN IN KONOHA AUS-RICHTEN?

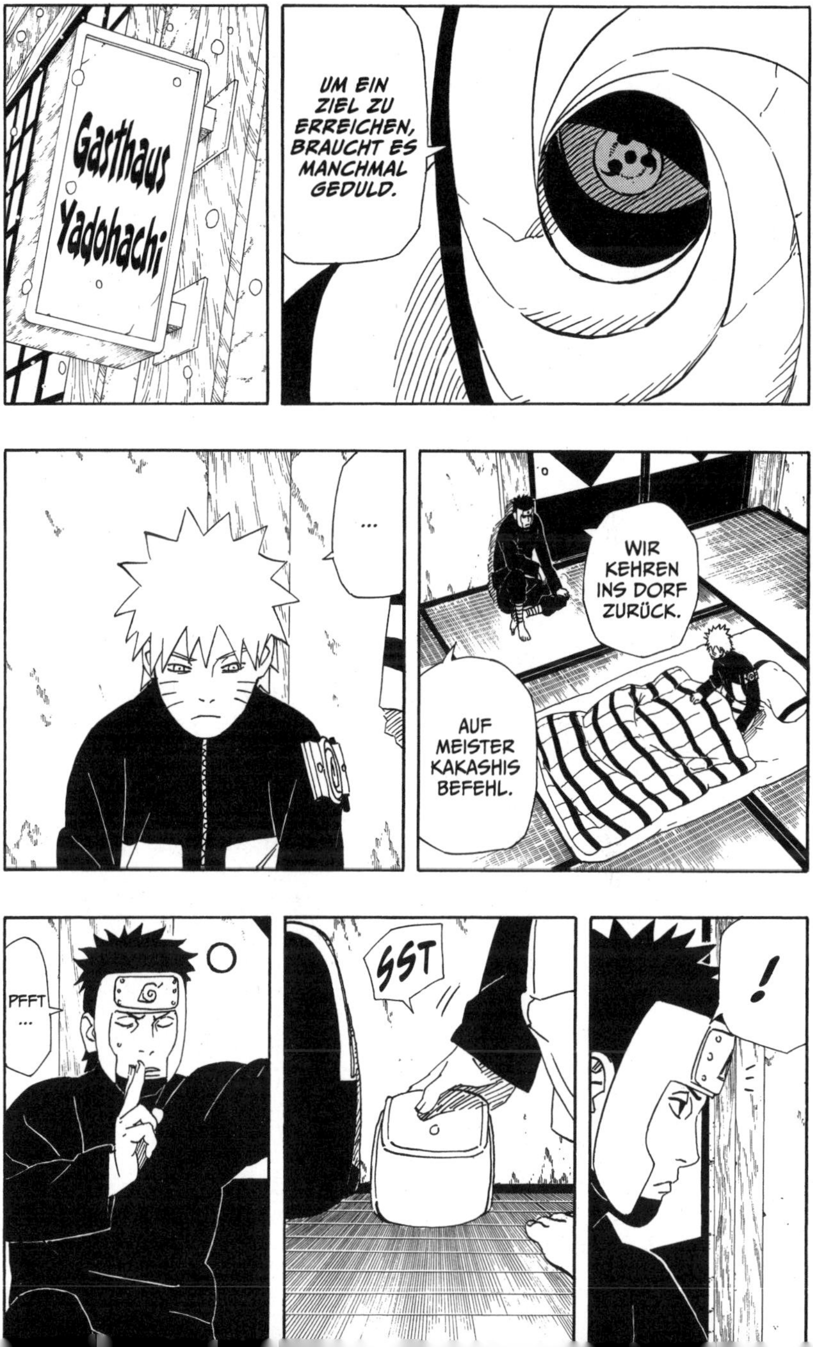

UM EIN ZIEL ZU ERREICHEN, BRAUCHT ES MANCHMAL GEDULD.
Gasthaus Yadohachi
WIR KEHREN INS DORF ZURÜCK.
AUF MEISTER KAKASHIS BEFEHL.
...
!
SST
PFFT ...

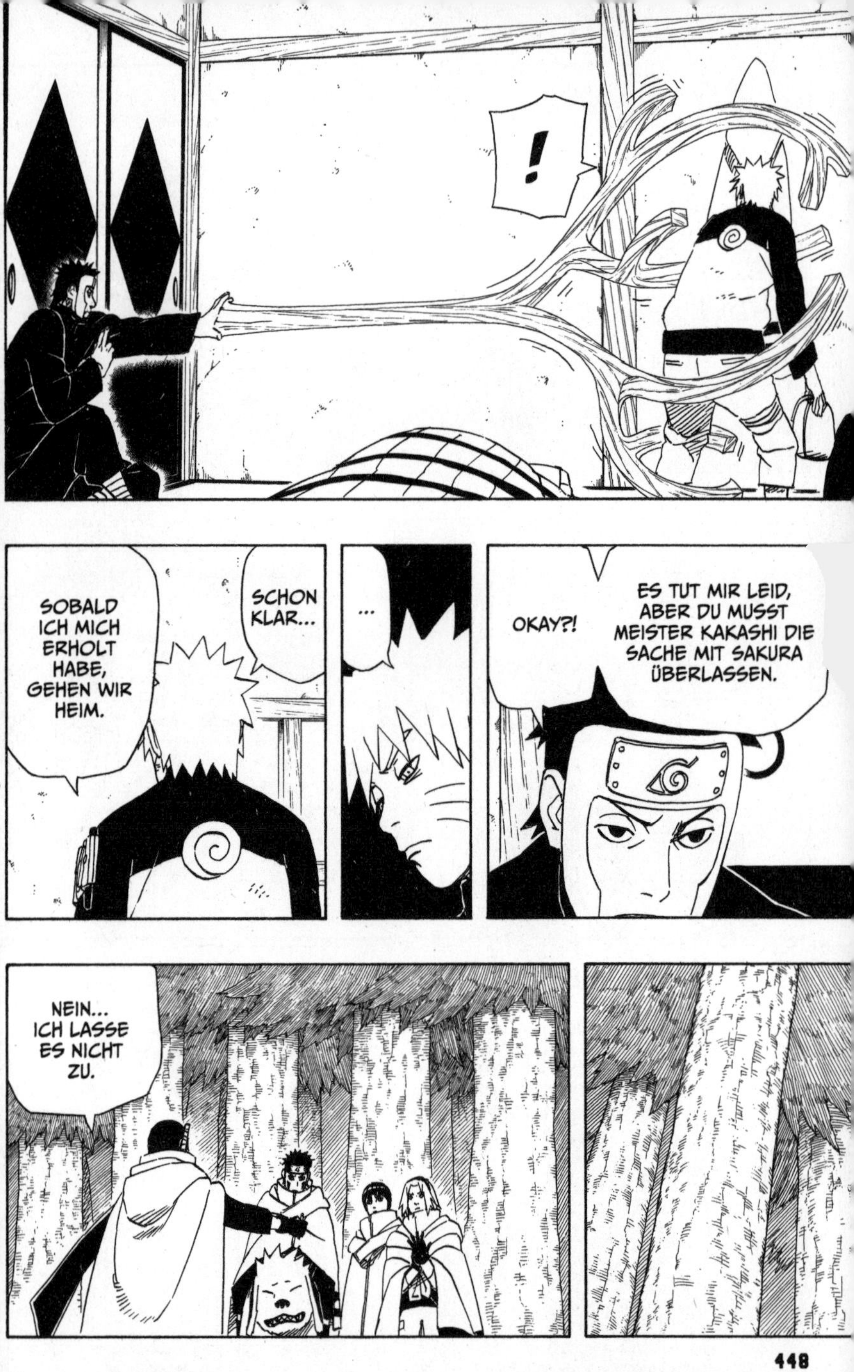
!
ES TUT MIR LEID, ABER DU MUSST MEISTER KAKASHI DIE SACHE MIT SAKURA ÜBERLASSEN.
OKAY?!
...
SCHON KLAR...
SOBALD ICH MICH ERHOLT HABE, GEHEN WIR HEIM.
NEIN... ICH LASSE ES NICHT ZU.

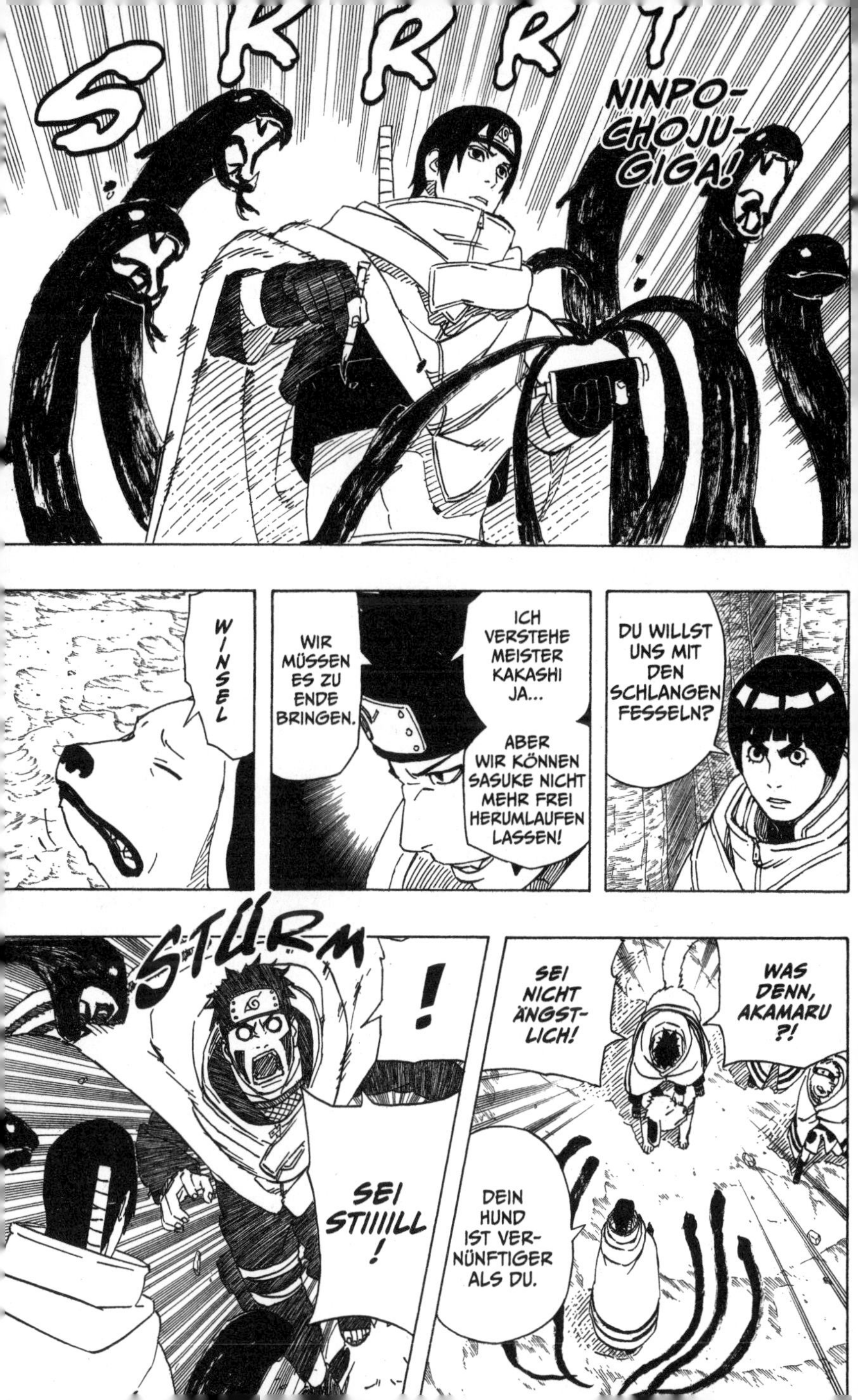
SKRRT
NINPO-CHOJU-GIGA!
DU WILLST UNS MIT DEN SCHLANGEN FESSELN?
ICH VERSTEHE MEISTER KAKASHI JA...
ABER WIR KÖNNEN SASUKE NICHT MEHR FREI HERUMLAUFEN LASSEN!
WIR MÜSSEN ES ZU ENDE BRINGEN.
WINSEL
WAS DENN, AKAMARU ?!
SEI NICHT ÄNGSTLICH!
DEIN HUND IST VERNÜNFTIGER ALS DU.
STÜRM
!
SEI STIIIILL!

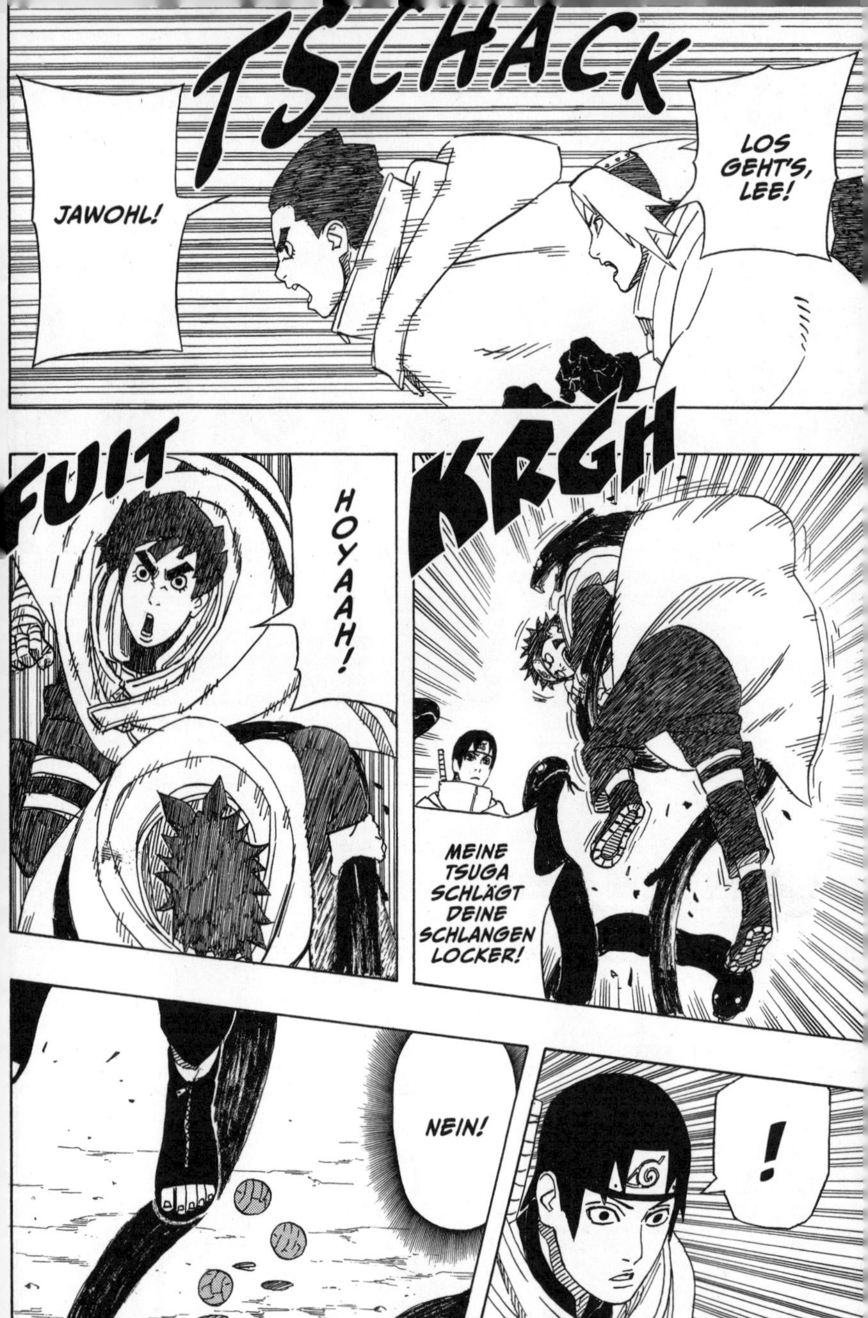
TSCHACK
LOS GEHT'S, LEE!
JAWOHL!
KRGH
MEINE TSUGA SCHLÄGT DEINE SCHLANGEN LOCKER!
FUIT
HOYAAH!
!
NEIN!

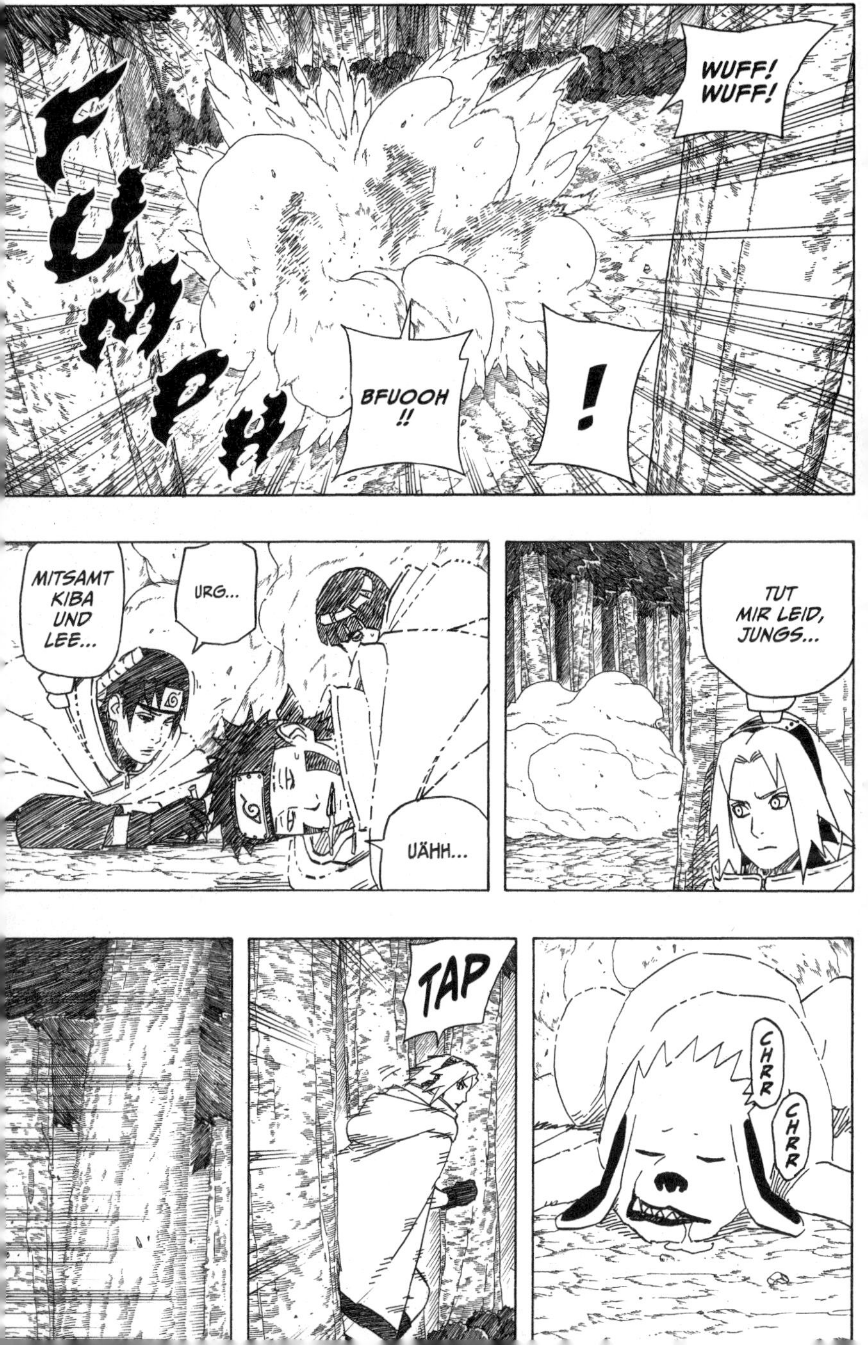
WUFF! WUFF!
!
BFUOOH !!
FUMPH
TUT MIR LEID, JUNGS...
URG...
MITSAMT KIBA UND LEE...
UÄHH...
CHRR
CHRR
TAP

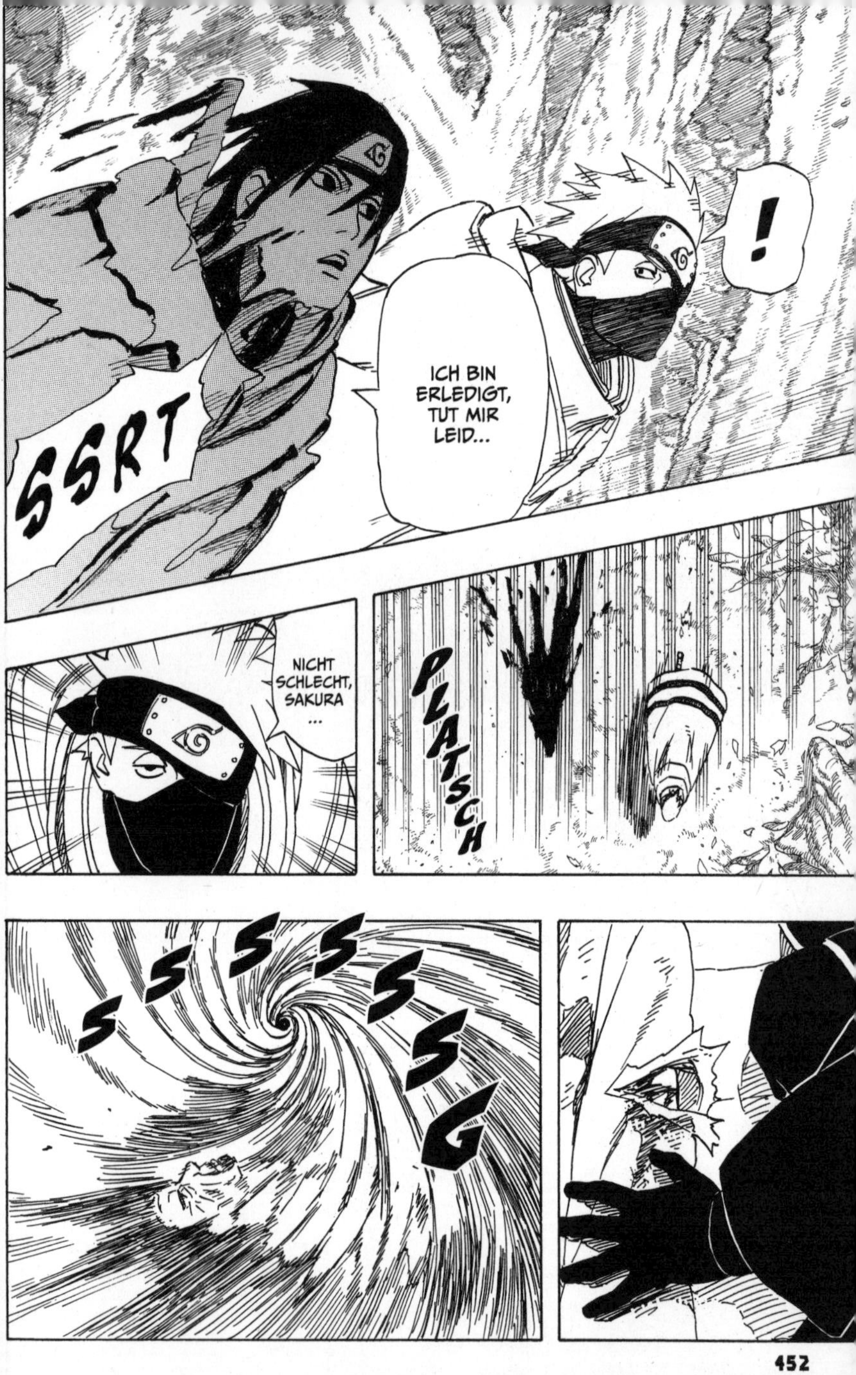
!
ICH BIN ERLEDIGT, TUT MIR LEID...
SSRT
PLATSCH
NICHT SCHLECHT, SAKURA ...
SSSSSSSG

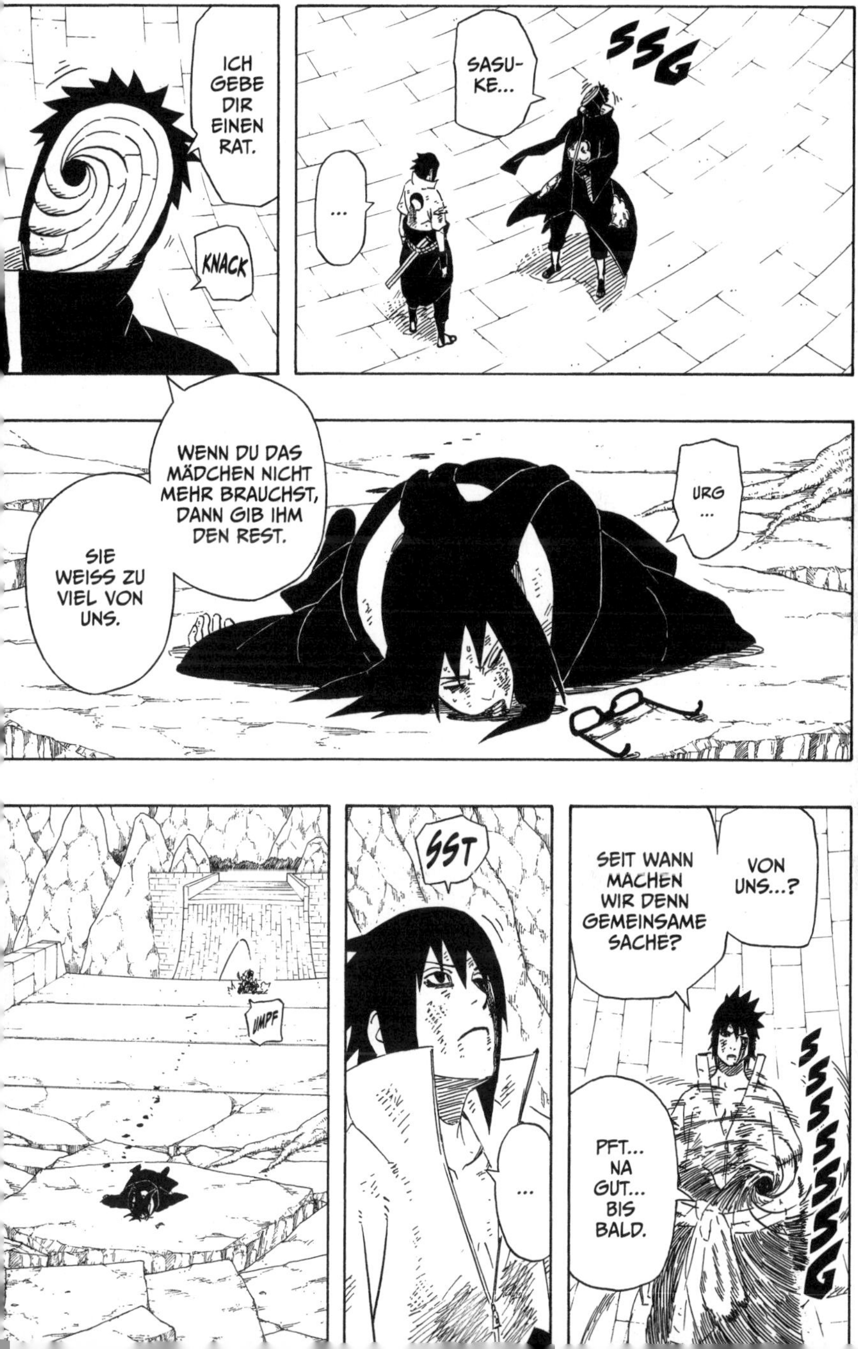
SSG
SASU-KE...
...
ICH GEBE DIR EINEN RAT.
KNACK
URG ...
WENN DU DAS MÄDCHEN NICHT MEHR BRAUCHST, DANN GIB IHM DEN REST.
SIE WEISS ZU VIEL VON UNS.
VON UNS...?
SEIT WANN MACHEN WIR DENN GEMEINSAME SACHE?
PFT... NA GUT... BIS BALD.
SSSSSSG
SST
...
UMPF

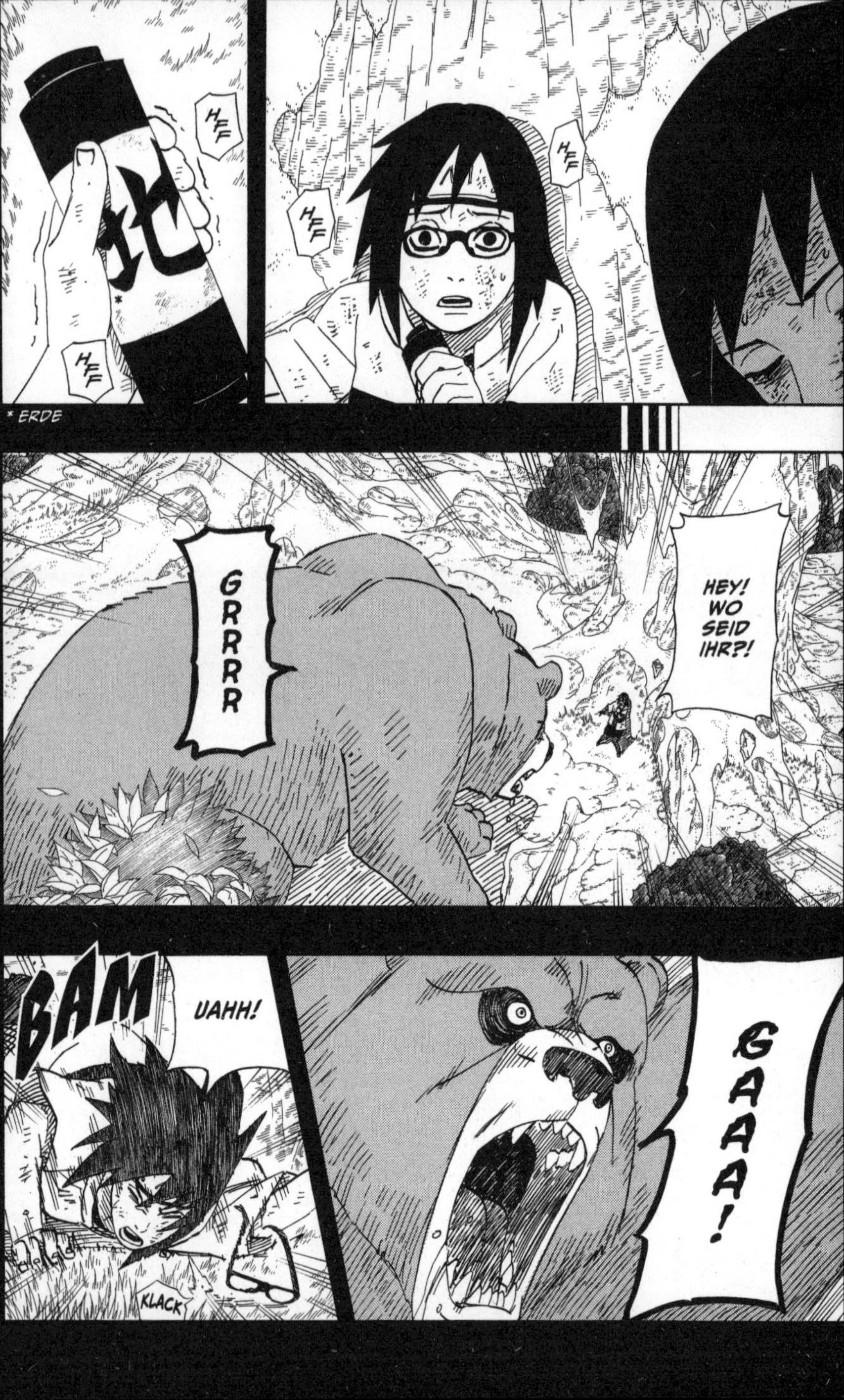
HFF
HFF
HFF
HFF
* ERDE
HEY! WO SEID IHR?!
GRRRRR
GAAAA!
UAHH!
BAM
KLACK

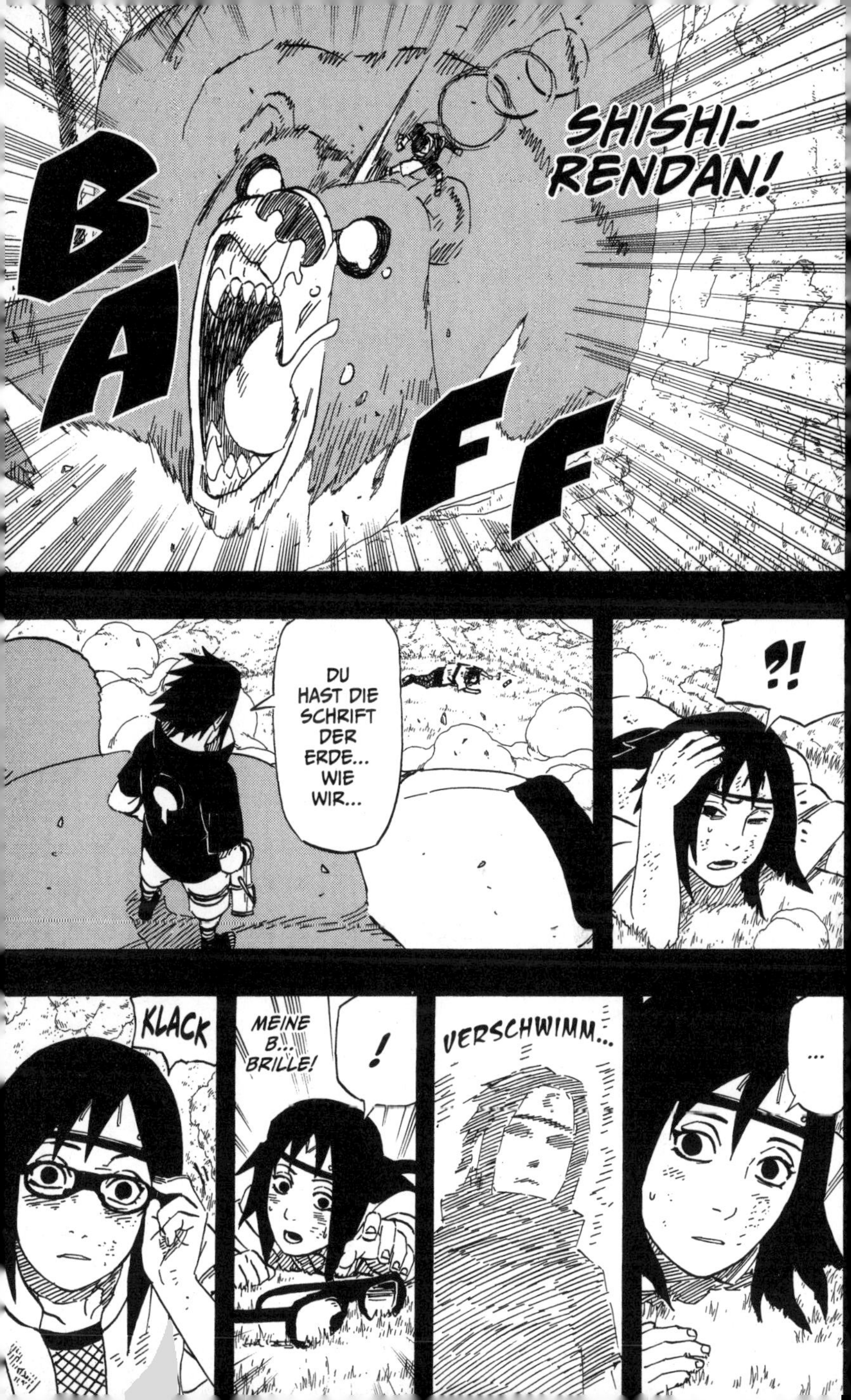
SHISHI-RENDAN!
BAFF
?!
DU HAST DIE SCHRIFT DER ERDE... WIE WIR...
...
VERSCHWIMM...
!
MEINE B... BRILLE!
KLACK

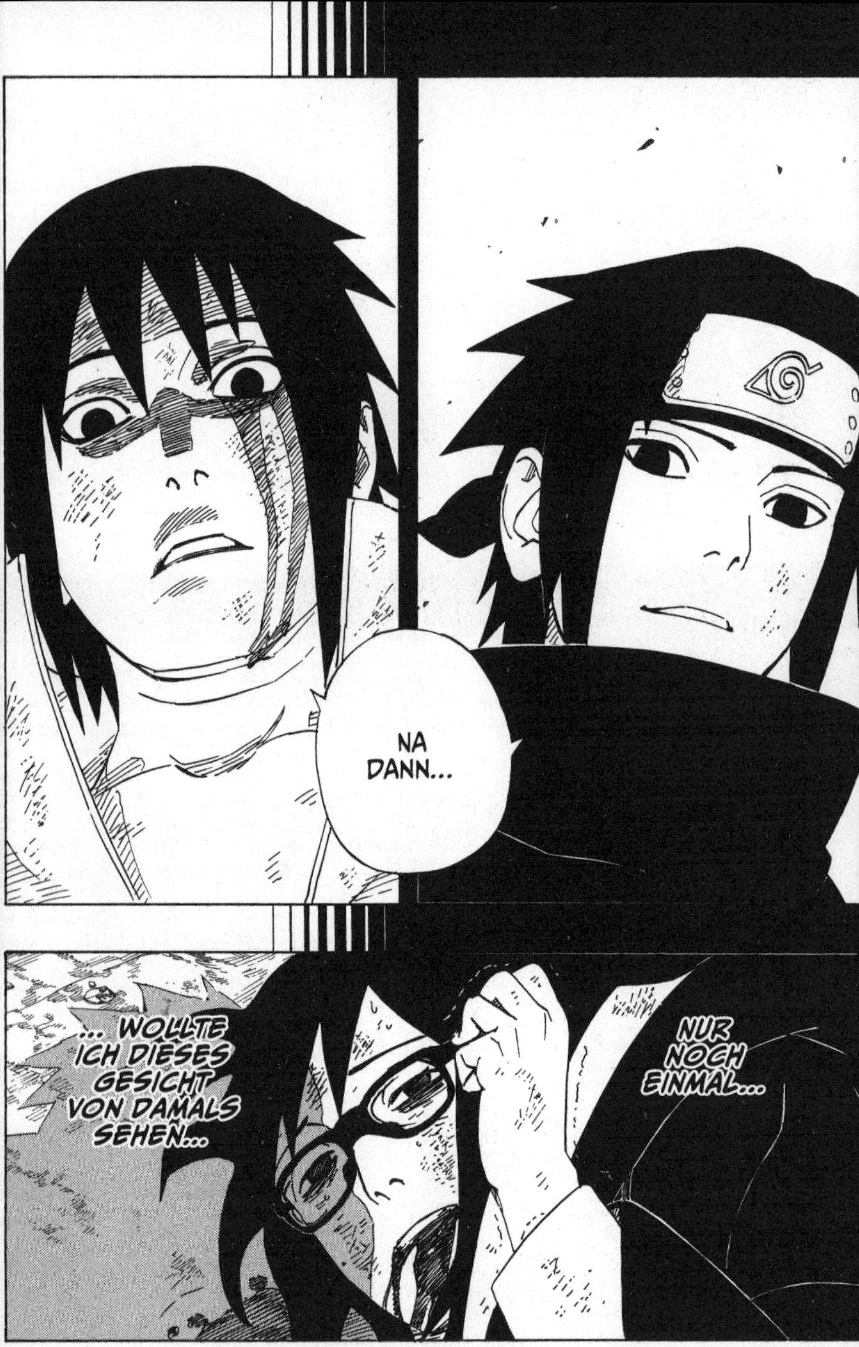
NA DANN...
NUR NOCH EINMAL...
... WOLLTE ICH DIESES GESICHT VON DAMALS SEHEN...

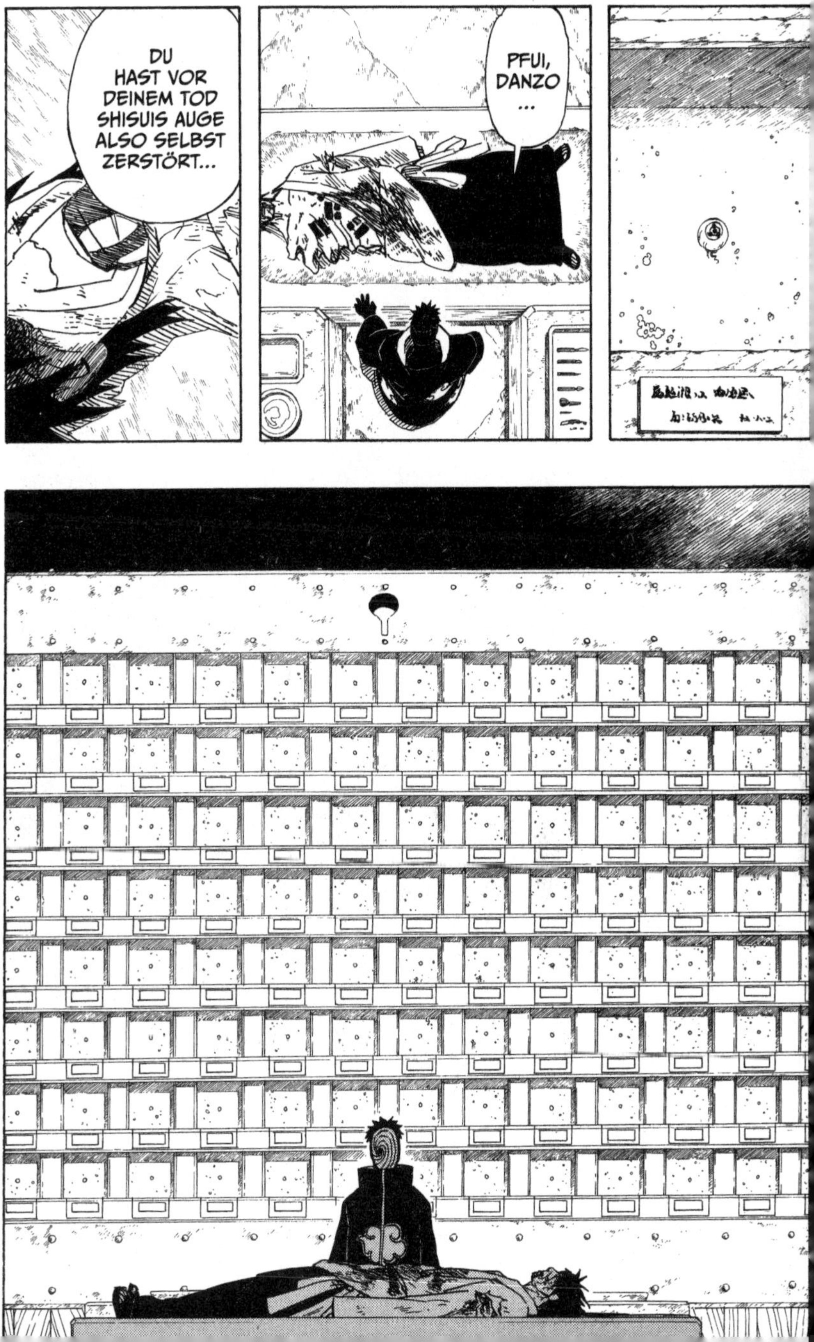
PFUI, DANZO ...
DU HAST VOR DEINEM TOD SHISUIS AUGE ALSO SELBST ZERSTÖRT...

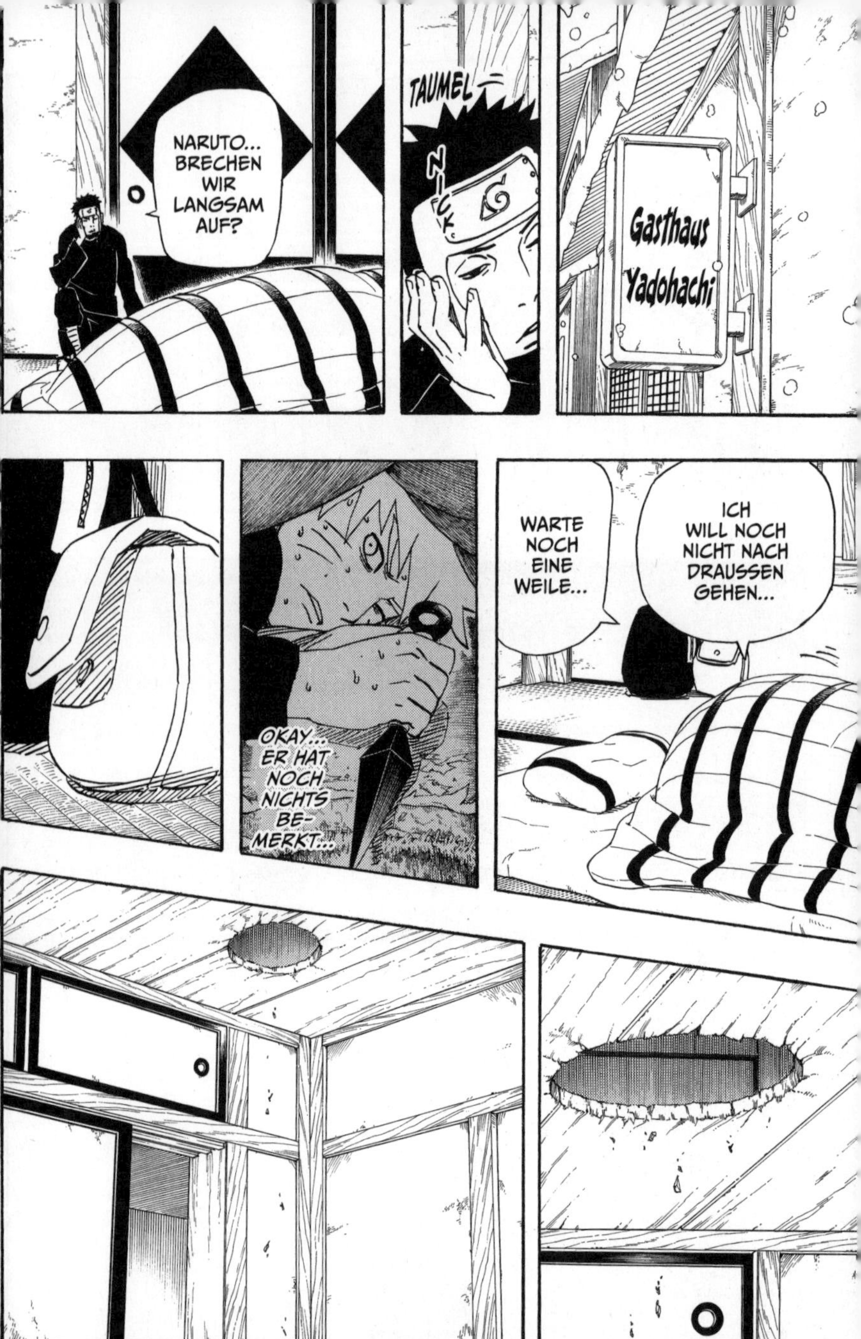
Gasthaus Yadohachi
TAUMEL
NICK
NARUTO... BRECHEN WIR LANGSAM AUF?
ICH WILL NOCH NICHT NACH DRAUSSEN GEHEN...
WARTE NOCH EINE WEILE...
OKAY... ER HAT NOCH NICHTS BEMERKT...

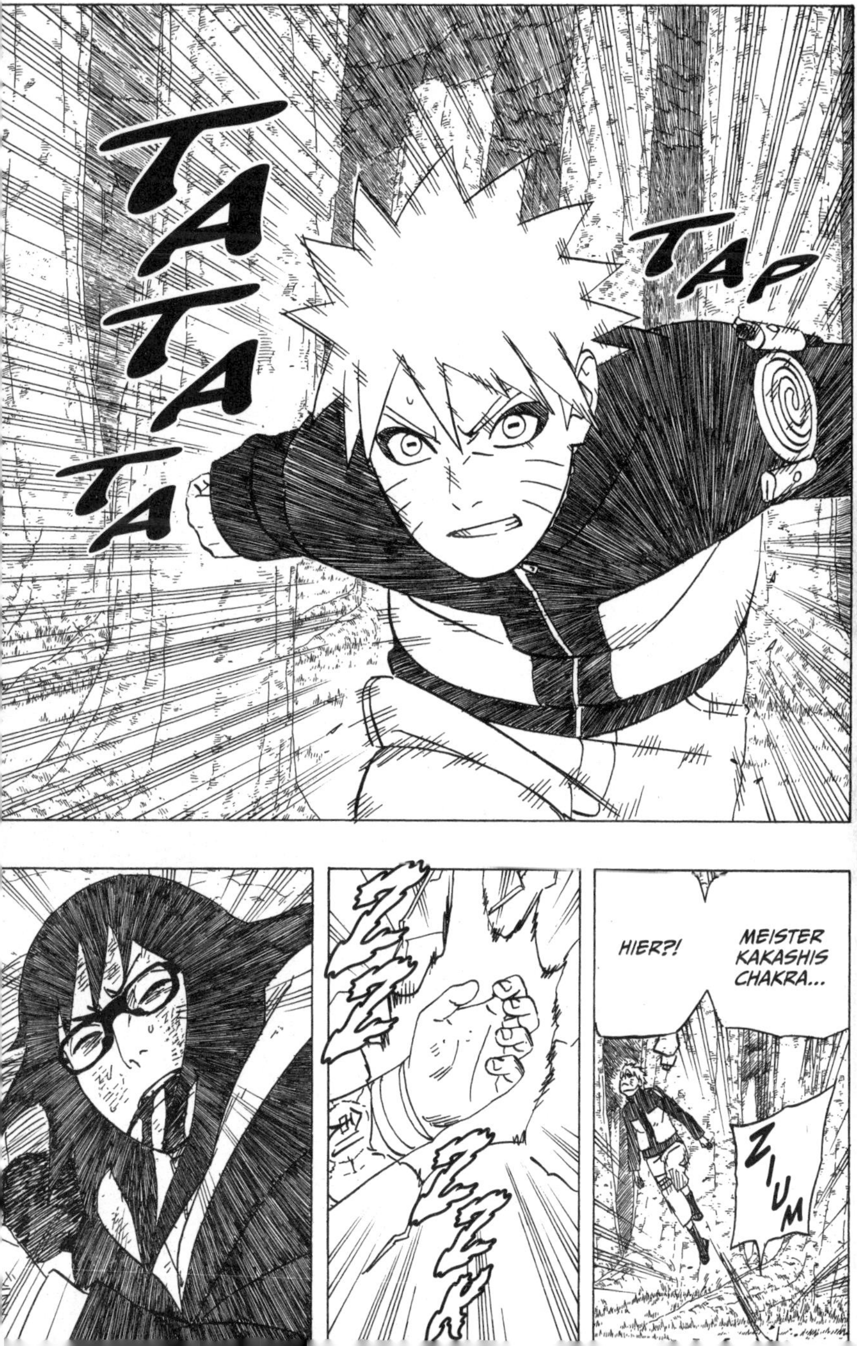
TAP
TATATATA
MEISTER KAKASHIS CHAKRA...
HIER?!
ZIUM

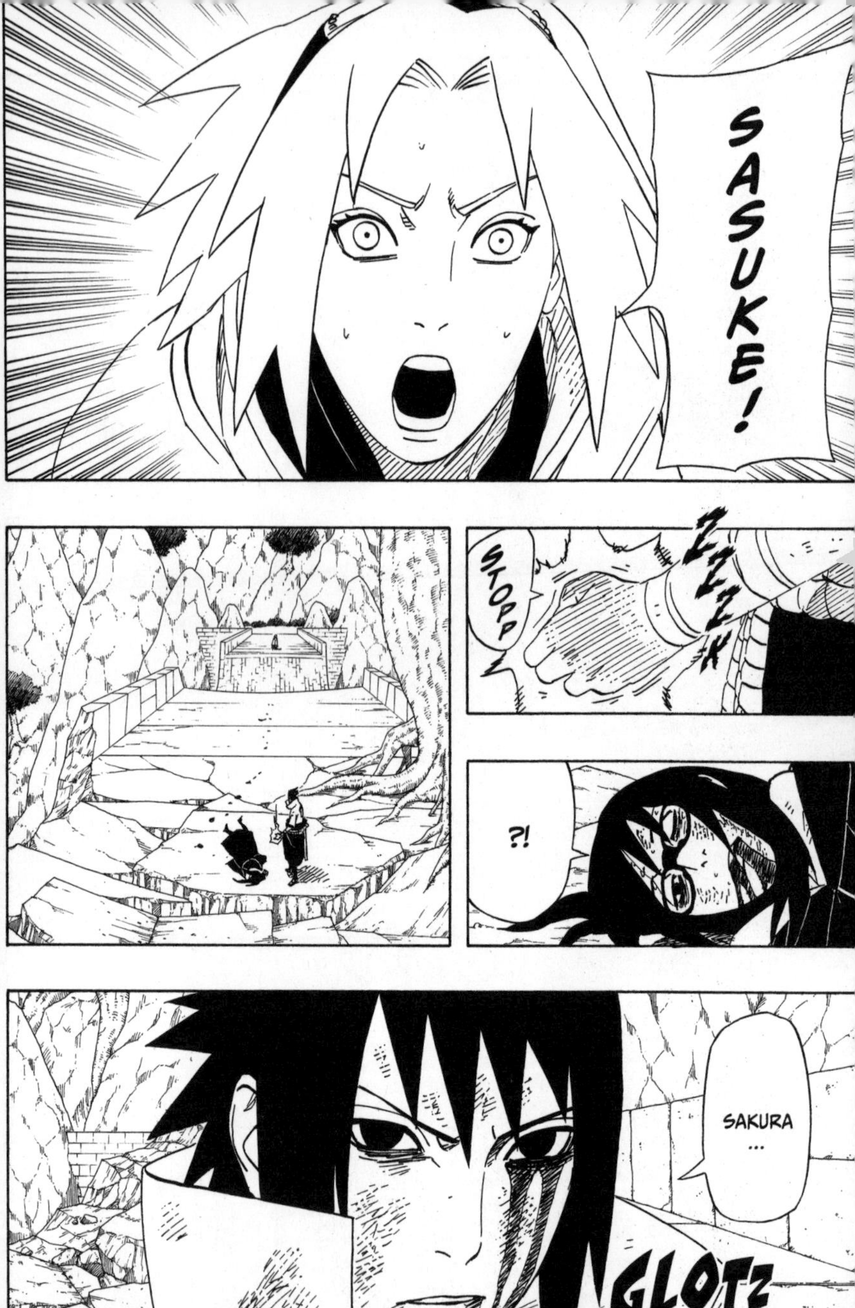

SASUKE!
ZZZZK
STOPP
?!
SAKURA ...
GLOTZ

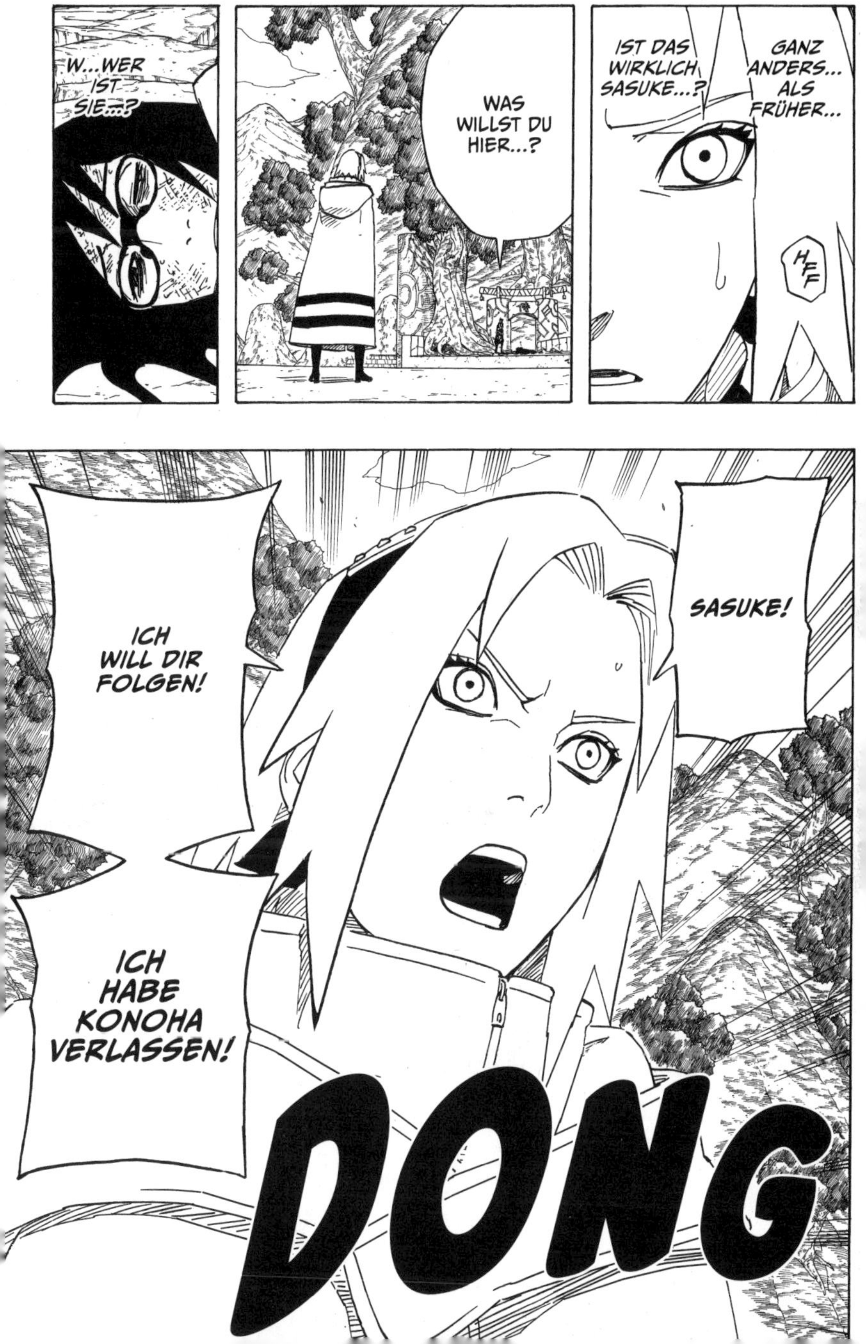
GANZ ANDERS... ALS FRÜHER...
IST DAS WIRKLICH SASUKE...?
HFF
WAS WILLST DU HIER...?
W...WER IST SIE...?
SASUKE!
ICH WILL DIR FOLGEN!
ICH HABE KONOHA VERLASSEN!
DONG

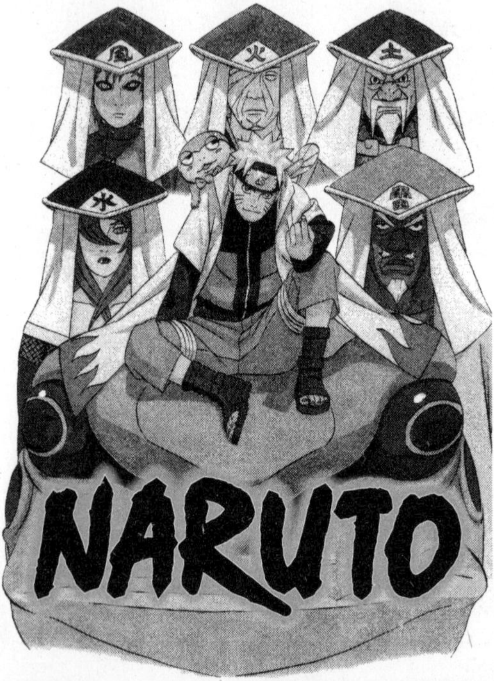
NARUTO

483. Kapitel:

Ein Wiedersehen von Meister und Schüler

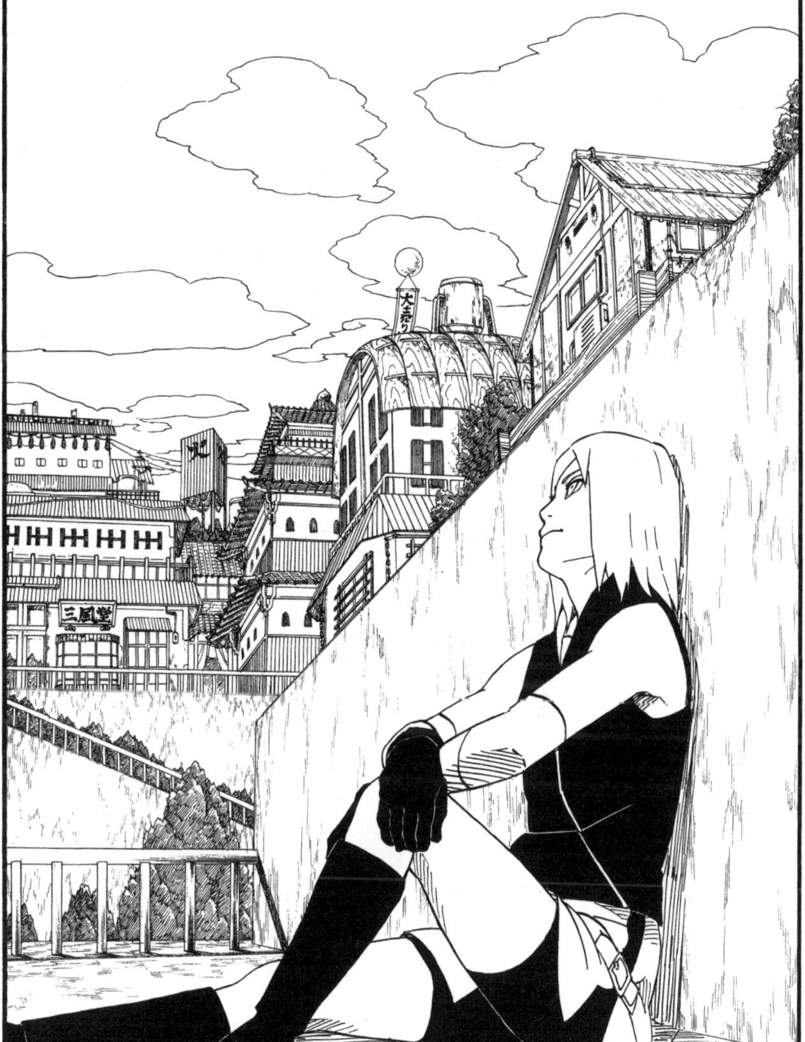

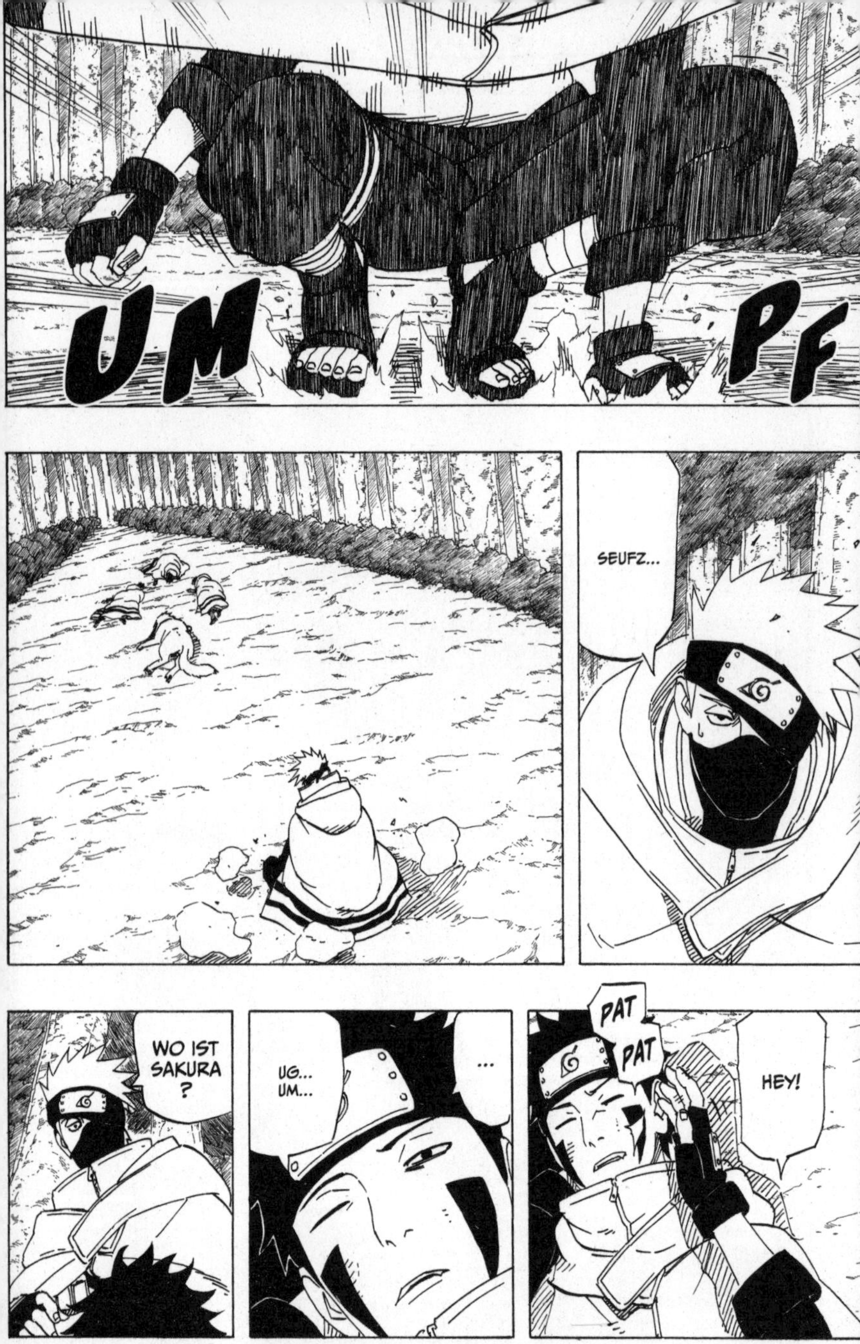
UMPF
SEUFZ...
WO IST SAKURA ?
...
UG... UM...
HEY!
PAT
PAT

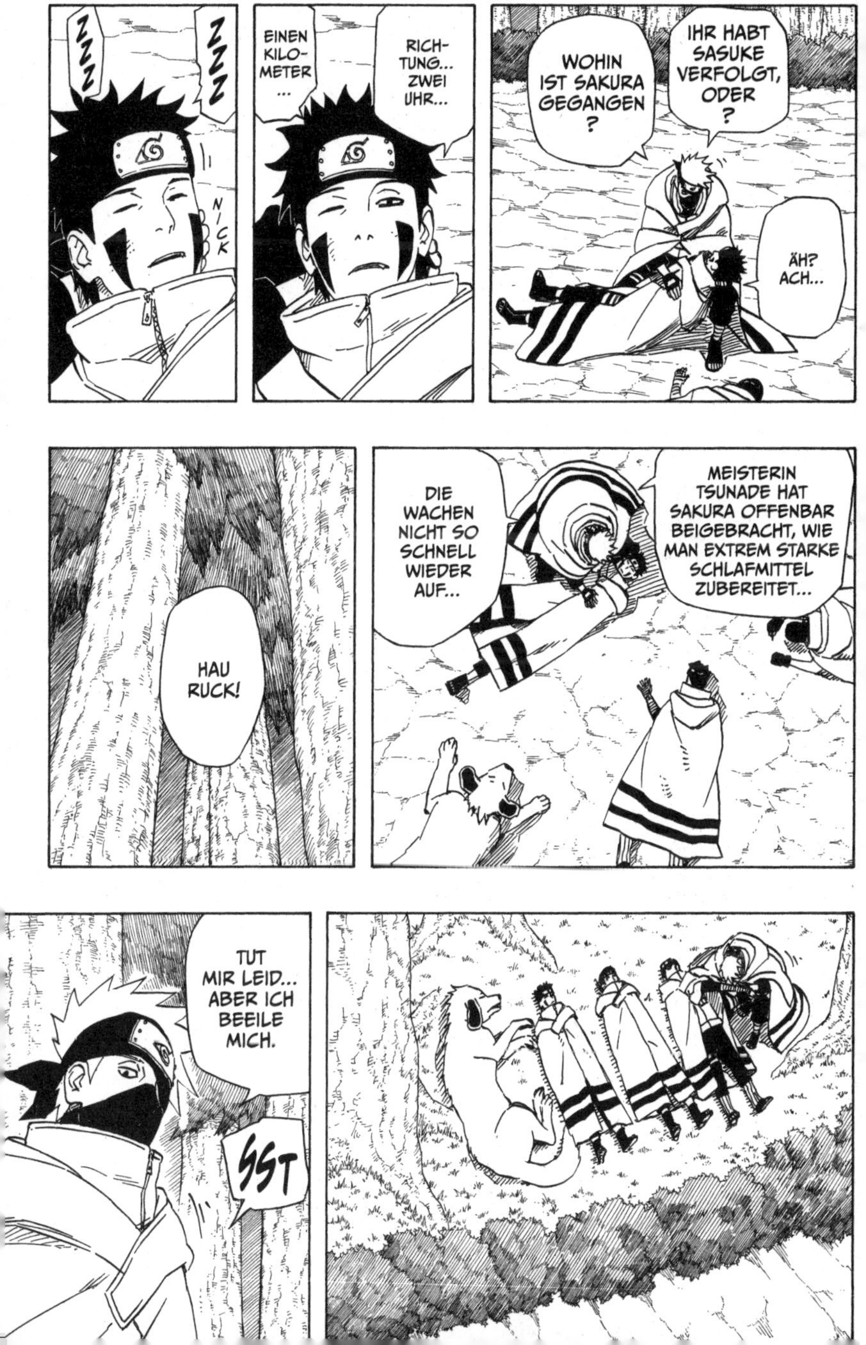
IHR HABT SASUKE VERFOLGT, ODER?
WOHIN IST SAKURA GEGANGEN?
ÄH? ACH...
RICH-TUNG... ZWEI UHR...
EINEN KILO-METER...
ZZZ
ZZZ
NICK
MEISTERIN TSUNADE HAT SAKURA OFFENBAR BEIGEBRACHT, WIE MAN EXTREM STARKE SCHLAFMITTEL ZUBEREITET...
DIE WACHEN NICHT SO SCHNELL WIEDER AUF...
HAU RUCK!
TUT MIR LEID... ABER ICH BEEILE MICH.
SST

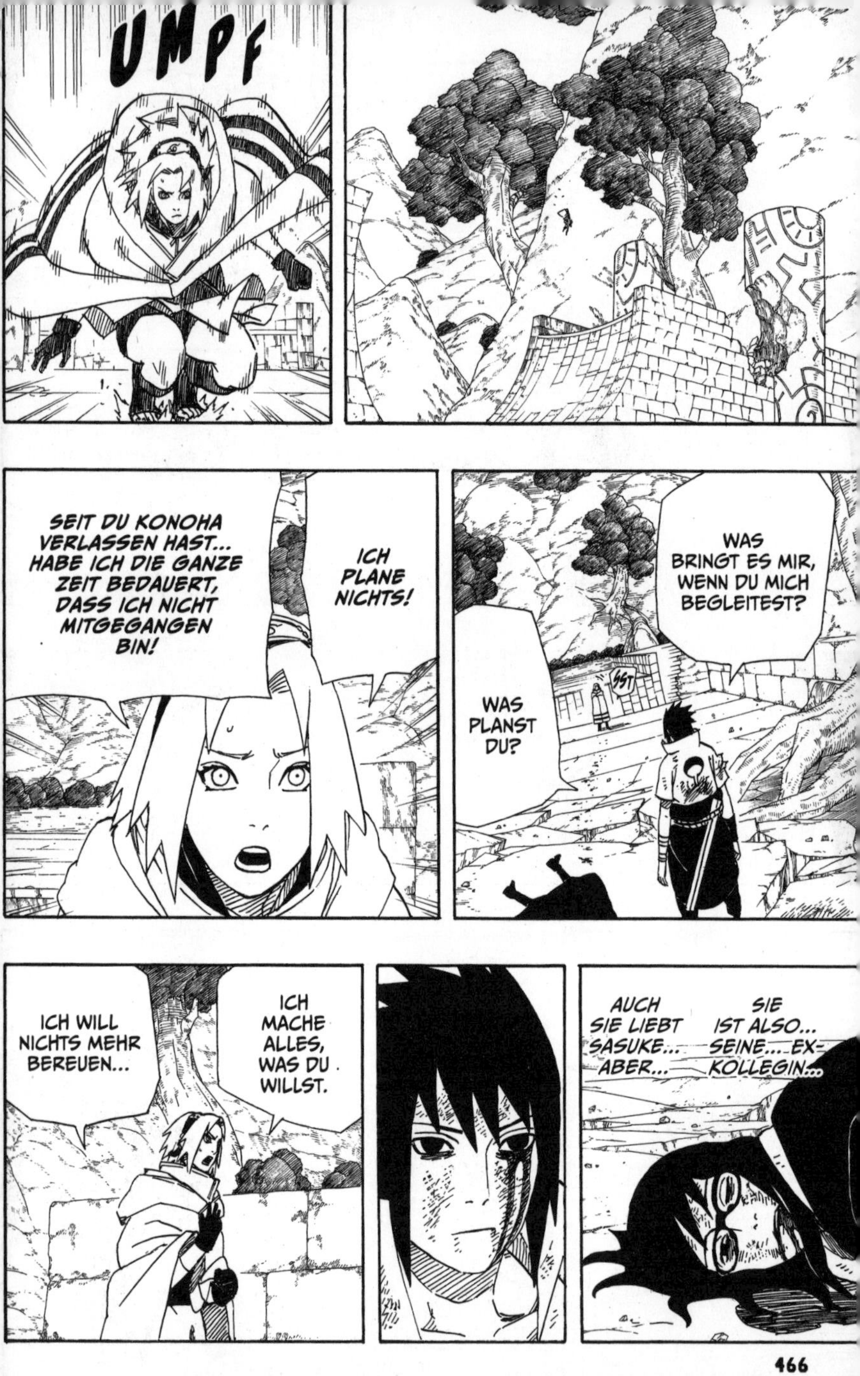
UMPF
WAS BRINGT ES MIR, WENN DU MICH BEGLEITEST?
SST
WAS PLANST DU?
ICH PLANE NICHTS!
SEIT DU KONOHA VERLASSEN HAST... HABE ICH DIE GANZE ZEIT BEDAUERT, DASS ICH NICHT MITGEGANGEN BIN!
SIE IST ALSO... SEINE... EX-KOLLEGIN...
AUCH SIE LIEBT SASUKE... ABER...
ICH MACHE ALLES, WAS DU WILLST.
ICH WILL NICHTS MEHR BEREUEN...

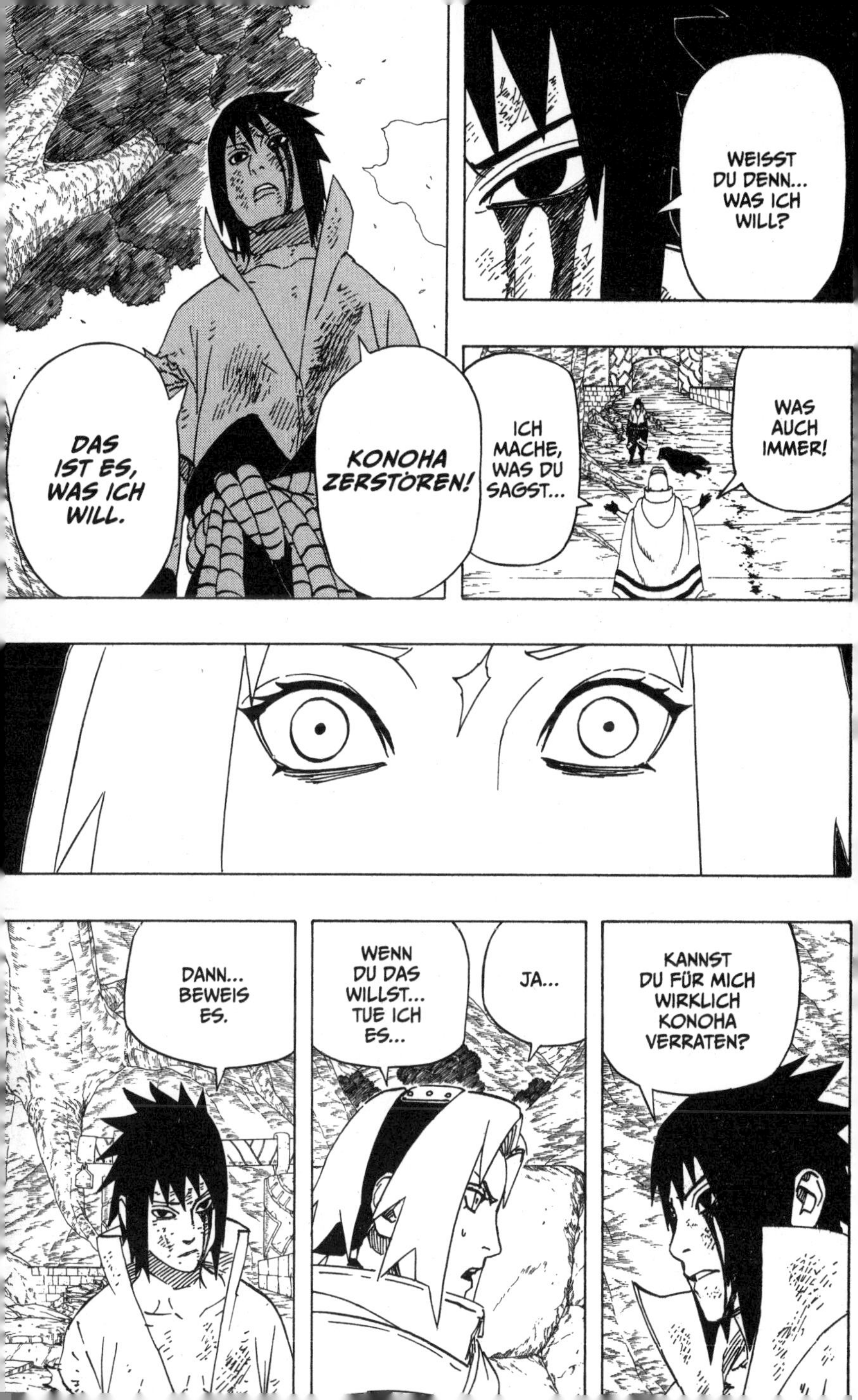
WEISST DU DENN... WAS ICH WILL?
WAS AUCH IMMER!
ICH MACHE, WAS DU SAGST...
KONOHA ZERSTÖREN!
DAS IST ES, WAS ICH WILL.
KANNST DU FÜR MICH WIRKLICH KONOHA VERRATEN?
JA...
WENN DU DAS WILLST... TUE ICH ES...
DANN... BEWEIS ES.

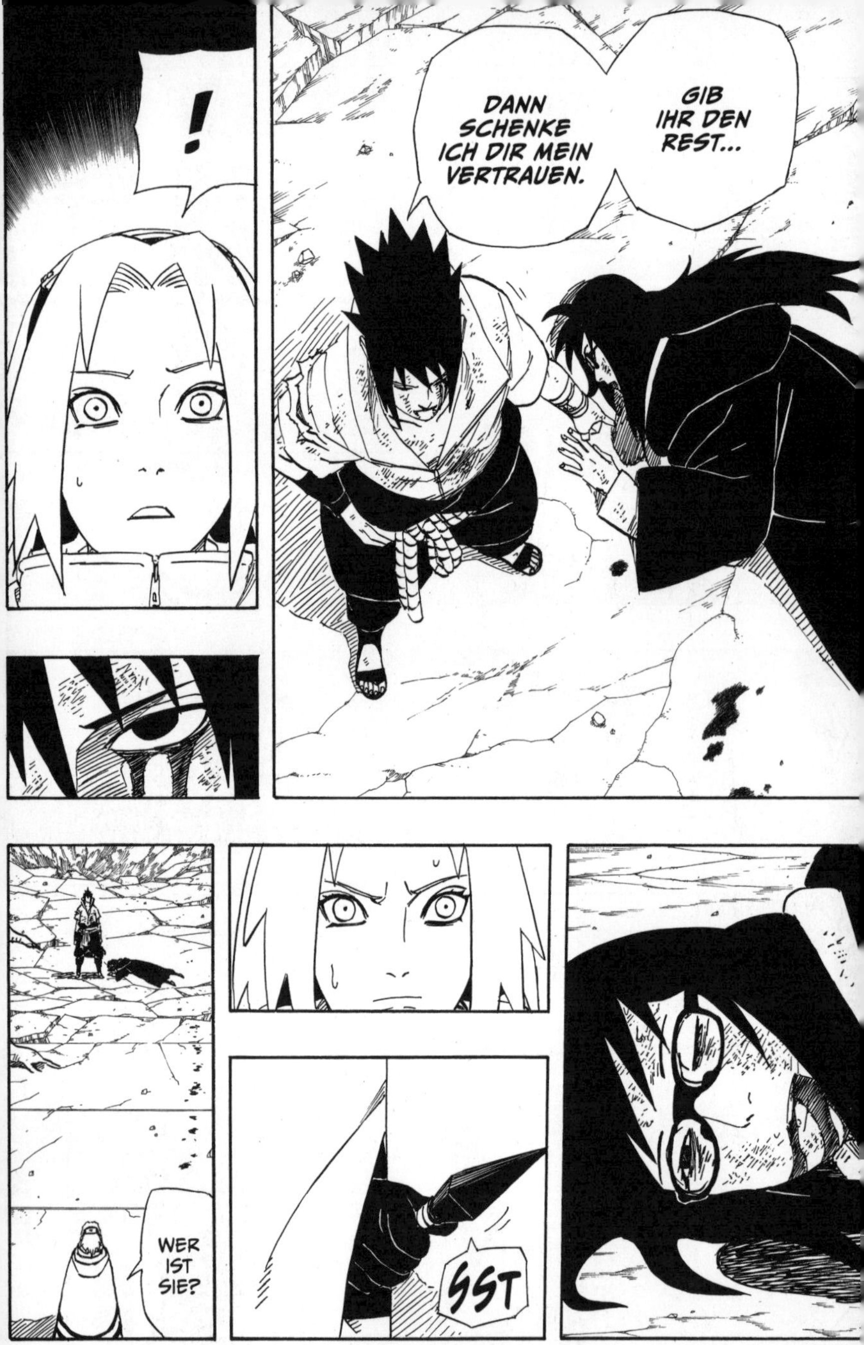
GIB IHR DEN REST...
DANN SCHENKE ICH DIR MEIN VERTRAUEN.
!
SST
WER IST SIE?

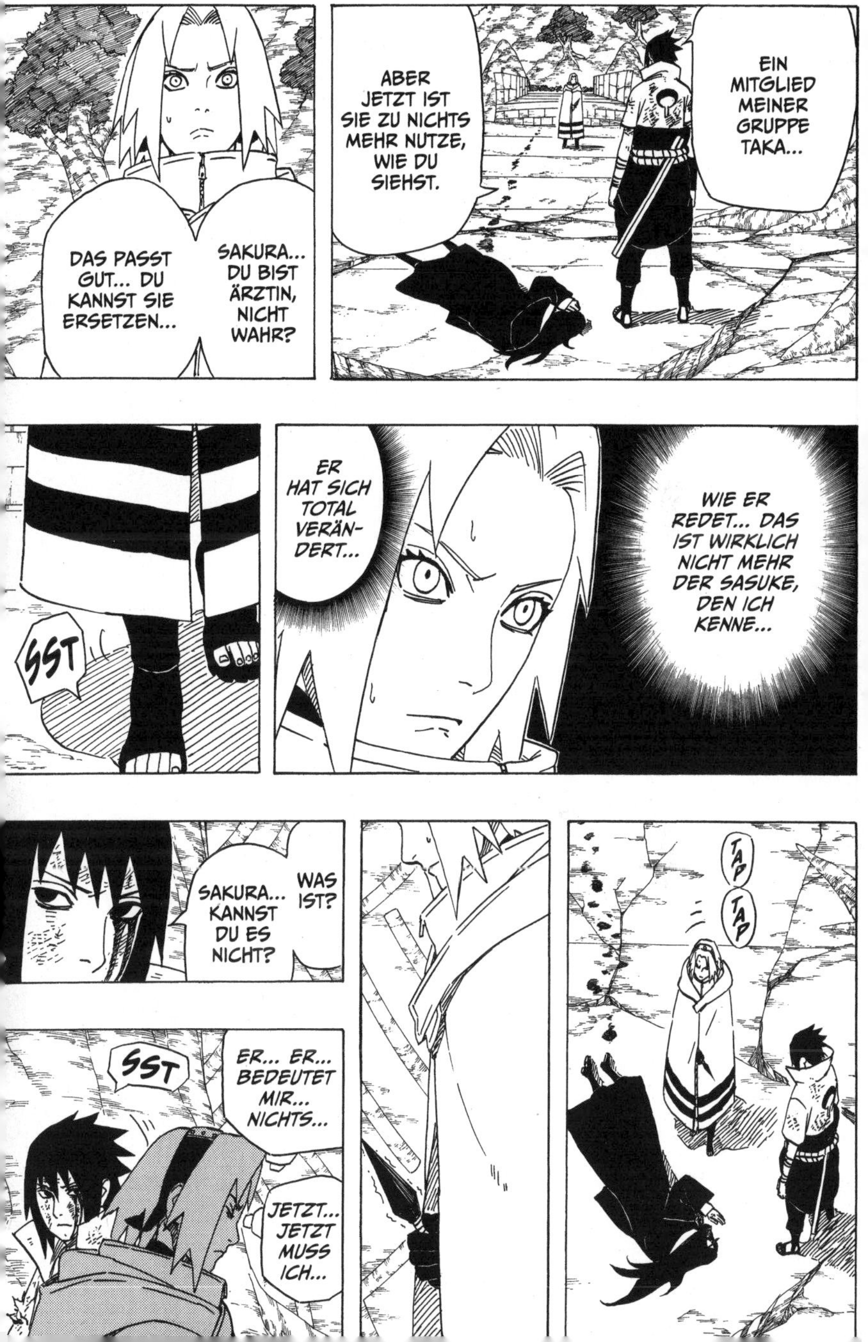
EIN MITGLIED MEINER GRUPPE TAKA...
ABER JETZT IST SIE ZU NICHTS MEHR NUTZE, WIE DU SIEHST.
SAKURA... DU BIST ÄRZTIN, NICHT WAHR?
DAS PASST GUT... DU KANNST SIE ERSETZEN...
WIE ER REDET... DAS IST WIRKLICH NICHT MEHR DER SASUKE, DEN ICH KENNE...
ER HAT SICH TOTAL VERÄNDERT...
SST
TAP
TAP
WAS IST?
SAKURA... KANNST DU ES NICHT?
ER... ER... BEDEUTET MIR... NICHTS...
SST
JETZT... JETZT MUSS ICH...

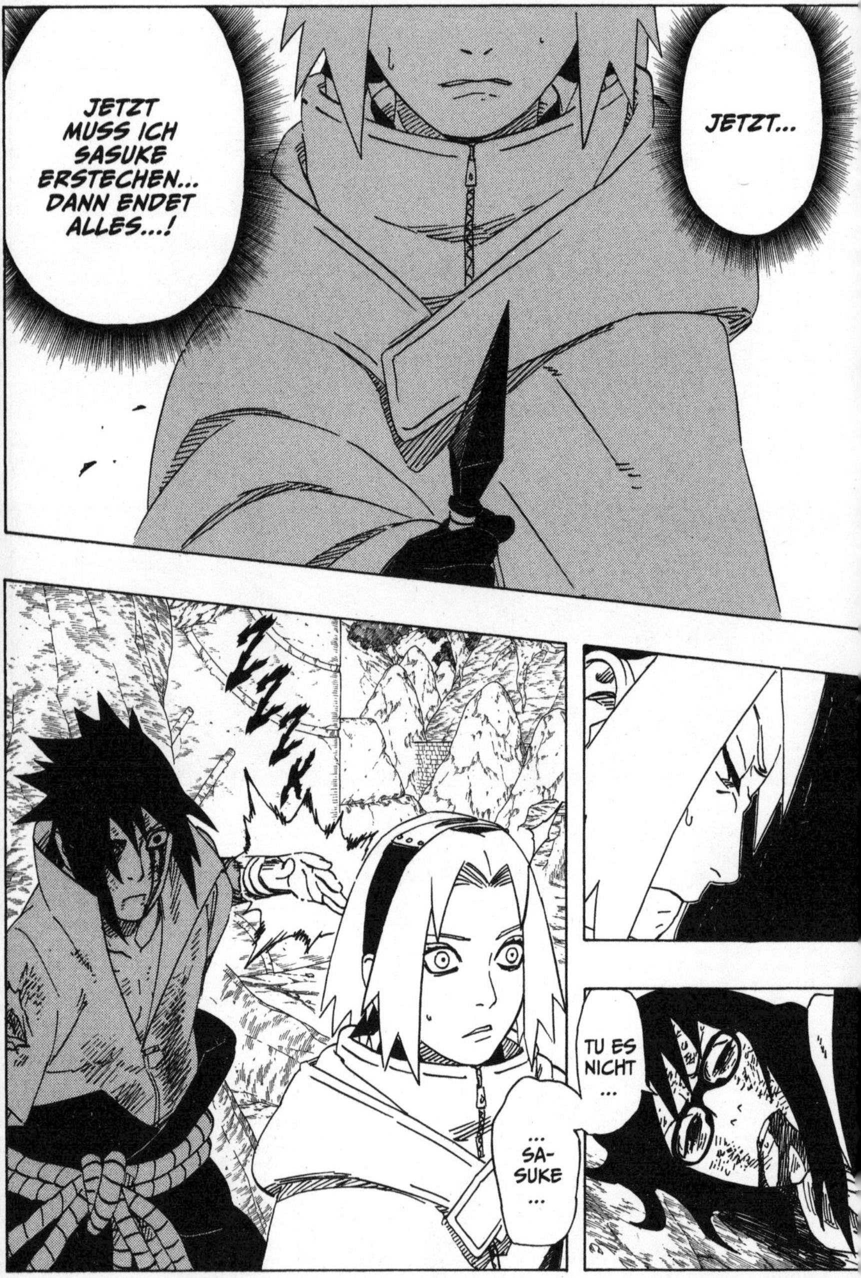
JETZT...
JETZT MUSS ICH SASUKE ERSTECHEN... DANN ENDET ALLES...!
ZZZZK
TU ES NICHT ...
... SA-SUKE ...

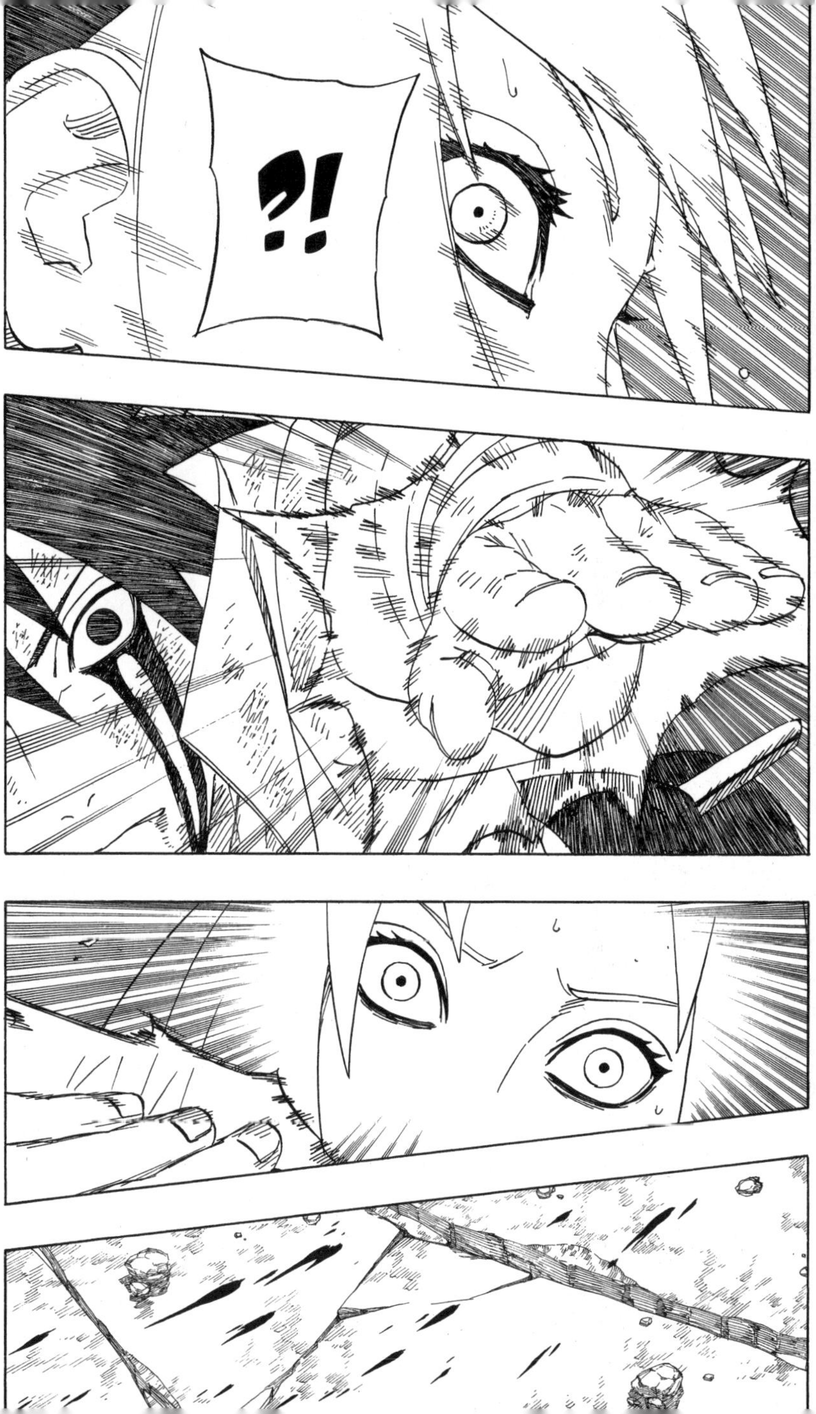

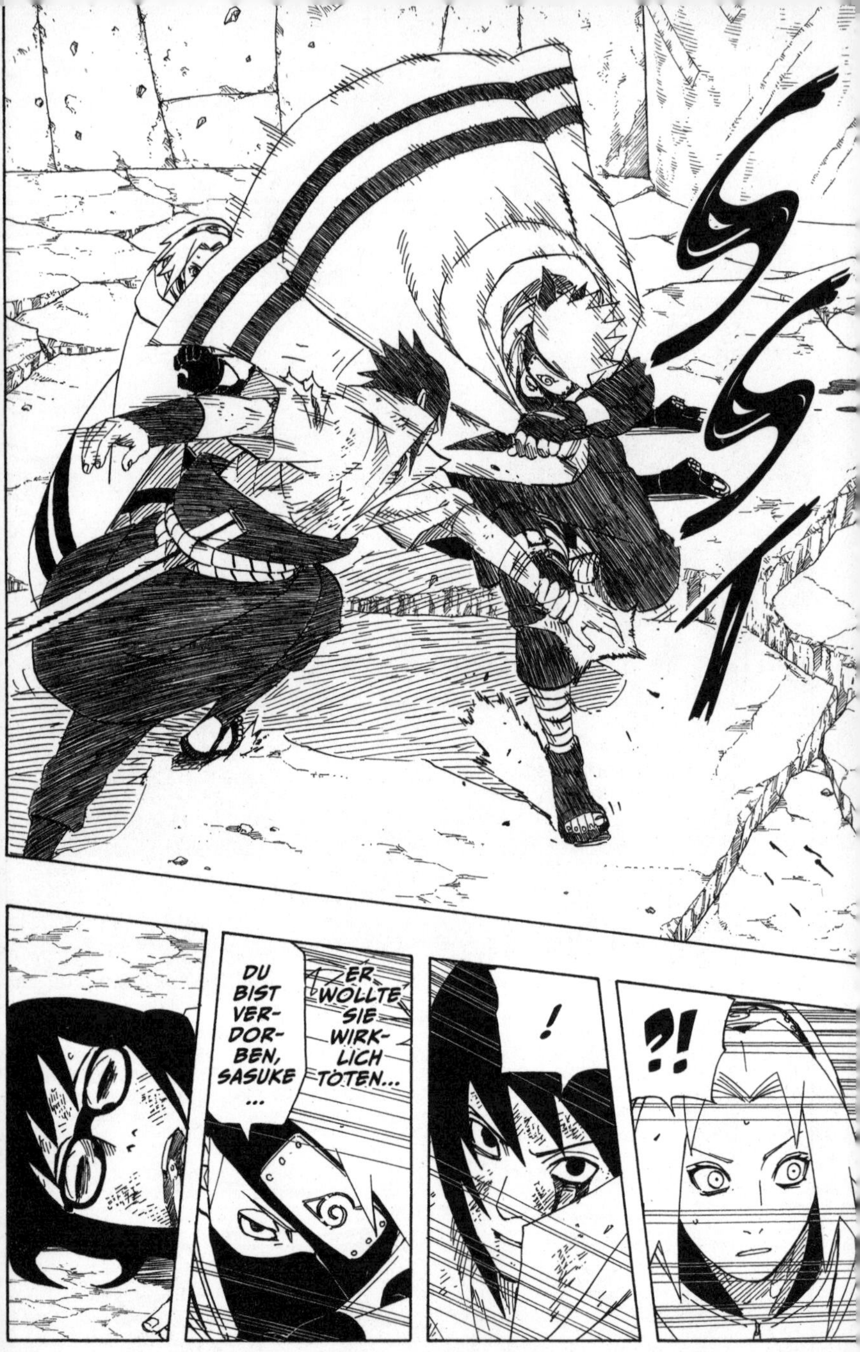

?!
!
ER WOLLTE SIE WIRKLICH TÖTEN...
DU BIST VERDORBEN, SASUKE ...

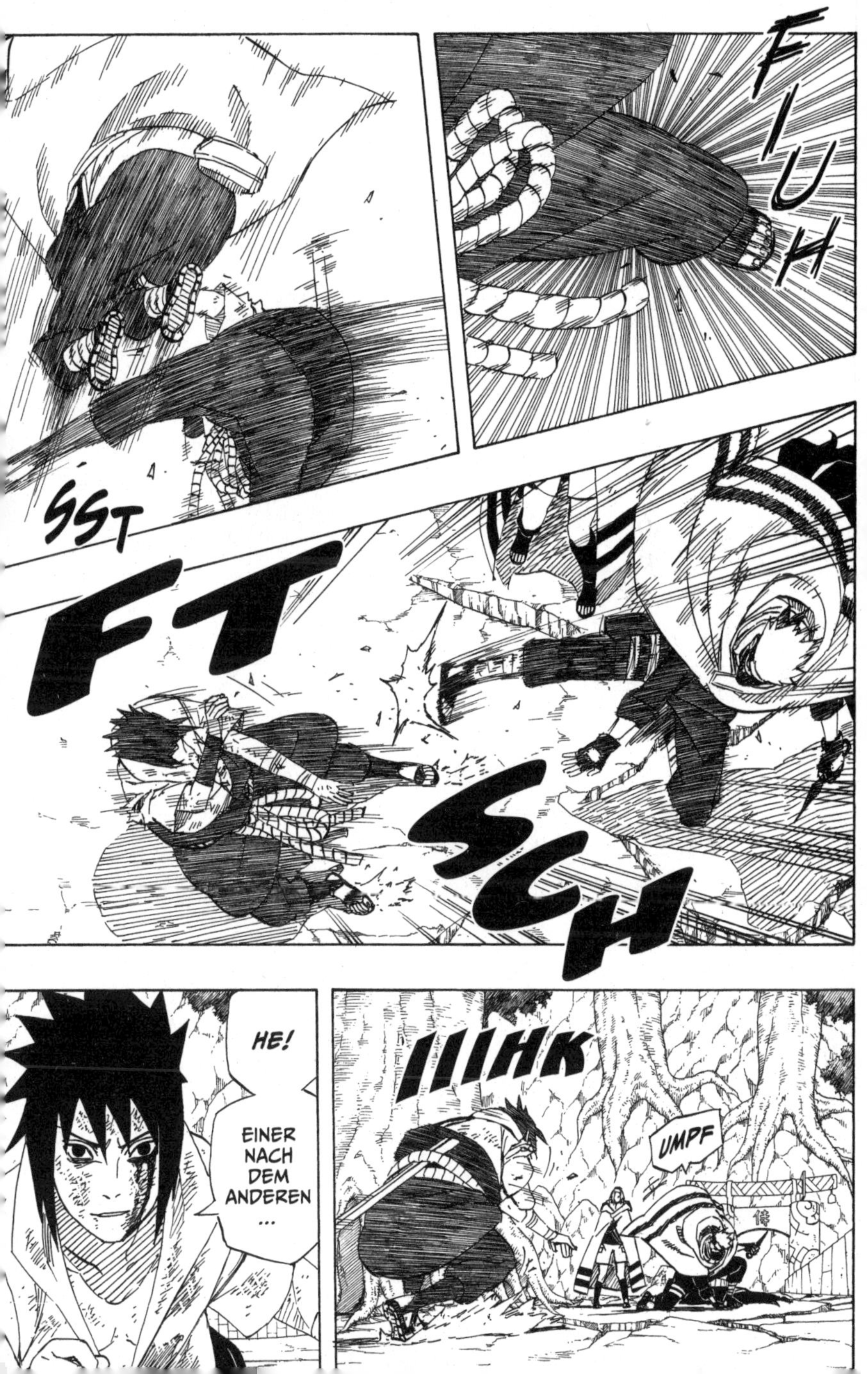
FIUH
SST
FT
SCH
HE!
EINER NACH DEM ANDEREN ...
IIIHK
UMPF

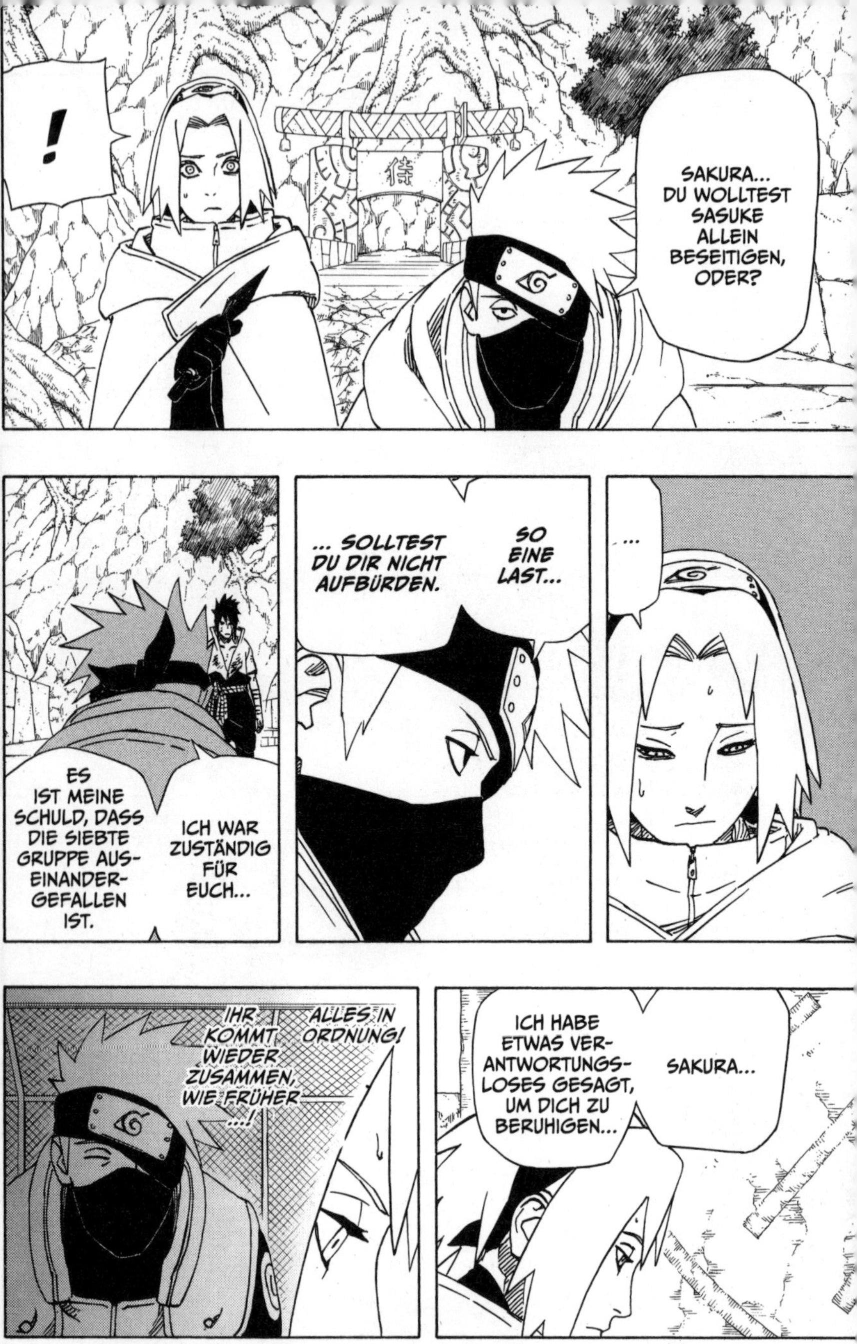
SAKURA... DU WOLLTEST SASUKE ALLEIN BESEITIGEN, ODER?
!
...
SO EINE LAST...
... SOLLTEST DU DIR NICHT AUFBÜRDEN.
ICH WAR ZUSTÄNDIG FÜR EUCH...
ES IST MEINE SCHULD, DASS DIE SIEBTE GRUPPE AUS-EINANDER-GEFALLEN IST.
SAKURA...
ICH HABE ETWAS VER-ANTWORTUNGS-LOSES GESAGT, UM DICH ZU BERUHIGEN...
ALLES IN ORDNUNG!
IHR KOMMT WIEDER ZUSAMMEN, WIE FRÜHER ...!

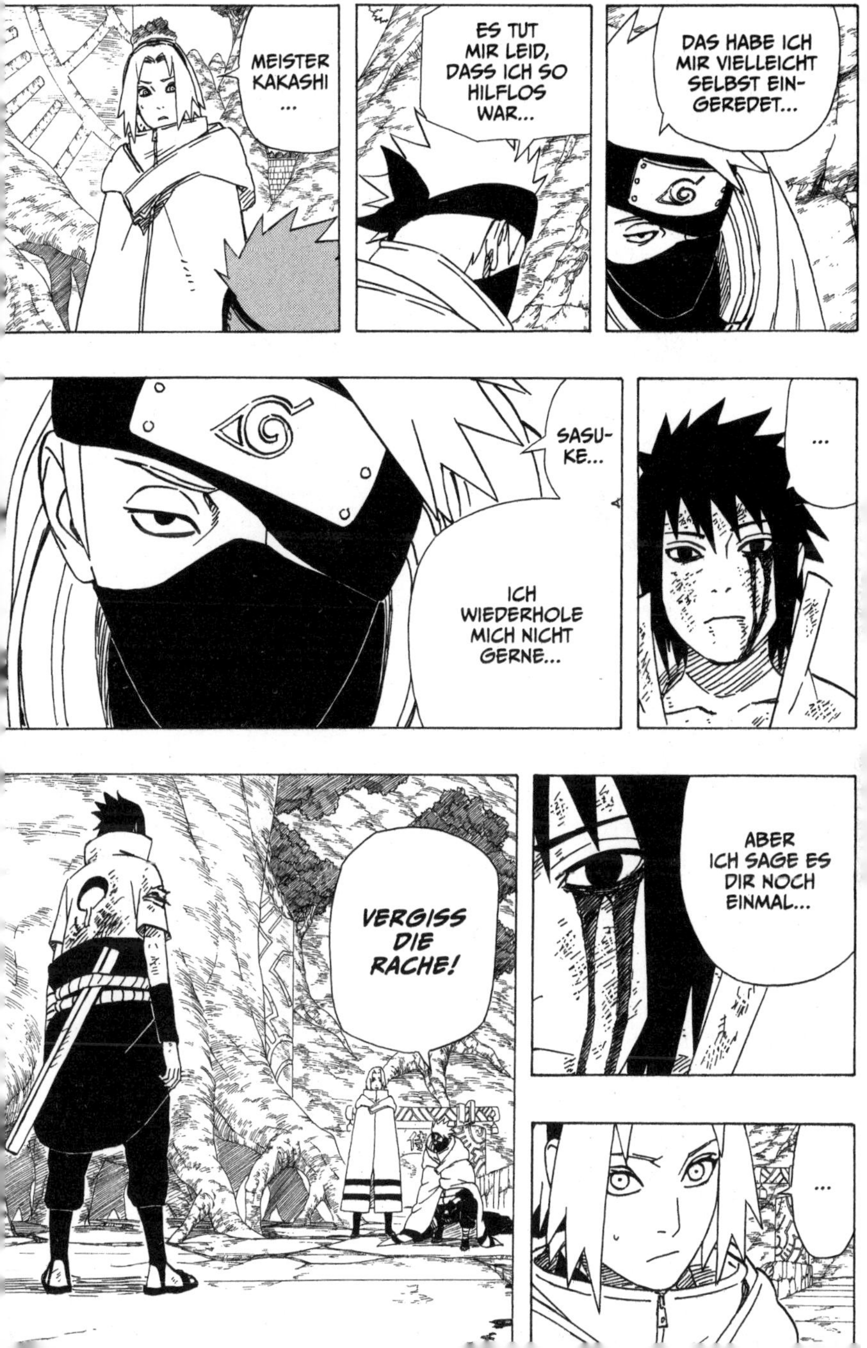
DAS HABE ICH MIR VIELLEICHT SELBST EIN-GEREDET...
ES TUT MIR LEID, DASS ICH SO HILFLOS WAR...
MEISTER KAKASHI ...
...
SASU-KE...
ICH WIEDERHOLE MICH NICHT GERNE...
ABER ICH SAGE ES DIR NOCH EINMAL...
VERGISS DIE RACHE!
...

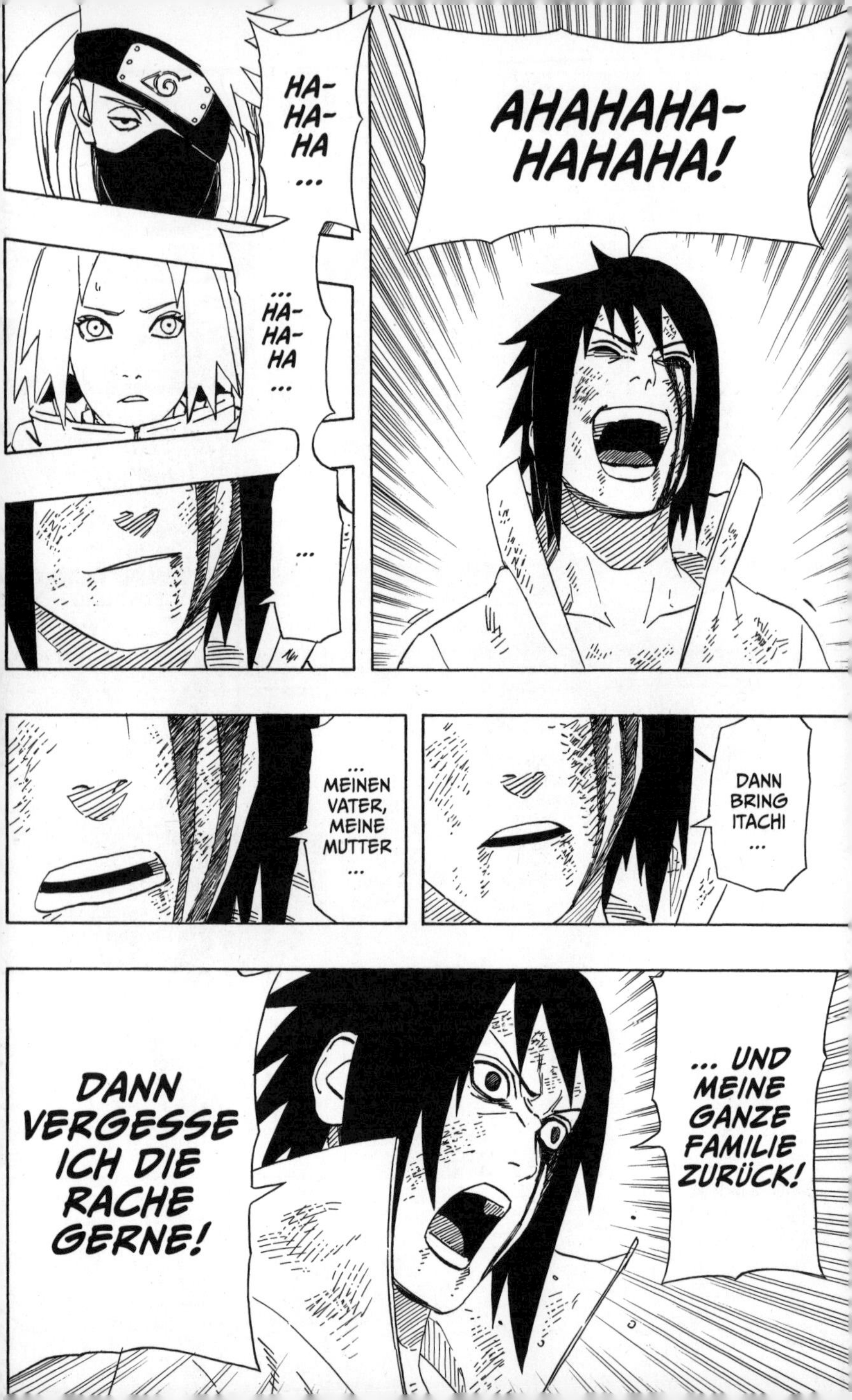
AHAHAHA-HAHAHA!
HA-HA-HA ...
... HA-HA-HA ...
...
DANN BRING ITACHI ...
... MEINEN VATER, MEINE MUTTER ...
... UND MEINE GANZE FAMILIE ZURÜCK!
DANN VERGESSE ICH DIE RACHE GERNE!

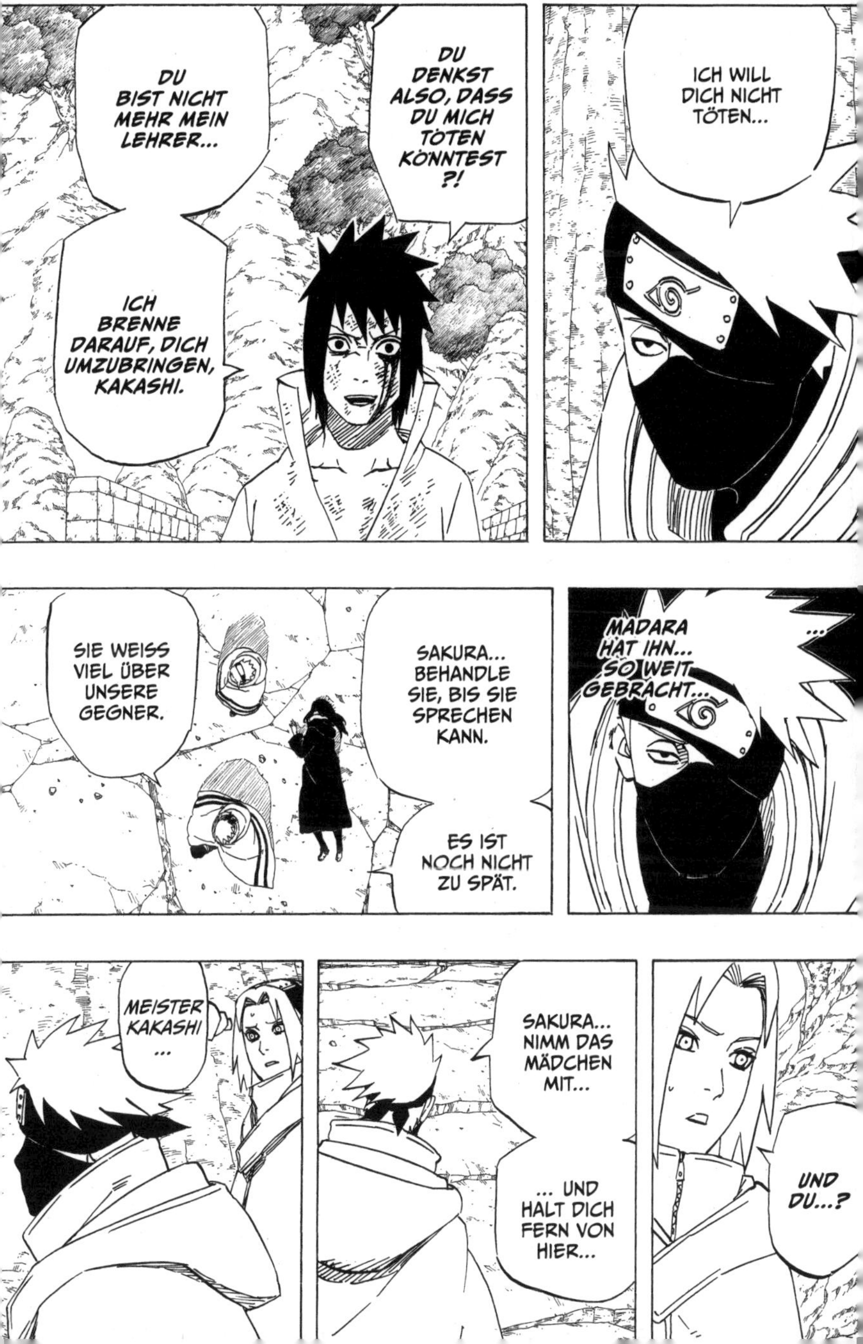
DU BIST NICHT MEHR MEIN LEHRER...
ICH BRENNE DARAUF, DICH UMZUBRINGEN, KAKASHI.
DU DENKST ALSO, DASS DU MICH TÖTEN KÖNNTEST ?!
ICH WILL DICH NICHT TÖTEN...
SIE WEISS VIEL ÜBER UNSERE GEGNER.
SAKURA... BEHANDLE SIE, BIS SIE SPRECHEN KANN.
ES IST NOCH NICHT ZU SPÄT.
...
MADARA HAT IHN... SO WEIT GEBRACHT...
MEISTER KAKASHI ...
SAKURA... NIMM DAS MÄDCHEN MIT...
... UND HALT DICH FERN VON HIER...
UND DU...?

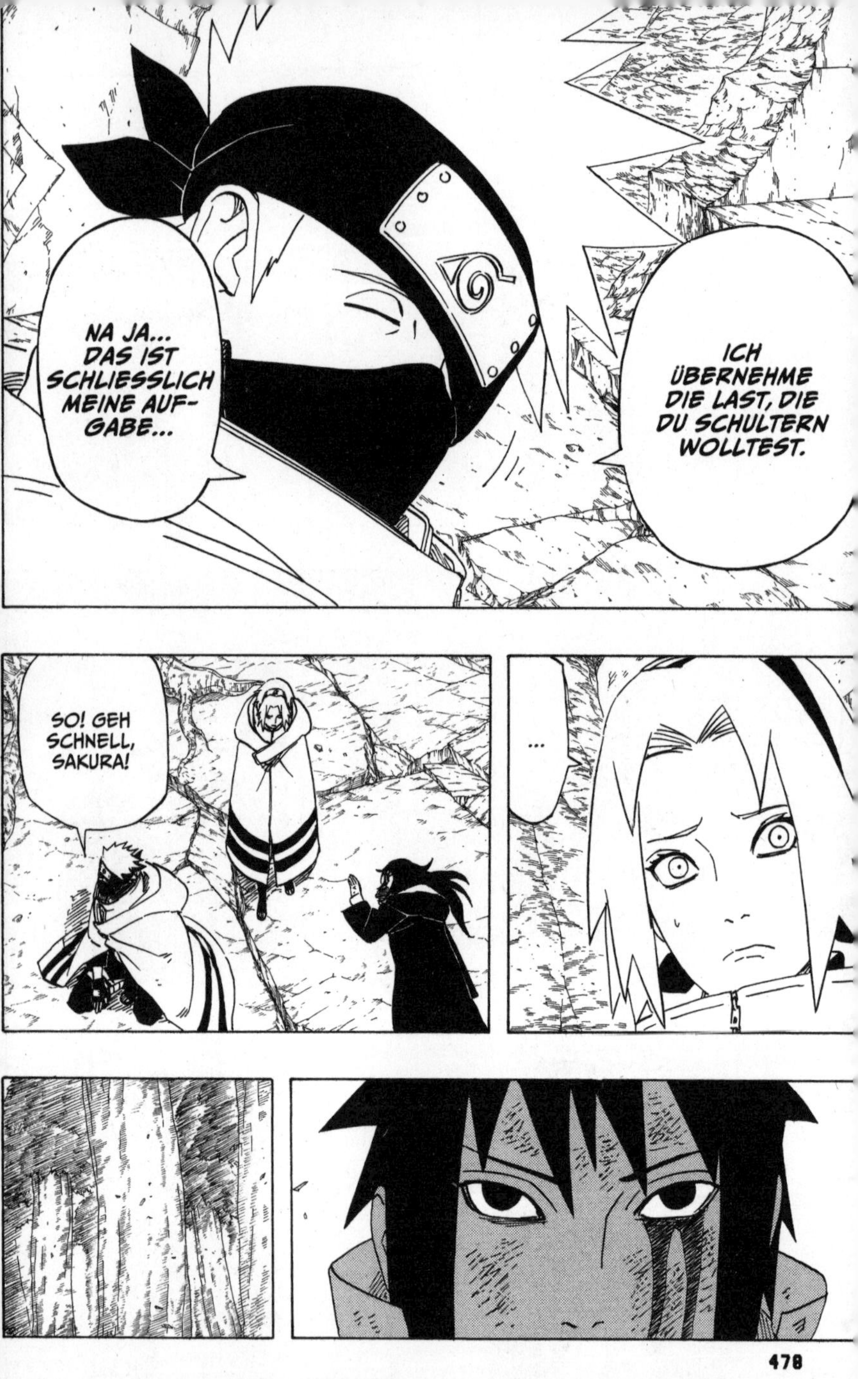
ICH ÜBERNEHME DIE LAST, DIE DU SCHULTERN WOLLTEST.
NA JA... DAS IST SCHLIESSLICH MEINE AUFGABE...
...
SO! GEH SCHNELL, SAKURA!

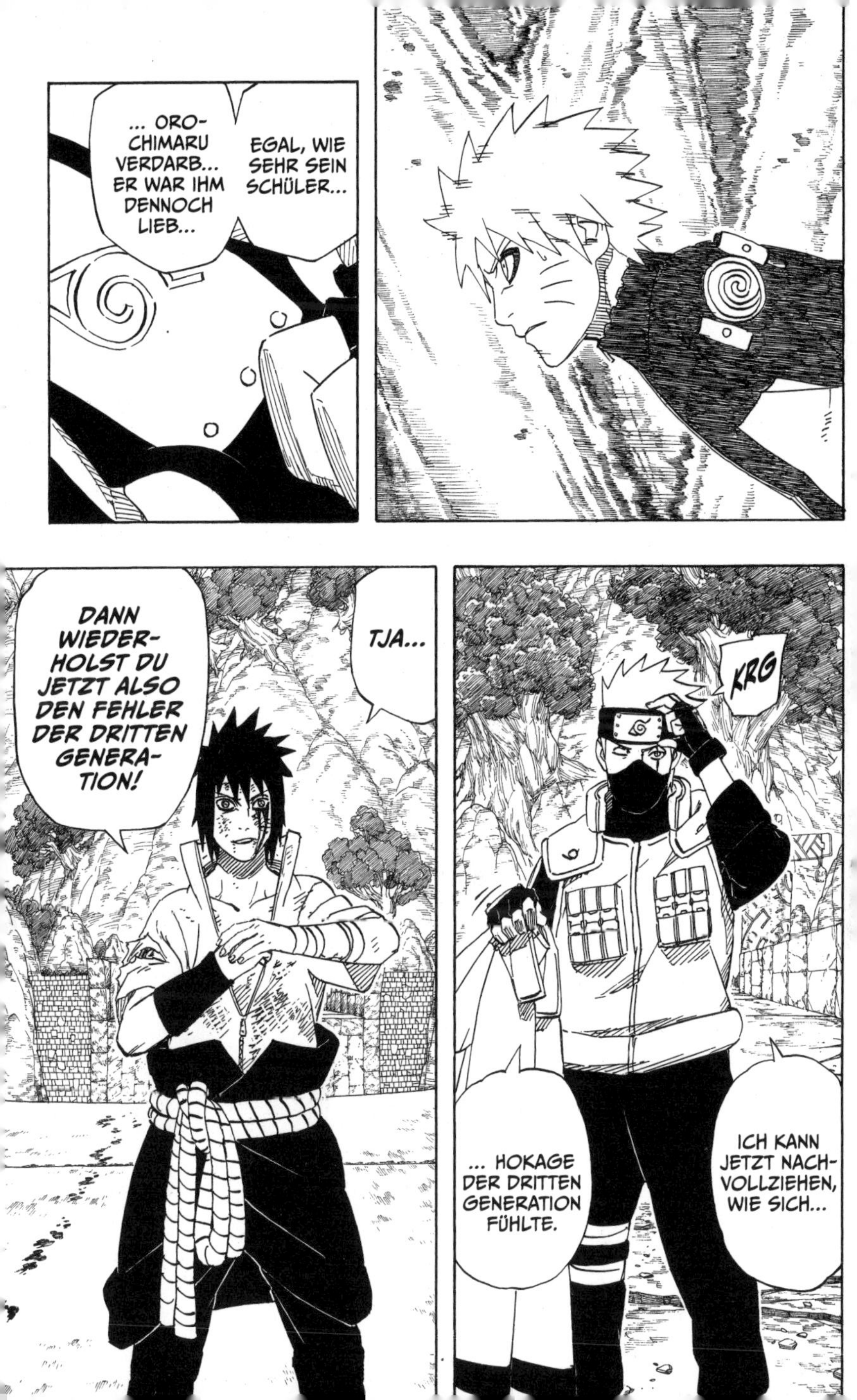
EGAL, WIE SEHR SEIN SCHÜLER...
... OROCHIMARU VERDARB... ER WAR IHM DENNOCH LIEB...
KRG
ICH KANN JETZT NACHVOLLZIEHEN, WIE SICH...
... HOKAGE DER DRITTEN GENERATION FÜHLTE.
TJA...
DANN WIEDERHOLST DU JETZT ALSO DEN FEHLER DER DRITTEN GENERATION!

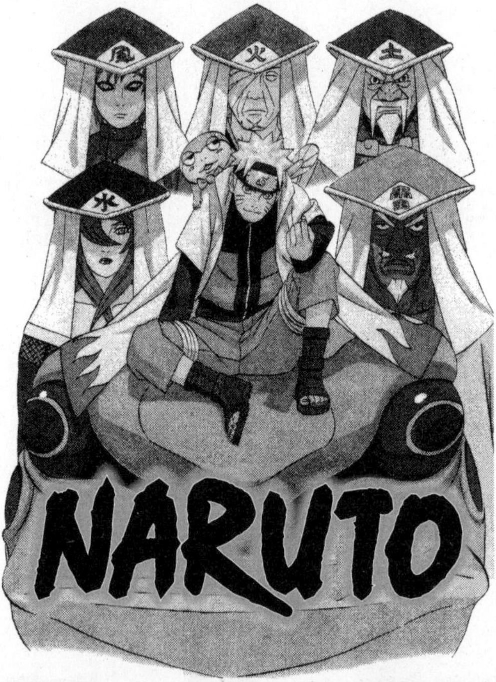
NARUTO

KAPITEL 484: DIE SIEBTE GRUPPE

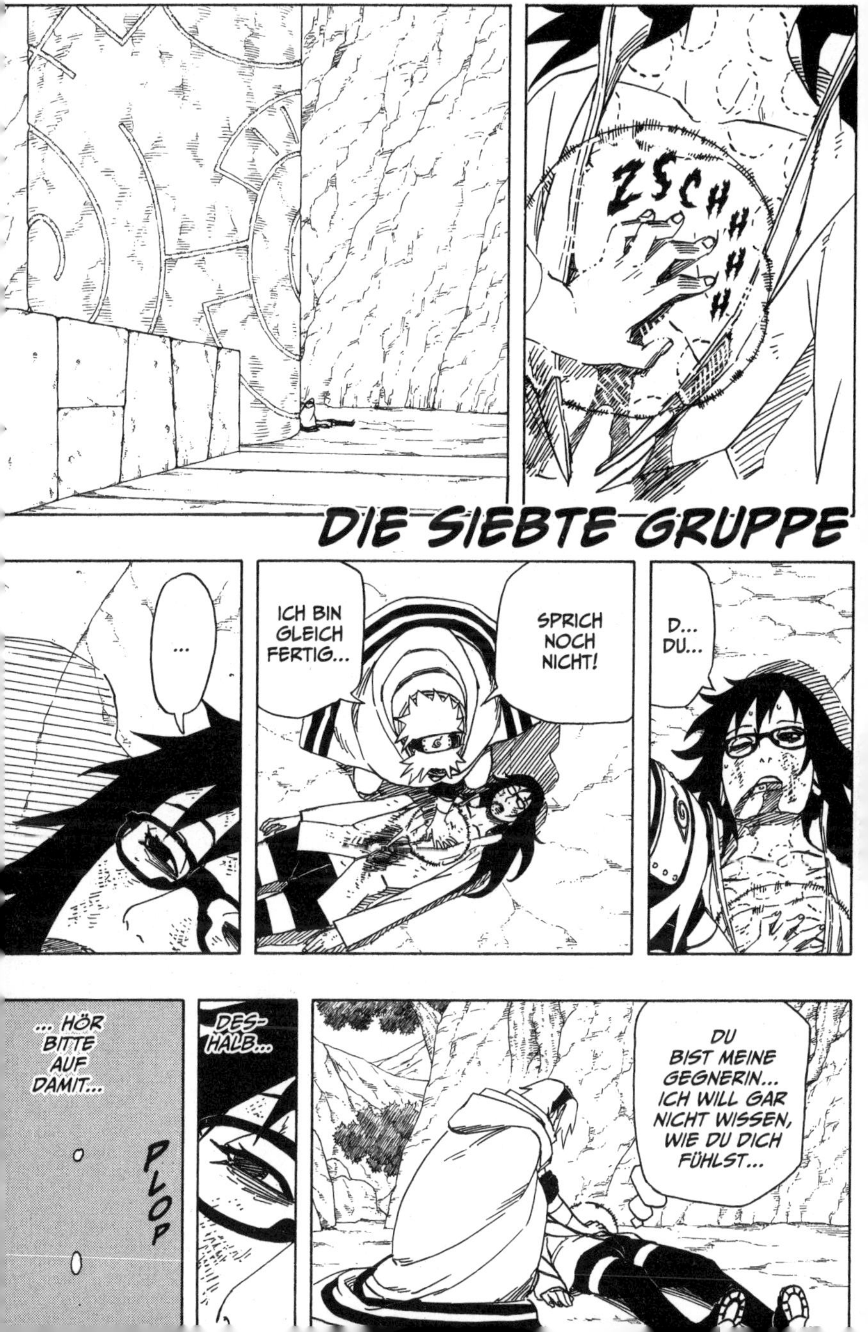

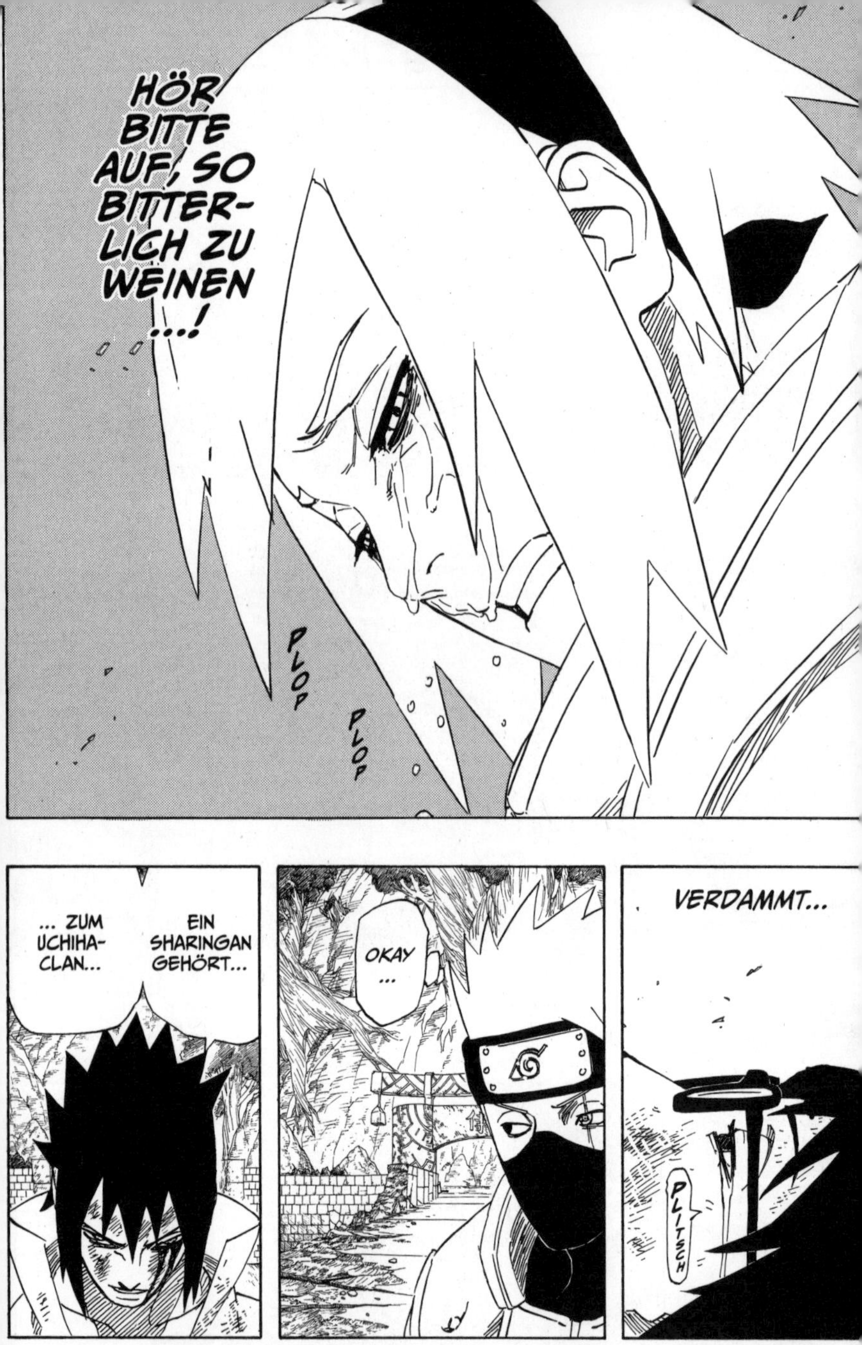
HÖR BITTE AUF, SO BITTER-LICH ZU WEINEN ...!
PLOP
PLOP
VERDAMMT...
PLITSCH
OKAY ...
EIN SHARINGAN GEHÖRT...
... ZUM UCHIHA-CLAN...

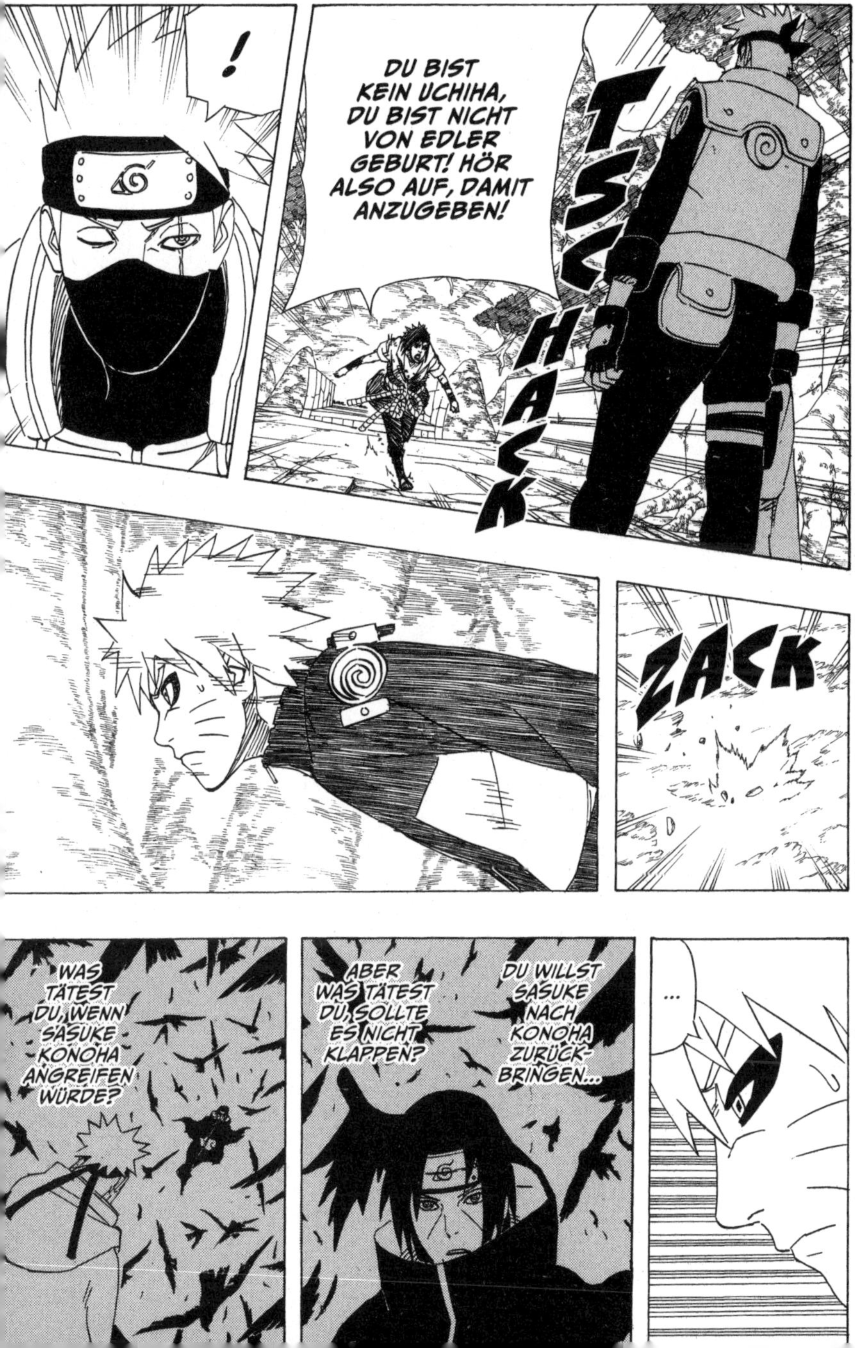
DU BIST KEIN UCHIHA, DU BIST NICHT VON EDLER GEBURT! HÖR ALSO AUF, DAMIT ANZUGEBEN!
TSCHACK
!
ZACK
...
DU WILLST SASUKE NACH KONOHA ZURÜCK-BRINGEN...
ABER WAS TÄTEST DU, SOLLTE ES NICHT KLAPPEN?
WAS TÄTEST DU, WENN SASUKE KONOHA ANGREIFEN WÜRDE?

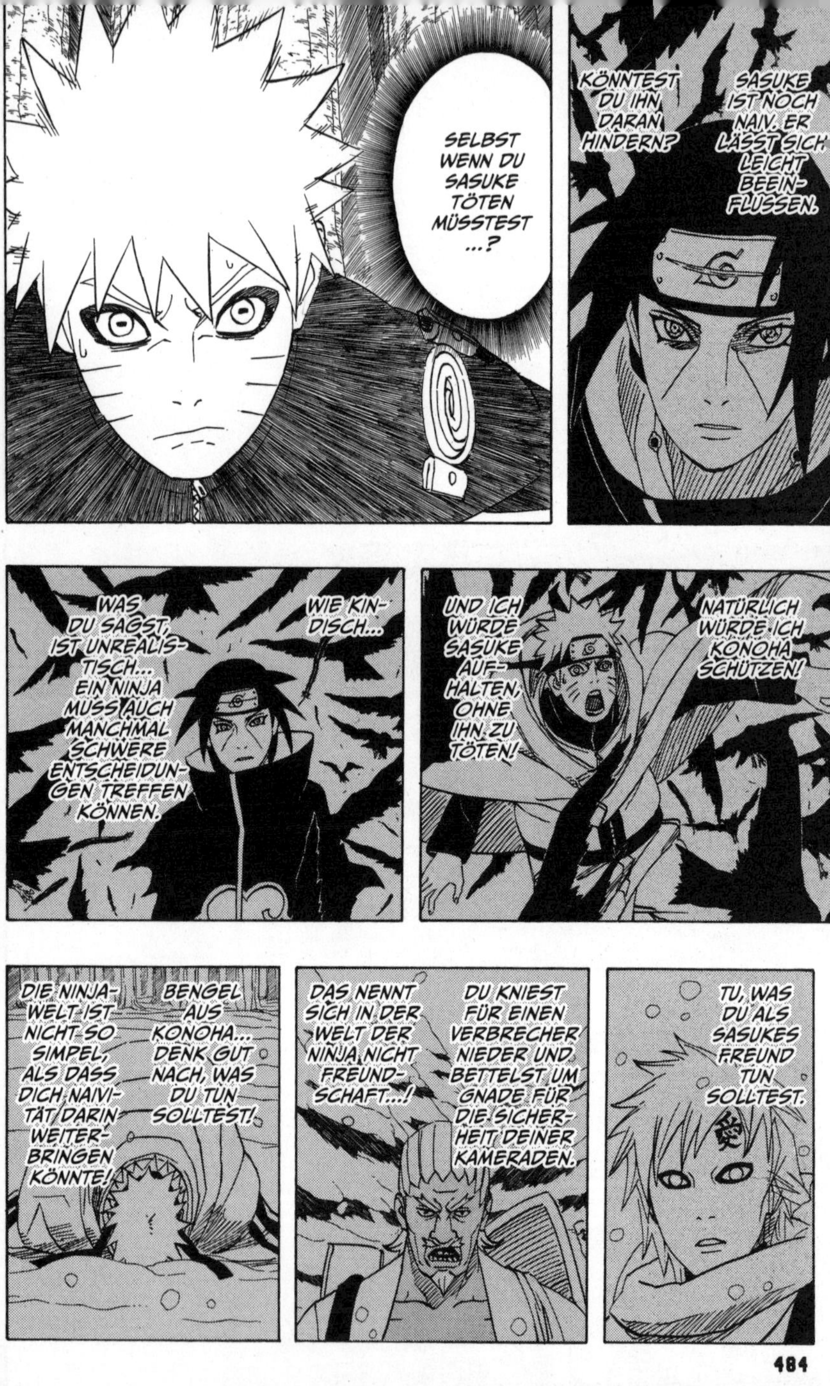
SASUKE IST NOCH NAIV. ER LÄSST SICH LEICHT BEEIN-FLUSSEN.
KÖNNTEST DU IHN DARAN HINDERN?
SELBST WENN DU SASUKE TÖTEN MÜSSTEST ...?
NATÜRLICH WÜRDE ICH KONOHA SCHÜTZEN!
UND ICH WÜRDE SASUKE AUF-HALTEN, OHNE IHN ZU TÖTEN!
WIE KIN-DISCH...
WAS DU SAGST, IST UNREALIS-TISCH... EIN NINJA MUSS AUCH MANCHMAL SCHWERE ENTSCHEIDUN-GEN TREFFEN KÖNNEN.
TU, WAS DU ALS SASUKES FREUND TUN SOLLTEST.
DU KNIEST FÜR EINEN VERBRECHER NIEDER UND BETTELST UM GNADE FÜR DIE SICHER-HEIT DEINER KAMERADEN.
DAS NENNT SICH IN DER WELT DER NINJA NICHT FREUND-SCHAFT...!
BENGEL AUS KONOHA... DENK GUT NACH, WAS DU TUN SOLLTEST!
DIE NINJA-WELT IST NICHT SO SIMPEL, ALS DASS DICH NAIVI-TÄT DARIN WEITER-BRINGEN KÖNNTE!

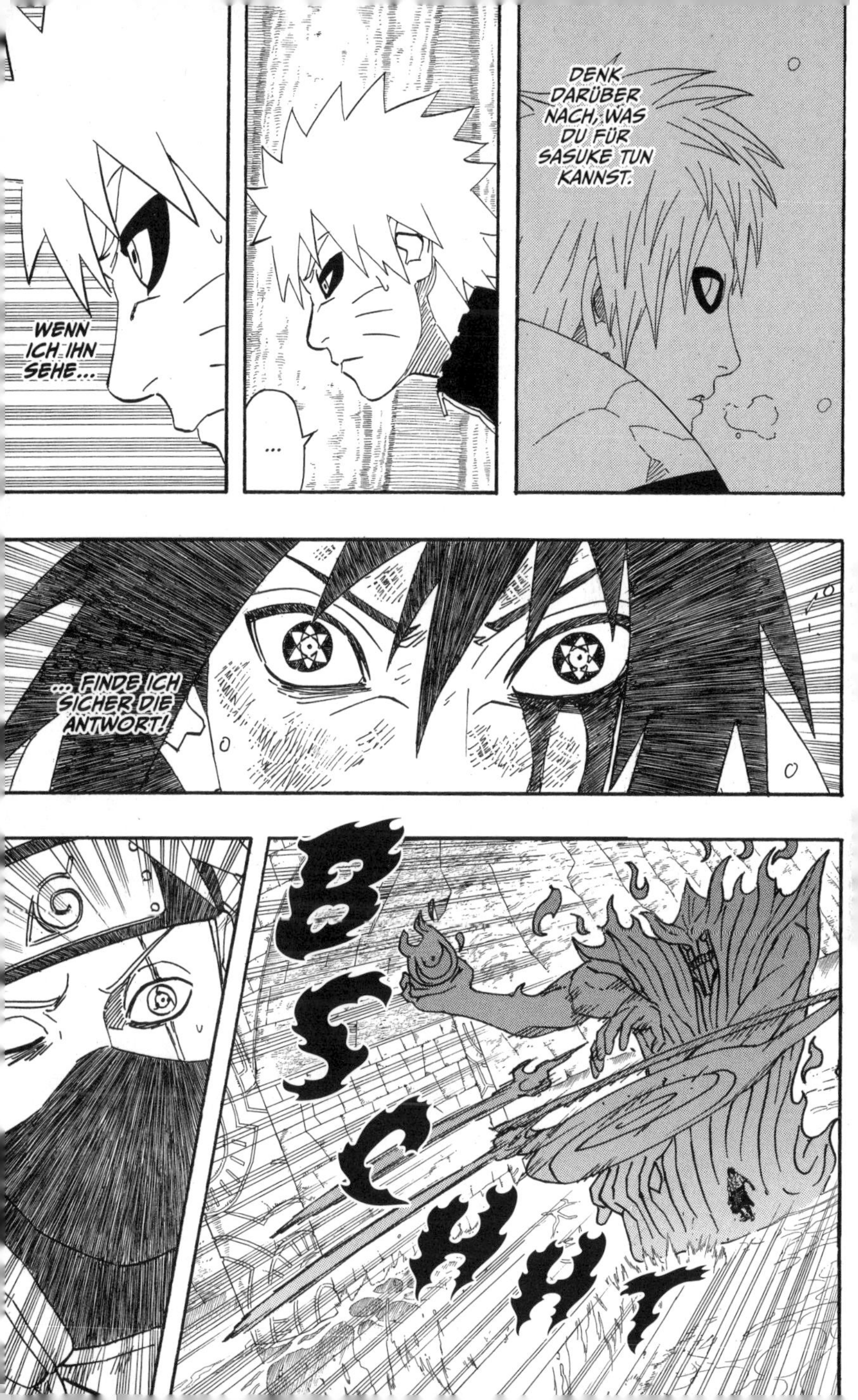

DENK DARÜBER NACH, WAS DU FÜR SASUKE TUN KANNST.
...
WENN ICH IHN SEHE...
... FINDE ICH SICHER DIE ANTWORT!
BSCHHT

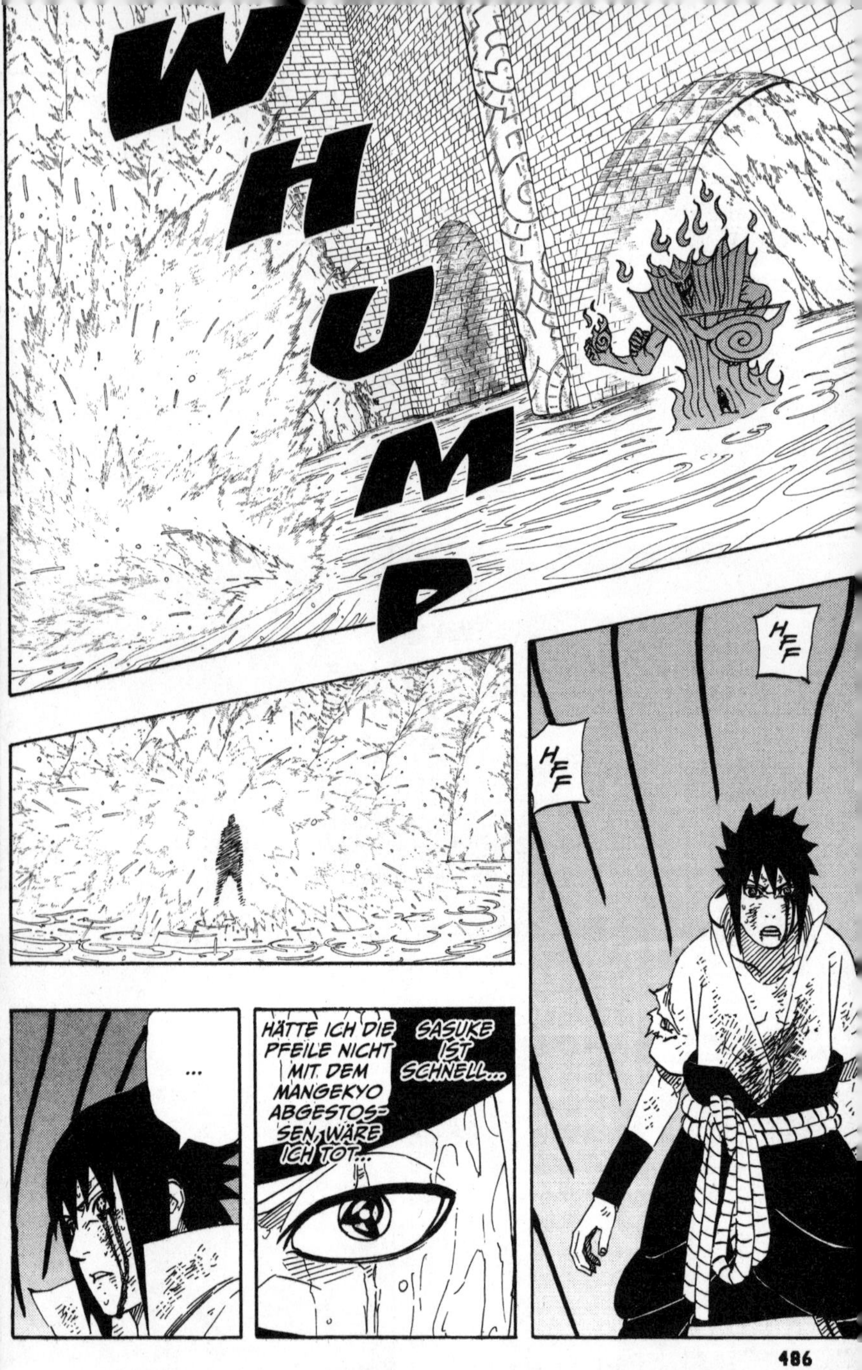
WHUMP
HFF
HFF
SASUKE IST SCHNELL...
HÄTTE ICH DIE PFEILE NICHT MIT DEM MANGEKYO ABGESTOS-SEN, WÄRE ICH TOT...
...

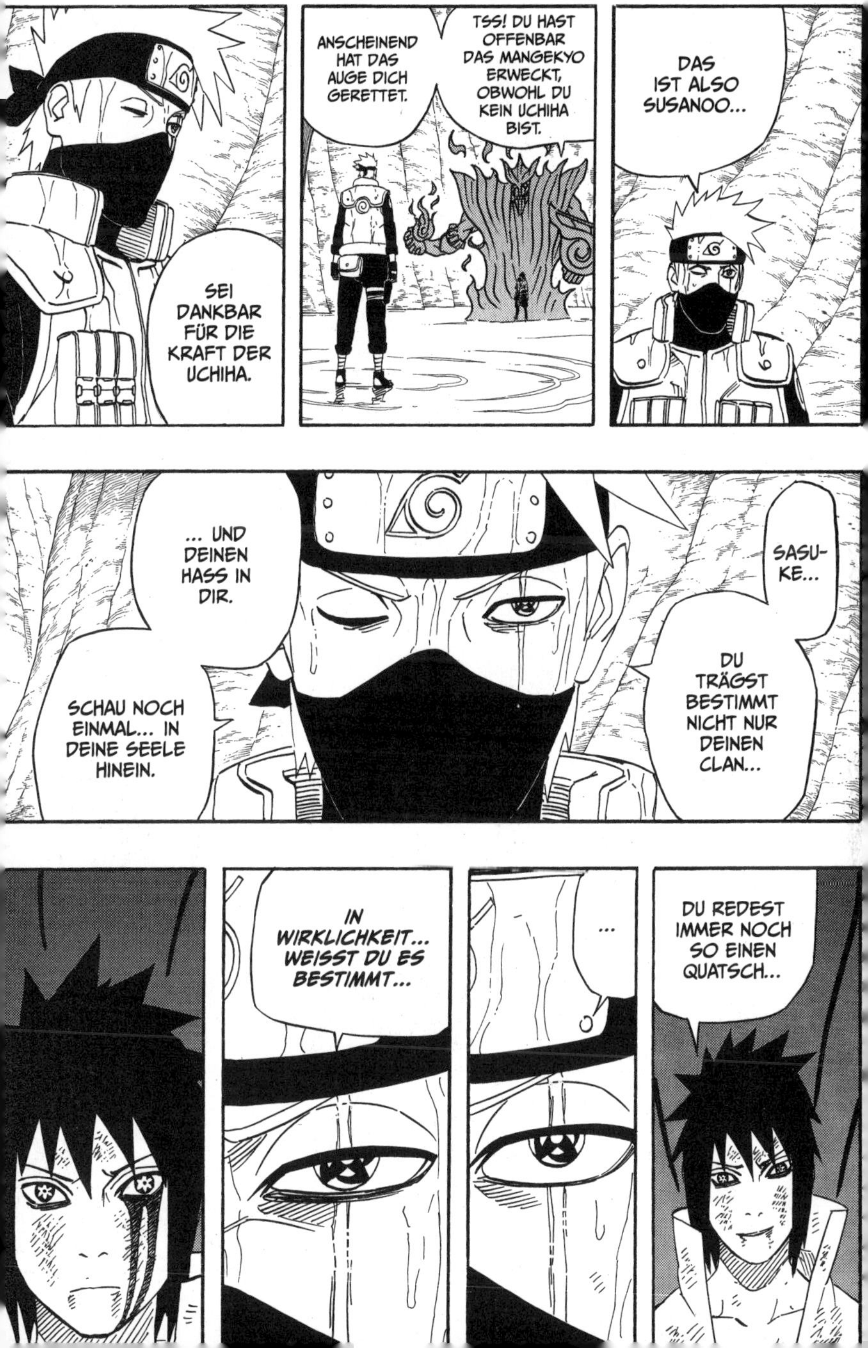
DAS IST ALSO SUSANOO...
TSS! DU HAST OFFENBAR DAS MANGEKYO ERWECKT, OBWOHL DU KEIN UCHIHA BIST.
ANSCHEINEND HAT DAS AUGE DICH GERETTET.
SEI DANKBAR FÜR DIE KRAFT DER UCHIHA.
SASUKE...
DU TRÄGST BESTIMMT NICHT NUR DEINEN CLAN...
... UND DEINEN HASS IN DIR.
SCHAU NOCH EINMAL... IN DEINE SEELE HINEIN.
DU REDEST IMMER NOCH SO EINEN QUATSCH...
...
IN WIRKLICHKEIT... WEISST DU ES BESTIMMT...

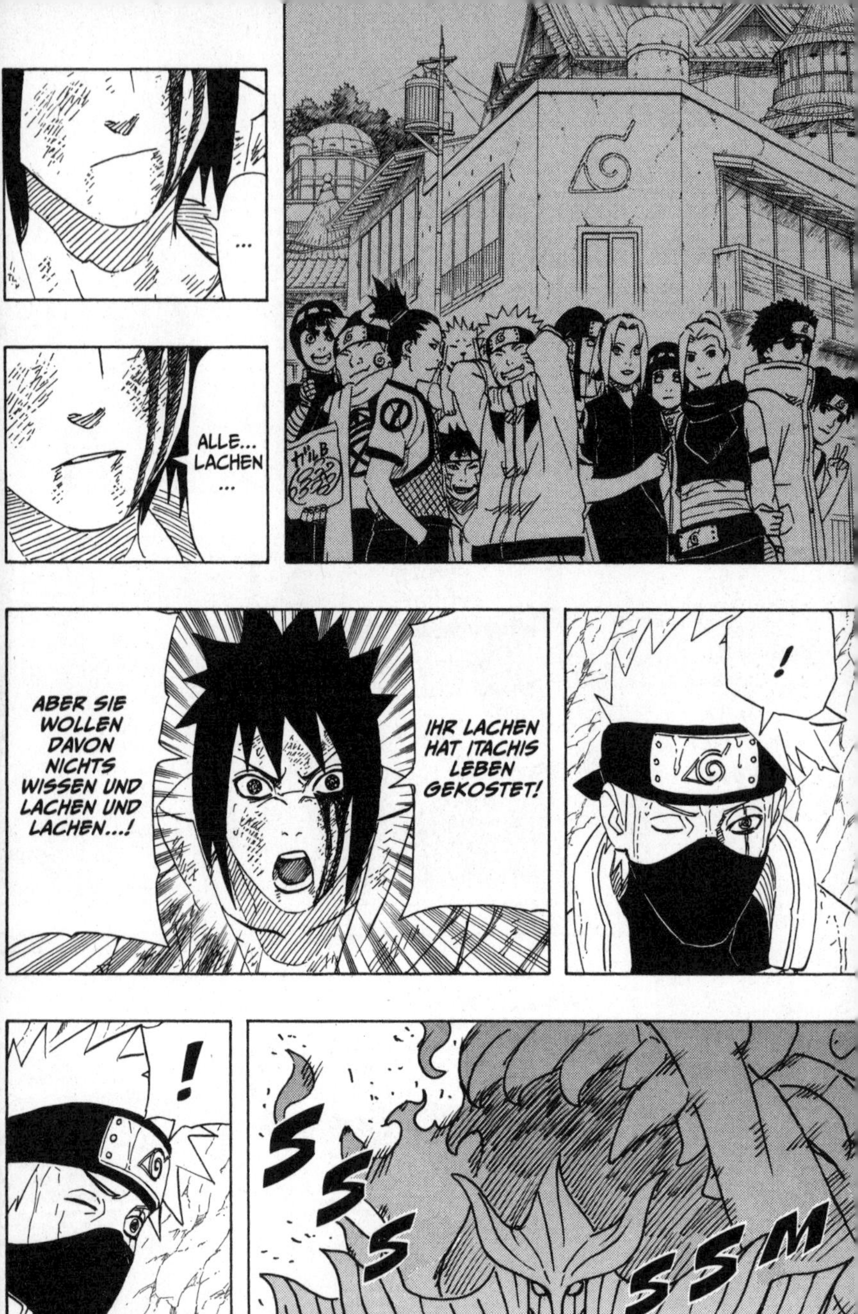
...
ALLE... LACHEN ...
!
IHR LACHEN HAT ITACHIS LEBEN GEKOSTET!
ABER SIE WOLLEN DAVON NICHTS WISSEN UND LACHEN UND LACHEN...!
SSSSSM
!

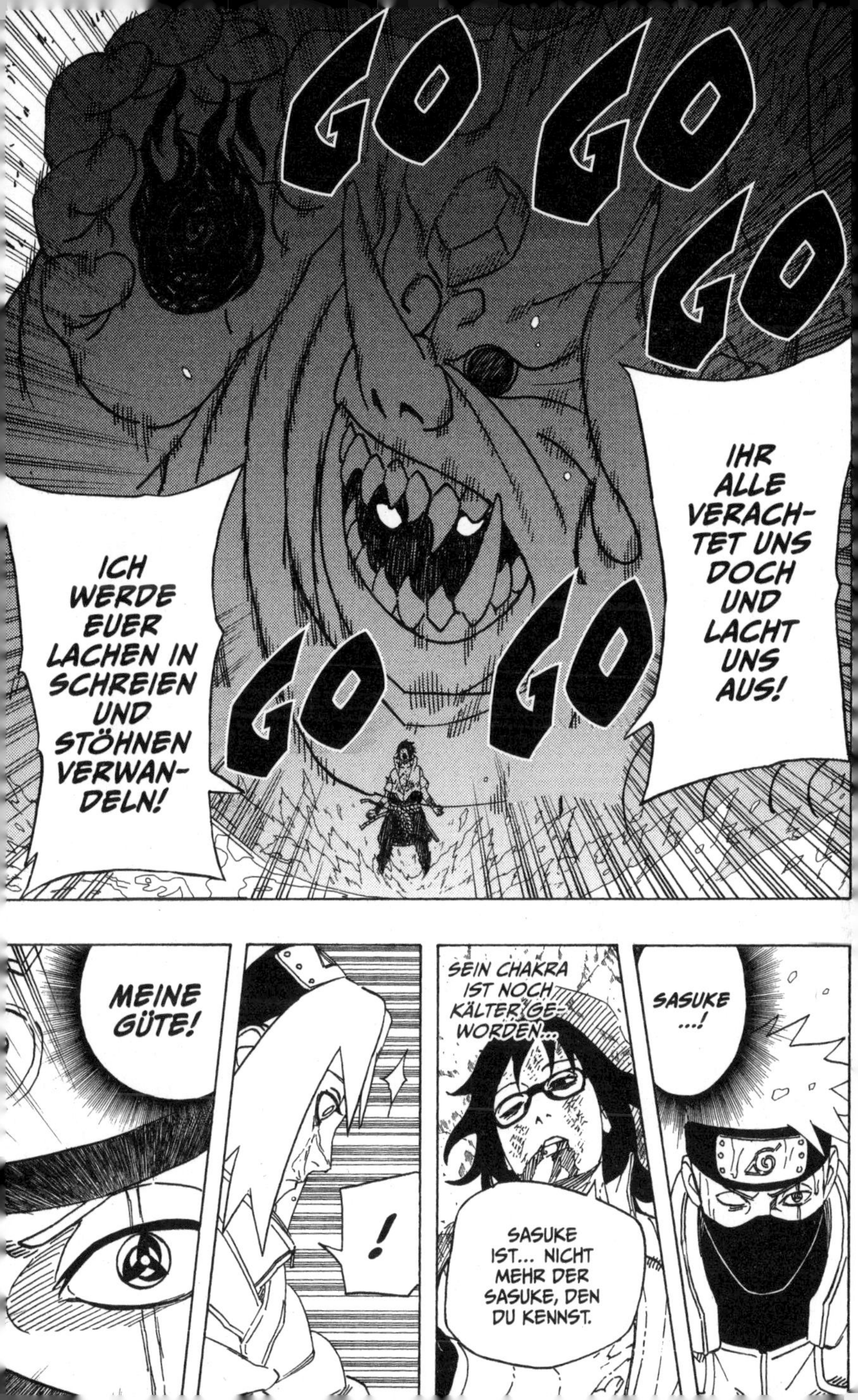
GO GO GO
IHR ALLE VERACHTET UNS DOCH UND LACHT UNS AUS!
ICH WERDE EUER LACHEN IN SCHREIEN UND STÖHNEN VERWANDELN!
GO GO
SASUKE ...!
SEIN CHAKRA IST NOCH KÄLTER GEWORDEN...
SASUKE IST... NICHT MEHR DER SASUKE, DEN DU KENNST.
!
MEINE GÜTE!

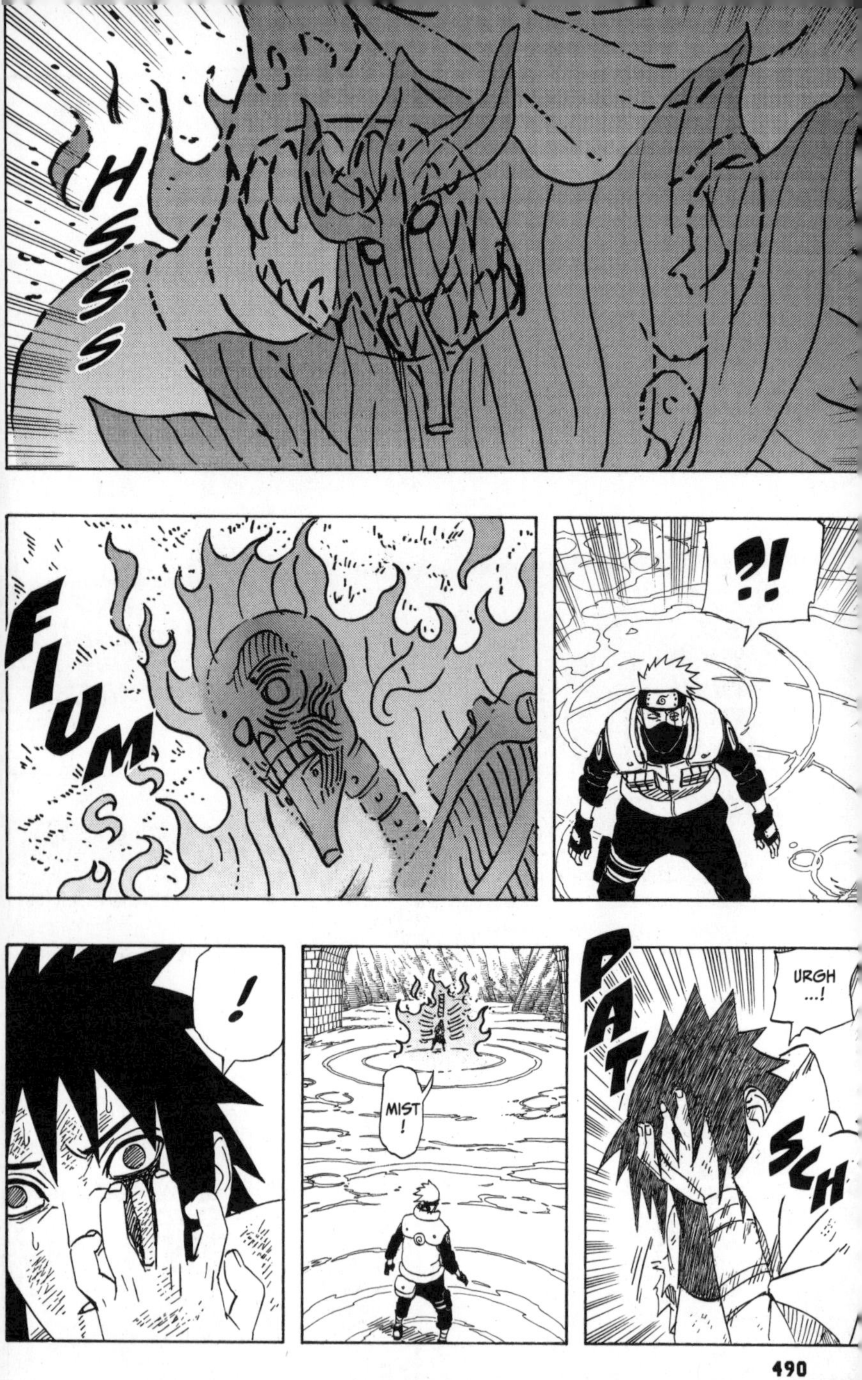

HSSSS
FIUM
?!
!
MIST!
PAT
URGH ...!
SCH

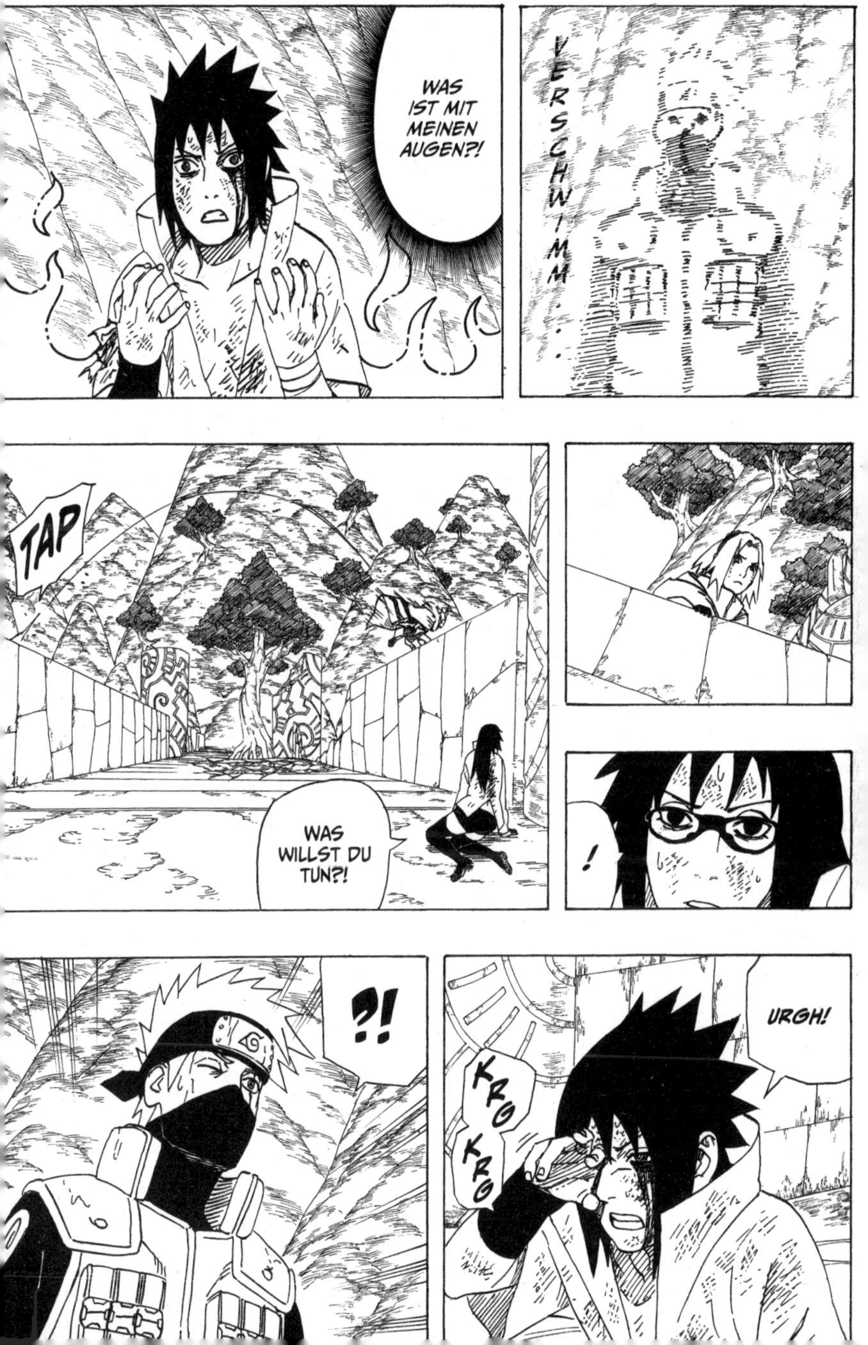
VERSCHWIMM...
WAS IST MIT MEINEN AUGEN?!
TAP
WAS WILLST DU TUN?!
!
URGH!
KRG KRG
?!

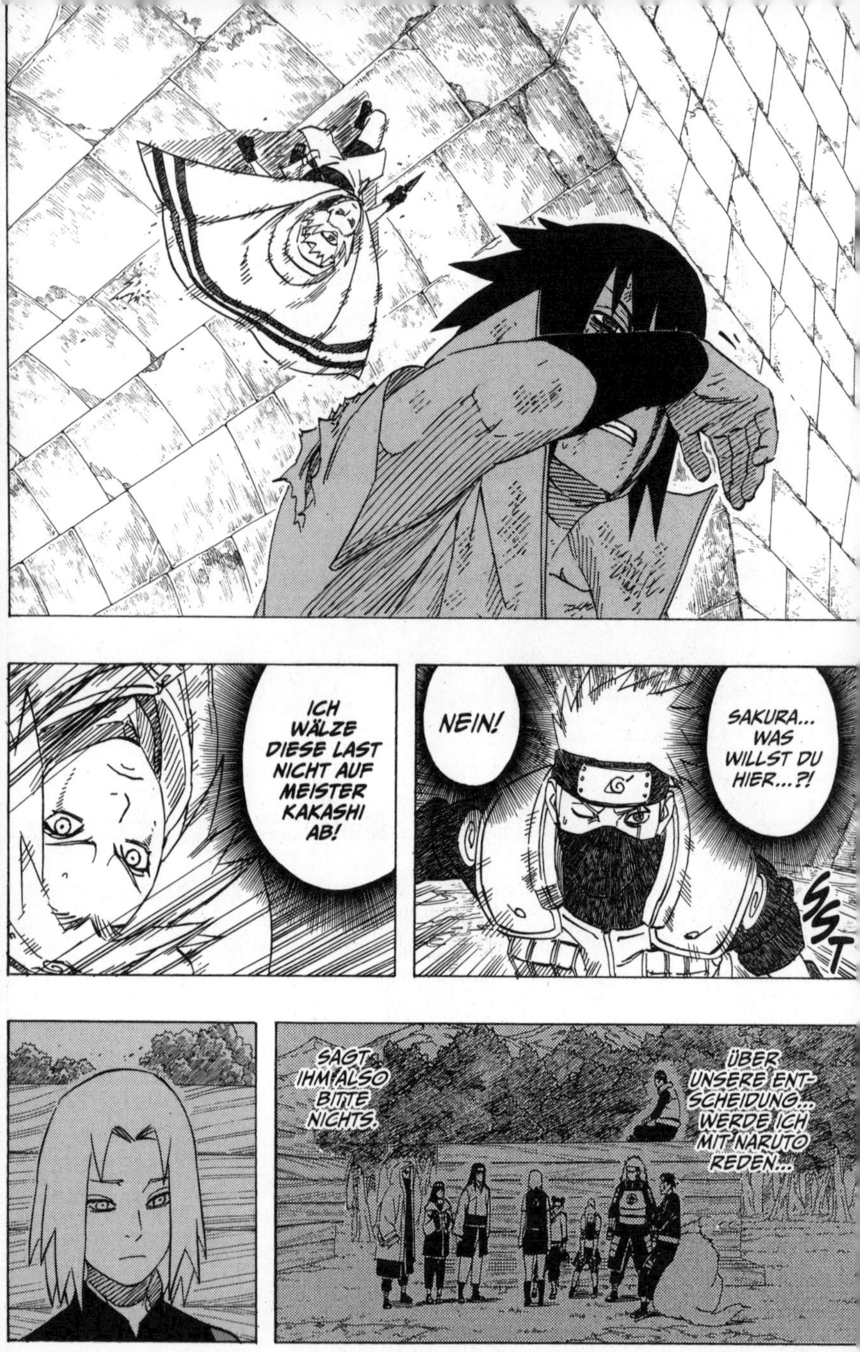
SAKURA... WAS WILLST DU HIER...?!
SST
NEIN!
ICH WÄLZE DIESE LAST NICHT AUF MEISTER KAKASHI AB!
ÜBER UNSERE ENT-SCHEIDUNG... WERDE ICH MIT NARUTO REDEN...
SAGT IHM ALSO BITTE NICHTS.

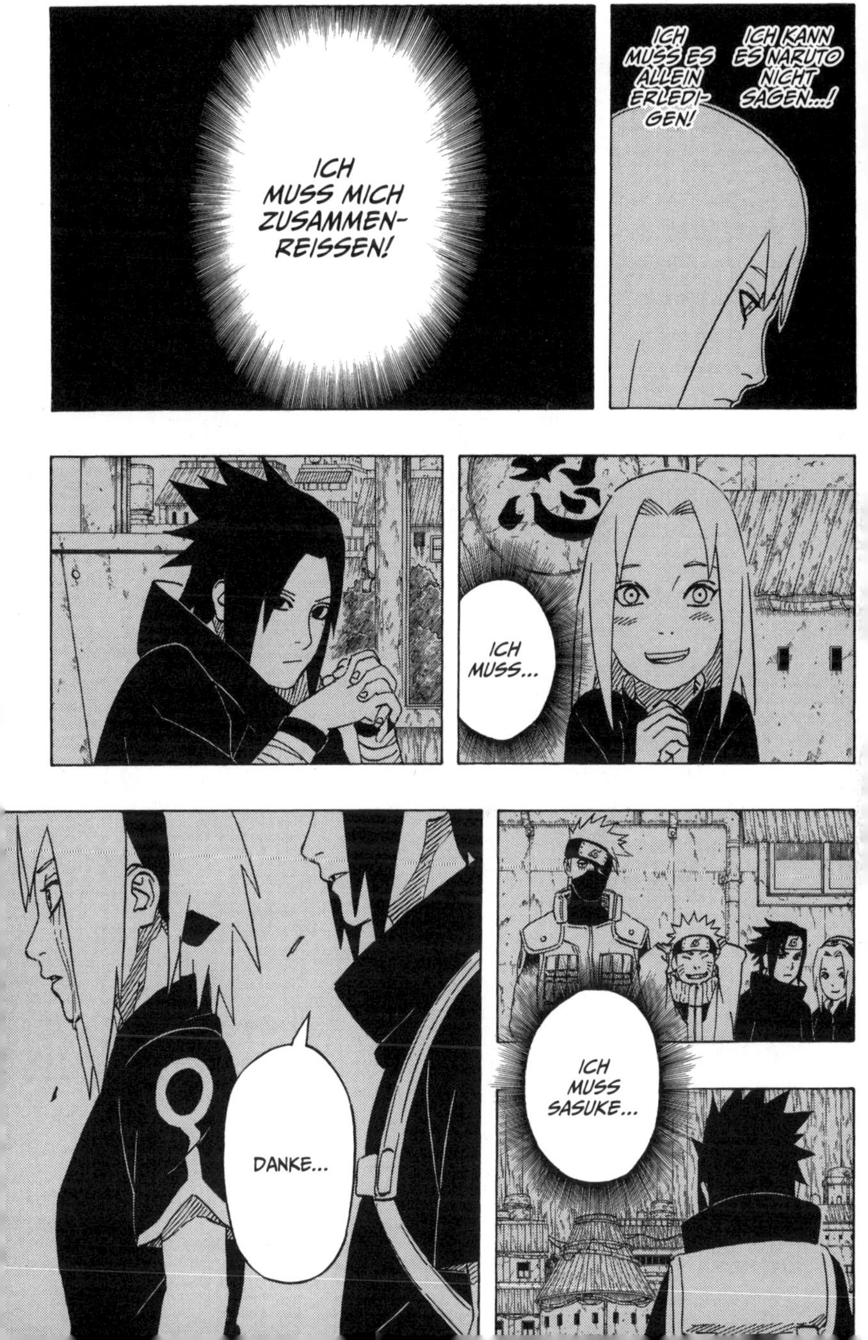

ICH KANN ES NARUTO NICHT SAGEN...!
ICH MUSS ES ALLEIN ERLEDIGEN!
ICH MUSS MICH ZUSAMMEN-REISSEN!
ICH MUSS...
ICH MUSS SASUKE...
DANKE...

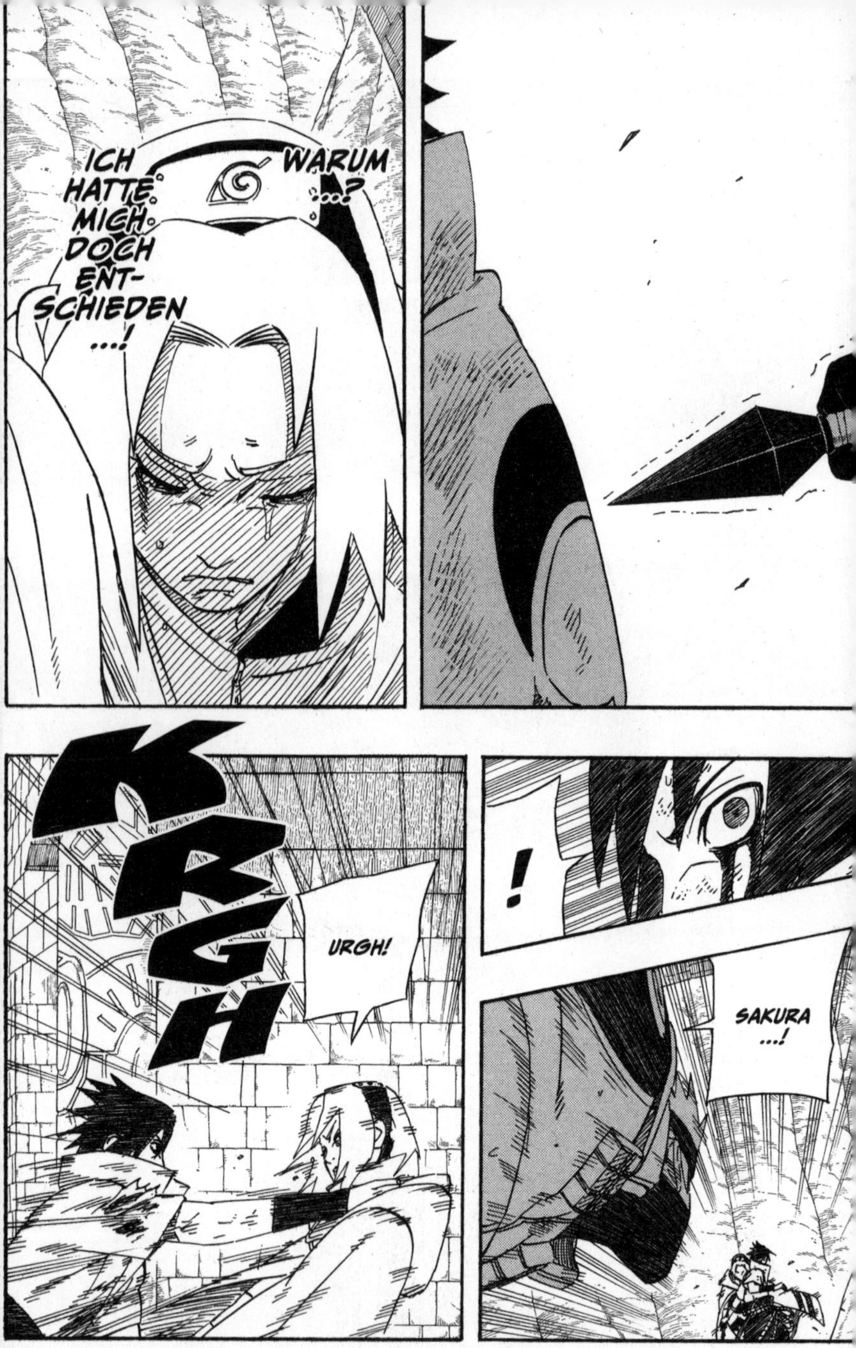
WARUM ...?
ICH HATTE MICH DOCH ENT-SCHIEDEN ...!
!
URGH!
KRGH
SAKURA ...!

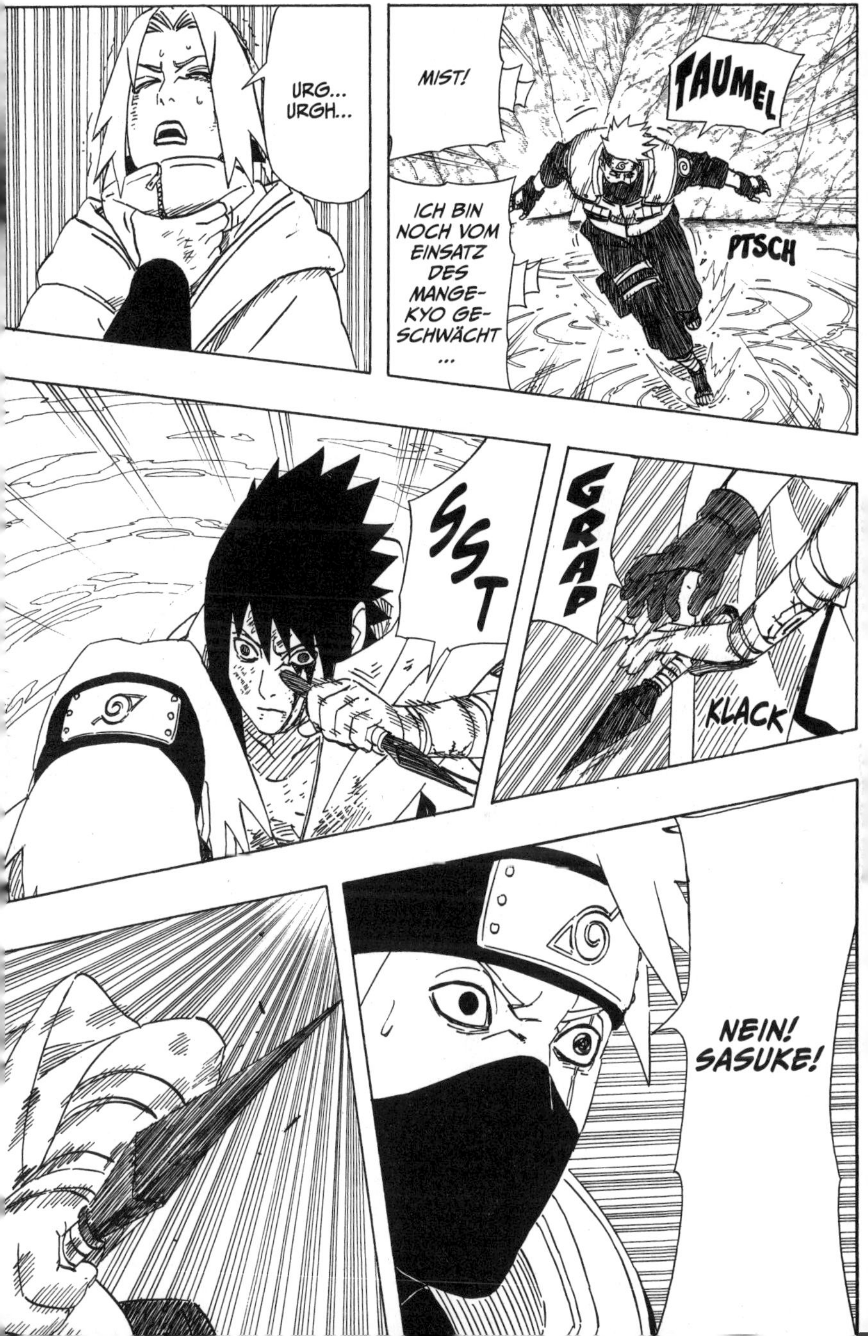

TAUMEL
MIST!
ICH BIN NOCH VOM EINSATZ DES MANGE-KYO GE-SCHWÄCHT ...
PTSCH
URG... URGH...
GRAP
KLACK
SST
NEIN! SASUKE!

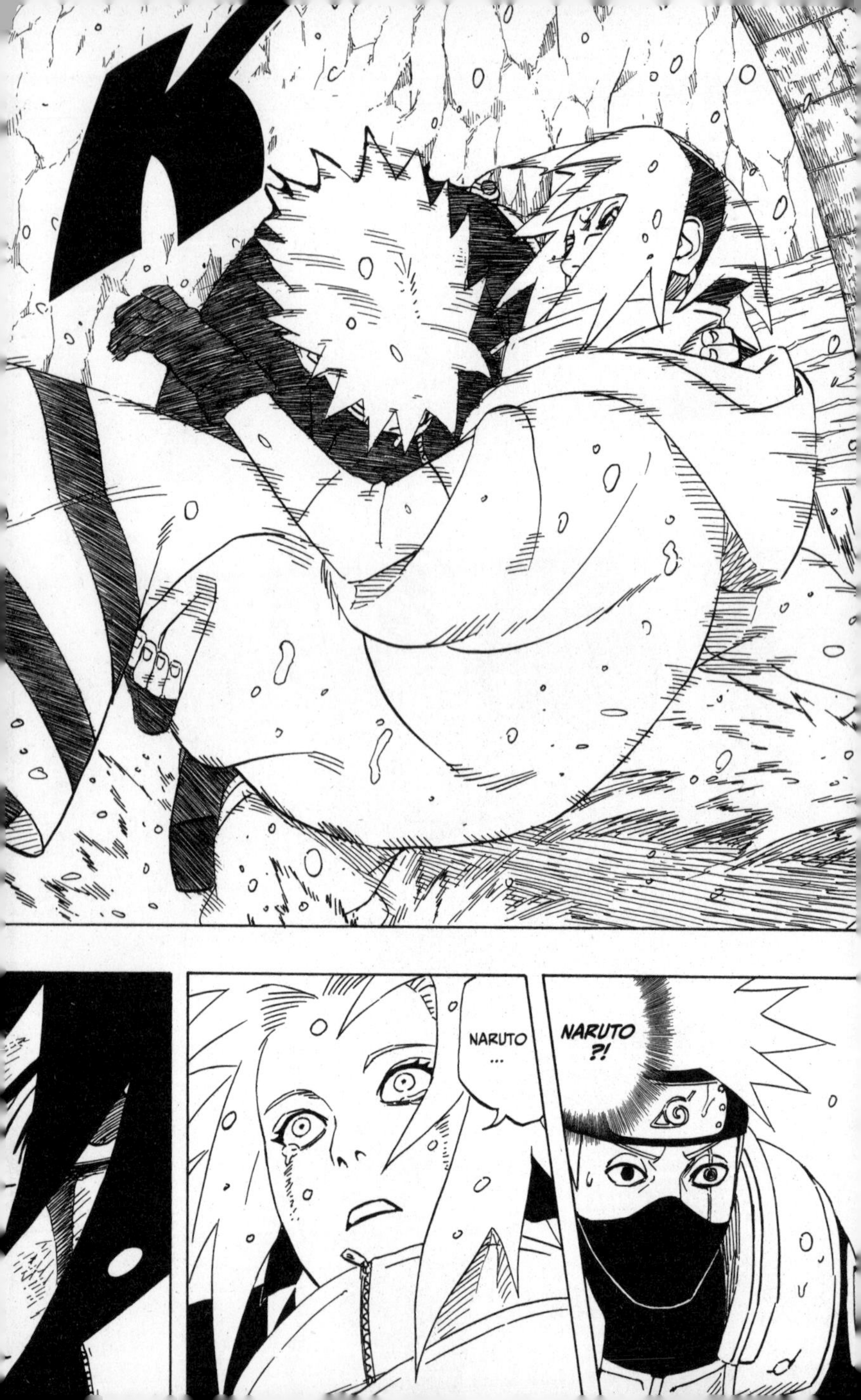
NARUTO ?!
NARUTO ...

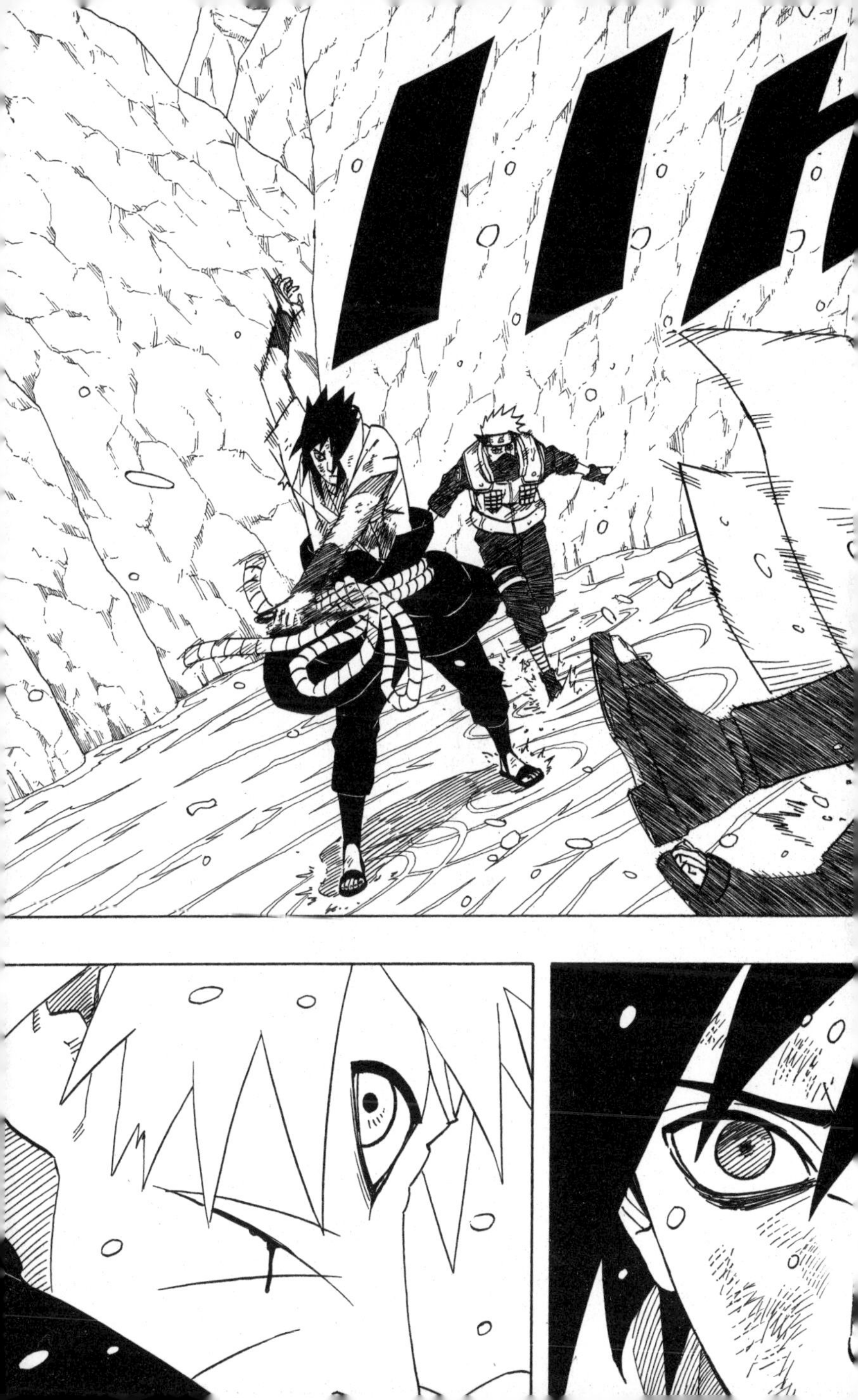

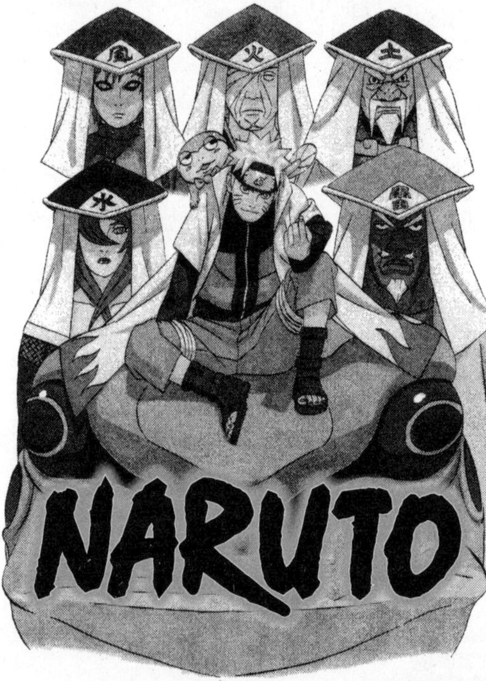
NARUTO

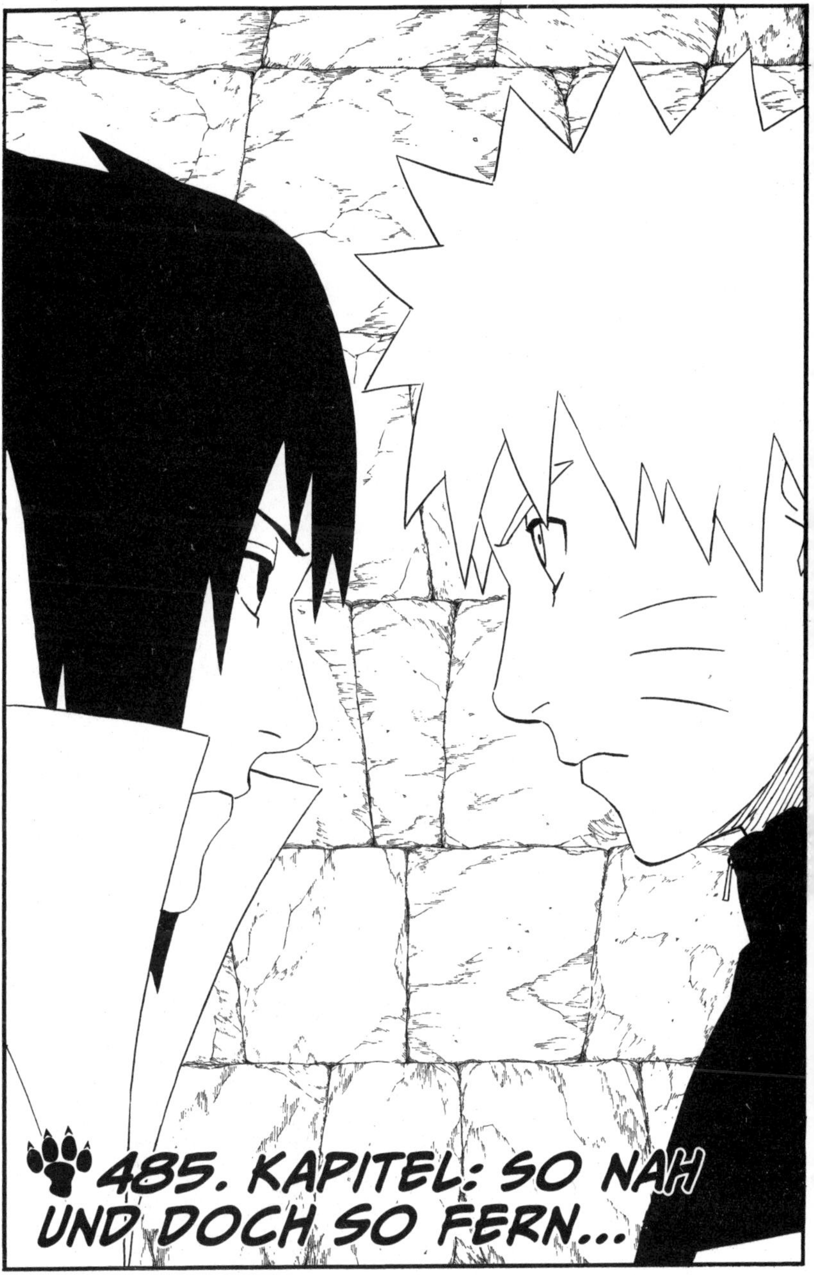
485. KAPITEL: SO NAH
UND DOCH SO FERN...

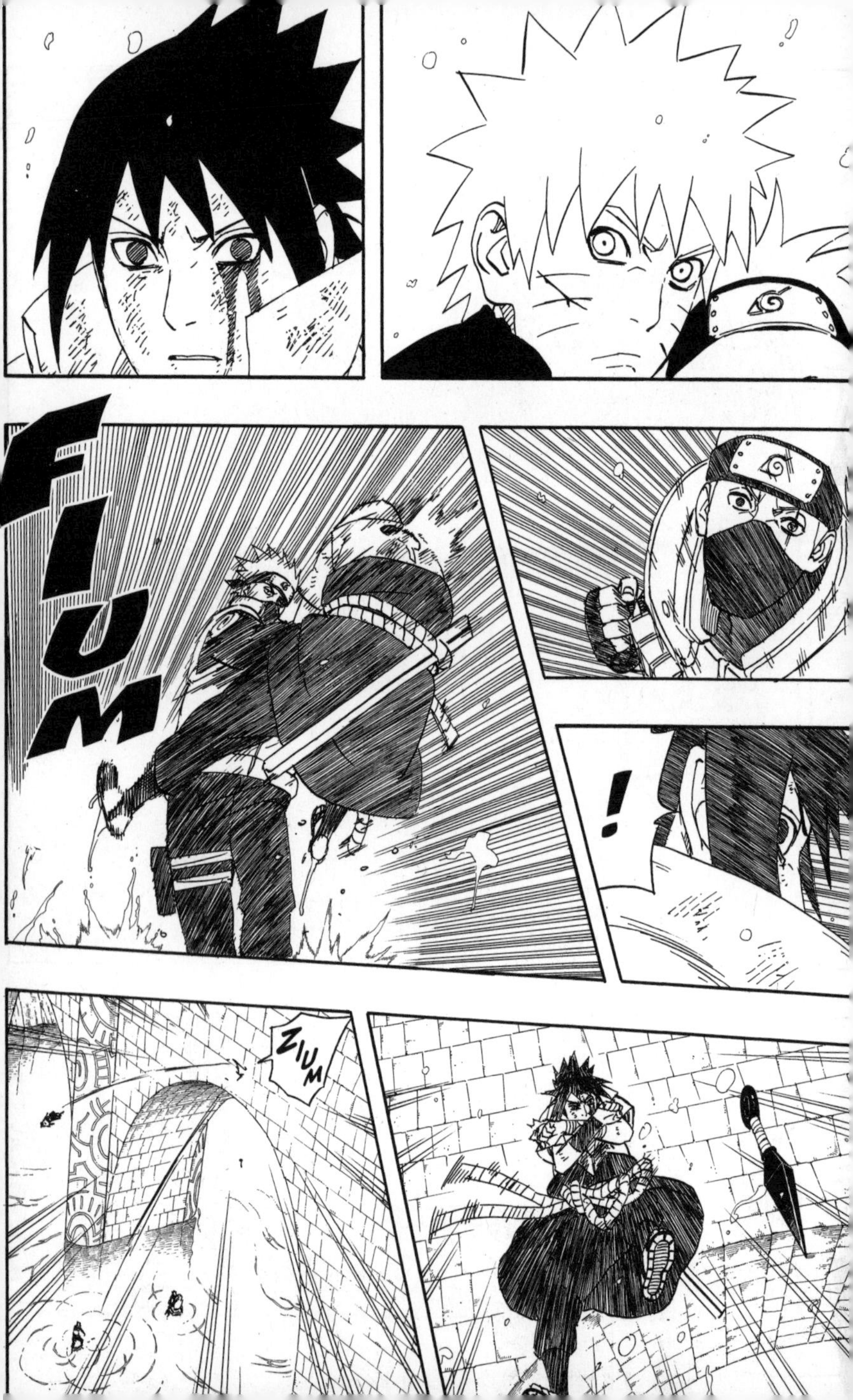

FIUM
!
ZIUM

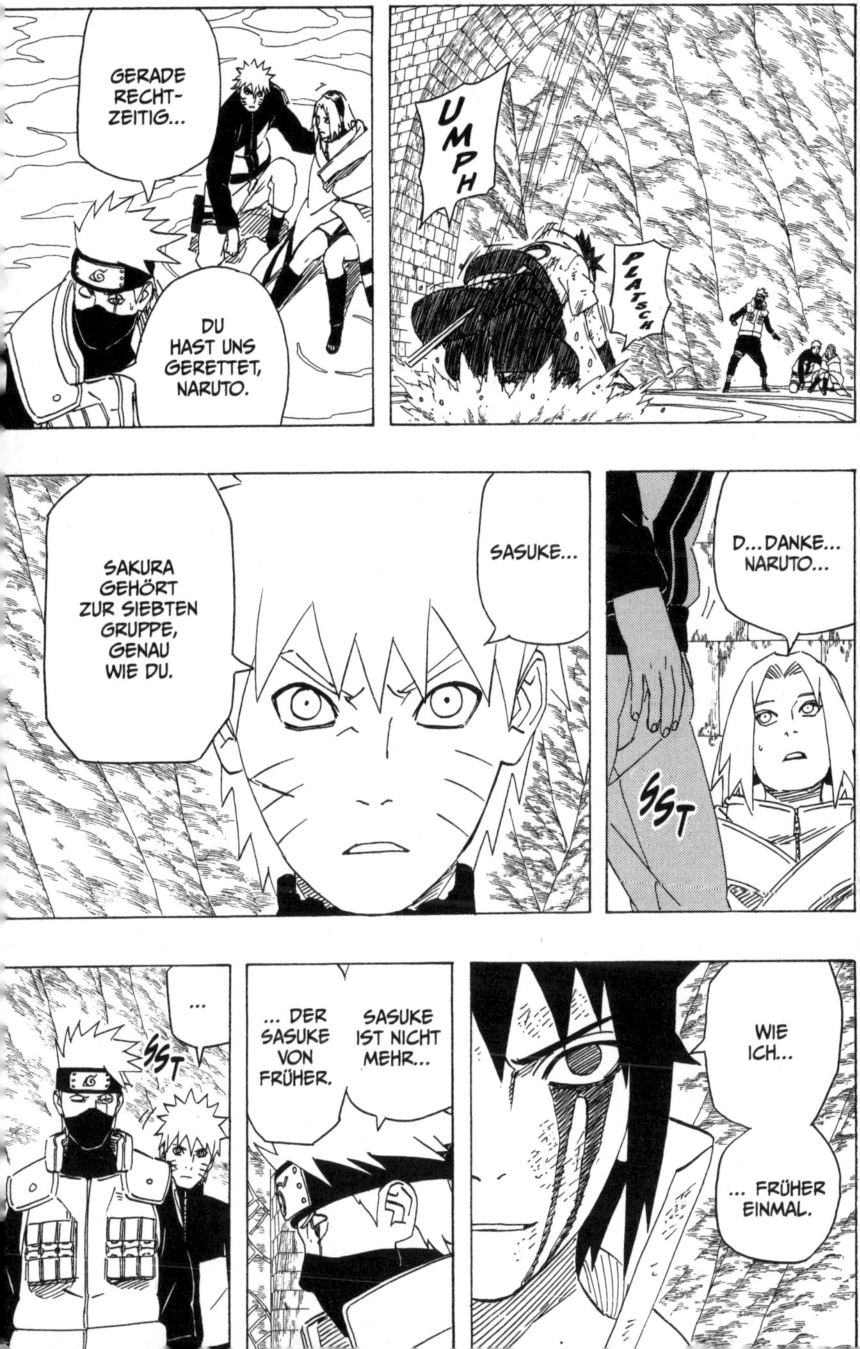
UMPH
PLATSCH
GERADE RECHT-ZEITIG...
DU HAST UNS GERETTET, NARUTO.
D...DANKE... NARUTO...
SST
SASUKE...
SAKURA GEHÖRT ZUR SIEBTEN GRUPPE, GENAU WIE DU.
WIE ICH...
... FRÜHER EINMAL.
SASUKE IST NICHT MEHR...
... DER SASUKE VON FRÜHER.
...
SST

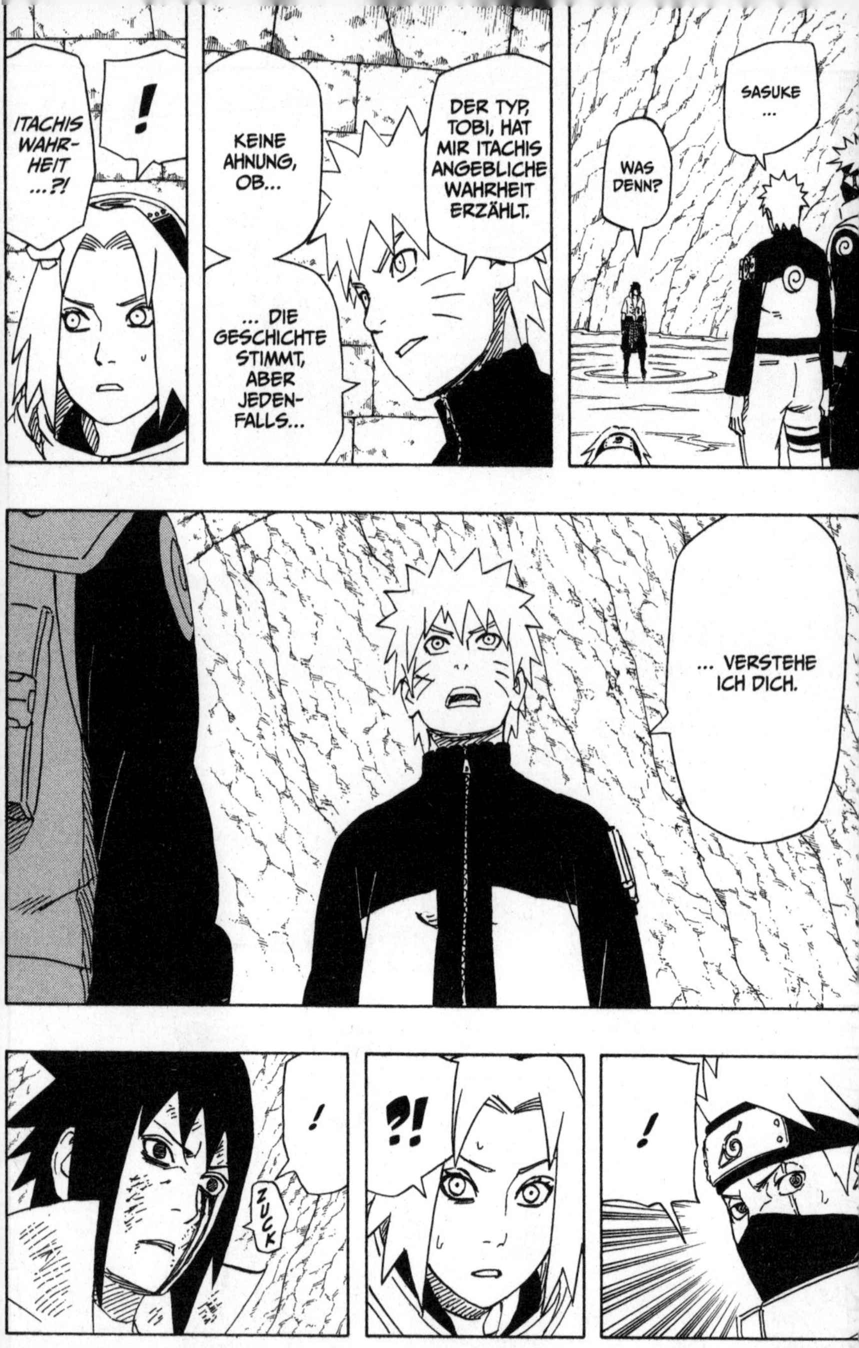
SASUKE ...
WAS DENN?
DER TYP, TOBI, HAT MIR ITACHIS ANGEBLICHE WAHRHEIT ERZÄHLT.
KEINE AHNUNG, OB...
... DIE GESCHICHTE STIMMT, ABER JEDEN-FALLS...
!
ITACHIS WAHR-HEIT ...?!
... VERSTEHE ICH DICH.
!
?!
!
ZUCK

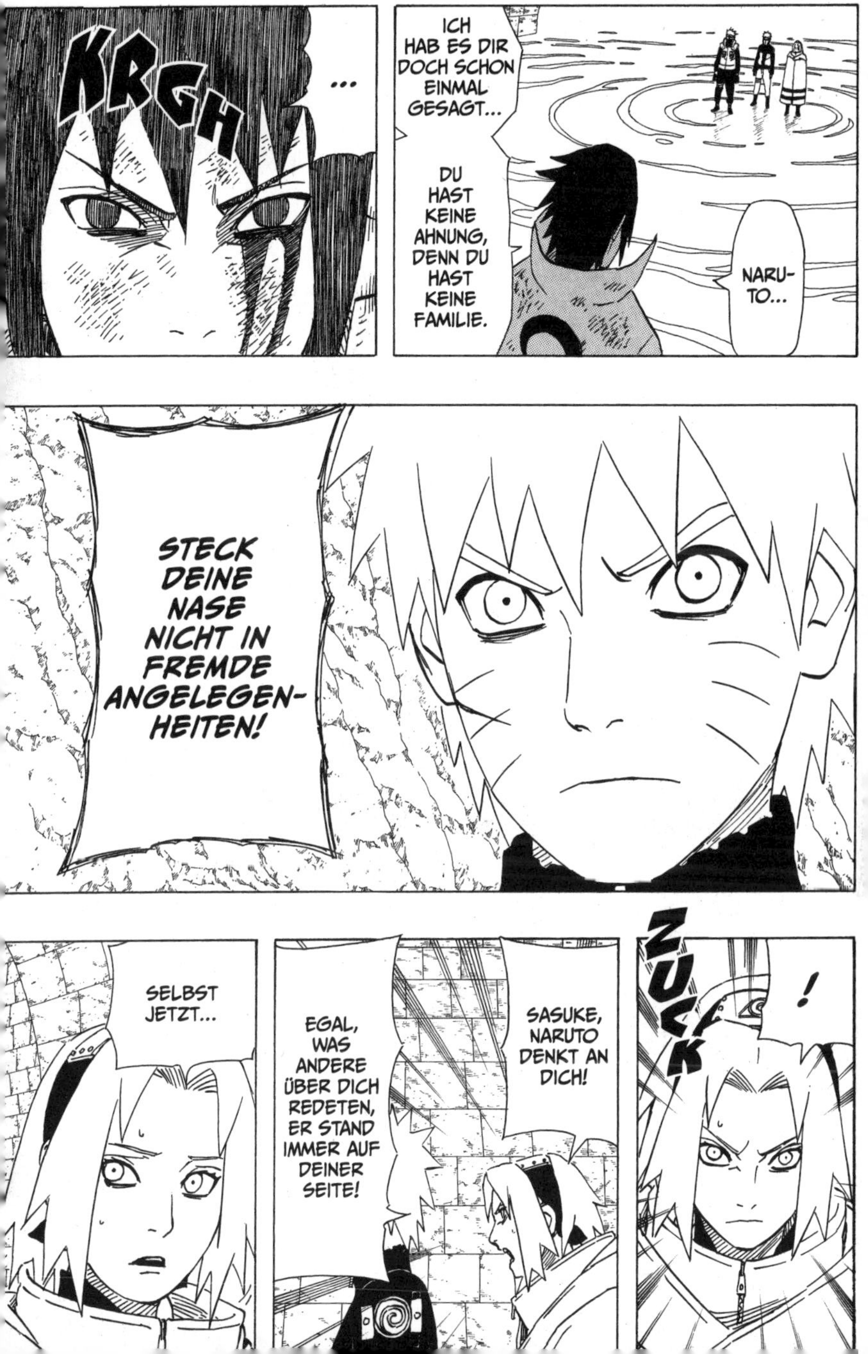

ICH HAB ES DIR DOCH SCHON EINMAL GESAGT...
DU HAST KEINE AHNUNG, DENN DU HAST KEINE FAMILIE.
NARU-TO...
KRGH
...
STECK DEINE NASE NICHT IN FREMDE ANGELEGEN-HEITEN!
ZUCK
!
SASUKE, NARUTO DENKT AN DICH!
EGAL, WAS ANDERE ÜBER DICH REDETEN, ER STAND IMMER AUF DEINER SEITE!
SELBST JETZT...

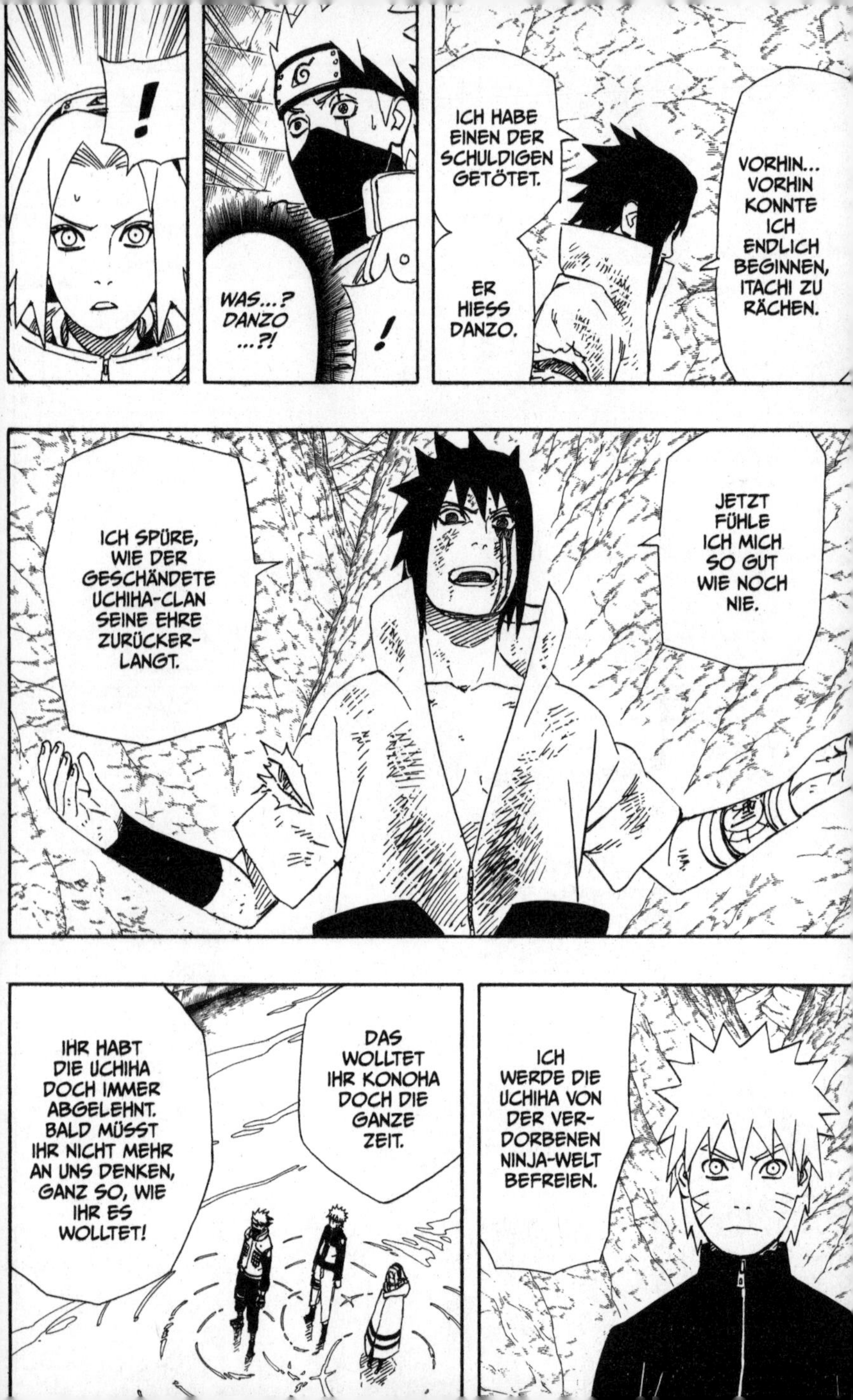
VORHIN... VORHIN KONNTE ICH ENDLICH BEGINNEN, ITACHI ZU RÄCHEN.
ICH HABE EINEN DER SCHULDIGEN GETÖTET.
ER HIESS DANZO.
!
WAS...? DANZO ...?!
!
JETZT FÜHLE ICH MICH SO GUT WIE NOCH NIE.
ICH SPÜRE, WIE DER GESCHÄNDETE UCHIHA-CLAN SEINE EHRE ZURÜCKER-LANGT.
ICH WERDE DIE UCHIHA VON DER VER-DORBENEN NINJA-WELT BEFREIEN.
DAS WOLLTET IHR KONOHA DOCH DIE GANZE ZEIT.
IHR HABT DIE UCHIHA DOCH IMMER ABGELEHNT. BALD MÜSST IHR NICHT MEHR AN UNS DENKEN, GANZ SO, WIE IHR ES WOLLTET!

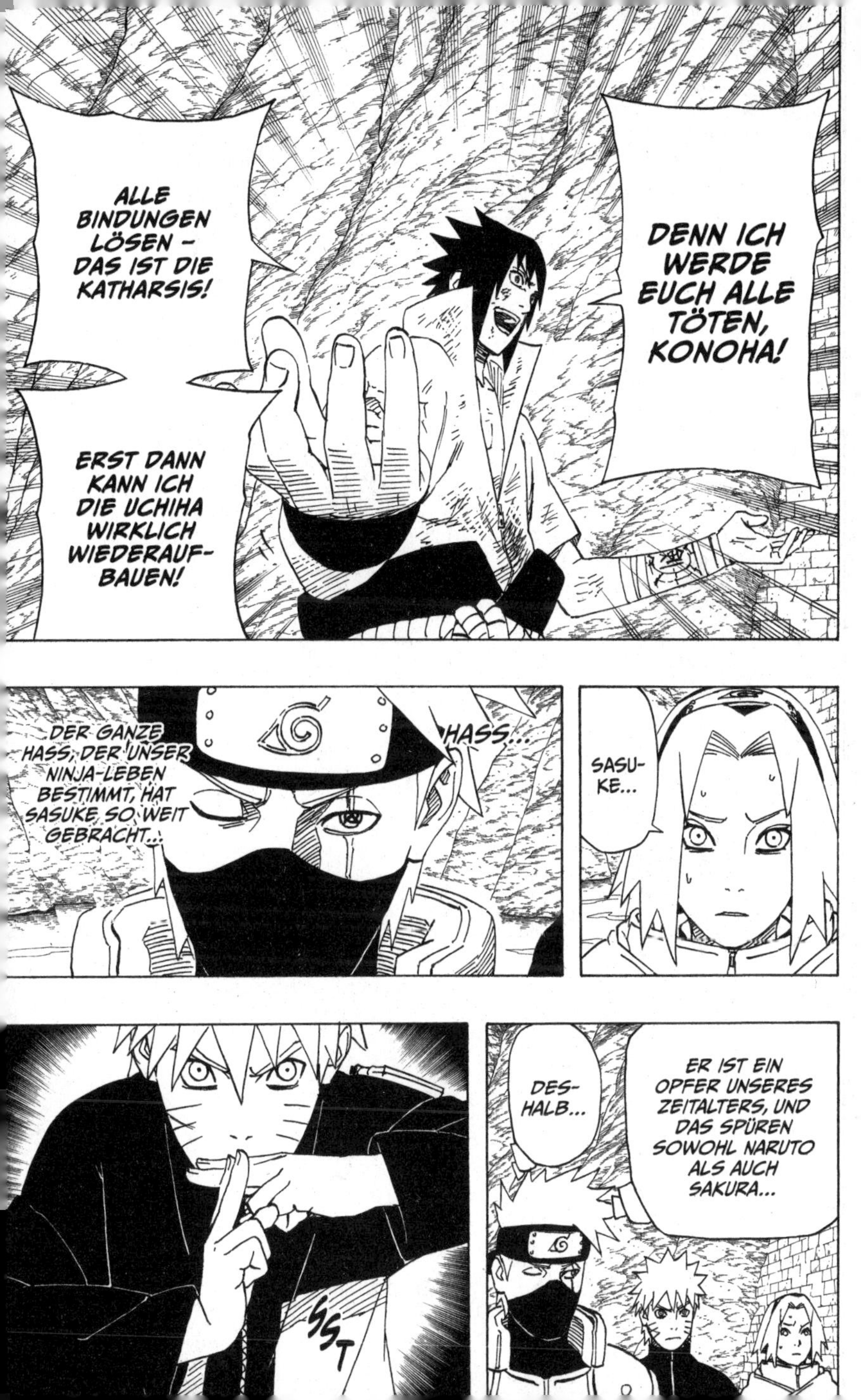
DENN ICH WERDE EUCH ALLE TÖTEN, KONOHA!
ALLE BINDUNGEN LÖSEN – DAS IST DIE KATHARSIS!
ERST DANN KANN ICH DIE UCHIHA WIRKLICH WIEDERAUF-BAUEN!
SASU-KE...
HASS...
DER GANZE HASS, DER UNSER NINJA-LEBEN BESTIMMT, HAT SASUKE SO WEIT GEBRACHT...
ER IST EIN OPFER UNSERES ZEITALTERS, UND DAS SPÜREN SOWOHL NARUTO ALS AUCH SAKURA...
DES-HALB...
SST

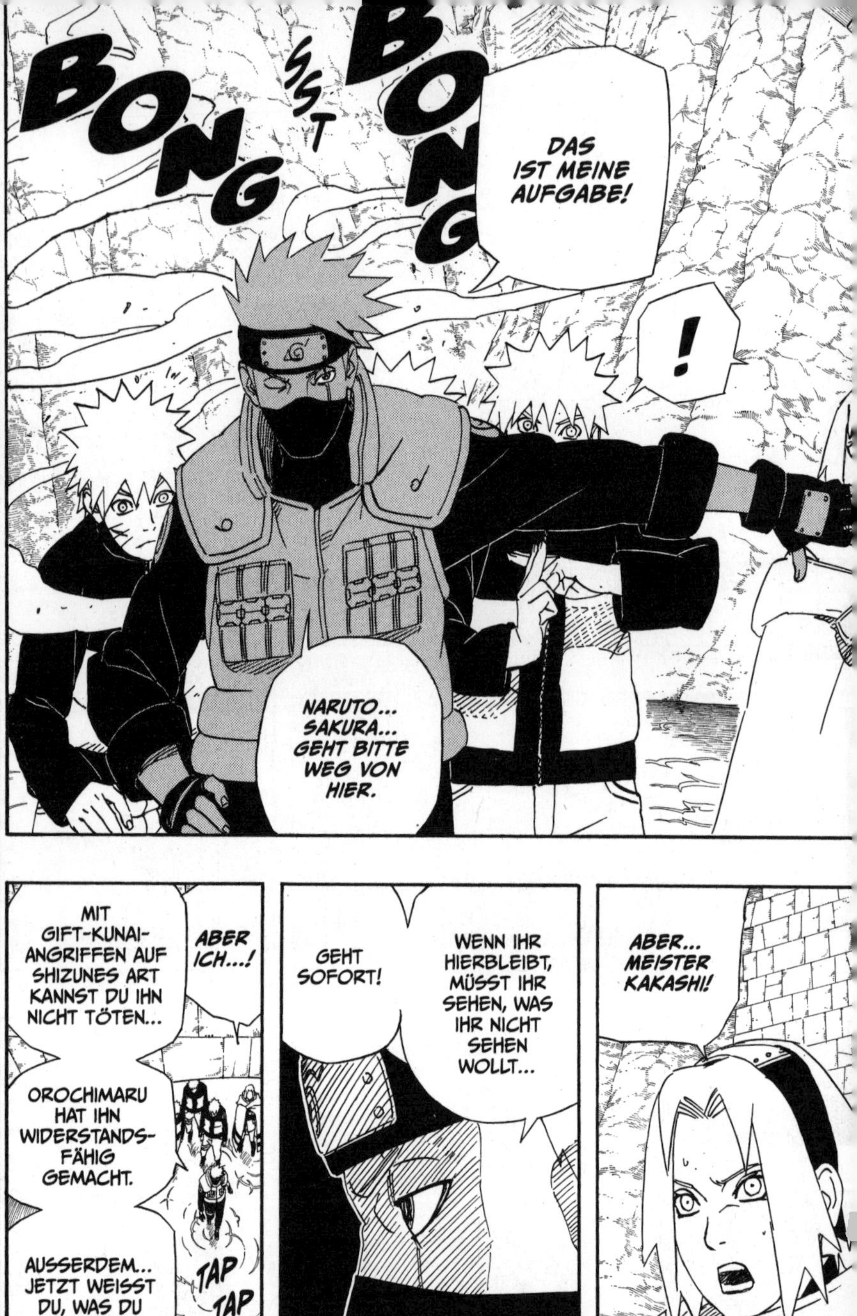
BONG
SST
BONG
DAS IST MEINE AUFGABE!
!
NARUTO... SAKURA... GEHT BITTE WEG VON HIER.
ABER... MEISTER KAKASHI!
WENN IHR HIERBLEIBT, MÜSST IHR SEHEN, WAS IHR NICHT SEHEN WOLLT...
GEHT SOFORT!
ABER ICH...!
MIT GIFT-KUNAI-ANGRIFFEN AUF SHIZUNES ART KANNST DU IHN NICHT TÖTEN...
OROCHIMARU HAT IHN WIDERSTANDS-FÄHIG GEMACHT.
AUSSERDEM... JETZT WEISST DU, WAS DU WILLST.
TAP
TAP

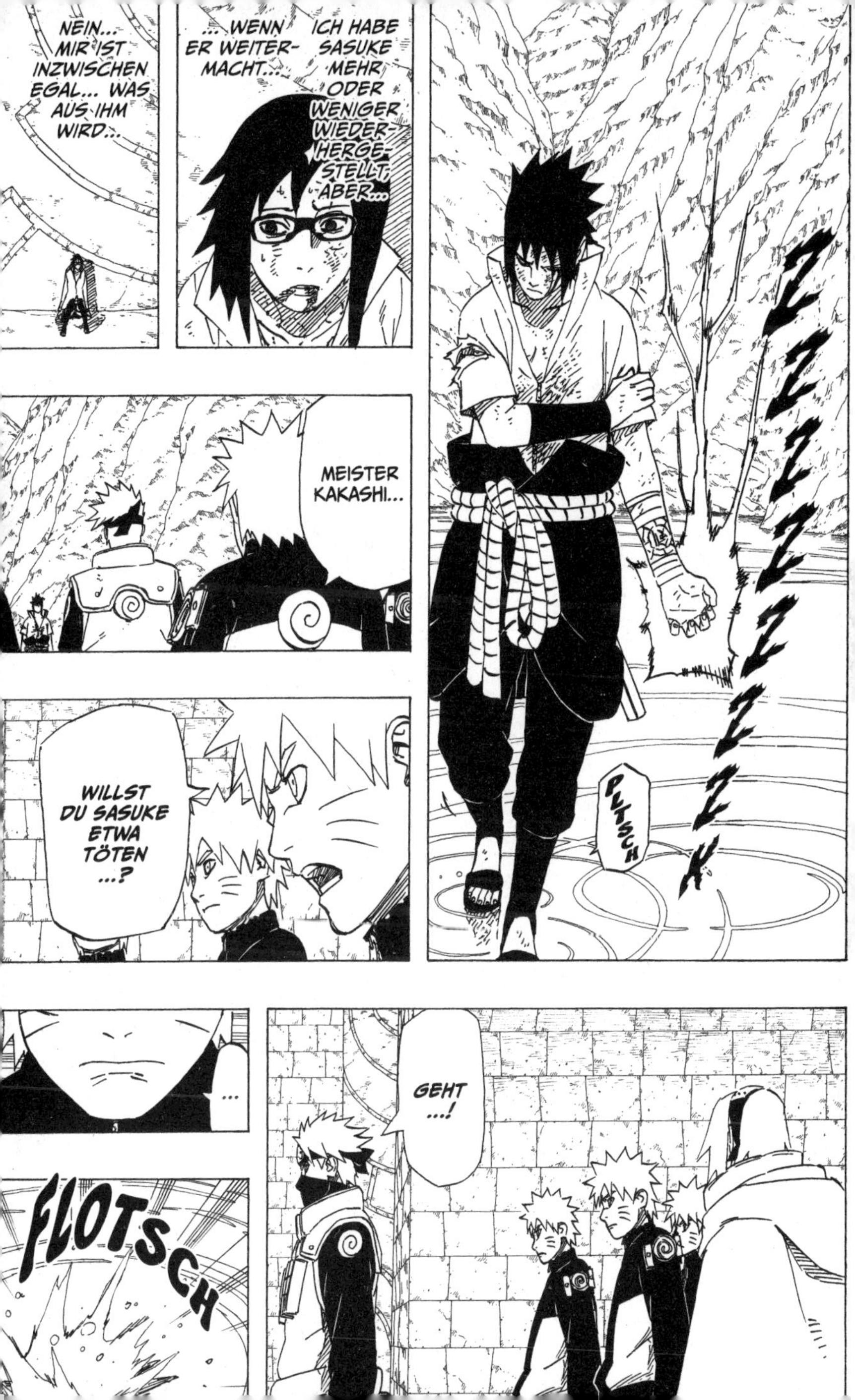
ZZZZZZZZZK
PLITSCH
ICH HABE SASUKE MEHR ODER WENIGER WIEDERHERGESTELLT, ABER...
... WENN ER WEITERMACHT...
NEIN... MIR IST INZWISCHEN EGAL... WAS AUS IHM WIRD...
MEISTER KAKASHI...
WILLST DU SASUKE ETWA TÖTEN ...?
GEHT ...!
...
FLOTSCH

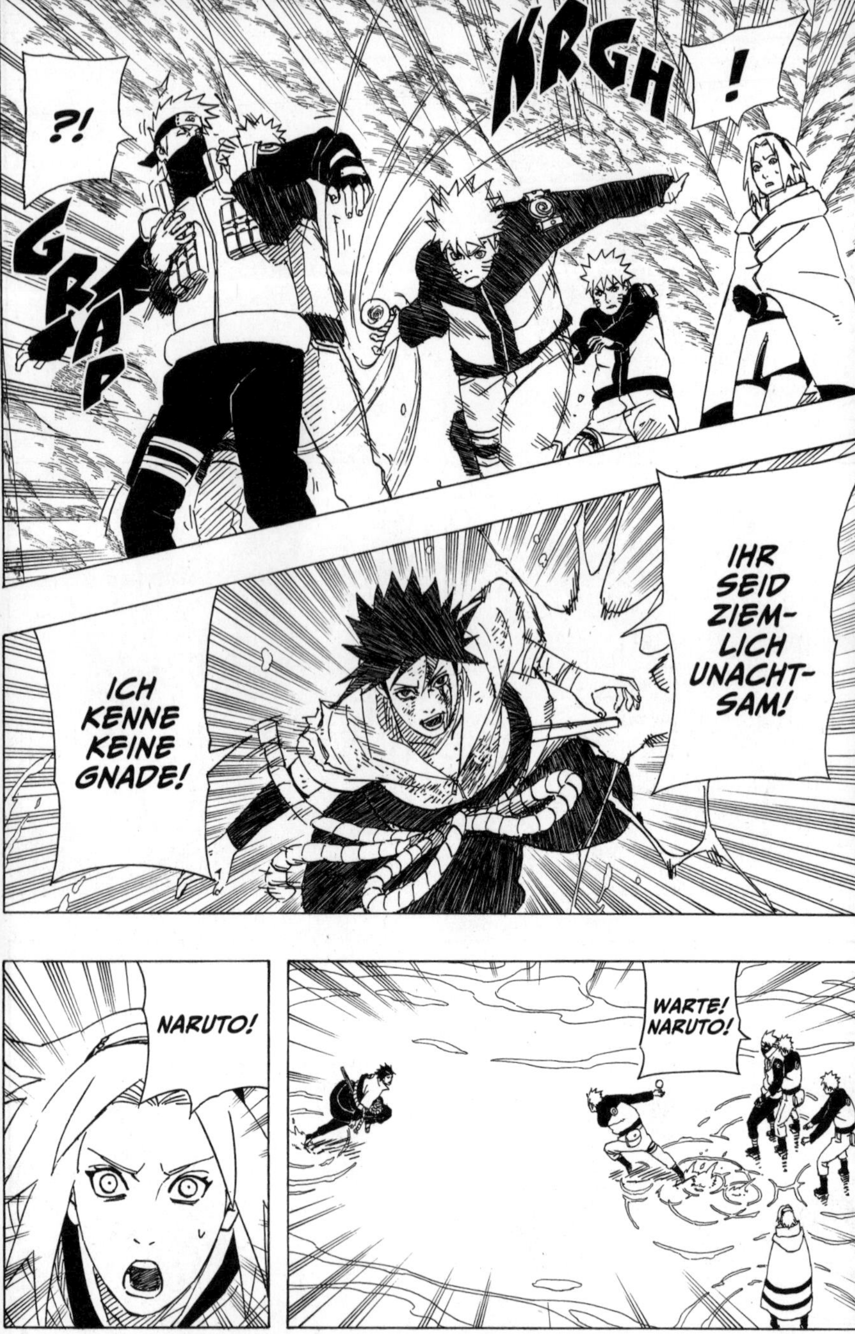
!
KRGH
?!
GRAP
IHR SEID ZIEMLICH UNACHTSAM!
ICH KENNE KEINE GNADE!
WARTE! NARUTO!
NARUTO!

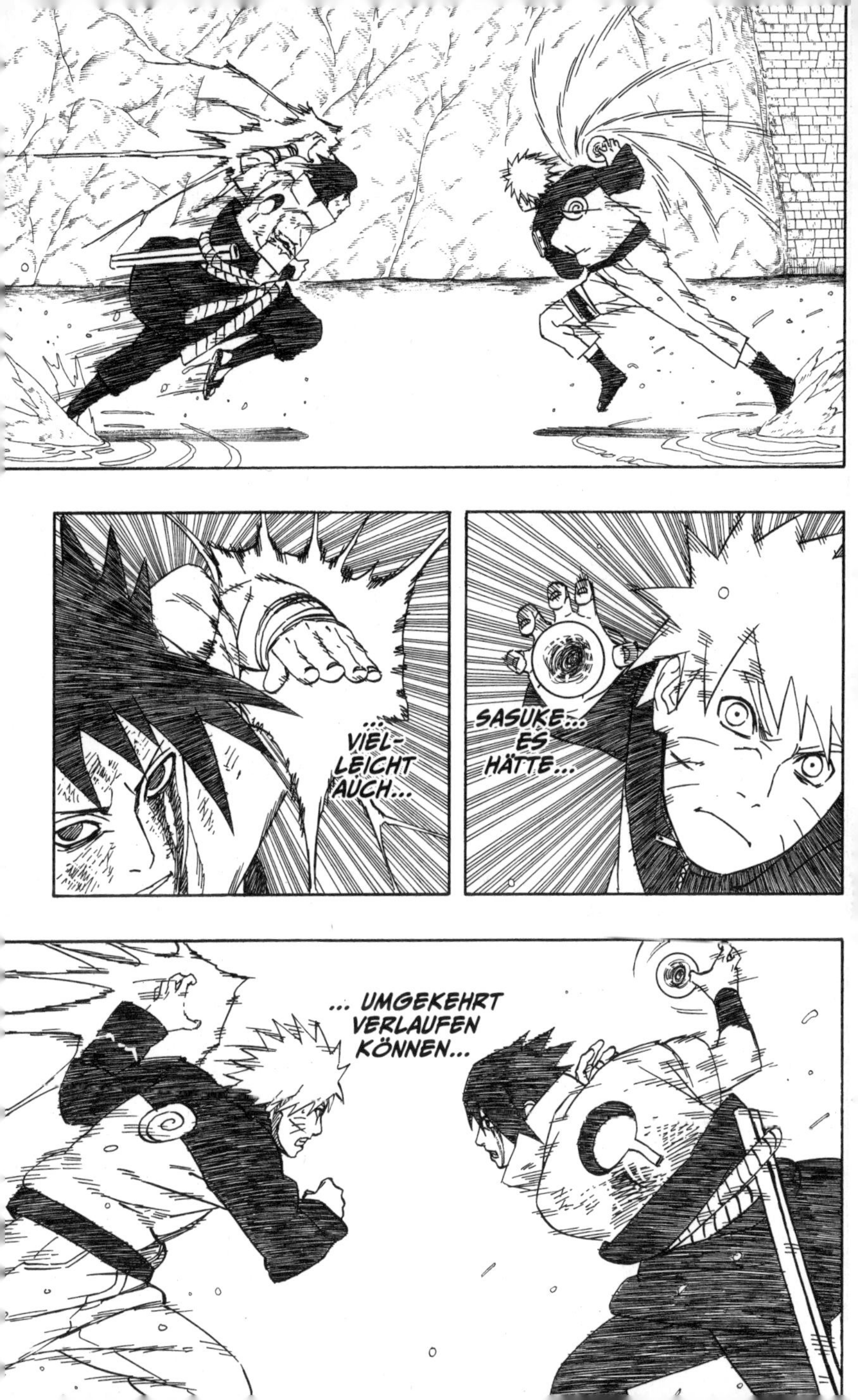
SASUKE... ES HÄTTE...
... VIEL-LEICHT AUCH...
... UMGEKEHRT VERLAUFEN KÖNNEN...

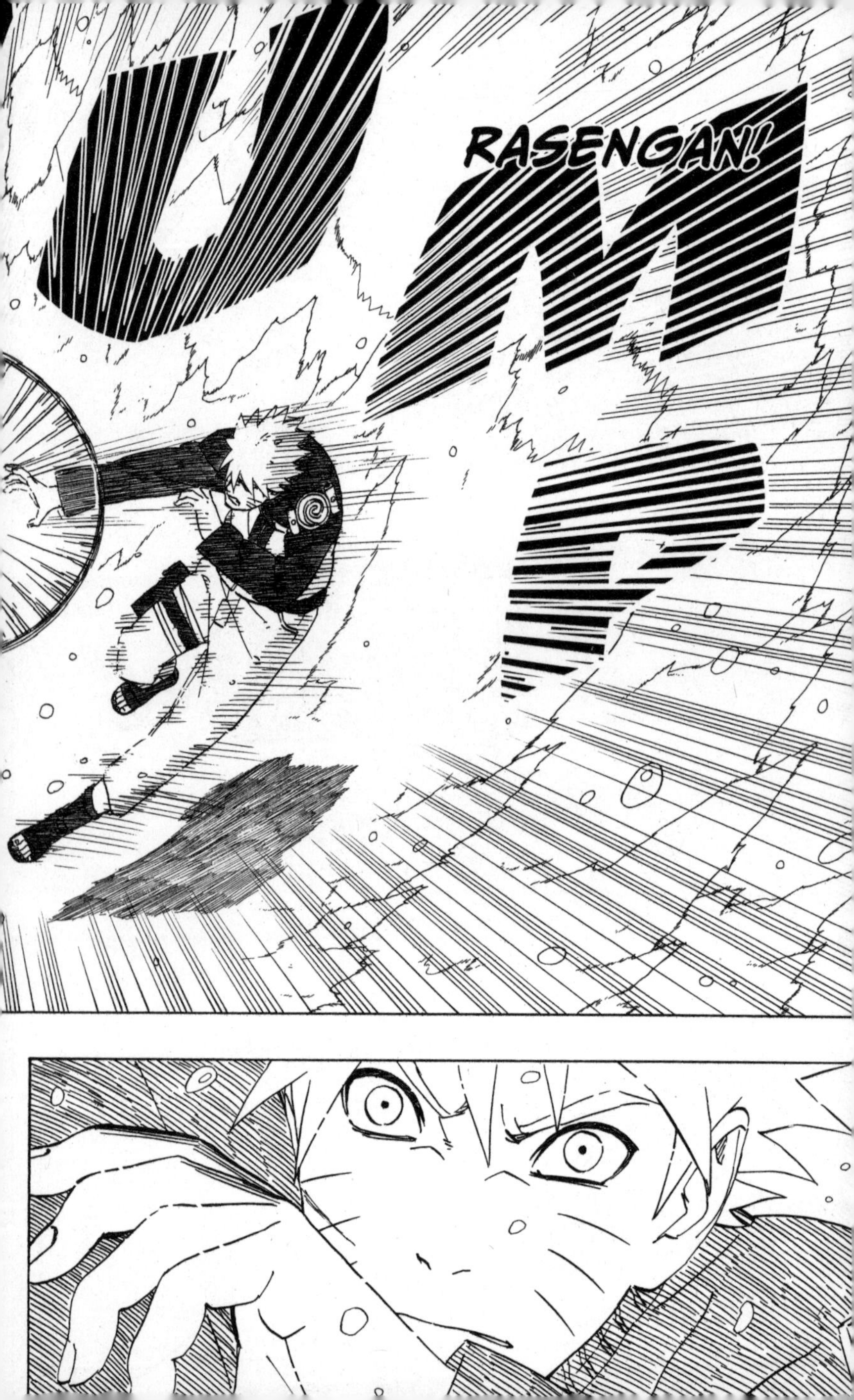
RASENGAN!

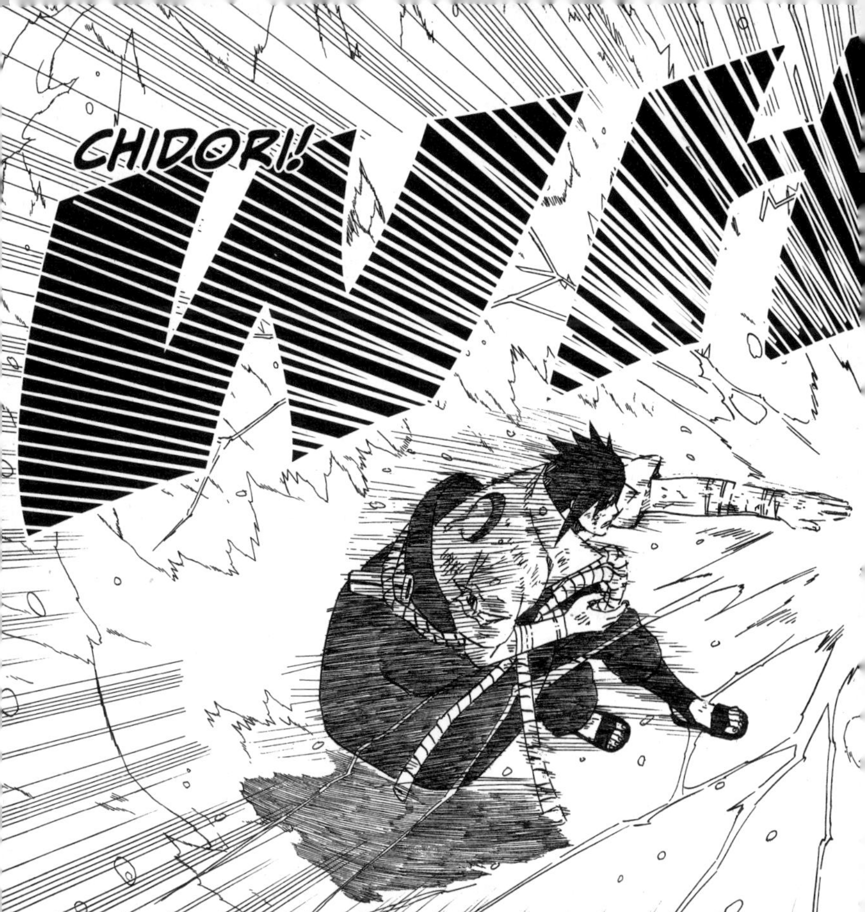
CHIDORI!

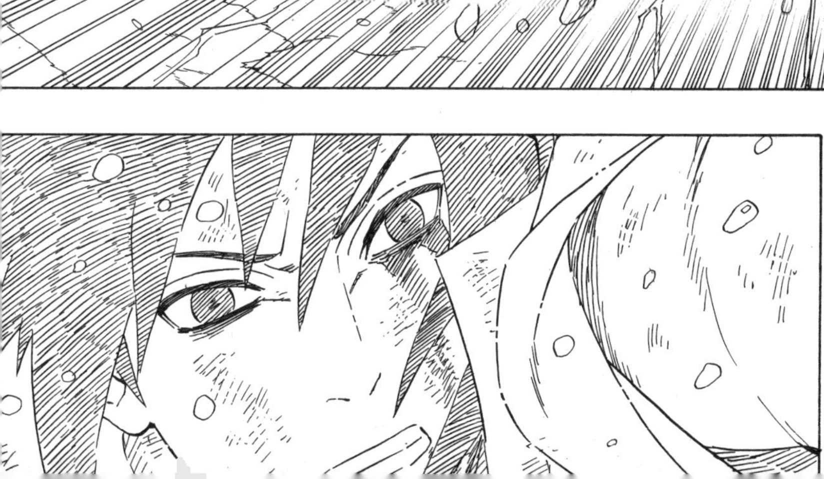

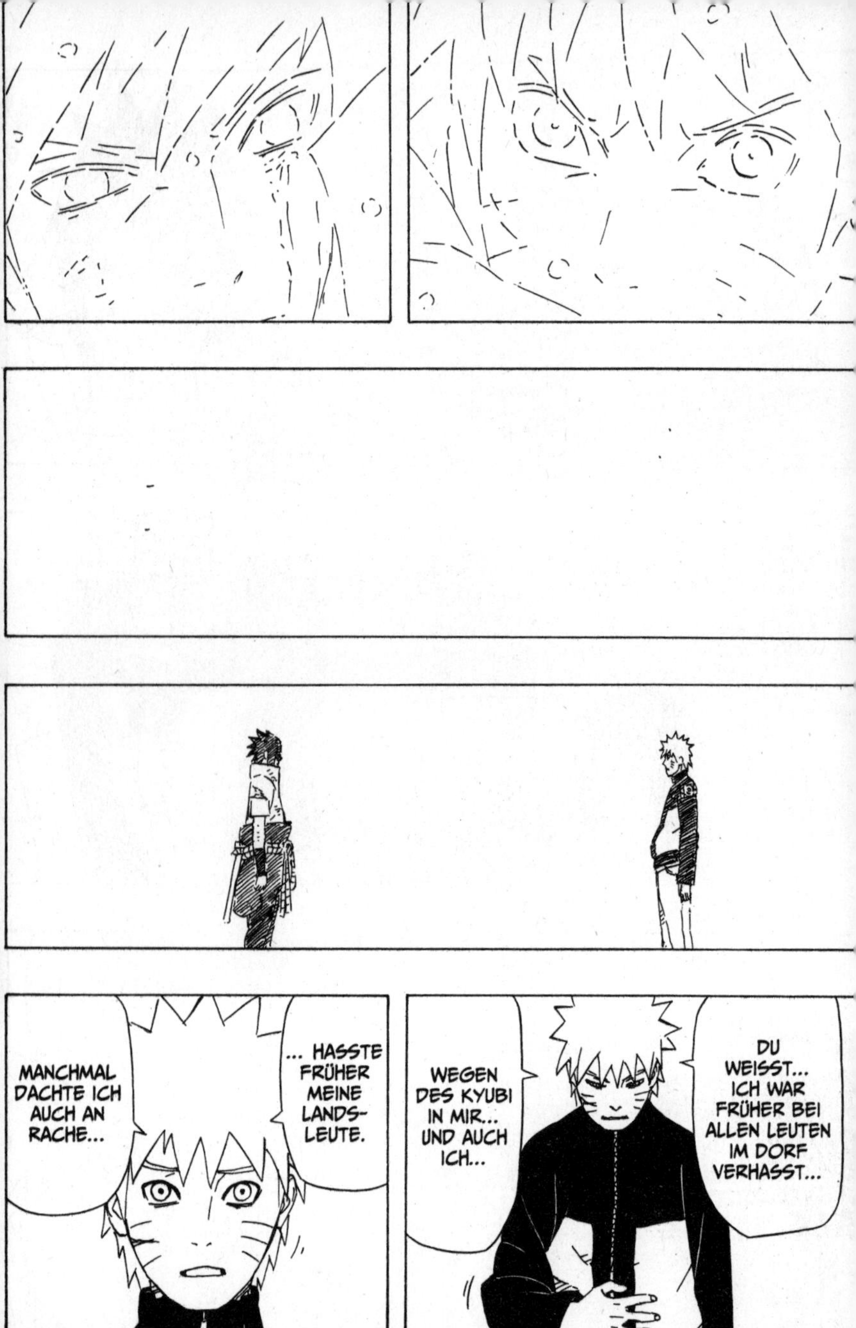
DU WEISST... ICH WAR FRÜHER BEI ALLEN LEUTEN IM DORF VERHASST...
WEGEN DES KYUBI IN MIR... UND AUCH ICH...
... HASSTE FRÜHER MEINE LANDS-LEUTE.
MANCHMAL DACHTE ICH AUCH AN RACHE...

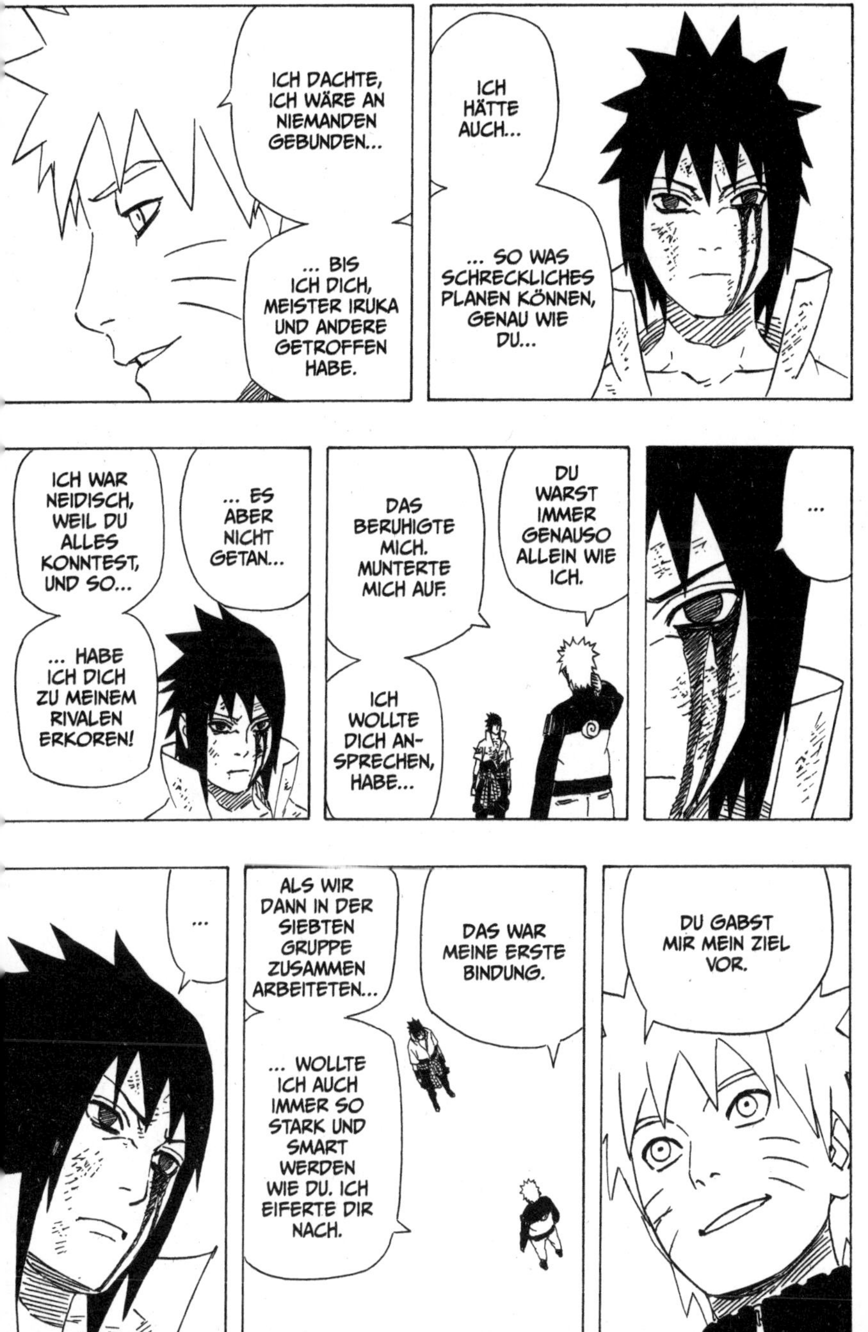
ICH HÄTTE AUCH...
... SO WAS SCHRECKLICHES PLANEN KÖNNEN, GENAU WIE DU...
ICH DACHTE, ICH WÄRE AN NIEMANDEN GEBUNDEN...
... BIS ICH DICH, MEISTER IRUKA UND ANDERE GETROFFEN HABE.
...
DU WARST IMMER GENAUSO ALLEIN WIE ICH.
DAS BERUHIGTE MICH. MUNTERTE MICH AUF.
ICH WOLLTE DICH AN-SPRECHEN, HABE...
... ES ABER NICHT GETAN...
ICH WAR NEIDISCH, WEIL DU ALLES KONNTEST, UND SO...
... HABE ICH DICH ZU MEINEM RIVALEN ERKOREN!
DU GABST MIR MEIN ZIEL VOR.
DAS WAR MEINE ERSTE BINDUNG.
ALS WIR DANN IN DER SIEBTEN GRUPPE ZUSAMMEN ARBEITETEN...
... WOLLTE ICH AUCH IMMER SO STARK UND SMART WERDEN WIE DU. ICH EIFERTE DIR NACH.
...

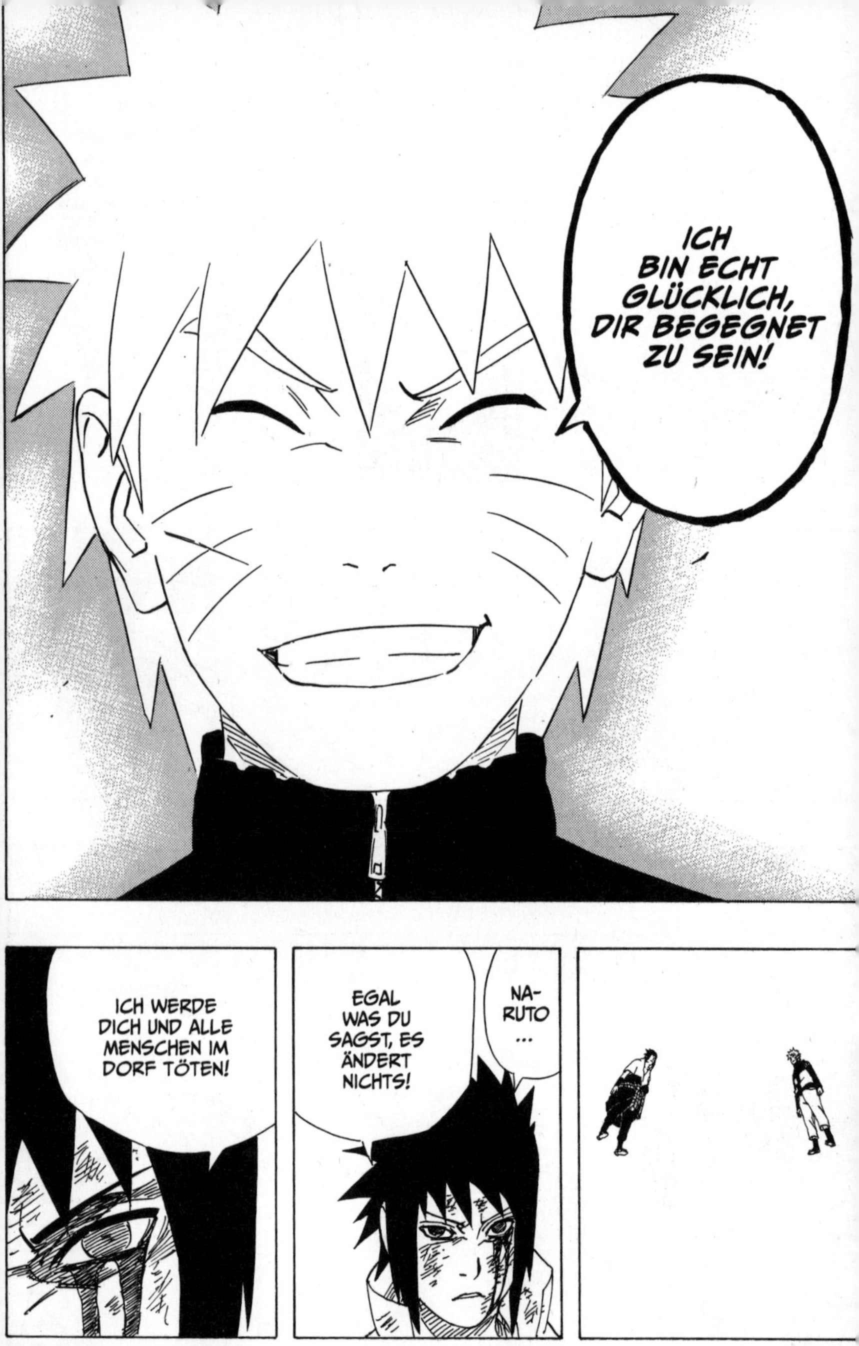
ICH BIN ECHT GLÜCKLICH, DIR BEGEGNET ZU SEIN!
NA-RUTO ...
EGAL WAS DU SAGST, ES ÄNDERT NICHTS!
ICH WERDE DICH UND ALLE MENSCHEN IM DORF TÖTEN!

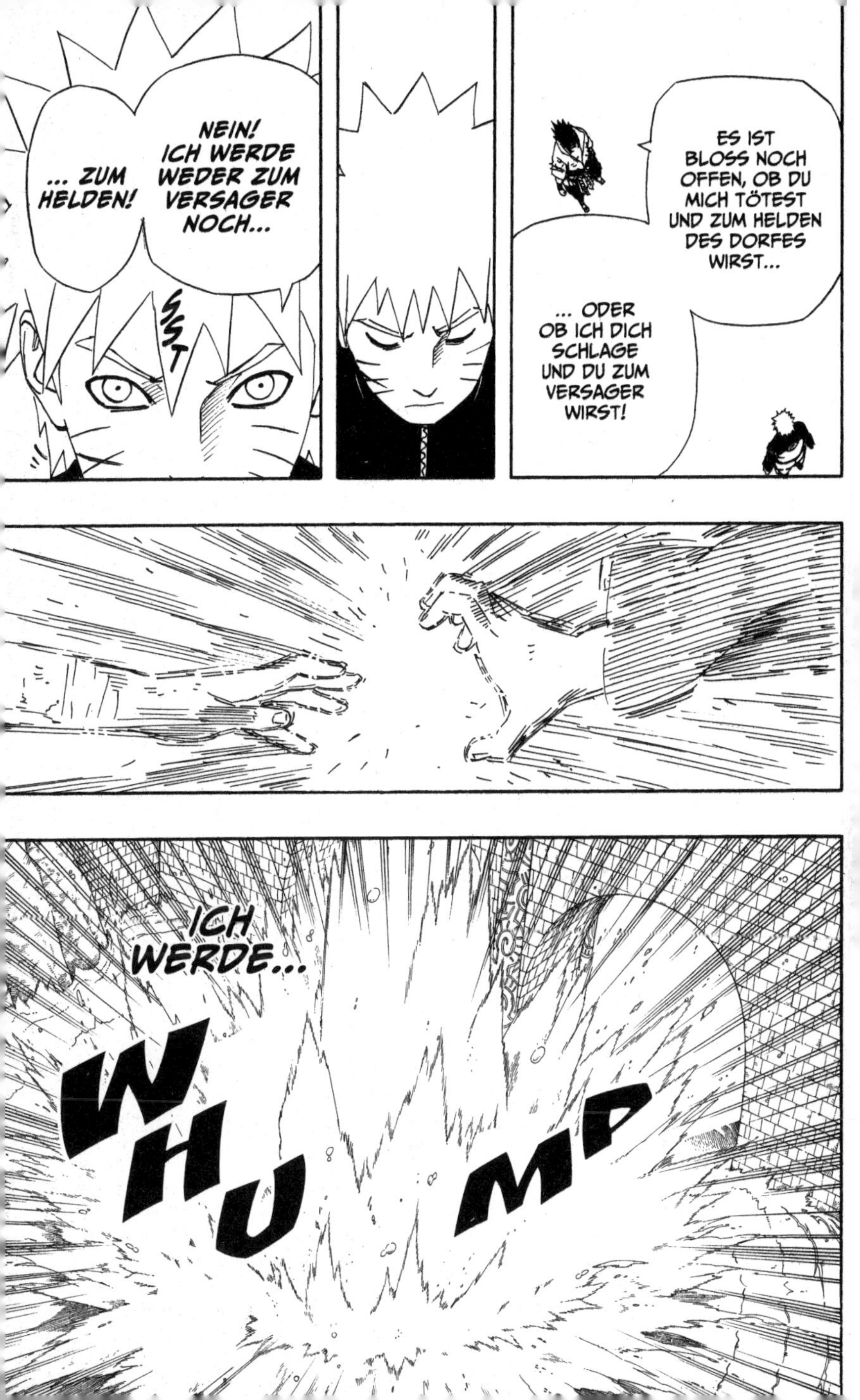
ES IST BLOSS NOCH OFFEN, OB DU MICH TÖTEST UND ZUM HELDEN DES DORFES WIRST...
... ODER OB ICH DICH SCHLAGE UND DU ZUM VERSAGER WIRST!
NEIN! ICH WERDE WEDER ZUM VERSAGER NOCH...
... ZUM HELDEN!
SST
ICH WERDE...
WHUMP

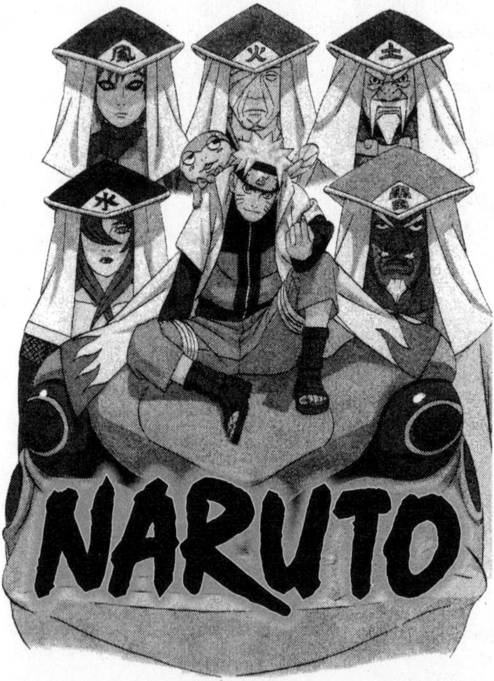
NARUTO

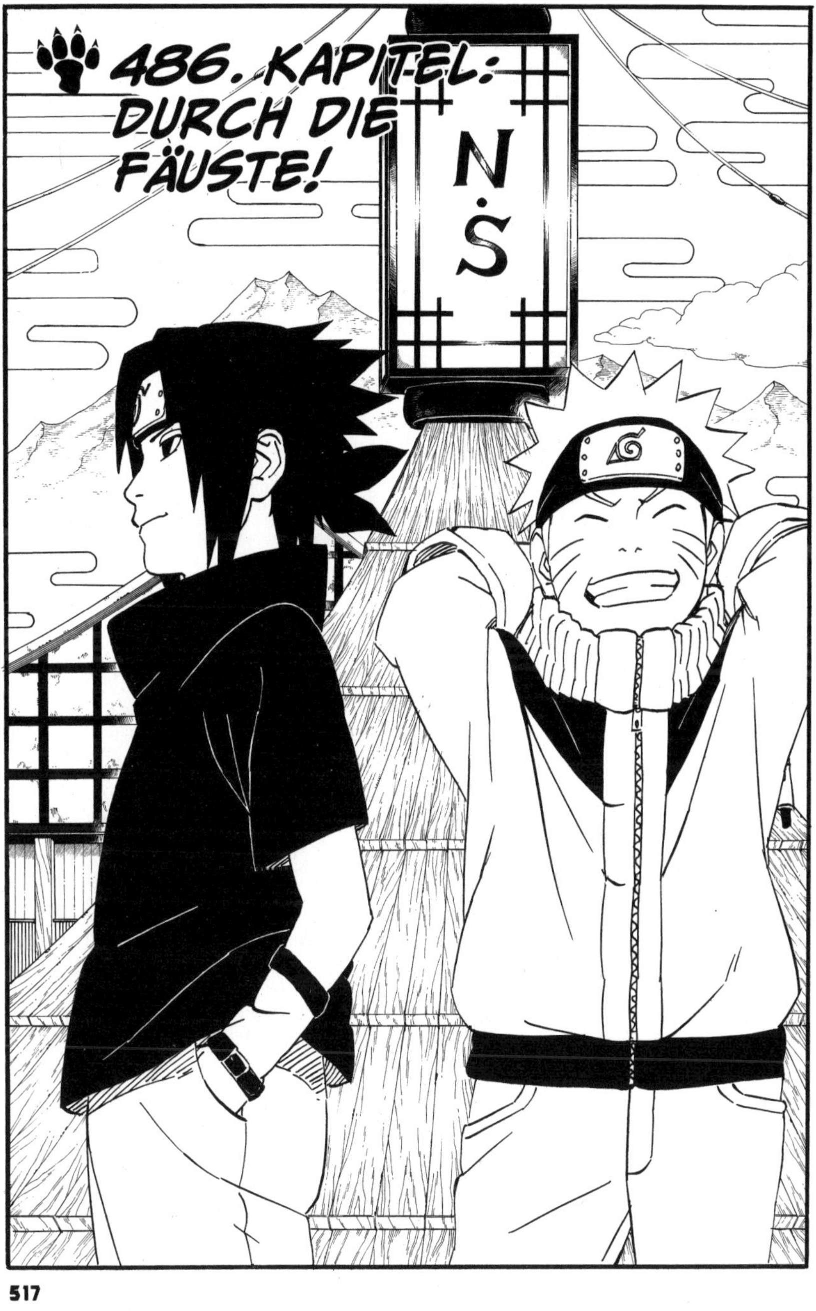
486. Kapitel:
Durch die Fäuste!
N.
S.

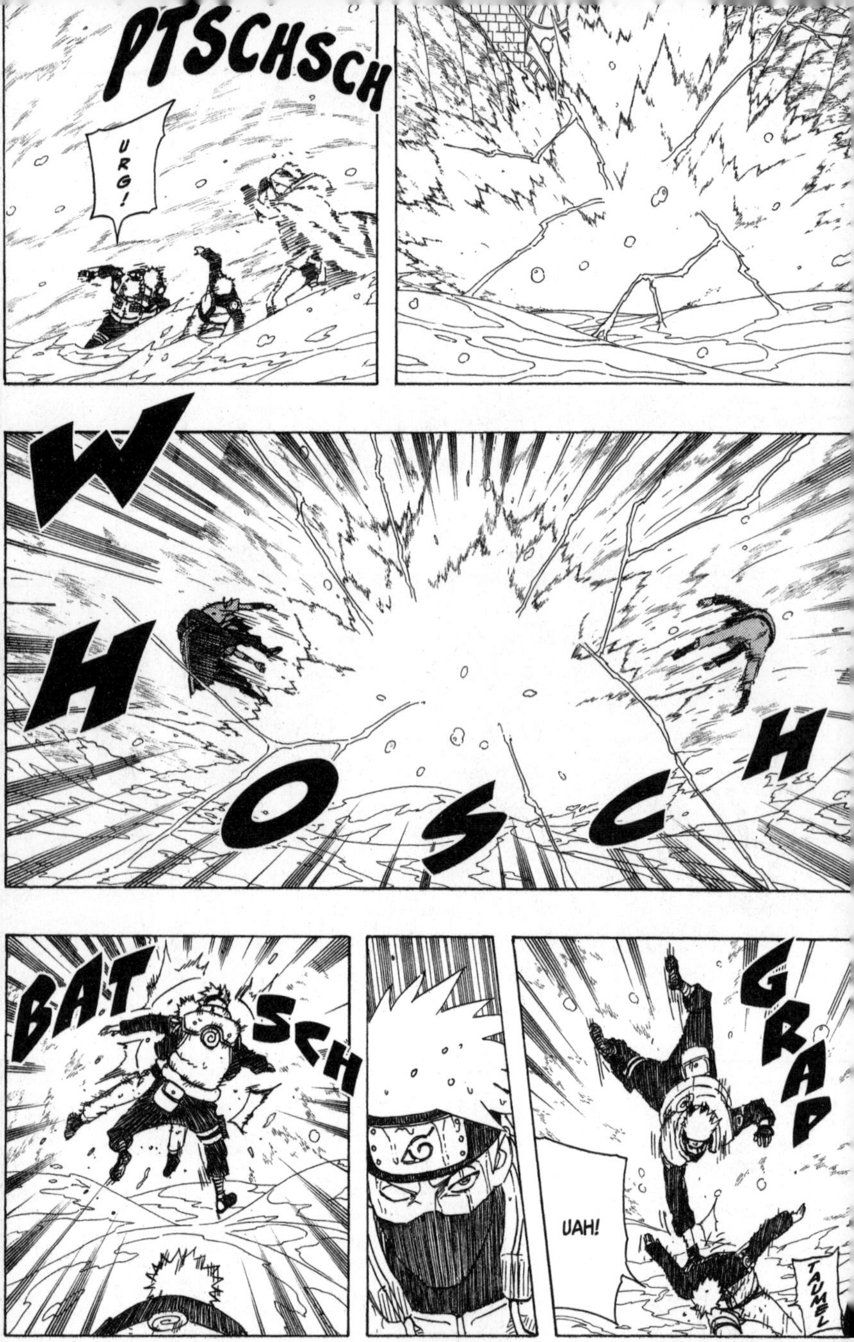
PTSCHSCH
URG!
WHOSCH
BATSCH
GRAP
UAH!
TAUMEL

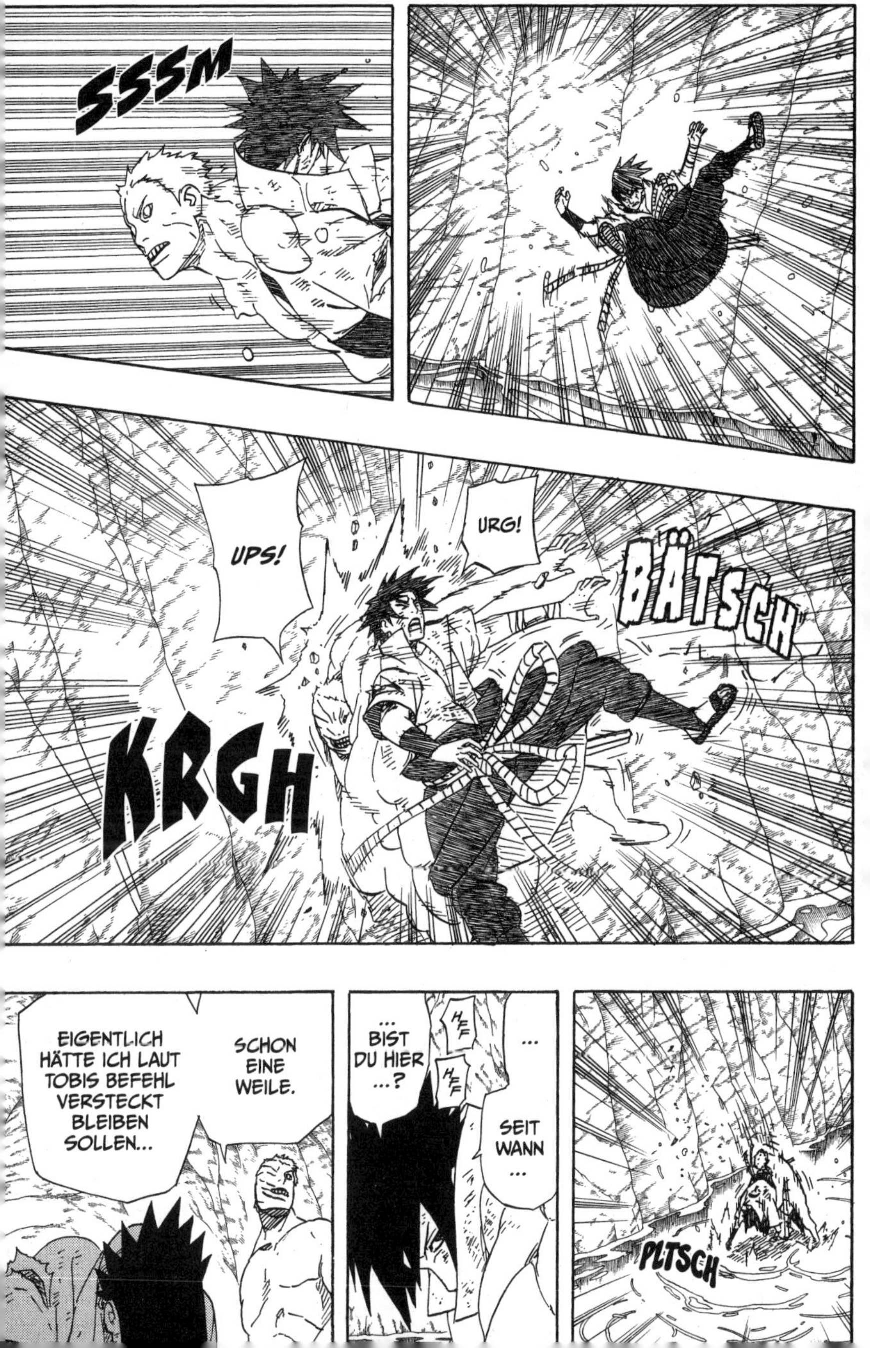

SSSM
URG!
BÄTSCH
UPS!
KRGH
PLTSCH
...
SEIT WANN ...
HEF
HEF
... BIST DU HIER ...?
SCHON EINE WEILE.
EIGENTLICH HÄTTE ICH LAUT TOBIS BEFEHL VERSTECKT BLEIBEN SOLLEN...

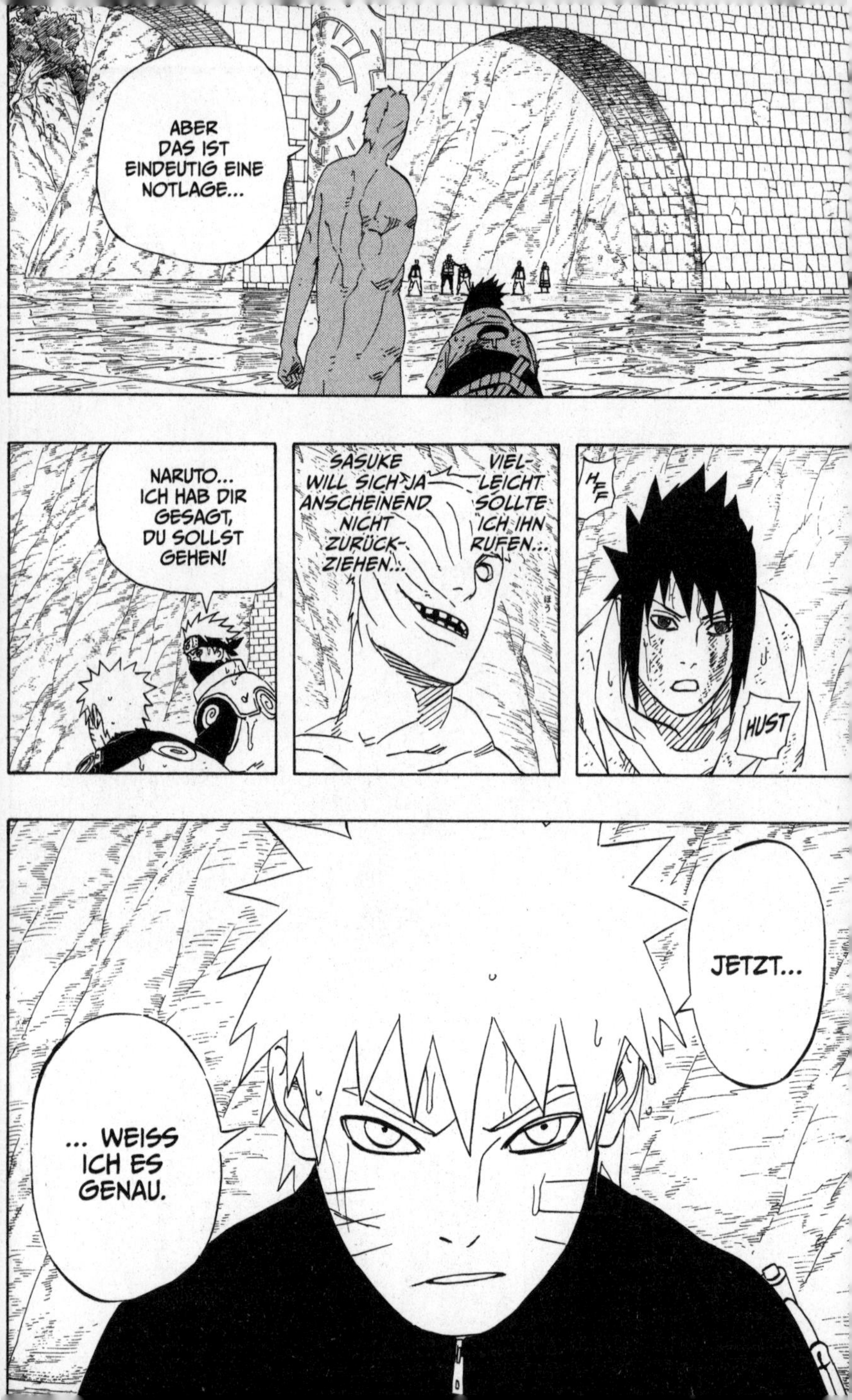
ABER DAS IST EINDEUTIG EINE NOTLAGE...
HFF
HUST
VIEL-LEICHT SOLLTE ICH IHN RUFEN...
SASUKE WILL SICH JA ANSCHEINEND NICHT ZURÜCK-ZIEHEN...
NARUTO... ICH HAB DIR GESAGT, DU SOLLST GEHEN!
JETZT...
... WEISS ICH ES GENAU.

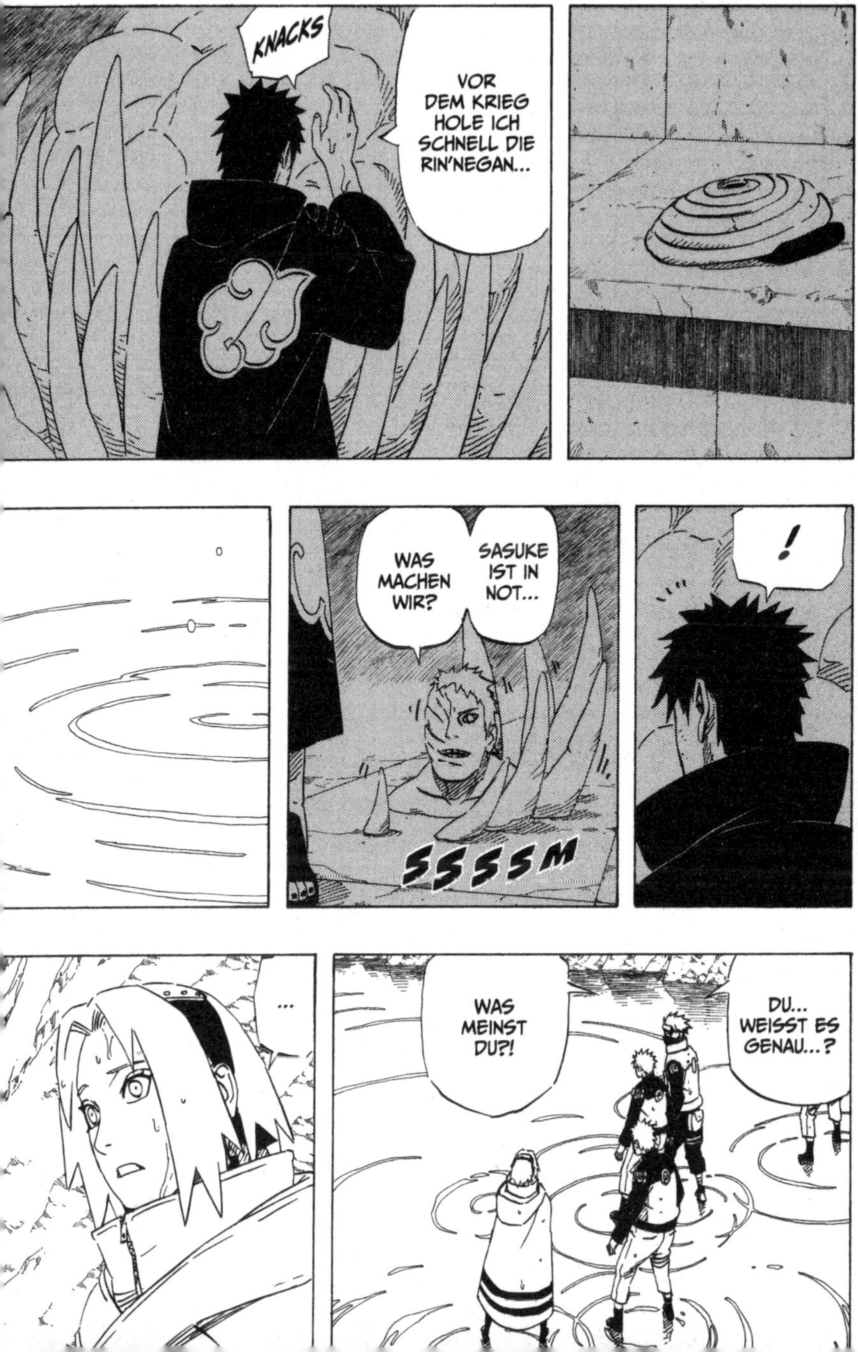
KNACKS
VOR DEM KRIEG HOLE ICH SCHNELL DIE RIN'NEGAN...
!
SASUKE IST IN NOT...
WAS MACHEN WIR?
SSSSM
DU... WEISST ES GENAU...?
WAS MEINST DU?!
...

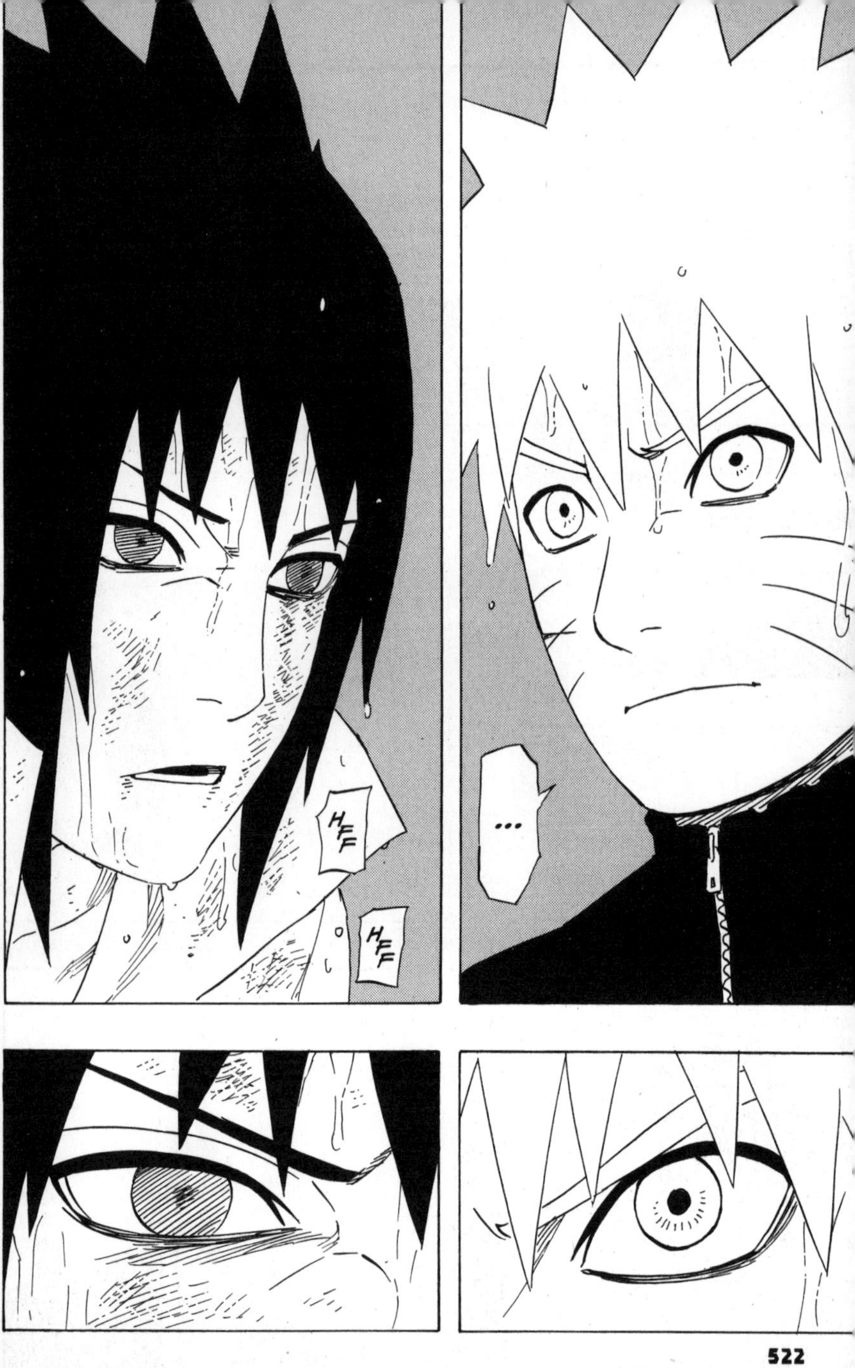
...
HFF
HFF

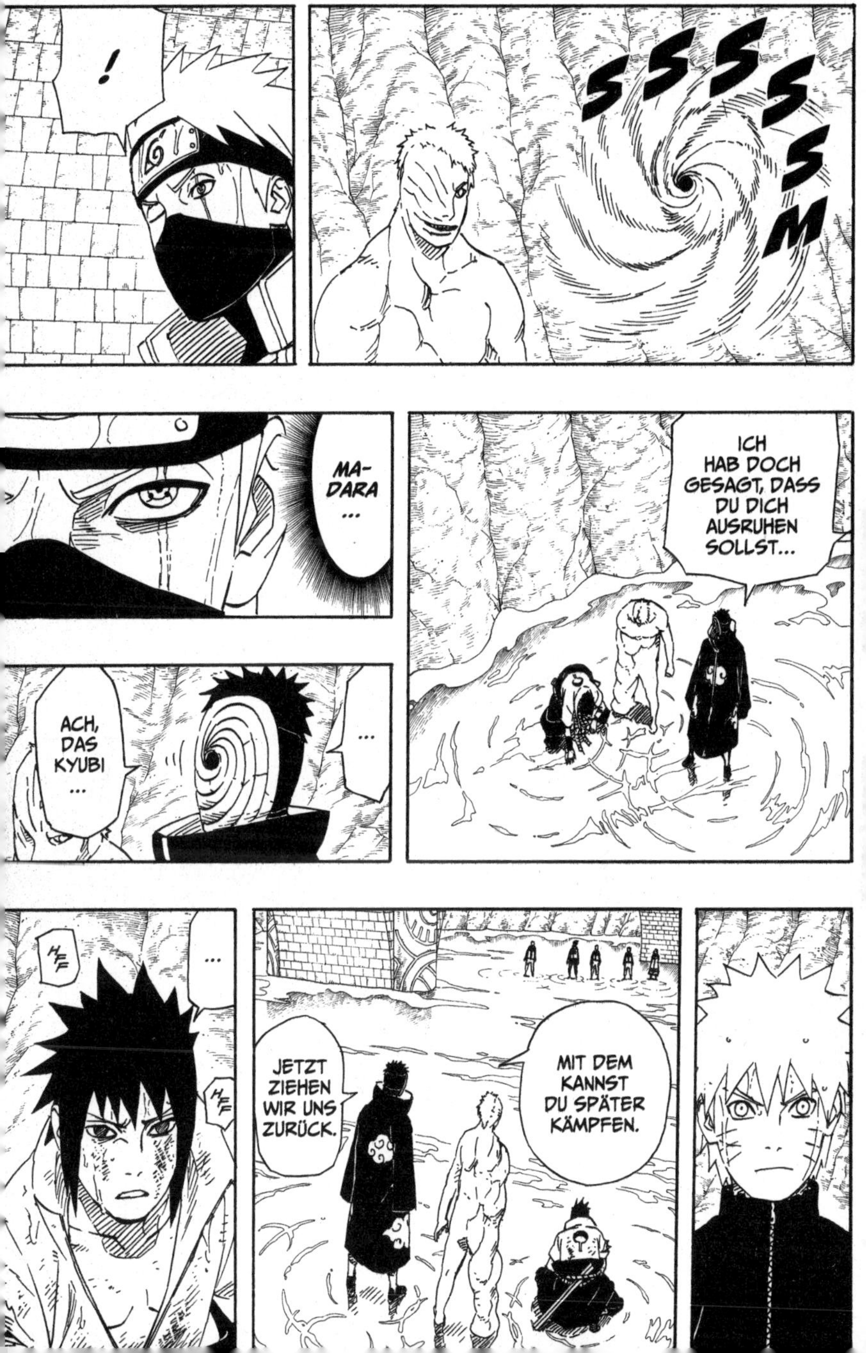
SSSSSM
!
ICH HAB DOCH GESAGT, DASS DU DICH AUSRUHEN SOLLST...
MA-DARA ...
...
ACH, DAS KYUBI ...
MIT DEM KANNST DU SPÄTER KÄMPFEN.
JETZT ZIEHEN WIR UNS ZURÜCK.
...

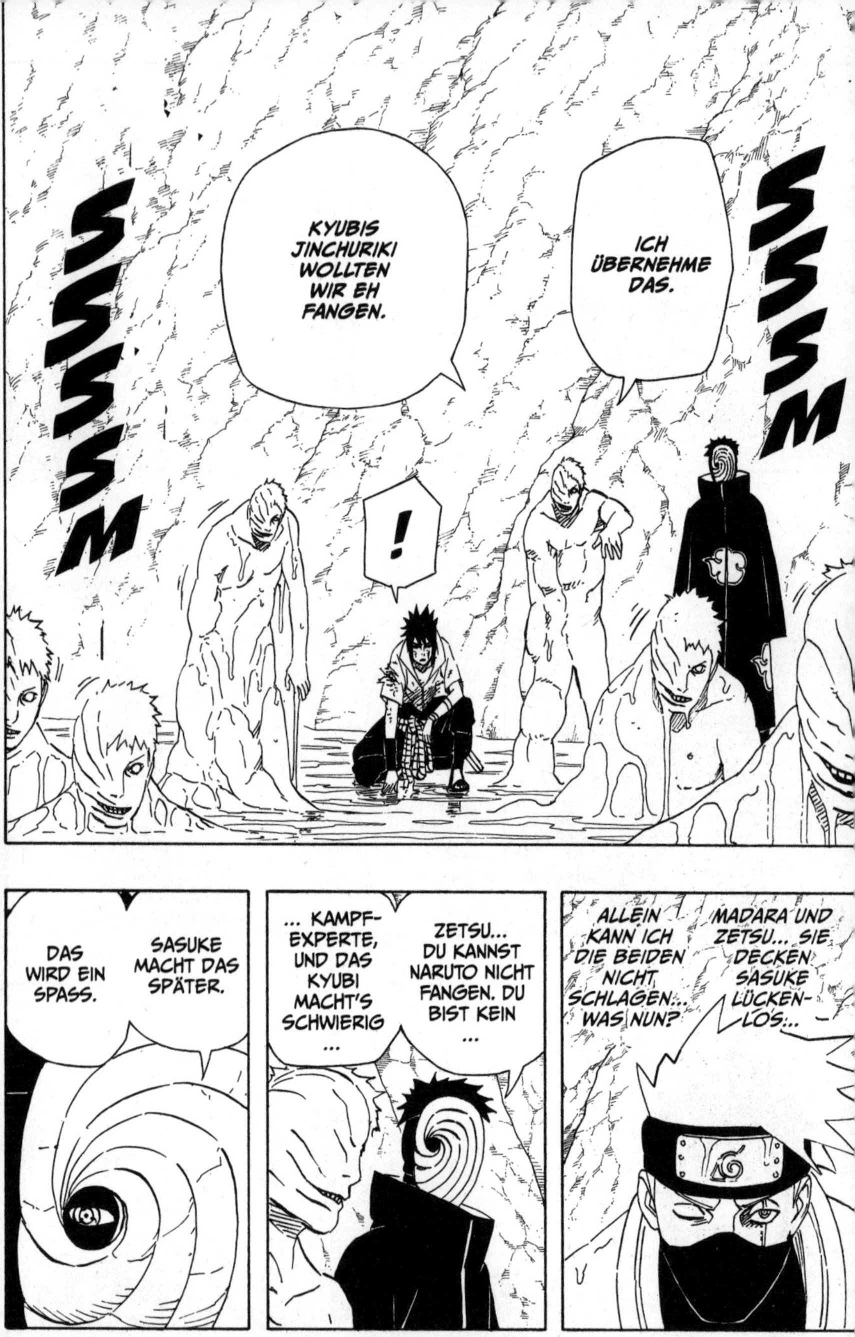
SSSSM
ICH ÜBERNEHME DAS.
KYUBIS JINCHURIKI WOLLTEN WIR EH FANGEN.
SSSSM
!
MADARA UND ZETSU... SIE DECKEN SASUKE LÜCKEN-LOS...
ALLEIN KANN ICH DIE BEIDEN NICHT SCHLAGEN... WAS NUN?
ZETSU... DU KANNST NARUTO NICHT FANGEN. DU BIST KEIN ...
... KAMPF-EXPERTE, UND DAS KYUBI MACHT'S SCHWIERIG ...
SASUKE MACHT DAS SPÄTER.
DAS WIRD EIN SPASS.

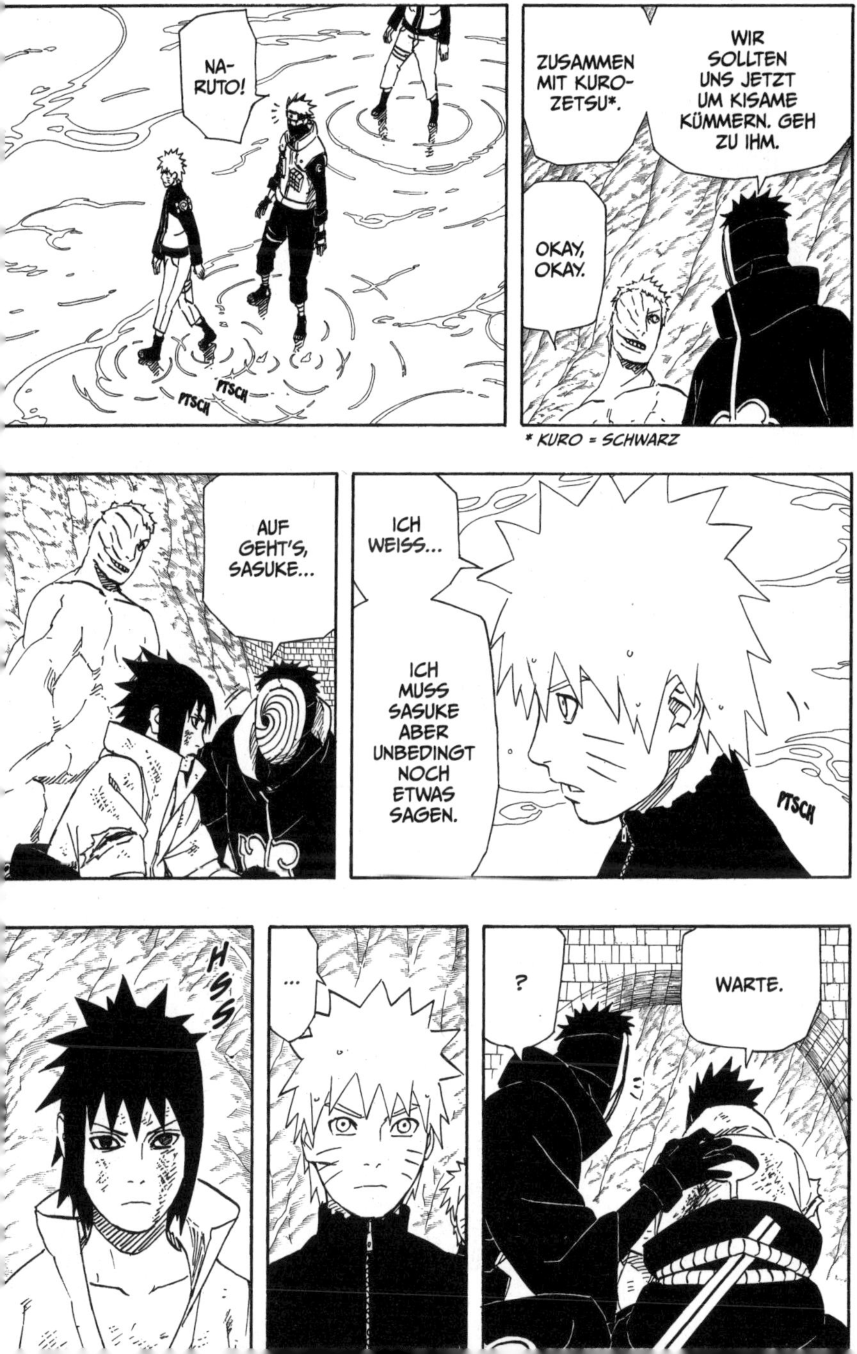

* KURO = SCHWARZ

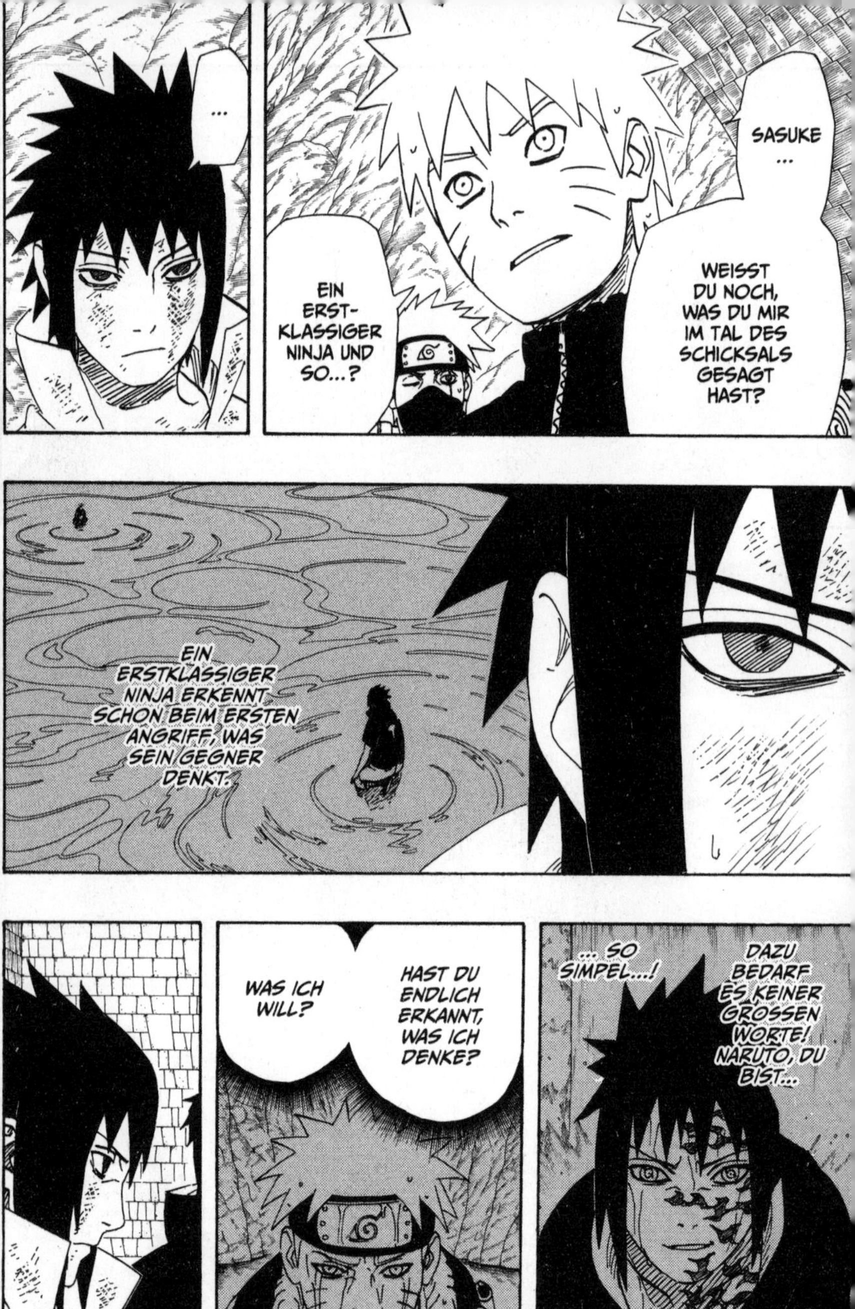
Sasuke ...
Weisst du noch, was du mir im Tal des Schicksals gesagt hast?
Ein erst-klassiger Ninja und so...?
...
Ein erstklassiger Ninja erkennt schon beim ersten Angriff, was sein Gegner denkt.
Dazu bedarf es keiner grossen Worte! Naruto, du bist...
... so simpel...!
Hast du endlich erkannt, was ich denke?
Was ich will?

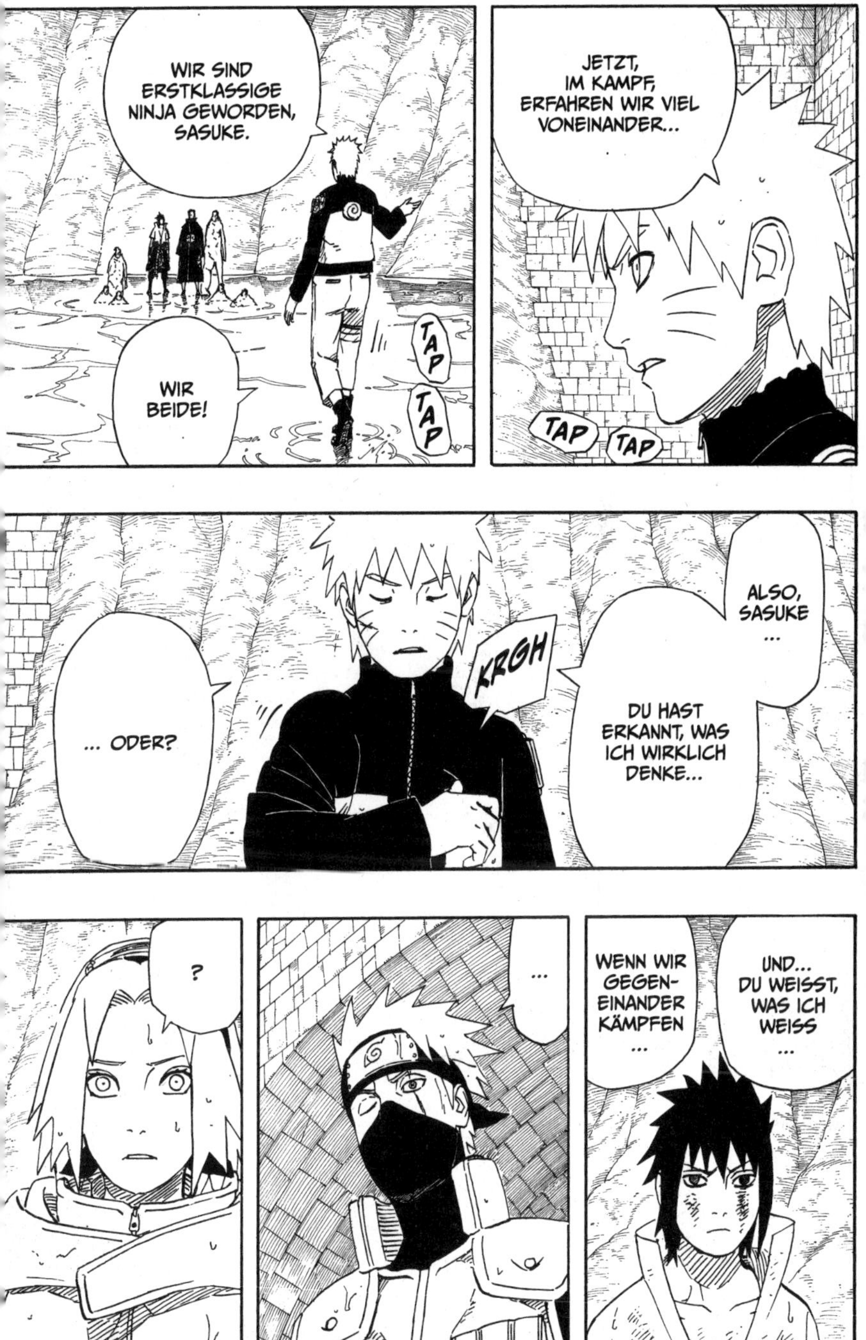
JETZT, IM KAMPF, ERFAHREN WIR VIEL VONEINANDER...
TAP
TAP
WIR SIND ERSTKLASSIGE NINJA GEWORDEN, SASUKE.
WIR BEIDE!
TAP
TAP
ALSO, SASUKE ...
DU HAST ERKANNT, WAS ICH WIRKLICH DENKE...
KRGH
... ODER?
UND... DU WEISST, WAS ICH WEISS ...
WENN WIR GEGEN-EINANDER KÄMPFEN ...
...
?

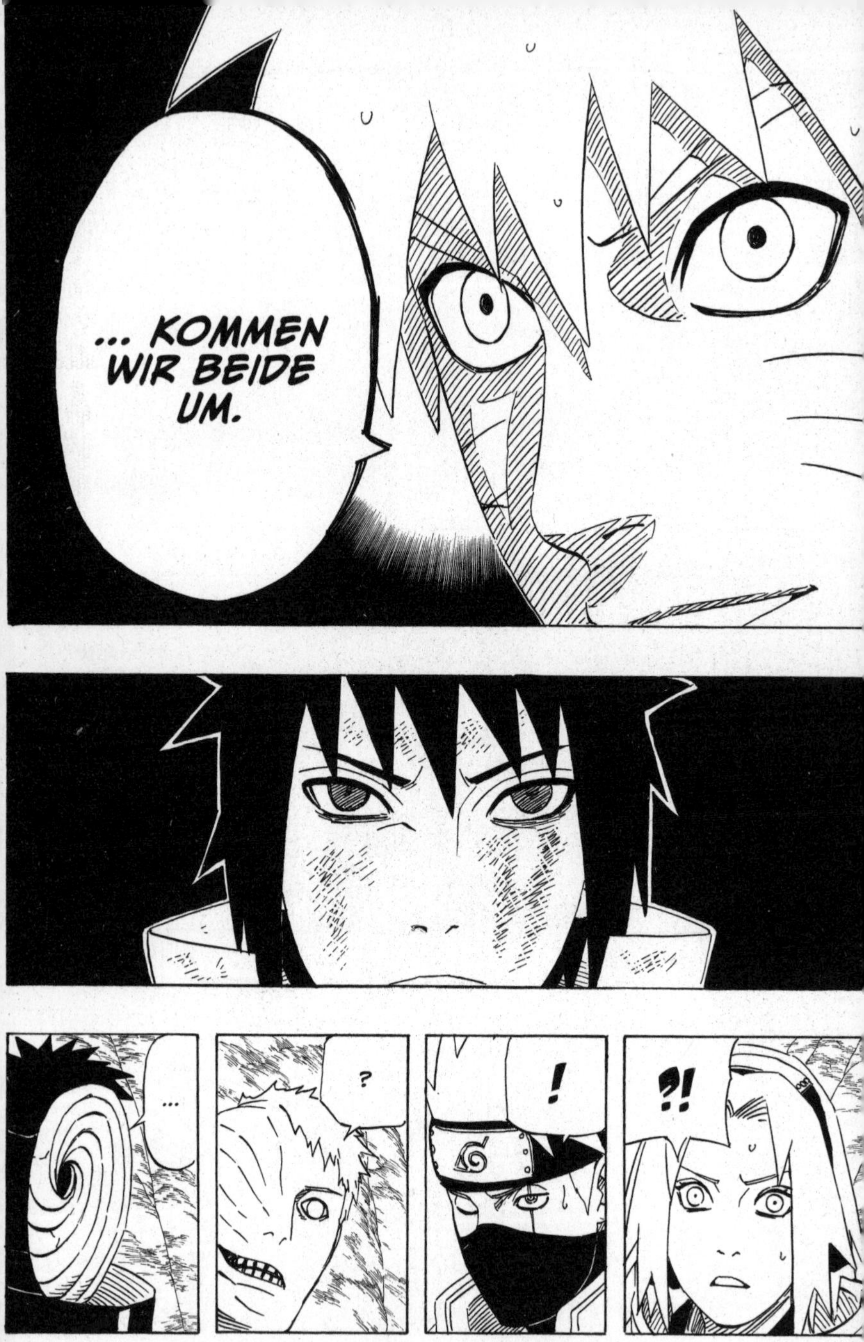
... KOMMEN
WIR BEIDE
UM.
?!
!
?
...

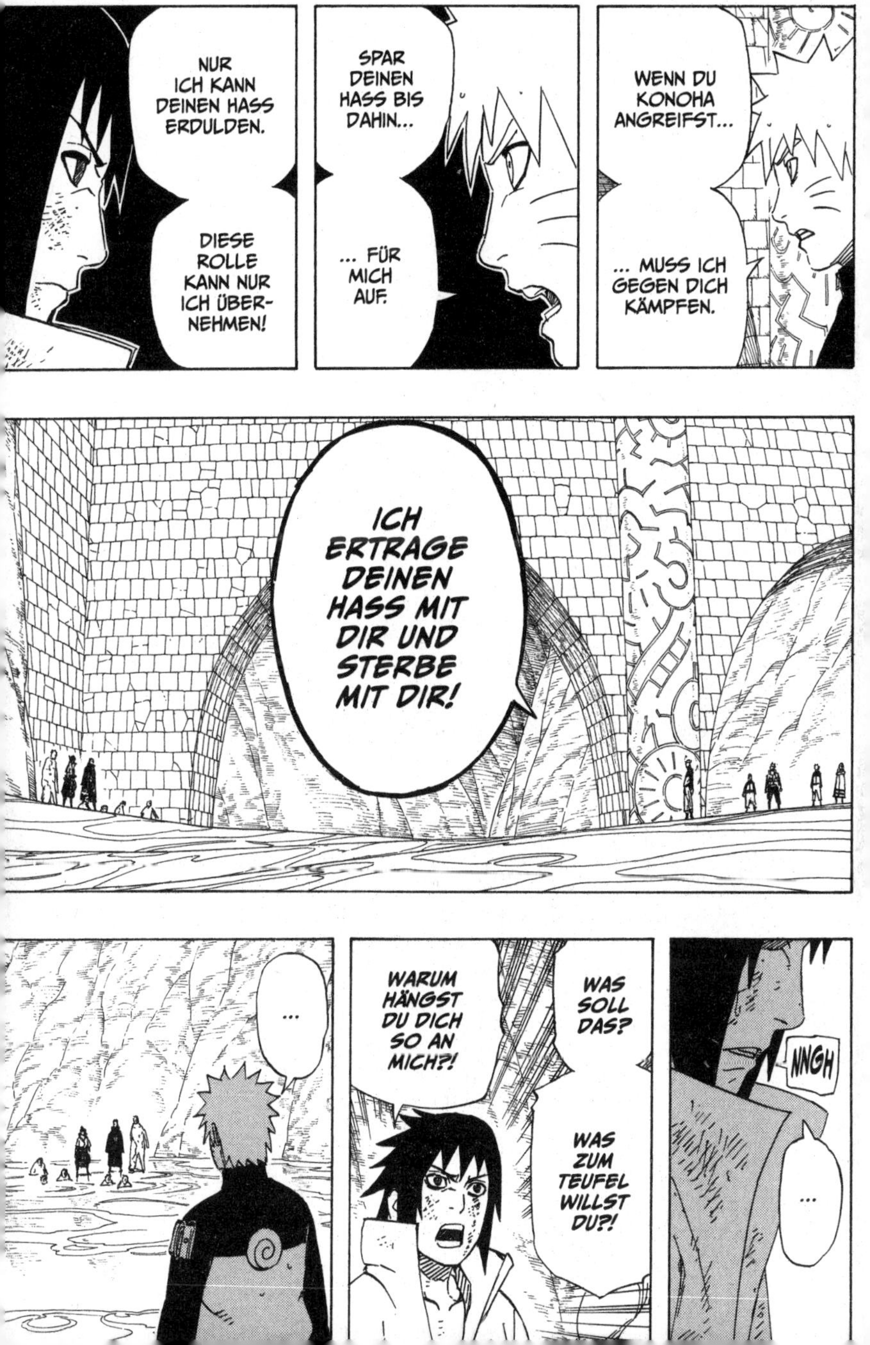

WENN DU KONOHA ANGREIFST...
... MUSS ICH GEGEN DICH KÄMPFEN.
SPAR DEINEN HASS BIS DAHIN...
... FÜR MICH AUF.
NUR ICH KANN DEINEN HASS ERDULDEN.
DIESE ROLLE KANN NUR ICH ÜBERNEHMEN!
ICH ERTRAGE DEINEN HASS MIT DIR UND STERBE MIT DIR!
NNGH
...
WAS SOLL DAS?
WAS ZUM TEUFEL WILLST DU?!
WARUM HÄNGST DU DICH SO AN MICH?!
...

WEIL WIR FREUNDE SIND!

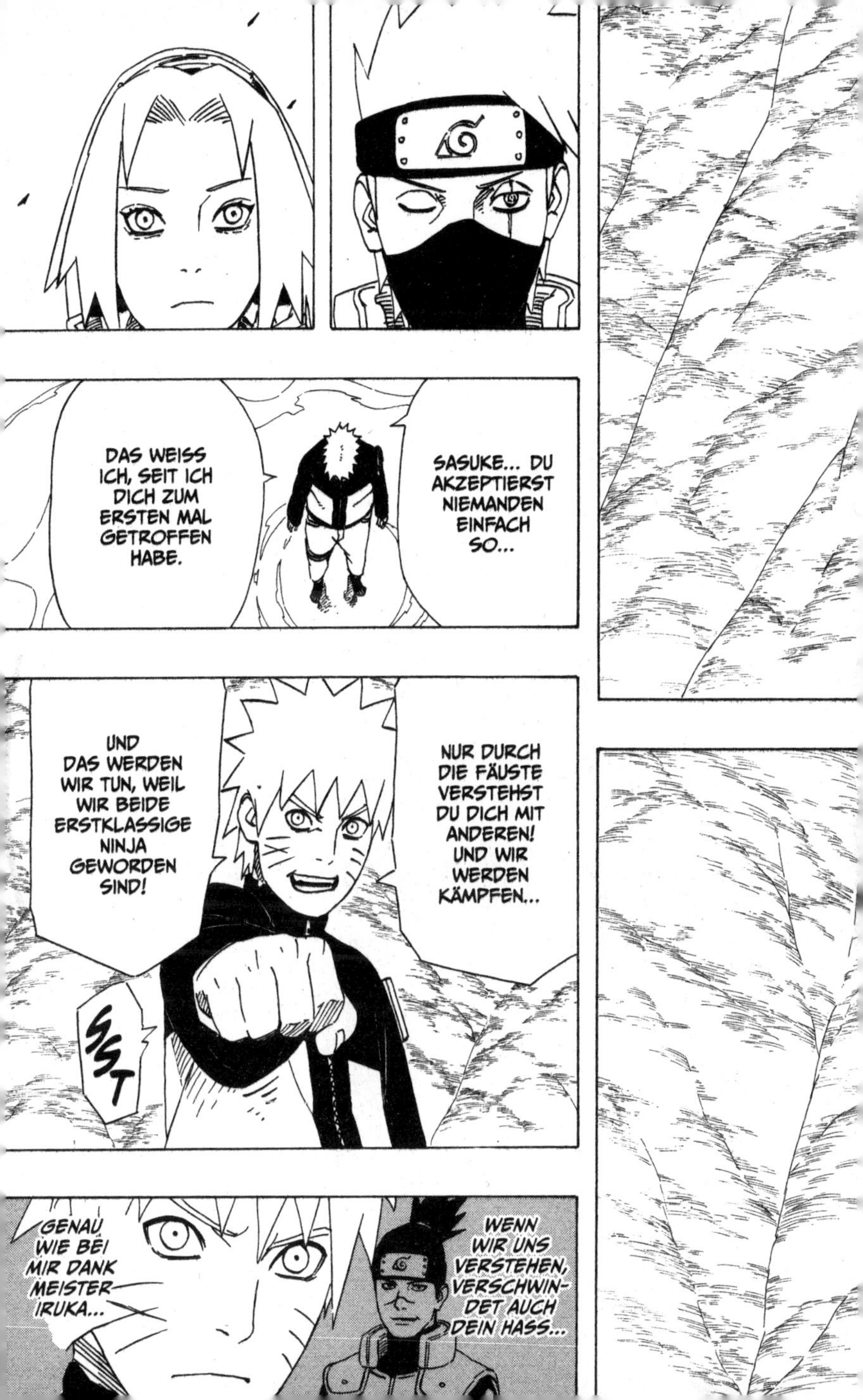
SASUKE... DU AKZEPTIERST NIEMANDEN EINFACH SO...
DAS WEISS ICH, SEIT ICH DICH ZUM ERSTEN MAL GETROFFEN HABE.
NUR DURCH DIE FÄUSTE VERSTEHST DU DICH MIT ANDEREN! UND WIR WERDEN KÄMPFEN...
UND DAS WERDEN WIR TUN, WEIL WIR BEIDE ERSTKLASSIGE NINJA GEWORDEN SIND!
SST
WENN WIR UNS VERSTEHEN, VERSCHWIN-DET AUCH DEIN HASS...
GENAU WIE BEI MIR DANK MEISTER IRUKA...

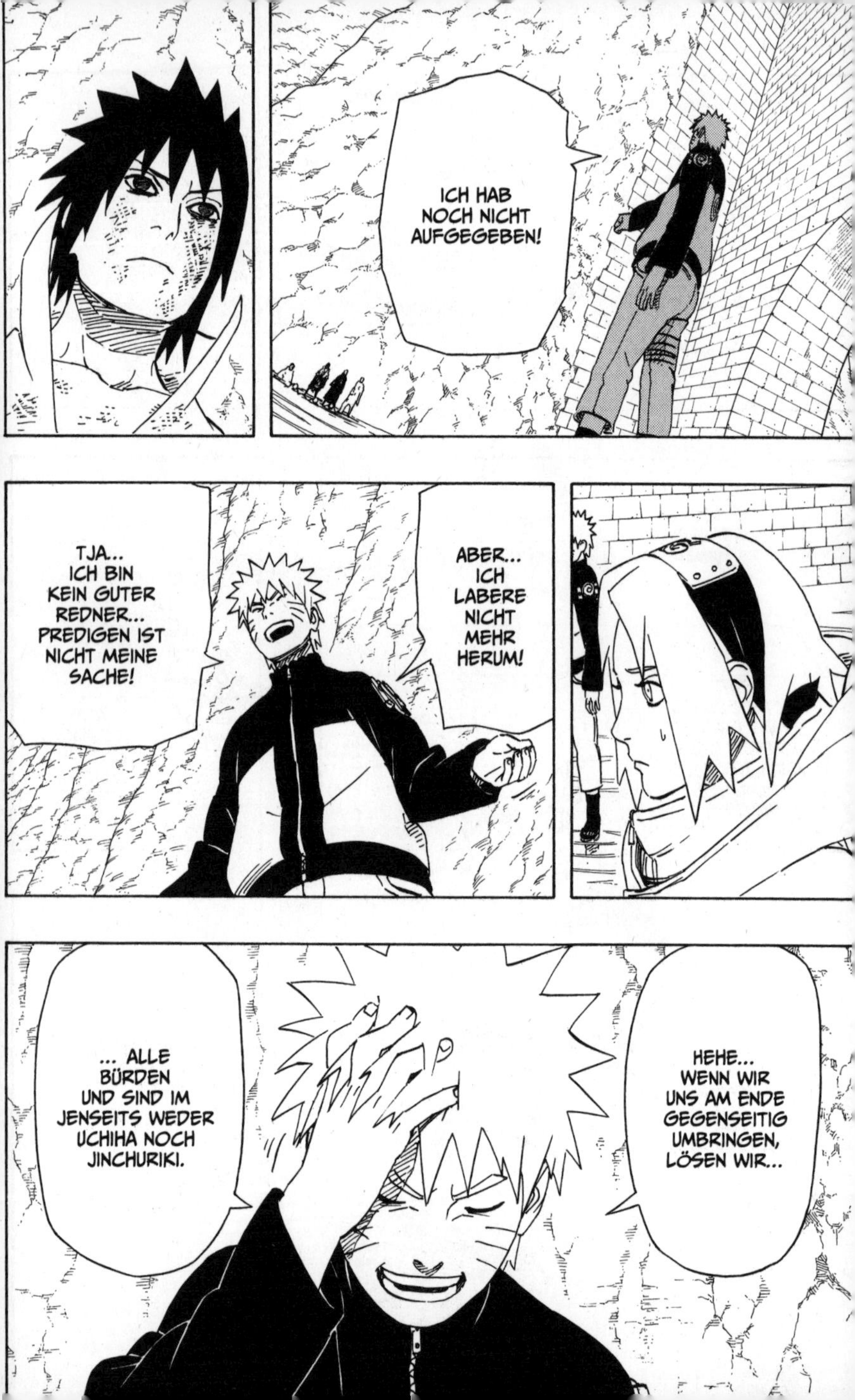
ICH HAB NOCH NICHT AUFGEGEBEN!
TJA... ICH BIN KEIN GUTER REDNER... PREDIGEN IST NICHT MEINE SACHE!
ABER... ICH LABERE NICHT MEHR HERUM!
HEHE... WENN WIR UNS AM ENDE GEGENSEITIG UMBRINGEN, LÖSEN WIR...
... ALLE BÜRDEN UND SIND IM JENSEITS WEDER UCHIHA NOCH JINCHURIKI.

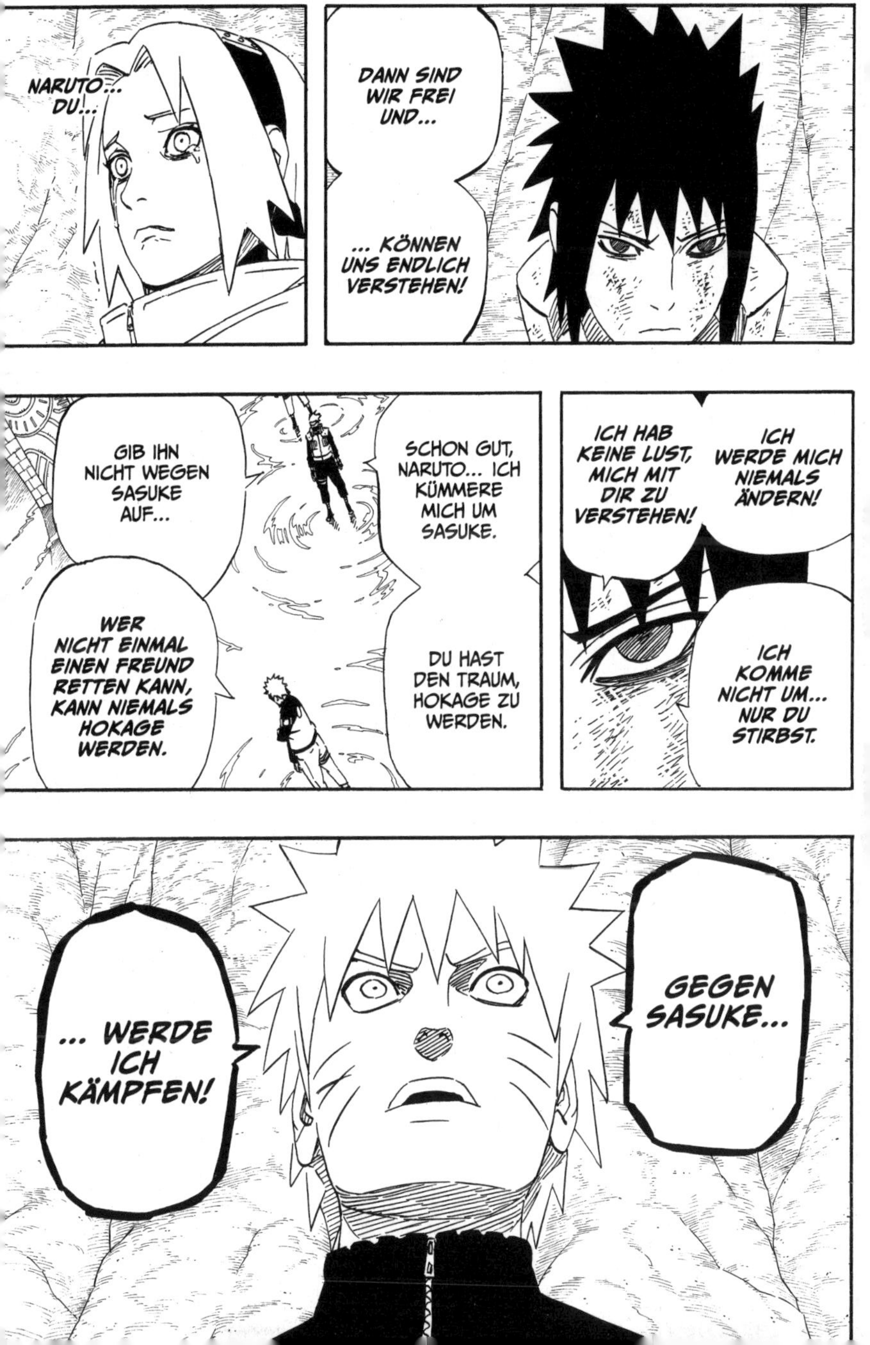
DANN SIND WIR FREI UND...
... KÖNNEN UNS ENDLICH VERSTEHEN!
NARUTO... DU...
ICH WERDE MICH NIEMALS ÄNDERN!
ICH HAB KEINE LUST, MICH MIT DIR ZU VERSTEHEN!
ICH KOMME NICHT UM... NUR DU STIRBST.
SCHON GUT, NARUTO... ICH KÜMMERE MICH UM SASUKE.
DU HAST DEN TRAUM, HOKAGE ZU WERDEN.
GIB IHN NICHT WEGEN SASUKE AUF...
WER NICHT EINMAL EINEN FREUND RETTEN KANN, KANN NIEMALS HOKAGE WERDEN.
GEGEN SASUKE...
... WERDE ICH KÄMPFEN!

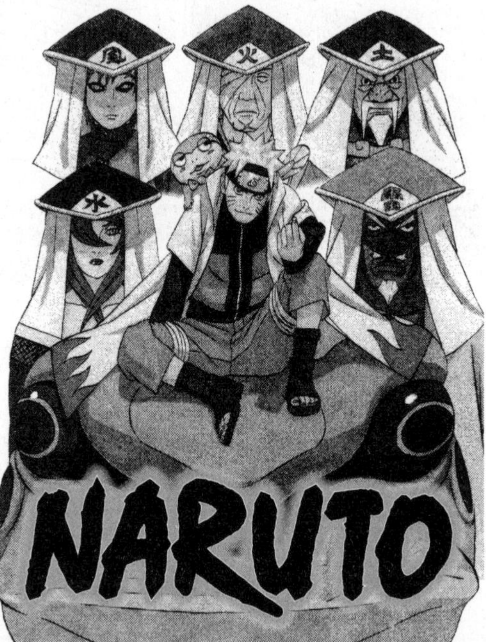
NARUTO

487. KAPITEL:

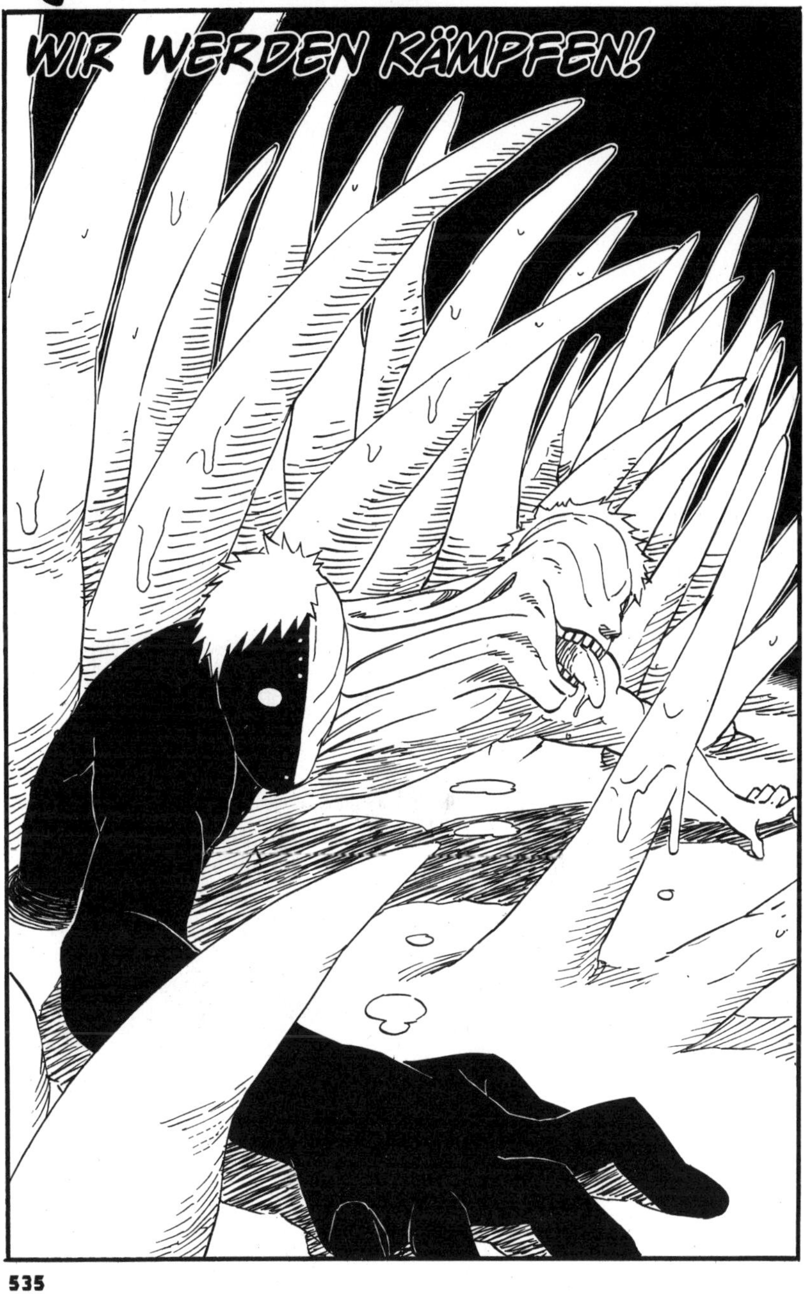

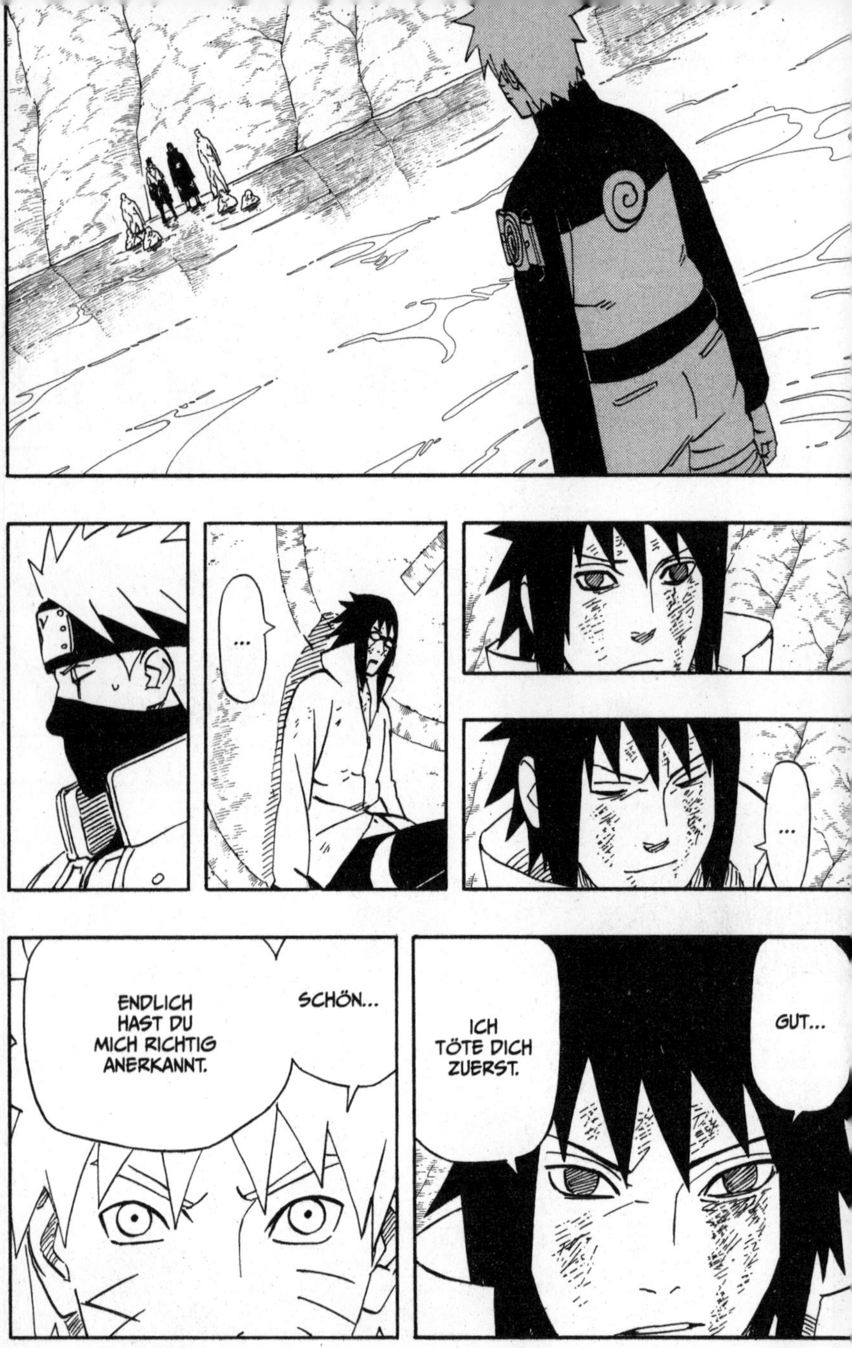
...
...
GUT...
ICH TÖTE DICH ZUERST.
SCHÖN...
ENDLICH HAST DU MICH RICHTIG ANERKANNT.

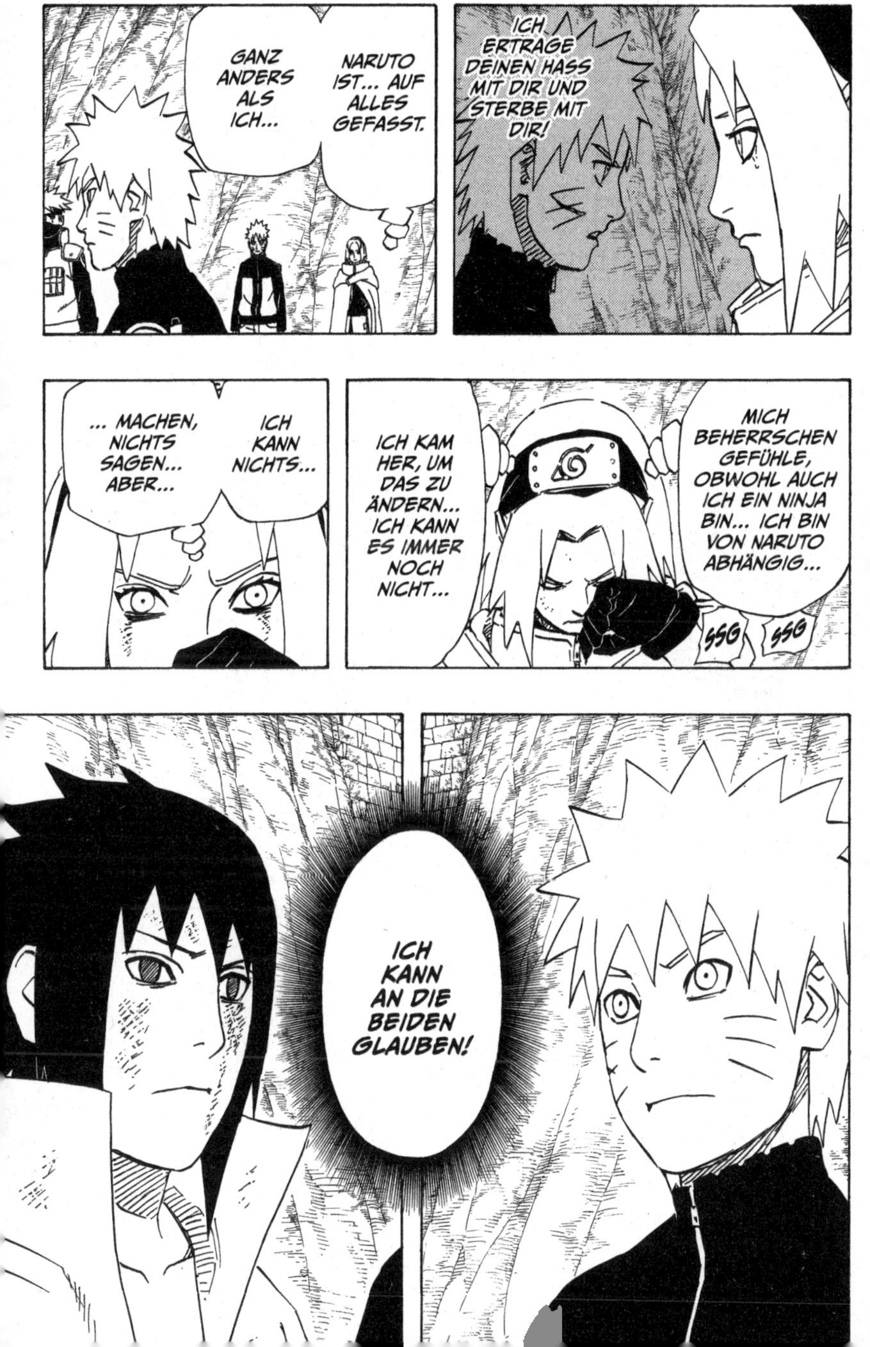
ICH ERTRAGE DEINEN HASS MIT DIR UND STERBE MIT DIR!
NARUTO IST... AUF ALLES GEFASST.
GANZ ANDERS ALS ICH...
MICH BEHERRSCHEN GEFÜHLE, OBWOHL AUCH ICH EIN NINJA BIN... ICH BIN VON NARUTO ABHÄNGIG...
SSG SSG
ICH KAM HER, UM DAS ZU ÄNDERN... ICH KANN ES IMMER NOCH NICHT...
ICH KANN NICHTS...
... MACHEN, NICHTS SAGEN... ABER...
ICH KANN AN DIE BEIDEN GLAUBEN!

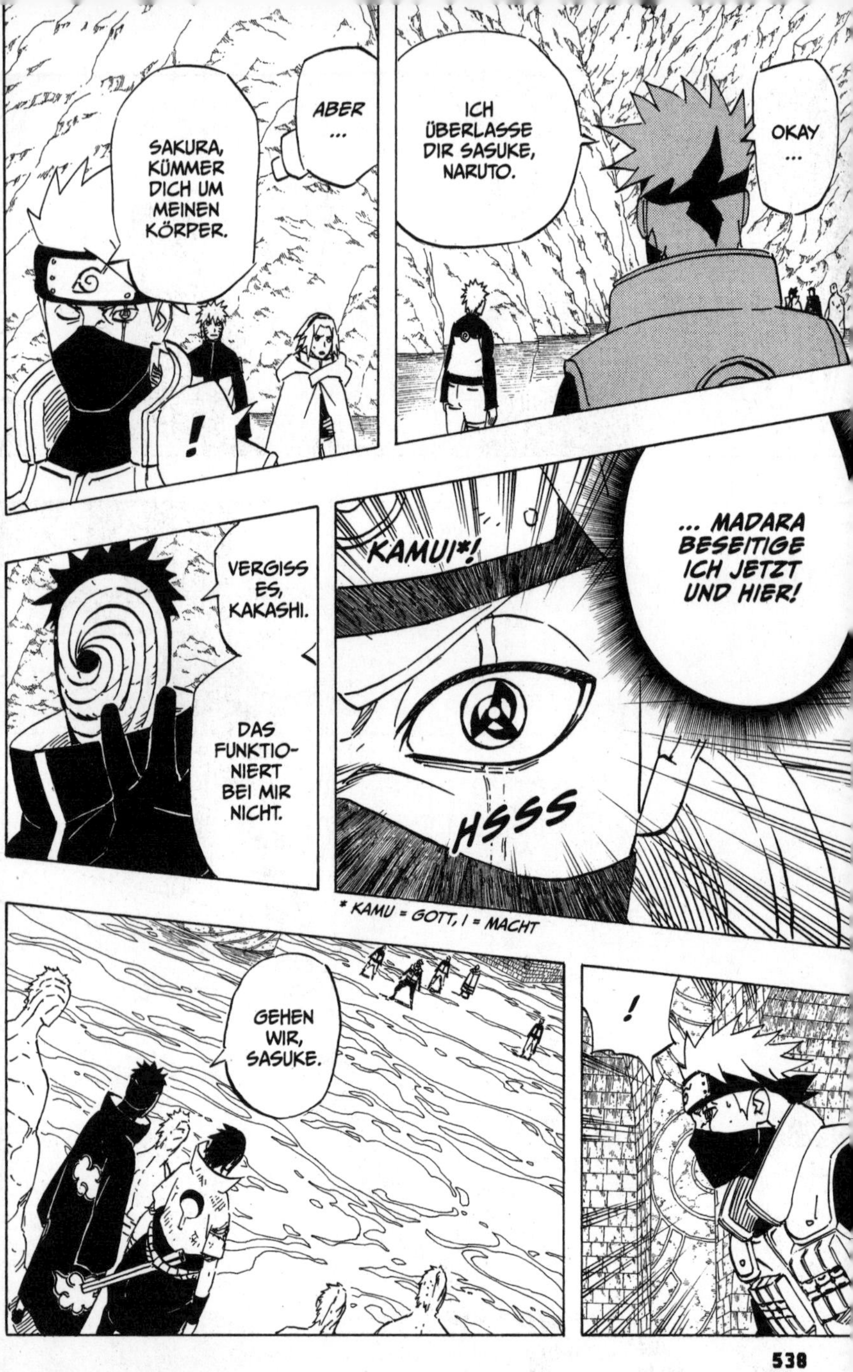
ICH ÜBERLASSE DIR SASUKE, NARUTO.
OKAY ...
SAKURA, KÜMMER DICH UM MEINEN KÖRPER.
ABER ...
!
... MADARA BESEITIGE ICH JETZT UND HIER!
KAMUI*!
HSSS
VERGISS ES, KAKASHI.
DAS FUNKTIONIERT BEI MIR NICHT.
* KAMU = GOTT, I = MACHT
!
GEHEN WIR, SASUKE.

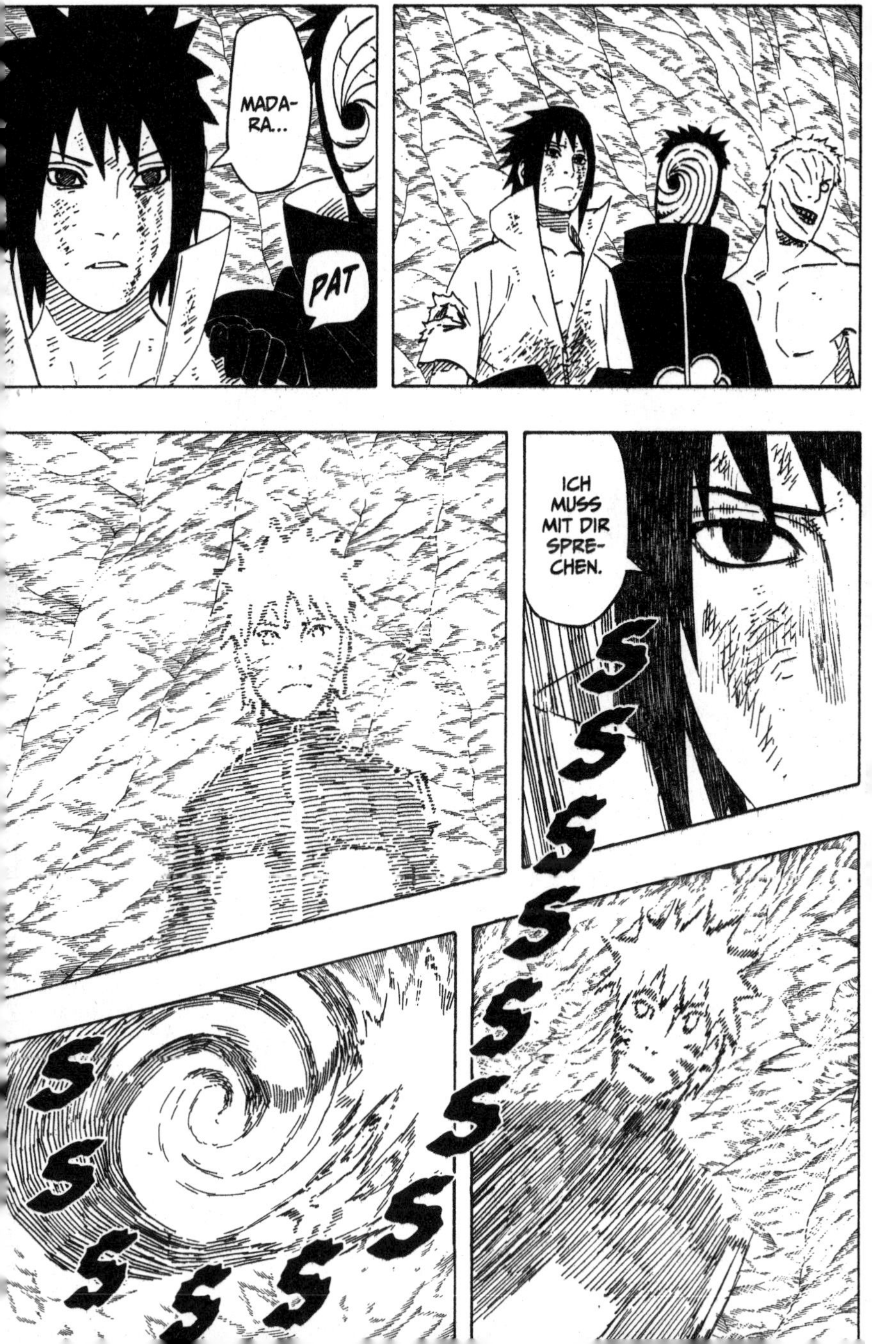
MADA-
RA...
PAT
ICH
MUSS
MIT DIR
SPRE-
CHEN.
SSSSSSSSS
SSSSSSS

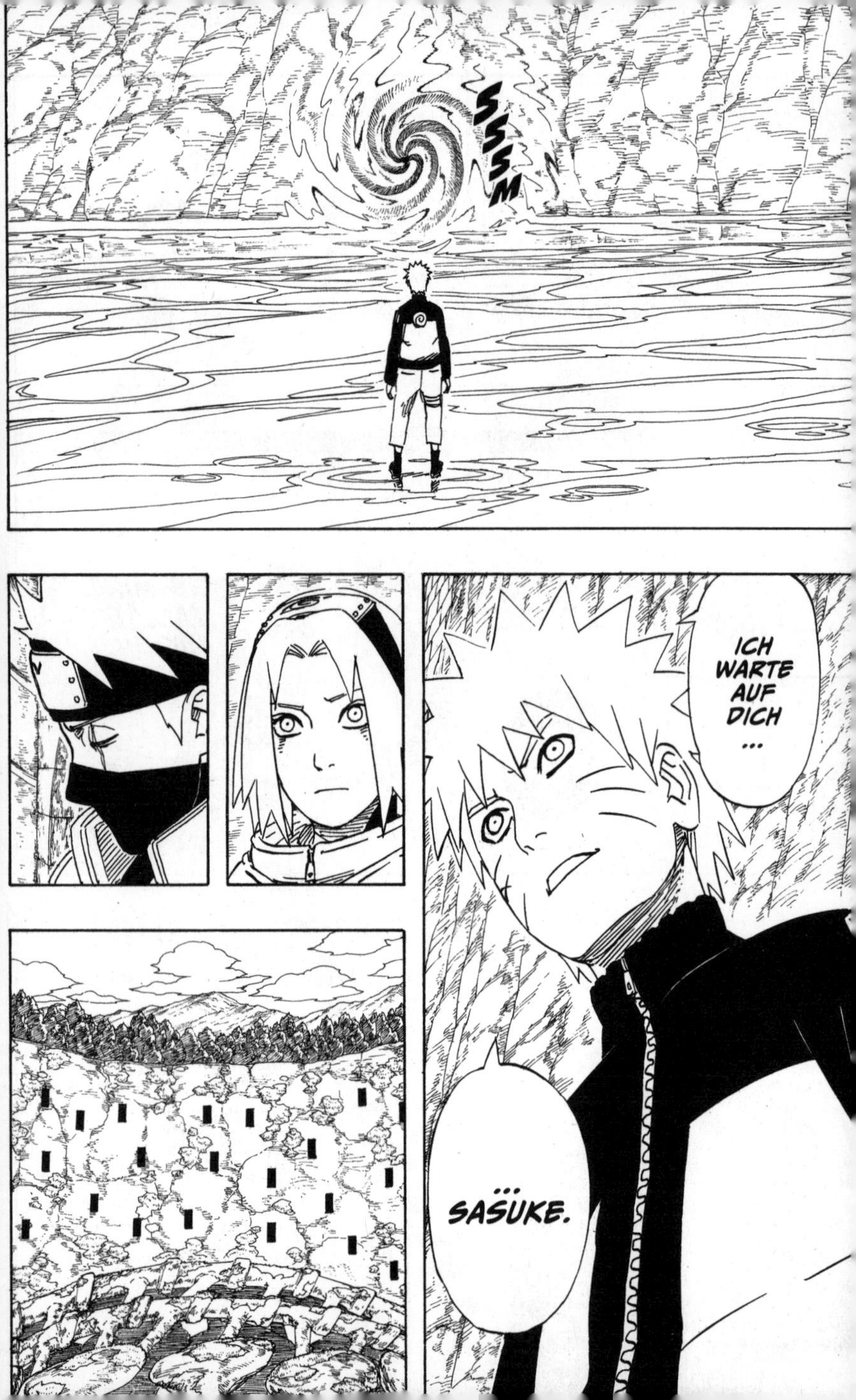
SSSM
ICH WARTE AUF DICH ...
... SASUKE.

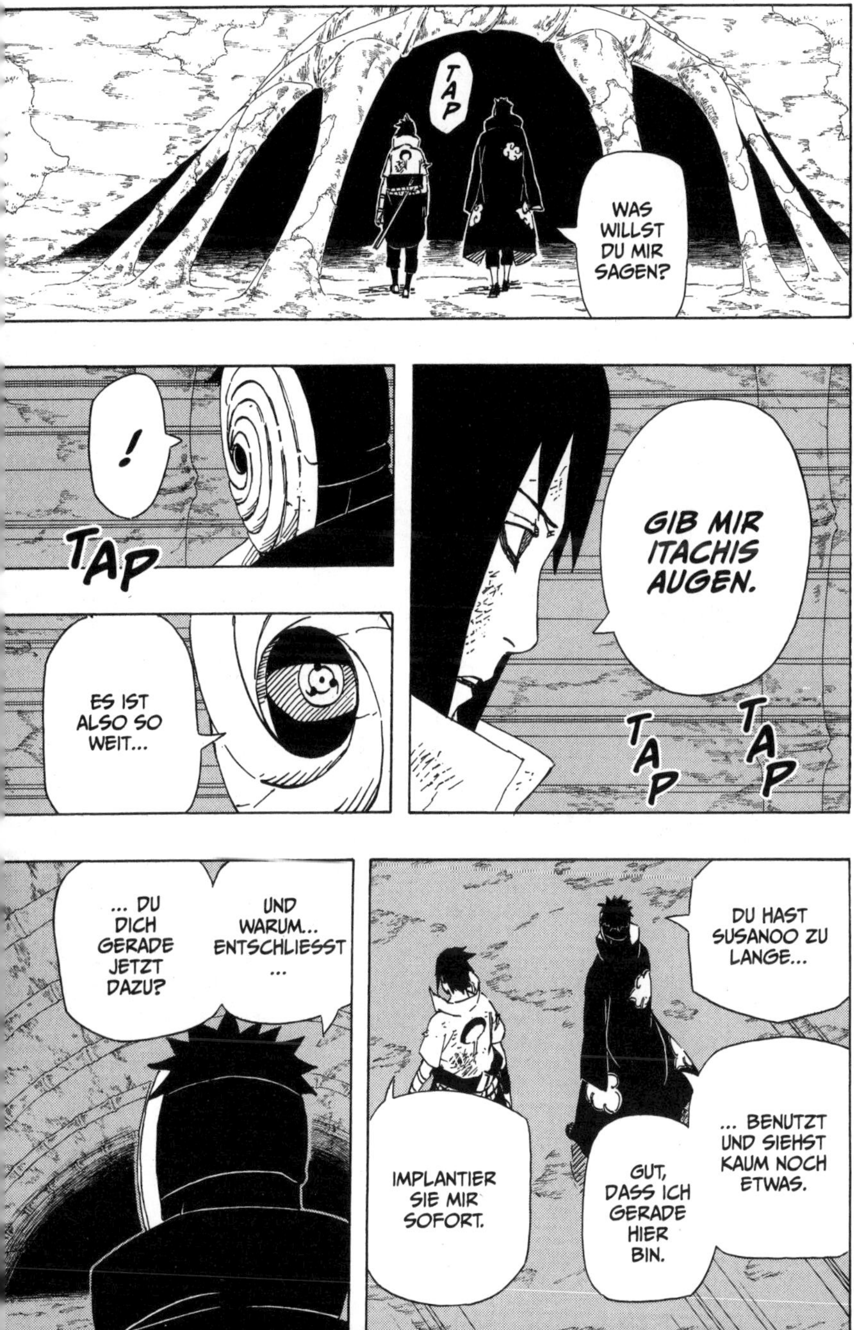
TAP
WAS WILLST DU MIR SAGEN?
GIB MIR ITACHIS AUGEN.
TAP
TAP
!
TAP
ES IST ALSO SO WEIT...
DU HAST SUSANOO ZU LANGE...
... BENUTZT UND SIEHST KAUM NOCH ETWAS.
GUT, DASS ICH GERADE HIER BIN.
IMPLANTIER SIE MIR SOFORT.
UND WARUM... ENTSCHLIESST ...
... DU DICH GERADE JETZT DAZU?

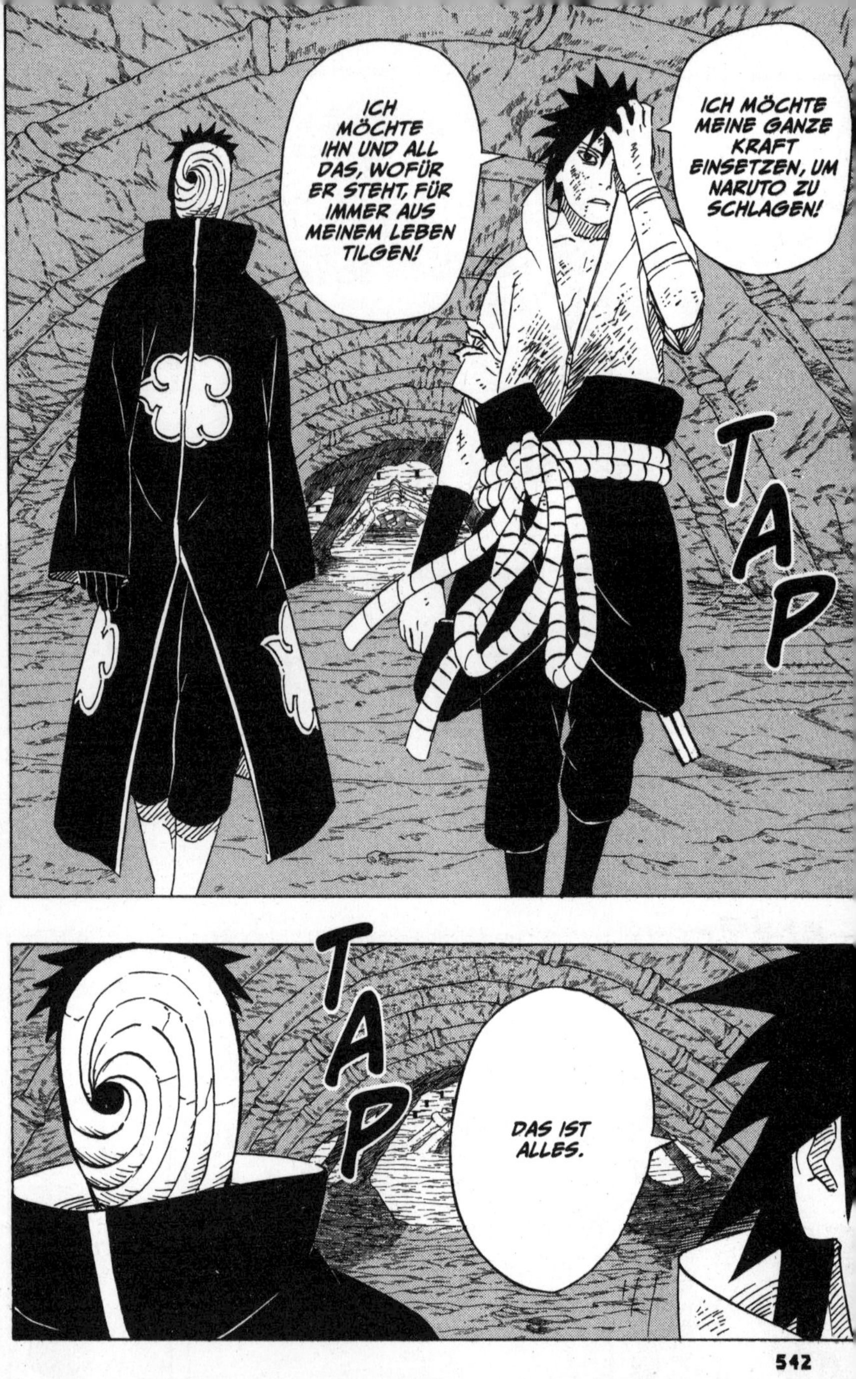
ICH MÖCHTE MEINE GANZE KRAFT EINSETZEN, UM NARUTO ZU SCHLAGEN!
ICH MÖCHTE IHN UND ALL DAS, WOFÜR ER STEHT, FÜR IMMER AUS MEINEM LEBEN TILGEN!
TAP
TAP
DAS IST ALLES.

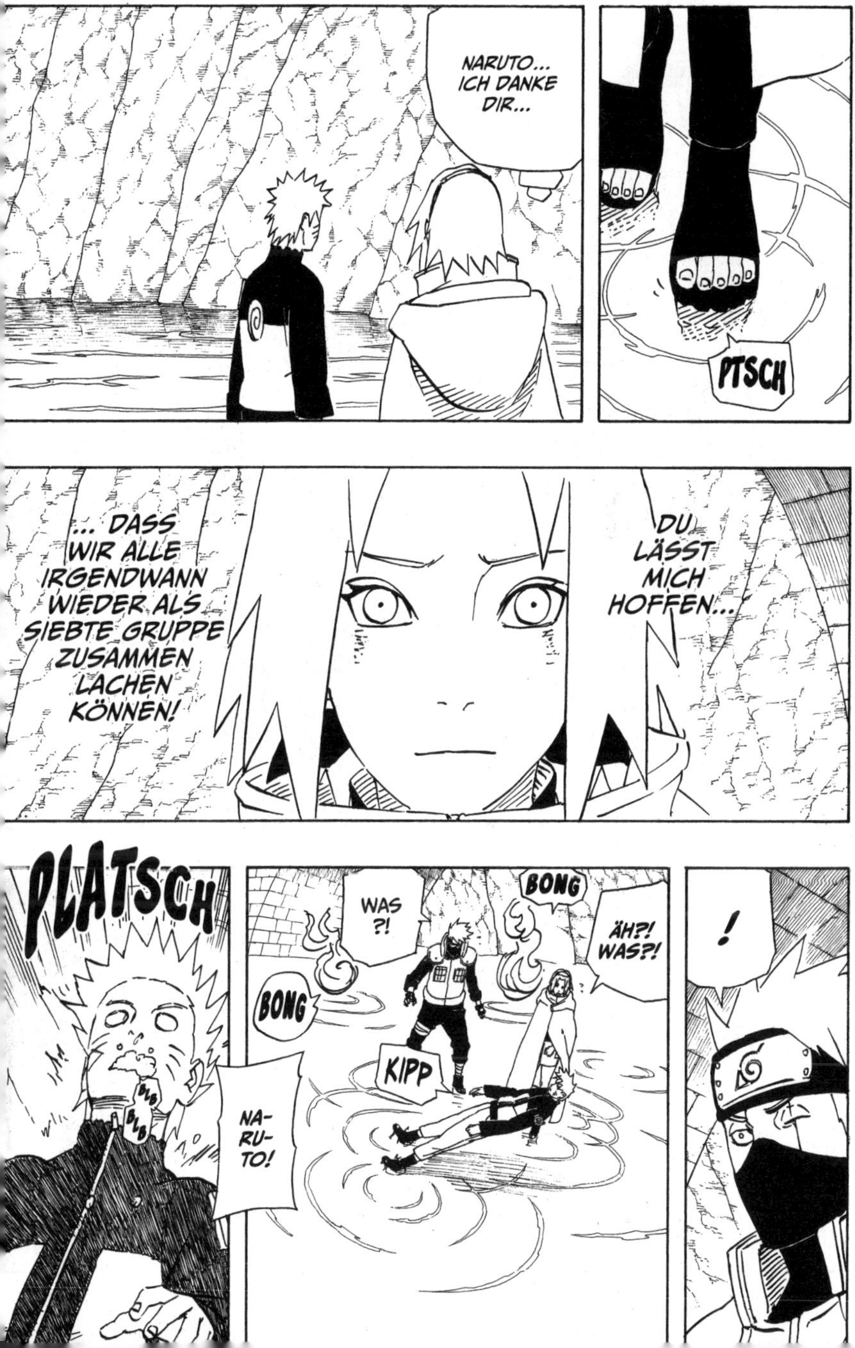

PTSCH
NARUTO... ICH DANKE DIR...
DU LÄSST MICH HOFFEN...
... DASS WIR ALLE IRGENDWANN WIEDER ALS SIEBTE GRUPPE ZUSAMMEN LACHEN KÖNNEN!
!
ÄH?! WAS?!
BONG
WAS ?!
BONG
KIPP
PLATSCH
BLB BLB
NA-RU-TO!

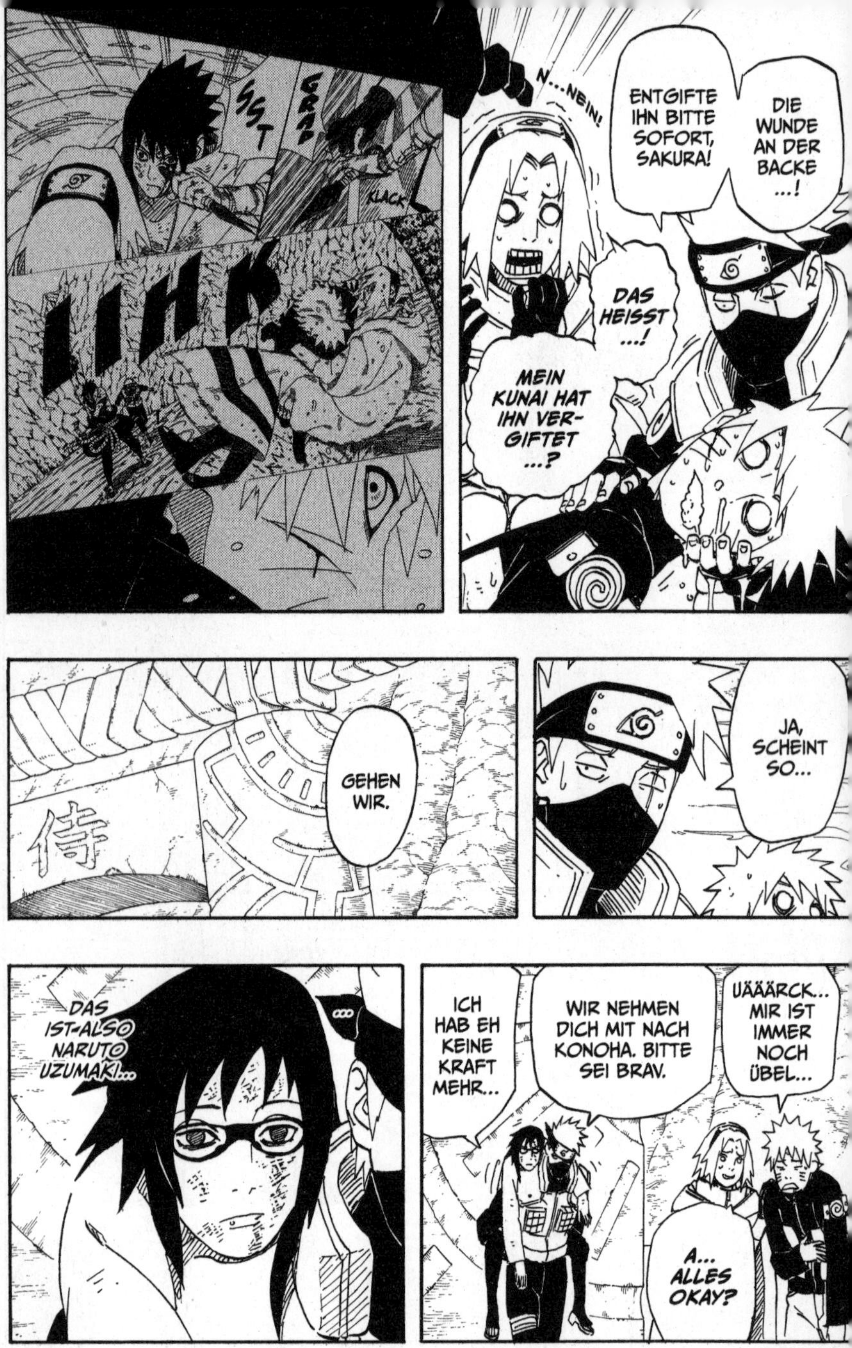
Entgifte ihn bitte sofort, Sakura!
Die Wunde an der Backe ...!
N... Nein!
Das heisst ...!
Mein Kunai hat ihn vergiftet ...?
SST
GRAP
KLACK
Ja, scheint so...
Gehen wir.
侍
Uäääärck... mir ist immer noch übel...
A... alles okay?
Wir nehmen dich mit nach Konoha. Bitte sei brav.
Ich hab eh keine Kraft mehr...
Das ist also Naruto Uzumaki...
...

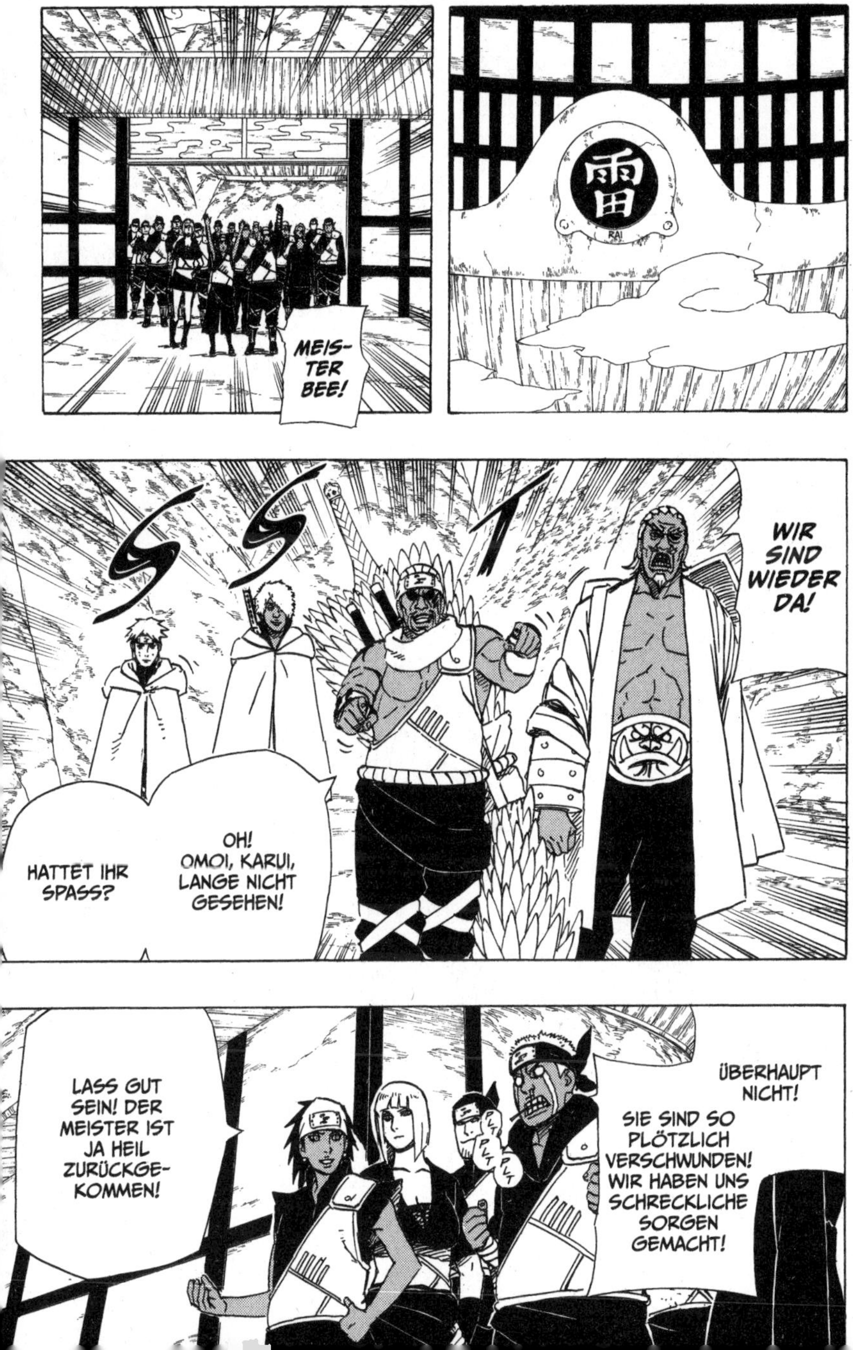
RAI
MEIS-
TER
BEE!
WIR
SIND
WIEDER
DA!
OH!
OMOI, KARUI,
LANGE NICHT
GESEHEN!
HATTET IHR
SPASS?
ÜBERHAUPT
NICHT!
SIE SIND SO
PLÖTZLICH
VERSCHWUNDEN!
WIR HABEN UNS
SCHRECKLICHE
SORGEN
GEMACHT!
LASS GUT
SEIN! DER
MEISTER IST
JA HEIL
ZURÜCKGE-
KOMMEN!

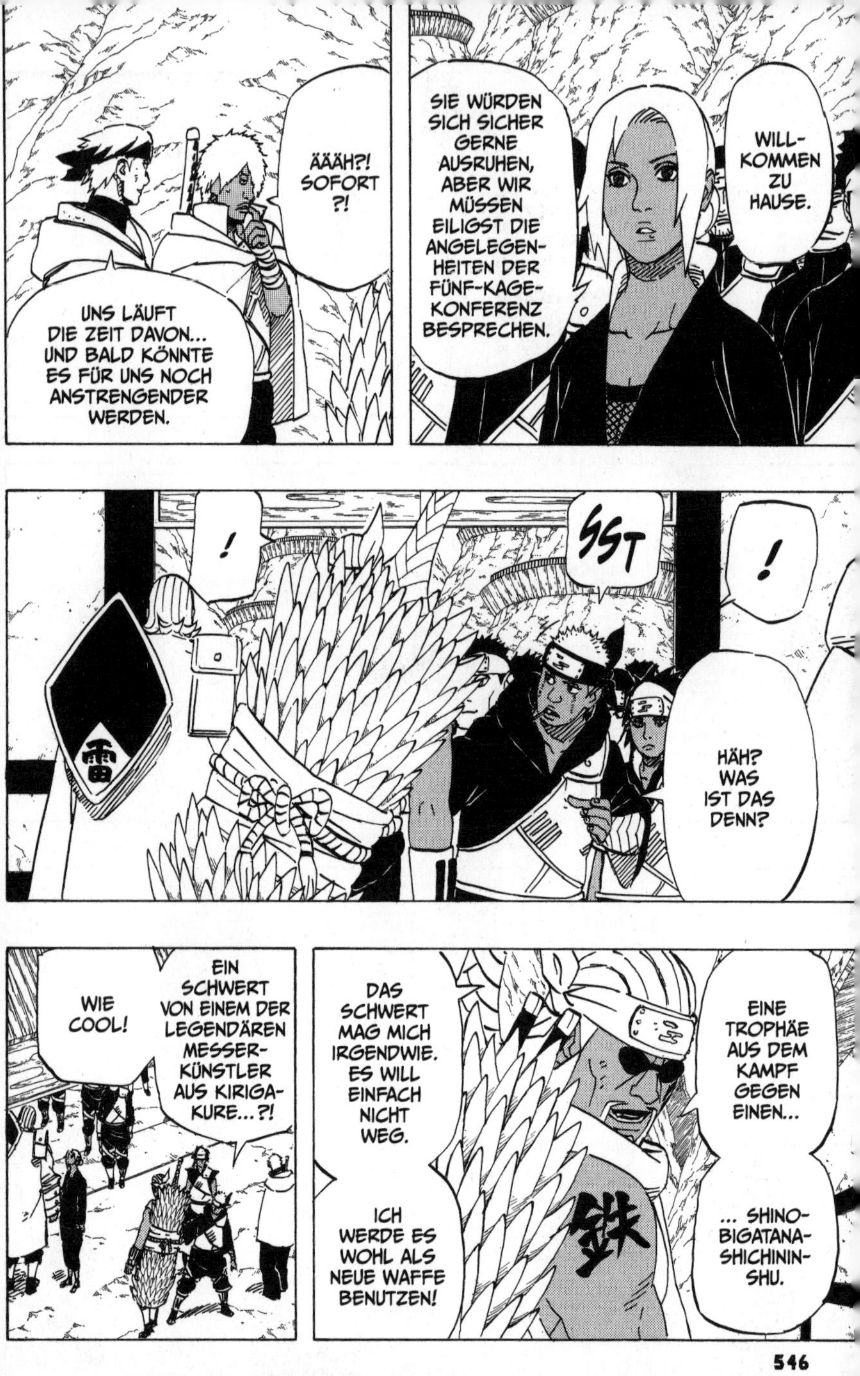
WILLKOMMEN ZU HAUSE.
SIE WÜRDEN SICH SICHER GERNE AUSRUHEN, ABER WIR MÜSSEN EILIGST DIE ANGELEGENHEITEN DER FÜNF-KAGE-KONFERENZ BESPRECHEN.
ÄÄÄH?! SOFORT ?!
UNS LÄUFT DIE ZEIT DAVON... UND BALD KÖNNTE ES FÜR UNS NOCH ANSTRENGENDER WERDEN.
!
HÄH? WAS IST DAS DENN?
SST
!
EINE TROPHÄE AUS DEM KAMPF GEGEN EINEN...
... SHINOBIGATANA-SHICHININSHU.
DAS SCHWERT MAG MICH IRGENDWIE. ES WILL EINFACH NICHT WEG.
ICH WERDE ES WOHL ALS NEUE WAFFE BENUTZEN!
EIN SCHWERT VON EINEM DER LEGENDÄREN MESSERKÜNSTLER AUS KIRIGAKURE...?!
WIE COOL!

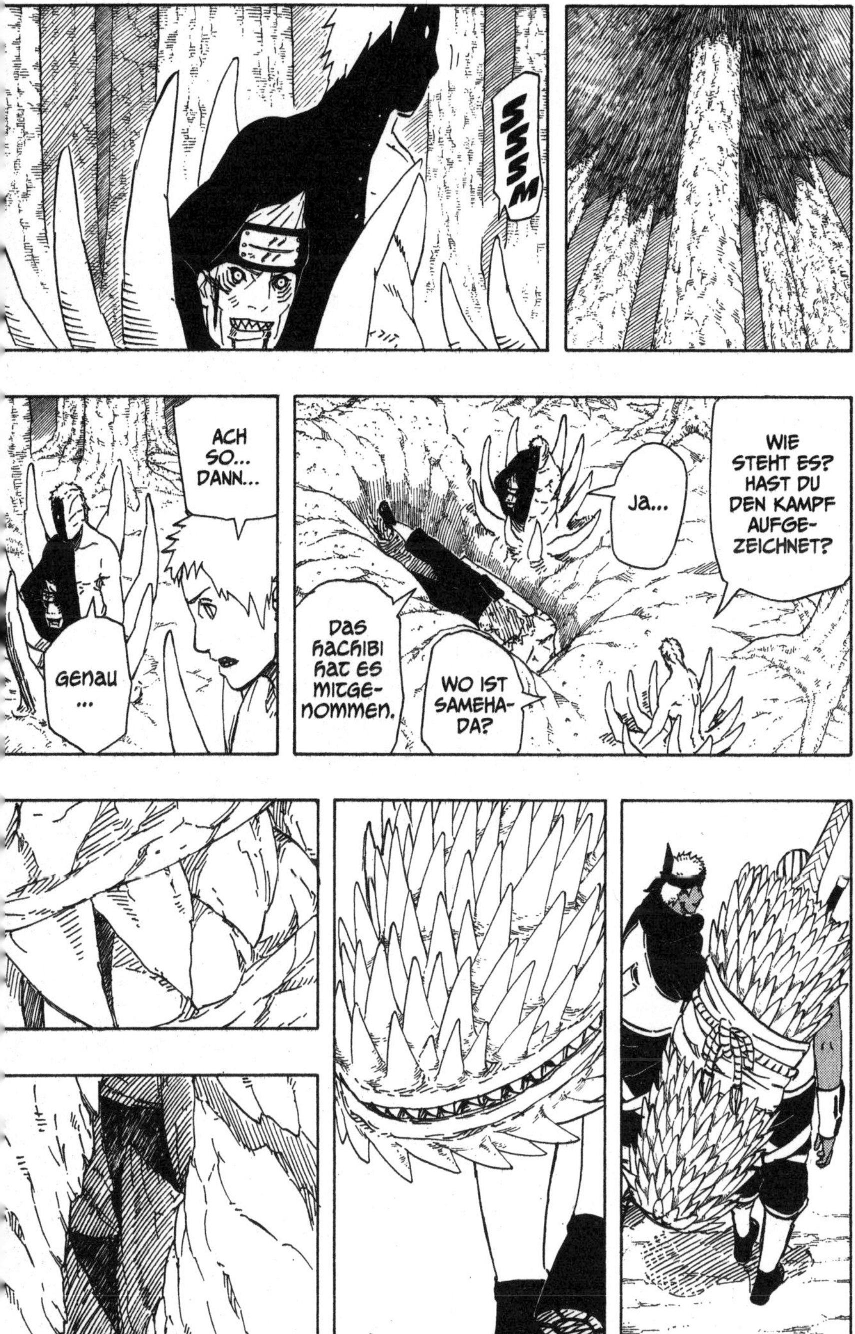
SSSM
WIE STEHT ES? HAST DU DEN KAMPF AUFGE-ZEICHNET?
Ja...
WO IST SAMEHA-DA?
Das hachibi hat es mitge-nommen.
ACH SO... DANN...
Genau ...

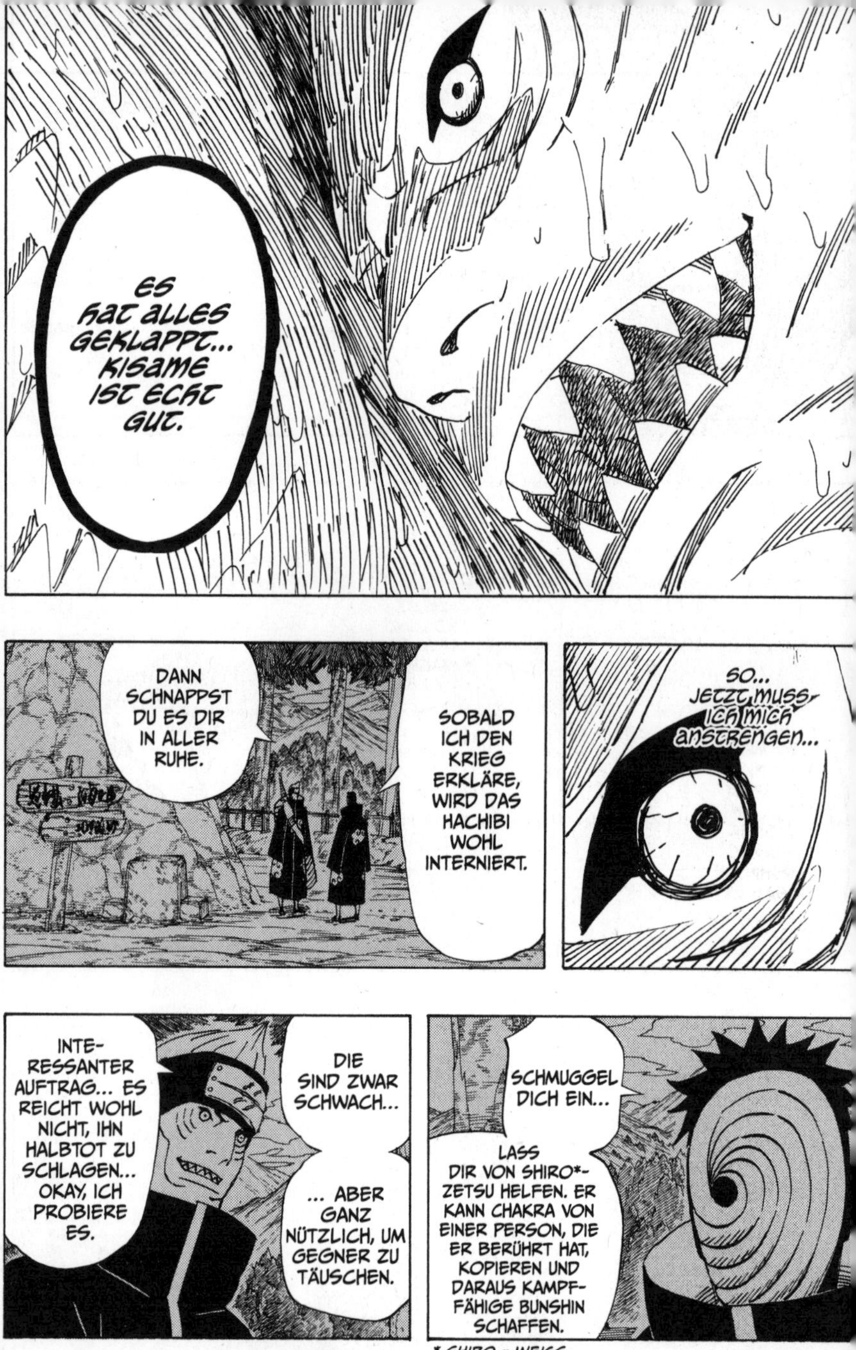
ES HAT ALLES GEKLAPPT... KISAME IST ECHT GUT.
SO... JETZT MUSS ICH MICH ANSTRENGEN...
SOBALD ICH DEN KRIEG ERKLÄRE, WIRD DAS HACHIBI WOHL INTERNIERT.
DANN SCHNAPPST DU ES DIR IN ALLER RUHE.
SCHMUGGEL DICH EIN...
LASS DIR VON SHIRO*-ZETSU HELFEN. ER KANN CHAKRA VON EINER PERSON, DIE ER BERÜHRT HAT, KOPIEREN UND DARAUS KAMPF-FÄHIGE BUNSHIN SCHAFFEN.
DIE SIND ZWAR SCHWACH...
... ABER GANZ NÜTZLICH, UM GEGNER ZU TÄUSCHEN.
INTE-RESSANTER AUFTRAG... ES REICHT WOHL NICHT, IHN HALBTOT ZU SCHLAGEN... OKAY, ICH PROBIERE ES.

* SHIRO = WEISS

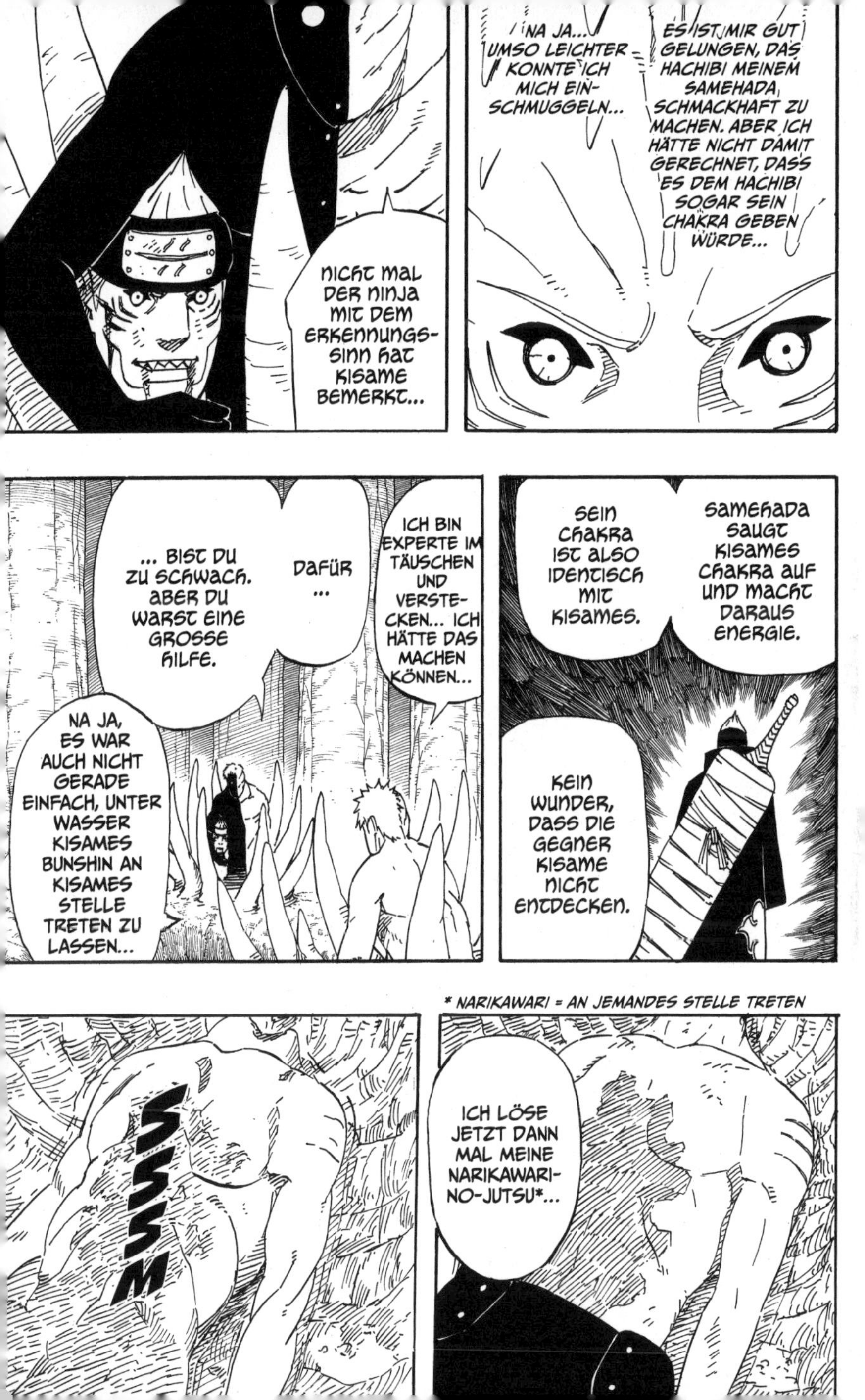
ES IST MIR GUT GELUNGEN, DAS HACHIBI MEINEM SAMEHADA SCHMACKHAFT ZU MACHEN. ABER ICH HÄTTE NICHT DAMIT GERECHNET, DASS ES DEM HACHIBI SOGAR SEIN CHAKRA GEBEN WÜRDE...
NA JA... UMSO LEICHTER KONNTE ICH MICH EINSCHMUGGELN...
NICHT MAL DER NINJA MIT DEM ERKENNUNGSSINN HAT KISAME BEMERKT...
SAMEHADA SAUGT KISAMES CHAKRA AUF UND MACHT DARAUS ENERGIE.
SEIN CHAKRA IST ALSO IDENTISCH MIT KISAMES.
KEIN WUNDER, DASS DIE GEGNER KISAME NICHT ENTDECKEN.
ICH BIN EXPERTE IM TÄUSCHEN UND VERSTECKEN... ICH HÄTTE DAS MACHEN KÖNNEN...
DAFÜR ...
... BIST DU ZU SCHWACH. ABER DU WARST EINE GROSSE HILFE.
NA JA, ES WAR AUCH NICHT GERADE EINFACH, UNTER WASSER KISAMES BUNSHIN AN KISAMES STELLE TRETEN ZU LASSEN...
* NARIKAWARI = AN JEMANDES STELLE TRETEN
ICH LÖSE JETZT DANN MAL MEINE NARIKAWARI-NO-JUTSU*...
SSSM

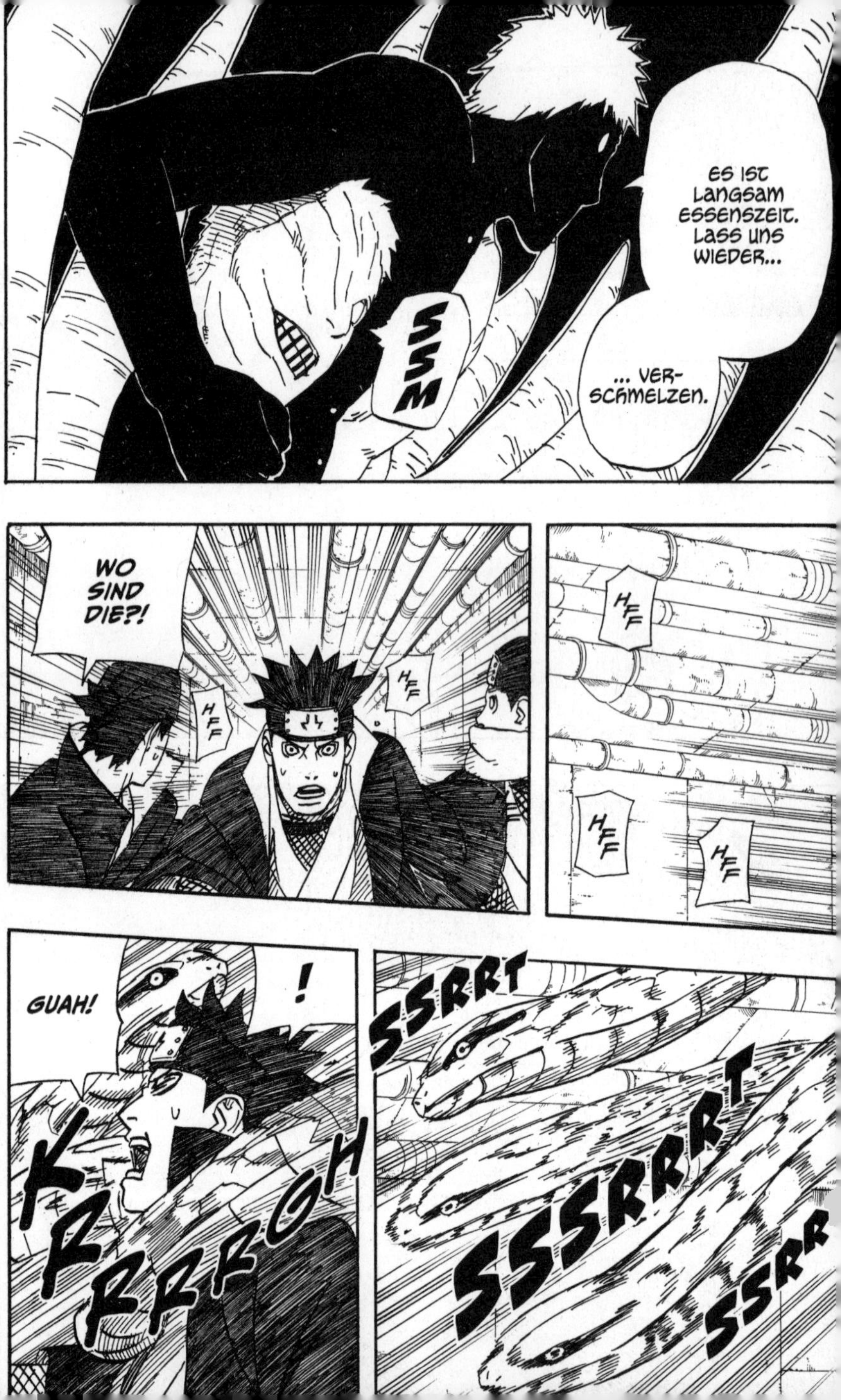

ES IST LANGSAM ESSENSZEIT. LASS UNS WIEDER...
... VER-SCHMELZEN.
SSM
HFF
HFF
HFF
WO SIND DIE?!
HFF
HFF
!
GUAH!
KRRRRGH
SSRRT
SSSRRRT
SSRR

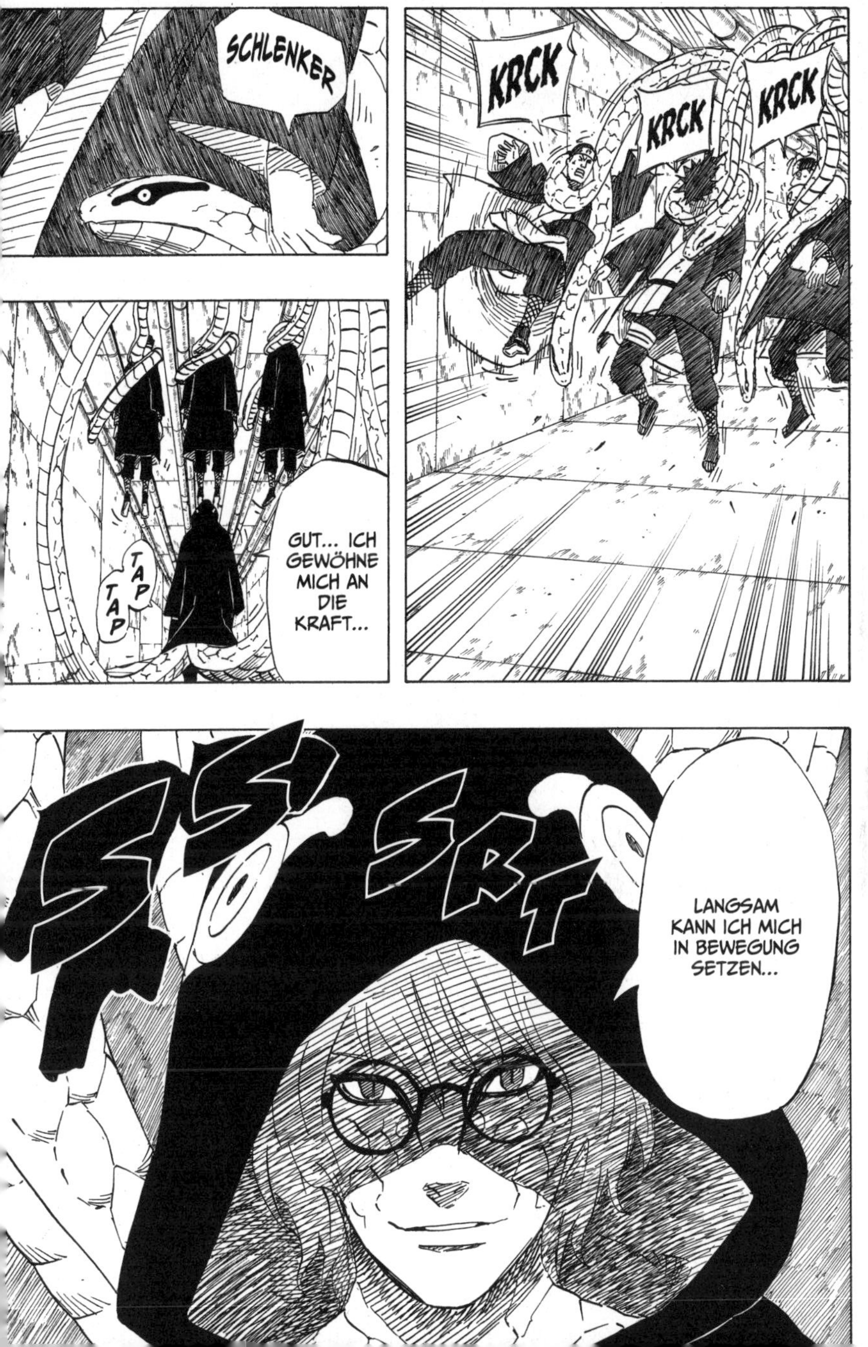

KRCK
KRCK
KRCK
SCHLENKER
TAP TAP
GUT... ICH GEWÖHNE MICH AN DIE KRAFT...
SS SRT
LANGSAM KANN ICH MICH IN BEWEGUNG SETZEN...

GLOSSAR

Und süllms denn bliev de Kontrolle viegelinsch. Dat ist aalns nich so eenfach.
Und selbst dann bleibt die Kontrolle schwierig... Es geht also nicht so einfach...

Wenn du dat seggst, Kazekage?
Nicht wahr, Kazekage?

S. 12
Dat Miteenanner tüsken die Groatmächte häv sich im Grunde stabilisiert. Die wullt aal ji Streitmächte minner maaken.
Die Beziehungen zwischen den Großmächten haben sich im Grunde stabilisiert. Alle wollen ihre Streitkräfte verringern.

Wenn een Land destawegen 'n beten weniger Kriechsmaleur hät...
Wenn ein Land durch eine solche Entspannung der Beziehungen ein geringeres Kriegsrisiko hat...

...denn bünnt de Suldaten to düer.
... wird seine Streitkraft, also sein Ninja-Dorf, für das Land bloß noch kostspielig.

Aver weniger Suldaten is man ok immer een Risiko.
Dennoch birgt Abrüstung immer ein Risiko.

Wat schöllt wi denn daun, wenn miteens doch een Kriech losgeit?! So fix köönt wi goar nich so veele plietsche Ninja biboegen...
Was kann man machen, wenn plötzlich doch ein Krieg ausbricht?! So rasch kann man gar nicht viele fähige Ninja ausbilden...

Dann verliert wi den Kriech...
Dann verliert man den Krieg...

S. 13
Wenn du in dat eegene Land gaude Ninjas utbillen wuss, denn bruuks du Tied an Moneten.
Um im eigenen Land fähige Ninja auszubilden, braucht man Zeit und Geld.

Akatsuki leeft vonn Kriech, aale in de Truppe bünnt Profis.
Akatsuki lebt vom Krieg, alle in dieser Truppe sind Profis.

S. 5
De fief Kage sehn anners ut wie fröhr.
Die Fünf Kage sehen völlig anders aus als früher.

Famoos, dat du en dien Öller all Kage büst, Kazekage.
Großartig, dass du dich in deinem Alter schon Kage nennen darfst, Kazekage.

Dat liggt seker an de Ubtillung dör dien Vadder.
Sicherlich ist dies das Verdienst der hervorragenden Erziehung deines Vaters.

Aver he hett de Fründlichkeit vergeten.
Aber er hat wohl vergessen, dir Höflichkeit beizubringen.

Ghahahaha! Du bis een Rappsnuut!!
Ghahahaha! Du bist ein frecher Bursche!!

S. 6
Pffft! Wenn den Ninja-Dörp een von de fief Groatmächte sein Jinchuriki afhannen kummt, dann is dat 'n Malör!
Pft! Wenn dem Ninja-Dorf eines der Fünf Großmächte sein Jinchuriki abhanden kommt, schadet das dem Ansehen!

Ein groatet Malör!
Es ist eine große Schande!

Een Jinchuriki halst de die dorüm in't Geheemen trügge!
Einen Jinchuriki gewinnt man deshalb im Geheimen wieder!

Wi beden keen anner Land foer Hülp! Affschlutz nich!
Andere Länder um Hilfe zu bitten kommt gar nicht in Frage!

Pah! Dummerdriestiger Gröönsnavel!
Pah! Freches Milchgesicht...

S. 7
Und een Jinchuriki moss mit sienen Biju tohoope wassen und sich daran anpassen laaten.
Und einen Jinchuriki muss man zusammen mit seinem Biju wachsen und sich daran anpassen lassen.

S. 44

He is foerwies wild...
Er ist echt wild...

De Snappsnuut ut Kumo is eengal as froeer, ofschoonst he Kage woarn is...
Der Rotzlöffel aus Kumo ist genau wie früher, obwohl er Kage geworden ist...

S. 70

Wenn du Ideale umsetten wills, bruuks du tied.
Um Ideale zu verwirklichen, braucht man Zeit.

Un wenn du dat to snell deist, dann kieks du an diene Umgebung voerbie un falls up'n buuk... eengal as du nu.
Wenn man es überhastet, beachtet man seine Umgebung nicht mehr und scheitert... Genau wie du jetzt.

Naja, so een Ideal is eh nich umtoesetten!
Na ja, so ein Ideal wäre eh nicht realisierbar!

Süllms, wenn du dat goad meent häs....
Mit dien voergahn häs du nix as afgunst un schererien.
Selbst, wenn du es gut gemeint haben solltest... Mit deiner Vorgehensweise erntest du nur Misstrauen und Hass.

Danzo... Nu kann di keeneen mehr gloeven.
Danzo... Jetzt kann dir niemand mehr vertrauen.

So eenfach is dat nich, Snoesel...
So einfach ist das nicht, junger Mann...

Du häs keen Ahnen, wat et bedüt, een Dörp to regeern.
Du hast keine Ahnung, was es bedeutet, ein Dorf zu regieren.

S. 71

Du kanns us ja utfroagen!
Du könntest diese Gelegenheit nutzen und uns ausfragen!

Wi hebbt veel Insicht un vertelt di gern...wat meenst du, Danzo? Hihihi!
Wir haben viel Erfahrung und antworten gerne... nicht wahr, Danzo?

Sei dait da für'n Appel und Ei.
Sie übernehmen die Kriegsführung für wenig Geld.

Unn sei dait et bannig goot.
Und sie bringen das beste Ergebnis.

S. 15

Holt dien Muul, Raikage!
Halt deine Zunge im Zaum, Raikage!

Üm dat ie in de Tied of de Afrüstung eengal noa Kraf) giert unn Ninjutsu tohopekleit...
Weil ihr in der Zeit der Abrüstung immer noch nach Kraft giert und Ninjutsu sammelt...

...bünnt wi so wiet koamen, dat wi Akatsuki um hülp beten musst, um kägen jau bestaihen to künnen.
... sind wir so weit gekommen, dass wir Akatsuki anheuern mussten, um gegen euch bestehen zu können!

Is de Schietkeerl nich al lange doad?!
Ist der Kerl nicht längst tot?!

Hm...Dat is düssen Ungedööm woahrhaftig to totroen...
Hm... Es wäre diesem Monster tatsächlich zuzutrauen...

S. 16

Dann... froag ik me, wer de Alliance anwiesen schöll...
Fragt sich, wer dann die Befehlsgewalt in der Allianz übernehmen soll...

S. 37

Wat meenst du?
Was meinst du?

S. 38 / 39

Dat süch so ut.
Sieht so aus.

S. 41

Is düsse Schietkerl hier...?
Ist dieser Kerl hier...?

Een von Akatsuki... Gloev ik...
Einer von Akatsuki... Glaube ich...

S. 145
Mi piesackt de Puckel.
Mir tut der Rücken weh.

Ik verlaat mi up jau.
Ich verlasse mich auf euch.

Dat is man klook.
Das ist vernünftig.

S. 159
He heft dat wohl all plant, ehrder Raikage het em wat voer't Gatt slagen.
Er hatte es wohl schon geplant, bevor er von Raikage geschlagen wurde.

S. 161
Se het wohl Maleschen...
Sie hat wohl Schwierigkeiten...

Akatsuchi... Wullt wi nu mit fechten?
Akatsuchi... Wollen wir langsam mal mitkämpfen?

S. 162
Wi kann dat angoahn, dat düssen Snoesel Deidara het platt maakt?
Wie konnte dieser Bengel Deidara besiegen...?

Ik hebb nix kägen di.
Ich hab nichts gegen dich.

Alltohoope willt de dien Dod. Darümme...
Aber alle anderen wollen deinen Tod. Darum...

S. 163
Na kloor. Ik hebb sein Lief quasi in lüttge Moleküle delt. Un nu büss du dran.
Selbstverständlich. Ich hab seinen Körper quasi in einzelne Moleküle zerlegt. Und jetzt bist du dran.

S. 164
Ik hebb Dust ut em maakt.
Ich hab Staub aus ihm gemacht.

S. 173
Hm... Seker wegen Sasuke.
Hm... Sicher wegen Sasuke.

Goot! Ik antwoorde di up jede Fraag, Buur.
Okay! Ich antworte auf jede Frage, Bürschchen.

S. 72
Keerl, du häs een Punkt verloorn!
Alter, du hast einen Punkt verloren!

Schwieg still!
Sei still!

Meester Tsuchikage.. Wat is nu?
Meister Tsuchikage... Was ist jetzt?

Willt wi die wat för'n gatt haun?
Wollen wir kämpfen gehen?

Tüffel! Mien Puckel is ne Quaal!
Idiot! Meine Rückenschmerzen werden schlimmer!

Ik wull Sasuke gern eenmaal seh'n. He hat immerhin Broder Deidara slaagen.
Ich würde Sasuke gerne einmal sehen. Er hat immerhin Bruder Deidara geschlagen!

Dau wat de wuss!
Macht, was ihr wollt!

Man bliev wech von Raikage! Anners büss du dood.
Aber haltet euch bloß fern vom Raikage! Sonst verliert ihr euer Leben.

S. 73
Kaams du mit, Akatsuchi?!
Kommst du mit, Akatsuchi?!

Nee, ik bliev bien Meester. Ik bünn bang för sien Puckel.
Nein, ich bleibe beim Meister. Ich mach mir Sorgen um seinen Rücken.

S. 124
De Konferenz leucht heller interessant.
Die Konferenz scheint spannend zu werden.

Ohaua ha!
Stark!

S. 185
De Welt vereenen...
Die Welt vereinen...

Doer davon het Danzo ok snakt...
Davon sprach auch Danzo...

Du wuss de Welt jüst foer di, as se to vereenen, oder wat?
Du willst die Welt doch eher für dich, als sie zu vereinen, oder?

S. 187
Raikage, wat seggst du oeverto?
Raikage, was sagst du?

S. 189
Den veerten Ninja-Weltkriech...?
Den vierten Ninja-Weltkrieg...?

Büss du dull?!
Bist du wahnsinnig?!

S. 190
Wat deit wi nu?
Was machen wir?

S. 191
Wat is mit Konoha?
Was ist mit Konoha?

De Hokage is futsch...
Der Hokage ist abgehauen...

Ah, de Soehn von Weißen Fangzahn.
Ah, der Sohn vom Weißen Fangzahn.

S. 193
Hm...De heele Kraft von de Biju, weeker Madara all het, is nich to gloeven.
Hm... Die gesamte Kraft der Biju, die Madara bereits hat, ist unvorstellbar.

He könt uk all seine Künste of Dreihs mit düssen seven Bijus kloorkreegt hef.
Er könnte auch schon neue Künste oder Tricks mit diesen sieben Biju entwickelt haben.

Jau, annerlest woer he nich so diefsnutig oppedden.
Ja, sonst wäre er nicht so offensiv aufgetreten!

S. 175
Betaehm di, Raikage.
Beruhig dich, Raikage.

Wi luustert eersmal tau, dann süch wi wieder.
Wir hören erstmal zu, dann sehen wir weiter.

S. 176
Dat de beropene Madara Uchiha noch levt, wunnert mi nich...
Dass der berühmte Madara Uchiha noch lebt, wundert mich nicht...

Aber warümme maakt een stämmigen Kerl as du allet so pennschieterig?
Aber warum macht ein starker Kerl wie du alles so umständlich?

Könnst du nich jeden Plan umsetten...?
Könntest du nicht jeden Plan sofort umsetzen...?

S. 179
Tohoope...?
Vereint...?

Allens ward eens...?
Alles wird eins...?

Wat shall dat heeten?!
Was soll das heißen?!

De Schose is nich to gloeven.
Die Geschichte klingt nicht ganz glaubwürdig.

Döntjes un Legenden...
Märchen und Legenden...

S. 180
Laat us höörn.
Lass uns hören.

S. 182 / 183
Een Kunst?!
Eine Kunst?!

War shall dat bedüden?!
Was bedeutet das?!

Wat wuss du maaken?!
Was willst du machen?!

Mit mi, has du ja all Kage platt maakt, Mifune.
Mich eingeschlossen, hast du ja alle Kage niedergemacht, Mifune.

S. 213

Häs du nich bekrittelt, dat he nur seenen eegen Geföhl folgen deit un allns bannig faaste dörsetten wull?
Hattest du nicht kritisiert, dass er nur seinen eigenen Gefühlen folgt und alles mit Gewalt durchsetzen will?

Mizukage, Kazekage, bünnt ieh damit inverstohn?
Mizukage, Kazekage, seid ihr damit einverstanden?

S. 214

Du proots man bannig hochneesig, wi alltied.
Du sprichst von oben herab, wie immer.

Tja... Beeter, as den Kriech to verleern.
Tja... Besser, als den Krieg zu verlieren...

Wenn de Ninja-Wlet oevert Stuehr goat, kann ik mit di nich mehr strieden...
Verschwindet die Ninja-Welt, kann ich ja nicht mehr mit dir streiten...

Ik hölp di.
Ich helfe dir.

S. 215

De Ninja-Allianz is begrünnt!
Die Ninja-Allianz ist gegründet!

Dat muessen wi den Fürsten verteelen.
Zuerst müssen wir das den Fürsten berichten.

S. 232

Worümme denn nich?!
Warum denn nicht?!

S. 233

Wenn wi dat Hachibi un dat Kyubi rümt, maakt wi Madras Plan tonichte.
Wenn wir das Hachibi und das Kyubi beseitigen, machen wir Madaras Plan zunichte.

Schöllt wi dat Habichi un dat Kyubi nich beter in use Streitkräfte inriehen?
Sollten wir das Hachibi und das Kyubi nicht besser in unsere Streitkräfte einreihen?

S. 197

Dat weten wi!
Das wissen wir!

Man...bünt use Ploon echt anstaennig?
Aber... sind unsere Pläne wirklich sinnvoll?

De Kraft von de seven Biju, de Madara stüürn ward, is nich künnig...
Die Kraft der sieben Biju, die Madara steuern wird, ist unbekannt...

Ok wenn wi as Ninja-Allianz dat Hachibi un dat Kyubi in Schuul nemen wullt...
Auch wenn wir als Ninja-Allianz das Hachibi und das Kyubi in Schutz nehmen...

Dat allens het kein Sinn, wenn de Allianz süllms unnergeit.
Das alles hat keinen Sinn, wenn die Allianz selbst untergeht.

Wär dat dann nich beter...
Wäre es dann nicht besser...

... wenn wi de beeden von Anfang an tohoope mit de Allianz strieden laaten?
... wenn wir die beiden von Anfang an zusammen mit der Allianz kämpfen lassen?

S. 199

Wat shall dat dann mit den Kerl?! Bah!
Was war das denn mit dem Kerl?! Igitt!

S. 212

Mit Danzo was dat ja wohl nix...
Mit Danzo war das ja wohl nix...

Nu mö wi us weer froagen, wer de Boevelst in de Allianz överneemen shall!
Jetzt steht wieder die Frage im Raum, wer die Befehlsgewalt in der Allianz übernehmen soll!

Kann dat denn een von us?
Ist überhaupt jemand von uns dafür geeignet?

Ok deit wi de Strietkräfte von Kumo un Konoha maddelig maaken. Wi deffen twee Brummers mit eene Klap.
Zudem schwächen wir die Streitkräfte von Kumo und Konoha. Wir schlagen also zwei Fliegen mit einer Klappe, oder?!

Düsset mal die ik dat nich.
Diesmal mache ich so was nicht.

Worümme?!
Warum?!

Dat passt nich to jau!
Das passt nicht zu dir!

Ik hebb me besünnt...
Ich hab mich erinnert...

An wat?
Woran?

An mi sümmens, as ik noch een Geweten hä.
An mich selbst, als ich noch mein Gewissen hatte.

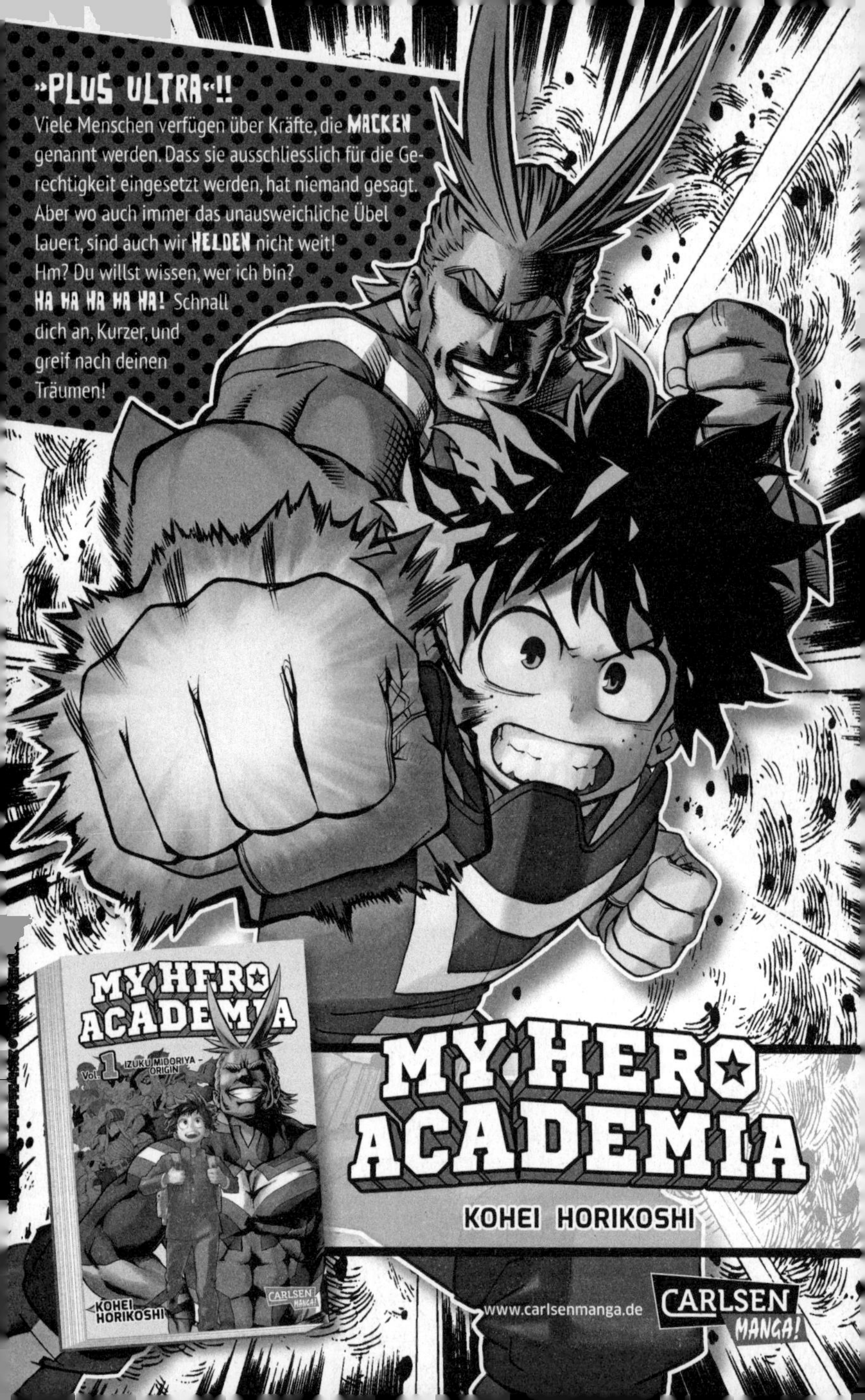
»PLUS ULTRA«!!
Viele Menschen verfügen über Kräfte, die MACKEN genannt werden. Dass sie ausschliesslich für die Gerechtigkeit eingesetzt werden, hat niemand gesagt. Aber wo auch immer das unausweichliche Übel lauert, sind auch wir HELDEN nicht weit!
Hm? Du willst wissen, wer ich bin?
HA HA HA HA HA! Schnall dich an, Kurzer, und greif nach deinen Träumen!
MY HERO ACADEMIA
Vol. 1 IZUKU MIDORIYA – ORIGIN
KOHEI HORIKOSHI
CARLSEN MANGA!
MY HERO ACADEMIA
KOHEI HORIKOSHI
www.carlsenmanga.de
CARLSEN MANGA!

CARLSEN MANGA! NEWS
jeden Monat neu per E-Mail
www.carlsenmanga.de
www.carlsen.de

Wir behalten uns die Nutzung unserer Inhalte für Text- und Data-Mining
im Sinne von § 44b UrhG ausdrücklich vor.

CARLSEN MANGA
Deutsche Ausgabe/German Edition
© 2019 Carlsen Verlag GmbH
Völckersstraße 14-20, 22765 Hamburg
Aus dem Japanischen von Miyuki Tsuji
SHUEISHA JUMP REMIX NARUTO © 1999 by Masashi Kishimoto
All rights reserved.
First published in Japan in 1999 by SHUEISHA Inc., Tokyo.
German translation rights in Germany, Austria, Luxembourg and German-speaking Switzerland
arranged by SHUEISHA Inc. through VME PLB SAS, France.
Redaktion: Anne Berling, Jonas Blaumann
Textbearbeitung: Ina Schiele
Herstellung: Wiebke Düsedau & Ronny Willisch
Alle deutschen Rechte vorbehalten
Bei Fragen zum Produkt: carlsen.de/kontakt
ISBN 978-3-551-79543-4

HALT!

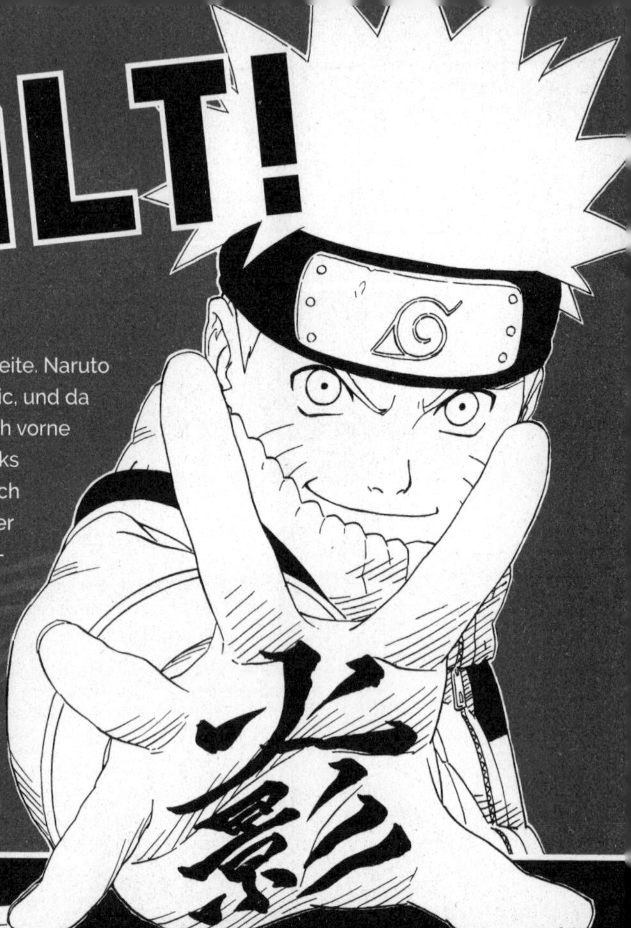

Das ist nicht die erste Seite. Naruto ist ein japanischer Comic, und da in Japan von hinten nach vorne und von rechts nach links gelesen wird, musst auch du diesen Comic von der anderen Seite aufschlagen und von hinten nach vorne lesen.

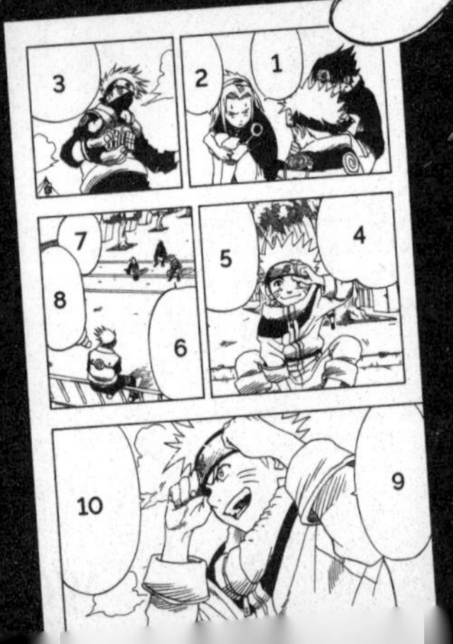

Auch die Bilder und Sprechblasen werden von rechts oben nach links unten gelesen, so wie es die Grafik hier zeigt. Schwer? Zuerst ungewohnt, doch es bringt richtig Spaß. Probiert es aus!

Viel Vergnügen mit **NARUTO** und der ganzen Ninja-Bande!